ISBN: 9781313328241

Published by:
HardPress Publishing
8345 NW 66TH ST #2561
MIAMI FL 33166-2626

Email: info@hardpress.net
Web: http://www.hardpress.net

HISTOIRE GÉNÉRALE DE PARIS

COLLECTION DE DOCUMENTS

PUBLIÉE

SOUS LES AUSPICES DE L'ÉDILITÉ PARISIENNE

LES MÉTIERS DE PARIS

HISTOIRE GÉNÉRALE DE PARIS

LES

MÉTIERS ET CORPORATIONS

DE LA VILLE DE PARIS

I

XIVᵉ-XVIIIᵉ SIÈCLE

ORDONNANCES GÉNÉRALES

MÉTIERS DE L'ALIMENTATION

PAR

RENÉ DE LESPINASSE

ANCIEN ÉLÈVE DE L'ÉCOLE DES CHARTES

Jeton des Bouchers.

Collections de la Ville de Paris

PARIS

IMPRIMERIE NATIONALE

M DCCC LXXXVI

COMMISSION PERMANENTE

PRISE AU SEIN DE LA COMMISSION DES TRAVAUX HISTORIQUES

ET CHARGÉE DE LA SURVEILLANCE.

———

———

ATTACHÉS AU SERVICE DES TRAVAUX HISTORIQUES
POUR LA PARTIE TECHNIQUE.

———

AVANT-PROPOS.

Quand le célèbre prévôt de Paris, Étienne Boileau, fit enregistrer au Châtelet les statuts des communautés ouvrières au xiiie siècle, sa seule intention était de leur assurer la vie et l'indépendance en protégeant leur bon fonctionnement [1]. Il confiait également aux prévôts de Paris, ses successeurs, pour la continuation de son œuvre, le soin de corriger ou d'augmenter les statuts, à la demande des maîtres et des jurés.

C'est en exécution de ce projet que les divers manuscrits originaux du Livre des métiers, transcrits aux xiiie et xive siècles, furent surchargés de ratures et d'additions par les officiers du Châtelet pendant les trois siècles suivants. De plus un certain nombre de métiers, non compris dans le livre d'Étienne Boileau ou formés successivement par les circonstances commerciales, s'érigèrent en communauté [2] et requièrent l'homologation de leurs nouveaux statuts.

Les actes de cette période du xiiie au xvie siècle [3] démontrent l'initiative des ouvriers et le désintéressement de l'administration, qui paraît toujours rester dans son rôle purement conciliateur. Louis XI seul fait exception, en rangeant les communautés par bannières, mais cette organisation militaire cesse avec les sièges de Paris.

[1] Le précédent volume, consacré au Livre des métiers d'Étienne Boileau, ne porte pas de numéro d'ordre. Dans notre pensée, il formait le premier volume du recueil des statuts des métiers de Paris, parce que, même dans les siècles modernes, ce document est le point de départ de la législation ouvrière parisienne. A chaque instant le lecteur devra donc s'y reporter pour remonter à l'origine d'une communauté.

[2] Depuis sa disparition de nos lois, le régime de l'association ouvrière est désigné par le mot «corporation», qu'il n'a peut-être jamais porté dans les textes du temps. On dit ordinairement : communauté, pour la personne civile; confrérie, pour l'institution religieuse; métier juré dans les actes du xvie siècle; maîtrises et jurandes au xviie, à cause des chefs; enfin corps et les Six Corps pour les commerces les plus importants.

[3] La procédure de cette époque consistait en quatre formalités avec pièces à l'appui : 1° requête des maîtres au prévôt de Paris; 2° présentation des règlements au roi par le prévôt; 3° homologation de ces statuts par lettres patentes; 4° enregistrement au parlement.

A
IMPRIMERIE NATIONALE.

Le xvıᵉ siècle, époque de progrès et d'exigences fiscales, inventa les lettres de maîtrise et les offices, contraires au principe des métiers comme à l'autorité des jurés. Par les édits de 1581 et 1597, les métiers régulièrement administrés durent faire confirmer leurs règlements, sous peine d'être déchus de leurs privilèges, et les métiers non établis en communautés furent contraints de présenter des règlements. Anciens et nouveaux payèrent les droits de confirmation en sus des taxes particulières [1]. L'initiative privée disparaît, le métier n'est plus qu'une source de revenus pour l'État.

Le xvııᵉ siècle augmente encore les excès de pouvoir, en supprimant tous les grades, jurés et autres, pour les remplacer par des offices. Les communautés obtinrent, il est vrai, l'union de ces offices, c'est-à-dire leur suppression, moyennant des sommes énormes; mais les emprunts et les dettes qui en furent la conséquence engendrèrent des abus de tout genre dans les prix des chefs-d'œuvre, des maîtrises et des visites des jurés. Le malaise et le désordre compromirent l'existence des communautés sans toutefois les détruire, parce qu'on y trouvait les conditions d'une situation stable sinon prospère.

Turgot, cherchant une amélioration dans le renversement des choses, tenta de supprimer l'organisation établie, mais le sens pratique des ouvriers eut gain de cause contre les théories du ministre : le système corporatif ne devait s'effondrer définitivement que sous les décrets de l'Assemblée nationale, qui l'abolissait avec les restes de l'ancien monde.   .˙

On verra dans nos textes la justification de ces idées. Les documents sur les métiers, reflets des grands événements politiques de chaque époque, ne sont pas très nombreux; on peut, en les groupant, embrasser aisément d'un seul coup d'œil les diverses phases de l'histoire du travail.

Les preuves ont deux sources principales : Documents judiciaires, enquêtes et arrêts du Parlement, du Châtelet, du Conseil du Roi, qui contiennent parfois des détails curieux de fabrication ou de rivalités particulières. Documents administratifs, sous forme d'ordonnances du prévôt de Paris ou

---

[1] Le renouvellement presque intégral des statuts, le caractère officiel plus marqué dans leur rédaction, ont fait considérer le xvıᵉ siècle comme l'origine de beaucoup de communautés. Un certain nombre furent réellement érigées à nouveau, mais la plupart doivent être rattachées aux règlements du xıııᵉ siècle. Quelques métiers ont commis cette erreur dans la publication de leurs statuts.

de lettres patentes qui homologuent les statuts ou prescrivent des mesures d'ordre public pour les communautés.

Les textes des statuts sont la base de notre recueil; les arrêts paraîtront seulement quand ils touchent à l'application commune des règlements.

Un autre genre de documents avait sa place marquée en tête des statuts, ce sont les ordonnances qui concernent les métiers en général, telles que : la grande ordonnance de Jean le Bon en 1351, sur le travail et sur les prix des marchandises; les édits de Henri III et Henri IV sur les maîtrises et les métiers privilégiés; de Louis XIV sur les diverses créations d'offices; de Louis XVI sur les nouvelles communautés; enfin les décrets d'abolition des jurandes.

L'importance de ces pièces est de premier ordre; les textes ont été revus sur les bannières du Châtelet et sur les registres du Parlement [1]; plusieurs d'entre elles, déjà publiées isolément, n'ont jamais été réunies de façon à présenter un ensemble des actes de l'administration.

A la suite des ordonnances générales viennent les statuts particuliers des communautés, divisées en six groupes, suivant l'ordre adopté dans notre préface d'Étienne Boileau [2]. Les métiers de l'alimentation, branche de commerce la plus utile et la plus nombreuse, occupent la majeure partie de ce volume. Les autres groupes suivront à leur tour. Chaque titre ou cahier présente, rangés par ordre de dates, les statuts donnés à diverses époques, permettant ainsi de juger à des espaces de temps très éloignés les transformations du même métier. Une courte notice résume l'intérêt de ces pièces, expose quelques faits utiles à y joindre et signale les publications éditées au XVIIIᵉ siècle par les communautés. Quant aux gravures des armoiries et des jetons du métier [3], la plupart inédits, qui accompagnent chaque notice,

[1] Le beau recueil des ordonnances de police qui porte le nom de collection Lamoignon (archives de la Préfecture de police, 42 volumes in-folio manuscrits) contient presque tous les documents sur les métiers de Paris. Les divers manuscrits du Livre des métiers, les livres de couleur et des bannières du Châtelet, les registres du Parlement nous ont permis de collationner scrupuleusement les textes. La collection de Lamare et le Traité de la police,

dont les textes sont médiocres, ne nous ont servi qu'à titre d'indication.

[2] 1ᵉʳ groupe : alimentation; 2ᵉ groupe, orfèvrerie et sculpture; 3ᵉ groupe, métaux divers; 4ᵉ groupe, tissus et étoffes, vêtements; 5ᵉ groupe, cuirs et peaux, sellerie; 6ᵉ groupe, bâtiment et industries diverses (*Livre des métiers*, introd., p. XVII).

[3] Ce travail délicat, confié à M. Diétrich, graveur, a été exécuté par lui avec grand soin.

A.

elles ajouteront leur note gracieuse à l'intérêt qui se porte aujourd'hui sur les corporations ouvrières.

Ce volume, déjà trop étendu, ne nous permet pas d'aborder les sujets traités dans les textes. Chacune des vingt-cinq communautés [1] de l'alimentation offre un caractère particulier où l'on voit le cachet de leur existence propre. Les boulangers, maintenus par exception sous la juridiction du grand panetier, ont conservé les statuts de Boileau jusqu'en 1719. Les bouchers, les épiciers, les pâtissiers, omis dans le Livre des métiers de 1268, rédigent peu de temps après leurs statuts. Certaines communautés infimes, comme les pains-d'épiciers, veulent être indépendantes, et d'autres très nombreuses, comme les marchands de vins en gros et les cabaretiers, préfèrent se diviser en plusieurs catégories obéissant à une seule direction. Les chandeliers et les huiliers cherchent à s'unir et n'y parviennent qu'au xviiᵉ siècle. Les épiciers et les apothicaires, unis dès l'origine, malgré leurs fonctions très différentes, s'épuisent en rivalités qui n'aboutissent pas à les séparer.

En résumé, les communautés, soumises aux mêmes principes de réglementation pour l'apprentissage, les maîtrises, les jurandes, se sont gouvernées avec une diversité d'usages qui faisait leur force. Les maîtres ou chefs d'atelier se sont montrés les soutiens zélés du système de l'association pendant l'indépendance du moyen âge, contre les rigueurs du xviᵉ siècle et les vexations ruineuses des temps modernes; dans la défense de leurs intérêts ils ont toujours gardé l'esprit de lutte sans oublier le respect envers le pouvoir. Cette série de documents embrassant six siècles de notre histoire, sur un point aussi intéressant que les corporations ouvrières de Paris, marquera une fois de plus les signes du progrès comme précurseurs des entraves et des souffrances qui atteignent les sociétés dans leur développement.

---

[1] Comme on le verra dans la table qui suit, ces vingt-cinq métiers comprennent les farines, viandes, poissons, légumes et fruits, épices, vins et liquides. Quelques métiers sont peut-être omis quand d'autres ne devraient pas y figurer.

Il y a du reste, pour grouper les métiers, plusieurs manières qui ont chacune leurs avantages et leurs inconvénients. Étienne Boileau avait ch isi une espèce d'ordre méthodique qui était peut-être aussi l'effet du hasard (*Livre des métiers*, introduction, p. xix). Le manuscrit de Lamare, du xivᵉ siècle, a suivi l'ordre alphabétique, plus commode pour les recherches. Aujourd'hui, après de nombreux essais de classification, dans les expositions comme dans les programmes, l'opinion n'étant pas fixée, nous avons adopté l'ordre qui nous a a semblé tout à la fois le plus simple et le plus conforme aux usages anciens.

TABLE DES MATIÈRES.

ORDONNANCES SUR LES MÉTIERS EN GÉNÉRAL.

Pages

I.   1322. Lettres de Gilles Haquin sur les heures de travail   1

II.   1351. Ordonnance du roi Jean (en 62 titres).   2

III.   1364. Lettres du roi Jean sur le guet.   44

IV.   1368. Lettres de Charles V sur le guet royal.   49

V.   1372. Lettres de Charles V sur le prévôt de Paris.   50

VI.   1383. Lettres de Charles VI sur les confréries.   50

VII.   1395. Ordonnance sur la journée de travail.   52

VIII.   1467. Lettres de Louis XI sur la distribution des métiers en bannières.   53

IX.   1485. Arrêt sur le guet.   60

X.   1491. Lettres de Charles VIII sur le guet.   61

XI.   1491. Ordonnance contenant diverses défenses.   63

XII.   1500. Arrêt interdisant les confréries.   64

XIII.   1514. Première création des lettres de maîtrise.   65

XIV.   1515. Lettres sur le droit de maîtrise.   66

XV.   1535. Arrêt interdisant de nouveau les confréries.   66

XVI.   1539. Ordonnance de Villers-Cotterets (extraits pour les métiers).   67

XVII.   1540. Édit sur le guet.   68

XVIII. 1559. Édit supprimant le guet des métiers.   72

XIX.   1560. Ordonnance des États d'Orléans (extrait).   75

XX.   1561. Arrêt modifiant l'imposition du guet.   76

XXI.   1565. Arrêt sur la taxe du guet des métiers.   77

XXII.   1565. Lettres sur les maîtrises et le chef-d'œuvre.   78

XXIII. 1576. Ordonnance des États de Blois (extrait).   80

XXIV.   1577. Édit de Henri III sur la police des métiers (résumé).   80

Pages.

XXV.   1581. Édit de Henri III sur le rôle des droits de maîtrise..............   84

XXVI.   1597. Édit de Henri IV sur le règlement général des maîtrises...........   96

XXVII. 1606. Lettres de Henri IV confirmant les métiers suivant la Cour........   102

XXVIII. 1608. Lettres de Henri IV confirmant les métiers de la galerie du Louvre...   106

XXIX.   1617. Lettres de Louis XIII dispensant les Six Corps de lettres de maîtrise..   108

XXX.   1625. Arrêt du Conseil d'État pour les métiers suivant la Cour...........   109

XXXI.   1644. Lettres de Louis XIV érigeant en maîtrises les métiers de Saint-
              Honoré et Montmartre................................   110

XXXII. 1647. Édit de Louis XIV augmentant les offices de police sur les métiers...   112

XXXIII. 1658. Lettres de Louis XIV sur les règlements des communautés.........   113

XXXIV. 1659. Édit augmentant le nombre des artisans suivant la Cour...........   115

XXXV.   1671. Confirmation des privilèges des ouvriers de la galerie du Louvre....   116

XXXVI. 1673. Édit de Louis XIV sur les communautés.......................   117

XXXVII. 1675. Arrêt du Conseil d'État prescrivant la réunion des communautés des
              faubourgs à celles de la ville.................   119

XXXVIII. 1678. Édit de Louis XIV sur le même sujet........................   121

XXXIX. 1691, mars. Édit supprimant les jurés électifs et les nommant à titre d'of-
              fices dans les corps et communautés....................   123

XL.   1691, décembre. Édit créant à titre d'offices des syndics pour surveiller les
              artisans non compris dans les communautés................   128

XLI.   1694. Édit portant création d'offices d'auditeurs et d'examinateurs des comptes.   130

XLII.   1696. Édit portant dispense de ces offices pour les Six Corps...........   132

XLIII. 1702. Édit portant création d'offices de trésoriers payeurs.............   133

XLIV.   1704, janvier. Édit portant création d'offices de contrôleurs visiteurs de poids
              et mesures....................................   135

XLV.   1704, août. Édit portant création d'offices de greffiers pour l'enregistrement
              des brevets d'apprentissage et lettres de maîtrise............   136

XLVI.   1704, novembre. Édit portant création de quatre syndics dans les commu-
              nautés d'officiers de police..........................   137

XLVII. 1705. Édit portant union aux communautés des offices de greffiers........   138

XLVIII. 1706. Édit portant union pour les Six Corps des contrôleurs et greffiers...   140

XLIX.   1707. Déclaration du Roi portant union aux communautés d'officiers des
              contrôleurs de registres (d'après édit de 1706 non transcrit).....   142

L.   1709. Édit portant union à toutes les communautés des mêmes contrôleurs.   143

LI.   1710. Déclaration du Roi portant union aux communautés des offices de
              gardes des archives créés par l'édit d'août 1709 (non transcrit)...   145

Pages.

LII.   1716. Arrêt ordonnant la revision des comptes depuis 1689............ 147

LIII.   1723. Déclaration ordonnant le payement du droit de confirmation....... 148

LIV.   1725. Arrêt sur ce même droit................................. 150

LV.   1725, 29 octobre et 12 novembre. Lettres sur les métiers suivant la Cour. . 151

LVI.   1728. Déclaration du conseil du Roi sur les droits de visite............. 153

LVII.   1734. Édit portant suppression des offices de trésoriers payeurs des gages,
          créés par édit de juin 1710 (non transcrit)................. 154

LVIII.   1735. Arrêt sur le droit de capitation............................ 155

LIX.   1745. Édit de Louis XV pour création d'offices d'inspecteurs contrôleurs... 159

LX.   1767. Édit accordant des lettres de maîtrise....................... 161

LXI.   1776, février. Édit de Louis XVI supprimant les jurandes et communautés. 162

LXII.   1776, août. Édit les rétablissant sur de nouvelles bases............... 175

LXIII.   1791, 2–17 mars. Décret d'abolition des jurandes................... 188

LXIV.   1791, 20–27 avril. Décret pour remboursement des maîtrises.......... 191

LXV.   1791, 14 juin. Décret interdisant les associations d'ouvriers............ 192

STATUTS DES MÉTIERS DE L'ALIMENTATION.

Titre I.   Boulangers... 195

Titre II.   Grainiers.. 228

Titre III.   Mesureurs de grains.. 240

Titre IV.   Porteurs de grains... 251

Titre V.   Bouchers.. 259

Titre VI.   Cuisiniers, traiteurs....................................... 299

Titre VII.   Charcutiers.. 317

Titre VIII.   Poulaillers, vendeurs de volailles........................... 342

Titre IX.   Rôtisseurs... 352

Titre X.   Pâtissiers, oubloyers....................................... 366

Titre XI.   Pâtissiers de pain d'épices................................. 398

Titre XII.   Marchands et vendeurs de poisson de mer..................... 407

Titre XIII.   Poissonniers d'eau douce.................................... 448

                                                                             Pages.
Titre XIV.   Pêcheurs... 465
Titre XV.   Fruitiers, regrattiers..................................... 473
Titre XVI.   Épiciers, apothicaires.................................... 496
Titre XVII.   Chandeliers, huiliers..................................... 540
Titre XVIII.   Vinaigriers, buffetiers, sauciers, moutardiers............ 566
Titre XIX.   Distillateurs, limonadiers................................ 593
Titre XX.   Brasseurs, cervoisiers.................................... 615
Titre XXI.   Jaugeurs de vins.. 635
Titre XXII.   Vendeurs de vins.. 648
Titre XXIII.   Marchands de vins, taverniers............................. 669
Titre XXIV.   Vignerons... 700
Titre XXV.   Jardiniers.. 703

LES
MÉTIERS DE PARIS.

PREMIÈRE PARTIE.

ORDONNANCES ET ÉDITS SUR LES MÉTIERS EN GÉNÉRAL.

I

1322, 19 janvier.

*Lettres de Gilles Haquin, prévôt de Paris, contenant un extrait des ordonnances de Philippe le Bel.
sur le travail de nuit et l'apprentissage dans les Métiers de Paris.*

Bibl. nat. fonds fr. ms. 24069, fol. 141, ms. dit de la Sorbonne.

A touz ceus [1] qui ces lettres verront Gillez Haquin, garde de la prevosté de
Paris, salut. Saichent tuit que nous avons veus les ordenancez nostre sire le roy
Phelippe le bel, dont Diex ait l'ame, dez quelles nous avons estrait l'article qui
s'ensuit :

Item, des mestiers de Paris qui dient qu'il ont, par leurs anciens registres,
que nus ne puisse ouvrer par nuit et que nus n'ait que un apprentiz, qui soit ou
fil de mestre ou d'aprentis, et que il les preingnent a certain temps et a certaine
somme. Nous ordenons et volons, pour le commun prouffit, que il puissent ouvrer
et de jour et de nuit, quant il verront que bon sera, et que il puissent avoir plusieurs aprentiz autres, encores que fiulz ne soient de mestres ou d'aprentis, de
quelque païs que il soient, bien condicionnés, et qu'il mettent tel terme que il
vodront et finent ensamble en teille somme d'argent, comme il porront. En
tesmoing de ce, nous avons mis en ces lettres le scel de la prevosté de Paris, l'an
mil trois cens xx et un, le mardi apres la saint mor et saint bon.

[1] Cette pièce, transcrite dans le *Livre des Métiers* de la Sorbonne, pour l'usage des officiers du
Châtelet, débute par ces mots : donné pour copie.

IMPRIMERIE NATIONALE.

II

1351, 3o janvier.

Ordonnance du roi Jean II, sur la police générale et sur les divers métiers de la ville de Paris.

Bibl. nat. ms. fr. n° 24070, fol. 1 à 32, copie du xv⁰ siècle du Livre noir du Châtelet, aujourd'hui perdu, fol. 49 v°. Préfecture de police, Arch., Coll. Lamoignon, ms., t. II, fol. 88. — Ordonn. des Rois de France, t. II, p. 35o. Ordonn. de Fontanon, t. I, p. 852. — Lamare, Iraité de la Police, t. I, p. 14 et passim.

ORDONNANCES FAICTES PAR LE ROY JEHAN, LE PENULTIME JOUR DE JANVIER MIL CCC.L. ET PUBLYÉES A PARIS, OU MOIS DE FEVRIER ENSUIVANT, LE PREMIER AN DE SON REGNE.

TITRE I.

DES GENS OISEULX.

1. Pour ce que plusieurs personnes [1], tant hommes comme femmes, se tiennent oyseux parmy la ville de Paris et es autres villes de la prevosté et viconté d'icelle, et ne veullent exposer leurs corps a faire aucunes besongnes, ains truandent les aucuns et se tiennent es tavernes et es bourdeaux, est ordonné que toutes icelles manières de gens oyseux ou joueurs aux dez ou chanteurs es rues, truandans ou mendians, de quelconque condicion ou estat qu'ilz soyent, ayans mestier ou non, soyent hommes ou femmes, qui soyent sains de corps et de menbres, se exposent a faire aucunes besongnes de labour, en quoy il puissent gaigner leur vie, ou vuident la ville de Paris et les autres villes de ladite prevosté et viconté, dedans trois jours apres ce cry. Et se apres lesdits trois jours sont trouvez oyseux ou jouans aux dez ou mendians, ilz seront prins et mis en prison et mis au pain et a l'eaue; et ainsi tenuz par l'espace de quatre jours, et quant ilz auront esté delivrez de ladite prison, se ilz sont trouvez oyseux ou se ilz n'ont biens dont ilz puissent avoir leur vie, ou se ilz n'ont adveu de personnes souffisans, sans fraude, a qui ilz facent besongnes ou qu'ilz servent, ilz seront mis ou pilory et la tierce foiz ilz seront signez au front d'un fer chault et banny desdits lieux.

---

[1] La copie du xv⁰ siècle sur laquelle nous avons établi ce texte est préférable à celles qui ont servi aux diverses publications de cette ordonnance. Dans notre manuscrit les formules du préambule et de la fin ont été supprimées; le texte ne présente qu'une seule suite avec des alinéas ou articles indiqués, suivant l'usage, par le mot *item;* des annotations portées en marge servent de rubriques. Pour plus de clarté, nous avons divisé en titres, selon les métiers, avec les annotations des marges et, dans chaque titre, nous avons numéroté les articles. Cette ordonnance s'adresse à un grand nombre de métiers et, sous une autre forme, rappelle le livre d'Étienne Boileau. Lamare, dans son traité de la Police, l'a publiée par fractions, en reportant chaque titre au métier qu'il concernait; nous avons préféré la donner dans son ensemble. Des cahiers de chaque métier qui composent la collection des Statuts, il sera facile de se reporter à la présente ordonnance.

De non donner pour Dieu a gens puissans de gaigner.

2. Item pourchacera avec l'Evesque ou Official de Paris et avec les Religieux Jacobins, Cordeliers, Augustins, Carmelistes et autres que ilz dyent aux freres de leurs ordres que, quant ilz sermoneront es parroisses et ailleurs, et aussi les curez en leurs personnes, ilz dyent en leurs sermons, que ceulx qui vouldront donner aulmosnes, n'en donnent nulles a gens sains de corps et de membres, ne a gens qui puissent besongne faire, dont ilz puissent gaigner leur vie, mais les donnent a gens contrefaiz, aveugles, impotens ou autres miserables personnes.

3. Item que l'on dye a ceulx qui gardent ou gouvernent les hospitaulx ou Maisons-Dieu que ilz ne hebergent telz truans ou telz personnes oyseux, se ilz ne sont malades ou povres passans, une nuyt seulement.

4. Item les Prelatz, les Barons, les Chevaliers, les Bourgois, diront a leurs aulmosniers qu'ilz ne donnent nulles aulmosnes a telz truans, sain de corps et de membres.

TITRE II.
[DES BLÉS, DU PAIN ET DES BOULANGERS.]

Du pain de Paris et des Forbours.

1. Item sur le fait du pain que l'on fait a Paris et ès faulxbourgs d'icelle, pour vendre, seront esleuz chacun an par le prevost de Paris ou l'un des auditeurs de Chastellet, a ce appellé le prevost des Marchans, quatre preuxd'oumes, lesquelz ne seront pas talemeniez, qui jureront les ordonnances faictes sur le pain cy-dessous escriptes, toutes haynnes faveur ou gain mises hors, faire tenir et garder sans enfraindre icelles, et visiteront iceulx preud'onmes toutes les sepmaines deux foiz le pain ès hostelz des boulengiers de ladicte ville et faulxbourgs de Paris, lequel pain s'il est souflisant, selon le poix que il doit estre par l'ordonnance, creu et cuit, blanc ou bis, d'un denier ou deux deniers, ilz le leisseront en icellui estat : et se ilz le treuvent de maindre pois qu'il doit estre par ladicte ordonnance, ilz donrront pour Dieu toute la fournée dudit pain, soit blanc ou bis, sans nulluy espargner; c'est assavoir la moitié aux povres de l'Ostel-Dieu, et l'autre moitié aux povres XV^{xx}. ou ilz verront qu'il y sera mieulx employé; et avec ce le bolengier ou le thalemenier qui sera trouvé avoir fait plus petit pain et de maindre pris, comme dit est, pour tant de foiz comme il y sera trouvé, il prendra (*sic*) ledit pain et sera condempné en une amende de LX sols d'amende, de laquelle amende le Roy nostre sire aura la moitié, le prevost des Marchands et les preud'oumes dessus nommez, l'autre.

1.

De fere l'essay du pain ii foiz l'an.

2. Item, les quatre preud'oumes dessusdits appelleront avec eulx le maire du Pennetier de France, et feront l'essay du pain deux foiz l'an ou plus parmy la ville de Paris, se mestiers est, sauf en autres choses les droiz dudit Pennetier et que ce ne luy tourne a prejudice, ne a autres, ne a leurs droiz : et ainsi est-il ordonné, tout pour le prouffit commun.

3. Item et par semblable maniere par les villes et chastellenies de la prevosté et viconté de Paris, esquelles villes et chastellenies l'on fait pain pour vendre, et esquelles les haulx justiciers des lieux mectront preuxdommes pour visiter le pain.

Talemeliers forains.

4. Item que nulz boulengiers ou talemeliers venans et amenans pain a Paris pour vendre ne pourront mectre pain en ung sac, de deux sortes de blez mais tout d'un grain, et d'un grain autel dessus comme dessoubz; et quiconques sera trouvé le contraire faisant, il perdra les denrrées et l'amendera a volenté.

Des visiteurs et jurés du pain.

5. Item, les quatre preud'ommes dessusdiz qui visiteront le pain, tant de Paris comme des autres villes, ne seront mye talemeliers, et seront muez chascun an par le prevost de Paris ou l'un des auditeurs du Chastelet, et le prevost des Marchans a Paris; et hors, par lesdiz haulx justiciers : et au muer en demourra tousjours deulx des vielz.

Les poix de la paste et du pain.

6. Ce sont les matières des poix de la paste et du pain cuit, selon les feurs qui s'ensuivent, faicte l'extimacion selon la seconde espreuve qui fut faicte le vendredi avant la Penthecoste, l'an mil cccxvi, en la presence de Nicolas de la Haye, Jehan Emery et Jehan François, talemeliers establis a veoir l'espreuve pour leur mestier.

Blé de xl sols le sextier, sur lequel pris laditte espreuve fut faicte, la paste du pain de Chailly d'un denier poise dix onces, et le pain cuyt huit onces et demye.

7. Item, la paste du pain d'un denier coquillié poise vi onces v estellins, et cuyt v onces et demye.

8. Item, la paste du pain bis d'ung denier poise ix onces et demye, et le pain cuit, viii onces. La paste du pain de deux deniers poise dix neuf onces et le pain cuyt, xvi onces.

9. Blé couste xxxviii sols le sextier. La paste du pain d'un denier de Chailly poise v onces et demye et le pain cuit, iiii onces xiii estellins. La paste du pain de deux deniers doit peser xi onces, et le pain cuit, ix onces vi estellins.

10. Item, la paste du pain d'un denier coquillié doit peser vi onces dix sept estellins et obole, et cuyt, vi onces. La paste du pain de deux deniers doit peser xiii onces xv estellins, et le cuit xii onces.

11. Item, la paste du pain bis d'un denier doit peser x onces six estellins, et le cuit, viii onces et demye. La paste du pain de deux deniers doit peser xx onces et demye, et le pain cuit xvii onces.

12. Blé couste xxxvi sols le sextier. La paste du pain d'un denier de Chailly doit peser vi onces, et le pain cuit v onces. La paste du pain de ii deniers doit peser xii onces, et le pain cuit, x onces.

13. Item, la paste d'un pain coquillié d'un denier doit peser vii onces et demye et le pain cuit vi onces et demye. La paste du pain de ii deniers doit peser xv onces, et le pain cuit xiii onces.

14. Item, la paste du pain bis d'un denier, doit peser xi onces, et le pain cuit ix onces. La paste d'un pain de deux deniers doit peser xxii onces, et le pain cuit xviii onces.

15. Blé couste xxxiiii sols le sextier. La paste du pain de Chailly d'un denier doit peser vi onces et demye, et le pain cuit v onces vii estellins obole. La paste du pain de deux deniers doit peser xiii onces, et cuit, x onces xv estellins.

16. Item, la paste du pain coquillié d'un denier doit peser viii onces ii estellins obole, et le pain cuit vii onces. La paste du pain de deux deniers doit peser xvi onces v estellins, et le pain cuit xiv onces.

17. Item, la paste du pain bis d'un denier doit peser onze onces xv estellins, et pain cuit, neuf onces xxiii estellins. La paste du pain de deux deniers doit peser xxiii onces et demye, et le pain cuit xix onces cinq estellins.

18. Blé couste xxxii sols le sextier. La paste du pain de Chailly d'un denier doit peser vii onces, et le pain cuit, vi onces. La paste du pain de deux deniers doit peser xiv onces, et le cuit xii onces.

19. Item, la paste du pain coquillié d'un denier doit peser viii onces xv estellins, et le cuit vii onces et demye. La paste du pain de deux deniers doit peser xvii onces et demye et le cuit xv onces.

20. Item, la paste du pain bis d'un denier doit peser xii onces et demye, et le cuyt, x onces v estellins. La paste du pain de deux deniers doit peser xxv onces, et le cuit xx onces et demye.

21. Blé couste xxx sols le sextier. La paste du pain denier de Chailly doit peser vii onces et demye, et le cuit vi onces vii estellins obole. La paste du pain de deux deniers doit peser xv onces, et le cuit xii onces xv estellins.

22. Item, la paste du pain coquillié d'un denier doit peser ix onces vii estellins obole et le cuit viii onces. La paste du pain de deux deniers doit peser xviii onces xv estellins, et le pain cuit xvi onces.

23. Item, la paste du pain bis d'un denier doit peser xiii onces v estellins et

le pain cuit xi onces v estellins. La paste du pain de deux deniers doit peser xxvi onces et demye, et le cuit xxii onces et demye.

24. Blé couste xxviii sols le sextier. La paste du pain de Chailly d'un denier doit peser viii onces, et le cuit vi onces xvii estellins obole. La paste du pain de deux deniers doit peser xvi onces et le cuit xiii onces xv estellins.

25. Item, la paste du pain coquillié d'un denier doit peser x onces, et le cuit viii onces x estellins. La paste du pain de deux deniers doit peser xx onces, et le cuit xvii onces.

26. Item, la paste du pain bis d'un denier doit peser xiiii onces, et le pain cuit xii onces. La paste du pain de deux deniers doit peser xxviii onces, et le cuit xxiiii onces.

27. Blé couste xxvi sols le sextier. La paste du pain d'un denier de Chailly doit peser viii onces et demye, et le cuit vii onces ii estellins obole. La paste du pain de deux deniers doit peser xvi onces, et le cuit xiii onces v estellins.

28. Item, la paste du pain coquillié d'un denier doit peser x onces x estellins obole, et le cuit ix onces. La paste du pain de ii deniers doit peser xxi onces v estellins, et le cuit xviii onces.

29. Item, la paste du pain bis d'un denier doit peser xiiii onces xv estellins, et le cuit xii onces x estellins. La paste du pain de deux deniers doit peser xxix onces et demye, et le cuit xxv onces.

30. Blé couste xxiiii sols le sextier. La paste du pain de Chailly d'un denier doit peser ix onces, et le cuit vii onces xv estellins. La paste du pain de deux deniers doit peser xviii onces, et le cuit xv onces et demye.

31. Item, la paste d'un pain coquillié d'un denier doit peser xi onces v estellins et le cuit ix onces et demye. La paste du pain de deux deniers doit peser xxii onces et demye, et le cuit xix onces.

32. Item, la paste du pain bis d'un denier doit peser xv onces et demye, et le cuit xiii onces. La paste du pain de deux deniers doit peser xxxi onces, et le pain cuit xxvi onces.

TITRE III.

DES TALEMELIERS, FORNIERS ET PASTICIERS CUISANS POUR AULTRUY.

1. Item, toutes manières de thalemeliers, forniers et pasticiers qui ont acoustumé cuire pain a bourgois et a autres gens quelzconques, seront tenuz de saccer, bulleter, pestrir et tourner les farines qui leur seront baillées ès maisons et domicilles desdits bourgois et autres gens, et l'apporter et cuire en leurs maisons; et seront paiez de leurs salaires le tiers plus qu'ilz n'avoient avant la mortalité de l'espidémie : et ou cas ou aucun en seroit reffusant ou faisant le contraire, il sera a lx sols d'amende; et par semblable manière se payeront les pasticiers de toute euvre de pasticerie.

Paticiers.

2. Item, lesdits pasticiers ne pourront garder leurs pastez que ung jour, ne la chair de quoy ilz feront vieulx pastez, sur peine de xx sols parisis d'amende.

TITRE IV.

DES XXIIII MESUREURS DES HALLES.

1. Item, en la place et ou marché ou l'on a acoustumé a vendre les blez, farines et autres grains, ès halles en Champeaux, pour toute ladite place servir et faire l'office de mesureur, aura xxiiii mesureurs tant seulement et non plus.

Des xviii de Grève.

2. Item, en la place et ou marché la ou l'en a acoustumé vendre les blez, farines et autres grains, en Grève, aura xviii mesureurs et non plus.

Des xii de la Prevosté.

3. Item, en la place et ou marché la ou l'en a acoustumé de vendre blez, farines et autres grains, en la Juisrie, aura xii mesureurs.

Des heures de vendre.

4. Item, en la place et ou marché des Halles, en la place et ou marché de Grève, en la place et ou marché de la Juisrie, esquelz l'on a acoustumé de vendre blez, farines et autres grains, en chascune desdites places et marché, seront ordonnez certains signez et certaine personne qui icellui signet monstrera et sonnera, aux heures cy-après escriptes, avant que nul puisse deslier ne vendre.

De l'office des mesureurs.

5. Item, que nul qui se porte clerc, ne nulle femme, n'ayent ne ne puissent avoir l'office de mesuraige.

6. Item, nul mesureur ne pourra estre marchant de farines, blez et autres grains, pour revendre pour luy ne pour autruy.

7. Item, nul mesureur ne pourra porter clef d'autruy grenier, ne hebergier en son grenier pour autruy, blez, farines ne autres grains.

8. Item, nul mesureur ne autres, ne pourront mesurer esdites places et marchiez, jusques a tant que lesdiz signez establiz en chascune place sera sonné ou monstré par celluy qui sera estably.

9. Item, quelzconque mesureur fera ou vendra encontre les ordonnances cy-

escriptes ou aucunes d'icelles, il perdra l'office de mesuraige et payera LX sols d'amende.

10. Item, quiconque sera mesureur de grain, il bauldra et donrra caucion et seurté de x livres parisis, par devers le prevost des Marchands.

De non aler au devant des grains.

11. Item, nul ne nulle de quelque estat ou condicion qu'ilz soyent, marchans ou autres, ne pourront aller a l'encontre d'aucuns blez, farines ou autres grains venans esdites places ou marchez pour vendre, pour iceulx acheter par tesmoings ne en autre manière, fors que esdites places et marchez de Paris dessus escriptz : et qui fera le contraire, le vendeur perdra la marchandise, et l'acheteur le pris de l'achat, tout acquis au Roy.

De non acheter hors place. — Des heures de vendre.

12. Item, nul qui amene blez, farines et autres grains a charroy ou a doz ne pourra iceulx deslier ou vendre, fors que esdites places ou marchez et a heure determinée, et que lesdits signez a ce establiz soyent monstrez ou sonnez par celluy qui a ce sera establiz, lesquelz signez ordonnez et establiz seront ès Halles, entre tierce et midi; en Grève, a heure que prime a Nostre Dame sonne; en la Juifrie, entre prime et tierce; et qui fera le contraire avant l'eure, il perdra la marchandise. Et puis qu'ilz auront amené et deschargé ou destellé les blez, farines ou autres grains, ilz ne les pourront celle journée mener ne transporter de marché en autre pour vendre, et s'ilz ne les pevent vendre celle journée, ilz les porteront heberger pour revendre quant il leur plaira; et qui fera le contraire il perdra la marchandise.

13. Item, quiconques amenera esdites places et marchez, blez, farines ou autres grains ou il ait emboucheure, cest assavoir quilz ne soient aussi souffisans et aussi bons dessoubz comme en la monstre, il perdra les denrées, et le mesureur qui les mesureroit en ladite malefaçon, ne diroit ou accuseroit a l'acheteur et a la garde du marché pour le Roy, perdra son office et payera LX sols d'amende.

14. Item, nul revendeur qui revende blez, farines ou autres grains, ne pourra iceulx mesurer oultre ung sextier le jour; et se plus en revent, il conviendra qu'il soit mesuré par ung mesureur juré autre que luy. Et quiconques fera le contraire, il perdra les denrées et seront forfaites.

15. Item, avecques les autres peines dessus dites et sans celles diminuer, quiconques sera trouvé trespassant l'ordonnance et establissement dessusdit ou aura fait un oultraige par fraude en aucune manière, le vendeur perdra les denrées, et l'acheteur le prix de l'achapt.

TITRE V.

MEUSNYERS [1].

1. Item, pour ce que maintesfoiz est advenu que ceulx qui font mouldre blé ès moulins de Paris et ailleurs ne treuvent pas bien leur compte de la farine, quant le blé est moulu, et s'en sont plusieurs doluz et dolent de jour en jour, est ordonné, pour le prousfit commun, que en certains lieux de ladite ville de Paris sera fait et estably poix, auquel l'on poisera le blé quant l'on l'emportera au moulin, qui aler et porter le vouldra; et a celluy mesme poix sera pesée la farine qui ystra dudit blé, affin que se deffault y a, que le mesnier rende ycelluy deffault [2]; et seront certaines personnes ordonnées en chascun desdits poix pour peser et escrire le poix du blé et de la farine; et recevront pour l'emolument de peser, c'est assavoir, un denier ou trois oboles, ou deux deniers pour sextier au moins.

2. Item, les meusniers auront et prendront, a Paris, de mouldre ung sextier de blé xij deniers parisis et non plus, ou ung boissel rez du blé qu'ilz mouldront : et s'ilz font le contraire, ilz l'amenderont et rendront le dommaige a partie.

TITRE VI.

[MARCHANDS DE VINS EN GROS, TAVERNIERS, VENDEURS, COURTIERS DE VINS.]

1. Item, il est ordonné que nulz marchans de vins en groz ne pourront faire meslée de deux vins ensemble, sur peine de perdre le vin et de l'amender.

2. Item, nulz marchanz de vins ne pourra acheter au port, a Paris, vins en groz pour revendre audit port, a la peine dessus dite; ne pourront ne feront vendre leurs vins, se n'est par eulx mesmes ou par l'un des vendeurs, a la peine dessusdite.

3. Item, nul desdiz marchans ne pourra reeschier en l'eaue, de leur reffuz d'une navée ou de plusieurs de vin, et mectre en autre nef, sur ladite peine.

4. Item, les taverniers de Paris ne pourront vendre tout le meilleur vin vermeil creu ou Royaume que x deniers la peinte, de tout le meilleur blanc vi deniers parisis et non plus, et les autres au dessoubz : et se ilz font le contraire, ilz perdront le vin et l'amenderont.

---

[1] Les meuniers ont déjà donné leurs règlements dans le *Livre des Métiers*, titre II, à la suite des boulangers, mais, à partir de cette ordonnance, ils ont cessé de reproduire les textes ou les confirmations simples de leurs privilèges. Les meuniers, faute de titres, ne paraîtront donc pas dans les cahiers particuliers de chaque communauté ouvrière. A ce sujet, faisons remarquer ici que toutes les notes explicatives du texte de l'ordonnance du roi Jean sont reportées aux cahiers des métiers qu'elles concernent, pour éviter les redites. Les textes des statuts s'expliquent souvent les uns par les autres, et il est infiniment préférable de rapprocher et de grouper ensemble les faits ou les termes qui se sont présentés à diverses époques.

[2] Le texte du ms. 24070, fol. 6, ne contient pas la phrase suivante.

5. Item, iceulx taverniers ne pourront donner ne nommer nom a vin d'autre pays, que celluy d'ou il sera creu, sur peine de perdre le vin et d'amende.

6. Item, iceulx taverniers ne pourront faire aucune mixtion de vins a autres pour vendre a taverne, sur les peines dessusdites.

7. Item, iceulx taverniers ne pourront reffuser a ceulx qui yront querre vins et boire en leur taverne, et porter hors, qu'ilz ne le puissent veoir traire, s'il leur plaist, et aler en leur cellier, sur ladite peine.

8. Item, iceulx taverniers ne pourront recevoir ne recepter nulz joueurs de dez ne autres gens diffamez, en leur taverne, sur paine d'amende de LX sols chacune foiz quilz en seront actainz.

9. Item, iceulx taverniers, depuis que queuvre feu est sonné, ne pourront asseoir ne traire vin en leurs maisons a beuveurs, sur peine de LX sols d'amende.

10. Item, les taverniers demourans hors de Paris, ès villes de la viconté de Paris, vendront et pourront vendre vins selon le feur mis et ordonné en la ville de Paris, comme dit est, c'est assavoir : ceulx des villes qui ont semblables mesures a la mesure de Paris, VI sols VIII deniers le sextier du meilleur vermeil creu ou Royaume, et le meilleur blanc a IIII sols parisis le sextier, et les autres vins, selon la bonté et la valeur qu'ilz auront, au dessoubz desdiz pris et non plus : et ceulx qui, en ladite ville, prevosté et viconté, usent de la mesure de Saint Denis, laquelle est justement la tierce partie plus grant que de Paris, vendront et pourront vendre chacun sextier du meilleur vin vermeil de Saint Pourcein, de Beaune, de Saint Jehan, le tiers plus du pris de Paris dessusdits : c'est assavoir x sols le sextier; et vin blanc le meilleur de Bourgongne ou autre, VI sols parisis le sextier; et tous vins françois et autres au dessoubz d'iceulx pris, selon leurdite bonté et valeur; et en tous les autres lieux et villes de ladite prevosté et viconté ou l'on use d'autres mesures que les dessusdites, il pourront vendre selon le pris de la ville de Paris dessusdite, eu regard de leurs mesures a celles de Paris, et l'une mesure est équipolée a l'autre sans ce quilz les puissent vendre a plus grans pris que les pris dessusdiz, sur peine de perdre et forfaire les denrées, et icelles estre acquises les deux pars au Roy, la tierce a celluy qui les accusera, et l'autre aux justiciers des lieux qui cesdites ordonnances mectront a exécucion, et LX sols d'amende au Roy.

11. Item, que ou cas que aucun de ladite prevosté et viconté, demourans en aucuns villaiges ou il y auroit ung tavernier ou deux seulement, s'efforcera de vendre aucuns vins qui ne soyent pas convenables selon le pris dessusdit, ilz seront pugnis d'amende; et sera le vin affeuré par la justice, appellé a ce quatre des plus loyaulx preudommes du lieu, lesquelz sans faveur et sans haynne mectront le vin a feur convenable, sans courtoisie ou salaire aucun du tavernier.

Vendeurs de vins.

12. Item, en la ville de Paris aura iiii[xx] vendeurs de vins tant seulement, bons et souffisans qui vendront les vins des bonnes gens, au port de Paris ou a terre, ou cas ou ceulx a qui les vins seroient ne les vouldroyent vendre en leurs propres personnes ou par leurs gens et propres mesures de leurs hostelz, et a leurs despens, sans fraude : et seront doresnavant lesdits vendeurs esleuz de par le prevost des Marchans et les eschevins de la ville de Paris qui par le temps seront; et chacun vendeur baillera bons pleiges de cent livres parisis.

13. Item et ne pourra chacun vendeur vendre a une foiz que une nacelle de vin, excepté que ou cas ou il auroit aucun marchant qui auroit plusieurs nacelles de vin a une foiz, ung vendeur les pourra vendre sans fraude; et ung vendeur ne pourra retenir, ne entreprandre, ne faire marchié de vendre autre vin que celluy quil aura encommancé a vendre et soit tout parfaitement venduz, se ce n'est par licence et congé de celluy a qui les vins seront qui aura commancé a vendre. Et desservira chacun vendeur l'office en sa personne, sans ce quil le puisse faire desservir par autruy; et ne prendront, de vendre ung tonnel de vin que ii sols, et de la queue vii deniers tant seulement, sur peine de xx livres parisis d'amende, moitié au Roy et moitié au prevost des Marchans pour la marchandise.

14. Item, nulz desdiz vendeurs ne pourra acheter, par luy ne par autre, ne prendre en payement nulz vins du marchant duquel il sera vendeur, ne d'autre, pour revendre, sur ladite peine.

15. Item, et s'il y avoit aucuns desdiz vendeurs qui eust vins creuz en ses heritaiges, il pourra iceulx vendre et en faire son proufit, en groz ou en détal, sans fraude.

Corratiers de vins.

16. Item, en la ville de Paris pour acheter vins en Grève ou autres part, aura lx correctiers tant seulement.

17. Item, nul ne pourra estre reçeu a l'office de correctier, s'il ne baille pleige ou assceurement souffisant de xxx livres parisis, par devers le prevost des Marchans; et quiconques se meslera de correcterie de vins, qui ne sera reçeu et aura asseuré, si comme dessus est dit, il sera a lx sols d'amende et sera banny de la viconté de Paris par an et par jour.

18. Item, nul correctier ne pourra estre marchant acheteur pour luy de la marchandise dont il sera correctier, sur ladite peine.

19. Item, que nul qui se porte clerc ne sera reçeu a correctier.

20. Item, nul correctier de quelque estat ou condicion qu'il soit, ne pourra prendre pour corretaige d'un tonnel de vin, de deux queues, de quatre muys pour

2.

ung tonnel, que xii deniers; et qui fera le contraire il perdra le mestier de correcterie et sera a lx sols d'amende, et l'acheteur et chacun des vendeurs qui plus en paieront ou promectront seront a xl sols d'amende.

TITRE VII.
DESCHARGEURS DE VINS.

1. Item, les dechargeurs de vins ne pourront avoir et prendre, pour ung tonnel de vin deschargé en celier, en terre et a degrez, que ix deniers, et de la queue que vi deniers et non plus, et tonnel en cane que vi deniers, et de la queue iiii deniers et non plus; et en celier sur terre, a l'avenant; et a peine de lx sols d'amende qui plus en prendra ou donrra.

2. Item, lesdits deschargeurs ne pourront prendre ne avoir, d'un tonnel de vin ou de deux queues, pour ung tonnel labourer, oster des nefz et mener en l'ostel de celluy a qui y sera, du grant port de Grève partout dedans les portes de Paris pardeça grant pont et par toute la cité, que iiii sols au plus hault et non plus : et oultre lesdites portes deça grant pont et oultre petit pont dedans les portes, que vi sols et non plus, et des lieux qui seront au plus prez au dessoubz desdiz pris : et qui meilleur marché en pourra avoir, si le preigne.

3. Item, ilz ne prendront ne auront, d'un tonnel de vin ou de deux queues pour ung tonnel labourer, oster de nefz, mener à l'ostel, du petit pont de Grève partout deçà petit pont, dedans les portes de Paris, que iii sols vi deniers au plus loing, et de plus près a l'avenant; et hors des portes et delà petit pont; soit dedans, soit dehors, iii sols au plus hault et non plus; et qui meilleur marché en pourra avoir, si le preigne; et le deschargeur qui fera le contraire sera a lx sols d'amende, et le marchant qui plus en donrra, a xx sols d'amende.

4. Item, ilz n'auront ne prendront, d'un tonnel de vin deschargier et chargier, que xii deniers au petit port; et de celluy qui sera mis en nacelle au grant port, que ii deniers au plus hault et non plus, sans mener : et ou cas ou il ne feroit fors que charger seulement sans mectre en nacelle, il auroit xii deniers.

5. Item, se aucun desdits mestiers reffusoit par fraude les mestiers dessusdits ou aucuns d'eulx a faire et labourer, pour le pris dessusdit au plus, puis qu'il en sera requis, il perdra le mestier et sera banniz de Paris et de la banlieue ung an, et payera lx sols d'amende.

Cervoise.

6. Item, nul en la ville de Paris ne pourra vendre servoise plus hault de viii deniers le sextier, c'est assavoir i denier la pinte : et qui fera le contraire, il perdra le brasser et sera a lx sols d'amende.

TITRE VIII.

POISSON DE MER.

1. Item il est ordonné, sur le fait de la marchandise de poisson de mer, a
Paris :

Premierement, que quiconques vouldra estre poissonnier de poisson de mer, il
convient qu'il achete le mestier; et le vend de par le Roy a l'un plus et a l'autre
moins, et en a selon ce qu'il voit que bien est.

2. Item, tout le poisson fres de mer qui sera apporté a Paris jusques a la Saint
Remy sera vendu le jour qu'il vient, soit en groz soit en détal, et qui fera le contraire, il perdra le poisson, et l'amendera de x sols parisis.

3. Item, le saumon et le pourpois l'on ne le gardera que deux jours a compter
le jour qu'il sera arrivé a Paris, de la Saint Remy jusques a Pasques, et de
Pasques jusques a la Saint Remy, il sera vendu le jour qu'il sera arrivé a Paris;
et qui autrement le fera, il payera xx sols d'amende au Roy toutesfoiz qu'il en seroit actains; et le poisson de mer qui sera vendu a Paris, de la Saint Remy jusques a la Pasque, n'aura que deux jours de vente tant seullement de celluy qui le
vendra en groz, et celluy qui le vendra a detail, ce jour mesmes le doit vendre : et
qui plus le gardera en ces deux saisons si comme il est devisé cy-dessus, le poisson
sera perdu et acquis, et en sera en l'amende des xx sols dessusdits.

4. Item, nul poissonnier de mer, ne autres quelzconques, nobles, religieux ou
autres, ne pourra aller encontre le poisson pour l'acheter, se n'est par dela la rivière d'Oise, ou en ville ou y queure marché, ouquel le poisson seroit descenduz
pour vendre; et qui autrement fera, il perdra tout le poisson qu'il achetera toutes
les foiz qu'il en sera actaint, et payera cent sols d'amende au Roy.

5. Item, tout le poisson doit estre mis ou penner aussi bon dessus comme
dessoubz et ou meilleu; et qui fera le contraire, il perdra le poisson.

6. Item, nulz poissonnier de mer ne pourra mectre rayes en penier sur autre
poisson, et qui autrement le fera il perdra le poisson.

7. Item, quiconques amenera poisson a Paris, meslé ensemble en ung pennier,
il perdra le poisson toutes les foiz qu'il en sera actains.

8. Item, tous les macquereaulx et le haren qui seront apportez a Paris, seront
venduz a compte et se le marchant qui l'achetera ne le veult compter, il aura le
serement de cellui qui l'amenera s'il luy plaist, ou l'estalier qui le vendra se fera
creable par sa foy de tel compte, comme il y trouvera.

9. Item, tous ceulx qui amenent poisson a Paris pour vendre a charrecte ou a
sommier, ilz le descendront dedans les Halles de Paris, sans entrer en maison ne
ailleurs; et s'ilz descendoient ailleurs, ils perdroient les denrées et l'amenderoient
de lx sols et celluy chez qui il seroit descendu d'autant.

10. Item, les poissonniers de Paris delivreront les marchans estrangiers du pris quilz leur devront pour leur poisson, dedans lendemain vespres qu'ilz auront acheté le poisson, et s'ilz en faillent, ilz payeront v sols d'amende au Roy toutesfoiz quilz en seront actains. Et se le marchant dehors gist le lendemain qu'il viendra a Paris, par deffault de payement a l'estallier, l'estalier est tenu a luy rendre ses despens de la nuyt, ou de plus se plus demeure et v sols d'amende au Roy.

11. Item, quiconques amenra haren a Paris pour vendre, en charrecte ou en sommier, il convient que le harent soit d'une sicute, a tel tesmoing comme les marchans l'auront monstré; et se le vendeur et l'acheteur s'accordent que le harent soit compté, le vendeur prendra une mèse, et l'acheteur une autre, par main estrange, et a la revenue que ces deux reviendront doit revenir tout le remanant du harent.

12. Item, quiconques achete harent de Fronclaye et morues bactonnées et macquereaulx salez de marchant estrange, il convient quilz soient ouvers dedans tierce et cloz dedans vespres; et ce est ordonné pour ce que les marchans s'en aloient trop tard, et qui ainsi ne le fera, tout le poisson sera en la volonté du Roy, toutes les foiz qu'il en seroit atains, et l'amendera de lx sols parisis.

13. Item, les cueulleurs de Tonlieu des Halles de Paris, ne pourront riens louer hors des couvertures des Halles au poisson : et se ilz font le contraire, ilz doivent payer l'amende de v sols toutesfoiz quilz en seront actains.

14. Item, les vendeurs de poisson donrront chacun plegerie de lx livres parisis aux maistres qui gardent le mestier pardevant le prevost de Paris, avant quilz s'entremectent de vendre ne d'acheter pour nulluy; et ce ont ordonné les preuxd'ommes pour amender les meffaiz que les autres pourroient faire, et se aucun d'eulx le vend avant la pleigerie, il sera a lx sols parisis d'amende; et ce est estably des vendeurs en groz.

15. Item, quiconques est vendeur de poisson de mer a Paris, il ne peut ne ne doit partir, ne avoir part ne compaignie a poisson qu'il vende ou achete, ne luy ne sa femme ou mesnie, et se il le fait, il est en la mercy au Roy de tout son avoir, toutes les foiz qu'il en seroit actains.

16. Item, nul vendeur ne peut envoyer hors en son nom, ne avoir compaignie a marchant dehors; et se aucun est trouvé faisant le contraire, il perdra l'office et payera xx livres d'amende au Roy, dont l'accusant aura le quart.

17. Item, oudit mestier n'aura que dix vendeurs tant seulement, lesquelz vendront lesdits poissons en leurs personnes sans ce quilz le puissent faire vendre par leurs femmes, par leurs clercs, mesgniées, ne par aucune autre personne que par eulx; et qui sera trouvé faisant le contraire, il payera lx sols d'amende, mais ceulx a qui les poissons seront, ou ceulx qui pour eulx les auront amenez, les pourront vendre en leurs personnes si leur plaist.

18. Item, toutesfoiz que aucun desdiz vendeurs yroit de vie a trespassement, et y fauldra que aucun y soit mys, celluy qui mis y sera, sera esleu par les commissaires, appelez à ce les plus souffisans et convenables dudit mestier des harengiers et poissonniers, affin que il soit le plus convenable et expert pour y estre.

19. Item, lesdiz vendeurs auront et prendront de chacun panier de poisson quilz vendront, vi deniers parisis, et du millier de haren, xii deniers et non plus : et se plus en prennent, ilz payeront x livres d'amende par la manière que dit est.

20. Item, nulz desdits vendeurs ne sera preneur de poissons pour le Roy, pour Madame la Royne, pour nos Seigneurs leurs enfans ne pour autres de nos Seigneurs quelzconques ayant droit ne povoir de faire prinses de poissons, ne ne prendront robes ou biens faiz d'aucuns : et quiconques fera le contraire, il sera privé dudit mestier et payera xx livres d'amende, dont l'acuseur, s'il est autre que des jurez, aura le quart.

21. Item, lesdits vendeurs ne les quatre jurez dont mencion est faicte cy-dessoubz, ne aussi celluy qui a gaiges du Roy pour cause des petiz penniers, ne pourront ne devront vendre ne faire vendre poisson a detail, a estal ne autrement, sur peine de perdre leur office et de x livres parisis d'amende, comme dit est.

22. Item, nul poissonnier de Paris ne peut ne ne doit boullier ne gascher poisson, comme morue salée, macquereaulx salez ou harent blanc salé : et se il le fait, il perdra le poisson toutes les foiz qu'il en sera actains, dont l'accuseur aura le quart.

23. Item, les compteurs et les poigneurs ne pourront avoir, de chacun millier de harent compté, que i denier, cest assavoir du vendeur, maille, et de l'acheteur, maille, excepté de haren en pannier, dont parlé est cy-dessus : et qui plus en prendra, il l'amendera de v sols parisis, toutesfoiz qu'il en sera actaint.

24. Item, quiconques amenera poissons en pennier a Paris, il convient que ses penniers soyent empliz loyaument, ou a comble ou sans comble, en la manière quil est devisé pardessus; et se il advient que les vendeurs treuvent en ung pennier xxx harens moins quil ne nommera la somme, il sera en v sols d'amende et restituera a partie.

25. Item, nul marchant de poisson de mer ne soit si hardy quil amene penniers a Paris, mendres du patron qui est ordonné et signé au seing le Roy, a la fleur de lyz : et se il les amene, il perdra les denrées comme forfaictes et acquises au Roy nostre Seigneur, et sur ce sera l'estalier desdommaigé par celluy qui les cueille pour le Roy, ou cas toutesvoyes ou ilz ne l'auroient apperçeu estre petit en le achetant, ouquel cas il ne leur seroit riens rabatu, mais l'amenderoient de v sols, toutesfoiz quilz en seroient actains.

26. Item, que les poissons soyent mis dedans les penniers, sans fraude, bien et

loyaument; et se fraude y estoit trouvée, le poisson sera perdu et celluy de qui il
sera, l'amendera de v sols, toutesfoiz qu'il le fera.

27. Item, nul ne soit si hardy qu'il mesle rayes ne chiens de mer avec autres
poisson en ung pennier; et pour ce que les marchans de la mer en ont esté et sont
encores trop coustumiers, qui le fera, tout le pennier et les poissons seront forfaiz
au Roy en nom d'amende.

28. Item, et pour ce que les voicturiers qui amenent le poisson de la mer
sçevent bien lesquelz penniers sont petiz, et pour ce qu'ilz ont esté et sont coustumiers d'amener petiz penniers, ilz en seront pugniz trop plus griefment qu'ilz n'ont
esté au temps passé, au regard des jurez.

29. Item, nulz vendeurs ne estalliers ne pourront vendre ne acheter poisson
de mer, ne harent mis en pennier ou en charrectes, ne autres poissons, sans res-
ponce d'amende des deffaulx ou fraude qui y seroient trouvez, ne ne pourra ne devra
le vendeur leisser partir le poisson de devant luy, sans savoir et avoir pris loyal
[avis] sur la vente d'icelluy, sur peine de perdre les denrées et d'amende voluntaire.

30. Item, tous les marchans voicturiers de la mer qui amerront saumons ou
autres poissons de mer, quelzquilz soyent, harent de Garnisy ou autre harent, les
amerront tout droict, sans fraude, ès Halles ou lieu acoustumé, sans aucun d'iceulx
descendre en nul hostel ne ailleurs : et qui fera le contraire il perdra les denrées.
Et se ainsi estoit que lesdits saumons ou autres poissons ou harens ne puissent
estre venduz en la journée qu'il seroit venu, quil soit mis en la garde des Halles
et non ailleurs, sur la peine dessus dite.

31. Item, nul ne soit si hardy que il achete ou vende poisson que ès Halles
ou ès lieux accoustumez, soit de Paris ou dehors; et qui fera le contraire perdra
les denrées et v sols d'amende.

32. Item, tout selerin sera vendu a compte, ainsi que le harent et macquereaux, si comme il est dit cy-dessus.

33. Item, en ung pennier de macquereaux doit avoir LX macquereaulx frès, et
se le macquereau est goulfis, si en doit avoir ou pennier L macquereaulx du
moins, par droit compte.

34. Item, en ung pennier de troites doit avoir XII troites de moison du moins,
et doit avoir chacune troite pié et demy entre queue et teste, du moins; et se ils
sont trop menues, on en doit compter deux pour une en la XII^{ne}.

35. Item, tout le harent, le selerin, les morues et les mellens salez qui seront
amenez en brouecte et en mannes, seront venduz a brouecte ou a mennes ou a
tressoumel.

36. Item, nul marchant ne pourra remuer poisson de pennier en autre, puis
quilz serortt enpennerez en la mer, ne ne pourra faire de deux penniers, trois,
sur peine de perdre toutes les denrées.

37. Item, nulz ne nulle ne pourra sorir harent, se n'est harent frès ou harent de Garnisy, et que le harent soit avant veu par deux des jurez dudit mestier, savoir mon s'il est boñ et souffisant pour sorir, sur peine de perdre le harent et de LX sols d'amende.

38. Item, nul ne pourra gascher harent pour vendre que au jour la journée, sur peine de perdre le harent.

39. Item, tous marchans qui amainent poissons a Paris viengnent dedans heure de prime Saint Magloire, ou leurs denrées ne seront vendues jusques au lendemain, et seront mises en la garde des Halles, se les poissons ne viennent de chasse de jour a autre, ou se ilz ne pevent monstrer loyal essoine.

40. Item, nul ne nulle ne face ne dye villenie ne despitz aux jurez du mestier ne a aucuns d'eulx, en gardant les droiz du Roy, les forfaictures, les droictures et ordonnances dudit mestier, sur peine d'estre encheuz en grosses amendes envers le Roy, toutesfois que on s'en plaindra et ilz en seront actains.

41. Item, nuls garsons ne autres personnes doresnavant ne voisent ne allent contre les marées, hors des Halles de Paris, ne ne preignent poissons en penniers se ilz ne l'achetent, sur peine d'estre étournez ou pilory, et d'estre privez de la marchandise, et banniz de la ville de Paris, jusques au rappel du prevost de Paris.

42. Item, toutes manières de gens vendans poissons a estail auront et prendront gaing convenable pour leur peine, selon l'ordonnance du poisson cy-dessus escripte.

43. Item, nulz poissonniers ou marchans, venans de la mer a Paris et apportans poissons de la mer, ne pourront mectre ne apporter en leurs penniers a poisson frès, foin, feurre ne autres choses quelzconques que poissons, sur peine de perdre les poissons et estre acquiz au Roy.

44. Item, nul ne soit si hardy de vendre caque harent a detail ne en groz, que sitost comme il sera mis en vente il ne dye a son marchant se ledit harent est de la presente année ou de l'année précédente, et ceulz qui desdits grossiers auront acheté celluy qui sera suranné, ilz ne le pourront vendre que il ne le dye estre tel comme il sera, et non pas avec le nouvel, mais sera le suranné vendu devant la Croix des Halles et non ailleurs; et qui sera trouvé faisant le contraire, il perdra les denrées, si l'amendera de diz sols parisis, toutesfoiz qu'il en sera actaint, et l'accuseur aura le tiers.

45. Item, toutes manieres de gens vendans poisson de mer a estail en la ville de Paris, seront tenuz d'acheter les poissons quilz acheteront le jour mesmes. Et ou cas ou ilz se chargeront de en plus acheter que raison, ou que ilz s'efforceroient de le plus vendre que juste pris, par quoy il leur en demourroit a vendre jusques a l'eure de couvrefeu sonnant en toutes saisons, nonobstant ce que de la Saincte Croix en septembre jusques a la Saincte Croix en may ilz ayent deux jours

3

de vente, l'estalier a qui il en demourra l'eure sonnée sera tenu de le porter et
faire porter en la garde, ou l'on a acoustumé mectre les poissons en garde; et
pourra monstrer ce quil y portera a la garde du mestier qui, a peine de v sols
d'amende, sera tenu de rendre tout ce qui par telle manière luy sera baillé; et qui
sera trouvé le portant en sa maison, ou autrement faisant le contraire, il perdra
les denrées, et payera dix solz d'amende, toutesfoiz qu'il en sera actains, dont
l'accuseur aura le tiers.

46. Item, celluy qui demourra a Petit Pont, a la porte Baudoyer, comme
dit est dessus, sera en semblable manière et sur les peines dessusdites, mis en
garde.

47. Item, il est ordonné que quatre preud'ommes seront esleuz chascun an
doresnavant par le prevost de Paris ou l'un des auditeurs au Chastellet, appelé a
ce le procureur du Roy et le prevost des Marchans et plusieurs des plus loyaulx
et souffisantes bonnes gens de la ville de Paris, estans et demourans ès Halles de
Paris et environ, tant jurez vendeurs, estaliers comme autres, lesquelz quatre
preud'oumes ainsy establiz, jureront par leurs seremens, leurs mains mises, tenues
et touchées aux sains Euvangilles de Dieu, que lesdites ordonnances et tous les
poins dudit mestier, cy-dessus nommez et esclarciz, ilz tiendront et feront tenir
plainement sans enfraindre, ne ne le lairront pour raison de depport, de faveur,
de frere, de seur, de cousin, de parent, ne autrement en quelque manière que
ce soit. Et ou cas qu'il seroit trouvé que saichamment feissent le contraire, ilz
seroient privez dudit mestier, reputez pour parjures et pugniz d'amende voluntaire.

48. Item, lesdiz jurez seront tenuz par leursdiz seremenz, toutesfoiz que aucun
encourra en aucune peine ou fera contre aucuns des poins dudit mestier, de le
rapporter par devers le prevost de Paris ou l'un des auditeurs et le procureur du
Roy, pour les punir en la manière que dessus est dit et aultrement, se mestiers est
et le cas le desire. Et chascun an, par quatre foiz et a quatre termes, se presenteront pardevers lesdits establisseurs ou l'un d'eulx pour savoir se aucune correction sera a faire oudit mestier.

49. Item, quant se vendra au bout de l'an que iceulx jurez establiz auront
ainsi servy et gardé ledit mestier, comme dit est, ilz seront tenuz de retourner et
eulx retraire pardevers lesdiz establissans et leur presenteront leurdite commission,
et lesdits establissans seront tenus de savoir comment lesdiz jurez establiz se seront
portez en leurdit temps, et par manière dessusdite feront, establiront et institue-
ront deux de ceulx et autres nouveaulx preudommes que ilz prendront en icellui
mestier ou d'autres, se il semble que bon soit, pour ledit mestier garder, comme
dit est; et ceste mutacion fait l'on pourceque lesdiz jurez ne soyent acointez de
trop de gens, ne que ilz ne prengnent faveur avec lesdiz poissonniers ou autres,
si comme on a fait le temps passé.

50. Item, pourceque les quatre jurez dont parlé est cy-dessus n'ayent cause d'eulx douloir pour leur labour et service, pour lequel ilz ont laissé toute marchandise de poisson, ilz auront la moitié des amendes qui par eulx viendront a clarté.

TITRE IX.

POISSON D'EAUE DOULCE.

1. Item, sur le fait et marchandise de poisson de aue doulce, il est ordonné que nul ne nulle ne peut ne doit aller encontre le poisson d'eauc doulce que on apporte a Paris pour vendre, ne l'acheter pour revendre a Paris ne ailleurs, de trois lieues en tous sens, mais tant seulement a Paris aux bouticles en la saunerie ou ès pierres du Roy d'entour Chastellet et lez petit pont. Et qui fera le contraire il perdra la marchandise et l'amendera de lx sols parisis.

2. Item, s'aucun estoit trouvé mussé pour vendre son poisson en reppost ou autrement, il perdra le poisson et l'amendera a volenté, et aussi celuy chiez qui il sera muciés luy sachant ou ses genz.

3. Item, nul ne nulle ne pourra son poisson musser, repporter ne retourner ça ne la, puis qu'il est meuz de son hostel pour l'apporter a Paris pour vendre, ains le doit apporter aux pierres le Roy a Paris, et non ailleurs : et se ilz le font autrement, ilz perdront le poisson et l'amenderont au Roy, et illec vendront leurs poissons a toutes manières de gens qui en auront a faire pour leurs vivres, jusques a l'eure de midi sonné a Nostre Dame de Paris, sans ce que marchant ou autres quelzconques en puissent acheter pour revendre en la ville de Paris ne ailleurs, jusques après ladite heure sonnée ou sceue.

4. Item, nul n'yra encontre les marchans de lemproyes acheter pour revendre, et qui autrement le fera, il l'amendera a volenté.

5. Item, toutes manières de marchans de lemproyes dès ce qu'ilz seront partiz de leurs hostelz, pour venir a Paris, feront apporter leurs denrées et descendre aux bouticles ou aux pierres le Roy, et ne pourront entrer en la ville de Paris, se n'est de plain jour, sur paine de perdre le poisson et d'amende voluntaire.

6. Item, nul poissonnier de Saint Denis n'achetera nul poisson d'eaue doulce venans a Paris, pour revendre en la ville de Paris, a peine de forfaire le poisson et d'amende voluntaire.

7. Item, pour garder lesdites ordonnances en leur forme et teneur sans enfraindre, seront establiz par le prevost de Paris ou ung des auditeurs de Chastellet, appellé a ce le procureur du Roy et le prevost des Marchans, deux preudoumes qui seront esleuz par le commun du mestier et d'autres bonnes gens autres que du mestier, se mestier est, lesquelz jureront par leurs seremens, la main touchée aux sains Euvangilles de Dieu, tenir et garder fermement lesdites ordonnances sans en-

3.

fraindre; et aussi leur sera enjoinct de le faire sur peine de leurs biens perdre, et
iceulx confisquez et estre appliquez au Roy, a sa volenté ou de ses establissans; et
auront la moitié de leurs amendes pour leur salaire lesdiz jurez.

TITRE X.
BOUCHIERS.

1. Item [1], que nulz bouchiers ne autres personnes, puis que le bestail sera
esmeu a mener au marché, ne pourront aler au devant des denrées, ne icelles
denrées meues a amener au marché, vendre, acheter aux estables ne en autres
lieux, se ce n'est aux lieux a ce acoustumez et ordonnez par toute la viconté de
Paris. Et aussi ne les pourra l'on vendre n'acheter a Paris ne ès faulxbourgs de
Paris, se n'est en la place que l'on dit la place aux porceaulx, et excepté tant seullement bestail de let et après heure de midi, excepté bouchers detaillers qui les
pourront acheter dedans ladite heure pour revendre a detail et a estal et non autrement, sur peine de perdre les denrées et d'amende voluntaire.

2. Item, nulz valetz bouchers ne pourra aler ne acheter denrées en quelque
lieu que ce soit, se il n'est tailleur et expert a savoir et povoir acheter et payer.
Et quiconques fera le contraire, il perdra les denrrées et l'amendera.

3. Item, se aucun veult partir a aucun marchant, il y peut et pourra partir et
paier sa porcion du pris de telle part, comme il y devra avoir, et sans ce qu'il y
ait nul encherissement oultre le premier marché.

4. Item, toutes autres manières de bouchiers de la ville, prevosté et viconté de
Paris, jureront et affermeront par leurs seremens que loyaument et veritablement
ilz mectront en somme tout ce que les bestes qu'ilz tueront et vendront a estal
leur auront cousté, et que, de chascun xx sols, rabatu tout le prouffit qui desdites bestes leur demourra, il prendront pour leur acquest tant seulement ii sols
parisis pour livré et non plus; et qui sera trouvé faisant le contraire, il forfera le
mestier et sera pugny d'amende voluntaire, et aura l'accuseur la quarte partie
de l'amende. Et ou cas ou les bouchers de la ville de Paris seroient de ce faire
reffusans et ne le vouldroient faire, ilz seroient privez du mestier, et donrroit l'on
congié a toutes manières de gens de fère et lever boucherie, en quelque lieu qui
qu'il leur plairoit en la ville de Paris, mais quilz vendent chars bonnes, loyaulx
et souffisantes.

---

[1] Outre les Bouchers et les Chandeliers ce titre
mentionne encore, à l'article IX, les Moutardiers
et les Huiliers, qui doivent vendre leurs marchandises dans les mêmes conditions de bénéfice.
Lamare (*Traité de la police*, t. III, p. 434) se fonde
sur ce texte pour avancer que, d'après les ordonnances du roi Jean, les Chandeliers se chargeaient
du commerce de la moutarde et du vinaigre. Évidemment l'épicerie est très étendue, mais c'est in-
duire le lecteur en erreur que de formuler une pareille assertion.

Des bouchiers et chandeliers de suif.

5. Item, nul Chandelier de suif ne pourra mectre sain ne oingt, flambeaulx ne autres gresses en leur suif, ne nulz bouchers aussi. Et y aura visiteurs qui visiteront les denrées pardevers les bouchers et les chandeliers qui auront la quarte partie des forfaictures qu'ilz trouveront.

6. Item, quiconques aura plus de trois milliers de suif, qui se cesse d'en acheter plus, jusques a ce quil ait vendu les deux pars. Et quiconques fera le contraire, il perdra les denrées et l'amendera.

7. Item, nul bouchier ne vendra chair sursemée, ne aussi ne gardera cher tuée plus de deux jours en yver, et en esté jour et demy au plus. Et ou cas qu'il fera le contraire, il l'amendera chacune foiz de vingt solz.

8. Item, pour visiter ledit mestier des bouchiers et cellui des chandelliers, seront establiz quatre preudommes qui jureront par leurs seremens que loyaument et justement, sans depport d'aucun, ilz visiteront et verront ès hostelz, celiers, maisons et autres lieux desdits bouchers et chandelliers, et que toutes les deffaultes qu'ils trouveront, sans depporter aucun, le jour mesmes que trouvé l'auront, ilz rapporteront pardevers le prevost de Paris ou l'un des auditeurs, le procureur du Roy et le receveur de Paris, qui en ordonneront, si comme raison sera. Et seront lesdiz jurez renouvellez chacun an de leurs seremens par ledit prevost de Paris, ou l'un des auditeurs, le procureur du Roy et le prevost des Marchans. Et auront lesdiz jurez, pour leur salaire, le tiers des amendes et forfaictures qui en ystront.

9. Item, lesdiz chandeliers jureront par leurs seremens, et aussi les moutardiers et les huilliers que ilz prendront, sur chacun xx soldées des denrées qu'ilz vendront, ii solz parisis de pur acquest, tant seulement; et qui sera trouvé plus en prenant, il perdra les denrées et l'amendera, sans ce quilz y puissent compter aucuns autres despens ou salaires que le pur principal que le suif et lumegnon leur coustera et le labeur de ceux qui feront les chandelles.

TITRE XI.
POULAILLERS, EUFZ ET FROMAIGES.

1. Item, nul quelqu'il soit ne pourra acheter pour revendre poulaille, eufz, fromaiges, perdris, cognins, aigneaulx, chevreaulx, veaulx, sauvagines, ne autres vivres quelzconques, en la ville de Paris, s'ilz ne les achetent es places publicques et lieux ou les marchiez sont, et ont acoustumé a estre, et en plain marchié; et ne les pourront les poulaillers ou regratiers acheter pour revendre, en la ville de Paris, se n'est après l'eure de midi sonnée a Nostre Dame de Paris; et seront tenuz toutes manières de gens et marchans apporter leurs denrées quelzconques,

sans descharger, ne aller aux marchez, ne regratiers aucuns, se ce n'est ès places et marchez publicques et acoustumez, afin que chacun s'en puisse garnir, et en avoir pour son vivre, dedans ladite heure, et avant que les marchans les achetent pour revendre, sur peine de perdre les denrées et pugniz de peine et amende voluntaire. Et aura l'accuseur de la deffaulte, la quarte partie du prouffit des amendes. Et ou cas que aucun apporteroit a Paris aucunes des denrées et marchandises dessusdites, et les baillast et livrast a marchans, en faingnant et laissant vérité quilz feussent dudit marchié, et sans mener ès places dessusdites, ilz perdroient la marchandise et l'un et l'autre l'amenderont. Et sont les places a vendre poulaille et les deppendences du mestier : en la rue neufve Nostre Dame, devant Chastellet, a la porte de Paris; et ès Halles, en la Cossonnerie : et les eufz et fromaiges, devant Saint Cristofle et ou cimetiere Saint Jehan, et non ailleurs, sur lesdites peines.

2. Item, et si aucun des marchands des denrées et marchandises dessusdites alloient ou envoyoient par les villes, ou il y a marché, acheter aucunes des marchandises dessusdites, ilz ne les pourront acheter ne faire acheter, a jour de marché, devant l'eure de prime sonnée et sceue ès villes ou le marché est, et se ilz faisoient le contraire, ilz perdroient la marchandise et l'amenderoient d'amende voluntaire.

3. Item, ou cas que aucun marchant de poulaille, d'eufz et de fromaiges s'arresteroit, depuis qu'il seroit party de sa maison ou du lieu ou il auroit prins les denrées, par faveur desdits regratiers, en attendant que ladite heure fust passée, il perdroit les denrées et l'amenderoit.

4. Item, que pour les mestiers des poulaillers et queconniers de la ville de Paris estre mieulx et plus loyaument gardez sans enfraindre, nous avons ordonné que deux preudommes dudit mestier ou autres seront esleuz, lesquelz jureront par leurs seremens que, ledit mestier et les ordonnances faictes sur icelluy, ilz garderont et feront garder bien et loyaument, sans enfraindre, et que tantost et incontinent que aucuns dudit mestier ou autres s'efforceroient de faire ou aler contre les ordonnances, ilz les contraindront et feront contraindre a amender, selon les peines dedans ordonnées, ou les amerront devant le premier juge que ilz trouveront pour les en pugnir, si comme raison devra.

5. Item, que lesdiz jurez, toutes les sepmaines trois ou quatre foiz, vendront et visiteront par les ouvrouez et hostelz desdits poulaillers, tous les congnins, lievres, perdris, videcos et autres bestes, et oyseaulx sauvaiges que l'on a acoustumé vendre mors a Paris. Et ou cas ou ilz trouveront que lesdits poulaillers, ou aucuns d'eulx, ayent tenu et gardé pardevers eulx aucunes des choses dessusdites sans vendre, tant que il leur appare icelles estre corrompues, ilz seront tenuz, par leurs seremens et a peine d'estre repputez pour parjures, et d'amende voluntaire, de les prendre et les faire ardoir, partie devant l'ostel de celluy

sur qui ilz seront trouvez, et l'autre partie gectée en la riviere ou portée aux champs; et ou cas que cellui sur qui ilz seront trouvez vouldroit maintenir que ilz feussent bonnes, que tantost, sans nul delay, il porte lesdites denrées devant le premier juge qu'ilz trouveront, ou Chastellet, et illec appellez avec lesdiz jurez des autres marchans dudit mestier, en sera ordonné par la manière que dit est.

TITRE XII.
DRAPPIERS ET MARCHANS DE POIX.

1. Item, les drappiers en groz ou a détail, les peletiers en groz ou a detail, les espiciers, feutriers, tappissiers, frappiers, cordiers, vendeurs de hanaps et tous autres marchans d'avoir de poix pourront prendre de leur marchandise et en leur marchandise ii sols parisis pour livre d'acquest en pays de parisis; et tournois en pays de tournois; et de la marchandise de tournois et non plus, en regard a ce que la marchandise leur couste rendue a Paris tant seulement, sans y mectre ne convertir autres coustz ou fraiz; et jureront lesdits maistres et marchans par leurs seremens ce tenir et garder, et en regard a ce qu'ilz acheteront les marchandises et a la monnoye. Et se ilz font le contraire, ilz l'amenderont a volenté, et si perdront la marchandise, et aura l'accuseur le quart de l'amende.

2. Item, nul correctier de drapperie, de peleterie, d'espicerie, de chevaulx, de mercerie, de foing ne d'autre marchandise quelle elle soit, ne pourra marchander, n'estre marchant par luy ne par autre, ne estre compaignon de la marchandise dont il sera correctier. Et tous les correctiers donrront bons pleiges, sur peine de perdre leur mestier, et d'amende de dix livres, toutesfoiz qu'il fera le contraire, dont l'accuseur aura la quarte partie de l'amende.

TITRE XIII.
[OUVRIERS EN CUIRS.]

1. Item, que les conrrayeurs de cordouen ne pourront estre marchans de cordouen et corroyeur ensemble, mais correur par soy, sur peine d'amende arbitraire. Et pourront prendre et avoir tant d'apprentiz comme ilz vouldront, lesquelz apprentiz pourront avoir leur mestier quant ilz auront esté apprentiz deux ans; et lesdiz correurs sur ladite peine ne pourront prendre de la xii^{ne} du plus grant et du plus fort cordouen, que xii sols de corroyer, et de l'autre cordouan plus petit, a la value; et qui fera le contraire, il l'amendera a volenté, et sera privez du mestier.

Baudroyeurs.

2. Item, les baudroyeurs pourront ouvrer de nuyt depuis la Toussains jusques a my-mars et pourront avoir tant d'apprentiz comme ilz vouldront; lesquelz apprentiz quant ilz auront esté apprentiz deux ans, pourront avoir leur mestier et gaigner la ou ilz vouldront. Et ne pourront prendre de corroyer ung doz, de la taille de Paris et de Ponthoise, que ii sols vi deniers, et de tout autre cuyr, de quelque taille que ce soit, a la value. Et qui fera le contraire, il perdra le mestier et l'amendera a volenté.

Cordonniers.

3. Item, les cordonniers pourront avoir et prendre pour soliers de cordouan a clercs ou a bourgois des meilleurs, ii sols iiii deniers et non plus, et les autres moins fors, a l'avenant, et ceulx a femme, xx deniers, et les plus fors a femme ii sols, et ceulx des autres gens, a la value, et ceulx a gens de ville, iii sols ou iii sols vi deniers; et ne pourront vendre les fors et les meilleurs de cordouan ou de vache, que iiii sols et non plus. Et ne pourront vendre en leurs maisons nulz soliers ne houreaulx que ceulx quilz feront en leur ouvrouer; et se ilz vendent autre ouvraige que celluy qu'ilz feront en leur ouvrouer, ilz le porteront en la Hale et place ordonnée et non ailleurs; et ne prendront les valetz desdits cordouenniers de couldre et de tailler une douzaine de souliers renduz prestz, que iiii sols et non plus, et qui fera le contraire, il sera en amende voluntaire. Et ne pourront les cordonniers estre marchans de cordouan et cordonniers ensemble, mais marchans par soy ou cordonnier par soy. Et se ilz font le contraire, ilz perdront les denrées et payeront x sols d'amende, dont l'accuseur aura le quart touteffoiz quilz seront actains.

4. Item, les tanneurs de cuirs tanneront les cuyrs en la guise et en la manière, et aussi bien comme l'on les souloit tanner anciennement, sur peine d'amende.

5. Item, nul ouvrier et faiseur de souliers de basanne a Paris ou ès faulxbourgs ou en autres villes de la prevosté, viconté et ressort d'icelle, ne pourra mectre en œuvre ne faire souliers de peaulx de moton ou de brebis, ou de chiès tanné, ne les vendre, mais tant seulement de basanne d'Auvergne et de Provence bonne et fine; et qui fera le contraire il perdra la marchandise et sera privez du mestier, et l'amendera de x sols pour chascune foiz qu'il fera le contraire. Et celluy qui l'accusera aura le quart, et seront visitez lesdites basannes par certaines personnes a ce ordonnez.

6. Item, nul faiseur de souliers ou de houreaulx de cordouan ou de vache ne pourra faire souliers ne houzeaulx de veaul, ne vendre en son hostel, mais en la

Halle cy-dessoubz ordonnée, et lors il le vendra comme de veau; et se il fait le contraire, il perdra la marchandise et sera en amende de x sols pour chascune foiz qu'il le fera; et seront ordonnez certains preudommes qui visiteront souvent le mestier desdits cordonniers, et aura l'accuseur le quart de l'amende.

Savetiers.

7. Item, le savetier ne pourra avoir ne prandre, de mectre en souliers de son cuyr de chascune ante que ii deniers et non plus; et de couldre d'autruy cuir de chascune ante i denier; et de y mectre quatre quarreaulx de son cuir les meilleurs xii deniers et non plus, et d'autres a l'advenant; et de couldre d'autruy cuyr ii deniers et non plus; et de mectre ung rivet en ung solier, une maille. Et qui fera le contraire il l'amendera de vi sols, dont l'accuseur aura la moitié; et de rapparcillier en autre maniere, a l'avenant.

8. Item, combien que en aucun temps pour ce que en la ville de Paris avoit grant habondance de cordouan d'Espaigne qui est meilleur conrroy des autres, eust esté ordonné que nul conrroy de Flandres ne feust venduz, pour ce que ceulx de Flandres estoient partie conrroyez en tan, et l'on a trouvé, par le serment des marchans de cordouen en groz demourans a Paris, des tanneurs, baudroyeurs, corroyers et cordonniers, que lesdits cuirs de Flandres sont bons, loyaux et prouffitables, pour en user en la ville de Paris et ailleurs, et que icelle ordonnance ne feust faicte fors seulement par la grant habondance de cordouan d'Espaigne qui lors estoit et venoit a Paris, ordonné est que toutes manières de cuirs de cordouan souffisant seront doresenavant venduz et achetez et mis en cuirs par les ordonnances de la ville, prevosté et viconté de Paris, nonobstant ordonnances, statuz a ce contraires.

TITRE XIV.
MARCHANS FORAINS.

1. Item, il est ordonné que tous marchans forains qui apporteront en la ville de Paris aucunes marchandises et denrées pour vendre, les porteront pour vendre ès hales et marchiez publicques et acoustumez, et ailleurs ne les pourront descendre ne ailleurs vendre, sur peine de perdre les denrées et d'estre en amende de volenté. Et pour ce que aucuns marchans tant brabançons que autres apportent souvent et ont acoustumé apporter en la ville de Paris, souliers, houreaux, chappeaux de bievre et de feutre, selles, brides, galoches, chandelles de suif et autres, patins, esperons, toilles, armeures et autres denrées pour vendre, ceulx qui telles choses acheteront pour revendre en la ville de Paris, ne les pourront porter en leurs maisons pour revendre, fors que esdiz marchiez et places publicques, sur les peines dessusdites; et ou cas que l'on rappelleroit en doubte que aucunes des denrées et marchandises ne soyent loyaulx et souffisant, les maistres des mestiers n'en pour-

4

ront congnoistre sans appeller le prevost de Paris, ung des auditeurs de Chastellet, le procureur du Roy et le prevost des Marchans; et s'aucuns faisoient le contraire, ou y commectoient aucune fraude, ilz perdroient la marchandise et l'amenderoient a volenté, et cellui qui les accusera aura la quarte partie de l'amende;
et pour ce que chascun saiche ou il devroit descendre et vendre leurs marchandises,
il est ordonné qu'ilz les descendront et vendront en la halle neufve, partie devant la halle au blé. Et s'aucuns des marchans de Paris alloient ou envoyoient
en aucuns pays estranges acheter aucunes marchandises, ilz ne les pourront
porter, descendre, vendre ne faire vendre en la ville de Paris, fors que en la
Halle et places dessusdites ou en celles qui a la marchandise sont pieça ordonnées, sur peine de l'amende dessusdite; et aussi le pourront faire tous marchans
forains et autres et non autrement; et tous marchans dehors, qui marchandise
vouldront ainsi faire, il pourront venir seurement et sans aucune doubte en la
ville de Paris.

TITRE XV.
[LABOUREURS DE VIGNES.]

1. Item, il est ordonné que les laboureurs de vignes auront et prendront de
vendanges passées et accomplies jusques a my-fevrier ensuivant, pour ouvrer ès
vignes des façons acoustumées en icelluy, c'est assavoir : les tailleurs, xviii deniers pour jour, sans despens, les foueurs, xvi deniers pour jour sans despens;
ceulx qui font les autres labours desdites vignes, xii deniers pour jour et au dessoubz sans despens, et non plus; et de my-fevrier jusques a la fin dudit mois
d'avril, ii sols vi deniers parisis par jour les meilleurs tailleurs, et les autres au
dessoubz sans despens, et non plus. Es lieux toutesvoyes ou ilz ont acoustumé
faire leur journée loyaument, de soleil levant jusques a soleil couchant, et ez lieux
ou ilz ont heure acoustumée d'ancienneté, au dessoubz desdits pris, sans despens;
et ès lieux ou ilz usent desdites heures, au dessoubz selon lediz pris et lesdites
heures par dela.

TITRE XVI.
[MOISSONNEURS.]

1. Item, les meilleurs ouvriers seyeurs de blez durant les gaignaiges et les
moissons, ne pourront prendre ne avoir que ii sols vi deniers, et les autres au
dessous, en pays de Parisis, parisis, et de Tournoiz, tournois.

TITRE XVII.

VIGNERONS.

1. Item, ceulx qui puis vendanges derrenières passées ont prins a faire vignes en tasche, auront et prendront pour icelle le tiers plus de ce que on en souloit donner avant la mortalité[1], et non plus, nonobstant que plus grans sommes leur en ayent esté promises ou enconvenencées; et ce quilz en auront en tiendra lieu aux bailleurs, et ne pourront lesdiz preneurs laisser lesdites taches le temps durant que prinses les auront, ains seront contrains a les tenir, et pourront ouvrer ès vignes quilz auront ainsi prinses; et en celles quilz prendront et en leurs propres vignes, trois jours de la sepmaine tant seulement, c'est assavoir, le lundi, le mardi et le samedi ou veille de feste, s'elle cheoit en la sepmaine; telles autres trois jours ouvrables de la sepmaine ils seront tenuz de ouvrer ès autres vignes. Et qui plus leur en donnera que dit est par journée, et aussi qui plus en prendra nè en ce commectra aucune fraude, soubz umbre de courtoisies ou autrement, le preneur et le donneur l'amenderont chascun de LX sols parisis, dont l'accuseur aura la quinte partie : et se les aucuns n'ont de quoy paier amende pecunielle, ilz seront mis en prison ou pain et a l'eaue, par III jours, et la seconde foiz paieront lesdits LX sols, s'ilz ont de quoy, ou seront mis ou pilory et flatris de la fleur de liz ou de greigneur punicion, se le cas y eschet.

2. Item, les trois jours quilz ouvreront en leurs taches, toutes manières d'ouvriers qui n'auront taisches, ou propres vignes qui soyent leur, a ouvrer par la manière que dit est dessus, seront tenuz les jours ouvrables d'eulx aller louer ès lieux et ès places accoustumées, et ne se devront ou pourront alouer hors desdites places, et demourront esdites places tant qu'ilz seront alouez, sans eulx partir d'icelles. Et ou cas ou ilz y seroient trouvez oyseux, lesdites heures passées et les gens et ouvriers partis d'icelles places, ilz seront prins et emprisonnez et pugniz en la maniere dessusdite; et se aucun par aucune fraude se advoit ou disoit estre alouez a aucun dont il seroit desadvouez, ou en ce cas commectroit aucune fraude, il seroit pugniz par la maniere que dessus est dit. Et pourra chacun estre sergent pour les prandre ou cas ou ilz seroient reffusans d'aller ouvrer, et les bailler a justice du lieu ou ilz seront prins.

3. Item, nul ne pourra allouer ne retenir lesdiz ouvriers, se ce n'est es places acoustumées, sur les peines dessusdites.

---

[1] On fait allusion à la fameuse épidémie dite *peste de Florence,* qui décima l'Europe entière pendant les années 1348 et 1349. Un tiers de la population disparut dans toutes les classes de la société. La rareté des bras motiva des mesures exceptionnellement rigoureuses. On remarquera l'obligation pour le vigneron de partager son travail de la semaine, moitié entre sa vigne en propriété ou à l'entreprise, et moitié pour le compte d'un autre, à la journée.

4. Item, et se ainsi estoit que aucuns ou plusieurs ouvriers de vignes ou d'autre labour quelqu'il soit se faingnissent de faire leurs journées telles et si convenables que on a acoustumé d'ancienneté et avant le temps de ladite mortalité, il leur seroit rabatu de leur salaire et seroient pugniz par la manière que dit est dessus.

TITRE XVIII.

TONNELIERS.

1. Item, toutes manières de tonnelliers et charpentiers de tonneaulx auront et prendront pour chascun tonnel relié et mectre a poinct, ès villaiges xvi deniers, et a Paris xviii, et trois queues pour deux tonneaux a la value; et de faire aucuns autres rappaillemens, a l'avenant, et non plus. Et qui fera le contraire, il l'amendera de x sols parisis, soit preneur ou donneur.

TITRE XIX.

LABOUREURS.

1. Item, nulz laboureux de hoe ne pourront labourer de houe ou de besche que en vignes, excepté ès terres ou les chevaulx ne pourront labourer, et aussi les terres a guesdes et courtillaiges.

TITRE XX.

DU PRIS DES VENDANGEURS.

1. Item, les femmes ne pourront prendre pour journée entière de vendanges [1] jusques a la Chandeleur, les meilleurs que viii deniers sans despens et les autres au dessoubz; et de la Chandeleur jusques a l'entrée d'aoust que xii déniers et non plus.

TITRE XXI.

CHARRETIERS.

1. Item, les charretiers qui ont prins et prendront terres a faire en tache, ne pourront avoir ne prandre, pour la façon d'un arpent de terre a blé de iiii façons, que xxiii sols et non plus, des plus fors a faire et des autres a l'avenant; et pour faire mars, en fors terres, d'une bonne façon [2] que viii sols, et en garennes et ès lieux sablonneux, que vi sols pour arpent, et non plus. Et qui meilleur marché

[1] C'est-à-dire : journée à travailler la vigne et non à vendanger.

[2] Les quatre façons pour blé d'hiver opposées à une façon pour céréales de mars doivent être entendues dans le sens de labours, bien que quatre labours successifs soient exagérés pour préparer une terre à blé. En tout cas cette prescription dénote un soin particulier dans la culture.

en pourra avoir, si le preigne; et qui plus en donrra et prendra et fera le contraire, le preneur et le donneur l'amenderont chascun de lx sols dont l'accuseur aura x sols.

TITRE XXII.
FAUCHEURS.

1. Item, faucheurs de prez ne pourront prendre de l'arpent en tasche, des meilleurs, que iii sols et non plus, et des autres a la value, ou a journée a l'avenant, et qui plus en donrra et prenra, le donneur et le preneur l'amenderont.

2. Item, des avoines faucher de chascun arpent a la grant mesure de xxii perches et au dessoubz, xviii deniers, et des autres mesures au dessoubz, selon le pris et non plus, et qui plus en prendra et donnera, l'amendera.

TITRE XXIII.
DE BORGOIS ET GARDEURS DE BESTES.

1. Item, nul quelqu'il soit qui ait prins ou tiengne chevaulx, brebis et autres bestes a garder et mener a provendes, pour certaine somme d'argent et de grains, ne pourront prendre et avoir pour leurs salaires, tant a grains comme a argent, que le tiers plus seulement de ce que ilz prenoient et avoient, avant la mortalité de l'épidemie, et ne pourront laisser leurs maistres a qui ilz seront allouez, mais seront leurs louaiges ramenez audit pris, et tiendra aux bailleurs tout ce quilz auront, en avant cestes presentes ordonnances.

TITRE XXIV.
BOUCHERONS.

1. Item, toutes manières de boucherons et ouvriers en bois, saulsoyes et aulnoyes quelzconques, ne pourront prendre et avoir, pour leur labour et journées, que le tiers plus oultre ce que on en souloit donner avant la mortalité, tant en tasche comme en journée, et non plus; et qui fera le contraire, le preneur et le donneur l'amenderont comme dessus.

TITRE XXV.
BATEURS.

1. Item, bateurs en grange ne pourront prendre, de la saint Remy jusques a Pasques, que xviii deniers par jour sans despens, et non plus, et s'ilz battent en tasche d'argent, xii sols du muy de blé, et viii sols du muy d'avoyne et d'autres mars, a la mesure de Paris, et non plus; et se ilz battent a blé ilz auront et pren-

dront au xx⁰ ⁽¹⁾ et non a dessoubz, et non plus; et qui fera le contraire, le donneur et le preneur l'amenderont comme dessus. Et seront tous marchiez faiz avant
ces presentes ordonnances ramenez audit pris.

TITRE XXVI.

CHARRETIERS.

1. Item, ceulx qui menront ficus ès terres ou ès vignes, ne prendront pour
journée a deux chevaulx, a charrete ou a tumberel, que vııı sols par jour sans
despens, et non plus; et qui fera le contraire, il l'amendera comme dessus.

2. Item, ceulx qui menront a charroy, grains, foings, vins, feures ou autres
choses, ne auront ou prendront pour deux chevaulx, que xıı sols par jour, et a
trois chevaulx, que xv sols sans despens et non plus, et de moins de journée a
l'avenant; et ung tomberel a ung cheval ıııı sols; et de la Toussains jusques au
premier jour de mars et de mars jusques a la Toussains v sols et non plus; et qui
fera le contraire, il l'amendera comme dessus; et qui meilleur marché en pourra
avoir, s'il le prengne.

Des vachers, porchers et bergers.

3. Item, ung vacher qui gardera trente vaches ou plus, n'aura ou gaignera
que ʟ sols l'an et non plus; et qui moins en gardera, a la value, avec telz despens
comme l'on a acoustumé donner a vachiez avant la mortalité, et qui fera le contraire, il l'amendera comme dessus.

4. Item, vachiers, porchiers et bergiers de commun auront et prendront ce
qu'ils souloient prendre anciennement avant la mortalité pour la garde des bestes
quilz garderont; et bergiers qui seront a maistres especiaulx ʟxx sols l'an et non
plus; et qui pour moins les pourra avoir, si les preigne, et qui fera le contraire il
l'amendera comme dessus.

Charretiers.

5. Item, ung charretier aura de la Saint Martin diver jusques a la Saint Jehan
ʟx sols et non plus; et de la Saint Jehan jusques a la Saint Martin ıııı livres et non
plus, les meilleurs; et les autres au dessoubz avec leurs despens de boire et de
mangier, telz comme l'on a accoustumé donner a charretiers avant la mortalité; et
nul ne leur en pourra donner plus grant loyer. Et ceulx qui ja sont allouez reviendront audit pris et ne pourront leisser leurs maistres, ains seront contrains a parfaire leur temps, et tiendra lieu au bailleur ce que aura baillé oultre le pris dessusdit. Et les charretiers qui ont acoustumé aler en journée, [l'hyver] vı deniers,

---

⁽¹⁾ Le vingtième ou un boisseau sur vingt pour battage. Les meuniers prenaient, pour moudre, un boisseau sur douze.

et esté vm deniers et leurs despens jusques au soupper. Et s'aucun en y avoit qui plus en donnast ou feist aucune courtoisie par manière de salaire, le preneur et le donneur l'amenderont comme dessus.

TITRE XXVII.
CHAMBERIÈRES.

1. Item, les chamberieres qui servent en hobillant les vaches et font le service des villes, gaigneront et auront de la Saint Martin jusques a la Saint Jehan xx sols, et de la Saint Jehan jusques a la Saint Martin d'iver, xxx sols le plus fort et non plus, et les autres a la value avec leurs chaussemens, et celles qui a present sont en service ne le pourront leisser jusques a la fin de leur terme; et si elles sont plus allouées, si n'auront-elles plus; et qui fera le contraire il l'amendera comme dessus.

2. Item, chamberieres qui servent aux bourgeois de Paris et a autres quelzconques, prendront et gaigneront xxx sols l'an, le plus fort, et non plus, et les autres a la valeur avec leur chaussement. Et nourrisses, L sols et non plus; et se ilz sont en service, ne le pourront leissier jusques a la fin de leur terme. Et qui fera le contraire, il l'amendera.

TITRE XXVIII.
NOURRISSES.

1. Item, nourrisses nourrissans enfans hors de la maison du père et de la mère des enfans, gaigneront et prendront L sols l'an et non plus; et celles qui ja sont allouées reviendront audit pris et seront contrainctes a faire leur temps. Et qui fera le contraire, il sera a x sols d'amende tant le donneur que le preneur.

Commanderresses.

2. Item, les commandarresses qui ont acoustumé a louer chamberieres et les nourrisses, auront pour commander ou louer une chamberiere, xviii deniers tant seullement, et d'une nourrisse ii sols, tant d'une partie comme d'autre; et ne les pourront louer ne commander que une foiz l'an. Et qui plus en prendra ne donrra, il l'amendera de x sols et la commanderresse, qui deux foiz en ung an allouera chamberiere ou nourrisse, sera pugnie par peine de corps ou pillory ou autrement.

TITRE XXIX.
CHARRONS.

1. Item, charrons prendront et auront d'une roues neufves de bon bois, xvi sols; d'un assel xx deniers; d'une herse ii sols; d'un chartin neuf garny, viii sols,

et du meilleur, x sols, et des choses du mestier a la value; et d'une charue neufve
x sols et non plus; et de ce que ilz rappareilleront, le tiers plus de ce que ilz
l'avoient par avant la mortalité; et se plus prennent des choses dessusdites, ilz
l'amenderont.

TITRE XXX.
FERRONS.

1. Item, toutes manières de ferrons et vendeurs de fer en groz et a detail,
auront et prendront ii sols parisis d'acquest pour l'euvre, et non plus; et ce jureront tenir et garder, a peine de forfaire la marchandise et d'amende voluntaire.

2. Item, ceulx qui ferrent les charrectes ne prendront ne auront pour ferrer
de neuf une charrecte que vi sols et des autres v sols et non plus.

TITRE XXXI.
FEVRES ET MARESCHAULX.

1. Item, les fevres et mareschaulx qui font houes, picques, picz, clefz, ser-
rures et autres euvres de fer ne prendront ne auront plus que le tiers, oultre ce
quilz en prenoient avant la mortalité; et se ilz font le contraire, ilz l'amenderont
comme dessus.

2. Item, les mareschaulx qui ferrent les chevaulx ne pourront prendre ne avoir,
d'un fer neuf a palefroy ou a roussin de fer d'Espaigne, que x deniers, et de fer
de Bourgoingne, que ix deniers; et pour chevaulx de hanoiz des plus grans, que
vii deniers, et des autres vi deniers et au dessoubz et non plus; et seront les
tasches prinses pardevant ramenées a la valeur; et se ilz font le contraire, ilz
l'amenderont comme dessus.

TITRE XXXII.
BOURRELLIERS.

1. Item, toutes manières de bourrelliers ne auront ne prendront d'une selle de
lymons que xii sols de la meilleur et au dessoubz; du colier de lymons garny de
brasseurs et d'astellets xii sols; du colier de traiz garny de astelles et de billon
viii sols; d'une avaloire garnye de merlieres et cuir, la meilleur viii sols et autres
au dessoubz; d'une dossiere, la meilleure viii sols et au dessoubz; de fourreaux de
traiz a tout la dossière et la ventrière les meilleurs, vii sols; et pour charrue v sols
et toutes autres choses deppendans du mestier, a la value; et prendront d'appareiller aucunes des choses dessusdites le tiers plus que ilz ne prenoient avant la
mortalité. Et se plus en prenent, ilz l'amenderont comme dessus.

TITRE XXXIII.
COUSTURIÈRS.

1. Item, les tailleurs et cousturiers de robes ne prendront et auront pour faire et tailler robes de la commune et ancienne guise, de surcot, cocte et chapperon, que v sols et non plus; et se chapperon est doublé vi sols et pour la façon d'une cloche double, iii sols et la sangle a l'avenant; et pour la façon d'une courte housse ii sols et de la façon d'une housse longue et chapperon, iii sols et non plus; et des robes a femmes si comme elles seront. Et qui vouldra avoir robes deguisées autres que la commune et ancienne guise, il en prendra le meilleur marché qu'il pourra. Et se ilz font le contraire, ilz l'amenderont comme dessus.

2. Item, les cousturiers qui feront les robes linges prendront et auront pour la façon d'une robe linge a homme d'œuvre commune viii deniers, et de la chemise a femme d'œuvre commune viii deniers et non plus; et des autres œuvres de linges, a la value. Et qui fera le contraire il l'amendera, et de rappareiller comme dessus.

TITRE XXXIV.
PELETIERS.

1. Item, les peletiers pour fourrer robes de neuf de vair ou d'aigneaulx prendront et auront pour fourrer surcot et chapperon de robes faictes a la commune et ancienne guise ii sols, et pour fourrer une housse ou cloche et chapperon iii sols et non plus, et des robes a femme a la value, si comme elles seront. Et qui vouldra fourrer sa robe autrement que a la commune et ancienne guise, comme est de tropt longues manches ou de les faire herminer, preigne en le meilleur marchez que avoir en pourra; et qui fera le contraire il l'amendera.

TITRE XXXV.
CHAUSSETIERS.

1. Item, les chaussetiers ne prendront ne auront pour la façon d'une paire de chausses a homme, que vi deniers, et a femmes et enfans que iiii deniers et non plus.

2. Item, pour ceulx qui les appareillent, ne prendront pour mectre ung avant piez en une chausse que ii deniers, et se ilz sont neufz que iii deniers, et se ilz sont de leur drapt que iiii deniers et non plus; et pour mectre une piece ez avant piez ou de couldre la chausse, ii deniers. Et se ilz font le contraire, ilz l'amenderont.

TITRE XXXVI.
TONDEURS DE DRAPS.

1. Item, les retondeurs de draps n'auront ne prandront pour retondre une aulne de royé, que iiii deniers, et d'un marbré ou d'autres draps de xx aulnes, que iiii deniers pour aulne, et d'un drapt de xxiiii aulnes que v deniers pour aulnes, et d'une escarlate, que xii deniers de l'aulne; et se elle est retondue a l'envers, que xviii deniers de l'aune et non plus. Les groz drapz pour varletz et laboureurs iii deniers de l'aune; et se plus en prennent ilz l'amenderont comme dessus.

TITRE XXXVII.
MAÇONS ET COUVREURS DE MAYSONS.

1. Item, les maçons et les couvreurs de maisons ne prandront ne auront de la Saint Martin d'iver jusques a Pasque, que xxvi deniers pour journée, et leur ayde que xvi deniers et non plus; et de Pasques jusques a la Saint Martin que xxxii deniers, et l'ayde que xx deniers; et semblablement tailleurs de pierres et charpentiers et leurs aydes, et non plus; et se plus en prennent ils l'amenderont.

TITRE XXXVIII.
PLASTRIERS.

1. Item, nulz plastriers ne pourra vendre plastre cuit, le muy, depuis la Saint Martin d'iver jusques a Pasques, oultre petit pont, que xxiiii sols, rendu dedans les portes et non plus, et oultre grant pont rendu dedans les portes que xx sols et non plus, et depuis Pasques jusques a la Toussains, le muy oultre petit pont, rendu dedans les portes, ne sera vendu que xviii sols, et dehors a l'avenant et non plus; et oultre grant pont dedans les portes, que xv sols et non plus, et dehors a l'avenant. Et qui meilleur marché en pourra avoir, si le preigne; et qui plus le vendra ou en donrra, il sera en amende de lx sols chascune foiz quil le fera, en laquelle cellui qui l'accusera aura le quint. Et sera ceste ordonnance chascun an remuée une foiz ou deux, se mestier est.

Bateurs de plastres.

2. Item, basteurs de plastre auront et prendront pour journée, de muy, le tiers plus qu'ilz n'avoyent avant la mortalité, et aussi en tasche; et qui plus leur donrra ne prendra il l'amendera.

TITRE XXXIX.
MARCHANS DE SEL.

1. Item, tous marchans qui amenront sel pour vendre a la saulnerye a Paris depuis quilz l'auront entamé et mis a feur ou a pris, ilz ne le pourront encherir ne mectre a plus hault pris en la nef que cellui qui mis y sera; et se ainsi estoit que, pour cause ou pour la volenté du marchant ou vendeur, ilz le voulsissent lever et mectre en grenier ou greniers, faire le pourront, mais ilz pourront estre contrains par le prevost de Paris ou l'un des auditeurs de Chastellet, appelé le procureur du Roy et le prevost des Marchands, après XL jours, de mectre leur sel a taverne, se mestier est, et a pris convenable en regard au pris quilz l'acheteront, et au temps quilz le vendent, et a la monnoye, et par leur serment. Et leur sera ordonné sur ce pris convenable par les dessus nommez, en regard au temps dessusdit; et ne le pourront encherir puis que le grenier sera ouvert et mis a feur. Et seront aussi contrains a le faire lesdits marchans qui auront sel en grenier par les dessusdiz ou par l'un d'eulx; et se ilz font le contraire, ilz l'amenderont a volenté et perdront la marchandise.

2. Item, que depuis que le sel sera meu d'aucuns lieux pour venir a Paris, nul ne le pourra ou devra acheter, par terre ne par rivière, pour revendre a Paris, se ce n'est par la manière dessusdite, ne au port aussi; et quiconques fera le contraire, il perdra la marchandise et l'amendera.

3. Item, nul marchant de Paris qui achetera sel en la nef ou en grenier pour revendre a Paris, ne pourra acheter a une foiz ne tenir en son hostel ne ailleurs, que ung muy de sel, mais en pourra chascun acheter hors de Paris et le mectre au grenier pour revendre en la maniere que dessus est dit; et se ilz font le contraire, ilz perdront la marchandise, et seront en amende voluntaire.

Hanouars.

4. Item, les henouars porteurs de sel auront et prendront en la manière quilz ont accoustumé de longtemps, selon le registre de la marchandise et non plus, sur peine d'amende et de perdre leurs offices.

TITRE XL.
MARCHANS DE FOING.

1. Item, nul marchant de foing ne autre ne pourra aler contre le foing qui vient a Paris par terre ou par eaue, pour acheter ne marchander, avant que ledit foing soit venu au port a Paris ne quant il sera venu au port, pour le revendre en groz au port, sur peine d'amende. Et auront les lyeurs de foing pour lyer ung

5.

millier de foing de l'euvre de Paris a deux lyens, ii sols, et a trois liens ii sols vi deniers parisis, et de l'euvre de Rouen, iii sols, et non plus n'en pourront prendre; et qui plus en prendra et donrra, il l'amendera a volenté.

2. Item, nul ne pourra descharger nef ou charrecte a charge de foing que l'on portera pour vendre a Paris puis que la première foiz sera chargée, jusques a tant que ladite nef ou charrecte soit venue en la ville ou au port de Paris, se ce n'est en cas de necessité. Ne n'osera aussi nul mesler foing avec celluy qui sera en la nef, sur peine de perdre le foing et d'amende, et ne pigner, deslier, ne deschargier le foing de Rouen pour apetisser, mais le vendront tel comme il sera venu, a la peine dessusdite.

TITRE XLI.

PRIS DES MARCHANDISES.

1. Item [1], nul marchant puis que les choses dont ilz marchanderont seront afeurées ne les pourra mectre en greigneur pris, excepté marchandise de sel dont il est ordonné autrement cy-dessus, sur peine de perdre les denrées et de l'amende.

TITRE XLII.

CHARBON.

1. Item, que si tost comme le charbon sera chargé en la nef dedans l'eaue qu'il n'ait que trois jours de sejour; et ceulx qui l'amerront le mectront a la voye de l'amener a Paris ou en la ville ou ilz vouldront venir, se par fortune de temps ne demeure; et quant ilz seront arrivez au port a Paris, ilz l'auront afeuré et mis a taverne dedans le tiers jour au plus tard; et est defendu et cryé de par le Roy que nul n'achete en riviere ne en ville de Paris, charbon pour revendre a Paris, entre Pasques et la Toussains, sur peine de perdre le charbon et de l'amender au Roy.

2. Item, quiconques vouldra amener charbon a Paris, a charroy ou a sommaige, faire le pourra si et en telle maniere que dès ce quil sera party du lieu ou il sera prins, pour venir a Paris, et sera entré en la ville de Paris, il sera tenu de mener le charbon parmy ladite ville et le vendre se il peut, sans descharger ne mectre en sa maison ou granche, ne muer de sac en autre; et ou cas qu'il ne le pourroit vendre icelle journée, ilz seront tenuz de le mener porter et faire descendre en la place de Grève a Paris, devant la maison en la Tournelle, qui est le droit lieu acoustumé a Paris a vendre charbon. Et qui fera le contraire perdra ses denrées, et l'amendera chascune foiz qu'il en sera reprins.

[1] En marge : de non vendre denrées a plus hault pris qu'elles seront afforées.

TITRE XLIII.

MESUREURS DE BUSCHE.

1. Item, en la ville de Paris n'aura que L mesureurs de busche tant seulement, et ne pourront prendre de compter ung cent de busche ne de moler busche, plus que par ordonnance faicte anciennement ou Parlouez aux Bourgois est ordonné.

2. Item, si tost que la busche et le charbon seront arrivez au port, lesdiz mesureurs vendront pardevers le prevost des Marchans et aux Eschevins de la ville de Paris pour afeurer la busche et le charbon après le tiers jour, sur peine de perdre leur office et de LX sols d'amende.

3. Item, si tost que la busche et le charbon seront arrivez au port en Grève et en la place aux marchans, cellui a qui la busche et le charbon sera ne le pourra vendre, se n'est par luy, sa femme ou sa mesgniée couchans et levans en son hostel, sur peine de perdre la marchandise; et qui en ce commectra aucune fraude, il sera puniz comme dessus.

4. Item, nul ne soit si hardy de vendre charbon ailleurs que en la nef; et sera tenu le juré de la nef de bailler mynot et demy mynot, boissel et demy boissel au pris du sac de charbon; et qui trouvera charbon a vendre ailleurs que en la nef, il perdra le charbon et l'amendera de LX sols parisis, se ce [n'est] braise ou charbon venant a somme.

5. Item, nul buschier vendeur de busche ou de charbon, puis que sa busche ou charbon aura esté une foiz a pris ou a feurre, ne le pourra rencherir ne mectre a plus hault pris, mais que chascun en ait pour ledit pris qui prendre en vouldra. Et qui fera le contraire, il perdra les denrées.

6. Item, que toutesfoiz que aucunes denrées seront baillées par compte a quelzconques voituriers tant par terre que par eaue, les voicturiers seront tenus de les rendre par compte; et quiconques fera le contraire, il sera en amende voluntaire et rendra le dommaige.

7. Item, puis que busche est chargée en la nef, qu'elle soit amenée a Paris ou la ou ilz vouldront vendre sans sejourner aussi comme charbon; et quant elle sera arrivée au port, elle sera affeurée hors feste, dedans le tiers jour, et mise en vente; et que elle soit en la nef ou en la place aux marchans, ou en Grève, et soit vendue dedans le tiers jour après; et que toutes manières de gens ayent de la busche les tiers jours, et sera afeurée par le prevost des Marchans, si comme bon luy semblera.

8. Item, que depuis quelle sera chargée en la nef et mise en chemin pour venir a Paris, et quelle sera arrivée a Paris, que nul ne la puisse acheter pour revendre a Paris, sur peine de perdre les denrées, et d'amende arbitraire.

9. Item, nul marchant puis qu'il aura les choses dessusdites afeurées hors grenier ne les puisse mectre en grenier, mais quil les vende si comme dessus est dit; et qui fera le contraire, il perdra la busche et l'amendera au Roy.

TITRE XLIV.

FAISEURS DE POTS ET D'ESCUELLES D'ESTAING.

1. Item, nul faiseur de potz et d'escuelles d'estaing ne pourra prendre de changer le marc vielz a neuf, a l'œuvre de Paris, que le tiers plus quilz souloient avant la mortalité, et d'œuvre d'autre pays a l'avenant et de ce quilz vendront de neuf sans changer, ilz prendront gaing a l'avenant du pris d'echange; et ne pourront vendre nulle œuvre d'estaing s'elle n'est faicte a Paris; et les marchans qui les apporteront a Paris les porteront pour vendre en la Halle ordonnée dessusdite, et non ailleurs. Et ne pourra nul acheter a Paris œuvre d'estaing ouvrée pour revendre a Paris sur peine de perdre le mestier et d'amende voluntaire.

TITRE XLV.

TUILLES ET CARREAULX.

1. Item, nul ne pourra acheter a Paris pour revendre, tuille ne quarreaulx, sur peine de perdre les tuilles et quarreaulx, et d'amende arbitraire.

TITRE XLVI.

TUEURS DE PORCEAUX.

1. Item, les bouchiers qui tueront les porceaulx, ne pourront prendre pour tuer ung porceau et saler, que xviii deniers et non plus, et de langouyer iii deniers.

Boudiniers.

2. Item, les femmes qui laveront le ventre du porceaul ne pourront prendre pour laver que iii deniers, et se l'on veult quelles facent endoulles et boudins, ilz auront x deniers pour tout et non plus.

TITRE XLVII.

PORTEURS D'EAUE, DE GRAINS ET AUTRES CHOSES.

1. Item, tous porteurs d'eaue et tous autres porteurs de grain, de buche, de vivres et d'autres choses, ne pourront prendre pour leur salaire et portaige, que le tiers plus, oultre le pris quilz prenoient avant la mortalité, en regard aux lieux ou ilz porteront; et qui plus leur donrra, il l'amendera, et celuy aussi qui le prendra en sera punis de prison, et autrement, se mestier est, qui le refusera.

TITRE XLVIII.
PORTEURS DE CHARBON.

1. Item, ceulx qui portent le charbon ne pourront prendre, pour porter ung
sac de charbon dedans les portes de Paris, que iiii deniers, et hors les portes que
vi deniers et non plus; car il est ainsi ordonné d'ancienneté. Et qui fera le contraire, il perdra le mestier et l'amendera a volenté.

TITRE XLIX.
[DES VALETS DE MÉTIER.]

1. Item, nul maistre de mestier, quelqu'il soit, ne encherisse sur l'autre
maistre les varletz du mestier, sur peine d'amende arbitraire.

TITRE L.
DE FÈRE SON MESTIER OU MARCHANDISE.

1. Item, toutes mainères de gens quelzconques qui sauront eulx mesler et entremectre de faire mestier, euvre, labour ou marchandise quelzconques, le puissent
faire et venir faire, mais que l'euvre et marchandise soit bonne et loyal, excepté
ceulx dont il est par especial ordonné en ces presentes ordonnances, et leurs marchandises aporter vendre a Paris, en la manière que dessus est ordonné.

TITRE LI.
DES MENESTRIERS.

1. Item, toutes manières de menestriers, laboureurs et ouvriers de quelque
mestier quilz se meslent ou entremectent, pourront avoir, prendre et tenir en leurs
hostelz tant d'apprentiz comme ilz vouldront, a temps convenable et a pris raisonnable.

Des varlets servans.

2. Item, toutes manières de varletz servans a année, de quelque mestier ou
service qu'ilz soient et s'entremectent, desquelz expresse mencion n'est faicte cy-
dessus en especial, ne pourront prendre selon ce qu'ilz feront et sauront faire, que
le tiers plus de ce quilz avoient avant la mortalité de l'épidémie; et quiconques
s'efforcera soit bailleur ou preneur de faire le contraire, il sera en amende voluntaire.

Des salaires.

3. Item, que nulles personne ne preigne argent pour son sallère, pour journée ou pour ses euvres, ou pour sa marchandise que il face de sa main ou face faire en son hostel pour vendre, et desquelz il n'est ordonné en ces presentes ordonnances, ne pourra prendre pour sa journée, sallère ou denrées que le tiers plus qu'il avoit avant la mortalité, sur les peines dessus contenues.

TITRE LII.

GAIGES DES REVENDEURS.

1. Item, nulz marchans vendeurs de denrées qui vendent en leur hostel pour regaigner et ne les fait pas, desquelz il n'est ordonné par especial en ces presentes ordonnances, ne pourront prendre de xx sols que ii sols d'aquest seulement et ce jureront.

Du salere des femmes.

2. Item, les femmes qui se loueront pour aucunes besongnes faire, en la ville de Paris, ne pourront prendre par jour que xii deniers, sans despens; et s'ils ont despens vi deniers et non plus.

TITRE LIII.

MAISTRES FYFY [1].

1. Item, pour ce que grant necessité est d'avoir plus ouvriers ès chambres basses que l'on dit courtoises que il n'a pas a present en la ville de Paris et ailleurs, toutes manières de gens maçons ou autres ouvriers, de quelque mestier que ce soit, pourront faire ledit mestier et retourner a leur mestier sans ce que pour cause de ce ilz puissent estre contrains par les ouvriers et jurez du mestier que ilz ne puissent et doyent ouvrer du mestier dont ilz seront paravant. Et quiconques leur dira villenie, il l'amendera d'amende voluntaire, selon les parolles.

TITRE LIV.

DU GAIGE DES REVENDEUZ.

1. Item, que tous marchans de soye, d'armeures, toilles, suif et gresses, lainnes de drap d'or, tout avoir de poix et de joyalx d'or ou d'argent, saintures, couronnes, pelles et paremens et toute mercerie, et de toutes autres marchandises et denrées, qu'elles qu'elles soient, lesquelles telx qui les vendront ne

---

[1] Vidangeurs. C'est la première fois que ce nom de métier paraît dans nos textes. On le retrouve ensuite assez fréquemment.

les font mye, maiz les vendent pour regaigner, et desquelles marchandises il n'est
ordonné en ces presentes ordonnances par especial, celx qui les vendront ne pourront prendre que ii sols pour livre d'acquest, en regart ad ce que elle leur aura
cousté rendue en leur hostel a Paris tant seulement, et ce jureront tenir lesdiz
marchans; et se il est trouvé le contraire, ilz l'amenderont et perdront la marchandise; et celui qui les accusera aura le quint de l'amende.

Du salaire des tixerans, tainturiers, etc.

2. Item, tous tixarrens de draps, tainturiers, faiseurs de toilles, foulons,
filleresses, pigneresses, ne pourront prendre pour leur salaire que le tiers plus
oultre ce quilz prenoient avant la mortalité; et se ilz font le contraire, ilz l'amenderont.

Du gaige des revendeurs.

·3. Item, tous vendeurs d'uille qui l'acheteront de marchans dehors pour revendre, ne prenrront ne pourront prendre que ii sols d'acquest pour livre, et
autant de celle qui est en leur maison comme de celle dehors, et ce jureront;
et se ilz font le contraire, ilz l'amenderont a volenté.

Lanterniers, souffletiers.

4. Item, lanterniers et souffletiers ne prendront pour leurs marchandises
que le tiers plus quils faisoient avant la mortalité; et s'ilz font le contraire, ilz
l'amenderont.

Marchans de parchemin.

5. Item, toutes manières de marchans de parchemin en groz ou autres, ne
pourront prendre pour acquestz de revendre leur parchemin que ii sols parisis
pour livre; et toutes manières de regrateurs de parchemin auront acquest selon
le feur dessusdit.

Ratureurs de parchemin.

6. Item, toutes manières de raturiers de parchemin ne pourront prendre, de
la plus grant douzaine de parchemin rère d'une part et d'autre et poncer, que
viii deniers parisis; de la moyenne après, vi deniers, de l'autre, iiii deniers et non
plus.

Du serment des espiciers, drapiers, etc.

7. Item, toutes manières de marchans, espiciers, drapiers, peletiers, lingers,
ferrons, armuriers et celliers jureront par leur scremens, eulx, leurs femmes,
mesgniées et leurs varletz, que lesdites ordonnances ilz tiendront et garderont
fermement et prendront tel acquest en leurs denrées comme par icelles leur est
ordonné et enjoinct, sans ce quilz s'efforcent de demander ne avoir par eulx,

leurs femmes, mesgniées ou autres plus grant ne autre salaire que cellui qui leur est enjoinct; et qui sera trouvé faisant le contraire, il sera a la volenté du Roi et en corps et en biens.

TITRE LV.
HOSTELLIERS.

1. Item, nul quel qu'il soit, hostellier ou autre, ne se puisse entremectre de faire correcterie aucune, se il n'est ordonné a ce; et ou cas ou il fera le contraire, il en sera pugny d'amende voluntaire.

II. Item, les hostelliers de Paris ne pourront prendre pour chascun cheval qui sera hebergé en leurs hostelz, pour foing et avoyne, le jour jusques au soir, que xvi deniers parisis, et pour jour et nuyt iii sols, et pour disnée et matinée selon le pris.

TITRE LVI.
LAVENDIÈRES.

1. Item, toutes manières de lavendières ne pourront prendre, de chacune piece de linge laver l'un parmy l'autre, que i tournois en toutes saisons, et non plus; et qui fera le contraire, il l'amendera a volenté.

TITRE LVII.
VOIRRIERS, CHARPENTIERS, ETC.

1. Item, toutes manières de voirriers, charpentiers de husches, gantiers, boursiers, taxetiers, tombiers et ymagiez, faiseurs de doublez et voituriers d'eaue, ne pourront prendre pour leurs peines, labours et salaires, que le tiers plus quilz prenoient avant la mortalité; et qui fera le contraire il sera en Lx sols d'amende au Roy, toutesfoiz quil en sera reprins, et aura l'accuseur la quinte partie.

TITRE LVIII.
[VISITEURS-CONTRÔLEURS.]

1. Item en tous les mestiers et toutes les marchandises qui sont et se vendent a Paris, aura visiteurs, regardeurs et maistres qui regarderont lesdiz mestiers et marchandises, et rapporteront les deffaulx quilz y trouveront aux commissaires et au prevost de Paris, et aux auditeurs de Chastellet.

TITRE LIX.
D'OSTER GRAVOIS.

1. Item, quiconques fera maçonner ou faire aucunes ediffices, en la ville de Paris, par quoy il luy sera mestier de mettre aucuns tereaux, piarres, merrien, gravois ou autres choses, sur la voirie du Roy nostre Sire, faire le pourra par si que en telle manière que sitost comme il commencera a mectre lesdiz terraux, pierres, merrien, gravois ou autres choses sur ladite voirie, il ait les tombereaux, hoteurs ou porteurs tous prestz pour porter lesdiz gravoiz, pierres, merrien, et autres choses aux lieux accoustumez, en la maniere et selon ce quilz seront ostez et mis hors dudit hostel dont ils seront yssus. Et quiconques sera trouvé faisans le contraire, il sera tenu de payer au Roy nostre sire x sols d'amende.

TITRE LX.
DES PORCEAUX.

1. Item, nul ne soit si hardy d'avoir, tenir, nourrir ne soustenir, dedans les murs de la ville de Paris, aucuns porceaux. Et qui sera trouvé faisant le contraire il payera x sols d'amende, et seront les porceaux tuez par les sergens ou autres qui les trouveront dedans ladite ville; et aura le tuant la teste, et sera le corps porté a l'Ostel-Dieu de Paris, qui paieront les porteurs d'icelx.

TITRE LXI.
DES PLUYES ET DE BALOYER A L'UYS.

1. Item, pour quelzconques pluyes ou autres choses descendans des cieulx, nul ne soit si hardy de curer, baloyer, bouter ou nectoyer devant son huys, jusques a ce que la pluye soit passée et esgoutée, mais laissera-on l'eaue avoir son cours, si comme elle le peut avoir de raison, mais l'eaue passée quiconques vouldra bouter, balayer ou netoyer devant son huys faire le pourra par si que tantost après la dite netoyeure sera ostée et portée aux lieux accoustumez; et qui sera trouvé faisant le contraire, il sera tenu en ladite amende.

TITRE LXII.
DE PORTER OU MENER BOIS OU GRAVOIS.

1. Item, nulz qui portent les bois ou mainent terreaux, gravois ou autres choses de nuyt ou de jour, ne soient si hardis de les laisser cheoir, espendre ne mectre en rue, mais les portent et mainent entierement aux lieux accoustumez;

6.

et en cas ou aucuns seront trouvez faisans le contraire, ilz seront arrestez et contrains a les oster a leurs despens, et seront tenus de payer amende au Roy
nostre Sire.

De refere les chaussées.

2. Item, chascun en droit soy face refaire les chaussées, quant elles ne seront
souffisantes, tantost et sans delay, en la manière et selon ce qu'il est accoustumé
faire d'ancienneté des rues dont le prevost des Marchans est tenu de faire.

De adjouster ou oster de nos ordonnances selonc le temps.

3. Item, nous voulons et ordonnons que se en noz presentes ordonnances ou
en aucunes d'icelles, avoit aucune correction a faire, ou aucune chose a adjouster
ou a oster, muer, interpreter ou de nouvel faire, tant pour ce temps present que
pour celluy advenir, que les commissaires qui sur ce de par nous sont depputez
le puissent faire, ou la greigneur partie d'iceulx, et sur ces choses deliberer en
consel avec les gens de nostre Parlement.

Ces presentes ordonnances furent faictes par le Roy Jehan, l'an mil cccl le
penultiesme jour de janvier et publiées le premier jour de fevrier ensuivant, l'an
premier de son regne.

III

1364, 6 mars.

*Lettres patentes du roi Jean, contenant règlement et ordonnance sur le guet de nuit
fait par les gens de métier.*

Arch. nat., Livre rouge vieil Y 2, fol. 39 v°. — Arch. nat., Bannières, 2ᵉ vol. Y 8, fol. 268.
Coll. Lamoignon, t. II, fol. 295. — Ordonn. des Rois de France, t. III, p. 668.

Jehan, par la grace de Dieu, Roy de France, savoir faisons a tous presens et
a venir, que comme ja picca par nos predecesseurs Roys de France et de si longtemps qu'il n'est memoire du contraire, pour la garde et seurté, tant de nostre
bonne ville de Paris, des saintes reliques de nostre sainte chappelle, des corps et
personnes de nosdiz prédecesseurs, des prisonniers estant en nostre Chastelet de
Paris, comme des personnes et corps des marchans, gens de mestiers, biens et marchandises d'icelle ville; affin de pourveoir et remédier aux perilz, inconveniens et
maulz qui toutes les nuiz povoient ou pourroient seurvenir en ladite ville, tant
par fortune de feu qui d'aventure ou autrement se povoit prendre ou estre boutez
par aucuns malfaitteurs en aucune partie d'icelle ville, des roberies, murtres et

larrecins, efforcemenz et ravissemens de femmes, comme des hostes et hostesses
qui de nuit vuidoient leurs maisons et hostelz quilz tenoient a louiers pour de-
frauder leurs hostes, et autrement en plusieurs et diverses manieres, feust et
eust esté ordonné par grant et meure deliberacion de Conseil, certain guet estre
fait en icelle ville de Paris, chacune nuit, par les gens de certains mestiers de
ladite ville qui de ce faire se chargerent et furent chargiez, li uns mestiers
aprez l'autre, et le faisoit chacun mestier en troiz sepmaines une foiz, en telle
maniere que, s'il en defailloit un, les clercs du guet en mettoient un autre aux
despens du defaillant; et oultre, pour plus grant garde et seureté avoir et estre en
ycelle ville, fu par nos diz predecesseurs ordonné, a leurs gages et despens, oultre
et pardessus ledit guet desdiz mestiers, chacune nuit estre fait en ycelle ville
certain guet durant toute la nuit de vingt sergens a cheval et vingt et six sergens
de pié tous armés [1], en la compagnie d'un chevalier dit le Chevalier du Guet,
gouverneur et meneur d'iceulz sergens, lequel chevalier prenoit dix soulz parisis
de gaiges par jour, et vint livres parisis par an pour manteaulx, lesdiz sergens a
cheval chacun deux soulz, et lesdiz sergens de pié chacun douze deniers parisis.
Pour lesquels gués recevoir, escripre et enregistrer, furent et estoient par nosdiz
predecesseurs ordonnez, comme jurez et sermentez deux clercs appellez Clercs du
Guet, prenans gages chacun de douze deniers parisis par jour; lesquieulx clercs
devoient et estoient tenuz de faire, pour le fait et ordonnance dudit guet, les choses
qui s'ensuient et par la maniere cy dessouz esclarcie :

Premierement, ilz estoient tenuz de envoyer dire et faire savoir chacun jour
dedens heure competent, aux gens du mestier ou mestiers qui pour la nuit devoient le guet, que ilz feussent au guet en leurs personnes ou envoiassent pour
eulx. Et ce fait, estoient tenus chacune nuit, avant heure de correfeu et de guet
livrer, d'estre en certain lieu et place en nostre Chastellet, pardevant lesquelz venoient et estoient tenus de venir tant les gens des mestiers qui pour la nuit devoient faire ledit guet, comme lesdiz chevalier, sergens de cheval et de pié; les
noms de tous lesquelz ilz enregistroient et estoient tenus de enregistrer. Et quiconques defailloit quant aux gens de mestiers, iceulx clercs metoient un autre en
lieu du défaillant et a ses despens, dont tenus lui estoit de faire lendemain satisfaction le défaillant; et n'en estoit aucun excusez, puis que semons eust esté de
venir audit guet, se ainsi n'estoit que la femme d'icellui geust d'enfant, ou qu'il

---

[1] L'organisation des sergents du guet ou guet
royal remonte beaucoup plus haut que le roi Jean;
Philippe le Bel en 1302 (Ordonn. I, p. 353) les
range parmi les sergents du Châtelet. Saint Louis
en 1254 (Félibien, *hist. de Paris*, t. I, p. 345)
mentionne, dans ses lettres patentes, le guet royal
comme existant du temps de ses prédécesseurs.

Sauval, *Antiquités de Paris*, t. II, p. 616, et Lamare, *Traité de la police*, t. I, p. 234 et suiv., le
font remonter à Philippe Auguste et même au delà.
En l'absence des textes invoqués par ces auteurs,
l'ordonnance du roi Jean donne, sur le service du
guet royal et des métiers, les renseignements les
plus précis.

feust saigniez en icellui jour, ou hors de la ville en sa marchandise ou autrement, ou que il eust passé soixante ans d'aage [1]; esquels cas un chacun estoit tenus de le faire savoir pardevers lesdiz clercs, ou se ce non, point n'estoit quittes dudit guet; et quant auxdiz chevalier, sergens de cheval et de pié, quiconque d'eulz defailloit, il perdoit les gaiges de la nuit dont defaillans estoit. Et ledit enregistrement fait par la manière que dit est, lesdiz clercs ordonnoient et envoioient lesdites gens de mestiers par la ville, pour la garde d'icelle, ès lieux, par le nombre et maniere qui s'ensuit :

Premierement, six sur les carreaux, oultre le guischet de nostredit Chastellet, pour la garde des prisonniers estans en ycellui, affin que nul ne s'en peust aler ne eschapper par les huis; six en la rue a la Pierre dudit Chastellet qui toute nuit estoient tenus de aler et venir entour ledit Chastellet, afin que nul prisonnier ne peust descendre par cordes ne autrement, ne aucuns ne lui peust donner confort ne aide, qu'il ne feust apperceuz; six en la court de nostre Palais alans et venans toute nuit par icelle, tant pour la garde desdites saintes reliques comme du lieu; six en la cité devant l'ostel des Fauxilles assez près de la Magdalaine; six en la place aux Chas; six devant la fontaine des Sains Innocens; six sous les pillers en Grève, et six a la porte Baudoier devant l'ostel des Chappelez, et le demourant se demourant y avoit, par autres carrefours ou plus proufitable sambloit auxdiz clercs. Tous lesquels mestiers ainsi ordonnez et mis comme dit est, se tenoient et estoient tenus de tenir toute la nuit, jusques au jour et guette dudit Chastellet cornant, faisans garde et guet esdiz lieux; armés de telz armes qu'ilz povoient avoir; et ledit guet de cheval et de pié, ledit chevalier eulz menans et conduisans, dès lors que cuevrefeu estoit sonnez, estoient tenus de eulx partir dudit Chastellet, chevaulcher et aler toute la nuit et jusques au jour et heure de guette cornant, comme dit est, par toutes les parties de ladite ville, visitans et confortans lesdiz gués, et savoir leur estat, et se riens leur estoit advenu ou avoient eu riens· a faire. Et se les sergens de cheval trouvoient faulte esdiz gués des mestiers c'est assavoir que les aucuns s'en feussent alez coucher, ou en leurs besoingnes, il mettoient le demourant en prison oudit Chastellet, affin que par le prevost de Paris feust sceu pourquoy les defaillans s'en estoient partis et que par lui en fussent punis, si comme le cas le requerroit. Lequel guet, depuis le temps que ordonné fu par la maniere dessus esclarcie, a tousjours depuis esté fait, gardé et continué et jusques a naguaires que par la faulte mauvaistié et delloialté de Pierre Grosparmi et Guillaume Poivre qui dernierement ont esté clercs dudit guet, et aucuns autres qui devant eulz ont esté qui, au desceu de nous et sans nostre congié et licence, de tous ceulz qui ont deu lesdiz gués de mestiers ont prins grans finances,

---

[1] Ces motifs d'excuse pour le guet sont déjà inscrits à la fin de presque tous les statuts des Métiers dans le livre d'Étienne Boileau. Ils sont encore maintenus dans cette ordonnance, ainsi qu'on le voit à l'article 1er ci-dessous.

et ycelles ou la plus grant partie tournées et appliquées a leur proufit, et aucune petite partie attribuaient a nous, et par ce n'ont esté par certain temps aucuns gués de mestiers assiz ne faiz en ladite ville, ne aussi par nostre dit guet de cheval et de pié n'a esté fait leur devoir, ne les defaultes par lesdiz clercs rapportées comme faire le devoient, dont plusieurs maulz et inconveniens s'en sont ensivis tant par prisonniers qui sont eschappez de nostredit Chastellet, comme roberies et autres malefices, et plus pourroient encores ensuir ou temps avenir, se par nous n'y estoit mis brief remede. Pourquoy, nous qui tousjours jusques a ore avons esperé et cuidié ledit guet estre fait et gardé par la maniere dessus esclarcie, et anciennement par nosdiz predecesseurs ordonné, tenu et gardé, voulans sur ce remédier, affin de remettre ledit guet a son premier estat pour le proufit de la chose publique, par grant et meure deliberacion de nostre Conseil, avons pourveu et ordonné par la maniere qui s'ensuit :

1. Premierement, nous avons privé et privons dez maintenant a tousjours lesdiz clercs dudit office de clergie de guet pour leurs démérites, et en lieu d'eulz et pour eulz faire et exercer ledit office, avons ordonné que de par nous aura oudit office de clergie de guet des oresenavant notaire dudit Chastellet. Et pour ce que Pierre Gillebert et Pierre de Saint-Omer notaire nous ont esté tesmoingnez bons et convenables personnes ad ce souffisans, preudommez et loiaulz, nous leur avons donné l'office et les gages de douze deniers par jour pour un chacun, oudit office de clergie de guet appartenant, senz ce que ce leur porte prejudice aucun en leurs diz offices de notaire; parmi ce toutesvoies quils seront tenus de jurer et jureront, ès mains de nostredit prevost et chevalier du guet, faire et exercer bien et loialment de leur povoir, ledit office de clergie du guet, par la maniere et selon ce que cy-aprez s'ensuit :

Premiers : iceulx clercs seront tenus d'un chacun jour, faire savoir de heure competent, au mestier ou mestiers qui pour la nuit devront guet, qu'il soient audit guet, et nulz de mestier qui doie guet ne sera tenuz de aler au guet, se il a passé soixante ans d'aage, se sa femme gist d'enfant, ne nulz qui, pour la journée qu'il devra le guet, sera sangniez ou qui sera hors de la ville pour ses necessitez, ou sera faisant guet sur les murs de la ville ou essonnez de maladie; mais sera tenus, se semons est au guet, de ce faire savoir auxdiz clercs a ladite heure de queuvre feu ou avant, ou autrement ne sera point quittes.

2. Item, que iceulx clercs seront tenus chacune nuit, de estre au Chastellet a heure ordonnée de recevoir guet, c'est assavoir, avant queuvrefeu, et plus tost en yver que en esté. Et la auront et tendront chacun un grant pappier esquelz ilz enregisteront, c'est assavoir, en l'un, les noms et surnoms des gens des mestiers qui pour la nuit seront tenus au guet faire, et en l'autre, lesdiz chevalier ou son lieutenant et les sergens de cheval et de pié. Et ce fait asserront, mettront et en-

voieront ledit guet des gens de mestier ès lieux, par le nombre et en la maniere cy dessoubz esclarcie, et selon l'ordonnance de nostredit chevalier ou son lieute-nant, en tant comme il touche lesdiz sergens de cheval et de pié. Et se aucuns en y a defaillans, supposé qu'ilz feussent essonnez d'un des six poins dessus touchiez, se savoir ne l'ont fait de heure pardevers lesdiz clers, si comme dit est, iceulx clers seront tenus de y en mettre un en lieu du defaillant. Et lendemain seront levez sur le defaillant, douze deniers qui seront baillez a cellui qui pour lui aura veillé. Et ne seront tenus lesdites gens de mestiers de partir de leurdit guet, jus-ques au jour, et guette toutte cornée en nostredit Chastellet, sur paine d'amande voluntaire, laquelle, quant le cas y escherra, nous voulons estre tauxée par nos-tredit prevost.

3. Item pour ce que plusieurs ont esté trouvez faisans faux gués avant heure que ledit guet fust livré, avons ordonné que ledit guet de cheval et de pié se pre-sentera en esté a heure de queuvre feu sonné a Nostre-Dame, et en yver a la nui-tier, et ledit guet livré a ycelle heure, a laquelle heure nous voulons ycellui guet estre livré et partir de Chastellet, ilz seront tenus de chevauchier et aler faisant guet parmi la ville, et visitans lesdiz gués des mestiers par la maniere dessus es-clarcie, et de chascun guet ou faulte trouveront, dont les aucuns se seront allez coucher ou en leurs besoingnes, ceulz qui seront trouvez presens faisant guet, seront tenus par leur sermens, de dire les noms et seurnoms des defaillans, affin que par le prevost de Paris soient lendemain pugniz, se ilz n'ont juste et loial excusation.

4. Item, ledit chevalier par lui ou par personne souffisante, sera tenus de faire guet chacune nuit bien et deuement. Et quiconque desdiz sergens de cheval et de pié sera defaillant, il perdra ses gages pour la nuit que deffailli y aura. Et ne sera aucun desdiz sergens reçeu en aucune essoyne, excepté de maladie ou autre essoine de corps, et en ce cas il prendra gages.

5. Item, lesdiz clers du guet seront tenus doresenavant de bailler les deffaulx des sergens de cheval et de pié en la fin de chascun moys a nostredit chevalier du guet, liquelz les baillera soubz son séel a nostre receveur de Paris.

6. Item, que pour la garde et seurté de ladite ville, des demourans et habitans en ycelle, et a la conservacion des choses dessus esclarcies et de chascune d'icelles, nous ne voulons que doresenavant par lesdiz clers du guet ne autres a leur proufiz singuliers aucune finance de guet se face, quelque mestier que ce soit qui doie guet [1], sauf et reservé a nous toutes les droitures et finances anciennement a nous appartenans; et ce deffendons et enjoingnons expressement ausdiz clers du

[1] Parmi les métiers soumis au guet, les plus importants s'étaient affranchis du service person-nel, moyennant une redevance annuelle appelée ici « finance du guet ». Les clercs du guet qui tou-chaient cette somme sans contrôle négligeaient le remplacement des hommes, et le service de la garde nocturne en souffrait considérablement.

guet, sur quanques ilz se pevent meffaire envers nous; maiz voulons et ordonnons que dores en avant, chacun de quelque estat ou condicion qui doie guet, veille ou envoie souffisant pour luy au jour et tour qui devra guet.

Toutes lesquelles choses dessusdites et chacune d'icelles, ainsi par nous ordonnées par la deliberacion dessusdite, nous, de certainne science, grace especial, plaine puissance et auttorité royal, voulons et mandons estre tenues et gardées entierement et perpetuellement, senz corrumpre ne venir a l'encontre doresenavant, en aucune maniere. Si mandons et commettons, par ces presentes, a nostredit prevost de Paris qui est et sera, que nostre presente ordonnance faite sur ledit guet, face tantost crier et publier solempnelment en nostredit Chastellet, et ailleurs, partout ou bon luy semblera, et audit prevost et chevalier du guet qui sont et pour le temps a venir seront, et a chacun d'eulz pour tant comme a chacun puet et doit appartenir, que ycelle facent tenir et garder en la fourme et maniere que dessus est dit et devisé. Et tout ce qu'ilz trouveront estre fait, attempté ou innové au contraire, ilz le rappellent et adnullent, ou facent rappeller et adnuller, remettre et ramener en estat selon nostre presente ordonnance, sur un chacun article cy-dessus escript, senz delay et senz quelconque autre mandement attendre. Et [pour] que ce soit chose ferme et estable, nous avons fait mettre nostre séel a ces presentes lettres. Donné a Paris le sixiesme jour de mars, l'an de grace mil trois cens soixante et troiz, soubz le scel de nostre Chastellet de Paris, en l'absence de nostre grant.

IV

1368, février.

Lettres patentes de Charles V sur les règlements du service du guet royal [1].

Trésor des Chartes, Registre 99, pièce 221. — Coll. Lamoignon, t. II, fol. 353.
Ordonn. des Rois de France, t. V, p. 97.

Le nombre des sergents à cheval reste fixé à vingt; le nombre des sergents à pied est porté de vingt-six à quarante. Ils ne doivent avoir aucune autre profession. Dix hommes à cheval et vingt à pied font alternativement le service de nuit, de deux jours l'un, sous le commandement du chevalier du guet ou de son lieutenant. Les gages ne sont plus comptés par temps de service, les hommes de pied reçoivent par jour douze deniers, les hommes à cheval deux sous six deniers. Le lieutenant aura quatre sous le jour de garde et deux sous six deniers le lendemain. Les sergents à cheval auront dix livres parisis pour remplacer leur monture, quand le besoin s'en fera sentir.

[1] Le guet royal ou guet entretenu par le Roi était destiné à venir en aide au guet des métiers. Nous ne donnons que le résumé de la pièce parce qu'elle s'éloigne de notre sujet.

V

1372, 25 septembre. — Vincennes.

Lettres patentes de Charles V attribuant au prévôt de Paris seul l'inspection sur les Métiers de Paris et de la banlieue.

Arch. nat., Livre rouge vieil Y 2, fol. 72 v°. — Coll. Lamoignon, t. II, fol. 5o5. — Traité de la Police, t. I, p. 131. Ordonn. des Rois de France, t. V, p. 526.

Charles par la grace de Dieu, roy de France, au prevost de Paris [1] ou a son lieutenant, salut. Comme en nostre bonne ville de Paris ait plusieurs mestiers, marchandises, vivres, et y en vient et afflue de toutes parties du monde qui doivent estre et ont de touzjours accoustumé estre gouvernées pour l'utilité de la chose publique, selon certaines ordonnances faites et enregistrées en nostre Chastellet de Paris, et aussi selon certains usaiges, stilles, fourmulles et manieres qui vous sont certaines et plus notoires en vostre auditoire que en nul autre; et nous aions entendu que plusieurs nos subjectz s'efforcent de entreprendre la visitacion et congnoissance de aucuns desdiz mestiers, vivres et marchandises en nostredite ville, lesquelles choses appartiennent mieulx estre tenues et gardées par un juge compettant que par plusieurs et diverses personnes et ce nous appartient de nostre droit royal pour le bien de la chose publique, que nous désirons sur toutes choses estre bien et diligemment gouverné, mesmement en nostre dicte ville, qui est chief de nostre royaume et la ou tous doivent prendre bon exemple; nous vous mandons et estroitement enjoignons, en commettant, se mestier est, que vous de par nous faictes et faictes faire diligemment la visitacion de tous lesdits mestiers... Donné en nostre chastel du boys de Vincennes, le xxve jour du moys de septembre l'an de grace mil trois cens soixante et douze et de nostre regne le neufviesme.

VI

1383, 27 janvier.

Lettres patentes de Charles VI, interdisant les maîtrises et les confréries des Métiers [2].
(EXTRAIT.)

Coll. Lamoignon, t. II, fol. 652, d'après un registre de la chambre des Comptes côté E, et de l'hôtel de ville côté A. Hist. de Paris par Félibien, t. I, p. cxix. — Traité de la Police, t. III, p. 519. Ordonn. des Rois de France, t. VI, p. 685.

Charles par la grace de Dieu, roy de France..., voullans pourveoir a ce et tenir nos subjectz en bonne paix et tranquillité et les garder de rencheoir en telles

[1] Hugues Aubriot était prévôt de Paris en 1372.
[2] Le texte a été établi sur la copie de la collection Lamoignon, aux Archives de la Préfecture de police.

et semblables rebellions, malefices et desobéissances [1]; par grant et meure deliberacion de nostre grant conseil, ouquel estoient nos très chiers et amez oncles, les ducs de Berry, de Bourgongne, de Bourbon, le sire d'Alebret [2], le connestable, l'amiral, les mareschaulx de France [3], et plusieurs autres, avons ordonné et ordonnons par ces presentes les choses qui s'ensuivent :

. . . .

Item que, en nostre dite ville de Paris, n'ait doresnavant aucuns maistres de mestiers, ne communaulté quelzconques, comme le maistre et communaulté des bouchiers, les maistres des mestiers de change, d'orfavrerie, drapperie, de mercerie, de pelleterie, du mestier de foulon de draps et de tixerans ne autres quelconques mestier ou estat qu'ilz soient; mais voulons et ordonnons que en chascun mestier soient esleuz par nostredit prevost, appellez ceuls que bon lui semblera, certains preudoumes dudit mestier pour visiter icelui, afin que aucunes fraudes n'y soient commises; lesquelz y seront ordonnez et instituez par nostredit prevost de Paris ou son lieutenant ou autre commis a ce de par lui, lesquelz seront tenus de visiter les denrées selon l'ordonnance de nostredit prevost et seront nommez et appellez visitateurs [4] du mestier duquel ils seront et de tous delinquans ou deffaillans en leur mestier, nostredit prevost de Paris de par nous, ou son lieutenant, ou autres commis a ce de par lui, auront toute la cognoissance, juridicion et justice, fors que nostredit prevost tant seulement; et leur defendons que doresnavant ils ne facent assemblée aucune par maniere de confrairie de mestier ne autrement, en quelque maniere que ce soit; excepté pour aler en l'eglise et en revenir, se ce n'est par le consentement, congié et licence de nous, se nous en ladicte ville sommes, ou de nostre prevost de Paris en nostre absence, et que lui ou autres de noz gens a ce commis par icellui prevost y soient presens et non autrement, sur peine d'estre reputez rebelles et desobeissans a nous et a

---

[1] Rendue à la suite de la révolte des maillotins, cette ordonnance contient un ensemble de prescriptions rigoureuses et nécessaires au rétablissement de l'ordre dans la capitale. La suppression des communautés ouvrières fut renouvelée en plusieurs autres circonstances semblables.

[2] Les oncles de Charles VI étaient les trois frères de son père Charles V, c'est-à-dire, Louis duc d'Anjou (23 juillet 1339–20 septembre 1384) alors en Sicile où il venait de rétablir (20 mai 1382) la seconde branche des rois de Naples; Jean, duc de Berri (30 novembre 1340–15 juin 1416); Philippe dit le Hardi, duc de Bourgogne (15 janvier 1342–27 avril 1404). Les deux autres seigneurs se trouvaient oncles du Roi du côté maternel. Louis II duc de Bourbon (4 août 1337–19 août 1410) était frère de la reine Jeanne, femme de

Charles V, et Armand Amanieu VIII, sire d'Albret, avait épousé en 1368 Marguerite de Bourbon, sœur de la même reine Jeanne; il mourut grand Chambellan de France en 1401.

[3] Olivier de Clisson, connétable de France le 28 novembre 1380, après Bertrand du Guesclin; il mourut retiré en Bretagne le 24 avril 1407. — Jean de Vienne, seigneur de Rollans, amiral, de de 1373 à 1396. — Les maréchaux vivants en 1383 étaient Jean de Mauquenchi, sire de Blainville, Louis de Sancerre et Pierre de Craon.

[4] Ces visitateurs, destinés à remplacer les jurés, montrent bien que la suppression des maitrises et confréries n'impliquait pas la suppression du régime corporatif. C'était une précaution de police pour éviter les troubles, et purement temporaire.

la couronne de France, et de perdre corps et avoir. Si donnons en mandement..... Donné a Paris le xxviie jour de janvier, l'an de grace mil trois cens
quatre vins et deux et le tiers de nostre regne.

VII

1395, 12 mai.

Ordonnance réglant le temps de la journée de travail pour les ouvriers de tous les métiers [1].

Arch. nat. Livre rouge Y 2, fol. 112 v°. — Bibl. nat. ms. fr. n° 24070, fol. 416.
Coll. Lamoignon, t. III, fol. 185.

Pour ce qu'il est venu a nostre congnoissance que plusieurs gens de metiers
comme tixerrans de linge, de lange, foulons, laveurs, maçons, charpentiers et
plusieurs autres ouvriers et demourans a Paris se sont voulu et veullent efforcier
d'aller en besogne et de laisser oeuvre a telles heures comme bon leur semble; ja
soit ce que ils facent paier de leurs journées, tout autant comme se il faisoient
besongne tout au long d'un jour, qui est au grant grief, prejudice et dommage
tant des maistres ouvrans et tenans ouvrouoirs de leurs mestiers comme aussy
du bien de la chose publique, et seroit encores plus, se pourveu n'y estoit, si comme
entendu avons : Nous, de nostre povoir, voulans a ce obvier et eschever les do-
maiges qui par deffault de provision s'en pouvoient ensuir, avons ordené que doresenavant toutes manieres de gens desdits mestiers gaignans et ouvrans a journées, aillent en besongne pour ouvrer d'iceulx mestiers, dès heure de soleil levant·
jusques a heure de soleil couchant, en prenant leurs reppas a heures raisonnables,
selon les ordonnances faites sur chacun d'iceulx mestiers, sur peine d'en estre
punis selon l'exigence de leurs faultes. Escript soubz nostre signet le mercredi
xiie jour de may l'an mil ccc iiii^{xx} et quinze.

[1] L'ordonnance émane vraisemblablement du prévôt de Paris, alors Jean de Folleville.

VIII

1467, juin. — Chartres.

Lettres patentes de Louis XI, contenant la distribution des bourgeois, marchands et artisans,
sous certaines bannières, pour la garde et sûreté de la ville de Paris.

Arch. nat. Livre rouge Y 3, fol. 78. — Arch. nat. Bannières, 1ᵉʳ vol. Y 7, fol. 84.
Coll. Lamoignon, t. IV, fol. 440. — Copie des Bannières, t. I, fol. 119.
Ordonn. des Rois de France, t. XVI, p. 671.

Loys, par la grace de Dieu, roy de France, savoir faisons a tous presens et
avenir comme pour le bien et seureté de nostre bonne ville de Paris, et pour la
garde, tuition et deffense d'icelle et autres causes et considerations nous a ce
mouvans, nous ayons puis nagaires fait mectre sus et en armes, les manans et
habitans de tous estaz de nostreditte ville et cité et ordonné les gens de mestier et
marchands estre divisez et partiz en certaines banieres soubz lesquelles ils seront
chacun selon sa qualité et l'estat dont il est. Pour la conduitte et perfection de
laquelle matiere et afin que noz subgetz de nostreditte ville ainsi mys en armes,
comme dit est, puissent estre conduiz en ordre et police en maniere que aucun
inconvenient n'aviengne a cause de ce, a nous ne a laditte ville, ayons fait assembler aucuns notables gens tant de nostre court de Parlement que autres gens de
nostre Conseil, lesquelz par grant et meure deliberacion ayent fait sur ce que dit
est, certaines ordonnances, statuz et editz contenans la forme qui s'ensuit :

S'ensuit ce qui a esté advisé, fait et ordonné par les commissaires desputez et
commis de par le Roy a mettre sus en armes et habillement les manans et habitans de tous estaz de la bonne ville et cité de Paris :

1. Premierement, apres ce que lesdits commissaires ont parlé et remonstré
l'entencion et bon plaisir du Roy ausdits habitans de tous estaz sur ce que dit est,
et quilz ont dit et respondu quilz sont prestz d'obeyr au Roy et de le servir de tout
leur povoir et eulx mectre en armes et habillement pour entretenir et maintenir
ladicte ville en sa bonne obeyssance, a esté advisé par lesdits commissaires que
pour donner ordre et conduitte en ceste besongne, les gens de mestier et marchans de ladite ville seront partiz et divisez en soixante une banieres et compaignies en la maniere qui s'ensuit : C'est assavoir, tanneurs, brandoyeurs, courayeurs ensemble feront une baniere; sainturiers, boursiers, megissiers, une
baniere; gantiers, esgueulletiers, tainturiers et pareurs de peaulx, une baniere;
cordonenniers, une baniere; boulengiers, une baniere; paticiers, musniers, une
baniere; fevres-mareschaulx, une baniere; serruriers, une baniere; coustelliers,
gueyniers, esmoleurs, une baniere; serpiers, cloustiers, une baniere; chandelliers,
huilliers, une baniere; lormiers, selliers, coffriers, malletiers, une baniere; armu-

riers, brigandiniers, fourbisseurs de harnoys, lanciers, fourbisseurs d'espées, une baniere; freppiers, revendeurs, une baniere; marchans pelletiers, courayeurs de peaulx, une baniere; marchans fourreux, une baniere; pigners, artilliers, patiniers et tourneurs de blancboys, une baniere; bouchers de la grant boucherie et autres boucheries subjectez, une baniere; bouchers des boucheries de Beauvais, Gloriette, cimetiere Saint Jehan et Nostre Dame des Champs, une baniere; tixerrans de linge, une baniere; foulons de draps, une baniere; faiseurs de cardes et de pignes, une baniere; tondeurs de grans forces, tainturiers de draps, une baniere; huchiers comprins les varletz besongnans sur les bourgois, une baniere; cousturiers, une baniere; bonnetiers et foulons de bonnetz, une bannière; chappeliers, une baniere; fondeurs, chauderronniers, espingliers, balanciers et graveux de seaulx, une baniere; potiers d'estain, bibelotiers, une baniere; tixerrans de lange, une baniere; pourpointiers, une baniere; maçons, carriers et tailleurs de pierre, une baniere; orfevres, une baniere; tonneliers et avalleurs de vins, une baniere; paintres, ymagers, chasubliers, voirriers et brodeurs, une baniere; marchands de busche, voituriers par eaue, bastelliers, passeurs et faiseurs de basteaulx, une baniere; savetiers, une baniere; barbiers, une baniere; poullailliers, queux, rotisseurs et saucissiers, une baniere; charrons, une baniere; lanterniers, souffletiers, vanniers, ouvriers d'osier, une baniere; porteurs de greve, une baniere; henouars, revendeurs de foing et de paille, chauffourniers et estuviers et porteurs des Halles, une baniere; vendeurs et marchans de bestail, vendeurs de poisson de mer, une baniere; marchans de poisson d'eaue doulce, et pescheurs, une baniere; libraires, parcheminiers, escripvains et enlumineurs, une baniere; drappiers et chaussetiers, une baniere; espiciers et apoticaires, une baniere; deciers, tapiciers tondeurs, tainturiers de fil de soye et de toilles, une baniere; merciers, lunetiers et tapiciers sarasinois, une baniere; maraischers, jardiniers, une baniere; vendeurs d'œufs, fromaiges et egrun, une baniere; charpentiers, une baniere; hostelliers et taverniers, une baniere; pigneux et tordeux de laine, une baniere; vignerons, une baniere; couvreurs de maisons et mannouvriers, une baniere; cordiers, bourreliers, corretiers et vendeurs de chevaulx, une baniere; buffetiers, potiers de terre, naticrs et faiseurs d'esteufs, une baniere; et notaires, bedeaulx et aultres praticiens en cours d'église mariés, non estans de mestier, feront aussi une baniere.

2. Item et que en chascun desdits mestiers et compaignies y aura une baniere armoyée et figurée chacune d'une croix blanche ou meillieu, et de telles enseignes et armoiries que lesdits mestiers et compaignies adviseront.

3. Item, et avec ce, a esté advisé que pour la conduicte desdits mestiers et compaignies, y aura en chacune desdittes compaignies deux hommes, dont l'un s'appellera principal et l'autre soubz principal, lesquelz principal et soubz principal s'esliront par chascun an le lendemain de la saint Jehan, et dedans six

jours apres ensuivans par les chefz d'ostel desdits mestiers et compaignies, en la presence des commissaires du Chastellet qui ont esté ordonnez et distribuez a prendre et veoir faire le serement desdits mestiers et compaignies. Lesquelz principaulx et soubz principaulx ont esté et seront esleuz et depputez pour ceste année presente.

4. Item, lesquelz principaulx et soubz principaulx renouvellez pour les années subsequens seront tenuz de venir faire le serement, ez mains du lieutenant du Roy ou de ceulx qui seront a ce commis de par ledit seignèur, lequel serement contendra la forme qui s'ensuit :

Vous jurez a Dieu et sur ses sainctes Euvangilles que vous serez bons et loyaulx au Roy et le servirez envers tous et contre tous qui pevent vivre et morir sans quelconque personne excepter; obeyrez au Roy, a ses lieuxtenans ou commis en ce qui vous sera ordonné, et yrez et vous trouverez ès lieux qui vous seront ordonnez, et conduirez vos banieres et ceulx qui se sont ordonnez soubz icelles en armes et habillemens ainsi quil appartient, et vous employrez de tout votre povoir de faire et acomplir tout ce que, de par le Roy nostredit seigneur, sesdits lieuxtenans ou commis vous sera commandé et ordonné, comme bons, vraiz et loyaulx subgetz et jusques a la mort, et ne ferez, ne procurerez, ne souffrerez faire ne procurer aucunes seditions, rumeurs, tumultes, commocions, entreprinses, ne autres choses contraires ne prejudiciables au Roy, ne a sa seigneurie, ne contre son vouloir et entencion; et se vous savez aucunes machinations, conspiracions, entreprinses, monopoles, tumultes, commocions ou autres choses que aucuns vueillent ou s'efforcent faire contre et ou prejudice du Roy, de sa ditte seigneurie et de son vouloir et entencion; ils le reveleront incontinent au Roy ou a sesdits lieutenans ou commis, sur peine d'en estre pugniz comme rebelles et desobeissans au Roy; et avec ce promectez et jurez que ne assemblerez, ne ferez ou souffrerez assembler, ne mectre en armes, ceulx de votre baniere et ne les menerez ne conduirez, ne ferez mener ne conduire en aucuns lieux, pour user de quelque voye de fait, ne autrement en quelque maniere que ce soit, sinon que ce soit par l'ordonnance ou expres congié et licence du Roy ou de sesdits lieuxtenans ou commis, sur la peine que dessus.

5. Item, et se lesdits principaulx et soubz principaulx ont bien servy leur année, et que ceulx de leur mestier et compaignies voyent que pour le bien du Roy et de leur conduicte il soit convenable de les renouveller et continuer pour l'année ensuivant, faire le pourront.

6. Item, et ne pourront estre esleuz aucuns en principaulx et soubz principaulx, sinon qu'ils soient chiefs d'ostelz bien receans, renommez et condicionnez, et qu'ilz ayent demouré et residé en ceste ville six ans du moins.

7. Item a esté advisé et ordonné que lesdits principaulx prendront le serement present le commissaire, de tous ceulx qui sont, seront et viendront nouvellement

en leurs mestiers et compaignies et soubz leurs banieres, tel ainsi et en la forme
et maniere qui s'ensuyt :

Vous jurez a Dieu, aux sainctes envangilles de Dieu, et sur la dampnacion de voz
ames, que vous serez bons et loyaulx au Roy et le servirez envers tous et contre
tous qui pevent vivre et mourir, sans nul excepter, et obeyrez a vostre principal et
soubz principal en ce qui vous sera ordonné, reservé contre la personne du Roy ou
son certain mandement, et yrez et vous trouverez ès lieux qui vous seront ordonnez,
et vous conduirez soubz vos banieres, et serez en armes et habillement ainsi quil
appartient, et vous employerez de tout vostre povoir a faire et acomplir tout ce que
par le Roy vous sera commandé, et ainsi que par vosdits principal et soubz principal vous sera déclairé, comme bons, vrayz et loyaulx subjetz, jusques a la mort, et
ne ferez, ne procurerez, ne souffrerez faire ne procurer aucunes sedicions, rumeurs,
tumultes, commocions, entreprinses ne autres choses prejudiciables au Roy ne a
sa seigneurie contre son vouloir et plaisir. Et se savez aucunes machinacions, conspiracions, entreprinses, monopoles, tumultes, commocions ou autres choses que
aucuns vueillent ou s'efforcent faire contre et ou prejudice du Roy, de saditte seigneurie et de son plaisir et vouloir, vous le revelerez incontinans au Roy ou a ses
lieuxtenans et commis en ceste partie, sur peine d'en estre pugniz comme rebelles et desobeissans au Roy; et serez tousjours prestz toutesfoiz que par vosdits
principal et soubz principal serez mandez.

8. Item, et lesquelz principaulx et soubz principaulx avec leur commissaire ordonneront et enjoigndront a tous ceulx de leurs banieres, qui ne seront en habillement souffisant, c'est assavoir, de brigandines ou jaques, salade, vouge [1], longue
lance ou coulevraine a main, quilz se mectent en habillement souffisant, selon leur
possibilité, dedans la quinzaine après ensuivant, sur peine de soixante solz
d'amende a applicquer, le tiers au Roy, le tiers a la communauté desdits mestiers
et compaignies, et l'autre tiers au principal et soubz principal; c'est assavoir les
deux parts au principal, et la tierce partie au soubz principal.

9. Item, que les commissaires de chacun mestier avecques le principal et
soubz principal, seront tenus de faire ung pappier, par maniere de registre, ouquel
ils escripront et enregistront ceulx qui seront principaulx et soubz principaulx, et
aussi tous ceulx qui seront de leur mestier ou baniere, tant chiefz d'ostel comme
varletz, et leurs habillemens en quoy ils seront, et tant ceulx qui y sont de present
comme ceulx qui y surviendront ou temps advenir; duquel papier et registre ung
double demoura pardevers ledit principal, et l'autre pardevers ledit commissaire.

10. Item et seront tenus tous ceulx qui sont et seront en habillement de garder
leursdis habillemens, sans ce qu'ilz les puissent vendre aliener ne transporter, sur
peine de pugnir ceulx qui les vendront ou qui les achapteront ou prendront,

---

[1] Jaques ou Jaqués. *cotte de maille;* salade, *casque;* vouge, *trait.*

d'amende arbitraire; et pour quelque debte, obligacion ou condempnacion, on ne pourra prendre lesdits habillemens [1].

11. Item a esté advisé et ordonné que s'il y a aucuns residans et demourans en laditte ville, tenans feu et lieu qui ne soient de mestier, marchandise, officier ou d'autre estat [2] qui ne soit comprins soubz lesdites banieres ou autres compaignies de ladite ville, ilz seront tenus deux mois apres quilz auront demouré et residé en ladite ville, ou huit jours après qu'il leur aura esté noctiffié et signiffié par aucun principal ou soubz principal ou commissaire, de culx faire mectre et enregistrer soubz l'une des banieres dessusdites, telle qu'il leur sera ordonné, sur paine d'estre banniz de laditte ville et faulxbourgs et de cent solz d'amende a applicquer moitié au Roy et moitié a la communaulté desdites banieres. Et est enjoinct ausdits principaulx et soubz principaulx, et pareillement a leurs commissaires, qu'ils se prengnent garde, soingneusement et diligemment, de ceulx de leurs mestiers et pareillement d'autres qui n'auront aucun mestier, pour les faire enregistrer et les contraindre a prendre baniere, sur les paines que dessus.

12. Item, que après que aucuns seront mis et enregistrez soubz l'une desdittes bannieres, ilz ne pourront varier ni changer ladite baniere pour culx mettre ne enregistrer soubz autre baniere, sans le congé du Roy ou de ceulx qui seront commis ou ordonnez de par lui.

13. Item, a esté ordonné que quant aucuns des maistres desdits mestiers ou marchandises prendront de nouvel aucuns varletz ou serviteurs, ilz seront tenuz dedans ung mois après en advertir le principal et soubz principal et le commissaire, qui seront tenus de les enregistrer en leur papier et registre; et ou cas que lesdits maistres seroient negligens de le venir declairer dedans le temps dessus dit, ils en paieront vingt solz parisiz d'amende a applicquer moictié au Roy et l'autre moictié a la communauté de la banniere.

14. Item, et lesquelles banieres seront et demourront en la garde desdits principaulx et soubz principaulx; et sera chacune baniere enfermée en ung coffre ou autre lieu, soubz trois clefz [3], dont le principal en aura l'une, le soubz principal une, et le commissaire l'autre.

15. Item, et lesquels principaulx et soubz principaulx avecques leurdit commissaire pourront congnoistre sans forme ou figure de procez des questions et debatz qui surviendront ou pourront seurvenir entre ceulx de leursdittes banieres a cause de leurs armeures, et s'ils seront en bon et souffisant habillement, et en discuter et ordonner, et pour les faultes quils y trouveront, les condamner en

---

[1] La même défense et le même privilège existaient pour les sergents du guet.

[2] Tous les bourgeois, de quelque condition que ce soit, devaient faire partie de la milice et se réunir aux gens de métier.

[3] Les bannières étaient soigneusement renfermées pour qu'on ne fût pas tenté de s'en servir dans des circonstances autres que celles ordonnées par le Roi, comme il est dit aux articles 17 et 18.

IMPRIMERIE NATIONALE

amendes jusques a soixante solz et au dessoubz, ainsi quilz verront estre a faire, laquelle admende sera deppartie en trois comme dessus.

16. Item, et si lesdittes questions estoient grosses et qu'il y faillist plus grant inquisicion, ou que les parties ou aucunes d'icelles ne voulsissent acquiescer a l'ordonnance desdits principal, soubz principal et commissaires, ils auront recours au conseil ordonné par le Roy en la chambre du conseil [1], qui en ordonneront sommèrement et de plain, ainsi qu'il appartiendra.

17. Item, et pour obvier aux legieres assemblées qui se pourroient fere, et a toutes commocions, conspiracions, rumeurs, tumultes et autres inconveniens qui s'en pourroient ensuyr, a esté advisé et ordonné que lesdites banieres ne seront tirées ne mises hors desdits lieux, pour les desployer, sinon que ce soit par le commandement et ordonnance du Roy, ou de son lieutenant ou de celuy ou de ceulx qui par luy seront a ce commis et ordonnez, et par bon advis et deliberacion.

18. Item, et ne pourront lesdits principaulx et soubz principaulx eulx armer ne faire armer ceulx de leurs banieres, ne les assembler en armes ne aultrement, et ne les meneront ne conduiront, ne feront mener ne conduire, et ne souffreront qu'ilz se arment ou assemblent pour user de quelque voye de fait ne autrement en quelque maniere que ce soit, sinon que ce soit par l'ordonnance et exprès commandement du Roy, de son lieutenant ou de celui ou ceulx qui seront a ce commis de par lui, sur peine cappitalle ou autre, telle qu'il appartiendra sur ceux qui feront le contraire.

19. Item, et toutesfois et quantes que par le Roy, son lieutenant ou commis sera mandé et ordonné auxdits principaulx et soubz principaulx ou a aucuns d'eulx, habiller et faire habiller et mectre en armes eulx et ceulx de leurs banieres et eulx rendre et trouver ès lieux qui leur seront ordonnez, ilz seront tenuz de faire et d'obeyr, faire et obeyr tout ce qui leur sera commandé et ordonné, sur peine de pugnir ceulx qui feront le contraire, ainsi que au cas appartiendra.

20. Item, et se lesdits principaulx et soubz principaulx ou aulcuns de ceulx de leurs banieres ou autres servent aucunes conspirations, monopoles, sedicions, rumeurs, tumultes ou autres choses qu'on face ou vueille faire contre le bien du Roy et de sadite ville de Paris, ils seront tenuz de le venir reveller incontinant au Roy ou a ses lieuxtenans ou commis, ainsi qu'ilz doivent et qu'ilz ont promis et juré de faire sur peine capital ou autre telle qu'il appartiendra.

21. Item, et pourront lesdits principaulx et soubz principaulx et autres desdites banieres porter dagues, toutes foiz que bon leur semblera, et aussi leurs

---

[1] La juridiction militaire ainsi exercée directement par les *principaux* qui étaient simples chefs d'atelier relevait non plus du prévôt de Paris mais du conseil du Roi.

jusarmes [1] et autres habillemens de guerre aux dimenches et autres festes pour
eulx exerciter et combattre, et jusques au bon plaisir du Roy. Toutesfoiz leur est
ordonné et enjoinct qu'ilz se gardent de frapper et de meffaire ou mesprendre
aucune chose, sur peine d'estre pugniz ainsi que au cas appartiendra et tellement
et si griefvement que ce sera exemple a tous autres.

22. Item et feront lesdits principaulx et soubz principaulx chacun les monstres
de ceulx de leurs mestiers et banieres, une fois l'an, le lendemain de leurs confrairies, a telle heure qu'ilz verront estre a faire; et ceulx qui verront non estre en
bon et souffisant habillement, les contraindront a eulx y mectre dedans huit jours
après, sur peine de soixante solz d'amende, et enregistreront lesdittes monstres
en leurs registres et pappiers, et seront tenuz de notiffier leurditte monstre [2] avant
qu'ilz la facent, aux lieuxtenans ou commis du Roy.

23. Item, et au regard des gens et officiers du Roy, tant en la court du Parlement que en la chambre des Comptes, des generaulx de la justice des monnoyes [3],
du tresor, des esleuz et aussi du Chastellet et de la prevosté de Paris, de l'Ostel de
la ville, prevosté des Marchans et eschevinage de laditte ville et des menbres deppendans et suppotz d'iceulx, tous lesquelz en obeissant au Roy et a ce qui leur a
esté dit et remonstré de par luy, par sesdits commissaires ont dit et respondu qu'ilz
se metteroient et feroient mettre leurs gens et serviteurs en estat et habillement
au mieulx et au plus grant nombre de gens qu'ilz pourroient, pour servir le Roy
a la deffense de laditte ville de tout leur povoir, et toutesfoiz que, par le Roy ou
son lieutenant ou commis leur seroit mandé et enjoinct; et ja ont baillé par declaracion pardevers lesdits commissaires, le nombre d'eulx et de leurs gens qu'ilz
entendent mectre en armes et habillement, a esté advisé que, pour la conduicte
des dessusdits, les chiefs desdittes cours et chambres, c'est assavoir, pour laditte
cour de Parlement sous laquelle sont comprins les grefficrs, huissiers, advocatz,
procureurs, les chambres des requestes de l'ostel et du palais de la justice, du
tresor, les notaires et secretaires du Roy et autres gens et officiers desdites chambres et de la chancellerie estans de pardeça, les presidens de laditte court de Parlement en auront la conduicte et seront tenuz tous les suppotz et ceulx qui sont
comprins soubz ledit corps de Parlement, d'obeyr a ce qui leur sera mandé et enjoinct par lesdits presidens.

24. Item, et pareillement les presidens de la chambre des Comptes et autres
qu'ilz ordonneront, seront les chefz et auront la conduicte de ladite chambre et
desdittes chambres des generaulx de la justice des aides, des monnoyes et des
esleuz; et semblablement pour le Chastellet, soubz lequel sont comprins tous les
officiers dudit Chastellet, c'est assavoir, les commissaires, les notaires, les audi-

---

[1] Jusarmé, *gisarma*, sorte de hache ou glaive.
On appelait quelquefois les hommes des guisar-
miers. (Du Cange.)

[2] La monstre était en réalité une parade ou revue.
[3] Depuis le roi Jean jusqu'au xvie siècle, il y
eut huit généraux maîtres des monnaies.

teurs, greffiers sergens et autres officiers et suppostz dudit Chastellet; le prevost
de Paris et ses lieuxtenans en auront la conduicte; et semblablement de ceulx de
l'Ostel de la ville et de la prevosté et eschevinage d'icelle, soubz lesquelz sont
comprins les quarteniers, cinquanteniers et diseniers, les arbalestriers et archers,
les officiers de laditte ville, ensemble les francs bourgeois et les marchans qui ne
tiennent ouvrouer ne bouticle; les prevost des Marchans et eschevins en auront la
conduicte; et obeyront tous ceulx desdittes chambres et compaignies a leurs chefz
et a ce qui leur sera par eulx commandé et ordonné.

25. Item et tous lesquelz chiefz feront les seremens declairez ez mains desdits
commissaires du Roy qui sont a present icy, et ce fait, lesdits chefs feront faire
serement a tous ceulx qui seront soubz eulx et de leurs chambres et compaignies, tel et ainsi que dessus est declairé.

26. Item et seront tenuz lesdits chiefs de faire papiers et registres de tous
ceulx qui sont et seront soubz eulx, et de leurs habillemens, et de les faire entretenir en bons et soufflisans habillemens, et a ce les contraindre ainsi que au cas
appartiendra.

27. Item, et seront tenus lesdits de Parlement, des Comptes, de Chastellet et
de l'Ostel de la ville, tant chiefz que autres, d'obeyr a ce quil leur sera commandé
et enjoinct de par le Roy et par ses lieuxtenants ou commis, et ne feront aucunes
assemblées pour user de quelque voyes de fait ne autrement touchant le fait dessusdit, sinon que ce soit par l'ordonnance et commandement du Roy ou de ses
lieuxtenans ou commis, et entretiendront et garderont en tout et par tout les ordonnances dessusdittes et sur les peines dessus declairées. . . . . Donné a Chartres
au moys de juing, l'an de grace mil quatre cens soixante sept et de nostre regne
le sixiesme.

IX

1485, 7 février.

*Arrêt du parlement pour l'exécution du guet des gens de métier,
suivant les prescriptions des ordonnances.*

Arch. nat. Livre vert neuf, Y 6¹, fol. 54. — Coll. Lamoignon, t. V, fol. 86.

Sur la requeste baillée a la court, le douzieme jour de janvier derrenier passé,
par le procureur du Roy au Chastellet de Paris, pour raison du guet assiz de
ceste ville de Paris qui, de toute ancienneté, a acoustumé d'estre fait par les
gens des mestiers a ce subjectz, lequel comme il disoit estoit de present discon-
tinué et delaissé, obstant ce que plusieurs desdits mestiers s'en sont vouluz exempter et entrer en procès, tant en la court de ceans par appellations, comme

ailleurs. Veue par la court ladite requeste, les ordonnances anciennes, touchant lesdits guetz, l'informacion sur ce faicte et oy le rapport des commissaires ordonnez, pour sur ce communicquer avec les officiers du Roy oudit Chastellet de Paris, et tout considéré, la court a ordonné et ordonne que ledit guet assiz sera fait, continué et entretenu en la manière acoustumée par les gens des mestiers a ce subjectz, s'ilz ne sont du nombre des six vingts archers ou des soixante arbalestriers du Roy et de la ville de Paris, gardes des clefz des portes ou des chesnes, quarteniers, dixeniers ou cinquanteniers de la ville de Paris, bedeaux ordinaires de l'Université de Paris, messagers du Roy ou d'icelle Université, durant leur absence, monnoyers durant le temps qu'on euvre a la monnoye, qu'ilz soient aagez de soixante ans, ou qu'ilz ayent mehain ou mutilation, dont il soit apparu au prevost de Paris ou son lieutenant qui, appellé le procureur du Roy, ait declairé l'exempcion, et a ce faire seront contrainctz par le prevost de Paris ou son lieutenant, toutes autres gens faisans et exercens lesdit mestiers en quelque lieu, justice ou juridicion qu'ilz soient demourans a Paris, non obstant privilleges, oppositions ou appellacions quelzconques et sans prejudice d'iceulx, le tout par manière de provision et jusques a ce que parties oyes, autrement en soit ordonné. Et sera tenu le collecteur dudit guet, bailler chascun jour par escript aux clercs d'icelui guet, les mestiers qui pour la nuyt ensuivant deveront ledit guet, avec les noms et seurnoms de ceulx ausquelz il ara commandé icelui guet, sur peine de privation d'office et d'estre mis en prison. Aussi seront tenuz lesdits clercs d'assister et eulx trouver oudit Chastellet chascune nuyt, au son de la guecte et incontinant icelle sonnée asseoir ledit guet assiz, faire registre des comparans et defaillans, tant pour le guet ordinaire du Roy, que pour le guet des mestiers et le tout communicquer et en bailler le double au procureur du Roy oudit Chastellet, pour proceder contre lesdits deffaillans, ainsi qu'il verra estre a faire, par raison. Fait en Parlement le septiesme jour de feuvrier, l'an mil cccc quatre vingts et quatre.

X

1491, 20 avril. — Saint-Mortin-de-Caux.

Lettres patentes de Charles VIII au sujet du rétablissement de la collecte du guet, telle qu'elle existait auparavant.

Arch. nat., Ordon. de Charles VIII, vol. coté H. X 8609, fol. 201 v°. — Coll. Lamoignon, t. V, fol. 240.

Charles par la grace de Dieu, roy de France [1] . . . . . sans ce qu'il y ait eu aucune innovation ont esté observez et gardez lesdits edits et ordonnances et ma-

[1] Tout le commencement de cette charte reproduit les prescriptions sur le guet, établies par l'ordonnance du roi Jean de 1364. Voyez ci-dessus pièce III, p. 44.

nières de faire, en la forme dessusdite jusques a l'an mil quatre cens soixante et a l'avenement de nostre tres cher seigneur et père [1], que Dieu absoille, que par entreprinse et usurpation sur les officiers et clercs dudit guet, qui pour lors estoient, et leurs droicts et charges dessusdits et en pervertissant ledit edit et ordonnance, l'usance et observation dessusdits, aucuns par circonvention et importunité de poursuites et requestes, et sous coulleur de ce qu'ils avoient surrepticement donné a entendre a nostredit feu seigneur et père, ou a son chancellier qui pour lors estoit [2], avoir en nostredite ville pour le fait, ordonnance et conservation d'icelluy guet, oultre les offices et charges desdits clercs du guet, autres offices et charges particulières pour cueillir et lever icelluy guet et porter ladite lanterne devant lesdits clercs ou autrement, avoient tant fait que par précipitation et circonvention ils avoient obtenu certains dons et commissions d'office de cueillir, commander, lever et amasser ledit guet et porter ladite lanterne, en faisant offices nouveaux qui jamais ne furent faits et créés, au moyen et sous coulleur desquels dons nouveaulx, et depuis ledit temps, Estienne Le Roi, Jehan Villain et Gillet Cuchon se sont efforcés et ingérés, s'efforcent et ingèrent par chascun jour interrompre et abolir ledit edit . . . . . scavoir faisons que nous, les choses dessusdites considerées, ... voullant lesdites anciennes ordonnances, touchant ledit guet, estre observées et gardées inviolablement et les anciens offices, créés et establis pour icelles, estre entretenus en leurs charges, droits et prerogatives, ainsi que par icelles anciennes ordonnances et coustumes a esté statué, ordonné et accoustumé, touttes entreprinses faittes allencontre, et mesmement par les moyens dessusdits regectées et cessans, avons, par l'advis et deliberacion de nostre conseil, cassé, aboly et adnullé, cassons, abolissons et adnullons et mettons du tout au neant tous et chacun lesdits dons, impetrations et entreprinses illicites et illicitement procurées et pourchassées par lesdits Le Roy, Villain et Gillet Cuchon et leurs predecesseurs impetrans desdittes colleries et porte lanterne dessusdits, sous faulce cause, contre et au prejudice desdits edits et ordonnance, usaiges et coustumes anciens, et avons de nostre certaine science, plaine puissance et auctorité royale remis et reduit remettons et reduisons lesdits anciens edits et ordonnances en leur premier estat, et lesdits exposans esdits anciens droits de leursdicts offices de clercs, pour d'iceulx anciens droits joyr et user et les exercer doresnavant selon et ainsy qu'a leursdits offices appartient . . . . . Donné a Saint Martin de Caux [3] le vingtiesme jour d'apvril l'an de grace mil quatre cens quatre vingt et unze et de nostre regne le unziesme.

---

[1] Louis XI fut sacré à Reims le 15 août 1461.

[2] Louis XI eut pour chanceliers G. Juvenal des Ursins, P. de Morvilliers, P. d'Oriole et G. de Rochefort.

[3] Localité inconnue aujourd'hui.

XI

1491, 17 mai.

Ordonnance rendue au sujet d'une disette de grains et de fourrages, portant interdiction de fabri-
quer de la bière et injonction aux marchands bouchers de mettre en vente leur bétail.

Arch. nat. Livre vert neuf, Y 6¹, fol. 170. — Coll. Lamoignon, t. V, fol. 249.

Pour ce qu'il est venu a congnoissance de justice que, au moyen des brasseries
de bieres et servoizes, qui le jourduy se font en la ville, banlieue, prevosté et
viconté de Paris, plusieurs grains comme mestaulx, seigles, orges et advoynes,
se consument et gastent en si grande quantité et affluance que iceulx grains et
autres, comme blez, froments, en sont encheriz, et le pris d'iceulx haulcé, au
moyen de quoy le bestail qui deust et doit estre substanté et alimenté d'iceulx
grains, et lequel n'a peu estre entretenu et nourry, par la fortune du temps qui a
couru, pour les herbayges et pastures qui ceste année ont deffailly, a cause du
long yver et indisposition du temps qui a esté, en est devenu plus cher en la
vente et distribucion d'icelluy, comme encores est de present, et semblablement
lesdits grains encheriz, desquelz le commun populaire doit estre substanté, entretenu et nourry, qui est a leur grant dectriment et dommage de la ville et de la
chose publicque, se provision n'est sur ce par nous donnée; pour a quoy pourveoir
et obvier :

1. L'en deffend, de par le Roy nostre sire et monsieur le prevost de Paris, a
tous brasseurs faisans et exerçans fait de brasseries en la ville, banlieue, prevosté
et viconté de Paris, de ne plus brasser ou faire brasser par personnes inter-
posées ne autres, en laditte ville, banlieue, prevosté et viconté, sur peine de
confiscation de leurs bieres, servoizes et grains qui seront trouvez a eulx appartenans, et d'amende arbitraire.

2. Item, l'en deffend aussi a tous cabarretiers, hostelliers et taverniers et
autres, de ne vendre en gros ou a detail aucunes bieres ou servoizes qui auront
esté et seront faictes en ladite ville, banlieue, prevosté et viconté de Paris, mais
en pourront vendre, se bon leur semble, pourveu que lesdites bieres et servoizes
aient esté ou soient faictes hors ladite ville, banlieue, prevosté et viconté de Paris,
et que de ce ilz aient certificacion souffisante, sur peine a ceulx qui feront le contraire de confiscacion desdites bieres et servoizes, et d'amende arbitraire; et tout
jusques a ce que par justice autrement en soit ordonné.

3. Item, l'en deffend oultre a tous marchans de bestail, bouchers, basconniers
et autres, de quelque estat en condicion qu'ilz soient, qu'ilz ne soient si osez ny
hardiz de aller ou envoyer au devant des marcháns amenans bestail ou marché

de Paris, pour icelluy enerrer berguigner ou acheter sur les chemins et destroiz des passaiges d'entour la prevosté et viconté de Paris, ne ailleurs hors ladite prevosté, sur peine de confiscacion des denrées qu'ilz auront ainsi achetées, d'amende arbitraire, et d'estre autrement griefvement pugniz, selon le demerite, a la voulenté de justice.

4. Item, l'en commande oultre a tous marchans bouchers, tant de ceste ville que d'ailleurs, ayans bestail en leurs mestaieries, herbaiges, pessons ou ailleurs, en la prevosté et viconté de Paris, que incontinent et sans delay, après ce present cry, ilz le facent venir et amener ou marché de Paris, pour la estre vendu aux detailleurs, bouchers et autres qui ont accoustumé fournir et avitailler ceste dite ville, sur peine des desobeyssans et faisans le contraire, de confiscacion de leurdit bestail qui sera trouvé ainsi estre detenu par eulx, et d'amende arbitraire.

Et afin que ces presentes ordonnances soient mieulx et plus dilligemment gardées et entretenues, a esté et est ordonné que les denonciateurs de ceulx qui feront au contraire desdites ordonnances, auront pour leurs peines et salaires, le tiers desdites confiscacions et amendes.

Fait soubz nostre signet le mardi xviie jour de may l'an mil cccc iiiixx et unze.

XII

1500, 28 juillet.

Arrêt du Parlement défendant au prévôt de Paris d'autoriser de nouvelles confréries,
et lui prescrivant de prendre des informations sur les confréries de métiers déjà établies.

Arch. nat. Livre bleu, Y 6², fol. 120 v°. — Coll. Lamoignon, t. V, fol. 435.

La cour, pour certaines causes et considérations a ce la mouvant, a deffendu et deffend au prevost de Paris ou a ses lieutenans, chacun a son regard, qu'ils ne sueffrent ne permettent aucunes confrairies estre de nouvel erigées en ceste ville de Paris, soubz umbre de maistrises de mestiers, marchandises, ne aucunes assemblées estre faittes au prejudice de la chose publique, sur peine d'en estre griefment pugnis et de mettre au néant tout ce qui par eulx auroit esté fait au contraire; et néantmoins leur enjoint et commande ladite cour que, par les seize examinateurs du Chastelet de Paris, ils facent faire informations sur ce que plusieurs des mestiers de ceste ville de Paris, ont érigé confrairies, par quelle autorité et pourquoy ils se assemblent et monopolent ensemble, et aussy sur les abus, conspirations et monopoles que on dit estre commis soubz umbre desdites confrairies, et mettre prix a leurs denrées et marchandises, au prejudice de la chose publique, et que lesdites informations ils facent mettre et apporter dedans le lendemain de la my-aoust prochainement venant, pardevant ladite cour, pour icelles veues estre par elle, sur tout ordonné ainsi que de raison. Fait en Parlement le 28ᵉ jour de juillet de l'an 1500; ainsi signé Robert, collation faite Lienard.

XIII

1514, 18 septembre.

Lettres patentes de Louis XII donnant pouvoir au duc de Valois
de créer un maître dans chaque métier.

Arch. nat., Ordonn. de Louis XII, vol. J., X 8610, fol. 285. — Coll. Lamoignon, t. V, fol. 636.

Louis par la grâce de Dieu, roy de France, a tous ceux qui ces presentes lettres verront, salut. Sçavoir faisons que pour la très grande, singulière et entière amour que nous avons a nostre très cher et très amé fils, le duc de Valois et de Brethaigne, et pour la proximité du lignaige dont il nous attient [1], a iceluy, par ces presentes, et affin qu'il congnaisse l'affection que avons a luy, aussy que desirons l'accroissement et exaltation de son honneur, bruit et renom, et pour plusieurs autres grandes considérations a ce nous mouvans, avons donné et octroyé, donnons et octroyons de nostre grace especial, plaine puissance et autorité royalle, pouvoir, faculté et autorité de ce faire et créer ung maistre de chacun mestier [2], et ce par toutes et chacunes les villes et cités de nostre royaume; et oultre que nostre dit fils joysse de tous et semblables privilèges, prerogatives et preeminences, comme seconde personne de France, ainsy et par la forme et manière que fait avons du temps que étions duc d'Orleans, paravant nostre advenement a la couronne. Lequel don et octroy ainsi fait par nous a notre dit fils, ensemble toutes les creations que par vertu de ce il fera cy-après, nous voulons estre d'autel effet et valleur, comme si nous mesme les avions faictes et données,

---

[1] François, fils de Charles d'Orléans, comte d'Angoulême, né le 12 septembre 1494, créé duc de Valois par Louis XII, son cousin et beau-père. Il est qualifié ici duc de Bretagne, à cause de son mariage avec Claude de France, fille de Louis XII et d'Anne de Bretagne. Anne mourut le 9 janvier 1513; Claude sa fille se maria le 14 mai 1514 et devint reine de France après la mort de son père le 1ᵉʳ janvier 1515. C'est seulement dans ce court intervalle de temps que François Iᵉʳ dut porter le titre de duc de Bretagne.

[2] Ces créations de maîtrises, par concession royale, troublèrent la hiérarchie reconnue et respectée par les classes ouvrières. Elles existaient depuis Louis XI et se multiplièrent pendant le xviᵉ siècle, en faveur des princes, à propos d'évènements de tout genre. C'était simplement une source de bénéfice accordée par le roi aux grands personnages et non une mesure prise dans l'intérêt des ouvriers. Nous nous bornons à donner celle-ci à titre de spécimen.

I.

a nostre advenement a la couronne et nouvelle entrée en icelles villes et cités, en nostre dit royaume... Donné a Paris le dix-huictième jour de septembre l'an de grace mil cinq cent et quatorze.

XIV

1515, 21 avril.

Lettres du prévôt de Paris relatives au payement du droit de maîtrise par tous ceux qui sont reçus maîtres, de quelque métier que ce soit.

Arch. nat. Livre gris, Y 6³, fol. 101. — Coll. Lamoignon, t. V, fol. 673.

A tous ceulx qui ces presentes letres verront, Gabriel, baron et seigneur d'Aleigre... garde de la prévosté de Paris, salut. Savoir faisons que le jourd'uy, datte de ces presentes, noble homme Mᵉ Jehan Teste, receveur ordinaire de Paris, s'est opposé et oppose a ce que aucun ne soit receu a maistre, de quelque mestier que ce soit, en ceste ville de Paris, que premierement il n'ayt payé le droit que ledit maistre doit au Roy nostredit seigneur pour sa reception de maistrise, selon l'ordonnance du mestier dont il est, soit de don de Roy ou d'autre prince, ou que ledit don soit verifié par messieurs des Comptes et Tresoriers de France, attendu que c'est le domaine du Roy; dont et desquelles choses ledit receveur nous a requis lettres; sy luy avons octroyé ces presentes, esquelles, en tesmoing de ce, nous avons fait mectre le scel de ladite prevosté de Paris. Ce fut fait et octroyé le samedi vingt uniesme jour d'avril, l'an mil cinq cent et quinze après Pasques.

XV

1535, 25 mai.

Arrêt du Parlement interdisant à nouveau les confréries des gens de métier, les banquets à l'occasion des chefs d'œuvre et divers frais de réception à la maîtrise.

Arch. nat. Grand livre jaune, Y 6⁵, fol. 22. — Coll. Lamoignon, t. VI, fol. 304.

... La cour ordonne que les arrests donnés par icelle prohibitifz des confrairies et assemblées [1] ou se faisoient plusieurs monopoles d'aucuns metiers jurez en

---

[1] L'interdiction des assemblées de gens de métier fut l'objet d'une foule d'arrêts et d'ordonnances toutes à peu près semblables. Nous n'en avons transcrit que quelques-uns; leur effet d'ailleurs était de peu d'importance.

ceste ville de Paris seront gardez et entretenuz universellement quant a tous les
metiers jurez, maistres et serviteurs non seulement de cettedite ville de Paris,
mais aussi de toutes les autres villes jurées de ce ressort... que quant il y aura
des serviteurs des maistres jurez qui seront experts et experimentéz au mestier
dont ilz se mesleront et ilz demandent estre receus a faire chef d'euvre, pour après
estre receuz maistres, les maistres jurez ausquelz lesdiz serviteurs se presenteront
seront tenuz leur assigner jour a huitaine après, pour faire leur chef d'euvre, et
y seront tenuz assister lesdits maistres; et si sont sufisans les recevront, sans ce
que lesdits serviteurs payent aucuns convives ou banquetz que ladite Cour a
aboliz, et sans ce que lesdits maistres puissent prendre ne exiger, pour touz fraiz,
synon la somme de dix livres et non plus... La Cour ordonne a deux des huissiers d'icelle se transporter presentement en tous les lieux de ceste ville ou sont
les confrairies desdits mestiers et saisir les bouestes desdites confrairies, ornement
et joyaulx et en faire inventaire et les aporter en ladite Cour.

∴

XVI

1539, août.

Ordonnance de François Iᵉʳ donnée à Villers-Cotterets,
extrait de ce qui concerne les confréries, maîtrises et assemblées des gens de métier.

Arch. nat., Ordonn. de François Iᵉʳ, 3ᵉ vol. M, X 8613, fol. 182. — Coll. Lamoignon, t. VI, fol. 565.

Francois par la grâce de Dieu, roy de France, scavoir faisons [1]...

185. Que suivant nos anciennes ordonnances et arrests de nos cours souve-
raines, seront abbatues, interdites et defendues toutes confrairies de gens de metier et artisans, par tout nostre royaume.

186. Et ne s'en entremettront lesdits artisans et gens de metier, sur peine de
punition corporelle, ains seront tenus dedans deux mois, après la publication de
ces presentes, faites en chacune de nosdites villes, aporter et mettre pardevers les
juges ordinaires des lieux, toutes choses servans et qui avaient été deputées et
destinées pour le fait desdites confrairies, pour en estre ordonné ainsi que verront
estre a faire.

187. Et a faute d'avoir ce fait dedans ledit tems seront tous les maitres du
metier constitués prisonniers, jusques a ce qu'ils auront obéy, et neantmoins condamnez en grosses amendes envers nous pour n'y avoir satisfait dedans le tems
dessusdit.

[1] Tous les articles qui précèdent traitent de l'administration, de la justice et des actes publics, les
derniers seulement concernent la police générale des métiers.

188. Et pour passer maistre, les maistres desdits mestiers ne se feront aucunes disnées, banquets ne convis ne autres depenses quelconques, encore qu'on la voulut volontairement faire, sur peine de cent sols d'amende a prendre sur chacun qui auroit assisté auxdites dinées et banquets.

189. Et sans faire autre depense, ne prendre aucun salaire par les maitres du metier, voulons qu'ils soient tenus recevoir a maistrise celui qui les en requerra, incontinent après qu'il aura bien et dument fait son chef d'œuvre et qu'il leur sera prouvé qu'il est sufisant.

190. Lequel toutesfois nous declarons inhabile et incapable de la maistrise, au cas qu'il auroit fait autre depense que celle de son chef d'œuvre pour parvenir a ladite maistrise, en voulons estre privé et debouté par nos juges ordinaires des lieux auxquels la connoissance en apartient.

191. Nous defendons a tous lesdits maistres, ensemble aux compagnons et serviteurs de tous mestiers de ne faire aucunes congregations ou assemblées, grandes ou petites, et pour quelque cause ou occasion que ce soit, et ne faire aucuns monopoles, et n'avoir ou prendre aucunes intelligences les uns avec les autres, du fait de leur metier, sur peine de confiscation de corps et de biens.

192. Et enjoignons a tous nos officiers de faire bien et estroitement garder ce que dessus, contre lesdits maistres et compagnons, sur peine de privation de leurs offices.

Si donnons en mandement... Donné a Villers Cotterctz au mois d'aoust l'an de grâce quinze cens trente et neuf et de nostre regne le quinziesme.

XVII

1540, janvier. — Saint-Quentin.

Édit du roi François Ier sur les règlements du guet des gens de métier, à faire la nuit dans les seize quartiers de la ville de Paris, avec des prescriptions spéciales pour assurer une meilleure exécution du service.

Arch. de la Préfecture de Police, Coll. Lamoignon, t. VI, fol. 576; d'après le Livre criminel du Châtelet. Fontanon, t. I, p. 880.

Francois par la grâce de Dieu, roi de France [1], ... comme pour la continuation dudit guet ont été faictes plusieurs ordonnances et sont intervenus plusieurs arrets au moyen des fautes trouvées en l'exercice et fait dudit guet. Ce néantmoins ont esté et sont faits plusieurs abus fautes et negligences, en ce que dit est, tant

[1] Ici se trouve un préambule en tout conforme à celui de la charte du roi Jean du 6 mars 1364. Voyez ci-dessus n° III, p. 44.

par les officiers que par autres, ayans la charge dudit guet et au moyen de ce
nostre peuple fort foulé et travaillé, a notre très grand regret.

1. Pour ces causes, et pour la conservation de notre dite ville et cité de Paris
et des habitans d'icelle et aussi pour obéir aux inconveniens dessusdits et pourvoir a l'entretenement desdites ordonnances et arrests sur ce intervenus, nous avons
statué et ordonné, statuons et ordonnons que le guet d'icelle ville sera fait et
constitué, c'est a savoir par le chevalier dudit guet et sa compagnie, qui sont vingt
hommes de cheval, et quarante hommes de pied, en ce compris le lieutenant
d'icelui chevalier, pour faire ledit guet, par dix hommes a cheval, et vingt hommes
de pied, en chacune nuit, par tour et alternativement.

2. Item, que le guet assis, autrement apellé le guet dormant, fait par les gens
de metier de ladite ville de Paris, sera parcillement continué ès nuits qui seront
commandées par deux sergens, en la maniere acoutumée. Et seront lesdits gens
de mestier tenus eux presenter, dedans le Chastelet de Paris, pour estre enregistrés
et envoyés par nombre de personnes certain et compétant, a la place des carreaux, outre le guichet des prisons, comme au lieu apellé la pierre qui est a la
barrière et a l'entour dudit Chatelet, pour la garde des prisonniers, du geolier et
de ses gens et aussi dedans la cour du palais, pour la garde des saintes reliques
du geolier, des prisonniers et des choses qui sont dedans ledit palais, et pareillement au carrefour du bout du pont Saint Michel, sur le quay des Augustins,
et au carrefour de Saint Côme, au carrefour de Saint Yves, au carrefour Saint
Benoît, a la croix des Carmes, au carrefour Saint Severin, au Petit Pont, près
l'eglise de la Madelaine, aux planches de Mibray, a la croix de Greve, a l'hotel
de Sens, a la porte Baudier, au coin Saint Paul, a la traverse Quadier, a l'echelle
du Temple, a Saint Nicolas des champs, a Saint Jacques de l'hopital, a la fontaine
Saint Innocent, a la pointe Saint Eustache, a la croix du Tiroir, a l'ecole Saint
Germain, a la place aux Chats⁽¹⁾, et aussi ès autres lieux et places necessaires,
par les seize quartiers de la ville de Paris; seront declarés par chacun jour auxdits gens de mestier par les clercs dudit guet, selon l'ordonnance qui leur en sera
faite par notre prevost de Paris ou son lieutenant criminel, qui pourra muer et
changer lesdites places et augmenter ledit guet, selon les cas et necessités qui
viendront a connoissance.

3. Esquels lieux et places lesdits gens de metier seront tenus demeurer et
eux tenir toute la nuit, par les tems et saisons ci-après declarés, c'est a sçavoir
depuis le premier jour du mois d'octobre jusques au dernier jour de mars, a commencer entre sept et huit heures du soir, jusques entre quatre et cinq heures du
matin; et depuis le premier jour d'avril jusques au dernier jour de septembre, a

---

⁽¹⁾ La situation topographique de tous ces endroits ne saurait être déterminée ici et rentre dans le
sujet de la «Topographie de Paris».

commencer entre huit et neuf heures, jusques entre trois et quatre heures du matin.

4. Et pour faire l'assiette et la retraite d'icelui guet, sera tenu celui qui a charge de la guette dudit Chastelet, de sonner la trompette par chascune nuit, selon les heures dessusdites. Et après ladite trompette sonnée, ledit guet partira pour marcher et se retirera, et non plutost; toutesfois en cas necessaire et urgent le guet royal pourra partir plutost, selon qu'il sera pour le mieux avisé.

5. Item, que pour faire registre des gens dudit guet tant royal que des gens de mestier, seront tenus lesdits clercs du guet assister par chascun jour audit Chastelet, aux heures assignées pour l'assiette d'icelui guet, et faire registre des comparans et defaillans. Et seront lesdits gens du guet, tant du Roi que des mestiers, tenus de comparoir a faire ledit guet aux jours et heures a eux assignés, selon que dessus, sur peine de dix sols parisis d'amende, pour chacun défaut; pour laquelle amende seront les defaillans contrains dès le lendemain du défaut qui sera expedié, sur le rôle et certification desdits clercs du guet et sur le raport du sergent qui aura donné l'assignation : et ce tant par prise et vente sommaire des biens d'iceux défaillans, que par emprisonnement de leurs personnes, si mestier est.

6. Et afin que ledit guet assis ne puisse partir desdits lieux et places, avant les heures dessusdites, nous ordonnons que ledit guet royal ira et viendra esdites places, pour scavoir ceux dudit guet assis qui serviront ou defaudront. Et de ce ledit chevalier du guet et ses lieutenans feront raport qui sera enregistré par lesdits clercs, pour estre procedé contre lesdits defaillans, et qui se seront absentés, selon que dessus ; et afin de scavoir ceux qui se seront ainsi absentés, enjoignons aux autres qui auront esté livrés avec eux, de le relever, sur peine de prison et de l'amende.

7. Toutesfois si lesdits gens de mestier ont excusation de maladie, d'absence, de mariage ou autre exoine recevable, lesdits clers du guet commettront autres personnes fidelles et sufisantes, et dont lesdits clercs seront responsables, pour faire guet au lieu des absens, tant defaillans qu'excusés, et seront payés ceux qui serviront, au lieu de ceux qui auront fait defaut, sur lesdits defauts et amendes. Et pour les autres ils seront payés aux depens des excusé, le tout au prix de deux sols parisis pour chacune nuit, et s'il avenoit que, pour aucune cause necessaire, fut besoin assembler plus grand nombre de gens, ledit chevalier du guet ou ses lieutenans pourront apeller avec eux la totalité de gens du guet royal avec les gens de metier, en nombre competant et raisonnables.

8. Et pour ce que par ci-devant plusieurs personnes se sont voulu exempter de servir audit guet, les aucuns alleguans privilèges, et les autres disans n'estre point de mestier, et, par ce, ledit guet a été diminué, et le peuple qui a servi audit guet foulé et trop chargé, nous ordonnons que tous marchands gens de me-

tier, artisans ou autres tenans boutiques et ouvroirs, dedans ladite ville de Paris,
seront tenus et contraints de servir audit guet, par la maniere et ainsi que dessus
est declaré, soient exempts ou non exempts, privilegiez ou non privilegiez, jusques a ce que par nous autrement en soit ordonné exceptés toutesfois les personnes qui ont esté excusées par l'arrest donné en nostre cour de Parlement, en
l'an 1484, c'est a scavoir les six vingt archers, soixante arbaletriers, et cent arque-
buziers de nous et de la ville de Paris, gardes des clefs des portes, ceux qui ont
le rouet des chaisnes, quarteniers, diziniers, cinquanteniers de ladite ville de
Paris, bedeaux ordinaires de l'Université de Paris, messagers de nous et de laditte
Université, durant leurs absences, monnoyers pour le tems qu'on œuvre a la
monnoie et les personnes aagés de soixante ans ou qu'ils aient meshaings ou mutilation de membres, dont soit aparu a notredit prevost de Paris ou son dit lieutenant : toutes lesquelles personnes nous voulons et entendons estre francs et
exempts d'aller audit guet, selon ledit arrest.

9. Item, nous ordonnons que les deniers desdits defauts amende et autres qui
proviendront, a cause de ce que dit est, seront levés et reçus par lesdits deux
sergens, lesquels seront tenus rendre compte par chacun an d'iceux deniers a
notre receveur de Paris appellé notre procureur audit Chastelet. Et enjoignons
auxdits gens du guet, tant royal que des gens de mestier, de biens et dument vacquer a faire icelui guet, selon ce que dessus et de faire les captions des malfai-
teurs qu'ils trouveront en présent mefait et les emprisonner audit Chastelet; et
aussi de traiter humainement les habitans de la ville de Paris, et leur donner
confort et aide sans leur faire ne soufrir estre fait aucun oprobre ou moleste, le tout
sur peine de punition corporelle.

10. Et pour faire entretenir le contenu ci-dessus et ce qui en depend, enjoignons audit prevost de Paris ou son lieutenant criminel, dy entendre soigneusement et contraindre lesdits gens et officiers tant de guet royal, que de mestiers et
toutes autres personnes. Sçavoir est; lesdits officiers, sur peine de privation de
leurs offices, et les autres par amende et punition corporelle, selon l'exigence
des cas, le tout nonobstant oppositions ou apellations quelconques.

11. Et pour ce que ledit prevost de Paris ou sondit lieutenant ne pourra vaquer a l'assiette dudit guet, en faisant laquelle se sont par ci-devant faits plusieurs
excès, rebellions et desobeissances, par lesdits gens de mestier, tant entr'eux que
pour les haines qu'ils ont les uns contre les autres, comme aussi a l'encontre des
clers et officiers dudit guet, ledit prevost de Paris ou sondit lieutenant criminel
pourra commettre l'un des examinateurs d'icelui Chastelet pour informer promptement et faire son raport, et aussi (si metier est) pour proceder par emprisonnement contre les rebelles et delinquans, en present mefait, afin d'y estre pourveu
sommairement par nostredit prevost de Paris ou son lieutenant criminel.

12. Et ordonnons que lesdits clers du guet, sergens et examinateurs seront

payés pour l'execution des choses dessusdites, c'est a scavoir lesdits sergens et collecteurs, a la raison de deux sols parisis; les clercs dudit guet, de deux sols huit deniers parisis, et ledit examinateur, de quatre sols parisis. Le tout par chacun jour et pour chacun d'eux; le tout pris et levé sur les deniers provenans desdits defauts et amende.

... Donné a Saint Quentin, au mois de janvier l'an de grace mil cinq cens trente neuf et de nostre regne le vingt sixieme.

XVIII

1559, mai.

Édit de Henri II portant suppression du guet des gens de métier, établissement d'un corps spécial d'hommes d'armes, et fixation d'une imposition particulière pour le guet sur tous les artisans, sans tenir compte des anciens privilèges.

Arch. nat., Ordonn., 7ᵉ vol. de Henri II, X¹ᵃ 8622, fol. 242. — Coll. Lamoignon, t. VII, fol. 778.

Henry, par la grace de Dieu, roy de France, a tous presens et advenir, salut. Comme d'ancienneté le guet eust accoustumé estre faict chascune nuict en nostre ville de Paris, par les marchans gens et maistres des dix sept mestiers qui pour lors estoient en icelle selon l'ordre et jours qui leur estoient ordonnez, lesquelz estoient distribuez et assis en petites compaignies, par certain lieu, places et endroictz de ladite ville, pour illec estre aux escouttes et ayder a secourir les ungs aux autres quand besoing en seroit; oultre lesquels nos predecesseurs Roys establirent, a leurs gaiges et despens, et ont jusques a present continué le nombre de soixante personnes ordinaires, c'est assavoir vingt de cheval et quarente de pied, pour alternativement de deux nuictz l'une et par chascune nuict trente, aller et venir toute la nuict par les rues et places d'icelle ville; sur tous lesquelz ilz ont constitué et establiz ung chevalier et capitaine du guet, par devant lequel et les clercs ou greffiers d'icelluy tous les subjetz au guet estoient chascun a son tour tenuz se trouver, a l'heure et lieu pour ce ordonnez, en nostre chastellet de Paris; et estant depuis nostre dite ville accrue et augmentée, tant de maisons que de peuple, et aussi de diverses marchandises trafficques et mestiers, feu nostre très honoré seigneur et père, le roy Françoys, dernier décédé [1], que Dieu absolve, auroit par son ordonnance et edict de l'an cinq cens trente neuf, desclaré que tous marchans et gens de mestier seroient tenuz faire en personne, ou par personnes capables faire faire ledit guet vulgairement appellé le guet assis; mais a l'occasion

---

[1] François Iᵉʳ mourut à Rambouillet le dernier jour de mars 1547. L'ordonnance de 1539 est celle donnée à Villers-Cotterets. Voir ci-dessus pièce XVI, p. 67.

que les marchans gens et maistres desdits mestiers se trouvoient souvent le jour
qu'ilz estoient semondz de venir ou envoyer au guet, malades ou absens de ladite
ville pour leurs affaires, mesmes qu'il se trouvoit quelquefoys des vefves et d'autres
gens, peu capables de leurs personnes et plusieurs pauvres et mal equippez, pour,
en telle chose faire bon et deu service, auroit esté introduit de recevoir telles excuses
et que les excusez, au lieu de venir ou envoyer gens pour eulx, seroient quittes
en baillant chascun deux solz six deniers, pour le salaire d'autres qui pour lesdits
absens excusez seroient, par les greffiers ou clercs du guet, commis a faire pour
celle foiz le service du guet; a laquelle fin, auroit esté permis ausdits clercs ou
greffiers tenir toujours prest certain nombre de gens et personnes capables qui
seroient-salariez des deniers des excusez, ce qui n'a peu pour l'incertitude du
nombre desdits marchans, gens et maistres des mestiers, qui augmente et dimi-
nue de jour a autre et aussi pour la malice des personnes estre si bien reglé que
plusieurs faultes et confusions n'y soient advenues et que les volleries, larcins, ravissemens de femmes et de filles, sacrilèges, fuittes de prisonniers, inconveniens
de feu, et autres choses pour lesquelles ledit guet avoit esté ordonné n'ayent esté
souvent commis et perpetrez, et les gens dudit guet souvent battuz, outragez, oc-
cis et meurtriz, dont plusieurs plaintes et doléances nous auroient esté faictes; et
pour y obvier nous auroient, en l'an cinq cens quarente neuf par le chevalier du
guet qui lors estoit, esté présenté certains articles. . . pour mectre a cette affaire
ung ordre et reglement perdurable, avons dit, statué et ordonné, disons, statuons
et ordonnons comme il s'ensuyt :

1. Premierement que le guet de la nuict en nostre dite ville de Paris qui se
souloit faire par soixante personnes alternativement, vingt de pied et dix de cheval par chascune nuict, et semblablement le guet assis que les marchans gens et
maistres des mestiers et autres bourgeoys sont tenuz faire en personne, qui estoient
communement de quarente ou cinquante personnes, par chascune nuict, sera
doresnavant faict et continué par personnes ordinaires, gens fortz, puissans et experimentez aux armes, qui seront ceste première fois et doresnavant quand vacation y eschera par nous pourveuz au nombre de douze vingts archers, nonobstant
quelconques lettres de retenues ou provisions obtenues d'autres que de nous,
dont il y en aura trente deux de cheval et deux cens huict de pied, lesquelz ceste
première foys et cy après quand vacacion en adviendra seront par nous et nos
successeurs roys, prins choisiz et esleuz des artisans, gens et maistres des mestiers
et autres habitans de ladite ville, domiciliez et residens en icelle et non d'autres,
sans que pour leurs provisions auxdits estats soit par nous ou nos successeurs,
ores ne pour l'advenir, prins ou levé sur eulx aucune taxe ou composition de finances et seront tous lesdits archers armez et esquippez de morions, gantelletz et
corselletz completz et porteront en mains hallebardes, javelines, espieux, picques
et autres semblables bastons qui a leurs receptions leur seront par ledit chevalier

ordonnez et qui seront a eux propriétairement appartenans et qui pour debte ne pourront estre prins sur eulx par exécution [1] . . . . .

10. Item, et pour le payement des gaiges desdits chevaliers, capitaine, archers, lieutenans, greffiers, controlleurs et receveur, voulons et ordonnons que sur ladite recepte ordinaire de nostre domaine, a Paris, soit prins chascun an la somme de deux mil quatre cens livres tournois qui, de tout temps, a accoustumé y estre prinse et employée pour les gaiges anciens desdits chevalier et archers du guet royal, et pour fournir au surplus desdits gaiges et salaires, voulons et ordonnons que au lieu que les marchans bourgeoys, artisans, gens et maistres de mestiers de ladite ville estoient tenuz faire en personne ou faire faire le guet, a quoy ilz estoient semondz et tenuz six sept et huict foys l'an, et pour chascune excuse ils payoient deux solz parisis et pour chacun default dix sols parisis dont nous les avons quictez, affranchiz et deschargez, quictons, affranchissons et deschargeons pour l'advenir, soit prins et levé sur chascun desdits marchans bourgeoys, artisans, gens de mestier faisans et exerçans en nostre dite ville de Paris leurs estatz, traficqs et mestiers, tant en chambres, bancs, etaulx, ouvrouers et bouticques, comme maçons, charpentiers, tailleurs de pierre, couvreurs, paveurs, menestriers, jardiniers, tixerans, passeurs et pescheurs sur la rivière, hostelliers, taverniers, voicturiers, marchans de boys, de vins, de blez, de poisson, de foing, de chevaulx et autres marchans quelzconques, exemptz et non exemptz, privilegiez et non privilegiez, la somme de seize solz parisis par chascun an; et sur chacun des marchans artisans, gens et maistres de mestiers residens aux faulxbourgs de ladite ville la somme de quatre sols parisis tant seullement, le tout payable par les quartiers de l'année, sauf a diminuer ou ordonner d'autres deniers, selon ce qu'il se trouvera cy-après que faire se devra, lesquels deniers pour le regard des estatz et mestiers qui ont gardes et jurez, chacun en son estat et mestier qui en feront les deniers bons, et auxquelz a cette fin sera baillée commission du prevost de Paris ou son lieutenant criminel, et quant a ceux qui n'ont gardes ne jurez seront les deniers levez et cueilliz en la manière accoustumée et ce par manière de provision et jusques a ce qu'autrement y ait esté par nous pourveu et ordonné sans ce qu'aucun des estatz dessusdits se puisse exempter de ladite contribution et coctisation pour quelque cause que ce puisse estre, fors les prevost des marchans et eschevins de nostre ville de Paris pour le temps qu'ils seront prevostz et eschevins de ladite ville tant seullement et nonobstant quelconques privilleges et exemptions impetrés de nos predecesseurs roys, par messagers, bedeaux ou autres officiers de l'Église et Université de Paris, quarte-

---

[1] Les articles 2 à 10 donnent les règlements du nouveau service du guet qui sort de notre sujet; l'article 10, transcrit ici, mentionne la modification de la redevance du guet imposée aux gens de métier et la suppression des privilèges. On remarquera à la fin que les contributions de ceux qui, à l'avenir, seraient exemptés, devront être acquittées par le trésor royal ou par la ville.

niers, dizeniers, cinquanteniers, archers, arbalestriers, arquebusiers, gardes des clefs des portes et autres officiers de ville, orfevres, barbiers, appoticaires, gardes des rouetz, tanneurs, baudroyeurs, cordonniers, mégissiers, boursiers, musniers, sexaginaires et autres quelconques, sentences, jugemens et arrestz confirmatifs d'iceux auxquelz pour ce regard et qu'il n'est plus question de faire le guet en personne et que c'est pour le bien, salut et seureté d'eux et de toute ladite ville nous avons sans prejudice d'iceulx en autres choses derogé et derogeons et iceux revocqué et revocquons a toujours de nostre certaine science, pleine puissance et autorité royale par ces presentes, et en ce faisant avons quicté, deschargé et estainct la taxe et imposition qui pour le regard de l'exemption du guet se souloit lever sur lesdits tanneurs, baudroyeurs, cordonniers, megissiers et boursiers de ladite ville. Et si par faulx donné a entendre, importunité ou autrement aucuns obtenoient de nous cy après lettres d'exemption dudit guet et contribution, nous voulons et entendons estre desboutez de l'effect et entérinement, sinon que par les mesmes lettres nous veuillons et declairons nostredite recepte ordinaire de Paris estre chargée des deniers qui se pourroient lever sur ceulx qui ainsi auront obtenu lesdittes exemptions ou que nostre ville de Paris s'en voulsist charger pour eulx sur le revenu ordinaire et deniers patrimoniaux d'icelle..... Donné a Paris au moys de may l'an de grace mil cinq cens cinquante neuf et de nostre règne le treiziesme.

XIX

1560, janvier.

*Ordonnance de Charles IX rendue aux États d'Orléans,
extrait des articles* [1] *concernant les maîtrises des métiers.*

Fontanon, Ordonn., t. I, p. 47. — Isambert, Recueil des lois françaises, t. XIV, p. 88.

10. Ordonnons que les deniers et revenus de toutes confrairies (la charge du service divin déduite et satisfaite) soient appliquez a l'entretenement des ecoles et aumosnes, ès plus prochaines villes et bourgades ou lesdites confrairies auront esté instituées, sans que lesditz deniers puissent estre employez a autre usage, pour quelque cause que ce soit. Commandons très expressement a nos officiers, et aux maire, eschevins, capitouls et conseillers des villes et bourgades, chascun en son endroit, d'y avoir l'œil, a peine de s'en prendre a eulx.

[1] Les ordonnances rendues aux États généraux à diverses époques ont presque toujours traité subsidiairement des communautés ouvrières. Bien que ces ordonnances se bornent la plupart du temps à confirmer les règlements en usage, il nous semble utile de les mentionner par extraits, comme preuve de la sollicitude des rois pour les gens de métier.

98. Tous pretendans a la maistrise des mestiers seront tenus de faire chef d'euvre et experience, quelques lettres qu'ils obtiennent de nous ou nos successeurs, pour quelque cause et occasion que ce soit. Enjoignons très estroitement a touz maistres des mestiers garder et faire observer les statuts de leurs mestiers et ordonnances de nos predecesseurs roys, sous les peines portées par icelles.

99. Et sur la requête qui nous a esté faite par lesdiz depputez du tiers estat, nous avons permis et permettons a touz marcheans, artisans et gens de mestier, faire voir et arrester en langaige intelligible leurs statuts et ordonnances, tant anciennes que modernes, et icelles faire imprimer, après qu'elles auront esté autorisées par nous et sur ce obtenir lettres de permission...

XX

1561, 3 mai.

Arrêt du Parlement modifiant le rôle d'imposition des gens de métier pour la solde du guet.

Arch. de la Préfecture de Police, Coll. Lamoignon, t. VII, fol. 938.

... Au payement desquels gens du guet seront tous les gens de mestier de ceste ville, sans exception quelconque, tenus contribuer suivant ladicte ordonnance dudit moys de may mil cinq cens cinquante neuf[1], a raison de vingt sols tournois, pour les demourans en la ville, et cinq sols tournoiz de ceux demourans es faux-bourgs, nonobstant quelconques privilèges ou payemens et solutions qu'ils faisoient, dont en ce faisant demeureront deschargés, suivant ladite ordonnance, et lesquels deniers se toucheront par les maistres jurés desdits mestiers, de six mois en six mois, et seront par lesdits jurés portés avec les roles des contribuables desdits mestiers, afin de voir s'ils en ont fait fidèle recolection.

Et que pour subvenir au payement, outre et audessus de ladite cueillette desdits mestiers, et la somme de deux mille quatre cens livres tournois qui se prend sur la recepte ordinaire de Paris, les prevosts des Marchands et eschevins de ladite ville seront tenus mettre es mains dudit receveur la somme de douze cens livres parisis, et aussy les hauts justiciers, autres que le Roy, dans ladite ville, pareille somme de douze cens livres parisis, le fort portant le faible, laquelle somme de douze cens livres parisis ils egaliscront ensemble, ainsy qu'ils adviseront, si mieux ils ne veulent quitter et remettre leurs justices et esmolumens d'icelle entre les mains du Roy[2], en quoy faisant ils en demeureront deschargés et le re-

---

[1] Voyez ci-dessus pièce n° xviii, p. 74, art. 10. Ceux de la ville n'étaient portés qu'à 16 sols; ceux des faubourgs à 4 sols.

[2] Réflexion intéressante qui montre le désir de concentrer la justice entre les mains d'un seul et même pouvoir.

ceveur ordinaire de ladite ville chargé de ladite somme, le surplus dudit édit de l'année 1559 sortissant son plein et entier effet [1].

XXI

1564, 15 novembre.

Ordonnance fixant le rôle de la taxe et cotisation sur les maîtres des métiers, dressé par les officiers du Châtelet pour le payement du guet de nuit [2].

1565, 6 octobre.

Arrêt du Parlement relatif à cette ordonnance.

Coll. Lamoignon, t. VIII, fol. 208.

La chambre ordonnée au temps des vacations, après avoir veu la taxe faite par le lieutenant civil et officiers du Chastellet sur les maistres de chascun mestier, contenue au role sur ce montant a quinze mille cinq cens vingt trois livres cinq

[1] Nous ajoutons ici en note les mentions et extraits de documents ne concernant pas les gens de métier, mais se rapportant à la formation du nouveau guet royal en 1559 :

1561, 16 mai. — Arrêt relatif à la perception de la contribution du guet et en fixant le point de départ, par anticipation au 1er janvier 1561. (Coll. Lamoignon, t. VII, fol. 941.)

1561, 6 juin. — Arrêt du parlement fixant la somme dont chaque seigneur justicier contribuera au payement du guet de nuit :

La cour a faute d'avoir, par les hauts justiciers en cette ville, satisfait en l'arrest par elle donné le penultiesme may dernier qui estoit de s'assembler pour égaler entre eulx la somme de douze cens livres, a quoy tous ensemble par arrest d'icelle cour du xvie jour de may dernier, ils ont esté déclarez contribuables au payement des gages des gens du guet de cette ville de Paris; a ordonné et ordonne par provision que lesdits hauts justiciers avanceront les sommes qui ensuivent, a savoir :

L'évêque de Paris a cause de son evêché et doyenné de Saint Eloy, 240 livres; le chapitre de Paris 22 livres; l'abbé de Sainte Geneviève 120 livres; le commandeur Saint Jean de Latran 20 livres; les

doyen et chapître de Saint Benoist 28 livres; l'abbé de Saint Magloire 60 livres; le grand prieur du Temple 100 livres; le prieur de Saint Martin des champs 200 livres; Saint Ladre pour leur prétendue justice 20 livres; l'abbé de Saint Germain des Prez 240 livres, le tout parisis et sauf a répéter respectivement augmenter et diminuer... (Coll. Lamoignon, t. VII, fol. 945.)

1561, 3 septembre. — Lettres patentes de Charles IX contenant à nouveau le règlement de Henri II, de 1559 sur le guet de nuit. (Ordonn. de Charles IX, 1er vol. coté z, fol. 130. — Coll. Lamoignon, t. VII, fol. 950.)

1563, 20 novembre. — Lettres patentes de Charles IX relatives au service du guet, interrompu à la suite de troubles et augmenté de gardes et sentinelles bourgeoises pour assurer davantage la garde la ville. La compagnie du guet est réduite à cinquante cavaliers et cent hommes de pied. (Ordonn. de Charles IX, 2e vol. coté 2 A, fol. 129. — Coll. Lamoignon, t. VIII, fol. 72.)

[2] Une note de Lamoignon constate l'absence du texte de cette ordonnance. Il n'en existe qu'une mention dans l'arrêt transcrit à la suite.

sols et contenu en icelluy, comprise les sommes de cinq mil livres tournois, accordés par le Roy d'une part, et quinze cent livres tournois que payent les hauts
justiciers de ceste ville et fauxbourgs de Paris d'autre part, pour le payement des
officiers du guet de ceste dite ville, suivant l'injonction et ordonnance faite auxdits
officiers et lieutenant du Chastellet de Paris, dès le quinze novembre mil cinq cens
soixante quatre.... Icelle chambre a ordonné et ordonne que les deniers de ladite taxe, selon et en suivant ledit rôle, seront levés sur chacun desdits mestiers,
auxquels a chascun d'iceux mestiers a enjoint et enjoint d'eux assembler, dedans
huitaine pour tous delay, et aux jurez desdits mestiers d'en faire la diligence pour
eslire deux ou trois de chascun mestier, pour mestre et imposer sur chacun desdits maistres desdits mestiers les sommes auxquelles chascun desdits mestiers sont
cotisés par ledit rôle, et aussy pour lever et porter, par chascun mois, les deniers
es mains de celuy qui a esté ou sera commis par ladite chambre...

XXII

1565, 14 décembre.

Lettres patentes de Charles IX relatives à la réception à la maîtrise des métiers
et au chef-d'œuvre dans la ville de Paris.

Arch. nat., 7ᵉ vol des Bannières, Y 12, fol. 26. — Ordonn. 3ᵉ vol. de Charles IX, X¹ᵃ 8626, fol. 130.
Coll. Lamoignon, t. VIII, fol. 213.

Charles, par la grace de Dieu roy de France, a tous ceux qui ces presentes
lettres verront, salut. Nos tres chers et bien amés les maistres jurés gardes et
communauté des marchands, artisans et gens de metier de nostre bonne ville et
faubourgs de Paris, nous ont fait remontrer combien que par nos predécesseurs
rois d'heureuse et louable memoire, que Dieu absolve, pour la police, conduicte et
entretenement de chascun mestier et art de nostre ditte ville et faubourgs, et eviter
aux fraudes et abus qui s'y pourroient commettre, leur ayent esté des longtemps
concedés et octroyés, et successivement de regne en regne confirmés plusieurs
beaux droits, privileges, statuts et ordonnances, et entre autres que tous pretendans a maistrise ne pourront besongner, vendre ouvraiges, ni estre reçus a icelles
maistrises, que premierement ils n'ayent fait chef d'œuvre et experience, et souffert examen, trouvés et raportés suffisans, capables et idoines par les maistres jurés
ou gardes de chascun desdits mestiers, art et marchandise de nostre dite ville. Ce
neantmoins plusieurs desirant parvenir auxdites maistrises et faict de marchandises, se sentants insuffisans de pouvoir faire chef d'œuvre et experience pour
parvenir a icelles maistrises, ont cy-devant trouvé moyen obtenir de nous et de

nosdits predecesseurs, lettres de dons desdites maistrises, pour estre receus en icelles, sans qu'ils soyent tenus payer aucuns droits de confrairie ne subjectz faire aucun chef d'œuvre, experience, ne souffrir examen, chose qui tourne au grand interest et dommage de nous et de la chose publicque, et qui est cause d'une infinité d'abus et malversations qui se commettent ordinairement auxdits mestiers, arts et faits de marchandises, qui consistent le plus souvent ès vies de plusieurs princes et grans seigneurs de ce royaume. Pour a quoy obvier et donner ordre, lesdits maistres jurés et communautés, nous ont bien humblement fait suplier et requerir y vouloir pourvoir. Et a cette fin leur octroyer nos lettres de provision et declaration pour ce requises et necessaires.

Sçavoir faisons que nous, voulans bien et favorablement traicter iceux jurés et communautez, les maintenir, conserver et garder en leursdits privileges, statuts et ordonnances, et ensuivant ce qui a été conclud et ordonné en l'assemblée des Etats tenus a Orléans au mois de janvier l'an mil cinq cens soixante, sur le faict desdites maistrises et marchandises, articles quatre vingt dix sept et quatre vingt dix huit[1]. Le vidimus desquels duement collationné a l'original est cy-attaché. Avons dict et declaré, et de notre grace speciale pleine puissance et autorité royale, voulons et nous plait, que pour eviter auxdits abus et malversations dessusdites, tous pretendans a maistrises et faict de marchandises, en nostre ditte ville et fauxbourgs de Paris, seront tenus premierement faire chef d'œuvre et experience de chacun metier et art, duquel ils pretendront estre maistres, dont ils feront apparoir par acte ou certifications duement signez et rapportez desdits maistres jurés et gardes de chascun desdits arts et mestiers, quelques lettres de don et provision que lesdits pretendans a maistrise ayant cy-devant obtenu de nous ou obtiennent cy-apres, ou de nos successeurs, pour quelques causes ou occasions que ce soit, auxquelles nous voulons n'avoir aucun egard que premierement ils n'ayent fait le dit chef d'œuvre comme dict est.

Et ou aucuns se trouveroient avoir esté receus auxdites maistrises et faict de marchandises par nostre prevost de Paris ou son lieutenant depuis la publication et verification de nos ordonnances faites en l'assemblée de nosdits Etats, sans avoir fait chef d'œuvre et experience ainsy quils estoient tenus faire par icelle, nous voulons qu'ils y soyent contraints par les maistres jurés gardes et communautés de chascun desdits mestiers et art et faict de marchandises dedans le tems qui leur sera par eux prefix, limité et ordonné, et a faute de ce faire et d'y avoir obei dedans ledit temps, ils ne puissent lever, tenir ny dresser boutique, etail et ouvroir sur rue en notre ditte ville et fauxbourgs garnis d'outils, marchandises et autres choses requises et necessaires pour le fait usance et exercice desdits mestiers et marchandises, sur peine de cinquante livres parisis d'amende a nous a applic-

---

[1] Voyez ci-dessus pièce n° xix, p. 76. Les articles portent les numéros 98 et 99.

quer. Si donnons en mandement... Donné a Blois le quatorziesme jour de décembre l'an mil cinq cens soixante cinq et de nostre regne le sixiesme.

Registré au Parlement, le 8 mai 1566.

XXIII

1576, novembre, et mai 1579.

Ordonnance de Henri III rendue aux États de Blois, extrait de ce qui concerne les confréries de métiers et l'élection des jurés.

Arch. nat., Ordonn. 4ᵉ vol. de Henri III, X¹ᵃ 8635, fol. 134.
Isambert, Recueil des lois françaises, t. XIV, p. 391 et 460.

37. Suivant les anciennes ordonnances des Roys nos predecesseurs, nous avons defendu et defendons toutes confrairies de gens de mestier et artisans, assemblées et banquets, et sera le revenu desdites confrairies employé tant a la celebration du service divin, selon l'ordonnance qui en sera faite par l'eveque diocesain, qu'a la nourriture des pauvres du mestier et autres euvres pitoyables.

. . . .

359. Aucuns jurez de mestiers ne seront ci-après establis autrement que par eslection; ceux qui auront esté pourvus, en titre d'office, demoureront supprimez, vacation avenant par mort ou forfaiture, et sauf aux villes de mestiers de les rembourser, dès a present, si bon leur semble...

XXIV

1577, 21 novembre.

Édit de Henri III homologuant un règlement général de police pour les métiers et marchandises de la ville de Paris et du royaume [1].

(EXTRAIT.)

Coll. Lamoignon, t. IX, fol. 76 à 166. — Ordonn. de Fontanon, t. I, p. 823.
Blanchard, Table chronologique des Ordonnances, t. I, p. 1077.

I. *Des grains.* — 1. Défense de transporter les grains hors du royaume sans autorisation et sans payer un impôt. 2. Liberté du commerce des grains de province à province; mais défense

[1] La fin du xviᵉ siècle vit plusieurs ordonnances ou édits sur la police générale des Métiers. Déjà saint Louis et Étienne Boileau en 1270, le roi Jean en 1351, avaient donné des règlements aussi sages que bien appliqués à leur époque. Charles VI rendit, en février 1416, une ordonnance sur la pré-

d'empêcher l'approvisionnement de Paris. 3. Permis d'enmagasiner des blés en greniers publics pour la provision des villes. 4. Défense aux propriétaires ou fermiers de conserver le blé de leur récolte pendant plus de deux ans. 5. Les marchands de blé seront tenus de se faire enregistrer. 6. Défense aux nobles, aux officiers et laboureurs de faire le commerce des grains. 7. Les marchands autorisés à en faire le trafic feront déclaration de leurs achats. 8. Défense d'acheter ou même donner des arrhes sur le blé à deux lieues des villes et 7 ou 8 lieues à l'égard de Paris. 9. Défense d'aller au-devant des gens amenant les grains. 10. Défense d'acheter ou arrher grains en verd ou sur pied, si ce n'est à l'époque même de la récolte. 11. Les marchands feront le commerce par eux-mêmes. 12. Défense de vendre grains hors qu'au marché, en temps de cherté; en autre temps permis de le vendre à domicile, mais seulement au prix du dernier marché. 13. Les officiers des halles et marchez aux grains seront réduits à deux sortes : les gardes magasins et les mesureurs. 14. Il sera loisible à tous venans de prendre qui bon leur semblera pour porter, charger ou décharger les grains. 15. Les officiers des halles et marchés ne pourront être payés en grains. 16. Défense d'enchérir le grain dont on aura déclaré le prix et obligation de le vendre dans le premier ou second marché, sinon au troisième il sera mis au rabais. 17. Les boulangers et pâtissiers ne pourront acheter à chaque marché qu'une quantité de blé fixée. 18. Un extrait des ordonnances concernant les grains sera affiché.

II. Du pain. — 1. Prix du petit pain. 2. Les boulangers auront trois sortes de pain. 3. Du pain blanc ou de Chailly. 4. Pain bis blanc ou bourgeois. 5. Pain bis ou de brode. 6. Pain de chapitre. 7. Le prix du pain sera taxé tous les trois mois suivant la moyenne du prix des bleds. 8. Comme se fera le rapport du prix des grains. 9. Les boulangers forains pourront vendre de gré à gré sans nécessité de poids ou de prix. 10. Lesdits forains ne pourront entrer aux marchés qu'après certaines heures. 11. Le prix de la mouture sera fixé par une assemblée de meuniers et boulangers convoquée par les juges de police. 12. Les villes de province se régleront sur celles de Paris.

III. Du vin. — 1. Le transport des vins hors du royaume est permis en payant l'impôt. 2. Défenses aux hoteliers et cabaretiers de recevoir autres que les étrangers au pays; à ceux-ci ils peuvent vendre du vin à porte pot. 3. La taxe sur le vin sera fixée deux fois par an. 4. Prix de la pinte pour Paris. 5. L'usage ordinaire du vin est défendu aux valets et mercenaires des campagnes. 6. Défense aux marchands d'aller acheter ou arrher le vin. 7. Le tiers au plus des terrains cultivables pourra être planté en vigne. En aucun cas on ne pourra emplanter ce qui est commode comme prairie.

IV. Du bois. — 1. Fixation du prix du bois de chauffage. 2. Les jurés mouleurs et compteurs seront tenus d'opérer eux-mêmes, ils seront payés par moitié par le vendeur et l'acheteur. 3. Les marchands feront descendre le bois du bateau à terre, exclusivement à leurs frais. 4. Les

vôté des marchands, non reproduite ici parce qu'elle ne touche point au régime des corporations, mais à l'état des nombreux préposés au commerce de la ville de Paris. (Voy. Coll. Lamoignon, t. III, fol. 594 et suiv. — Ordonn. t. X, p. 257.) Les édits du xvi⁰ siècle sont la continuation de l'administration royale, à un moment de progrès pour l'industrie; leur application fut entravée par les désordres des guerres de religion. Le premier, daté du 4 février 1567, ne fut pas enregistré; Lamoignon (Coll., t. VIII, fol. 392), sans donner le texte,

se borne à des observations. Rédigé à nouveau et presque identiquement en 1577, il ne paraît pas avoir reçu l'enregistrement du Parlement, bien que Fontanon l'indique pour le 2 décembre de la même année. A défaut de texte authentique, nous prenons seulement l'intitulé des chapitres dans la copie de Lamoignon, afin de faire connaître l'ensemble du projet. Quant aux autres édits de Henri III et Henri IV qui sont transcrits ci-après, ils sont la confirmation de celui-ci, bien que d'une portée moins étendue.

débordeurs seront nommés gratuitement parmi les gens accoutumés à ce métier. 5. Les officiers n'auront aucune association avec les marchands. 6. Les charretiers doivent charger le bois, à leur refus ou défaut on emploiera des gagnes-deniers ordinaires dont le salaire sera retenu sur celui des charretiers. 7. Pareil règlement sera applicable au charbon. 8. Défense de faire amas de bois pour le vendre par regrat. 9. Provision de bois pour l'hiver, en quel temps elles pourront être faites par les particuliers. 10. Les tanneurs et teinturiers emploiront un mélange de bois secs, écorcés, flottés et demi-flottés. 11. Taux du menu bois. 12. Les échantillons ou étalons des divers bois seront exposés en public. 13. Le bois gros ou menu amené en ville sera vendu dans les trois jours. 14. Défense d'employer le quartier de chêne en cotterets ou échalas. 15. Les villes de province se conformeront à celle de Paris. 16. Défense d'empêcher le flottage du bois destiné à Paris.

V. *Du foin.* — 1. Taux du foin, il sera fixé deux fois l'an et étalon des bottes sera déposé aux marchés au foin. 2. Le foin sera mis au rabais s'il n'est vendu dans les trois jours de son arrivée. 3. Les marchands de foin feront leur commerce en personne. 4 et 5. Les jurés visiteurs de foin réduits à douze. 6. Lesdits officiers n'auront aucune intelligence ni société avec les marchands. 7. Salaire des chargeurs de foin. 8. Il ne sera fait amas de foin pour le regratter. 9. Défense de faire trafic et amas de foin à sept lieues aux alentours de Paris ou deux lieues près des autres villes. 10. Défense d'être à la fois voiturier et marchand de foin.

VI. *Des chartiers et hacquetiers.* — 1. Salaires des charretiers. 2. Liberté d'employer quiconque au service de charretier. 3. Défense de charrier et charger les dimanches et festes.

VII. *De la grosse chair.* — 1. Les droits seront égaux sur le bétail vendu aux marchés des environs de Paris ou il n'y a point de droits d'entrée et sur celui vendu au marché de Paris, y compris le droit d'entrée. 2. Les bouchers ne pourront, directement ou indirectement être fermiers de ces droits. 3. Le bétail exposé au marché n'en pourra être retiré. 4. Les vendeurs de bétail en tiendront registre. 5. Ils exerceront en personne. 6. Le bétail amené sera lotti entre les bouchers s'ils le demandent. 7. Défense d'aller au devant du bétail. 8 et 9. Défenses aux bouchers d'acheter à sept lieues aux alentours de Paris, ou à deux lieues aux alentours des autres villes. 10. Les marchands ne pourront acheter au marché pour engraisser et revendre. 11. Les exactions des boucheries sont prohibées. 12. Les bouchers ne pourront tenir plus de deux étals en même boucherie et trois en même ville. 13. Taux des étaux de boucherie. 14. Les turies seront hors des villes. Le bétail tué y sera registré. 15. Défense aux bouchers de garder du suif ni de le saler. 16. Défense aux bouchers et chandeliers de mesler le suif de différentes qualités. 17. Taux de la chandelle sera fixé par les juges de police suivant le prix des suifs. 18. Extrait des ordonnances concernant le commerce du suif sera affiché au marché.

VIII. *De la volaille et gibier.* — 1. Prohibition du luxe effréné de la table. 2. Toutes sortes de volailles et gibiers apportées au marché seront visitées. Le prix en sera fixé. 3. Ce prix pourra être diminué par année et non augmenté. 4. Marché des volailles : heures des bourgeois, heures des rotisseurs. 5. Poulaillers et rotisseurs réglés dans leurs professions, par provision. 6. Défense d'aller au devant des volailles et gibier. 7. Les villes de province se conformeront à celle de Paris.

IX. *Hotelliers et cabaretiers.* — 1. Taux maximum de la dépense par jour dans les hotelleries. 2. Taux des vivres, par pièces. 3, 4, 5, 6, 7. Détail des choses dont doivent être pourvues les hotelleries en vin, nourriture, linge, etc. Seront les passans tenus de s'en contenter. 8. Les passans pourront se fournir ailleur que dans l'hotellerie et l'hotellier sera tenu de cuir les provisions moyennant juste salaire. 9, 10, 11. Le taux des vivres sera attaché à l'entrée de leur hotellerie et une personne par quartier visitera les hotelleries pour s'assurer que les prescriptions sont observées. 12. Les hotelliers auront poids et mesures estalonnés. 13. L'entrée des jongleurs ou farceurs est interdite dans les hotelleries.

X. *Du fer.* — 1. Défense de faire magazin de fer. 2. Fers à cheval, leur taux.

XI. *Du cuir.* — 1. Il sera établi des tanneurs à Paris et autres villes. 2. Défenses d'aller au devant des cuirs. 3. Défense de saler les peaux ni de les garder. 4. Les baudroyeurs et corroyeurs ne feront plus qu'un seul et même métier. 5. Les cordonniers et savetiers continueront à faire deux métiers distincts et séparés. 6. Taux des souliers.

XII. *Draps de soyes.* — 1. Fixation du taux des draps et étoffes de soye.

XIII. *Des teintures.* — 1. Défense à qui n'est reçu maitre de se servir de bois d'Inde pour la teinture des étoffes.

XIV. *Défense de sortir des laines et faire entrer des draps d'or.* — 1. Défense de transporter les laines hors du royaume. 2. Permis d'en apporter des païs étrangers. 3. Défense de transporter fil, filasse ou chanvre, hors du royaume. 4. Défense de tuer les agneaux avant qu'ils aient au moins un an. 5. Défense de tirer des soies des païs étrangers. 6. Les draps de laine seront remis à leur ancienne largeur. 7. Les fripiers ne pourront acheter qu'après les bourgeois et les marchands ordinaires. 8. Les manufactures de soye sont permises en tous les pays du royaume. 9. Défense d'aller au devant de la marchandise. 10. Amendes contre les contrevenans. 11. Les anciens règlemens entre marchands des villes et forains continueront à être exécutés provisoirement.

XV. *Maçons, charpentiers, etc.* — 1. Des échantillons de carreaux de pierre de taille seront remis. 2. Chaque année le prix en sera fixé par les maçons, carriers et bourgeois. 3. Pareillement le taux de la journée des voitures. 4. Les voitures de moellons seront payées suivant leur capacité. 5. Mesure du muid de plâtre. 6. Le commerce du plâtre par regrat est défendu. 7. Salaire des visitations des maçons et charpentiers. 8. Les bois merriens amenés par eau tiendront port pendant trois jours. 9. Salaire des scieurs de planches. 10. Création de jurés maçons et charpentiers. 11. Leurs rapports seront écrits par l'un d'eux. 12. Tuilliers, ils seront tenus faire bonne marchandise et seront soumis à la visite des maitres couvreurs. 13. Ardoises, bois à goutière et lattes doivent être amenés jusqu'au port. Défense d'acheter pour regrater. 14. Taxes pour Paris serviront pour les autres villes. 15. Plus de tuilleries ne seront construites dans l'intérieur de Paris. 16. Taux des matériaux et des ouvriers.

XVI. *Des gardes jurés des métiers en général et des maitrises d'iceux.* — 1. Les gardes ou jurés seront renouvellés au plus long de trois en trois ans. 2. Ils ne devront offrir aucuns deniers ni banquets ou festins pour y parvenir. 3. Ils ne pourront exiger autres droits que ceux fixés par les ordonnances. 4. Ils feront leurs visites de semaine en semaine et prendront comme témoin un voisin du visité. 5. Le lendemain le rapport de la visite sera déposé en justice. 6. Les anciennes confrairies sont conservées, défense de faire des nouvelles. 7. Pas de dépenses inutiles pour les chefs d'œuvre. 8. Pour la réception aux maitrises ne sera exigée aucune somme que celle due aux jurés pour assistance. 9. Il ne sera donné aucun diner ou festin. 10. Le loyer des apprentissages sera rabaissé de moitié. 11. Après les apprentissages faits, temps sera fixé pour servir les maitres avant de parvenir à maitrise.

XVII. *Des serviteurs des bourgeois, marchands et artisans.*

XVIII. *Articles pour purger, tenir nettes et bien pavées les villes et rues d'icelles.*

XIX. *Pour l'exécution de ces présentes ordonnances.*

Arrêté en conseil privé du Roy, tenu à Paris le vingt un jour de novembre mil cinq cens soixante dix sept.

XXV

1581, décembre.

Édit de Henri III portant règlement pour les maîtrises, examens, chefs-d'œuvre et apprentissage, avec le rôle de tous les arts et métiers de la ville de Paris, distingués en cinq catégories pour le payement des droits de maîtrise.

Arch. nat., Ordonn. de Henri III, 5ᵉ vol. X 1ᵃ, 8636 fol. 448. — Coll. Lamoignon, t. IX, fol. 352.
Ordonn. de Fontanon, t. I, p. 1091. — Recueil d'édits sur les arts et métiers, 1656, in-12, p. 15.

Henry, par la grâce de Dieu, roy de France et de Polongne, a tous presens et a venir, salut..... Considéré l'utillité qu'apporte a nosdits subjets ladite maistrise et jurez, en auroient plusieurs fois et de temps en temps demandé et obtenu de nosdits predecesseurs l'instalation..... ès années mil cinq cens cinquante sept, huit et neuf, ceulx de nostre bonne ville de Paris, en laquelle la pluspart des mestiers sont jurez, pour les mestiers des brodeurs, passementiers [1], chasubliers [2], faiseurs d'aleynes, poinçons, burins et autres petis oustilz [3], non auparavant jurez en icelle, et en l'année mil cinq cens quarante sept pour la confirmation du mestier des lingères, autrefois auctorizé par le roy Charles huictiesme en l'an quatre cens quatre vingtz [4], comme encores nous en sommes en semblable journellement suppliez par les habitans de quelques aultres villes et lieux desireux de veoir les abbuz desdits artizans corrigez et amendez, a quoy desirans pourveoir départir, comme bon père de famille, egalitté de faveur et justice a tous nos subjets, generallement les relever des frais qu'aulcuns d'eulx sont bien souvent contraints faire a nostre suitte, pour obtenir laditte institucion de maistrise et jurez ès lieux de leurs demourans et donner ordre aussy aux excessives despences que les pauvres artisans des villes jurées sont contraints de faire ordinairement, pour obtenir le degré de maistrise, contre la teneur des anciennes ordonnances, estant quelquefois ung an et davantaige a faire ung chef d'euvre tel qu'il plaist aux jurez; lequel enfin est par eulx trouvé mauvais et rompu, s'il n'y est remedié par lesdis artizans avec infinis presens et banquetz, qui recule beaucoup d'eulx de parvenir audit degré et les contraint quitter les maistres et besongner en chambres, esquels etant trouvez et tourmentez par lesditz jurez, ils sont contraints derechef besongner pour lesdiz maistres, bien souvent moings capables qu'eulx, n'estant par lesdiz jurez reçeus ausdites maistrises que ceulx qui ont plus d'argent et de moien de leur faire des dons, presens et despenses, encores qu'ils soient incapables au regard

[1] Les premiers statuts des passementiers sont de mars 1558.

[2] Les brodeurs-chasubliers ont des statuts en mars 1566.

[3] Leurs premiers statuts sont de mars 1556.

[4] Les premiers statuts des lingères sont d'août 1485. Il y eut beaucoup d'autres nouveaux métiers créés dans le progrès général du commerce au XVIᵉ s.

de beaucoup d'aultres qu'ils ne veullent recevoir, parce qu'ilz n'ont lesdits moyens, comme en semblable, pour coupper chemin a plusieurs aultres abbus qui se font par lesdits maistres et jurez desdits mestiers et surtout y donner un bon ordre et reiglement. Scavoir faisons qu'après avoir fait mectre ceste matière en deliberation, en nostre conseil, nous de l'advis d'icelluy de nos propre mouvement, certaine science, grace speciale, plaine puissance et auctoritté roiale, et par edict et statut perpetuelz et irrevocables, avons dit, statué et ordonné, disons, statuons et ordonnons ce qui s'ensuit, assavoir :

1. Que tous artisans et gens de mestier, demourans et besongnans comme maistres de leurs arts et mestiers, ès villes, fauxbourgs, bourgs et bourgaddes, et autres lieux de nostredit royaulme, esquelz il n'y a maitrise ne jurez, sont en bouticques ouvertes, chambres, ateliers ou aultres endroits, et qui y seront trouvez besongnans lors de la publication de nostre present edit, seront tenuz de prester le serment de maistrise desdits arts et mestiers pardevant le juge ordinaire du lieu, soit roial ou subalterne, ou commissaires qui pour ce seront par nous commis et depputez dans huictaine, après le commandement qui leur en sera faict.

2. Et d'aultant qu'il n'y a encores esdits lieux aucuns maistres ne jurez pour les recevoir a la maistrise avant que prester ledit serment, nous les avons tous faits et passez, faisons et passons maistres de leurs dits arts et mestiers, dispensez et dispensons de faire aucun chef d'œuvre, sans qu'ilz soient pour ce tenuz prandre lettres de nous, ains seullement l'acte de leurdit serment.

3. Et quant aux arts et mestiers tant anciens que nouvellement mis en lumiere, esquelz il n'y a jamais eu aulcuns maistres, soit esdites villes jurées et faulxbourgs d'icelles, bourgs, bourgaddes et aultres lieux, nous voullons aussi que tous ceux qui les exerceront comme maistres, lors de la publication dudit present edit, soient tenuz de prester pareil serment, pardevant les juges ordinaires des lieux, commissaires ou autres officiers qui ont accoustumé et auxquelz appartient de recevoir les maistres en chacun desdits lieux, dans huictaine après le commandement qui leur en sera faict. Et pour ce les avons en semblable faitz et passez, faisons et passons maistres et avec ce dispensez et dispensons de faire aucun chef d'œuvre.

4. Ayant aussi esté advertis quil n'est permis aux maistres des faulxbourgs des villes jurées, comme ceulx d'aulcuns des faulxbourgs de nostre ville de Paris, ores qu'ils ayent esté receus maistres avec pareil devoir que ceulx desdites villes, et quelquefois avec l'assistance des maistres d'icelles, de tenir bouticque ouverte en icelles villes, sans y estre de nouveau passez maistres, comme en semblable les maistres d'une ville faire leur exercice en une aultre, quelque proximité qu'il y ait de l'une a l'autre. Nous, a ces causes, avons ordonné et ordonnons que tous artizans qui ont esté passez maistres, tant ezdits faulxbourgs de Paris qu'en ceulx des autres bonnes villes ou il y a maistrise separée pourront, lorsque bon leur sem-

blera, aller exercer leursdits mestiers dans lesdites villes, tout ainsy que si de
nouveau ils avoient esté passez maistres en icelle, sans estre pour ce tenuz faire
nouveau chef d'œuvre, ny subjets a autres devoirs que ceulx qu'ils ont deja faictz
ezdits faulxbourgs, dont nous les avons dispensé et dispensons, et ordonné que ledit chef d'œuvre qu'ils ont fait a leur reception et maistrise esdits faulxbourgs
leur servira d'experience, et sans que les maistres d'icelles villes les puissent empescher en l'exercice de leursdits arts et mestiers, ni d'estre en leur rang esleuz
jurez. Ce que nous leur deffendons sur peine de perdition de leurs maistrises et
bannissement desdites villes. Et pour le regard de ceulx qui y seront reçeus a
l'advenir, nous voullons, pour eviter a toutes fraudes et abbuz, qu'ils y ayent publiquement exercé leurs mestiers durant trois années, après y avoir esté reçeus
maistres, pour lequel previlleige ceulx qui y besongnent maintenant presteront
dès a present et huit jours après le commandement qui leur en sera fait, nouveau
serment, pardevant les juges ordinaires des lieux, commissaires ou autres officiers,
ores qu'ilz ne voulussent aller au mesme temps, et si promptement demeurer
esdites villes; et les aultres qui y seront reçeus pour l'advenir huit jours après
leursdite reception, a peine de perdition de leurs privilèges.

5. Comme en semblable, pourront aller demourer et exercer leurs mestiers
dans lesdites villes, ceulx des aultres faulxbourgs non jurez qui seront a present
passez maistres en vertu de nostre present edict, sans faire aucun chef-d'œuvre,
et pareillement ceulx qui y seront reçeuz a l'advenir avec chef-d'œuvre, pourveu
qu'ilz ayent exercé leursdits mestiers pareil temps de trois ans après leur reception en iceulx et presté le serment, pardevant lesdits juges ordinaires officiers ou
commissaires, huict jours après leur reception ausdites maistrises ausdits faulxbourgs, ce qu'ilz seront tenuz faire a peine de perdition de leurs privileiges.
Et toutesfois ceulx desdits faulxbourgs qui sont sous les jurisdictions ordinaires et
roialles desdites villes, et n'ont aucuns juges particulliers, pourront quant bon
leur semblera aller demourer en icelles et y exercer leursdits mestiers sans prester
nouveau serment.

6. Et affin de reigler le fait desdites maistrises par tout nostredit royaume et
obvier aux differens qui pourroient survenir, tant entre les corps des villes d'icelluy
que maistres et jurez desdits mestiers, pour le faict des apprentisages, services des
compagnons soubz les mestres après lesdits apprentisages achevez, et reception
d'iceulx esdites maistrises; nous avons ordonné et ordonnons que tous artizans qui
auront esté reçeus maistres en nostre ville de Paris, pourront aller demeurer et
exercer leursdictz mestiers en toutes les villes, faulxbourgs, bourgs, bourgades et
autres lieux de nostre royaume, sans estre pour ce tenuz faire nouveau serment
esdites villes et lieux, mais seullement faire apparoir de l'acte de leur reception
a ladicte maistrise et faire enregistrer ledict acte au greffe de la justice ordinaire
du lieu où ils yront demourer, soit royale ou subalterne.

.7. Ceulx qui seront instituez ez villes ou sont nos aultres parlemens pourront semblablement aller demourer et exercer leursdits mestiers dans toutes les villes, bourgs, bourgades et endroitz et aultres lieux du ressort desdits parlemens, ceulx qui seront receuz es villes et faulxbourgs ou sont establiz les sieges generaulx et particulliers des bailliages et seneschaussées, faire le semblable dans les villes, bourgs, bourgaddes et aultres lieux estant en l'estendue et ressort des sieges presidiaulx, esquels sont respectivement assis lesdits bailliages et seneschaussées, les maistres des petites villes, bourgs, bourgades, et aultres lieux des ressorts desdits sieges presidiaulx esquelz ilz sont situez et assis, des unes aux aultres, mesmes ès faulxbourgs desdites villes où sont establiz lesdiz sieges generaulx et particulliers. Et touteffois ne pourront aller demourer en icelles, ni exercer leursdits mestiers s'ils n'ont esté jurez esdits faulxbourgs, sans que lesdits maistres soient pour cest effect abstraints d'estre de nouveau passez maistres ni a autres devoirs que de representer et faire enregistrer l'acte de leur reception au greffe de la justice du lieu, ou ils yront demeurer, comme il est porté par l'article precéddent.

8. Et pour ce qu'a cause de la grande abondance des marchans tant regnicoles que estrangers qui abondent et affluent journellement en nostre ville de Lyon, il est très requis et necessaire que les ouvriers habitans en icelles soient deuement experimentez ez arts et mestiers desquelz ilz s'entremettent; ce qui ne se peult faire sans que ceulx qui y vouldront a l'advenir exercer lesdits arts et mestiers ne les ayent pratiquez en plusieurs villes et endroitz, tant de nostredit royaume que aultres lieux circonvoisins. Nous avons ordonné et ordonnons que les enfans de ceulx qui seront receuz a la maistrise par vertu de nostre present edict, et aultres habitans d'icelle ville de Lyon pourront aller faire leur apprentisage et servir les maistres desdits arts et mestiers en telle ville de nostre royaume et hors d'icelluy qu'ilz verront bon estre, et s'y faire recevoir maistres ou en ladite ville de Lyon, en vertu des actes et certifications de leursdits apprentissage et service, et après demourer en icelle ville de Lyon ou telles aultres villes du ressort de nostre court de parlement de Paris qu'ilz verront bon estre, hormis ladite ville de Paris, s'ils n'y ont faict leur apprentissage, comme en pareil feront ceulx demourans en nostredite ville de Lion qui seront par vertu du present edict receuz a ladite maistrise.

9. Et pour remedier aux abbuz ci-devant commis, pour n'avoir esté lesdits maistres jurez et subjetz a visitation en la pluspart desdites villes et lieux, nous enjoignons très expressement a tous artizans qui y seront receuz maistres par vertu de cestuy notre present edict, qu'ilz ayent respectivement a procedder a l'eslection des jurez de leurs mestiers, ainsy que font de tout temps ceulx desdits artz et mestiers jurez, et au nombre accoustumé ez villes jurées; et ce dans trois mois apres leur reception esdites maistrises, a quoy nous voullons qu'ils soient con-

traintz par les juges des lieux, soit royaux ou subalternes, par amendes pecu-
niaires.

10. Et d'aultant qu'il y a beaucoup de petites villes, bourgs et bourgades, ou
il y a si peu d'artizans de chacun mestier, qu'il ne s'y pourroit eslire des jurez de
temps en temps pour faire les visitations necessaires, nous avons ordonné et ordonnons qu'en ce cas sera seullement esleu des jurez en chacune chastellenie ou
justice ordinaire pour toute ladite chastellenie ou justice, pour estre chacun des
artizans d'icelles successivement esleuz jurez, sans que ceulx qui seront demourans
es villes closes puissent estre preferez a ceulx desdits bourgs et bourgades.

11. Et pour ce qu'il y a tant en nostreditte ville de Paris, esquelles il y a eu
de tout temps maistrises, plusieurs artizans non maistres, aussi bons ouvriers
que les maistres [1], lesquelz n'ont peu cy-devant a faulte de moien, acquerir
le degré de maistrise, et sachans que l'abondance des artisans rend la marchandise a beaucoup meilleur pris, au proffict de nostre peuple, avons de
nouveau faict et passé, faisons et passons maistres desdits artz et mestiers,
tant en nostredite ville de Paris et faulxbourgs d'icelle que ès aultres de la
qualitté susdite, a l'instar des maistres que nous avons accoustumé faire a nos
entrées et mariages, trois artisans de chacun mestier, telz qu'ilz seront par
nous choisis et esleuz, lesquelz nous avons dispensez et dispensons de faire aucun
chef d'œuvre sans tirer a conséquence pour l'advenir, fort esdits cas d'entrée et
mariage.

12. D'aultant aussy qu'en beaucoup desdites villes, faulxbourgs, bourgs, bourgaddes et aultres lieux il y a aucuns artisans qui exercent deux mestiers ensemble,
comme appothicaires et espiciers, tailleurs et chaussetiers, menuisiers et tonneliers, boulengers et pasticiers, rotisseurs et paticiers et aultres en semblable. Nous
voullons que ceulx qui exercent et vouldront exercer lesdits deux metiers ensemble
ès villes et faulxbourgs ou il y a d'ancienneté maistrise instituée, le puissent faire,
pourveu quils ayent cy devant fait ou facent cy après chef d'œuvre separé, pour
chacun de ceulx desdits mestiers qui ont esté de tout temps tenuz et reputez en
icelles pour mestiers separez, avant que les pouvoir exercer, et non pour les aultres,
qui y sont conjoincts, et n'y sont de tout temps tenuz que pour ung seul mestier,
comme aussy pourront faire ceulx qui en travaillent ez villes, bourgs, bourgades
et aultres lieux non jurez, sans faire a present pour iceulx aucun chef d'œuvre,
attendu la dispense de faire chef d'œuvre que nous leur donnons par le present
edict, pour l'institution desdites maistrises esdits lieux, ains seullement ceulx qui
y seront receuz a l'avenir, après que ladite maistrise y aura esté instituée par pareil
reiglement, pour les mestiers qui sont tenuz pour separez et non separez, et a la

---

[1] Ces ouvriers non maîtres avaient suivi la filière de l'apprentissage et du compagnonnage, mais, à ce
moment, indépendants d'un atelier, ils ne pouvaient travailler isolément en dehors de la communauté du
métier.

charge qu'ilz seront tous subjets a la visitation et censure des jurez de chacun
d'iceulx mestiers et payeront aussy finance, a sçavoir double pour les separez, et
simple pour ceulx qui, comme dit est, sont tenuz n'y estre qu'un seul mestier.

13. Et pour donner ordre aux despences et banquetz que les jurez desdits
mestiers font faire aux artisans, pour acquerir le degré de maistrise et faire leur
chef d'œuvre, dont ung pauvre compagnon du moindre desdits mestiers ne pourroit estre quitte en nostre ville de Paris pour soixante escus et de quelques aultres
pour deux cens escus [1], et affin de leur faciliter le moien de parvenir audit degré,
nous avons ordonné et ordonnons, que doresnavant tous jeunes hommes qui vouldront apprendre mestier et acquerir le degré de maistrise en icelluy, seront tenuz
de faire leur apprentissage durant le temps porté par les statuts de leurs mestiers
sans que les maistres, sous lesquelz ilz feront leurdit apprentissage, les en puissent
dispenser ou dyminuer ledit temps, en faveur des pris extraordinaires et excessifs
qu'ils leur pourroient faire paier pour leurdit apprentissage, et ce soubz ung
mesme maistre ou sa vefve sans intermission, si lesdits maistres ou vefves ne de-
cedent durant icelluy, ouquel cas ilz achevront leurdit apprentissage soubz ung
aultre maistre ainsy qu'il est accoustumé faire, sur peine d'estre declarés decheuz
du droit de maistrise, et d'y pouvoir parvenir en aucune sorte et maniere; duquel
apprentissage lesdits maistres seront tenuz de leur bailler certiffication passée pardevant notaires ou acte publicq, a la premiere requeste qui leur en sera faite, sur
peine de dix escus d'amende, applicable le tiers a nous, le tiers audit apprentif
denonciateur, et le tiers aux pauvres du lieu.

14. Après lesquels apprentissages faictz, lesdits apprentifs, seront encore tenuz
servir lesdits maistres leurs vefves ou aultres de pareil art ou mestier, durant
trois ans entiers, sinon que leursdits statuts portassent pour ledit service plus ou
moings de temps; auquel cas nous voullons qu'ils suyvent et observent leursdits
statuts; duquel service leursdits maistres ou vefves seront tenuz sur pareille peine
leur bailler certiffication au vray comme dessus, tànt en entrant qu'en sortant, et
sans par icelles dyminuer ou augmenter le temps de leurdit service, sur peine de
faulx, et de cinquante escus d'amende, aplicable le tiers a nous, le tiers au
denonciateur, et le tiers aux pauvres du lieu.

15. Et pour ne rendre le privileige donné aux fils des maistres de pouvoir
parvenir a la maistrise sans faire apprentissage ne servir lesdits maistres infructueux et frustratoire, et toutteffois remédier aux abbuz qui sont commis par ce
moien, nous avons ordonné et ordonnons que les fils de ceulx qui auront esté
passez maistres, soit par chef d'œuvre ou lettres de nous ou noz predecesseurs,
pourveu qu'ils soient de pareil mestier que leurs peres, feront leur aprentissage

[1] L'abus des prix du chef d'œuvre est seulement indiqué, sans d'ailleurs aucun remède efficace; le
prix de deux cents écus ne fit que s'accroître dans la suite.

entier, et serviront les maistres apres icelluy seullement la moitié du temps prefix aux aultres apprentifs; lequel service touteffois ilz pourront faire sous leursdits
peres ou parens, qui leur en bailleront certiffication au vray et sans deguisement
sur les peines contenues en l'article preceddent, demeurant pour le surplus leurdit privileige en sa force et vertu.

16. En vertu desquelles certiffications nous voullons les jurez estre tenuz de
les recevoir a faire leur chef d'œuvre, et estre passez maistres a la première sommation qui leur en sera faicte, et pour ce faire leur designer et specifier chef
d'œuvre dans huict jours, après la sommation, lequel ils puissent faire et parachever pour le plus difficille mestier en trois moys, ou moings si faire se peult, et
des aultres a l'equipolent, et ce pour eviter aux longueurs et abbuz qui sont commis par les jurez, a la ruine desdits artisans; et qu'au reffuz desdits jurez, les
juges ordinaires des lieux, commissaires ou aultres officiers ausquelz il appartiendra de les recevoir, sans remettre lesdits compagnons, après avoir ouï les causes
dudit reffus, deputent tels maistres du mestier, en nombre pareil que lesdits
jurez qu'ils adviseront pour leur designer et speciffier ledit chef d'œuvre et les
voir faire en la maison de l'un d'eulx, affin que lesdits compagnons ne puissent
estre aidez d'aucun aultre.

17. Lesquels chefs d'œuvres visitez en la presence desdits juges, et n'estans
trouvez bien faicts, que lesdits juges officiers ou commissaires mandent encores
pareil nombre des maistres dudit mestier, avec trois ou quatre notables bourgeois du lieu, de diverses qualittez, dont il sera par eulx convenu avec lesdits
compagnons et ou ils n'en pourront convenir, telz que lesdits juges, officiers ou
commissaires aviseront, pour visiter de nouveau lesdits chefs d'œuvres. Et ou par
ladite seconde visitation, ils seront trouvez mal faitz et lesdits compagnons incapables d'estre receuz maistres, nous voullons iceulx compagnons estre renvoyez
(eu sur ce l'advis des maistres et bourgeois) servir encore certain temps les
maistres du mestier et se rendre capable de la maistrise. Et ou lesdits chefs-
d'œuvres seront trouvez bien faicts soit par la première ou seconde visitation, et
lesdits compagnons capables d'estre reçeus maistres, nous voullons qu'a l'instant
mesme et nonobstant le reffus desdits jurez, lesdits juges officiers ou commissaires
recoivent lesdits compagnons a ladite maistrise et les en facent jouyr purement,
tout ainsy que les aultres maistres auparavant reçeuz du consentement desdits
jurez, sans que pour ce les compagnons soient tenuz payer aucuns droictz ou devoirs, sinon auxdits maistres leur assistance et visitation de chef d'œuvre comme
il sera dit cy après, faire aucuns banquetz pour traicter lesdits jurez et maistrises,
faire. inscrire et payer aucuns droitz de confrairies cy devant par nous et noz predecesseurs interdites et deffendues ausdits artisans, ny mesme donner auxdits
jurez ou maistres au lieu de ladite despence le chef d'œuvre qu'ils auroient faict,
lequel nous voullons leur estre rendu pour employer a leur proffict, commandant

tres expressement auxdits juges, officiers et commissaires d'y tenir la main, sur
tant qu'ils craignent·hous desobeyr.

18. Et touteffois pour eviter a tous abbuz nous ne voullons qu'aucuns desdits
artisans, quel qu'il soit, puisse estre reçeu a ladite maistrise qu'il n'ait atteint l'age
de vingt ans au moings, ou plus grand age, si leursdits statuts le portent, lesquels nous voullons estre suivis et observés, ayant cassé et annullé, cassons et
annullons toutes maistrises qui pourroient avoir esté faictes et admises depuis
deux ans en ça, pour personnes estant au dessous dudit age, s'ils n'ont faict chef
d'œuvre et esté trouvez capables d'estre maistres.

19. Et pour ce qu'il ne suffit aux artisans d'aucuns desdits arts et mestiers de
faire chef d'œuvre pour estre reçeus maistres, ains convient les examiner et interroger pour congnoistre leur suffisance et capacité comme aux mestiers d'apothicaires, barbiers et quelques aultres, nous voullons que les dessusditz subjets a
l'examen soient seullement interrogez par les jurez de leur mestier ou deux
d'entre eulx, et en leur absence ou empeschement, par deux des maistres qui seront a ce deputtez, assavoir les appothicaires en presence de deux medecins et
douze maistres seullement, et les barbiers aussy en presence de deux medecins
et six maistres, sans touteffois que les maistres assistans les puissent interroger ny
empescher leur reception pour eviter aux monopolles, longueurs, partialités et
vindictes, ains seullement donner leur advis et opinion auxdits jurez sur leur capacité ou incapacité, commandant aux juges, officiers ou commissaires qui les
recevront, de n'avoir aucun egard auxdits empechemens et remontrances, ains
nonobstant lesdits empechemens les recevoir maistres si lesdits jurez les trouvent
capables; et ou lesdits jurez les pretendroient incapables, nous voullons qu'il soit
convenu par lesdits juges, officiers ou commissaires, et compagnons, ou a faulte
d'en pouvoir convenir, pris par iceulx juges officiers ou commissaires, pour faire
ledit interrogatoire, pareil nombre d'aultres maistres du mestier qu'il y aura eu
de jurez pour les interroger, par lesquels estans trouvez capables, ils seront a
l'instant reçeus a ladite maistrise par lesdits juges officiers ou commissaires, nonobstant le reffus et remontrances d'iceulx jurez; et s'ils ne sont trouvez suffizans ils
seront renvoyez servir les aultres maistres pour certain temps, durant lequel il leur
sera baillé par lesdits maistres entrée et assistance a tous examens et experiences
qu'ilz feront faire aux compagnons de leur mestier qui se presenteront pour
estre reçeus maistres, affin de se rendre capables de l'estre.

20. Pour lesquels privilleiges et benefices que tous lesdits artisans recevront
par vertu de nostre present edict mentionnez ès premier, deux, trois, quatre, cinq,
six, sept, huict et douzieme article d'icelluy, nous voullons que chacun d'eulx paye
es mains de celluy qui pour ce sera par nous commis, ou ses commis et deputtez,
tant en recongnoissance d'icelluy benefice, que d'aultant qu'en ce faisant ils demeureront deschargez des cinq parts, les six faisant le tout, des fraiz qu'ilz ont

accoustumé faire pour estre passez maistres, et ce avant que prester ledit serment : assavoir en nos villes de Paris, Thoulouze, Rouen et Lyon et faulxbourgs d'icelles pour le meilleur desdits mestiers trente escus, pour le mediocre vingt escus, pour le moindre dix escus; et pour les aultres estans entre lesdits meilleurs, mediocres et moindres, selon l'estat qui en sera faict en nostre conseil ou commissaires pour ce par nous commis et deputtez ès villes ou il y a bailliages et seneschaussées, pour le meilleur mestier vingt escus, pour le mediocre quatorze escus, pour le moindre huit escus, et pour les aultres estans entre les susdits au prorata es autres villes royalles, pour le meilleur mestier quatorze escus, pour le mediocre neuf escus, pour le moindre six escus; et des aultres a l'equipollent. Pour les aultres petites villes et bourgs, pour le meilleur huit escus, pour le mediocre cinq escus, pour le moindre trois escus, et des aultres a l'equipollent. Et ès bourgades pour le meilleur trois escus, pour le mediocre deux escus, pour le moindre un escu; et des aultres a l'equipollent, selon l'estat qui en sera faict en nostre conseil. Et les filz des maistres, en tous lesditz lieux, la moictié desdites taxes seullement en consideration de leurs previleiges, et au lieu des banquetz qu'ilz soulloient faire aux jurez a leur reception, et oultre ce les fraiz, tant pour le sallaire desditz juges et leurs greffiers, que des jurez ou maistres qui assisteront auxdits chefs d'œuvre et visitation; lesquels fraiz lesditz artisans qui seront reçeus maistres, seront tenuz payer sans aulcune dyminution des sommes cy-dessus speciffiées, selon les taxes qui en seront faictes par lesditz juges officiers ou commissaires. Lesquelles taxes seront moderées eu esgard aux sommes dessusdites que nous en prenons, et ne pourront touteffois exceder le tiers d'icelles sommes pour chacun desditz lieux. Deffendons tres expressement a tous lesdits juges officiers ou commissaires d'en recevoir doresnavant aucuns audit serment de maistrise, qu'il ne leur apparoisse du payement dudict droict d'entrée et reception par les quictances d'icelluy commis.

21. Et pour le regard de ceulx qui seront de nouveau passez maistres dans lesdictes villes jurées mentionnez en l'unziesme article de ce dit edit, et que nous dispensons de faire chef d'œuvre, nous voullons et ordonnons qu'ils nous payent la finance a laquelle il sera par lesditz juges, officiers ou commissaires choisi et composé avec eulx pour lesdictes maistrises, desquelles ils ne seront tenuz prendre aucunes lettres de nous, ains seullement l'acte du serment par eulx fait devant eulx attaché soubz leur signet a la quictance de la finance par eulx payée.

22. Et pour faciliter auxditz juges, officiers ou commissaires le moyen de promptement sçavoir les artisans travaillans comme maistres desdits arts et mestiers en chacune desdites paroisses estant en et au dedans de leurs ressorts, tant des villes closes que plat pays, affin de dresser et expedier les rolles d'iceulx artisans des sommes qu'ilz, et chacun d'eulx, devront payer pour lesdictes maistrises suyvant les taxes cy-dessus, nous voullons que tous asséeurs, greffiers et collecteurs

de nos tailles soient respectivement contraintz par lesditz juges, officiers ou commissaires de leur fournir promptement de rolles et assiettes desdites tailles et collectes, cottez sur chacun nom du mestier, art ou traficq que tous les desnommés en iceulx exerceront, et ès lieux exempts desdites tailles en estre informé, ou faict informer par lesditz juges, officiers ou commissaires pour sur lesditz rolles, taxes et informations qui seront par eulx faictes, contraindre lesdits artisans et gens de mestier au payement d'icelles sommes, par toutes voies et manières deues et raisonnables, et nonobstant oppositions ou appellations quelzconques.

23. Aussy afin que les compagnons qui sont cy-devant sortiz d'apprentissaige et besongnent soubz les maistres, n'ayent occasion de se plaindre de ce que pour n'avoir pris les certifficacions d'apprentissaige et service requises, ils ne pourroient jouyr du benefice de cedict edict, nous avons aussy de nosdites grace, puissance et autoritté permis, concedé et octroyé, permettons, concedons et octroyons a tous lesdits compagnons qui se presenteront dans trois mois après la publication de cedict edict, ès sieges ou ressort desquels ils seront demourans, pour estre reçeus maistres de pouvoir jouyr du benefice d'icelluy, tout ainsy que les aultres qui commenceront leur apprentissaige après la publication dudict edict, sans qu'ils soient pour ce tenuz d'apporter lesdictes certifficacions d'apprentissage et service dont nous les avons dispensez et dispensons, en payant, par chacun d'eulx, la finance cy-dessus limittée pour lesdites maistrises, et faisant chef d'œuvre, et ou dans ledict temps de trois mois ilz ne se presenteront pour obtenir icelles maistrises, ils n'y seront reçeuz sans apporter lesdictes certifficacions, ce que nous deffendons tres expressement a tous lesditz juges, officiers ou commissaires.

24. Voullans au surplus que tous les artisans des villes, bourgs, bourgaddes et aultres lieux non jurez qui seront reçeuz maistres par vertu de ce present nostre edict, se reiglent pour le temps des apprentissages, service des maistres apres lesditz apprentissages et aultres particularittez concernant lesditz arts et mestiers, a l'instar des villes jurées les plus proches desditz lieux, les maistres et jurez desquels seront tenuz de leur bailler coppie collationnée de leurs statutz et previlleiges, a la premiere sommation qui leur sera par eulx faicte, sur peine de cent escus d'amende.

25. Auxquels juges, officiers et commissaires qui feront les rolles de toutes lesdictes taxes mentionnées en cedict edict, et contraintes pour en faire la recepte, nous avons ordonné et ordonnons, pour leurs sallaires et de leurs greffiers, ung sol pour escu de tous lesditz deniers qui ainsy seront levez et ce sur iceulx deniers, a mesure qu'ils seront payez. Lesquels roolles nous leur mandons et tres expressement enjoignons, sur tant qu'ils craignent nous desobeyr, delivrer le plus promptement que faire se pourra audit commis a les recevoir, ou ses commis et deputtez respectivement, tant pour luy servir a ladite recepte et levée des deniers que a la verifficacion de la recepte et despence de son compte.

26. Nous voullons aussy que tout le contenu ès anciennes ordonnances et confirmations d'icelles faictes par nous et nos predecesseurs sur le faict desditz mestiers en general, gardes, jurez et maistrises d'iceulx, tant pour l'eslection des jurez, deffences de festins et banquetz pour passer maistres, exactions d'iceulx jurez sur les maistres pour les droitz de visitation, rapportz en justice pour lesdictes visitations, confrairies, chefs d'œuvres, loyers d'apprentissages et tous aultres statutz faictz pour l'observance desdictz mestiers non contraires a ce present edict, soient entierement et de poinct en poinct entretenuz, gardez et observez, esdites villes, faulxbourgs, bourgs, bourgaddes et autres lieux, et que lesditz artisans et leurs vefves durant leur viduitté jouissent aussi des previlleiges, franchises et libertez respectivement attribuez par lesditz statuz et ordonnances a chacun desdits anciens arts et mestiers, tant esdictes villes jurées d'ancienneté que es aultres qui le seront de nouveau, par vertu de nostredit present edict, comme aussy ceulx des arts nouvellement mis en lumière, des previlleiges, franchises et libertez que nous leur pourrons accorder a l'instar des aultres, sur les requestes qu'ils nous en feront presenter. A toutes lesquelles choses nous voullons estre tenu la main par nos procureurs generaulx et leurs substituts, declarant n'avoir entendu aulcunement prejudicier par cedict present edict, a nos officiers ou aultres qui de toute anciennetté ont accoustumé de recevoir les maistres des mestiers et prandre leur serment, lesquelz noz officiers ou aultres nous voullons maintenir et conserver en leurs estatz, dignitez et autoritez accoustumées. Si donnons en mandement. . . . . Donné a Paris au mois de decembre l'an de grace mil cinq cens quatre vingtz ung et de nostre regne le huictiesme.

Rolles arrêtés au conseil d'état du roy le 5 juillet 1582 [1].

De tous les arts et mestiers qui s'exercent tant en la ville et fauxbourgs de Paris et autres esquelz lesdits arts et mestiers sont a present jurez, qu'ez autres villes, fauxbourgs, bourgs, bourgades et lieux de ce royaume ou ils ne sont jurez, et que le roy a rendu jurés pour l'advenir par son edit du mois de decembre 1581, lesquels arts et mestiers sa majesté a distingués et separés, selon la bonté et valeur d'iceux en cinq rangs pour plus prompte execution dudit edit, et a ce que plus facilement ses droits et taxes portés par iceluy edit, luy soient payés par ceux

---

[1] Cette liste manque dans le registre des Bannières; néanmoins nous n'avons pas hésité à la transcrire d'après Lamoignon, à titre de renseignements sur l'importance respective des métiers. La classification offrira plusieurs surprises, comme les teinturiers dans la première catégorie et les tisserands de draps dans la quatrième; ceux-ci, sous Étienne Boileau, semblaient être une des plus puissantes communautés; ils s'étaient divisés ensuite en marchands et fabricants.

qui parviendront auxdites maistrises tant a present que pour l'advenir. Et premièrement :

Premier rang qui sont des meilleurs mestiers :

Apoticaire, espicier, affineur, drapier; mercier grossier joyaulier vendant bagues joyaux, draps de soye, camelots, quinquailleric d'armes et chenets; megicier, tanneur, teinturiers en draps.

Deuxieme rang qui sont les mestiers d'entre les meilleurs et mesdiocres :

Barbier, boucher, bonnetier, chasublier, chaudronnier, drapier-chaussetier, pelletier-haultbannier [1], poissonnier d'eau douce, taincturier en soye fil et laine.

Troisiesme rang qui sont les mestiers mediocres :

Armuriers, ballancier, bahutier-coffretier-maletier, boursier-gibecier-colletier, cordonnier, corroyeur-baudroyeur, charcutier, cousturier-tailleur d'habits, ceinturier, coustellier, chapelier, chandellier, charpentier, charon, deschargeur de vins, esmouleur de grand forces, gagne-petit, fripier, fourbisseur, faiseur d'instruments, faiseur de cartes et tarots, gantier, horlogeur, joueur d'instruments, lapidaire, menuisier, mareschal, meusnier, orfevre, ouvrier en soye ou veloutier, oubeyer [2], patissier, pelletier-fourreur, plombier, parcheminier, plumassier de panaches dit anciennement chapelier de paon, papetier, peintre-tailleur d'images sculpteur, potier d'étaing, plastrier, perruquiere et attournaresse, sellier-lormier-esperonnier, serrurier, tapissier-coutrepointier, tapissier sarrazinois et de haute lice, tonnelier, thuillier, vinaigrier, verrier-vendeur de verre et bouteilles.

Quatriesme rang qui sont les mestiers d'entre les mediocres et petits :

Artillier-harquebuzier, boulanger, batteur d'or et d'argent en feuille, brodeur, brasseur de biere, boursier-aumussier, bastellier-passeur d'eau, bourrelier, boisselier-lanternier de corne, couvreur, cuisinier, coustier et coustière faiseurs de lits, doreur en fer, doreur en cuir, estuvier d'esteuves, espinglier, enlumineur, fondeur en sable, fondeur en terre, foulon-aplanayeur de draps, faiseurs d'estame de soye, graveur sur fer et cuivre, grainier, hostellier et chambres garnies, haulbergeonnier-treffilier, huillier, harenger-poissonnier de mer, linger-toillier-lingère-toillière, lunetier-miroitier-bimbelotier, maçon, mercier vendant petites merceries comme conteaux, ciseaux, rubans et esguilletes, natier, patenotrier de gez, ambre et corail, peaucier-taincturier en cuir, patenostrier d'esmail, poulaillier, pescheurs a engin ou verges, paveur, pourpointier, passementier-boutonnier, tissutier-rubannier, pignier-tablettier, plumassier de plumes a escrire, quadranier,

---

[1] Haultbannier n'est pas un terme de métier. Ce mot déjà vieilli (voyez *Livre des Métiers*, glossaire) désignait un droit de préférence dans le commerce. Ces pelletiers étaient plutôt des marchands.

Plus loin on voit les pelletiers fourreurs ou fabricants toujours placés en seconde ligne.

[2] Oubeyer, pour oubleyer, fabricant d'oublies et gâteaux.

rotisseur, revendeur de friperie, sonnetier, savetier, tainturier de petit taint dit de moulée, tireur d'or, tisseran en drap ou drapier drapan, tisseran en toile, tondeur, tailleur de pierres, vanier quinquaillier, vergetier-raquettier et faiseur de vergettes a netoyer.

Cinquiesme rang qui sont les petits mestiers :

Boucletier de ceintures, beuriere, cordier, cardeur, cloutier, cerclier, chapelier et chapeliere de fleurs ou bouquetier, demi ceintier [1] deessier [2], esguilletier-alaisnier, esguilletier-espinglier, estœuvier paulmier faiseur d'estœufs, guestrier, jardinier, oyselier, languayeurs de porcs, layetier-cassetier-escrinier, linières-chauvrieres, maistre d'escrime, maistres des basses œuvres, patenotriers d'os et de corne, potier de terre, poupetier, retordeur de laine fil et soye, racoutreur de bas d'estame, regratier de fruict esgrun, sabotier, tourneur de bois, taillandier ou maistre d'œuvre blanche, tapissier nostré, victrier.

Fait au conseil d'estat tenu a Fontainebleau le 5ᵉ jour de juillet l'an 1582.

XXVI

1597, avril. — Saint-Germain-en-Laye.

Édit de Henri IV sur le règlement général des maîtrises et jurandes d'arts et métiers, prescrivant l'exécution de l'édit de décembre 1581 [3].

Arch. nat., Ordonn. d'Henri IV, X 1ᵃ 8643, fol. 68 v°. — Registre de la Cour des monnaies, 2 B., fol. 156. Ordonn. de Fontanon, t. I, p. 1101. — Isambert, Recueil des lois françaises, t. XV, p. 135.

Henry, par la grace de Dieu, roy de France et de Navarre, a tous presens et advenir, salut. Les royaumes et empires n'estans maintenuz soubz la legitime obeissance de leurs princes et souverains seigneurs que par le moyen des loix et ordonnances qui sont establies pour l'ordre, exercice et administration de toutes sortes de functions, traficqs, negotiations, artz et mestiers, il a esté jugé très utile et necessaire, par les rois noz predecesseurs, après plusieurs belles institutions, que tous marchans vendans par poix ou mesures quelque sorte de marchandises que ce fust, et ceux qui exercent quelques arts ou mestiers que ce soit

---

[1] Fabricants de demi-ceints ou ceintures d'argent avec pendants.

[2] Deessier ou décier, fabricant de dés à jouer.

[3] Cet édit fut enregistré au parlement le 3 juillet de la même année. Appliqué d'une façon très imparfaite au début, il eut quand même une grande

importance parce qu'il servit de point de départ à une foule d'édits du xviiᵉ et du xviiiᵉ siècle pour la création des offices et la réforme des communautés. Il manque dans la collection Lamoignon. C'est un oubli regrettable pour un recueil aussi bien compris et rédigé avec un si grand soin.

en bouticques ouvertes, magazins, chambres, astelliers ou autrement, feussent tenuz et abstraints auparavant que de pouvoir entrer ausdits exercices, prendre lettres d'ung par eulx estably qui estoit nommé roy des merciers[1], auquel estoit attribué certains droicts pour lesdites lettres, avec autres droicts pour les visitations et apprentissaiges, qui se levoient de six mois en six mois. Lequel en ceste consideration estoit tenu de faire observer les ordonnances et statuts prescrits pour chacune espèce desdits exercices. Ce qu'ayant esté supprimé par le feu roy François Ier et reuny a la couronne [2], pour en jouyr par luy et ses successeurs, lesdits droicts ont esté depuis negligez et usurpez par quelques particuliers, lesquels n'ont laissé de prendre ladicte quallité de roys des merciers, et pareillement par les jurez et gardes des communautez, tant de marchans que artisans, sans en avoir faict a nosdits predecesseurs et a nous aucune recognoissance, commettans sous ce pretexte infinis abbuz et malversations. Ausquelles le feu Roy dernier decedé nostre très honoré seigneur et frère, que Dieu absolve, voulant pourveoir, auroit par son edict du mois de decembre 1581 fait et ordonné plusieurs beaux reglemèns sur tous lesdicts arts et mestiers, pour l'etablissement general des maistrises en tout cedict royaume, ouquel toutesffoys il auroit esté obmis l'ordre et police qui doit se pratiquer en la negotiation, vente et distribution de toutes sortes de marchandises et perception desdits droicts reunis a ceste couronne Lequel edict au moyen des troubles et guerres survenuz en cedit royaume avoit esté revoqué, et partant demeuré infructueux et non executé, qui a fait continuer tous les desbordemens qui s'exercent maintenant parmy les communautez desdits marchans et artisans, tant des villes et lieux non jurez, qu'ès villes et lieux jurez de cedit royaume, soit en ce qui concerne la nourriture, logis et vestement de nos subjects, que entretenement de leur santé, cela procedant tant de leur avarice et mauvoise volonté que de leur ignorance et incapacité, a la grande perte et dommage de tous nos subjects. A cause de quoy et qu'il ne se recognoissoit audits exercices aucune chose digne de leur ancienne splendeur lors de nostre advenement a ceste couronne, comme encore rescentement en nostre ville de Rouen plusieurs plaintes nous en auroient esté faites. Pour a quoy pourvoir et donner ordre qu'il n'y ait doresnavant aucune alteration, division et jalosie entre les marchans, maistres des arts et mestiers, jurez, et ceux qui ne sont pas encores pourveuz desdites maistrises jurées, et que nostre dit royaume soit reduit et policé, pour le faict desdittes negotiations, manufactures, trafiqs, arts et mestiers, par un bon et general reglement au bien et soulaigement de nostre peuple, esviter aux partiallitez, monopoles, longueurs et excessives despenses qui se pratiquent journelle-

---

[1] Le métier des merciers devint plus tard le premier des six corps. Le roi des merciers s'attribuait des droits régaliens et vendait des lettres de maitrise à beaucoup de métiers d'une même ville.

[2] François Ier supprima le roi des merciers à la suite de l'ordonnance de Villers-Cotterets, août 1539, dans laquelle il avait dissous les confréries.

ment, au très grand interest et dommaige des pauvres artisans desirans obtenir le
degré de maistrise, et aussi pour que nous puissions a l'advenir recevoir le bien
et commodicté qui nous peut provenir de tous lesdits droicts, et nous en servir
en l'extrème necessité de nos affaires, specialement pour satisfaire aux très justes
debtes dont nous sommes redevables aux colonels et capitaines des Suisses, qui
avec leurs vyes et moyens nous ont secourus et aydez a la conservation de cet
estat, auxquels nous affectons et destinons tous les deniers qui en proviendront.
Sçavoir faisons qu'ayant eu sur ce l'advis d'aucuns princes de nostre sang, gens
de nostre conseil d'estat, et de plusieurs notables personnages et principaux de nos
officiers convoquez et assemblez en nostre ville de Rouen, pour le bien de ce
royaume : Avons par cestuy nostre present edit perpetuel et irrevocable, dit,
statué, voulu et ordonné, et de nostre certaine science, plaine puissance et authorité royal, disons, statuons, voullons et ordonnons ce qui sensuit :

1. Assavoir que ledit edict et reglement general dudit mois de decembre mil
cinq cens quatre vingtz ung, sur tous et chacuns lesdits artz et mestiers de quelque
qualité et espèce qu'ils soient, cy attaché sous le contre scel de nostre chancellerie sera executé, gardé, entretenu, et inviolablement gardé de poinct en poinct
selon sa forme et teneur par tous les lieux et endroicts de cestuy nostredit
royaume, terres et seigneureries de nostre obeissance, sans qu'il y soit ny puisse
estre par cy après contrevenu en quelque sorte et manière que ce soit, mesme en
ce qui concerne la creation de trois maistres de chacun desdits arts et mestiers, sans
faire aucun chef d'œuvre ny experience [1], comme il est mentionné par l'article dudit edict, lequel pour plusieurs grandes et particulières considerations a ce nous
mouvans, voulons, ordonnons et nous plaist avoir lieu, a la charge que ceux qui
seront par nous esleuz et choisis, comme capables pour estre admis et receuz
auxdites maistrises, nous payeront la finance qui sera pour ce taxée en nostre
conseil, eu esgard a l'espèce et quallité de l'art ou mestier dont ils prendront lettre
en la forme accoutumée.

2. Et afin de ne rien faire contre les anciennes institutions et ordonnances au
prejudice de nosdits subjects et de la chose publique et empescher plusieurs abbuz qui se pourroient commettre soubz la faveur des termes dudit edict, statut et
reglement general, et pour ne rien obmettre de l'ordre que nous voullons et entendons estre suivie en l'establissement d'une reformation et police si necessaire,
nous voullons et ordonnons, en interpretant ledit article, que ceux qui voudront
estre receuz aux maistrises des arts d'appotiquairerie, chirurgie et barberie, soient
tenus de souffrir l'examen et l'experience, sommaire toutesffoyz, pardevant les
commissaires qui seront par nous commis et deputez, suffisans et capables a cest
effect, pour eviter aux animositez, partiallitez, vindictes, longueurs et excessives

---

[1] Voir ci-dessus art. XI, p. 88. Ces trois maîtres créés par l'édit de 1581 étaient assimilés à
ceux qui recevaient des lettres de maîtrise pour les entrées et les mariages des princes.

despenses qui ont accoustumé d'estre faites et pratiquées en tel cas, en la presence et assistance d'un docteur en medecine et de quatre maistres desdits arts habitans des lieux, d'autant que pour l'exercice d'iceux artz, il est besoin d'une plus particulière cognoissance et experience, ayant pour ce sujet la dispensation et administration des remèdes qui restituent et entretiennent la santé du corps humain. Pour sur les certifications qui seront faictes par lesdicts commissaires de leur capacité, estre reçeuz, après nos droicts payez pour ladicte maistrise ès mains de celuy qui sera par nous commis á la recepte generalle des deniers qui proviendront tant dudit reglement general que de l'execution du present edict ou de ses commis, porteur de ses quittances, de laquelle reception leur sera baillé acte qui leur servira de-toutes lettres avec ladicte quittance, suivant et conformement audit edict et reglement general cy, comme dit est, attaché.

3. Consequement ce qui est porté par le 1er et 11e dudist statut et reglement general, et iceux amplifiant en tant que besoin est ou seroit, ordonnons que tous marchans vendans par poix ou mesures, et tous autres faisans profession de quelquès trafics de marchandise, art ou mestier que ce soit, en boutiques ouvertes, magasins, chambres, astelliers ou autrement, ès villes, fauxbourgs, bourgs, bourgades et autres lieux ou lesdites maistrises jurées ne sont encores establies, seront indifferement tenus de prester serment de maitrise huict jours après la publication des presentes et dudit edict et reglement general, aux jours d'audience des justices dont ils seront dependans et ressortissans, pardevant lesdits juges ordinnaires des lieux, duquel serment leur sera delivré acte [1], comme il est dit, par vertu des quittances qu'ils feront apparoir de la finance qu'ils auront payée, fors et excepté ceux qui exercent lesdits arts d'apotiquairerie, chirugie et barberie, lesquels auparavant que de prester lesdicts sermens seront tenus de souffrir l'examen et faire experience sommaire pardevant lesdits commissaires seulement, pour sur les certifications qui leur seront faites de leur capacité par lesdits commissaires, estre reçeuz et admis ausdites maistrises en la forme et manière qu'il est cy-devant ordonné. A quoy satisfaire et obeir, tous lesdicts marchans et artisans desdites villes et lieux non jurez seront contraints par toutes voyes deues et raisonnables, sur peine de privation a l'advenir de pouvoir plus jouyr, user et exercer lesdits traficqs, negotiations, arts et mestiers, en quelque sorte et manière que ce soit, et au payement de la finance a quoy ils seront taxez chacun en droit soy, seront contraincts comme pour nos propres deniers et affaires, dont le plus haut et qualifié desdits marchans, arts ou mestiers ne pourront estre taxez a plus grande finance que dix escus, et les autres au dessous d'icelle.

4. Et d'autant qu'en la plus grande partie des villes et autres lieux jurez du royaume il n'y a aucuns gardes jurez des marchans, et ne sont reçeuz en la mais-

[1] D'après ces articles, l'acte de prestation du serment dispensait l'aspirant à la maîtrise des frais et formalités du chef-d'œuvre.

trise, policez et diciplinez en leurs estats et exercices, que par aucuns desdits
pretendus et supposez rois des merciers, nous voulons et ordonnons que huict
jours après ladicte publication esdites villes jurées, tous marchans merciers et
autres de la qualité, facent de nouveau le serment de maistrise audit estat et exercice de marchandise, en la forme cy-dessus. Cassant et annulant par ces presentes
toutes les lettres et pouvoirs qui pourroient avoir esté baillez par ledit roy des
merciers. Lequel d'abondant avec les lieutenants et officiers, nous avons estaints,
supprimez et abolis, esteignons, supprimons et abolissons par cesdites presentes,
avec defenses très-expresses a toutes personnes de se diré et qualifier roy des
merciers, et par vertu de ce tiltre et pretention des pouvoirs y attribuez, ne
s'immiscer de bailler aucunes lettres de maistrises, faire visitation, recevoir aucuns deniers, ny faire autres actes dependant dudit reglement, sur peine d'estre
punis comme faussaires, et de dix mil escus d'amende a nous attribuer. Enjoignons très expressement a tous les corps et communautez des marchans, tant des
lieux jurez que non jurez, incontinent après ladite prestation de serment, de faire
assemblée de leurs corps et communautez, et par l'advis d'icelle nommer et eslire
un ou deux gardes jurez, lesquels feront garder et observer les statuts, ordonnances
et privilèges faits en faveur desdicts marchans, selon et en la forme contenue par
leurs statuts qui demeurent en leur force et vertu, en ce qu'ils seront conformes
et prejudicieront ondit reglement general et a ces presentes.

5. Seront prealablement tenus et contraints tous les artisans faisans profession
de quelque art ou mestier que ce soit, qui ne sont encore establis en maistrises
jurées, demeurans dedans les villes où il y a quelques uns desdits arts ou mestiers jurez, de faire prester le serment, pour estre receuz et admis ausdites maistrises, aux charges et en la forme cy dessus prescrite et ordonnée.

6. Au surplus de laquelle execution, ordre de l'establissement et forme de
l'entretenir a l'avenir, nous voulons et ordonnons y estre procedé en tout et partout, suyvant ce qui est dit, statué et ordonné par ledit edict et reglement
general dudit mois de decembre 1581, en tous les chefs circonstances et dependances d'yceluy, nonobstant toutes lettres, privilèges, attributions et autres quelconques a ce contraires, que nous voulons avoir lieu pour quelque cause et occasion que ce soit, et lesquelles nous avons cassées, revoquées et annulées, cassons,
revoquons et annulons par cesdites presentes, mesmes celles cy devant expediez,
par le fait general ou particulier d'aucuns maistres artisans des fauxbourgs pretendus avoir esté ruinez pendant ces troubles comme pouvant prejudicier a ces
presentes et audit reglement general, comme aussi les contraintes et commissions contre les jurez de prendre lettres de maistrise. Faisons inhibitions et defenses a tous particuliers commis a recevoir aucuns deniers provenus de la nature
susdite, et tous autres qui poursuyvent la levée desdits deniers et receptions des
compagnons artisans ausdites maistrises de ne plus s'entremettre par cy après en

aucun exercice, levée, maniement et perception desdicts deniers, en quelque sorte et manière que ce soit, ne rien faire contre et au prejudice du contenu en cesdites presentes et dudict reglement general, a peine de faux et d'estre punis exemplairement, comme concussionnaire.

7. Tous lesquels marchans et artisans demeurans ès villes, bourgs et autres lieux de cedit royaume jurez et non jurez, soit a boutique ouverte, chambre ou magazin, afin d'estre maintenus et confirmez aux privilèges, franchises, libertez et immunitez qui leur sont concedez par ledit edict, statut et reglement general, et pour demeurer quittes et dechargez de tout ce qu'ils nous pourroient devoir pour les droits cy dessus declarez depuis la reunion faite d'iceux a ceste couronne par ledict feu roy François Ier, jusques a present, seront tenus de nous payer seulement chacun en son particulier, ès mains dudit commis a ladite recepte generale ou a sesdits commis porteurs de cesdites quittances sur les lieux, assavoir : pour le plus haut et qualifié art ou mestier un escu sol, pour le moyen deux tiers d'escu, et pour le moindre demy escu, ès villes principales de nostre royaume et metropolitaines d'yceluy, et aux autres villes, bourgs, bourgades, lieux et endroits non jurez, la moitié desdites taxes, chacun selon sa qualité, eu esgard a la difference desdits exercices, arts et mestiers, ès lieux de la demeure desdits marchands et artisans, et ce, quinze jours après ladite publication. Autrement et a faute de ce faire, nous voulons et ordonnons qu'ils y soient contraincts par toutes les voyes deues et accoustumées, comme pour nos propres deniers et affaires, nonobstant oppositions ou appellations quelconques, sans prejudices desquelles ne sera differé. Ordonnons au surplus que pour l'advenir nul ne pourra estre reçeu ny admis par nos juges et officiers, jurez et gardes, a aucune vacation et trafic, ou reçeu a la maistrise de quelque art ou mestier que ce soit, sans au prealable avoir payé nos droicts contenus et assez amplement declarez, tant par cestuy notre present edict, que par ledit reglement general, et fait apparoir de la quittance dudit payement, ce que nous defendons très expressement a nosdits juges, officiers et gardes, sur peine de cinq cens escus d'amende envers nous. Comme aussi sur la mesme peine, ne permettre doresnavant aucuns banquets et festins esdites receptions... Si donnons en mandement... Donné a Saint Germain en Laye au moys d'avril, l'an de grace mil cinq cens quatre vingt dix sept et de nostre regne le huictiesme.

XXVII

1606, 16 septembre. — Fontainebleau.

Lettres patentes de Henri IV confirmant l'établissement des métiers suivant la cour et en augmentant le nombre.

Arch. nat. Coll. Rondonneau, A. D. IIe, n° 10, pièce 7. — Coll. Lamoignon, t. X, fol. 388, d'après le recueil des orfèvres de 1688, p. 321.

Henri, par la grace de Dieu, roy de France et de Navarre, a nos amez et feaux conseillers les gens tenant notre grand conseil, salut. Comme par edit du roy Louis XII, que Dieu absolve [1], est esté ordonné, que pour pourvoir aux vivres, marchandises et denrées necessaires a la suite de la Cour, seroit commis certains personnages, c'est a sçavoir : cinq marchands de draps de laine et soye, six merciers, six chaussetiers, quatre pelletiers, deux fourbisseurs, six selliers, trois esperonniers, six cordonniers, trois lingeres, six bouchers, six poissonniers d'eaue douce, quatre poissonniers de marée, huit proviseurs de foin et paille, huit proviseurs d'avoine, huit proviseurs de vollailles et sauvagines, six taverniers tenans assiette a boire et manger, quatre rotisseurs et six vendeurs de gros bois et fagots. Lesquels marchans, gens de mestiers, vivandiers et proviseurs seroient pris, choisis et esleus par le prevost de nostre Hostel, et sur ce leur bailleroit lettres, moyennant les charges et conditions, et pour jouir des privileges et exemptions declarées par ledit édit, qui auroit depuis esté confirmé par le deffunt Roy François premier, que Dieu absolve, et lequel nombre, par la grande multitude de personnes lors estans et affluans en ladite cour, n'estant suffisant pour fournir et entretenir de vivres, marchandises et denrées ladite cour, train et suite d'icelle, par sa declaration donnée a St Germain en Laye le 19 mars mil cinq cens quarante trois [2], il auroit augmenté et accru a sçavoir jusques au nombre de huit marchands de draps de laine et soye, vingt merciers, huit chaussetiers, six pelletiers, trois fourbisseurs, six selliers, trois esperonniers, six cordonniers, trois lingeres, douze bouchers, vingt deux poullalliers-poissonniers, vingt cinq taver-

[1] Il existe une mention de ces lettres dans un procès des selliers du 4 juillet 1514, où il est dit que l'établissement de métiers privilégiés suivant la cour remontait à 1485; à la suite de plaintes adressées par plusieurs métiers, Louis XII fit, en 1502, «une ordonnance générale par laquelle est permis aux selliers (et autres) suivans la court, tenir ouvrouer en leur mestier, en tous lieux et villes ou le roi seroit, tout ainsy que s'ils estoient maistres jurez.» (Coll. Lamoignon, t. V, fol. 630.) •Lamare considère les lettres de Louis XII comme

l'origine du privilège, on voit qu'il faut l'attribuer à Charles VIII son prédécesseur. (Traité de la police, t. I, p. 171.)

[2] Inséré dans Lamoignon, t. VI, fol. 786, d'après le recueil des marchands de vin privilégiés de 1667. En raison de l'absence d'un bon texte, nous n'avons pas transcrit les lettres de 1544; elles débutent comme celles-ci par la liste des métiers privilégiés par Louis XII, puis vient l'augmentation du nombre de ces métiers ainsi que leurs obligations et leurs privilèges qui ont été simplement

niers cabaretiers, douze marchands de vin en gros et detail, dix proviseurs de foin paille et avoine, huit verduriers fruitiers, vendans gros bois et fagots, trois apotiquaires, cinq tailleurs pourpointiers, neuf carleurs de soulliers, lesquels marchands, gens de mestiers, vivandiers et proviseurs prendroient, si ja ne l'avoient fait, lettres dudit prevost de nostre hostel et de mesme ceux qui seroient par après commis en leur lieu et place, soit par mort, absence, negligence, ou autrement, et feroient serment ès mains dudit prevost de nostre hostel de faire et accomplir les choses mentionnées en ladite declaration. Lesquels édits et declarations auroient depuis esté confirmez, tant par les deffunts Roys nos predecesseurs que Dieu absolve, que nous. Et d'avantage, pour la commodité et fourniture de ladite cour, train et suitte du deffunt Roy nostre tres honoré seigneur et frere, et de nous, et attendu que souventes fois dans les derniers troubles, ès lieux où nous sejournions il arrivoit necessité et faute, non seulement de vivres, marchandises et denrées, a cause du petit nombre desdits marchands qui ne pouvoit satisfaire a ce qui estoit de leur mestier ou trafic, mais aussi qu'il n'y avoit aucun boulanger pour fournir de pain, paticiers, chaircuitiers, chandeliers, parfumeurs, corroyeurs, libraires, brodeurs, passementiers, verriers, tapissiers, chirurgiens, quincailliers, decoupeurs, esgratigneurs, espiciers, confituriers, ceinturiers, frippiers, chapeliers, plumassiers, horlogeurs, orfevres, ravaudeurs et racoustreurs de bats de soye et estame, parcheminiers, vertugadiers [1], cuisiniers, joueurs d'instruments, armuriers, harquebuziers, menusiers, torneurs, fai-

---

confirmés par Henri IV, sans les énoncer à nouveau. En voici le texte emprunté à Lamoignon :

« . . . . . Et feront iceux desdits estats à leurs receptions serment ès mains dudit prevost de nostre hostel de faire et accomplir les choses qui s'ensuivent, c'est à scavoir :

« De ne vendre ne avouer aucunes marchandise si elles ne sont à eux.

« Item de n'associer ne accompagner avec eux autres.

« Item de n'aller au devant des denrées et marchandises ne icelles acheter sur les chemins, mais les iront querir et acheter sur les lieux, sans empescher que ceux qui seront partis et en chemin, ne les aportent, vendent et débitent ès lieux ou sera nostre cour.

« Et en icelle nostre cour ne les acheteront que l'heure de dix à onze heures ne soit passée, et que les suivans nostredite cour ne fussent pourvus.

« Item que ces provisions, ils ne les vendront auxdits hosteliers et taverniers, mais les débiteront aux suivans et affluans en icelle nostredite cour.

« Ordonnons et nous plaist lesdits pourveus des-

dits estats estre et demeurer francs, quittes et exempts de toutes aides, impositions, peages, quatriesmes, huictiesmes, acquis, redevances et autres quelconques pour les vivres et marchandises qu'ils amèneront, vendront et débiteront en nostredite cour, faisons inhibitions et défenses à tous nos justiciers, officiers et autres que lesdits prevost de nostre hostel que dessusdits pour raison desdites provisions denrées et marchandises, ils n'aient eu première instance, à entreprendre cour juridiction ni connoissance, ni iceux traiter ailleurs, ne pardevant autres juges que lesdits prevosts de nostre hostel, en souveraineté et dernier ressort par apel devant vous, gens de nostredit grand conseil. . . Donné à S¹ Germain en Laye le 19° jour de mars, l'an de grace mil cinq cens quarante trois et de nostre regne le trentiesme. » Avant Pâques; en nouveau style 19 mars 1544.

[1] Vertugadiers, fabricants de vertugadins ou objets à la mode pendant le xvi° siècle qui désignaient les parties empesées de la toilette, telles que la ceinture, les manches et la collerette. On les garnissait d'étoupes et de fil de fer.

sans lances et paillemails[1], peintres, doreurs, graveurs et damasquineurs et autres, lesquels se trouvoient necessaires pour commodité de ceux qui sont de nostre ditte cour et suitte, auroit esté permis au feu sieur de Richelieu [2], cy-devant prevost de nostre hostel et grand prevost de France, de commettre certain nombre suffisant de personnes pour exercer lesdits mestiers a ladite cour et suite, ce qu'il auroit fait et tenu estat et registre des marchands, gens de mestiers, vivandiers et proviseurs qu'il auroit pris et choisis, et ausquels il auroit baillé lettres pour demeurer en nostredite cour et suitte, comme aussi a fait et continué le defunt sieur de Fontenay, son successeur en laditte charge. Et d'autant que leurdites charges, a l'occasion des desordres, confusions, necessitez et indigences de la guerre qui a continué en ce royaume, ils n'ont pu user des formalitez en tel cas requises et portées par lesdits edits et declarations auparavant sur ce faits, et ont obmis de prendre lettres de nous portant permission ou autorisation des lettres des commissions quils auroient baillées, pour l'exercice desdites places des marchands et mestiers, non compris esdits edits et declarations. Le sieur de Bellengreville, a present pourveu de laditte charge de prevost de nostre hostel et grand prevost de France, nous auroit remonstré qu'en consequence des lettres baillées par ses predecesseurs en ladite charge et sur celles qu'il auroit aussi baillées pour faire exercer lesdites places et mestiers a la suitte de nostre-ditte cour, estant survenu plusieurs differends entre lesdits marchands, gens de mestiers, vivandiers et proviseurs de nostredite cour et suite, et aucuns des marchands et jurez des mestiers de nostre ville de Paris et autres, et pour le deffaut et obmission d'avoir pris de nous les lettres necessaires et requises par les dits edits et declarations, pour la validité et establissement d'iceux mestiers et autres, il est très necessaire d'empecher que lesdits marchands, gens de mestiers, vivandiers et proviseurs ne fussent journellement troublés comme ils sont, en ce qui est de leur fonction au prejudice du bien de nostre service et de l'authorité de sa charge, combien que vousdits, gens de nostre grand conseil, ayez toujours maintenus par vos arrests lesdits marchands et gens de mestiers en leurs privileges, nous suppliant et requerant, validant ce qui auroit esté ainsi que dit est, fait sans permission ou authorisation de nous et nosdits predecesseurs, luy octroyer, tant pour le passé que pour l'ordre a suivre en cela a l'advenir, nos lettres de declaration necessaires. Nous, a ces causes, considerant combien tel establissement nous a esté utile, et a ceux de nostre suite pendant les derniers troubles que nous avons continuellement tenu la campagne et fait sejour en nos armées esloignées des commoditez des villes les meilleures de nostre royaume, occupées contre nostre autorité et service, et jugeant a propos de conserver cet etablisse-

---

[1] Paillemails, sortes de bâtons armés.

[2] François du Plessis, grand prévôt sous Henri III et Henri IV, mort en 1590 à l'âge de 42 ans, fut le père du cardinal de Richelieu.

ment et obvier a tous troubles et debats qui peuvent apporter prejudice a la dignité de laditte charge que nous desirons plutost augmenter, en la personne et possession dudit de Bellengreville que d'en rien retrancher et diminuer, eu egard aussi a ce que nous sommes fort souvent avec nostredite cour en nos maisons de Fontainebleau et autres, distant desdites villes, esquelles ceux de nostreditte suitte et cour qui s'augmente journellement et pourra encore s'augmenter a l'advenir, du sejour qu'y feront desormais nostre tres-cher fils le Dauphin et autres nos enfans, ont besoin dy recouvrer des vivres et autres necessitez; sçavoir faisons, que de l'avis de nostre conseil et de nostre certaine science, pleine puissance et authorité royale, avons en confirmant lesdits édits et declarations sur ce faits par nos predecesseurs Rois, que Dieu absolve, et nous, et interpretant iceux et agreant les lettres de commissions ci-devant baillées par lesdits prevost de nostre hostel et grand prevost de France pour l'exercice des places de marchands, gens de mestiers et proviseurs non compris esdits édits, ordonnances et declarations, declare et ordonne, et par ces presentes, declarons et ordonnons voulons et nous plaist que pour le service de nous et de nostredite cour, trein et suite, seront et nous suivront les marchands, gens de mestiers, vivandiers et proviseurs, qui seront pris, choisis et esleus, si ja ne sont, par ledit prevost de nostre hostel et grand prevost de France, a sçavoir :

Douze marchans vendans vin en gros et detail; vingt cinq marchands cabaretiers; douze bouchers; vingt quatre tailleurs, chaussetiers, pourpointiers; vingt quatre poullailliers, rotisseurs, poissonniers; vingt quatre merciers; douze cordonniers; six apotiquaires; huit selliers; six chaircuitiers; douze proviseurs de foin, paille et avoine logeant chevaux; six paticiers; six lingères vendant toilles et ouvrages; dix carleurs de souliers; huit boulangers; huit verduriers fruictiers vendant gros bois et fagots; six fourbisseurs vendeurs d'espées, trois esperonniers, six pelletiers, quatre gantiers parfumeurs, six chandeliers, trois corroyeurs baudroyeurs, deux libraires, six brodeurs, six passementiers, deux verriers, quatre tapissiers et tentiers, deux plumassiers, quatre chirurgiens barbiers, quatre quincalliers, quatre decoupeurs esgratigneurs, deux epiciers confituriers, quatre teinturiers, quatre frippiers, trois chappelliers, deux horlogers, deux orfevres, six ravaudeurs de bas de soye et estame; deux parcheminiers, deux vertugadiers; six cuisiniers pour faire festins et travailler aux maisons; huit violons et joueurs d'instrumens de musique, quatre armuriers, quatre harquebuziers, deux menusiers torneurs faisant lances, boule et paillemails, deux peintres, et deux doreurs graveurs et damasquineurs, tous lesquels marchands, gens de mestiers, vivandiers et proviseurs, prendront, si ja ne l'ont fait, lettres dudit prevost de nostre hostel et grand prevost de France, ensemble ceux qui seront par luy commis en leur lieu et place, soit par mort, absence, negligence, ou autrement, pour tel temps que ledit grand prevost trouvera estre necessaire pour le bien de

nostre service, fourniture et commodité de ceux de nostredite cour et suite, le tout
selon l'ordre et reglement qui leur sera par lui ordonné, lequel toutesfois, ny ses
successeurs en laditte charge, ne pourront croistre ny augmenter le nombre susdit,
sans nostre autorité et lettres très expresses de nous. Et au cas qu'il eust esté par
lui ou lesdits predecesseurs commis a plus grand nombre de marchands et gens
de mestiers de chacune qualité cy-dessus specifiées, nous les declarons dès a present supprimez et leurs lettres de commissions nulles et revocquées, advenant
vacation par mort, et lesdits autres marchands gens de mestiers et proviseurs, reduits au nombre susdit feront, s'ils ne l'ont fait, serment ès mains dudit grand
prevost en tel cas requis et accoustumé, de satisfaire aux charges et conditions
portées par lesdits edits, ordonnances et declarations sur ce cy-devant faites,
et jouiront des privileges, droits, libertez, exemptions et franchises, conformement a iceux, pour la conservation desquels privileges, nous avons en tant que
de besoin est ou seroit, attribué de nouveau toute cour, jurisdiction et connoissance
en premiere instance audit prevost de nostre hostel et grand prevost de France.
. . . . . Donné a Fontainebleau le seize jour de septembre, l'an mil six cent six et
de nostre regne le dix huictième.

XXVIII

1608, 22 décembre.

*Lettres patentes de Henri IV accordant des lettres de maîtrise indépendantes
en faveur des ouvriers installés dans la galerie du Louvre* [1].

Arch. nat. Ordonn. 6ᵉ vol. de Henri IV, X 1ᵃ 8646, fol. 242. — Bannières 9ᵉ vol. Y 16, fol. 192.
Coll. Rondonneau, A. D. II*, n° 10, pièce 8. — Coll. Lamoignon, t. X, fol. 527.

Henri par la grâce de Dieu Roi de France et de Navarre. . . . . La plupart de
ceulx que nous avons logés en nostredite gallerie ayans esté choisis et attirés de
plusieurs endroits de nostredit royaume et hors de cette nostre ville de Paris où
ils n'ont esté passés maistres, se trouvent a present en une si mauvaise condition qu'ils sont empechés de travailler pour les particuliers, et aussi que ceulx qui
font apprentissage sous eulx ne sont pas reçus a maistrises par les autres maistres
de cettedite ville. . . . . désirans les gratifier et favorablement traiter, tant pour
l'excellence de leur art, que pour l'honneur qu'ils ont d'avoir esté choisis par nous,
et logés en notre gallerie. . . . . Voulons et nous plait que Jacob Bunel, notre

---

[1] On venait de terminer la grande galerie du
Louvre, et Henri IV y avait fait disposer au rez-de-
chaussée des boutiques et appartements destinés à
des artisans de luxe. (Levasseur, classes ouvrières,
t. II, p. 159.) Ces lettres furent confirmées par
Louis XIV en 1671. Voir ci-dessous pièce XXXV.

peintre et valet de chambre, Abraham de la Garde, notre orloger et valet de chambre, Pierre Courtois, orfèvre et valet de chambre de la Reine; Frangueville, sculpteur; Julien de Fontenay, notre graveur en pierres précieuses et valet de chambre; Nicolas Roussel, orfevre et parfumeur; Jean Sejourné, sculpteur et fontenier; Guillaume Dupré, sculpteur et controleur général des poinçons des monnoyes de France; Pierre Vernier, coustelier et forgeur d'espées en acier de Damas; Laurent Setarbe, menuisier faiseur de cabinets; Pierre des Martins, peintre; Jean Petit, fourbisseur, doreur et damasquineur; Étienne Flantin, ouvrier des instruments de mathematiques; Alleaum, professeur esdites mathematiques; Maurice Dubout, tapissier de haute lisse; Girard Laurent, aussi tapissier de haute lisse; Pierre Dupont, tapissier es ouvrages du Levant; Marin Bourgeois, aussi notre peintre et valet de chambre et ouvrier en globes mouvans, sculpteurs et autres inventions, maistres par nous mis et logés en nostredite gallerie, et ceulx que nous mettrons es places et maisons qui ne sont encore remplies en icelles; ensemble ceux qui leur succederont esdites maisons a l'avenir, de quelque art et science qu'ils soient, puissent travailler pour nos sujets, tant esdites maisons et boutiques d'icelle gallerie qu'en autres lieux et endroits ou ils les voudront employer sans estre empeschés ni visités par les autres maistres et jurés des arts dont ils font profession, de nostredite ville de Paris ni ailleurs. Auront et leur avons permis de prendre, a chacun, deux apprentifs, dont le dernier sera pris a la moitié du tems seulement que le premier aura a demeurer en apprentissage, afin qu'auparavant que le dit premier en sorte, il puisse estre instruit en l'art pour le soulagement du maistre et aider a dresser celui qui succedera auprès audit premier; qu'entrant audit apprentissage ils s'obligeront aus maistres par bon contrat passé devant notaire, et ayant servi et parachevé leur tems, lesdits maistres leur en bailleront certificat en bonne et due forme; sur lesquels, tant les enfans desdits maistres qu'apprentifs, de cinq en cinq ans seulement seront reçus maistres, tant en notredite ville de Paris qu'en toutes les autres villes de notre royaume, tout ainsi que s'ils avoient fait leur apprentissage sous les autres maistres desdites villes, sans estre astraints faire aucun chef d'œuvre, prendre lettres, se presenter à la maitrise, faire appeller, lorsqu'ils seront passés, les maistres desdites villes, ou leur payer aucun festin ne autres choses quelconques; ne estre seulement tenus cinq ans auparavant se faire inscrire par nom et surnom au registre de notre procureur au Chatelet dudit Paris, dont en consideration de ce qu'ils auront fait ledit apprentissage en notredite gallerie, nous les avons dispensés et dechargés.

.... Donné a Paris le 22ᵉ jour de decembre, l'an de grace mil six cens et huit et de notre regne le vingtieme.

XXIX

1617, 5 juin.

Lettres patentes de Louis XIII, rendues à la requête des pelletiers et bonnetiers, dispensant les six corps des marchands de l'obligation de recevoir des maîtres à l'occasion des lettres de maîtrises.

Arch. nat. Bannières 10ᵉ vol., Y 17, fol. 273. — Ordonn. 3ᵉ vol. de Louis XIII, X 1ᵃ 8649, fol. 12.
Coll. Lamoignon, t. X, fol. 977.

Louis par la grace de Dieu, Roy de France et de Navarre. . . . . Les maistres et gardes du corps de la pelleterie et bonneterie [1] de cette notre bonne ville de Paris nous ont humblement faict dire et remonstrer que encores que, par edicts vériffiez où besoing a esté, les six corps [2] de la marchandise de notre dite bonne ville de Paris, dont les exposans font deux, aient esté particulièrement exceptés des nouvelles maitrises qui se donnent tant en faveur de nostre advènement à la couronne, mariages, entrées que autres occasions; ce néantmoing aucuns pauvres gens de mestier qui ne sont du corps de la marchandise, pour ne faire aucun traficq, ains gagnent leur vie au jour la journée, gens de tout incapables ont trouvé moyen d'obtenir lettres pour estre reçus et admis auxdits estats de pelleterie et bonneterie, lesquels de tous temps et ancienneté ont esté distinguez et séparez des mestiers jurez de notredite ville [3], pour estre d'autre qualité que lesdits gens de mestier, aïant l'honneur d'entrer aux charges honorables d'icelle, tant de l'eschevinage que de l'administration de la justice consulaire, laquelle ils exercent gratuitement, mesmes ont l'honneur aux entrées des Roys, Roynes, enfans de France et autres solempnitez de porter le dais, monter et équiper leurs enfans; vestus et parez somptueusement a l'esclusion des gens de mestier qui ne sont point appellez auxdittes entrées. C'est pourquoy lesdits exposans nous ont très humblement supplié les dispenser de recevoir aucuns en leurs corps, si ce n'est conformément a leurs statuts et privilèges et non en vertu desdites lettres de maistrises par nous créées et leur octroyer nos lettres sur ce nécessaires pour ob-

---

[1] La même exemption fut accordée à la requête des merciers par lettres patentes du 31 décembre 1625. (Lamoignon, t. XI, fol. 142.)

[2] Les six corps comprenaient les merciers, pelletiers fourreurs, bonnetiers, épiciers, drapiers et orfèvres. Les marchands de vin prétendirent aux mêmes privilèges et tentèrent de former un septième corps. Ils occupaient les premiers rangs dans les cérémonies et parvinrent à s'affranchir d'un

certain nombre de charges incombant aux autres métiers. Ces privilèges leur furent accordés séparément; on les trouvera à leur place dans les dossiers particuliers; ici nous n'avons rapporté que les rares pièces qui s'adressent aux six corps en général.

[3] Les statuts confirmés au xviᵉ siècle étaient pour les bonnetiers de janvier 1549 et pour les pelletiers de janvier 1587.

vier a ce meslange et confusion desdittes nouvelles lettres de maistrises, avecq lesdits six corps de la marchandise. A ces causes, nous vous mandons que s'il vous appert que lesdits six corps de la marchandise ou aucuns d'iceux, aient en vertu de leursdits statuts et privilèges esté dispensés de recepvoir aucuns maistres en vertu desdites maistrises par nous ou nos prédécesseurs créées, et que lesdits pelletiers et bonnetiers soient du nombre desdits six corps et que pour ce il ait esté donné arrest tant en notre dit conseil que en notre cour de Parlement et du tout tant que suffire doibve; en ce cas, vous ayés a les maintenir en la jouissance paisible de leursdits statuts et privilèges, et sans qu'ils puissent estre tenus ni abstraints de recepvoir aucuns maistres en vertu desdites lettres de maistrises s'ils ne sont de la qualité portée par lesdits statuts et ordonnances faictes sur leur création, et selon leurs formes ordinaires et accoustumées, que nous voulons audit cas estre gardées et observées, nonobstant toutes choses a ce contraire; car tel est notre bon plaisir. Donné a Paris le cinquième jour de juing de l'an de grâce mil six cens dix sept et de notre règne le huitième.

XXX

1625, 3o janvier.

Arrêt du conseil d'État du Roy contenant règlement sur les marchands artisans suivant la Cour.

Arch., Préfecture de police, Coll. Lamoignon, t. XI, fol. 109 et 116 v°.

..... Le Roy en son conseil, faisant droit sur lesdites instances et interventions, et voulant empescher les procès qui naissent journellement pour raison desdits privilèges, entre les marchands et artisans suivant la cour et ceux de ladditte ville de Paris, a ordonné :

1. Que dans trois mois, ledit prevost de l'hotel, grand prevost de France pourvoira de personnes capables, originaires Français, à toutes les places de marchands et artisans privilégiés dont jouissent a présent les étrangers de quelque nations qu'ils soient, même ceux qui ont obtenu lettre de naturalité, ou de déclaration, sans qu'à l'avenir, autres que Français nés sujets du Roy, les puissent tenir et occuper.

2. A fait deffence à tous les pourvus desdittes places d'associer a eux autres que marchands français, non estrangers, et faire marchandise par commission ou autrement, prester leurs noms et traficquer pour autres, directement ou indirectement, sous quelque prétexte que ce soit, à peine de confiscation de leurs marchandises et de cinq cens livres d'amende.

3. Ne pourra cy après estre augmenté le nombre desdittes places porté par lettres du seizième septembre mil six cens six [1].

4. Et ne sera reçu en icelle, aucun marchand ny artisan qui ne fasse preuve d'avoir fait l'apprentissage requis en ladite ville de Paris, ou en l'une des autres principales du royaume, esquelles il y a maitrises et mestiers et marchandises, sinon seront examinés de leur suffisance par deux du corps des privilégiés où ils voudront entrer, et pareil nombre de ladite ville de Paris, du même estat ou mestier.

5. Et au regard des apoticaires, ny seront reçus s'ils ne sont maistres en l'une desdittes villes, ou qu'au préalable ils n'ayent esté interrogés et trouvés suffisans par les premiers médecins du Roy, doyen de la Faculté de médecine, anciens des maitres et gardes apoticaires de ladite ville de Paris; et le plus ancien des apoticaires suivant la cour, a peine de nullité desdites réceptions.

6. Pourront lesdits privilégiés tenir boutique et magazin ouverts dans ladite ville, le Roy estant en icelle, a St Germain, Monceaux, Fontainebleau ou autres lieux d'égale ou plus grosse distance.

7. Et la fermeront dans trois jours après que sadite majesté sera partie pour aller en lieu plus esloigné, a peine de confiscation de leurs marchandises s'ils ne suivent actuellement en personne, et ne tiennent autres boutiques bien fournies a la suite de la cour.

8. Sa Majesté estant dans la ville de Paris, les marchands et artisans d'icelle feront leurs visites sur les privilégiés, l'un des archers ou autres officiers de la prévosté de l'hôtel, présent en la manière accoustumée; et en estant absente, seront lesdites visites faites de l'autorité du prévost de Paris, comme sur les autres marchands et artisans de ladite ville. . . . . Fait au conseil d'État du Roy tenu a Paris le jeudy 30e jour de janvier mil six cens vingt cinq.

XXXI

1644, janvier.

Lettres patentes de Louis XIV, érigeant en maîtrises et jurandes les métiers qui s'exercent dans les faubourgs Saint-Honoré et Montmartre.

Arch. nat., Ordonn. 1er vol. de Louis XIV, X 1ª 8656, fol. 617.
Préfecture de police, Lamoignon, t. XII, fol. 369.

Louis par la grâce de Dieu, roy de France et de Navarre, à tous présens et avenir salut. Les Rois nos prédécesseurs voulans empescher les abus, fraudes, et

[1] Voir ci-dessus pièce XXVII, p. 102.

malfaçons qui se commettoient au passé par les artisans des arts et mestiers de notre bonne ville et aulcuns fauxbourgs de Paris [1], auroient fait plusieurs edits, statuts et réglemens qui furent lors exécutés, dont le public auroit reçu grande utilité et soulagement, et encore que lesdits edits, statuts et réglemens devroient estre inviolablement gardés et ponctuellement observés aux fauxbourgs Saint Honoré et Montmartre, et autres lieux y attenans et circonvoisins, néanmoins nous aurions esté avertis que plusieurs particuliers, artisans et autres, travaillans èsdits arts et métiers, et qui se sont etablis auxdits fauxbourgs, commettent les mêmes abus qui se commettoient au passé en ladite ville et anciens fauxbourgs, pour n'avoir aucun serment en justice ny fait et arrêté entre eux aucuns statuts, ordonnances et réglemens, pour retenir chacun en son devoir, dont se sont ensuivies plusieurs grandes plaintes; auxquelles voulant remédier, et après avoir fait mettre cette affaire en délibération en notre conseil ou estoient la Reine régente, notre très-honorée dame et mère, et plusieurs princes et notables personnages de notre royaume [2]. De l'avis d'iceluy, et de notre certaine science, pleine puissance et autorité royale, avons par ce présent edit perpétuel et irrévocable, créé, statué et ordonné, créons, statuons et ordonnons en maitrise et jurande, tous et chacun les arts et mestiers de chacun desdits fauxbourgs Saint Honoré et Montmartre, et lieux y attenans et circonvoisins dépendans desdits fauxbourgs, et qui sont ou seront cy après compris en iceux, à l'instar des autres fauxbourgs de notre dite ville de Paris. Voulons et nous plaist que tous ceux qui exercent de présent lesdits arts et mestiers soient tenus de prendre de nous, nos lettres de maitrise en particulier, et chacun art et mestier, pour y estre reçus en vertu d'icelles et faire le serment à ce requis, pardevant les juges auxquels la cognoissance en appartient, en la manière accoustumée, pour jouir de ladite maitrise aux mêmes droits, pouvoirs et franchises dont jouissent de présent les autres maistres des anciens fauxbourgs d'icelle ville. Voulons aussy et ordonnons que lesdits artisans ayant esté reçus et fait serment, en vertu de nosdittes lettres de maitrise, fassent et dressent entre eux des statuts et ordonnances pour empêcher la continuation desdits abus et malfaçons, ainsy qu'il se pratique pour les autres arts et mestiers des anciens fauxbourgs, et après qu'ils auront été registrés et homologués, nul ne

---

[1] Un édit d'octobre 1642, dont nous n'avons pas le texte, érigeait en maitrises les ouvriers du faubourg Saint-Antoine et fut rapporté en février 1657 d'après la pièce suivante dont voici la cote : Lettres de Louis XIV rapportant l'édit d'octobre 1642 qui établissait les ouvriers du faubourg Saint-Antoine en maîtrises et jurandes. Les ouvriers voyant leur situation gravement compromise obtiennent le retour à leur ancien état indépendant. (Arch. nat., Coll. Rondonneau, A. D. II [e], n° 10,

pièce 22. — Coll. de Lamare fr. 21791, fol. 199.)

[2] Louis XIII mourut le 14 mai 1643. Le conseil de Régence, sous la minorité de Louis XIV, avait été composé par Louis XIII, à son lit de mort, sous la régence d'Anne d'Autriche, du prince de Condé, du cardinal Mazarin, du chancelier Séguier, du surintendant Boutillier et du secrétaire d'État Chavigni. Le duc d'Orléans était nommé lieutenant général du roi mineur sous l'autorité de la Régente et de ce Conseil.

pourra plus estre reçu à aucuns d'iceux arts qu'en faisant chef d'œuvre, et en
satisfaisant auxdits statuts et ordonnances..... Donné à Paris au mois de janvier l'an de grace mil six cens quarante quatre.

***

XXXII

1647, août.

*Édit de Louis XIV augmentant le nombre de divers offices de police
sur les métiers et sur les marchandises* [1].

Arch. nat., Ordonn. 2ᵉ vol. de Louis XIV, X 1ᵃ 8657, fol. 166. — Lamoignon, t. XII, fol. 833.

Louis par la grâce de Dieu roy de France et de Navarre, a tous présens et
avenir, salut. Les ennemis de nostre estat ayant mieux aimé refuser les conditions raisonnables de la paix [2] que nous leur avions faict proposer, avec tous les
plus grands avantages que la condition présente de leurs affaires leur peut faire
espérer, que de se despartir de leur jalousie naturelle et de l'injuste désir d'usurper les estats de leurs voisins, et qu'il ne nous reste d'autres moyens de vaincre
l'opiniastreté en laquelle ils s'entretiennent, par l'espérance de quelques meilleurs
succès, qu'en continuant l'entretien de nos armées par mer et par terre en un
estat suffisant de leur faire connoistre que tous leurs efforts seront vains; nous
sommes obligez de recourir derechef à des moyens extraordinaires, pour subvenir aux grandes dépenses qu'il nous convient supporter, et désirant néanmoins
de choisir ceux qui seront le moins à charge à nosdits subjects, nous avons creu
ne le pouvoir faire plus commodement qu'en la création de quelques offices de
police. A ces causes, sçavoir faisons qu'ayant fait mettre cette affaire en délibération en nostre conseil, de l'advis de la Royne régente, nostre très-honnorée dame
et mère, de nostre très cher oncle le duc d'Orléans, de plusieurs grands et notables
personnages de nostre conseil et de nostre pleine puissance et autorité royal, nous
avons par le present edict perpétuel et irrévocable, créé et érigé, créons et érigeons en titre d'office formé, en nostre ville de Paris et fauxbourgs d'icelle, les
offices qui ensuivent, sçavoir :

Douze jurez controlleurs, vendeurs, peseurs, priseurs, visiteurs et compteurs

---

[1] Cet édit rappelle celui de mars 1586, qui
créait des offices de visiteurs de marchandises
dans les villes jurées, mentionné seulement dans
Isambert, t. XIV, p. 598, et Fontanon, t. I,
p. 1026. Ces offices furent une des conséquences
des édits du xvıᵉ siècle.

[2] Condé avait levé le siège de Lérida en Cata-
logne le 17 juin 1647; Turenne tenait difficilement
dans les Pays-Bas avec ses troupes étrangères qu'il
ne pouvait payer régulièrement. Les motifs exposés
ici provenaient de la situation alors très critique de
la France, de l'Espagne et de l'Allemagne.

de la marchandise de foing, et vingt huit débordeurs de ladite marchandise, outre les anciens; dix vendeurs de poisson de mer, frais, sec et sallé, héréditaires, pour faire avec les dix anciens le nombre de vingt; trois controlleurs dudit poisson de mer frais, sec et sallé, aussy héréditaires, pour faire avec l'ancien le nombre de quatre. Six jurez visiteurs, controlleurs et marqueurs héréditaires d'estain et ouvrages de plomb; six jurez visiteurs controlleurs et marqueurs héréditaires de toutes sortes de tapisseries et tapis, tant de France qu'estrangers; six jurez visiteurs, controlleurs et compteurs héréditaires des ardoises, thuilles et briques; six jurez visiteurs et controlleurs héréditaires de cuirs et peaulx; et en nostre Hotel de ville, cinquante jurez visiteurs et controlleurs de la mesure et prix des bois, tant à brusler qu'à bastir; douze jurez visiteurs et controlleurs de la mesure et prix des charbons de bois et de terre; treize jurez chargeurs de bois en charettes pour faire avec les cent dix sept anciens, le nombre de six vingt et dix; quarante jurez commissaires, visiteurs, conservateurs de prix de vins, breuvages et liqueurs; neuf jurez-jaulgeurs des vaisseaux à mettre vins et autres liqueurs, pour faire avec les seize anciens le nombre de vingt cinq, et huit jurez vendeurs de toutes sortes de cendres, souttes et gravelées [1]. Pour par ceux qui seront pourveus desdits offices, faire les fonctions et exercices et jouir des droits cy-après déclairez [2]. . . . . Donné à Paris au mois d'aoust l'an de grâce mil six cens quarante sept.

XXXIII

1658, juillet. — Fontainebleau.

Lettres patentes de Louis XIV portant règlement sur les brevets d'apprentissage, l'élection des administrateurs des confréries, la reddition des comptes et les assemblées des membres des communautés.

Arch. nat., Ordonn. 12ᵉ vol. de Louis XIV, X 1ᵉ 8666, fol. 97. — Lamoignon, t. XIII, fol. 844.

Louis par la grâce de Dieu Roy de France et de Navarre, à tous présens et avenir salut. Nous avons receu diverses plaintes des désordres qui sont dans les communautés des marchands, trafiquans et artisans de nostre bonne ville de Paris, fauxbourgs, banlieue, prévoté et vicomté d'icelle, tant à cause qu'on n'a pas préveu à la conservation des brevets de leurs apprentifs que pour raison des assemblées qui se font journellement sans sujet, mesme au sujet de l'élection des maistres des confrairies et reddittion des comptes, à quoi il est nécessaire de pourvoir. A ces causes, de l'advis de nostre conseil où estoient la Royne nostre très-hon-

---

[1] Cendres de lessive, sels de soude, potasse, tartre et divers autres acides.
[2] Suit un long état des droits et fonctions de ces offices qu'il est inutile de transcrire ici.

norée dame et mère, nostre très-cher et unique frère le duc d'Anjou [1], plusieurs
princes et autres notables personnes; et après avoir meurement examiné les arrêts de nostre dit conseil des trois may et neuf juillet dernier, cy attachés sous le
contre scel de nostre chancellerie, rendus à ce sujet, nous, de grâce spéciale,
pleine puissance et autorité royale, avons par ces présentes signé de notre main,
dit et ordonné, disons et ordonnons et nous plaît :

Que pour empêcher les mauvaises pratiques qui se font par intelligence entre
les maistres et les apprentifs, concernant les brevets de leurs apprentissages, que
tous lesdits brevets des arts et mestiers de nostre bonne ville, fauxbourgs et banlieue de Paris, aussitôt qu'ils seront faicts, seront enregistrés par devant nostre
procureur au Chatelet, premier juge des arts et mestiers, maistrises et jurandes de
notredicte bonne ville de Paris, dont il leur délivrera acte et en tiendra registre,
pour y avoir recours lorsque lesdits apprentifs auront perdu leurs brevets, parce
que faute de ce iceux apprentifs sont journellement obligés de recommencer leur
apprentissage, ce qui préjudicie aux particuliers et au public, leur faisant perdre
beaucoup de temps, pour racheter lequel ou pour les exempter dudit apprentissage on les engage à de grands frais.

Que les administrateurs des confrairies des arts et mestiers seront nommés et
éleus par devant notredit procureur au Châtelet, le même jour et en la même
forme et manière que leurs gardes et jurés, ainsy qu'il se pratique déjà en plusieurs
desdites communautés, pour éviter à frais et aux diverses assemblées et dépens
qu'ils font à ce sujet. Et attendu et nonobstant tous les arrêts qui ont esté rendus,
tant en notre Parlement de Paris qu'ailleurs, portant deffences à toutes lesdittes
communautés de faire des festins et banquets, ils s'assemblent journellement à ce
sujet et font des grandes dépenses qui ruinent lesdites communautés [2], ce qui
est ainsy fait et fomenté par la facilité que treuvent lesdits gardes et jurés à l'examen de leurs comptes, qu'ils rendent par intelligence entre eux, ou ils se font
allouer toutes lesdites dépenses inutiles, prenant leur prétexte d'assemblées, de
faire lesdits festins, de la reddition desdits comptes. Nous ordonnons que lesdits
gardes, jurés, maistres de confrairies et autres qui ont en maniement les deniers
des communautés desdits arts et mestiers de notredite ville de Paris, rendront
leurs comptes par devant notredit procureur du Châtelet, comme premier juge

---

[1] Philippe, frère unique et puîné de Louis XIV,
né à Saint-Germain-en-Laye le 21 septembre 1640,
porta le titre de duc d'Anjou jusqu'en 1661 qu'il
prit celui de duc d'Orléans, son oncle Gaston
duc d'Orléans étant mort le 2 février 1660.
Il était père de Philippe, régent de France, et
auteur de la branche d'Orléans continuée jusqu'à
nos jours.

[2] Ces lettres, suivies de plusieurs arrêts sur

le même objet, ne furent enregistrées au Parlement que le 27 mars 1668. Un an auparavant, le
25 juin 1667, un arrêt du conseil d'État déclare
que les jurés lèvent sur les maîtres des deniers
dont ils ne rendent aucun compte et qu'ils dépen-
sent en fêtes et banquets. Le Roi ordonne que les
jurés seront condamnés à 300 livres d'amende
pour contraventions quelconques aux statuts. (Recueil d'édits de 1701, p. 33.)

desdits arts et mestiers, et sans frais, ainsi que cela se pratique déjà en plusieurs desdites communautés, afin qu'il ne soit rien alloué en iceux que de raisonnable, et éviter lesdits festins et dépenses non nécessaires.

Et d'auttant que nous sommes ducment advertis que les maistres, gardes et jurés desdites communautés font journellement des assemblées inutiles, sous prétexte de parler de leurs affaires, et prennent ces occasions pour briguer leurs jurandes et autres charges desdites communautés, mesmes que souvent lesdits maistres s'assemblent d'eux-mesmes, sans estre advertis de leurs jurez, ce qui est de dangereuse conséquence; pour à quoi obvier deffendons à toutes les communautés de notredite ville de Paris de s'assembler, sous quelque prétexte que ce soit, qu'en la présence de notredit procureur du Châtelet ou par sa permission, comme premier juge desdits arts et mestiers . . . . . Donné à Fontainebleau au mois de juillet, l'an de grâce mil six cens cinquante huit.

XXXIV

1659, mai.

Édit de Louis XIV augmentant le nombre des artisans privilégiés suivant la cour.

Préf. de Police, Lamoignon, t. XIII, fol. 1003, d'après le recueil des marchands de vin privilégiés de 1667.

Louis par la grâce de Dieu Roy de France et de Navarre, à tous présens et avenir salut. Quelque soin que les rois nos prédécesseurs ayent eu d'augmenter le nombre des marchands ordonnez pour leur cour et suitte [1], afin qu'il n'y manquast aucune des choses requises pour la nécessité des vivres et denrées, nous sommes néanmoins informez que toutes les fois que nous sommes obligés de faire de longs voyages, ou de nous trouver dans nos armées, où la défense et conservation de nos sujets nous appellent, ceux de nostre cour et suitte souffrent de très grandes incommodités, faute d'un nombre suffisant desdits marchands; a quoy désirant pourvoir pour l'avenir, nous avons fait examiner le nombre desdits marchands, qui sont nécessaires à nostre cour et suitte, de l'établissement desquels nous pourrons tirer quelques secours pour aider a supporter les depenses extraordinaires de la guerre, sçavoir faisons, que de l'advis de notre conseil où estoient la Reine, notre très-honorée dame et mère, notre très-cher frère le duc d'Anjou, aucuns autres princes et officiers de notre couronne, et autres grands et notables personnages, et de notre certaine science, pleine puissance et autorité royalle, nous avons, par le present edit perpetuel et irrevocable, créé, establi et ordonné,

[1] La dernière augmentation remontait à Henri IV. Voir ci-dessus lettres du 16 septembre 1606, pièce XXVII, p. 102.

créons, establissons et ordonnons, par ces presentes signées de notre main : huit marchands de vin en gros et en detail, pour estre joints et unis aux douze; seize marchands de vin cabaretiers, en gros et en detail, pour estre joints et unis aux vingt cinq; huit bouchers pour estre joints et unis aux douze, et huit chercuitiers pour estre pareillement joints et unis aux huit anciens créés; desquels marchands nous nous reservons la disposition a notre profit, pour la première fois seulement, et après icelle, voulons que ceux qui seront pourvus en leurs places, soit par mort, demission, forfaiture ou autrement, soient choisis par le sieur prevot de notre hôtel et grande prévosté de France, lequel donnera les provisions nécessaires. Et sera presté le serment a ceux qui seront pourvus en conséquence du présent édit..... Donné à Paris au mois de may, l'an de grace mil six cens cinquante-neuf.

XXXV

1671, mars.

Confirmation par Louis XIV des divers privilèges accordés aux ouvriers établis par Henri IV dans la galerie du Louvre [1].

Arch. nal., Coll. Rondonneau, A. D. II*, n° 10, pièce 8.

Louis, par la grace de Dieu Roi de France et de Navarre, a tous presens et a venir, salut. Nos chers et bien amés Jean Warin, sculpteur, controlleur des poinçons et effigies, tailleur general des monnoyes de France; Charles Érard, Jean Nocret, Antoine Stella et Benoit Sarazin, peintres; François Girardon, sculpteur; Thomas Merlin, Claude Ballin et Louis Loire, orfèvres; Guillaume Sanson, geographe; Laurent Tessier de Montarsy, orfèvre en or; Victorio Siri et Theophraste Renaudot, historiographes; Henri Martinot et Henri Bidault, nos orlogers et valets de chambre; Jean Dominique Cassin, mathematicien [2]; François Marie Bourzon, peintre en paysages et marines; Jean le Fèvre, tapissier de haute lisse; Charles Vigarain, inventeur de machines; Louis du Pont, tapissier es ouvrages du Levant; Claude Mellan, peintre et graveur en taille douce; Vincent Petit, orfèvre et sculpteur en bronze; Jean Massé, menuisier et faiseur de cabinets et tableaux de marqueterie en bois; Jean Valdot, peintre et dessignateur; Henri Petit, fourbisseur doreur et damasquineur; Israel Sylvestre, graveur en eau forte

---

[1] Voir ci-dessus pièce XXVIII, p. 105, la première installation de ces artisans.

[2] Cassin ou Cassini, né à Nice en 1625, célèbre mathématicien et astronome. Naturalisé français en 1669, membre de l'Académie des sciences. Il mourut à Paris en 1712, à quatre-vingt sept ans; les deux Cassini, auteurs de la carte de France, sont ses petits-fils.

et dessignateur; Sebastien Mabre Cramoisy, notre imprimeur[1]; Dominique Lher-
minot, peintre et brodeur; Jacques Bailly, peintre en mignature et faiseur d'ouvrages façon de la Chine; Philippe le Bas, ouvrier d'instrumens de mathematiques et Bertrand Piraude, armurier, demeurans tous en nostre gallerie du
Louvre..... Nous avons, par ces presentes signées de notre main, maintenu
gardé et confirmé, maintenons, gardons et confirmons lesdits exposans, leurs
enfans, apprentifs et veuves en viduité, en possession et jouissance d'iceux, tout
ainsi que ceux qui les ont précédés..... Donné a saint Germain en Laye au
mois de mars, l'an de grace mil six cens soixante onze et de notre regne le
vingt huitième.

XXXVI

1673, 23 mars. — Versailles.

Édit de Louis XIV prescrivant, en exécution des édits de 1581 et 1597, l'incorporation dans les
communautés de tous les artisans qui n'en faisaient pas partie, le renouvellement des statuts des
communautés existantes et le payement des sommes imposées à chacune [2].

Préf. de Police, Coll. Lamoignon, t. XVI, fol. 96, d'après le recueil d'édits sur les Métiers en 1701, p. 36.
Bibl. nat., ms. de Lamare, arts et métiers, fr. 21791 fol. 56 et 233.

Louis par la grace de Dieu, Roy de France et de Navarre, a tous presens et a
venir, salut. Les Rois Henry trois et Henry quatre, nos prédecesseurs, de glorieuse memoire, connaissant la licence et les abus qui s'estoient introduits par ceux
qui faisoient commerce de marchandise et denrée, et professions d'arts et metiers, dans nostre bonne ville et faubourgs de Paris et autres de nostre royaume;
pour les tenir dans des règles et dans la discipline necessaire pour le maintien
des etats, auroient par leurs edits des mois de décembre mil cinq cens quatre
vingt un et avril mil cinq cens quatrevingt dix sept, verifiés ou besoin a esté [3] fait
plusieurs reglements de tout ce qui devoit estre observé a cet égard, et particulierement ordonné que tous marchands, negocians, gens de mestier et artisans,
residant et faisant leur profession dans nostre royaume, seroient establis en corps,

---

[1] Il était directeur de l'Imprimerie royale,
installée au Louvre par Louis XIII en 1640 et
avait succédé à son grand père Sébastien Cramoisy,
premier directeur, décédé en 1669.

[2] Cet édit, ainsi que les suivants, sont le point
de départ de la réforme commerciale due à l'administration de Colbert; ils furent plus rigoureuse-
ment exécutés que ceux de Henri IV et procurèrent
au trésor des ressources importantes. Toutefois

ces conditions furent tellement onéreuses aux ouvriers et occasionnèrent de tels désordres dans les
comptes des communautés, que le Roi, par déclaration du 19 juin 1680, supprima toutes les lettres
de maîtrises qui n'avaient pas encore trouvé preneur. (Recueil d'édits, 1701, p. 61.)

[3] Voyez ces deux édits ci-dessus, pièces XXV
et XXVI, ainsi que la note de la page 80 sur les
édits de la fin du seizième siècle.

maitrise et jurande, de tous ceux qui s'y trouveroient de chacun commerce, art et métier, qui en seroient capables, sans qu'aucun s'en pust dispenser, pour quelque cause que ce soit, pour faire et exercer leurs fonctions suivant les statuts qui seroient expediés a cet effet, pour chacun corps et communauté. Neantmoins que dans nosreditte ville et faubourgs de Paris et autres de nostre royaume, ou il y a maitrise et jurande, il y a plusieurs personnes qui s'ingerent de faire commerce de diverses sortes de marchandises et denrées, et d'exercer plusieurs arts et mestiers, sans avoir fait chef d'œuvre, estre reçu a maistrise, ny estre d'aucun corps ou communauté. Pour quoy d'un costé ils sont journellement troublés dans leurs fonctions par les maistres, gardes et jurés des mestiers qui ont quelque sorte de relation a ceux qu'ils professent, et d'autre coté ils font ce que bon leur semble dans leursditte professions, n'estant point sujets a aucunes visittes ou examen de leurs marchandise ou ouvrage. En quoy le public souffre un notable prejudice, a quoy nous avons resolu de pourvoir pour empescher la continuation de ces desordres, et même d'accorder des renouvellements de statuts pour chacun corps et communauté, tant de notre ville et fauxbourgs de Paris que des autres de notre royaume, pour eclaircir les ambiguités qui se trouvent dans ceux qui ont été cy devant expediés, qui causent souvent de très grands procès entre lesdittes communautés, l'experience ayant fait connoitre les choses qu'il est necessaire d'observer pour faire que tous ceux de chacune profession s'en acquittent fidelement. Et comme nous avons reconnu, dès il y a longtemps, que l'usage de faire le poil, et de tenir les bains et estuves, et les soins que l'on apporte a tenir le corps humain dans une propreté honneste, estant autant utile a la santé que pour l'ornement et la bienseance, par notre edit du mois de decembre mil six cens cinquante neuf, nous aurions ordonné l'établissement d'un corps et communauté de barbiers, baigneurs, etuvistes et perruquiers reduits a deux ans, pour en faire profession distincte, particuliere et separée de celle des maistres chirurgiens-barbiers, et estre ledit etat et metier exercé avec statuts, maistrise et jurande, ainsy que les autres de notre ville et fauxbourgs de Paris; et comme l'execution dudit edit a esté traversée, nous avons cru estre obligé d'y pourvoir et de regler lesdits barbiers, baigneurs, etuvistes et perruquiers a un nombre proportionné a l'etendue de notre ville et fauxbourgs de Paris[1], et les faire establir en corps et communauté, sans aucun retardement, pour les avantages que nos sujets ne peuvent recevoir. A ces causes, après avoir fait mettre cette affaire en deliberation, en notre conseil qui a vu lesdits edits de mil cinq cens quatre vingt un, mil cinq cens quatre vingt dix sept, et mil six cens cinquante neuf, de l'avis d'iceluy et de notre certaine science, pleine puissance et autorité royalle, nous avons, par notre edit perpetuel et irrevocable, dit statué et ordonné, disons

---

[1] L'édit de 1659 fixait le nombre des barbiers à 200 pour Paris, 20 pour les grandes villes et 5 pour les autres. Il en sera parlé plus tard, dans le cahier des barbiers.

statuons et ordonnons, voulons et nous plaist que lesdits edits de mil cinq cens quatre vingt un et mil cinq cens quatre vingt dix sept soient executés selon leur forme et teneur; et en consequence que tous ceux faisant profession de commerce de marchandises et denrées, et d'arts de toutes sortes de mestiers, sans aucuns excepter, tant dans notre ville et fauxbourgs de Paris que dans les autres villes et lieux de nostre royaume, pays, terres et seigneuries de notre obeissance, ou il y a maitrise et jurande, qui ne sont d'aucun corps et communauté et jurandes, pour exercer leurs professions, arts et mestiers, encore quils ayent relation a des arts et metiers qui sont en communauté et maitrise; auquel effet, il leur sera accordé des statuts qui seront expediés par l'un de nos amez et feaux conseillers et secretaires, et scellez en notre grande chancellerie. Et sera aussi expedié nos lettres de renouvellement de statuts en la mesme forme, aux corps et communautés pour lesquels il en a esté cy devant accordé, le tout sur les avis qui nous seront donnés, pour notre ville et fauxbourgs de Paris, par le lieutenant general de la police. Et pour les autres villes et lieux de notre royaume, par les lieutenans generaux, baillifs et autres juges qui en doivent connoitre, en payant par chacun desdits corps et communauté, sur les quittances du trésorier de nos revenus casuels, les sommes qui seront par nous ordonnées; lesquelles seront attachées sous le contrescel desdittes lettres, pour estre les sommes qui en proviendront employées sans aucun divertissement aux depenses pressantes de la guerre[1] . . . Donné a Versailles au mois de mars, l'an de grace mil six cens soixante treize et de nostre regne le trentiesme.

XXXVII

1675, 31 mai. — Saint-Germain-en-Laye.

Arrêt du conseil d'État du Roi prescrivant la réunion des communautés ouvrières des faubourgs de Paris à celles de la ville.

Arch. nat., Coll. Rondonneau, A. D. II*, n° 10, pièce 50.

Le Roy, pour empescher la licence et les abus qui s'estoient introduis parmy ceux qui faisoient commerce de marchandise, denrée et profession d'arts et mestiers, dans toutes les villes du royaulme, et procurer en mesme temps la paix

[1] On dressa, en exécution de l'édit, la liste de tous les ouvriers qui n'étaient pas en communauté; ils s'élevaient, d'après le tableau de recensement, à treize mille, appartenant à presque tous les corps de métiers; nous y trouvons trois mille couturiers et mille fripiers. Chacun de ces ouvriers durent payer une taxe qui varia de 20 livres jusqu'à 200 livres. Le total des droits à percevoir de ce chef atteignait près d'un million de livres (929,050). (Coll. de Lamare, 21791, fol. 56.)

entre les maistres, marchands et artisans de la ville et fauxbourgs de Paris par la
réunion de leurs maistrises, auroit fait expédier son edit du mois de mars 1673
portant l'exécution de ceux des mois de decembre 1581 et avril 1597, au prejudice desquels edits la pluspart desdits maistres de la ville inquietent sans fondement ceux des fauxbourgs; a quoy estant necessaire de pourveoir et empescher
la continuation des procez intentez et qui servent de pretexte aux jurez de la
ville et fauxbourgs d'exiger de leurs confrères des sommes qui tournent entièrement a leur profit..... Ordonne que tous les marchands et maistres artisans des
fauxbourgs de la ville de Paris, de quelque commerce, art et mestier que ce soit,
sans aucuns excepter, demeureront unis et incorporez avec ceux de la ville de
Paris de mesme profession, pour ne faire plus a l'advenir qu'un meme corps et
communauté, sous les statuts accordez ausdits maistres de la ville, sans que lesdits maistres des fauxbourgs soient tenus de faire aucun chef d'œuvre, ny de quitter leurs domiciles auxdits fauxbourgs, si bon ne leur semble; et pour empescher
les contestations qui pourroient arriver entre lesdits maistres de la ville et ceux
des faubourgs dans les visites qui se feroient par les jurez de ladite ville, ordonne
sa majesté que chaque communauté reunie nommera, pardevant le sieur de la
Reynie, procureur de sa majesté au Chastellet, le mesme nombre de jurez qu'il y
en a de present, a la communauté dans laquelle ils seront reunis, a laquelle nomination les maistres desdits fauxbourgs auront voix active et passive. Fait sa
majesté deffence aux maistres des fauxbourgs de travailler dans la ville de Paris,
qu'au prealable ils ne soient reunis et n'ayent payé entre les mains de maistre
Thomas Vaucigne, chargé de l'exécution de l'edit du mois de mars 1673, les
sommes qu'ils sont tenus pour jouir de ladite reunion [1]..... Fait au conseil
d'Estat du Roy tenu a saint Germain en Laye, le trente unieme may mil six cent
soixante quinze.

[1] Ces droits s'élevaient à la somme de trois
livres, que chaque maître payait lors de sa réception, et de quinze sous pour chaque apprenti. (Sentence du 19 mars 1673. — Coll. Rondonneau
n° 10, pièce 37.)

XXXVIII

1678, décembre.

*Édit du Roi portant suppression des communautés des faubourgs
et leur réunion à celles de la ville de Paris* [1].

Arch. nat., Ordonn. 20ᵉ vol. de Louis XIV, X 1ᵉ 8674, fol. 281. — Coll. Lamoignon, t. XVI, fol. 888.

Louis, par la grace de Dieu, Roy de France et de Navarre, a tous presens et
avenir salut. Ayant, par notre edit du mois de fevrier 1674, supprimé la justice
qui s'exerçoit par notre bailly du palais dans les fauxbourgs St Jacques et St Michel, et toutes les justices des seigneurs qui s'exerçoient dans notre bonne ville et
fauxbourgs de Paris, et delivré par cette suppression ses habitans des conflits de
juridiction que la diversité de ces justices faisoit naistre tous les jours, nous ne
croirions pas avoir entierement satisfait a l'affection que nous avons pour l'avantage de nos sujets, si nous n'avions porté nos soins jusque dans le detail des choses
qui peuvent contribuer a la perfection de cet ouvrage; et ayant esté informé que
la diversité des corps de mestiers, maitrises et jurandes que chacun des juges et
officiers des seigneurs s'estoient donné la liberté d'establir dans l'etendue de leur
justice, estoit très prejudiciable a tous les artisans de Paris, que ces communautés des fauxbourgs estoient perpetuellement opposées aux communautés de la
ville, qu'ils estoient obligés de soutenir a tous momens des procès les uns contre
les autres, qui les consumoient en frais; que mesme aucunes desdites communautés tant de la ville que des fauxbourgs estoient accablées de dettes dans lesquelles elles avoient esté obligées d'entrer pour fournir a ces procès; et qu'au lieu
de s'etudier les uns et les autres a se perfectionner dans leur art et acquerir la
capacité necessaire pour gagner par leur travail de quoy soutenir leur famille, ils
n'avoient point d'autre application que de s'instruire dans la chicane pour tacher
a detruire la communauté de quelque faubourg, ou a celle du faubourg a entreprendre sur celle de la ville; nous y aurions voulu apporter les remèdes convenables. Et bien que toutes ces maitrises establies par les seigneurs particuliers et
par leurs juges [2], n'eussent aucun fondement valable, puisqu'il n'appartient qu'a

[1] Cet édit fut précédé de plusieurs arrêts prescrivant la réunion des communautés des fauxbourgs
à celles de Paris : arrêt du 24 février 1674; 29 septembre 1674; 23 mars 1675; 10 mai 1675;
31 mai 1675; 12 juillet 1675. (Recueil d'édits,
p. 42 à 56.)

[2] Malgré l'application générale de cet édit, il
y eut toujours dans Paris un certain nombre de
lieux privilégiés pour acquérir la maîtrise des arts
et métiers en dehors des communautés. En voici

la liste publiée en 1701 : Les galleries du Louvre;
l'hôtel des Gobelins; l'hôpital de la Trinité; l'hôpital
des filles de la Miséricorde, faubourg Saint-Victor;
l'Hôpital général; le faubourg Saint-Antoine; les
enclos du Temple, de Saint-Jean-de-Latran et rue
de Lourcine, faubourg Saint-Marcel; l'enclos de
l'abbaye de Saint-Germain-des-Prés; l'enclos du
prieuré de Saint-Denis de la Chartre. (Recueil d'édits
de 1701, table, p. 119 à 201.) Pour Saint-Honoré
et Montmartre, voir ci-dessus pièce XXXI, p. 110.

IMPRIMERIE NATIONALE

nous d'establir des corps des mestiers dans notre royaume, neanmoins, ayant consideré qu'il serait fort rigoureux d'oster a des artisans un titre et un moyen de gagner leur vie, qu'ils avoient acquis de bonne foy, et qu'il estoit plus convenable de communiquer aux maitres des fauxbourgs la qualité de maitres de la ville, que de leur oster leur qualité de maitres des fauxbourgs, dont ils estoient en possession et dont ils ne pouvoient estre dépouillés sans la ruine entière de leur famille, nous aurions par plusieurs arrests de notre conseil supprimé divers corps de mestiers des fauxbourgs, et les aurions reunis a ceux de la ville de pareille qualité, et ordonné qu'en payant par les maitres des fauxbourgs les sommes auxquelles ils avoient esté moderement taxés en notre conseil, ils seroient reçus maitres a la ville, et jouiroient eux, leurs veuves et enfans, de tous les droits qui appartenoient aux autres maitres de la ville. Mais comme il est du bien public d'achever incessamment cette reunion et de prevenir les contestations qui pourroient naistre entre toutes ces communautés nouvellement reunies. A ces causes et autres bonnes considerations, de l'avis de notre conseil qui a vu les arrests rendus en iceluy les 23 mars, 10 may et 12 juillet 1675 au sujet desdites reunions, et autres arrests rendus en consequence, et de notre certaine science, pleine puissance et autorité royalle, nous avons de nouveau, et en tant que besoin seroit, par le present edit perpetuel et irrevocable, esteint et supprimé, eteignons et supprimons tous les corps et communautés de marchands, artisans, gens de mestier, maistrises et jurandes qui estoient establis dans les fauxbourgs de Paris, mesme celles des fauxbourgs Sᵗ Denis, Sᵗ Martin, Montmartre, Sᵗ Honoré et Richelieu, et icelles reunies aux communautés de la ville de pareille qualité. Ordonnons que les maitres des fauxbourgs qui auront presté serment en cette qualité, en la manière accoustumée, soient censés et reputés maitres de la ville, ayent faculté de tenir boutique ouverte dans Paris, et jouissent eux, leurs veuves et enfans de tous les droits qui appartiennent aux maitres de la ville, qui y ont esté reçus par chef d'œuvre, et que les veuves des maitres des fauxbourgs qui ont satisfait aux arrests du conseil jouissent des mesmes droits que les veuves des maistres de la ville. Abrogeons pareillement tous les statuts desdites communautés des fauxbourgs. Voulons qu'a l'avenir les statuts des communautés de la ville soient exécutés dans toute l'etendue de la ville et fauxbourgs de Paris, et que tous les procès qui estoient pendans en notre cour de parlement, ou en nostre Chastelet de Paris, ou en aucune autre juridiction, entre aucunes communautés de la ville et des fauxbourgs, demeurent assoupis. Faisons deffense de les poursuivre a l'avenir en quelque maniere et sous quelque pretexte que ce soit. Les maistres des fauxbourgs n'auront rang avec ceux de la ville dans leurs communautés que du jour du nouveau serment, qu'ils auront presté pardevant l'un de nos procureurs au Chastelet, sans frais, et néanmoins pourront dès a present estre admis a la jurande, ainsy que les autres maitres de la ville. Les maitres des fauxbourgs reunis à la ville au moment de leur reception seront tenus, pour leur part et portion, de toutes les dettes de la communauté de la ville dans laquelle ils auront esté reçus; et reciproquement les communautés de la ville seront tenues des dettes des communautés des fauxbourgs qui leur auront esté reunies, dont les effets actifs leur appartiendront. Et a cette fin seront remis incessament entre les mains des jurés de la ville par les derniers jurés qui estoient en charge dans les communautés des fauxbourgs, tous les meubles, argenterie et ornemens des confrairies des communautés des fauxbourgs. Appartiendront pareillement aux communautés de la ville, et seront joints a ceux de leur confrairie, qui sera desormais la confrairie de toute la communauté de la ville et de tous les fauxbourgs, et sera fait un inventaire exact de tous les meubles et ornemens des confrairies des fauxbourgs. Les communautés qui ne pouvoient recevoir que quatre maitres par an, en pourront recevoir huit, et de même dans les autres. Le nombre de la reception des maistres sera augmenté de moitié, sans que sous pretexte de ladite reunion le nombre des jurés puisse estre augmenté en aucune communauté. Les enfans des maitres des fauxbourgs qui sont décédés pourront aspirer a la maitrise de la ville, sans faire plus grande experience ny payer plus grands droits que les maistres de la ville, ce qui aura lieu pareillement a l'egard des compagnons qui auront fait leur apprentissage chez un maitre des fauxbourgs, qui pourront parvenir a la maitrise, ainsy que les apprentifs de la ville. . . . . Donné a Saint Germain en Laye au mois de decembre l'an de grace mil six cens soixante dix huit.

XXXIX

1691, mars.

Édit de Louis XIV portant suppression des fonctions de gardes et jurés électifs dans les corps et communautés d'arts et métiers, leur remplacement par des gardes et jurés créés en titre d'offices, et prescrivant le payement du droit royal par tous les maîtres des métiers.

Arch. nat., Ordonn. 31ᵉ vol. de Louis XIV, X 1ᵉ 8685, fol. 83. — Coll. Lamoignon, t. XVIII, fol. 6.

Louis, par la grâce de Dieu, Roy de France et de Navarre, a tous présens et avenir salut. Les Rois nos prédécesseurs connoissant que les marchands et artisans sont une partie considérable de l'Etat, et qu'il n'y a point de sujet, de quelque qualité qu'il soit, qui n'ait intérêt a la fidélité du commerce et a la qualité des ouvrages auxquels les artisans travaillent, ont donné dans tous les temps une attention particulière aux réglemens et a la police des corps des marchands et des communautez des arts et métiers. C'est par ces raisons importantes que Henry III et Henry IV, non contens des précautions que les anciennes ordonnances du Royaume avoient pris pour conserver les droits royaux et maintenir l'ordre et la police dans les arts et métiers, ont fait plusieurs réglements par les édits de 1581, 1583 et 1597, pour prescrire le temps des apprentissages, la somme et la qualité des chefs-d'œuvres, les formalités de la réception des maitres, des élections de jurez, des visites qu'ils pourroient faire chez les maitres, et les sommes qui seroient payées par les aspirans, tant au Domaine a titre de droit royal, qu'aux jurez et aux communautez. Mais nonobstant toutes ces précautions leurs bonnes intentions ont été éludées et le public a été privé de l'utilité qu'il en devoit recevoir, la longueur des frais et les incidens des chefs-d'œuvres ayant souvent rebuté les aspirans les plus habiles et les mieux instruits dans leur art qui ne pouvoient pas fournir aux dépenses excessives des festins et buvettes auxquelles on vouloit les assujetir. D'ailleurs les brigues et les cabales qui se pratiquent dans l'élection des jurez, troublent les communautés et les consomment souvent en frais de procès et ceux qui sont choisis et préposez pour tenir la main à l'exécution des ordonnances, réglemens et statuts, ne devant exercer la jurande que pendant peu de temps, se relaschent de la sévérité de leur devoir et se croyent obligés d'avoir pour les autres, particulièrement pour ceux qu'ils prévoyent leur devoir succedder dans la jurande, la même indulgence dont ils souhaitent qu'ils usent dans la suite à leur égard. Ce relaschement si préjudiciable au public a donné une telle atteinte à la police des corps des marchands et des arts et métiers, qu'il y a très peu de règle dans les apprentissages, dans les chefs d'œuvres, dans les réceptions des aspirants, dans les élections et dans la fonction des jurez, que même dans la plupart des communautés il ne se tient point de registre de la réception des maitres, ny des apprentifs, et que dans la multiplication des frais dont les particuliers profitent induement aux dépens des communautez, les droits de la Couronne, fondez sur ce qu'il n'appartient qu'aux Rois seuls de faire des maitres des arts et métiers, se trouvent négligez et anéantis, et au lieu du droit royal qui nous appartient, et qui avoit été fixé par l'édit de 1581 et modéré par celui de 1597, il se lève par les receveurs ou fermiers de nos domaines plusieurs petits droits qui ne nous sont d'aucune utilité et donnent souvent lieu à des procès et différents.

Ces raisons nous ont fait prendre la résolution de nommer des commissaires de notre Conseil, pour régler la forme et la qualité des chefs-d'œuvres, que les aspirans à la maitrise seront obligés de faire, les frais de réception et autres choses concernant l'ordre et la police des arts et métiers, et à cette fin se faire représenter les statuts et réglements desdits corps, et d'établir au lieu et place des jurez électifs, des jurez en titre d'office, qu'une perpétuelle application et l'intérêt de la conservation de leurs charges, qui répondroient des abus et malversations qu'ils pourroient commettre, engageront à veiller avec plus d'exactitude et de sévérité à l'observation des ordonnances, réglements et statuts; de supprimer les divers petits droits qui se lèvent au profit de notre Domaine, pour la réception des maîtres, ou pour l'ouverture des boutiques, et de rétablir l'ancien droit royal sur un pied fixe et modéré, en sorte que nous puissions tirer dans les besoins présens, tant du produit de ce droit, que du prix des charges de maîtres et gardes des corps des marchands et de jurez des communautés d'arts et métiers [1], quelque secours pour soutenir les dépenses de la guerre et maintenir les avantages dont Dieu a jusqu'à présent béni la justice de nos armes.

A ces causes. . . . .

1. Ordonnons par provision que lesdits reglemens et statuts soient observés selon leur forme et teneur, tant pour le temps des apprentissages que pour la forme des chefs-d'œuvre et les frais de reception des aspirans. Ordonnons que les chefs-d'œuvre qui leur seront prescrits soient de telle qualité qu'ils puissent estre faits et parfaits dans l'espace d'un mois au plus, qu'ils soient d'usage, en sorte qu'ils ne soient point inutiles à l'aspirant qui les aura faits, auquel nous ordonnons qu'ils seront rendus, sans que les jurez ou la communauté les puisse tenir ou les faire rachetter par les aspirans. Deffendons expressement tous repas, festins, buvettes et dépenses de confrairie, comme aussy de rien exiger des aspirans sous prétexte de rachat desdits festins, buvettes ou frais de confrairies. . . . .

2. Supprimons les élections des maistres et gardes des corps des marchands et des jurez, syndics ou prieurs des arts et metiers, au lieu et place desquels nous avons créé et érigé, créons et érigeons, en titre d'offices formez et héréditaires, tant dans nostre bonne ville de Paris que dans toutes les autres villes et bourgs de nostre royaulme, le même nombre de maistres et gardes dans chaque corps de marchands, et de jurez dans chaque corps d'arts et metiers, pour exercer lesdits offices de maitres et gardes, et de jurez, syndics ou prieurs, avec la même autorité, les mêmes honneurs, prérogatives, privilèges et exemptions dont jouissent présentement lesdits maitres et gardes et jurez electifs, et aux droits qui seront reglez en nostre conseil. Et en outre les exemptions des charges de collecte, tutelle et curatelle.

3. [Ordonnons qu'il soit dressé un état du nombre et des droits des maitres et jurés.]

4. Et d'autant qu'il seroit à craindre que, lesdits offices venant à estre levés par des maitres peu expérimentez, ce que nous nous proposons de faire pour le bien et l'avantage du commerce et des arts et metiers, ne tournast au contraire à leur préjudice et a celuy du public, nous voulons et ordonnons que lesdits offices ne puissent estre levez et exercez. . . . . que par les marchands et artisans qui auront acquis l'expérience et capacité nécessaires pour s'en bien acquitter, par dix années au moins de maistrise et de profession actuelle. . . et néantmoins en faveur des

---

[1] On remarquera cette distinction entre les corps des marchands et les communautés d'arts et métiers, qui n'existait pas au siècle précédent.

·

fils de maistres nous ordonnons qu'ils pourront lever lesdits offices, pourvu qu'ils ayent au moins six années de maitrise [1] . . . . .

    5. [Ils feront les mêmes fonctions que les jurés électifs.]

    6. [Ils toucheront les mêmes droits pour les quatre visites annuelles :]

    7. Pour les grands corps et la première classe de métiers, une livre dix sols par visite; pour la deuxième classe vingt sols; pour la troisième classe dix sols; pour la quatrième et dernière classe cinq sols.

    8. . . . . . n'assisteront aux examen et réception de chef-d'œuvre, outre les jurez en titre d'office, qu'un pareil nombre d'anciens maitres, ou tout au plus le tiers en sus; en sorte que s'il y a quatre jurez, il n'y puisse assister au plus que six anciens; et qu'en cas que suivant l'usage desdits arts et mestiers lesdits anciens maistres ayent coutume de recevoir des droits, ils ne puissent excéder la moitié de ceux que perçoivent les jurez.

    9. Seront tenus les maistres et gardes et jurez, créez par le present edit, de tenir de bons et fidelles registres, contenant le nom et la demeure de chaque maitre desdits corps et communautez, le temps de sa réception, le nombre des apprentifs, le temps de leur apprentissage, et sous quels maistres, et en cas de mort desdits maistres et apprentifs, ou qu'ils quittent le mestier dont ils faisoient profession, lesdits maistres et gardes et jurez seront tenus d'en faire mention a la marge dudit registre.

    10. Voulons que l'un desdits jurez, alternativement d'année en année, fasse la recepte des deniers appartenans a la communauté, provenans de la réception des maistres, des droits de confrairie, des levées qui se font sur les maistres ou sur les marchandises qui servent au métier, et autres deniers qui se paient au profit de la communauté, qu'il en fasse la dépense, tant au paiement des dettes que des autres charges légitimes de la communauté et qu'à la fin de chaque année et au plus tard un mois après qu'elle sera expirée, il soit tenu d'en rendre compte, en nostre bonne ville de Paris, pardevant le substitut de nostre procureur général au Châtelet, et dans les autres villes du Royaume, pardevant le juge ordinaire de police, en présence des autres gardes et jurez et de quatre des anciens maistres, et qu'il remette les deniers restans en ses mains, en celles du garde ou juré qui lui doit succeder dans ladite recepte.

    11. [Privilège pour les prêteurs du prix des offices.]

    12. Les droits de marc d'or desdits offices sont fixés dans Paris : pour la pre-

[1] Sur un nombre d'offices aussi important quelques-uns à peine furent vendus; les communautés ne purent se résigner à subir l'autorité de personnes étrangères, et, pour trancher la difficulté, elles offrirent de payer les offices un certain prix moyennant lequel elles en feraient l'union et garderaient le droit de choisir et d'élire leurs jurés suivant leurs anciens privilèges. De 1691 à 1694, il fut versé, pour cette cause, plus de trois millions de livres. La plupart des communautés reçurent des lettres patentes fixant la somme due, les droits à établir et les conditions des emprunts. Ces actes se ressemblent tous; nous les mentionnerons à chaque communauté en particulier.

mière classe a trente livres; pour la seconde a vingt quatre livres; pour la troisième a dix huit livres; pour la quatrième a douze livres; et dans les autres villes a un tiers en moins.

13. Les droits du sceau des provisions desdits offices pour la première fois sont fixés a pareille somme.

14. A l'égard des droits de réception, ordonnons que les maitres et jurez a titre d'office soient reçus au Châtelet, en la manière accoutumée, par le substitut de notre procureur général, et qu'ils paient, pour la première fois a leur réception, les mêmes droits qu'ont coutume de payer les maistres et gardes et jurez électifs.

15. Et voulant rétablir l'ancien droit royal qui nous doit estre payé par tous les marchands et maistres des arts et métiers, suivant les anciennes ordonnances et les anciens statuts, supprimons le droit domanial de trois livres et autres petits droits de pareille nature. Voulons et nous plaist que les maistres soient tenus de payer, dans Paris : pour la première classe, quarante livres; pour la seconde, trente livres; pour la troisième, vingt livres; pour la quatrième, dix livres.

16. Les fils de maistres..... payeront un tiers moins que les autres.

17. Voulons que les petites fruitières et regratières qui vendent en boutiques, échopes ou étalage en place fixe, payent seulement trente sols chacune, sans qu'il puisse estre rien exigé de celles qui marchent dans les rues, ou vendent debout dans les marchez, sur un panier qu'elles portent devant elles, vulgairement appelé inventaire [1].

18. Faisons deffenses de recevoir aucun aspirant a la maitrise qu'il n'ait justifié du payement du droit royal, par la présentation de sa quittance.

19. Et pour empescher les recherches qui pourroient estre faites, sous prétexte du deffaut de paiement de droit royal pour le passé, nous en avons fait et faisons don et remise aux marchands et maistres qui ont esté reçus jusqu'au jour de la datte de notre présent édit, defendons a toutes personnes de faire aucune recherche ou poursuite pour raison de ce [2]..... Donné a Versailles, au mois de mars, de l'an de grace mil six cens quatre vingt onze.

[1] Inventaire ou mieux éventaire, panier rond, sans anses, que les femmes portent avec deux cordes et souvent avec une sangle attachée par un bout au côté droit de l'éventaire et par l'autre bout à son côté gauche, passant derrière le dos, sur les reins. (Trévoux.) Ce privilège était établi par lettres de Philippe-Auguste, de janv. 1188. (Lam. I, 213.)

[2] Comme dans l'édit de 1581 (ci-dessus, pièce XXV), on trouve à la suite la liste des métiers dressée par catégories pour le payement du droit royal affecté à chaque maître. Nous avons fait, dans le courant des articles, plusieurs suppressions de formules ou longueurs inutiles et sans les marquer par des points, pour ne pas trop gêner la lecture. Quelques articles sont même simplement énoncés entre crochets.

XL

1691, décembre.

Édit de Louis XIV portant création, à titre d'offices, de syndics chargés de la surveillance des marchands et artisans qui ne forment point de corps ni de communautés.

Arch. nat., Ordonn. 32ᵉ vol. de Louis XIV, X 1ᵉ 8686, fol. 42. — Coll. Lamoignon, t. XVIII, fol. 499. Bibl. nat. ms. de Lamare, fr. 21791, fol. 251.

Louis, par la grâce de Dieu, Roy de France et de Navarre, a tous présens et a venir salut. L'importance du commerce et la nécessité d'établir l'ordre et la discipline parmy les marchands, artisans et ouvriers, qui sont une partie considérable de notre État, nous ont obligé, a l'exemple des Roys nos prédécesseurs, de donner une attention particulière au réglement des arts et mestiers. C'est dans cette vue que par notre edit du mois de mars dernier, nous avons supprimez les élections des maistres et gardes des corps des marchands et des jurez syndics ou prieurs des arts et mestiers, et qu'en leur place nous avons créé et érigé en titres d'offices formez et héréditaires, tant dans notre bonne ville de Paris que dans toutes les villes et bourgs clos de notre Royaume, païs, terres et seigneuries de notre obéissance, où il y a présentement maistrise et jurande, le même nombre de maitres et gardes dans chaque corps de marchands et de jurez dans chaque corps d'arts et métiers, pour en exercer les fonctions avec la même autorité, les mêmes honneurs, prérogatives, privilèges et exemptions dont jouissent les maitres et gardes et jurez électifs. Cependant, nonobstant tous nos soins, nous voyons nos bonnes intentions presque éludées, y ayant dans notre Royaume plusieurs villes et bourgs clos où il se fait un grand commerce de marchandises et manufactures, dans lesquels néanmoins il n'y a maitrise ny jurande, et se trouvant dans plusieurs autres villes et bourgs clos où il y a maitrise et jurande pour certains métiers, quantité de marchands, artisans et ouvriers qui prétendent n'être d'aucun corps et communauté et qui y exercent la marchandise et les arts, sans estre sujets a l'inspection des maistres et gardes de la marchandise, ny a la visite des jurez des arts et mestiers; ce qui est absolument contraire a la disposition des anciennes ordonnances des Roys nos prédécesseurs, des années 1583 et 1597, a notre edit du mois de mars de l'année 1673, au bien du commerce et a l'ordre et a la police générale, qui ne permettent pas qu'on fasse profession de quelque art ou commerce dans une ville ou bourg clos, sans que les magistrats en soient informés, et sans que ceux qui en font profession soient sujets a l'inspection et visite de quelques officiers, afin qu'on puisse en tout temps scavoir le nombre des marchands, artisans et ouvriers qui se meslent de chaque art. A ces causes, de l'avis de notre conseil qui a vu les ordonnances des années 1583 et 1597, et nos édits de 1673 et 1691, et de notre certaine science, pleine puissance et autorité royale, nous avons par notre présent édit perpétuel et irrévocable, dit, statué et ordonné, disons, statuons, voûlons et nous plait, que dans les villes et bourgs clos de nostre royaume où il n'y a ny maitrise ny jurande, et dans celles, bien qu'il y ait maitrise et jurande, ou aucuns marchands, artisans et ouvriers, prétendent n'être point des corps et communautés sujets a la maitrise et a la jurande, il soit étably parmy les marchands et artisans d'une même profession qui prétendent n'avoir ny maitrise ny jurande, un ou deux syndics, suivant ce qu'il sera jugé nécessaire, a la proportion du nombre desdits marchands et artisans; et a cet effet nous avons créé et érigé, créons et érigeons lesdits syndics en titre d'offices formez et héréditaires, tant dans notre bonne ville de Paris, que dans toutes les autres villes et bourgs clos de nostre Royaume, pour y estre par nous pourvu de personnes capables et expérimentées, en payant par ceux qui lèveront lesdites charges, en nos revenus casuels, la finance à laquelle lesdits offices seront modérément taxez par les rolles arrestez en nostre conseil. Lesquels syndics feront quatre visites par chacun an chez chacun des marchands, artisans et ouvriers et auront la direction des affaires et l'administration des deniers communs, même des autres marchands et artisans, sur lesquels il leur sera donné droit de visite par leurs provisions, suivant l'avis des sieurs intendants et commissaires départis dans les provinces, jouiront des mêmes droits de visites attribuez aux maitres et gardes et jurés des communautés qui sont en jurande, créez par edit du mois de mars dernier, suivant la distinction des classes qui sera faite par lesdits sieurs intendans et commissaires départis, sans que lesdits marchands, artisans et ouvriers soient obligez de faire aucun apprentissage ou chef d'œuvre, ny qu'ils soient sujets a autres formalités de réception qu'a se faire inscrire sur les registres des syndics, en payant les droits qui seront attribués en notre conseil.

Pourront ceux qui seront pourvus desdits offices en disposer ainsi que bon leur semblera, en faveur de personnes expérimentées auxquelles nous ferons expédier les provisions nécessaires.

Et d'autant que plusieurs desdits marchands et artisans exercent à la fois diverses sortes de commerces, arts et marchandises qui souvent n'ont aucun rapport, et que le syndic d'un desdits arts et mestiers ne seroit pas capable de juger de la bonté des marchandises et manufactures d'un mestier dont il ne feroit pas profession, voulons que lesdits marchands, artisans et ouvriers soient obligez de s'inscrire sur le registre de chacun des syndics des arts et métiers dont ils feront profession, et qu'ils soient sujets à la visite des syndics de chacun desdits arts et métiers, en sorte néanmoins qu'ils ne soient sujets qu'à quatre visites au plus de la part de tous syndics des divers arts et métiers dont ils feront profession.

Pourront toutesfois les marchands et artisans qui ne sont point en jurande,

IMPRIMERIE NATIONALE.

prendre des statuts, si bon leur semble, conformément à notre edit du mois de mars 1673 [1].

Jouiront lesdits syndics des mêmes exemptions et privilèges attribuez par notre édit du mois de mars dernier aux maistres et gardes et jurez des corps et communautés où il y a maitrise et jurande, même de la modération des droits de sceau, controlle et marc d'or pour l'expédition de leurs provisions, pour la première fois seulement, aux termes de notre édit du mois de mars dernier......
Donné à Versailles au mois de décembre de l'an de grâce mil six cens quatre vingt onze.

XLI

1694, mars. — Compiègne.

Édit du roi portant création d'offices d'auditeurs et d'examinateurs des comptes des corps des marchands et communautés d'artisans [2].

Arch. nat., Ordonn. 35ᵉ vol. de Louis XIV, X 1ᵉ 8689, fol. 382. — Coll. Lamoignon, t. XIX, fol. 281. Bibl. nat., ms. de Lamare, fr. 21791, fol. 254.

Louis, par la grâce de Dieu, Roy de France..... Nonobstant les précautions prises dans notre édit de mars 1691, la facilité que nous avons eu de permettre à la plupart des communautez, tant de nostre bonne ville de Paris que des autres villes de notre royaume, de réunir les charges de maistres et gardes et de jurez ausdites communautez a donné lieu à la continuation des mesmes abus qui s'estoient pratiquez; de sorte que les deniers de ces communautez n'ont pas été mieux administrez, ny les comptes rendus avec plus de régularité que par le passé; et la perception de nostre droit royal a esté tellement négligée que la pluspart des maistres ont esté reçeus sans avoir payé, ny le droit royal, ny les anciens droits qui se payoient au profit de nostre domaine et que nous avions supprimez par nostre édit du mois de mars 1691. Pour remédier à ces inconveniens et empescher que nos bonnes intentions pour la police des arts et mestiers, et pour la fidèle administration des deniers des communautez ne soient éludées, et que les droits que nous devons percevoir et qui ont esté reçeus de tout temps des aspirans à la maistrise, fondez sur ce qu'il n'appartient qu'aux Rois de faire des maistres

---

[1] L'édit du 23 mars 1673 obligeait tous les ouvriers à faire partie d'une communauté. Voir ci-dessus, pièce XXXVI, p. 117.

[2] Cet édit n'a reçu d'exécution que pour la finance que les communautés ont fournie, en rachetant ces offices comme elles avaient racheté ceux des gardes et jurés. Le Trésor y trouvait des fonds, et c'était le principal. D'ailleurs le payement du prix constituait une véritable avance, une sorte d'emprunt, car, sous forme de gages effectifs attribués à l'ensemble des charges, le Trésor devait verser par an cent cinquante mille livres d'intérêts.

des arts et mestiers, ne soient négligés et abolis, nous avons estimé que nous ne pouvions rien faire de plus convenable auxdites communautez d'arts et mestiers et à la conservation de nos droits que de créer en titre d'office des auditeurs examinateurs des comptes des deniers desdites communautez; et, pour leur donner le moyen de s'en acquitter dignement, de leur accorder des gages proportionnés à leur travail, même de leur attribuer la perception de notre droit royal, pour en jouir et disposer comme de chose à eux appartenant. A ces causes, érigeons en titre d'offices formez et héréditaires, deux auditeurs examinateurs des comptes pour chaque communauté d'arts et mestiers, dans nostre bonne ville et fauxbourgs de Paris, et dans les autres villes de notre royaume. Voulons et nous plaist que les jurez, maistres et gardes, prieurs et syndics et autres, qui reçoivent les revenus desdits corps et communautez, soient tenuz présenter tous les ans les comptes de leur gestion, après les avoir affirmez véritables, pour estre par eux examinez et, sur leur rapport, estre clos et arretez..... auxquels offices il sera par nous pourveu de personnes capables, moyennant la finance qui sera réglée par les rolles que nous en ferons arrester en nostre conseil et les deux sols par livre d'icelle.

Les auditeurs créez par le present édit pourront contraindre d'office lesdits maistres et gardes, jurez prieurs et syndics et autres qui ont esté employez ou nommez par les corps des marchands et communautez d'arts et mestiers, pour faire la recette des deniers et revenus desdits corps et communautez de leur mettre entre les mains les comptes de leur maniement depuis l'année 1680, qui ne sont encore clos ny arrestez ensemble, les pièces justificatives servant à l'examen et vérification d'iceux.

Leur permettons d'exercer lesdits offices sur les simples quitances du receveur de nos revenus casuels, et d'en posséder plusieurs dans une seule ou en différentes communautez, conjointement avec d'autres charges et offices, sans incompatibilité et sans être tenus d'obtenir des provisions ny d'autres lettres, dont nous les avons relevé et dispensé. Leur sera même loisible de commettre à l'exercice d'iceux des personnes capables, dont ils demeureront responsables.

Leur attribuons les mêmes droits dont jouit chacun des anciens qui assistent à l'examen desdits comptes et, en outre, cent cinquante mille livres de gages effectifs qui leur seront repartis par les états que nous en ferons arrester en nostre conseil [1]. Leur attribuons aussi sur les communautez dont ils entendront les

---

[1] Par arrêt du 14 juin 1695, il est fait répartition entre les communautés des gages attribués aux auditeurs. Par arrêt du 20 mars 1696, sur la somme totale de cent cinquante mille livres, il en est réservé cinquante quatre mille pour les communautés de Paris. Par arrêt du 4 septembre 1696, il est dit que les communautés ne toucheront leur part respective de gages, qu'au fur et à mesure qu'elles auront remboursé le capital des offices, suivant répartition, au sieur Mathieu Lyon, chargé du recouvrement de la finance desdits offices. (Recueil d'édits, p. 101 à 111.)

comptes, le droit royal à nous appartenant sur chaque aspirant, sur le pied reglé par notre édit de mars 1691, pour dudit droit user en pleine propriété[1]. Voulons que ceux qui auront presté leurs deniers pour acquérir lesdits offices, ayent hypotèque et privillège spécial sur iceux, sans qu'il soit besoin d'en faire mention dans la quitance de finance, mais seulement dans le contrat d'emprunt, et que les acquéreurs desdits offices jouissent des privillèges attribuez aux jurez des arts et mestiers par nostre édit de mars 1691. Sy donnons en mandement..... Donné à Compiègne au mois de mars mil six cens quatre vingt quatorze.

XLII

1696, 27 mars.

Lettres patentes du Roi qui dispensent les six corps des marchands de prendre provision des offices de gardes et d'examinateurs des comptes.

Arch. nat., Ordonn. 37ᵉ vol. de Louis XIV, X 1ᵉ 8691, fol. 335. — Coll. Lamoignon, t. XIX, fol. 640.

Louis, par la grâce de Dieu, Roy de France et de Navarre, à tous ceux qui ces présentes lettres verront, salut. Les maitres et gardes des six corps des marchands de Paris nous ont très humblement fait remonstrer que la peine qu'ils ont à payer les arrérages des rentes qu'ils ont constituées, pour le payement des offices de gardes des six corps des marchands, rend si difficile les moyens d'acquérir des offices d'auditeurs examinateurs des comptes que, quoique par l'arrêt de 8 octobre 1695, nous eussions moderé le prix à quatre cens mille livres, et les deux sols pour livre, et quelque passion qu'ils ayent de donner des marques d'une soumission parfaite, il leur seroit impossible de trouver cette somme à emprunter, et de payer les arrérages de toutes les rentes tant anciennes, que celles qu'il faudra contracter[2], et pour empescher le divertissement de leurs revenus qui leur sont indispensablement nécessaires pour fournir aux secours dont nous avons besoing, nous n'avions agréable d'abroger l'usage introduit depuis notre edict du mois de mars 1691 de prendre annuellement et à chaque changement de gardes des provisions scellées, pendant que nul dans le royaume n'y est assujetti, que les auditeurs en sont dispensés; et d'autant que les exposans ont intérêt, en cas qu'ils

---

[1] Ce droit s'élevait, selon la classe, à 40, 30, 20 et 10 livres. Voir pièce XXXIX, art. 15.

[2] Parmi les nombreux engagements des six corps envers le Trésor, citons celui-ci à cause du principe de l'impôt d'entrée :

1646, 20 mars. — « Déclaration de Louis XIV acceptant la conversion d'une somme de sept cent mille livres, à laquelle les six corps de marchands de la ville de Paris avaient été taxés à titre d'imposition extraordinaire, en une série de droits d'entrée mis sur diverses marchandises et maintenus jusqu'à entier complément de la susdite somme. » (Arch. nat., Coll. Rondonneau A. D. IIᵉ, n° 10, pièce 15.)

trouvent à emprunter, que nous accordions un privilège au presteur, et s'ils ne
trouvent pas à emprunter, comme ils seront obligés d'en faire une répartition chez
les particuliers de chaque corps, ils ont aussy intérêt que les maîtres et gardes
soient autorisés à ce faire sur ceux qu'ils connoistront en leur équité et conscience
la pouvoir supporter..... Dispensons lesdits exposans de prendre à l'avenir des
lettres de provisions, nominations ou confirmations, des offices de gardes réunis
auxdits corps, et en conséquence ordonnons que les élections et receptions desdits
gardes se feront en la forme et manière qu'elles se faisoient avant l'édit du mois
de mars 1691, auquel nous avons dérogé et dérogeons pour ce regard seulement,
et à toutes lettres à ce contraire. Ordonnons pareillement que les comptes seront
rendus en la forme et manière qu'ils se rendoient auparavant notre édit du mois
de mars 1694, sans que lesdits exposans soient tenus de prendre aucunes lettres
de provisions des offices d'auditeurs et examinateurs desdits comptes réunis à
iceux, dont nous les avons semblablement relevés et dispensés. Voulons que ceux
qui presteront leurs deniers pour le payement des quatre cens mille livres, à quoy
la finance desdits auditeurs a été modérée par arrest du 8 octobre dernier, ayent
un privilège special, et qu'ils soient préférés à tous autres créanciers sur le produit du droit royal, sur les gages attribués auxdits exposans pour lesdits offices
d'auditeurs; et en cas qu'ils ne trouvent point à emprunter, permettons aux
maitres et gardes des six corps présents en charge de faire la répartition des
sommes nécessaires sur ceux qui pourront y contribuer, dont il arresteront un
état qui sera exécuté par provision nonobstant toutes oppositions, dont si aucunes
interviennent nous nous en réservons la connoissance, et à notre conseil, et icelle
interdite à toutes nos cours et juges..... Donné a Versailles le 27e jour de mars
l'an de grâce mil six cens quatre vingt seize.

XLIII

1702, juillet. — Versailles.

Édit du Roi [1] *portant création en titre d'office de trésoriers payeurs des deniers communs
des divers corps de marchands et communautés d'arts et métiers.*

Arch. nat., Ordonn. 42e vol. de Louis XIV, X 1e 8696, fol. 311.
Bibl. nat., ms. de Lamare, arts et métiers 21792, fol. 2. — Peuchet, Coll. de Lois, t. II, p. 169.

Louis, par la grâce de Dieu, roy de France et de Navarre, à tous présens et
à venir, salut. Les avis qui nous furent donnés en l'année 1691, de l'altération

[1] Cette pièce manque dans la collection Lamoignon de la Préfecture de police.

de la police des corps des marchands et des communautés des arts et métiers de notre royaume, et l'inexécution des édits des Rois nos prédécesseurs, des années 1581 et 1597 [1], nous ayant fait connoistre la nécessité que nous donnassions de nouveaux ordres pour prévenir les suites de ce relâchement si préjudiciable au public, et y rétablir la discipline si nécessaire pour conduire les arts à leur perfection, et faire fleurir le commerce, nous ordonnions par notre édit du mois de mars de ladite année 1691 [2], que par des commissaires de notre conseil, il seroit incessament procédé à la fonction des réglemens convenables pour le temps des apprentissages, l'expédition des brevets des apprentis, la forme et la qualité des chefs d'œuvre, les frais de réception des aspirants, l'abolition des buvettes, festins et frais de confrairies, le nombre des visites des jurez chez les maistres, et généralement pour tout ce qui concernoit la police desdits corps et communautés; nous ordonnâmes par le même édit l'établissement en titre d'office des maitres et gardes de chaque corps de marchands, et des syndics, jurés ou prieurs pour chaque communauté d'arts et métiers, au mesme nombre et aux mesmes fonctions électifs, et depuis, par autre notre édit du mois de mars 1694 [3], nous avons dans la mesme vue créé pareillement en titre d'office des auditeurs, examinateurs des comptes desdits corps et communautés; nous avons bien voulu suspendre la confection desdits réglements, et consenti la réunion desdits offices auxdits corps et communautés, dans l'espérance qu'ils se porteroient d'euxmesmes au retranchement de tous les abus que nous avions entendu remédier; cependant nous apprenons que bien loin d'y avoir apporté quelque ordre, les deniers des bourses communes desdits corps et communautés sont si mal administrés qu'il est absolument nécessaire d'y pourvoir, ce que nous avons cru ne pouvoir mieux faire qu'en établissant en titre d'office des trésoriers des bourses communes desdits corps et communautés, par les mains desquels passeront dorénavant tous les deniers, mesme ceux provenant des comptes qui seront rendus. par ceux qui en ont eu jusqu'à présent le maniement, et dont ils ne pourront à l'avenir disposer que suivant et conformément aux réglemens qui seront faits par nos ordres..... Créons et érigeons en titre d'office formé et héréditaire pour chacun desdits corps et communautés, tant dans notre bonne ville et faubourgs de Paris, que dans les autres villes et bourgs clos de notre royaume, pays, terres et seigneuries de nostre obéissance, un trésorier receveur et payeur de leurs deniers communs, ès mains duquel seront remis tous et chacuns les deniers qui avoient coutume d'estre reçeus, soit par lesdits maitres et gardes, syndics, jurés et prieurs, soit par autres nommés par eux ou par lesdites communautés, des apprentis et des marchands et maitres pour droit de réception, visite ou au-

---

[1] Ces édits sont insérés ci-dessus, pièces XXV et XXVI. Les divers édits suivants sur les communautés ouvrières ont toujours réclamé l'exécution de ceux d'Henri III et Henri IV. — [2] Ci-dessus, pièce XXXIX, p. 123. — [3] Ci-dessus, pièce XLI, p. 130.

trement, et généralement tous les autres deniers que lesdits corps et communautés pourroient lever sur eux par capitation ou emprunter par l'acquittement de leurs dettes et charges ordinaires ou extraordinaires. Voulons que les jurés, maitres et gardes et autres qui ont eu l'administration des deniers desdites communautés, depuis vingt années, soient tenus d'en rendre compte pardevant les sieurs lieutenans généraux de police des lieux de leur établissement, et de mettre entre les mains desdits trésoriers, tous les deniers dont ils se trouveront reliquataires; et sera à l'avenir l'administration de tous lesdits deniers faite par lesdits commissaires, et ce qui sera par eux ordonné sur l'examen desdits comptes sera exécuté nonobstant opposition ou appelation quelconque..... Donné à Versailles au mois de juillet[1] l'an de grâce mil sept cens deux.

XLIV

1704, janvier.

Édit du Roi portant création d'offices de contrôleurs visiteurs de poids et mesures dans les diverses communautés d'arts et métiers.

Arch. nat., Ordonn. 44ᵉ vol. de Louis XIV, X 1ᵃ 8698, fol. 111. — Coll. Lamoignon, t. XXI, fol. 1164.

Louis par la grâce de Dieu, Roy de France et de Navarre, à tous présens et à venir salut. Les Roys nos prédécesseurs ont obligé par diverses ordonnances tous les marchands et artisans qui se servent de poids et mesures, à les faire étalonner sur les matrices qui doivent estre déposées aux greffes des Hostels de ville ou entre les mains des officiers, à qui en appartient la connoissance et la police; et quoique ces ordonnances ayent eu pour objet le bon ordre et la sureté du commerce entre nos sujets, néanmoins l'exécution en a été jusqu'à présent fort négligée. En sorte que nos sujets ne peuvent estre assurés du poids ny de la mesure de ce qu'ils achètent, et se trouvent exposés aux fraudes et à la mauvaise foy de ceux qui pourroient user dans leur commerce de faux poids et de fausses mesures. A quoy voulant pourvoir, à ces causes, et autres à ce nous mouvans, de notre certaine science, pleine puissance et autorité royale, nous avons par le présent édit perpétuel et irrévocable, créé et erigé, créons et erigeons en titre d'office formé et héréditaire, en chacune ville et bourg de notre royaume où il y a

---

[1] Cet édit fut registré en Parlement le 23 août 1702. Il eut encore moins d'effet que les deux autres qui précèdent. Les communautés avaient racheté les offices de leurs jurés et des auditeurs des comptes, en payant les sommes consenties par le Trésor. Les trésoriers, receveurs, payeurs, faisaient presque double emploi avec les auditeurs créés en 1694, et ni les communautés ni les particuliers ne consentirent à acheter ces offices. Nous indiquerons celles qui ont financé.

siège de bailliage, sénéchaussée ou autre justice royale ordinaire, des controlleurs visiteurs des poids et mesures, au nombre qui sera fixé par les rolles que nous ferons arrester en notre conseil, pour chacun, dans le ressort des justices près desquelles ils seront établis, visiter et controller au moins une fois l'an, les poids et mesures dont les marchands, artisans et autres usent journellement dans leur commerce ou dans l'exercice de leurs mestiers et professions. . . . . N'entendons pareillement empescher les autres visittes des poids et mesures qui pourroient estre ordonnées par nos officiers, ny celles que les gardes d'aucuns corps de marchands ou jurés d'aucuns mestiers sont en droit et en usage de faire, lesquels nous voulons estre continués comme par le passé, à la charge néanmoins que lorsque ladite vérification de quelque poids ou mesure sera ordonnée par nos juges, il nommeront un des controlleurs visiteurs, créés par le présent édit, pour y estre présent, à peine de nullité de ladite vérification [1] . . . . . Donné à Versailles au mois de janvier l'an de grâce mil sept cens quatre.

XLV

1704, août.

Édit du Roi portant création d'offices de greffiers pour l'enregistrement des brevets d'apprentissage, lettres de maîtrise, élections des jurés et redditions des comptes.

Préf. de Police, Coll. Lamoignon, t. XXI, fol. 937.

Louis, par la grâce de Dieu, Roy de France et de Navarre, a tous présens et avenir salut. Les brevets d'apprentissage, lettres de maitrise et les délibérations des communautés des arts et mestiers pour l'élection de leurs jurez sont des actes très importans pour l'état des particuliers en faveur desquels ils sont expédiés; il arrive souvent néanmoins que ces sortes d'actes se perdent et que ceux en faveur desquels ils ont été passés ne sont pas en état d'en justifier, dans les besoins qu'ils peuvent en avoir, ce qui leur cause souvent un préjudice considérable. Nous avons creu par cette raison qu'il estoit nécessaire d'assurer, en faveur des apprentifs, des maistres et des jurés, la certitude desdits actes, et nous avons estimé que le moyen le plus certain pour y parvenir estoit d'établir, dans toutes les villes et lieux de notre royaume, où il y a corps de maitrise et jurande, un greffe où tous les brevets d'apprentissage, réceptions de maitres et délibérations

---

[1] Suit un tarif des droits que les marchands et artisans devaient payer par an aux contrôleurs; il s'élève de 3 à 12 livres selon les métiers. Ces offices furent unis aux communautés, moyennant un capital fixé et réparti entre les diverses communautés, qui payèrent, soit l'office de trésorier, soit celui de contrôleur, en refusant l'un ou l'autre.

pour l'élection des jurez et syndics des communautés seront enregistrez, et d'en régler les droits à des sommes si modiques, qu'elles ne seront point à charge à nos sujets; et comme nous avons, à l'instante prière desdittes communautés, réuni à leurs corps les auditeurs de leurs comptes, au moyen de quoy les comptes ne se rendent presque jamais, ce qui met les affaires desdites communautés dans un grand désordre, nous avons jugé à propos de donner à ces nouveaux officiers le soin de faire rendre cesdits comptes et de les faire arrester. . . . . Ordonnons en outre qu'il soit laissé fonds, dans nos états, de la somme de soixante mille livres de gages effectifs que nous avons attribués auxdits officiers, pour être réparti entre eux à proportion de la finance qu'ils nous payeront pour l'acquisition desdits offices. Et pour donner à ceux qui en seront pourvus les moyens d'y vacquer avec assiduité, nous leur avons accordé l'exemption de tutelle, curatelle, nomination à icelle, logement de gens de guerre, collecte des tailles, du service de la milice, pour eux et leurs enfants, et de toutes autres charges publiques. Ne pourront les acquéreurs desdits offices estre taxés à l'avenir pour raison d'iceux, soit pour confirmation d'hérédité, supplément de finance ou autrement, dont nous les avons dès à présent déchargés et dispensés, déchargeons et dispensons. Permettons auxdits acquéreurs d'emprunter les sommes dont ils auront besoin pour payer la finance desdits offices et de les affecter et hypotecquer pour sureté d'icelles sans qu'il soit besoin d'en faire mention dans les quittances de finance, mais seulement dans les contrats et obligations qu'ils feront à cet effet [1] . . . . . Donné à Versailles au mois d'août l'an de grâce mil sept cens quatre.

XLVI

1704, novembre.

Édit du Roi portant création de quatre offices de syndics dans chacune des communautés d'officiers de police établis sur les ports et aux halles.

Préf. de Police, Coll. Lamoignon, t. XXII, fol. 54.

Louis, par la grâce de Dieu, Roy de France et de Navarre, à tous présens et à venir salut. Par notre édit du mois de mars dernier, nous avons créé des syndics dans les communautés des procureurs et huissiers, comme nous l'avions fait cy devant dans celles des arts et mestiers [2]. Et l'utilité dont cet établissement a paru

---

[1] Autre pièce pour même objet, du 10 février 1705. — Déclaration du Roi réglant à nouveau les fonctions des greffiers susdits, en raison des oppositions qu'ils rencontraient parmi les maîtres des

communautés dans l'exercice de leurs fonctions. (Coll. Lamoignon, t. XXII, fol. 336.)

[2] Il s'agit ici des jurés créés en 1691 et unis aux communautés.

estre auxdittes communautés nous a donné lieu de percevoir la proposition qui
nous a été faitte de créér de semblables offices dans toutes les communautés
d'officiers de police de nostre bonne ville et fauxbourgs de Paris, en leur attribuant des droits qui ne diminuent en rien ceux dont jouissent actuellement ces
officiers. A ces causes, et autres à ce nous mouvans, de nostre certaine science,
pleine puissance et autorité royale, nous avons par notre présent édit perpétuel,
et irrévocable, créé et érigé, créons et érigeons en titre d'office formé, quatre
offices de syndics ou administrateurs perpétuels des affaires de chacune communauté d'officiers de police, dépendans de l'hostel de nostre bonne ville de Paris et
autres, sur les ports, halles et marchez de laditte ville, faisant corps de communauté [1], pour, par lesdits officiers faire toutes les mêmes et semblables fonctions
que celles qui estoient cy devant faittes par les syndics électifs, et jouir de tous
les droits, profits et revenus, émoluments et privilèges dont jouissent lesdits
syndics électifs, sans aucune distinction. . . . . Donné à Versailles au mois de novembre, l'an de grâce mil sept cens quatre.

XLVII

1705, 19 mai. — Marly.

Édit du Roi portant union aux communautés d'arts et métiers
des offices de greffiers créés par édit d'août 1704.

Préf. de Police, Coll. Lamoignon, t. XXII, fol. 532.

Louis, par la grâce de Dieu, Roy de France et de Navarre, à tous ceux qui .
ces présentes lettres verront, salut. Par nostre édit du mois d'août 1704 nous
avons créé des greffiers dans nostre bonne ville de Paris et dans les autres villes
et bourgs de nostre royaume, pour affirmer et registrer les brevets des apprentifs,
les réceptions des apprentifs à la maitrise, les élections des syndics des jurés, et
tous les autres actes concernant la police et discipline des corps, communautés
et professions des marchands et artisans; auxquels offices, outre les droits convenables pour les expéditions, nous avons attribué soixante mille livres de gages
annuels et effectifs par chacun an; avons par le résultat de nostre conseil du
23 du même mois d'août chargé maitre Nicolas Cartier d'en faire la vente moyennant un forfait de douze cent mille livres qu'il s'est obligé de nous payer. Depuis

---

[1] L'origine des officiers de la ville était le métier des mesureurs, jaugeurs, crieurs (*Livre des
métiers*, titres IV, V et VI), appartenant au Parloir aux Bourgeois depuis la donation du droit de
moyenne et basse justice par Philippe-Auguste
en 1222. Il y avait encore les porteurs de grains,
de bois et de charbons, tous dépendants de la prévôté des marchands.

lequel édit, nous avons encore étendu, par nostre déclaration du 10 février dernier, les fonctions et prérogatives desdits offices, de manière qu'ils sont recherchés avec empressement par plusieurs des principaux marchands et maitres d'un même corps; ce qui pouvant causer de la division entre eux, plusieurs desdits corps et communautés nous auroient fait représenter que pour la prévenir, il étoit expédient qu'il nous plut leur réunir lesdits offices, gages et droits y attribués, en payant par eux les sommes auxquelles il nous plairoit en régler la finance; a quoi ayant égard et désirant traiter favorablement lesdits corps, communautés et professions de marchands et artisans, en les déchargeant de l'établissement desdits offices, dont les fonctions telles qu'elles sont réglées par nostredicte déclaration pourroient donner trop de pouvoir et d'autorité à ceux qui en seroient pourvus incommutablement, au lieu que les faisant exercer par des personnes qu'ils choisiront et qu'ils changeront de temps à autre, ils en tireront les mêmes avantages que nous avons entendu leur procurer, par l'établissement desdits offices. A ces causes et autres à ce nous mouvans, de nostre certaine science, pleine puissance et autorité royalle, nous avons par ces présentes signées de nostre main, réuni et réunissons aux corps, communautés et professions de marchands et artisans, de l'étendue de notre royaume, lesdits offices de greffiers des enregistrements des brevets d'apprentissage, des réceptions à la maitrise, des élections des jurez et syndics et autres actes qui les concernent, créés par notredit édit du mois d'aoust 1704 avec les soixante mille livres de gages, droits et émoluments accordés par iceluy, pour par eux en faire exercer les fonctions par qui et ainsy qu'ils aviseront bon estre, et jouir desdits gages, droits et émolumens, en payant les sommes pour lesquelles ils seront employés dans les rolles que nous ferons arrester à cet effet dans nostre conseil; à quoy faire ils seront contraints comme pour nos deniers et affaires. Lesquelles sommes nous leur permettons d'emprunter et d'affecter et hypothéquer, pour raison de ce, lesdits offices, gages, droits et émoluments sur lesquels les prêteurs seront préférables à tous autres créanciers, à l'effet de quoy mention desdits emprunts dans lesdittes quittances de finance, si besoin est..... Donné à Marly le 19 may mil sept cens cinq.

XLVIII

1706, 16 mars. — Versailles.

Édit du Roi portant union en faveur des six corps des marchands, des offices de contrôleurs des poids et mesures et de greffiers des brevets d'apprentissage.

Arch. nat., Ordonn. 46ᵉ vol. de Louis XIV, X 1ᵃ 8700, fol. 453. — Coll. Lamoignon, t. XXIII, fol. 120. .

Louis, par la grâce de Dieu, Roy de France et de Navarre, à tous ceux qui ces présentes lettres verront, salut. Par notre édit du mois de janvier 1704 nous avons créé des visiteurs controlleurs des poids et mesures dans toutes les villes de notre royaume; et nous leur avons attribué des droits fixés par le tarif arresté en notre conseil le 15 du même mois, et par autre notre édit du mois d'aoust suivant, nous avons créé des greffiers des enregistrements des brevets d'apprentissages et autres actes des communautés d'arts et mestiers, auxquels nous avons pareillement attribué des droits portés par le tarif attaché sous le contre scel dudit édit et les gages y mentionnés; mais depuis, nous avons cru que l'établissement de ces offices, pouvant estre contraire en quelque manière à la liberté du commerce, il seroit beaucoup plus avantageux aux six corps des marchands de notre bonne ville de Paris, de suprimer lesdits offices de controlleurs visiteurs des poids et mesures et de greffier d'enregistrement de brevets d'apprentissages, en nous payant par eux la somme à laquelle il nous plairoit réduire la finance dudit office, au moyen de quoy nous leur abandonnerons la jouissance des droits attribués auxdits offices, suivant les tarifs arrestés en notre conseil pour estre perçus par les maistres et gardes desdits six corps des marchands, chacun à leur égard . . . . . Ordonnons qu'ils soient tenus de nous payer en six termes égaux de trois mois en trois mois, le premier échéant au premier may prochain, la somme de cinq cents mille livres et les deux sols pour livre, moitié ès mains d'Élie Biest, par nous chargé de la vente desdits offices de controlleurs ou visiteurs des poids et mesures et l'autre moitié ès mains de Nicolas Cartier, par nous chargé de la vente de ceux de greffiers d'enregistrement des brevets d'apprentissage et autres actes, sçavoir, les principaux sur les quittances du trésorier de nos revenus casuels, et les deux sols pour livre sur celles desdits Biest et Cartier, et ce suivant la répartition qui en sera faite entre lesdits six corps des marchands, en conformité de pareille finance qu'ils nous ont cy devant payée en exécution de notre déclaration du mois d'avril 1703 pour les offices de trésorier de bourse commune [1]. Jouiront lesdits six corps des marchands au moyen du payement

[1] 1703, 23 février. — Arrêt du Conseil d'État du Roi unissant aux six corps des marchands les offices de trésoriers payeurs de leurs deniers communs, créés par édit de 1702. (Voir pièce XLIII.)

qu'ils nous feront de ladite somme de cinq cens mille livres et les deux sols par livre, des quinze mille livres de gages effectifs que nous avons attribuées auxdits offices de greffiers des enregistrements des brevets d'apprentissage et autres actes, dont l'emploi sera fait dans les états de nos gabelles, à commencer la jouissance du premier janvier dernier; lesquels gages leur seront payés par chacun an en deux payements, de six mois en six mois, sur les simples quittances des maitres et gardes desdits six corps, et à proportion de ladite répartition, sans que pour ce ils soient tenus de prendre de nous aucunes lettres que les présentes. Voulons aussi que les vingt mille neuf cent cinquante neuf livres douze sols d'une part, et quinze mille livres d'autres gages, dont jouissent lesdits six corps des marchands, à cause de la réunion à leursdits corps des offices d'auditeurs examinateurs des comptes et de trésorier de bourse commune, soient pareillement employés dans lesdits états des gabelles, conjointement avec les quinze mille livres de gages cy-dessus; qu'à cet effet lesdits vingt neuf mille neuf cens cinquante neuf livres douze sols d'une part et quinze mille livres d'autres gages attribués auxdits offices d'auditeurs et de trésorier de bourse commune, soient retranchées des états de la recette générale de nos finances de la généralité de Paris, à commencer en la présente année. Leurs permettons d'emprunter jusqu'à la somme de six cens mille livres, tant pour le paiement de ladite somme de cinq cens mille livres et de cinquante mille livres, pour les deux sols par livre, que pour fournir aux frais nécessaires pour lesdits emprunts. De laquelle somme de cinquante mille livres pour les frais, la répartition sera faite sur le pied de la répartition ordinaire, entre les six corps et conformément à ce qui s'est pratiqué pour le payement de la finance qu'ils nous ont payée, à cause de la réunion des charges de trésorier; pour sureté desquels emprunts il leur sera loisible d'affecter et hypotéquer par privilége lesdits quinze mille livres de gages attribués auxdits offices de greffier d'enregistrement d'apprentissage, ensemble les droits y attribués, et ceux des poids et mesures . . . . . Donné à Versailles le 16e jour de mars, l'an de grâce mil sept cens six.

Nous n'avons pas reproduit ce document inséré dans Lamoignon, t. XXI, fol. 466. Les autres communautés d'arts et métiers devaient se libérer séparément; les six corps, pour affirmer leur entente commune, obtenaient par faveur l'autorisation de se réunir dans l'acquittement du prix de leurs offices. Voir ci-dessus pièce XLII pour l'union des offices de jurés.

XLIX

1707, 18 octobre. — Fontainebleau.

Déclaration du roi portant union aux communautés qui font bourses communes
des offices de contrôleurs des registres créés par édit de novembre 1706.

Préf. de Police, Coll. Lamoignon, t. XXIII, fol. 939.

Louis, par la grâce de Dieu, Roy de France et de Navarre, à tous ceux qui
ces présentes lettres verront, salut. Par notre édit du mois de novembre 1706
nous avons créé des offices de nos conseillers de police, pour estre établis dans
les siéges et jurisdictions royalles de notre royaume et y faire les fonctions marquées par iceluy, et entr'autres celles de parapher les registres des marchands,
négocians et des officiers à bourse commune [1]. Depuis, sur les différentes contestations qui se sont présentées dans l'exécution de notredit édit, au sujet de la
forme des registres, nous avons ordonné par notre déclaration du 10 may 1707
que les registres qui sont tenus dans les corps et compagnies faisant bourse commune, seroient paraphez par les officiers créez par notredit édit de novembre
1706, sur les peines et amendes portées par notredite déclaration. Depuis, la
pluspart des officiers des communautez à bourse commune, nous ont fait représenter, qu'ils avoient toujours eu la facilité de tenir leurs registres, en la forme
et ainsy qu'ils l'ont jugé à propos, que l'établissement que nous avons fait d'officiers pour parapher leurs registres, ne serviront qu'à les embarrasser dans leur
commerce, sans aucune utilité pour eux ny pour le public, ne leur étant jamais
arrivé de contestation pour le défaut desdits registres, sur la fidélité desquels le
public et le particulier a toujours compté, comme n'étant pas susceptible de la
moindre suspicion de fraudes; qu'ainsy ils croyoient que Sa Majesté leur voudroit
bien accorder la permission d'acquérir les gages attribuez auxdits offices et la
faculté de se conserver celle de tenir à l'avenir leurs registres, comme ils ont fait
par le passé, d'autant plus qu'ils étoient dans la disposition respectueuse de donner toujours à Sa Majesté des preuves de leur dévouement pour son service, en
l'indemnisant par une finance nouvelle des secours qu'elle recevoit pour l'établissement desdits offices. Sur ces remontrances, nous aurions accordé à plusieurs
desdites communautez, la permission d'acquérir les gages et droits attribuez auxdits offices et de se réunir les titres et fonctions d'iceux, pour en user à l'avenir

[1] C'est-à-dire les officiers ou employés de la
police des métiers qui formaient eux-mêmes une
communauté et furent soumis aux mêmes charges
pécuniaires. Nous n'avons pas transcrit l'édit de
novembre 1706, qui n'offre rien de particulier.

(Voir Lamoignon, t. XXIII, fol. 606.) Quelques
années plus tard ils rachetèrent les offices de gardes
des archives (d'août 1709) par déclaration royale
du 24 février 1711. (Lamoignon, tome XXIV,
fol. 885.)

comme ils ont fait par le passé. Mais comme les déclarations que nous avons accordées sur cette matière, ne sont particulières que pour aucunes desdites communautez, et qu'elles ont toutes le mesme intérêt, nous avons estimé qu'il étoit plus convenable pour leur repos et pour celui de notre service, même pour établir l'unité dans lesdites communautez de leur accorder cette réunion.....
Donné à Fontainebleau le 18ᵉ jour d'octobre, l'an de grâce mil sept cens sept.

L

1709, 10 décembre. — Versailles.

Déclaration du Roi portant union aux diverses communautés des offices de contrôleurs des registres.

Préf. de Police, Coll. Lamoignon, t. XXIV, fol. 594, d'après le recueil des grainiers.

Louis, par la grâce de Dieu, Roy de France et de Navarre, à tous ceux qui ces présentes lettres verront, salut. Les fonds extraordinaires dont nous avons eu besoin jusqu'à présent pour soutenir les dépenses de la guerre, nous ont portés à faire différentes créations d'offices, comme le moyen le plus convenable de trouver des fonds, et le moins à charge à nos sujets; dans cette vue, nous aurions entre autre chose créé par notre édit du mois de novembre 1706 [1], des controleurs pour parapher les registres des communautés d'officiers à bourse commune, et de celles des corps des marchands et communautés d'arts et métiers, et nous leur aurions attribué des droits; nous aurions ensuite reuny ces offices auxdits corps et communautés, par notre déclaration du 18 octobre 1707 [2]. Depuis, nous avons, par autre notre édit du mois de décembre 1708 [3], créé des juges, gardes et conservateurs des étalons des poids, mesures et balances dans les Hostels de ville, aux gages et droits portés par yceluy; et par autre notre édit du mois d'août 1709 [4], nous avons encore créé deux maistres jurez, dans chacun corps des marchands et communautés d'arts et métiers, sous le titre de gardes et dépositaires des archives, statuts et réglements, titres, comptes et autres pièces concernant les affaires communes desdites communautés d'arts et métiers, dans toutes les villes et bourgs de notre royaume. L'établissement de ces différents

[1] Novembre 1706. — Édit de Louis XIV portant, entres autres dispositions, création de vingt offices de contrôleurs des registres de bourse commune. (Coll. Lamoignon, t. XXIII, fol. 606.)

[2] Voir pièce précédente.

[3] Décembre 1708. — Édit portant création de huit offices de gardes des étalons des poids et mesures qui se conservent à l'Hôtel de ville. (Lamoignon, t. XXIV, fol. 393.)

[4] Août 1709. — Édit portant création de deux maitres de chacun art et métier, sous le titre de gardes dépositaires des archives, statuts et règlements (Lamoignon, t. XXIV, fol. 503), rapporté par déclaration du 6 mai 1710.

offices auroit donné lieu aux corps des marchands et communautés d'arts et métiers de nous représenter que ces créations qui ne nous apporteroient pas les secours que nous en espérions, ne laisseroient pas, par les nouveautés auxquelles
elles donneroient lieu, de leur causer de grands embarras et de troubler, surtout
dans les commencements, l'ordre établi entre elles qui, bien qu'il n'ait pas acquis
le point de perfection qui seroit à desirer, les maintient néanmoins dans une certaine facilité très avantageuse pour le commerce; que s'il nous plaisoit de leur
donner la disposition de ces offices, en proportionner la finance à leurs facultés
et leur accorder au lieu de gages, droits et émolumens qui y sont attribués, des
droits certains et convenables à chaque corps des marchands et communautés
d'arts et métiers, afin qu'à la faveur d'iceux, ils puissent trouver à emprunter
pour payer cette finance, ils feroient encore des efforts pour nous procurer, sinon
le secours entier que nous pouvions espérer de l'exécution desdits édits, du moins
une partie; et comme les corps et communautés nous ont donné, dans toutes les
occasions où nous avons eu besoin de secours, des preuves de leur dévouement
pour notre service, nous avons estimé devoir leur accorder ce qu'elles nous ont
demandé; et bien que les besoins que nous avons de secours soient encore augmentés, néanmoins nous voulons pour leur procurer le repos et la tranquilité,
non seulement leur réunir lesdits offices, mais aussy leur attribuer les droits qui
puissent leur rendre cette réunion moins onéreuse et les mettre en état d'emprunter
les sommes nécessaires pour payer ladite finance, même les assurer qu'il ne sera
fait à l'avenir aucune autre création pour la police intérieure ou extérieure desdits corps des marchands et communautés des arts et métiers, sous quelque prétexte, ny pour quelque cause que ce soit. A ces causes et autres à ce nous mouvans, de notre certaine science, pleine puissance et autorité royalle, nous avons
par ces présentes, signées de notre main, dit, déclaré et ordonné, disons, déclarons et ordonnons, voulons et nous plait, que lesdits corps des marchands et
communautés d'arts et métiers, tant de notre bonne ville et fauxbourgs de Paris,
que des autres villes et lieux de notre Royaume, puissent à l'avenir disposer en
propre et comme des choses à elles appartenantes, des affaires de controlleurs
pour le paraphe de leurs registres, de ceux de juges, gardes et conservateurs
des étalons des poids, mesures et balances, dont ils auront besoin pour leur commerce, et des offices de maîtres, jurés, gardes des archives, statuts, réglements,
titres, comptes, et autres pièces dans lesdits corps et communautés, créés par les
édits des mois de novembre 1706, décembre 1708 et août 1709, à l'effet de
quoy nous leur avons accordé et accordons par ces présentes la propriété perpétuelle desdits offices, fonctions, gages, droits et émoluments, sans qu'ils puissent
estre cy après par nous rétablis ou créés de nouveau, soit sous ce titre ou quelque autre que ce puisse estre. Permettons auxdits corps et communautés de les
éteindre et supprimer ou d'en faire exercer les fonctions par leurs gardes, syndics

ou jurez, conformément aux édits cy-dessus dattés et à leurs statuts et réglemens, défendons de les y troubler. Le tout en payant par eux la finance qui sera pour ce modérément fixée en notre conseil, par les rolles qui y seront arrêtés avec les deux sols par livre d'icelle, en quatre payements égaux, le premier au premier février de l'année prochaine 1710 et les autres de deux en deux mois. Déclarons qu'il ne sera cy-après fait aucune création, ny nouvel établissement dans lesdits corps et communautés, pour la police extérieure ou intérieure d'icelles, sous quelque dénomination et pour quelque prétexte que ce soit ou puisse estre [1] . . . . . Donné à Versailles le dixiesme jour de décembre l'an de grâce mil sept cens neuf.

LI

1710, 6 mai. — Marly.

Déclaration du Roi portant union aux corps et communautés d'arts et métiers
des offices de gardes des archives créés par édit du mois d'août 1709.

Arch. nat., Ordonn. 53ᵉ vol. de Louis XIV, X 1ᵉ 8707, fol. 300. — Coll. Lamoignon, t. XXIV, fol. 735.

Louis par la grâce de Dieu, Roy de France et de Navarre, à tous ceux qui ces présentes lettres verront, salut. Nous avons par notre édit du mois d'août 1709 [2] créé en faveur du mariage de notre fils aîné le Dauphin, baptêmes et mariages des ducs de Bourgogne, d'Anjou et de Berry, ses enfants et nos petits fils, et autres princes et princesses de notre sang, deux maîtres jurez de chacun art, mestiers et marchandises, sous le titre de gardes et dépositaires des archives, statuts, réglemens, titres, comptes, autres pièces et enseignemens, concernans les affaires communes des corps et communautés d'arts et métiers, dans toutes les villes et fauxbourgs de notre Royaume, païs, terres et seigneuries de notre obéissance. Mais nous avons esté informé que, pour ayder au payement des précédentes finances, en exécution de nos édits des mois de mars 1691, mars 1694, août 1701, juillet 1702, janvier et août 1704 [3], les maîtres et gardes, syndics

---

[1] Les édits de créations d'offices cessent en effet avec celui-ci. La mesure d'ailleurs était prudente, car il ne se trouvait personne pour les acheter et les dettes considérables des communautés avaient ruiné leur crédit pour longtemps. Cependant les gages affectés à chaque office, qui représentaient en réalité un gros intérêt, leur permirent de les amortir assez rapidement.

[2] L'édit d'août 1709 indiqué p. 143, note 4, prenait ainsi l'apparence de lettres de maîtrise,

accordées par faveur royale pour évènements de famille; la présente déclaration montre qu'il ne réussit pas mieux que les autres.

[3] Ces édits contenaient les créations d'offices et de jurés, d'auditeurs des comptes, trésoriers payeurs, contrôleurs des poids et mesures, greffiers des brevets et des comptes, tous offices qui furent rachetés successivement, par voies d'emprunts, par les communautés.

et jurez desdits corps et communautés ont été contraints de recevoir, suivant les permissions qui leur en ont été données par les commissaires que nous avons nommés pour l'exécution desdits édits, un grand nombre de maitres sans qualité [1], pour des sommes égales et même moindres que celles des aspirans à la maitrise avec qualité; en sorte que bien loin que la création desdits deux maitres jurés puisse nous procurer le secours que nous devions en attendre, elle causeroit un préjudice notable auxdits corps et communautés, si l'exécution de notre édit dudit mois d'aoust dernier avoit lieu à leur égard pour la création desdits deux maitres jurés; et ce, avec d'autant plus de raison, qu'il ne se trouveroit aucuns particuliers assez instruits pour remplir ces maîtrises aussi dignement qu'il est porté par notredit édit; ce qui étant même contraire aux réglemens sur les arts et métiers, par lesquels il est expressement deffendu à tous marchands et maitres d'estre admis à la jurande qu'après dix années de maitrise actuelle, nous a entièrement déterminé à décharger les corps et communautés, en maitrise et jurande, de la réception de deux maistres jurés, et de leur réunir seulement les fonctions droits et revenus attribués par notre édit auxdits gardes des archives et les gages qu'il nous plaira y attribuer, en payant les sommes qui en seront arrestées en notre conseil, avec les deux sols pour livre, conformément à nostre déclaration du 10 décembre dernier, et de réunir pareillement aux corps et communautés que nous avons ordonné d'estre établis en maitrise et jurande, par notre édit dudit mois d'aoust dernier [2], lesdits gardes archives avec lesdites fonctions, gages et droits, en payant par lesdits corps et communautés les sommes portées par rolles qui en seront arrestés en notre conseil, pour concourir comme les autres au payement de laditte finance pour ladite réunion . . . . . A ces causes, réunissons aux corps et communautés lesdits fonctions, droits et revenus attribués auxdits deux maistres jurés en payant par lesdites communautez ainsy establis en maitrises et jurandes, les sommes pour lesquelles ils seront modérément taxés en nostredit conseil . . . . . Donné à Marly le sixiesme jour de may, l'an de grâce mil sept cens dix.

[1] Sans qualité, c'est-à-dire sans examen, ni chef-d'œuvre. On vendait ces maitrises pour se procurer quelques ressources en vue des emprunts.

[2] Voir pièce précédente, p. 143, note 4.

LII

1716, 3 mars.

Arrêt du conseil d'État du Roi ordonnant la mise en liquidation des communautés d'arts et métiers et la revision de leurs comptes depuis l'année 1689.

Coll. Lamoignon, t. XXVI, fol. 52.

Le Roy estant informé que les communautés des arts et métiers de la Ville de Paris ayant été obligées de contracter diverses dettes, tant pour la réunion de plusieurs offices qui ont été créés que pour différentes causes, lesquels emprunts ont été faits les uns des maîtres ou veuves de maîtres dont les communautés sont composées, et les autres de plusieurs particuliers qui n'en sont pas, en sorte que elles se trouvent hors d'état de satisfaire aux uns ny aux autres, ny même de fournir à la pluspart de leurs créanciers les quittances d'employ qui leur avoient été promises par leurs contracts, tant parceque les traitans, chargés du recouvrement du produit desdits offices réunis, n'ont pas encore remis auxdittes communautés les quittances de finance des sommes qu'elles ont payées, mais de simples récépissés; que parceque les comptes des jurez, syndics ou gardes qui ont été successivement en charge, n'ont pas été rendus, ou l'ont été avec peu d'exactitude; ce qui fait présumer avec beaucoup d'apparence que l'examen ou la révision desdits comptes pourra procurer auxdittes communautés une partie des fonds nécessaires au payement de leurs créances légitimes, auxquels fonds s'ils ne suffisoient, il sera juste de suppléer par d'autres moyens. Ouy le rapport, Sa Majesté en son Conseil a ordonné et ordonne que par devant le sieur d'Argenson, conseiller d'Etat, lieutenant général de police de la Ville de Paris et les sieurs Doublet de Crouy, de Maupou, Lefèvre d'Ormesson et Legendre de Saint-Aubin, maîtres des requêtes, que Sa Majesté a commis et commet, il sera incessamment procédé à la liquidation de toutes les sommes dues par les communautés d'arts et métiers de Paris, soit à des maîtres ou veuves de maîtres, soit à d'autres particuliers, et qu'à cet effet tous ceux qui se prétendent créanciers desdites communautés seront tenus de représenter dans un mois, après la signification qui leur sera faite du présent arrest, les titres justificatifs de leurs créances, pardevant lesdits sieurs commissaires, dont il sera par eux dressé procès verbal, pour yceluy vu et reporté au Conseil avec leur avis, estre par Sa Majesté ordonné ce qu'il appartiendra. Ordonne en outre Sa Majesté, que tous les jurez et syndics des communautés d'arts et métiers ou autres qui ont fait la recette de leurs deniers communs, ordinaires ou extraordinaires, depuis l'année 1689 [1], seront tenus, dans pareil délay d'un mois, de repré-

[1] La première création générale d'offices de jurés remontant à 1691, les comptes des communautés devaient présenter les emprunts pour les diverses unions d'offices, les gages effectifs attribués

senter devant lesdits sieurs commissaires, leurs comptes et les pièces justificatives
d'iceux, pour estre procédé à l'examen et à la révision desdits comptes ainsy qu'il
appartiendra, et les débets desdits comptes estre employez au payement des dettes
de chacune desdites communautés, ainsy qu'il sera ordonné par Sa Majesté, sur
l'avis desdits sieurs commissaires; et sera le présent arrest exécuté nonobstant
opposition ou autres empêchemens quelconques, pour lesquels ne sera différé.
Fait au Conseil d'État du Roy, tenu à Paris le 3 mars mil sept cens seize.

LIII

1723, 27 septembre.

*Déclaration de Louis XV ordonnant que les communautés de marchands, d'arts et métiers et autres,
devront acquitter le droit de confirmation de leurs privilèges.*

Préf. de police; Coll. Lamoignon, t. XXVII, fol. 851.

Louis, par la grâce de Dieu, Roy de France et de Navarre. A tous ceux qui
ces présentes lettres verront, salut. Le droit de confirmation des offices des priviléges accordés à des particuliers, soit aux communautés des villes, bourgs et
bourgades du royaume, aux corps des marchands, arts et métiers ou il y a jurande,
maîtrise ou priviléges, hoteliers et cabaretiers, est un des plus anciens droits de
la couronne. Ce droit a été payé dans tous les temps lors des différens avènemens
des Roys, nos prédécesseurs. François Ier par différentes déclarations et lettres patentes de l'année 1514 [1], Henry II par lettres de 1546 et 1547, François II par

par le Trésor, les nouveaux droits imposés aux
maîtres, etc. Deux arrêts suivirent celui-ci, le
16 mai et 10 octobre 1716; puis un autre le
6 octobre 1722. Un arrêt du 7 mars 1730 prescrit que les emprunts doivent être passés devant
notaires, pour servir de reconnaissance au prêteur
et ces actes inscrits sur un registre paraphé par le
procureur du Roi; d'autres arrêts paraissent le
9 février 1740, le 15 février et 14 juin 1747. En
1748 les comptes étaient tellement embrouillés et
les dépenses tellement exagérées que l'on eut recours à un règlement général. Un modèle uniforme
dressé en dix-neuf articles fut imprimé et remis à
chaque communauté, avec chiffres spéciaux à chacune inscrits à la main. La communauté des Boulangers par exemple, était taxée, pour le loyer et
frais de bureau à 1,500 livres; pour carrosses et

sollicitations à 300 livres, pour étrennes et faux
frais à 200 livres, pour tenue du livre de comptes
à 60 livres, le tout établi sur mandements et certificats. (Voir, pour les boulangers, Coll. Lamoignon,
t. XXXVIII, fol. 574. Toutes les autres communautés y figurent, du fol. 473 à 480 et du fol. 573
à 611, et dans le tome XXXIX, fol. 1 à 85.)
D'autres arrêts furent encore rendus le 2 décembre
1757 et 18 décembre 1759. Ces comptes sont dé-
posés aux Archives, conseils du Roi, V7, 420 à 443.

[1] François Ier fit, à son avènement, plusieurs
confirmations de statuts à divers métiers, pris isolément (voir Coll. Lamoignon, t. V fol. 667 à
688); il ne rendit pas d'ordonnance spéciale. Même
observation pour Henri II en 1546 et 1547 (*ibid.*,
t. VII fol. 118 et suivants) et pour François II en
1559 et 1560 (*ibid.*, t. VII fol. 808 et suivants).

celles de 1559 et 1560, Charles IX par édit du mois de décembre 1560 [1] ont confirmé tous les officiers du royaume dans l'exercice de leurs fonctions; Henry III ordonna par lettres patentes du dernier juillet 1574 [2] à toutes personnes de demander la confirmation de leur charges, estats et priviléges; et par déclaration du 25 décembre 1589, Henry IV enjoignit à tous les officiers du royaume de prendre les lettres pour estre confirmez dans leurs offices. Louis XIII par différentes lettres patentes des années 1610 et 1611 [3] voulut bien confirmer les officiers dans leurs fonctions et droits, et accorder la confirmation des priviléges des villes et communautés et des différens arts et métiers du royaume; Louis XIV notre très honoré seigneur et bizayeul par deux édits du mois de juillet 1643, et par déclaration du 28 octobre audit an, confirma dans leurs fonctions et priviléges, ensemble les hoteliers cabaretiers et autres, à condition de luy payer le droit qui lui était dû à cause de son heureux avenement à la couronne. L'affection que nous avons pour nos sujets nous a empêché jusqu'à présent d'ordonner le payement d'un droit si légitime et si anciennement étably, nous nous flattions même avec plaisir de pouvoir en faire remise à nos peuples, mais quoyque le bon ordre establi dans nos finances nous mette en estat de payer exactement, sur le courant de nos revenus, toutes les charges ordinaires de nostre Estat, comme il est impossible que ces mêmes revenus soient suffisans pour acquitter tout ce qui reste dû du passé, et qu'il est nécessaire d'y pourvoir par un fonds extraordinaire, nous avons cru qu'il ni en avoit point de plus juste et plus légitime que la levée d'un droit qui a été perçu par nos prédécesseurs, dans des temps même où les besoins n'étoient pas aussi pressans, ni la destination du produit de ces droits aussi favorable que celle à laquelle nous sommes résolus de les employer. A ces causes et autres à ce nous mouvans, de l'avis de notre conseil et de notre certaine science, pleine puissance et autorité royale, nous avons dit, déclaré, ordonné et octroyé, et par ces présentes, signées de notre main, disons, déclarons, ordonnons et octroyons, voulons et nous plaist, que tous les officiers de judicature, police et finance et autres, de quelque nature qu'ils soient, toutes les communautés de nos villes, fauxbourgs, bourgs et bourgades, les communautés et les particuliers qui jouissent des droits de communes, chauffage, de paccage, de foires et de marchés et autres droits et priviléges; les communautés des marchands où il y a jurande et maitrise; les communautés des arts et métiers; ensemble les priviléges, les hosteliers et cabaretiers de notre royaume, pays, terres et sei-

---

[1] Il s'agit de l'ordonnance rendue à l'assemblée des États généraux à Orléans.

[2] Henri III fit deux lettres de confirmation pour les faiseurs d'esteuf et marchands de vin, en juillet 1574. (Coll. Lamoignon, t. VIII fol. 829 et 840.)

[3] Confirmation des statuts de divers métiers.

(*Ibid.*, t. X, fol. 594 et suivants.) Régulièrement les communautés devaient acquitter le droit de confirmation de leurs statuts et privilèges à chaque nouveau règne; mais cette mesure ne fut jamais exécutée ponctuellement.

gneuries de notre obéissance, demeureront confirmez et jouissent à l'avenir des mêmes fonctions et priviléges, immunitez, libertez affranchissemens, droits de foires, marchez, droits, octrois, exemptions, franchises et permissions générale-ment quelconques, sans aucuns réserver ni excepter, dont ils ont cy-devant bien et duement jouy et jouissent encore à présent; en la jouissance desquels nous les avons généralement maintenus, confirmez, et de nouveau autant que besoin est ou seroit, maintenons, confirmons par ces dites présentes, à la charge par eux de payer la finance qu'ils nous doivent, suivant les rolles qui en seront arrestés en notre conseil. N'entendons comprendre en la présente déclaration les présidents et conseillers des cours supérieures de notre royaume, les maitres correcteurs et auditeurs de nos chambres des comptes, nos procureurs et avocats dans lesdites cours, ensemble les substituts, les greffiers en chef et les premiers huissiers des dites cours; sans que les compagnies qui prétendent devoir jouir des mêmes droits que lesdites cours supérieures, puissent être comprises dans ladite excep-tion... Donné à Versailles le 27 septembre, l'an de grâce mil sept cens vingt trois.

LIV

1725, 5 juin.

Arrêt du conseil d'État du Roi portant exécution du droit de confirmation exigé par la déclaration précédente du 27 septembre 1723.

Coll. Lamoignon, t. XXVIII, fol. 388.

Le Roy ayant pourvu par les différents règlemens intervenus sur les finances au payement exact, pour l'avenir, de toutes les charges de l'État et au rembour-sement successif des rentes, Sa Majesté a crû nécessaire de rechercher des secours extraordinaires qui fussent suffisans pour acquitter ce qui reste dû du passé et fournir à l'excédent des dépenses de la présente année, afin que les revenus estant totalement libres des arrérages du passé et n'ayant par conséquent d'autre desti-nation que la dépense courante de l'année, les payements puissent être faits exac-tement, et les remboursements exécutez dans les termes et en la manière ordonnée; et comme l'intention de Sa Majesté est d'éviter tous les moyens qui, en fournissant un secours présent, laissent une charge annuelle sur les peuples, il lui a paru qu'un des expédients les plus conformes à ces vues estoit de rétablir la perception du droit de confirmation, à cause de son avènement à la couronne, qui a été levé sous les précédens règnes et dont le recouvrement ordonné par la déclaration du 27 septembre 1723 n'avoit été suspendu par arrêt du 7 décembre suivant, que parce que l'état des finances n'exigeoit point alors les secours extraordinaires qui sont aujourd'huy devenus indispensables. Sur quoy Sa Majesté voulant faire connoistre ses intentions, ouy le rapport du sieur Dodun, conseiller au conseil royal, controlleur général des finances, Sa Majesté estant en son conseil, a ordonné et ordonne que le droit de confirmation, à cause de son avènement à la couronne, dont la levée avoit été suspendue par l'arrest dudit jour, septième décembre 1723 sera perçu comme avant ledit arrest et conformément à la déclaration du 27 septembre de la même année [1]. Fait au conseil d'Etat du Roy, Sa Majesté y etant, tenu à Versailles le cinquième juin mil sept cens vingt cinq. Signé Phelypeaux.

LV

1725, 29 octobre et 12 novembre.

Lettres patentes de Louis XV contenant la confirmation des artisans privilégiés suivant la Cour.

Coll. Lamoignon, t. XXVIII, fol. 497 [2].

Louis par la grâce de Dieu, Roy de France et de Navarre, à tous ceux qui ces présentes lettres verront, salut. Les marchands et artisans privilégiez suivant notre cour, nous ont fait représenter qu'ils ont été créez et établis par les Rois nos prédécesseurs, à l'effet de procurer l'abondance des vivres, marchandises, denrées et autres commoditez nécessaires à leur cour et suite, et qu'il leur a été accordé divers droits, priviléges, immunités et exemptions pour leur faciliter les moyens d'y satisfaire chacun dans leur état, ainsy qu'il paroit par l'édit des Rois Louis XII, lettres patentes de François Ier du 19 mars 1543, d'Henry IV du 16 septembre 1606 [3] et de Louis XIII du 30 novembre 1636 et du dernier mars 1640 [4]. Par l'edit de Louis XIV du 24 juillet 1659 [5], par le brevet du 20 janvier 1658; lettres patentes et de surannation des 25 juillet 1660 et 29 février 1672. Ensemble un arrêt du conseil d'État du 8 juin 1672, enregistré au grand conseil le 22 du même mois de juin, et d'autant qu'au préjudice de ces édits, declarations, lettres patentes et arrests ils pourroient être troublez dans leurs priviléges, droits immunitez et exemptions par les maîtres et gardes et jurez de notre bonne Ville de Paris, sous prétexte qu'ils n'ont pas nos lettres de confirmation, ils nous ont très humblement fait supplier de les leur accorder. A ces causes... nous confir-

---

[1] D'après arrêt du 3 mars 1728, le montant du droit de confirmation s'élevait, pour tous les métiers de Paris, à la somme de 111,191 livres. (Coll. de Lamare, ms. fr. 21,772, fol. 35.)

[2] Lamoignon ne mentionne pas de source authentique, il a emprunté son texte à un imprimé sur feuille volante. — [3] Voir ci-dessus, pièce n° XXVII, pour les trois édits mentionnés ici.

[4] Lamoignon n'a pas inséré ces deux lettres de Louis XIII.

[5] Voir ci-dessus, pièce n° XXXIV.

mons lesdits marchans et artisans dans leurs priviléges; et à fin de prévenir tous procès et incidents entre eux et les corps des marchands et artisans de notre bonne Ville de Paris, et autres de notre royaume, nous avons voulu déclarer nos intentions sur la manière dont lesdits priviléges seront exercez, et en fixer le nombre conformément auxdits édits, déclarations, brevets, lettres patentes et arrest ci attachez avec l'état desdits marchans et artisans [1]... Donné à Fontainebleau le 29ᵉ jour d'octobre, l'an de grâce mil sept cens vingt cinq.

État des marchands et artisans privilégiés suivant la Cour.

Dix marchands drapiers, vingt-huit merciers, vingt-huit tailleurs chaussetiers-pourpointiers, dix pelletiers, dix fourbisseurs, douze selliers, cinq épronniers, seize cordonniers, dix lingères, vingt bouchers, trente rotisseurs, poulailliers, poissonniers, vingt-cinq marchands de vin tenant assiette, douze marchands de vins en gros et en détail, quatorze proviseurs de foin, paille et avoine, douze fruitiers verduriers, huit apotiquaires, douze carreleurs de souliers, dix-huit chaircuitiers, dix patissiers, douze boulangers, huit gantiers parfumeurs, dix chandeliers, sept corroyeurs, baudroyeurs, quatre libraires, huit brodeurs, dix passementiers, six verriers fayenciers, huit tapissiers teinturiers, quatre plumassiers, six chirugiens barbiers, six quelincailliers, six découpeurs égratigneurs, six épiciers confituriers, huit ceinturiers, six fripiers, sept chapeliers, quatre horlogeurs, quatre orfèvres, huit ravaudeurs de bas de soye et d'estame, quatre parcheminiers, quatre vertugadiers, seize cuisiniers-traiteurs pour faire festins, dix violons ou joueurs d'instruments, six armuriers, huit arquebusiers, quatre menuisiers, quatre peintres, quatre doreurs graveurs damasquineurs, deux charrons, deux serruriers, deux plombiers, deux tondeurs de draps, deux tireurs d'or, deux papetiers, deux papetiers colleurs, deux paveurs, deux vergetiers raquetiers, deux potiers de terre, deux potiers d'étain, deux batteurs d'or, deux charpentiers, deux courtiers de change, deux peigniers tabletiers, deux maréchaux, deux tonneliers, deux couvreurs, deux vinaigriers, deux cordiers-filassiers, deux opérateurs, deux bourreliers, deux bahutiers, deux vitriers, deux bonnetiers, deux vendeurs de pain d'épices, deux fondeurs, deux maçons, deux chaudronniers, deux gaisniers, deux éventaillistes, deux eguilletiers, deux lapidaires, deux boursiers-gibeciers, deux miroitiers, deux imprimeurs en taille-douce, deux peaussiers teinturiers en cuir, deux relieurs, deux épingliers, deux amidonniers, deux ouvriers en bas et autres ouvrages au métier, deux mégissiers, deux taillandiers, deux limonadiers-distillateurs, deux boisseliers, deux patnotiers, deux liniers-chanvriers,

---

[1] A la suite est transcrit l'état des artisans privilégiés.

deux chiffonniers-crieurs de vieille feraille, deux sculpteurs, deux brasseurs de bierre, deux couttelliers, deux tanneurs... Donné en nostre conseil à Paris le 12ᵉ jour de novembre l'an de grâce mil sept cent vingt cinq.

LVI

1728, 15 mai.

Déclaration du conseil du Roi relative aux droits de visite des jurés, à fixer chaque année et à répartir entre les maîtres, suivant leur situation.

Coll. Lamoignon, t. XXIX, fol. 382, d'après un imprimé.

Le Roy ayant permis par plusieurs déclarations et arrests aux communautez des arts et metiers de la ville de Paris d'augmenter les droits de visite, pour leur faciliter le paiement des sommes que Sa Majesté leur a permis d'emprunter; et estant informé que ces droits de visite ne sont pas suffisants pour les abus qui se commettent dans leur perception, sous pretexte qu'il y a plusieurs fils de maitre qui, quoy que maitres demeurent chez leurs pères en qualité de compagnons, et des maitres qui servent aussy de compagnons chez les autres maitres, qu'il y a aussy plusieurs insolvables et plusieurs exempts, Sa Majesté voulant y remedier et rendre certain le nombre de maitres de chaque communauté, sujets auxdits droits de visite, ouy le rapport du sieur Lepelletier, Sa Majesté estant en son conseil, a ordonné et ordonne qu'il sera fait tous les ans, par chaque communauté, un estat de tous les maitres divisé en trois classes; la première contenant les maitres et veuves qui tiendront boutiques lors de la confection dudit estat; la seconde contenant les fils de maitres qui seront maitres et qui demeurent chez leurs pères en qualité de compagnons, et les maitres qui servent de compagnons chez les autres maitres; et la troisième contenant les noms de ceux qui sont exempts de payer lesdits droits de visite, lequel état sera remis tous les ans entre les mains du jurez ou syndic comptable... et sera tenu ledit juré de tenir compte à la communauté du montant de la première classe, à moins qu'il ne justifie du décès des maitres arrivé pendant son année de comptabilité. Fait au conseil d'État du Roy, Sa Majesté y estant, tenu à Versailles le 15 may 1728.

LVII

1734, décembre.

Édit de Louis XV portant suppression des offices de trésoriers-payeurs des gages appartenant aux communautés des marchands et artisans, créés par édit de juin 1710.

Arch. nat., Ordonn. 25ᵉ vol. de Louis XV, X 1ᵃ 8738, fol. 39 v°. — Coll. Lamoignon; t. XXXI, fol. 294.

Louis par la grâce de Dieu, Roy de France et de Navarre, à tous présens et à venir salut. Nous étant fait représenter en notre conseil notre édit du mois de juin 1710 [1] par lequel nous aurions créé deux offices de trésoriers payeurs des gages des corps et communautés d'arts et métiers et d'officiers à bourse commune de notre bonne ville et généralité de Paris, l'un sous le titre d'ancien et mitriennal, et l'autre sous le titre d'alternatif et mitriennal, et deux autres offices de controlleurs desdits trésoriers payeurs; nous aurions reconnu que ces différents offices n'étoient plus d'utilité, et que leur suppression apporteroit dans la suite un avantage considérable auxdits corps et communautés d'arts et métiers. Par ces considérations, nous nous sommes déterminés à les supprimer et à pourvoir au remboursement de ceux desdits titulaires qui sont en état de le recevoir. A ces causes et autres, à ce nous mouvans, de notre certaine science, pleine puissance et autorité royale, nous avons par le présent édit perpétuel et irrévocable, supprimé et supprimons les deux offices de trésoriers payeurs des gages des corps et communautés d'arts et métiers et d'officiers à bourse commune de notre bonne ville et généralité de Paris, et les deux offices de controlleurs desdits trésoriers, à commencer du 1ᵉʳ janvier 1731. Ordonnons que le sieur d'Estancelin, payeur ancien et mitriennal desdits gages et le sieur Hamel, pourvu des deux offices de controlleurs, seront remboursés de leurs finances principales et deux sols par livre, par eux payez pour le prix desdits offices, avec le prêt et droit annuel qu'ils ont payé pour les années 1731 et 1732. Attendu qu'ils ont été privés de la jouissance de leurs offices pour les dites deux années, ensemble des intérests au denier vingt des sommes qui se trouveront leur estre dues, depuis le jour de leur dépossession jusqu'à leur actuel et parfait remboursement, sur les deniers destinés au payement des gages des corps et communautés . . . . . et pour les indemniser du rembour-

---

[1] On a vu aux dernières créations d'offices le désordre qui s'était introduit dans ces fonctions; les édits de création furent rapportés successivement à mesure que le Trésor put rembourser les charges. Voici la cote de l'édit indiqué ici :

Juin 1710. — Édit portant suppression des offices de conservateurs des poids et mesures créés en décembre 1708 et érigeant des offices de trésoriers-payeurs des gages établis par les communautés et des contrôleurs desdits payeurs. (Coll. Lamoignon t. XXIV fol. 768.) Ces deux offices, déjà remplacés l'un par l'autre, aboutissaient à une suppression.

sement cy-dessus, nous leur avons attribué et attribuons la jouissance des droits de
six livres, pour chaque réception à la maitrise, et pareille somme de six livres à
l'ouverture de chaque boutique ou exercice de profession, qui avoit été attribuées
aux dits offices, à commencer du 1ᵉʳ janvier 1731, jusqu'à concurrence de la
somme que chaque corps et communauté aura payé pour sa part de ce remboursement, sauf après ledit remboursement à estre par nous ordonné ce qu'il appartiendra, sur la continuation ou suppression desdits droits, desquels tant qu'ils
subsisteront, les maitres et gardes, syndics et jurez desdits corps et communautés
d'arts et métiers seront tenus des comptes annuellement par bref etat, dans les
formes ordinaires; et à l'égard de tous les autres droits portés par l'édit du mois
de juin 1710 ils demeureront éteints et supprimés, comme de fait nous les éteignons et supprimons par notre présent édit. . . . . Donné à Versailles au mois de
décembre l'an de grâce mil sept cens trente et quatre.

——————

LVIII

1735, 6 décembre.

*Arrêt du conseil d'État du Roi sur le recouvrement de la capitation
des corps de marchands et communautés d'arts et métiers* [1].

Préf. de police, Coll. Lamoignon, t. XXXI, fol. 559.

Le Roy étant informé qu'il est dû des sommes considérables sur l'imposition
de la capitation des marchands et communautés d'arts et métiers de la ville et
fauxbourgs de Paris et que, pour en assurer et accélérer le recouvrement il convient d'oster tous prétextes aux gardes jurés et sindics de ces différens corps et communautés, de différer l'appurement des parties en reste des années précédentes,
et de diminuer les non valeurs qui se trouvent excéder considérablement les
sommes augmentées dans les rolles pour y suppléer; et Sa Majesté s'étant fait re-

[1] La capitation était une cote mobilière et per-
sonnelle, s'étendant à toutes les classes de la société, nobles et autres; elle était levée spécialement
comme impôt de guerre et distribuée par états.

Plusieurs pièces ont trait au rôle de capitation
des métiers :

18 janvier 1695. — Déclaration pour établissement d'une capitation générale par feux et familles
pendant la durée dela guerre. (Arch. nat., Ordonn.,
XXXV° vol. de Louis XIV, X, 8689, fol. 888.)

12 mars 1701. — Tarif pour la distribution des
classes et règlement des taxes de la capitation générale en 28 articles. (Ordonn. XLI° vol. de
Louis XIV, X, 8695 fol. 735.)

13 mai 1721. — Règlement pour la capitation
des métiers. (Lamoignon, t. XXVII, fol. 246.)

14 janvier et 3 juin 1738. — Mêmes règlements
sur le recouvrement de la capitation. (Lamoignon.
t. XXXIII, fol. 13 et 131.)

Nous transcrivons seulement l'arrêt du 6 décembre 1735, parce qu'il est le plus complet sur
cette question.

présenter l'arrest de son conseil, du 13 décembre 1718, portant réglement pour la même imposition sur les bourgeois et habitans de ladittc ville de Paris, dont l'exécution a assuré le recouvrement, elle a jugé à propos d'assujettir également les propriétaires et principaux locataires des maisons desdits marchands et maitres desdits corps et communautés, à se faire représenter les quittances de la capitation par les marchands, ouvriers et artisans qui sont leurs locataires, de quelques corps et communautés qu'ils soient, à peine d'en demeurer responsables en leurs propres et privez noms; à quoi voulant pourvoir, ouy le rapport du sieur Orry, conseiller du Roy au conseil royal, controlleur général des finances, Sa Majesté étant en son conseil a ordonné et ordonne :

1. Que la déclaration du 18 janvier 1695 pour l'établissement de la capitation, celle du 12 mars 1701, ensemble les arrèts et réglemens rendus depuis à l'occasion du recouvrement, seront exécutés selon leur forme et teneur; en conséquence que tous marchands des six corps de la ville de Paris, les maitres et veuves de maitres des communautés d'arts et métiers, seront tenus de payer les sommes auxquelles ils sont compris dans les rolles arrêtés par le sieur lieutenant général de police, pour les années précédentes dans le courant du mois de janvier prochain, et pour ce qui sera dû de la présente année dans le mois de mars aussy prochain pour tout délai, et faute par eux d'y satisfaire dans ledit temps, ils y seront contraints par les voyes prescrites par lesdits réglements et ainsi qu'il est accoutumé pour les deniers et affaires de Sa Majesté.

2. Ordonne Sa Majesté, conformément à l'article iii dudit arrest du 13 décembre 1718 que tous propriétaires habitans leurs maisons ou principaux locataires, qui, au préjudice des arrets et réglemens des 7 février 1696, 21 juin 1701, 5 juillet et 24 décembre 1711 auront laissé déloger les particuliers des corps et communautés, redevables de ladittc capitation, seront contraints au payement des sommes dont lesdits particuliers se trouveront relicataires pour les années qu'ils auront occupé leurs maisons; et même pour celle entière dans laquelle ils auront changé de domicile, sauf aux dits propriétaires ou principaux locataires d'exercer leur recours et de poursuivre lesdits redevables, ainsy et de la même manière que l'auroient fait les gardes, prévosts, syndics et jurés préposés, et ce, sans que lesdits propriétaires ou principaux locataires puissent en être déchargés sous quelque prétexte que ce soit, même en indiquant la demeure desdits redevables, à moins qu'ils ne justifient de la perte de leurs loyers, ou qu'ils ont donné avis par écrit auxdits gardes, prévosts, syndics et jurés préposés, du congé de leurs locataires, un mois auparavant leur déménagement. Enjoint Sa Majesté, auxdits gardes, prévosts, syndics et jurés de fournir aux propriétaires et principaux locataires leur reconnaissance de l'avis qu'ils leur auront donné desdits congés, et ce sans frais.

3. Et pour mettre lesdits propriétaires et principaux locataires en état de s'assurer du payement de la capitation de ceux qui voudront déloger de leurs

maisons, ils pourront, conformément auxdits arrests, faire saisir et arrêter leurs meubles avant leur déménagement, faute par lesdits particuliers de justifier du payement de leur capitation, et de leur remettre à leur première réquisition le double de leurs quittances que lesdits gardes, prévosts, syndics et jurés préposés seront tenus d'expédier gratuitement.

4. Lesdits gardes, prévosts, syndics et jurés comptables qui auront négligé de faire leurs dilligences en conséquence de l'avis qui leur aura été donné par le propriétaire ou principal locataire, du congé du particulier délogeant, demeureront responsables, en leur propre et privé nom, des sommes qui leur sont dues, chacun pour les années dont ils sont chargés du rolle, sans qu'elles puissent être allouées dans les comptes qu'ils rendront dudit recouvrement.

5. Et attendu que les modérations et décharges qui ont été jusqu'à présent accordées au lieu d'avoir acceleré le recouvrement et la reddition des comptes, n'a fait que les retarder par la negligence de ceux qui les ont obtenues..... Fait Sa Majesté defense auxdits gardes, prévosts, syndics et jurés préposés d'y avoir aucun égard, après ledit temps.

6. Defend Sa Majesté auxdits gardes, prevosts, syndics, jurés et preposés pour la recette de laditte capitation, de recevoir aucunes des moderations et decharges qui seront expediées à l'avenir, après le mois expiré de leur datte, à peine d'en répondre en leur propre et privé nom.

7. Les marchands ou maitres de quelque corps et communauté que ce soit, qui auront chez eux, soit en qualité de garçons de boutique ou de compagnons, des particuliers reçus marchands ou maitres, et compris en cette qualité dans les rolles desdits corps et communautés, seront responsables de la capitation à laquelle ils se trouveront imposés dans lesdits rolles, en payement de laquelle ils seront contraints comme pour leurs capitations personnelles, sauf auxdits marchands et maitres de retenir le montant de ce qu'ils auront payé sur leurs gages et salaires. Veut Sa Majesté que les pères et mères qui auront chez eux de leurs enfants reçus marchands ou maitres soient pareillement responsables de la capitation à laquelle leursdits enfants auront été employés dans les rolles de leurs corps ou communautés, sauf à eux à se pourvoir pour le remboursement des sommes qu'ils auront payées, ainsy qu'ils aviseront.

8. Les marchands, artisans et les veuves qui auront renoncé à leur corps ou communauté et qui, en conséquence de cette renonciation, n'exercent plus leur commerce art ou métier, ne seront point compris dans les rolles de l'année qui suivra celle dans laquelle ils ont fait leur renonciation, conformément à ce qui est porté par les precedents arrêts, et seront compris dans les rolles de la capitation des bourgeois de Paris.

9. Ordonne Sa Majesté que la capitation continuera d'être payée dans les délais prescrits par les déclarations, arrêts et réglemens, faute de quoy seront les

redevables contraints par les voyes et sous les peines portées par la déclaration du 12 mars 1701.

10. Que les lieutenant général de police et notre procureur audit Chatellet dressent l'estat de repartition des taxes des corps des marchands et des communautez d'arts et metiers qui sont de leur juridiction pour en estre ensuitte arresté un rolle en nostre conseil.

11. Veut Sa Majesté, que lesdits gardes, prévosts, syndics et jurés chargés de la capitation des années precedentes, jusques et y compris l'année 1734, fassent toutes les diligences et poursuites nécessaires pour recouvrer les sommes qui leur restent deues, et qu'ils en rendent les comptes dans le courant de la présente année, et qu'à l'égard de ceux qui sont chargés du recouvrement de l'imposition de l'année précédente, ils fassent le recouvrement, dans le délai prescrit par l'article 1er du present arrest, et qu'ils rendent leurs comptes dans le courant de l'année prochaine.

12. Défend Sa Majesté aux gardes, syndics, prévosts et jurés, chargés de la confection des rolles de la capitation de s'imposer auxdits rolles, dans les années de leur charge, à des sommes au dessous de celles qu'ils payoient l'année precedente, ainsy qu'il a été ordonné par les precedents arrests, à peine d'être imposés au triple de la somme dont ils se sont moderés, qui sera employé à la décharge des plus pauvres marchands ou maitres de leur corps ou communauté.

13. Et afin qu'à l'avenir les préposés chargés par les corps et communautés du recouvrement de leurs capitations, puissent être plus promptement en état de recevoir les deniers de ladite imposition, ordonne Sa Majesté aux gardes, prévosts, syndics et jurés en charge, de remettre leurs rolles et etats de repartition au sieur lieutenant general de police, depuis le 1er janvier de chaque année, jusques et y compris le dernier février, pour être par lui arrêtés, à peine de demeurer responsables en leurs noms, des sommes à quoi les corps et communautés seront comprises dans l'etat général de l'imposition. Enjoint pareillement Sa Majesté auxdits gardes, prévosts, syndics et jurés de faire leurs rolles, en leur âme et conscience, avec toute l'équité et la justice possible, sans vues ni considération particulières, en sorte que chaque redevable soit taxé suivant la proportion de son travail, commerce et faculté.

14. Défend en outre Sa Majesté auxdits gardes, prévosts, syndics et jurés desdits corps et communautés, d'employer dans leurs rolles des marchands ou maitres décédés avant l'année pour laquelle ils feront leur imposition, ou gens inconnues, sans aveu ny qualité, à peine de demeurer responsables de l'imposition, en leur propre et privé nom.

Fait au conseil d'État du Roy, Sa Majesté y estant, tenu à Versailles le 6e jour du mois de décembre mil sept cent trente cinq.

LIX

1745, février.

Édit du Roi portant création d'offices d'inspecteurs-contrôleurs des maîtres et gardes dans les corps de marchands et des jurés dans les communautés d'arts et métiers, avec autorisation d'union de ces offices aux communautés.

Arch. nal., Ordonn. enregistrées au Parlement, X 1ᵉ 8748, fol. 409.
Coll. Lamoignon, t. XXXVI, fol. 207 *bis.*

Louis par la grace de Dieu, Roy de France et de Navarre, à tous présens et à venir salut. Les depenses auxquelles nous expose la continuation de la guerre, nous mettent dans la necessité de nous procurer de nouveaux secours. Et comme nous désirons user à cet effet des moyens qui nous paroissent être les moins onereux à nos sujets, et qu'il nous a été representé qu'il avoit été ci-devant créé dans les corps des marchands et dans les communautés des arts et métiers, differens offices qui, quoique reunis alors par ces corps et communautés, ne leur sont point onereux, attendu qu'au moyen de la jouissance qu'ils ont eue depuis cette reunion, et qu'ils ont encore des gages et droits qui y ont été attribuez, ils se sont libérés de la plus grande partie des sommes qu'ils avoient empruntées pour en payer la finance, nous nous sommes déterminés avec d'autant plus de facilité à créer de nouveaux offices dans lesdits corps et communautés, que la reunion qu'ils pourront en faire ne leur sera point à charge, eu égard à la jouissance qu'ils auront des gages et droits que nous nous proposons d'y attacher.

A ces causes et autres à ce nous mouvant, de notre certaine science, pleine puissance et autorité royale, nous avons par le present édit perpetuel et irrévocable créé et érigé, créons et érigeons en titres formez et héréditaires, tant dans notre bonne ville de Paris, que dans toutes les autres villes et bourgs clos de notre royaume, pays, terres et seigneuries de notre obeissance, où il y a presentement maitrises et jurandes, des inspecteurs et contrôleurs des maitres et gardes dans les corps des marchands, et des inspecteurs et contrôleurs des jurés dans les communautés d'arts et métiers; et pareils offices d'inspecteurs et contrôleurs des syndics établis parmi les marchands et artisans qui n'ont ni maitrise ni jurande, au nombre fixé par les rolles qui seront arrêtez en notre conseil. Auxquels offices il sera par nous pourvu de personnes capables, moyennant la finance fixée par lesdits rolles, qui sera payée au tresorier de nos revenus casuels et les deux sols par livre d'icelle. Et pour donner moyen auxdits inspecteurs et contrôleurs de soutenir les fonctions de leurs offices, nous avons créé et creons quatre cens mille livres de gages actuels et effectifs par chacun an, que nous leur avons attribuez et attribuons, pour être reparties entr'eux sur le pied du denier vingt de la finance principale qu'ils nous

auront payée pour l'aquisition de leurs offices, pour en être l'emploi fait annuellement dans nos états des recettes generales des finances, à commencer du premier janvier de la présente année, et leur en être fait le payement, chacun à leur
égard, sur leur simple quittance, par le receveur general en exercice dans la
generalité de Paris, pour les offices creez dans notre bonne ville de Paris, et par
les receveurs des tailles de chaque election pour les autres villes et bourgs de
notre royaume. Pourront les acquereurs desdits offices les exercer sur les simples
quittances de finance du tresorier de nos revenus casuels, et ce, sans être obligez
d'obtenir aucunes lettres de provisions, dont nous les avons dispensez et dispensons; et seront reçus installez et mis en possession, en conséquence desdittes
quittances de finance, en prêtant par eux serment devant les juges de police de
bien et fidèllement s'acquitter du devoir de leur charge..... Avons aussi attribuez et attribuons auxdits offices creez par le présent édit, dans les corps et communautés de la ville de Paris, le droit de six livres pour chaque réception à la
maîtrise desdits corps et communautés, et celui de six livres pour chaque ouverture de boutique et exercice de profession, dont ont joui ou ont dû jouir lesdits
corps et communautés, conformement à notre édit du mois de decembre 1734 [1]
pour les indemniser du remboursement qu'ils ont fait des offices creez par notre
édit du mois de juin 1710, et dont la jouissance appartiendra auxdits inspecteurs
et contrôleurs, à commencer du jour de leur reception auxdits offices, au lieu
desdits corps et communautés, qui cesseront de les percevoir à leur profit du
jour de la date de notre present édit. A l'égard des inspecteurs et controleurs des
syndics établis par l'édit du mois de decembre 1691 [2] parmi les marchands et
artisans qui n'ont ni maitrise ni jurande, nous leur attribuons les mêmes fonctions,
droits prerogatives et privilèges accordez par le present édit aux offices d'inspecteurs et controleurs des corps et communautés dans lesquels il y a maitrise et
jurande. Ordonnons qu'en cas qu'il y ait quelques villes et bourgs du royaume
dans lesquels il n'y auroit point encore de syndics d'établis, les dits officiers, inspecteurs et controleurs présentement creez en fassent les fonctions..... Et
néanmoins pour marquer la continuation de notre attention et bienveillance pour
les corps des marchands et communautés des arts et métiers de notre royaume,
autorisons les dits corps et communautés à réunir, chacun en droit soi, lesdites
charges d'inspecteurs et controleurs. Et en faisant ladite réunion par les corps et
communautés d'arts et métiers de notre bonne ville de Paris dans trois mois, et
par les corps et communautés des autres villes de notre royaume dans six mois,
à compter du jour de la publication du présent édit, nous entendons qu'ils
jouissent de tous les droits et gages attribuez auxdits offices par notre présent

---

[1] Voir ci-dessus, pièce n° LVII.
[2] Voir ci-dessus, pièce n° XL.

édit, à l'effet de quoi nous leur donnons toute préférence dans les termes ci-dessus marquez[1]..... Donné à Versailles au mois de février l'an de grâce mil sept cent quarante cinq.

LX

1767, mai et 19 juin.

*Édit accordant des lettres de maîtrise et prescrivant aux artisans libres
de se conformer aux règlements des communautés d'arts et métiers.*

Arch. nat., Ordonn., LXIX° vol. de Louis XV, X 1° 8782, fol. 204 v°. — Isambert, Lois françaises, t. XXII, p. 468.

Louis, par la grâce de Dieu, Roy de France et de Navarre, à tous presens et à venir, salut. Le desir que nous avons de rendre le commerce de notre royaume de plus en plus florissant, nous a fait chercher les moyens qui pourroient concourir à remplir un objet si interessant pour nos sujets; un de ceux qui peuvent le plus y contribuer, est de favoriser l'industrie dans les différentes professions d'arts et métiers. C'est dans ce point de vue que nous nous occupons des moyens de parvenir à fixer d'une manière plus modérée les frais de réception dans les maitrises, qui sont devenus excessifs par l'espèce d'arbitraire qui s'est introduit à cet égard dans les corps et communautés d'arts et métiers; mais, comme nous avons été informé qu'il se trouve un grand nombre de compagnons et aspirans de chacun métier qui ne peuvent acquérir la maitrise, par l'impuissance de subvenir à la dépense des frais actuels, nous n'avons pas crû, par une suite du même motif, devoir différer de venir à leur secours, pour empêcher qu'ils ne portent leur industrie chez l'étranger, et pour procurer l'établissement d'un grand nombre de familles utiles à notre royaume. C'est ce qui nous a déterminé à nous servir du droit qui nous appartient, et dont les différents événements de notre règne, où, à l'exemple des Rois nos prédécesseurs, nous aurions pû l'exercer, nous laissent aujourd'hui le libre usage pour établir, en faveur desdits compagnons et aspirans dans les différents corps et communautés d'arts et métiers, un certain nombre de brevets ou privilèges que nous accorderons à ceux d'entre eux que nous jugerons convenables, et qui leur tiendront lieu de maîtrise. Nous avons cru en même temps devoir pourvoir au maintien des édits et réglemens relativement, tant aux professions d'arts et métiers qu'à celles qui intéressent le commerce, et qui, n'étant

---

[1] Suit la liste des métiers pour le tarif des droits perçus par an sur chaque maître à l'occasion de l'office des inspecteurs-contrôleurs : les six corps en tête et les métiers sans distinction de classes. Chaque maître brasseur paye 24 livres; le maître drapier 15 livres, le boucher 6 livres, le bouquetier dix sols. Ce sont les prix extrèmes. Ces offices furent tous unis à leurs communautés respectives à partir de juillet 1745. (Voir Lamoignon, XXXVI° et XXXVII° vol., *passim.*)

point en corps de jurande, se sont soustraites sous ce prétexte à l'inspection des
magistrats de police, au préjudice desdits édits et réglemens, et notamment de
ceux des mois de décembre 1581, avril 1597, mars 1673, décembre 1691 et février 1745 [1]. A ces causes et autres a ce nous mouvans, de l'advis de nostre conseil
et de nostre certaine science pleine puissance et autorité royale, nous avons par
le présent édit perpétuel et irrévocable, dit et ordonné, disons, statuons et ordonnons, voulons et nous plaist, qu'il soit par nous accordé a ceux desdits compagnons et aspirans à la maitrise qu'il nous plaira choisir, des brevets ou lettres de
priviléges qui leur tiendront lieu desdites maitrises et que nous créons à cet effet,
savoir : douze en chacun des corps d'arts et métiers de notre bonne ville de Paris;
huit dans chacune des villes où il y a cour supérieure; quatre dans celles où
il y a présidial, baillage ou seneschaussée et deux dans toutes les autres villes et
lieux où il y a jurande; de l'effet desquels brevets ou lettres de priviléges ils jouiront en se faisant par eux recevoir, sans être tenus de payer aucuns frais de réception ni de formalité du chef-d'œuvre, apprentissage et compagnonnage, dont
nous les avons dispensé et dispensons. Ordonnons à l'esgard de ceux qui exercent
des professions d'arts et métiers, ou autres qui intéressent le commerce et qui ne
sont point encore de jurande, qu'ils seront tenus de se conformer aux edits et réglemens susdits, enjoignant à nos juges de police et aux juges seigneuriaux ayant
la juridiction de la police d'y tenir la main... Donné à Marly, au mois de may,
l'an de grâce 1767 et de notre règne le 52e. Registré au parlement le dix neuf
juin mil sept cent soixante sept.

LXI

1776, février.

Édit du roi [2] *portant suppression des jurandes et communautés de commerce,
arts et métiers.*

Arch. nat., Ordonn. enregistrées au parlement, VIIe vol. de Louis XVI, X 1^r 8814, fol. 26 à 42.

Louis par la grâce de Dieu, roy de France et de Navarre, à tous présens et avenir, salut. Nous devons à tous nos sujets de leur assurer la jouissance pleine et

---

[1] Les édits du xvie siècle prescrivent l'établissement des métiers en jurandes; celui de 1673
étend encore cette obligation. Les édits de 1691
et 1745 créaient les offices de jurés et d'inspecteurs
et autorisaient l'union de ces offices à chaque communauté.

[2] Cet édit a été non seulement inspiré par Turgot, mais rédigé par lui-même. Il fut imprimé avec
l'édit suivant et divers arrêts en 1779; Paris, Simon,
petit in-4° de 287 pages. Il est inséré dans Isambert, *Lois françaises*, t. XXIII, p. 370. Nous avons
collationné le texte sur les ordonnances du Parlement. Malgré l'opposition de la cour il fut enregistré le mois suivant.

entière de leurs droits; nous devons surtout cette protection à cette classe
d'hommes qui, n'ayant de propriété que leur travail et leur industrie, ont d'autant le besoin et le droit d'employer dans toutte leur étendue les seules ressources
qu'ils ayent pour subsister.

Nous avons vu avec peine les atteintes multipliées qu'ont données à ce droit
naturel et commun des institutions anciennes à la vérité, mais que ni le tems,
ni l'opinion, ni les actes même émanés de l'autorité qui semble les avoir consa-
crées, n'ont pu légitimer.

Dans presque toutes les villes de notre royaume, l'exercice des différents arts
et métiers est concentré dans les mains d'un petit nombre de maitres réunis en
communauté, qui peuvent seuls, à l'exclusion de tous autres citoyens, fabriquer
ou vendre les objets de commerce particulier dont ils ont le privilége exclusif; en
sorte que ceux de nos sujets qui, par goût ou par nécessité, se destinent à l'exercice des arts et métiers ne peuvent y parvenir qu'en acquérant la maîtrise, à laquelle ils ne sont reçus qu'après des épreuves aussi longues et aussi nuisibles que
superflues, et après avoir satisfait à des droits ou à des exactions multipliées, par
lesquelles une partie des fonds, dont ils auroient eu besoin pour monter leur commerce ou leur atelier, ou même pour subsister, se trouve consommée en pure
perte.

Ceux dont la fortune ne peut suffire à ces pertes sont réduits à n'avoir qu'une
subsistance précaire sous l'empire des maîtres, à languir dans l'indigence, ou à
porter hors de leur patrie une industrie qu'ils auroient pû rendre utile à l'Etat.

Toutes les classes de citoyens sont privées du droit de choisir les ouvriers qu'ils
voudroient employer, et des avantages que leur donneroit la concurrence pour le
bas prix et la perfection du travail. On ne peut souvent exécuter l'ouvrage le plus
simple sans recourir à plusieurs ouvriers de communautés différentes, sans essuyer
les lenteurs, les infidélités, les exactions que nécessitent ou favorisent les prétentions de ces différentes communautés, et les caprices de leur régime arbitraire et
intéressé.

Ainsi les effets de ces établissements sont, à l'égard de l'Etat, une diminution
inappréciable de commerce et de travaux industrieux; à l'égard d'une nombreuse
partie de nos sujets, une perte de salaires et de moyens de subsistance; à l'égard
des habitants des villes en général, l'asservissement à des priviléges exclusifs, dont
l'effet est absolument analogue à celui d'un monopole effectif, monopole dont ceux
qui l'exercent contre le public, en travaillant et vendant, sont eux-mêmes les
victimes, dans tous les moments où ils ont à leur tour besoin des marchandises ou
du travail d'une autre communauté. Ces abus se sont introduits par degrés. Ils
sont originairement l'ouvrage de l'intérêt des particuliers qui les ont établis contre
le public; c'est après un long intervalle de temps que l'autorité, tantôt surprise,
tantôt séduite par une apparence d'utilité, leur a donné une sorte de sanction.

La source du mal est dans la faculté même, accordée aux artisans d'un même
métier, de s'assembler et de se réunir en un corps.

Il paroit que, lorsque les villes commencèrent à s'affranchir de la servitude féo-
dale, et à se former en communes, la facilité de classer les citoyens par le moyen
de leur profession introduisit cet usage inconnu jusqu'alors. Les différentes professions devinrent ainsi comme autant de communautés particulières dont la communauté générale était composée. Les confréries religieuses, en resserrant encore
les liens qui unissoient entre elles les personnes d'une même profession, leur
donnèrent des occasions plus fréquentes de s'assembler et de s'occuper, dans ces
assemblées, de l'intérêt des membres de la société particulière, qu'elles poursui-
virent avec une activité continue, au préjudice de la société générale.

Les communautés, une fois formées, rédigèrent des statuts et, sous différents
prétextes du bien public, les firent authoriser par la police.

La base de ces statuts est d'exclure du droit d'exercer le métier quiconque n'est
pas membre de la communauté; leur esprit général est de restraindre le plus
possible, le nombre des maîtres, de rendre l'acquisition de la maîtrise d'une difficulté presque insurmontable pour tout autre que pour les enfants des maîtres
actuels. C'est à ce but que sont dirigées la multiplicité des frais et des formalités
de réception, les difficultés du chef-d'œuvre, toujours jugé arbitrairement, surtout
la chèreté et la longueur inutile des apprentissages, et la servitude prolongée du
compagnonage, institutions qui ont encore l'objet de faire jouir les maîtres gratuitement pendant plusieurs années du travail des aspirants.

Les communautés s'occupèrent surtout d'écarter de leur territoire les marchandises et les ouvrages des forains; elles s'appuyèrent sur le prétendu avantage
de bannir du commerce des marchandises qu'elles supposoient être mal fabriquées. Ce motif les conduisit à demander pour elles-mêmes des règlemens d'un
nouveau genre tendant à proscrire la qualité des matières premières, leur emploi
et leur fabrication. Ces règlemens, dont l'exécution en fut confiée aux officiers des
communautés, donnèrent à ceux-ci une autorité qui devint un moyen, non seulement d'écarter encore plus sûrement les forains, sous prétexte de contravention,
mais encore d'assujetir les maîtres même de la communauté à l'empire des chefs,
et de les forcer, par la crainte d'être poursuivis pour des contraventions supposées,
à ne jamais séparer leur intérêt de celui de l'association, et par conséquent à se
rendre complices de toutes les manœuvres inspirées par l'esprit de monopole aux
principaux membres de la communauté.

Parmi les dispositions déraisonnables et diversifiées à l'infini de ces statuts,
mais toujours dictées par le plus grand intérêt des maîtres de chaque communauté,
il en est qui excluent entièrement tous autres que les fils de maîtres, ou ceux qui
épousent des veuves de maîtres; d'autres rejettent tous ceux qu'ils appellent
étrangers, c'est à dire ceux qui sont nés dans une autre ville.

Dans un grand nombre de communautés il suffit d'être marié pour être exclu de l'apprentissage, et par conséquent de la maîtrise.

L'esprit de monopole, qui a présidé à la confection de ces statuts, a été poussé jusqu'à exclure les femmes des métiers les plus convenables à leur sexe, tels que la broderie, qu'elles ne peuvent exercer pour leur propre compte.

Nous ne suivrons pas plus loin l'énumération des dispositions bizarres, tyranniques, contraires à l'humanité et aux bonnes mœurs dont sont remplis ces espèces de codes obscurs, rédigés par l'avidité, adoptés sans examen, dans des temps d'ignorance, et auxquels il n'a manqué, pour être l'objet de l'indignation publique, que d'être connus.

Ces communautés parvinrent cependant à faire autoriser, dans toutes les villes principales, leurs statuts et leurs priviléges, quelquefois par des lettres de nos prédécesseurs, obtenues sous différents prétextes ou moyennant finance, et dont on leur a fait acheter la confirmation de règne en règne, souvent par des arrêts de nos cours, quelquefois par de simples jugements de police, ou même par le seul usage. Enfin l'habitude prévalut de regarder ces entraves mises à l'industrie comme un droit commun. Le gouvernement s'accoutuma à se faire une ressource de finance des taxes imposées sur ces communautés et de la multiplication de leurs priviléges.

Henri III donna par son édit de décembre 1581 à cette institution l'étendue et la forme d'une loi générale. Il établit les arts et métiers en corps et communautés dans toutes les villes et lieux du royaume. Il assujettit à la maîtrise et à la jurande tous les artisans. L'édit d'avril 1597 en aggrava encore les dispositions, en assujettissant tous les marchands à la même loi que les artisans. L'édit de mars 1673, purement bursal, en ordonnant l'exécution des deux précédents, a ajouté au nombre des communautés déjà existantes, d'autres communautés jusqu'alors inconnues.

La finance a cherché de plus en plus à étendre les ressources qu'elle trouvoit dans l'existence de ces corps. Indépendamment des taxes des établissements de communautés et de maîtrises nouvelles, on a créé dans les communautés des offices, sous différentes dénominations, et on les a obligées de racheter ces offices au moyen d'emprunts qu'elles ont été autorisées à contracter, et dont elles ont payé les intérêts avec le produit des gages ou des droits qui leur ont été aliénés.

C'est sans doute l'appât de ces moyens de finance qui a prolongé l'illusion sur le préjudice immense que l'exercice des communautés cause à l'industrie, et sur l'atteinte qu'elle porte au droit naturel. Cette illusion a été portée chez quelques personnes jusqu'au point d'avancer que le droit de travailler étoit un droit royal, que le prince pouvoit vendre, et que les sujets devoient acheter. Nous nous hâtons de rejetter une pareille maxime.

Dieu en donnant à l'homme des besoins, en lui rendant nécessaire la ressource du travail, a fait du droit de travailler la propriété de tout homme, et cette propriété est la première, la plus sacrée et la plus imprescriptible de toutes.

Nous regardons comme un des premiers devoirs de notre justice, et comme un des actes les plus dignes de notre bienfaisance, d'affranchir nos sujets de toutes les atteintes portées à ce droit inaliénable de l'humanité. Nous voulons en conséquence abroger ces institutions arbitraires, qui ne permettent pas à l'indigent de vivre de son travail, qui repoussent un sexe à qui sa faiblesse a donné plus de besoins et moins de ressources, et semblent en les condamnant à une misère inévitable seconder la séduction et la débauche; qui éloignent l'émulation et l'industrie, et rendent inutiles les talents de ceux que les circonstances excluent de l'entrée de la communauté; qui privent l'État et les arts de toutes les lumières que les étrangers y apporteroient, qui retardent le progrès des arts par les difficultés multipliées que rencontrent les inventeurs, auxquels différentes communautés disputent le droit d'exécuter des découvertes qu'elles n'ont point faites; qui par les frais immenses que les artisans sont obligés de payer pour acquérir la faculté de travailler, par les exactions de toute espèce qu'ils essuient, par les saisies multipliées pour de prétendues contraventions, par les dépenses et les dissipations de tout genre, par les procès interminables qu'occasionnent entre ces communautés leur prétentions respectives sur l'étendue de leurs priviviléges exclusifs, surchargent l'industrie d'un impôt énorme, onéreux aux sujets, sans aucun fruit pour l'État; qui enfin, par la facilité qu'elle donne aux membres des communautés de se liguer entre eux, de forcer les membres les plus pauvres à subir la loi des riches, deviennent un instrument de monopole, et favorisent des manœuvres dont l'effet est de hausser, au-dessus de leur proportion naturelle, les denrées les plus nécessaires à la subsistance du peuple.

Nous ne serons point arrêté dans cet acte de justice par la crainte qu'une foule d'artisans n'usent de la liberté rendue à tous pour exercer des métiers qu'ils ignorent, et que le public ne soit inondé d'ouvrages mal fabriqués; la liberté n'a pas produit ces fâcheux effets dans les lieux où elle est établie depuis longtemps. Les ouvriers des faubourgs et autres lieux privilégiés ne travaillent pas moins bien que ceux de l'intérieur de Paris. Tout le monde sait d'ailleurs combien la police des jurandes, quant à ce qui concerne la perfection des ouvrages, est illusoire, et que tous les membres des communautés étant portés par esprit de corps à se soutenir les uns les autres, un particulier qui se plaint se voit presque toujours condamné, et se lasse de poursuivre de tribunaux en tribunaux une justice plus dispendieuse que l'objet de la plainte.

Ceux qui connoissent la marche du commerce savent aussi que toute entreprise importante de trafic ou d'industrie exige le concours de deux espèces d'hommes; d'entrepreneurs qui font les avances des matières premières, des ustensiles nécessaires à chaque commerce, et de simples ouvriers qui travaillent pour le compte des premiers, moyennant un salaire convenu. Telle est la véritable origine de la distinction entre les entrepreneurs ou maitres, et les ouvriers ou compagnons, laquelle est fondée sur la nature des choses et ne dépend point de l'institution arbitraire des jurandes. Certainement ceux qui emploient dans un commerce leurs capitaux ont le plus grand intérêt à ne confier leurs matières qu'à de bons ouvriers, et l'on ne doit pas craindre qu'ils en prennent au hazard de mauvais qui gâteroient la marchandise et rebuteroient les acheteurs. On doit présumer aussi que les entrepreneurs ne mettront pas leur fortune dans un commerce qu'ils ne connaîtroient point assez, pour être en état de choisir les bons ouvriers et de surveiller leur travail. Nous ne craindrons donc point que la suppression des apprentissages, des compagnonages et des chefs-d'œuvre expose le public à être mal servi. Nous ne craindrons pas non plus que l'affluence subite d'une multitude d'ouvriers nouveaux ruine les anciens et occasionne au commerce une secousse dangereuse. Dans les lieux où le commerce est le plus libre, le nombre des marchands et ouvriers de tout genre est toujours limité et nécessairement proportionné aux besoins, c'est à dire à la consommation. Il ne passera point cette proportion dans les lieux où la liberté sera rendue, aucun nouvel entrepreneur ne voudroit risquer sa fortune en sacrifiant ses capitaux à un établissement dont le succès pourroit être douteux, et où il y auroit à craindre la concurrence de tous les maitres actuellement établis, et jouissant de l'avantage d'un commerce monté et achalandé.

Les maitres qui composent actuellement les communautés, en perdant le privilége exclusif qu'ils ont comme vendeurs, gagneront comme acheteurs à la suppression du privilége exclusif de toutes les autres communautés, les artisans y gagneront l'avantage de ne plus dépendre, dans la fabrication de leurs ouvrages, des maitres de plusieurs autres communautés, dont chacune réclamoit le privilége de fournir quelques pièces indispensables; les marchands y gagneront de pouvoir vendre tous les assortimens accessoires à leur principal commerce. Les uns et les autres y gagneront surtout de n'être plus dans la dépendance des chefs et des officiers de leur communauté, de n'avoir plus à leur payer des droits de visite fréquens, d'être affranchis d'une foule de contributions pour des dépenses inutiles ou nuisibles, frais de cérémonies, de repas, d'assemblées et de procès, aussi frivoles par leur objet que ruineux par leur multiplicité.

En supprimant ces communautés pour l'avantage général de nos sujets, nous devons à ceux de leurs créanciers légitimes qui ont contracté avec elles, sur la foy de leur existence autorisée, de pourvoir à la sureté de leur créance. Les dettes des communautés sont de deux classes; les unes ont eu pour causes des emprunts faits par les communautés, dont les fonds ont été versés en notre trésor royal, pour l'acquisition d'offices créés qu'elles ont réunis; les autres ont pour causes les emprunts qu'elles ont été autorisées à faire pour subvenir à leurs propres dépenses de tout genre. Les gages attribués à ces offices et les droits que les communautés ont été autorisées à lever, ont été affectés jusqu'ici au paiement des intérêts des dettes de la première classe, et même en partie au remboursement des capitaux. Il continuera d'être fait fonds des mêmes gages dans nos états, et les mêmes droits continueront d'être levés en notre nom, pour être affectés au paiement des intérêts et capitaux de ces dettes jusqu'à parfait remboursement. La partie de ce revenu qui étoit employée par les communautés à leurs propres dépenses, se trouvant libre servira à augmenter les fonds d'amortissement que nous destinerons au remboursement des capitaux. A l'égard des dettes de la seconde classe, nous nous sommes assurés par le compte que nous nous sommes fait rendre de la situation des communautés de notre bonne ville de Paris, que les fonds qu'elles ont en caisse, ou qui leur sont dûs, et les effets qui leur appartiennent, et que leur suppression mettra dans le cas de vendre, suffiront pour éteindre la totalité de ce qui reste à payer de ces dettes, et s'ils ne suffisoient pas, nous y pourvoirons. Nous croyons remplir par là toute justice envers ces communautés; car nous ne pensons pas devoir rembourser à leurs membres actuels, les taxes qui ont été exigées d'elles de règne en règne, pour le droit de confirmation ou de joyeux avènement. L'objet de ces taxes, qui souvent ne sont point entrées dans le trésor de nos prédécesseurs, a été rempli par la jouissance qu'ont eu ces communautés de leur privilége, pendant le règne sous lequel ces taxes ont été payées.

Ce privilége a besoin d'être renouvellé à chaque règne; nous avons remis à nos peuples les sommes que nos prédécesseurs étoient dans l'usage de percevoir à titre de joyeux avènement; mais nous n'avons pas renoncé au droit inaliénable de notre souveraineté, de rappeler à l'examen du privilége accordé trop facilement par nos prédécesseurs, et d'en refuser la confirmation, si nous les jugeons nuisibles au bien de notre État et contraire aux droits de nos autres sujets. C'est par ces motifs que nous nous sommes déterminés à ne point confirmer, et à révoquer expressément les priviléges accordés par nos prédécesseurs aux communautés des marchands et artisans, et à prononcer cette révocation générale pour tout notre royaume, parce que nous devons la même justice à tous nos sujets. Mais cette même justice exigeant qu'au moment où la suppression des communautés sera effectuée, il soit pourvu au paiement de leurs dettes, et les éclaircissements que nous avons demandés, sur la situation de celles qui existent dans les différentes villes de nos provinces, ne nous étant point encore parvenus, nous nous sommes déterminés à suspendre, par un article particulier, l'application de notre présent édit aux communautés des villes de provinces, jusqu'au moment où nous aurons pris les mesures nécessaires pour pourvoir à l'acquittement de leur dettes. Nous sommes à regret forcés d'excepter, quant à présent, de la liberté que nous rendons à toute espèce de commerce et d'industrie, les communautés de barbiers-perruquiers-étuvistes, dont l'établissement diffère de celui des autres communautés de ce genre, en ce que les maitrises de ces professions ont été créées en titres d'offices, dont les finances ont été reçues en nos parties casuelles, avec faculté aux titulaires d'en conserver la propriété, par le paiement du centième denier. Nous sommes obligés de différer l'affranchissement de ce genre d'industrie, jusqu'à ce que nous ayons pu prendre des arrangements pour l'extinction de ces offices, ce que nous ferons aussitôt que la situation de nos finances nous le permettra.

Il est quelques professions dont l'exercice peut donner lieu à des abus qui intéressent ou la foi publique, ou la police générale de l'État, ou même la sureté et la vie des hommes. Ces professions exigent une surveillance et des précautions particulières de la part de l'autorité publique; telles sont les professions de la pharmacie, de l'orfèvrerie, de l'imprimerie. Les règles auxquelles elles sont actuellement assujetties sont liées au système général des jurandes, et sans doute, à cet égard, elles doivent être réformées; mais les points de cette réforme, les dispositions qu'il sera convenable de conserver ou de changer, sont des objets trop importants pour ne pas demander l'examen le plus réfléchi. En nous réservant de faire connaître, dans la suite, nos intentions sur les règles à fixer pour l'exercice de ces professions, nous croyons quant à présent ne devoir rien changer à leur état actuel.

En assurant au commerce et à l'industrie l'entière liberté et la pleine concurrence dont ils doivent jouir, nous prendrons les mesures que la conservation de l'ordre public exige, pour que ceux qui pratiquent les différents négoces, arts et métiers soient connus et constitués en même temps sous la protection et la discipline de la police. A cet effet les marchands et artisans, leurs noms, leurs demeures, leur emploi seront exactement enregistrés; ils seront classés non à raison de leur profession, mais à raison des quartiers où ils feront leur demeure; et les officiers des communautés abrogées seront remplacés avec avantage par des syndics établis dans chaque quartier ou arrondissement, pour veiller au bon ordre, rendre compte aux magistrats chargés de la police et transmettre leurs ordres.

Toutes les communautés ont de nombreuses contestations. Tous les procès qu'une continuelle rivalité avoit élevés entre elles, demeureront éteints par la réforme des droits exclusifs auxquels elles prétendoient. Si à la dissolution des corps et communautés il se trouve quelques procès intentés, ou soutenus en leur nom, qui présentent des objets d'intérêt réel, nous pourvoirons à ce qu'ils soient suivis jusqu'à jugement définitif, pour la conservation des droits de qui il appartiendra. Nous pourvoirons encore à ce qu'un autre genre de contestations, qui s'élèvent fréquemment entre les artisans et ceux qui les emploient, sur le genre, la perfection ou le prix du travail, soient terminées par les voies les plus courtes et les moins dispendieuses.

A ces causes, ordonnons, voulons et nous plaist ce qui suit :

1. Il sera libre à touttes personnes, de quelque qualité et conditions qu'elles

IMPRIMERIE NATIONALE.

soient, même à tous étrangers, encore qu'ils n'eussent point obtenu de nous de lettres de naturalité, d'embrasser et d'exercer, dans tout notre royaume, et notamment dans notre bonne ville de Paris, telle espèce de commerce et telle profession d'arts et métiers que bon leur semblera, même d'en réunir plusieurs; à l'effet de quoi nous avons éteint et supprimé, éteignons et supprimons tous les corps et communautés de marchands et artisans, ainsi que les maitrises et jurandes; abrogeons tous privilèges, statuts et règlements donnés auxdits corps et communautés, pour raison desquels nul de nos sujets ne pourra être troublé dans l'exercice de son commerce et de sa profession, pour quelque cause et sous quelque prétexte que ce puisse être.

2. Et néanmoins seront tenus ceux qui voudront exercer lesdites professions ou commerces, d'en faire préalablement leur déclaration devant le lieutenant général de police, laquelle sera inscrite sur un registre à ce destiné, et contiendra leurs noms, surnoms et demeure, le genre de commerce ou de métiers qu'ils se proposent d'entreprendre, et en cas de changement de demeure, ou de profession, ou de cessation de commerce ou de travail, lesdits marchands et artisans seront également tenus d'en faire leur déclaration sur ledit registre, le tout sans frais, à peine contre ceux qui exerceroient sans en avoir fait la déclaration, de saisie et confiscation des ouvrages et marchandises, et de cinquante livres d'amende. Exceptons néanmoins les maîtres actuels des corps et communautés, lesquels ne seront tenus de faire lesdites déclarations que dans le cas de changement de domicile, de profession, réunion de profession nouvelle, ou cessation de commerce ou de travail. Exceptons encore les personnes qui font actuellement, ou qui voudroient faire par la suite le commerce en gros, notre intention n'étant point de les assujettir à aucunes règles ni formalités, auxquelles les commerçants en gros n'auroient point été sujets jusqu'à présent.

3. La déclaration et l'inscription sur le registre de la police, ordonnées par l'article ci-dessus, ne concernent que les marchands et artisans qui travaillent pour leur propre compte, et vendent au public; à l'égard des simples ouvriers qui ne répondent point directement au public, mais aux entrepreneurs d'ouvrages, ou maîtres pour le compte desquels ils travaillent, lesdits entrepreneurs ou maîtres seront tenus à toute réquisition d'en représenter au lieutenant général de police un état contenant le nom, le domicile et le genre d'industrie de chacun d'eux.

4. N'entendons comprendre dans les dispositions portées par les articles I et II, les professions de la pharmacie, de l'orfèvrerie, de l'imprimerie et librairie, à l'égard desquelles il ne sera rien innové, jusqu'à ce que nous ayons statué sur leur régime, ainsi qu'il appartiendra.

5. Exceptons pareillement des dispositions desdits articles I et II du présent édit, les communautés des maîtres barbiers-perruquiers étuvistes, dans les lieux

où leurs professions sont en charges, jusqu'à ce qu'il en soit par nous autrement ordonné.

6. Voulons que les maîtres actuels des communautés de bouchers et boulangers et autres, dont le commerce a pour objet la subsistance journalière de nos sujets, ne puissent quitter leurs professions qu'un an après la déclaration, qu'ils seront tenus de faire devant le lieutenant général de police, qu'ils entendent abandonner leur profession et commerce, à peine de cinq cents livres d'amende et de plus forte peine s'il y échoit.

7. Les marchands et artisans qui sont assujettis à porter sur un registre le nom des personnes de qui ils achètent certaines marchandises, tels que les orfèvres, les merciers, les fripiers et autres, seront obligés d'avoir et de tenir fidèlement lesdits registres, et de les représenter aux officiers de police à première réquisition.

8. Aucune des drogues dont l'usage peut être dangereux ne pourra être vendue; si ce n'est par les maîtres apothicaires, ou par les marchands qui en auront obtenu la permission spéciale, par écrit du lieutenant général de police, et de plus à la charge d'inscrire sur un registre, paraphé par ledit lieutenant général de police, les noms, qualités et demeures des personnes auxquelles ils en auront vendu, et de n'en vendre qu'à des personnes connues et domiciliées, à peine de mille livres d'amende, même d'être poursuivi extraordinairement, suivant l'exigence des cas.

9. Ceux des arts et métiers dont les travaux peuvent occasionner des dangers ou des incommodités notables, soit au public, soit aux particuliers, continueront d'être assujettis aux règlements de police faits ou à faire, pour prévenir ces dangers et ces incommodités.

10. Il sera formé dans les différents quartiers des villes de notre royaume, et notamment dans ceux de notre bonne ville de Paris, des arrondissements dans chacun desquels seront nommés, pour la première année seulement, et dès l'enregistrement ou lors de l'exécution de notre présent édit, un syndic et deux adjoints, par le lieutenant général de police; et ensuite lesdits syndics et adjoints seront annuellement élus par les marchands et artisans dudit arrondissement, par la voie du scrutin, dans une assemblée tenue à cet effet en la maison et en présence d'un commissaire nommé par ledit lieutenant général de police, lequel commissaire en dressera procès-verbal, le tout sans frais, pour, après néanmoins que lesdits syndics et adjoints auront prêté serment devant ledit lieutenant général de police, veiller sur les commerçants et artisans de leurs arrondissements, sans distinction d'état ou de profession, en rendre compte audit lieutenant général de police, recevoir et transmettre ses ordres, sans que ceux qui seront nommés pour syndics puissent refuser d'en exercer les fonctions, ni que pour raison d'icelles ils puissent exiger ou recevoir desdits marchans ou artisans aucune somme ni pré-

sent, à titre d'honoraires et de rétributions, ce que nous leur défendons expressément, à peine de concussion.

11. Les contestations qui naîtront à l'occasion des malfaçons et défectuosités des ouvrages seront portées devant le sieur lieutenant général de police, à qui nous en attribuons la connoissance exclusivement, pour être, sur le rapport d'expert par lui commis à cet effet, statué sommairement sans frais et en dernier ressort, si ce n'est que la demande en indemnité excedât la valeur de cent livres, auquel cas lesdites contestations seront jugées suivant la forme ordinaire.

12. Seront pareillement portées par devant le sieur lieutenant général de police, pour être par lui jugées sommairement, et sans frais, et en dernier ressort, jusqu'à concurrence de la valeur de cent livres, les contestations qui pourroient s'élever sur l'exécution des engagements à temps, contrats d'apprentissage, et autres conventions faites entre les maîtres et les ouvriers travaillant pour eux, relativement à ce travail ; et dans le cas où l'objet desdites contestations excéderoit la valeur de cent livres, elles seront jugées en la forme ordinaire.

13. Défendons expressément aux gardes jurés ou officiers en charge des corps et communautés, de faire désormais aucune visite, inspection, saisie, d'intenter ou poursuivre aucune action au nom desdites communautés, de convoquer n'y d'assister à aucune assemblée, sous quelque motif que ce puisse être, même sous prétexte d'actes de confrérie, dont nous abrogeons l'usage, et généralement de faire aucune fonction en ladite qualité de gardes-jurés, notamment d'exiger ou de recevoir des membres de leurs communautés, à peine de concussion, exception néanmoins de celles qui pourront nous être dues pour les impositions des membres desdits corps et communautés et dont le recouvrement, tant pour l'année courante que pour ce qui reste à recouvrer des précédentes années, sera par eux fait et suivi dans la forme ordinaire, jusqu'à parfait paiement.

14. Défendons pareillement à tous maîtres, compagnons, ouvriers et apprentis desdits corps et communautés, de former aucune association ni assemblée entre eux, sous quelque prétexte que ce puisse être; en conséquence, nous avons éteint et supprimé, éteignons et supprimons toutes les confréries qui peuvent avoir été établies, tant par les maîtres de corps et communautés, que par les compagnons et ouvriers des arts et métiers, quoique érigées par les statuts desdits corps et communautés, ou par tous autres titres particuliers, même par lettres patentes de nous ou de nos prédécesseurs.

15. A l'égard des chapelles érigées à l'occasion desdites confréries, dotation d'icelles, biens affectés à des fondations, voulons que, par les évêques diocésains, il soit pourvu à leur emploi de la manière qu'ils jugeront la plus utile, ainsi qu'à l'acquittement des fondations, et seront, sur les décrets des évêques, expédiées des lettres patentes adressées à notre cour de parlement.

16. L'édit du mois de novembre 1563, portant création de la juridiction con-

sulaire dans notre bonne ville de Paris[1] et la déclaration du 18 mars 1728, seront exécutés pour L'élection des juges-consuls, en tout ce qui n'est pas contraire au présent édit; en conséquence, voulons que les juges-consuls, en exercice dans ladite ville, soient tenus, trois jours avant la fin de leur année, d'appeler et assembler jusqu'au nombre de soixante marchands, bourgeois de ladite ville, sans qu'il puisse être appelé plus de cinq de chacun des trois corps non supprimés, des apothicaires, orfèvres, imprimeurs-libraires, et plus de vingt-cinq nommés parmi ceux qui exerceront les professions et commerce de drapiers, épiciers, merciers, pelletiers, bonnetiers et marchands de vin, soit qu'ils exercent lesdites professions seulement, ou qu'ils y réunissent d'autres professions de commerce ou d'arts et métiers, entre lesquels seront préférablement admis les gardes, syndics et adjoints desdits trois corps supprimés, ainsi que ceux qui exerceront ou auront exercé les fonctions de syndics ou adjoints des commerçants, dans les différents arrondissements de ladite ville; et, à l'égard de ceux qui seront nécessaires pour remplir le nombre de soixante, seront appelés aussi par lesdits juges et consuls, des marchands et négociants, ou autres notables bourgeois, versés au fait du commerce, jusqu'au nombre de vingt; lesquels soixante ensemble, les cinq juges consuls en exercice et non d'autres, en éliront trente d'entre eux pour procéder dans la forme, et suivant les dispositions portées par ledit édit et ladite déclaration, à l'élection des nouveaux juges et consuls, lesquels continueront de prêter serment en la grande chambre de notre parlement, en la manière accoutumée.

17. Tous procès actuellement existants, dans quelque tribunal que ce soit, entre lesdits corps et communautés, à raison de leurs droits privilèges, ou à quelqu'autre titre que ce puisse être, demeureront éteints en vertu du présent édit. Défendons à tous gardes, jurés, fondés de procuration et autres agents quelconques desdits corps et communautés, de faire aucune poursuite pour raison desdits procès, à peine de nullité, et de répondre en leurs propres et privés noms des dépens qui auront été faits; et à l'égard des procès résultant des saisies d'effets et marchandises ou qui y auroient donné lieu, voulons qu'ils demeurent également éteints, et que lesdits effets et marchandises soient rendus à ceux sur lesquels ils auront été saisis, en vertu de la simple décharge qu'ils en donneront aux personnes qui s'en trouveront chargées ou dépositaires, sauf à pourvoir au paiement des frais faits jusqu'à ce jour sur la liquidation qui en sera faite par le sieur lieutenant général de police, que nous commettons à cet effet, ainsi que pour procéder à celles des restitutions, dommages intérêts et frais qui pourroient être dus a des particuliers, lesquels seront pris, s'il y a lieu, sur les fonds appartenants auxdites communautés, sinon il y sera par nous autrement pourvu.

[1] Édit portant création et établissement de la juridiction des juges et consuls de la ville de Paris et règlement pour leur pouvoir et compétence, contenant 18 articles. Paris, novembre 1563. Enregistré le 18 janvier suivant. Arch. nat., Ordonn. 1ᵉʳ vol. de Charles IX, X 1ᵉ 8624, fol. 237.

18. A l'egard des procès desdits corps et communautés qui concerneroient des propriétés foncières, des locations, des paiements d'arrérages de rentes et autres objets de pareille nature, nous nous réservons de pourvoir aux moyens de les faire promptement instruire et juger par les tribunaux qui en sont saisis.

19. Voulons que dans le délai de trois mois, tous gardes, syndics et jurés, tant ceux qui se trouvent actuellement en charge que ceux qui sont sortis d'exercice et qui n'ont pas encore rendu les comptes de leur administration, soient tenus de les présenter, savoir; dans notre ville de Paris, au sieur lieutenant général de police, et dans les provinces aux commissaires qui seront par nous députés à cet effet, pour être arrêtés et révisé dans la forme ordinaire, et d'en payer le reliquat à qui sera par nous ordonné pour les deniers qui en proviendront être employés à l'acquittement des dettes desdites communautés.

20. A l'effet de pourvoir au paiement des dettes des communautés de la ville de Paris, et à la sûreté des droits de leurs créanciers, il sera remis, sans délai, entre les mains du lieutenant général de police, des états desdites dettes, des remboursements faits, de ceux qui restent à faire, et des moyens de les effectuer, même des immeubles réels ou fictifs, effets ou dettes mobilières qui se trouveroient leur appartenir. Tous ceux qui se prétendront créanciers desdites communautés seront pareillement tenus, dans l'espace de trois mois du jour de la publication du présent édit, de remettre au lieutenant général de police les titres de leurs créances, ou copies dûment collationnées d'iceux, pour être procédé à leur liquidation, et pourvu au remboursement, ainsi qu'il appartiendra.

21. Le produit des droits imposés par les rois nos prédécesseurs sur les différentes matières et marchandises, et dont la perception et régie a été accordée à aucuns des corps et communautés de la ville de Paris, ainsi que les gages qui leur sont attribués à cause du rachat des offices créés en divers temps, lesquels sont compris dans l'état des charges de nos finances, continueront d'être affectés, exclusivement à toute autre destination, au paiement des arrérages et au remboursement des capitaux des emprunts faits par lesdites communautés; voulons que la somme excédente de ces produits, celle nécessaire pour l'acquittement des arrérages, ainsi que toute l'épargne résultante, soit de la diminution des frais de perception, soit de la suppression des dépenses de communautés qui se prenoient sur ces produits, soit de la diminution des intérêts par les remboursements successifs, soit employée en accroissement du fond d'amortissement jusqu'à l'entière extinction des capitaux desdits emprunts; et, à cet effet, sera par nous établie une caisse particulière, sous l'inspection du lieutenant général de police, dans laquelle seront annuellement versés, tant le montant desdits gages que les produits desdites régies, pour être employés au paiement des arrérages et remboursement des capitaux.

22. Il sera procédé, par devant le lieutenant général de police, dans la forme

ordinaire, à la vente des immeubles réels ou fictifs ainsi que des meubles appartenant auxdits corps et communautés, pour en être le prix employé à l'acquittement de leurs dettes, ainsi qu'il a été ordonné à l'article 20 ci-dessus; et dans le cas où le produit de ladite vente excéderoit, pour quelques corps ou communautés le montant de ses dettes, tant envers nous qu'envers les particuliers, ledit excédant sera partagé, par portions égales, entre les maîtres actuels desdits corps ou communautés.

23. Et à l'égard des lettres des corps et communautés établis dans nos villes de provinces, ordonnons que dans le délai de trois mois, ceux qui se prétendront créanciers desdits corps et communautés, seront tenus de remettre ès-main du contrôleur général de nos finances les titres de leurs créances, ou expéditions collationnées d'iceux, pour, sur le vu desdits titres, être fixé le montant desdites dettes, et par nous pourvu à leur remboursement; et jusqu'à ce que nous ayons pris les mesures nécessaires à cet égard, suspendons, dans lesdites villes de province, la suppression ordonnée par le présent édit.

24. Avons dérogé, et dérogeons par le présent édit, à tous édits, déclarations, lettres patentes, arrêts, statuts et règlements contraires à icelui. Si donnons en mandement à nos amés et feaux conseillers, les gens tenans nostre cour de parlement à Paris, que nostre present édit ils aient à faire lire, publier et registrer... Donné à Versailles au mois de fevrier, l'an de grace mil sept cent soixante seize et de notre règne le deuxième.

Lu et publié, le Roy séant en son lit de justice, et registré au greffe de la cour, le douze mars mil sept cent soixante seize.

LXII

1776, août. — Versailles.

Édit du roi rapportant celui de février 1776, qui abolissait les jurandes et rétablissant sur de nouvelles bases les six corps de marchands et quarante-quatre communautés d'arts et métiers.

Arch. nat., Ordonn. enregistrées au parlement, 9ᵉ vol. de Louis XVI, X 1ᵉ 8816, fol. 78 vᵉ.

Louis par la grace de Dieu, Roy de France et de Navarre, à tous présens et avenir, salut. Notre amour pour nos sujets nous avoit engagé à supprimer, par notre édit du mois de février dernier, les jurandes et communautés de commerce, arts et métiers. Toujours animé du même sentiment et du désir de procurer le bien de nos peuples, nous avons donné une attention particulière aux différents mémoires qui nous ont été présentés à ce sujet, et notamment aux représentations de notre cour et parlement; et ayant reconnu que l'exécution de quelques unes des dispositions que cette loi contient pouvoient entraîner des inconvéniens, nous avons crû devoir nous occuper du soin d'y remédier, ainsi que nous l'avions annoncé. Mais persévérant dans la résolution où nous avons toujours été de détruire les abus qui existoient avant notre édit, dans les corps et communautés d'arts et métiers, et qui pouvoient nuir aux progrès des arts, nous avons jugé nécessaire, en créant de nouveau six corps de marchands et quelques communautés d'arts et métiers, de conserver libres certains genres de métiers ou de commerces qui ne doivent être assujettis à aucuns règlemens particuliers; de réunir les professions qui ont de l'analogie entre elles, et d'établir à l'avenir des règles dans le régime desdits corps et communautés, à la faveur desquelles la discipline intérieure et l'autorité domestique des maitres sur les ouvriers seront maintenues, sans que le commerce, les talents et l'industrie soient privés des avantages attachés à cette liberté, qui doit exciter l'émulation, sans introduire la fraude et la licence. La concurrence établie pour les objets de commerce, fabrication et façon d'ouvrages, produira une partie de ces heureux effets et le rétablissement des corps et communautés fera cesser les inconvénients résultants de la confusion des états. Les professions qu'il sera libre à toutes personnes d'exercer indistinctement, continueront d'être une ressource ouverte à la partie la plus indigente de nos sujets. Les droits et frais pour parvenir à la réception dans lesdits corps et communautés, réduits à un taux très modéré, et proportionné au genre et à l'utilité du commerce et de l'industrie, ne seront plus un obstacle pour y être admis. Les filles et femmes n'en seront pas exclues. Les professions qui ne seront pas incompatibles pourront être cumulées. Il sera libre aux anciens maitres de payer des droits peu onéreux, au moyen desquels leurs anciennes prérogatives leur seront rendues. Ceux qui ne voudront pas les acquitter n'en jouiront pas moins du droit d'exercer comme avant notre édit, leur commerce ou profession. Les particuliers qui ont été inscrits sur les livres de la police, en vertu de notre dit édit, jouiront aussi, moyennant le paiement qu'ils feront chaque année d'une somme modique, du bénéfice de cette loi. La facilité d'entrer dans les dits corps et communautés, les moyens que notre amour pour nos sujets et les vues de justice nous inspireront, feront cesser l'abus des priviléges. Nous nous chargerons de payer les dettes que lesdits corps et communautés avoient contractées, et, jusqu'à ce quelles soient entièrement aquittées, leurs créanciers conserveront leurs droits priviléges et hypothèques. Nous pourvoirons aussi au paiement des indemnités qui pourroient être dues à cause de la suppression des corps et communautés. Les procès qui existoient avant ladite suppression, demeureront éteints; et nous prendrons des mesures capables d'arrêter les contestations fréquentes qui étoient si préjudiciables à leurs intérêts et au besoin du commerce. En rectifiant ainsi ce que l'expérience a fait connoitre de vicieux dans le régime des communautés, en fixant par de nouveaux statuts et réglemens un plan d'administration sage et favorable, lequel dégagera des gênes que les anciens statuts avoient apportées à l'exercice du commerce et des professions, et détruisant des usages qui avoient donné naissance à une infinité d'abus, d'excès et de manœuvres dans les jurandes, et contre lesquelles nous avons dû faire un usage légitime de notre autorité, nous conserverons de ces anciens établissemens les avantages capables d'opérer le bon ordre et la tranquillité publique. A ces causes...

1. Les marchands et artisans de notre bonne ville de Paris seront classés et réunis, suivant le genre de leur commerce, profession ou métier; à l'effet de quoi nous avons rétabli et rétablissons, et en tant que besoin est, créons et érigeons de nouveau six corps de marchands, y compris celui des orfèvres, et quarante quatre communautés d'arts et métiers. Voulons que lesdits corps et communautés jouissent, exclusivement à tous autres, du droit et faculté d'exercer les commerces, métiers et professions qui leur sont attribués et dénommés en l'état arrêté en notre conseil, lequel demeurera annexé à notre présent édit.

2. En ce qui concerne les autres commerces, métiers et professions, dont la liste sera pareillement annexée à notre présent édit, il sera permis à toutes personnes de les exercer, à la charge seulement d'en faire préalablement leur déclaration devant le sieur lieutenant général de police; ladite déclaration sera inscrite sur un registre à ce destiné; elle contiendra les noms, surnoms, âge et demeure de celui qui se présentera, et le genre de commerce ou travail qu'il se proposera d'exercer. En cas de changement de profession ou de demeure, comme aussi en cas de cessation, lesdits particuliers seront également tenus d'en faire leur déclaration, le tout sans aucun droit ni frais.

3. N'entendons point comprendre dans les dispositions des articles précédents, le corps des apothicaires, nous réservant de nous expliquer particulièrement sur ce qui concerne la profession de la pharmacie.

4. Il ne sera rien innové en ce qui concerne la communauté des maitres barbiers-perruquiers-étuvistes, lesquels continueront comme par le passé, jusqu'à ce qu'il en soit par nous autrement ordonné; permettons néanmoins aux coiffeuses de femmes d'exercer leur profession, à la charge seulement d'en faire la déclaration ordonnée par l'article 2.

5. Les marchands des six corps jouiront de la prérogative de parvenir au consulat et à l'échevinage, ainsi qu'en jouissoient ci-devant les six anciens corps de marchands, le tout suivant les conditions portées aux articles subséquents.

6. Ceux qui voudront être admis dans les corps et communautés créés par l'article premier, seront tenus de payer indistinctement, pour tout droit d'admission ou de réception, les sommes fixées par le tarif que nous avons fait arrêter, en notre conseil, et qui sera annexé à notre présent édit.

7. Ceux qui avoient été reçus maîtres dans les anciens corps et communautés, et leurs veuves, pourront continuer d'exercer leur commerce ou profession, sans

payer aucuns droits; mais ils ne pourront être admis comme maîtres dans les nouveaux corps et communautés, ni faire un nouveau commerce, ou participer aux avantages et priviléges desdits corps et communautés, qu'en payant, et ce dans trois mois pour tout délai, les droits de confirmation, de réunion ou d'admission dans les six corps que nous avons fixés, savoir : le droit de confirmation, au cinquième des droits de réception; celui de réunion d'un commerce ou d'une profession, dans lequel se trouvera compris le droit de confirmation, au quart de ladite fixation, ou au tiers, lorsqu'il se trouvera plus d'un genre de commerce ou de profession réuni; et enfin celui d'admission dans l'un des six corps, lequel sera indépendant du droit de confirmation et de réunion, au tiers de ladite fixation, le tout conformément au tarif qui sera annexé à notre présent édit.

8. Les marchands et artisans de l'un et de l'autre sexe qui ont été inscrits sur les livres de police, depuis le mois de mars dernier, pourront continuer d'exercer librement leur commerce ou profession, à la charge seulement de payer annuellement à notre profit, et tant qu'ils continueront ledit exercice, un dixième du prix fixé par le tarif pour l'admission dans chacun des corps ou communautés, dont dépendra le commerce ou la profession pour lequel ils se sont fait enregistrer; si mieux ils n'aiment se faire recevoir maîtres, aux conditions portées en l'article 6, et de la manière qui sera ordonnée ci après.

9. Les maîtres et maîtresses des corps et communautés qui désireront cumuler deux ou plusieurs commerces ou professions dépendants de différents corps ou communautés seront tenus de se présenter au lieutenant général de police; et, dans le cas où il jugera que lesdits commerces ou professions ne sont point incompatibles, et que leur réunion ne peut nuire à la police ni à la sureté publique, il leur sera délivré, sur les conclusions de notre procureur au Châtelet, une permission sur laquelle ils seront reçus et admis dans lesdits corps et communautés, en payant toutefois les droits fixés par le tarif pour l'admission et réception dans chacun desdits corps et communautés.

10. Les filles et femmes seront admises et reçues dans lesdits corps et communautés, en payant pareillement les droits fixés par ledit tarif, sans cependant qu'elles puissent, dans les communautés d'hommes, être admises à aucune assemblée ni exercer aucunes des charges. Les hommes ne pourront pareillement être admis aux assemblées, ni exercer aucunes charges dans les communautés de femmes.

11. Les veuves des maîtres qui seront reçues par la suite ne pourront continuer plus d'une année, à compter du jour du décès de leurs maris, leurs commerces ou leurs professions, à moins que dans ledit délai elles ne se fassent recevoir maîtresses dans le corps ou la communauté de leurs maris; et dans ce cas elles ne paieront que la moitié des droits fixés par le tarif, ce qui sera pareillement observé pour les hommes qui deviendront veufs d'une maîtresse.

12. Nul ne pourra être admis à la maîtrise avant l'âge de vingt ans pour les hommes, s'il n'est marié, et de dix huit ans pour les filles, à peine de nullité des réceptions et de perte des droits payés pour icelles; sauf à nous à accorder, dans les cas favorables, telles dispenses que nous jugerons convenables.

13. Les étrangers pourront être admis dans lesdits corps et communautés aux conditions portées aux articles précédents; et, dans ce cas, voulons qu'ils soient affranchis de tout droit d'aubaine pour leur mobilier et leurs immeubles fictifs seulement.

14. Les maîtres et maîtresses qui auront payé les droits, et ceux qui seront reçus par la suite, jouiront dans nos provinces du droit qui étoit attaché aux maîtrises supprimées; ils pourront en conséquence exercer librement dans tout notre royaume leur commerce ou profession, à la charge par eux de se faire enregistrer sans frais, au bureau du corps ou de la communauté de la ville en laquelle ils voudroient faire leur résidence.

15. Il sera fait dans chaque corps ou communauté trois tableaux différents. Le premier contiendra les noms, par ordre d'ancienneté, de tous ceux qui auront payé les droits de confirmation, de réunion et d'admission dans les six corps, et les droits de confirmation et de réunion dans les autres communautés. Le second tableau contiendra les noms des anciens maîtres qui n'auront pas acquitté les droits ci-dessus. Et enfin le troisième tableau contiendra les noms de ceux qui ont été enregistrés depuis le mois de mars dernier sur les livres de la police. Ceux ou celles qui seront reçus à l'avenir dans lesdits corps et communautés seront inscrits à la suite du premier tableau; et seront lesdits tableaux arrêtés chaque année, sans frais, par le lieutenant général de police.

16. Les anciens maîtres qui, n'ayant point acquitté dans les trois mois les droits établis par l'article 7, seront compris dans le second tableau, ne seront admis à aucune assemblée; ils ne participeront point à l'administration ni à aucune des prérogatives des corps et communautés; ils seront tenus de se renfermer dans les bornes du commerce ou de la profession qu'ils avoient droit d'exercer avant la suppression des maîtrises, et ce néanmoins sous l'inspection des gardes, syndics et adjoints des corps et communautés auxquels ils seront agrégés pour l'exercice de leur commerce ou profession seulement, ainsi que pour le paiement des impositions.

17. A l'égard des particuliers qui se trouveront inscrits sur les registres de la police, ils seront pareillement tenus de se renfermer dans l'exercice du commerce ou de la profession pour lesquels ils ont été inscrits, sans pouvoir participer, ni aux prérogatives, ni à l'administration des corps et communautés auxquels ils ne seront pareillement qu'agrégés; et faute par eux de payer les droits portés en l'article 8, ils seront de plein droit déchus de l'exercice de tout commerce et profes-

23.

sion, dépendants desdits corps et communautés, royés du tableau, et réputés ouvriers sans qualité.

18. Lesdits corps et communautés seront représentés par des députés au nombre de vingt quatre pour les corps et communautés qui seront composés de moins de trois cents maîtres, et de trente six pour ceux qui seront composés d'un plus grand nombre. Lesdits députés seront présidés par des gardes ou syndics et leurs adjoints, et pourront seuls s'assembler et délibérer sur les affaires qui intéresseront les droits des corps et communautés. Les délibérations qui seront prises dans lesdites assemblées, obligeront tout le corps ou la communauté, et ne pourront néanmoins être exécutées qu'après avoir été hommologuées ou autorisées par le lieutenant général de police.

19. Lesdits députés seront choisis dans des assemblées qui seront indiquées à cet effet tous les ans par le lieutenant général de police; elles se tiendront dans le lieu qui sera par lui désigné. Voulons qu'elles ne soient composées que de la classe des membres qui seront imposés à la plus forte taxe d'industrie, au nombre de deux cents pour les corps et communautés qui seront composés de moins de six cents maîtres; et de quatre cents maîtres pour ceux qui sont composés d'un plus grand nombre. Voulons pareillement que les députés ne puissent être choisis que dans ladite classe et nommés par la voix du scrutin, sans pouvoir être continués.

20. Et afin que les assemblées dans lesquelles il sera procédé au choix et à la nomination des députés ne soient ni trop nombreuses, ni tumultueuses, voulons que, dans les corps et communautés dont les assemblées seront composées de plus de cent maitres, lesdittes assemblées soient faites divisément et par centaine, et qu'il soit formé à cet effet, par le lieutenant général de police, une division de notre bonne ville de Paris et de ses fauxbourgs en quatre quartiers; et les maitres domiciliés dans chacun de ces quartiers, ou dans deux quartiers réunis, choisiront et nommeront séparément, et en des jours différents, les députés de chaque division.

21. Il y aura dans chacun des six corps trois gardes et trois adjoints, et dans chaque communauté, deux syndics et deux adjoints, lesquels auront la régie et administration des affaires, et la manutention des revenus desdits corps et communautés, et seront chargés de veiller à la discipline des membres et à l'exécution des règlements; ils exerceront conjointement leurs fonctions pendant deux années consécutives, la première en qualité d'adjoints, et la seconde en qualité de gardes ou syndics. Lesdits gardes ou syndics seront nommés, pour la première fois seulement, par le lieutenant général de police, et leur exercice ne durera qu'une année, après laquelle ils seront remplacés par les adjoints, qui seront pareillement nommés, pour cette fois seulement, par le sieur lieutenant général de police.

22. Dans les trois jours qui suivront la nomination des députés, ils seront

tenus de s'assembler, savoir : ceux des six corps, au bureau de leur corps, et ceux des communautés, en l'hôtel de notre procureur au Châtelet, pour y procéder, par la voix du scrutin, et en sa présence, à l'élection des adjoints qui remplaceront ceux qui, ayant géré en ladite qualité en l'année précédente, passeront, en leur seconde année, aux places de gardes ou syndics, lesquels adjoints ne pourront être choisis que parmi les membres qui auront été députés dans les années précédentes.

23. Les gardes, syndics et adjoints ne pourront procéder à l'admission d'un maître ou d'une maîtresse qu'après qu'il aura prêté le serment accoutumé devant notre procureur au Chatelet; à l'effet de quoi deux desdits gardes, syndics ou adjoints, seront tenus de se rendre, avec l'aspirant, en son hotel; et il sera fait mention de ladite prestation de serment dans l'acte d'enregistrement de la réception sur le livre de la communauté.

24. Les gardes syndics et adjoints procéderont seuls à l'admission des maîtres et à l'enregistrement de leur réception sur le livre de la communauté, et les honoraires qui leur seront attribués pour les réceptions seront partagés également entre eux; leur défendons d'exiger ou de recevoir des récipiendaires, sous quelque prétexte que ce puisse être, aucune autre somme que celles qui leur seront attribuées, ainsi qu'à la communauté même d'exiger ou recevoir desdits récipiendaires, à titre d'honoraire ou droit de présence, aucun repas, jetons ou autres présens, sous peine d'être procédé contre eux extraordinairement comme concussionnaires, sauf aux récipiendaires à acquitter par eux mêmes le coût de leurs lettres de maîtrise et le droit de l'hôpital, duquel droit ils seront tenus de représenter la quittance, avant d'être admis à la maitrise.

25. Les droits dûs aux officiers de notre Châtelet, pour l'élection des adjoints et la réception des maitres et maitresses, sont et demeureront fixés, savoir : à notre procureur au Châtelet, pour l'élection des trois adjoints dans chacun des corps, y compris son transport à leur bureau, à la somme de quarante huit livres; pour l'élection de deux adjoints dans les communautés, à celle de vingt quatre livres; et pour chaque réception de maître ou maîtresse, à la somme de vingt quatre livres, lorsque les droits de réception excéderont celle de quatre cents livres, et à douze livres lorsque lesdits droits seront de quatre cents livres et au dessous; aux substituts de notre procureur au Chatelet à quatre livres, pour chaque élection des adjoints, et quatre livres pour chaque réception; et au greffier, pour chacune desdites élection et réception, cinq livres, en ce non compris les droits de scel et signature.

26. Le quart des droits de réception à la maîtrise, dans lesdits corps et communautés sera perçu par les gardes, syndics et adjoints, et sera employé à la déduction du cinquième dudit quart, que nous leur attribuons pour leurs honoraires, aux dépenses communes du corps ou de la communauté. Dans le cas où

le produit dudit quart ne se trouveroit pas suffisant pour subvenir à ladite dépense, l'excédent sera imposé sur tous les membres du corps ou de la communauté, par un rôle de répartition qui sera au marc la livre de l'industrie,
et déclaré exécutoire par le lieutenant général de police.

27. Les trois autres quarts seront perçus à notre profit, et seront employés
avec le produit de la vente qui a été ou sera faite du mobilier et des immeubles
des anciens corps et communautés, à l'extinction et à l'acquittement des dettes et
rentes que lesdits corps et communautés pouvoient avoir contractées, tant envers
nous qu'envers des particuliers, ainsi qu'au paiement des indemnités qui pourroient être dues, à quelque titre que ce soit, à cause de la suppression desdits
corps et communautés, et enfin à l'acquittement des pensions à titre d'aumône que
quelques uns des anciens corps et communautés étoient autorisés à faire à leurs
pauvres maitres et à leurs veuves.

28. Les gardes, syndics ou adjoints ne pourront former aucune demande en
justice, autre que celle en validité de saisies faite de l'autorité du lieutenant général de police, appeler d'une sentence, ni intervenir en aucune cause, soit
principale, soit d'appel, qu'après y avoir été spécialement autorisés par une délibération des députés du corps ou de la communauté, et ce, sous peine de répondre
de leur propre et privé nom, de l'événement des contestations, si mieux ils n'aiment
cependant poursuivre lesdites affaires pour leur compte personnel, et ce à leurs
risques, périls et fortune.

29. Les gardes, syndics et adjoints ne pourront faire aucun accommodement
sur des saisies qui seront causées par des contraventions à leurs statuts et règlemens, qu'après y avoir été autorisés par le sieur lieutenant général de police, et
aux conditions par lui réglées, sous peine de destitution de leurs charges et de
trois cents livres d'amende, dont moitié à notre profit et l'autre moitié à celui de
la communauté; et, lorsque le fond des droits du corps ou de la communauté
sera contesté, ils ne pourront transiger qu'après une délibération des députés du
corps ou de la communauté, revêtue de l'autorisation du lieutenant général de
police, sous peine de nullité de la transaction et de pareille amende.

30. Ils ne pourront faire aucunes dépenses extraordinaires, autres que celles qui
seront fixées par la suite par des règlements particuliers, ni obliger le corps ou la communauté, pour quelque cause ou en quelque manière que ce puisse être, qu'après
y avoir été autorisés par une délibération dûment homologuée, ou une ordonnance spéciale du lieutenant général de police, et ce, sous peine de radiation
desdistes dépenses dans leurs comptes, et d'être tenus personnellement des obligations qu'ils auroient contractées pour le corps ou la communauté. Défendons
aussi aux dits corps et communautés de faire aucuns emprunts, s'ils n'y sont
autorisés par des édits, déclarations ou lettres patentes dûment enregistrées.   ·

. 31. Les gardes, syndics et adjoints seront tenus, deux mois après la fin de chaque année de leur exercice, de rendre compte de leur gestion et administration aux adjoints qui auront été élus pour leur succéder, et aux députés du corps ou de la communauté qui auront élu lesdits nouveaux adjoints; lequel compte sera par eux examiné, contredit si le cas y échet, et arrêté, et le reliquat sera remis provisoirement aux gardes, syndics et adjoints lors en charge, nous réservant de prescrire la forme en laquelle il sera procédé à la révision des comptes desdits corps et communautés. Défendons au surplus très expressément d'y porter aucune dépense pour présents à titre d'étrennes, ou sous quelque prétexte que ce puisse être, sous peine de radiation des dites dépenses, dont lesdits gardes, syndics et adjoints demeureront responsables en leur propre et privé nom.

32. Toutes les contestations à naitre concernant les corps des marchands et communautés d'arts et métiers, et la police générale et particulière desdits corps et communautés continueront d'être portées en première instance, aux audiences de police de notre Châtelet en la manière accoutumée, sauf appel en notre parlement.

33. Les ordonnances et règlements concernant le colportage, seront exécutés ; en conséquence, faisons défenses aux maitres et maitresses des corps et communautés, à ceux qui leur seront agrégés, et à tous gens sans qualité, de colporter, crier et étaler aucunes marchandises dans les rues, places et marchés publics, et de les porter de maison en maison pour les y annoncer, sous peine de saisie et de confiscation desdites marchandises, et d'amende. N'entendons comprendre dans lesdites défenses les marchandises de fruiterie, les légumes, herbages et autres menues denrées et marchandises dont l'étalage et le colportage dans les rues ont été de tout temps permis, ainsi que celles dont le débit tient aux professions libres, et qui sont comprises dans la liste annexée à notre présent édit.

34. Voulons néanmoins que les pauvres maitres et veuves de maitres qui ne seront point en état d'avoir une boutique, puissent après avoir obtenu les permissions requises et ordinaires, tenir une échoppe ou étalage couvert et en lieu fixe, dans les rues, places et marchés, pourvu qu'ils n'embarassent point la voie publique, à la charge par eux d'en faire leur déclaration au bureau de leur corps ou communauté, même de renouveller ladite déclaration à chaque changement de place, et d'avoir, dans l'endroit le plus apparent de leur échoppe ou étalage, un tableau sur lequel seront imprimés en gros caractères leurs noms et qualités; et dans ce cas, lesdits maitres ou veuves de maitres seront tenus de faire personnellement par eux-mêmes, leurs femmes et leurs enfants, leur commerce, sans pouvoir se faire représenter par aucun autre préposé auxdites échoppes ou étalage, sous les peines portées en l'article précédent. N'entendons comprendre dans les marchandises qui pourront être ainsi étalées, celles de matières d'or et d'argent, ainsi que les armes offensives et défensives, dont nous défendons l'étalage et le colportage.

35. Les maitres et agrégés ne pourront louer leurs maitrises ni prêter leur nom directement ou indirectement à d'autres maitres et particulièrement a des gens, sous peine d'être destitués de leurs maitrises et privés du droit qu'ils avoient d'exercer leur commerce ou profession, même d'être condamnés a des domages et intérêts et à une amende envers le corps ou la communauté.

36. Défendons à toutes personnes sans qualité d'entreprendre sur les droits et professions desdits corps et communautés, à peine de confiscation des marchandises, outils et ustensiles trouvés en contravention, d'amende et de dommages et intérets, le tout applicable, savoir, les trois quarts aux corps et communautés, et l'autre quart aux gardes, syndics et adjoints qui auront fait la saisie. Permettons néanmoins à tous particuliers de faire le commerce en gros, lequel demeurera libre, comme par le passé. Voulons pareillement que tous les habitants de notre bonne ville de Paris puissent tirer directement des provinces, et en acquittant les droits qui peuvent être dus, les denrées et marchandises qui leur seront nécessaires pour leur usage et leur consommation seulement.

37. Tous les maitres et agrégés dans chaque corps et communauté pourront s'établir et ouvrir boutique partout où ils jugeront à propos, sans avoir égard à la distance des boutiques ou ateliers, à l'exception cependant des garçons ou compagnons, lesquels, en s'établissant, seront tenus de se conformer, à l'égard des maitres chez lesquels ils auront servi et travaillé, aux usages admis dans chaque corps et communauté, et aux règlements qui seront faits à ce sujet.

38. Les maitres ne pourront, s'ils n'y sont expressément autorisés par leurs statuts, donner aucun ouvrage à faire en ville, ni employer aucun apprenti, compagnon ou ouvrier, hors de leurs boutiques, magasins ou ateliers, et ce, sous quelque prétexte que ce puisse être, si ce n'est pour poser et finir les ouvrages qui leur auront été commandés dans les lieux pour lesquels ils seront destinés, sous peine de confiscation desdits ouvrages ou marchandises, et d'amende; leur défendons pareillement, et sous la même peine de tenir et d'avoir plus d'une boutique ou atelier, à moins qu'ils n'aient obtenu la permission de cumuler deux professions dans plusieurs corps ou communautés.

39. Il sera procédé à de nouveaux statuts et règlements pour chacun des six corps et des quarante quatre communautés créées par le présent édit, par lesquels il sera pourvu sur la forme et la durée des apprentissages qui seront jugés nécessaires pour exercer quelques unes desdites professions, sur les visites que les gardes, syndics et adjoints seront tenus de faire chez les maitres, pour y constater les défectuosités ou malfaçons des ouvrages et marchandises, faire la vérification des poids et mesures, et sur tout ce qui pourra intéresser lesdits corps et communautés, et ce qui n'aura pas été prévu par les dispositions de notre présent édit, à l'effet de quoi, les gardes, syndics, adjoints et députés remettront dans .l'espace de deux mois, au lieutenant général de police, les articles des statuts et

réglements qu'ils estimeront devoir proposer, pour, sur l'avis dudit lieutenant général de police, et de notre procureur au Châtelet, être lesdits statuts et règlements, revêtus, s'il y a lieu, de nos lettres, qui seront adressées à notre cour de parlement en la forme ordinaire.

40. Les règlements concernant la police des compagnons d'arts et métiers et notamment les lettres patentes du 2 janvier 1749 seront exécutés; en conséquence, défendons auxdits compagnons de quitter leurs maitres sans les avoir avertis dans le temps fixé par lesdits règlements, et sans avoir obtenu d'eux un certificat de congé, dans lequel les maitres rendront compte de la conduite et du travail desdits compagnons; défendons aux maitres de refuser lesdits certificats, après le temps de l'avertissement expiré, sous quelque prétexte que ce puisse être, voulons qu'à leur refus, les gardes, syndics ou adjoints ou à refus de ceux-ci, le lieutenant général de police, puissent, après avoir entendu le maitre, délivrer au compagnon une permission d'entrer chez un autre maitre; défendons pareillement à tous les maîtres de recevoir aucun compagnon qu'il ne leur ait représenté le certificat de congé ci-dessus prescrit, ou la permission qui en tiendra lieu; et sous telle peine qu'il appartiendra, contre les maitres, garçons ou compagnons.

41. Tous ceux qui se prétendront créanciers des anciens corps et communautés seront tenus de remettre, si fait n'a été, dans deux mois pour tout délai, à compter du jour de l'enregistrement et publication de notre présent édit, au lieutenant général de police de la ville de Paris, les titres de leurs créances, ensemble toutes les pièces justificatives de leur propriété, ou copies d'icelles dument collationnées par devant notaire, pour être procédé par ledit lieutenant général de police à la liquidation desdites créances, et pourvu, sur ses ordonnances, au paiement des arrérages de rentes ainsi qu'au remboursement des capitaux.

42. Il sera procédé à la vente des immeubles réels et fictifs qui appartenoient auxdits corps et communautés par devant le lieutenant général de police, à la requête, poursuite et diligence de notre procureur au Châtelet, et ce, en la forme prescrite pour l'aliénation des biens des gens de mainmorte, pour, les deniers en provenant, être employés à l'acquittement des dettes desdits corps et communautés et aux indemnités auxquelles nous nous réservons de pourvoir. Exceptons néanmoins de ladite vente les immeubles appartenant au corps des orfèvres qui n'ont point été supprimés, ainsi que les maisons que nous jugerons nécessaires à aucuns des autres corps, pour y tenir leurs bureaux. Voulons que ce qui restera du prix desdites ventes, ainsi que les trois quarts des droits de réception à la maitrise, lesquels seront perçus à notre profit, demeurent spécialement affectés au paiement des principaux, arrérages de rentes et accessoires, jusqu'à l'extinction d'iceux.

43. Faisons défenses auxdits corps et communautés, compagnons, apprentis et ouvriers, d'établir ou renouveller les confrairies et associations que nous avons

ci-devant éteintes et supprimées, ou d'en établir de nouvelles, sous quelque prétexte que ce soit; sauf à être pourvu par le sieur archevêque de Paris, en la forme
ordinaire, à l'acquit des fondations, et à l'emploi des biens qui y étoient affectés.

44. Tous les procès qui existoient entre les corps et communautés de notre
bonne ville de Paris, au jour de leur suppression, ou pour saisies faites à leur
requête, demeureront éteints et assoupis à compter dudit jour; sauf à être pourvu,
si fait n'a été, par le lieutenant général de police, à la restitution des effets saisis
et au paiement des frais faits jusques audit jour.

45. Supprimons les lettres domaniales qui étoient ci-devant accordées en notre
nom, et moyennant une redevance à notre profit, pour la vente en regrat de la
marchandise de fruiterie, de la bière, de l'eau-de-vie, et autres menues marchandises, nous réservant de pourvoir à cet égard à l'indemnité de qui il appartiendra.
Voulons que lesdites marchandises en regrat soient vendues librement, à l'exception néanmoins de la bière, du cidre et de l'eau-de-vie, dont la vente en boutique
appartiendra, savoir, celle de la bière, aux limonadiers et vinaigriers en concurrence avec les brasseurs, et le cidre et l'eau-de-vie auxdits limonadiers et vinaigriers
exclusivement; notre intention étant que le débit de l'eau-de-vie à petite mesure
puisse se faire sur la permission du sieur lieutenant général de police, dans les
rues, et sur les tables hors desdites boutiques, et dans les échoppes.

46. Tous ceux qui étoient en possession d'accorder des privilèges d'arts et
métiers seront tenus de remettre, dans un mois pour tout délai, entre les mains
du contrôleur général de nos finances, leurs titres et mémoires, pour être par
nous pourvus, soit à la conservation de leur droit, soit à leur indemnité; et, jusqu'à ce, voulons qu'ils ne puissent concéder aucun nouveau privilège.

47. A compter du jour de la publication de notre présent édit, nul ne pourra
se faire inscrire sur les registres de la police, pour avoir le droit d'exercer un
commerce ou une profession dépendants desdits corps et communautés ; exceptons
néanmoins les habitants du faulxbourg Saint Antoine et des autres lieux jouissants
de privilèges; et pour leur donner une nouvelle marque de notre protection, leur
accordons un délai de trois mois, à compter dudit jour, pour se faire inscrire sur
lesdits registres; au moyen de quoi, et en se conformant aux dispositions de
l'article 8, ils jouiront du droit d'exercer leur commerce et profession, tant dans
ledit faubourg Saint Antoine et autres lieux prétendus privilégiés, que dans l'intérieur de notre bonne ville de Paris; passé lequel délai de trois mois, ceux desdits
habitants qui ne se seront pas fait inscrire ne seront plus admis à ladite inscription, et ils ne pourront exercer aucun commerce ni profession dépendants desdits
corps et communautés, à peine de saisie, amende et confiscation, à moins qu'ils
ne se fassent recevoir à la maîtrise.

48. Maintenons et confirmons en tant que de besoin, les seigneurs, tant ec-
clésiastiques que laïques, propriétaires de hautes justices, dans notre bonne ville,

faubourgs et banlieue de Paris, en tous les droits qui y sont inhérents. Voulons néanmoins que pour le bien et la sûreté du commerce, et le maintien de la police générale, les marchands et artisans qui sont établis ou qui voudroient s'établir dans l'étendue desdites justices, territoires, enclos de leurs maisons et autres lieux indépendants, soient tenus de se faire inscrire sur les registres de la police, dans le même délai de trois mois, ou de se faire recevoir de la maitrise, et ce, aux conditions, et sous les peines portées aux articles précédents; sauf à être par nous pourvu, s'il y a lieu, envers lesdits seigneurs à telle indemnité qu'il appartiendra.

49. Avons pareillement maintenu et confirmé, maintenons et confirmons l'hôpital de la Trinité et celui des Cent filles dans les droits et privilèges dont ils jouissoient avant la suppression des maitrises dans les corps et communautés d'arts et métiers. Voulons en outre qu'il soit payé à l'avenir audit hôpital de la Trinité la moitié du droit dû à l'hôpital général par chaque récipiendaire, lequel sera aussi tenu d'en présenter la quittance avant de pouvoir être admis à la maitrise.

50. Nous nous réservons au surplus d'étendre s'il y a lieu, les dispositions de notre présent édit aux corps et communautés d'arts et métiers des différentes villes de notre royaume, ou d'y pourvoir par des règlements particuliers, sur le compte que nous nous serons fait rendre de l'état et situation desdits corps et communautés.

51. Avons dérogé et dérogeons, par le présent édit, à tous édits, déclarations, lettres patentes, arrêts et règlements contraires à icelui. Si donnons en mandement a nos amés et féaux conseillers les gens tenans notre cour de parlement à Paris, que notre présent édit ils aient à faire lire publier et registrer [1]. Donné à

[1] Tableau des professions établies en communautés avec les prix d'acquisition de la maitrise.

SIX CORPS :

1. Drapiers–merciers, 1,000 livres.
2. Épiciers, 800 livres.
3. Bonnetiers–pelletiers–chapeliers, 600 livres.
4. Orfèvres, batteurs d'or, tireurs d'or, 800 livres.

5. Fabricants d'étoffes et de gazes–tissutiers–rubaniers, 600 livres.
6. Marchands de vins, 600 livres.

DÉNOMINATION DES QUARANTE-QUATRE COMMUNAUTÉS :

1. Amidoniers, 300 livres.
2. Arquebusiers, fourbisseurs, couteliers, 400 livres.
3. Bouchers, 800 livres
4. Boulangers, 500 livres.
5. Brasseurs, 600 livres.
6. Brodeurs, passementiers, boutonniers, 400 livres.
7. Cartiers, 400 livres.
8. Charcutiers, 600 livres.
9. Chandeliers, 300 livres.
10. Charpentiers, 800 livres.
11. Charrons, 800 livres.

12. Chaudronniers, balanciers, potiers d'étain, 300 liv.
13. Coffretiers, gainiers, 400 livres.
14. Cordonniers, 200 livres.
15. Couturières, découpeuses, 100 livres.
16. Couvreurs, plombiers, carreleurs, paveurs, 300 liv.
17. Écrivains, 200 livres.
18. Faiseuses et marchandes de mode, plumassières, 300 livres.
19. Faïenciers, vitriers, potiers de terre, 500 livres.
20. Ferrailleurs, cloutiers, épingliers, 100 livres.
21. Fondeurs, doreurs, graveurs sur métaux, 400 livres.

24.

Versailles au mois d'aoust l'an de grace mil sept cent soixante seize et de notre règne le troisième.

LXIII

2 – 17 mars, 1791.

Décret portant suppression de tous les droits d'aides, de toutes les maîtrises et jurandes, et établissement des patentes.

2[1]. A compter du 1er avril prochain, les offices de perruquiers barbiers-baigneurs-étuvistes, ceux des agens de change et tous autres offices pour l'inspection et les travaux des arts et du commerce[2], les brevets et les lettres de maitrises, les droits perçus pour la réception des maitrises et jurandes, ceux du collége de pharmacie et tous priviléges de professions, sous quelque dénomination que ce soit, sont également supprimés. Le comité de judicature proposera incessamment un projet de décret sur le mode et le taux des remboursements des offices mentionnés au présent article[3].

22. Fruitiers, orangers, grainiers, 400 livres.
23. Gantiers, boursiers, ceinturiers, 400 livres.
24. Horlogers, 500 livres.
25. Imprimeurs en taille douce, 300 livres.
26. Lapidaires, 400 livres.
27. Limonadiers, vinaigriers, 600 livres.
28. Lingères, 300 livres.
29. Maçons, 800 livres.
30. Maitres en fait d'armes, 200 livres.
31. Maréchaux ferrants, éperonniers, 600 livres.
32. Menuisiers ébénistes, tourneurs, layetiers, 500 liv.
33. Paumiers, 600 livres.
34. Peintres, sculpteurs, 500 livres.
35. Relieurs, papetiers–colleurs et en meubles, 200 liv.

36. Selliers, 800 livres.
37. Serruriers, taillandiers – ferblantiers, maréchaux grossiers, 800 livres.
38. Tabletiers, luthiers, évantaillistes, 400 livres.
39. Tanneurs, hongroyeurs, corroyeurs, peaussiers, mégissiers, parcheminiers, 600 livres.
40. Tailleurs, fripiers d'habits et de vêtements, en boutique ou échoppe, 400 livres.
41. Tapissiers, fripiers en meubles et ustensiles, miroitiers, 600 livres.
42. Teinturiers en soie, etc... du grand teint, du petit teint, tondeurs, foulons, 500 livres.
43. Tonneliers, boisseliers, 300 livres.
44. Traiteurs, rotisseurs, patissiers [1], 600 livres.

PROFESSIONS RENDUES LIBRES :

Bouquetières, brossiers, boyaudiers. Cardeurs de laine et de coton. Coiffeuses de femme. Cordiers. Fripiers-brocanteurs, achetant et vendant dans les rues, halles et marchés, et non en place fixe. Faiseurs de fouets. Jardiniers. Linières–filassières. Maîtres de danse. Nattiers.

(1) Le 1er article supprimé ici concerne l'abolition des droits d'aides ou impôts sur les boissons, le papier, etc. Nous avons pris le texte du décret dans DUVERGIER (*Lois et arrêts*, t. II, p. 230).

(2) La loi du 28 ventôse, an IX, rétablit les

Oiseleurs. Pain-d'épiciers. Patenotriers – boutonniers. Pêcheurs à verge. Pêcheurs à engins. Savetiers. Tisserands. Vanniers. Vidangeurs. Sans préjudice aux professions qui ont été libres jusqu'à présent, et qui continueront à être exercées librement.

charges d'agents de change et courtiers de commerce.

(3) *Extrait du rapport de M. Dallarde, séance de l'Assemblée nationale du 15 février 1791* [2] :

L'impôt sur les vendeurs peut être rendu léger

(1) Plus le droit de confirmation, qui était du tiers pour les six corps, du quart et du cinquième du droit de maîtrise pour les autres.
(2) *Réimpression de l'ancien Moniteur*, t. VII, p. 396.

3. Les particuliers qui ont obtenu des maitrises et jurandes, ceux qui exercent des professions en vertu de priviléges ou brevets, remettront au commissaire chargé de la liquidatiòn de la dette publique, leurs titres, brevets et quittances de finance, pour être procédé à la liquidation des indemnités qui leur sont dues, lesquelles indemnités seront réglées sur le pied des fixations de l'édit du mois d'août 1776 et autres subséquens, et à raison seulement des sommes versées au trésor public, de la manière ci-après déterminée.

4. Les particuliers reçus dans les maitrises et jurandes, depuis le 4 août 1789

pour les habitants des villes, en quelque sorte nul, ou du moins insensible pour les habitants des campagnes qui doivent toujours être l'objet de la sollicitude du législateur. Substituer ces droits à ceux qui existent, ce sera donc moins exercer un acte de rigueur que de modération, ce sera moins exiger un impôt qu'en faire la remise. Votre comité a cru qu'il fallait lier l'existence de cet impôt à un grand bienfait pour l'industrie et pour le commerce, à la suppression des jurandes et des maîtrises, que votre sagesse doit anéantir par cela seul qu'elles sont des privilèges exclusifs. La faculté de travailler est un des premiers droits de l'homme; ce droit est sa propriété, et c'est sans doute, suivant l'expression de ce ministre philosophe qui avait deviné quelques-unes de vos pensées, c'est sans doute «la première propriété, la plus sacrée, la plus imprescriptible». Cependant on a vu dans presque toutes les villes du royaume l'exercice des arts et métiers se concentrer dans les mains d'un petit nombre de maîtres réunis en communautés. Ces maîtres pouvaient seuls fabriquer ou vendre les objets de commerce particuliers dont ils avaient le privilège. La longueur de l'apprentissage, la servitude du compagnonnage, les frais de réception, épuisaient une partie de la vie du citoyen laborieux et des fonds dont il avait besoin pour monter son commerce; un repas de communauté absorbait le produit d'une année. En voyant se combiner avec ces exactions les franchises accordées aux fils de maîtres, l'exclusion donnée aux étrangers, c'est-à-dire aux habitants d'une autre ville, enfin la facilité avec laquelle ces corporations pouvaient se liguer pour hausser le prix des marchandises, et même des denrées, on parvient à croire que tous leurs efforts tendaient à établir dans l'état une caste exclusivement commerçante. C'était déjà un mal pour quelques citoyens, ce fut aussi un mal pour tous; plus de choix, plus de concurrence parmi les ouvriers; par conséquent moins de bénéfice pour l'acheteur, qui

aurait gagné, soit la diminution du prix, soit la perfection du travail. Ce fut un mal pour eux-mêmes; le concours de plusieurs communautés pour un ouvrage, leur rivalité, les prétentions réciproques dont elles se fatiguèrent, firent naître des procès interminables. L'esprit de fiscalité qui voit moins ce qui est en droit que ce qui est en produit, protégea ces abus dont les communes introduisirent la servitude au moment qu'elles échappaient à celle de la féodalité. Couverts de la poussière des siècles, ces abus exercèrent leur funeste activité jusqu'au temps où un Turgot parut; il éclaira le roi un moment, et un moment ces abus cessèrent d'être. Ils se relevèrent bientôt; le temps n'était pas mûr pour ces idées. Les parlements regrettaient les procès, les princes regrettaient le privilège qu'ils avaient de faire échapper, moyennant finance, quelques sujets à la police des jurandes. Un arrêt du conseil détruisit le fruit d'un des plus beaux édits qui aient honoré le commencement du règne du roi, et rétablit les jurandes, les maîtrises, les communautés d'arts et métiers. Il vous reste à effacer ces derniers vestiges de la servitude. Mais les maîtres actuels ont acheté un privilège; les dépouillera-t-on? non. On leur rendra au contraire des capitaux utiles à leur commerce, en même temps que la liberté de l'étendre à toutes les parties qui pourront leur convenir, selon leur capacité et leurs moyens. Cette liberté était conforme à leur patriotisme. Dirait-t-on qu'elle est opposée à l'intérêt du commerce? L'âme du commerce est l'industrie, l'âme de l'industrie est la liberté; je ne m'arrêterai pas à prouver des vérités aussi généralement reconnues. Craindrait-on la multiplicité des ouvriers? Mais leur nombre se compose toujours en raison de la population, ou ce qui revient au même, en raison des besoins et de la consommation. Craindrait-on d'être exposé aux risques d'une fabrication incomplète ou frauduleuse? Mais on sait combien sur cet objet la police des jurandes était illusoire; on sait que les ouvriers des faubourgs et des autres

seront remboursés de la totalité des sommes versées au trésor public. A l'égard de ceux dont la réception est antérieure à l'époque du 4 août 1789 il leur sera fait déduction d'un trentième par année de jouissance, cette déduction néanmoins ne pourra s'étendre audelà des deux tiers du prix total et ceux qui jouissent depuis vingt ans et plus recevront le tiers des sommes fixées par l'édit d'août 1776 et autres subséquens. Les remboursemens ci-dessus enoncés seront faits par la caisse de l'extraordinaire, mais ils n'auront point lieu pour les particuliers qui auroient renoncé à leur commerce depuis plus de deux ans. Quant aux particuliers

lieux privilégiés ne travaillent pas moins bien que ceux qui sont soumis à l'inspection des maîtres; on sait que par la rivalité ils exercent les uns sur les autres une sorte d'inspection bien plus efficace; cette rivalité élève, perfectionne les talents qu'une police despotique décourage et flétrit. D'ailleurs il est une surveillance qui est très à la portée du citoyen, et dès qu'il peut l'exercer celle de la loi n'a plus lieu; la surveillance de la loi doit commencer là où cesse celle du citoyen. Or il n'y a que deux professions dont les éléments soient tellement reculés des connaissances du citoyen qu'il ne puisse pas exercer par lui-même cette surveillance. Ces deux professions sont celles des pharmaciens et des orfèvres, pour lesquelles votre comité réclame les règlements particuliers. D'après ces considérations votre comité a cru devoir vous proposer que tout homme serait libre d'exercer telle profession, tel commerce, tel métier, telle cumulation de métiers et de commerces qui lui paraîtront conformes à ses talents et utile à ses affaires; et au lieu des capitaux considérables qu'il fallait débourser pour être admis dans une jurande qui ne donnait le droit de faire qu'un seul métier, qu'un seul commerce, et qui laissait le maître soumis à la perte entière de ce capital si son entreprise ne réussissait pas, de n'exiger d'aucun des aspirans que de se faire connaître à leur municipalité, et de payer une redevance annuelle proportionnée à l'étendue et au succès de leurs spéculations, augmentant, diminuant, cessant avec elles. La quittance de cette redevance annuelle serait consignée dans une patente dont le droit serait tarifé dans des proportions tellement modérées que l'obtention de cette patente serait toujours accessible. La base proportionnelle de ce droit serait établie d'après la valeur locative de l'habitation..... Il nous reste à vous présenter une considération d'équité. En supprimant les jurandes, maîtrises et communautés, la justice de l'Assemblée nationale veut que l'État se charge de leurs dettes, et que les

particuliers qui ont acheté des maîtrises soient dédommagés. La mesure que le comité propose est conforme aux règles de la justice; il a considéré l'avance de leur capital pour le droit de maîtrise comme un placement viager et il l'a considéré comme devant profiter pendant trente ans. Ce terme est plus long que celui de l'estimation habituelle de la durée de la vie d'un homme de l'âge de celui qui est en état d'embrasser une profession, de faire un métier, de se livrer au commerce. Après avoir déterminé une déduction d'un trentième par chaque année de jouissance, il a estimé que cette déduction ne devait plus avoir lieu au-dessus de vingt ans de jouissance, de manière qu'en aucune supposition le maître d'une communauté actuelle ne pourra recevoir moins d'un tiers du capital qu'il aura fourni au gouvernement pour l'acquisition de sa maîtrise. Votre comité a cru qu'il fallait mieux alors courir les risques de rembourser au-dessus de ce qui est dû aux maîtres des communautés actuelles que de rembourser au-dessous; que s'il fallait qu'il y eut une perte légère, c'était à l'État à la supporter et que le particulier ne devait jamais être lésé; et que dans l'incertitude d'une mesure précise, l'État ne pouvait pas engager avec le particulier une guerre de parcimonie...... ·

M. Bouchotte : « Il faut calculer le droit de patente non sur le loyer, mais sur les bénéfices; il faut aussi classer les patentes et favoriser les états les plus utiles. La base du comité n'est donc pas juste sous ce rapport. »

M. Larochefoucauld : « Le comité, d'après ses calculs, compte, sans exagération, sur un produit de onze millions pour les patentes; le remboursement des charges des perruquiers coûtera environ vingt-deux millions; le remboursement du reste des offices sera une dépense de quinze ou seize millions. »

L'assemblée décrète qu'il y aura un droit de patentes.

aspirant à la maitrise qui justifieront avoir payé des sommes à compte sur le prix de la maitrise qu'ils vouloient obtenir, et qui, à la faveur de ces paiements ont joui de la faculté d'exercer leur profession, ils seront remboursés de ces avances, dans les proportions ci-dessus fixées pour les maitres qui ont payé en entier le prix de la maitrise.

5. Les syndics des corps et communautés d'artisans et marchands seront tenus de représenter ou de rendre leur compte de gestion aux municipalités lesquelles les vérifieront et formeront l'état général des dettes actives et passives, et biens de chaque communauté. Ledit état sera envoyé aux directoires de district et de département qui, après vérification, le feront passer au commissaire du Roi chargé de la liquidation de la dette publique, lequel en rendra compte au comité des finances, pour en être par lui fait rapport à l'Assemblée nationale. Le commissaire du Roi ne pourra néanmoins surseoir à la liquidation des remboursemens et offices de chaque individu; il se fera remettre les états, titres, pièces et renseignemens nécessaires pour constater l'état actuel et achever, s'il y a lieu, la liquidation des dettes contractées, antérieurement au mois de février 1776, par les corps et communautés.

6. Les fonds existant dans les caisses des différentes corporations, après l'apurement des comptes, qui seront rendus au plus tard dans le délai de six mois, à compter de la promulgation du présent décret, seront versés dans la caisse du district, qui en tiendra compte à celle de l'extraordinaire. Les propriétés, soit mobilières, soit immobilières desdites communautés seront vendues dans la forme prescrite pour l'aliénation des biens nationaux, et le produit desdites ventes sera pareillement versé dans la caisse de l'extraordinaire.

7. A compter du 1er avril prochain, il sera libre à toute personne de faire tel négoce ou d'exercer telle profession art ou métier qu'elle trouvera bon; mais elle sera tenue de se pourvoir auparavant d'une patente, d'en acquitter le prix suivant les taux ci-après déterminés et de se conformer aux règlemens de police qui sont ou pourront être faits [1].

LXIV

20-27 avril, 1791.

Décret relatif au remboursement des maîtrises et des jurandes [2].

1. Dans un mois, à compter de la publication du présent decret, les syndics des corps et communautés, créés par l'édit d'août 1776 et autres subséquens, forme-

---

[1] Suivent les articles 8 à 28 qui ont trait au nouveau règlement des patentes et du commerce.

[2] Duvergier, *Lois et arr.*, t. II, p. 323, et réimpression de l'anc. *Monit.*, t. VII, p. 399 et 404, pour la discussion des articles. Ce remboursement n'aboutit pas et fut confondu dans la banqueroute générale.

ront un état qui contiendra le nom et l'époque de la réception des particuliers qui
composent le premier tableau desdits corps et communautés, ou qui exercent en
vertu de brevets dont la finance a été versée au trésor public, en observant de
n'y point comprendre les maitres qui ont renoncé à l'exercice de leur profession
ou commerce avant le 1ᵉʳ avril 1789. Cet état sera remis aux officiers municipaux
qui, après l'avoir certifié, l'adresseront au commissaire du Roi chargé de la liquidation de la dette publique.

2. Les particuliers qui ont obtenu des maitrises et dont la finance a été versée
dans la caisse de l'école gratuite de dessin à Paris, à la décharge du Trésor public,
seront remboursés dans les formes et suivant les proportions déterminées par les
articles 3 et 4 du décret du 2 mars, qui abolit les jurandes.

3. La déduction du trentième par année de jouissance, sur le prix des jurandes
et maitrises dont le remboursement est ordonné par l'article 4 du décret du
2 mars, n'aura lieu que jusqu'au 4 août 1789.

4. Les particuliers habitant le faubourg Saint Antoine de la ville de Paris qui
étoient autorisés à payer le prix de la maitrise dans le cours de dix ans, seront
remboursés des à compte qu'ils justifieront avoir payés, en se conformant aux
dispositions de l'article 4 dudit décret du 2 mars.

LXV

Séance du 14 juin 1791.

L'Assemblée décrète les articles suivants proposés par M. Chapelier :

1. L'anéantissement de toutes espèces de corporations de citoyens, de même
état et profession, étant l'une des bases fondamentales de la constitution française,
il est défendu de les rétablir de fait, sous quelque prétexte et sous quelque forme
que ce soit.

2. Les citoyens de même état et profession, entrepreneurs, ceux qui ont boutique ouverte, les ouvriers et compagnons d'un art quelconque, ne pourront,
lorsqu'ils se trouveront ensemble, se nommer de président, ni secrétaire ou syndic,
tenir des registres, prendre des arrêtés ou délibérations, former des règlements
sur leurs prétendus intérêts communs.

3. Il est interdit à tous corps administratifs ou municipaux de recevoir aucune
adresse ou pétition sous la dénomination d'un état ou profession, d'y faire aucune
réponse; et il leur est enjoint de déclarer nulles les délibérations qui pourroient
être prises de cette manière, et de veiller soigneusement à ce qu'il ne leur soit
donné aucune suite ni exécution.

4. Si contre les principes de la liberté et de la constitution, des citoyens atta-

chés aux mêmes professions, arts et métiers, prenoient des délibérations, faisoient entre eux des conventions tendant à refuser de concert, ou à n'accorder qu'à un prix déterminé le secours de leur industrie ou de leurs travaux, lesdites délibérations, accompagnées ou non de serment, sont déclarées inconstitutionnelles et attentatoires à la liberté et à la déclaration des droits de l'homme, et de nul effet; les corps administratifs et municipaux sont tenus de les déclarer telles.

5. Il est défendu à tous corps administratifs et municipaux, à peine par leurs membres d'en répondre en leur propre nom, d'employer, admettre ou souffrir qu'on admette aux ouvrages de leurs professions, dans aucuns travaux publics, ceux des entrepreneurs, ouvriers et compagnons qui provoqueroient ou signeroient lesdites délibérations ou conventions, si ce n'est dans le cas où, de leur propre mouvement, ils se seroient présentés au greffe du tribunal de police pour les rétracter ou les désavouer [1] . . . . .

[1] *Réimpression de l'ancien Moniteur*, t. VIII, p. 662.

DEUXIÈME PARTIE.

MÉTIERS DE L'ALIMENTATION.

TITRE I.

BOULANGERS.

De sable, à deux pelles de four
d'argent, passées en sautoir,
chacune chargée de trois pains de gueules.

D'azur, à un saint Honoré d'or,
tenant de sa main sénestre une crosse de même,
et de sa main dextre une pelle de four d'argent,
chargée de trois pains de gueules.

La communauté des boulangers reçut d'Étienne Boileau des statuts très complets sous le nom de talemeliers [1]. Elle s'y reporta toujours et ne changea guère son administration intérieure, confiée par privilège spécial à la juridiction particulière du grand panctier, assisté d'un lieutenant, d'un procureur et de greffiers, qui faisaient exécuter en son nom les règlements et rentrer les droits. Cette situation exceptionnelle permit aux boulangers d'éviter la réglementation des prévôts et les confirmations de privilèges. Une rédaction complète des statuts n'apparaît qu'à la date extrême de 1719, à l'occasion de la suppression de la charge de grand panctier et de la réunion des boulangers des faubourgs à ceux de la ville; la communauté fut alors soumise, comme les autres, aux prévôts de Paris. Les statuts de 1270 ont 61 articles, ceux de 1719 en ont 49 [2]; l'état des divers membres et le fonctionnement des jurés n'ont pas subi de notables différences. C'est déjà un beau résultat qu'une association ouvrière ait pu vivre sous les mêmes règles pendant cinq cents ans.

Durant le xive siècle, les documents sur les boulangers n'ont trait qu'à la taxe du pain, selon le cours des blés. Cette question si grave de la première nourriture de l'homme a été l'objet constant des plaintes du public et de la sollicitude du pouvoir. Nous avons transcrit les documents les plus importants : lettres de 1305; ordonnance du roi Jean, titre II [3]; règlements de

---

[1] Voyez *Livre des Métiers*, titre Ier, talemeliers.

[2] Ces statuts reçurent, quelques années après, en mai 1746, une nouvelle rédaction en 57 articles, contenant peu de modifications.

[3] L'ordonnance du roi Jean, qui concerne un grand nombre de métiers, n'a pas été divisée, mais donnée dans son ensemble en tête des métiers en général. Pour le pain, voyez ci-dessus, p. 3.

1367 et de 1372; et, pour le xv° siècle, règlement sur les farines, du 19 septembre 1439, emprunté au titre I°ʳ de la grande ordonnance de 1416 sur la prévôté des marchands. Ce fut, comme en 1367, l'occasion d'une mesure de police générale prise sur l'initiative du prévôt de Paris, représentant de l'administration royale, affirmant ainsi la suprématie de l'autorité du roi sur les seigneuries particulières. Il convoque en assemblée, au Châtelet, les boulangers des faubourgs privilégiés, ceux de la banlieue jusqu'à Melun et Corbeil avec ceux de Paris, pour arrêter ensemble les conditions de la fourniture du pain et les moyens d'assurer l'approvisionnement du public. En 1439, le prévôt de Paris apporte une amélioration sensible dans le commerce de la boulangerie. Il fallait avoir égard à la variation du prix des blés et farines; les pains étaient taxés invariablement, quant aux prix, comme pains de deux deniers, d'un denier et d'une obole; on devait alors, suivant le cours, augmenter ou diminuer la taille des pains, ce qu'on obtenait en faisant au Châtelet des essais de rendement de pâte, en présence des boulangers et des autorités. On en vint ensuite à changer, non plus la taille, mais le poids. Ces deux moyens étaient encore bien primitifs et, en 1439 seulement (pièce V, art. 12 et 13), on fixa le poids d'une manière définitive, quelle que soit la valeur du blé, et, sans changer les poids, on fit varier les prix, ce qui était plus juste et plus rationnel.

Vers la fin du xv° siècle et pendant tout le seizième, la confrérie s'attira une foule de mesures de rigueur; des cabales fréquentes obligèrent l'autorité à dissoudre à diverses reprises la communauté et la confrérie, mais comme en réalité le métier devait continuer suivant les règlements, l'association se rétablissait bien vite.

Ils ne reçurent aucun texte de statuts ni sous Louis XI, ni à la fin du xvi° siècle, avant ou après les grands édits, époque de progrès où les métiers subirent une transformation considérable, qui pour plusieurs devint une situation nouvelle.

Comme point de comparaison avec les boulangers de Paris, nous donnons les statuts que le bailli du bourg Saint-Germain rendit en 1659. On y mentionne les pains de chapitre, pains bourgeois ou de brode, fabriqués suivant les prescriptions de qualité, poids, forme et marque du boulanger; les pains de fantaisie s'appelaient pain de Gonesse et pains à la Reine. Les halles Saint-Germain devaient être fournies par les forains en gros pain, d'un poids supérieur à trois livres, le mercredi et le samedi.

Les prescriptions énoncées dans les statuts de 1719, pour l'intérieur de Paris, sont à peu près les mêmes et règlent tous les détails de l'administration de la communauté. Les boulangers ne pouvaient faire entrer que du lait et du sel dans leurs pains de fantaisie pour ne pas empiéter sur les pâtissiers. La communauté déclare (art. 18) une dette de 75,000 livres, contractée pour s'acquitter envers le roi du prix des offices; les droits de maîtrise sont fixés jusqu'à nouvel ordre à 400 livres, plus les dons ordinaires. L'apprentissage et le compagnonnage sont de trois ans chacun; la confrérie est dirigée par les jurés. Tous les règlements de comptes et d'administration sont exposés avec grande clarté.

Il est à remarquer que la communauté des boulangers ne figure pas dans les actes d'union d'offices, depuis 1691 jusqu'à 1710. Elle a échappé à cette mesure générale, soit par la désorganisation qu'elle subit à cette époque, soit par la présence du grand panetier, dont la charge, supprimée par édit d'août 1711, fut prorogée de sept années jusqu'en 1718, à titre d'indemnité en faveur du duc de Cossé-Brissac, dernier grand panetier de France. En 1745, à l'occasion de la création des inspecteurs des jurés, les boulangers rentrent dans le régime commun [1] et s'imposent à une somme de 50,000 livres pour l'union de cet office.

L'année suivante, ils obtinrent, par lettres patentes de mai 1746, une nouvelle rédaction de

[1] Coll. Lamoignon, t. XXXVI, fol. 407.

statuts, mais sans modifications importantes. Le brevet est laissé comme en 1719 à 15 livres, la maîtrise à 400 livres, tous les autres droits en usage sont maintenus [1]. Les patrons de leur confrérie étaient saint Honoré et saint Lazare, qui sont représentés sur les jetons.

Après l'abolition des jurandes, les boulangers restèrent en corporation comme plusieurs autres métiers, mais conformément à des statuts qui n'ont plus de lien avec leur ancien régime.

I

1305, 28 avril.

Ordonnance de Philippe le Bel, adressée au prévôt de Paris, portant règlement sur le commerce du pain, des vivres et sur le métier des boulangers.

Bibl. nat., ms. de la Sorbonne, fr. 24069, fol. 9 [2].

Phelippe, par la grace de Dieu, Roys de France, au prevost de Paris [3], salut. Nous avons oyes les requestes de la communauté des gens de Paris, sur lesquelles nous avons ordené et respondu, pour le commun proufit, si comme ci dessouz est contenu :

1. Premierement que comme les tallemeliers de Paris maintenissent, que pour pain mains souffisant fait, il sont quites par sis deniers paiant de l'amende, en quoi il en povoient ou devoient estre, nous avons ordené et ordenons quant a ore, tant comme il nous plaira, que, non contrestans leurs privilleges se nul en ont sur ce, quelconques fera pain mains souffisant et sera prouvé contre lui, toute la fournée sera forffaite et sera encores punis a l'esgart de nostre prevost de Paris.

[1] Le guide des marchands de 1766 porte le brevet à 40 livres et la maîtrise à 900 livres, sans indiquer à la suite de quelle mesure cette augmentation a eu lieu. La lecture des deux textes de 1719 et de 1746 permet de constater qu'il n'y avait encore à cette dernière date aucune augmentation de cette nature.

Nous citerons deux publications pour les boulangers : 1° Statuts de 1719 avec plusieurs arrêts à la suite, Paris, d'Honry, 1721, in-4° relié (Bibl. de l'Arsenal, n° 4595); 2° Statuts de 1746, Paris, Moreau, 1757, in-12 (Bibl. Carnavalet). Le Traité de la police (t. II, p. 850 et suiv.) contient aussi beaucoup de pièces.

[2] Pour les deux pièces I et II, nous avons suivi le texte du manuscrit de la Sorbonne. Ce document se trouve encore à la Bibliothèque nationale, ms. de Lamare, fr. 11709, fol. 94. — Voir aussi : Coll. de Lamare, fr. 21639, fol. 34. — Arch. nat., ms. du Châtelet KK 1336, fol. 4. — Coll. Lamoignon, t. I, fol. 377. — Ordonn. des Rois de France, t. I, p. 427.

[3] Le prévôt de Paris devait être alors Pierre Docy.

2. Item, nous ordenons et voulons que chascun de Paris ou a Paris demourant puisse pain faire, et fourner en sa maison, et vendre a ses voisins, en faisant
pain souffisant et raisonnable et en paiant les droitures acoustumées.

3. Item, nous ordenons que, touz les jours de la sepmaine, quelconques
vouldra puisse aporter a Paris pain et blé, et toutes autres vitailles et vivres a
vendre, seurement et paisiblement.

4. Item nous voulons et ordenons que par notre prevost de Paris les tallemeliers
et touz autres, qui pain voudront faire, soient contrains de faire pain souffisant et
de value convenable, a juste pois, selonc le pris et l'estimation que blé vaudra, et
voulons que a ce le dist prevost se praingne, garde et establisse, et meete le pois et
establisse certaines personnes a regarder que la chose soit faite bien et loyaulment
et tout par le conseil de nos genz de Paris.

5. Item nous commandons et ordenons que toutes denrrées soient vendues et
admenées en plain marchié, et deffendons estroitement que nulz ne soit si hardis
que il achate ne vende denrrées, vivres ne vitailles, ailleurs que en plain marchié et que nulz n'achate blé ne grain autre, pour revendre le jour meesmes ou
marchié.

6. Item nous voulons et ordenons que de toutes denrrées venans a Paris, puis
que elles seront afeurées, tout le commun en puisse avoir par un tel pris comme li
grossier les acheteront.

Si mandons et conmandons que tu ceste notre ordenance faces crier a Paris
communement, et la faces estroitement et justement garder et tenir, et se tu
treuves ne scez aucun qui voit encontre ne face, nous te commandons que tu en
lieves si grosses amendes et les en punisse en telle maniere que ly autre y
praingnent exemple. Donné a Parcent de lez Beaumont, le mercredy apres les
huitienes de Pasque, l'an mil ccc et cinq.

Li parlement, par main sovaraine, l'an ccc xxx et xxxı, ordenerent Nicolas de
Bayeux a rapporter la verité.

————————

II

Cis titres parole des fours de Paris et de leur droiture.

Bibl. nat., ms. de la Sorbonne, fr. 24069, fol. 14 v°. — Ms. Lamare, fr. 11709, fol. 39.

En ceste chose se sont acordé li bourgois de Paris et dient que, ou tans le
roy Phelippe [1], de bone memoire, fu contens entre les prevoz de Paris, de l'une
partie, et les boulengiers de Paris, de l'autre partie, seur ce que li prevoz de

———

[1] Cette pièce n'étant pas datée, on ne peut déterminer exactement s'il s'agit ici de Philippe le Hardi
ou de Philippe le Bel.

Paris voloient abatre et destruire les fours des boulengiers, seur laquel chose li boulengier se plaindrent a monseigneur lou Roy, et adont, de l'asentement et la volenté monseigneur lou Roy, fu ordené en ceste manière :

C'est a savoir que chascun boulengiers pueent faire son four en sa meson, en la quele il manoit a cuire tout ce que manouverroit en sa meson, por ce que chascun boulengier valoit a monseigneur lou Roy chascun ix s. iii d. et encore vaut. Et se aucuns clers ou aucuns lays envoiast a aucun bolengier son blé que il en feist pain pour ce clerc ou pour ce lay, li boulengier pueent faire ceste chose sans nule achoison. Li bolengiers qui n'ont fours propres pueent aler as autres fours, la ou il croient quil miex facent.

Derechief, li boulengier pueent faire fours propres, sanz nul contredit, et en touz tans cuisent et ont cuit ou il leur plest miex, sans banie. Ceste enqueste fu faite du commandement le roy Phelippe.

III

1367, 14 avril.

Lettres du prévôt de Paris portant règlement pour les boulangers de Paris et des faubourgs.

Préf. de Police, coll. Lamoignon, t. II, fol. 341 [1]. — Ordonn. des Rois de France, t. IV, p. 709.
Traité de la Police, t. II, p. 889.

A touz ceulz qui ces lettres verront, Jehan Bernier, garde de la prevosté de Paris [2] . . . . . Par vertu desquelles lettres du Roy nostre sire, dessus suscriptes et pour le mandement a nous fait pour ycelles enterriner et acomplir, nous eussions fait venir et assembler par devant nous, en la salle ou Chastellet de Paris, plusieurs saiges et notables personnes avecques les maistres et jurez dudit mestier de boulengerie et plusieurs des boulengiers forains, frequentans et apportans pain en ladite ville de Paris, c'est assavoir : sire Jehan Culdoe, prevost des marchands de la ville de Paris; maistre Guillaume de saint Germain, general procureur du Roy nostre sire; maistre Pierre de Gien, nostre lieutenant; sire Jehan Belot de Paris; maistre Eudes de Senz; Vincent Drouart; Estienne de Marueil, advocat; maistre Guillaume Porel, Nicolas du Chesne, Jehan de Tuillieres, Odar d'Atainville et Jehan de Bar, examinateurs dudit Chastellet; Geoffroy Esté, Jehan Tramblay, Pierre du Palais, bourgoiz de Paris; Raoul de Biautour, Pierre Triel, Pierre Lapostole, jurez en la ville de Paris oudit mestier de boulengerie; Girart de Breban et Jehan Leconte, bacheliers oudit mestier; Perrin de Saint Aubin, bou-

---

[1] Lamoignon a extrait cette copie du *Livre vert ancien* (fol. 12 v°) et du *Livre noir* (fol. 316), qui n'existent plus aujourd'hui.

[2] Suit la transcription des lettres patentes de Charles V du 12 mars 1367, homologuant les statuts. Pàques tomba en cette année le 18 avril.

lengier de Corbueil, pour lui et les autres boulengiers de ladite ville de Corbueil; et Jehan le boulengier et Jehan de Champeaus, boulengiers de la ville de Meleun, pour eux et les autres boulengiers de ladite ville; Perrin Binet, Perrin Fournier, Perrin le Fournier, boulengiers de la ville de Saint Brice, pour eulz et les autres boulengiers de ladite ville; Ancel Patrenostre, Jehan Quarré, boulengiers demourans a Montgison, pour eulz et les autres boulengiers audit Montgison; Perrin Piot, Symon le Charpentier, boulengiers demourans a Nostre Dame des Champs, pour eulz et les autres boulengiers demourans en ce lieu; Jehan Quarré, Gautier Bellechière, boulengiers demourans a Saint Marcel, pour eulz et les autres boulengiers audit Saint Marcel; pour avoir avis et deliberacion avec yceulz, comment et par quelle voye et maniere, nous peussions pouvoir, faire et ordener, tant sur le fait des ordenances et anciens registres fais ja-pieça, sur ledit mestier de boulengerie et sur les boulangiers frequentans et vendans pain en ladite ville de Paris, comme pour le temps present, pour prouffitable et moins dommageable que fait pourroit estre, pour le prouffit commun. En la presence de tous lesquelz dessus nommez, et par le conseil, advis et deliberacion d'iceulz, et d'un mesmes accord et oppinion, pour le plus cler et evident prouffit de tout le commun de la ville de Paris, dit, fu deliberé et ordonné par nous, ce qui ensuit :

1. C'est assavoir, sanz muer ne diminuer en riens les ordenances anciennes sur ce faites, quant a present, les forains boulengiers apportans et vendans pain en ladite ville de Paris, pourront faire apporter et vendre en ycelle ville, ès halles de Paris, aus jours et lieux acoustumez, pain de quatre deniers de taille, et non de plus grant pris, qui sera tout d'un pois, d'une farine, d'une valeur et substance. Et se il est ainsi trouvé que lesdiz forains ou aulcun d'eulz, aient en bachoe, en sac, en corbeille ou en charrette, autre pain meslé qui ne soit de la valeur de quatre deniers, et tout d'un pois, d'une farine et d'une mesme substance, se ce n'est pain du pris de deux deniers, il perdra le pain et sera donné pour Dieu, par le maistre dudit mestier, selon l'ancienne ordenance.

2. Item que lesdiz boulengiers, tout le pain qu'ilz apporteront ou feront apporter en ladite ville de Paris, pour vendre, seront tenus de vendre et detaillier en leurs personnes, ou par leurs femmes et genz, sans qu'ilz en peussent aucune partie vendre en gros, pour le revendre ne detaillier. Et ne le pourront oster de la halle, depuis ce que il y aura esté porté et mis pour vendre, ne le vendre a plus chier, ne a plus grant pris de quatre deniers, ou au dessoubz que affeuré aura esté. Et qui sera trouvé faisant le contraire il perdra le pain, comme dessus est dit.

3. Item que nul ne soit si hardiz de revendre ne regrater pain en ladite ville[1], sur paine de perdre ledit pain ou sa valeur.

[1] Dans le *Livre des Métiers*, titres IX et X, les regratiers pouvaient vendre du pain par regrat. Ce droit leur fut enlevé au xiv⁰ siècle, leur communauté s'étant fusionnée avec d'autres métiers.

4. Et aussi fu-il enjoint et commandé de par nous, que lesdiz boulengiers forains feissent pain de taille de deux deniers, pour le vendre avecques ledit pain de quatre deniers, selon l'ancienne ordenance, et que accoustumé avoit esté, sur paine d'amende, telle comme il seroit regardé par nous; et sur les choses dessus dites sera faite visitation.

En tesmoing de ce, nous avons fait mettre a ces lettres le scel de la prevosté de Paris. Ce fu fait en la sale oudit Chastellet, le mercredi quatorziesme jour du mois d'avril, l'an de grace mil trois cens soixante et six.

IV

1372, décembre.

Lettres patentes de Charles V portant règlement sur le poids du pain, suivant les variations du prix des blés.

Arch. nat., Livre rouge, Y 3, fol. 34 v°. — Coll. Lamoignon, t. II, fol. 489 et 510. Ordonn. des Rois de France, t. V, p. 553.

Charles, par la grace de Dieu roy de France [1] . . . . .

Nos dis conseillers et prevost, pour enteriner et acomplir le contenu de nos letres dessus transcriptes, touchant le fait de la visitacion et ordonnance des talme-liers de Paris et du pain fait a Paris, eussent veu et visété, a grant deliberacion appelé avecques eulx pluseurs sages, les anciens et nouveaulx registres de nostre Chastellet de Paris, touchans le fait dessus dit, et yceulx registres ainsy par eulx veuz et examinez, eussent fait faire certain essay de pain par gens en ce congnois-sans, pour savoir et adviser comment pour le prouffit du commun peuple, l'en pourroit faire a Paris pain souffisant et convenable, eu regart a la valeur du blé, au pois et au pris du pain, et aux autres choses que l'en pourroit bonnement noter et ymaginer en ce fait; apres le quel essay ainsy fait, et icellui veu et examiné par aucuns des gens de nostre conseil, et a nous raporté, afin de pourveoir sur le fait dessusdit, certaine ordonnance eust esté faite par nous sur ycellui fait, par laquelle les talemeliers de Paris estoient tenus de faire pain de certain pois et de certain pris, selon ce que le pris du blé avaleroit ou monteroit en plain marchié, et pour ce que assez tost apres ladite ordonnance, les talemeliers de Paris s'estoient trays devers nous, en eulx griefment complaignans, disans que ladite ordonnance ne se povoit soustenir, et qu'ilz seroient du tout mis a povreté et leur convendroit laissier la ville de Paris, se ladite ordonnance estoit tenue et gardée,

[1] Ici se trouve la transcription des lettres patentes, en latin, du 21 avril 1372, adressées au prévôt de Paris et prescrivant la rédaction des articles qui suivent.

suplians pour ces choses sur ce estre a eulx pourveu de remede. Nous, a leur
suplicacion voulans pourveoir et aussi a la requeste des gens de nostre pannetier,
qui d'icelle ordonnance se douloient, disans que elle leur estoit prejudiciable en
plusieurs manières, eussions commis et deputé aucuns des gens de nostre grant
conseil, pour appeller devant eulx nostre dit prevost, les diz talemeliers, et les
gens de nostredit pennetier, et les sur ce oïr et leurs debas, et pour adviser et
regarder comment, pour le bien publique, l'en pourroit faire et metre bonne ordonnance sur le fait desdis talemeliers, et pour nous rapporter ce que fait en
seroit, par quoy nous peussions sur ce metre bon remede; et sur ce nostredit
prevost et lesdis talemeliers ou aucuns d'eulx, et les gens de nostredit pennetier
eussent esté assemblez par plusieurs foys devant les gens de nostre grant conseil,
et eust esté veue et examinée diligemment ladite ordonnance, et plusieurs raisons
alleguées d'une partie et d'autre, les unes pour la soustenir, et les autres pour la
mettre au neant. Sur quoy, par l'ordonnance et advis des gens de nostre conseil,
et de l'accort desdiz prevost, talemeliers et gens de nostre pannetier, et mesmement a la requeste d'iceulx talemeliers, certain autre assay de pain eust esté fait a
grant diligence, et iceulx talemeliers a ce presens et appellez, et icelluy essay
raporté a nosdiz conseillers [1], et par eulx veu et examiné et par pluseurs autres
sages de nostre parlement et autres. Apres toutes lesquelles choses ainsi faites, et
que plusieurs voies orent esté touchées et advisées, par lesquelles l'en pourroit
mettre bonne ordonnance sur ledit pain, selon ce que le marchié de blé monteroit ou avaleroit, et par tele maniere que lesdis talemeliers prendroient sur
ce prouffit et gaing raisonnable, sans estre grevez ne maltraictiez, fu advisé et
deliberé, de l'accort d'iceulx talemeliers, et par certain avaluement sur ce fait a
grant diligence par plusieurs changeurs et autres personnes notables de ladite
ville de Paris, que l'en pourroit faire et mettre bonne ordonnance sur le pain, en
la maniere qui s'ensuit :

1. C'est assavoir, que tant et si longuement comme le sextier du meilleur blé
fourment, ou a douze deniers pres du meilleur, vauldra et sera vendu en plain
marchié ou en grenier a Paris, huit solz, les talemeliers de Paris et des fourbours feront et seront tenus de faire pain bien labouré, qui pesera et devra peser
les pois cy-apres esclarciz, c'est assavoir : le pain blanc appellé pain de Chailly de
deux deniers de taille, pesera en paste trente onces, et tout cuit pesera vingt cinq
onces et demie; le pain bourgois de la dite taille pesera en paste quarante-cinq
onces, et tout cuit pesera trente sept onces et demie; et le pain de brode d'un
denier de taille pesera en paste quarante deux onces, et tout cuit trente-six
onces.

---

[1] Pour réglementer la valeur du pain, on faisait, quand les circonstances l'exigeaient, un essai
officiel du rendement de la pâte. Le prix restait fixe,
mais le poids variait. Voyez ci-dessus, Métiers en
général, page 4, l'essai prescrit par l'ordonnance
de 1351.

2. Item quant le dit blé vauldra dix solz le sextier, le pain de Chailly de deux deniers de taille pesera en paste vingt-quatre onces, et tout cuit vingt onces et huit estellins; le pain bourgois de deux deniers de taille pesera en paste trente six onces, et tout cuit trente onces; et le pain faitis d'un denier de taille pesera en paste trente trois onces douze estellins, et tout cuit vingt huit onces seize estellins.

3. Item quant le dit blé vauldra quatorze sols le sextier, le pain de Chailly de deux deniers de taille pesera en paste dix et sept onces et deux estellins, et tout cuit quatorze onces onze estellins; le pain bourgois de ladite taille pesera en paste vingt cinq onces et quatorze estellins, et tout cuit pesera vingt une onces huit estellins; et le pain faitis d'un denier de taille pesera en paste vingt quatre onces et tout cuit vingt onces et douze estellins.

4. Item quant le blé vauldra seize solz le sextier, le pain de Chailly de deux deniers de taille pesera en paste quinze onces, et tout cuit douze onces et quinze estellins; le pain bourgois de la dite taille pesera en paste vingt deux onces et demie et tout cuit dix huit onces et quinze estellins; et le pain faitis d'un denier de taille pesera en paste vint et une onces, et tout cuit dix-huit onces.

5. Item quant le blé vauldra dix huit solz le sextier, le pain de Chailly de deux deniers de taille pesera en paste treize onces et six estellins, et tout cuit onze onces six estellins; le pain bourgois de ladite taille pesera en paste vint onces, et tout cuit seize onces et demie et trois estellins; et le pain faitis d'un denier de taille pesera en paste dix huit onces et trois estellins et tout cuit seize onces.

6. Item quant le blé vaudra vint solz le sextier, le pain de Chailly de deux deniers de taille pesera en paste douze onces dix-huit estellins, et tout cuit dix onces quatre estellins; le pain bourgois de la dite taille pesera en paste dix huit onces et sept estellins, et tout cuit quinze onces et treize estellins; et le pain faitis d'un denier de taille pesera en paste seize onces et quinze estellins, et tout cuit quatorze onces huit estellins.

7. Item quant le blé vauldra vingt deux solz le sextier, le pain de Chailly de deux deniers de taille pesera en paste dix onces dix huit estellins, et tout cuit neuf onces onze estellins; le pain bourgois de ladite taille pesera en paste seize onces et sept estellins, et tout cuit treize onces et treize estellins; et le pain faitis d'un denier de taille pesera en paste quinze onces et six estellins, et tout cuit treize onces et sept estellins.

8. Item quant ledit blé vauldra vint-quatre solz le sextier, le pain de Chailly de deux deniers de taille pesera en paste dix onces, et tout cuit huit onces et demie; le pain bourgois de la dite taille pesera en paste quinze onces, et tout cuit douze onces et demie; et le pain faitis d'un denier de taille pesera en paste quatorze onces, et tout cuit douze onces.

9. Et est assavoir que pour mendre creue et avaluement de deux solz pour sextier, le pain ne croistera ne appetissera, pour ce que bonnement ne se pour-

roit faire, sauf toutes foies a pourveoir sur la creue ou diminution d'icelluy pain par nostre dit prevost, appellé gens dudit pannetier, et se mestier est, toutes foiz que bon lui semblera et qu'il appartendra a faire par raison; et pour ce que de present le blé est a bon marchié, et pourra estre par le plaisir de Dieu, a aussi bon ou meilleur marchié ou temps advenir, fu advisé et deliberé que de present et touteffois que le meilleur blé, ou a douze deniers prez du meilleur, sera a pris de seize sols ou au dessoubz, lesdiz talemeliers feront et seront tenus de faire pain d'un denier de taille, de chacune des qualitez dessus dites, pesant de la moitié d'un pain de deux deniers de taille, par la manière dessus devisée, oultre et avecques le pain de deux deniers de taille qu'ilz feront par la maniere que dit est; et touteffoiz que blé sera a seize solz le sextier ou au dessoubz, lesdiz talemeliers seront tenus de faire de chascun sextier de blé qu'ilz cuiront pour vendre, une douzaine de pain de Chailly d'un denier de taille et autant de pain bourgois, a tout le moins; et le seurplus pourront faire de deux deniers s'il leur plaist, tel et en tele maniere que dessus est devisé. Et avecques ce fu advisé que sil advenoit que le sextier dudit meilleur blé fourment vausist ou coutast plus de vint quatre sols parisis, nostre dit prevost, en la presence ou appellez les gens de nostre dit pennetier, feroit et fera faire essais de blé converti en pain, selon ce qu'il est accoustumé a faire en tel cas, et selon l'estat des essais, selon ce que ces choses nous ont esté rapportées plus a plain par les gens de nostre grant conseil, a ce que par nous feust pourveu sur les choses dessus dites de remede convenable. . . . . Donné a Paris, l'an de grace MCCCLX et douze et de nostre regne le IXᵉ, ou mois de decembre.

V

1439, 19 septembre.

Lettres patentes de Charles VII contenant des règlements pour les boulangers et les meuniers, sur le poids et le prix du pain à Paris.

Arch. nat., Livre vert vieil 2ᵉ Y 4, fol. 40 vᵒ. — Coll. Lamoignon, t. IV, fol. 249.
Ordonn. des Rois de France, t. XIII, p. 304.

Charles, par la grace de Dieu roy de France, au prevost de Paris ou a son lieutenant, salut. Comme pour eschever pluseurs clameurs, murmures et complaintes qui de jour en jour surviennent des habitans de nostre ville de Paris et mesmement du menu peuple d'icelle, et pourveoir a plusieurs grans faultes et abus qui chascun jour se font et commettent, par plusieurs boulengiers de nostre dicte ville de Paris, tant en la façon du pain, comme ou poix d'icellui et aultrement, en plusieurs et diverses manieres, ou grant prejudice de la police, charge foule et oppression de noz subgès d'icelle nostre ville, après l'advis des gens de nostre grant conseil et autres estans en nostre dicte ville de Paris, avons fecte provision et ordonnance sur ce que dit est, en la manière qui sensuit :

1. C'est assavoir que le poix ordonné pour peser les blez et farines en ladicte ville, sera entretenu ou lieu ouquel il est, ou ailleurs, se mestier est, ou par noz officiers et les eschevins de ladicte ville advisé sera.

2. Item que tous les boulengiers et fariniers d'icelle ville seront tenus et contrains de faire peser audit poix les grains qu'ilz feront mouldre, et aussy iceulx faire cribler avant la moulture d'iceulx, sur peine d'amende arbitraire.

3. Item et au regard des bourgois et autres qui vouldront faire mouldre grains pour leur despense, les pourront fère peser audit poix, se bon leur samble.

4. Item aussi que tous musniers[1] feront mouldre diligemment, tant pour les bourgois, mesnagiers et autres, comme pour les boulengiers, et ne pourront prendre salère excessif, oultre ne au dessus du pris a eulx autrefois ordonné, c'est assavoir : de ceulx qui leur porteront et meneront ou feront porter et mener blez où autres grains a leurs molins, et eulx mesmes emporteront ou feront emporter leurs farines, et non par les musniers, seize deniers parisis pour sextier; et du blé ou grain que iceulx musniers yront ou envoyeront querir pour mouldre, et quant il sera molu rapporteront la farine ès hostelz de ceulx a qui seront les blez moulus, deux solz parisis pour sextier, et au dessoubz dudit pris, selon ce qu'il y aura du blez, et sur peine d'estre mis ou pillory, ou d'autrement estre puniz a la voulenté de justice.

5. Item et ou cas que ceulx qui ainsi feront mouldre leurs blez, seront plus contens de paier en blé que en argent, pourront bailler pour chacun sextier pour mouldre, ung boisseau de blé rez, lequel lesdiz musniers seront tenus de prendre sans reffus, ou cas qu'il plaira a ceulx qui feront mouldre, sur peine d'amende arbitraire.

6. Item sera enjoinct a tous ceulx a qui lesdiz musniers demanderont ou s'efforceront de prendre ou demander salaire de leursdictes moultures, oultre le pris et taux dessusdit, et a tous autres qui sauront les faultes que feront lesdits musniers en prenant oultre ledit pris et aultrement, de rapporter a justice les faultes que ilz sauront estre fectes par lesdiz musniers et des amendes en quoy iceulx musniers seront condempnez, ilz auront le quart.

7. Item et seront moulus et delivrez au moulin par les musniers les grains pesez paravant les grains non pesez.

---

[1] La grande ordonnance du roi Jean contient un titre réservé aux meuniers (voyez ci-dessus, Métiers en général, p. 9); les prescriptions de police formulées ici équivalent à des règlements, et c'est sans doute cette dépendance presque exclusive envers les boulangers qui a dispensé les meuniers d'obtenir des confirmations de statuts ou de privilèges. Les moulins établis sur les ponts de la Seine appartenaient au chapitre et les moulins à vent étaient dans la banlieue.

8. Item et seront tenus les musniers rendre les farines en pareil poix que seront trouvez les grains, excepté deux livres ordonnées pour le dechiet sur le sextier, sur peine d'amende arbitraire.

9. Item s'aucuns veulent faire cribler leurs grains, faire le pourront; et seront les cribleures deduites du poix, oultre ledit dechiet de deux livres sur sextier.

10. Item et se en la moulture est trouvé faulte, les musniers seront tenus rendre la farine, se elle est en nature; et se non, seront tenus paier pour chacune livre de farine, quatre deniers parisis [1], se le pain vault quatre deniers tournois; et de plus plus, et de moins moins, selon le pris que vauldra la livre de pain le jour.

11. Item et auront les gardes et commis oudit poix, pour le poix d'un chacun sextier de grain pesé, ung denier tournois, et autant pour peser la farine; de plus plus, et de moins moins, au pris dessus dit.

12. Item, et que doresenavant, sera fait le pain faitiz, cuit et bien essuyé, de demye livre, d'une livre et de deux livres; lequel poix demourra tousjours ferme et estable [2], a quelque pris que le blé soit.

13. Item, au regard du pain blanc, quant permis sera aux boulengiers de le faire, sera fait et estably de certain poix ferme et estable, qui ne sera changé ne mué a quelque pris que le blé soit, c'est assavoir, pain blanc de la blancheur du pain de Chailly, pesant six onces, bien cuit, froit et essuyé qui sera vendu au pris du pain faitiz pesant demye livre; et pain blanc de douze onces qui sera vendu au pris du pain faitiz pesant une livre; et pain blanc de vint quatre onces qui sera vendu au pris du pain faitiz pesant deux livres; a peine de perdre le pain et d'amende arbitraire.

14. Item, que tous taverniers, hosteliers et aultres vendans pain a taverne ou autrement, en leurs maisons, seront tenus de vendre ledit pain, soit blanc ou biz, audit poix, et au pris qui sera ordonné, selon ce que le blé vauldra, et sur peine de perdre ledit pain, et d'amende arbitraire.

15. Item, tous lesdiz boulengiers et chacun d'eulx seront tenus d'avoir a leurs fenestres balences et poix pour peser ledit pain, sur peine d'amende arbitraire.

16. Item, et pour savoir ce que vauldra blé chacun samedi, es marchiez tant des Halles et de Greve comme du Martray en la cité, les mesureurs de grain seront tenus chacun samedi [3] de rapporter par deux d'iceulx mesureurs, de chacun desdits trois marchiés, le pris que en chacun d'iceulx marchiez, blé, froment, seigle et orge auront valu, sur peine d'amende arbitraire.

[1] D'après cette phrase, le prix de la farine serait de 4 deniers la livre.

[2] Dans les documents qui précèdent, le pain est toujours taxé par son poids, avec le prix comme base fixe. Quand les blés renchérissaient ou *vice versa*, on diminuait ou augmentait le poids et la taille des pains, système primitif nécessitant des essais de rendement insuffisants pour la garantie du public. La nouvelle mesure, qui établissait un poids fixe avec prix variable, constituait un progrès réel et utile au peuple.

[3] Plus tard ils devaient faire leur rapport deux fois par semaine. Voyez ci-dessous, Mesureurs de grains, titre III, pièce II de 1556.

17. Item, sera tenu le clerc des boulengiers de ladicte ville de Paris de venir chacun jour de mercredi, par devers le clerc de la prevosté de Paris, pour veoir et savoir auquel pris le pain sera mis; et incontinent le fera savoir aux douze jurez boulengiers dudit mestier; et seront tenus les autres boulengiers de ladicte ville, d'aler chacun jour de mercredi devers aucuns desdiz jurez, assavoir d'eulx le prix du pain, tel qu'il sera ordonné; et a ce que chacun soit acertené dudit pris, se fera cri publique ès Halles, en Greve et au Martray en la Juiferie, ou seront avecques ce cedules atachées en chacun desdits marchiez, a quel pris sera le pain.

18. Item, sera defendu a tous boulengiers qu'ilz ne achateront ne feront achater par autres pour eulx blé ès marchiez de Paris, ne en basteaulx, en Greve, ne en l'Escolle Saint Germain, avant douze heures de midi, a peine de perdre le blé et d'amende arbitraire.

19. Item, que nulz blatiers, regratiers de grains, et vendeurs de farines, ne autres personnes de quelque estat ou condicion qu'ilz soient, ne achateront, ne feront achater pour eulx, par estranges personnes, grains a Paris, soit en greniers, en granches, ne en marchiez publiques, pour et en entencion d'iceulx grains vendre, ne convertir en farines pour revendre a detail, soit en marchié publique ou ailleurs, sur peine de perdre lesdiz grains et farines, et d'amende arbitraire. Nous vous mandons..... Donné a Paris le xixe jour de septembre, l'an de grace mil quatre cens trente neuf et de nostre regne le dix-septiesme.

VI

1439, 8 octobre. — Orléans.

Lettres patentes de Charles VII, pour les boulangers de la ville et des faubourgs de Paris, supprimant le repas de réception et en attribuant les frais à la confrérie de Saint-Honoré.

Arch. nat., Livre vert vieil 2e Y 4, fol. 42. — Coll. Lamoignon, t. IV, fol. 255.

Charles par la grace de Dieu, Roy de France, a tous ceulx qui ces presentes lettres verront, salut. Reçeu avons l'umble supplicacion des maistres et jurez du mestier de boulengerie en nostre ville de Paris et ès fauxbours d'icelle, consors en ceste partie, contenant comme d'ancienneté les boulengiers de nostre dite ville de Paris aient une confrarie deuement fondée en l'eglise Saint Honnoré a Paris, en laquelle le service de Dieu est fait et celebré chacun jour; a cause de laquelle confrarie chacun confrère, pour estre participant et accueilli ès biensfais d'icelle, ne paye que douze deniers parisis par an, et se continue le dit service a la louenge de Dieu nostre createur. Et pour ce que quatre ans a, ou environ, la dite confrarie estoit fort diminuée et que lesdits douze deniers parisis ne povoient souffrir, ne soustenir ledit service, ne les aornemens et charges d'icelle, lesdiz supplians et aucuns autres jurez qui sont alez de vie a trespas eussent parlé ensemble, pour avis et moyen comme leur dite confrarie seroit maintenue et sousteme sans diminution; et après eussent deliberé que le disner que chacun boulenger nouvel, après sa reception, estoit tenu ou avoit accoustumé de payer auxdiz jurez, se delaisseroit; et en ce lieu, iceulx boulengers, se ilz n'estoient filz de maistres, paieroient chacun d'eulx, jusques a la somme de quatre livres parisis, et au dessoubz, a ladite confrarie, pour et ou lieu dudit disner, ouquel disner estoit despendu communement de sept a huit livres parisis pour chacun boulenger, après qu'il estoit receu et passé maistre dudit mestier, pour les deniers qui en ystroient estre convertiz et employez ou service divin et ès necessitez d'icelle confrarie, dont les maistres gouverneurs d'icelle feroient recepte au prouffit de ladite confrarie. Et ainsi en a esté fait et usé jusques a nagaires que ce a esté delaissé, pour ce que les diz supplians n'ont de ce aucunes lettres de congé ou licence de nous, en nous suppliant que attendu que c'est pour le service de Dieu et l'entretenement de ladite confrarie, et non a leur prouffit, nous les veullons sur ce pourveoir. Pourquoy nous, ces choses considerées, ayans en faveur de ladite confrarie et de la continuation dudit divin service celebré a cause d'icelle ladite ordonnance agreable, avons auxdiz supplians et aux maistres et gouverneurs de ladite confrarie oudit cas, que icelle ordonnance aura esté ainsi faite et qu'il en aura esté joy, comme dit est, ottroyé et ottroyons de grace especiale par ces presentes, qu'ilz puissent prendre cueillir et lever doresenavant, sur chacun boulenger qui sera fait nouvel en nostre dite ville de Paris, ladite somme de quatre livres parisis et au dessoubz, pour et ou lieu dudit disner, pour les deniers qui en ystront estre tournez, convertiz et emploiez ou fait et entretenement de ladite confrarie, dont les maistres et gouverneurs d'icelle seront tenuz de faire recepte. Si donnons en mendement a nostre prevost de Paris . . . . . Donné a Orleans le huitiesme jour d'octobre, l'an de grace mil quatre cens trente et neuf et de nostre regne le xviie.

VII

1511, 16 juillet.

Arrêt du Parlement portant règlement sur le commerce du pain et défense aux boulangers de s'assembler en corps et communauté.

Arch. nat., Livre gris Y 6³, fol. 97. — Coll. Lamoignon, t. V, fol. 551.

. . . . Et pour les abbuz commis et perpetrez par lesdits boullengers, ladite court, en ensuivant l'ordonnance par elle faicte le 22e jour de janvier l'an 1491, leur fait inhibition et defense qu'ilz ne se assemblent par forme de corps et communaulté, et ne fassent monopolles, sur peine de confiscation de corps et de biens, et ordonne ladite court que les procureurs du Roy et examinateurs ou Chastellet de Paris, en telle ordre que le prevost de Paris ou ses lieutenans verront estre a faire, feront la visitation desdits boullengers chacune sepmaine, et rapporteront les faultes qu'ils y trouveront, pour en faire telle pugnition que de raison, et que des amendes qui seront adjugées a cause desdites faultes, la moictié sera appliquée au Roy, et l'autre moictié a ceulx qui rapporteront lesdites faultes. Fait en parlement le xvie jour de juillet, l'an mil cinq cens et unze [1].

VIII

1594, 29 avril.

Lettres du prévôt de Paris concernant les droits des maîtres boulangers et l'exécution des ordonnances.

Coll. Lamoignon, t. IX, fol. 741, d'après le registre du juré crieur.

A tous ceux qui ces presentes lettres verront Jacques de la Guesle . . . . . garde de la prevosté de Paris, salut. Scavoir faisons que aujourd'huy, date de ces presentes, sur la requeste a nous faite par la communaulté des maistres boulangers disant qu'ils nous auroient presenté requeste tendante pour estre maintenus et conservez en leurs privilèges, a fin d'avoir moyen de satisfaire a nos ordonnances, et servir le publicq ; leurs dits privilèges ayant esté discontinués ez années dernières que le peuple a fait a sa volonté, et que confusion et desordre en ont eu lieu partout, specialement en l'estat de boulanger, ayant toutes personnes indifferemment entrepris de faire ledit mestier, et la plus grande partie d'iceux achetent le pain pour revendre ; en quoy le peuple a grand interest, et est grandement offensé, tant pour ne savoir faire ledit mestier par ceux qui l'ont entrepris, que pour la regraterie dudit pain, lequel ils vendent plus cher au peuple. Nous ayant esgard a ladite requeste, lecture a nous faite, et pour consideration du contenu, oy sur ce le procureur du Roy oudit Chatelet, et de son consentement avons fait et faisons deffense a toutes personnes, mesme aux boulangers des faux-

---

[1] Du 27 janvier 1597, autre arrêt sur la confrérie : «Il sera dit que la cour a fait et fait deffenses auxdits maistres jurez boulangers de cette ville de Paris, de faire dorenavant aucunes assemblées, festins ou banquetz pour la reception de ceux qui voudront estre reçeus a la maitrise ou exercice de boulanger, et de prendre ni exiger d'eux aucuns deniers ou autres choses sous quelque pretexte que ce soit, pour leur bourse commune et entretenement de leur pretendue confrairie que la ditte cour a cassée et abolie suivant les ordonnances d'icelle. . . ,» (Coll. Lamoignon, t. IX, fol. 1023.)

bourgs refugiez a present en ceste ville, d'entreprendre sur le mestier des boulangers de petit pain, et de vendre pain que les jours de mercredy et samedy, et ce
ès places ordinaires et non ailleurs, suivant les anciennes ordonnances. Et
quant a ceux qui ne sont boulangers, qu'on appelle gallemiches, deffenses aussy
leur sont faites d'avoir aucun four dans la ville pour cuire pain et vendre, ny
mesme d'en exposer en vente. . . . . Le vendredi 29ᵉ jour d'avril, mil cinq cens
quatre vins quatorze.

IX

1659, mars.

*Statuts des boulangers de Saint-Germain-des-Prés donnés par le juge civil du bailliage
dudit faubourg, suivis des lettres confirmatives du Roi.*

Arch. nat., Ordonn., 7ᵉ vol. de Louis XIV, X 1ᵉ 8661, fol. 349. — Coll. Lamoignon, t. XIII, fol. 971.

A tous ceux qui ces presentes lettres verront, Rolland de Brie. . . . . avons fait
et arresté les statuts, ordonnances et reglemens qui ensuivent :

1. Premièrement, que nul ne pourra ouvrer ny exercer ledit mestier de boulanger, tenir boutique et faire fonction de maistre, en cette ville de Saint-Germain
des Prez, si au prealable il n'a esté reçeu et fait le serment devant nous, en la
manière accoustumée et payé les droicts deubs et ordinaires.

2. Item, pour la conservation dudit mestier, il y aura deux jurez, qui seront
nommez et esleus par la pluralité des voyx de tous les autres maistres, pour le
temps de deux ans, dont il en sortira un par chacun an le lendemain de la feste
de saint Honoré, leur patron, et en sera esleu un autre en sa place, en la manière
que dessus, et sans brigue; lesquels jurez seront tenus de veiller soigneusement
a ce qu'il ne se commette aucun abus ny malversations audit mestier, au prejudice desdites ordonnances, et a ceste fin feront leurs visitations de mois en mois,
ou plus souvent s'il y eschet, estans assistez d'un de nos officiers, sergent en ce
bailliage, et des contraventions et malversations qui se trouveront, ils en feront
rapport au greffe, dans les vingt-quatre heures après ladite visitation et saisies, si
aucunes y a; et pour chacune desdites visitations, leur sera payé par chacun desdits maistres deux sols parisis.

3. Item, qu'aucun desdits maistres ne pourra estre nommé et esleu juré, s'il
n'est actuellement demeurant en ce bailliage, et ayt esté auparavant maistre de
confrairie dudit mestier, ayt rendu fidel compte de l'administration des deniers et
ornements d'icelle.

4. Pourront aussi lesdits jurez aller en visitation chez les meusniers, ainsi qu'il
est accoustumé, pour reconnoistre s'il se commet aucun abus en la mouture, soit

par le meslange des grains du bon avec le mauvais, comme les grains destinez pour les brasseurs de bierre, avec celuy des boulangers.

5. Item, que deffences sont faites ausdits meusniers d'avoir en leurs maisons, moulins ou lieux en dependans, des porcs et volailles de quelque qualité qu'ils soient.

6. Item, est enjoint ausdits meusniers de tenir en leurs moulins un fleau de fer garny de ses poids, pour peser les farines qu'ils rendront aux boulangers.

7. Item, pourront lesdits jurez boulangers, suivant les anciennes ordonnances, faire visite chez les cabaretiers et hosteliers, pour y voir et reconnoistre s'ils vendent leur pain au degré de l'ordonnance, et s'il est de bonne qualité.

8. Item, aucun maistre boulanger ne pourra tenir chez lui qu'un seul apprentif a la fois, ny l'obliger pour moindre temps que trois ans, et sans aucun gage, sans que ledit maistre puisse dispenser dudit temps par argent ou autrement, a peine d'estre descheu ledit apprentif de parvenir a la maitrise. Neantmoins luy sera loisible pendant les trois derniers mois de l'apprentissage, d'en prendre un autre, sans le pouvoir garder plus de quinze jours en sa maison, auparavant que de l'obliger et passer le brevet de son apprentissage.

9. Item, ne sera permis a aucun maistre de lettres, de prendre ny obliger aucun apprentif, sous quelque pretexte que ce soit, a peine d'estre descheu de la maistrise.

10. Item, seront tenus lesdits maistres qui voudront prendre des apprentifs, appeller les jurez ou l'un d'eux, afin d'eviter aux fraudes et abus en la passation des brevets de leurs apprentifs, dont ils tiendront registres, contenant les noms et dattes d'iceux, pourquoy chacun apprentif payera d'entrée a la confrairie dudit mestier une seule fois huit sols parisis.

11. Item, nul ne pourra estre reçeu maistre dudit mestier, s'il n'est trouvé de bonne vie, mœurs, religion catholique, apostolique et romaine, et non entaché d'aucun mal dangereux qui se puisse communiquer, attendu qu'il s'agit de la fabrication du pain qui entre dans le corps humain, et qu'il ayt fait apparoir de son brevet d'apprentissage, bien et deuement quittancé, et qu'il ayt servy les maistres deux ans après iceluy apprentissage.

12. Item, les compagnons aspirans a la maistrise, et qui voudront parvenir, soit par chef-d'œuvre ou autrement, après avoir communiqué ausdits jurez leurs dits brevets d'apprentissage et certificats de service chez les maistres l'espace de deux ans, seront tenus de prendre trois septiers de bonnes farines, qu'ils convertiront en pain blanc brayé et coeffé, de la pesanteur de vingt onces en paste, pour revenir a seize onces cuit, auquel effet lesdits jurez bailleront audit aspirant un aucun maistre, qui l'assistera et conduira, tant a l'achapt du bled ou farine, qu'au travail dudit pain, ensemble deux autres maistres dudit mestier pour le soulager dans iceluy travail, ledit chef-d'œuvre fait, rapporté pardevant nous, et ledit

aspirant trouvé suffisant et capable d'estre reçeu maistre, et prester le serment pardevant nous en tel cas requis, payant iceluy pour ce les droicts et devoirs accoustumez.

13. Item, ou le susdit chef-d'œuvre seroit trouvé deffectueux et non receuvable, en ce cas ledit compagnon sera renvoyé servir les maistres, pour se rendre plus capable, ou bien fera nouveau chef-d'œuvre, ainsi qu'il sera par nous jugé et ordonné.

14. Item, quant aux fils de maistres, nez en loyal mariage pendant la maistrise, ne seront tenus faire qu'une legere experience d'une mine de farine, qui sera converty en pain, ainsi que devant est dit; lesquels chef-d'œuvres et experiences se feront en la maison de l'un des jurez, et ce jour a jour, au choix et option desdits jurez.

15. Item, chacun maistre boulanger tenant boutique ouverte, sera tenu d'avoir en icelle les sortes de pains cy-après declarez, sçavoir : pain blanc de chapitre, pain bis-blanc, appellé pain bourgeois, et pain de brode; tous lesquels pains seront de la qualité, poids et prix portez par les ordonnances, arrests et reglemens de police, et marquez des marques que chacun des maistres seront tenus d'avoir differentes les unes des autres, lesquelles marques lesdits maistres seront tenus mettre et graver sur une table, qui pour cet effet sera mise dans le greffe de ce bailliage, afin d'y avoir recours quand besoin en sera. Neantmoins pourront lesdits maistres boulangers, pour la commodité et volonté des seigneurs et autres particuliers, faire autre sorte de pain, comme pain façon de Gonesse et autre appellé pain a la Reine.

16. Item, ne pourront lesdits maistres tenir plus d'une boutique a la fois, sous quelque pretexte que ce soit.

17. Item, ne pourront iceux maistres tenir boutique ouverte, s'ils n'ont un four, attendu que ce seroit pour regratter.

18. Item, outre les qualités de pain specifiées cy-dessus, lesdits maistres boulangers pourront faire toute sorte de gros pain, et les vendre en leur boutique de gré à gré pour la commodité du public, attendu qu'ils sont maistres de petit et gros pain, et qu'il ne doit avoir aucune distinction de maistrise.

19. Item, que deffences sont faites a tous lesdits maistres boulangers de faire ny fabriquer aucun pain estoffé, falcifié ny composé, ny de faire colporter et revendre par les rues, a peine de quatre livres parisis d'amande, suivant les arrests et reglements sur ce rendus.

20. Item, seront tenus lesdits maistres boulangers de garnir les halles et marchez publiques de cette ville de Saint-Germain des Prez, le mercredy et samedy de chacune semaine, et y porter toutes sortes de gros pain, ainsi que les autres boulangers forains, sans toutesfois y en pouvoir establir, vendre au dessous de trois livres pesant, et lequel gros pain ils vendront de gré à gré, sans qu'ils le

puissent augmenter du prix du matin a la relevée, ains plustost le mettre au rabais, et en cas qu'il leur en reste ne le pourront serrer ès maisons voisines, pour l'exposer en vente au marché subsequent, a peine d'amande et de confiscation.

21. Item, deffences sont faites a tous boulangers forains de vendre et debiter leur pain par les rues et carrefours de ce bailliage, ains leur est enjoint conformement aux sentences, arrests et reglements sur ce intervenus, de le mener et porter directement aux halles et marchez dudit lieu, et garnir iceux pour la comodité publique, sur peine de confiscation et d'amande arbitraire.

22. Item, pareilles deffences a tous boulangers de crier et faire colporter par les rues aucun pain, et en cas qu'ils en portent chez les bourgois, seront tenus le couvrir d'un linge.

23. Item, ne pourront aussi lesdits maistres boulangers forains et autres, donner aucun pain pour le colporter, revendre et regratter par les rues et ailleurs, a peine de confiscation et d'amande.

24. Deffences sont aussi faites a tous boulangers, tant maistres que forains, de faire remoudre aucun son, pour par après en faire et fabriquer du pain, attendu qu'il seroit indigne d'entrer au corps humain, sur peine de quarante-huict livres parisis d'amande.

25. Item, deffences sont aussi faites a toutes personnes d'entreprendre sur ledit mestier de boulanger, vendre ou achepter son pour le revendre et regratter, ny non plus d'avoir et tenir fours et moulins a blutter en leurs maisons, si ce n'est pour la nourriture et usage particulier de leur famille seulement, a peine de saisie et confiscation, et de vingt-quatre livres parisis d'amande.

26. Item, pourront et sera loisible aux vefves de maistres pendant leurs viduitez seulement, jouyr de ladite maistrise et droicts d'icelle, tout ainsi que faisoient leurs deffunts maris, a l'exception toutes fois qu'elles ne pourront prendre ny obliger aucun apprentif.

27. Item, ne pourront lesdits maistres desbaucher ny retenir chez eux les compagnons d'un autre maistre, ny les employer, qu'a paravant ils ne sachent si les maistres d'ou ils sortent sont contens de luy, ou fait apparoir du certificat de son dit maistre, a peine de huict livres parisis d'amande.

28. Item, est fait deffences a tous gindres et compagnons dudit mestier, de porter aucunes armes a feu, espée ou bastons ès halles, ports ou marchez publics, lorsqu'ils se transporteront pour le fait de leur mestier, sur peine de huict livres parisis d'amande.

29. Item, si aucun compagnon estranger venoient travailler chez les maistres en ce bailliage, faire le pourra, en payant une seule fois a la boette de la confrairie dudit mestier seize sols parisis.

30. Item, est fait deffences a tous lesdits maistres boulangers de jurer et blasphemer le saint nom de Dieu, de la sainte Vierge et des Saints, ny permettre a

leurs compagnons et apprentifs commettre lesdits blasphemes, sous les peines
portées par les edits, arrests et declarations du Roy.

31. Item, nul boulanger ne pourra cuire ny estaler pain les jour des quatre
festes solemnelles de l'eglise, assavoir Pasques, Pentecoste, Toussainct et Noël,
ny les veilles d'icelles après minuict passé, comme aussi les jours de l'Assomption
de la sainte Vierge; et seront tenus de garder la feste saint Honoré leur patron,
auquel jour ils assisteront avec modestie au service divin; et pour subvenir aux
affaires de leur communauté, chacun desdits maistres et vefves d'iceux payeront
par chacun dimanche de l'année douze deniers aux maistres de ladite confrairie,
et les refusans de payer, ne seront appelez a aucunes assemblées, pour participer
aux droicts de la communauté en quelque sorte et manière que ce soit.

32. Item, pour regler laquelle confrairie, il y aura deux maistres, dont l'un
sera nommé chacun an, en la manière accoustumée sans brigue, lesquels maistres
de confrairie seront tenus de parer la chappelle et se charger par inventaire des
ornements d'icelle, desquels ils demeureront responsables.

33. Item, faisons deffences a tous lesdits maistres et jurez de faire aucunes
assemblées illicites et en cabarets, sous quelque pretexte que ce soit, mesme a la
reddition des comptes, laquelle se fera en la maison desdits jurez ou d'un ancien,
a peine de quatre livres parisis d'amande contre chacun des contrevenans qui se
trouveront ausdites assemblées.

34. Item, le dernier juré sorty de charge sera tenu de rendre le coffre et
papiers de la communauté par inventaire sommaire, dans le mois après le temps
de la commission expirée, et iceux remettre ès mains du juré qui lui auroit suc-
cedé en sa place, sans pouvoir user d'aucune retention, auquel coffre il y aura
deux clefs, l'une desquelles demeurera ès mains du juré nouveau esleu, et l'autre
du plus ancien maistre de confrairie [1].

Louis par la grace de Dieu [2]. . . . . Donné a Paris, au mois de mars, l'an de
grâce mil six cent cinquante neuf.

---

[1] Les statuts enregistrés au Châtelet concer-
naient les corporations établies sur le territoire
royal. Ceux des corporations des justices seigneuriales des faubourgs sont plus rares, calqués généralement sur les règlements de Paris et rendus sans
suite ni cohésion, tandis que les pièces du Châtelet
rappellent fréquemment les textes précédents. Les
règlements des faubourgs paraîtront donc à titre
d'exception, comme ici pour Saint-Germain-des-
Prés, la plus importante des terres seigneuriales.
De plus, les boulangers n'ont pas renouvelé leurs
statuts pendant toute la durée de la seigneurie du

grand panetier, depuis le xiii° siècle jusqu'en 1719,
et il était particulièrement intéressant d'en donner
d'autres, empruntés à leurs voisins du bourg Saint-
Germain. Ces statuts de 1659, trop récents, sont
les seuls que nous ayons découverts; ils serviront
quand même de point de comparaison. Les boulangers de Paris et de Saint-Germain avaient pour patron commun saint Honoré, représenté pour ceux-
là sur les jetons et pour ceux-ci sur les armoiries.

[2] Ces lettres ne contenant aucun détail intéressant, nous n'avons fait que les indiquer comme
preuve de l'approbation des statuts.

X

1711, août.

Édit du Roi portant union des boulangers des faubourgs de Paris à ceux de la ville
et suppression de la juridiction du grand panetier de France.

Coll. Lamoignon, t. XXIV, fol. 1,016 [1].

Louis, par la grace de Dieu, Roy de France et de Navarre, a tous presens et
avenir salut. . . . . Notre edit du mois de decembre 1678 qui comprend toutes
les reunions des communautés des fauxbourgs a celles de la ville, en termes generaux, sans aucune exception, a esté plainement executé, tant a l'esgard des fauxbourgs ou lesdites professions s'exerçoient en maistrise et jurande que dans les autres
ou il n'y avoit point de maitrise, il n'y a eu que les boulangers qui n'ont point
joui de cette grace, quoy qu'ils ayent mis tout en usage pour en profitter; et nous
apprenons que ce qui les en a empesché, a esté l'opposition que le sieur comte de
Cossé, lors grand pannetier de France, y forma, a cause du dommage qu'il auroit
souffert par la suppression qui devoit s'ensuivre de la juridiction de la panneterie
dependante de son office; nous sommes même informés que cette difference a
perpetuellement donné lieu a des contestations entre les boulangers de la ville et
des fauxbourgs, qui est ce que nous avons precisement voulu empescher par cette
reunion generale. A quoy voulant pourvoir, en accordant en mesme temps une indemnité a nostredit grand pannetier, pour la suppression de ladite juridiction et
desirant d'ailleurs en reunissant tous lesdits boulangers en une seule communauté,
sous la juridiction du lieutenant general de police de notredite ville, ainsy et de
la mesme manière que toutes les autres professions d'arts et metiers, nous procurer le secours que nous avons lieu d'attendre, par l'etablissement ou reunion, et
faire a ladite communauté des offices de jurez, syndics, de ceux d'auditeurs des
comptes, de tresorier des deniers communs, de controlleurs visiteurs des poids et
mesures, de greffiers des enregistrements des brevets d'apprentissage et des autres
actes concernans ladite communauté, de conseillers controlleurs de leurs registres
et de gardes archives, tous creez par nos edits [2], dont nous n'avons jusqu'à present
tiré aucune finance de la part des boulangers; nous avons ecouté les très humbles
remontrances qui nous ont esté faites à ce sujet. A ces causes et autres à ce nous
mouvans, de nostre certaine science, pleine puissance et autorité royale, nous
avons par le present edit perpetuel et irrevocable, dit statué et ordonné, disons,
statuons et ordonnons, voulons et nous plait que notredit edit du mois de de-

---

[1] Lamoignon donne comme source un imprimé
sur feuille volante. La pièce fut visée par le procureur général du roi au Châtelet et enregistrée au
parlement le 7 septembre 1711.

[2] Édits de mars 1691, mars 1694, juillet
1702, janvier et août 1704, novembre 1706 et
août 1709; reproduits par extraits ou *in extenso*
dans les *Métiers en général.*

cembre 1678 soit executé selon sa forme et teneur, a l'egard du metier de boulanger, dans la ville et dans les fauxbourgs de Paris, tout ainsy qu'il a esté a l'egard
des autres communautés d'arts et metiers, et en consequence que tous les boulangers qui sont presentement etablis dans lesdits fauxbourgs de Paris, a la reserve
de celui de Saint Antoine et autres lieux privilégiez ou pretendus tels, soient
reunis à ceux de la ville, pour ne composer à l'avenir qu'une seule et mesme communauté sous la juridiction du lieutenant general de police, laquelle sera regie
suivant les statuts que nous leur accorderons, sy besoin est[1], à la charge de payer
par chacun desdits boulangers, savoir : 220 livres pour ceux qui justifieront de
leurs lettres de maitrises dans les faubourgs Saint-Germain, Saint-Michel, Saint-
Jacques, Saint-Marcel, Saint-Victor et autres; 330 livres par chacun des compagnons et apprentifs qui justifieront du tems et de leurs brevets d'apprentissage,
bien et dument accomply, soit chez les maitres desdits fauxbourgs, soit chez ceux
de la ville, et 440 livres pour chacun des autres maitres qui seront reçus sans
qualité, sans prejudice des droits particuliers attribuez par les edits ci-dessus
dattez, aux offices de jurez, d'auditeurs des comptes, tresoriers, controlleurs des
poids et mesures, greffiers des enregistrements, controlleurs des paraphes des
registres et gardes des archives, au moyen duquel payement tous lesdits particuliers boulangers pourront s'etablir en tel lieu de ladite ville et des fauxbourgs que
bon leur semblera, pour y exercer en toute liberté leur profession, ainsy que les
anciens maitres de ladite ville et qu'il se pratique dans tous les autres metiers.
Deffendons a tous autres personnes de s'etablir, tenir boutique ny faire ou exercer
ladite profession de boulanger, en quelque manière que ce soit, dans ladite ville et
fauxbourgs, après le 1er septembre prochain, à moins qu'ils n'ayent payé lesdites
sommes, le tout a peine de confiscation et de 600 livres d'amende applicables un
tiers à nous, un tiers a l'hopital general, et l'autre tiers au denonciateur; permettons pareillement aux boulangers, demeurans actuellement dans les lieux privilegiez ou pretendus tels, de se faire recevoir maistres, dans trois mois, du jour de
la publication du present edit, après lequel temps ils en seront decheus. Et d'autant
qu'au moyen de la presente reunion les officiers de la jurisdiction de la panneterie se trouveront sans fonction, nous l'avons eteint et supprimé, ce faisant eteignons et supprimons les offices de lieutenant general, de procureur et de greffier
qui la composent, sauf a estre pourveu par notredit grand pannetier a leur indemnité; et à l'egard des huissiers audienciers, leur permettons d'exploiter pendant
leur vie, comme ils ont fait jusqu'a present, sans qu'après leur mort il puisse estre
pourveu auxdits offices. Voulons que tous les maitres boulangers de ladite ville et

---

[1] Les statuts furent dressés de suite après l'expiration des délais accordés à titre d'indemnité au
grand pannetier, et homologués le 14 mai 1719.
On verra, à l'article 18 de ces statuts, que la
communauté déclare une dette de 75,000 livres
vraisemblablement destinée, par effet rétroactif,
à la finance des offices qui n'avait pas été payée
jusque-là.

fauxbourgs de Paris soient à l'avenir reçus par notre procureur au Chatelet de Paris, tout ainsy qu'il se pratique pour les receptions des maitres des autres communautez d'arts et metiers, en consideration de quoy et du benefice qui reviendra à notre dit procureur, ainsy qu'à ses substituts et aux greffiers dudit Chatelet, ils seront les uns et les autres tenus de payer les sommes pour lesquelles ils seront employez, dans le rolle qui sera arreté en notre conseil; et comme il est de notre justice d'indemniser notre cousin, le duc de Brissac, grand pannetier de France, du prejudice qu'il souffrira de la suppression de sa jurisdiction, ce qui luy causera une perte considerable, des maitres et de leurs apprentifs, nous avons cru ne luy pouvoir accorder une indemnité plus convenable qu'en luy cedant et deleguant a cet effet, pendant l'espace de sept années consecutives, et les sommes que nous avons cy dessus ordonnées estre payées pour la reception ou reunion de chacun desdits boulangers et celles qui doivent aussy estre payées, tant par notredit procureur que par ses substituts et par les greffiers dudit Chatelet, de toutes lesquelles sommes, ensemble de ce qui pourroit nous revenir des amendes et confiscations qui seront declarées encourues par les boulangers qui se trouveront en contravention au present edit, nous avons, en tant que besoin estoit, et faisons don par ces presentes a notre cousin le duc de Brissac, voulons que le tout soit payé ès mains de celuy qui sera par luy preposé, pour en disposer comme de chose à luy apartenante et sans que ledit preposé soit tenu d'en compter a la chambre des comptes, ny ailleurs qu'à notredit cousin, imposant sur ce silence perpetuel à notre procureur general et à tous autres; voulons qu'il ne puisse estre delivré pendant ledit tems et espace de sept années lettres de maitrises dudit mestier de boulangers que sur la representation de la quittance dudit preposé, à peine de nullité desdites lettres et de 600 livres d'amende, tant contre le maitre que contre le greffier, et de la mesme autorité que dessus, nous voulons qu'au moyen de l'union que nous faisons par cesdites presentes en seule et mesme communauté de tous les boulangers, tant de la ville que desdits faubourgs, nos edits soient executés selon leur forme et teneur, a l'egard de ladite communauté et en consequence que les offices creés par yceux y soient etablis et à cet effet vendus par Claude l'Heritier, Elie Briest, Simon Miger, Louis Lelièvre et Jean Jacques Clement, chargés chacun en droit soy de l'execution desdits edits, avec 3,125 livres de gages qui seront repartis entre ceux qui les acquiereront, suivant les rolles qui en seront arretés en notre conseil, a prendre dans les gages qui restent a vendre, de ceux attribuez aux offices de la mesme qualité, sinon et en cas qu'il n'en reste suffisamment pour remplir les 3,125 livres par an, il y sera par nous pourvu, jouiront en outre les acquereurs desdits offices des droits, fonctions et emolumens attribuez a chacun d'iceux par les edits de leur creation. Si donnons en mendement..... Donné à Fontainebleau, au mois d'aoust, l'an de grace 1711 et de notre regne le soixante neuvième.

XI

1719, 14 mai.

Lettres patentes de Louis XV confirmant les statuts des boulangers en quarante-neuf articles.

Coll. Lamoignon, t. XXVI, fol. 744, d'après le recueil des boulangers.
Coll. de Lamare, ms. fr. 21639, fol. 158.

Louis par la grace de Dieu, Roy de France et de Navarre, à tous presens et avenir salut. Le desir que nous avons, à l'exemple du feu Roy, de glorieuse memoire,
notre bisayeul, d'entretenir les arts et metiers dans leur perfection, nous a porté
à nous faire informer des diferends qui divisoient depuis quelques années les
maistres boulangers de notre bonne ville et fauxbourgs de Paris, touchant l'execution de l'edit du mois d'aoust 1711, lequel a entr'autres choses reuni tous les
boulangers etablis dans les fauxbourgs, à la reserve de celuy de saint Antoine et
des autres lieux pretendus privilegiez, aux maistres boulangers de la ville, pour
ne composer à l'avenir qu'une seule et mesme communauté, sous la juridiction du
lieutenant general de police; et ayant renvoyé pardevant les commissaires de notre
conseil députés pour la liquidation des dettes [1] des corps et communautés d'arts
et metiers de Paris, toutes lesdites contestations, mesme les comptes des traitans
subrogés aux droits attribués par ledit edit à nostre cousin le duc de Brissac,
grand pannetier de France, pour l'indemnité et la suppression de sa juridiction
ordonné par ledit edit, il seroit intervenu arrest le 2 septembre 1718 qui a reglé
ledit compte. Et par autre arrest du 20 janvier de la presente année 1719, toutes
sortes de contestations d'entre les boulangers et lesdits traitans, subrogés à notre
dit cousin le duc de Brissac, ont non seulement eté terminées, mais nous avons
pourvu à ce qui doit servir à acquitter les sommes que la communauté des boulangers s'est engagée de payer auxdits traitans, subrogés de notredit cousin le
duc de Brissac, en sorte qu'il ne reste plus que de fixer l'etat de ladite communauté, en prescrivant des regles auxquelles ceux qui la composent ou qui y as-
pirent soient obligés de se conformer. A ces causes et autres considerations à ce
nous mouvans, de l'avis de notre très cher et très amé oncle le duc d'Orleans
petit fils de France, regent, de notre très cher et trés amé oncle le duc de Chartres,
premier prince de notre sang, de notre très cher et très amé cousin le prince de
Conty, prince de notre sang, de notre très cher et très amé oncle le comte de
Toulouse, prince legitimé, et autres pairs de France, grands et notables personnages de notre royaume, et de notre certaine science, pleine puissance et auto-

---

[1] Cette liquidation fut ordonnée par édit de mars 1716: voyez ci-dessus, *Métiers en général*,
pièce n° LII.

rité royale, nous avons dit, declaré et ordonné, disons, declarons et ordonnous, voulons et nous plait ce qui suit :

1. La communauté des maistres boulangers de Paris sera et demeurera composée de six jurés, des anciens jurés, et generalement de tous les particuliers qui ont esté ou seront reçeus maistres.

2. Sera fait tous les ans election de trois jurés; chaque juré exercera la jurande deux ans consecutifs, en sorte que par chacun an trois nouveaux entreront en charge, et il en sortira pareil nombre.

3. L'election des jurés se fera le premier jour d'octobre, à la pluralité des voix, en la maison et pardevant le procureur du Roy du Chatelet, où la communauté sera assemblée et representée par les jurés en charge, par les anciens jurés et vingt modernes, et vingt jeunes maistres, qui seront mandés les uns après les autres successivement, suivant l'ordre du tableau, par billets imprimés à la diligence des jurés en charge, et tous les mandés seront tenus de se trouver en ladite assemblée, à peine de dix livres d'amende, hors en cas d'un legitime empechement, ladite amende applicable moitié à l'hopital general, et l'autre moitié a ladite communauté.

4. Les jurés seront personnes connues pour avoir de l'experience et de la probité, et seront choisis entre les plus notables des maistres de la communauté; et nul maistre ne pourra estre nommé juré, qu'il n'ait exercé la maistrise au moins pendant dix ans, boutique ouverte.

5. Si le fils d'un juré est elu juré, il precedera les deux autres jurés, quand mesme ceux-ci seroient fils de maistres, et auroient plus d'age et un plus grand nombre de voix.

6. Le premier des trois jurés entrant sera le comptable, pour recevoir et employer les deniers de la communauté, suivant qu'il sera dit ci-après; et les deux autres serviront de controlleurs, pour assister et estre presens à la recette et depense desdits deniers.

7. Le procureur du Roy du Chatelet delivrera à chacun des trois nouveaux jurés une commission de jurande, contenant leur reception et prestation de serment.

8. Les deniers qui seront reçeus par le juré comptable seront mis dans un coffre fermant à trois clefs et qui demeurera deposé dans le bureau de la communauté. Le doyen, le juré comptable et le precedent comptable auront chacun une clef dudit coffre, en sorte qu'il ne puisse y etre mis ni oté aucune somme, qu'en la presence et du consentement desdits doyen et deux jurés, qui demeureront solidairement responsables du maniement.

9. Ne pourra etre fait aucun payement ni depense que par deliberation prise au bureau de la communauté, et inserée au registre ordinaire d'icelle.

10. Les comptes de jurande seront rendus par le juré comptable sortant de

charge, au plus tard dans le premier (*sic*) du mois de novembre de chaque année, et arretés au bureau de la communauté, en l'assemblée qui sera convoquée pour cet effet, par billets imprimés; et ladite assemblée sera composée des jurés en charge, des anciens jurés, de dix modernes et de dix jeunes, qui seront appellés successivement par ordre du tableau, pour arreter lesdits comptes.

11. Le reliquat qui se trouvera deu par le comptable sortant, sera payé lors de la cloture du compte sans aucun delay, pour etre remis dans le coffre de la communauté, et le nouveau juré comptable s'en chargera en recette, et ainsi successivement. Si le comptable sortant se trouvoit etre en avance, il en sera remboursé sur les premiers deniers qui seront reçus par le nouveau juré comptable; et les contestations qui pourront naître sur le compte, ou sur quelques articles de la recette et depense d'icelui, seront portées pardevant le sieur lieutenant general de police, qui les jugera sommairement et sans frais.

12. Les jurés en charge et les anciens seront tenus de s'assembler tous les lundis et jeudis dans le bureau qui sera etabli dans tel quartier qu'il lui paroitra convenable, pour y deliberer des affaires qui concerneront la communauté, et passer les brevets d'apprentissage. Le tout sera fait par deliberations, lesquelles aussitôt qu'elles auront eté arretées, seront ecrites sur le registre de la communauté, et signées des jurés en charge et anciens qui se trouveront en l'assemblée [1].

13. Nul ne pourra etre reçeu maistre dudit metier de boulanger, s'il n'a vingt-deux ans accomplis, s'il n'est trouvé de bonne vie et mœurs, et s'il n'est de la religion catholique apostolique et romaine, ni attaqué d'aucun mal dangereux qui se puisse communiquer; comme aussi s'il n'a fait apprentissage pendant trois ans entiers et consecutifs sans interruption; et si après ledit apprentissage fini, il n'a servi les maistres ou leurs veuves pendant le meme temps de trois ans, en qualité de compagnon; ce que chaque apprentif sera tenu de justifier par la representation de son brevet d'apprentissage en bonne et deue forme, registré sur le registre de la communauté, et par des certificats de trois années de service, passés pardevant notaires [2]; le tout à peine de nullité et de decheance de la maistrise.

14. Les fils de maistres nés depuis la maistrise de leur père, seront exceptés du contenu en l'article cy-dessus, et pourront estre reçus maistres aussitost qu'ils auront atteint l'âge de dix huit ans, sans estre tenus d'autre chose que de raporter la lettre de maistrise de leur père et leur extrait baptistaire. Les fils nés

---

[1] Les statuts de 1746, semblables à ceux-ci presque en tous points, rapportent à cet endroit trois articles prescrivant: qu'il y aura sept différents registres pour toutes sortes d'inscriptions; que les jurés et anciens recevront vingt sols pour droit de présence aux assemblées. L'article 13, sur la réception à la maîtrise, se trouve reporté au n° 16 de 1746.

[2] Le temps de trois années d'apprentissage et de service a été conservé en 1746, art. 16. Les certificats à fournir et l'usage de donner un cierge à la fête du saint patron (art. 20), pendant les trois premières années de maîtrise, rappellent l'obligation, inscrite dans les statuts d'Étienne Boileau, de conserver un bâton marqué d'une coche chaque année, comme preuve de la date de la réception.

avant la maistrise de leur père feront apprentissage et serviront les maistres, de même que les estrangers.

15. Les apprentifs soit etrangers ou fils nés auparavant la maistrise de leur père aspirants à la maistrise, ne pourront y parvenir que par chef-d'œuvre et seront tenus d'apporter leurs brevets et certificats de service aux jurés en charge, qui les communiqueront aux anciens en la plus prochaine assemblée du bureau, pour laquelle les jurés en charge convoqueront par billets les anciens, quatre modernes et quatre jeunes maistres, successivement par ordre du tableau; l'aspirant y sera proposé. Et après que le brevet d'apprentissage et le certificat de service auront esté leus et examinés, s'il ne paroist aucun deffaut dans la personne ni dans les titres de l'aspirant, il sera délibéré tant sur le jour que l'aspirant sera presenté, que sur celui auquel il fera chef-d'œuvre, et il lui sera nommé un meneur et conducteur pour faire les visites accoutumées. .

16. L'aspirant, avec un maistre tel qu'il voudra choisir, le maistre conducteur et les six jurés en charge achepteront, pour faire le chef-d'œuvre de l'aspirant, trois septiers de bonne farine qui seront employés et convertis par l'aspirant en diverses sortes de pastes et de pains, suivant qu'il lui sera prescrit, pour raison de quoy il payera trente sols à chacun desdits deux maistres et des six jurés en charge. Et si le chef-d'œuvre est jugé bon et admis, l'aspirant sera presenté par les jurés en charge au procureur du Roy du Chastelet, pour estre par lui reçeu à faire et prester le serment accoutumé. Et si ledit chef-d'œuvre est jugé defectueux ou non recevable, ledit apprentif sera renvoyé pour servir les maistres pendant un tems convenable, à l'effet de se rendre plus capable, ou bien fera nouveau chef-d'œuvre, suivant qu'il sera advisé entre les jurés, les anciens et lesdits quatre modernes et quatre jeunes. Et en cas de partage sur avis different, ainsi qu'il sera jugé et ordonné par le lieutenant general de police.

17. Les fils nés depuis la maîtrise de leur père ne seront tenus que de faire une legère experience d'une mine de farine, et cette experience pourra estre faite en la maison du père, s'il est juré en charge ou ancien. Les fils de maître non juré ni ancien seront tenus de la faire dans la maison de l'un des jurés en charge, et au surplus il en sera usé suivant qu'il a été ci devant prescrit pour la prestation de serment.

18. Le droit de maistrise au profit de la communauté, jusqu'à ce qu'il en soit autrement ordonné par Sa Majesté, après le payement de la somme de soixante et quinze mille livres qu'elle se trouve devoir, interets et frais, demeurera fixé, sçavoir : pour les aprentifs simples ou fils de maistres, nés auparavant la maistrise de leur père, à la somme de quatre cent livres, et pour les fils de maistres, nés depuis la maistrise de leur père, à cent livres, outre et pardessus les frais ordinaires de chef-d'œuvre ou de legère experience de reception au bureau, droits de confrarie et de lettres de maistrise.

19. Les droits de reception au bureau seront de douze livres pour la confrairie, trois livres pour le cierge de saint Lazare. Les aprentifs simples ou fils de maistres, nés auparavant la maistrise de leur père, payeront outre lesdits droits, cent sols à chacun des six jurés, cinquante sols à chacun des anciens, trente sols à chacun des quatre modernes et des quatre jeunes maistres qui seront appelés à la reception, et trois livres à chacun des deux clers. Et les fils de maistres nés depuis la maistrise de leur père, ne payeront que la moitié desdits droits aux jurés, anciens, modernes, jeunes et aux clercs.

20. Tous les jeunes maistres seront obligés de faire porter pendant trois années consecutives, après leur reception, un cierge du poids d'une livre à l'eglise Saint-Lazare le jour de la fete dudit saint, pour servir aux messes des trespassés qui se disent tous les vendredis en cette eglise, à huit heures du matin.

21. Tous les maistres, sans aucune exception, payeront quarante cinq sols par an, pour les confrairies de Saint Honoré et de Saint Lazare, sçavoir : moitié pour l'un et moitié pour l'autre, et les veuves des maistres ne payeront que vingt deux sols six deniers. Le montant dudit recouvrement sera employé à la celebration du service divin qui se doit faire dans les eglises des Grands Augustins et de Saint Lazare, tant aux fetes de l'un et de l'autre saint, que pour les services des trespassez qui se celebrent le lendemain desdites fetes [1].

22. Nul maistre ne pourra s'associer avec aucune autre personne, qui ne sera point maistre, à peine de cent livres d'amende contre le maistre, et le compagnon ou apprentif qui se seroit associé, demeurera decheu de sa maistrise, à quoy les jurez tiendront exactement la main; et aussitôt qu'ils en auront eu avis, ils seront tenus d'en communiquer aux anciens, à peine de repondre de l'amende en leur propre et privé nom, et mesme de privation de leur jurande, s'il y echeoit.

23. Nul maistre ne pourra tenir boutique ouverte, s'il n'a actuellement un four pour cuire le pain, à peine de cent livres d'amende.

24. Tous les maistres ayant four et tenans boutique, pourront indistinctement faire toutes sortes de gros pain et le vendre en leur boutique, de mesme que le pain molet, pain de table, petits pains au lait, à la sigovie, à la reyne, et sous telles denominations et sous quelque forme et figure que ce puisse estre, pourveu qu'il n'y entre que du lait et du sel, le tout pour la commodité du public.

25. Les maistres de la ville et des faubourgs pourront envoyer du gros pain dans la halle et marchés aux jours accoutumés, et seront tenus de le faire du poids ordonné par les règlements de police.

26. Les boulangers de Gonesse et autres forains ne pourront apporter à Paris du pain que les mercredis et samedis, jours ordinaires de marchés, à peine de confiscation et de vingt livres d'amende applicable, moitié aux enfans trouvez et

[1] Article 25 de 1746 : le compte de la recette de la confrérie devra être rendu chaque année en mai et septembre, aux fêtes des saints Honoré et Lazare.

moitié à la communauté; et ne pourront aussi lesdits boulangers exposer leur pain en vente, ni s'arreter dans les rues de la ville avec leurs charettes, sous quelque pretexte que ce soit, mesme celuy de delivrer du pain aux bourgeois, et ils seront tenus de le vendre, porter et exposer en vente, dans la halle et autres lieux destinés pour la vente du pain, à peine de confiscation et de cent livres d'amende applicable comme dessus.

27. Tout le pain qu'ils aporteront sera cuit du jour precedent, au moins du poids de trois livres, et ils ne pourront le faire enlever des marchés qu'après l'heure marquée par les règlemens de police, le tout à peine de confiscation et de trente livres d'amende applicable comme dessus.

28. S'ils n'ont point vendu dans la matinée tout le pain par eux apporté, ils ne pourront mettre et laisser dans les maisons voisines des marchés ce qui leur sera resté, ni le donner aux regratiers, mais pourront seulement le laisser en vente, jusqu'à trois ou quatre heures de relevée; après lequel temps le pain qui n'aura pas esté par eux vendu, ne pourra estre emporté ni serré, pour estre exposé aux jours de marché subsequents, mais sera mis au rabais; et deffenses sont faites aux boulangers de hausser du matin à l'après-diné le prix du pain, le tout à peine de confiscation et de cinquante livres d'amende, tant contre lesdits boulangers que contre les particuliers qui auront reçu ou serré le pain restant.

29. Ne pourront aussi lesdits boulangers forains ni autres, soit du dehors, soit de la ville ou des faubourgs, donner aucun pain pour colporter, revendre et regratter par les rues, ni ailleurs, et deffenses sont faites à tous particuliers de revendre et regratter du pain dans les marchés, ni dans quelque lieu de la ville que ce puisse estre, à peine de confiscation et de dix livres d'amende, payable sans deport et applicable comme cy-dessus.

30. Les boulangers forains, ni ceux qui sont etablis dans quelques lieux pretendus privilegiés de la ville ou des faubourgs, ne pourront faire du pain audessous du poids de trois livres, suivant qu'il a esté cy-dessus ordonné, ni en apporter ou vendre au marché, ni faire et exercer l'art et profession de boulanger dans la ville, à peine de confiscation et de cinquante livres d'amende, applicable ainsi qu'il a esté dit cy-dessus; et il est enjoint aux jurez d'y tenir exactement la main.

31. Les jurez pourront faire saisir et enlever le pain que les regratiers et regratières colporteront ou exposeront en vente dans les rues ou aux portes des eglises, pour estre ledit pain confisqué et appliqué suivant qu'il sera ordonné par le sieur lieutenant general de police.

32. Ils pourront aussi faire abattre les fours des particuliers qui, sans avoir esté reçeuz maistres, font le metier de boulangers, et lesdits particuliers ne pourront retablir aucuns desdits fours, à peine de cinq cens livres d'amende pour la première fois et de punition corporelle en cas de recidive.

33. Les trois frères de l'hopital royal des Quinze-Vingts, qui seront nommés et choisis par les directeurs dudit hopital, et dont les noms seront donnés aux jurez de la communauté, à fur et à mesure qu'il y aura du changement, auront seuls la faculté de faire façonner et cuire du pain, pour le vendre et debiter sans qu'aucuns autres frères dudit hopital puissent faire ledit metier de boulanger, ni vendre du pain, et lesdits trois frères reservés n'en pourront vendre, sinon dans l'enclos dudit hopital, ou à ceux du dehors qui en viendront querir dans leurs boutiques et non autrement, sans qu'ils puissent en porter ni faire porter hors dudit hopital que pour estre exposé en vente dans les halles et marchés, aux jours ordinaires qui y sont destinés.

34. Les grainiers, amidoniers, et generalement toutes personnes autres que les maistres de ladite communauté, ne pourront faire ni exercer ledit metier de boulanger, vendre ni acheter sons ou farines de bled-froment, pour les revendre ou regrater, comme aussi avoir ou tenir fours et moulins à bluter dans leurs maisons, à peine de saisie et de confiscation de ce qui sera trouvé en contravention et de trente livres d'amende. Les Suisses etablis en France et autres estrangers devenus regnicoles, soit des maisons royales, maisons de fils et petits fils de France, princes du sang, ducs et pairs et autres seigneurs, ne pourront aussi faire ni exercer ledit metier de boulanger, ni tenir boutique directement ou indirectement, ni ceux qui se pretenderoient privilegiés du grand conseil, et generalement aucuns autres que ceux qui auront lettres ou brevets de privilèges de Sa Majesté [1].

35. Ils pourront aussi aller en visite dans le faubourg Saint-Antoine et autres lieux pretendus privilegiés, ou il y aura quelques personnes faisant metier de boulanger, pour examiner le poids et la qualité du pain, suivant les reglemens de police, faire saisir ce qui ne se trouvera pas conforme ausdits reglemens, et assigner les contrevenans par devant le lieutenant general de police, pour faire ordonner la confiscation des choses saisies, avec condamnation d'amende.

36. Lesdits jurez iront aussi chez les meuniers pour reconnoistre s'il ne s'y commet aucun abus dans la mouture, par le melange du bon grain avec le mauvais, et des grains servans pour les brasseurs de bierre avec ceux dont usent les boulangers; lesdits jurez tiendront la main à ce qu'il y ait dans lesdits moulins un fleau de fer, garni de poids bien etallonés, pour peser les farines qu'ils rendent à chacun desdits bolangers, et en cas que lesdits poids et fleau ne se trouvassent pas estre justes, lesdits meuniers assignés en la chambre de police, pour estre condamnés en telle peine et amende qu'il sera jugé convenable.

37. Feront pareillement lesdits jurez leur visite dans les maisons des cabare-

---

[1] Les grainiers mirent opposition à cet article 34 des statuts et obtinrent l'autorisation de vendre des farines, ainsi que le déclare l'article 39 de 1746.

tiers, taverniers, hoteliers et vendans vin de la ville et faubourgs de Paris, pour y voir et reconnoistre s'ils ne vendent d'autres pains que celuy permis, et s'il est de bonne qualité. Et ne pourront lesdits cabaretiers, taverniers, hoteliers et vendans vin, acheter, vendre, ni debiter en leurs maisons, cabarets et hotelleries, d'autres petits pains que ceux faits par lesdits maistres boulangers de Paris, sans qu'ils puissent vendre ni debiter du gros pain, soit entier, soit coupé par morceaux, provenant des boulangers de Gonesse et autres forains, à ceux qui iront chez eux, à peine de confiscation et de cinq livres d'amende; et il leur sera permis d'en acheter, seulement pour leur famille et domestiques, dans les marchés, pourvu que lesdits pains soient marqués du nom du boulanger forain qui leur aura vendu.

38. Pourront les maistres boulangers, vendre les issues de leur metier qui sont gruau, recoupe, recoupette, son, farine, et braise.

39. Les veuves de maistres, pendant qu'elles demeureront en viduité, jouiront de la maistrise et droit d'icelle, ainsi que faisoient leurs defunts maris, sans qu'elles puissent neanmoins prendre ni obliger aucun nouvel apprentif, mais seulement faire achever le tems qui restera à expirer pour l'apprentissage des apprentifs que leurs maris auront obligés, le tout à condition et non autrement que lesdites veuves jouiront desdits droits de la maistrise par elles-mesmes, et non par d'autres, directement ou indirectement, et prestant leur nom, passant baux à loyers, ni en quelque sorte ou manière que ce puisse estre, à peine de decheance desdits droits et de cinquante livres d'amende.

40. Ne pourront les maistres boulangers recevoir ni retenir chez eux les compagnons d'un autre maistre, ni les employer, qu'auparavant ils ne sçachent si le precedent maistre a esté content des services desdits compagnons, et s'il ne veut pas les retenir; lesdits compagnons seront tenus pour cet effet d'en représenter un certificat et ne pourront quitter ledit maistre sans l'avoir averty quinze jours auparavant, à peine en cas de contravention en l'un ou l'autre cas, de vingt livres d'amende, applicable comme dessus et payable, tant par le compagnon que par le maistre qui l'aura reçu et pris à son service.

41. Deffenses sont faites à tous compagnons dudit metier de porter aucunes armes à feu, espées ou batons, dans les halles et marchés publics ou aux portes, lorsqu'ils s'y rendront pour le fait de leur metier, comme aussi de blasphemer le saint nom de Dieu et de manquer d'obeissance envers leurs maistres; et après un avertissement par ecrit ou en plein bureau qui leur sera fait par les jurez, ils pourront estre poursuivis suivant la rigueur des ordonnances et condamnés en dix livres d'amende, ou plus grande peine s'il y echoit.

42. Les compagnons de dehors ne pourront estre reçus à travailler chez les maistres qu'après avoir donné leur nom aux jurez, et payé une fois seulement vingt sols au profit de la communauté, et ne pourront acquerir droit de maistrise à

Paris, quelque espace de tems qu'ils y demeureront chez les maistres, s'ils n'y font apprentissage.

43. Ne pourra aucun apprentif parvenant à la maistrise, s'etablir aux environs de la boutique de son maistre, ou dans les rues adjacentes, plus voisines que de deux rues.

44. Lorsque les maistres, veuves de maistres, et tous autres exerçant le metier de boulanger, seront mandés au bureau par les jurez, ils seront tenus de s'y rendre, à peine de trois livres d'amende applicable comme dessus.

45. Nul ne sera admis à l'apprentissage qu'il n'ait quatorze ans accomplis, et aucun maistre n'aura chez luy qu'un seul apprentif à la fois, qu'il ne pourra garder dans sa maison pendant plus de quinze jours, sans luy faire passer un brevet d'apprentissage, et l'obliger au moins pour trois ans consecutifs sans aucun salaire, ni gages, et sans que le maistre, moyennant argent, present ni autrement en quelque manière que ce soit, puisse dispenser son apprentif dudit temps, en tout ni en partie, à peine d'estre ledit apprentif decheu de parvenir à la maistrise, et de cinquante livres d'amende contre le maistre; il sera neanmoins loisible ausdits maistres, dans les trois derniers mois dudit apprentissage, de prendre un autre apprentif.

46. Les maistres qui prendront des apprentifs, seront tenus d'apeller au moins trois jurez pour signer le brevet d'apprentissage qui sera passé par devant notaire et ensuite sera enregistré au registre de la communauté; à l'effet de quoy l'apprentif sera tenu d'en lever à ses frais une expedition et d'en fournir une copie collationnée ausdits jurez, et payera à la communauté la somme de vingt livres jusqu'à l'entier acquitement des dettes de la communauté, après lequel ledit droit demeurera fixé à cent sols, et à chacun des six jurez, la somme de trente sols.

47. Les maistres de ladite communauté pourront exercer la maistrise dans toutes les villes, bourgs et lieux du royaume, pays, terres et seigneuries de notre obeissance, sans estre tenus d'autres formalités que de faire signifier leurs lettres de maistrise à l'un des jurez de la communauté des boulangers de la ville, bourg ou lieu dans lesquels ils voudront s'établir, et pareillement les apprentifs de Paris pourront se faire recevoir maistres dudit mestier de toutes lesdites villes, bourgs et lieux, sans qu'ils soient tenus de payer autre ni plus grande somme, droits ni frais, que ceux des lettres de reception, et ce en faisant seulement apparoir de leur brevet d'apprentissage.

48. La connoissance des contestations, procès ou differens pour execution desdits statuts et reglemens, appartiendra au lieutenant general de police, et par appel au parlement avec interdiction à toutes autres cours et juges d'en connoistre sous pretexte de privilèges, attributions, evocations ou autres tels que ce puisse estre.

49. Les fils de maistres des faubourgs Saint Germain, Saint Jacques, Saint Marcel, Saint Victor, dont les pères n'ont pas satisfait ou ne satisferont pas à l'arrest de reglement du conseil du 20 janvier de la presente année 1719[1] et dans le tems y porté, ne pourront parvenir à la maistrise de ladite communauté, que comme etrangers, en faisant apprentissage et chef-d'œuvre, et payant la somme de quatre cens livres à la communauté, ainsi que tout autre simple apprentif aspirant à la maistrise.

Données à Paris, le quatorzième jour de may, l'an de grace 1719 et de nostre regne le quatrième.

XII

1746, mai. — Bruxelles.

Lettres patentes [2] *du Roi portant confirmation des statuts des boulangers de 1719 avec une rédaction nouvelle et quelques modifications, comprenant cinquante-sept articles.*

Statuts des boulangers, édition de 1757.

[1] Cet arrêt prescrivait, de la part des maîtres des faubourgs privilégiés, un acte d'adhésion et le payement annuel d'un droit basé sur le chiffre principal des dettes de la communauté. Au fond, c'était une tentative d'unification de la communauté des boulangers.

[2] Ces lettres et les statuts furent enregistrés au parlement le 6 septembre 1757 et imprimés la même année (Paris, Moreau, 1757, in-12). Ils ne contiennent que des changements peu importants; les chiffres des différents droits ne sont pas augmentés.

TITRE II.

GRAINIERS.

De sinople, à trois gerbes d'or, deux en chef et une en pointe,
et un vannet, de même, en abîme [1].

Les grainiers faisaient le commerce de grains et farines de toute espèce, pour l'alimentation, graines potagères et de semence, légumes divers, foin et paille; par exception ils vendirent dans les derniers temps du cidre et de la bière. Ces marchands s'appellent toujours grainiers, le nom de *grenetiers* étant réservé à ceux qui vendaient du sel. Les grainiers ont dû se confondre avec les blatiers et les regrattiers de légumes [2]. A la fin du xvie siècle seulement leur métier prend une existence propre et, par lettres patentes de novembre 1595, ils sont érigés en métier juré [3] avec des statuts qui établissent leur communauté dans le droit de vendre des graines, à l'exclusion de tous autres, hormis les jardiniers qui pouvaient vendre en marché public sous la surveillance des jurés grainiers.

Les femmes étaient admises à la maîtrise à l'égal des hommes; les statuts mentionnent toujours les maîtres et les maîtresses, les grainiers et les grainières; sur les quatre jurés, il y avait deux hommes et deux femmes. C'est une disposition qui se rencontre rarement; il était dans l'esprit de la corporation d'exclure autant que possible les femmes de la maîtrise, principalement à cause de la surveillance à exercer sur les apprentis, dont le service durait jusqu'à un âge souvent assez avancé. Les veuves continuant la maison de leur mari défunt ne devaient

---

[1] D'Hozier, *Armorial*, texte, t. XXV, fol. 443. — Blasons, t. XXIII, fol. 427.

[2] Les blatiers et regrattiers, inscrits dans le *Livre des Métiers* aux titres III, IX et X, ont disparu dans la suite et n'ont point fait confirmer leurs règlements.

[3] A l'époque des grands édits de la fin du xvie siècle, beaucoup de métiers reçurent des règlements qui les érigeaient en métier juré, sans avoir égard à leur existence précédente à l'état de communauté. Plusieurs, comme les grainiers, leur devaient réellement leur origine, mais pour la plu-

part ce n'était qu'une confirmation plus solennelle de leurs privilèges. Les expressions employées dans les textes ont contribué à surprendre la bonne foi des lecteurs. Les actes anciens n'avaient pas de terme précis pour désigner les métiers organisés en corps; ainsi on disait: les boulangers, ou le commun des bouchers. Les édits, inaugurant un style plus administratif, ont adopté la formule: «établissons en titre de mestier juré» et l'ont appliquée uniformément à tous les métiers anciens et nouveaux, tenus de recevoir la confirmation royale. De là une source d'erreurs sur leur origine exacte.

plus prendre d'apprentis. Les grainiers exigeaient un apprentissage de six ans et un compagnonnage de deux ans.

Les statuts de 1595 furent confirmés par Louis XIII et Louis XIV, puis renouvelés dans un texte en trente-cinq articles, par lettres de novembre 1678, enregistrées au parlement en 1694. Plusieurs métiers, entre autres les chandeliers, empiétaient sur le commerce des grainiers, et divers arrêts contradictoires furent l'objet de nouveaux articles; d'ailleurs, dans cet intervalle de près d'un siècle, le nombre des grainiers s'était élevé, disent les textes, de trente à quatre cents maîtres dispersés dans tous les quartiers de Paris, au grand avantage des habitants. Comme pour les autres métiers, ces deux textes de statuts sont intéressants à comparer. Ceux de 1595 énoncent brièvement les formalités ordinaires; ceux de 1678 développent avec précision les divers points d'administration intérieure, les droits à percevoir, les conditions de l'apprentissage. Ils attribuent à leurs jurés (art. 5) la surveillance dans les boutiques des faubourgs privilégiés et prennent des garanties au sujet de l'approvisionnement des grains par l'étranger (art. 30), double point de vue, indiqué seulement, mais qui constate un grand pas dans le progrès. L'article 26 contient aussi une liste de graines potagères curieuse à consulter.

Par déclaration royale du 4 septembre 1691, les grainiers obtinrent l'union à leur communauté des offices de jurés, moyennant la somme de 8,000 livres. Pour exécuter ce payement et engager l'emprunt, ils élevèrent les droits de maîtrise, apprentissage et autres [1]. Le 27 novembre 1696 [2], ils obtinrent l'union des auditeurs examinateurs des comptes, moyennant 6,600 livres; le 1er décembre 1705, l'union de l'office de trésorier payeur, pour 7,500 livres, avec 220 livres de gages annuels. Dans cet acte, que nous avons inséré [3], se trouvent les confirmations des deux offices précédents et onze articles de règlement pour assurer le service de la dette.

L'union des contrôleurs visiteurs des poids et mesures et greffiers des brevets d'apprentissage [4] fut fixée à 6,800 livres, par acte du 27 décembre 1707.

Enfin, d'après l'édit du 26 juin 1745 [5], la communauté a payé pour l'union des divers offices susdits 34,980 livres, plus 24,000 livres pour les offices d'inspecteurs des jurés, à la condition qu'elle recevra 1,200 livres de gages annuels et qu'elle maintiendra les anciens droits imposés aux membres pour l'extinction de tout l'arriéré [6]. En 1766, le brevet coûtait 30 livres et la maîtrise 450; ces chiffres ne sont pas portés dans nos textes [7]. Le bureau des grainiers était rue de la Cordonnerie. Leur confrérie, dédiée à saint Nicolas et à saint Antoine, avait sa chapelle aux Petits-Augustins.

Collection de M. Feuardent.

[1] Coll. Lamoignon, t. XVIII, fol. 395.

[2] Ibid., t. XIX, fol. 904.

[3] Ibid., t. XXII, fol. 968 et ci-dessous, pièce V.

[4] Ibid., t. XXIII, fol. 972.

[5] Coll. Lamoignon, t. XXXVI, fol. 644.

[6] Statuts des grainiers. Paris, Lamesle, petit in-8°, 1750. (Bibl. de l'Arsenal, n° 4601.)

[7] Guide des marchands de 1766. Boulangers.

I

1595, novembre.

Lettres patentes de Henri IV, confirmant les premiers statuts des grainiers en sept articles.

Arch. nat., Ordonn., 6ᵉ vol. de Henri IV, X 1ᵃ 8646, fol. 34. — Coll. Lamoignon, t. IX, fol. 879.
Lamare, Traité de la police, t. II, p. 1106.

1. Premierement, que le tems d'apprentissage, pour parvenir a la maistrise dudit metier, sera de six ans entiers, duquel ils feront apparoir par brevet ou obligation passée pardevant notaires.

2. Et apres ledit apprentissage fait et parfait, seront tenus servir deux ans les maistres et maistresses.

3. Que nul maistre et maistresse ne pourra estre juré ou jurée dudit metier et etat, qu'apres six ans accomplis et expirés de leur entrée et reception de ladite maistrise.

4. Et si aucuns desdits maistres ou maistresses achetoient quelque quantité de marchandises de leur dit etat, sera permis aux autres maistres et maistresses de partager et lotir avec ceux ou celles qui les auront achetées, si bon leur semble, a condition qu'ils se trouveront au marché ou au mesurage d'icelles.

5. Que defenses seront faites a toutes personnes de tenir boutique ouverte de grainiers et grainières, dans laditte ville et faulxbourgs de Paris, ni en rien faire leur etat et maistrise, s'il ne sont reçeus maistres ou maistresses, a peine de confiscation desdites marchandises et d'amende arbitraire, sans toutes fois en rien prejudicier a la liberté des bourgois de Paris, marchans forains, jardiniers et jardinieres, leurs serviteurs et servantes, qui est qu'ils pourront, et leur est et sera loisible, de vendre et debiter, en toute liberté, dedans les places et marchés publics, toutes sortes de grains qu'ils y auront amenés, qui seront neantmoins visités par lesdits jurez et jurées, pour denoncer en justice les malversacions et abus qui s'y trouveront, pour y estre pourveu, sans pretendre aucun droit de visitation.

6. Que pour la conservation dudit etat et metier, seront eslus un prud'homme et une jurée, qui serviront deux ans, selon la forme des autres metiers, et se fera ladite eslection par la communauté desdits maistres et maistresses dudit etat et metier, lesquels s'assembleront pour faire leur rapport de laditte election en la nuance accoutumée.

7. Et d'autant qu'il se peut commettre de grands abus au fait de laditte marchandise, comme de vendre lesdits grains et semences pourries, germées ou renflées en l'eaue, ou en la fumée d'icelle, ou bien des farines non legitimes, au grand prejudice et dommage du publicq et abbus des terres où elles sont semées,

faute d'en avoir la connoissance, lesdits prud'hommes et jurée seront tenus aller en visitation par toutes les boutiques etaux et echoppes, de cette ville et faux-bourgs, de ceux qui se meslent d'en acheter pour revendre [1], afin de connoistre si lesdits grains sont bons, loyaux et marchans, et de ce qu'ils en auront trouvé en faire leur rapport, comme il est accoutumé par les autres etats et metiers.

Henry, par la grace de Dieu, Roy de France et de Navarre, a tous presens et a venir, salut. Comme de la part de nos bien amés les maistres et maistresses, mar-chands et marchandes grainiers et grainières de nostre ville de Paris, pour plu-sieurs bonnes et justes considerations, nous ont presenté requeste en nostre conseil privé, avec articles, tendant a fin que suivant iceux ledit mestier de grainier fut creé et erigé en mestier juré, en ladite ville de Paris, et lesdits articles estre gardés et observés en icelui, selon leur forme et teneur... avons, par ces presentes et edit perpetuel et irrevocable, de nostre certaine science, grace speciale, pleine puissance et autorité royale, creé, erigé et etabli, creons, erigeons et etablissons, par ces presentes, ledit mestier de marchand grainier, en titre de mestier juré, en nostre dite ville de Paris, pour y estre doresnavant exercé, gardé et observé selon et en suivant lesdits articles [2]. Donné a Paris, au mois de novembre, l'an de grace mil cinq cens quatre vingt quinze et de nostre regne le septiesme.

II

1612, juillet.

Lettres patentes de Louis XIII, par lesquelles il confirme purement et simplement les statuts des grainiers.

Ordonn., 1ᵉʳ vol. de Louis XIII, X 1ᵃ 8647, fol. 306. — Coll. Lamoignon, t. X, fol. 725.

III

1656, juillet.

Lettres patentes de Louis XIV, portant la même confirmation.

Arch. nat., Bannières, 12ᵉ vol., fol. 167. — Coll. Lamoignon, t. XIII, fol. 700.
Traité de la police, t. II, p. 1107.

---

[1] Acheter pour revendre, c'était la fonction des regrattiers, métier disparu, dont les grainiers formaient une branche.

[2] L'avis favorable du procureur du Châtelet ne fut donné que le 13 juin 1596 et l'homologation du Parlement le 20 juillet 1607.

IV

1678, novembre.

Lettres patentes de Louis XIV, confirmant les statuts des grainiers en trente-cinq articles [1].

Coll. Lamoignon, t. XVI, fol. 843. — Recueil des grainiers de 1750, p. 27.
Traité de la police, t. II, p. 111 et 119.

1. Que lesdits maistres et maistresses, marchands et marchandes, grainiers et grainieres, sont et demeureront à l'avenir, comme ils ont esté par le passé, unis et incorporés en une seule et mesme communauté.

2. Que pour la conservation de leur art et mestier, entretenement et execution de leurs statuts, il y aura toujours quatre jurés, deux jurés et deux jurées [2]; qu'à cet effet en sera eslu deux tous les ans, un juré et une jurée, qui seront deux ans en charge, selon la forme des autres mestiers.

3. Sera procedé a l'election et nomination desdits jurés et jurées, par la communauté desdits maistres et maistresses dudit etat et mestier, a la pluralité des voix, dans leur maison et bureau, sans brigue.

4. Nul maistre ou maistresse ne pourra etre jurée ou juré dudit mestier et etat, qu'apres six ans accomplis et expirés, à compter de leur entrée et reception a la maitrise.

5. Et d'autant qu'il se peut commettre de grands abus au fait de la marchandise dudit etat et mestier, dont la plus grande partie entre dans le corps humain, comme de vendre des grains et semences pourries, germées ou renflées en l'eau ou en la fumée d'icelle [3], ou des farines non legitimes, au grand prejudice et dommage de ceux qui les mangent, ou de la terre ou lesdits grains et grainés sont semées; lesdits jurés et jurées seront tenus de faire leurs visites generales, au moins quatre fois l'année, chez tous les maistres et maistresses dudit mestier, demeurans tant en notre ditte ville que fauxbourgs et banlieue d'icelle, sans pour ce estre tenus des seigneurs hauts justiciers desdits fauxbourgs et banlieue, ny de leurs officiers, et de ce qu'ils auront trouvé en faire leur rapport, comme il est accoutumé par les autres estats et mestiers.

6. Feront aussy lesdits jurés et jurées des visites particulieres chez lesdits

---

[1] Comme pour les statuts de 1595, la pièce, sans préambule, commence par les articles, les lettres confirmatives sont à la suite.

[2] C'est-à-dire, sur les quatre jurés, deux hommes et deux femmes pris parmi les maîtres et les maîtresses.

[3] Cet article reproduit presque textuellement l'article 7 de 1595. Par fumée on entend la vapeur d'eau. La visite dans les faubourgs et justices particulières est indiquée ici à l'état d'exception; peu de métiers la faisaient, et les jurés grainiers, se bornant à une simple inspection, ne pouvaient réclamer le droit de visite que les confrères de la ville étaient tenus de leur payer.

maitres et maitresses, toutes les fois que la necessité le requerera, et qu'ils le trouveront à propos.

7. Ne seront faites aucunes assemblées de la communauté que par l'ordre desdits jurés et jurées.

8. Seront choisis entre les anciens et anciennes, maistres et maistresses dudit etat et mestier, tous les deux ans, le lendemain de la Saint Nicolas d'esté, un maistre et une maistresse, pour agir et administrer les biens communs de la communauté, dont sera fait election et nomination par ceux seulement qui auront esté en charge, et jurés et jurées dudit mestier. Et seront tenus lesdits maistres et maistresses qui auront eu ladite administration, après qu'ils en seront sortis, d'en rendre compte sommairement et sans frais aux jurés et jurées qui seront lors en charge, dans leur dite maison et bureau commun, et en presence des anciens et anciennes qui auront passé par les charges; et mettront le fond, si aucun leur reste, es mains de ceux qui leur succederont et seront eslus et nommés en leur place, qui s'en chargeront. Et ou lesdits maitres et maitresses, sortans de l'administration, se trouveront creanciers de la communauté pour avoir plus deboursé que reçu, ils en seront remboursés par ladite communauté, a la poursuite et diligence de ceux qui leur succederont.

9. Les titres, papiers et registres de ladite communauté seront mis dans un coffre fort qui demeurera dans le bureau, duquel coffre il y aura trois clefs, dont deux seront mises entre les mains d'un juré et d'une jurée, et la troisieme en celle d'un des anciens qui auront passé par les charges, qui sera nommé par ladite communauté. Et ne pourra ledit coffre estre ouvert, qu'en presence de tous ceux qui auront lesdites clefs.

10. Ceux et celles qui aspireront a la maistrise seront tenus faire leur apprentissage par le temps et espace de six ans entiers, chez les maistres et maistresses, et a leur entrée passeront un brevet d'apprentissage pardevant notaires, qui sera controllé par les jurés et jurées et immatriculé au registre de la communauté. Lequel brevet ils seront tenus de rapporter avec la quittance, certificat et attestation du maitre et maistresse, chez lequel ou laquelle ils auront fait ledit apprentissage, quand ils seront reçus maistres ou maistresses.

11. Nul apprentif ou apprentisse ne pourront quitter la maison et le service de leurs maistres ou maistresses, sans leur consentement; et en cas d'absence pendant plus de deux mois, seront tenus lesdits maistres et maistresses en donner avis aux jurés et jurées, pour estre leur brevet cassé et annullé.

12. Arrivant le decès d'un maistre ou d'une maistresse, les apprentifs ou apprentisses qui seront obligés envers eux, pourront achever leur temps sous les veuves des maistres ou maris des maistresses decedées, pourvu qu'ils ou qu'elles demeurent en viduité, sinon sous les maistres ou maistresses qui leur seront nommés et indiqués par les jurés et jurées.

IMPRIMERIE NATIONALE.

13. Si un maistre ou une maistresse met son apprentif ou apprentisse hors de sa maison, sans cause legitime, le temps que ledit apprentif ou apprentisse auront servi chez lesdits maistres ou maistresses leur sera compté sur celuy de leur apprentissage, et il leur sera donné des maistres ou maistresses par les jurés ou jurées, pour achever leurdit apprentissage.

14. Mais si un apprentif ou apprentisse quitte et abandonne le service du maistre ou de la maitresse, envers lequel ou laquelle il s'est obligé, par la subordination d'un autre maitre ou maitresse, celuy ou celle qui aura suborné sera condamné en l'amende.

15. Après les six ans d'apprentissage, seront les apprentifs et apprentisses tenus servir encore deux ans les maistres et maitresses, auparavant que d'estre reçus à la maitrise.

16. Et afin qu'il ne soit admis a la maitrise dudit art et metier que ceux ou celles qui ont une connoissance parfaite de la marchandise de cet etat, qui est d'autant plus necessaire que la plus grande partie de ladite marchandise entre dans le corps humain, et que le tout peut estre employé en semences pour couvrir la terre, les aspirants et aspirantes, auparavant que d'estre reçus maistres et maistresses, seront tenus de faire experience, en presence des jurés et anciens dudit art et mestier, sur la distinction et difference des diverses sortes de grains et graines qui entrent dans ladite marchandise et sur leur bonne et mauvaise qualité.

17. Ne pourront les jurés et jurées recevoir aucuns maistres ny maistresses, sans y appeller les anciens et anciennes dudit etat.

18. Seront aussy tenus les aspirants et aspirantes, lorsqu'ils seront reçus maistres et maistresses, et ceux qui seront reçus en faveur de lettres [1] payer à chacun desdits jurez et à chacune desdittes jurées quatre livres, pour la confrérie trente livres, et quinze livres pour les frais de la communauté; et payeront vingt six sols, par chacun an, pour le droit de la confrérie.

19. Les enfans de maistres et maistresses seront reçus à la maitrise, sans faire aucune experience, et ne payeront à chacun des jurez et jurées que quarante sols, et dix livres pour la confrerie, pourvu touttesfois qu'ils ayent esté elevés dans ledit etat de grainiers et grainières.

20. Nul ne sera admis a la maitrise qu'il ne soit de la religion catholique, apostolique et romaine.

21. Ne pourront les fils et filles de maitres ou maitresses, ny apprentifs ou apprentisses, qui auront esté reçus maitres ou maitresses, tenir boutique, qu'ils ou qu'elles n'ayent atteint l'age de seize ans.

22. Ne pourront les maistres et maistresses avoir plus d'un apprentif ou apprentisse en chaque boutique.

[1] C'est-à-dire création de maîtrise pour avènement à la couronne, mariage ou naissance d'un prince.

23. Les veuves des maitres et maris des maitresses, après le decès de leurs femmes, pourront continuer le commerce et tenir boutique dudit etat et mestier, pendant qu'ils demeureront en viduité seulement.

24. Les filles de maistres ou de maistresses, qui sont maitresses, et les apprentisses qui auront esté reçues maitresses, affranchiront ceux qu'elles epouseront, pourvu qu'ils ne soient d'autre art et mestier, ny profession, a la charge de se faire recevoir maistres, apres les six premieres années de leur mariage, et de payer à leur reception les mesmes droits que payent les apprentifs qui se font recevoir maistres.

25. Si une maistresse grainière épouse un mary d'une autre profession et vocation, sondit mari sera tenu d'opter et abandonner sa profession et vocation, s'il veut continuer le commerce et le negoce de sa femme.

26. Nul ne pourra, de quelque sexe, qualité et condition qu'il soit, s'il n'est maistre ou maistresse grainier ou grainiere et incorporé en leur communauté, tenir·boutique ouverte dudit etat et mestier, en ladite ville de Paris, et vendre pois blancs de toutes sortes, pois verds de toutes qualités, pois au cul noir, pois chiches, pois cornus, feves d'haricot de toutes sortes, lentilles, feves de marais, petites feves tant crues que cuittes, orge en grain, orge mondé, avoine, gruau d'avoine, milet en grain, milet mondé, ris, bled, senevé, poullevré [1], seigle, sarrazin, navette, chenevy, vesse, sainfoin, luzerne, treffle de Hollande, lupins, graine de lin, poillion [2], alpiste [3], fenugré, graine de coriande [4], graines de laitues, pourpier, poreaux, poirée, oignon, espinards, serafis [5], choux, cerfeuil, farines de feve d'orobe, de seigle, froment, d'orge, et farines de lupins et de graine de lin, et fenugré, et generalement toutes sortes de graines et autres marchandises dependantes dudit etat et mestier, comme foin et paille, a peine de confiscation et d'amende, et ce nonobstant toutes sentences, arrests et jugemens à ce contraires.

27. Pourront toutesfois les bourgeois de Paris, marchands forains, jardiniers, jardinières, serviteurs et servantes, vendre et debiter en gros, dans les places et marchés publics seulement, toutes sortes de grains ou graines qu'ils y auront conduit, ou fait conduire, après qu'ils auront esté visités par les jurés et jurées dudit etat et mestier, pour eviter les abus et malversations qui s'y pourroient commettre. Et seront tenus lesdits bourgeois, marchands forains, jardiniers, jardinières, leurs serviteurs et servantes, faire porter lesdits grains et graines, en arrivant à Paris, esdites places et marchez publics, sans les pouvoir garder dans leurs maisons, ny autres maisons empruntées, ny en faire aucuns magazins.

[1] Senevé et poulvré, graines destinées à faire de la moutarde, et à cause de cela soumises à la visite des moutardiers. Voir tit. XVIII, pièce 11, art. 17 et 18.

[2] Pouillot, herbe odoriférante.

[3] Alpiste, espèce de millet pour les canaris.

[4] Coriande, graine dont on faisait des dragées.

[5] Probablement salsifis.

30.

28. Si aucuns desdits maitres ou maitresses acheptent de la marchandise dudit etat, il sera permis aux autres maitres et maistresses de la partager, et lottir avec ceux ou celles qui les auront achetées, pourvu toutesfois qu'ils se trouvent au marché, ou à la mesure d'icelle. Et ce afin que chaque boutique soit garnie et le public mieux servi.

29. Sera pareillement permis auxdits maitres et maitresses de lottir et partager avec les brasseurs de bierre de cette ville et fauxbourgs, l'orge qui sera apportée aux ports, halles, marchez et places publiques, aussy à condition qu'ils se trouveront auxdites places et marchés, ou à la mesure dudit grain.

30. Et d'autant qu'une grande partie de la marchandise dudit etat et mestier vient des pays eloignés, et par la mer, et que l'abondance d'icelle est d'une grande utilité et commodité pour le public, pourront lesdits marchands et marchandes, maistres et maistresses grainiers et grainières, faire en toute liberté venir des marchandises au delà des vingt lieues, tant par mer que par terre [1].

31. Ne pourront lesdits maitres et maitresses tenir en laditte ville et fauxbourgs de Paris, chacun d'eux, plus d'une boutique, sous quelque pretexte que ce soit.

32. Deffenses tres expresses sont faictes à tous maitres et maitresses dudit etat de faire aucune facture pour les marchands forains, ou vendre à leur compte, a peine d'amende.

33. Nul ne pourra, de quelque qualité, profession, art ou metier qu'il soit, revendre en detail, sous pretexte de regrat, des grains, graines, farines, legumes et autres marchandises dépendantes dudit etat et metier de grainiers et grainières, et ce, nonobstant toutes lettres a ce contraires.

34. Deffenses sont faittes a tous hostelliers de ladite ville et fauxbourgs de Paris, d'exposer, ny souffrir estre exposé en vente, aucuns grains et graines, et autres marchandises dudit etat et metier de grainiers et grainieres, pour eux ou pour les marchands forains, et d'en souffrir la decharge chez eux, à peine de confiscation de la marchandise et d'amende contre eux et lesdits marchands. Et seront tenus lesdits hostelliers avertir les marchands forains, logeans en leurs maisons, qu'ils n'y en peuvent vendre, et sont obligés faire mener leurs marchandises a la halle, ou autres marchés et places publiques.

35. Et afin que les affaires de la communauté ne souffrent point de retardement, et qu'il y soit pourvu avec soin et diligence, pourront les jurés et jurées, quand il en surviendra quelqu'une, assembler au bureau dudit etat les anciens et anciennes, qui auront passé par les charges, en la presence desquels et desquelles ils proposeront l'affaire. Et ce qui sera conclu et resolu en ladite assemblée sera suivi et observé par toute la communauté, comme si tous les maistres

---

[1] On remarquera l'importance de cet article qui accorde une faveur spéciale, au sujet des grains, dans les transactions internationales.

et maistresses y avoient esté appelez. Et seront lesdits anciens et anciennes, qui auront esté mandés, tenus et tenues de se trouver au bureau desdits jurez et jurées, à peine d'amende contre ceux et celles qui ne s'y trouveront pas, s'il n'y a excuse legitime.

Louis, par la grace de Dieu, Roy de France et de Navarre, à tous presens et à venir, salut. Les jurés, corps et communauté des maistres et maistresses, marchands et marchandes grainiers et grainières de notre bonne ville, fauxbourgs et banlieue de Paris, nous ont fait humblement remontrer, qu'encore que leur establissement soit fort ancien, qu'il ait esté autorisé par les roys, nos predecesseurs, qui leur ont accordé des statuts, confirmés par leurs lettres patentes, registrées en notre cour du parlement de Paris, le 20 juillet 1607, ces statuts qui pouvoient estre bons pour regler leur communauté qui en ce temps n'estoit composée que de vingt ou trente maistres ou maistresses, qui avoient tous leurs domiciles dans les halles ou ès environs, n'etoient plus suffisans pour entretenir l'ordre et la discipline dans leur mestier, ny en conserver les droits, à présent qu'il est composé de plus de quatre cents maitres ou maitresses, qui sont repandus dans tous les endroits de notre dite ville et dans les lieux les plus ecartés des fauxbourgs, où ils ont leurs boutiques; que les entreprises qui se font sur leurdit mestier par les maistres chandeliers, qui achètent et vendent ouvertement dans leurs boutiques toutes les marchandises qui dependent du mestier des maistres grainiers, ruinent leur communauté, et les empeschent de pouvoir gagner leur vie; que pour arrester ces entreprises, et maintenir leur communauté dans un bon ordre, paix et union entre les maistres, ils ont fait dresser des nouveaux statuts, composés de trente cinq articles . . . . . Ayant examiné que le mestier des maistres grainiers est très utile au public, par la commodité qu'il donne aux pauvres artisans, dans tous les endroits de Paris, de trouver des grains à acheter en si petite quantité qu'ils veulent pour la nourriture de leurs familles, que tout leur mestier est renfermé à vendre des grains, que celuy des chandeliers s'etend non seulement à faire et vendre de la chandelle, mais à vendre plusieurs autres denrées qui leur fournissent assez de quoy subsister, et qu'ils ne vendent des grains qu'en vertu de leurs lettres de regrat [1]. A ces causes et autres bonnes considerations et de l'avis de notre conseil qui a vu les anciens statuts des maistres et maistresses grainiers et grainières, en l'année 1595, registrés au parlement le 20 juillet 1607, confirmés par autres lettres patentes du feu Roy, notre très honoré seigneur et père, du mois de juillet 1612, et par nos lettres du mois de juillet 1656, approuvons, confirmons et homologuons lesdits nouveaux statuts, au nombre de trente cinq articles, cy-attachés, sous le contrescel de notre chancellerie, voulons qu'il soient executés de point

---

[1] Ce droit de vendre les grains n'est pas inscrit dans les statuts des chandeliers.

en point, selon leur forme et teneur. . . . . Donné à Versailles, au mois de novembre, l'an de grace mil six cens soixante dix huit[1].

V

1705, 1ᵉʳ décembre.

*Déclaration du Roi portant union aux grainiers de l'office de trésorier payeur
de leurs deniers communs.*

Coll. Lamoignon, t. XXII, fol. 968.

Louis, par la grace de Dieu, Roy de France et de Navarre. . . . . Confirmons
ladite communauté des maistres et marchands grainiers, maistresses et marchandes
grainières de notre bonne ville, fauxbourgs et banlieue de Paris, dans l'heredité de
leur office de jurez et d'auditeurs de leurs comptes, dont nous leur avons cy-devant
accordé la reunion; et de la meme authorité que dessus, avons uni et incorporé,
unissons et incorporons à la ditte communauté l'office de tresorier receveur et
payeur de leurs deniers communs, creé par notre edit du mois de juillet 1702[2],
pour jouir par eux des droits, privilèges et exemptions y attribués, et en outre de
deux cent vingt livres de gages actuels et effectifs, par chacun an, à commencer
du premier janvier 1703; sans que, pour raison dudit office, ils soient obligez
de prendre aucune lettre de provision, ni qu'ils soient cy-après tenus d'aucunes
taxes de confirmation d'heredité ni autre, dont nous les declarons exempts, à la
charge de payer par eux, tant pour ladite confirmation d'heredité des offices de
juré et d'auditeur, que pour ledit office de tresorier, la somme de sept mille cinq
cents livres de principal, sur les quitances du receveur de nos deniers casuels. . .
Voulons que ceux qui presteront leurs deniers ayent privilège special sur lesdits
gages et droits attribuez auxdits offices de tresoriers, comme aussi sur les deniers
qui seront levés par augmentation, en consequence desdites presentes, et generalement sur tous les biens, effets et revenus de ladite communauté, et que les
arrerages leur en soient payés d'année en année, à raison du denier vingt. Et pour

---

[1] Suit un arrêt du Parlement du 17 août 1694
dont la conclusion confirme à nouveau les statuts :
«Ordonne que lesdits nouveaux statuts et lettres
patentes de confirmation d'iceux, du mois de novembre 1678, seront registrés purement et simplement au greffe de la cour, pour estre exécutez selon
leur forme et teneur, déclare l'arrêt du 27 mars
1681 commun avec lesdits chandeliers; ce faisant
leur fait deffenses de plus vendre à l'avenir aucuns

grains, graines ny légumes mentionnés ès articles 26
et 33 desdits nouveaux statuts, ny de faire aucunes
entreprises sur le mestier desdits grainiers et grainières; et sur le surplus des demandes, fins et conclusions des parties, les a mis hors de cour et de
procès, condamne lesdits chandeliers en tous les
dépens, et sera l'amende renduc. Fait en Parlement, le 17 août 1694.»

[2] Ci-dessus, pièce XLIII, p. 133.

donner moyen à ladite communauté, non seulement de payer annuellement lesdits arrerages, mais, encore d'acquitter de temps à autre quelque chose sur le
principal, en sorte qu'elle soit deliberée le plus promptement qu'il sera possible,
comme aussi pour maintenir la discipline qui doit estre entre eux et empescher
les entreprises qui se font sur leur profession : Nous avons, par ces mesmes presentes, dit, statué et ordonné, disons, statuons et ordonnons, voulons et nous
plaist ce qui suit :

[1 [1]. Les veuves pourront exercer librement, contrairement à l'article 23
de 1678.]

[2. Le brevet d'apprentissage est porté de 10 à 25 livres.]

[3. Droit de réception à la maîtrise fixé à 400 livres, outre les frais ordinaires.]

[4. Le mari pourra exercer un autre métier, même si sa femme est grainière,
pourvu qu'ils ne se mêlent pas de deux métiers à la fois.]

[5. Amende de 300 livres et confiscation des denrées pour tout étranger qui
trafiquerait des grains.]

[6. Défense de prêter son nom pour exercer le commerce.]

[7. Défense de vendre ni céder à un autre grainier des marchandises, sur les
ports et marchés.]

[8. Défense aux serviteurs et apprentis de se placer dans le voisinage de leurs
anciens maîtres.]

9. Permettons de recevoir six maitres, sans qualité, en payant la somme de
six cent livres chacun... à la condition de n'être employées qu'aux payements
des rentes et autres dettes contractées pour notre service.

[10. Les prêteurs seront admis sur simple récépissé et sans contrat passé pardevant notaire.]

11. Voulons qu'après le remboursement entier des sommes qui ont été et
seront empruntées en exécution de nos édits des mois de mars 1691, 11 mars
1694, juillet 1702, janvier et août 1704, les droits de visites et de réception
des maitres et maitresses, des apprentisses et des ouvertures de boutiques, soyent
payez comme auparavant notre édit du mois de mars 1691.

Donné à Versailles, le 1er jour de décembre, l'an de grâce mil sept cens cinq.

_____

[1] Les articles mis entre crochets, se reportant pour la plupart à ceux de 1678-1694, sont brièvement
analysés.

TITRE III.

MESUREURS DE GRAINS.

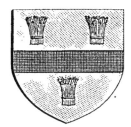

D'or à une fasce de sable, accompagnée de trois gerbes, de gueules,
deux en chef et une en pointe [1].

La prévôté des marchands, pouvoir établi à l'hôtel de ville de Paris, avait obtenu du Roi l'administration directe de divers corps de gens de métier comme les mesureurs de grains, plus spécialement occupés à servir d'intermédiaire entre les forains et les marchands de la ville. Leur situation n'est pas celle des autres métiers; ils n'ont ni apprentis, ni compagnons, ni réceptions à la maîtrise: ils sont agents de l'administration, moyennant le prix de leurs offices, justiciables et révocables. Pourtant leur organisation en confrérie et en communauté, leurs règlements et leurs réclamations de privilèges prouvent qu'ils se dirigeaient à l'instar des autres corps de métiers. Étienne Boileau enregistra les statuts des mesureurs de grains dans lesquels ils reconnaissent dépendre de la prévôté des marchands [2]; les statuts qu'ils reçurent dans les siècles suivants se trouvent donc à leur place dans ce recueil.

Le roi Jean confirma leurs règlements dans son ordonnance de 1351 [3]; le nombre des mesureurs est porté à 24 pour les Halles, 18 pour la place de Grève, 12 pour la place de la Juiverie, soit en tout 54, que nous retrouverons encore longtemps après. L'ordonnance de Charles VI sur la prévôté des marchands reproduit ces mêmes règlements en 18 articles [4], avec toutes les conditions d'admission, de fonctionnement et d'obligations de la part des mesureurs.

En 1556, on retrouve les mêmes 54 mesureurs de grains demandant une augmentation de salaire en se basant sur les renchérissements de toute nature. Ils disent également qu'ils doivent

[1] D'Hozier, texte, t. XXV, p. 377. — Blasons, t. XXIII, fol. 257.

[2] Voyez *Livre des Métiers*, p. 18, titre IV, Mesureurs de grains, statuts contenant 14 articles.

[3] Ordonnance générale, titre IV, Mesureurs de grains, ci-dessus, p. 7. Règlement en 15 articles.

[4] Il y a eu deux grandes ordonnances relatives

à la prévôté des marchands et à la police des halles, ports, rues, places, dépendants de l'hôtel de ville, l'une en février 1416, l'autre, qui n'en est que le renouvellement, en février 1673. Nous en avons extrait les titres qui contiennent les règlements des officiers organisés en communauté. Les mesureurs occupent le titre II de 1416.

fournir les comptes et les prix des grains, comme éléments de statistique. Cette pièce est intéressante sur plusieurs points. L'ordonnance de 1577 parle des mesureurs de grains à l'occasion de la police des grains[1], mais sans statuts proprements dits. Nous retrouvons ensuite, en
1673[2], un texte de statuts presque conformes à ceux de 1416, puis, le 30 juillet 1699, une
rédaction nouvelle en 63 articles, adoptée par l'assemblée du métier. La confrérie est dédiée
à la sainte Vierge. Elle se compose de 68 membres divisés en deux bandes, pour le service des
diverses places. Les cas de congé, absence ou maladie, la vérification des mesures, la tenue
des registres et des comptes, l'élection des quatre syndics, les services mortuaires des confrères
décédés, sont autant de points exposés avec clarté et précision.

Outre les statuts, il y a un grand nombre d'arrêts ou déclarations qui, en s'y reportant,
leur servent de confirmation[3]. La communauté des mesureurs est taxée à la somme de
90,000 livres pour obtenir l'union des offices de syndics créés par édit de novembre 1704[4]
et quelques années après, celle des offices de contrôleurs de leurs registres créés par édit de
novembre 1706[5]. La communauté des mesureurs avait beaucoup d'analogie avec celle des
porteurs de grains qui viennent après; on remarquera par les documents qu'elle en était entièrement distincte.

Bibliothèque nationale, médailles.

[1] Voyez l'intitulé des articles de cette ordonnance, *Métiers en général*, pièce XXIV, ci-dessus
p. 80.

[2] L'ordonnance de 1673 sur la prévôté des
marchands est transcrite en entier dans la collection
Lamoignon, t. XV, fol. 1072 et suiv. Le titre VII
a trait aux mesureurs et porteurs de grains, leur
appliquant les mêmes articles, bien qu'ils soient
deux communautés séparées, comme on le voit par
les statuts de 1699. Nous n'avons pas inséré ce texte
de 1673, parce qu'il ne contient que des prescriptions de police, sans importance pour le métier.

D'ailleurs l'ordonnance n'a pas été vérifiée au Parlement et n'a point dû avoir force de loi.

[3] On les trouvera en grande partie dans le
Traité de la police, t. II, p. 704 et suiv.

[4] Déclaration du Roi du 9 février 1706 : un
seul acte concernant les deux communautés des mesureurs et des porteurs de grains, les taxant chacune à 90,000 livres. Coll. Lamoignon, t. XXIII,
fol. 56. (Voir titre suivant, pièce X.)

[5] Blanchard, *Table des ordonnances*, mention,
t. II, p. 2888.

I

1416, février.

Extrait de l'ordonnance de Charles VI sur la police de Paris
et sur la prévôté des marchands.

Coll. Lamoignon, t. III, fol. 594. — Ordonn. des Rois de France, t. X, p. 257.

TITRE II [1].

DES MESUREURS DE GRAINS.

1. Item, en la ville de Paris aura par droit nombre cinquante quatre mesureurs de grains seulement [2], sans ce que aucun autre ne puisse entremettre de faire office desdits mesureurs, sur paine d'amende ordinaire.

2. Item, quand ledit office de mesurage sera vacquant, lesdits prevosts des marchans et eschevins le donneront a homme qui par informacion deucment faicte se trouvera estre de bonne vie, renommée et honneste conversacion, sans aucun blasme ou reprouche, habile, souffisant et ydoine pour icellui exercer.

3. Item, quand aucun sera institué audit office de mesurage, il fera serment qu'il gardera les ordonnances faictes, tant sur ledit office comme sur ladite marchandise de grains, et qu'il ne mettra aucun en cause ailleurs que pardevant la juridiction desdits prevosts et eschevins [3].

4. Item, et après qu'il sera institué et aura faict ledit serment, il sera presenté et mis en possession dudit office par l'ung des sergens de ladite prevosté que lesdits prevosts et eschevins vouldront a ce commettre, qui auront pour ce faire deux sols parisis seulement, et ce faict, il baillera caucion de la somme de dix livres parisis avant que il puisse exercer ledit office, sur peine de privation d'icelle.

5. Item, et pour son past donra a disner a ses compagnons et pour son entrée, et aussi pour avoir son run de la rivière, il paiera quarante solz parisis, lesquels seront baillez au maistre de leur confraerie pour estre employez ès affaires d'icelle et de leurs offices.

6. Item, lesdits cinquante quatre mesureurs seront partiz et proportionnez en trois parties : en place de Greve dix huit, es halles vingt quatre et en la Juifrie douze et non plus.

7. Item, ils exerceront leurs offices en personne et par run. C'est assavoir des besongnes qui survendront, tant sur l'eaue ès nefz, batteaulx ou vaisseaulx,

---

[1] Ce titre II répond au titre VII de l'ordonnance de 1673 sur la prévôté des marchands.

[2] Ils ont été augmentés et fixés à 68 par édit de février 1633.

[3] Ici et dans plusieurs articles nous avons abrégé le texte pour éviter des longueurs inutiles, qui ont d'autant moins d'importance que l'original de cette ordonnance n'existe plus.

comme sur terre en charrioz, charrettes ou sur bestes a somme et autrement, ung chascun mesureur aura une besongne a faire, qui sera a ung marchant et non autrement; et se il n'y a tant de besongnes comme ilz seront de mesureurs et que aulcuns d'eulz soient oyseulz, iceulz non aians aucunes besongnes auront et feront les besongnes après survenans, sanz ce que ceulz qui auront besongné les puissent ne doyent en ce empescher. Et ne pourront retenir autre besongne jusques a ce que celle que ilz auront commencée soit parfaicte; et qui brisera le run il paiera cinq solz parisis d'amende pour chascune fois.

8. Item, aucun qui se portera pour clerc ne pourra avoir l'office de mesurage.

9. Item, ung mesureur ne sera marchant de blez, farines et autres grains pour revendre, pour lui ne pour autruy ou autrement a son proffit, en quelque manière que ce soit, et aussi ne portera clefs d'aucun grenier, ne ne sera facteur d'aucun marchant, ne hebergera en son grenier pour autruy aucuns grains, sur peine de privacion d'office, de perdre la marchandise et d'amende arbitraire, selon l'exigence du cas.

10. Item, nulz mesureurs ne mesureront, tant que les signes establiz et ordonnez en chascune place seront sonnez; c'est assavoir aux Halles, après l'eure d'entre prime et tierce; en greve, après prime sonnée a Nostre-Dame et en la Juifrie après ladite heure.

11. Item, le mesureur qui mesurera blez, farines ou grains ou il y ait embouchure, c'est assavoir qu'ilz ne soient aussi bons et souffisans dessoubz comme en la monstre, et ladite malefacon ne dira a l'acheteur et ausdits prevosts, eschevins ou procureur de la marchandise, perdra son office et paiera soixante solz parisis d'amende.

12. Item, lesdits mesureurs auront pour leur salaire et pour livrer pelles, corbeilles et mesures, pour chascun sextier de grains qu'ilz mesureront es places et marchiez, deux deniers parisis a prendre sur le vendeur, et pour chascung muid qu'ilz mesureront sur l'eaue et en grenier, seize deniers parisis a prendre sur le vendeur, et du sextier au feur l'emplaige [1], selon ledit pris.

13. Item, et pour mesurer farines, pour ce que il y a plus grant peine a les mesurer que les grains, et que il convient que ilz soient deux, ilz auront le double dudit salaire ordonné pour mesurer les grains.

14. Item lesdits mesureurs ne mesureront blez, farines ne autres grains a aucune mesure qui ne soit estalonnée a l'estalon du parlouer aux Bourgois, estant en l'ostel de ladite ville, et signée au saing et a la lettre a quoy elles seront signées pour l'année, sur peine de soixante sols d'amende pour chascune fois.

15. Item, se lesdis mesureurs ont aucune mesure qui soit egetée hors ou ens, par quoy elle ne soit loyale et souffisant a mesurer, ilz porteront icelle mesure

---

[1] A proportion.

pour ajuster incontinent que ilz l'appercevront, en l'ostel de ladite ville, pardevers ledit prevost et eschevins, sur peine d'amende arbitraire; et se ladite mesure ne puet plus estre adjustée, elle sera cassée rompue et despecée et aura le mesureur le fer.

16. Item, lesdis mesureurs ne acheteront aucuns grains ou farines, pour envoier en l'ostel d'ung bourgois, se le bourgois n'y est present, ou aucune personne pour luy, ne ne porteront le tesmoing du grain des bourgois au marchié, sur paine de LX sols parisis d'amende.

17. Item, lesdis mesureurs ne laisseront aucunes mesures es greniers, ne ne presteront leurs mains l'un à l'autre, ou prejudice des autres mesureurs, au regard de leur run. Et aussi ne mesureront aucunes avoines mouillié, ne grain meslé, jusques ad ce que ilz l'aient faict savoir ausditz prevost et eschevins ou au procureur de la marchandise, sur paine d'amende arbitraire.

18. Item, et avecques ce seront tenuz iceulx mesureurs, chascun en droit soy, se ilz scevent aucun qui commette aucunes fraudes en ladite marchandise ou qui trespassent lesdites ordonnances, de incontinent le aler dire et denoncer ausdiz prevost des marchans et eschevins ou au procureur de la marchandise, sur la peine dessusdite [1].

———————

II

1556, novembre.

Lettres patentes de Henri II augmentant les droits et salaires des cinquante-quatre mesureurs de grains.

Arch. nat., Ordonn., 5ᵉ vol. de Henri II, X 1ᵉ 8620, fol. 394. — Coll. Lamoignon, t. VII, fol. 595.

Henry, par la grace de Dieu, Roy de France, a tous presens et advenir, salut. Comme nos amés les cinquante quatre mesureurs de grains jurés de notre Ville de Paris, le dix huitiesme d'aoust mil cinq cens cinquante six, nous eussent presenté requeste par laquelle nous auroient fait entendre que, par ordonnance de nos predecesseurs auroit esté ordonnés que lesdits mesureurs, pour fournir de jalles [2], cuyviers, mynots et otils qu'il convient audit estat de mesureurs, pour leur salaire auroient deux deniers parisis [3], a prendre sur le marchand vendeur, pour chacun septier de grains qui seroit mesuré es places et marchés, pour

———

[1] Dans l'édition de 1664 on a ajouté un titre entier composé de 16 articles relatifs aux porteurs de grains. De Lamare l'a porté dans son *Traité de la police*. Cette addition n'est point dans l'original. (Note de Lamoignon, t. III, fol. 35.)

[2] *Jalles*, planches pour verser les grains en les mesurant.

[3] Ce salaire de deux deniers est mentionné dans la pièce précédente, art. 12.

chacun muy qu'ils mesureroient ou sur l'eaue ou en greniers seize deniers parisis. De laquelle taxe lesdits supplians ne peuvent a present s'entretenir pour les grandes subgections et continuelle residence qu'il leur fault faire pour l'exercice de leurdit estat, et especiallement sur l'eaue, parce qu'ung marchant n'ayant que cinq ou six muys de grains tiendra un mesureur trois semaines et plus, lequel ne sauroit avoir pour son droit de mesurage que dix sols tournois pour tout ledit temps; encore que les ostils dont ils sont tenus fournir sont beaucoup encheris, comme le minot de bled qui n'estoit vendu depuis soixante ans que huict ou neuf sols, est aujourdhuy vendu trente cinq a quarante sols; les jalles ou cuyviers pour mesurer les grains, vendus anciennement quatre ou cinq sols, sont de present a dix ou douze sols tournois, et les poilles estant vendues six deniers piece sont aujourd'huy vendues quinze deniers piece; davantage les suites des temps ont faict de beaucoup plus encherir les vivres, les maisons ou louages d'icelles et entretenenement de leur menaige sont de beaucoup plus chers que n'estoient il y a vingt ans, et en outre sont les suplians chargés, outre le contenu ausdites ordonnances, louer deux maisons, l'une en Greve, et l'autre aux Halles pour tenir lesdits ostils; et aussy de faire toutes les sepmaines deux fois leurs rapports en deux lieux, au Chastelet et maison de Ville [1], tant des grains vendus aux Halles, Greve que sur l'eaue, du prix et de la quantité, sans aucun sallaire, nous supplians leur augmenter leur sallaire pour avoir moyen de s'entretenir. Laquelle requeste nous aurions renvoyé a nostre amé et féal conseiller, le prevost de nostre ville de Paris ou son lieutenant, pour sur le contenu en icelle, appellé notre procureur et advocat, nous donner son advis, laquelle requeste auroit esté vue le dix-huitieme de septembre dernier et sur icelle nous auroit renvoyé son advis. Nous, a ces causes, apres avoir fait veoir ledit advis, cy attaché sous le contre scel de notre chancellerie, de nostre certaine science, grace especiale, pleine puissance et autorité royale, avons voulu et ordonné, voulons et ordonnons que par chascun muy de grain qui sera mesuré, tant ès marchés de notre dite ville de Paris que sur la riviere, lesdits suppliants puissent prendre sur le vendeur trois sols tournois; et, pour chascun muy qu'ils mesureront ès greniers, esquels ils sont au couvert et hors l'injure du mauvais temps qui peut survenir, deux sols tournois; qu'est à raison et au feur de la taxe ancienne qu'estoit moindre des mesuraiges faits aux greniers que ceux qu'estoient faits ès marchés, à la charge toutesfois que chacune sepmaine rapport sera par eulx fait au Chastelet de notre Ville de Paris, de la quantité des grains vendus tant ez marchés, Greve que sur la riviere, et du prix d'iceulx fidelement, et de se trouver a tout le moings l'un de la Greve et l'autre des Halles pour chacun jour de police audit Chastelet, la police tenant, pour respondre sur les raports et vente de grains, comme de raison. Si

[1] Ces rapports sont déjà mentionnés en 1439 à l'ordonnance des boulangers, ci-dessus, titre I°°, pièce V, article 16.

mandons a noz amez..... Donné a Paris au mois de novembre, l'an de grace mil cinq cens cinquante six et de nostre regne le dixiesme.

III

1699, 3o juillet.

Statuts des mesureurs de grains en soixante-trois articles et sentence du bureau de la ville homologative [1].

Coll. Lamoignon, t. XX, fol. 546.

[1. Célébration d'une grand'messe et offrande d'un pain bénit à chaque fête de la sainte Vierge, patronne de la confrérie. — 2. Serment d'être de la religion catholique. — 3 et 4. Contrat d'achat et serment des statuts en présence d'un syndic.]

5. Lesdits officiers au nombre de soixante huit, partagez en deux bandes de trente quatre chacune, conformement à l'arrest du conseil en 1689, continueront alternativement leurs fonctions l'espace de deux semaines consecutives, l'un au port de la Greve et autres au dessus, l'autre à la Halle et au port de l'Ecolle et autres au dessous.

6. De chaque bande il y aura deux syndics pour maintenir l'ordre de ladite communauté et vaquer aux affaires d'icelle, l'espace de deux ans.

7. Tous les ans sera fait election d'un de chaque bande à l'assemblée qui sera convoquée en leur bureau de la Greve au premier dimanche d'après la feste des Rois, et qui se tiendra depuis neuf heures du matin jusqu'à midy; et tous lesdits. officiers seront tenus de venir donner leurs voix en personne, et non autrement, a peine de deux livres, s'ils n'ont excuse legitime.

8. Pour proceder à ladite election, il sera remis ès mains du dernier reçeu de chaque bande, un registre sur un des feuillets duquel seront ecrits en marge les noms des confreres d'icelle; et etant retiré en un lieu particulier dudit bureau, chacun ira luy nommer celuy qu'il jugera capable de cet employ, dont il ecrira le nom à coté de celui qui nommera.

9. L'heure de midy etant sonnée, personne ne pourra plus donner sa voix : mais il sera faite lecture des nomminations et celuy qui en aura le plus demeurera elu.

10. Lorsque les officiers d'une desdites deux bandes entreront de fonction au port de Greve, il en sera departy chaque jour par les syndics d'icelle, tel nombre

---

[1] Pour abréger, nous avons mis entre crochets tous les articles dont l'objet pouvait facilement être analysé.

qu'ils jugeront necessaire pour le service public audit port, et un autre les jours
de marché, tant à celuy de l'Ecolle que quelquefois à la Halle, pour y exercer aux
grains en cas de besoin, conjointement avec ceux de l'autre bande, dont ils appo-
seront le jour precedent, entre quatre et cinq heures du soir, une liste audit bureau de la Greve.

11. Quand ils entreront d'exercice aux Halles, il en sera departi une quantité
suffisante pour exercer aux farines blutées, tous les jours de la première semaine,
et une autre pour y exercer ceux de la seconde; il sera aussi nommé deux desdits
officiers seminiers pour faire fonction aux farines non blutées, qui mesureront
aussi, les jours qui ne seront pas de marché, les grains et farines qu'ils seront requis mesurer dans ladite Halle, et, même hors d'icelle, ceux destinés pour la provision des bourgeois.

12. Il sera aussi départi des officiers qui ne seront point de semaine auxdites
farines, un nombre chaque jour qui ne sera pas de marché pour exercer au port
de l'Ecolle.

[13 à 19. Fonctions des officiers mesureurs. Répartition par les syndics
dans la halle et les ports d'arrivage. Tenue des registres d'inscription de marchandises, au port de l'École, port de Grève, port Saint-Paul. — 20. Ils ne devront mesurer eux-mêmes, sauf en cas de besoin, et ne jamais recevoir aucuns
deniers. — 21. Ils devront être à leur bureau de 7 heures du matin à 7 heures
du soir en été et de 8 heures du matin à 6 heures du soir en hiver. — 22. Retenue de 4o, 3o et 1o sols pour absence. — 23. Surveillance de la qualité des
grains et farines. — 24. Du prix et des conditions de leur visite. — 25 à 28. Distribution et part de chaque confrère dans les opérations de mesurage. — 29 et
30. Ils se transportent chez les particuliers pour mesurer et vérifier. — 31. Ils
se remplaceront les uns les autres. — 32. Amende de trois livres pour injure à
un confrère. — 33. Les mesures ne doivent pas être transportées et restent
chez le marchand. — 34 à 36. Déclaration régulière du travail fait par jour. —
37. Annotation des prix de vente de chaque semaine.]

38. Pour exciter lesdits officiers à s'acquitter par tout et assiduement de leurs
charges, lorsqu'il se livrera de l'avoine en bateau, en tous les ports depuis le bout
de l'Arcenal jusqu'au pont des Thuileries, il appartiendra un sol de benefice de
la recette qui se fera de chaque muid, à celui qui le mesurera; deux sols de celui
qui se livrera, tant au dessus dudit Arcenal jusqu'à la Rapée ou audessous dudit
pont, jusqu'à la chaussée de l'hotel des Invalides, que de l'autre coté de la riviere
depuis l'hopital de la Salpestrière jusqu'à ladite chaussée, un sol de chaque muid
de bled et autres graines qui se livreront en tour des susdits endroits, excepté au
port de l'Ecole et sur la place de Greve, ou il n'appartiendra que six deniers
pour chacun muid. Et lorsque quelqu'un des dits officiers ira faire les fonctions de
sa charge chez les bourgeois en cette ville et fauxbourgs, il aura deux sols de la

recette de chaque muid d'avoine et de farine et un sol d'autre grains, et outre, ces trois sols pour le port du minot qu'il conviendra faire porter en tous les susdits lieux; et enfin celui aussi qui ira exercer au delà des susdits lieux de la Rapée et de la chaussée des Invalides, il sera payé de trente sols pour chacun jour, pour tout benefice, sans y comprendre le port du minot.

[39 à 44. Amendes de 3 à 6 livres pour fausses déclarations des quantités mesurées.]

45. Chacun des officiers pourra s'absenter huit jours de suite dans l'année sans encourir aucune peine, en avertissant toutefois la veille du depart; et si ses affaires ne lui permettoient pas de s'absenter, il pourra ceder son droit à celuy de ses confrères qu'il lui plaira, qui ne pourra s'en servir qu'en avertissant le jour precedent.

46. Lorsque quelqu'un de leurs parens au dessus du degré de cousin germain se marira ou decedera, pourront lesdits officiers assister au mariage ou au decedz pendant deux jours, excepté à celui d'un oncle et d'une tante, auquel ils ne pourront assister qu'un jour, ainsy qu'au baptême de leurs enfants, sans encourir aucune peine d'absence.

[47 et 48. Les mesures seront communes entre eux et à leur charge, elles seront marquées à feu et d'un numéro. — 49 à 54. Inscription et répartition des recettes et dépenses.]

55. Lorsque quelque officier tombera malade en cette ville, et non ailleurs, il sera omis du service en donnant avis de sa maladie au bureau, dans le jour qu'elle lui arrivera, dans lequel les syndics se transporteront chez luy, et il recevra les memes emoluments de sa charge que ceux de ses confrères en santé, pourveu que la maladie ne dure pas plus d'un an. Car après l'an accompli il ne lui sera plus payé que les deux tiers des emoluments, ou bien il fera exercer sa charge par ses confrères.

56. Si quelqu'un venant en convalescence sort de chez luy avant que d'en donner avis au bureau, il sera retranché par chacun jour de ce qu'il recevroit comme absent, ainsi qu'il est dit par l'article cy devant [22]; ou si quelqu'un s'absente sous pretexte d'etre malade, et ne le soit pas, il sera retranché du double par chacun jour qu'il auroit esté de service depuis qu'il se sera declaré malade.

57. Tous les retranchements qui se feront dans ladite communauté seront employez en recette à chacun qui les encourera dans le compte qui se fera après.

58. Avant que d'entreprendre quelque affaire, les syndics en communiqueront aux doyens et aux quatre plus anciens, et lorsqu'il en surviendra quelqu'une extraordinaire, elle sera communiquée à tous les officiers, en l'assemblée qui sera convoquée par les syndics, ou chacun sera tenu de se trouver pour donner son avis et signer sur le registre les deliberations qui seront prises, à peine de quarante sols s'il n'y a excuse legitime.

59. Les syndics veilleront à la conduite de leurs confrères preposez pour tenir les registres, en examinant s'ils gardent l'ordre à les tenir, et registreront particulierement avec eux tous les bateaux qui arriveront chaque jour chargez de grains en bannes, et les quantités de grains et farines qui arriveront aussi en sacs à chaque particulier.

60. Il sera dressé un inventaire nouveau de tous les titres et papiers concernant ladite communauté, en presence des doyens et de deux anciens de chaque bande, qui sera deposé avec toutes les pieces dans une armoire fermant à deux clefs differentes, dont chacune sera en la possession de chaque syndic comptable, et sur le meme inventaire seront registrés les noms des creanciers de ladite communauté, avec la datte que les contrats auront eté passez.

61. Chaque année les deux syndics comptables rendront compte de leur administration, le jour du premier compte qui se fera après l'election de deux nouveaux, auquel jour ils representeront aux deux doyens et aux anciens qui se trouveront, les brefs etats de compte qu'ils auront faits pendant leur année comptable, les quitances des payements qu'ils auront tirés des creanciers de leur communauté, et aussi des procureurs, et les pièces qu'ils auront obtenues de nouveau, pour estre le tout examinez de leurs susdits confrères, et chargé sur ledit inventaire, dont il sera donné une decharge à chaque syndic sortant par lesdits doyens et anciens, et dont ceux qui entreront comptables se chargeront.

62. En faveur des soins que les deux doyens se donneront de prendre connoissance de tout ce qui se gerera dans leur communauté, ils ne seront tenus d'exercer leurs charges à leur tour qu'au port de Greve et de l'Ecolle, et quand la bande de l'un ou de l'autre sera de Halle, ils n'exerceront qu'aux grains les jours de marché, ou feront les fonctions de seminiers quand ils echeront a l'estre, ou pour eux, ou comme aides.

63. Ladite communauté fera celebrer un service a l'ordinaire, pour le repos de l'ame de chaque confrère qui decedera en sa charge.

Nous soussignés, officiers, jurés, mesureurs, controlleurs et visiteurs de grains et farine de la ville et banlieue de Paris, assemblez en notre bureau de la Greve, cejourd'huy 21 septembre 1698, après avoir entendu la lecture desdits articles cy-dessus, consentons qu'ils soient executez, sous le bon plaisir de messieurs les prevost des marchands et eschevins de la ville de Paris.....

A tous ceux qui ces presentes lettres verront, Claude Bosc, Chevalier, seigneur d'Ivry sur Seine, conseiller du Roy en ses conseils et son procureur general en sa cour des Aydes, prevost des marchands, et les eschevins de la ville de Paris, salut, sçavoir faisons que vu la requete à nous presentée par les syndics de la communauté des jurez, mesureurs, controlleurs de grains et farines de la ville, fauxbourgs et banlieue de Paris, contenant que pour le bien des affaires de ladite communauté, le service du public, et se maintenir par les confrères d'icelle dans une parfaite union et concorde, il avoit eté sous notre bon plaisir, arreté par ladite communauté des articles en forme de statuts, contenant le devoir de ce que doit faire chacun d'iceux, tant en general qu'en particulier pour l'exercice de leurs fonctions. Et d'autant que lesdits statuts ne pourroient etre executez sans notre autorité, requeroient qu'il nous plut voir et examiner lesdits statuts, et ensuite ordonner qu'ils seroient registrez au greffe de la Ville pour etre executez selon leur forme et teneur, et sur les peines y exprimées; avant faire droit sur laquelle requeste, aurions, ce requerant le procureur du Roy et de la Ville, ordonné que les statuts dressez par les supplians seroient communiquez à ceux de leurs confrères qui n'en avoient pas eu communication, pour par eux les contester ou approuver dans huitaine, sinon et ledit temps passé etre, sur les conclusions dudit procureur du Roy et de la ville, ordonné ce qu'il appartiendroit. Et veu aussi les memoires et apostils mis auxdits statuts par le nommé Louvet, doyen desdits mesureurs de grains et autres officiers a qui lesdits statuts ont eté communiquez et les repliques auxdits apostils; conclusions dudit procureur du Roy et de la Ville, auquel le tout a eté communiqué. Avons, de son consentement, les statuts arrestez entre les suppliants le 21 septembre 1698, au nombre de soixante trois articles, approuvez et homologuez, et les approuvons et homologuons pour estre executez a l'avenir selon leur forme et teneur. Ce fut fait et donné au Bureau de la Ville, le trentième jour de juillet 1699.

TITRE IV.

PORTEURS DE GRAINS.

D'argent, à un saint Christophe, de gueules, l'enfant Jésus qui est sur son dos, de même,
tenant en sa main plusieurs épis de blé d'or [1].

Les porteurs de grains dépendaient de la prévôté des marchands, comme leurs voisins les
mesureurs de grains avec lesquels ils agissaient de concert, et ne formaient en réalité qu'une
catégorie parmi les nombreux porteurs de diverses marchandises. Leur situation, réglée par la
Ville, se passait plus facilement de statuts; aussi dans leurs textes la confrérie religieuse semble
absorber l'organisation civile et administrative de la communauté. Ils déclarent, dans les lettres
de confirmation, faire remonter à saint Louis l'origine des privilèges de leur confrérie et c'est
sans doute à eux qu'Étienne Boileau donna des statuts, sous le nom de Blatiers [2], avec la fonction de porter les grains et de les mesurer à la petite mesure appelée minot. L'ordonnance du
roi Jean les mentionne, mais seulement pour le salaire qu'ils peuvent exiger [3].

La confrérie fut solennellement reconnue par lettres de Charles VI du 20 juillet 1410, et
établie dans une des chapelles de Saint-Eustache, l'église préférée des Halles, sous l'invocation de
la sainte Vierge et de saint Louis, avec une fondation de trois messes chantées par semaine. Les
porteurs de grains avaient le droit de s'assembler une fois l'an, pour régler les affaires de la
confrérie. Un demi-siècle après, en juin 1467, ils obtinrent de Louis XI un texte de statuts où
ils prescrivent tout spécialement la bonne vie et renommée des confrères, l'exactitude dans le
payement des droits, l'honnêteté et la confiance dans leurs fonctions. Ces lettres furent successivement confirmées; nous donnons celles de Louis XIII, de septembre 1611, qui offrent plusieurs particularités intéressantes et indiquent le nombre des porteurs de grains comme fixé à
cinquante-cinq pour la ville de Paris. Vers la fin du xvıı⁰ siècle, la communauté fut désorga-
nisée par des créations d'offices, non plus pour inspecter les membres, mais pour remplir les
mêmes fonctions parallèlement avec eux; c'est peut-être à ce moment qu'ils s'appelèrent jurés

[1] D'Hozier, *Armorial*, texte, t. XXV, fol. 318.
— Blasons, t. XXIII, fol. 152.

[2] *Livre des Métiers*, titre III, p. 18.

[3] Voyez ci-dessus, *Métiers en général*, p. 38.

porteurs de grains [1]. Malgré cela, elle dut encore, par déclaration du 9 février 1706, s'imposer à la somme de 90,000 livres pour la réunion des autres offices, afin de conserver ses privilèges. Les porteurs de grains marchent presque toujours de pair avec les mesureurs de grains, témoin l'acte de réunion d'offices de 1706 [2] qui se trouve par exception appliqué à leurs deux communautés.

Bibliothèque nationale, médailles.

I

1410, 20 juillet.

Lettres patentes de Charles VI accordant aux porteurs de grains l'autorisation de fonder une confrérie, de se réunir en assemblée et de faire des règlements [3].

Arch. nat., Livre jaune petit. Y 5, fol. 33 v°. — Coll. Lamoignon, t. III, fol. 524.

Charles, par la grace de Dieu, Roy de France. Savoir faisons a tous presens et avenir, nous avoir receue humble supplicacion de Hubers Vendezil, Jehan Labose, Jehan Bomoir, Andry Taraillon, porteurs de blé, et de plusieurs autres personnes, bourgois et marchans de nostre ville de Paris, consors en ceste partie, contenant comme pour l'onneur et reverence de la glorieuse vierge Marie et de monseigneur saint Loys, et pour la grant affection et devocion qu'ilz ont a l'eglise Saint Eustace, a Paris, et pour augmenter le divin service en icelle, ilz aient fait et ordonné entr'eulx une confrarie de ladite glorieuse vierge Marie et dudit monseigneur saint Loys, a Paris, et en l'onneur d'iceulx ordonné a faire chanter en ladite eglise, par chascune sepmaine, durant ladite confrarie, trois messes, et une foiz l'an assembler en certain hostel, ou bon leur semblera, le dymenche apres la feste dudit monseigneur saint Loys, pour appoincter et ordonner ce qu'ilz pourront pour le salut de leurs ames. Lesquelles choses lesdits supplians

---

[1] *Édits, arrêts et règlements sur les officiers jurez porteurs de grains.* Paris, Knapen, 1713, in-12 relié, 192 pages. (Bibl. de l'Arsenal, jurispr. n° 4588.) Plusieurs arrêts et dispositions, pas de statuts. *Traité de la police,* t. II, p. 704.

[2] Ainsi que l'édit de 1673 sur la prévôté des marchands.

[3] Cette pièce, extraite d'un vidimus de Louis XI de juin 1467, est transcrite à part dans Lamoignon. Le texte est emprunté au *Livre jaune petit.*

feront et continueront voulentiers chascun an, a perpetuité, pour et ou nom de confrarie, mais qu'il nous plaise a leur donner congié et licence sur ce. Nous qui voulons, en nostre temps, le divin service multiplier et acroistre de tout nostre povoir, et afin que, nous, nostre tres chère et tres amée compaigne la Royne et noz enfans, soyons compris et participans es messes et oroisons qui y seront faictes, inclinans pour ce humblement a leur dicte supplicacion d'iceulx supplians, avons donné et octroyé, donnons et octroyons, par ces presentes, de grace especial, congié et licence qu'ilz puissent faire et ordonner ladite confrarie, establir, garder et continuer les choses dessusdites, ou nom de confrarie, au jour et en la maniere dessusdite, et de faire telles ordonnances et statuts, comme bon leur semblera, pour le fait de ladicte confrarie, et de recevoir et compaigner en icelle confrarie toutes bonnes personnes qui, en l'onneur de ladite vierge Marie et dudit monseigneur saint Loys, y vouldront entrer, pourveu touteffoiz que en faisant ladite assemblée soit appellé ung de nos officiers, et que, en ladite confrarie, ne soit fait aucun monopole, ou prejudice, ou dommaige de nous, de nostre royaume et de noz successeurs, Roys de France. Si donnons en mandement, par ces presentes, au prevost de Paris et a touz nos autres justiciers et officiers, presens et avenir ou a leurs lieuxtenans, et a chascun d'eulx, si comme a luy appartiendra, que lesdits supplians, ou cas dessusdit, de nostre presente grace et octroy facent, souffrent et laissent joyr et user plainement et paisiblement sans leur mectre ou souffrir estre mis aucun empeschement ou destourbier, au contraire. Et pour ce que ce soit ferme chose et estable a tousjours, nous avons fait mectre nostre seel a ces presentes, sauf en autres choses nostre droit et l'autruy en toutes. Donné à Paris le xxᵉ jour de juillet, l'an de grace mil quatre cens et dix et de nostre regne le vingtiesme.

II

1467, juin. — Chartres.

Lettres patentes de Louis XI confirmant la confrérie des porteurs de grains,
avec quatre articles de statuts.

Arch. nat., Livre jaune petit, Y 5, fol. 33 vᵒ. — Coll. Lamoignon, t. IV, fol. 540.

Loys, par la grace de Dieu, Roy de France, savoir faisons a touz presens et avenir, nous, a l'umble supplicacion et requeste des porteurs des Halles, en nostre ville de Paris, ensemble des maistres gouverneurs et communaulté de la confrarie Nostre Dame et Saint Loys, fondée en l'eglise Saint Eustace a Paris, consors en ceste partie, avoir veues les lettres de feu de bonne memoire le Roy

Charles, nostre ayeul, desquelles l'en dit la teneur estre telle : Charles, par la grâce de Dieu [1]......

...... Et en oultre pour ce que lesdits porteurs des Halles nous ont fait remonstrer que le temps passé ladite confrarie a esté bien entretenue et gouvernée a la louenge de Dieu, de sa benoiste mère et de saint Loys, et chascun des confrères a bien et voulentiers paié les droiz et devoirs d'icelle confrarie, mais a present la pluspart d'iceulx ne les veulent paier ainsi qu'ils doivent, et qui pis est, les aucuns sont de mauvais gouvernement, jureurs, regnieurs et blasphemeurs du nom de Dieu, qui est chose prohibée et defendue et par especial de toutes confraries, et le temps passé n'y eust l'en souffert telz gens; avec ce plusieurs gens vagabons, estrangiers et incogneuz, de leur auctorité par force et violence se mettent avec lesdits porteurs et les perturbent et empeschent en leurs droiz coustumes et communes observances, dont plusieurs inconveniens pevent sourdre et avenir, parceque les porteurs vont en plusieurs maisons et hostelz porter et rapporter marchandises, utenciles d'hostel et aultres biens, entrent es chambres des bourgois, marchans et autres gens et pourroient, soubz umbre dudit portage, faire plusieurs maulx et dommages. Pour ces causes et pour obvier a ce que dit est, ausdits porteurs des Halles avons octroyé et octroyons de nostre plus ample grace :

1. Que doresenavant aucun ne sera reçeu en ladite confrairie, s'il n'est homme de honneste vie et bonne conversation, et au regard de ceulx qu'on trouvera estre de mauvais gouvernement et de vie dissolue, ils en seront mis hors et privez, information precedente et eulx oys sommerement, et de plain et sans figure de procès.

2. Item, chascun confrere sera tenus paier les droiz de la confrarie acoustumez, sur peine d'estre privé du portage jusques a ce qu'il aura paié, et de dix solz parisis d'amende a appliquer moitié a nous, et l'autre moitié a la confrarie et banière.

3. Item, lesdits porteurs pourront besongner chascun a son run [2] sans entreprendre l'un sur l'autre, sur ladite peine a appliquer comme dessus.

4. Item, nul ne fera noyse l'un a l'autre sur le run, ne autrement, en quelque maniere que ce soit, n'entreprendra sur le fait et estat desdits porteurs, sur ladite peine.

Lesquels articles cy dessus escriptz nous voulons estre doresnavant tenuz, gardez et entretenuz entre lesdits porteurs, par ordonnance et statut perpetuel, et que a ce faire et souffrir soient contrains tous ceulx qu'il appartiendra et a qui ce pourra toucher. Si donnons en mandement par ces presentes au prevost de

---

[1] Suit la charte du 20 juillet 1410 qui précède.

[2] Terme de marine. Run ou fond de cale où sont emmagasinées les marchandises. *Tenir son run*, c'est garder son rang. (Trévoux.)

Paris . . . . . Donné a Chartres ou mois de juing, l'an de grace mil cccc soixante sept et de nostre regne le vie.

III

1504, décembre.

Lettres patentes de Louis XII confirmant les privilèges donnés le 20 juillet 1410 et en juin 1467, et unissant en une seule communauté les porteurs des halles et ceux du quai de l'École Saint-Germain-l'Auxerrois.

Arch. nat., Livre gris, Y 6³, fol. 78. — Coll. Lamoignon, t. V, fol. 470.

IV

1520, juillet.

Lettres patentes de François Ier confirmant purement et simplement les lettres accordées aux porteurs de grains.

Arch. nat., Livre rouge neuf, Y 6⁵, fol. 50 v°. — Arch. nat., Grand livre jaune, Y 6⁵, fol. 13 v°.
Coll. Lamoignon, t. V, fol. 792.

V

1548, février.

Lettres de Henri II portant la même confirmation.

Arch. nat., Grand livre jaune, Y 6⁵, fol. 149 v°. — Coll. Lamoignon, t. VII, fol. 152.

VI

1560, juillet.

Lettres de François II portant la même confirmation.

Arch. nat., Bannières, 6ᵉ vol., Y 11, fol. 196. — Coll. Lamoignon, t. VII, fol. 888.

VII

1575, 23 juin.

Lettres de Henri III portant la même confirmation.

Arch. nat., Livre noir neuf, Y 6°, fol. 140.

VIII

1594, avril.

Lettres de Henri IV portant la même confirmation pour les cinquante porteurs de grains.

Ordonn., 1ᵉʳ vol. de Henri IV, fol. 59. — Coll. Lamoignon, t. IX, fol. 750.

IX

1611, septembre.

Lettres patentes de Louis XIII confirmant aux porteurs de grains leurs règlements,
et fixant leur nombre à cinquante-cinq pour la ville de Paris [1].

Arch. nat., Ordonn., 1ᵉʳ vol. de Louis XIII, X 1ᵃ 8647, fol. 241. — Coll. Lamoignon, t. X, fol. 666.
Traité de la Police, t. II, p. 784.

Louis, par la grace de Dieu, Roy de France et de Navarre, a tous presens et avenir, salut. Nos chers et bien amez les cinquante cinq porteurs de grains et farines, ès halles et ecolle saint Germain, marchez et places de nostre ville de Paris, nous ont fait remontrer que nos predecesseurs Roys (de bonne et louable memoire, que Dieu absolve) leur ont concedé et octroyé, privativement a tous autres, plusieurs beaux privileges, franchises, libertez, et iceux confirmé et approuvé, de temps en temps, avec la creation d'iceux offices, faits pour le soulagement du peuple, par (d'heureuse memoire) le roy saint Louis [2], au pouvoir de porter, decharger, remuer et emplir le minot tant de blé, farine, qu'autres grains, et iceluy lever et remettre dans le sac des acheteurs affluans es dittes Halles, escolle saint Germain de l'Auxerois et autres places et marchez, en nostre dite ville de Paris; et semblablement pour fournir par eux les jalles et planches

---

[1] Bien que cette lettre ne contienne pas de statuts, elle fournit des renseignements et des dates sur les statuts précédents qui nous manquent.

[2] Étienne Boileau n'a pas donné de statuts aux porteurs, mais aux blatiers (titre III) qui devaient se confondre avec eux.

necessaires pour y verser et deposer iceux grains et farines; lesquels privileges
leur ont esté ainsi concedez à la charge de faire dire et celebrer par chacune semaine en l'eglise de saint Eustache trois messes, en l'honneur de Dieu et de la
sacrée vierge Marie et memoire de saint Louis, et pour la prosperité et santé du
Roy de France, en quoy ils auroient toujours esté policez par nostre procureur au
Chastelet, comme a luy appartenant, d'ancien usage, suivant les anciens reglemens sur la fonction de leurs charges, et pour les droits qui leurs sont attribuez
pour leurs salaires, et qu'ils ont accoustumé prendre et percevoir, tant pour
chacun sestier de blé et autres grains que pour chacun sestier de farine, tels et
semblables qu'ils en jouissent, et comme il est porté par leursdits reglements et
sentences de nostre prevost de Paris, en date du 18 janvier 1597, 13 mai 1599,
30 aout et 27 septembre ensuivant, 12 novembre 1602, 4 septembre et 8 octobre 1603, par lesquelles sentences, entr'autres choses, très expresses inhibitions et deffenses sont faites à tous marchands et boulangers, soit bourgeois ou
forains, d'employer autres que lesdits porteurs, pour travailler en leurs grains,
dans leurs bateaux ou greniers, en choses quelconques dependantes de leurs
charges, et a toutes personnes de quelque qualité ou condition qu'ils soient ou
puissent estre, de s'immiscer ou entremettre aucunement et de les y troubler et
empescher en quelque sorte que ce soit, sur les peines portées par icelles sentences. Apres avoir fait voir en notre conseil lesdites sentences et lettres a eux
concedées par notre très cher et honoré pere Henri le Grand, que Dieu absolve,
données au mois d'avril 1605 [1] cy attachées sous le contre scel de nostre chancellerie, desirant inviolablement entretenir les pieuses intentions faites par nostre
ayeul et predecesseur le roy saint Louis, et de nostredit seigneur et pere, pour
l'honneur et reverence que nous devons à la glorieuse memoire et louable intention d'iceux, et ne desirant rien innover a leur intention ne de nos predecesseurs
Rois, qui de temps en temps ont confirmé lesdits privileges; conformement a
iceux, voulons, declarons et nous plaist que lesdits porteurs de grains, par nostre
dit ayeul instituez et establis esdites places des Halles, Ecole Saint Germain et
autres places et ports de la Ville, fauxbourgs et banlieue de Paris, eux et leurs
successeurs, jouissent a toujours perpetuellement, pleinement et paisiblement
desdits privileges a eux concedés..... Donné à Paris, au mois de septembre,
l'an de grace mil six cens onze et de nostre regne le deuxiesme [2].

---

[1] Ces lettres ni les règlements cités plus haut
ne sont parvenus jusqu'à nous. (Note de Lamoignon.)

[2] Ici aurait pu figurer le titre VII de l'ordonnance de février 1673, sur la prévôté des mar-

chands, qui traite des mesureurs et porteurs de
grains. Ce texte n'ajoutant rien de nouveau et n'é-
tant pas authentique, nous n'avons pas cru devoir
le donner; il n'a pas d'ailleurs le caractère de
statuts.

IMPRIMERIE NATIONALE

X

1706, 9 février.

*Déclaration de Louis XIV portant union aux offices de mesureurs et porteurs de grains
des quatre offices de syndics.*

Arch. nat., 46ᵉ vol. de Louis XIV, X 1ᵉ 8701, fol. 396. — Coll. Lamoignon, t. XXIII, fol. 56.

Louis, par la grace de Dieu, Roy de France et de Navarre. Nous avons creé
(en novembre 1704) quatre offices de syndics dans les communautés d'officiers
de police dependantes de l'hotel de notre bonne ville de Paris et autres etablies
sur les ports, quais, halles et marchés de ladite ville..... Neantmoins ayant creé
par notre edit du mois de decembre dernier trente deux offices de mesureurs et
vingt deux offices de porteurs de grains, par augmentation dans ladite ville et
fauxbourgs, les fonctions desdits offices de syndics ont esté attribuées par inadvertance auxdits nouveaux officiers quoiqu'elles doivent appartenir aux syndics creés
par notre edit de novembre 1704, et par le meme edit, les deux communautez
ont en outre esté dechargées de l'etablissement desdits syndics, ce qui estant entierement contraire a notre intention et nous priveroit de la finance qui nous doit
revenir de la vente ou reunion desdits offices auxdites communautés, nous avons
resolu d'y pourvoir. A ces causes... et en consequence voulons que lesdits quatre
offices de syndics creés par notre edit de novembre 1704 dans chacune desdites
communautez soient et demeurent reunis et les reunissons par ces presentes auxdites deux communautez, pour faire a l'avenir, par ceux qui seront esleuz et choisis
par elles, en la manière accoustumée, toutes lesdites fonctions de syndic en chacune
desdites communautez; voulons que chacune desdites deux communautez jouisse
de dix sols par augmentation sur chacun muid d'avoine, de cinq sols aussi par
augmentation sur chacun muid de vesse, orge, grains, graines et grenailles, qui
entrent en ladite ville et fauxbourgs, tant par eau que par terre, sans aucune
exception, et par tels commis qu'ils aviseront bon estre..... confirmons lesdits
mesureurs et porteurs de grains dans la jouissance de tous leurs droits, tant anciens que nouveaux; seront au surplus nos edits et declarations des mois de novembre 1704, 20 octobre 1705 et notre edit du mois de decembre dernier executés selon leur forme et teneur, en ce qu'ils ne seront point contraires aux
presentes; enjoignons au lieutenant general de police de tenir la main à l'execution des presentes, le tout en payant, par chacune desdites deux communautez, la
somme de quatre vingt deux mille cinq cens livres et sept mille cinq cens livres,
a quoy nous avons reduit les deux sols pour livre de ladite somme, et ce es mains
de Simon Miger, par nous chargé de la vente desdits offices de syndics... Donné
a Versailles le 9ᵉ jour de fevrier, l'an de grace 1706, et de notre regne le soixante
troisieme.

TITRE V.

BOUCHERS.

D'azur, à un agneau pascal d'argent, la banderolle de même
chargée d'une croisette de gueules [1].

Les statuts ne mentionnent que par hasard les vicissitudes subies par la puissante communauté des bouchers; cependant la vie de ce métier fut si mouvementée qu'elle se manifeste même dans la sèche rédaction de ses règlements.

Les bouchers établis dans une sorte de halle appelée Grande Boucherie [2] furent pendant long-temps les seuls organisés en communauté. Outre les bouchers des bourgs indépendants et privilégiés [3], il y en avait plusieurs dans la ville, installés librement, mais sans privilèges, et qui devaient se soumettre à la visite des jurés.

Le terrain de la grande boucherie appartenait au Roi; Louis le Gros le concéda à plusieurs personnages et entre autres à l'abbaye de Montmartre par la charte de fondation de cette abbaye, en 1134 [4]. Un fermier louait les étaux pour un an seulement et à ses risques et périls. Les premiers privilèges des bouchers sont relatés dans une charte de Louis VII, datée de 1162 [5], puis exposés en 1182 en quatre articles qui consacraient l'existence de la communauté plutôt que ses règlements encore conservés sous la forme purement orale. C'est du reste le plus ancien texte connu de statuts de communautés ouvrières. Les autres doivent tous leur origine à Étienne Boileau et, par une exception peut-être unique pour un métier définitivement établi, les règlements des bouchers n'ont pas été compris dans le *Livre des Métiers*. Leurs privilèges furent confirmés purement et simplement par les rois Philippe Auguste en 1182, le même en 1212, Philippe le Hardi en juillet 1282, Philippe le Bel en septembre 1297,

---

[1] D'Hozier. *Armorial,* texte, t. XXIII, fol. 568. — Blasons, t. XXIV, fol. 1496.

[2] Située d'abord entre le parvis de Notre-Dame et l'église Saint-Pierre-aux-Bœufs, la grande boucherie, dite aussi *vieille boucherie*, était déjà, sous Louis le Gros, transportée près de l'église Saint-Jacques.

[3] On verra, dans les textes, des statuts des

bouchers de Sainte-Geneviève que nous n'avons pas hésité à donner à cause de leur ancienneté.

[4] Mabillon, *Ann. Benedict.,* t. VI, p. 248. Félibien, preuves, t. I, p. 61.

[5] Trésor des Chartes, Reg. 86, n° 382. Textes de 1162 et 1182, *Ordonn.,* t. III, p. 258; texte de 1182 avec les 4 articles et l'origine de la boucherie. Voir notre *Livre des Métiers,* introd., p. v et vi.

Charles IV le Bel en mars 1324 et le roi Jean, pendant la régence de Charles V, en septembre 1358 [1]. Ces divers actes ont été vidimés, avec mention spéciale à chacun, par les lettres de Charles VI, datées de juin 1381 et dans lesquelles les bouchers firent introduire un nouveau texte de statuts en 42 articles.

Ces statuts, d'un style assez incorrect et en dialecte du nord-est, contiennent de nombreux détails sur l'organisation de la communauté, des renseignements curieux et des pratiques bizarres. Il y avait pour chef un maître, élu à vie, au second degré, par deux maîtres délégués et un maire ou juge, quatre jurés et trois sergents écorcheurs; la communauté possédait une juridiction spéciale, un domicile, une arche, un sceau, des registres. Outre les amendes pour infractions aux règlements, le maître, pour un délit commun, pouvait fermer l'étal et frapper le boucher d'une amende de 17 sols (art. 1 à 10).

L'élection des jurés et l'assise des étaux se faisaient chaque année le vendredi après la Saint-Jacques et la Saint-Christophe (25 juillet). Les étaux une fois adjugés, les jurés étaient responsables du prix du loyer [2] et se chargeaient de le recouvrer sur chaque maître.

La communauté des bouchers, fière de sa supériorité et de son importance, ne négligeait aucun moyen de se conserver le monopole de son commerce. Elle affichait la prétention de n'accepter à la maîtrise que les fils de maîtres. Nul ne peut être boucher de la grande boucherie s'il n'est fils de boucher, dit l'article 23 de 1381. Les statuts suivants, sans insérer ce même texte, maintinrent le principe de cette obligation et en réalité l'admission eut toujours lieu dans les mêmes conditions restrictives. Les présents à faire à l'occasion de la maîtrise, appelés « droitures de past » étaient considérables. L'aspirant payait au Roi une maille d'or; puis il devait un septier de vin et quatre gâteaux au prévôt de Paris, au maître des bouchers et à sa femme la maîtresse, au prévôt du Four l'Évêque, au voyer, au cellérier et au concierge de la cour du Roi. Dans le courant de sa première année il fournissait encore au prévôt de Paris 61 livres de viande et à chacun des autres personnages 30 livres et demie de même viande de porc, de bœuf ou de mouton. Le jongleur de la salle des bouchers, chargé de porter ces cadeaux, recevait deux deniers pour sa peine.

De plus on devait, pour les assemblées de jurés, des distributions de vin, de gâteaux et de cire. Un cierge allumé était placé devant le maître et brûlait pendant tout le temps des délibérations. Ces cadeaux et ces usages sont décrits dans les articles 23 à 40. La pratique des choses en exigeait vraisemblablement beaucoup d'autres qu'il était difficile de formuler dans des statuts approuvés par l'autorité publique.

Supprimée à la suite des désordres des Maillotins, la communauté des bouchers obtint peu de temps après, en 1388, le rétablissement intégral de ses privilèges.

Au siècle suivant, en 1416, il survint un événement de la plus grave importance. La grande boucherie ou marché à la viande, installée derrière le Châtelet, était dans un état déplorable et offrait même un danger réel pour la salubrité publique. Le Roi en ordonna la démolition et en même temps la création de quatre boucheries royales, à la halle de Beauvais, près l'église Saint-Leufroy, au Petit Pont et à Saint-Gervais, comprenant en tout quarante étaux, au lieu de trente et un seulement qui étaient dans l'ancienne boucherie. Ces étaux devaient appartenir au Roi et être loués au profit du domaine, sans que personne pût en établir d'autres, en dehors

---

[1] Le titre X de la grande ordonnance du roi Jean (ci-dessus, p. 20) donne quelques articles sur la police de la boucherie, mais à titre général et sans les rattacher aux règlements précédents.

[2] Un boucher ne pouvait pas sous-louer son étal, mais l'exploiter directement par lui-même ou par domestiques. Plusieurs arrêts furent rendus dans ce sens (*Traité de la police*, t. II, p. 1217). Il ne devait en avoir qu'un seul à son compte

des anciennes boucheries. Quant à la tuerie et à l'écorcherie, elles devaient se faire hors de la ville, aux Tuileries, derrière le Louvre. Puis, comme conséquence, le Roi cassait la communauté ainsi que ses privilèges, officiers, juridiction, arche, scel, droit de past et de réception, présents divers au prévôt et autres officiers, tous usages qui n'aboutissaient qu'à l'exclusion du métier et au renchérissement des denrées. Il autorisait une communauté avec des jurés, justiciables du prévôt de Paris, et des maîtres obtenant librement la maîtrise en payant au Roi la location de leur étal (art. 8 à 11). Les rentes dues par la grande boucherie, s'élevant à environ 142 livres par an, étaient mises à la charge du domaine.

Il faut lire ces lettres d'août 1416 qui, à une époque déjà reculée, exposent avec une grande impartialité les inconvénients du régime corporatif. Comme tous les changements inspirés, il est vrai, par une idée juste, mais qui surviennent violemment à l'occasion d'événements politiques, celui-ci ne reçut pas une exécution complète. Les propriétaires de la grande boucherie [1], victimes en cette occasion de la vengeance des Armagnacs, profitèrent du retour des Bourguignons pour obtenir le rétablissement de l'ancien ordre de choses. La grande boucherie fut rebâtie et la communauté fut réintégrée dans tous ses privilèges par lettres d'août 1418. On y gagna un meilleur aménagement du vieux marché, puis on conserva les trois boucheries de Beauvais, du Petit Pont et de Saint-Gervais, celle-ci transportée près le cimetière Saint-Jean, pour rendre plus facile l'approvisionnement de la population.

Ces actes qui touchent à l'histoire générale sont intéressants à étudier. Il n'en est plus question dans les années qui suivent, et Charles VIII, dans sa confirmation pure et simple de 1483, se reporte aux privilèges accordés aux bouchers en 1358.

A la suite de difficultés pour l'élection du maître des bouchers, Henri II, par lettres de novembre 1551, supprima cette fonction et la créa en titre d'office «formé et héréditaire»; ce fut une première et fort grave transformation. L'influence du progrès administratif du xvie siècle se faisait sentir et de nouveaux statuts devenaient nécessaires.

En 1586 paraît un texte en 12 articles pour la boucherie de Beauvais qui déclare être restée jusque-là sans communauté et sans statuts; l'année suivante, en 1587, la grande bou-

[1] Les propriétaires étaient, dès cette époque, les quatre familles de Thibert, de Saintyon, d'Auvergne et de Ladehors, dont les armoiries sont représentées sur le revers du jeton des bouchers.

Ces familles conservèrent leur propriété jusqu'au xviie siècle, où les d'Auvergne s'éteignirent ou tombèrent en quenouille par défaut de descendant mâle. En 1686 fut rendu un arrêt très curieux, à la suite d'un long procès soutenu par les trois familles subsistantes. Comme premier moyen, elles se fondent sur ce que les mâles d'entre eux, à l'exclusion de toute descendance féminine, sont seuls appelés à la jouissance des étaux, sans pouvoir en vendre, transmettre ni engager la propriété; comme documents, elles invoquent une transaction passée en 1210 entre les religieuses de Montmartre et lesdits propriétaires qui tenaient la grande boucherie à titre de cens desdites religieuses et de Guerry de La Porte, les lettres de 1418 que nous rapportons, où ils sont rétablis dans leur propriété, et une foule d'actes et contrats prouvant une jouis-

sance continue et incontestée, laquelle considérée comme fonds de censive ou tenu en fief ne pouvait être du domaine du Roi, la seigneurie appartenant en réalité aux Dames de Montmartre.

Le procès était soutenu par un certain Pichaut, qui avait obtenu des lettres de brevet du 25 avril 1665 en faveur de mesdames de Thianges et de Montespan, comme héritières en ligne féminine de la famille d'Auvergne, propriétaire d'un quart.

L'arrêt fut rendu en conseil du Roi le 31 décembre 1686. Il «déboute ledit sieur de Moroüas, lesdites dames de Thianges et de Montespan et Laval Pichaut, ladite Marie Meusnier, de toutes leurs demandes, fins et conclusions; aux dépens chacun en ce qui le concerne; et en conséquence, a maintenu et maintient lesdites familles de Thybert, de Santyon, de Ladehors, en la propriété, possession et jouissance desdits lieux et boucheries, comme auparavant lesdites lettres et arrêts d'enregistrement et brevet de don» (Bibl. Carnavalet, n° 10149*, in-folio, t. III).

cherie invoque dans sa requête la possession de ses anciens règlements, tout en les modifiant profondément dans ses nouveaux articles; il n'y a plus trace de la juridiction du maître, des réceptions, ni des présents. Les confirmations qui suivent ne visent que ces statuts sans y apporter aucune modification. Des boucheries, ou plutôt de simples étaux, s'élevaient successivement de côté et d'autre pour la commodité du public, mais c'était du consentement des jurés et à la condition de se soumettre aux règlements de la grande boucherie royale.

En 1650, nous voyons un acte assez rare dans nos textes : c'est une délibération passée devant notaires par les bouchers de tous les quartiers de Paris, réunis dans leur maison commune, sise rue de la Tannerie, près la place de Grève. Les bouchers présents, les cinq jurés en tête, sont tous cités par leurs nom et adresse; ils reconnaissent accepter comme règlements ceux donnés à la grande boucherie par Henri III en 1587, et déclarent que tout aspirant devra être présenté à la maison commune et subir une enquête de trois mois pour être reçu définitivement.

Nous arrivons à l'époque des créations d'offices et des emprunts qui en furent l'objet. La communauté des bouchers obtint l'union des offices de jurés le 28 juillet 1691, moyennant un capital de 30,000 livres [1]; des offices d'auditeurs des comptes le 21 octobre 1696, moyennant 20,000 livres [2]; des trésoriers payeurs des deniers communs en janvier 1704, et des visiteurs des poids et mesures en juin 1706 [3]. Il y eut des transactions et des modérations dans ces payements qui furent irrégulièrement faits. Néanmoins la communauté dut établir des droits de diverse nature pour assurer le service de ses emprunts. En 1745, par acte du 16 juin, elle dut encore se procurer la somme de 60,000 livres pour l'union des offices d'inspecteurs des jurés [4].

En 1766, le brevet est porté à 202 livres et la maîtrise à 1,500 livres. Ces chiffres ne sont pas donnés dans les règlements. D'autres statuts ont paru en juin 1782 et contiennent 50 articles, consacrés principalement à la police de l'approvisionnement des viandes; les obligations des membres de la communauté disparaissent et ne se rapportent plus aux anciens usages.

La confrérie des bouchers était établie à l'église de la Merci et avait pour fête le jour du Saint-Sacrement.

Collections de la ville de Paris [5].

[1] Coll. Lamoignon, t. XVIII, fol. 353.

[2] Ibid., t. XIX, fol. 868.

[3] Ibid., t. XXIII, fol. 584.

[4] Ibid., t. XXXVI, fol. 513. — La plupart de ces actes ainsi que d'autres arrêts sont publiés dans le Traité de la police, t. II, p. 1202, et dans un volume spécial imprimé par la communauté des bouchers, Paris, François Muguet, 1705, in-4° (Bibl. de l'Arsenal, jurispr. 4655 et 4656).

[5] Les fautes grossières des légendes existent

I

1295, avril.

Lettre du frère Guillaume, chambrier, contenant les statuts des bouchers de Sainte-Geneviève.

Bibl. Sainte-Geneviève, ms. H. F. 23, fol. 11 v°.

1. Establi est pour le conmun profit de la boucherie du mont Sainte Genevieve de Paris et du consentement de touz les bouchiers de la dite boucherie que nus des bouchiers ne puet, ne ne doit acheter, ne vendre char, quele que elle soit, se elle n'a esté tuée en lieu ordené a tuer pour [1] la dite boucherie ou en la boucherie de grant pont.

2. Item, que nul bouchier ne puet tuer, ne vendre a son estal, en quelque tans que ce soit, que v veaus la semaine, sanz fraude.

3. Item, que nul bouchier ne puet ne ne doit par lui, ne par autre, tuer nulle char, quele que elle soit, au jour dont l'en ne mengera point de char a lendemain, puis que il sera aiourné.

4. Item, que celui qui sera trouvé ou convaincu fesant contre ces establissemenz ou en aucun d'iceus, il sera tenuz a paier xl sols parisis d'amende ou de poinne, c'est a savoir au chamberier de Sainte Genevieve xx sols et a la communeté des bouchiers les autres xx sols.

5. Et toutes ces choses ont juré sus saintes evangiles tous les bouchiers, qui sont a present a garder et a tenir fermement, et ont juré que se il sevent aucun desoresnavant qui face contre ces choses, il l'accuseront et metront avant, et feront a savoir au chamberier ou a son leutenant, dedenz trois jours qu'il le sauront ou avant, et qu'il n'acuseront nul se il ne le cuident estre courpable (*sic*) es choses desus dites.

Les nons des bouchiers qui ledit establissement ont juré a tenir et a garder sont :

Nicholas de Saint Germain, Nicholas de Soissons, Jehan de Saint Germain le

sur l'original. Ces deux types de jetons du xvi° siècle manquent dans les collections de la Monnaie, de la Bibliothèque nationale et de Cluny.

1" type. Sur la face, un écusson losangé, composé probablement de la réunion des losangés des croix des quatre blasons. Sur le revers, les armes des Saintyon, quatre cloches.

2° type. Sur la face non reproduite ici, même écusson losangé. Sur le revers, les armoiries des quatre familles dont voici la description :

1° Thibert : *Écartelé d'or et d'argent à la croix brochant de gueules, chargée de cinq losanges d'or et cantonnée sur l'or d'un cornet de sable, lié de gueules, et sur l'argent d'une hure de sanglier de sable.*

2° Saint-Yon : *D'azur, à la croix losangée d'or et de gueules, cantonnée de quatre cloches d'argent.*

3° D'Auvergne : *D'argent, à la croix losangée d'or et de gueules, cantonnée de quatre roses de gueules, tigées de sinople.*

4° Ladehors : *D'argent, à la croix losangée d'or et de gueules, cantonnée de quatre bleuets d'azur, tigés de sinople.*

[1] Cinq mots en surligne.

viel, Richart le Normant, Jehan Burgant, Jehan le Jene, Corat Lalemant, Mile de Saint Fiacre, Pierre Hubert, Renaut de Saint Fiacre, Odin de Soissons, Jehan de Saint Martin, Jehan de Saint Fiacre, Robert Robiole.

Et nous, frere Guillaume, chamberier de Sainte Genevieve de Paris, avons mis en ce present escrit, en tesmoing des choses desus dites, le seel de la chambre et l'avons fet enregistrer par devers nous en nostre papier. Ce fu fet l'an de grace M. CC. IIII[xx] et quinze, le mardi apres la Quasimodo [1].

II

1325.

Confirmation des statuts des bouchers de Sainte-Geneviève.

Bibl. Sainte-Geneviève, ms. H. F. 23, fol. 12 et 13.

Et signifié et moustré nous ait esté que aucuns bouchers demorans a present en la dicte boucherie, en venant contre nos establissemenz dessus diz, vont et sont par plusieurs fois alez et ne cessent d'aler de jour en jour querre char morte a Saint Marcel, laquelle il vendent en nostre dite boucherie du pont. Et avecques ce nous aient requis plusieurs de nos bouchers de nostre boucherie du pont que nous sus ce vosissions meittre remede convenable et ces establissemenz fere garder et yceus comme bons et proufitables confermer, sachent tuit que nous, oye leur dicte requeste, veue la teneur de nos registres et de la lettre autre fois donnée sus ce en bon consueil et deliberacion en nostre assise, les diz establissemens loasmes et loons, approvasmes et approvons, confermasmes et confermons, et voulons et conmandons yceus estre gardez de point en point, selonc leur teneur, sans venir en contre, sus les poinnes contenues es diz establissemenz. En tesmoing de ce, nous avons mis en ces lettres nostre propre seel avecques le seel de la chambre, a greigneur confirmacion des choses dessus dictes. Donné l'an de grace mil ccc vint et cinc, le vendredi veille Saint Andruy [2].

[1] A la suite se trouve transcrite une confirmation de 1325 que l'on verra ci-après.

[2] Les bouchers de Sainte-Geneviève reçurent encore deux confirmations :

1° Août 1363, règlements en huit articles homologués par Charles V et l'abbé. *Ordonn. des Rois de France*, t. III, p. 640;

2° Août 1381. Lettres de Charles VI confirmant les statuts des bouchers donnés par l'abbé de Sainte-Geneviève. *Ibid.*, t. VI, p. 614.

III

1372, 11 février.

Sentence du prévôt de Paris qui adjoint deux bouchers aux jurés chandeliers
pour la visite des suifs chez lesdits chandeliers.

Arch. nal., Livre rouge 3ᵉ, Y 3, fol. 100 v°. — Coll. Lamoignon, t. II, fol. 481.

A tous ceulz qui ces lettres verront, Hugues Aubriot, garde de la prevosté de
Paris, commissaire et general reformateur [1] ordonné et deputé de par le Roy,
nostre Sire, sur les mestiers de la ville de Paris, salut. Savoir faisons que pour
eviter les fraudes et malices qui ont esté faites ou temps passé et que l'en fait de
jour en jour, ou pourroit faire ou temps advenir, sur le fait du suif que l'en fait
et vend a Paris pour faire chandelles, et pour le prouffit et gouvernement du
commun peuple de la ville de Paris et de ceulz qui y frequentent et affluent, Nous
voulans sur ces choses pourvoir de remede pour l'utilité de la chose publique,
et a ce que bonnes denrées et loyaulx soient faittes et vendues en laditte Ville et
ailleurs, ez mettes [2] de nostre jurisdiction, avons ordonné, en augmentant les
anciens registres du mestier des chandeliers de Paris, lesquels nous avons veuz et
fait veoir a grant diligence, que doresnavant a faire la visitation du suif, dont l'en
fait ou pourroit faire chandelles, aura deux bouchiers qui y seront appellez et establiz par nous avecques les jurez du mestier des chandeliers de Paris, pour plus
deuement faire ladicte visitation; lesquels bouchiers et chandeliers, pour leur
peine et salaire, et afin qu'ils soient plus diligens de faire visitation, auront le
quart des amendes qui escharront du fait d'icelle visitacion. En tesmoing de ce
nous avons fait mettre a ces letres le scel de la prevosté de Paris. Ce fu fait en jugement, ou Chastellet de Paris, le jeudy onzieme jour de fevrier, l'an mil trois
cens soixante et unze.

[1] Les prévôts de Paris prennent quelquefois ce titre de réformateur des métiers.
[2] *Meta*, borne, limite.

IV

1381, juin.

Lettres patentes de Charles VI portant confirmation des privilèges des bouchers de la grande boucherie et homologation d'un nouveau texte de statuts en quarante-deux articles.

Arch. nat., Trésor des Chartes, J. J. 119, pièce 140. — Coll. Lamoignon, t. II, fol. 229.
Ord. des Rois de France, t. VI, p. 591.

Karolus, Dei gracia francorum rex [1] . . . . .

Par vertu desquelles lettres dessus transcriptes, les diz bouchiers, si comme ilz dient, ont usé paisiblement par si long temps qu'il n'est memoire de homme au contraire, par la maniere qui ensuit et qu'il est contenu en leurs anciens cartulaires faiz sur ce et approuvez de grant antiquité par ceulz du mestier.

1. Premierement [2], touteffoiz que leur chief ou maistre de leur mestier est alez de vie a trespassement, toute la juridicion, les drois, les emolumens qui a lui appartenoient, tant comme il vivoit, pour raison de la dicte maistrie, sont et demeurent aus quatre jurez, et les pevent les diz quatre jurés demener et faire le prouffit du commun, et leur est ledit commun tenu de obeir en toutes choses tout aussi comme il feissent audit maistre, se il fust en vie, et punir les desobeissans et rebelles, et convertir les aamendes et tourner ou prouffit commun. touteffoiz que le cas si offre.

2. Item, touteffoiz que le cas advient que le maistre desdiz bouchiers est alé de vie a trespassement, les jurez et le commun de ladicte boucherie se doivent assembler dedens un mois, a compter du trespassement dudit maistre, et tuit li autre a qui appartient l'eslection a faire dudit maistre, et que l'en a acoustumé d'appeller au lieu ou l'en a acoustumé d'eslire ledit maistre [3]; et illec sont esleuz desdiz bouchiers douze des biens souffisans de eulx touz, lesquelz auront povoir d'eslire ledit maistre, et lesquelx quant il seront esleuz, jureront tantost, tout avant que il voisent a l'eslection, que ilz nommeront et esliront a leur escient le plus souffisant de eulx touz a estre maistre. Et cellui que touz les douze esleuz ou la greigneur partie d'iceulx nommeront ou esliront concordablement a

---

[1] En tête de ces statuts se trouve le vidimus d'une série de lettres royales sur les privilèges des bouchers datées de 1152, 1182, 1212, 1282, 1324 et 1358 (septembre).

[2] Le style de ces articles, moins soigné que dans les autres statuts, doit être d'un scribe du nord-est de la France. On y trouvera une foule de renseignements curieux sur les autorités, grand

maître, maire et jurés, sur les pratiques bizarres des réceptions, sur les nombreux cadeaux faits en diverses circonstances. Peu de statuts offrent autant d'intérêt de curiosité.

[3] Les tisserands de laine avaient également un maître, élu par eux à vie et jouissant de privilèges semblables. Voyez notre *Livre des Métiers*, titre L, p. 93.

estre maistre, soit de eulx, soit du commun, sera tenu, reputé et approprié pour maistre de eulz, de leur mestier et du commun.

3. Item, trois escorcheurs seront esleuz qui feront les semonces, les memoriaux et les execucions, quant il seront a faire; et croira l'en a leur rapport par leur serement, ou a l'un d'eulx, ausquelx l'en sera tenu d'obeir, comme a clers et sergens jurez dudit mestier.

4. Item, se aucun est semons par devant ledit maistre et jurez a certaine journée et il ne vient; pour le deffault que il deffaudra, il pourra estre contrains a paier dix-sept soulz six deniers; et tant en pourra demander l'achateur ou le fermier de ladicte juridicion; mais selon ce que les maistres et jurez le verront obeissant, il tansseront pour le premier deffaut douze deniers, et pour second deffault deux solz, pour tiers deffaut dix-sept solz six deniers; et lors li puet le mestier estre deffendu du mestre ou des jurez; et se fait, se il taille, combien qu'il ait chevi a son adversaire, senz empetrer son mestier dudit maistre ou jurez, il chiet en amende de dix-sept sols vi deniers; et s'il avient qu'il soit trouvé taillant sur deffens, senz chevir a son adversaire, et senz empetrer son mestier ou congié, il chiet en ladite amende de dix-sept solz six deniers, et puet-on faire prendre toute sa char, combien que elle soit morte, sur son estal, par lesdiz sergens, qui que la char soit, pour ladicte amende, et pour faire satisfacion a partie; et se il advient que il desobeisse ou face resqueusse, et lesdiz sergens se doubtent de greigneur force, il doivent venir au maistre dudit mestier ou aus jurez et empetrer de leurs compaignons escorcheurs pour eulx aidier; et ne doivent aler se il ne veulent a celle ne a autre execucion lesdiz maistres et jurez, se il ne leur plaist, mais y doivent envoier force de leurs escorcheurs et de leurs gens, qui l'estal dudit contumaux et desobeissant pourront geter jus et abatre a terre; ou se il persevere en son malice, despecier le ou ardoir ou getter en l'eaue, selon le regart du maistre ou des jurez.

5. Item, que de touz les prouffiz et emolumens qui ystront ou pourront issir de la juridicion desdiz maistre et jurez, soit en deffaux, soit en amendes ou autrement, le tiers en tournera pardevers et au proufit dudit maistre; et les deux pars tourneront au prouffit du commun, a paier le conseil ou autrement, selon ce que l'en verra que bon soit.

6. Item, ledit maistre ne pourra faire ne recevoir bouchier ne escorcheur senz l'accord et assentement des quatre jurez et d'aucuns des preudeshommes dudit mestier.

7. Item, que les quatre jurez dudit mestier qui seront pris et esleuz chascun au du maistre et du commun, feront toutes les mises et receptes, et recevront touz les exploiz des rentes, des loyers et de touz les emolumens de la juridicion, et en rendront bon compte par leurs seremens, dedens les huitines ou la quinzaine au plus tart de la journée que l'en a acoustumé a asseoir les estaux, au maistre et a six

preudeshommes qui a ce seront esleuz et appellez, se il ne sont vendues; et se lesdites rentes, loyers ou emolumens de la juridicion sont vendues, tout aussi en sera tenu l'achateur de faire et en rendre bon compte et loyal par son serement, au jour dessusdit, et n'en pourra ledit fermier emporter l'argent de la recepte du jour de l'assise ne de lendemain; ainçois le baillera aus jurez seellé soubz son scel; lesquelx jurez le porteront et mettront en la huche du mestier.

8. Item, ledit maistre ne fera mise ne recepte par sa main.

9. Item, le maistre et les jurez jurent, quant il sont creez et faiz, que il seront presens en leurs personnes a touz les trois jours que l'en a acoustumé de tenir leurs plaiz, se ilz n'ont grant empeschement; et aideront au maire ou a cellui qui tendra les plaiz, a faire droit de eulz et d'autrui, senz ce que il dient villenie a nulli, ou au moins deulx avec le maistre ou son lieutenant.

10. Item, l'en doit avoir un petit scel ou signet, qui sera tout propre et perpetuel, a signer toutes les actes ou memoriaux, et les gagemens que l'en fera des plaiz et des causes; lequel sera mis en la huche des papiers ou en une boiste, ou il aura trois clefs, dont l'une sera baillié au maistre et l'autre au maire, et la tierce a l'un des jurez; et aront les clers deux deniers de chascun memorial et gagement escript; et pour le signet du gagement la partie en paiera deux deniers, lesquelx seront mis avec les exploiz de la juridicion, et si ne prendra l'en rien de seeller les memoriaux, et de chascun serement, soit de tesmoings, soit de partie que l'en fera jurer, l'en prendra un denier, lequel sera mis avec les exploiz de la juridicion.

11. Item, que s'il qui sera semons a la requeste d'un forain pour denrées vendues en plain marchié, senz jour et senz terme, et il ne vient que son procureur, ledit procureur n'aura point de jour d'avis oudit cas, mais respondra presentement, et se il deffault l'en le gagera tantost, pour le deffault et pour la debte du marchant; et des autres qui seront semons pour debte ou convenance faite hors de marchié ou en plain marchié, dont terme n'aura esté donné, seront menez par droit, si comme raison appartient a faire, ne n'entent l'en pas donner terme du samedi au dimenche ou au lundi ou au mardi.

12. Item, que le bouchier qui vendra mauvaise char sera puniz de LX solz d'amende et de foirier huit jours ou xv, selon le regart du maistre et des jurez tant seulement; et son voisin qui l'aura veu, se il ne l'encuse, se il ne puet faire foy souffisans que riens n'en savoit, foirera aussi selon le regart dessusdit.

13. Item, se la femme de un bouchier demeure après la mort de son mary senz enfans bouchiers, chargiée de denrées mortes, elle les puet vendre et adenerer aussi comme se son mari vesquist, soient pors, buefs, moutons ou lais, senz nulles autres tuer ne achater de nouvel.

14. Item, chascun bouchier ou escorcheurs qui sera semons ou Chastellet ou ailleurs, se fera requerre sur paine de l'amende par son serement.

15. Item, l'assise des estaulz est touteffoiz le vendredi après la Saint Jaque et la saint Christofle, et a celle journée, les quatre jurez qui ont esté en l'année, eslisent quatre preudeshommes et iceulz quatre preudeshommes en eslisent quatre pour estre jurez, et les prennent ou de ceulz qui l'ont esté, ou de eulx mesmes ou d'autres, selon ce que bon leur semble, par leur serement.

16. Item, quand iceulz quatre jurez sont esleuz et faiz, il jurent que bien et loyaument il garderont le mestier aux us et coustumes d'icellui; et se mauvaise coustume y avoit esté alevée, il l'abatront et osteront a leur povoir, et les bonnes garderont.

17. Item, iceulx quatre jurez nouveaux auront tous les estaux en leur main, et y asserront les preudeshommes du mestier, selon ce que bien leur semblera, par leur serement.

18. Item, nulle personne ne soit assise a estal, devant que il tout paie le loyer de l'année passée de son estal que il aura tenu; et ne faire cuvre de bou-cherie, se n'est par le gré du maistre et des jurez, sur paine de perdre les chars.

19. Item, se aucun bouchier ne vient requerre son estal ou autre a la journée de l'assise, ne n'ait fait gré envers le fermier pour l'année passée, que l'estal sera baillé au fermier; et fera ledit fermier son prouffit toute l'année ensuivant, par telle maniere que il en sera tenu au fermier nouvel, pour le loyer de l'année presente; et ja pour ce ne demourra que cellui qui n'a paié son estal, ne le paie avant que il face point de son mestier, et l'amendera pour tant que il n'est venuz requerre son estal, se il n'a loyal esoingne, telle comme le maistre et les jurez regarderont; et icellui argent qui sera trait dudit bouchier pour le louage dudit estal, tournera pardevers le prouffit commun. Et tout aussi d'un bouchier qui trespasseroit de ce ciècle, se gré n'en n'avoit esté fait, se ainsi n'estoit que aucun bouchier le requeist à qui les jurez veissent qu'il fust bien mis, il lui pourroient baillier en maniere que il lui agreroit; et paieroit le fermier present et celui ave-nir, et se aucun bouchier trespassé avant l'assise, combien que ce soit, son estal vient en la main du fermier, et en peut faire son prouffit, se ainsi n'est que il ait filz bouchier qui le puisse tenir jusques a l'assise par le louyer paiant.

20. Item, que nul bouchier ne die villenie ne oste gage a personne qui viengne achater chars en la boucherie, combien que elles soient despeciés, sur paine de son mestier perdre par un mois ou plus, selon le regart du maistre et des jurez.

21. Item, que se aucun cope chars, et il n'est bouchier, il soit mis ou cep et privé du mestier jusques au rappel du maistre et des jurez, se ainsi n'estoit que il fust filz de bouchier, et seront les chars copées perdues.

22. Item, se aucun prent femme commune, deffamée, senz le congié du maistre et des jurez, il sera privé de la grant boucherie a tousjours, que il ne puisse taillier ne faire taillier, soit à lui ou a autre, sur les chars perdre; mais il pourra taillier

a un des estaux de petit pont, tel comme le maistre et les jurez lui bailleront ou asserront.

23. Item, nul ne peut estre bouchier de la grant boucherie de Paris, ne faire fait de bouchier ne de boucherie, se il n'est filz de bouchier de ycelle boucherie.

24. Item, quant l'en reçoit un enfant a estre bouchier, celui qui le fait, c'est assavoir le pere, ou celui qui en a le bail [1], doit baillier plaiges avecques soy que le past et l'abuvrement dudit enfant et toutes les droictures qui y appartiennent, il fera et paiera aus journées que le maistre et les jurez lui establiront. Et fust ore chose que ledit enfant se destournast, et se avenoit que ledit enfant alast de vie a trespassement, il seroit quittes par les premieres droictures qui paiées seroient.

25. Item, quant l'enfant a esté fait bouchier par la main du pere ou du preudomme qui le fait et qui en paie l'argent, se il se partoit de chiez ledit pere ou preudomme, senz le gré et assentement de eulx, et aucun des compaignons le recevoit a son estal ou en autrui, et lui administrast ou delivrast char a taillier, senz demander congié au preudomme qui l'aroit fait bouchier, que tantost la char fust prinse de par le maistre et preudeshommes du mestier, et fust donnée pour Dieu, la ou il verroient que bien seroit; et avec tout ce, que ledit bouchier qui feroit ce mesfait en foirast quinze jours ou plus, selon le regart du maistre et des jurez.

26. Item, se aucun compaignon du mestier prestoit argent ou autres choses a aucun bouchier, tant comme il seroit ou bail de cellui qui l'auroit fait bouchier et il en feist semondre et adjourner pour en estre paié, que il n'en feust de riens contrains, jusques a tant que il auroit fait le service de cellui qui l'auroit fait bouchier, et se il avenoit que ledit compaignon l'en feist contraindre ailleurs ou feist faire par autre, par fraude ou par aucune maniere, quelle que elle feust et peut estre sçeu, que ledit compaignon en foirast quinze jours ou plus, selon le regart du maistre et des jurez.

27. Item, le prevost de Paris ou le receveur du Roy qui est en Chastellet a, ou nom du Roy et pour le Roy, de chascun bouchier qui est fait nouvel bouchier, de l'aboivrement que l'en a accoustumé a faire au commencement quant il est reçeu, une maille d'or [2].

28. Item, le prevost de Paris a dudit aboivrement un sextier de vin et quatre gasteaux de maille a maille, lequel vin et les gasteaux il envoie querre, et en paie son message deux deniers au jugleur [3] du mestier de la salle, quant il emporte ledit sextier de vin et les gasteaux.

---

[1] Bail, en droit féodal; tutelle, en droit romain. L'apprenti, pour la cérémonie de réception à la maîtrise, devait toujours être assisté de son père ou d'un tuteur qu'on appelle aussi, dans d'autres statuts, le *meneur*. Voyez Brussel, *Usage des fiefs*, p. 830.

[2] La maille était ordinairement une monnaie de petite valeur; cependant Ducange, sans toutefois préciser, cite plusieurs exemples de la maille employée comme monnaie d'or.

[3] *Jugleur*, jongleur, ménétrier, baladin, farceur, à l'exemple des bouffons de cour.

29. Item, ledit prevost a en celle année que ledit bouchier est fait, de la droicture du past que ledit bouchier doit, au jour que le maistre et les jurez lui assignent jour du faire, soixante et une livre et un quarteron pesant de char de porc et de buef, et un chapon et un sextier de vin, et quatre gasteaux de maille a maille, et de ce paie son message qui vient querre ledit vin et les gasteaux, deux deniers au jugleur de la salle.

30. Item, le maistre des bouchiers de la grant boucherie de Paris a, de chacun qui est fait bouchier, un sierge d'une livre de cire a ardoir devant lui, et un gastel tout pestri aus oefs a departir a ses compaignons qui menjuent avecques lui; et quant il s'en vient de la sale, demi sextier de vin et deux pains. Et c'est ce que le maistre a de l'aboivrement.

31. Item, la maistresse a, d'un bouchier qui est fait nouvel, premierement de l'aboivrement de chacun mès que l'en menjue, quatre mès; se se sont gelines, quatre gelines, et de touz les autres mès, de chacun mez, quatre mès, et douze pains et deux sextiers de vin. C'est ce que la maistresse a de l'aboivrement.

32. Item, le maistre a, celle année que ledit bouchier est fait, de la droiture du past, trente livres et demie et demi quarteron de char pesant de porc et de buef, si comme elle est accoustumée a lever, et demi chapon; et quant le maistre menjue en la salle, il a un cierge d'une livre de cire ardant devant lui, et un gastel tout pestri a oefs a departir a ses compaignons qui menjuent avec lui, et douze tourtis de cire, et demi sextier de vin et deux pains, de chascun bouchier, quant il s'en vient de la salle. C'est ce que le maistre a de past de chascun bouchier qui est fait nouvel.

33. Item, la maistresse a, en celle année que ledit bouchier est fait, de la droiture du past, de chacun mès que l'en menjue, quatre mès, soient gelines ou autres choses, et de chascun mès aussi, et douze pains et deux sextiers de vin.

34. Item, le voier de Paris a, d'un bouchier que l'en fait nouvel, premierement de l'aboivrement, demi sextier de vin et deux gasteaux de maille a maille, lequel vin et les gasteaux il envoie querre, et en paie son message un denier au jugleur de la sale.

35. Item, ledit voyer a, en ceste année que ledit bouchier est fait, de la droicture du past, au jour assigné du faire, trente livres et demie et demi quarteron pesant de char de porc et de buef, si comme elle est accoustumée a lever, et demi chapon et demi sextier de vin et deux gasteaux de maille a maille, lequel vin et les gasteaux il envoie querre, et en paie son message qui les vient querre, un denier au jugleur de la sale.

36. Item, le prevost du Four l'Evesque a d'un bouchier que l'en fait nouvel, premierement de l'aboivrement, demi sextier de vin et deux gasteaux de maille a maille, lequel vin et les gasteaux il envoie querre, et en paie son message un denier au jugleur de la sale.

37. Item, ledit prevost du Four l'Evesque a, en celle année que ledit bouchier est fait, de la droiture du past au jour assigné du faire, trente livres et demie et demi quarteron pesant de char de porc et de buef, si comme elle est accoustumée a lever, et demi chapon et demi sextier de vin et deux gasteaux de maille a maille, et de ce paie son message qui les vient querre, un denier au jugleur de la sale.

38. Item, le celerier et le concierge de la court le Roy ont, d'un bouchier que l'en fait nouvel, premierement de l'aboivrement, demi sextier de vin et deux gasteaux de maille a maille, lequel vin et lesquels gasteaux il envoie querre, et en paie leur message, un denier au jugleur de la sale.

39. Item, lesdiz celerier et concierge ont, en celle année que ledit bouchier est fait, de la droiture du past au jour assigné d'en faire, trente livres et demie et demi quarteron pesant de char de porc et de buef, si comme elle est accoustumée a lever, et demi chapon et demi sextier de vin, et deux gasteaux de maille à maille, et de ce paie leur message qui vient querre ices droitures un denier au jugleur de la sale.

40. Item, nul ne puet edifier ne lever boucherie nouvelle, en la ville de Paris es fobours et appartenances d'icelles, ne faire office de bouchier ne de boucherie en quelque maniere que ce soit, ne tuer ou faire tuer chars crues, en son hostel ou ailleurs, et puis les vendre a detail, crues ou cuites ou autrement, en sa maison ou ailleurs, en ladite ville de Paris et appartenences, en quelque terre ou seignourie que ce soit, exceptez les bouchiers de la grant boucherie de Paris, et ceulx des anciennes boucheries qui d'ancienneté sont et ont esté accoustumé de estre a Paris.

41. Item, se aucun autre que lesdiz bouchiers est trouvé faisant tuer ou vendant, en son hostel ou ailleurs, lesdites chars crues ou cuites, a detail ou autrement, les bouchiers de la grant boucherie de Paris les pevent prendre par leurs gens ou par le prevost de Paris, comme forfaites et icelles justicier ou faire justicier par le prevost de Paris, comme forfaites, et faire amender de ceulz qui ce auront fait, a eulx et au prevost de Paris pour le Roy.

42. Item, les bouchiers de la grant boucherie de Paris pevent prendre et acheter bestes vives et mortes, et quelconques autres choses appartenans a boucherie, franchement senz paier coustume ne paage, dedans la banlieue de Paris, de quelconques lieu que les denrées viengnent, et en quelconque lieu que elles soient menées, se en aucun lieu les veulent mener, et semblablement pevent vendre et achater tout poisson de mer et d'eau doulce..... *Datum Parisius, anno Domini millesimo trecentesimo octogesimo primo et regni nostri primo, mense junii.*

V

1388, février.

Lettres patentes de Charles VI restituant aux bouchers les droits sur la grande boucherie qui leur avaient été confisqués.

Arch. nat., Trésor des Chartes, J. J. 132, pièce 138. — Coll. Lamoignon, t. III, fol. 51.
Ord. des Rois de France, t. VII, p. 179.

Charles, par la grace de Dieu, Roy de France, sçavoir faisons a touz presens et a venir, que comme pour raison de pluseurs crimes de lese majesté, commis et perpetrez par aucuns manans et habitans de nostre ville de Paris, depuiz le premier jour de mars, l'an mil trois cens quatre vint et un, jusques au dimanche xie jour de janvier, l'an mil trois cens quatre vint et deux ensuiant, nous ayons ordené et declairé entre plusieurs autres choses, que en nostredicte ville de Paris n'ait doresenavant aucuns maistres de mestiers ne communautez quelconques, si comme par noz autres lettres de ladicte ordenance et declaracion, faictes du xxviie jour du mois de janvier, l'an mil trois cens quatre vint et deux dessuzdit, puet plus a plain apparoir [1], et il soit ainsi que les bouchiers de la grant boucherie de nostre dicte ville de Paris nous aient fait humblement supplier, comme après nostre dicte ordenance et declaration, et par vertu d'icelle, la dicte grant boucherie, avec ses appartenances et appendences, et les droiz, rentes et revenues d'icelles, aient dès lors esté mis en nostre main, et tousjours depuiz gouvernez et receuz par ycelle main, dont nous avons eu très pou de proffit, et de present soit très grant necessité et besoing de faire pluseurs et grans reparations en ladicte boucherie et ès sale, chapelle et autres edifices d'icelle, esquelz oncques puiz nostre dicte main mise, ne furent faiz aucuns amendemens ne soustemens de couverture, ne autres. . . . . Nous avons rendu et delivré, rendons et delivrons par ces presentes, ladicte boucherie avec ses appartenances et appendences quelconques, et touz les droiz, rentes et revenues d'iceulz, pour en joir et user par la forme et manière que ilz en povoyent et devoient joir et user paravant nostre dicte ordenance et déclaracion; et en avons osté et ostons nostre dicte main, parmi ce que lesdiz bouchers, leurs hoirs et successeurs seront perpetuelment tenuz de mectre et soustenir en bon et souffisant estat yceulz boucherie et autres ediffices, a leurs propres cousts et despens. . . Donné a Paris, ou mois de fevrier l'an de grace mccccii[xx] et sept et de nostre regne le viiie.

[1] Lettres interdisant les métiers et confréries, ci-dessus, *Métiers en général*, pièce VI, page 50.

VI

1416, 13 mai.

Lettres patentes de Charles VI ordonnant au prévôt de Paris de faire démolir et abattre la grande boucherie jusqu'au niveau de terre et de faire paver la place [1].

Arch. nat., Livre vert vieil 1ᵉʳ, Y 4, fol. 74. — Traité de la police, t. II, p. 1209.

VII

1416, août.

Lettres patentes de Charles VI, rendues après la démolition de la grande boucherie, prescrivant l'abolition des privilèges des bouchers et l'érection d'une autre communauté sur de nouvelles bases avec des règlements en douze articles.

Arch. nat., Livre rouge, Y 3, fol. 47. — Coll. Lamoignon, t. IV, fol. 28.

Charles, par la grace de Dieu, Roy de France. Savoir faisons a tous presens et advenir que comme pour la decoracion et embellissement de nostre bonne ville de Paris, et pour pourveoir et obvier aux infections et corruptions nuisables a corps humain, qui par les immundices de la tuerie et escorcherie des bestes qui par long temps a esté faicte, au dessus et assez pres de nostre Chastellet et du grant pont de Paris; et pour autres justes et raisonnables causes a ce nous mouvans, contenues et declarées en certaines noz autres lettres sur ce faites [2], Nous, par grant et meure deliberation de conseil, avons ordonné que certaine boucherie nagaires estant devant nostredit Chatellet, appellée la grant boucherie de Paris, seroit abatue et demolie jusques au rez de terre et aussi que la tuerie et escorcherie des bestes ne seroit plus ou lieu ou elle avoit accoustumé d'estre faicte; ainçois seroit faicte ailleurs en lieu ou lieux moins nuisables a la chose publique de nostreditte Ville, et moins disposez a la corruption et infection de l'air d'icelle; lesquelles nos lettres ont esté publiées et executées, quant à la demolicion de ladite boucherie, et soit ainsy que mettant a execution nostre dite ordonnance, nous avons fait abattre et demolir ladite boucherie et encores n'ayons ordonné lieu ou lieux la ou doresnavant lesdites boucherie, tuerie et escorcherie seront. Nous qui, de tout nostre

---

[1] Le texte de cette charte n'a pas été transcrit; il ne contient que l'ordre de démolition et a été reproduit presque complètement dans la charte suivante où l'on voit la démolition de la boucherie faite immédiatement, et les anciens propriétaires dépossédés de leur droit.

[2] Ce sont celles du 13 mai 1416 dont la cote précède.

cueur, desirons pourveoir au bien et utilité et aisement des habitans, frequentans
et comersans en nôstredite ville de Paris, et a la bonne police et gouvernement d'icelle et d'en oster et desloingner tout ce qui peut estre cause et occasion
de corruption ou infection d'air et de nuire a corps humain, et aussi voulans
obvier aux inconveniens qui par communaultez et assemblées de gens se sont au-
cuneffoiz ensuiz ès temps passez et de legier se peuvent ensuir, et pour certaines
autres justes et raisonnables causes à ce nous mouvans, avons, par grant et meure
deliberation de conseil, tant de ceulx de nostre sang et lignaige, comme des gens
de nostre grant conseil, d'aucuns de nostre parlement, de nostre chambre des
comptes et des prevostz des marchans, eschevins et plusieurs notables bourgois
de nostre dicte Ville, fait et ordonné, faisons et ordonnons de nostre certaine
science, auttorité royal et plaine puissance, les ordonnances qui s'ensuivent :

1. Premierement, que pour et en lieu de ladite grant boucherie abatue et demolie, comme dit est, seront faites, construites et ediffiées a noz despens, quatre
boucheries particulieres, en quatre divers lieux de nostredite ville de Paris, afin
que plus aisement et plus promptement le peuple d'icelle y puisse finer et recouvrer de ce que besoing lui sera.

2. Item, et seront lesdites boucheries assises és lieux qui s'ensuivent, c'est assavoir : l'une en partie de la halle de Beauvais, l'autre emprès nostre Chastelet de
Paris, a l'opposite de Saint Leffroy, aboutissant par derriere sur et près de la riviere de Seine; l'autre pres et joignant de nostre petit Chastelet de petit pont, en
la reculate ou souloit estre le petit pont ancien; et l'autre sera entour des murs du
cimetiere Saint Gervaiz. Et seront lesdittes quatre boucheries nommées et appellées les boucheries du Roy.

3. Item, et combien que en la grant boucherie demolie n'eust que trente et
ung estaulx occupez, ou l'en vendist char au temps de ladite demolition, neantmoins pour plus grant aisement de nostredit peuple et afin qu'il y ait plus grand
nombre de bouchers et marchans vendans char, nous avons ordonné et ordonnons que
esdites quatre boucheries aura quarante estaulx, cest assavoir; en celle de la halle
de Beauvais, seize; en celle qui sera pres de nostredit Chastelet, devant l'eglise
Saint Leffroy, seize; en celle qui sera en la reculate du petit pont ancien, quatre;
en celle qui sera environ les murs dudit cymetiere Saint Gervaiz, quatre.

4. Item, et pour ce que lesdits quarante estaulx assis ès places dessusdites,
nostre peuple de Paris se peut très bien et souffisamment fournir avecques les
autres estaulx et boucheries anciennes de ladite Ville, nous avons ordonné et ordonnons que en icelle nostre ville de Paris, en quelque lieu que ce soit, ne seront
fais, levez ne mis sus, aucuns autres estaulx de boucherie, fors seulement les quarante dessusdiz, avecques les autres estaulx et boucheries anciennes qui desja y
sont en plusieurs et diverses places, comme dit est.

5. Item, et quant aux quarante estaulx desdites quatre boucheries nouvelles,

ilz seront et demourront a tousjours mais a nostre domaine, et seront louez et
baillez à rente, a vie ou autrement, a nostre prouffit, par nostre receveur de
Paris, ou autre tel ou telz, comme nous y commettrons le plus prouffitablement
que faire se pourra.

6. Item, et en tant qu'il touche le fait de la tuerie et escorcherie de bestes,
nous avons ordonné et ordonnons, afin que l'air de nostredite Ville ne soit doresnavant infect ne corrompu par icelles tueries et escorcheries, et aussi que l'eaue
de la riviere de Seine ne soit corrompue ne infecte par le sang et autres immundices desdites bestes qui descendoit et que l'en gectoit en ladite riviere de Seine,
que toutes tueries et escorcheries se feront hors de nostredite ville de Paris, c'est
assavoir : près ou environ des Tuilleries saint Honnoré qui sont sur ladicte riviere
de Seine, oultre les fossez du chasteau de bois du Lovre [1], et se feront et ordonneront le lieu ou les lieux desdictes tueries et escorcheries, le mieulx et le plus
prouffitablement que faire se pourra, par l'adviz et ordonnance d'aucuns noz officiers a ce par nous commis, appellez avecques eulx gens expers et congnoissans
en ce fait, telz et en tel nombre que bon leur semblera.

7. Item, et lesdictes tueries et escorcheries ainsi faictes et ordonnées, les bouchiers desdites quatre boucheries nouvelles ne autres ne pourront tuer ne faire
tuer ou escorcher aucunes bestes en leurs maisons ne ailleurs, dedens nostredite
Ville, mais seulement esdictes tueries et escorcheries ou autres places propices à
ce ordonnées, sur peine de confiscation desdites bestes, et d'amende arbitraire.

8. Item, et pour pourveoir a la paix et seureté de la chose publique de nostredite ville et obvier aux inconveniens qui par congregacions et assemblées souvent
faictes, soubz umbre d'avoir corps et communaulté, se sont ensuiz le temps passé
et se pevent très de legier ensuir, et afin que ceulx qui seront doresnavant bouchers esdictes quatre boucheries nouvelles n'ayent occasion d'entendre, ne vacquer
fors seulement a leur mestier et marchandise, et aussi pour oster tres grans et
excessifs fraiz et despens qui, pour occasion de la communaulté que ont euz le
temps passé lesdits bouchiers de laditte grant boucherie demolie, se sont faiz tant
en la congregacion desdiz bouchiers comme autrement, lesquels fraiz il conve-
noit que ilz repreissent sur la vendicion de leurs chairs, a la grant charge et dommaige de nostre peuple, Nous, par l'advis et deliberation que dessus, et de nosdites
science, puissance et autorité royal, avons cassé et aboly, et par ces presentes
cassons, abolissons et mettons du tout au neant la communaulté que avoient les
bouchiers, tueurs et escorcheurs de ladicte grant boucherie demolie. Voulons et
ordonnons que doresnavant ils n'ayent corps, ne comme maistres, officiers, arche,

<hr>

[1] La porte Saint-Honoré se trouvait près du
pavillon de Marsan, dans l'alignement des Tuileries, où Philippe-Auguste avait bâti un château de
bois, en dehors de l'enceinte de Paris. L'autorisation d'établir les abattoirs en cet endroit donne à
croire que ce château était alors fort peu fréquenté:
Il est question du Louvre et de la porte Saint-Honoré dans notre *Livre des Métiers*, p. 146.

sçel, jurisdicion ne autres droiz ou enseignes quelzconques de communaulté; mais voulons et ordonnons que toutes les causes et querelles desdiz bouchiers, tueurs et escorcheurs, soient demenées pardevant nostre prevost de Paris ou les autres seigneurs et juges ordinaires, soubz qui iceulx bouchiers, tueurs et escorcheurs sont demourans, sans ce qu'ilz ayent doresnavant aucune jurisdiction, court ou congnoissance de causes quelzconques.

9. Item, et pour ce que ou temps passé aucun ne povoit estre boucher de ladicte grant boucherie, s'il n'estoit filz d'aucun boucher d'icelle, et faisoient leurs enfans bouchers des ce qu'ilz n'avoient que sept ou huit ans, afin d'avoir grans drois et revenues sur ladicte boucherie, et si faisoient a leur entrée grant solempnité de disners qu'ilz appelloient leur past [1], et nous paioient certains devoirs et aussi a nostre prevost de Paris et a plusieurs tant noz officiers comme autres, toutes lesquelles choses estoient à la charge de nostre peuple et a l'encherissement des denrées, Nous lesdites solempnitez avons abolies et abolissons, et voulons et ordonnons que doresnavant en nosdictes quatre boucheries soit boucher qui le vouldra et pourra estre, soit filz de boucher ou autre, sans difference de personnes et sans ce que, pour estre boucher nouvel, aucun soit tenuz de nous paier a son entrée ne a aucuns de noz officiers, aucuns droiz ou redevances, ne qu'il soit tenu de paier past ne faire disner ou autre solemnité quelzconques.

10. Item, et pour ce qu'il est necessaire que ou dit mestiers de boucherie ait jurez qui ayent esgart et visitacion sur les chairs qui seront exposées en vente, nous avons ordonné et ordonnons que par nostre prevost de Paris present et avenir, ou par son lieutenant, soit pourveu desdiz jurez de telles personnes et en tel nombre comme il lui semblera estre a faire par raison, et que de par nous il les mette et institue oudit office, et reçoive d'eulx le serment en tel cas accoustumé, et tout en la forme et maniere quil est accoustumé d'estre fait au regart des autres maistres de nostredite ville de Paris.

11. Item, et pareillement pour ce quil est necessaire pour l'exercice dudit mestier de boucherie qu'il y ayt certain nombre de tueurs et escorcheurs jurez, nous avons ordonné et ordonnons que par nostredit prevost de Paris soit sur ce pourveu de telz gens et en tel nombre, comme il luy semblera estre bon et expedient, lesquels il mettra et instituera de par nous oudit office, et leur ordonnera a prandre et avoir telz droiz, comme il lui semblera estre a faire par raison, et recevra d'eulx le serment en tel cas accoustumé, et ainsi ce sera doresnavant, touteffoiz qu'il sera besoing de pourveoir d'aucun tueur ou escorcheur pour le fait desdictes boucheries nouvelles.

12. Item, et pour ce que ladite grant boucherie demolie estoit chargée de plusieurs grans charges et rentes, tant envers gens d'eglise, comme autres per-

_____

[1] Ces faits sont décrits dans les statuts de 1381, pièce IV, articles 23 et suivants.

sonnes, et que c'est raison que lesdiz rentiers soient recompensez et restituez de leursdites rentes, nous avons ordonné et ordonnons que certaines rentes appartenans a la communauté des bouchers de ladicte grant boucherie demolie, assises sur plusieurs lieux et places de nostredicte ville de Paris, montans si comme l'en dit a la somme de sept vins deux livres parisis, ou environ, seront appliquées, et par ces presentes appliquons a nostre domaine, pour sur ce et autrement, se mestier est, recompenser les rentiers qui avoient accoustumé de prendre rentes sur ladicte grant boucherie, comme dit est..... Donné a Paris ou mois d'aoust, l'an de grace mil cccc et seize et de nostre regne le trente sixiesme.

VIII

1418, août.

Lettres patentes de Charles VI rapportant celles d'août 1416 qui supprimaient la grande boucherie et rétablissant la communauté des bouchers avec ses anciens privilèges et règlements.

Arch. nat., Ord. du Parlement, X 1ᵉ 8603, fol. 38. — Coll. Lamoignon, t. IV, fol. 51.
Traité de la police, t. II, p. 1212.

Charles, par la grace de Dieu, Roy de France, savoir faisons a tous presens et à venir, nous avoir reçeu l'umble supplicacion des maistres jurez et communaulté des bouchers de la grant boucherie, de nostre bonne ville de Paris, contenant comme de très grant ancienneté noz predecesseurs, Roys de France, voulans pourvoir de bonne police en nostre dicte ville de Paris, considerans les grans charges, paines et travaulx que lesdiz bouchiers ont jour et nuit pour servir la chose publique, et afin qu'ilz peussent mielx vaquer et entendre ou fait de la ditte boucherie, eussent donné auxdiz supplians plusieurs beaux privileges, franchises et libertez, et entre les aultres leur eussent octroyé qu'ilz eussent corps, communaulté et justice, arche et seel; et pour lesdiz privilèges, franchises et libertez garder et deffendre, et ladicte justice exercer, eussent un maistre, quatre jurez, maire de leur justice, clerc, receveur, procureur, sergent et autres officiers, et qu'ilz feissent et exerçassent le faict de la dicte boucherie, en la place qui est devant nostre Chastelet de Paris, ou naguères estoit ladicte boucherie; laquelle place lesdits supplians ou leurs predecesseurs acquistrent de plusieurs personnes, à qui elle estoit, et aussi acquistrent plusieurs rentes qui estoient deues a plusieurs personnes sur ladicte place ou partie d'icelle; et aussi acquistrent plusieurs rentes en commun, en plusieurs autres lieux de ladicte ville de Paris pour leur aidier à paier et à supporter les charges qu'ilz ont a soustenir en plusieurs manières, tant a cause des rentes que doit ladicte place, comme aultrement, et depuis aient joy et usé paisiblement desdicts privilèges, franchises et libertez, et faict et exercé le faict de ladicte boucherie en la dicte place, selon certaines ordonnances, usages et coutumes anciennement faictes, sur le faict de ladicte boucherie. Lesquelles ordonnances, coustumes et usages anciens, le Roy Loys regnant l'an mil cent soixante et deux, voult estre gardées et observées sans enfraindre, et ordonna que dores en avant aucun ne les peust muer ne changer, pour quelque cause que ce fust, si comme par ses lettres en lacs de soye et cire vert, peut plus a plain apparoir[1]; lesquelles depuis ont esté louées et confermées par plusieurs autres noz predecesseurs Roys de France. Neantmoins Bernard d'Armignac et aultres ses satalites qui nagueres se sont entremiz du gouvernement de nostre royaume, en hayne et contempt de ce que lesdiz supplians ou aucuns d'eulz ont aidié ou favorisé nostre très chier et très amé cousin le duc de Bourgongne, en nous servant et voulant aidier a garder nostre seigneurie, depuis deux ans et demi en ça, firent faire unes lettres ou nom de nous[2], adreçans au prevost de Paris qui lors estoit, par lesquelles lui estoit mandé que appellez avec lui aucuns de nostre conseil, les prevosts des Marchands et eychevins de la dicte ville de Paris, et aultres tels qu'il lui sembleroit, il feist abattre et demolir ladicte boucherie. . . . . Pourquoy nous, ces choses considerées, saichans que lesdictes demolition, cassation, abolicion, ordonnance et autres choses desusdictes, faites et ordonnées par lesdicts Bernard d'Armignac, Tanguy Duchastel et autres leurs complices, contre lesdiz supplians, avoir esté faictes haineusement et contre lesdiz privilèges et libertez desdiz supplians et en leur prejudice, en attemptant contre ledit appel, icelles demolicion, cassacion, abolicion, ordonnances nouvelles et autres choses dessusdittes, par l'advis et deliberacion de nostre dict très chier et très amé cousin, le duc de Bourgongne, et de plusieurs aultres de nostre grand conseil, avons declairé et par la teneur de ces presentes, de nos certaine science, plaine puissance et auctorité royale, declarons estre nulles et de toute nullité, et icelles comme hayneusement, dampnablement, injustement et deraisonnablement faictes, en tant que faictes auroient esté soubz umbre et couleur de nous ou de justice ou autrement, en quelque manière que ce soit, avons irritées, cassées et adnullées et par ces presentes cassons, irritons, adnullons et mettons du tout à neant; voulant et ordonnant de nosdiz certaine science, autorité et puissance, que lesdicts supplians puissent de leur plain droit revenir et retourner a leur dicte boucherie, rentes et revenues, communaulté, justice et aultres drois, usages, previlleges, franchises, libertez et anciennes coustumes et usage, en tel cas comme ils estoient ou

---

[1] Lettres de Louis VII, 1162; *Livre des Métiers*, préf., p. v, et la notice ci-dessus, p. 259.

[2] D'après ce passage il semblerait que la charte de mai 1416 et celle d'août de la même année ont été fabriquées par des faussaires. Paléographiquement, il est impossible de le vérifier; les registres du Châtelet, seul texte qui subsiste encore, ne sont que des livres d'enregistrement. Nous aimons mieux supposer qu'en ces circonstances critiques, les Armagnacs obtinrent sans difficulté et la charte ordonnant la démolition et l'exécution même du travail.

temps et paravant lesdictes demolicion, cassacion et abolicion et aultres choses dessusdictes contre culz faictes par lesdicts Bernard d'Armignac et Tamguy du Chastel et leurs complices et nous mesmes les y remettons par ces presentes, en les restituant, en tant que mestier est, a leurs dictes boucherie, rentes, revenues, communaulté, justice, officiers et aultres droiz, usages, franchises, privileges, libertez et anciennes coustumes, et en leur octroyant pour culz, leurs hoirs et successeurs, de nosdiz science, auctorité et puissance, que ladicte boucherie ilz puissent faire reffaire, construire et ediffier en la place ou elle souloit estre et en icelle faire et exercer le faict de ladicte boucherie, et le fait de leur communaulté et de leur justice et aultres choses à culz appartenant, selon la forme de leurs privilleges, usages, ordonnances et coustumes anciennes, lesquelles et lesquelz nous loons, agreons, ratiffions, approuvons, et de nosdicts science auctorité et puissance confirmons par la teneur de ces presentes, et avec ce, voulons et ordonnons par ces presentes que lesdiz estaux qui de nouvel ont esté faiz, soient demoliz et abatuz sitost que la grant boucherie sera reffaicte, sans ce qu'ilz soient tenus de payer aucune chose pour lesdicts estaux, du temps qu'ilz les ont tenus ou tendront, jusques a ce que ladicte boucherie sera reffaicte, en imposant sur ce silence a nostre procureur. Sy donnons en mandement. . . Donné à Paris, au mois d'aoust, l'an de grace mcccc et dix huit et de nostre regne le trente huictieme.

IX

1483, novembre.

Lettres patentes de Charles VIII confirmant purement et simplement les statuts des bouchers de septembre 1358 avant Pâques [1].

Coll. Lamoignon, t. V, fol. 49. — Ord. des Rois de France, t. XIX, p. 203.

X

1551, novembre.

Lettres patentes de Henri II portant création au titre d'office de l'état de maître et chef des bouchers de la ville et faubourgs de Paris.

Arch. nat., Bannières 6ᵉ vol. Y 10, fol. 128 vᵒ. — Coll. Lamoignon, t. VII, fol. 358.

Henry, par la grace de Dieu, Roy de France, a tous presens et advenir salut.

[1] C'est la dernière confirmation vidimée par Charles VI dans ses lettres de juin 1381, contenant les statuts des bouchers.

Combien que par noz lettres patentes cy-attachées, soubz le contrescel de nostre chancelerie, nous avons picça pourveu Jehan Pot, maistre boucher juré en la grande boucherie de nostre ville de Paris, de l'estat et maistrise de maistre et chef des bouchers de nostre ville et fauxbourgs de Paris, picça vaccant par le decez de feu Jehan de Gien, dernier possesseur d'iceluy, et que suivant nosdites lettres il deust estre reçeu et institué audit estat et office; touteffois, parce que ledit Pot n'a pu recouvrer l'edit de creation dudit office et que pendant la vaccation d'icellui les maistres bouchers y ont esleu autre et se sont efforcés empescher la reception dudit Pot, et sur ce le tenir en procez pardevant nostre prevost de Paris ou son lieutenant, nous suppliant et requerant iceluy Pot luy pourveoir sur ce de remède convenable, savoir faisons que nous, voullans la provision par nous faicte audit Pot avoir lieu et sortir son plain et entier effet, avons par tant que besoing seroit creé, erigé et establi, et par edit perpetuel et irrevocable, de nos certaine science, pleine puissance et autorité royale, creons, erigeons et establissons par ces presentes·ledit estat et maistrise de maistre et chef des bouchers de nostredite ville et fauxbourgs en chef et titre d'office formé, pour en ceste qualité estre tenu, exercer et en joyr par ledit Pot, suivant nosdites lettres de provision, et par ceulx qui en seront cy-après pourveus, vaccation advenant par mort, resignation ou autrement, aux honneurs, autorités, prerogatives, preeminences, franchises, libertez, droicts, prouffitz et esmolumens accoustumez et qui y appartiennent. Si donnons en mandement..... Donné a Paris, au mois de novembre mil cinq cens cinquante un et de nostre regne le cinquiesme.

XI

1586, février.

Lettres patentes de Henri III, érigeant en métier juré les bouchers de la boucherie de Beauvais, à Paris, et approuvant leurs statuts en douze articles.

Arch. nat., Livre noir neuf, Y 6ᵉ, fol. 211. — Ordonn., 1ᵉʳ vol. de Henri IV. X 1ᵃ 8639, fol. 46.
Coll. Lamoignon, t. IX, fol. 544.

Henry, par la grace de Dieu, Roy de France et de Polongne, a tous presens et advenir, salut. Nos bien amez les bouchers de la boucherie de Beauvais, de nostre ville de Paris, nous ont presenté requeste et faict remonstrer que en ladite ville et autres bien pollicées, il y a ordonnances particulières de tous estaz et mestiers, lesquelles les maistres desdits mestiers sont tenuz d'observer de poinct en poinct, sur peine de l'amende, ce neantmoings combien qu'il n'y ait estat ny mestier, auquel il soit plus de besoing pour le bien public d'avoir certaines reigles et or-

donnances que aux bouchers et de les observer dilligemment; touteffois en ladite boucherie de Beauvais il n'y eut oncques aucunes ordonnances particulières,
ains chascun y auroit esté reçeu pour vendre indifferemment[1], encores qu'il ne
feust suffisanz ny capable, tellement qu'il y arrive nombre de personnes incongnus
qui se disent bouchers, sy tost qu'ils peuvent recouvrer ung estail de boucher,
encores qu'ils ne soient mestres, y vendent plusieurs sortes de chairs de petite
valleur et quelquefois deffendues et indignes d'entrer au corps humain, qu'ilz
font tuer ou bon leur semble, au grand dommaige et detriment du public, au
moyen de quoy ils desireroient volontiers d'obtenir ordonnances particulières, affin de contenir ung chascun en son debvoir, nous supplians et requerans, pour
eviter aux abuz qui se commettent ordinairement en ladite boucherie, creer et
eriger ledit estat de boucher, pour estre à l'advenir regi et policé, ainsy que les
autres mestiers jurez de ladite ville, selon et suivant les articles contenus au
cahier pour ce par eux dressé, pour reiglement dudict estat, dont la teneur
s'ensuit :

1. Premierement, que nul ne sera reçeu mestre en ladite boucherie, s'il n'est
filz de mestre, ou qu'il ayt servy les mestres l'espace de quatre ans et qu'il soit
capable et suffizant pour exercer ledit mestier de boucher.

2. Item, que lesdits fils de mestres seront tenuz de fere chef d'œuvre ou experience, telle qui sera advisé par les jurez.

3. Item, que les compagnons qui aspireront a la maistrise seront tenuz fere
chef d'œuvre, en la presence des jurez et des mestres bouchers qui y vouldront
assister.

4. Item, que ledict chef d'euvre se fera d'abiller ung bœuf, ung mouton, ung
veau et ung porc.

5. Que tout mestres bouchers ne pourront tenir que ung estail en ladite
boucherye sinon au cas qu'il y en ayt de vacans, auquel cas pour remplir ladicte
boucherie, les plus anciens mestres en pourront tenir seullement deux, a la charge
touteffois qu'ilz seront tenuz d'en quicter l'un au premier mestre qui se presentera et sera reçeu en ladicte boucherye.

6. Que aucun ne pourra faire faire estat de mestre en ladicte boucherie et
tenir estail, s'il n'y est reçeu mestre.

7. Qu'il ne sera permis auxdits maistres de vendre aucune chair en ladicte
boucherie de Beauvais, sy elle n'a esté tuée et habillée es maisons et lieux qui
leur ont esté et seront ordonnez par justice pour faire leurs abatiz et tueryes.

8. Que nul boucher de ladite boucherie ne pourra tuer chair de porc qui ait

---

[1] La boucherie de Beauvais était la première
des quatre boucheries royales établies à la suite de
la suppression du corps des bouchers par lettres
patentes d'août 1416. Deux ans plus tard la grande
boucherie ayant repris ses privilèges, les autres
furent laissées comme métier libre et sans règlements. Nous les verrons bientôt, après les statuts,
demander leur réunion à la grande boucherie.

esté nourry en maison d'huillier, de barbier, ne en maladerye, sur peine d'estre
gecté aux champs où en la rivière.

9. Item, nul ne pourra semblablement tuer chair pour vendre qui ayt le fil [1],
sur pareille peyne et de soixante sols parisis d'amende.

10. Que les jurez auront soing de bien et soigneusement visiter les bestes qui
seront amenées pour estre tuées et exposées en vente a ladite boucherie, et ne
permettront que aucunes bestes mortes ou mallades y soient vendues, comme
aussy ilz ne permettront que les chairs trop gardées et indignes d'entrer au corps
humain y soient vendues, et seront les contrevenans comdempnez en pareille
amende de soixante solz parisis, et les viandes gectées en la riviere.

11. Item, sil demeure aucunes chairs du jeudy au samedy, depuis Pasques
jusques a la Saint Remy, lesdits bouchers ne les pourront exposer en vente si prealablement ilz ne les font veoir et visiter, sur peine de ladicte amende.

12. Item, que nul boucher ne pourra faire abattre le cuir d'un beuf ou de
vache qui aye la pommelée [2], sur peine de dix escuz d'amende.

Avons lesdicts articles et chacun d'eux, tant en general qu'en particulier, auctorisé, confirmé et approuvé et par cestui nostre dit edict perpetuel et irrevocable, autorisons, confirmons et approuvons, voullons et nous plaist qu'ilz soient
doresnavant et perpetuellement gardez et observez et entretenus de poinct en
poinct, selon leur forme et teneur, ainsy qu'il est acoustumé de faire ès autres
mestiers jurez de nostre dite ville de Paris, et a l'instar et exemple desquelz sera
ledit mestier de ladite boucherie; et l'avons faict et faisons mestier juré pour estre
exercé aux charges et selon qu'il est contenu es susdits articles. . . . . Donné a
Paris, au moys de fevrier, l'an de grace mil cinq cens quatre vingt six et de nostre
regne le douziesme.

XII

1587, février.

Lettres patentes de Henri III approuvant les nouveaux statuts de la communauté des bouchers
de la grande boucherie et de celle du cimetière Saint-Jean.

Arch. nat., Livre noir neuf, Y 6ᵉ, fol. 239 et 242. — Ordonn., 1ᵉʳ vol. de Henri IV, X 1ᵃ 8639, fol. 50.
Coll. Lamoignon, t. IX, fol. 638. — Traité de la police, t. II, p. 1223.

Henry, par la grace de Dieu, Roy de France et de Polongne, a touz presens et
advenir salut. Nous avons receu l'humble supplicacion de nos chers et bien amez

[1] Cette expression n'est pas donnée dans Trévoux.
[2] Il s'agit évidemment d'une maladie contagieuse, comme le charbon.

les marchans bouchers de la grant boucherie et cimetiere Sainct Jehan.....
pour obvier aux abbuz qui se commettent ordinairement esdites boucheries, ilz
nous auroient presenté ladite requeste, le vingt deuxiesme octobre dernier, et par
icelle supplié et requis voulloir creer et eriger ledit mestier de boucher, en la
grant boucherie et cymetière Sainct Jehan, en chef et mestier juré, selon et suivant
les articles des ordonnances qu'ils nous auroient presenté avec ladite requeste, laquelle requeste et articles ayans esté par nous renvoyez au prevost de Paris ou
son lieutenant civil, pour ce appellé nostre procureur, nous donner advis de la
commodité ou incommodité qui en seroit a nous et au public, ils nous auroient renvoyé leurdit advis estant que ladite requeste est civille et lesdits articles
bons, justes et raisonnables, desquelz la teneur ensuit :

1. Premierement, que cy après nul ne sera reçeu maistre esdites boucheries,
se il n'est fils de maistre ou qu'il ayt servy les maistres, comme apprenty, et obligé
par trois ans entiers, ensemble fait service par trois autres années suyvantes et
consecutives, soit en l'achapt, habillaige, vente et debit de chairs esdites boucheries.

2. Que les fils de maistres bouchers esdites boucheries seront reçeuz maistres,
sans fere chef d'œuvre, pourveu qu'ils ayent demeuré et servy leurs peres, meres
ou autres maistres, par le temps de trois ou quatre ans, soit à achepter, vendre ou
habiller chairs.

3. Que pour faire garder et observer lesdites ordonnances, il y aura quatre
jurez qui seront esleuz de deux ans en deux ans, par la communaulté des maistres,
et ce en la presence du procureur du Roy, pardevant lequel ils seront tenus prester le serment.

4. Nul ne pourra estre reçeu maistre s'il n'est de bonne vye et conversation,
et sans notte de reprehention.

5. Que les compaignons dudit mestier ne pourront quicter le mestre ou ils seront en service, pour servir ung autre mestre, sans le congé de sondit maistre,
et qu'il n'en ayt certifficat par escript, a peine de demy escu d'amende; et le
mestre qui aura retiré ledit serviteur sans avoir ledit certifficat payera deux escus
d'amende.

6. Les compaignons qui auront fait apprentissaige et servy les années dessusdites seront tenuz, avant que aspirer à ladite maistrise, fere chef d'œuvre en la
presence des jurez et maistres qui y vouldront assister, et ledit chef d'œuvre, d'habiller ung bœuf, ung mouton, ung veau et ung porc.

7. Que nul ne pourra fere estat de mestre boucher esdites boucheries, et y
tenir estail pour vendre chairs, s'il n'a esté reçeu maistre, selon qu'il est dit cy dessus, et fait le serment en tel cas requis et accoustumé.

8. Qu'il ne sera loisible a aucun boucher esdites boucheries, tuer ou faire

tuer porcs qui ayent esté nourrys ez maisons d'huilliers, barbiers, ou malladeries [1],
a peyne de dix escus d'amende, auquel cas sera la dite chair gectée aux champs,
ou en la riviere, a la dilligence des jurez dudit estat.

9. Ne sera semblablement permis auxdits bouchers tuer, ny exposer en vente
aucune chair qui aye le fil, sur pareille peyne et amende de dix escuz.

10. Que lesdits bouchers seront tenuz de bien et duement visiter les bestes
qui seront amenées pour estre tuées et exposées en vente esdites boucheries, et
surtout ne permettre que aucunes bestes mortes ou mallades soient vendues et
debittées au peuple, pareillement les chairs trop gardées et indignes d'entrer au
corps humain, sur pareille amende que paiera le mestre boucher qui sera trouvé
y avoir contrevenu.

11. S'il demeure aucunes chairs esdites boucheries du jeudy au samedy, depuis
Pasques jusques a la Saint Remy, que lesdits bouchers ne les pourront exposer en
vente qu'elles n'ayent esté premierement veues et visitées par les jurez bouchers,
sur les paynes que dessus.

12. Que tous les bouchers qui ont signé les articles cy-dessus y contenuz et
requeste cy attachée, et qui auront fait cy devant et font encores traficq de present
de marchandise et exercice dudit estat de boucher esdittes boucheries, ou l'une
d'icelles, demeureront mestres esdittes boucheries sans qu'ils soient tenuz fere
aucun chef d'œuvre et experience autre que celle qu'ils ont cy-devant faicte.

13. Que les vefves des bouchers deceddez qui ont exercé du passé ledit estat
de boucher esdites boucheries, ou en l'une d'icelles, et qu'ilz excercent encores
de present, pourront joir du benefice desdites ordonnances pendant qu'elles demeureront en viduité, et le cas avenant qu'elles se remarient a autre d'autre estat,
elles demeureront privées dudit privilleige.

14. Que advenant le decedz desdits bouchers, pourront leurs enffans estre
reçeus maistres sans fere aucun chef d'œuvre ou experience, pourveu que au pre-
ceddant ou depuis le decedz de leursdits peres ou meres, ils ayent continué et
exercé ledit estat de boucher par l'espace de trois ans.

15. Les enffans des mestres ne pourront aspirer à la maitrise, qu'ils n'ayent
attainct l'aage de dix huict ans.

16. Et quant aux serviteurs qui ne seront filz de mestres, encores qu'ilz ayent
fait service et apprentissage tels que dessus, ne seront touttesfois receuz mestres
qu'ilz n'ayent vingt quatre ans.

. . . . . Donné a Paris, ou mois de fevrier, l'an de grace mil cinq cens quatre
vingt sept [2] et de nostre regne le treiziesme.

---

[1] Voir la même défense imposée aux charcutiers, titre VII.

[2] Ces statuts et les précédents de février 1586 ne
furent enregistrés au Parlement que le 22 décembre
1589 après l'avènement de Henri IV. Ils furent appliqués plus tard à toutes les boucheries de la ville.

XIII

1594, avril et mai.

Lettres patentes de Henri IV confirmant purement et simplement les statuts des bouchers de la boucherie de Beauvais, de la grande boucherie et de celle du cimetière Saint-Jean.

Coll. Lamoignon, mention, t. IX, fol. 749 et 755. — Traité de la police, t. II, p. 1224.

XIV

1596, mars.

Lettres patentes de Henri IV pour les mêmes boucheries.

Ordonn., 2ᵉ vol. de Henri IV, fol. 242. — Coll. Lamoignon, mention, t. IX, fol. 968.

XV

1604, février.

Lettres patentes de Henri IV confirmant les mêmes statuts de février 1587.

Ordonn., 5ᵉ vol. de Henri IV, fol. 126. — Coll. Lamoignon, mention, t. X, fol. 328.

XVI

1613, avril.

Lettres patentes de Louis XIII confirmant purement et simplement les statuts des mêmes boucheries.

Ordonn., 1ᵉʳ vol. de Louis XIII, fol. 416. — Coll. Lamoignon, mention, t. X, fol. 814.

XVII

1637, juillet et 5 septembre.

Lettres patentes de Louis XIII conservant dans leurs droits les quatre familles propriétaires de la grande boucherie, moyennant une contribution de quatre-vingt-dix mille livres.

Coll. Lamoignon, t. XI, fol. 809.

Louis, par la grace de Dieu, roy de France et de Navarre, a tous presens et avenir salut. Noz chers et bien amez les maistres, chefs, proprietaires et commu-

nauté de la grande boucherie de l'aport de Paris et du cimetière Saint-Jean de
nostredite ville, qui sont les familles des d'Auvergne, Thibert, de La Dehors et
de Saintyon, nous ont faict remonstrer qu'encore qu'ils ayent et leurs predecesseurs depuis cinq siecles et plus, possedé par le droit de domaine privé lesdites
boucheries, qu'elles leur soient patrimoniales, pour avoir lesdits predecesseurs
acquis le fond de terre en pleine propriété et sur iceluy faict bastir par plusieurs
fois lesdites boucheries de fonds en comble, qu'ils soient redevables de plusieurs
droits de cens et rentes foncières, non seulement envers nous, mais encore envers
le chapitre Saint-Germain l'Auxerrois, les Chartreux, les dames de Montmartre,
l'Hôtel de ville de Paris et plusieurs autres seigneurs particuliers et que les Roys,
nos predecesseurs, depuis l'an 1562 leur ayant de regne en regne accordé et
confirmé plusieurs beaux privileges, dont ils ont paisiblement jouy jusques a present, neantmoins depuis quelque temps un nommé Jacques Canu a pretendu
lesdites boucheries estre domaniales et sujettes a revente et ayant pour cette pre-
tentión poursuivy les exposans pardevant les commissaires generaux par nous deputez pour la revente de nostre domaine, mesme fait saisir le revenu des etaux
desdites boucheries [1]. A ces causes, savoir faisons que conformement a nostredit
arrest du 17 juin dernier, nous avons dit et desclaré, disons, desclarons, voulons
et nous plaist par ces presentes, signées de nostre main, que lesdites quatre familles des Dauvergne, Thibert, de Ladehors et de Sainctyon jouissent a perpetuité et puissent disposer a leur volonté desdites boucheries, etaux, circonstances
et dependances, comme de choses a eux appartenans en pure et pleine proprieté,
et qu'ils soient exempts de toutes taxes, recherches, enchères, ventes et reventes
pour raison desdites boucheries, estaux, circonstances et dependances, comme
aussi qu'ils demeurent dechargez de toutes condamnations faites ou a faire a
cause de la contravention aux reglemens de police, sans en pouvoir estre recher-
chez pour le passé, en quelque sorte et manière que ce soit. Et, pour l'advenir,
nous avons auxdits exposans permis et permettons par lesdites presentes de louer
lesdites boucheries et estaux, circonstances et dependances, a la meilleure et plus
avantageuse condition que faire le pourront, sans qu'ils soient contraints a l'observation des reglemens de police fais ou a faire, sur la reduction desdits loyers,
auxquels nous avons desrogé et desrogeons pour ce regart. Et voulant gratiffier et
favorablement traicter lesdits proprietaires, en consideration de leurs anciens
titres et possession, nous les avons maintenuz et gardez, maintenons et gardons

---

[1] Suivent les exposés de plusieurs arrêts du
conseil, des 30 octobre 1634 et 23 avril 1635,
d'après lesquels ledit Canu offrait cent mille livres,
prétendant que les familles proprietaires devaient
louer les étaux cent livres par an, tandis qu'elles en
tiraient huit ou neuf cents, qui était un gain excessif. Les adjudicataires offraient de payer les cent

francs par an et par étal aux propriétaires et de
les déposséder de leur droit. Ceux-ci, d'autre part,
arguaient de leurs anciens privilèges qui ne spéci-
fiaient aucune clause ni obligation, sur quoi un
autre arrêt du 17 juin leur donna gain de cause,
aux conditions indiquées dans la suite de ces
lettres.

en tous les droits, prerogatives, usages, coutume, justice, privileges et libertez a eux attribuez, tant par nous que par nos predecesseurs roys. Et neantmoins, pour subvenir a la presente necessité des affaires de la guerre et a la depense extraordinaire et l'entretenement de nos armées, tant dedans que dehors le royaulme, fourniront la somme de quatre-vingt dix mille livres, dont leur sera baillé quittance par le tresorier de nostre espargne, suivant ledit arrest pour leur servir de ladite finance. Si donnons en mandement..... Donné au chateau de Madrid, au mois de juillet, l'an de grace mil six cens trente sept.

La Cour de parlement ordonne que lesdites lettres seront registrées au greffe d'icelle, pour jouir par lesdits quatre familles du contenu en icelles a perpetuité, a la charge qu'ils ne pourront louer leurs estaux qu'a des maistres bouchers de cette ville de Paris, lesquels seront tenus de comparoir d'année a autre a la police des boucheries qui se tient le premier mardy d'après la my-caresme, par chacun an, au Chastellet, pour s'obliger par serment de les fournir de bonnes viandes, pendant l'année, sans discontinuation, depuis Pasques jusqu'à caresme prenant et de garder et observer les ordonnances de la police.

XVIII

1644, mars.

Lettres patentes de Louis XIV confirmant purement et simplement les niêmes statuts.

Ordonn., 1ᵉʳ vol. de Louis XIV, fol. 218. — Traité de la police, t. II, p. 1299.
Coll. Lamoignon, mention, t. XII, fol. 400.

XIX

1650, 27 mars.

Délibération des bouchers de tous les quartiers de Paris, acceptant les statuts donnés à la grande boucherie en 1587, et réglant les conditions des réceptions à la maîtrise, avec arrêt du Parlement du 25 janvier 1653, homologuant ladite délibération [1].

Arch. nat., X 1ᵇ 1752, dossier non paginé. — Coll. Lamoignon, t. XIII, fol. 193.
Traité de la police, t. II, p. 1225.

Veu par la cour la requeste presentée par la communauté des marchands bouchers de cette ville de Paris, contenant que pour l'execution et interpretation des

[1] Cette pièce est imprimée avec les statuts de 1587. Paris, François Muguet, 1705, in-4°.

statuts dudit mestier agreés et ratiffiés par le feu Roy Henry trois, par ses lettres patentes du mois de fevrier 1587, verifiées en ladite cour le 22ᵉ decembre 1589 et depuis confirmées par le Roy Henry quatre, au mois de may 1594, ils se seroient assemblés et passé acte et contrat de la deliberation faite entre eux, le vingt sept mars mil six cens cinquante, requeroient les supplians ledit acte et contrat estre homologué et registré par et en ladite cour, pour estre executé entre tous les maistres bouchers et aspirans à la maitrise, conformement à iceluy. Veu aussy lesdits statuts, lettres patentes du Roy Henry III et Henry IV et ledit contrat du 27 mars duquel la teneur ensuit :

Pardevant Jacques Rallu et Charles Lestoiré, notaires et gardenotes du Roy nostre sire en son Chastelet de Paris, soussignez, furent presens en leurs personnes honorables hommes Claude Bastelard, Louis le Houx, Christophle Noblet, Jean Le Grand et Guillaume Brisset, tous marchands maistres bouchers, demeurans a Paris, en leurs noms et comme jurés a present dudit mestier, y demeurans :

Sçavoir ledit Bastelard, rue Sᵗ Martin, paroisse de Sᵗ Nicolas des Champs; lesdits Lehoux et Noblet, rue et place aux Veaux, paroisse Sᵗ Jacques de la boucherie; ledit Legrand, ès faubourg Sᵗ Germain des Prez rue des Boucheries, paroisse Sᵗ Sulpice, et ledit Brisset rue et montagne Sainte Genevieve, paroisse Sᵗ Etienne du Mont [1].

Aussy tous marchands maistres bouchers bourgeois de Paris, demeurans, scavoir : ledit Denis le Houx en ladite rue et place aux Veaux, paroisse Sᵗ Jacques de la Boucherie; ledit Simon de Glisieres en ladite rue Saint Martin, paroisse Sᵗ Laurent, ledit Nicolas Magdelain, en ladite rue et place aux Veaux, ledit Gasse rue Sᵗ Martin parroisse Sᵗ Nicolas des Champs, ledit Changy au mont Sᵗᵉ Genevieve paroisse dudit Saint Estienne du Mont, ledit Chevalier en ladite rue Sᵗ Martin, ledit Moreau rue du Bout du Monde paroisse Sᵗ Eustache, ledit Benfve le jeune rue Montorgueil de laditte paroisse Sᵗ Eustache, ledit Fournier proche la porte Sᵗ Martin paroisse Sᵗ Nicolas des Champs, ledit Fleury en ladite rue Sᵗ Martin parroisse Sᵗ Laurens, ledit Lefebvre au mont Sainte Genevieve, ledit Fremont au coin de la rue et paroisse Saint Paul, ledit de Saint Hilaire au mont Sainte Genevieve, ledit Poussart rue et place aux Veaux paroisse Saint Jacques de la Boucherie; ledit Thibert, rue Saint Martin, paroisse Saint Laurent; ledit Certelet. en ladite rue et place aux Veaux; ledit Bilaine audit fauxbourg Sᵗ Germain des Prés rue des Boucheries, ledit Pillois au coin de la rue et parroisse Sᵗ Paul; ledit Martin marchand rue Sᵗ Martin, paroisse Sᵗ Nicolas des Champs; ledit Parisot rue Saint Antoine, paroisse Sᵗ Paul; ledit Guillaume Berthe rue et montagne Sainte Geneviève de ladite paroisse Saint Etienne du Mont; ledit De la Mothe rue d'Argenteuil, paroisse Saint Roch; ledit Godde en ladite montagne Sainte Genevieve,

[1] Suit une liste des noms des maîtres bouchers qui se trouvent reproduits plus bas avec leur adresse.

paroisse Saint Etienne du Mont; ledit Thibert rue et place aux Veaux, paroisse
Saint Jacques de la Boucherie; ledit Mabille ès fauxbourgs Saint Honoré en ladite
paroisse Saint Roch; ledit Claude Charles à la porte Saint Martin paroisse Saint
Laurent, ledit de May rue et montagne Sainte Genevieve paroisse Saint Etienne
du Mont, ledit Triperet rue Saint Martin paroisse Saint Nicolas des Champs, et
lesdits Martineau et Beaucousin, rue et place aux Veaux, paroisse Saint Jacques
de la Boucherie, assemblés en la chambre de leur communauté, dependante d'une
maison sise au coin de la rue de la Tannerie, ayant vue sur la Greve, pour deliberer des affaires de leurdite communauté, faisans et representans la plus grande
et saine partie de ladite communauté.

Lesquels ont, sous le bon plaisir de nosseigneurs de la cour de Parlement,
promis et accordé les choses qui ensuivent;

C'est à scavoir qu'ilz executeront ponctuellement les statuts dudit mestier de
boucher, agreez, ratifiez et approuvez par le feu Roy Henry troisiesme, que Dieu
absolve, au mois de fevrier mil cinq cens quatre vingt sept, registrés en ladite
cour, et conformement a l'arrest d'icelle du vingt deux decembre mil cinq cens
quatre vingt neuf, et depuis confirmé par feu d'heureuse memoire Henry le Grand
au mois de may mil cinq cens quatre vingt quatorze. Ce faisant que cy apres ne
seront reçus aucuns maistres bouchers, en ladite Ville et fauxbourgs, qu'ils ne
soient de la qualité requise par lesdits statuts et apprentys de maistres de Ville,
actuellement demeurans chez leurs maistres;

Que doresnavant aucun ne pourra estre reçeu maistre, qu'au prealable il n'ayt
esté presenté par son maistre ou par l'un des anciens jurez de laditte communauté, et non par autre, en la chambre en laquelle lesdits bouchers ont coutume
de s'assembler pour deliberer de leurs affaires, et pour ce faire mettre es mains
de celuy qui le presentera son brevet d'apprentissage, avec les certificats, tant
dudit aprentissage que service depuis iceluy, pour estre le tout transcrit dans le
registre de ladite communauté avec l'acte de presentation, et le tout signé, tant
de l'aspirant, celuy qui le presentera, que des jurez et assistans qui scauront signer,
de la presence desquels sera fait mention, et en la presence desdits assistans, ledit
brevet d'apprentissage et certificats affirmés par celuy qui le presentera, iceux
paraphés ne varietur, et mis dans le coffre de ladite communauté, afin que s'il s'y
trouvoit dol ou faulceté, d'estre procedé extraordinairement contre les coupables,
ainsy que de raison. Pour ce fait estre trois mois après ladite presentation deliberé
s'il seroit donné chef d'œuvre ou non, pendant lequel temps les jurez et autres
dudit mestier pourront s'informer des vye, mœurs, religion catolique et romaine
de l'aspirant, et pour faire ladite deliberation, seront tant les jurez en charge que
les jurez modernes, tenus de s'assembler en ladite chambre avec douze anciens
maistres jurez qui seront nommez par la communauté et mandez a la diligence
dudit aspirant, à laquelle assemblée pourront assister, sy bon leur semble, les

autres maistres dudit mestier; et en cas de contravention seront et demeurcront
les receptions nulles, et les jurez qui auront aussy contrevenu condampnez chacun
en cinq cens livres tournois d'amende applicable, scavoir moityé de laditte somme
aux pauvres de l'Hostel Dieu de Paris, et l'autre moitié à ceux de la maison des
Incurables du faulxbourg Saint Germain des Prez; et affin que tant lesdits statuts
que le present acte soient executez, ont tous les susdits donné et donnent pouvoir au porteur des presentes de presenter requeste à nosdicts seigneurs de Parlement, sous le nom des jurez de ladite communauté, à ce qu'il plaise à ladite
cour homologuer ledit present acte, et ordonner qu'il sera registré es registres
d'icelles pour estre executé selon sa forme et teneur. Et meme en cas qu'aucuns
fussent opposans ou refusans d'accorder, et signer le present acte, de presenter
autre requeste à ce qu'il soit declaré commun avecq eux, et condampnez d'y satisfaire, promettant, obligeant, renonçant. Fait et passé à Paris, en ladite chambre
de ladicte communauté sus declarée, l'an mil six cens cinquante, le dimanche
apres midy, vingt septicsme jour de mars [1].

Ladite cour a homologué et homologue ledit acte ou contrat du 27 mars
1650; ordonne qu'il sera entretenu et executé selon sa forme et teneur. Fait en
Parlement le 25e janvier, mil six cens cinquante trois.

<h1 style="text-align:center">XX</h1>

1741, juillet.

Statuts des bouchers en soixante articles et lettres patentes de Louis XV confirmatives.

Arch. nat., Ordonn. enregistrées au Parlement, X 1ᵉ 8746, fol. 208. — Coll. Lamoignon, t. XXXIV, fol. 566.

<h3 style="text-align:center">TITRE I.</h3>

1. Les bouchers seront conservés dans le droit et la faculté, exclusivement à
tous autres, de tuer, habiller, preparer dans leurs echaudoirs et vendre dans leurs
etaux, bœufs, veaux et moutons, avec defenses à qui que ce soit, de quelque qualité et condition qu'il puisse estre, autres que les maistres bouchers, de se meler
de boucherie et tenir etal, vendre chairs, à peine de confiscation des marchandises au profit de la communauté et de 3,000 livres tournois d'amende applicable moitié à la communauté et l'autre à l'Hôtel-Dieu.

[2, 3 et 4 [2]. Les rôtisseurs, pâtissiers, taverniers, hôteliers ne pourront vendre
et employer que des viandes achetées aux étaux des bouchers.]

5. Il sera fait defense aux bouchers de vendre des chairs et viandes qui n'au-

---

[1] Suivent les signatures de tous les assistants dont les noms figurent en tête de l'acte.

[2] On trouvera plusieurs articles dont l'abrégé a été mis entre crochets.

ront pas eté tuées et habillées dans leurs echaudoirs, et d'en tuer et habiller de gatées et prohibées, et pareilles defenses à tous messagers forains, laboureurs et autres de faire venir, apporter et vendre en cette ville aucunes betes defectueuses comme veaux morts, etouflés, nourris de son ou eau blanche, ou qui ayent moins de six semaines ou deux mois, à peine de confiscation et de 100 livres tournois d'amende applicable comme dessus.

[6. Défense aux forains de vendre des viandes.]

7. La vente des agneaux se fera, conformement à l'arrest du Conseil d'État du 2 decembre 1666, depuis Paques jusqu'à la Pentecote et depuis le premier jour de l'an jusqu'au Careme prenant; defense d'en amener, vendre, ny debiter dans les autres temps de l'année, à peine de confiscation et de 100 livres tournois d'amende, à quoi les jurés seront tenus de veiller et d'y donner leurs soins.

[8 et 9. Défense aux regrattiers ou autres de vendre ailleurs que dans les étaux autorisés.]

Titre II. — Des étaux.

10. Tous les etaux de cette ville et fauxbourgs, unis et attachés à des maisons particulières ou non, seront publiés par chacun an le premier mardy d'après la mi-careme, à l'audience qui se tient au Chatelet de Paris, par le Lieutenant General de police, et par luy adjugés aux bouchers qui en demanderont la continuation pour le meme prix de l'année precedente, sans que les proprietaires puissent les en depposeder, sous quelque pretexte que ce puisse estre, par des baux particuliers, à la charge pour le marchand boucher de payer de quartier et par avance le loyer et d'exploiter en personne l'étal qui lui sera adjugé, sans pouvoir le relouer à qui que ce soit. Pourra neanmoins le boucher declarer à la mesme audience qu'il ne veut plus continuer l'exploitation qu'il aura occupée l'année precedente, auquel cas le boucher demeurera dechargé, et cependant dans le cas que le boucher ne payeroit pas le quartier d'avance, et mesme de quartier en quartier, ou qu'il n'exploiteroit pas en personne l'etal et la maison, ou qu'il declara qu'il ne veut plus l'exploiter, le proprietaire sera tenu de se pourvoir devant le sieur Lieutenant General de Police, pour estre procedé à une nouvelle adjudication dudit etal.

11. Aucun boucher privilegié du prevost de l'Hotel ne pourra se rendre adjudicataire d'aucun etal lors de l'adjudication, s'il n'est maitre de la communauté.

12. Ne pourront les bouchers ni autres, de quelque qualité et condition qu'ils soient, louer ni se rendre adjudicataires d'un ou plusieurs etaux pour regrater sur iceux, à peine de 300 livres tournois d'amende, applicables au profit de la communauté.

13. Les bouchers seront tenus de garnir la veille de Paques les etaux dont

ils se seront rendus adjudicataires, sinon les etaux qui se trouveront fermés la veille de Paques seront fermés toute l'année, à peine de confiscation des chairs en cas d'ouverture et de 5o livres tournois d'amende applicable comme dessus.

[14. Les étaux fermés les dimanches et fêtes.]

15. Un maitre ne pourra occuper plus de trois etaux dans Paris, sçavoir un dans chacune boucherie differente, ou deux dans une seule et un dans une autre.

16. Neanmoins un fils de maitre, parvenu à l'âge de vingt ans, pourra dans la mesme boucherie ou son père occupera un ou deux etaux, en exploiter un autre seulement, en faisant par le père et le fils leurs affirmations au greffe et declarations au bureau sur le registre, que c'est pour et au profit du fils que l'exploitation se fait.

17. Seront les etaux de toutes les boucheries et etaux particuliers fermés pendant le cours de l'année à six heures du soir, passé lequel temps les chairs seront confisquées et le boucher condamné à 3o livres tournois d'amende; il sera cependant permis aux bouchers d'exposer leurs chairs les samedis et veilles des grandes fêtes jusqu'à dix heures du soir.

18. Pour la commodité des malades et leur procurer du soulagement, dans chaque boucherie de la ville et fauxbourgs de Paris où il y aura au moins dix étaux, il sera ouvert un étal chaque semaine alternativement, à commencer par le premier et finir par le dernier, dans lequel on exposera en vente les vendredis, samedis et autres jours maigres, chairs de bœufs, veaux et moutons, avec defenses aux maitres dont les etaux seront fermés de vendre chez eux lesdits jours et autres jours prohibés, aucunes chairs, à peine de confiscation et de 3oo livres tournois d'amende au profit de la communauté [1].

19. En consideration des grandes chaleurs qui corrompent les chairs, les marchands bouchers pourront ouvrir leurs etaux les fetes et dimanches, à commencer inclusivement depuis le premier dimanche après la Trinité, jusqu'à la fete de Notre-Dame de septembre exclusivement, à l'exception des fetes de Paques, la Pentecote, la Trinité, Fête-Dieu et l'Assomption.

20. Au moyen de quoi les etaux seront fermés les autres fetes et dimanches de l'année, à peine de confiscation des chairs exposées en contravention et de 3oo livres d'amende, sauf neanmoins ou les grandes chaleurs demanderoient quelque changement dans le present article et les precedents, à se pourvoir par devant le sieur Lieutenant General de Police, pour y estre statué sur une requeste qui lui sera presentée à cet effet par les syndics et jurés en charge.

21. Les bouchers, leurs femmes, enfans et domestiques demeureront dans l'enceinte de leurs etaux, sans pouvoir en sortir pour arrester et appeler les marchands, à peine de trente livres d'amende contre les contrevenans.

[1] Cet article a été supprimé dans les statuts de 1782.

22. Pour entretenir davantage la propreté et empescher l'infection, defenses seront faites à toutes femmes et autres personnes de vendre et ecosser ny decharger aucuns pois, feves, navets et autres legumes au pied des etaux et boucheries à peine de 6 livres tournois d'amende pour la première fois, et de la prison en cas de recidive.

TITRE III. — DES MARCHÉS.

23. Defenses à tous bouchers, etaliers et tous autres de manier et marchander les veaux exposés en la place et mesme d'aller sur la place, qu'il ne soit huit heures du matin pendant les mois de juin, juillet et aoust, et neuf heures le reste de l'année, comme aussi d'aller dans les autres marchés, d'y acheter ou marchander avant l'ouverture des marchés aux heures permises et sonnées, le tout à peine de confiscation et de 100 livres tournois d'amende au profit de la communauté.

24. Les bouchers, etaliers et autres ne pourront aller deux d'une maison dans les marchés pour acheter, si ce n'est le fils du maître servant son père qui ne pourra loter avec les autres, son père etant present.

[25. Défense aux bouchers et autres d'acheter des bestiaux en dehors des marchés.]

26. Les forains ou leurs domestiques vendront en personnes, sans pouvoir se servir du ministère des facteurs ou factrices residens à Paris ou aux marchés, à peine de 100 livres d'amende, tant contre les marchands que contre les facteurs ou factrices.

27. Defenses à tous bouchers et à tous autres particuliers d'acheter, dans les foires et marchés qui se tiendront 20 lieues à la ronde, aucunes marchandises pour les regrater et revendre dans les mesmes marchés ou ailleurs, à peine de confiscation et de 100 livres tournois d'amende, au profit de la communauté.

28. Aucun marchand ne pourra faire renvoy de sa marchandise, qu'il n'ait au moins au prealable fait deux marchez; et au 3e seulement, pourra le marchand se retirer en son pays. En ce cas sera tenu de prendre renvoy, à peine de 100 livres d'amende.

29. Lorsque les ventes de bestiaux se feront à termes de marchés, les forains prendront reconnoissance par ecrit des bouchers, autrement les marchés seront reputés comptant et les forains tenus de faire leurs dilligences dans la huitaine du jour de la vente, sinon non recevables.

30. Dans le cas de la mort du bœuf dans les neuf jours de la vente, il sera fait, en vertu de l'ordonnance du Lieutenant General de police, visite dudit bœuf, et rapport de la cause de mort, pour connoistre s'il y a lieu à la garantie, pour audit cas avoir par le boucher son recours contre le forain qui sera condamné par corps à rendre le prix de la vente, deduction faite du cuir et du suif; et pour prevenir

de la part des bouchers que les bœufs ne meurent de trop de fatigue et faute de soins, ils seront tenus, conformement aux arrests du Parlement des 4 septembre 1673 et 13 juillet 1699, de les faire conduire depuis les marchés jusqu'à Paris, en troupes mediocres et par un nombre suffisant de personnes, de les nourir convenablement, de les tenir à l'attache, de leur fournir de bonnes litières en toutes saisons, et de les heberger dans des bouveries bien couvertes et entretenues.

31. Les bouchers demeureront dans la possession et liberté d'aller ou envoyer leurs garçons acheter et conduire en leurs maisons les bestiaux qu'ils trouveront chez les fermiers et laboureurs, sans pouvoir y estre troublés par qui que ce soit.

32. Il sera permis aux bouchers de faire, ainsy qu'il s'est toujours pratiqué, leurs marchés pour six mois avec les tanneurs, megissiers de cette ville, pour l'enlevement des peaux provenans de leurs abatis, et seront les tanneurs et megissiers contraints par corps au payement du prix des marchés.

33. Pourront les bouchers de la ville et fauxbourgs de Paris vendre les peaux de leurs abbatis à tous marchands, tant forains que de Paris indifferement.

TITRE IV. — DES SUIFS.

34. Les suifs des bouchers seront exposés en la manière accoutumée, à la place ordinaire, depuis dix heures jusqu'à une heure après-midy, desquels bouchers les chandeliers seront tenus d'acheter les suifs dont ils auront besoin. Defenses à tous bouchers, chandeliers et autres de les acheter pour les exposer, revendre et regratter ès autres jours de marchés, à peine de confiscation et de 50 livres d'amende applicable comme dessus.

35. Defenses aux chandeliers d'acheter à Paris du suif en branches pour le refondre et exposer au marché; defense mesme à eux de vendre aucuns suifs, à peine de confiscation et de 50 livres tournois d'amende.

36. Pourront les bouchers faire fabriquer chez eux les suifs necessaires pour la chandelle de la provision de leurs maisons, sans que qui que ce soit puisse les y troubler, à la charge par eux de faire leur declaration au bureau des chandeliers de la quantité qu'ils en voudront fabriquer, le lieu qu'ils entendent la faire travailler et le jour où il sera permis aux jurés chandeliers d'aller visiter chez les bouchers, pour connoistre si leurs declarations sont fidèles.

TITRE V. — DES APPRENTIS, COMPAGNONS ET RECEPTIONS À LA MAITRISE.

37. Personne ne sera admis et reçu dans l'art de boucher qu'il ne soit de la religion catholique, apostolique et romaine et de bonnes mœurs.

38. Aucun ne pourra estre reçu maitre qu'il n'ait servi les maitres fidèlement et sans reproches pendant onze années consecutives; sçavoir trois années en qualité d'apprentif, et huit années en qualité de compagnon, qu'il n'ait fait chef d'œuvre et qu'il n'ait au moins vingt huit ans accomplis.

39. Tous les brevets d'apprentissage seront faits pour trois années, comme dessus, passés pardevant notaires en la presence des jurés, signés d'eux et enregistrés en la chambre du sieur Procureur du Roy et sur le livre de la communauté, et l'apprentif payera les droits ordinaires pour la communauté, le tout à peine de nullité.

[40, 41. Si le maître cesse, l'apprenti continue sous un autre. Les maîtres ne peuvent avoir qu'un apprenti et après douze ans de profession.]

42. Celui qui se presentera pour estre reçu maitre rapportera son brevet d'apprentissage, bien et dument quittancé, et un certificat de huit années de service fait chez les maitres comme compagnon.

43. Le chef d'œuvre de l'aspirant sera d'habiller un bœuf, un mouton, un veau, qui sera ordonné par les syndics et jurés et fait en leur presence et de huit anciens, qui seront nommés par les jurés et pris, sçavoir, deux de chacun quartier de Paris, et pour faire le chef d'œuvre sera employé tout au plus deux vaccations, pour chacune desquelles sera payé par l'aspirant 100 sols à chacun des jurés et syndics seulement; le chef d'œuvre fait et reçu, l'aspirant sera conduit par les jurés et presenté au sieur Procureur du Roy, pour y faire le serment d'observer les reglements, porter honneur et respect aux jurés, et souffrir leurs visites.

44. Le chef d'œuvre de celui qui se presentera pour estre reçu maitre demeurera à la communauté, pour en disposer par les jurés et syndics au profit de ladite communauté et estre les deniers mis ès mains du syndic et receveur dont il rendra compte.

45. Les fils de maitres nés en legitime mariage depuis la reception de leurs pères à la maitrise, seront reçus maitres sans faire aucun chef-d'œuvre, pourvu qu'ils ayent servi leurs pères faisant profession actuelle de boucher ou autres maitres, pendant le temps de quatre années entières et consecutives, et qu'ils ayent atteint l'age de 18 ans ou environ.

46. Un compagnon qui aura servi les maitres pendant douze années, epousant une fille de maitre ou une veuve, fera chef d'œuvre entier et payera les droits ordinaires.

47. Toutes personnes de mauvaise vie, notées et reprises de justice, seront exclues de la maitrise, mesme de servir les maitres, à peine de 30 livres tournois d'amende contre les maitres qui en auront connoissance.

48. Un maitre ne pourra recevoir à son service aucun domestique, soit premier ou second de l'état, sortant de chez un autre maitre, s'il ne raporte un congé par ecrit du maitre d'où il sera sorti, et qu'il n'ait parachevé son année de service qui commencera à Paques pour finir au careme prenant suivant, et en sortant par lesdits domestiques du service d'un maitre après l'année expirée, seront

tenus lesdits domestiques de sortir les ponts et d'y demeurer pendant deux ans sans pouvoir revenir dans le quartier d'où ils seront sortis qu'après lesdites deux années expirées, quand bien mesme ce seroit pour s'y etablir en qualité de maitre, le tout à peine de 100 livres tournois d'amende contre le maitre qui l'aura pris, de 50 livres contre le domestique, et des dommages-interêts envers le maitre d'où il seroit sorti, et le tout solidairement.

49. Ne seront cependant compris dans les defenses portées en l'article ci-dessus, ceux des compagnons ou etalliers qui epouseront des filles de maitres ou veuves etablies dans les quartiers où ils seront en service et d'où ils seroient sortis, lesquels èsdits cas seront libres d'y rester ou retourner toutefois et quantes, pour y exploiter les etaux qui appartiendront par succession, donnation ou autrement auxdittes veuves ou filles qu'ils epouseront.

Titre VI. — Des syndics et jurés.

50. Pour l'administration de la communauté et veiller aux affaires et faire observer les reglemens de police, il sera procédé le jour de l'adjudication des etaux à l'election de deux jurés par chacun an, laquelle se fera à la pluralité des voix au Chatelet de Paris, à l'issue de laditte audience d'adjudication, par devant le sieur procureur du Roy.

51. Sera pareillement le mesme jour et en mesme temps, procédé, pardevant le sieur procureur du Roy, à l'élection d'un syndic receveur de la communauté qui fera le serment, ainsy que les jurés, pardevant le sieur procureur du Roy.

52. Nul ne pourra etre syndic qu'il n'ait auparavant esté juré, et nul ne pourra estre juré qu'il n'ait au moins 10 ans de maitrise.

53. Lorsqu'il s'agira de quelques affaires importantes à la communauté, les syndics et jurés en charge manderont au bureau, alternativement selon l'ordre de reception, douze anciens sortis de charge, six modernes et six jeunes, et ce qui sera par eux resolu, sera executé par toute la communauté.

54. Les jurés de la communauté iront en visite, tant chez les bouchers de la ville que chez les bouchers de fauxbourgs, lorsqu'ils le jugeront à propos, le plus souvent que faire se pourra, et rendront compte des contraventions. Enjoint aux maitres bouchers, à leurs enfants et domestiques, d'ouvrir leurs maisons, echaudoirs aux jurés, quand ils iront en visite, de les recevoir aussitost qu'ils se presenteront et de leur porter honneur et respect, à peine de 50 livres d'amende au profit des jurés.

55. Seront tenus les jurés, lors de la visite qu'ils feront dans les echaudoirs et etaux, de faire emporter les chairs qu'ils trouveront defectueuses; dont sera fait rapport à l'instant au sieur Lieutenant General de police, pour y estre par lui statué en hotel provisoirement, sauf à prononcer deffinitivement à son audience sur la demande arbitraire.

56. Les bouchers suivant et conformement à la transaction passée avec les fermiers generaux et aux lettres de confirmations expediées en consequence employeront le sel de morue [1] pour la salaison de leurs cuirs.

[57 à 60. Les veuves des maîtres continuent le métier; les poids doivent être bien réglés; les règlements seront observés.]

Louis, par la grace de Dieu, Roy de France et de Navarre, à tous presens et avenir salut. Nos amés les syndics et jurés en charge de la communauté des maitres et marchands bouchers de nostre bonne ville et fauxbourgs de Paris, nous ont fait exposer que leurs anciens statuts n'ayant pourvu qu'à une partie de ce qui concerne la police de leur commerce, il s'y est introduit plusieurs abus très préjudiciables au bien public et à celui de leur communauté; et ils ont souvent été obligés de recourir à notre Conseil, à notre Cour de Parlement et aux magistrats de police, où il est intervenu différens édits, déclarations, arrets et réglemens qui ont donné une face presque nouvelle à leur communauté. C'est sur le fondement de ces décisions et pour en assurer davantage l'exécution qu'ils ont fait dresser un corps de statuts composé de soixante articles, dans lesquels ils ont tâché de réunir tout ce qui peut entretenir le bon ordre dans un commerce aussy nécessaire, et qui demande les plus grandes attentions. Ces statuts ont été examinés et approuvés sous notre bon plaisir, par les sieurs Lieutenant Général de police et Procureur pour nous au Chastelet de notre ville de Paris, en sorte qu'il ne reste plus aux exposans qu'à obtenir nos lettres de confirmation qu'ils nous ont très humblement fait supplier de leur accorder. A ces causes, voulant favorablement traiter lesdits exposans, de l'avis de notre Conseil qui a vu les statuts rédigés en soixante articles... Nous les avons agréés... Donné à Versailles, au mois de juillet, l'an de grace 1741 [2] et de nostre règne le vingt sixième.

[1] Cette transaction fut suivie d'une autorisation royale dont voici la mention :
1673, 14 août. — Lettres patentes autorisant les bouchers à se servir de sel de morue, à la place du sel dit *natron* dont l'entrée est interdite dans Paris, autorisation suivant l'accord entre la communauté des bouchers et le fermier général des gabelles. (Lamoignon, t. XVI, fol. 164.)

[2] Ces lettres et statuts ne furent enregistrés au Parlement que le 18 février 1743.

TITRE VI.

CUISINIERS. — TRAITEURS.

D'argent, à un plat couvert, de sable,
accompagné de trois couronnes de lierre, de sinople,
deux en chef et une en pointe [1].

Au xiii° siècle, ce métier avait présenté ses statuts à Étienne Boileau sous le nom de cuisiniers-oyers [2]. Ils accommodaient les viandes et légumes, rôtissaient les oies et autres volailles, confectionnaient quelques pièces de charcuterie. Vraisemblablement ils ne vendaient que des articles communs, à l'usage du menu peuple. De ces artisans vient le nom de rue aux Oues, transformé par une étrange corruption en rue aux Ours.

Vers 1300, Guillaume Thiboust rendit une ordonnance sur leur métier et sur la police des viandes en général. Il en attribue la surveillance aux quatre jurés cuisiniers de concert avec le maître des bouchers.

Pendant les xiv° et xv° siècles, les textes disparaissent [3] et les cuisiniers semblent absorbés par les deux spécialités de leur commerce : les charcutiers d'une part, investis de leurs premiers statuts en 1476 [4], et les rôtisseurs, qui s'attribuent, dans les lettres que Louis XII leur octroya en 1509 [5], les règlements donnés aux oyers par Étienne Boileau.

Plus tard Henri III, dans son ordonnance générale de 1581 [6], fait mention des boulangers, rôtisseurs et pâtissiers, comme métiers exercés ensemble et pour lesquels il prescrit des chefs-d'œuvre séparés. La communauté des cuisiniers qui n'y est pas signalée ne devait plus être organisée régulièrement.

Henri IV renouvelle la même prescription dans son édit d'avril 1597, et en 1599 les queux-cuisiniers sont érigés en métier juré et font homologuer leurs statuts.

[1] D'Hozier, *Armorial,* texte, t. XXV, fol. 445. — Blasons, t. XXIII, fol. 431.

[2] Voyez notre *Livre des Métiers,* titre LXIX, p. 145. Statuts en seize articles.

[3] L'ordonnance du roi Jean ne parle pas des cuisiniers. Dans l'enrôlement des bourgeois de Paris, par Louis XI, en juin 1467, les poulaillers, queux, rôtisseurs et saucissiers forment une bannière. (Voyez ci-dessus, pièce n° VIII, p. 54.)

[4] Ci-dessous, titre VII, pièce n° I.

[5] Ci-dessous, titre IX, pièce n° I.

[6] Henri III fit deux édits sur les maîtrises et le chef-d'œuvre en 1577 et 1581; ils ne reçurent pas d'exécution à cause des désordres de la Ligue. L'édit confirmatif de Henri IV en 1597 eut seul force de loi. Ces trois documents occupent les numéros XXIV, XXV et XXVI des *Métiers en général,* p. 80 et suiv.

Il s'agit à cette époque d'un métier entièrement transformé et bien supérieur à celui des cuisiniers-oyers. Le maître queux était le cuisinier des grandes maisons, comme aujourd'hui le « chef ». Le maître queux du Roi avait dans les statuts de Boileau la surveillance du commerce des poissons et la prisée des marchandises [1]. Avec le luxe toujours croissant du xvi⁰ siècle, le métier prit une grande extension. Les cuisiniers de ce genre perfectionné et délicat, devenus plus nombreux que les places particulières, se constituèrent en communauté dite des queux-cuisiniers-porte-chappes. D'après les règlements qu'ils firent enregistrer en 1599, la maîtrise comportait le droit exclusif d'entreprendre les noces et festins; les autres métiers s'occupant de cuisine ne pouvaient faire que leur partie.

Les écuyers de cuisine employés dans les maisons du Roi et des princes eurent la faculté de se faire recevoir maîtres, sur la simple présentation de leur certificat et moyennant la finance de maîtrise [2]; ceux des présidents et conseillers au parlement, après trois ans d'exercice et sur une seule expérience. La communauté devait élire quatre jurés, renouvelables par moitié tous les ans et pris parmi les maîtres de confrérie et bâtonniers.

Un autre texte de statuts parut en 1663 et confirma les prescriptions de 1599; il insiste tout spécialement sur l'organisation de la confrérie établie sous l'invocation de la Nativité de la sainte Vierge, dans l'église des Saints-Innocents. Leur jeton représente la Vierge mère avec la légende: *Mater Christi*. La cotisation annuelle est fixée à 20 sols, un cierge de deux livres, un pain bénit; l'assistance aux offices et à la fête du 8 septembre était obligatoire pour tous les confrères.

Les maîtres devaient encore un droit de 7 sols 6 deniers pour chaque entreprise de repas de noce (art. 34) et s'engageaient à ne pas les faire pendant le carême ou les jours d'abstinence. Quant aux chefs de la confrérie qui donnaient chaque année, lors de la reddition de leurs comptes, un repas aux divers membres assistants, ils le supprimèrent en 1663 et le remplacèrent par un don de 75 livres (art. 7).

Le nombre des maîtres reconnu trop considérable, il fut décidé qu'on resterait pendant dix ans sans passer de brevets d'apprentissage. On verra dans ces statuts diverses précautions émises contre ceux qui faisaient des entreprises de banquets, avec l'idée constante d'éliminer leurs nombreux concurrents; ils ne donnent aucune des recettes de cuisine qui constituaient les traditions secrètes de la pratique du métier.

L'article 43 traite la question des droits acquittés au Trésor royal par la communauté à l'occasion de sa fondation, sous Henri IV; pour don de joyeux avènement, sous Louis XIII et Louis XIV. Le droit, cette dernière fois, s'éleva à 1,500 livres.

Vient ensuite la série des impositions frappées à l'occasion] des créations d'offices : union de l'office des jurés à la communauté des cuisiniers (édit du 4 juillet 1693 [3]), pour la somme de 3,000 livres; des auditeurs des comptes [4], pour 1,734 livres; des trésoriers-receveurs des deniers communs [5], le 15 décembre 1704, pour 3,300 livres; des contrôleurs de poids et mesures, le 29 mai 1708 [6], pour 3,000 livres; des inspecteurs des jurés, le 5 mai 1745, pour 8,000 livres.

L'art du cuisinier, exercé comme spécialité par plusieurs corps de métier, fut l'objet de fréquentes contestations de la part des traiteurs. Leurs statuts et arrêts ont été publiés jusqu'en

---

[1] *Livre des Métiers*, titre C, art. 15.

[2] Les statuts de 1599 ne portent pas le chiffre d'achat du métier; en 1766, le brevet coûtait 35 livres et la maîtrise 718 livres.

[3] Lamoignon, t. XIX, fol. 139.

[4] *Ibid.*, t. XXII, fol. 94, en note.

[5] Lamoignon, t. XXII, fol. 93.

[6] Nous avons inséré les deux actes de 1708 et 1745; on y expose une protestation contre les entreprises de repas faites par les marchands de vins et un aveu de la dette importante résultant des nombreux procès engagés par la communauté.

1714 [1]. Plus tard, un arrêt du parlement du 4 septembre 1752 prescrit pour l'assemblée, où les jurés doivent être élus, la présence des jurés, doyen et anciens maîtres, conjointement avec vingt-cinq modernes et vingt-cinq jeunes maîtres, pris dans l'ordre du tableau, puis, pour les quatre jurés de la communauté, deux à prendre parmi les traiteurs simples ne faisant pas d'autre profession et les deux autres parmi les traiteurs simples, les marchands de vin traiteurs, pâtissiers traiteurs et rôtisseurs traiteurs [2]. Il fallait évidemment une entente entre les communautés pour procéder à cette élection.

Un arrêt du 5 août 1761 [3] fut rendu en faveur des cuisiniers traiteurs contre les marchands de vin et confirma les statuts qui leur permettaient d'avoir dans leurs caves les vins nécessaires pour la fourniture des repas, noces, festins et banquets entrepris chez eux ou chez les particuliers. En 1776, dans la nouvelle répartition des métiers, les pâtissiers, rôtisseurs traiteurs formèrent la 44e et dernière communauté.

Collections de la Monnaie et de la ville de Paris [4].

[1] Outre les preuves rapportées dans le *Traité de la police*, 5e édit. de 1729, t. IV, p. 633, il existe un volume spécial intitulé : *Articles, statuts, ordonnances des maistres queulx, cuisiniers, portechappes et traiteurs de la ville et faubourgs de Paris.* — Sevestre, au pont Saint-Michel, 1714, petit in-4°, 91 pages (Biblioth. de l'Arsenal, jurisprudence, n° 4589) :

1. Statuts d'août 1663 en 45 articles. — Lettres confirmatives de ces statuts et enregistrement du parlement.
2. Réunion à la communauté des offices de jurés moyennant la somme de 3,000 livres et quittance du trésorier des revenus casuels.
3. Arrêt du parlement en faveur des traiteurs contre les marchands de vins, du 4 mai 1701.
4. Réunion des offices de trésoriers-payeurs des deniers communs pour 3,300 livres. — Déclaration du Roi et arrêt du parlement à ce sujet. (15 déc. 1704. — 14 janvier 1705.)
5. Délibération des jurés cuisiniers réclamant contre les entreprises faites sur leur métier par les pâtissiers, rôtisseurs, cabaretiers, charcutiers.
6. Mémoire et arrêt du parlement en faveur des cuisiniers, contre Michel Filastreau, cabaretier. (Août 1705.)

7. Arrêt du Conseil d'État, rendu sur la réclamation des cuisiniers, interdisant à tous marchands de vin de se dire privilégiés, à la suite du grand conseil. (17 mai 1706, p. 54.)
8. Arrêts contre les marchands de vin, permettant aux cuisiniers d'y faire des visites ; contre les receveurs et contrôleurs de vins de la ville ; contre les rôtisseurs ; contre les Suisses, soi-disant privilégiés.

Note manuscrite en tête du livre : « D'où vient le nom de porte-chappes, je n'en sais rien, à moins que ce ne soit d'une serviette qu'ils portoient au col pour soutenir les plats. Cette communauté est très nombreuse à Paris, d'autant que plusieurs pâtissiers et marchands de vin se font recevoir traiteurs. » — Le même ouvrage, édition in-8°, 1741 (*ibid.*, n° 4590).

[2] Coll. Lamoignon, t. XL, fol. 210. Tous les membres de ces métiers, dits gens de bouche, exerçaient la profession de « restaurateur », lequel nom date seulement de notre époque.

[3] *Ibid.*, t. XLI, fol. 114.

[4] Le type de 1757 appartient à la collection de la Monnaie ; il offre une effigie peu commune de Louis XV.

I

1300 ou 1301, jeudi après l'Annonciation.

Lettres de Guillaume Thiboust [1], *prévôt de Paris, sur le métier des cuisiniers, les viandes et les comestibles.*

Bibl. nat., ms. fr. 24069, fol. 237 *bis* v°, ms. dit de la Sorbonne.

A touz ceus qui ces lettres verront, Guillaume Tibout, garde de la prevosté de Paris, salut. Sachent tuit que nous, consideré et regardé le prouffit commun des bone genz et pour le damage eschever qui en porroit ensuivre, avons ordrené que toute char qui meurt sauz main de boucher sait arse.

Item que toute char qui est reschaufée ii foiz et tout potage reschaufé, touz pois, toutes feves portez parmi la ville; toute char fresche gardée du jeudy au dymanche, et tout rost ausi gardé du jeudy au dymanche; toute char salée et fresche, puente; toute char cuite hors de la ville; toutes saucices de char seurfemée; toutes saucices de char de beuf et de mouston aveucques port; toute char que boucher n'ose vendre a son estail; poissons puanz, quiex que il soient; touz poissons cuiz de ii jourz et tout sanc, de quel main que il viegne, saient arses et condempnées; et que toutes les personnes qui seront trouvées ces choses desus devisées faisanz, ou aucunes d'icelles, lesquelles seront pugniees de par nous, ou par les jurez, les quiex seront establiz iiii preudesomes, par nous ou par noz successeurs, prevoz de Paris; lesquiez iiii preudesomes seront dudit mestier, et seront touz les anz ostez et mis noveaus, lesquiex jurront que bien et leaument garderont le mestier, et, pour ce, seront establiz a ce que la cuisine soit gardée, par le Roy, aveuc le mestre des bouchers [2]. Ce fut fet le jeudy apres la Marcesche.

---

[1] Guillaume Thiboust, prévôt de Paris, environ de 1299 à 1301; on lui doit plusieurs ordonnances sur les métiers. Il fut excommunié par décret de l'Université pour avoir condamné injustement un régent aux arts en juin 1301 et dé-

posé de sa charge. (Sauval, livre XIV, p. 30.)

[2] Le chef ou maître des bouchers avait une autorité sur tous les métiers qui touchaient à la boucherie, ainsi que le rapportent les statuts de 1381, ci-dessus, p. 266.

II

1599, mars.

Lettres patentes de Henri IV [1], *confirmatives des premiers statuts des queux-cuisiniers porte-chappes, en douze articles.*

Coll. Lamoignon, t. X, fol. 55. — Traité de la police, t. III, p. 491.

Henry, par la grace de Dieu, Roy de France et de Navarre, a tous presens et advenir, salut. Par notre edit de retablissement et reglement general fait sur tous les arts, traficqs, mestiers et maistrises de ce royaume, du mois d'avril 1597 [2], Nous aurions, entre autres choses, par le troisieme article d'iceluy, ordonné que tous marchands des villes, bourgs et bourgades nous payeroient la finance a laquelle ils seroient pour ce taxés en nostre conseil, eu egard a la qualité dudit mestier et art, pour estre leurdit mestier juré. A quoy nos bien amez les maistres queux, cuisiniers et porte chappes de nostre ville de Paris, desirans jouir dudit benefice et privilege, nous auroient payé, ès mains du commis a la recette desdits deniers, la finance a laquelle ils auroient eté taxés en nostre conseil, comme de ce appert des quittances dudit commis, cy attachées avec ledit edit, sous le contrescel de nostre chancellerie, et nous auroient très humblement supplié et requis leur en octroyer nos lettres pour ce necessaires. Sçavoir faisons que nous, voulant leur subvenir en cet endroit et faire doresnavant exercer ledit mestier avec bon ordre et police, et obvier aux abus et malversations qui se sont commises par le passé, avons ledit art et mestier de maistres queux, cuisiniers et porte chappes. en nostredite ville de Paris, fait, creé, erigé et establi, faisons, creons, erigeons et establissons juré, voulons et nous plait que lesdits maistres queux, cuisiniers et porte chappes de nostredite ville de Paris jouissent des privileges, statuts et ordonnances qui ensuivent :

1. Premierement, que les paticiers, rotisseurs, chaircuitiers et autres personnes, de quelque mestier qu'ils soient, ne pourront entreprendre dudit mestier pour faire nopces, festins ou banquets, tant en leurs maisons qu'en autres lieux, si ce n'est chacun de leur mestier, a peine de l'amende.

2. Item, que ceux qui auront financé au Roy pour jouir de la creation dudit

---

[1] Ces lettres patentes ne sont dans aucun dépôt public. Le commissaire Lamare (Police, t. III, p. 491) ne dit point d'où il les a tirées; il y a apparence que c'est cette communauté qui les luy a procurées (note de Lamoignon, t. X, fol. 55.) Il n'y a pas de mention d'enregistrement au parle-

ment. Quoi qu'il en soit, on ne saurait douter de leur authenticité; les statuts de 1663 se reportent fréquemment aux articles de 1599, pour y faire des modifications.

[2] Voyez ci-dessus, *Métiers en général*, pièce n° XXVI.

mestier en jurande, et dont le memoire sera cy-attaché, seront reçeus maistres sans faire chef d'œuvre, ains seulement presteront le serment pardevant nostre procureur au Chastelet, duquel serment leur sera delivré acte, comme il est amplement contenu par l'edit de la creation desdits maistres.

3. Item, que nul ne pourra estre reçeu a la maistrise dudit mestier des maistres queux, cuisiniers et porte chappes, en ladite ville de Paris, que au prealable il n'ait fait chef d'œuvre en la presence de deux maistres dudit mestier qui seront esleus jurés.

4. Item, que le chef d'œuvre qui sera fait par celuy qui voudra estre reçeu maistre audit mestier, sera de chair et de poisson, le tout diversement et a ses depens, selon les saisons de l'année et sera fait en la maison de l'un desdits jurez, auxquels pourront assister douze maistres dudit mestier.

5. Item que ceux qui desireront parvenir audit chef d'œuvre et maistrise seront tenus de faire apparoir leur obligé et service fait aux maistres dudit mestier, le temps et espace de trois ans entiers, lesquels trois ans ils s'obligeront à l'un desdits maistres, pour parvenir au chef d'œuvre ordonné cy dessus; après lequel accomply ils seront reçeus maistres audit mestier. Et toutesfois ne pourront achever leurdit apprentissage chez leur maistre à cause de son decez, ou il viendroit a deceder, en ce cas ils pourront achever leurdit apprentissage chez un autre maistre dudit mestier.

6. Item, que pour le regard des fils de maistres dudit mestier ils seront reçeus maistres sans faire chef d'œuvre, après toutesfois avoir servi leur pere, ou l'un des maistres, le temps et espace de deux ans seulement et payé les droits de confrairie et de boeste; dont ils seront seulement tenus de prester le serment pardevant nostredit procureur au Chastelet.

7. Item, ne pourront lesdits maistres dudit mestier prendre pour chacune fois plus d'un apprenty, pour faire avec eux leur apprentissage, le temps ordonné cy-dessus.

8. Item, que les ecuyers de cuisine, maistres queux, potagers, hateurs [1], enfans de cuisine du Roy, de la Reine, des princes et princesses, eux voulans retirer en ladite ville de Paris et se presentans au corps dudit mestier, seront reçeus maistres audit corps dudit mestier, quand bon leur semblera, faisant apparoir seulement leurs lettres de retenue et certifficat, comme ils auront esté employé en l'etat de la maison de sa Majesté et autres.

9. Item que les ecuyers de cuisine, maistres queux, porte chappes, hateurs, enfans de cuisine des seigneurs presidens, conseillers, eux voulans se retirer en ladite ville de Paris et se presentans au corps dudit mestier, seront reçeus maistres audit corps dudit mestier, faisant apparoir du fidel service qu'ils auront fait a

[1] Hateurs ou hatiers, de *hasta*, broche. Officiers de cuisine préposés spécialement aux rôtis et à la préparation des viandes.

leurs maistres, le temps et espace de trois ans, et faisant aussy une simple experience dudit mestier de cuisinier, et payant les droits de confrairie et de boestes
et dont ils seront tenus aussy faire serment pardevant nostredit procureur.

10. Item, que les garçons de cuisine portant la hotte pourront, lorsque bon
leur semblera, aller travailler pour les bourgeois en leurs maisons, seulement a
leurs journées, et ne pourront autrement entreprendre dudit mestier de cuisinier,
soit en noces ou festins, a peine de l'amende qui sera jugée en la maniere accoustumée.

11. Item pour obvier aux abus et malversations qui se pourront commettre
audit mestier et entretenir iceluy en bon ordre et police, comme est dit cy-dessus, sera esleu, pardevant nostredit procureur, quatre maistres dudit mestier,
jurez; lesquels exerceront leur commission, le temps et espace d'un an seulement, lequel fini en sera esleu deux autres, en la place de deux des quatre qui
seront depossedés de leurditte commission, ledit temps d'un an fini et accompli,
et les deux autres demeureront avec les deux derniers esleus encore un an, pour
donner la connoissance des affaires dudit mestier aux deux autres derniers esleus;
et toutesfois aucuns desdits maistres ne pourront parvenir a laditte jurande qu'ils
n'ayent esté maistres de confrairies et bastonniers, selon l'avis des maistres anciens
dudit mestier.

12. Item, tous les maistres dudit mestier de cuisinier, reçeus comme dit est,
en vertu dudit edit, seront tenus avertir les jurés des malversations qu'ils pourront decouvrir estre faittes par aucuns dudit mestier, a peine de l'amende arbitraire a appliquer où on advisera, pour iceux statuts et ordonnances, contenues
et declarées esdits articles cy-dessus, tenir garder et entretenir par lesdits maistres queux, cuisiniers et portechappes de laditte ville de Paris, sans y contrevenir en aucune façon. Si donnons en mandement au prevost de Paris ou son
lieutenant que ceste notre presente erection, creation et etablissement dudit
mestier juré de maistre queux, cuisinier, portechappes, en nostre ville de Paris,
ils fassent lire, publier et enregistrer, nonobstant aussy toutes ordonnances, mandemens, deffenses et lettres a ce contraires, arrests de notre cour de parlement,
mesme celuy donné en faveur des rotisseurs de nostre ville de Paris, le neuvième jour d'avril 1591, auxquelles ordonnances et autres choses a ce contraires nous avons derogé et derogeons..... Donné à Paris au mois de mars,
l'an de grace mil cinq cens quatre vingt dix neuf et de nostre regne le dixième.

III

1612, septembre.

Lettres patentes de Louis XIII, portant confirmation pure et simple
des statuts des cuisiniers de 1599.

Coll. Lamoignon, t. X , fol. 773.

IV

1645, juin.

Lettres patentes de Louis XIV, confirmant purement et simplement
les statuts des cuisiniers, porte-chappes, du mois de mars 1599.

Coll. Lamoignon, t. XII, fol. 593. — Traité de la police, t. III, p. 492.

V

1663, août.

Statuts des maîtres queux, cuisiniers, porte-chappes et traiteurs de la ville de Paris,
en 45 articles, avec lettres patentes de Louis XIV confirmatives.

Arch. nat. , Ordonn., 10° vol. de Louis XIV, X 1° 8664, fol. 12. — Coll. Lamoignon, t. XIV, fol. 595.

1. L'experience que les jurés anciens, bacheliers et maistres queux, cuisiniers, et portechappes de la ville et fauxbourgs, banlieue, prevoté et vicomté de Paris, se sont acquises dans la disposition de leurs festins, pour la satisfaction des gouts les plus delicats, a passé pour si constante, qu'outre qu'ils demeureront en la possession des anciens privilèges dont le feu Roy Henry le Grand, d'heureuse memoire, auteur de leur etablissement, les a honorés, ils ne pourront dorenavant, soit en general, soit en particulier, estre traduits pour leurs causes, procès et differents civils et criminels, ailleurs qu'au Chastelet, en première instance, et, en cas d'appel, au Parlement de Paris, nonobstant toutes restrictions, mandemens et ordonnances à ce contraires. A cet effet, eux ny leurs veuves ne se pourront associer avec quelles que personnes que ce puisse estre pour faire ladite profession qu'avec les maitres d'icelle seulement.

2 à 5. [Quatre jurés; élus chaque année le 15 octobre; serment, surveillance, quatre visites à faire par an; obligation de leur déclarer les fautes commises.]

6. Pour maintenir l'ordre que l'on a jusques à present religieusement gardé en la nomination des quatre administrateurs de ladite confrérie, sous l'invocation de la Nativité de la très sainte Vierge, etablie en l'eglise des Saints Innocents, il en sera, tous les ans au huit septembre, jour de ladite feste, eslu deux à la pluralité des voix desdits maitres, pour pendant deux ans seulement avoir le soin de toutes choses concernant ladite confrérie, en recevoir les deniers et en rendre compte sans aucun frais, en presence de tous les anciens bacheliers et maitres d'icelle, le tout pardevant le Procureur de Sa Majesté audit Chastelet.

7. La resolution prise sur le registre de ladite communauté, le vingt huitième jour d'aoust 1646, confirmée par sentence du prevot de Paris, ou son lieutenant civil le 5 aoust 1662, sera executée selon sa forme et teneur; ce faisant les administrateurs de ladite confrerie après leurs comptes vus examinés et arrestés, au lieu de festins qu'ils avoient l'habitude de faire, à fin d'entretenir le zèle que l'on doit avec reverence observer pour l'honneur de la Nativité de la très sainte Vierge, patronne de la communauté, feront un present à ladite confrerie de 75 livres en argent et deniers comptant, pour subvenir à la decoration d'icelle, et autres choses les plus necessaires au service divin.

8. Lesdits maitres, leurs veuves et compagnons paieront tous les ans le droit de ladite confrérie, à raison de vingt sols par chacun an d'iceux, à peine d'amende, dont les plaintes seront portées pardevant le procureur de Sa Majesté audit Chatelet.

9. Pour que le service divin soit fait à ladite confrerie avec plus de pompe, chacun desdits maitres et veuves fournira un cierge blanc de deux livres pesant, qui sera mis à la chapelle d'icelle, le jour de la feste de ladite communauté, à peine d'amende.

10. Les administrateurs de ladite communauté se rendront tous les dimanches à la messe d'icelle, sans qu'ils en puissent estre dispensés, sinon en cas de maladie, ou autre empeschement legitime, et tiendront un fidel registre, tant de ceux qui rendront le pain benit que de ceux qui auront payé le droit de confrairie.

11. Huit jours avant la feste de la Nativité de la très sainte Vierge, lesdits administrateurs feront avertir lesdits jurés de faire faire par la ville les proclamations ordinaires pour la confrairie.

12. Lesdits jurés, anciens bacheliers et tous les maitres de ladite communauté, se trouveront au service divin, le jour de la Nativité de la très sainte Vierge, sans qu'ils en puissent estre dispensés, sinon en cas de maladie, ou autre excuse legitime; et sont conviés de se rendre autant exacts qu'ils pourront à se trouver au service divin qui se fera aux autres jours de ladite confrairie.

39.

13. En interpretant le deuxiesme article desdits statuts du mois de mars 1599, tous les maistres jusques à present reçus dans ladite communauté, jouiront des privilèges d'icelle sans qu'aucun autre s'en puisse mesler directement ou indirectement, à peine d'amende arbitraire, et pourront entreprendre toutes noces festins, banquets et autres choses dependantes de leur art en toute l'etendue de laditte ville, fauxbourgs, banlieue, prevoté et vicomté de Paris, sans exception; mesme se pourront establir en toutes les villes du royaume, en faisant seulement registrer leurs lettres aux greffes des juridictions des lieux qu'ils auront choisis pour y faire leur demeure.

14. [Apprentissage de trois ans.]

15. Ayant aucunement egard au septième article desdits statuts du mois de mars 1599, et en expliquant ycelui, deffenses et inhibitions très expresses sont faites auxdits maitres de ne prendre chacun entre eux un second apprenti, que lors de la dernière année de l'expiration du brevet du premier, à peine de deux cents livres d'amende, dont moitié appartiendra à Sadite Majesté, et le surplus auxdits jurés, à condition toutesfois que des cent livres à eux attribués il y en aura vingt livres pour ladite confrairie.

16. Inhibitions et defenses très expresses sont pareillement faites auxdits maitres de donner aucunes contrelettres, ni faire paction, directement ou indirectement, au prejudice dudit brevet ni dudit temps, mesme d'accorder aucuns gages auxdits apprentifs, à peine d'estre dechus de la faculté d'avoir des apprentifs et cent cinquante livres d'amende, moitié applicable à Sadite Majesté, le surplus en faveur de ladite confrairie et de tous depens dommages et interets.

17. Pour l'ordre des affaires de ladite communauté, il y aura un registre, dans lequel, par celuy desdits jurés qui sera nommé à cet effet par les anciens bacheliers seulement entre eux, sans aucun frais, toutes les deliberations de ladite communauté seront ecrites, comme aussi autant de brevets des apprentis, lesquels leur seront tenus de payer trois livres pour estre employées aux affaires du commun, dont lesdits maitres qui auront reçu lesdits apprentifs seront responsables en leurs noms, et toutes les autres affaires concernant le bien de ladite communauté.

18. Nul desdits maistres, s'il n'est domicilié, residant à Paris ou actuellement dans son menage, ou dependant du Roy, sans estre au service, gages ou appointemens de quelques personnes que ce puisse estre, ne pourra prendre des apprentifs, en passer des brevets, ni les obliger, à peine de nullité d'iceux, deux cents livres d'amende, dont moitié appartiendra à Sadite Majesté, et le surplus au profit desdits jurés, à condition qu'ils en donneront trente livres à ladite confrairie. Et à cet effet, en dix ans, on ne passera aucuns brevets d'apprentissage, pour retablir l'honneur de ladite communauté et la reduire au point de sa perfection active.

19. Si aucun presentement desdits maistres se trouve avoir plus de deux apprentifs, iceux acheveront leur temps conformement à leurs brevets, sans qu'à l'avenir lesdits maistres en puissent prendre au dessus du nombre cy dessus prescrit à peine d'estre destitués de tous honneurs, grades et dignités de ladite communauté.

20. Si l'apprentif n'achève entièrement sous son maitre le temps porté par son brevet, il demeurera dechu de parvenir à ladite maitrise, et en cas qu'il commette aucune action lasche, honteuse et indigne du respect qu'il doit à sondit maitre, à sa famille et aux personnes ses alliés, son procès lui sera fait et parfait, aux depens de ladite communauté, à la diligence desdits jurés, à peine de demission.

21. [Veuves de maîtres.]

22. Defenses et inhibitions très expresses sont faites à toutes personnes generalement quelconques de tel art, mestier et condition qu'elles puissent estre, d'entreprendre aucunes noces, festins, banquets, collations et autres choses dependantes dudit art, tenir salles et maisons propres à cet effet, mesme d'en louer ny exposer ecritaux ou plats de gelée, qu'elles n'ayent fait chef d'œuvre en chair et en poisson, selon les saisons et à leurs depens, ainsi que les jurés en charge leur auront ordonné, en la maison de l'un d'eux, ce alternativement en presence desdits anciens, bacheliers et maitres et administrateurs de ladite confrairie seulement, à chacun desquels jurés l'aspirant sera tenu de donner six livres, outre les droits de boites et de confrairie, par l'ordre du procureur de Sa Majesté au Chastelet.

23. Suivant le sixième article desdits statuts du mois de mars 1599, tous les fils desdits maitres seront admis à la maitrise, sans estre tenus d'aucun chef d'œuvre, ny experience, pourvu toutefois qu'ils ayent servi leurs pères ou l'un desdits maitres, l'espace de deux ans seulement et paieront la moitié des droits desdits jurés, ceux de ladite confrairie et de la boite de ladite communauté.

24. [Serment pour les fils de maîtres.]

25. Mais parce qu'il est d'une consequence avantageuse pour ladite communauté, qu'elle ne puisse dorenavant recevoir d'atteinte, et qu'elle eclate glorieusement contre les efforts de ceux qui se sont declarés ses ennemis, deffenses sont faites à tous les membres d'icelle de louer ou prester leurs maisons, salles et autres appartements aux privilegiés potagers suivant la Cour, ny autres cuisiniers et personnes, de telles conditions qu'elles soient, comme aussi de prester, louer ou laisser leurs vaisselles d'argent, d'etain, pots, broches, linges et autres ustensiles concernant leur art, pour s'en servir, quoiqu'ils fussent, maitres rotisseurs, patissiers, taverniers, cabaretiers ou de quelque autre art et mestier non exprimé

au present article, à peine d'amende, sinon à ceux qui ont pouvoir d'entreprendre.

26. Pareilles defenses et inhibitions très expresses sont faites auxdits maitres sous lesdites peines d'employer, n'y faire travailler sous eux aucuns cuisiniers, de quelque maison qu'il puissent estre protegés. Mais en cas que leur employ soit si grand qu'ils ayent besoin d'ayde, ils auront recours à quelques uns de leurs confrères et maistres de leur dite communauté.

27. Lesdits maitres queux, cuisiniers et portechappes de la ville, fauxbourgs, banlieue, prevoté et vicomté de Paris, pourront, à l'exclusion de toutes personnes generalement quelconques, entreprendre tous festins, noces, banquets, collations et autres repas dependants de leur art, en toutes maisons royales et autres, mesme chez les particuliers, fourniront à cet effet toutes choses necessaires qu'ils prendront, ainsi qu'il est ordonné par ledit arrest.

28. Sans deroger au premier article desdits statuts du mois de mars 1599, les maistres patissiers, rotisseurs, cabaretiers, charcuitiers et autres de tous mestiers ne pourront entreprendre sur la possession desdits maitres queux, cuisiniers et portechappes, pour faire noces, festins, banquets, collations, ambigus et autres repas[1], soit en leurs maisons ou ailleurs.

29. Et afin que ladite communauté demeure dans l'estime que l'on a conçue à son egard, outre que les maitres dudit art, qui se sont establis dans lesdits fauxbourgs, sans aveu desdits jurés, quoiqu'ils eussent residé en iceux trois années entières, ne pourront se dire maitres de la communauté en ladite ville, fauxbourgs, banlieue, prevosté et vicomté de Paris, n'y estre admis en icelles, qu'ils n'ayent satisfait aux droits, et fait experience à eux prescrite par lesdits jurés, en presence desdits anciens bacheliers, sans mesme qu'ils puissent rien entreprendre, soit en ladite ville ou ailleurs, à peine de confiscation, quinze cents livres d'amende, applicable moitié en faveur de Sadite Majesté et le surplus au profit de ladite confrairie, et de tous depens, dommages, interets, nonobstant autres reglemens au contraire. Aussi en execution de la sentence dudit prevost de Paris ou son lieutenant civil du 18 novembre 1648, les ecuyers de cuisine, potagers, hasteurs et enfans de cuisine de la maison de Sadite Majesté, ne pourront directement ou indirectement se mesler dudit art, en faire aucunes fonctions, ny entreprendre sur iceluy[2], sous les peines telles que de raison.

30. Defenses dès à present très-expresses sont faites à tous marchands de vin,

---

[1] Sur la plainte des cuisiniers que les rôtisseurs faisaient des banquets, en ayant chez eux un maitre cuisinier, intervint un arrêt du Parlement du 29 juillet 1628, qui ordonne néanmoins, pour la commodité du public, que lesdits rôtisseurs pourront vendre en leur boutique «jusques au nombre de trois plats de viande bouillie et trois plats de fricassée, sans qu'il leur soit permis de les transporter ès salles publiques, ny maisons des particuliers esquelles se feront assemblées pour nopces ou festins, sur peine de confiscation et d'amende arbitraire et sans despens.» (Coll. Lamoignon, t. XI, fol. 292.)

[2] Confrontez statuts de 1599, art. 8 à 10.

taverniers, cabaretiers et autres, de contrevenir à l'arrest dudit Parlement de Paris du 8 aoust 1662 [1]; ce faisant de ne se mesler de l'art desdits maistres queux, cuisiniers et portechappes, à peine d'amende arbitraire.

31. Il y a toujours eu tant de respect pour les ecuyers de cuisine, potagers, hateurs et enfans de cuisine du Roy, des reines, princes et princesses, que conformement au 8e article desdits statuts du mois de mars 1599, lorsqu'ils se presenteront pour estre admis en ladite communauté, ils y seront reçus en faisant apparoir de leurs lettres et certificats de leur employ sur les etats des maisons de Sadite Majesté, reine, princes et princesses, sans qu'il soit besoin de formalité plus expresse, à la charge neanmoins de payer les droits et prester le serment entre les mains du procureur de Sa Majesté audit Chatelet.

32. Les ecuyers de cuisine, queux, portechappes, hasteurs et enfans de cuisine des seigneurs presidents et conseillers audit Parlement de Paris seront admis au corps de ladite communauté en rapportant des certificats valables et leurs agreables services pendant le temps de trois ans entiers et en faisant l'experience que lesdits jurés leur prescriront, en la presence desdits anciens bacheliers, payeront les droits desdits jurés et confrairie et boeste, et presteront serment pardevant le procureur de Sa Majesté au Chatelet, qui doresnavant jouira dudit privilège.

33. Les garçons de cuisine portant la hotte, pourront aller travailler chez les bourgeois en leurs maisons, à leurs journées seulement, sans rien entreprendre dudit art, soit pour noces, festins, banquets, collations, ambigus ou autrement, à peine d'estre privés de la faculté de porter à l'avenir la hotte, et de douze livres d'amende, dont moitié appartiendra auxdits jurés, et le surplus à ladite confrairie.

34. Le consentement general passé entre les maitres le 29e dudit mois de mars 1599 sera ponctuellement executé selon sa forme et teneur; ce faisant, chacun d'eux contribuera pour sa part et portion egale à tous les frais qu'il faudra faire pour la conservation des privilèges, interêts et differents de ladite communauté, comme aussi chacun d'yceux sera tenu de delivrer 7 sols 6 deniers en la boeste de la confrairie [2], pour chacune des noces qu'il entreprendra, dont le recouvrement sera fait par lesdits administrateurs que les anciens, bacheliers et maitres de la confrairie nommeront entre eux tous les ans à cet effet. Lesquels en rendront compte à l'amiable entre eux, et mettront le fonds, si aucun il y a, entre les mains de leurs successeurs, ou s'il se trouve qu'il y ait plus mis que reçu, leursdits successeurs leur feront le remboursement.

35. Chacun desdits maitres sera tenu de satisfaire au paiement des 7 sols 6 de-

---

[1] Ces procès avec les taverniers continuèrent indéfiniment; un arrêt fut rendu le 4 mai 1701, rappelant la déclaration du 29 novembre 1680, les lettres du 1er juillet 1698, l'arrêt du 14 mars 1701. (Lamoignon, t. XXI, fol. 67.)

[2] Cette cotisation n'est pas mentionnée en 1599.

niers pour chacune desdites noces, conformement à ladite transaction, sans y faire fraude ni tromperie, à peine de punition en cas de recidive.

36. Ils s'aideront les uns aux autres, sur les prières qu'ils s'en feront respectivement, en toutes noces, festins, banquets et autres choses dependantes dudit art.

37. Les anciens bacheliers seront dorenavant appelés à tous chefs-d'œuvre, experiences et autres assemblées generalement quelconques par lesdits jurés en charge, à peine de demission.

38. Celui desdits jurés que les anciens bacheliers auront entre eux elu pour ecrire les deliberations de ladite communauté, touchera les deniers d'icelle, en rendra pareillement ses comptes tous les ans, en presence de trois autres jurés, ses confraires et desdits anciens bacheliers seulement; yceux seront arrestés à l'amiable, sans frais, le fonds restant sera delivré au successeur du rendant compte, ou s'il lui est dû il en sera remboursé par sondit successeur, de l'ordre du procureur de Sa Majesté audit Chastelet.

39. Nul d'entre les maitres ne prendra d'enseigne pareille à celle de son confraire, n'y approchante d'icelle, pour eviter tous les desordres qui en pourroient survenir, à peine d'estre privé des honneurs de ladite communauté, deux cents livres d'amende, moitié applicable en faveur d'icelle et le surplus à ladite confrairie, et de tous depens et dommages interests.

40. Il leur est aussi defendu d'entreprendre les uns sur les autres pour le marché de noces[1], festins, banquets et autres choses dependantes de leur art sous pareille peine.

41. Semblablement ils ne se serviront d'aucuns compagnons qu'ils ne voyent le consentement des maitres, sous lesquels ils auront demeuré, et qu'ils en soient satisfaits, sous peine d'estre blamés en leur assemblée generale, que lesdits jurés convoqueront à cet effet, par la permission qu'ils prendront en la manière accoutumée du procureur de Sa Majesté audit Chastelet.

42. Tous privilegiés generalement quelconques seront reduits au nombre porté par le reglement arresté au Conseil de Sa Majesté, en l'année 1640. Ce faisant lorsqu'icelle sera hors la ville de Paris, ils seront visités par lesdits jurés, de l'autorité dudit prevost de Paris ou son lieutenant civil, sur les conclusions du procureur de Sa Majesté au Chastelet.

43. Parceque lesdits maitres pour meriter l'honneur de leur etablissement en communauté, ont financé dans les coffres du feu Roy Henry le Grand, leur auteur, qu'ils ont reconnu le defunt Roy Louis XIII à son avènement à la couronne et qu'ils ont satisfait aux droits qu'ils doivent à Sadite Majesté, aussitost que le ciel lui a mis la couronne sur la teste et qu'ils lui ont payé en son epargne, dès le 6 oc-

---

[1] Dans son approbation de ces statuts, le Parlement prescrivit que les maîtres devaient tenir un registre fidèle des noces qu'ils feront, pour le présenter aux jurés, lorsqu'ils iront en visite.

tobre 1658, la somme de quinze cents livres, en consequence de sa declaration du mois d'aoust 1647, registrée audit Parlement le 4 septembre suivant, confirmée par arrest du Conseil de Sadite Majesté, intervenu le mesme mois et d'autres en execution, dorenavant toutes les lettres creées et à creer en faveur d'avènement à la couronne, majorités, mariages, entrées dans les villes du royaume, naissance de Dauphins, titres d'enfants de France, premier prince du sang, couronnements, entrées et regences de Reines, et pour quelques autres considerations, sujets et pretextes que ce puisse estre, demeureront cassées, revoquées et annulées, sans qu'il s'en puisse obtenir à leur egard. Et en cas qu'aucunes fussent expediées par surprise ou autrement, Sadite Majesté dès à present les declare nulles, avec defense à tous ses juges et autres d'y avoir aucun egard, nonobstant tous reglements, restrictions, ordonnances et mandements au contraire du present article, qui sera executé, sans qu'il soit besoin de plus exprès commandement.

44. Et parce que lesdits jurés sont obligés à une assiduité indispensable, que journellement il faut qu'ils veillent à la conservation des droits de ladite communauté et qu'ils sont tenus de faire leurs rapports, par devant le procureur de Sa Majesté au Chastelet, de tous les abus qu'ils decouvrent, ou dont ils reçoivent avis, ils demeureront dorenavant exempts de toutes commissions ordinaires ou extraordinaires de justice ou de ville, tutelles, curatelles et autres generalement quelconques, pendant qu'ils seront en charge seulement.

45. Mesme afin que tous les maistres dudit art puissent estre reduits dans l'execution legitime des commandements de l'eglise, très expresses inhibitions leur sont faites d'entreprendre aucuns banquets, festins, collations et autres choses dependantes dudit art, en viande ni chair defendue, pendant le saint temps de caresme, vigiles, jeunes et autres jours maigres reservés et qui sont de commandement, à peine de punitions exemplaires. A l'effet de quoy lesdits jurés feront toutes visites, tant chez les maistres dudit art que tous autres generalement quelconques qui pourroient impunement entreprendre, pendant ledit temps et jours reservés, des festins, banquets, collations et autres choses dependantes dudit art, en viande et chair, dont ils feront leur rapport par devant le procureur de Sa Majesté audit Chastelet, pour y estre pourvu ainsi que de raison.

Louis, par la grace de Dieu, Roy de France et de Navarre, à tous presens et à venir, salut. Nos chers et bien aimez les jurés, anciens bacheliers et maistres queux, porte chapes et cuisiniers de notre bonne ville, fauxbourgs, banlieue, prevoté et vicomté de Paris, nous ont très humblement fait remontrer que la fidelité qu'ils doivent indispensablement garder dans la disposition des festins, banquets, collations et autres choses dependantes de leur art, et dont ils se sont dignement acquittés jusqu'à present, leur a donné l'entrée près des personnes des Roys nos predecesseurs; nous avons eû mesme confiance en leur ministère et avons reconnu

IMPRIMERIE NATIONALE.

que leur adresse, leur industrie et la bonne conduite qu'ils ont religieusement observée, leur pouvoient faire esperer la confiance des graces où ils ont eté honorés par le feu Roy Henry le Grand, de glorieuse memoire, notre ayeul, par ses lettres patentes du mois de mars 1599; ce qui les a engagés de faire dresser de nouveaux statuts sur les anciens, afin d'avoir lieu de les faire pratiquer, ce qui est de la dernière consequence pour la tranquillité de leur communauté, et que doresnavant le public peut estre fidèlement servi dans le besoin particulier qu'il peut avoir de leurs fonctions. Nous requerant à cet effet nos lettres, sur ce necessaires..... Donné à Paris au mois d'aoust [1] l'an de grace mil six cens soixante trois.

VI

1708, 29 mai. — Marly.

Déclaration du Roi, qui maintient les maîtres queux, cuisiniers, traiteurs de la ville et faubourgs de Paris dans leurs statuts, droits, privilèges et fonctions, à l'égard des marchands de vin, et portant union à leur communauté de l'office de visiteur des poids et mesures.

Coll. Lamoignon, t. XXIV, fol. 136. — Lamare, Traité de la police, t. III, p. 511.
Statuts, édition de 1714, p. 67.

Louis, par la grace de Dieu, roy de France et de Navarre, à tous ceux qui ces presentes lettres verront salut... Les marchands de vin de notre bonne ville et fauxbourgs de Paris, nous ayant fait remontrer que les defenses qui leur etoient faites par les statuts des maistres queulx et cuisiniers traiteurs de nostredite ville de Paris, d'entreprendre aucunes nopces, festins, banquets, colations et autres choses dependantes de leur art, leur causoient un prejudice considerable et genoient mesme la liberté publique; nous aurions ordonné par nostre declaration du 13 juillet 1707 que lesdits marchands de vin pourroient donner à boire dans leurs maisons et caves, fournir des tables, nappes, serviettes et viandes, lesquelles ils pourroient faire rôtir sur gril et en broche, conformement à l'arrest de nostre Parlement du 1er août 1705 pour ceux qui viennent prendre leurs repas dans leurs maisons, même y recevoir toute compagnie de noces et toutes sortes de personnes indistinctement, sans neanmoins pouvoir avoir aucune enseigne de traiteurs ni de cuisiniers, chez eux, etalage de viande, loger ni tenir chambres garnies et pour estre reputez cabaretiers, à l'effet de quoy nous aurions, en tant que besoin, derogé aux statuts desdits maistres cuisiniers traiteurs..... en consideration de quoy nous aurions deschargé lesdits maistres traiteurs de la finance

[1] Ces statuts, vus et approuvés au Châtelet le 9 août suivant, furent enregistrés au Parlement le 29 juillet 1664.

qu'ils etoient tenus de nous paier pour la reunion à leur communauté des offices de greffiers des brevets d'apprentissage et de controlleurs des poids et mesures et comme cette declaration n'expliquoit rien au sujet des visites que lesdits cuisiniers traiteurs sont en droit de faire chez lesdits marchands de vin, et que cette obmission pouvoit estre une source de procès entr'eux..... à cause des oppositions formées, tant de la part desdits traiteurs que desdits marchands de vin, que d'ailleurs il n'etoit pas du fait des marchands de vin de faire le mestier des traiteurs qui seroient ruinez si cette nouveauté pouvoit avoir lieu..... nous aurions resolu de remettre les parties au mesme etat qu'elles estoient avant lesdits declarations, arrêts et lettres patentes, et pour cet effet d'accepter les offres desdits cuisiniers traiteurs, de nous payer les taxes sur eux faites pour la reunion à leur communauté des offices de greffiers des brevets d'apprentissage et de controlleurs des poids et mesures. A ces causes..... faisons deffenses ausdits marchands de vin de nostre bonne ville et fauxbourgs de Paris, à toutes autres personnes generalement quelconques, de tel art, metier et condition qu'elles puissent estre, de recevoir chez eux aucunes compagnies de noces, ni d'entreprendre aucuns festins, banquets, colations et autres choses dependantes de l'art et mestier desdits cuisiniers traiteurs, que nous avons maintenuz et confirmez comme nous les maintenons et confirmons par cesdites presentes, conformement à nos lettres patentes du mois d'aoust 1663, unissons et incorporons à ladite communauté des maistres queulx, cuisiniers, traiteurs, les offices hereditaires de controlleurs, visiteurs des poids et mesures et de greffiers des brevets d'apprentissage de leur communauté, creés par nos edits de janvier et aoust 1704, à la charge par eux de payer la somme de trois mille livres et les deux sols pour livre d'icelle, à quoy nous avons moderé la finance desdits offices..... Donné à Marly le 29 may 1708.

VII

1745, 5 mai.

Arrêt portant union aux cuisiniers traiteurs des offices d'inspecteurs des jurés créés par édit de février 1745.

Coll. Lamoignon, t. XXXVI, fol. 253.

..... Les supplians ont fait leur soumission de payer à Sa Majesté la somme de 8,000 livres, à laquelle pour raison desdits offices ils ont été taxés par le rolle arresté en Conseil, mais le malheureux état de leur communauté et le discrédit où elle est tombée depuis les procès qu'elle a eu au Parlement et au Conseil, lesquels ne sont pas encore finis, ne lui laissent aucune espérance de trouver des fonds d'emprunt jusqu'à la concurrence de ladite somme; d'un autre côté les principaux membres de ladite communauté se sont épuisés pour soutenir lesdits procès et sont créanciers de ladite communauté de sommes considérables, en sorte qu'ils se trouvent hors d'état de faire de nouvelles avances; il ne reste d'autres ressources aux supplians que dans une somme de 9,637 livres 10 sols qui a esté déposée entre les mains de Me Jourdain, notaire, suivant deux procès. . . . . et dans le cas où les deniers qui restent entre les mains du sieur Jourdain ne suffiroient pas pour acquitter ladite somme de 8,000 livres que la communauté s'est engagée de payer pour la réunion desdits offices, permet Sa Majesté à ladite communauté d'emprunter les sommes nécessaires pour parfaire ladite finance. . . . . Fait au Conseil d'État du Roy, le 5 mai 1745.

TITRE VII.

CHARCUTIERS.

D'or, à un porc passant, de sable,
au chef d'azur chargé de trois cervelas d'or [1].

Les premiers statuts des charcutiers ont été promulgués par les lettres du prévôt de Paris, Robert d'Estouteville, en date du 17 janvier 1476; c'est aussi, selon toute apparence, l'origine de la constitution de leur métier en communauté. Ils déclarent, dans leur requête, n'avoir ni statuts, ni visites, ni police d'aucune sorte pour se gouverner et se conduire dans l'exercice de leur profession. Étienne Boileau, sans les inscrire séparément, a dû les ranger dans la communauté des cuisiniers-oyers [2] qui rôtissaient des volailles, accommodaient des viandes fraîches et salées, confectionnaient des boudins et des saucisses, métier libre d'ailleurs et presque sans organisation, dont on perd la trace aux XIVe et XVe siècles et qui se sera partagé entre les deux spécialités des charcutiers et des rôtisseurs.

A cette époque, l'institution des jurandes n'avait pas encore un but fiscal, comme au XVIe siècle; il y a tout lieu de croire que l'homologation des statuts se fit sur l'initiative et la demande des ouvriers charcutiers qui virent intérêt à s'unir en communauté quand ils se sentirent assez forts et assez nombreux. Rédigés avec la netteté et l'exactitude de ceux d'Étienne Boileau, les statuts de 1476 établissent définitivement la situation des maîtres charcutiers. Ils se réservent le monopole de la préparation des viandes cuites et principalement du porc, en s'interdisant pour l'avenir la vente des fruits, légumes, fromages et marée, qui concernait un métier du XIIIe siècle également disparu et transformé plus tard, les regrattiers de fruits [3].

Les maîtres en exercice durent payer 12 sols pour droit de maîtrise, les nouveaux furent taxés à 20 sols; on exigea un apprentissage de quatre années, avec brevet de 2 sols, un chef-d'œuvre, le serment, et les privilèges pour les fils de maîtres. L'administration fut confiée à deux jurés élus chaque année à la Saint-Remi (9 octobre) par l'assemblée des maîtres. Les statuts insistent tout spécialement sur le choix et la qualité des viandes, la propreté des ustensiles et des dressoirs, la bonne exécution des saucisses. La vente de la viande crue et l'achat des bêtes sur pied leur étaient interdits (art. 9 et 15 de 1476), ils devaient se procurer la viande abattue chez les bouchers.

[1] D'Hozier, *Armorial*, texte, t. XXV. fol. 540.
— Blasons, t. XXIII, fol. 670.

[2] *Livre des Métiers*, titre LXIX, articles 8 à 14.
[3] *Livre des Métiers*, titres IX et X.

L'organisation des charcutiers en communauté ne leur permit pas de s'affranchir, sous ce rapport, de l'entremise des bouchers; d'après l'ordonnance de 1351, ils devaient aux bouchers 18 deniers pour tuer un porc et aux langueyeurs 3 deniers pour vérifier la qualité de la chair [1]. La liberté du commerce des porcs vivants leur fut enfin accordée par les lettres de Louis XII, datées de 1513, qui respirent la bonté proverbiale de ce prince si justement appelé le « père du peuple ». Toutefois ils ne devaient pas acheter chez les particuliers dans un rayon de vingt lieues autour de Paris, mais se fournir sur les marchés de Paris tenus chaque semaine ainsi qu'aux foires de Saint-Ouen et de Sceaux.

Les charcutiers restèrent encore soumis à trois inspections successives exercées par des employés de l'hôtel de ville : les langueyeurs, qui examinaient la langue des porcs vivants, sur les marchés, avant la vente; les tueurs, chargés de tuer et habiller aux abattoirs pour vérifier les morceaux intérieurs; ces deux offices paraissent déjà dans l'ordonnance de 1351; les courtiers visiteurs de chairs, nommés dans les lettres de Charles VI, en février 1416, sur la prévôté des marchands, qui inspectaient les viandes chez les charcutiers.

Les visites de ces courtiers et des jurés de la communauté ayant donné lieu à des difficultés, plusieurs arrêts déclarèrent que les deux parties feraient concurremment leurs visites aux halles et dans les boutiques, les uns pour cause de salubrité publique, les autres pour la bonne exécution des règlements du métier, sans toutefois toucher leur droit de visite aux halles [2].

Les privilèges de 1476 reçurent des confirmations simples de Louis XII, Charles IX, Henri IV et Louis XIII. À partir des créations d'offices par Louis XIV, en 1691, sur leurs offres de prix, les charcutiers obtinrent l'union à leur communauté : des jurés, pour 12,000 livres, le 15 mai 1691; des contrôleurs des poids et mesures pour 19,800 livres, des auditeurs des comptes pour 7,334 livres, le 6 juillet 1704 [3]. Un autre acte du 24 octobre 1705 porte l'union du trésorier receveur des deniers communs à la somme de 8,637 livres. Les charcutiers se trouvaient affranchis des nouveaux offices moyennant ces versements, mais il leur restait les courtiers visiteurs, en rivalité avec leurs jurés, et dont le nombre venait d'être porté de deux à quatre; ils offrirent au Roi de racheter ces offices, et par le même acte du 24 octobre 1705 ils s'engagèrent à payer 30,000 livres pour les deux nouveaux et 32,000 livres pour les deux anciens offices de courtiers visiteurs [4]. La communauté achetait ainsi chèrement une indépendance relative que l'extension toujours croissante de son commerce lui faisait désirer davantage. De nouveaux statuts rédigés en 18 articles augmentèrent les divers droits du métier et servirent de garantie aux prêteurs en assurant aux règlements une exécution plus ponctuelle; on les retrouve d'ailleurs dans un autre texte rendu en 50 articles par lettres de Louis XV, du 28 juillet 1745, où tous les points d'administration sont prévus et réglés. Le brevet y est porté à 30 livres et la maîtrise à 1,000 livres [5]. La comparaison des deux textes de 1476 et

---

[1] Ci-dessus, Ordonn. du roi Jean, titre XLVI, p. 38; c'est l'origine des langueyeurs.

[2] L'arrêt le plus important est du 17 juillet 1568. Coll. Lamoignon, t. VIII, fol. 494. — *Traité de la police*, t. II, p. 1340.

[3] Coll. Lamoignon, t. XVIII, fol. 94; t. XXI, fol. 753; t. XXII, fol. 874.

[4] Coll. Lamoignon, t. XXII, fol. 876. Le total des sommes versées par les charcutiers pour ces offices s'élevait à 109,771 livres, plus les deux sols

pour livre, frais divers, etc. Les charcutiers ne conservèrent pas paisiblement leurs offices de courtiers visiteurs; il y eut divers édits de création et de suppression, entre autres celui de janvier 1716 (Coll. Lamoignon, t. XXVI, p. 1); la plupart de ces actes ne furent pas suivis d'exécution et mirent les maîtres dans l'embarras.

[5] Dans les nouvelles communautés de 1776, la maîtrise des charcutiers (n° 8) est portée à 600 livres.

de 1745 [1] montrera que, tout en accomplissant des progrès continus, les charcutiers conservaient un pieux souvenir de leurs humbles débuts.

D'après le guide des marchands de 1766, la confrérie, dédiée à la sainte Vierge, avait sa chapelle aux Grands-Augustins. La nouvelle communauté de 1776 prit sans doute pour patronne sainte Catherine, représentée en 1787 sur le seul jeton [2] que nous ayons pu découvrir et dont le type est commun aux charrons et aux charcutiers.

Collection de M. du Lac, à Compiègne.

I

1476, 17 janvier.

Lettres du prévôt de Paris qui homologuent les premiers statuts des charcutiers en dix-sept articles.

Arch. nat., Bannières, 1er vol. Y 7, fol. 159 v°. — Coll. Lamoignon, t. IV, fol. 665.
Coll. Lamare, ms. fr. 21659, fol. 16 et 35.

A tous ceulx qui ces presentes letres verront, Robert d'Estouteville... garde de la prevosté de Paris, commissaire en ceste partie. Comme a nous, pour le Roy nostredit seigneur, a cause de nostre office et par privilleiges royaulx, appartiengne le gouvernement de la police et decoration de ceste bonne ville de Paris et pour mectre reigle et avoir la congnoissance, garde et reformacion, de et sur tous les mestiers, denrées et marchandises quelzconques qui sont faiz, conduiz, venduz et demourez en icelle ville, qui est excellant et cappital, et qui doit estre mirouer et exemple sur toutes autres villes et citez de ce royaulme, en bonne police et gouvernement, et en toutes denrées, marchandises et mestiers quelzconques, aient touchant le fait de plusieurs mestiers et marchandises esté faiz et ordounées plusieurs notables constitutions, statuz, registres et ordonnances anciennes . . . . . et que puis nagueres et de nouvel, Oudin Bonnart, la vefve de feu Michel Garrie, Symon Allet, Jehan Mabonne, Guillaume Allet, Geuffroy Auger, Thomas Bonnard, Laurens le Grant et Jehan Chappon, tous saulcissiers et charcuitiers, demeurans et tenans ouvrouers dudit mestier, en ceste dicte ville de Paris, faisans et representans la plus grant et seine partie des autres ouvriers dudit mestier, nous ayent faict remonstrer et exposer que par cy devant n'a eu, ou faict dudit mestier, aucuns statuz et ordonnances, ne forme, selon laquelle eulx, ne leurs predecesseurs, aient sceu eulx conduire, ne governer, par quoy plusieurs ont touzjours exercé ledict mestier sans ordre et police, usans chascun a son plaisir et voulenté, et sans qu'aucune visitacion ait esté faicte sur les saulcisses et char cuite qu'ilz ont vendu et distribué; par quoy est a doubter comme plusieurs faultes et inconveniens pevent estre advenuz et pourroient encores advenir a la chose publicque, tant esdittes chairs que en plusieurs autres marchandises, ou très grant prejudice, interest et dommaige de la chose publicque, dont nous sont advenuz plusieurs plaintes; requerans sur ce, leur voulsissions bailler reigle et ordre utille et profittable, comme aux aultres mestiers de laditte ville de Paris, selon laquelle ilz se puissent doresenavant mieulx conduire, ou faict dudict mestier, et pugnir et corrigier les faultes, fraudes et malices qui se feront doresenavant audict mestier et marchandise. Sçavoir faisons que, oye la requeste, avons faict les statuz et ordonnances qui s'ensuivent :

1. Premierement, que tous les charcuitiers et saulcissiers dessus nommez, tant hommes que femmes vefves, qui tiennent et exercent de present ledit mestier et tiennent ouvrouer, en ceste ville de Paris, cy dessuz nommez, demoureront, feront le serment et seront passez maistres en icelluy mestier, c'est assavoir, iceulx hommes, maistres, sans faire aulcun chef d'euvre, en payant au Roy douze solz parisiz; et les femmes, desquelles leurs mariz auront exercé ledict mestier, joyront d'icelluy comme se elles eussent esté ou seroient vefves depuis l'addicion de ces presentes. Et au regard des autres qui se sont ingerez eulx entremectre dudit mestier, qui ne sont cy nommez, et qui n'auront point faict de serement, ne paié lesdictz droitz, que deffense leur sera faicte non plus eulx entremectre doresennavant dudict mestier, sur peine de soixante solz parisiz d'amende et de confiscation des chars qu'ilz seront trouvez vendans et des saulsisses qu'ilz seront trouvez faisans et vendans.

2. Item que chascun maistre dudit mestier ne pourra avoir que ung apprentiz et a quatre ans de service [1], sur peine de vingt solz parisis d'amende; et paiera chascun apprentiz pour son entrée deux sols parisis, c'est assavoir, douze deniers au Roy et douze deniers à la confrairie dudit mestier.

3. Item que doresennavant nul homme ne pourra estre maistre saulsissier et charcuitier, cuire char, faire saulcisses, ne tenir ouvrouer, ne fenestre ouverte a Paris, s'il n'a esté quatre ans apprentiz a maistre dudit mestier, a Paris, et fait chef d'euvre, ou s'il n'est expert oudit mestier et tel rapporté par les jurez et fait chef d'euvre, comme dessus, et que pour son entrée de maistre, il ait paié vingt solz parisis, c'est assavoir, dix solz au Roy, cinq solz a la confrairie dudit mestier et cinq solz aux jurez; excepté les filz de maistre, nez et procreez en loial mariage, qui seront reçeuz a estre maistre oudit mestier, sans faire aucun chef d'euvre, ne avoir esté apprentiz, en paiant seulement vingt solz parisis, a aplicquer comme dessus.

4. Item que toutes les femmes desdits maistres saulcissiers et charcuitiers qui demeureront vefves pourront joyr et user dudit mestier et icelluy exercer, tout ainsi que se leurs mariz vivoient, excepté que durant leur vefvage ils ne pourront prendre aucuns apprentilz ne en tenir aucuns, s'il n'a esté abonné et prins audit mestier auparavant le trespas de sondit mary, sur peine de vingt sols parisis d'amende, a applicquer comme dessus.

5. Item que nul dudit mestier ne se ingere doresnavant vendre aucuns fruiz, choux, porrées, verdures, navetz, beurres, fromages et autres choses, excepté saulsisses, chars cuites, saindoulx et autres chars et denrrée de boucherie qu'ilz ont accoustumé vendre, sur peine de confiscation desdits fruiz, choux, porrées, verdures, navetz, beures, fromages et autres qui sont de la marcheandise de l'esgrun [2], et de vingt solz parisis d'amende, a applicquer comme dessus.

6. Item que nul ne nulle dudit mestier ne vende haren et marée [3] pour ce que es jours que on vend la dicte marée et haren, s'est le jour que on fait lesdictes saulcisses et que on haiche et appareille la char dont l'en fait icelles, par quoy lesdictes saulcisses pourroient sentir le goust de ladicte marée et haren que auroient manié lesdicts saulcissiers, et ce sur peine de perdition desdites marées et harens, et de vingt solz parisis d'amende, a applicquer comme dessus.

7. Item que nul ne achete, ne vende, ne mecte en saulcisses, chars de porc sorsemé, char de porc nourry en malladerie chez [4] barbiers, ne huil-

---

[1] L'art. 2 de 1477 donne: «deux apprentilz et a trois ans de service.»

[2] Ces denrées dépendaient du commerce des regrattiers fruitiers (voyez titre XV), comme la marée et le hareng, cités à l'article suivant, étaient réservés au métier des poissonniers. Avant leur érection en communauté séparée, ces divers métiers assez mal classés confondaient la vente de leurs marchandises.

[3] L'art 5 de 1477 ajoute : «se ce n'est durant le temps de karesme.»

[4] Le manuscrit Y[7] met par erreur «sur».

liers [1], sur peine de confiscation des chars et saulcisses et d'estre arses devant les hostelz des delinquans, et de soixante solz parisis d'amende, a applicquer, moictié au Roy, le quart a la confrairie et l'autre quart aux jurez dudit mestier.

8. Item que doresnavant aucun dudit mestier ne vende ou face vendre chars cuites, soit qu'elle soit en saulcisse ou aultrement, qu'ilz soient puantes ou infectez et non dignes de manger a corps humain, sur peine d'amende arbitraire et de prison, et d'estre autrement plus griefvement pugni, selon l'exigence du cas.

9. Item que nul ne achete chars pour cuire, ne mettre en saulcisses, sinon es boucheries jurées de ceste ville de Paris, et quelles aient loy et soient bonnes, fresches, loyales et marchandes, sur peine de confiscation desdictes chars, d'estre arses devant les hostelz des delinquans et vingt sols parisis d'amende, a applicquer comme dessus.

10. Item que nul ne face saulcisses, sinon de char de porc fraiz, haiché bien menu, a ce que la char preigne mieulx le sel, que ladicte char soit bien salée de menu sel, et que en icelles ne soit mis avecques ladite char et sel, sinon du fanoul [2] qui soit bon, nect et bien esleu, et qu'il ne sente le viel, le moisy, ne autre goust, et que lesdites saulcisses ne soient couvertes, sinon de menuz boyaulx de porc, bons et dignes de user a corps humain, sans y applicquer autres boyaulx, sur peine de quarente solz parisis d'amende a applicquer moictié au Roy, le quart aux jurez et l'autre quart à la confrairie.

11. Item que nul ne baille cocte [3] de nouveaulx boiaulx ausdites saulcisses et ne les mettent rechauffer ou fourneau depuis ce qu'elles auront passé un jour, sur peine de quarente sols parisis d'amende, a applicquer comme dit est en l'article cy devant.

12. Item que nul ne pourra faire ne vendre saulcisses a Paris, sinon depuis le quinziesme jour de septembre jusqués au jour de karesme prenant, sur peine de vingt solz parisis d'amende, a applicquer comme ci–dessus et de confiscation desdites saulcisses.

13. Item que nul dudit mestier ne reschauffe la char depuis ce qu'elle aura esté cuite, sur peine de vingt sols parisis d'amende, a applicquer comme dessus, ou d'autre amende arbitraire.

14. Item que chacun charcuitier cuise les chars qu'il cuira en vesseaulx netz et bien escurez, et si cueuvre lesdites chars, quant elles seront cuictes, de nappes et linge blanc, qui n'ait a riens servy depuis ce qu'il aura esté blanchy, sur peine de vingt sols parisis d'amende, a applicquer comme dessus.

---

[1] Parce qu'ils les nourrissaient de pains de noix, ce qui donnait mauvais goût à la viande. Les règlements des huiliers, de 1431, leur interdisaient de vendre ou de retenir en payement les pains de noix.

[2] Art. 9 de 1477 : « ou aultres bonnes espices. »

Le livre jaune petit, Y', a eu un feuillet coupé à cet endroit avant la pagination qui est du xvie siècle. C'est pourquoi nous donnons la version du Registre des Bannières.

[3] « Cocte » dans le sens de « cuite, cuisson ».

15. Item que nul dudit mestier ne achete, ne tue, ne fasse acheter, ne tuer, aucunes bestes vives pour vendre ne debiter en leurs hostelz, ne ailleurs, et ne vendent aucunes chars creues en leurs dits hostelz, excepté lart [1], sur peine de confiscation desdites chars et de vingt solz parisis d'amende, a applicquer comme dessus.

16. Item que nul maistre dudit mestier ne vende sain en potz, s'il n'est loyal et marchant et de nouvelle fonte, au moins de trois semaines de fonte, sur peine de confiscation desdits sains, et de vingt solz parisis d'amende, a applicquer comme dessus.

17. Item et pour la garde dudit mestier y aura deux jurez, qui se feront et esliront par les preudes hommes du commun dudit mestier; et chascun an, au jour de saint Remy, en seront changez ung ou deux et en seront esleuz d'autres par lesdits preudeshommes; laquelle eslection se fera par ceux dudit mestier oudit Chastellet, devant nous ou nostre lieutenant, et jureront lesdits jurez bien et loyaulment garder lesdits statutz et ordonnances, et rapporter les faultes qu'ils trouveront, en la chambre dudit procureur du Roy; et oultre, seront tenuz lesdits jurez par chascun an, de rendre compte audit mestier des amendes et aultres choses qu'ilz auront reçeues pour ledit mestier.

. . . . . En tesmoing de ce nous avons fait mectre a ces presentes le seel de la prevosté de Paris. Ce fut fait et passé le mercredy dix septiesme jour de janvier, l'an de grace mil cccc soixante et quinze.

II

1477, 25 septembre.

Sentence de Robert d'Estouteville, prévôt de Paris, contenant une nouvelle rédaction des statuts précédents, à l'occasion d'un procès intenté par le procureur du Roi contre plusieurs charcutiers [2].

Arch. nat., Livre jaune petit, Y 5, fol. 18.

[1] Les bouchers avaient le privilège de l'abatage et de la vente. Cette défense a été levée par lettres de Louis XII du 18 juillet 1513, insérées ci-après.

[2] Le texte est semblable, à quelques mots près, à celui de 1476; il est donc inutile de le reproduire ici. La moitié se trouve supprimée par suite d'une lacération dans le manuscrit. Nous rapportons au texte de 1476 les variantes importantes. Cette nouvelle rédaction n'a évidemment été motivée que par le procès.

III

1513, 18 juillet. — Vincennes.

Lettres patentes de Louis XII portant confirmation des statuts des charcutiers.

Arch. nat., Ordonn., 5ᵉ vol. de Henri IV, X¹ᵃ 8645, fol. 215 [1]. — Coll. Lamoignon, t. V, fol. 597.
Ord. des R. de Fr., t. XXI, p. 515. — Isambert, Lois françaises, t. XI, p. 645.
Traité de la police, t. II, p. 1324.

Loys, par la grace de Dieu, Roy de France, a tous ceuls qui ces presentes letres verront, salut. L'umble supplicacion de noz chiers et bien amez les chaircuitiers et saulcissiers de nostre bonne ville de Paris avons reçeue, contenant que comme lesdiz supplians ayans de toute ancieneté esté ordonné et deputé, par bonne et meure deliberacion, pour vendre et detailler chairs cuites par menues pieces, tant fresche que salée, aussi chairs de porc salé en piece et a la livre; et anciennement pour subvenir au pauvre menu peuple de ceste ville et des forains qui affluent chascun jour, la plus part duquel pauvre menu populaire n'ont, ne tiennent feu ne lieu, mais se pourvoient chascun jour ausdits chaircuitiers supplians, selon leur petit pouvoir, faculté et puissance. Aussi font lesdits supplians, en la saison, des saulcisses de veau et de porc pour les bourgeois de ladite ville et aux bonnes maisons, et aussi pour ledit menu pauvre populaire, qui est le grand bien, profit et utilité de la chose publique de ladite ville, et au soulagement dudit pauvre menu peuple d'icelle; et, pour ce faire, ont lesditz supplians et toujours et ont encore jurez, et s'y sont par cy devant acquité au mieulx que possible leur a esté et si petit proufit que possible ne leur sauroit a present continuer, nonobstant que par deux articles contenus en certains statuts de leurdit mestier, qui sont les viiiᵉ et xivᵉ d'iceulx [2], lesquels statuts ne sont par nous concedez, octroyez, iceulx supplians seront tenus par lesdiz deux articles prendre et acheter lesdites chairs en detail es boucheries de nostredite ville et cité de Paris et par les mains des bouchers d'icelles, lesquels bouchers, au moyen de ce, les leur survendent et vendent à leur mot et plaisir, et a si haut pris qu'ils ne se sauroient sauver..... Pourquoy nous, qui voulons le bien de la chose publique estre entretenu, observé et gardé, et notre menu peuple vivre en bonne police et a la moindre charge que possible, et afin que nostredite ville soit et demeure toujours oppulamment fournie et garnie de vivres, mesmement de chairs de porcs sallez et afin que par la faute de ce inconveniens n'en adviennent, et autres causes et considerations a ce nous mouvans..... Donnons congé, permission et licence

---

[1] Le texte de ces lettres ne fut transcrit dans les registres du Parlement qu'à l'occasion de la confirmation de Henri IV en 1604.

[2] Voyez articles 9 et 15 de 1476.

qu'eux et leurs successeurs dudict estat de chaircuitiers et saulcissiers, puissent et leur soit loisible, et leurs serviteurs et deputtez pour eulx, prendre, achepter et enlever doresenavant, ès marchez de nostre ditte ville de Paris et ailleurs en nostre royaulme, ou bon leur semblera, les porcs qui leur sera necessaire pour l'estat et exercice de leursdicts mestiers, iceulx vendre en gros et en detail, aux lieux a ce ordenez, et ainsy qu'ils ont acoustumé de faire, nonobstant que par les huictiesme et quatorziesme articles, il soit expressement dit qu'il seront tenuz prendre et acheter lesdites chairs de porc en nostredite boucherie et par les mains desdits bouchers, dont nous avons relevé et relevons lesdits supplians; et iceulx deux articles, en tant que besoin seroit, avons d'iceulx statuts rejetez et adnullez, rejetons et adnullons par cesdites presentes, pourveu qu'ils paient nos droiz ordinaires et accoustumez, et que lesdits porcs qui ainsi seront par eulx achetez [1], soient veus, visitez et langayez par ceux qu'il appartiendra et qui ont acoustumé de ce faire, tuez par ceux a ce deputez et es lieux acoustumez [2]. Si donnons en mandement. . . . . Donné au bois de Vincennes le dix-huitiesme jour de juillet, l'an de grace mil cinq cent treize et de nostre regne le seiziesme.

IV

1572, juillet.

Lettres patentes de Charles IX confirmant aux charcutiers leurs privilèges et entre autres les lettres de Louis XII du 18 juillet 1513.

Arch. nat., X¹ᵃ 8645, fol. 215. — Coll. Lamoignon, t. VIII, fol. 702.

V

1604, mai.

Lettres patentes de Henri IV portant confirmation pure et simple des lettres précédentes.

Coll. Lamoignon, t. X, fol. 340.

[1] Même après que les charcutiers eurent été autorisés à faire le commerce des porcs vivants, il leur fut interdit d'en acheter chez les particuliers et hors des marchés et foires franches, dans un rayon de vingt lieues autour de Paris. Diversement exécuté pendant longtemps, ce droit fut enfin fixé par l'ordonnance de juin 1680, qui leur accorda seulement l'entrée des marchés de Paris et de Sceaux, des foires de Saint-Ouen et de Lonjumeau. (*Traité de la police*, t. II, p. 1331.)

[2] Les tueurs de porcs avaient un office spécial, désigné dans l'ordonnance du roi Jean (titre XLVI), en dehors de la communauté des charcutiers; ils devaient abattre et vérifier la qualité de la viande. Les abattoirs étaient alors aux Tuileries, au delà de la porte Saint-Honoré.

VI

1611, 26 mai.

Lettres patentes de Louis XIII portant confirmation pure et simple des statuts et privilèges.

Arch. nat., X¹ᵃ 8647, fol. 189. — Coll. Lamoignon, t. X, fol. 647.

VII

1669, 18 octobre.

Sentence du prévôt de Paris interdisant aux compagnons charcutiers de sortir de chez leurs maîtres avant l'expiration de l'année pour laquelle ils se sont engagés.

Traité de la police, t. II, p. 1330.

A tous ceulx qui ces presentes lettres verront, Achilles de Harlay, garde de la prevosté de Paris..... faisant droit sur la demande et intervention desdits jurez, faisons deffenses a tous maistres chaircuitiers de plus donner a travailler a aucun compagnon qui sera obligé et qui aura commencé son année chez un autre maistre, qu'il n'ait un consentement par ecrit du maistre duquel il sera sorti, a peine de cent livres d'amende. Comme aussi faisons deffenses aux compagnons de quitter leurs maistres, chez lesquels ils seront obligez et auront commencé leur année, qu'elle ne soit entierement achevée, a peine de prison, de privation de leurs gages, restitution de ceulx qu'ils auront touchez et de cinquante livres · d'amende. Et afin que le reglement soit notoire seront les presentes signifiées a tous les maistres, a la diligence des jurez et aux frais de la communauté..... Ce fut fait le vendredi 18 octobre mil six cent soixante neuf.

VIII

1705, 24 octobre. — Fontainebleau.

Déclaration du Roi, en forme de nouveaux statuts, contenant dix-huit articles, pour les charcu-tiers, à l'occasion de l'union des offices de trésoriers des deniers communs et de jurés courtiers visiteurs de chairs de porc, lards et graisses.

Coll. Lamoignon, t. XXII, fol. 876. — Traité de la police, t. II, p. 1334.

Louis, par la grace de Dieu, Roy de France et de Navarre, a tous presens et avenir, salut. En consequence de nos edits et arrets d'aoust 1701 et juillet 1702 les jurez et communauté des maistres chaircuitiers de nostre bonne ville de Paris, ont esté employez pour la somme de sept mille trois cent trente quatre livres et les deux sols pour livre, à cause des offices de syndics-jurez et d'auditeurs des comptes de leur communauté, creez ès années 1691 et 1694, dont nous leur avons cy-devant accordé la reunion [1]; et comme par deux edits du mois de juillet 1702, par l'un desquels nous avons creé par chaque corps des marchans et communautez des arts et mestiers de nostre royaulme un tresorier, receveur, payeur de leurs deniers communs, lesdits jurez prenant occasion de ladite taxe de confirmation et considerant qu'il ne pouvoit rien y avoir de plus avantageux pour leur communauté que d'y reunir pareillement ledit office de tresorier, avec les taxations et droits qui y sont attachez et les gages qu'il nous plairoit d'y attribuer, ils nous auroient très humblement fait supplier de leur accorder ladite reunion et celle de deux offices de courtiers visiteurs de chairs de porcs morts, lards et gresses, dans ladite ville faubourgs et banlieue de Paris, creez par l'autre edit du mois de juillet, aux droits, fonctions, privileges et exemptions portez par ledit edit, et de nous contenter, savoir : d'une somme de huit mille six cens trente sept livres de principal et huit cens soixante trois livres quatorze sols, pour les deux sols pour livre, tant pour la finance dudit office de tresorier que pour ladite taxe de confirmation d'heredité, et de celle de trente mille livres d'une part, pour la finance des deux offices de courtiers visiteurs desdites chairs de porcs morts, lards et gresses, et trente deux mille livres, d'autre part, pour la reunion de deux pareils anciens courtiers visiteurs.

Lesquelles propositions et offres nous avons bien voulu accepter. Et en consequence avons ordonné par les arrets de nostre conseil des 12 aoust et 14 octobre 1702 et 15 may 1703 qu'en payant par eux lesdites sommes, dans certains termes, ils jouiront, tant du benefice de confirmation d'heredité et dudit office de tresorier que desdits quatre offices de courtiers visiteurs de chairs de porcs morts, qui demeureront uniz et incorporez à leur communauté, avec les droits, privileges et exemptions attribuez auxdits offices et de deux cens livres de gages actuels et effectifs, par chascun an, pour ledit office de tresorier, a commencer du premier janvier 1703; mesme leur avons permis d'emprunter lesdites sommes en tout ou partie et accordé aux preteurs le privilège et hypoteque special sur lesdits offices droits et gages y attribuez. Pour l'execucion desquels offres et attendu que lesdits jurez ne sont pas asseurez de trouver à emprunter dans le public des deniers suffisans pour les remplir, comme ils n'ont rien tant a cœur que de nous marquer leur zele et leur obeissance a nos volontez, ils croyent qu'ils seront obligez de lever par forme de prest sur eux mesmes ce qui leur pourra manquer, laquelle levée ils ne peuvent faire sans nostre permission; d'ailleurs ju-

---

[1] L'union des jurés, pour 12,000 livres (15 mai 1691); des contrôleurs des poids et mesures pour 19,800 livres, des auditeurs des comptes pour 7,334 livres (6 juillet 1704).

geans necessaire de pourveoir a ce que les arrerages des sommes qu'ils emprunte-
ront du public ou qu'ils leveront par repartition soient exactement payés, et mesme
qu'il puisse y avoir de temps a autre du revenant bon pour l'employer a l'extinction du principal, ce qui ne se peut faire qu'en imposant quelques droits nouveaulx sur les visites et les receptions, et en se prescrivant entre eulx des reglements qui maintiennent dans une exacte discipline et empeschent les abbus qui
destruisent ordinairement les communautez les mieux establies, ils ont pris entre
eulx, sous nostre bon plaisir, le 14 mai 1705, une deliberation contenant plusieurs dispositions qu'ils desireroient qu'il nous plust autoriser.

Et voulant favorablement traicter ladite communauté des chaircuitiers, leur
donner des marques de la satisfaction que nous avons de leur obeissance et
leur faire ressentir les effets de nostre protection, a ces causes et autres a ce
nous mouvans, après avoir fait examiner en nostre Conseil les articles et propositions que lesdits maistres chaircuitiers ont fait rediger par ecrit, et de
nostre certaine science, pleine puissance et autorité royale, nous avons par
ces presentes, signées de nostre main, confirmé lesdites reunions. . . . . à la
charge de nous payer la somme de huit mille six cens trente sept livres, pour
ladite confirmation d'heredité des offices de jurez et auditeurs des comptes
et pour la finance de l'office de tresorier, sur la quittance du receveur de
nos deniers casuels et en attendant l'expedition d'icelles sur les recepissez
de maistre Jean Garnier que nous avons chargé de ce recouvrement, ou de ses
procureurs et commis; et celle de huit cens soixante trois livres quatorze sols
pour les deux sols pour livre, sur les quittances dudit Garnier, lesdites deux
sommes faisant ensemble celle de neuf mille cinq cens livres quatorze sols, paya-
bles dans les termes portez par ledit arrest du 15 may 1703, comme aussi en
nous payant la somme de trente mille livres, d'une part, et celle de trente deux
mille, d'autre, pour la reunion desdits quatre offices de courtiers visiteurs de
chairs de porcs morts, a l'effet de quoy permettons aux syndics et jurez de ladite
communauté, d'emprunter, si fait n'a esté, conformement ausdits arrests. Voulons
que ceulx qui presteront leurs deniers, ayent privilege et hypotèque special sur
lesdits offices, comme aussi sur les deniers qui seront levez par augmentation,
en consequence des presentes et generalement sur tous les biens effets et revenus
de ladite communauté et que les arrerages leur en soient payez d'année en année
a raison du denier vingt. Et pour donner moyen à ladite communauté, non seulement de payer annuellement lesdits arrerages, mais encore d'acquitter de temps
à autre quelque partie du principal, en sorte qu'elle soit liberée le plus promptement possible, comme aussi pour maintenir la discipline qui doit estre entre les
maistres de ladite communauté et empescher les entreprises qui se font sur leur
profession, nous avons par ces mesmes presentes, dit, statué et ordonné, disons,
statuons et ordonnons, voulons et nous plaist ce qui ensuit :

1. Les jurez et syndics seront eleus a la pluralité des voix de tous les maistres de ladite communauté, le jour de saint Remy de chascune année et ils feront leurs fonctions comme avant l'edit du mois de mars 1691.

2. Les deux derniers jurez seront administrateurs de la confrairie, pour avoir soin de toutes les choses qui la concernent, pour laquelle confrairie chaque maistre ou veuve paiera vint sols par chacun an; et les jurez se rendront tous les vendredis de chaque sepmaine a la messe qui sera dite en l'eglise des Grands Augustins, comme il s'est pratiqué par le passé, sans qu'ilz en puissent estre dispensez, sinon en cas de maladie ou autres empeschements legitimes; et tiendront un fidele registre de la recepte et depense qu'ils feront, dont ils rendront compte a la fin desdites deux années, en l'assemblée qui sera convoquée desdits maistres, au bureau de ladite communauté.

3. Les jurez seront tenus de remplir les fonctions de courtiers visiteurs de porcs morts, lards et gresses [1], et en percevront les droits, et feront, tous les jours de marchez, leurs visites ès halles, places, boutiques, bureaux, marchez et aultres lieux de ladite ville, faubourgs et banlieue de Paris où se vendent et debitent les porcs morts, fraiz ou sallez, par morceaulx ou autrement, tant par les maistres chaircuitiers que forains ou autres, vendans et debitans lesdites marchandises; et feront lesdits jurez leurs rapports des contraventions et abbus devant le lieutenant general de police, ainsi que les anciens jurez et les anciens courtiers visiteurs estoient obligez de faire, suivant les statuts de ladite communauté.

4. Il sera eleu, de deux en deux ans, ledit jour de saint Remy, a la pluralité des voix, un maistre de ladite profession pour faire les fonctions de tresorier, cou-

---

[1] Fréquemment il s'était présenté des contestations entre les jurés charcutiers et les courtiers de graisses; ceux-ci, par arrêt du Parlement du 19 avril 1553, avaient obtenu gain de cause pour les droits de visite dans les halles (Lamoignon, t. VII, fol. 448) et quelques années après, un arrêt du 17 juillet 1568 leur prescrivit de faire simultanément, pour les règlements du métier comme pour la police générale, la visite des viandes et des graisses (ibid., t. VIII, p. 494).

Voici encore un autre texte en faveur des courtiers visiteurs :

1673, 6 octobre. — Sentence sur la visite des lards et les fonctions des courtiers. «A tous ceux qui ces presentes lettres verront, Achilles de Harlay..... garde de la prevosté de Paris. Parties oyes en leurs plaidoyers et remonstrances, lecture faite de l'ordonnance de Charles VI, roi de France, du mois de février 1415, portant confirmation des edits et creation desdits offices de jurés courtiers, visiteurs de chairs, lards et graisses, par l'article

quinze de laquelle il leur est attribué pour leur sallaire, droits de visites sur lesdites marchandises douze deniers parisis pour chacun lard, du marchand vendeur, pour chacun cent de graisse deux sols parisis, par chacun caque de sain quatre sols, et pour muid et pour queue huit solz parisis..... autre edit de Louis XIII, du mois d'avril 1641, portant pareille attribution au proffit desdits courtiers et visiteurs et du droit de parisis; autre edit de 1652 portant même confirmation; sentence du 26 avril 1664 portant aux charcutiers defense d'exposer des lards en vente sans les faire visiter par les courtiers visiteurs..... disons que lesdits ordonnances, edits et sentences seront executés selon leur forme et teneur et que pour les visites lesdits jurés devront se rendre a leur bureau, les mercredy et samedy, a six et sept heures du matin, pour lesquelles ils recevront un droit, pour chaque flèche de lard, frais ou salé, quinze deniers, pour chaque cent de graisse quinze deniers... » (Lamoignon, t. XVI, fol. 207.)

formement a l'edit de creation du mois de juillet 1702, lequel maistre, dont la communauté demeurera responsable, fera la recepte de tous les droits generalement quelconques, appartenant a ladite communauté et il sera tenu d'en rendre compte de six mois en six mois, en presence de huit anciens, au moins, qui auront esté avertis a cet effet, lesquels parapheront les feuillets de chacun mois, dont il sera fait mention sur le registre de ladite communauté.

5. Feront lesdits jurez quatre visites generales, par chacun an, dans les boutiques des maistres de ladite communauté, pour chacune desquelles il sera payé vingt sols ausdits jurez, par ceux desdits maistres qui n'auront pas exercé la jurande; et ceux qui l'auront exercée seront exempts de ce droit, sans neanmoins estre exempts desdites visites.

6. A la fin de chaque année il sera convoqué une assemblée generale pour examiner l'etat des affaires de la communauté et les fonds qui seront ès mains du tresorier pour estre employez au paiement des rentes qui sont dues et au remboursement de partie des principaux, s'il y a lieu, a commencer par ceulx qui auront les premiers presté leurs deniers; et en cas qu'il s'en trouve de pareille date on commencera par celui qui aura le plus de besoin. Il sera rendu compte par ledit tresorier, un mois après la fin de chaque année, de la recette par luy faite desdits droits, conformement aux edits, declarations et arrests, de la depense qu'il en aura pareillement faite; lesquels droits cesseront d'estre perçeus après que ladite communauté sera entierement acquittée des sommes par elle empruntées pour la reunion desdits offices, tant en interets et principaux qu'en frais faits au sujet desdits emprunts et recouvrement desdits droits, sans que le produit d'iceux puisse estre employé a d'autres usages ny au payement d'autres creances.

7 à 13. [Diverses conditions de l'apprentissage; prix du brevet fixé à 500 livres; chef-d'œuvre; louage des compagnons; veuves de maîtres [1].]

14. Ne pourront lesdits maistres ou leurs veuves tenir qu'une boutique ouverte sur rue, en ceste ville et fauxbourgs de Paris, leur defendons de colporter ou faire colporter, vendre ny debiter aucunes marchandises dudit estat et mestier par les rues, a peine de confiscation et de trois cens livres applicables comme dessus. Ne pourront aussy lesdits maistres ny leurs veuves prester leurs noms a quelque personne que ce soit pour faire ledit commerce, a peine pour la première fois de pareille somme de trois cens livres et en cas de recidive d'estre privé de la maistrise, a l'esgard des maistres, et des veuves d'estre privées de leurs privilèges.

15. Les syndics et jurez seront tenus d'avoir un registre dans leur bureau pour y transcrire toutes les affaires qui concerneront ladite communauté, tant pour les receptions des maistres et apprentis, elections des jurez, deliberations, que gene-

---

[1] Le texte de ces articles est reproduit en termes identiques dans les statuts suivants de 1745, articles 3 à 16.

ralement pour tous les autres actes, lequel registre sera mis ès mains de ceux qui succederont pour y avoir recours quand il sera necessaire, et lorsque la communauté sera assemblée, tous les maistres qui auront esté mandez, seront tenuz de s'y trouver et de s'y comporter avec decence et respect, a peine de trois livres d'amende ou telle autre peine qui sera ordonnée par le lieutenant general de police, sur le rapport qui lui en sera fait par le syndic en charge.

16. Defendons a tous particuliers de quelque art et profession que ce soit, d'entreprendre sur le mestier et commerce des maistres chaircuitiers, et notamment a tous marchans de vin de tuer ny faire tuer aucun porc, en vendre ny debiter aucunes chairs dans leurs maisons et tavernes, qu'ils ne les aient achetées chez lesdits chaircuitiers. Permettons ausdits chaircuitiers, en cas qu'ils ayent avis de quelque entreprise sur leur profession, d'aller en visite chez les contrevenans, en consequence des permissions particulières qui leur seront accordées par le lieutenant general de police, et en presence d'un des commissaires du Chastelet qui sera par luy commis, et chacun des contrevenans sera condamné en trois cens livres, applicables comme dessus, avec confiscation des marchandises et ostenciles qui se trouveront compris dans les saisies.

17. [Autorisation de faire les visites dans les faubourgs privilégiés [1].]

18. Voulons au surplus que les statuts, articles et ordonnances concernant ladite communauté des maistres chaircuitiers, saucissiers, boudiniers, courtiers visiteurs de porcs morts, lards et graisses, soient executez selon leur forme et teneur, en ce qu'ils ne sont contraires à ces presentes et defendons aux maistres d'y contrevenir a peine de cinquante livres d'amende. Si donnons en mandement..... Donné a Fontainebleau le vingt quatrieme jour d'octobre, l'an de grace mil sept cens cinq et de nostre regne le soixante troisieme.

IX

1745, 28 juillet. — Gand.

Statuts des charcutiers en 5o articles, et lettres patentes de Louis XV qui les confirment.

Coll. Lamoignon, t. XXXVII, fol. 68, d'après le recueil des charcutiers.

1 [2]. La communauté des maitres chaircuitiers de Paris sera et demeurera composée des syndics et jurés en charge, des anciens syndics et jurés et généralement de tous ceux qui ont été ou seront reçus maitres.

[1] Voyez article 28 de 1745.
[2] Les statuts commencent sans préambule; les lettres se trouvent transcrites à la suite.

2. Avant qu'aucun puisse parvenir à la maitrise de chaircuitier, il sera tenu conformément à l'article 7 des anciens statuts de ladite communauté [1] de faire apprentissage chez l'un des maitres d'icelle pendant quatre années consécutives et de servir ensuite, pendant cinq autres années, en qualité de compagnon chez lesdits maitres ou veuves établis à Paris, afin de se perfectionner au métier de chaircuitier.

3. Nul ne pourra estre reçu apprentif qu'il n'ait atteint l'âge de 15 ans jusqu'à 20 ans, après lequel il ne pourra se présenter pour estre admis à l'apprentissage; à l'effet de quoy il sera tenu de le justifier aux syndics et jurés en charge par son extrait baptistaire dûment légalisé. Le brevet d'apprentissage sera passé devant notaires, en présence de deux jurés au moins, à peine de nullité dudit brevet, et payera ledit apprentif après le brevet passé 12 livres au profit de la communauté, conformément à la déclaration du 15 may 1691 [2]; payera en outre à chaque juré vingt sols, pour leur droit de présence. Ledit apprentif sera tenu de fournir, dans la quinzaine du jour de la passation dudit brevet, une copie collationnée d'iceluy, pour estre enregistrée sur le registre de ladite communauté, à la diligence du maitre ou ledit apprentif entrera, à peine de trente livres d'amende contre ledit maitre, applicable moitié à l'hôpital général et l'autre moitié à la communauté, et demeurera responsable des dommages intérêts de l'apprentif.

4. Les apprentifs ne pourront quitter les maitres chez lesquels ils seront obligés, s'absenter ni demeurer ailleurs, pendant les quatre années de leur apprentissage, sans cause légitime et jugée telle par le sr lieutenant général de police, à peine de cinquante livres d'amende, tant contre l'apprentif que contre le maître qui le recevrait; même à l'égard de l'apprentif d'estre privé du droit d'aspirer à la maîtrise et d'interdiction pendant 6 mois à l'égard du maître; et pour chaque transport de brevet d'apprentissage il sera payé la somme de dix livres, sçavoir six livres pour la communauté et quatre livres pour les jurés qui seront tenus de l'enregistrer sur le registre de la communauté.

5. Chacun des maitres chaircuitiers ne pourra recevoir un second apprentif, avant que le premier n'ait au moins trois mois de service, à peine de trente livres d'amende contre ledit maitre, dont quinze livres envers le Roy et le surplus au profit de la communauté.

6. Si un maitre chaircutier, au jour de son décès, avait un apprentif qui n'eut point accompli son temps de quatre années, sa veuve pourra le garder, pour achever son temps, ou le faire passer à un autre maitre, en avertissant les syndics et jurés de la communauté, afin d'en faire le transport, du consentement des parties, sans cependant que la veuve puisse prendre aucun nouveau apprentif.

[1] Article 2 des statuts de 1476.
[2] Déclaration portant augmentation de droits pour l'union des offices des jurés.

7. Les veuves des maitres restant en viduité, pourront tenir boutique ouverte et faire travailler pour leur compte; mais si elles venoient à se remarier à un autre qu'à un maitre chaircuitier, elles seront tenues de fermer boutique; et si elles avoient alors un apprentif, elles seront obligées de remettre le brevet dudit apprentif entre les mains du syndic et des jurés en charge, pour le donner à un maitre afin d'achever son temps; dans ce cas le transport de brevet sera fait aux dépens de la veuve.

8. Nul maitre de la dite communauté ne pourra prendre aucun compagnon avant la mi-caresme de chaque année, ni aucun compagnon sorti de chez son maitre avant le mercredi des cendres de l'année suivante, à peine de cinquante livres d'amende, applicable comme dessus, et les compagnons qui sortiront de chez leurs maitres avant ledit temps, sans causes légitimes ou un congé par écrit, ne.pourront prétendre aucuns gages et seront en outre condamnés à tels dommages intérêts qu'il appartiendra; et en cas de contestation et différent entre les maitres et compagnons, ils seront tenus de se retirer pardevant les syndics et jurés en charge pour tascher de les concilier, et s'ils ne peuvent le faire, lesdits maitres ou compagnons se pourvoiront devant le sieur lieutenant général de police.

9. Tous les compagnons dudit métier ne pourront estre reçus à travailler chez les maistres qu'après avoir donné leurs noms aux jurés en charge, qui seront tenus de les enregistrer et de leur délivrer un certificat pour aller travailler chez les maitres de ladite communauté qu'ils indiqueront; et ne pourront lesdits maitres recevoir chez eux aucuns compagnons, sans les certificats desdits jurés, à peine de cinquante livres d'amende, tant contre le maitre que contre le compagnon.

10. Toutes les personnes de mauvoise vie, notées et reprises de justice, seront exclues de la maitrise, même de servir les maitres, à peine de trente livres d'amende contre lesdits maitres qui, en ayant connoissance, auroient pris lesdites personnes à leur service.

11. Lorsqu'un apprentif aura fini son temps d'apprentissage qui est de quatre années, et servi les maitres en qualité de compagnon pendant cinq années entières, ce qu'il sera tenu de faire connoitre par brevet quitance et par le certificat de ses services, et qu'il voudra estre admis à la maitrise de chaircuiterie, il se retirera devers les syndics et jurés en charge, qui le proposeront dans une assemblée, pour estre agréé et admis au chef d'œuvre, lequel sera fait en présence des syndics et jurés en charge et du meneur [1], par l'aspirant qui sera tenu de tuer un porc et l'habiller, et le lendemain de le faire apporter dans le bureau de la communauté pour y estre coupé et dépecé en presence desdits syndics et jurés

---

[1] Le meneur était un représentant ou parrain qui assistait l'apprenti.

des anciens et de dix modernes ou jeunes alternativement, suivant leur réception.

12. Si l'aspirant, après le chef d'œuvre fait, est jugé capable, il payera à la communauté, ès mains du juré comptable, avant d'estre reçu maitre, la somme de cinq cens livres, trente livres pour le droit royal et vingt une livres pour l'ouverture de boutique, conformément à l'article 9 de la déclaration du mois d'octobre 1705 [1], non compris les droits ordinaires, scavoir : à chacun des anciens syndics, du syndic et quatre jurés en charge, quatre livres, aux anciens jurés deux livres, et aux dix modernes et jeunes qui y assisteront, chacun une livre; douze livres pour la boëte de la confrairie, trois livres pour le droit de l'hopital, ensemble les droits du sieur procureur du Roy au Chatelet et les frais de la lettre de maîtrise.

13. Seront néanmoins les fils de maistres admis à la maistrise, sans estre tenus de faire chef d'œuvre, ni de rapporter aucun brevet d'apprentissage, pourvû néanmoins qu'ils ayent atteint l'âge de quinze années révolues, en payant seulement la somme de vingt livres, pour le droit royal, et moitié des droits des syndics, jurés et anciens jurés, avec le droit de l'hopital, celui du sieur procureur du Roy au Chatelet et les frais de la lettre de maitrise.

14. Toutes lettres de maitrise qui seroient délivrées à l'avenir aux fils de maitres avant l'âge de quinze ans seront réputées nulles, sinon dans le cas où les pères et mères, venant à décéder, laisseroient un fils au dessous de l'âge de quinze ans, lequel en ce cas pourra estre admis à la maitrise, afin de lui conserver l'établissement de ses père et mère.

15. Les fils nés avant la maitrise de leur père qui voudront estre reçus maistres dudit métier seront tenus de faire apprentissage et de servir les maitres, de même que les étrangers qui seront reçus par le chef d'œuvre, et de payer la somme de trois cens livres au lieu de cinq cens livres, ensemble tous les autres droits énoncés en l'article 12, après avoir néanmoins fait préalablement chef d'œuvre.

16. Défenses à tous maitres qui seront reçus par chef d'œuvre de s'établir, ni de tenir boutique ouverte, dans le quartier de la demeure du maitre d'où il sera sorti qu'au bout de deux ans au moins, à peine de cinq cens livres d'amende applicable, moitié à la communauté et l'autre aux pauvres maitres et veuves; ne seront compris dans ces deffenses ceux desdits maitres qui épouseroient soit des veuves, soit des filles de maitres dudit métier qui seroient décédés ou qui viendroient à se retirer, lesquels pourront en ce cas exploiter la boutique du défunt ou de celui qui quitteroit.

17. Ne pourront lesdits maitres ou veuves tenir qu'une boutique ouverte sur

[1] Tous ces droits furent établis pour assurer le service des emprunts. Nous les avons omis à leur vraie place, dans la déclaration de 1705 qui les autorise, articles 7 à 13, pour éviter de les transcrire deux fois et pour laisser les statuts de 1745 complets et dans leur ensemble.

rue en cette ville de Paris et fauxbourgs, leur défendons de colporter vendre ni debiter aucunes marchandises dudit métier, par les rues, à peine de confiscation et de trois cens livres d'amende, aplicable comme dessus; ne pourront lesdits maitres, ni leurs veuves aussi, prêter leurs noms à quelque personne que ce soit pour faire ledit commerce, à peine, pour la première fois, de pareille somme de trois cens livres, applicable comme dit est et, en cas de récidive, d'estre privés de la maitrise, à l'égard des maitres et, à l'égard des veuves, d'estre déchues de leurs privilèges.

18. Les syndics et jurés seront élus à la pluralité des voix des anciens syndics et jurés, de dix modernes et dix jeunes maitres de la communauté, le jour de saint Remy de chacune année, lesquels modernes et jeunes seront pris tour à tour suivant l'ordre du catalogue; tous les mandés seront tenus de se trouver en ladite assemblée, à peine de dix livres d'amende, hors le cas d'un légitime empeschement; ladite amende aplicable, moitié aux pauvres maitres et veuves, l'autre moitié à ladite communauté.

19. Nul ne pourra estre juré qu'il n'ait au moins dix ans de maitrise avec boutique ouverte, et n'ait atteint l'âge de vingt ans.

20. Les deux derniers jurés seront administrateurs de la confrairie, et auront soin de tout ce qui la concerne; pour laquelle confrairie chaque maitre ou veuve payera trente sols par chacun an [1] et fournira un cierge du poids d'une livre et demie au moins; et seront tenus lesdits maitres et veuves de rendre un pain bénit les jours de feste de la Vierge, chacun à leur tour, suivant leur réception; tiendront lesdits jurés un fidel registre de la recette et dépense qu'ils feront, dont ils rendront compte à la fin de chaque année, à l'assemblée qui sera convoquée à cet effet au bureau de la communauté.

21. Les syndics et jurés seront tenus d'avoir trois registres dans leur bureau pour y transcrire sur l'un toutes les délibérations concernant les affaires de la communauté et comptes des syndics et jurés; l'autre pour enregistrer les apprentifs, les réceptions de maitres, élections des jurés et syndics; le troisième pour inventorier et inscrire tous les titres, arrêts, sentences et réglements qui concernent la communauté pour y avoir recours quant il en sera besoin.

22. Il sera tenu, tous les premiers jeudis de chaque mois, une assemblée au bureau de ladite communauté, pour délibérer sur les affaires d'icelle, à laquelle seront tenus de se trouver tous les syndics et anciens maitres qui y seront mandés, à peine de trois livres d'amende, applicable à la confrairie.

23. Lorsqu'il s'agira de quelques affaires importantes à la communauté, les syndics et jurés en charge manderont au bureau tous les anciens sortis de charge et alternativement, selon l'ordre de réception, dix modernes et dix jeunes, et ce qui sera par eux résolu sera exécuté par toute la communauté.

[1] En 1705, la cotisation n'était que de 20 sols.

24. Dans toutes les assemblées qui se feront au bureau de la communauté, les maitres qui auront été mandés seront tenus de s'y trouver, à l'heure qui sera indiquée par billet, à peine de six livres d'amende, et seront tenus de s'y comporter avec décence et respect, à peine de pareille amende au profit de la confrairie ou telle autre peine, qui sera ordonné par le sieur lieutenant général de police, sur le rapport qui lui en sera fait par les syndics et jurés en charge.

25. Les syndics et jurés feront la recette de tous les droits généralement quelconques, appartenant à la communauté, et ils seront tenus d'en rendre compte, de six mois en six mois, en présence de huit anciens avertis à cet effet, lesquels parapheront les feuilles de chacun mois, dont il sera fait mention sur le registre de ladite communauté.

26. Feront lesdits syndics et jurés quatre visites générales, par chacun an, dans les boutiques des maitres de ladite communauté, pour chacune desquelles il sera payé vingt sols auxdits jurés, par ceux des maitres qui n'auront pas exercé la jurande; et ceux qui l'auront exercé seront exempts desdites visites. Enjoint aux maitres et à leurs enfans et domestiques, d'ouvrir leurs maisons, magazins, caves et autres lieux qu'ils occupent aux jurés, quand ils iront en visites, de les recevoir aussitôt qu'ils se présenteront et de leur porter honneur et respect, à peine de cinquante livres d'amende au profit des jurés.

27. Ne pourront lesdits syndics et jurés faire leurs visites, dans les caves des maitres, veuves ou privilégiés, des marchandises de lard et autres mises au sel qu'au bout de quatre jours; et lorsqu'ils feront leurs visites des marchandises exposées en vente dans les boutiques, magazins et autres lieux, ils seront tenus après leurs visites d'apposer leurs cachets sur les pièces qu'ils auront trouvé bonnes, pour en éviter la perte totale par les fréquentes visites et les coups de sonde.

28. Permettons aux syndics et jurés de ladite communauté de faire leurs visites dans les maisons des chaircuitiers du fauxbourg Saint Antoine, dans l'enclos du Temple, de Saint Jean de Latran, de Saint Denis de la Chartre, de l'abbaye de Saint Germain des Prez, dans la rue de l'Ourcine et rues adjacentes, collèges et autres lieux privilégiés ou prétendus tels, comme aussi dans les maisons de ceux qui exercent la profession de chaircuitier à titre de privilége du prévost de notre hotel [1].

29. Seront tous les syndics et jurés en charge tenus de se transporter, les jours de marchés, aux halles et marchés, pour y visiter les quarante places au lard, les faire fournir par les maitres et veuves à qui elles seront échues, faire tenir les étaux en bon état, comme aussi de se transporter dans les étables du marché aux pores, pendant l'heure du marché, pour faire sortir et exposer en vente les mar-

[1] Tous les statuts modernes constatent ainsi la suprématie royale sur les justices seigneuriales des faubourgs, au sujet des métiers.

chandises de porcs qui pourroient y estre renfermées, et veiller aux autres contraventions, tant des marchands forains que des maîtres.

30. Feront pareillement lesdits jurés leurs visites dans les maisons des cabaretiers, taverniers, hôteliers et aubergistes vendans vin, de la ville et fauxbourgs de Paris, pour y voir et reconnoitre s'ils ne vendent d'autres chairs de porcs que celle par eux achetée chez les maîtres chaircuitiers; et ne pourront lesdits taverniers, cabaretiers, hoteliers vendans vins et aubergistes, vendre et débiter en leurs maisons, cabarets, hôtelcries et auberges, d'autres chairs de porcs que celles qu'ils auront achetées chez les maîtres chaircuitiers, à peine de confiscation et de cinquante livres d'amende.

31. Défenses à tous maitres patissiers, traiteurs, rotisseurs, marchands de vin, épiciers, aubergistes et autres, d'entreprendre sur le métier et commerce des chaircuitiers, ni de faire aucuns étalages de la marchandise de porcs ni d'en donner aucune indication sur leurs platfonds, écriteaux ou autrement.

32. Ne pourront les patissiers, ni les traiteurs, ni les rotisseurs employer dans les ouvrages de leur métier, quels qu'ils soient, d'autres porcs frais et lards que ceux qu'ils seront tenus d'acheter chez les maitres chaircuitiers, et ne pourront vendre ni debiter en gros ou en détail aucuns jambons ni lards frais et salés. Permis aux maitres chaircuitiers d'assaisonner tous les ouvrages de leur métier, quels qu'ils soient, de telles espiceries qu'ils jugeront convenables.

33. Les jurés pourront faire saisir et enlever les marchandises de porcs frais, saucissons, andouilles, boudins, jambons et autres que les regratiers et regratières colporteront ou exposeront en vente, dans les rues ou aux portes des églises et partout ailleurs, pour être lesdites marchandises confisquées; et défenses aux fruitiers et autres d'exposer en vente aucuns lards frais et salés ni viandes cuites, de telle nature qu'elles puissent estre, soit dans les boutiques, échopes, hottes, places et rues, à peine de confiscation, cinquante livres d'amende, et d'emprisonnement, en cas de rébellion de la part des contrevenants; et seront tenus les syndics et jurés de veiller à ce que cet article soit ponctuellement exécuté.

34. Feront les syndics et jurés en charge leurs visites dans les tueries et échaudoirs pour connoitre s'il n'y a point de marchandise de porc défectueuse; et en cas qu'il s'en trouve, de la faire saisir et faire assigner les contrevenans pardevant le sieur lieutenant général de police.

35. Défenses aux maitres et veuves et même aux privilégiés du grand prévost ou autres qui font le commerce dans les fauxbourgs Saint Antoine et autres prétendus lieux privilégiés, de tuer ni faire tuer aucuns porcs que dans les tueries et échaudoirs établis et autorisés par le sieur lieutenant général de police, à peine de saisie, confiscation et amende.

36. [Chômage des quatre grandes fêtes de l'année.]

37. Permis aux maitres et veuves d'acheter et d'employer les issues et abatis des bœufs, veaux et moutons [1] et de les vendre et débiter.

38. [Défense d'acheter dans les environs de Paris.]

39. Défendons aux maitres et veuves de faire courir des billets, pour annoncer

[1] Tous ces bas morceaux étaient employés par les tripiers, métier beaucoup plus moderne, mais qui offre quelque ressemblance avec les anciens cuisiniers. Ils obtenaient une sorte d'établissement par lotissement avec autorisation du prévôt, sous le nom de cuiseurs de tripes et d'abatis. Plusieurs sentences les concernent; nous en donnons quelques-unes à titre de renseignement pour ce métier qui ne formait pas de communauté.

1720, 6 mai. — Arrêt du parlement contenant un règlement touchant les cuiseurs de tripes, abatis de bœuf et de mouton au sujet d'un procès fait à une tripière. Pas de règlement à mentionner. Ces tripiers sont la suite des premiers cuisiniers. (Lamoignon, t. XXVII, fol. 72.)

1738, 28 mars. — Ordonnance de police qui réduit à douze le nombre des cuiseurs de tripes. «Sur ce qui nous a esté remontré par le procureur du Roy et de la ville que depuis quelques années il a esté accordé des permissions à differens particuliers pour s'établir dans le quartier de l'aport de Paris et de la vieille place aux veaux, et y travailler à la cuisson des abatis de bœufs et de moutons, sous la denomination de cuiseurs de tripes, que le nombre s'en est successivement multiplié au point qu'il y en a actuellement vingt, quoy qu'originairement il n'y en ait eu que six, qu'il resulte plusieurs abus de la tolerance de ce grand nombre de cuiseurs de tripes, en ce que la plus part d'entre eux n'etant pas en etat de faire les frais indispensables de leur profession et n'ayant pas la capacité et l'experience requise pour faire de bonnes cuissons, ils debitent au public de ces abatis, qui etant par eux memes un aliment de mediocre qualité devient pernicieux lorsqu'ils n'ont pas été façonnés avec les precautions convenables, de sorte que le menu peuple et les pauvres qui en font leur nourriture la plus ordinaire se trouvent privés de ce secours ou sont exposés en s'en servant à un danger evident d'alterer leur santé, que cet objet nous a paru si important, que par notre sentence du 20 decembre 1737 nous avons privé du lotissement les cuiseurs qui ne sont pas en etat de faire cuire par

eux mesmes et qui n'ont pas les ustenciles et lieux convenables pour l'exercice de leur profession, que d'ailleurs le dessous de l'arcade du quay de Gesvres, ny mesme le terrain de la vieille place aux veaux n'étant plus suffisant pour contenir les tombereaux de tous ces cuiseurs de tripes, les bouchers de l'aport de Paris qui ont leurs tueries dans le même lieu se trouvent extremement genés dans leur commerce, ne leur etant pas possible de conduire leurs bestiaux aux tueries, ny de transporter la viande des tueries à la boucherie où elle est exposée en vente: d'où il nait très frequemment des rixes et des querelles, tant entre les bouchers, les cuiseurs de trippes que les autres habitans du quartier, qui ne peuvent aborder leurs maisons sans s'exposer à estre froissés, mesme ecrasés par les voituriers; et qu'enfin la multiplicité des eschaudoirs qu'ils establissent pour faire leur commerce, souvent peu propres à cet usage, met le quartier dans un peril evident d'incendie par la violence et la continuité du feu qu'ils sont obligés d'y entretenir et qui est d'autant plus à craindre que les rues adjacentes à la vieille place aux veaux sont extremement serrées et. les maisons construites pour la pluspart de matières combustibles, ce qui l'oblige de requerir qu'il nous plaise y pourvoir par une ordonnance qui en diminuant le trop grand nombre de cuiseurs de trippes conserve cependant ceux qui sont necessaires pour preparer les abatis des bœufs et des moutons, afin que les pauvres ne soient point privés du soulagement qu'ils en retirent pour leur subsistance, sur quoy nous, attendu qu'il n'y a actuellement que douze eschaudoirs existans pour la cuisson des abatis de bœufs et de moutons, disons qu'à commencer de ce jour le nombre des cuiseurs de tripes sera reduit et fixé à douze, sans que sous quelque pretexte que ce soit il puisse estre augmenté dans la suite..... Ce fut fait par nous René Herault, chevalier, seigneur de Fontaine l'abbé....., le 28 mars 1738.» (Lamoignon, t. XXXIII, fol. 25.)

1746, 16 avril. — Autre sentence autorisant ces tripiers à vendre le foie et le cœur de bœuf cuits ou crus. (Ibid., t. XLI, fol. 198.)

la vente de leurs marchandises [1], à peine de trois cents livres d'amende, applicable comme dessus.

40. Enjoignons aux maitres et veuves de garnir les quarante places qui leur seront échues par le plan qui en sera tiré tous les trois mois devant le commissaire des halles, de lards, chairs de porcs frais et salés et graisses, à proportion de ce qu'ils ont dans leurs boutiques, à peine d'interdiction de leur maitrise [2]; comme aussi leur enjoignons de mettre des napes blanches sur leurs étaux et d'avoir des tabliers blancs autour d'eux; seront tenus les syndics et jurés de faire leurs visites auxdittes places pour vérifier si elles sont garnies et si la marchandise est loyale.

41. Les particuliers forains vendant du porc frais à la halle de cette ville les mercredis et samedis, jours ordinaires de marchés, ne pourront apporter à Paris aucunes marchandises de porcs qui ne soient coupées par quartiers, à la seconde coste au dessus du rognon, avant d'entrer aux barrières, à peine de confiscation et de 5oo livres d'amende; et ne pourront lesdits forains exposer leur marchandise en vente, ny s'arrêter dans la ville avec leurs charettes, sous quel prétexte que ce soit, même celui de délivrer leurs marchandises aux bourgeois, et ils seront tenus de la vendre, porter et exposer en vente sur le carreau de la halle, à peine de confiscation et de cinq cents livres d'amende, applicable comme dessus.

42. Défenses auxdits forains d'apporter, ny exposer en vente, aucuns jambons, ny lards fumés, cervelles, boudins, saucisses, andouilles, langues et autres marchandises de porcs cuites, ni salées et crues.

43. Si lesdits forains n'ont point vendu dans la matinée toute la marchandise de porcs frais par eux apportée, ils ne pourront mettre et laisser dans les maisons voisines de la halle ce qui leur sera resté, ni le donner aux regratiers, mais pourront le laisser en vente jusqu'à trois ou quatre heures de relevée; après lequel temps la marchandise de porcs frais qui n'aura pas été vendue ne pourra estre emportée ni serrée pour estre exposée aux jours des marchez subséquens, mais sera mise au rabais; et défenses sont faites auxdits forains de hausser du matin à l'après midi le prix de ladite marchandise; le tout à peine de confiscation et de cent livres d'amende, tant contre lesdits forains que contre les particuliers qui auront reçu ou serré ladite marchandise restante.

44. Ne pourront lesdits forains donner aucune marchandise de porc frais pour colporter, revendre et regrater dans les halles, marchés, par les rues, ni ailleurs; et défenses sont faites à tous particuliers de revendre et regrater du porc frais

[1] C'est l'interdiction formelle de ce que nous appelons la publicité.

[2] Cette obligation, reste des anciens usages du marché des Halles où tous les métiers devaient fermer boutique les jours de marché et occuper leur étal, a été maintenue seulement pour les charcutiers et chandeliers par divers arrêts et entre autres par ceux du 7 septembre 1622 (Police, t. III, p. 135) et du 6 août 1756 (ci-après, pièce X.)

dans les marchez, ni dans quelque lieu de la ville que ce puisse estre, à peine de confiscation et d'amende.

45. Défenses aux forains débitans du porc frais, d'en vendre de gâté et prohibé, à peine de confiscation, de 500 livres d'amende, même de punition corporelle s'il y échoit.

46. Les forains ou leurs domestiques vendront en personne, sans pouvoir se servir du ministère de facteurs ou factrices résidans à Paris ou aux marchés, à peine de cent livres d'amende, tant contre les marchands que contre les facteurs ou factrices.

47. [Défense d'acheter dans les environs de Paris.]

48. Aucun marchand ne pourra faire renvoi de sa marchandise qu'il n'ait au moins au préalable fait deux marchés, et au troisième seulement se retirer en son païs, et en ce cas, il sera tenu de prendre renvoi des syndics et jurés à peine de cent livres d'amende.

49. Voulons que conformément aux réglemens des arts et métiers du mois de décembre 1581 [1], il soit loisible à tous maistres de ladite communauté de s'établir dans quelques villes, bourgs et lieux que bon leur semblera de notre royaume pour y exercer librement leur profession.

50. Seront au surplus les anciens statuts et réglements [2] de ladite communauté exécutés en ce qui ne sera pas contraire au présent réglement.

Louis, par la grâce de Dieu, Roy de France et de Navarre, à tous présens et avenir salut. La communauté des maitres chaircuitiers de notre bonne ville et fauxbourgs de Paris nous ont fait représenter que la plus part des articles de leurs anciens statuts n'étant pas encore connus en termes intelligibles, et étant d'ailleurs nécessaire d'en dresser de nouveaux, pour la bonne police et discipline de leur communauté, afin de remédier aux abus qui s'y sont introduits, ils auroient fait rédiger un projet de statuts et reglements, contenant cinquante articles, qu'ils nous ont très humblement supplié de vouloir bien autoriser et confirmer, en leur accordant nos lettres patentes sur ce nécessaire. . . . . A ces causes. . . . . Donné à Gand, le 28 juillet mil sept cent quarante cinq.

---

[1] L'édit de Henri III, de 1581, et celui de Henri IV, de 1597, qui en est la reproduction, sont restés en vigueur, malgré les édits de Lóuis XIV et les modifications apportées au régime des communautés ouvrières. Voyez ci-dessus, *Métiers en* *général*, pièce XXV, art. 6. — [2] Jusqu'ici nous n'avons que les anciens statuts de la création du métier en 1476, ceux de 1705 pour augmentation de droits étant insérés dans ce dernier texte de 50 articles.

X

1756, 6 août.

Ordonnance touchant les quarante places des halles que les charcutiers doivent garnir et fournir de marchandises.

Coll. Lamoignon, t. XL, fol. 474.

. . . . .Nous ordonnons que les articles 29 et 40 des statuts de la communauté des maistres chaircuitiers de cette ville, concernant la fourniture des quarante places à la halle des marchandises de lards, chairs et porcs frais et salé et graisses, les mercredis et samedis de chaque semaine, par quarante maistres et veuves de maistres chaircuitiers tenant boutiques, seront exécutez selon leur forme et teneur, et en conséquence enjoignons aux maistres et veuves de maistres qui seront nommez, de garnir les mercredis et samedis de chaque semaine, pendant le temps de trois mois, à six heures du matin en été et a neuf en hiver, chacun la place qui lui sera eschue par le tirage, de la marchandise de lard, chair et graisse de porc, bonnes et loyales en quantité suffisante, proportionnellement au commerce de chacun d'eux, avec tables et napes blanches. Disons en outre que de trois mois en trois mois et quinzaine avant l'expiration des trois mois courans, les sindics et jurés de la communauté des chaircuitiers seront tenus de remettre à l'ancien commissaire préposé pour la police des halles, un rolle signé d'eux, des maistres et veuves de maistres qui seront en tour pour faire le service à la halle pendant les trois mois suivans, et que par ledit commissaire sera auxdits quarante maistres et veuves de maistres assigné un jour pour en sa presence, celle des sindics et jurés chaircuitiers et celle des officiers inspecteurs des porcs, conformement à la sentence du 26 novembre 1666 et audit article 40 des statuts, estre fait le plan et tirage desdites quarante places, en la manière ordinaire et accoustumée. Faisons defense auxdits quarante qui seront de service à la halle, de quitter et abandonner leurs places, tant qu'ils auront des marchandises et d'en emporter aucunes avant six heures en esté et quatre heures du soir en hyver, le tout a peine d'amende arbitraire suivant la nature des contraventions, applicable au profit de la confrérie de la communauté. Faisons inhibitions et defenses à tous fruitiers, beuriers, vendeurs de sel, epiciers et autres d'etaler ès places des maistres chaircuitiers, les mercredis et samedis et d'embarasser le devant et l'abord desdites places, a peine de confiscation de leurs marchandises. . . . . Ce fut fait et donné par messire Nicolas René Berryer, chevalier, conseiller d'État, lieutenant general de police, le 6 aoust 1756.

TITRE VIII.

POULAILLERS. — VENDEURS DE VOLAILLES [1].

Sous le nom peu élégant de « poulaillers » on a désigné pendant plusieurs siècles les marchands de volailles, gibiers en poil et en plume, abatis et diverses petites viandes. Ils se trouvaient en concurrence avec les regrattiers, les rôtisseurs, les cuisiniers-oyers, sans compter les marchands forains qui envahissaient les marchés; aussi leur métier, libre et sans privilèges, finit par disparaître vers le xvi⁰ siècle, absorbé par le nombre toujours croissant des marchands de l'approvisionnement et par les employés chargés de la surveillance des marchés, pourvus de l'office de vendeur de volailles.

Les poulaillers reçurent des statuts d'Étienne Boileau [2], simples mesures de police pour l'approvisionnement des marchés, qui furent renouvelées dans l'ordonnance du roi Jean [3] et dans une foule de lettres des prévôts de Paris.

En 1498, dans le but de se restreindre, ils obtinrent la suppression de la liberté du métier; il fallut être accepté par les jurés et payer un droit de 30 sols au Roy et 60 sols à la confrérie. D'autres règlements, pour la taxe des prix, furent donnés en 1546; on y trouvera une curieuse liste des oiseaux et autres comestibles de l'époque.

Henri II confirme purement et simplement leurs statuts en 1547. C'est le dernier document relatif à la communauté; les autres ne sont que des prescriptions de police applicables à tous les marchands de Paris ou de la banlieue vendant sur les marchés ou par les rues.

Un métier qui se rapprochait des poulaillers, le commerce du lait, des œufs et fromages, exercé par les regrattiers au xiii⁰ siècle, ne figure plus dans la suite à titre de communauté. Les marchands, pour la plupart ambulants, étaient pauvres, très nombreux, sans domicile commercial et installés dans les environs de la ville comme aujourd'hui ceux que nous appelons coquetiers. Plusieurs métiers reconnus faisaient ce trafic en liberté, principalement les fruitiers qui prirent une grande extension et que nous verrons sous le titre XVII de ce recueil. D'ailleurs, en général, les métiers d'approvisionnement offrent peu d'intérêt au point de vue corporatif; pour divers motifs, l'association réglementée leur était difficile et si, dans le moyen âge, ils ont essayé de s'entendre, ils n'existaient plus que de nom vers le milieu du xvi⁰ siècle.

Nous avons ajouté plusieurs documents sur les vendeurs de volailles, officiers préposés à la police des marchés, inspecteurs des denrées et arbitres des ventes. Leurs offices ont subi, à la fin du règne de Louis XIV, des modifications constantes qui sont de simples procédés financiers

---

[1] L'Armorial de d'Hozier, le catalogue le plus complet des armoiries des métiers, ne donne aucun blason pour les poulaillers ni pour les officiers vendeurs de volailles.

[2] Livre des Métiers, titre LXX, p. 147.

[3] Titre XI, en cinq articles, ci-dessus p. 21. Boileau leur donne quatre jurés, qui sont réduits à deux par le roi Jean.

étrangers à l'administration de la police. Leur jeton, d'un type remarquable et en or, figure ici en double exemplaire; la face de Louis XIV est la même pour les deux types, le revers seul a changé.

Bibliothèque nationale, médailles. Collections de la Ville et de la Monnaie.

⸺◇⸺

I

1364, 11 septembre.

Lettres patentes de Charles V, confirmant purement et simplement les quatorze articles des statuts d'Étienne Boileau.

Arch. nat., Livre bleu, Y 6², fol. 104 v°. — 5ᵉ vol. des Bannières, Y 11, fol. 18.
Coll. Lamoignon, mention, t. II, fol. 307, d'après le Trésor des chartes reg. 99. — Ordonn. des R. de Fr., t. IV, p. 490.
Lamare, Police, t. II, p. 1420.

II

1406, octobre.

Lettres patentes de Charles VI, confirmant les mêmes statuts.

Ordonn. des R. de Fr., t. IX, p. 155.

III

1469, 24 janvier.

Ordonnance de police en forme de statuts, sur le commerce de la volaille, des œufs, beurres et fromages.

Arch. nat., Livre vert neof, Y 6¹, fol. 42. — Coll. Lamoignon, t. IV, fol. 578.
Lamare, Police, t. II, p. 1420.

1. L'en commande et enjoinct, de par le Roy nostre sire et monseigneur le prevost de Paris, a tous marchans forains et autres qui ameneront et feront ve-

nir en ceste ville de Paris, pour vendre, aucunes denrées et marchandises de poulaille, cochons, oisons, lappereaulx, œufz, fromages, beures et autres vivres quelz
qu'ils soient, que incontinent eulx arrivez, ilz les meinent et descendent ès Halles
de Paris en la rue de Cossonnerie, devant le Chastelet et ès autres lieux, selon
les jours et ainsi qu'il est acoustumé de faire d'ancienneté, sans les descendre
ailleurs ne mener pour vendre, soit ez hostelleries ou autre part, sur peine de
confiscacion desdittes denrées et de soixante sols parisis d'amende, se ce n'estoit
que lesdits marchans arrivassent si tart, qu'ilz ne peussent aller esdittes places
ouquel cas ilz pourront descendre en leurs hostelleries, sans en icelles vendre
promettre ne enerrer aucunes desdittes denrées; mais le lendemain au plus matin, seront tenuz toutes icelles denrées par eulx admenées, mener et descendre
ès lieux dessusdits pour illec les vendre et debiter publicquement et non ailleurs,
sur laditte peine.

2. Item, l'en deffend comme dessus à tous autres marchans poulailliers, rotisseurs, regratiers et revendeurs des denrées et marchandises dessusdittes qu'ilz
ne soient si osez ou hardis de aller ou envoyer au devant desdittes denrées, ne
icelles achecter, barguigner ou enerrer ez hostelleries desdits marchans, ne ailleurs,
sur la peine dessusditte.

3. Item, l'en deffend comme dessus ausdits marchans poulailliers, rotisseurs,
regratiers et revendeurs, qu'ilz ne soient si hardiz d'eulx trouver esdittes Halles,
à la porte de Paris, en la rue de la Cossonnerie, ne ès aultres lieux accoustumez
à vendre lesdittes denrées, pour icelles barguigner, enerrer ou acheter, que premièrement l'eure de unze heures devant midi soit sonnée et non plustost, sur
laditte peine et de tenir prison, et à ce que les seigneurs, prelatz, bourgois et
autres habitans de ceste ditte ville de Paris en puissent acheter et faire leurs provisions, pour la depense d'eulx et de leurs familles.

4. Item, l'en deffend ausdits marchans poulaillers, rotisseurs, regratiers et revendeurs que ilz ne se tiennent ne envoyent esditz lieux et places ordonnez à
vendre lesdittes denrées et marchandises, mesmement en laditte rue de la Cossonnerie, le jour de samedy, pour icelles denrées acheter, barguigner ou enerrer,
jusques à ce que laditte heure de unze heures soit sonnée, sur peine de confiscation desdittes denrées qu'ilz auroient achetées et de cent solz parisis d'amende.

5. Item, pour ce que lesdits marchans poulailliers, regratiers et revendeurs
sont coustumier de eulz trouver ledit jour de samedy le plus matin qu'ilz pevent,
en laditte rue de la Cossonnerie, et en icelle establir et vendre leurs denrées et
marchandises, tellement que les marchans forains et autres venans de dehors ny
pevent souvent avoir place, et soubz umbre de ce sont presciez a avoir et acheter
les denrées qui sont amenées ledit jour en laditte rue, et aussi à vendre leursdittes denrées par eulx achetées, et par ce sont cause de mettre tel pris sur lesdittes denrées que bon leur semble; par quoy les bourgeois et habitans de laditte

ville sont souvent frauldez et deçeuz, tant en achetant les denrées desdits regratiers, parce que on cuide qu'ilz soient forains, comme autrement; l'en deffend
comme dessus ausdits marchans poulailliers, regratiers et revendeurs, que doresnavant ils ne soient si osez ou hardiz de estaller ne vendre icellui jour de samedy leursdittes denrées en laditte rue de la Cossonnerie, jusques à ce que laditte
heure de unze heures soit sonnée, sur ladite peine de cent solz parisis d'amende
et de confiscation de leursdites denrées qu'ils auroient estallées.

6. Item, l'en deffend semblablement à tous hostelliers et taverniers de ceste
ditte ville qu'ilz ne soient sy osez ou hardiz d'acheter ou enerrer aucunes desdittes
denrées en leurs maisons, mais s'aucunes en veulent acheter, les facent premièrement porter et mener par lesdiz marchans esdittes places et lieux, sans les acheter
en leursdictz hostelz, ne les souffrir vendre, ne barguigner en leursdittes maisons, par eulx ne par autres, en tout ne en partie, sur peine de confiscation desdittes denrées par eulx ou autres achetées en leursdittes maisons, et de cent sols
parisis d'amende quant ausdictz hostelliers et taverniers.

7. Item, et se ainsi estoit que lesditz marchans forains arrivassent ou ame-
nassent leursdittes denrées ès lieulx et places dessusdittes, après midi ou après
laditte heure de onze heures sonnées, ilz seront esdites places l'espace de deux
heures et plus, avant que lesdits poulailliers, rotisseurs et autres regratiers les
puissent achetter, barguigner ou enerrer, sur ladite peine de cent sols parisis
d'amende et de confiscation, quant auxdits poulailliers, rotisseurs et regratiers.

. . . . . Fait au Chastellet de Paris, par deliberation du conseil, le mardi vingt
quatriesme jour de janvier, l'an mil quatre cens soissante huit.

IV

1498, 31 décembre.

Lettres du prévôt de Paris confirmant les anciens statuts des poulaillers
et ajoutant quatre nouveaux articles [1].

Arch. nat., Livre bleu, Y 6², fol. 112 v°. — Bannières, 5° vol., Y 10, fol. 20.
Coll. Lamoignon, t. V, fol. 373 et 387. — Ordonn. des R. de Fr., t. XXI, p. 102.

A tous ceulx qui ces presentes letres verront, Jaques d'Estouteville, chevalier,
garde de la prevosté de Paris, salut. Savoir faisons que oye la requeste a nous

---

[1] Les lettres patentes de Louis XII, de juillet 1498, portaient la confirmation des anciens statuts et le commandement au prévôt de Paris de dresser ces nouveaux articles, puis, en janvier suivant (c'est-à-dire 1499 de notre style), parut l'homologation définitive de Louis XII. Le Livre bleu ne contient que les lettres du prévôt; dans les Bannières on a transcrit les trois pièces à la suite. Nous donnons le texte du Livre bleu, les deux lettres royales se bornant à de simples formules d'autorisation.

faite en jugement ou Chastellet de Paris par les maistres jurez poulailliers a Paris, disans que oudit mestier de poullaillier de long temps et ancienneté avoit esté statué et ordonné belles et anciennes ordonnances, desquelles lesdiz suppliaus et leurs predecesseurs avoient usé le temps passé, mais pour la varieté du temps estoit besoing et necessaire de corriger lesdites ordonnances en aucuns pointz et articles, mesmement pour ce que esdites anciennes ordonnances il estoit dit et ordonné que chascun povoit estre poullaillier a Paris en achetant le mestier, sans aucune experience ne tesmoignage, dont s'estoient et povoient ensuir par chacun jour grans inconveniens. . . . . Avons statué et ordonné, statuons et ordonnons par forme d'edict et ordonnance:

1. Que doresnavant aucun ne se pourra entremettre dudict mestier de poulaillier, pour achetter en gros et en detail après l'eure passée, pour achecter et revendre et fournir la ville de Paris, jusques ad ce que il soit trouvé ydoine, congnoissant et souffisant, et tel rapporté et tesmoigné par les jurez dudict mestier de poulaillier, et qu'il ait payé, pour sa nouvelle entrée, trente solz parisiz au Roy et soissante solz parisiz a la confraierie dudict mestier.

2. Item, que nul poullaillier ne pourra achetter volaille ne sauvagines des forains devant l'eure, et se ils achettent après l'eure ne la pourront revendre, en la place des forains, sur peine de vingt solz parisiz d'amende.

3. Item, que nul marcheant poulaillier ne pourra porter, ne faire porter par la ville de Paris, sauvagines ne volailles pour vendre, sur peine de confiscacion de ladicte denrée; mais sera tenu la porter ou faire porter ès lieux et places ad ce ordennez, pour icelles visiter et vendre, se bon luy semble.

4. Pareillement, que nulz marchans ou marchandes regratières, ne voisent ou aillent le jour de samedi, pour revendre aucunes denrées, en la Cossonerie et autres lieux ad ce ordennez, pour vendre, qu'il ne soit l'eure de dix heures, ou temps d'esté, et onze heures, après la sainct Remy, sur peine de vingt solz parisiz d'amende [1].

En tesmoing de ce nous avons fait mettre a ces preșentes le seel de ladite prevosté de Paris. Ce fut fait le lundi xxxie et dernier jour de decembre, l'an mil quatre cens quatre vingt et dix huit.

[1] Ces statuts furent suivis d'une nouvelle ordonnance du 15 avril 1499, sur l'approvisionnement des marchés : de la Cossonnerie, pour les poulailles et autres chairs; des Pierres au Poisson, pour le poisson; du cimetière Saint-Jean, pour les œufs, fromages et beurres. Elle s'adressait aux marchands forains et à tous regrattiers, revendeurs, poulaillers, rôtisseurs, poissonniers, cuisiniers et autres marchands de vivres, leur interdisant d'entrer au marché avec les bourgeois faisant leurs provisions et d'aller accaparer les vivres hors des places désignées par l'usage. Ces prescriptions furent fréquemment renouvelées. (Lamare, Police, t. II, p. 1422.)

V

1518, mars.

Lettres patentes de François Ier (en latin), contenant la confirmation pure et simple des anciens statuts des poulaillers.

Arch. nat., Bannières, 2ᵉ vol., Y 8, fol. 79. — Bibl. nat., coll. Lamare, ms. fr. 21659, fol. 203.

VI

1526, 28 avril.

Lettres de Gabriel d'Allègre, prévôt de Paris, autorisant les poulaillers à élever des oisons dans les rues écartées de Paris.

Arch. nat., Livre rouge neuf, Y 6⁴, fol. 132. — Lamare, Police, t. II, p. 1423.

VII

1546, 20 octobre.

Ordonnance de police taxant le prix de la volaille et du gibier et les salaires des poulaillers.

Arch. nat., Grand livre jaune, Y 6⁵, fol. 122. — Coll. Lamoignon, t. VII, fol. 79.

Il est inhibé et deffendu par provision et jusques a ce qu'aultrement en ait esté ordonné a tous poullaillers, regratiers, rotisseurs et tous aultres, qui se entremectent du faict et estat de vollaile et gibier, en ceste ville et faulxbourgs de Paris, de vendre la pièce de vollaile, gibier en poil et plume, cy après mentionnez, plus que le pris cy-après declairé et audessoubz :

C'est asçavoir qu'ilz ne pourront vendre le chappon, plus de quatre solz tournois et audessoubz.

Le herondeau, plus de deulx solz tournois et audessoubz.

La poulle, plus de deux solz tournois et audessoubz.

Le poullet, plus de douze deniers tournois et audessoubz.

Le conin de garenne, plus de quatre solz tournois et audessoubz.

Le lappereau de garenne, plus de deux solz six deniers tournois et audessoubz.

La perdrix, plus de quatre solz tournois et audessoubz.

44.

La beccasse, plus de deux solz six deniers tournois et audessoubz.

Les beccassins, plus de dix deniers tournois et audessoubz.

La caille, plus de douze deniers tournois et audessoubz.

Le ramier, plus de deux solz tournois et audessoubz.

Le bizet, plus de dix deniers tournois et audessoubz.

Le pigeon, plus de huit deniers tournois et audessoubz.

La douzaine des allouettes, plus de vingt deniers tournois et audessoubz.

Le pleuvier, plus de deux solz tournois et audessoubz.

La sarcelle, plus de vingt deniers tournois et audessoubz.

Le canard, plus de deux solz six deniers tournois et audessoubz.

Le cochon, plus de sept solz tournois et audessoubz.

L'oye, plus de troys solz tournois et audessoubz.

Oultre est dit et ordonné que lesditz rotisseurs et poullailers ne pourront doresnavant prendre, pour larder et appareiller les viandes cy-dessus declairées, plus que le pris qui s'ensuyt :

C'est asçavoir, pour le menu gibier, comme poulletz, pigeons, perdrix, beccasses, pleuviers, sarcelles, bizets, ramiers et aultres semblables, quatre deniers tournois pour pièce.

Pour le moyen, comme chappons, poulles, connins, lappins, douzaines d'allouettes et aultres semblables pièces, huict deniers tournois; et pour cuisson des choses susdites, ung denier tournois pour le menu et deux deniers tournois pour les moyennes pièces et audessoubz; et neantmoings, il est permis a tous marchans forains qui admeneront vollaille et gibier de vendre leursdites marchandises de vollaile et gibier, a tel pris raisonnable que bon leur semblera; toutesfois, il est enjoint a tous lesdits poullaillers, tant forains dudit estat que de ceste ville, de garder les ordonnances et arretz faitz sur ledict estat [1], et ce sur les peynes y contenues, le tout ce que dessus, sur peyne de la confiscacion de la marchandise, de laquelle aura esté contrevenu, et du carquant par l'espace de troys heures.

Fet en la chambre de la police, le mercredi vingtiesme jour d'octobre, l'an mil cinq cens quarante six.

[1] 1578, 14 août. — «Arrest du Parlement. Ladite Cour ayant vu les statuts et ordonnances des mestiers de poulaillers et rôtisseurs, lettres patentes de mars 1575 et sentences de janvier 1464, ordonne que les lettres de 1575 seront registrées ez registres d'icelle Cour, pour jouir par lesdits maistres rôtisseurs, ainsi que ci-devant ils en ont bien et deuement joy pendant l'esté, en ce que par icelle leur est permis blanchir, larder et debiter toutes sortes de volailles et gibiers, et les acheter quand bon leur semblera, en ceste ville de Paris, es lieux et heures destinés. Et ladite Cour fait inhibitions et deffenses auxdits poulaillers de blanchir, larder ne appareiller viandes qui ayent ondeur de feu ne icelles exposer en vente, ains seulement en débiter et vendre en poil et plume et pareillement d'en acheter en quelque sorte que ce soit, ne l'exposer en vente ailleurs qu'en la Vallée de Misère, et en leurs ouvroirs et boutiques.» (Coll. Lamoignon, t. IX, fol. 234.)

VIII

1547, juillet.

Lettres patentes [1] *de Henri II confirmant purement et simplement les statuts des poulaillers.*

Arch. nat., Grand livre jaune, Y 6⁵, fol. 162. — Bannières, 5ᵉ vol., Y 11, fol. 21.
Coll. Lamoignon, t. VII, fol. 131, mention. — Lamare, Police, t. II, p. 1420.

IX

1673, mars.

Édit de Louis XIV portant création de vingt-quatre offices de vendeurs de volailles, gibier, œufs, agneaux, etc.

Coll. Lamoignon, t. XVI, fol. 105. — Police, t. II, p. 1474.

Louis, par la grace de Dieu, Roy de France et de Navarre, a tous presens et avenir, salut. Par edit du mois de janvier 1583, il auroit esté creé des vendeurs de poisson [2], et par autre edit du moys de mars 1586, il auroit esté creé des vendeurs de toute espèce de marchandises qui se portent aux Halles, foires et marchez des villes de nostre royaulme, et ayant esté reconnu la necessité d'establir en nostre bonne ville de Paris des vendeurs de volailles, gibier, œufs, beurre et fromages, cochons de lait, agneaux et chevreaux vifs, pour l'utilité du public et la commodité particulière des marchands forains desdites marchandises, sur les diverses instances des bourgeois et maistres rotisseurs, nous aurions fait expedier nos declarations des 27 et 29 decembre 1660, pour ordonner l'establissement de vingt quatre vendeurs desdites volailles et autres denrées, mais la poursuite en auroit été negligée par ceux qui en avoient esté chargés; nous avons resolu d'y pourvoir pour le bien et soulagement de nos sujets, au moyen duquel les marchands forains ne seront plus obligés de se servir, pour leurs facteurs, de gens insolvables, sans aveu ny caractère, et comme ils recevront comptant desdits

---

[1] Cette pièce est la dernière concernant spécialement les poulaillers. La vente de la volaille, en dehors des métiers qui avaient le droit de s'y livrer, fut donnée à titre d'office, d'une façon assez irrégulière d'ailleurs, comme on le verra dans les pièces qui suivent. Ces offices ont vraisemblablement remplacé la communauté des poulaillers dont on ne trouve plus trace aux xviiᵉ et xviiiᵉ siècles. D'autre part, les rôtisseurs avaient inséré, dans leurs statuts de 1509, le droit de vendre des volailles en plume;

les poulaillers résistèrent à cette prétention, mais ne purent réussir et cessèrent peu à peu de soutenir leur communauté. Les marchés à la volaille étaient établis dans la Vallée de Misère au xviᵉ siècle, puis quai des Grands Augustins à partir de 1679. (Lamare, Police, t. II, p. 1429.)

[2] Il fut creé six offices de vendeurs de poisson de mer, en janvier 1583, tant à Paris que dans les ports et principales villes du royaume. Voyez ci-dessous titre XII.

vendeurs, titulaires desdits offices, les deniers de la vente de leurs marchandises, ils ne seront plus obligés de faire aucun sejour à Paris, et pourront faire de plus frequents voyages, et ainsy procurer l'abondance a nostredite ville de Paris.

A ces causes, erigeons en titre d'office formé et hereditaire vingt quatre vendeurs de volailles et autres denrées, faisons defenses aux facteurs, courtiers, regratiers et autres personnes qui avoient accoustumé de faire lesdites fonctions de s'y entremettre, ainsi et en la manière qu'il se pratique pour les dix vendeurs de marée; lesquels vingt quatre vendeurs de volailles auront des bureaux proches des places de vente et seront tenus de payer comptant auxdits marchands forains le prix de la vente qu'ils feront de leurs marchandises, pour s'en rembourser par lesdits vendeurs, à leurs risques, des rotisseurs et acheteurs d'icelles, à la deduction d'un sol pour livre, des sommes auxquelles monteront lesdites ventes, que nous accordons auxdits vendeurs et leur permettons de retenir par leurs mains, pour leurs avances et autres frais, demeurant toutesfois en la liberté desdits marchands de faire eux mesmes la vente et debit de leurs marchandises directement à ceux qui en feront la consommation[1]. . . . . Donné à Versailles au mois de mars, l'an de grace 1673 et de notre regne le trentiesme.

X

1698, 4 février.

Déclaration du Roy portant suppression de tous les offices de vendeurs de veaux, œufs et volailles, créés par édit de mai 1696.

Coll. Lamoignon, t. XX, fol. 10.

Louis, par la grace de Dieu. . . . . Les depenses que nous avons esté obligez de faire pendant la guerre que nous venons de terminer heureusement nous ayant

---

[1] Les édits et arrêts suivants constatent les bouleversements subis par ces offices qui, faute de preneurs, restaient presque toujours sans emploi :

1696, mai. — Édit de Louis XIV portant suppression des vingt-quatre jurés vendeurs, créés en mars 1673, et création de : cent jurés vendeurs de volailles, cent jurés vendeurs d'œufs, beurre et fromages, cent cinquante vendeurs de veaux. (Coll. Lamoignon, t. XIX, fol. 680.)

1696, 2 octobre. — Arrêt autorisant les acquéreurs des susdits offices à se faire remplacer par des commis. (Coll. Lamoignon, t. XIX, fol. 865.)

1696, 30 octobre. — Arrêt du Conseil d'État dispensant la communauté des vendeurs de volailles et gibier de l'exécution de l'édit d'août 1696 portant création d'offices de trésoriers de bourse commune. (Coll. Lamoignon, t. XIX, fol. 881.)

1697, 15 octobre. — Déclaration du roi Louis XIV portant réduction à cinquante des cent offices de vendeurs de volailles et des cent offices de vendeurs d'œufs, créés par édit de mai 1696, avec permission aux deux communautés de cinquante de se réunir en une seule. (Coll. Lamoignon, t. XIX, fol. 1107.)

engagé à aliener les plus clairs de nos revenus, nous avons, par nostre edit de
may 1696, desuny de nostre ferme generalle des aydes les droits attribuez aux
offices de vendeurs de veaux, volailles, gibier, agneaux, chevreaux, œufs, beurres
et fromages, creez par nos edits de mars 1673, decembre 1674 et may 1675,
que nous y avons ci devant reunis, et nous aurions de nouveau creé et retabli
lesdits offices auxquels nous aurions attribué lesdits droits, et comme nous nous
trouvons presentement en etat de rembourser ceux qui ont acquis de nous lesdits offices, nous avons resolu de les supprimer et d'en reunir les droits à nos
fermes. A ces causes, supprimons lesdits offices et reunissons les droits y attribués, scavoir, de trente deux sols six deniers par chacun veau entrant en notredite ville et fauxbourgs de Paris, et d'un sol pour livre de la vente de la volaille
et gibier, à nostre ferme generale des aydes, pour en jouir par maitre Thomas
Templier, fermier general[1]. . . . . Donné à Versailles le 4e jour de fevrier, l'an
de grace 1698 et de notre regne le cinquante cinquiesme.

[1] Ces offices furent encore rétablis en 1730 et
donnèrent lieu à plusieurs arrêts :

1731, 1er août. — Arrêt du Conseil qui contient règlement touchant la perception des droits
attribués aux offices de vendeurs de volaille et la
police de cette communauté d'officiers. (Lamoignon,
t. XXX, fol. 322.)

1731, 13 novembre. — Arrêt qui réduit les
360 offices de vendeurs de volailles rétablis par
l'édit du mois de juin 1730 au nombre de trois
cents. (*Ibid.*, fol. 395.)

Nous ajoutons à ce titre des marchands de gibier
un jugement qui les concerne ainsi que plusieurs
autres métiers :

1674, 17 avril. — Jugement de la chambre des
eaux et forêts contenant règlement pour les espèces
de gibier et l'époque de leur interdiction. «Sur la
requeste du procureur du Roy, tout considéré, les
dits juges en dernier ressort, ayant esgard a ladite
requeste, ont fait et font tres expresses inhibitions et
deffenses a tous marchands forains, patissiers, rotisseurs et autres, d'acheter, faire acheter, vendre et

debiter aucunes bestes fauves, rousses et noires, ni
quartiers d'icelles, et ausdits patissiers de les mettre
en pate, a peine de confiscation desdites bestes,
venaisons et patés, et d'amende savoir, pour chaque
cerf, biche ou faon de biche 250 livres, et pour
les chevreuils, sangliers et marcassins six vint livres;
permettons neantmoins ausdits patissiers de mettre
en pate la venaison qui leur sera apportée par personnes et gens à eux connus seulement; font aussi
lesdits juges pareilles inhibitions et deffenses auxdits marchands forains, rotisseurs, lardeurs et
autres, d'acheter, vendre ni exposer aucuns lièvres
et perdrix et aux patissiers de les mettre en pate,
savoir à l'esgard des lièvres depuis le premier jour
de caresme de chacune année jusques au dernier
juin; suivant et à l'esgard des perdrix, depuis le
mesme temps jusqu'au dernier juillet aussi de chacune année, a peine de confiscation et de 28 livres
d'amende pour chacune pièce de gibier, tant contre
le vendeur que contre l'acheteur. » Le reste contient
des prescriptions sur la chasse. (Lamoignon, t. XVI,
fol. 296.)

TITRE IX.

RÔTISSEURS.

D'argent, à deux broches de sable passées en sautoir,
accompagnées de quatre lardoires de même posées en pal [1].

Par lettres patentes de Louis XII, datées de mars 1509, où ils figurent pour la première fois en communauté distincte, les rôtisseurs s'attribuent, sauf quelques suppressions relatives à la cuisson des viandes de boucherie, les articles présentés à Étienne Boileau par les cuisiniers-oyers, sous le titre LXIX du *Livre des Métiers*.

Les circonstances expliquent facilement cette transformation. Le métier des cuisiniers était libre, c'est-à-dire ouvert à tous, et sans attribution bien spéciale puisqu'il s'est divisé dans la suite en plusieurs branches pour disparaître lui-même. Les rôtisseurs, qui en formaient une bonne partie, se constituèrent à part et, dans leur intérêt privé, inscrivirent en tête des statuts de 1509 la réception et l'achat du métier, se réservant le monopole de trousser, parer, rôtir les volailles et le gibier à poil et à plumes, les agneaux et les chevreaux.

Ils n'ont en réalité que deux textes de statuts, ceux de 1509, reproduits du xiiie siècle et ceux de 1744 [2]. Les confirmations simples qui se rencontrent dans l'intervalle prouvent suffisamment qu'il n'y eut pas de statuts entre ces deux dates et les lettres de 1744 le déclarent en termes positifs. La vie de la communauté ne paraît que dans ses procès avec les poulaillers, regrattiers et autres métiers dits «gens de bouche». Les arrêts leur donnent toujours gain de cause; personne en dehors d'eux ne pouvait passer au feu les volailles, mais les procès se renouvelaient toujours sur les mêmes motifs. Les lettres de François Ier règlent ce litige en confirmant leurs statuts; les autres arrêts se ressemblent tous.

Une sentence de 1650 autorise à prendre deux apprentis dans la même maison; une autre de 1693 réprime les abus dans les réceptions gratuites de fils de maîtres.

---

[1] D'Hozier, *Armorial*, texte, t. XXV, fol. 545; Blasons, t. XXIII, fol. 684.

[2] En 1509, l'achat du métier est porté à 40 sols (art. 1er); en 1744, la maîtrise est de 400 livres (art. 12), et d'après le guide des marchands de 1766, elle est de 1,000 livres à la suite de l'union des offices d'inspecteurs des jurés, qui leur coûta 55,000 livres.

Si la communauté des rôtisseurs offre peu de textes [1], elle ne laissait pas que d'être importante et riche, à en juger par les sommes qu'elle dut payer pour les unions d'offices et qui s'élèvent, de 1691 à 1706, à 113,000 livres, plus 55,000 livres en 1745 [2].

Les statuts de 1744 rappellent les principales clauses de 1509, qui ne sont autres que celles d'Étienne Boileau : quatre jurés élus par moitié chaque année; quatre ans d'apprentissage et six ans de service chez un maître avant de parvenir à la maîtrise; fils de maîtres exempts du chef-d'œuvre et jouissant d'une réduction de droits; les réceptions de maîtres par chef-d'œuvre restreintes à six par année (art. 14); droit exclusif de rôtir les volailles et défense aux autres métiers de se procurer leurs marchandises dans les marchés ou ailleurs que dans les boutiques des rôtisseurs (art. 25 et 27), jouissance des privilèges des deux maîtrises de traiteur et rôtisseur pour le même maître et dans une seule boutique.

Le bureau était quai des Augustins, leur patronne la sainte Vierge en son Assomption, et la confrérie établie aux Cordeliers.

Collection de la Monnaie [3].

[1] *Statuts et ordonnances des rôtisseurs de la ville et fauxbourgs de Paris.* Lamesle, 1737, in-18 relié, 76 pages. (Bibl. de l'Arsenal, jurispr., n° 4591.)

1. Statuts de 1509 en 15 articles.
2. Confirmation de décembre 1610.
3. Déclaration d'union des offices de trésoriers des deniers communs moyennant 33,000 livres, avec attribution de 500 livres de gages annuels (2 décembre 1704).
4. Sentence rendue contre certains bouchers qui avaient vendu aux rôtisseurs des chats écorchés habillés en guise d'agneaux (9 janvier 1631).
5. Sentence qui maintient leurs jurés dans la visite des marchands forains (1er avril 1648).
6. Sentence défendant de garder des marchandises dans les boutiques de la halle à la volaille (29 janvier 1677).
7. Sentence concernant la réception à la maîtrise des fils de maîtres et apprentis (1er septembre 1693).

La Bibliothèque de l'Arsenal possède encore les statuts de 1509, imprimés chez Bouillerot, 1705, in-12, et les statuts de 1744, imprimés chez Delatour, 1747, gr. in-4° (Cartons verts des arts et métiers, n° 8).

[2] Union des offices de gardes et jurés, 30 avril 1691, pour 30,000 livres; — des auditeurs des comptes, 11 septembre 1696, pour 16,667 livres (Lamoignon, t. XXII, fol. 66); — des trésoriers receveurs des deniers communs, 2 décembre 1704, pour 33,000 livres (*ibid.*, t. XXII, fol. 61); — des visiteurs des poids et mesures, 27 juillet 1706, pour 33,000 livres (*ibid.*, t. XXIII, fol. 425); — des inspecteurs des jurés, 19 juin 1745, pour 55,000 livres (*ibid.*, t. XXXVI, fol. 570).

[3] Nous n'avons pas de type plus ancien pour les rôtisseurs. Ce jeton de Louis XVI est celui de la 44° et dernière communauté d'arts et métiers, formée des trois métiers de traiteur, rôtisseur et pâtissier, suivant le tableau annexé à l'édit d'août 1776 qui rétablissait les jurandes et maîtrises (voyez ci-dessus, p. 187.)

I

1509, mars.

Lettres patentes de Louis XII, homologuant les statuts des oyers rôtisseurs en 15 articles.

Arch. nat., Bannières, 1ᵉʳ vol., Y 7, fol. 421 *bis*. — Livre gris, Y 6³, fol. 81 v°. — Coll. Lamoignon, t. V, fol. 531. Ordonn. des R. de Fr., t. XXI, p. 408.

Loys, par la grace de Dieu, Roy de France, savoir faisons a tous presens et advenir, nous avons reçeue l'umble supplicacion des maistres rotisseurs, estans en nostre bonne ville et cité de Paris, contenant que comme ainsi soit que icelle nostre ville et cité de Paris soit grande et de longue estandue, peuplée en si grant nombre de gens que s'est chose inestimable, et en laquelle affluent chascun jour plusieurs de diverses maisons et contrées; par quoy et pour fournir en partie aux vivres d'iceulx est chose très necessaire, livrer en plusieurs et divers lieulx d'icelle nostredite ville et cité de Paris gens exprès et non suspectz, pour a ce subvenir; à l'occasion de quoy, fut permis ausdits supplians et leurs predecesseurs de lever et eriger en nostredite ville et cité de Paris ouvrouer et fenestres, pour rotir et vendre toutes chars, gibier et volatille bonnes pour l'usaige du corps humain, soubz touttefois les statuz et ordonnances qui s'ensuivent :

C'est l'ordonnance du mestier des oyers et maistres rotisseurs de la ville de Paris.

1. Premierement que touz ceulx qui vouldront tenir ouvrouer et fenestre ouverte, a vendre toutes viandes habillées, lardées, en poil et en plume, rosties et prestes pour l'usage ou corps humain, avant que il puisse tenir ledict ouvrouer et fenestre sera experimenté par les maistres jurez dudit mestier, a ce congnoissanz, s'il est expert pour ledit mestier. Et sera tenu payer, avant que tenir son dit ouvrouer et fenestre, quarente solz parisis au Roy nostre sire, et les filz de maistre qui seront receuz par lesdits jurez seront tenuz payer vingt solz parisis tant seulement au Roy nostredit sire.

2. Item, que nulle autre personne, de quelque estat ou condition qu'elle soit, ne puisse habiller ne vendre viande qui aye eu undeur [1] de feu, fors tant seullement lesdits maistres rotisseurs.

15 [2]. Item que nul desdits maistres rotisseurs ne pourra ouvrir sondit ouvrouer et fenestre aux quatre bonnes festes de l'an; c'est assavoir Pasques, Pentecouste, Toussains et Noël, ne aux quatre festes de la benoiste vierge Marie, en l'année,

---

[1] «Undeur», couleur de feu; c'était le privilège des rôtisseurs à l'encontre des poulaillers qui ne pouvaient vendre les volailles rôties, mais en plumes ou simplement parées.

[2] Ces lettres ne sont qu'une confirmation des statuts de Boileau. Les articles 3 et 14 sont imprimés dans notre *Livre des Métiers*, p. 145, titre LXIX, des cuisiniers-oyers.

pour rostir aucunes viandes, et ce sur peine de vingt solz parisis a appliquer au Roy nostredit sire . . . . . Donné a Paris, ou moys de mars, l'an de grace mil cinq cens et neuf et de nostre regne le douziesme.

II

1527, mars. — Saint-Germain-en-Laye.

Lettres patentes de François Ier, confirmant les statuts accordés aux rôtisseurs par les lettres de Louis XII de mars 1509.

Arch. nat., Bannières, 6° vol., Y 11, fol. 77 v°. — Coll. Lamoignon, t. VI, fol. 180.

Françoys, par la grace de Dieu, Roy de France, scavoir faisons a tous presens et advenir, nous avoir reçeu l'humble supplicacion des mestres rotisseurs de nostre bonne ville et cité de Paris, contenant que parceque ladicte ville est chef et principalle de nostre royaulme, le peuple est resident et affluent, et laquelle est connue a nombre de personnes inestimable, nous et nos predecesseurs Roys, que Dieu absolve, avons par bonne, grande et meure deliberacion de conseil, faict statuz et ordonnances sur chascun mestier d'icelle nostre dicte bonne ville et cité, pour obvier a confusion que les ungs d'un estat n'entrepreingne (*sic*) sur l'etat des autres, ains le tout estre regy en bon ordre et police, et entre autres mestiers et estats, par feu nostre très chier seigneur et beau père, le Roy Loys dernier trespassé, que Dieu absolve, furent ordonnez ausdits maistres rotisseurs de nostredicte ville et cité de Paris; les lettres patentes en forme de chartre cy-attachées, soubz le contre sçel de nostre chancelerie, ont esté leues en l'auditoire civil du prevost de Paris, en la presence de noz advocat et procureur en ladicte prevosté; auquel statut et ordonnances est expressement contenu que nul autre personne, de quelque estat et condition qu'il soit, ne puisse habiller, ne exposer en vente, viande qui eust eu undeur de feu, fors seullement lesdits rotisseurs; et jaçoit ce que ledict article affiert audit estat de rotisseur, et qu'il soit pour le bien, prouffit et utilité de la chose publicque et santé des corps humains, neantmoings les regratiers et poulailliers de nostredite ville de Paris, voullans donner couleur a la vendition de leurs poulailles et gibiers, après ce qu'ils les ont eues longuement fardées, et que jà ils sont infectz, se sont opposez; et sur ce s'est meu procez, pardevant nostredit prevost de Paris ou son lieutenant, tant entre Philippe de la Claye, Michel Pirot et aultres poulailliers, voullans vendre leurs viandes plumées undées de feu et preste a mectre a la broche, d'une part, et lesdits supplians, d'autre; et en certaines autres instances, entre autres regratiers, lesquelles instances sont devolues par appel en notre Court de Parlement,

45.

a Paris; et s'esforcent lesdits regratiers empescher la publicacion et jouissance desdites lettres de nostredit seigneur et beau père, cy attachées comme dict est, et entreprendre, pour mauvaise cause, sur l'estat desdits supplians, Nous humblement requerans, sur ce leur pourveoir de nostre grace, provision et remède convenable; pourquoy Nous, ces choses considerées, inclinans à la suplicacion et requeste desdits supplians, desirans chascun des estats de nostredite ville eux employer et aplicquer, selon leur vaccation, avons dict, déclaré et ordonné et, par ces presentes, disons, declarons et ordonnons, voullons et nous plaist, que après ce qui sera apparu a nos amez et feaux conseillers les gens tenans nostre Court de Parlement à Paris, en laquelle lesdites parties sont de present en procès, comme dit est, icelle ordonnance et prohibition ausdits regratiers et poullailliers de nostredicte bonne ville, de non vendre, ne habiller viandes pour exposer en vente, qui ayent un undeur de feu, estre au bien, prouffict et utilité des habitans et affluans en ladicte ville et faulxbourgs; que en ce cas, ilz soient tenus garder et observer, selon leur forme et teneur; et icelle en tant que besoing seroit, et pour nostre joyeulx et nouvel advenement a la Couronne, avons ou cas dessusdit ausdits supplians confirmées, louées, ratifiées et approuvées... et ordonnons que quelque personne de quelqu'estat et condition qu'il soit, ne puisse habiller pour vendre, en nostredicte ville de Paris, lesdites poulailles et viandes qui ont eu undeur de feu et prestes a mettre en broche, autres que lesdits maistres rotisseurs [1]. . . . . Donné a Sainct Germain en Laye ou moys de mars, l'an de grace mil cinq cens vingt six et de nostre regne le treiziesme.

---

[1] Cet arrêt fut suivi de diverses confirmations qui ne contiennent aucune mention de statuts :

1548, mai. — Lettres patentes de Henri II, confirmant purement et simplement les statuts des rôtisseurs. (Arch. nat., Grand livre jaune, Y 6⁵, fol. 1. — Coll. Lamoignon, t. VII, fol. 161.)

1560, mars. — Lettres patentes de François Iᵉʳ, portant même confirmation. (Arch. nat., Bannières, 6ᵉ vol., Y 12, fol. 81. — Coll. Lamoignon, t. VII, fol. 816.)

1575, mai. — Lettres patentes de Henri III, portant même confirmation. (Coll. Lamoignon, t. VIII, fol. 883, d'après le 8ᵉ vol. des Bannières, fol. 191.)

1594. — Lettres patentes de Henri IV, portant la même confirmation. (Recueil des rôtisseurs de 1737, in-18, p. 15.)

1610, décembre. — Lettres patentes de Louis XIII, portant confirmation pure et simple des statuts des rôtisseurs. (Arch. nat., Bannières, 10ᵉ vol., Y 16, fol. 79. — Coll. Lamoignon, t. X, fol. 628.)

III
1693, 1ᵉʳ septembre.

Sentence concernant la réception à la maîtrise des fils de maîtres rôtisseurs et des apprentis.

Statuts des rôtisseurs de 1737, p. 59.

A tous ceux qui ces presentes lettres verront, Charles Denis de Bullion, chevalier, garde de la prevosté de Paris, salut . . . . . faisons deffenses aux jurez de present en charge, et à ceux qui le seront à l'avenir, de recevoir aucuns maistres en ladite communauté ny de laisser ouvrir aucune boutique en cette ville à qui que ce soit, s'il n'a esté apprentif, servi les maistres comme compagnon, fait chef-d'œuvre et payé les droits, suivant les statuts et reglemens de ladite communauté, et fait serment pardevant le procureur du Roy en la manière accoutumée, ny de recevoir aucuns enfans de maitres rotisseurs comme fils de maistres, s'il n'est justifié par leur extrait baptistaire, comme ils sont nez après la reception de leur père en ladite maitrise, dont sera fait mention dans leurs lettres. Et à l'esgard de ceux qui se trouveront nez avant ladite reception de leur père et qui se presenteront pour estre reçeus comme fils de maistres, ordonnons qu'ils ne pourront estre reçeus en icelle maitrise de maitre rotisseur en cette ville de Paris qu'après avoir fait apprentissage, servi les maitres et fait le chef-d'œuvre en manière accoutumée, a peine de cent livres d'amende et de destitution contre les jurez, depens compensez . . . . . En temoin de ce, nous avons fait sceller ces presentes le mardy premier jour de septembre, mil six cent quatre vingt treize.

IV
1744, juin.

Statuts des rôtisseurs en 35 articles et lettres patentes de Louis XV confirmatives.

Coll. Lamoignon, t. XXXVI, fol. 53, d'après le Recueil des rôtisseurs.

1. Maintenons et confirmons la communauté des maitres rotisseurs de la ville, fauxbourgs et banlieue de Paris dans les statuts et priviléges accordés par les Roys nos prédécesseurs, et conformément à iceux, dans le droit et possession où ils sont, à l'exclusion de tous gens de bouche, reçus ou non reçus maistres en une autre communauté, de vendre et débiter toutes sortes de volailles et gibiers, d'agneaux, chevraux et cochons de lait, habillés en poil ou en plumes, piqués lardés ou rotis et prêts a manger, à peine contre tous ceux qui entreprendroient

sur ledit métier de confiscation et de 500 livres d'amende, applicable par moitié
au profit des jurés rotisseurs et le surplus à l'hopital général; le tout conformément aux articles 1ᵉʳ et 2ᵉ des statuts de cette communauté du mois de mars
1509[1] et aux lettres patentes de confirmation du mois de décembre 1610.

2. Ordonnons que pour avoir soin des affaires de la communauté il y ait quatre
jurés, lesquels ne pourront estre nommés qu'ils n'ayent six années de maitrise
accomplies et de boutique ouverte; qu'à cet effet il soit élu, par chaque année et
en la manière accoutumée, deux jurés, en présence de notre procureur au Chatelet; et ne pourront rester les deux jurés nouvellement reçus que l'espace de
deux ans.

3. Seront mandés à l'élection des jurés, et en la manière accoutumée, tous
les anciens, ensemble douze modernes et douze jeunes maitres, lesquels modernes ou jeunes seront pris alternativement et chacun à leur tour, suivant l'ordre
du tableau, à peine de nullité et contre les jurés en charge de trente livres
d'amende, au profit de la communauté. Voulons aussi que faute par lesdits
maitres qui auront été appelés auxdites élections ou autres assemblées de la communauté, et qui sans excuses légitimes s'en absenteront, soient condamnés en
l'amende de 4 livres, applicable au bout de l'an, aux maitres qui s'y seront
trouvés.

4. Seront tenus lesdits jurés, conformément à l'édit du mois de mars 1691[2] de
rendre leurs comptes de recette et de la dépense qu'ils auront fait pour leur communauté, et ce tous les ans, un mois après l'expiration de leur jurande, et en
présence de tous les maitres qui avant eux auront occupé lesdittes places, ensemble de dix modernes et de dix jeunes maitres, qui seront pris alternativement et chacun à leur tour, suivant l'ordre du tableau. Leur enjoignons dans le
cas qu'ils fussent redevables à leur communauté d'en payer les reliquats sur le
champ, à peine d'i estre contrains en la manière ordinaire et par provision d'être
exclus de toutes assemblées et de privation de tous droits d'anciens, sans que
cette dernière peine puisse être réputée comminatoire; le tout conformément à
la déclaration du Roy du 2 septembre 1704.

5. Sera permis auxdits jurés, conformément à la déclaration du Roy du
deuxième septembre 1704, d'aller en visite dans les maisons des rotisseurs, qui
sans être maitres de leur communauté font leur métier à titre de prétendus privilèges de domicile ou des privilèges du prévost de notre hôtel, sans prendre d'eux
aucun droit, quand même il leur seroit volontairement offert.

[1] La mention des statuts de 1509 prouve qu'il
n'existait pas d'autre texte entre ces deux dates. Si
l'on observe que ces statuts de 1509 étaient déjà la
copie de ceux de Boileau, on se trouve en présence
d'un texte de règlements qui aura été conservé

et appliqué sans modification sensible pendant
cinq cents ans, comme celui des boulangers.

[2] Ci-dessus, *Métiers en général,* pièce XXXIX,
art. 10, p. 126, édit de création des jurés en titre
d'office.

6. Nul ne pourra être reçu à la maitrise dudit métier, suivant l'article 3 des statuts de 1509 et le réglement de police du 5 janvier 1650, s'il n'a été apprentif pendant l'espace de quatre ans et non pour moins de temps [1]; ne seront obligés lesdits apprentifs qu'à l'âge de douze ans accomplis et par brevets en bonne forme, passés devant le notaire de la communauté, en présence de deux jurés au moins; et seront lesdits brevets registrés tous les premiers vendredis de chaque mois sur le livre de la communauté, auquel jour il y aura assemblée d'anciens seulement, pour les affaires qui la concernent, à peine contre les quatre jurés de 60 livres d'amende au profit de la confrérie.

7. Ne pourront les maitres obliger qu'un seul apprentif, et ce conformément à l'article 5 de leurs statuts de 1509; auront néanmoins lesdits maitres suivant la sentence de police du 5 janvier 1650 la faculté d'en prendre un second, deux ans avant l'expiration d'un premier brevet. Il sera payé par chaque brevet six livres· pour la communauté et dix sols pour chaque juré.

8. Voulons que, dans le cas ou il se presenteroit des apprentifs qui fussent mariés, ils soient tenus d'en faire déclaration à leur maitre d'apprentissage, ou que si aucun desdits apprentifs venoit à se marier, dans le cours de son apprentissage, il soit tenu d'obtenir l'agrément de son maitre, dont dans l'un et l'autre cas mention sera faite sur les brevets d'apprentissage, à peine de nullité desdits brevets; voulons pareillement que si les apprentifs s'absentent de chez leurs maitres, pendant l'espace de six semaines, leurs brevets soient nuls et de nul effet; défendons aux autres maitres dudit métier de les retirer chez eux ou ailleur, à peine contre les maitres contrevenants de soixante livres d'amende, les deux tiers applicables au profit du maitre plaignant, et le surplus aux jurez.

9. N'entendons neantmoins empêcher lesdits maitres de transporter et ceder leurs apprentifs à d'autres maistres de la communauté; et ce du consentement réciproque des parties et de celui des jurés, en la manière ordinaire prescrite pour les brevets, sans que, sous ce prétexte, il leur soit permis de faire lesdits transports à des rotisseurs, qui à titre de location ou de privilège du prévost de notre hôtel ou autrement exercent ou pourroient exercer cette profession, conformément à la sentence de police du 5 janvier 1650, le tout à peine contre lesdits maitres ou privilégiés rotisseurs de 200 livres d'amende, applicable moitié à notre profit et le surplus aux jurés.

10. Tout apprenti qui aura fait son temps ne pourra estre admis à la maî-

<hr/>

[1] 1650, 5 janvier. — Sentence du Châtelet homologuant une délibération de la communauté des rôtisseurs. «Doresnavant aucuns maistres rotisseurs à Paris ne pourront, à l'avenir, avoir en leur boutique que deux apprentifs; quand le premier aura fait la moitié de son temps, en pourront prendre un autre pour l'espace de quatre années entières, et ne pourront lesdits maistres rotisseurs obliger aucuns apprentifs, qu'il n'y soit appelé lesdiz jurez, ou l'un d'iceulx, qui signeront sur la minute dudit brevet... Données et prononcées à Paris, le cinquiesme jour de janvier mil six cens cinquante.» (Coll. Lamoignon, t. XIII, fol. 1. — Traité de la Police, t. II, p. 1439.)

trise, suivant la sentence de police du 1er septembre 1693 [1], qu'il n'ait préalablement servi les maîtres pendant six autres années en qualité de compagnon. Sera permis aux maîtres d'avoir plusieurs compagnons et ne pourront les maîtres, aux termes de la sentence de police du deux août 1735, debaucher les compagnons engagés chez les autres maîtres, ni leur donner à travailler, ou les recevoir à leur service, sans la permission expresse du maître chez lequel ledit compagnon sera engagé, le tout à peine de cinquante livres d'amende applicable moitié au profit du maistre plaignant et le surplus aux jurés. Enjoignons aux jurés d'y tenir la main.

11. Aucun maistre ne pourra prester son nom, directement ou indirectement, à qui que ce soit et sous tel pretexte que ce puisse estre, pour exercer ledit mestier, à peine de 300 livres d'amende, applicable moitié à notre profit et l'autre aux jurés. Defenses aussi à tous apprentis et compagnons rotisseurs et ce suivant les lettres patentes du mois de decembre 1610, de s'engager au service des maistres traiteurs [2], patissiers, cabaretiers ou aubergistes de la ville, fauxbourgs et banlieue de Paris, et à ceux-ci de les recevoir, à moins qu'ils ne soient tout à la fois maistres de cette communauté, à peine contre les apprentifs de nullité de leurs brevets, contre les compagnons de privation du droit de compagnonage, d'estre admis à la maitrise dudit métier, et contre lesdits maitres traiteurs, patissiers, cabaretiers, aubergistes, de 500 livres d'amende applicable par tiers à notre profit, à l'hopital général et auxdits maitres.

12. Nul ne sera reçu à la maitrise, sans avoir fait chef d'œuvre, à ses depens, en présence des jurés, qu'il n'ait esté prealablement conduit au bureau, pour que les jurés et anciens fassent la visite de son brevet, qu'aux termes de la declaration du Roy, du 2 decembre 1704 [3], chaque aspirant à la maitrise par apprentissage n'ait payé la somme de 400 livres et, par chaque fils de maistre, celle de 50 livres, le tout au profit de la communauté. Voulons que, lors desdites receptions, les jurés soient tenus de mander tous les anciens en la manière accoutumée; que l'aspirant à la maitrise par apprentissage paye a chaque juré et au presentateur quatre livres et deux livres à chaque ancien, et que cependant les fils de maistres ne donnent que vingt sols à chaque juré et au presentateur seulement; défendons aux uns et aux autres de percevoir de plus forts droits, ce à peine de concussion.

13. Les fils nés avant la maitrise de leur père ne seront obligés de payer pour la reception à ladite maitrise, que les trois quarts de ce qu'il en doit couter

---

[1] Ci-dessus, pièce III.

[2] La même défense est inscrite dans les statuts des cuisiniers traiteurs, titre VI, pièce V, art. 28.

[3] Cette déclaration, mentionnée dans la notice, taxait l'union des offices des trésoriers receveurs des deniers communs à 33,000 livres, et la communauté, pour assurer les arrérages et le remboursement de l'emprunt de pareille somme, éleva les droits d'apprentissage et de maîtrise tels qu'ils sont exposés ici.

aux aspirants par apprentissage, et ce suivant la declaration du Roy du 2 decembre 1704, ne pourront neanmoins les fils nés avant la maitrise de leur père estre reçus à ladite maistrise suivant la sentence de police du 1er septembre 1693 s'ils n'ont fait apprentissage pendant l'espace de trois ans, et servi les maitres en qualité de compagnons, pendant deux ans seulement, à peine contre les jurés de destitution et contre lesdits fils de maitres de 100 livres d'amende, au profit de la communauté.

14. Voulons qu'aux termes de la mesme declaration du Roy, il ne soit reçu par an, à la maistrise dudit mestier, que six aspirans par apprentissage. N'entendons neanmoins empescher d'admettre à ladite maistrise autant de fils de maistres ou d'enfants nés avant la maistrise de leurs pères qu'il s'en présentera, sans que lesdits fils de maistres, nés avant ou après la maistrise de leurs pères, puissent ouvrir boutique dudit mestier, si ce n'est à l'âge de 18 ans accomplis, et ce suivant la delibération de cette communauté du 17 decembre 1740, qui sera homologuée par ces presentes. Defendons en outre aux jurés de recevoir à la maitrise, sous tel prétexte que ce puisse estre, aucun aspirant sans qualité [1] et sans qu'il ait prealablement fait son apprentissage, conformément aux articles 5 [2], 6 et 7 des presentes, et ce à peine de 100 livres d'amende contre les jurez, applicable à notre profit et de nullité de la maitrise.

15. Ne sera permis aux femmes veuves dudit métier de jouir de la maitrise de leurs maris qu'autant qu'elles demeureront en viduité; et cependant ne pourront lesdites veuves prendre ni garder aucun apprenti que ce ne soit pour achever le temps de ceux qui se seroient obligés à leurs maris, par brevet ou transport de brevet en bonne forme, à peine de vingt livres d'amende au profit des jurés.

16. [Les maîtres ne doivent avoir qu'une boutique avec leur échoppe au marché.]

17 à 20. [Les marchands forains ne doivent pas s'associer avec les rôtisseurs, vendre seulement aux heures et jours prescrits [3], exposer leurs marchandises au marché, sur le carreau de la Vallée, n'avoir aucun entrepôt dans Paris, ni dans les villages circonvoisins.]

21. Auront les jurés dudit métier, à l'exclusion des jurés marchands bouchers et de tous autres, la faculté, suivant la sentence de police du premier avril 1648,

____

[1] C'est-à-dire par lettres de maîtrise.

[2] L'article 5 n'est pas *des presentes*, mais des statuts de 1509 et de Boileau.

[3] 1678, 13 juin. — Ordonnance de police. «Enjoignons aux marchands qui apportent la volaille et gibier au marché, d'ouvrir leurs paniers aussitôt qu'ils y seront arrivez et d'exposer sur iceulx une partie de leur marchandise, la vendre et livrer aux bourgeois qui offriront un prix raisonnable, sans attendre l'heure des rotisseurs et ce a peine de trente livres d'amende.» (Lamoignon, t. XVI, fol. 781.)

de visiter toutes sortes de volailles et gibiers, les agneaux, les chevreaux et cochons de lait[1]; a eux enjoint d'y procéder à l'arrivée du marchand forain sur le
carreau de la Vallée, et d'y saisir, avant et même après l'heure du bourgeois, lesdites marchandises qui se trouveront défectueuses, tant sur les marchands forains
que sur les marchands dudit métier, et ce à peine contre les contrevenants de
300 livres d'amende, le tout applicable au profit des jurés ou de leur communauté.

22. Ne pourront les marchands forains exposer en vente aucune pièce de volaille et gibier qu'ils auront déguisés; leur défendons à cet effet de les ecrester,
degraisser et vuider, leur enjoignons neanmoins de couper l'extremité des deux
oreilles des lapins, appelés vulgairement clapliers[2], pour les distinguer des lapins
de garenne; voulons aussi que pour qu'on connoisse les canards sauvages, lesdits
forains soient tenus de couper la gorge aux canards communement appelés pail-
lés[3], le tout à peine de saisie et confiscation, et de 50 livres d'amende, au profit
des jurés dudit métier.

23. Voulons que tous les marchands forains, suivant le règlement de police du
7 mai 1647, ne puissent se servir d'aucun facteur ou factrice, pour vendre les
marchandises dudit mestier; leur enjoignons de les vendre eux-mêmes sur le
carreau de la Vallée et non ailleurs, sans pouvoir employer à cet effet facteurs
ou entrepreneurs, ni cacher ou détourner aucune de leurs marchandises. Leur
défendons pareillement de les augmenter, quand le prix en aura été fait une fois,
ainsi qu'à tous les maitres et privilégiés rotisseurs, de surenchérir lesdites marchandises, et à cet effet ne pourront lesdits maitres rotisseurs, ou veuves desdits
maîtres, ainsi que les privilégiés rotisseurs du prévost de notre hôtel, envoyer ou
se trouver plus d'une seule personne, sur le carreau de la Vallée, à l'effet d'y
acheter du marchand forain lesdits gibiers ou volailles, pour leur compte particulier, le tout à peine de deux cents livres d'amende, applicable par moitié à
notre profit et le surplus aux jurés.

---

[1] 1648, 1ᵉʳ avril. — Sentence du Châtelet
sur la plainte des rôtisseurs contre les bouchers
prétendant que les rôtisseurs n'avaient pas le droit
de visite dans les marchés sur les agneaux et chevreaux. «Veu les statuts des maistres jurez rotisseurs confirmez par lettres patentes de Sa Majesté
du mois de mars 1509, les statuts des bouchers,
contenant leurs privilèges... Nous disons que lesdits jurez sont maintenus et gardez en la possession
du droit de visite sur la volaille, gibier, agneaux et
chevreaux, tant sur les maistres de leur communauté que marchans forains qui les apporteront aux
places publiques et defenses leur sont faites de tuer,
habiller et préparer aucuns veaux et moutons dans
leurs boutiques ni vendre lesdites chairs qu'ils ne les

ayent achetées aux estaux et boutiques desdits
marchans bouchers; mesme de vendre aucune
viande de bœuf, mouton et veau les jours ouvrables, ains seullement les jours de festes et dimanches auxquels les boucheries ne sont ouvertes.»
(Coll. Lamoignon, t. XII, fol. 920.)

[2] Clapiers pour clapiers. On appelle lapins de
clapier ceux qu'on nourrit dans une petite cour.
Ils ont la chair blanche et de mauvais goût. (Trévoux.)

[3] Le mot pailler a le sens de basse-cour, endroit où l'on met de la paille et où l'on engraissait
les canards et les chapons. L'usage de saigner le
canard en lui coupant la gorge existe presque partout, excepté à Rouen.

24. Faisons très'expressement inhibitions et défenses, à tous marchands forains qui auront ammené en cette ville les marchandises dudit métier, de les remporter faute de les avoir vendues sur le carreau de la Vallée, même d'en acheter d'un autre forain pour les revendre ou pour les conduire dans leur pays, à peine de saisie et confiscation, et de cent livres d'amende applicables, le tiers à notre profit, l'autre à l'hôpital des enfants trouvés et le surplus aux jurés.

25. Lesdits maitres rotisseurs continueront, conformément aux articles 9 et 10 des anciens statuts des maitres rotisseurs de 1509, de jouir du droit exclusif à tous gens de bouche, de faire rotir toutes sortes de viandes de boucherie, de rotisserie ou autres pour la commodité du publique [1].

26. [Chômage des quatre grandes fêtes, art. 15 de 1509.]

27. Faisons inhibitions et défenses à tous maitres traiteurs de cette ville et aux privilégiés traiteurs de notre hôtel, ainsi qu'à tous rotisseurs des lieux privilégiés, et à tous aubergistes, cabaretiers et gargotiers de la ville et fauxbourgs de Paris, d'acheter ou faire acheter des marchands forains, sur le carreau de la Vallée ou ailleurs, aucunes pièces de volailles, gibiers, agneaux et cochons de lait; à eux enjoint de s'en fournir uniquement des maitres rotisseurs en boutiques, de la ville et fauxbourgs de Paris, le tout en conformité de l'arrêt du Parlement du 18 janvier 1614 et de la sentence de police du 8 juin 1725, à peine, contre les contrevenants, de saisie et confiscation, de cent livres d'amende, moitié à notre profit et le surplus aux jurés.

28. [Défense d'employer des personnes étrangères.]

29. Sera permis aux maitres dudit métier, à l'exclusion des maitres chaircuitiers de la ville et fauxbourgs de Paris, d'acheter du marchand forain et de la première main du lard frais et salé, pour en faire usage en leur métier et profession, et l'employer seulement en la manière des rotisseurs; le tout conformément à la sentence de police du 2 décembre 1710, à l'arrêt du Parlement confirmatif d'icelle du 14 août 1711, et à l'arrêt de notre Conseil du 20 août 1728.

30. [Défense du colportage.]

31. Auront les maitres rotisseurs, qui sont tout à la fois maitres ou privilégiés traiteurs, la faculté de jouir ensemble des droits attachés aux deux maitrises ou privilèges de rotisseurs et de traiteurs, sans que sous ce prétexte ils puissent tenir deux boutiques, conformément à l'article 16e des présentes, sous les peines y portées.

---

[1] Ce droit, toujours contesté par les traiteurs, a été l'objet de plusieurs arrêts taxant les rôtisseurs à trois plats de rôtis et de fricassée, sans jamais entreprendre un repas entier. Ces débats cessèrent en août 1776 par la réunion des traiteurs, rôtisseurs et pâtissiers.

32. [Défense d'attirer les clients d'un voisin.]

33. Défendons expressément à tous privilégiés rotisseurs du prévost de notre hôtel, de bailler à loyer leurs privilèges, à telles personnes que ce puisse estre, notamment à des compagnons et apprentis rotisseurs ou à des gens de bouche, reçus ou non reçus maitres dans une autre communauté, à peine de saisie et confiscation de marchandises et ustanciles dudit métier, au profit des jurés rotisseurs, de fermeture de boutique et de cent livres d'amende, applicable à l'hopital général; le tout conformément à la sentence de police du 17 août 1731.

34. Ordonnons que toutes les confiscations et amendes, provenant des contraventions aux articles des présentes, tournent, comme dit est, au profit des jurés du dit métier.

35. Voulons que, suivant les privilèges attribués à toutes les communautés des marchands et des arts et métiers de cette ville, par l'article 6 de l'édit du mois de décembre 1581[1], et l'arrêt de notre Conseil du 28 août 1719, il soit loisible à tous maîtres dudit métier de rotisseur de s'établir dans telles villes, bourgs et lieux que bon leur semblera, de notre royaume, et qu'en faisant registrer leurs lettres de maitrise au greffe de la justice ordinaire des lieux où ils yront s'établir, ils exercent librement leur métier et profession; ordonnons aussi que, pour que chaque maitre dudit mestier observe exactement le contenu aux presentes, et connoisse également les effets de notre bonté à leur égard, les jurés soient tenus de donner à chacun d'eux, même à ceux qui par la suite seront reçus à ladite maitrise, une copie imprimée[2] des présents statuts et ordonnances.

Louis, par la grâce de Dieu, Roy de France et de Navarre, à tous présents et avenir salut. Nos bien aimez, les maitres rotisseurs de notre bonne ville de Paris, nous ont fait représenter que, depuis le mois de mars de l'an 1509, que leurs anciens statuts furent réformés et composés de 15 articles différents, leur communauté se contenta d'obtenir successivement de règne en règne de nouvelles lettres patentes de confirmation, jusqu'au règne du feu Roy, de glorieuse mémoire, notre très honoré seigneur et bisayeul; que leurs statuts n'ayant pas été réformés depuis l'an 1509, l'ancienneté des articles qui les composent joint à l'usage et au changement de jurisprudence, les ont rendus inintelligibles et impraticables; que pour se conformer à l'édit du mois de mars 1673[3], registré en notre Cour de Parlement, cette communauté auroit jugé à propos de présenter requête à notre conseil avec un projet de statuts composé de 35 articles, que comme la plus

[1] Ci-dessus, pièce XXV, p. 86. L'article 6 autorise tous les artisans reçus maîtres à Paris à exercer leur métier dans toutes les villes du royaume, sur simple déclaration.

[2] Cette mesure n'a été appliquée que dans le xviiie siècle; elle corroborait le serment solennel exigé auparavant.

[3] Ordonnant que tous les ouvriers doivent faire partie d'une communauté et en payer les droits. Voyez pièce n° XXXVI, p. 117.

grande partie des dits articles est fondée sur des titres émanés de notre autorité, et suivi de réglemens de police anciens et nouveaux, obtenus successivement, tant en notre Cour de Parlement qu'au Châtelet de notre bonne ville de Paris, on a pensé que ce seroit le plus sûr et le plus stable moyen, qu'après avoir refondu tous ces titres dans un seul émané de notre autorité, de prévenir les abus et malversations, auxquels l'on n'a pû remédier jusqu'à présent, et d'empêcher que les marchands forains, qui apportent des volailles et des gibiers, pour la provision de Paris, n'ayent recours à des voyes prohibées pour vendre leursdittes marchandises bien plus chères qu'elles ne doivent estre; que, pour y parvenir, ils se servent de facteurs et d'entremetteurs, pour faire lesdites ventes, et de maitres rotisseurs qui étalent en contravention pour le compte desdits marchands forains, afin de vendre par regrat les volailles et gibiers sur le carreau de la Vallée, et par là dégarnissent le marché, en les entreposant dans des chambres voisines pour ne les y apporter que par petites parties, de façon que les bourgeois et même les maitres rotisseurs établis en boutique sont obligés de passer par leurs mains d'une manière si préjudiciable à l'intérêt public qu'il n'est pas possible que les dits maitres rotisseurs, forcés d'acheter de ces différens regratiers, facteurs et entremetteurs, ne vendent dans leurs boutiques leurs marchandises plus chères aux bourgeois; qu'outre ces abus qui se multiplient de jours en jours, chaques maitres des autres communautés des gens de bouche, établis en cette ville, entreprennent sur le métier et profession des exposants, qu'il n'y a pas jusqu'aux gens de bouche établis sans maitrise dans la banlieue de cette ville qui se fournissoient chez les maitres rotisseurs, qui par tolérance ne viennent acheter sur le carreau de la Vallée, au grand préjudice du public et de l'intérêt des maitres de cette communauté. A quoi voulant remédier promptement, afin que tels abus ne puissent avoir cours à l'avenir, à ces causes, de l'avis de notre conseil qui a vû les dits anciens statuts et ordonnances de confirmation accordées, depuis le mois de mars de l'an 1509, jusqu'au mois de décembre 1610, vérifiées où besoin a été, ensemble les nouveaux statuts et ordonnances contenant 35 articles, nous avons permis et accordé. . . . Donné au camp d'Ypres, au mois de juin de l'an de grace 1744.

TITRE X.

PÂTISSIERS. — OUBLOYERS.

D'argent, à une pelle de four, de sable,
posée en pal, accostée de deux pâtés, de gueules [1].

Jusqu'au xvıᵉ siècle la communauté s'est partagée en deux spécialités : les oubloyers, fabricants d'oublies et de pâtisserie légère; les pâtissiers proprement dits, faisant des pâtés à la viande, au fromage et au poisson. Le *Livre des Métiers* ne contient pas les statuts des pâtissiers dont le métier existait certainement; peu après, Regnaut Barbou, successeur d'Étienne Boileau à la prévôté de Paris, enregistre en 1270 les statuts des oubloyers, par où commence la belle série de documents qui émane de cette communauté.

Les statuts de 1270, de 1397 et de 1406 s'appliquent aux oubloyers; ceux de 1440, de 1497 et de 1522 s'adressent aux pâtissiers. Puis Charles IX, par ses lettres datées de juillet 1566, déclare avoir reçu la supplique des jurés de l'art de pâtissier-oubloyer et donne des statuts aux deux métiers réunis.

Il y a sur ce point une incertitude que les documents permettront de faire disparaître. La puissante communauté des boulangers s'était presque complètement réservé la fabrication des pâtés à la viande jusqu'au milieu du xvᵉ siècle, bien que leurs statuts d'Étienne Boileau, les seuls qu'ils aient reçus, n'en fassent aucune mention. Ces statuts, dressés dans l'intérêt du grand panetier, se bornaient à l'exposé des droits et de la juridiction qui lui appartenaient. Les boulangers, ayant un four et de la farine, se trouvaient outillés pour la pâtisserie et, dès la constitution de la communauté, ils furent admis à la maîtrise de pâtissier.

Ce fait est très clairement exposé dans l'article 14 des statuts de 1440 : «Et n'est point nostre intencion que par le moyen de ces ordonnances les oubloyers et boulengiers, qui de present tiennent ouvrouers a Paris, ne puissent joïr et user du mestier de pasticerie ainsi et par la forme et manière qu'ils faisoient paravant ces presentes ordonnances.»

Tandis que la plupart des communautés se plaisaient dans la chicane et les procès, quel-

[1] D'Hozier, *Armorial*, texte, t. XXV, fol. 542. — Blasons, t. XXIII, fol. 680.

ques-unes par exception vivaient en bonne intelligence et, à mesure que le métier prenait de l'extension, elles se divisaient en se constituant à part. Pendant la moitié du xiii° siècle on ne voit que les boulangers; en 1270 les oubloyers apparaissent; en 1440, les pâtissiers réclament des règlements; en 1596, un métier de même origine, les pain-d'épiciers, s'établit en communauté distincte.

Les statuts des oubloyers sont empreints d'une naïveté charmante; ils laissent entrevoir qu'ils sont les joyeux marchands de plaisirs, tantôt commerce de luxe quand ils se disent oubloyers du Roi et de la Reine [1], tantôt commerce sacré pour la fabrication des hosties et du pain à chanter, tantôt commerce de réjouissance populaire pour les fêtes et pardons qui se tenaient devant les portes des églises.

Les trois rédactions de statuts, à une époque où ils étaient rares, s'expliquent et se complètent entre elles; on y voit le désir d'exposer les règlements en termes plus précis. Pour être oubloyer, il fallait cinq ans d'apprentissage; le brevet coûtait 10 livres, dont moitié au Roi, moitié à la confrérie de saint Michel, patron du métier. Le chef-d'œuvre consistait en un millier de nicules ou plaisirs à faire en un jour; plus tard on exigea 500 grandes oublies, 300 gaufres dites supplications et 200 estrées ou plaisirs.

Comme partout, la communauté s'efforçait de se conserver le métier et interdisait d'employer des étrangers, soit dans les boutiques, soit pour la vente au dehors. On défendait aux oubloyers de racheter les « aubuns » de confrérie, sorte de présents offerts en quantité qui leur seraient revenus en mauvais état et qui, étant bénits, ne devaient pas être revendus. Chaque maître ne devait avoir qu'un fourneau dans les fêtes et pardons et l'établir à deux toises de distance d'un autre. Les statuts défendent le jeu de dés à prix d'argent, ce qu'ils appellent « argent sec »; mais ils permettent de jouer le métier, c'est-à-dire toute la cargaison d'oublies et même le coffin ou coffre qui les contenait. Quand le joueur malheureux avait tout perdu, il ne pouvait racheter son coffin à prix d'argent, mais seulement le regagner avec des oublies si la chance lui redevenait favorable. Prescriptions bizarres, et probablement inutiles, qui dénotent la simplicité de ces anciens règlements. On cherchait ainsi à enrayer la fureur du jeu.

Cependant leurs associés, les pâtissiers de graisse, « adipementarii [2], » qui se confondaient plus particulièrement avec les boulangers, reconnaissent à leur tour l'utilité d'avoir des statuts pour protéger leur métier, et tout en restant en communauté avec les oubloyers, ils présentent en 1440, à l'approbation du prévôt de Paris, Ambroise de Loré, des statuts rédigés pour eux seuls et spécialement appliqués à leur fabrication.

L'unique préoccupation des pâtissiers a été de flétrir l'emploi de mauvais ingrédients, comme si leurs fonctions eussent consisté dans l'art de dissimuler les marchandises défectueuses et, selon l'expression d'alors, « non dignes de user au corps humain ». On leur renouvelle sous toutes les formes la défense de mettre dans les pâtés, rissoles et talmouses, des viandes ou des poissons corrompus, des fromages trop avancés, du lait tourné ou écrémé; en somme des règlements peu attrayants pour un métier de friandise. Les pâtés reconnus mauvais étaient brûlés devant la boutique du coupable. Sauf la nomination de trois jurés, renouvelables tous les deux ans, ces statuts de 1440 ont négligé entièrement les points d'administration; la police n'existait pas, le métier était livré aux gens pervertis et sans aveu. Une addition d'articles est faite par Jacques d'Estouteville en 1497; il y est formellement interdit d'employer un étranger pour le travail comme pour la vente; l'apprentissage est fixé à trois ans avec acceptation de la part des

[1] La requête civile des statuts de 1397 est présentée au Roi par son oubloyer et celui de la Reine.

[2] Les arrêts portent cette distinction entre les « adipementarii » d'une part et les « simplices vel dulciores » qui répondent aux oubloyers. On verra un arrêt de ce genre aux pain-d'épiciers en 1508.

maîtres et un brevet du prix de deux sols, versés à la confrérie; le chômage des fêtes légalement reconnues par les pâtissiers, y compris celle de saint Michel, leur patron, fut aussi réclamé pour régler la situation de la confrérie par les deux actes de 1479 et 1485.

Guillaume d'Allègre, prévôt de Paris, ajouta aux anciennes ordonnances, en 1522, un article qui interdisait la vente des pâtés au-dessous du prix taxé, pour la raison qu'ils devaient être mauvais et nuisibles.

L'ordonnance de Charles IX rendue aux États d'Orléans en janvier 1560 prescrivit, sur la demande du Tiers État, aux gens de métier de rédiger leurs statuts en langage intelligible [1]; c'est en exécution de cette mesure que les pâtissiers firent homologuer au Roi, en juillet 1566, de nouveaux règlements appliqués à tous les membres de la communauté, pâtissiers, pâtissiers-boulangers, oubloyers et pain-d'épiciers, avec une seule et même administration et des prescriptions particulières suivant la spécialité de chaque maître.

Ces statuts de 1566, les plus complets, ne sont pas l'origine de la communauté, ainsi qu'on l'a vu par les documents antérieurs; ils ont toujours été observés par le métier qui à aucune époque n'a cherché à les remplacer. Les seules modifications introduites dans la suite des temps proviennent des augmentations de droits pour l'acquittement des offices.

La communauté prend quatre jurés, renouvelables par moitié tous les ans. L'apprentissage est de cinq années, avec brevet de dix sols, moitié au Roi, moitié à la confrérie. Le chef-d'œuvre consistait en confection de pâtés et de gaufres. Par exception, tous y étaient soumis, apprentis, fils de maîtres, maîtres par lettres (art. 30). On retrouve les mêmes prescriptions contre la mauvaise qualité des marchandises employées, contre le jeu et le travail en plein air, pour les jours de fête.

Les pâtissiers, faisant partie des métiers de bouche et préparant des mets délicats, se réservaient certains privilèges nécessaires; ainsi ils achetaient et mesuraient eux-mêmes leurs blés pour choisir les meilleurs. Ils avaient le droit de vendre des vins et de donner à boire; personne ne pouvait entreprendre des noces ou banquets sans la participation des pâtissiers et rôtisseurs; plusieurs arrêts avaient déjà été rendus dans ce sens et le métier des cuisiniers ne fut érigé qu'en 1599. Sous certains rapports ils se trouvaient donc en concurrence avec d'autres communautés tout en conservant les spécialités de leur partie, les pâtés, les gaufres, les brioches, le pain d'épice. Leurs jurés devaient faire la visite des œufs et des fromages de Brie chez les regrattiers, marchands forains ou de la ville.

Un clerc, appelé plus tard syndic receveur, était spécialement chargé des comptes, de la tenue des registres de louage et d'apprentissage et de toute l'administration (art. 31).

Les statuts de Charles IX furent simplement confirmés par ses successeurs en 1576, en 1594, en 1612, en 1653. Les documents qui viennent ensuite ont tous trait au paiement des sommes qu'ils s'étaient imposées pour obtenir l'union des divers offices à leur communauté. De 1691 à 1745 le total s'élève à un principal de 106,000 livres [2]. Les droits de brevet, maîtrise et visites ont été successivement relevés à chaque emprunt nouveau [3]. La maîtrise, portée à 200 livres en 1691, est à 600 livres en 1745 et à 1,200 en 1766. Il n'y a pas de statuts dans

---

[1] *Métiers en général*, pièce XIX. Les vœux des États sur ce point furent rarement suivis d'exécution, sauf pour quelques métiers.

[2] Union des offices de jurés pour un principal de 22,000 livres, par déclaration royale du 15 mai 1691 (Coll. Lamoignon, t. XVIII, fol. 107); — d'auditeurs des comptes, pour 16,000 livres avec

300 livres de gages annuels, 15 septembre 1696 (*ibid.*, t. XIX, fol. 860); — de contrôleurs de poids et mesures pour 22,000 livres, 28 juin 1707 (*ibid.*, t. XXIII, fol. 834); — des inspecteurs et contrôleurs des jurés pour 46,000 livres, 19 juin 1745 (*ibid.*, t. XXXVI, fol. 596).

[3] Voyez pièces XV, XVI et XVII.

le xviii° siècle et simplement quelques arrêts qui assurent l'exécution des règlements précédents [1]. Le bureau de la communauté était rue de la Pelleterie; la confrérie, dédiée à saint Michel, se réunissait dans la basse Sainte Chapelle. Il y avait environ 200 maîtres pâtissiers.

Collections de la ville de Paris.

I

1270, mai.

Lettres de Regnaut Barbou, prévôt de Paris, contenant les statuts des oubloyers ou fabricants d'oublies dépendant de la communauté des pâtissiers, en onze articles.

Bibl. nat., ms. fr. 24069, fol. 64 et 11709, fol. 71 v° [2]. — Coll. Lamoignon, t. I, fol. 230.

A touz ceux qui ces lettres verront, Regnaut Barbou, garde de la prevosté de Paris, salut. Nous faisons a savoir que pardevant nous vindrent le conmun des Obliers, maistres et vallez d'oubloierie de la ville de Paris, et recognurent qu'il avoient fete ceste ordonance de leur mestier et acordé, pour le proufit de la ville de Paris, en la manière qui sensuit, c'est assavoir que :

[1] La communauté a publié, entre autres documents : Les statuts de 1566. Paris, Couterot, 1697, in-4°. (Cartons verts de l'Arsenal, n° 8.)

Privilèges accordez aux maîtres pâtissiers. Paris, Sevestre, 1732, in-18 de 105 pages. (Bibl. de l'Arsenal, Jurispr. n° 4640).

1. Statuts de Charles IX, juillet 1566. Diverses confirmations et enregistrements jusqu'à 1653.

2. Déclaration du 15 mai 1691 pour union des offices de jurés; du 25 septembre 1696 pour offices des auditeurs examinateurs des comptes; du 28 juin 1707 pour offices des contrôleurs des poids et mesures.

3. Plusieurs sentences de police pour l'exécution des règlements (1697-1700) et contre les boulangers et charcutiers.

4. Confirmation de la chapelle de saint Michel pour leur confrérie avec obligation à chaque maître de payer quinze sols par an pour la dépense de ladite confrérie.

Privilèges des pâtissiers-oubloyers. Paris, Gonichon, 1750, in-18 de 113 pages. (*Ibid.*, n° 4641.)

Contient en plus que le précédent plusieurs arrêts et la sentence d'union des offices d'inspecteurs, 19 juin 1745, moyennant 46,000 livres qu'ils sont autorisés à emprunter par constitution de rente. Statuts imprimés sur parchemin en 1654. (Bibl. nat., Coll. Lamare, ms. fr. 21640, fol. 182.)

[2] Manuscrits du *Livre des Métiers* dits de la Sorbonne et de Lamare; nous avons pris le texte de la Sorbonne. Il était dans le manuscrit original de la Cour des comptes, fol. 246. Un autre texte de ces mêmes statuts pour l'usage de la terre de Sainte-Geneviève a été transcrit à la fin du xiii° siècle. (Bibl. Sainte-Geneviève, ms. H. F. 23, fol. 10.)

i.

1. Quiconques voet estre oblier, en la ville de Paris, estre le puet quitement, franchement, pour quil sache fère le mestier, et quil ait de quoi, et que il garde les us et les coustumes du mestier qui tieux sont :

2. Nus de ceux du mestier dessusdit ne poent, ne ne doivent tenir ouvrier, quel que il soit, se il ne fet 1 m. [1] de nieles le jour au moins; ne ne poent, ne ne doivent tenir ouvrier nul, pour que il saichent qu'il soit houllier.

3. Nus des mestres du mestier dessus dit ne puent, ne ne doivent fere pourter nuiles à vendre, en la ville de Paris, a feme nulle, se elle n'est ouvrière du mestier dessusdit.

4. Nus des maistres dessusdits ne puent, ne ne doivent fourtraire autrui aprentiz, ne aucun sergent, pour que il le sache.

5. Nus des mestres ne des ouvriers du mestier dessusdit ne puent, ne ne doivent jouer aux dez a argent sec.

6. Nus des maistres ne puent, ne ne doivent prendre nul aprentif nul, à moins de v ans.

7. Nus des mestres du mestier dessusdit ne puent, ne ne doivent acheter aubuns [2] de confrarie, ne d'autres lieux, ne mettre en oevre, ne fere en mestier nul, se il ne sont de bons oefs [3] et de loials. Et ne puent ne ne doivent les maistres, ne li vallès, donner que ii gaffres [4] pour un denier et viii bastons pour un denier, bons et loyals, et metables.

8. Nus des mestres ne des ouvriers du mestier dessus dit ne puent, ne ne doivent aler chiez juyf, pour mestier fere. Quiconques mesprendra en aucun des articles dessus diz il paiera xx s. d'amende au Roy, toutes les fois quil en seroit repris.

9. Et est assavoir que les maistres du mestier dessusdit doivent à leur vallez ii den. pour toutes les nuiz quil delfaudront de bailler leur dict mestier. Et li vallet doivent aux maistres ii d. pour toutes les fois quil defaudront de porter leur mestier à leurs maistres.

10. Et nous, a la requeste des mestres et des vallez du mestier dessusdit, par l'acort de nous et de eux, avons establi pour garder le mestier dessusdit, Guillaume le Breton et Jehan le Bourguignon, tous deux oubliers. Lesquelx deux preudomes dessus dit nous doivent fere assavoir, si comme il le jurerent sur Sains, toutes les mesprentures qui seront fetes ou mestier dessusdit, pour quil le sachent, au plus tost quil pourront.

[1] Variante du ms. Lamare, «millier».

[2] Cette expression «aubuns de confrarie» se retrouve dans les statuts de 1397, art. 6; de 1406 en copie, art. 9; de 1440. art. 8 où l'on met «aubuns d'œufs de festes». Elle disparaît des statuts plus récents. Lamare (*Police*, t. III, p. 616 et suiv.) lit «aucuns d'œufs», ce qui n'a pas de sens.

Les aubuns étaient évidemment une sorte de gâteau fait avec des blancs d'œufs; nous ne possédons aucun texte qui établisse une signification plus précise. *Aubin*, dans Trévoux, c'est le blanc d'œuf, *ovi album, albumen*.

[3] Variante du ms. Lamare, «oeux».

[4] *Ibid.*, «gaufres».

11. Et est assavoir que nus des maistres du mestier dessusdit ne puent, ne ne doivent porter mestier nul d'oubloierie pour egleise nulle, quelle que elle soit, ne ne puent, ne ne doivent fere afere nul mestier, qui apartienne a oubloierie, a jour de feste, quelle que elle soit, se ce n'est pour son ouvrier. Et qui autrement le feroit il paieroit xx s. d'amende au Roy, toutes les fois qu'il seroit repris. En tesmoing de ce, nous, a la requeste des parties dessusdites, avons mis en cest escript le seel de la prevosté de Paris. L'an de l'Incarnation nostre seigneur mil cc lxx, ou mois de may.

II

1397, 18 octobre.

Lettres du prévôt de Paris contenant les lettres patentes de Charles VI du 9 septembre 1397, la requête des oubloyers avec sept articles d'anciens statuts et une nouvelle rédaction de statuts en treize articles.

Arch. nat., Livre rouge vieil, Y 2, fol. 142. — Coll. Lamoignon, t. III, fol. 248.
Ordonn. des Rois de France, t. VIII, p. 149.

A tous ceuls qui ces presentes letres verront, Jehan, seigneur de Folleville, chevalier... salut. Nous avons reçeues les letres du Roy nostre sire a nous presentées, de la partie des oubloyers du Roy nostredit seigneur et de la Royne, contenans la forme qui sensuit :

Charles, par la grace de Dieu, Roy de France, au prevost de Paris ou a son lieutenant, salut. Nous vous envoyons, encloze soubs nostre contrescel, la requeste civile de nostre oubloyer et de cellui de nostre tres chiere et tres amée compaigne la Royne, et voullons et vous mandons que, sur le contenu en ladicte requeste, vous pourveez auxdis oubloyers, en la maniere qu'il apartiendra par raison et que vous verrez estre expediant pour le bien et utilité publicque de nostre ville de Paris, tellement que yceulx oubloyers n'aient cause raisonnable de nous en plus poursuir. Donné a Paris, le neufviesme jour de septembre, l'an de grace mil trois cens quatre vins et dix-sept et le dix-septiesme de notre regne.

Par vertu desquelles et pour pourveoir auxd. oubloyers et autres dudit mestier demourans en lad. ville de Meaulx (*sic*) sur le contenu en ladicte requeste civile, de laquelle ès letres cydessus inserées est fecte mencion contenant ceste forme :

Au Roy, nostre sire, supplient humblement voz oubloyers et ceulx de la Royne vostre compaigne, comme plusieurs ordonnances aient esté fectes sur le fait du mestier de l'oubloyerie, en ladicte ville de Paris, moult long temps a, et seroit grant necessité que de nouvel ordonnances feussent fectes sur ycellui mestier pour

47.

obvier aux fraudes qui y pourroient estre commises, qu'il vous plaise de vostre begnigne grace octroier voz letres aux ouvriers dudit mestier, en ladicte ville de Paris, sur les articles cy après escrips, soubs vostre noble correcion, afin que ycelles ordonnances soient mieulx et plus nottablement gardées, et ilz prieront Dieu pour vous et pour vostre noble lignée :

1. Premièrement, que nul ne puisse tenir ouvrouer ne estre ovrier en la ville de Paris, ne ès forbours, s'il ne scet faire en un jour, au moins cinq cens de grant oublées, trois cent de supplicacions[1] et deux cent d'esterels[2] du mestier, bons et souffisans, et faire sa paste pour ledit ouvrage et aussi qu'il soit home de bonne vie, renommée, senz estre holier et senz autre reprouche[3].

2. Item, que feme quelle qu'elle soit n'y puisse faire pain a chanter ne a celebrer en esglise ; aussi ne puisse porter aval la ville vendre aucune chose dudit mestier.

3. Item, que feme oubloyère senz mary[4] oubloyer ne puet prendre apprentiz audit mestier de l'oubloyère.

4. Item, nul ne puet jouer aux dez a argent sec, fors a leur dit mestier, en portant icellui mestier.

5. Item, que chascun d'eulx puisse prendre tant d'apprentiz et a tel temps comme il leur plaira ; et que nul ne puisse fortraire autrui apprentiz ; et aussi que chascun apprentiz paie v sols a la confrarie Saint Michiel et v sols au Roy, quant il se louera audit mestier ; et ne le pourra son maistre metre en besoingne, jusques ad ce que les maistres dudit mestier aient veu sa lettre [de louage[5]] dudit mestier.

6. Item, que nul d'eulx ne puisse ou doye acheter aubuns de confrarie, ne d'ailleurs, ne faire ouvrage dudit mestier, se ce n'est de bons et loyaulx eufs ; et aussi que nulz d'eulz ne puisse aller sur (sic) Juifs pour faire aucun ouvrage dudit mestier.

7. Item, que nul d'eulx ne puisse avoir chascun que une fornaise a pardon[6] ; et aussi que nulz d'eulx ne puisse porter que petites oublées, aval la ville de Paris, de paste clère ; et que nul ne puisse racheter son cofin que d'icelles petites oublées et que quiconques trespassera nul des poins dessusdiz, quil paie v sols tournois pour nous, et v sols tournois aux maistres dudit mestier, pour chascune fois qu'il en sera ataint.

Nous, en la presence du procureur du Roy nostre sire ou Chastellet de Paris, pour et ou nom dudit seigneur mandasmes et feimes venir pardevant nous oudit Chastellet, le jour de la date de ces presentes, touz les oubloyers demourans en

---

[1] On appelait « supplications » des espèces de gaufres.

[2] « Esterels » ou « estrées », des oublies ou plaisirs.

[3] Variante : « ne senz avoir esté reprins d'aulcuns blasme ou reprouche. »

[4] Variante : « senz estre liée de mary. »

[5] Addition de la copie de Lamoignon.

[6] Un four mobile pour transporter sur les lieux de fête ou assemblée appelée « pardon » ; condition nouvelle sur les statuts de 1270.

ladicte ville de Paris, au moins la plus grant et saine partie d'iceulx, si comme ilz disoient, desquels les noms s'ensuient [1].

Tous lesquelx et chascun d'eulx, apres lecture a eulx fete, tant de l'encien registre de leurdit mestier, comme des poins et articles speciffiez et declerez en la requeste civile cydessus transcripte, nous feismes jurer solempnellement aux sains euvangilles de Dieu de dire et depposer verité, a savoir mon se les poins et articles par eulx advisez sur le policie et gouvernement dudit mestier, en corrigant leur encien registre et en augmentant a icellui, desquelx la teneur sensuit :

[1–3] [2] . . . .

4. Item, que chacun ouvrier passé maistre dudit mestier ne puisse prendre que un aprentiz a tel temps comme il lui plaira.

5. Item, que nul ne puisse fortraire autruy aprentiz et ne se puisse rachetter nul aprentiz.

6. Item, que chacun aprentiz quant il sera loué a son maistre, paie v sols au Roy et v sols a la confrairie dudit mestier, avant ce que son maistre le mecte en besongne.

7. Item, que le maistre sera tenu de faire savoir ledit louage, avant qu'il mecte l'aprentiz en oeuvre, aux maistres dudit mestier.

[8 et 9] [3] . . . .

10. Item, que aucun oubloier ne puist jouer au dez a argent sec, fors seulement aux oublées, en portant son mestier.

11. Item, que nul dudit mestier ne puisse rachetter son coffin que du pareil mestier qu'il jouera.

12. Item, quiconques transgressera ou fera contre les articles dessusdiz ou aucun d'iceulx, il sera tenu de paier xx sols d'amende au Roy et v sols tournois aux maistres dudit mestier, pour chascune foiz qu'il en sera ataint ou repprins.

13. Item, que pour garder ces poins et articles dudit mestier, contenuz et declarez en ce present registre, soient esleuz chascun an pardevant nous ou nostre lieutenant ou noz successeurs, prevostz de Paris ou leurs lieutenans, par la plus saine partie des ouvriers dudit mestier demourans en ladicte ville de Paris, deux personnes ydoines et convenables, lesquelx feront serment de ce fere bien et loyaument, et après ledit serment seront creuz des rappors qu'ilz feront au receveur de Paris ou au procureur du Roy en Chastellet contre les mesprennans oudit mestier, senz ce que pleintes se puist fere contre les rappors, se n'estoit que l'on voulsist contre eulx proposer hayne cappital, faulseté ou corrupcion desordenée.

Par tous lesquels concordablement nul contredisant, nous fu tesmoingnié et

---

[1] Suit une liste de trente noms de pâtissiers oubloyers, non cités par Lamoignon.

[2] Ce nouveau texte contient les statuts corrigés par le prévôt. Les trois premiers articles sont sem- blables à la rédaction ci-dessus. — [3] Les articles 8 et 9 répondent respectivement aux articles 6 et 7 de l'autre rédaction; nous nous dispensons de les reproduire à nouveau.

affermé par serement iceulz poins et articles estre bons et expediens a estre tenuz, gardez et observez doresenavant par touz ceulz dudit mestier, tant pour la chose publicque, comme dudit mestier. Savoir faisons que ces choses considerées, en la presence, de l'accort et du consentement dudit procureur du Roy, par l'oppinion de bien d'aultres saiges et des dessus nommez, nous, en corrigeant l'encien registre dudit mestier et en adjoustant a iceluy les poins et articles dessus desclairez et advisez, avons ordené et ordenons estre tenuz, gardez et observez doresenavant, senz enfraindre par lesdits obloyers, chascun d'eulx et leurs successeurs, sur les peines dessusdites. Tous les poins et articles declarez oudit encien registre desrogans a ce present registre et ordonnance, adnullez et miz au neant et pour cause. En tesmoing de ce, nous avons fait mectre a ces lettres le scel de la prevosté de Paris [1]. Ce fu fait le jeudi xviiie jour d'octobre, l'an de grace mil trois cens quatre vins et dixsept.

III

1406, août.

Lettres patentes de Charles VI, portant confirmation des règlements précédents des pâtissiers-oubloyers et addition de six nouveaux articles.

Arch. nat., Livre rouge vieil Y 2, fol. 234. — Coll. Lamoignon, t. III, fol. 409.
Coll. Lamare, ms. fr. n° 21640, fol. 151. — Ordonn. des Rois de France, t. IX, p. 129.

Charles, par la grace de Dieu, Roy de France, savoir faisons a tous presens et advenir que comme pour le bien, prouffit et evident utilité de nous et de nostre peuple, a nous appartiengne de disposer et ordonner des estas, marchandises, mestiers et aultres fais dont noz subgez s'entremectent chascun jour, pour le bien commun et substentacion d'eulx, si que par bon governement chascung selon son faict, estat et faculté, puist estre gardé, maintenu et conservé par noz edits, constitucions et ordenances, soubz et moyennant lesquelles ilz et chascung d'eulx puissent vivre et demourer en bonne tranquilité et paix soubz nous ; et pour ce que les maistres ouvriers et commun du mestier d'oubloyerie de nostre ville de Paris, consors en ceste partie, nous ont par leur umble supplicacion de nouvel donné a entendre que ou faict, estat et ouvraiges dudit mestier d'oubloyerie ont esté ez temps passez, et sont encore chascun jour faites et commises pluseurs faultes, mesprantures et offenses en plusieurs et diverses manières, lesquelles ilz nous ont fait exprimez et desclairez de point en point qui, si comme nous semble, et est assez vraisemblablement a congnoistre, sont, tournent et redondent au vitupere

---

[1] Ce document se trouvait encore dans le *Livre vert ancien*, fol. 113 et dans le ms. de la Cour des comptes, fol. 142.

destriment, grant grief, prejudice et domaige, non mie tant seullement du fait et
estat dudit mestier, mais aussi du bien publicque ; et combien que d'encienneté
ils aient eu sur le faict et estat dudit mestier, aulcunes constitucions et ordonnances ;
toutes voyes pour plusieurs causes et raisons, et en especial au regart du tems et
constitucions qui si grandement sont et soient contraires et prejudiciables a raison,
especiallement au bien publicque et estat dudit mestier, demourer en cest estat,
et que en ceste partie n'y fust et soit par nous pourveu de remede condecent, si
comme dient iceulz supplians, en nous humblement requerans que ces choses
considerées et que des augmentations, correcions et adjoustacions qu'ils nous ont
requises leur estre faictes et joinctes sur les statuz, constitucions et ordonnances
de leurdit mestier, ils nous ont faite prompte foy et affermé icelles estre
bonnes, loyalles, très utiles et bien expedient au faict et estat dudit mestier,
sans y noter, pretendre ou supposer aulcune mauvaistié ou fraude, mais tant
seullement pour consideration du bien conmun, utilité dudit mestier et des
suppoz d'icelluy, nous a fin de memoire et editz perpetuelz leur voulsions octroier,
establir et ordonner les ordonnances, statuz, constitucions et observances par
eulx ainsi advisez entre eulx et d'un conmun assentement; nous, les choses
dessusdites et chascune d'icelles diligemment attendues et considerées qui nous
semblent estre bien consonans a raison et de bonne equité au bien publicque et
aussi sur ce eue bonne et meure deliberacion avec plusieurs des gens de nostre
conseil, en nostre Chastelet de Paris, d'iceulz supplians pour eulx et leurs
successeurs dudit mestier en nostre ville et fourbours de Paris, de nostre certaine
science, grace especial, pleine puissance et auctorité royalle avons ordonné et
desclairé, ordonnons et desclairons et octroyons par la teneur de ces presentes
les poins, ordonnances, status, constitutions et observances sur tout le fait et estat
dudit mestier d'oubloyerie en ycelle ville et fourbours de Paris estre tenues, gardées et observées a toujours perpetuellement en la manière qui sensuit :

11[1]. Item, et pour ce que ledit mestier de oublayer, ouquel a plusieurs ouvrages
et marchandises, est bien dangereux et subtil a aprendre et que le maistre ne
pourroit bonnement monstrer ledit mestier a plusieurs apprentiz, et aussi l'apprentiz
ne pourroit bonnement aprendre ledit mestier au moins de cinq ans, pour estre
passé maistre ne gaingner loyaument sa vie, il est ordonné que chascun ouvrier
passé maistre oudit mestier ne pourra prendre ne avoir apprentiz au moins de cinq
ans. Et qui fera le contraire il nous paiera vint solz d'amende pour la première fois
et quarante solz pour la seconde, dont les jurez dudit mestier auront le quart ; et
s'il persevere en la tierce ou quarte fois il nous paiera amende arbitraire, dont
lesdiz jurez auront le quart.

12. Item, aucun dudit mestier ne pourra tenir ouvrouer d'icellui, s'il n'est

_____

[1] Cet article est précédé de dix autres qui sont la reproduction des statuts de 1397 et auxquels
ceux-ci sont ajoutés.

filz de maistre, jusques ad ce qu'il ait fait son chief d'euvre et qu'il soit approuvé
soufflisant par les maistres dudit mestier, et ce sur paine de vint solz parisis
d'amende, dont les jurez auront le quart.

13. Item, que aucun apprentis, quel qu'il soit, supposé qu'il soit quitte de son
apprentissage ou qu'il ait fait son chief d'euvre ne pourra aler ouvrer ailleurs que
es hostelz des ouvriers dudit mestier ou es hostelz des bourgois et autres gens
notables et honnestes de ladicte ville ; et s'il est trouvé avoir fait ou faisant le
contraire il nous paiera vint solz d'amende dont les jurez auront le quart.

14. Item, que les ouvriers dudit mestier, après ce qu'ilz auront fait leur chief
d'euvre et qu'ilz seront passez maistres oudit mestier, seront tenus de tenir
ouvrouer tout separé d'autres mestiers; et s'ilz sont trouvez faisans le contraire,
ils nous paieront vint solz d'amende dont lesdiz jurez auront le quart.

15. Item, aucun oubloyer de ladicte ville, quel qu'il soit, ne pourra ne devra,
en alant de nuit, crier son mestier aval la ville, mener avecques lui aucun autre
estrangier, sur la paine que dessus.

16. Item, que les oublayers de ladicte ville de Paris et des fourbours d'icelle,
qui s'entremettent de aler faire gauffres aux pardons des eglises, estans en ladicte
ville et fourbours, ne pourront faire icelles gauffres a pardon, qu'ilz ne soient
distans l'un de l'autre de deux toises et plus, pour eschever aux perilz et inconveniens qui s'en pourroient ensuir, et ce sur les paines que dessus.

17. Item, que aucun doresenavant ne vende ne expose en vente pain a chanter
en ladicte ville et fourbours de Paris, en quelque lieu ycellui pain ait esté fait,
soit a Paris ou ailleurs, jusques adce qu'il ait esté et soit visité par les maistres
dudit mestier et ce sur laditte paine a apliquer comme dessus[1]... Donné a Paris,
ou moys d'aoust, l'an de grace mil quatre cens et six et de nostre regne le vingt
sixiesme.

IV

1440, 4 août.

*Lettres du prévôt de Paris, contenant un nouveau texte de statuts en dix-sept articles,
pour les pâtissiers[2].*

Arch. nat., Livre vert vieil 2° Y 4, fol. 5o v°. — Coll. Lamoignon, t. IV, fol. 258.

A tous ceulx qui ces presentes letres verront, Ambrois, seigneur de Lore, baron

[1] Suivent encore deux articles sur les fonctions des jurés qui sont empruntés aux articles 12 et 13 des statuts de 1397.

[2] D'après la table du ms. de la Cour des Comptes, il y avait au fol. 242 une pièce sur les pâtissiers, datée du 9 mars 1440, laquelle vraisem-blablement n'était autre que celle-ci, puisqu'elle n'y est pas indiquée.

d'Ivry,.garde de la prevosté de Paris... savoir faisons que nous desirans de nostre povoir pourveoir au gouvernement de la police de ceste ville, qui est la ville capital de ce royaume et ou toutes autres villes ont prins et prennent exemple pour le bon gouvernement qui tousjours a esté mis sur le fait de la police et des mestiers et marchandises d'icelle ville, et voulant pourveoir aux inconveniens qui se pevent et pourroient faire et commectre ou mestier des pasticiers de la ville de Paris et ès ouvraiges d'icellui, par deliberation des advocats et procureur du Roy, nostre sire, ou Chastellet et d'aultres conseillers dudit seigneur, et mesmement a la requeste et en la presence ou consentement exprez des personnes cy-aprèz nommez, touz pasticiers de ladite ville et faisans la greigneur et comme toute la communaulté du mestier desdits pasticiers, c'est assavoir Mathieu Girard, Jehan Varlet, Jehan Guy, Poncelet Boute-dessous, Laurent Caillart, Jehan Rigolet, Thomas Raymond, Jehan Delafontaine, Guillaume Aurillet, Chastellin de Rouen, Jehan de Hencourt, Frammot de Bailleul et Denisot Richier, avons fait et ordonné sur ledit mestier les statuz et ordonnances qui s'ensuivent :

1. Premièrement, que doresenavant aucun ne pourra tenir ouvroir de pasticier a Paris, s'il n'est tesmoingné a monsieur le prevost de Paris par les gardes et ouvriers dudit mestier estre ouvrier de bonne vie et honneste conversacion, sans aucun villain reprouche.

2. Item, que nulz ouvriers dudit mestier ne pourront faire pastez de chars seuresemées ne puantes, sur peine de dix solz parisis d'amende, moitié au Roy et moictié aux jurez dudit mestier.

3. Item, que aucun dudit mestier ne pourra faire pastez grans ne petis, de quelque pris que ce soit, se ilz ne sont faiz de bonnes chars ou de bon poisson non corrompus pour user a corps humain sur ladicte peine.

4. Item, aussi ne pourront faire flannez de lait tourné, ne escresmé, ne les tartelettes que de bon fromaige, pour pluseurs inconveniens qui s'en pourroient ensuir, sur ladite peine.

5. Item, ne pourront faire tartes ne tartelettes de frommaiges escremés, moisis ne puans, sur ladicte peine.

6. Item, ne pourront iceulx pasticiers faire ruissolles de porc seuresemé, mais les feront de bon veau et de bon porc ou d'autres chars de bonne loy et de bonnes mixtions, et si ne les pourront garder que le jour que elles seront faictes ou le lendemain, pourveu que elles soient bien espicées et non autrement sur ladite peine.

7. Item, que aucuns ouvriers dudit mestier ne pourront faire pastez, ruissoles, ne quelconques autre ouvrage dudit mestier de chars ou poisson puantes ou corrompues, sur peine d'icellui ouvraige estre ars devant l'hostel d'icellui qui l'aura fait et de telle amende que justice arbitera.

8. Item, que nulz dudit mestier ne pourront acheter aubuns d'oeufs de festes

ou de confraries pour faire leurdit mestier, mais seront tenus de faire leurdit
ouvraige de bons eufs loyaulx et marchans, sur peine de dix sols d'amende a
appliquer moitié au Roy et moitié a la confrarie dudit mestier.

9. Item, que lesdiz pasticiers ne pourront exposer en vente pastez reschauffez
sur ladicte peine.

10. Item, que nul dudit mestier ne pourra porter ne faire porter parmy les
tavernes, petis pastez d'un blanc, dariolles ou ruissoles, se on ne les envoye
querir, sur ladicte peine.

11. Item, que lesdiz ouvriers dudit mestier ne pourront avoir que deux
aprentiz pour apprendre ledit mestier et ne seront tenus lesdits aprentiz de rien
paier d'entrée oudit mestier, et pourront lesdiz ouvriers dudit mestier tenans
ouvrouer, avoir tel nombre de varlez qu'il leur plaira pour leur aidier en leur
besongne dudit mestier, sur ladicte peine.

12. Item, que lesdiz ouvriers dudit mestier tenans ouvrouers, ne pourront
fortraire les apprentiz l'un de l'autre, sur ladicte peine.

13. Item, aussi ne pourront fortraire les chalans l'un de l'autre, ne porter ou
envoyer messaiges ne cedulles a ceste fin.

14. Item, que les femmes vefves dudit mestier joyront dudit mestier durant
le temps que elles seront vefves. Et n'est point nostre intencion que par le moyen
de ces ordonnances les oubloyers et boulengiers, qui de present tiennent ouvrouers
a Paris, ne puissent joïr et user du mestier de pasticerie, ainsi et par la forme et
maniere qu'ils faisoient [1] paravant ces presentes ordonnances.

15. Item, pour la garde dudit mestier et pour faire visitacion en ycellui et
rapporter les faultes qui y seront faites et commises, aura trois jurez qui seront
esleuz par la communaulté dudit mestier et se changeront chascun an.

16. Item, ne pourront doresenavant les pasticiers faire ouvraige de pasticerie
aux quatre festes solempnelles, sans autoritté de justice, sur peine de vint solz
parisis d'amende a appliquer moictié au Roy et l'autre moictié aux jurez dudit
mestier.

17. Item, ad ce que mieulx et plus loyaument lesdiz jurez puissent faire leur
devoir par la manière dessus declerée, nous ordonnons que toutes et quantes fois
qu'il sera necessité ou mestier de faire et eslire nouveaulx jurez et gardes oudit
mestier de pasticerie, ung des anciens jurez demourra pour l'année a venir
avecques les autres nouveaulx qui a ce seront esleuz et commis par la mannière
que dessus est dit.

---

[1] Jusqu'ici les textes ne citent que les oubloyers
et les prescriptions de fabrication de leur métier.
Les présents statuts de 1440 relatifs aux pâtissiers
montrent par cette phrase l'union existant entre les
trois métiers. L'ordonnance du roi Jean (titre III,
ci-dessus, p. 6) avait déjà mis ensemble les talemeliers, fourniers et pâtissiers, leur ordonnant le bon
choix des farines avec défense de garder plus d'un
jour la viande et les pâtés. Les documents qui suivent concernent plutôt les pâtissiers jusqu'à l'édit
de Charles IX, juillet 1566, où les deux états sont
érigés en un seul métier juré.

Et a ce que ainsi soit fait et que icelles nos ordonnances demeurent en leur stabilité, nous avons fait mectre a ces presentes lettres le seel de ladite prevosté de Paris. Ce fu fait et passé en jugement ou Chastellet de Paris, le quatriesme jour d'aoust, l'an de grace mil quatre cens quarante.

V

1479, 5 juin.

Lettres du prévôt de Paris ordonnant aux pâtissiers et oubloyers le chômage de la Fête-Dieu et de l'Assomption.

Arch. nat., Livre jaune petit Y 5, fol. 68. — Coll. Lamoignon, t. IV, fol. 686.

A tous ceulx qui ces presentes lettres verront, Jehan de Saint Roumain, licentié en loix, conseiller, procureur general du Roy, nostre sire, et garde de la prevosté de Paris, siege vacquant, salut. Savoir faisons que veue de nous certaine requeste en pappier, a nous fete et presentée par les pasticiers de la ville de Paris, de laquelle la teneur s'ensuit : Supplient humblement les paticiers de ceste ville de Paris, comme par les ordonnances dudit mestier il soit seullement prohibé et deffendu ausdits supplians de ne besongner point dudit mestier, es jours de Pasques, Penthecoste, Toussains et Noël, et il soit ainsi que pour la singulière devocion que lesdiz supplians ont es jours et festes de la feste-Dieu et assumption Notre-Dame, qui sont festes qui doivent bien estre gardées de toutes euvres, iceulx supplians se deporteroient voulentiers de besongner iceulx deux jours, et qu'ilz feussent adjoutez en leur registre, pour estre gardez comme lesdites aultres quatre festes cy-devant declairées, et sur ycelles peines que sont par eulx gardées icelles quatre festes; ces choses considerées, il vous plaise ordonner lesdites deux festes de la feste Dieu et Assumption Nostre Dame estre adjoustées oudit registre, pour estre par lesdits supplians gardées sans besongner de leur mestier, ainsi que lesdites quatre festes cy-devant desclairées et vous ferez bien. Consideré le contenu en laquelle requeste, nous avons mandé et fait venir devant nous, Henry Benoist, Guillaume Mignot, Nicollas Delacourt, Pierre Rongnon, Thevenin Carré, Jehan Dadam, Jehan Lemaire, etc... tous maistres oudit mestier de paticier, en la ville de Paris, et faisans et representans la plus grant et seine partie des gens dudit mestier de paticier et aussi du mestier d'oublayer, a Paris, en la presence desquels lecture a esté fecte de ladite requeste cy-dessus transcripte. Et après ce que tous les dessus nommez et chacun d'eulx ont consenty et esté contens et d'accords que les jours des festes de la Feste Dieu et l'Assumpcion Nostre Dame feussent et soyent doresenavant par eulx festées et gardées, sans aucunement

48.

besongner ou faire besongnes de leurdit mestier de pasticier, ne semblablement du mestier de oublayer, tout ainsi comme les festes de Pasques, Penthecouste, Toussains et Noël, et sur ycelles peines, ainsi que contenu est en ladite requeste et que tous les dessusdits ont promis et juré garder et entretenir sans enfraindre ladite ordonnance, Nous, aux personnes des dessus nommez, faisans et representans la plus grant et seine partie des gens desdits mestiers de pasticiers et oblayers a Paris, comme dit est, en la presence et par l'advis, conseil et deliberacion des advocatz, procureurs et aucuns des conseillers du Roy, nostre sire, oudit Chastellet de Paris, et aussi du consentement de tous les dessus nommez, avons fait et faisons inhibicion et deffence, de par le Roy, nostre sire, a tous les maistres et gens dudit mestier de pasticier et oblayer de la ville de Paris, que doresenavant ilz ne besongnent, ne facent besongner desdits mestiers esdits jours de la Feste Dieu et de l'Assumpcion Nostre Dame, mais iceulx gardent, festent, solempnisent et observent sans besongner, tout ainsi et par la forme et maniere qu'ilz font et ont acoustumé faire les jours de Pasques, Penthecoste, Toussains et Noël, et sur peine de vint solz parisis d'amende qui est pareille peine que declairée sont ès ordonnances dudit mestier de pasticier et a applicquer selon le contenu d'icelles. Et avons ordonné et ordonnons que ceste presente deffence sera enregistrée ès pappiers et registres dudit Chastellet de Paris, esquelz sont enregistrées les ordonnances desdits mestiers de pasticiers et oublayer, ad ce que chacun en puisse avoir lettres, et n'en puisse pretendre juste cause d'ignorance. En tesmoing de ce, nous avons fait mectre a ces presentes le scel de la prevosté de Paris. Ce fut fait le samedi cinquieme jour de juin, l'an mil quatre cens soixante dix neuf.

VI

1485, 16 septembre.

Lettres du prévôt de Paris ordonnant aux pâtissiers et oubloyers
le chômage de la fête de saint Michel, patron de la confrérie.

Arch. nat., Livre jaune petit Y 5, fol. 142. — Coll. Lamoignon, t. V, fol. 110.

A tous ceulx qui ces presentes lettres verront, Jaques d'Estouteville, chevalier, seigneur de Beyne, baron d'Ivry et de Sainct Andry en la Marche, conseiller, chambellan du Roy, nostre sire, et garde de la prevosté de Paris, salut. Sçavoir faisons que veue de nous certaine requeste en papier, a nous faicte et presentée par les pasticiers de la ville de Paris, de laquelle la teneur s'ensuit :

Supplient humblement les pasticiers de ceste ville de Paris, comme lesdits supplians ayent une belle et notable confrarie fondée de Monsieur Saint Michel,

en la chappelle Saint Michel ou Palais Royal à Paris, en laquelle ilz font chanter
et celebrer, par chacune sepmaine, deux messes et autre service solempnel ; et il
soit ainsi que pour ce que l'en a acoustumé de besongner dudit mestier ledit jour
Saint Michel, la feste et solempnité dudit jour Saint Michel et du baston [1] n'est
point decorée ainsi que sont toutes les autres confraries des mestiers de ceste Ville
de Paris, qui ne font tous riens de leur mestier le jour des bastons des sains de leur
confrarie, et a ceste cause cesseroient volontiers de non plus besongner ledit jour
Saint Michel, mais ils ne osent ce faire sans voz congé, licence et permission. Ces
choses considerées, il vous plaise ordonner et statuer que doresenavant, lesdits
supplians, ne leurs successeurs, ne besongnent point dudit mestier ledit jour
Saint Michel, sur peine de telle amende qu'il vous plaira et vous ferez bien.

Considéré le contenu en laquelle requeste, nous avons mandé et fait venir
devant nous, Jehan Lenffant, Guillaume Mignot, Guillaume Dugué, jurez dudit
mestier de pasticier ; Thomas Houze, Jehan Jaques, Pierre Poulas, Pierre Garnier,
jurez oublayers, Henry Benoist, Jehan Raulant, etc., tous maistres dudit mestier
de pasticier en la Ville de Paris, faisans et representans la plus grant et seine
partie des gens dudit mestier de pasticier et aussi d'oubloyer à Paris, en la presence desquelz lecture a esté faicte de la dite requeste dessus transcripte et après
ce que tous les dessus nommez et chascun d'eulx ont consenty et est content et
d'accord que le jour et feste de la Saint Michel feust et soit doresenavant par eulx
festé et gardé sans aucunement besongner ou faire besongner de leurdit mestier
de pasticier, ne semblablement du mestier d'oubloyer, tout ainsi comme les festes
de Pasques, Penthecoste, Toussains, Noël, la Feste Dieu et l'Assumpcion Nostre
Dame, et que tous les dessusdits ont promis et juré garder et entretenir sans
enfraindre ladite ordonnance, Nous, aux personnes des dessus nommez faisans et
representans la plus grant et seine partie des gens desdits mestiers de pasticier
et oubloyer à Paris, comme dit est, en la presence et par l'advis, conseil et deliberacion des advocatz, procureur et aucuns des conseillers du Roy, nostre sire, ou
Chastellet de Paris, et aussi du consentement de tous les dessus nommez, avons
fait et faisons inhibicion et deffence de par le Roy, nostre sire, a tous les maitres
et gens dudit mestier de pasticier et oublayer de ladite Ville de Paris que doresenavant ilz ne besongnent ne facent besongner desdits mestiers ledit jour et feste
de Saint Michel, mais icelui gardent, festent, solempnisent et observent sans
besongner, tout ainsi et par la forme et maniere qu'ilz font et ont accoustumé faire
lesdiz jours de Pasques, Penthecouste, Toussains, Noël, Feste Dieu et Assumpcion
Nostre Dame, et sur peine de vingt sols parisiz d'amende qui est pareille peine
que declcirez sont ès ordonnances dudit mestier de pasticier et a applicquer selon
le contenu d'icelles ; et avons ordonné et ordonnons que ceste presente deffense

---

[1] On remarquera cette citation du bâton des confréries qui a joué un si grand rôle dans les cérémonies.

feust enregistrée ès papiers et registres dudit Chastellet de Paris, esquelz sont
enregistrées les ordonnances desdits mestiers de pasticier et oublayer, a ce que
chacun en puisse avoir lettres et n'en puisse pretendre juste cause d'ignorance.
En tesmoing de ce, nous avons fait mectre a ces presentes le seel de ladite
prevosté de Paris. Ce fut fait le vendredi, seiziesme jour de septembre, l'an mil
quatre cens quatre vingts cinq.

VII

1489, 12 octobre.

*Sentence du prévôt de Paris prescrivant aux pâtissiers de n'avoir qu'une boutique, de ne faire
colporter que par les apprentis seulement, et de ne pas assister sans droit aux festins de
confrérie.*

Arch. nal., Livre vert neuf Y 6¹, fol. 149 v°. — Coll. Lamoignon, t. V, fol. 214.

A touz ceulz qui ces presentes lettres verront Jacques d'Estouteville, chevalier,
seigneur de Beyne... garde de la prevosté de Paris, salut. Savoir faisons que
oye la requeste aujourd'hui faicte en jugement devant nous ou Chastelet de Paris
par les jurez et gardes du mestier de pasticier a Paris, disans qu'il n'estoit loisible
à aulcun maistre dudit mestier en ceste ville de Paris de tenir deux ouvrouers,
pour vendre et debiter leurs denrées, et aussi de avoir et tenir en son hostel plus
de deux apprentiz, et avecques ce d'aler au disner de ceulx qui ont faict chief
d'euvre en ycellui mestier senz y estre convoquez ny appellez. Ce nonobstant
plusieurs desdits maistres de ladite ville tenoient ouvrouer ouvers et table estalée
en ceste dite ville, pour estaler et vendre lesdites denrées de leur mestier et pour
ce faire les mettoient en plusieurs rues d'icelle ville, et aussi tenoient plus de deux
apprentiz d'icellui et qui pis estoit, tenoient plusieurs hommes et femmes pour ce
faire en empeschant les aultres maistres dudit mestier de pasticier qui estoient de
present en grant nombre de gaigner la vie d'eulx, leurs femmes et enfans; qui
n'estoit a tolerer ne permectre, requerans sur ce nostre provision. Consideré
laquelle requeste, nous, en la presence et du consentement des advocats et
procureur du Roy nostredit seigneur, jour de Chastellet, avons ordonné et ordonnons quant a present et jusques ad ce que aultrement en soit ordonné que
inhibition et defense sera faicte de par nostredit seigneur, a touz les pasticiers de
ceste ville de Paris, de ne tenir doresenavant que ung ouvrouer ou estal pour
vendre leurs denrées de pasticerie, excepté ez jours ordinaires de marchié, c'est
assavoir le mercredi et le samedi, ausquels jours ils pourront avecque leurdit
ouvrouer, avoir et tenir un estal seullement pour vendre leursdites denrées ez
halles ou aultres marchez et lieux a ce ordonnez; et aussi de non faire doresnavant

comporter leursdittes denrées de pasticeries par la ville, sinon que par leurs apprentis ou par deux de leurs facteurs seulement, et ce pour obvier a la grande confusion et desordre qui a esté par cydevant oudit mestier, au moyen de ce que aulcuns pasticiers ont faict par cy-devant, comme encores font de present, comporter lesdites denrées par plusieurs genz non alouez et mauvès garçons incongnus, lesquels vendent lesdites denrées secretement à pouvres gens et petis enfans, combien qu'elles soient le plus souvent incertaines et non dignes de user au cors humain. Et oultre inhibicion et deffence sera faicte ausdits pasticiers de ne eulx trouver ez festes et convis que feront liberallement les compaignons qui auront de nouvel acquis la franchise dudit mestier, s'ilz ne sont a ce par exprez convoquez et appellez par lesdiz compaignons et de leur ordre; tout a et sur peine de vingt sols parisis d'amende, a applicquer au prouffit du Roy nostredit seigneur. Si donnons en mandement... En tesmoing de ce, nous avons fait mectre a ces présentes le seel de la prevosté de Paris. Ce fu fait le lundy, douziesme jour d'octobre, mil quatre cens quatre vint et neuf.

VIII

1497, 6 juin.

Lettres de Jacques d'Estouteville, prévôt de Paris, contenant une requête des pâtissiers, avec sept articles de statuts.

Arch. nat., Livre bleu Y 6², fol. 92 v°. — Coll. Lamoignon, t. V, fol. 365.

A touz ceuls qui ces presentes lettres verront Jacques d'Estouteville... garde de la prevosté de Paris... Savoir faisons que, veue la requeste a nous faicte par les jurez pasticiers de ceste ville de Paris, de laquelle la teneur ensuit :

Supplient humblement les jurez pasticiers de ceste ville de Paris, comme jaçoit ce que nul dudit mestier ne puisse faire porter vendre parmy ceste dite ville de Paris, flannetz, tartelettes, ratons, cassemuseaulx, tartes a pommes, pastez, tallemouses, eschaudez et autres menuz ouvrages dudit mestier, sinon par leurs apprentilz obligez, neanmoins de present plusieurs maistres dudit mestier en cestedite ville et pareillement plusieurs pasticiers et autres gens de divers estatz eulx meslans dudit mestier ès fauxbourgs de ceste dite ville de Paris se sont ingerez et ingèrent chacun jour de faire porter et vendre parmy ceste dite ville lesdits menuz ouvrages dudit mestier par autres gens que par leurs apprentilz obligez, et en ce faisant y applicquent gens de divers estatz et qui ne sont dudit mestier et bien souvant par maraulx, larrons, pipeurs, crocheteurs, couppeurs de bourses et inhabilles et dont les aucuns sont banniz et les autres de mestier honteux et deshonneste ou repugnant a icelluy mestier, ou autres hazardeurs, joueurs et pipeurs dont est advenu par cydevant, advient et peult advenir chascun jour grands inconveniens; mesmes trouvent telles manières de gens plusieurs moyens jeux et piperies pour attraire enfens de bonne maison, de mestier et autres, a jouer, comme de bouter des feves, des poix, des espingles et autres choses en leurdits petis ouvrages, pour jouer a tirer et trouver lesdittes feves, pois ou espingles et a ce faire induisent plusieurs jeunes enfens, comme dit est, leur prestent leurs denrées, et après les contraingnent a desrober leurs pères, mères ou maistres pour les paier et prennent souvant les biens que lesdits enfens desrobent en payement, et aucuneffois leur ostent leurs chapeaulx, bonnetz ou autres choses, au moyen de quoy vient de grandes noises et questions, et dont peult advenir meurtres ou autres grans inconveniens, ou grant dangier, lezion et dommage de la chose publicque et des corps humains, honte, vitupère et deshonneur dudit mestier, et encores plus sera, se de vostre grace n'est sur ce pourveu. Ces choses considerées, il vous plaise ordonner par forme de edict et ordonnances les articles cy après declairez et estre joincts avecques les ordonnances dudit mestier en la maniere qui s'ensuit, c'est assavoir :

1. Que nul dudit mestier ne envoye doresenavant ou face porter aucunes denrées ou marchandises dudit mestier, parmy cestedite ville de Paris pour vendre se ce n'est par leurs propres apprentiz obligez et non par autres, sur peine de quarente solz parisis d'amende et de perdre l'ouvrage.

2. Item, pour obvier aux frauldes que lesdits pasticiers pourroient en ce faire et commectre et afin que lesdiz jurez aient congnoissance de ceulx qui seront apprentiz oudit mestier, que nul dudit mestier ne puisse mectre en besongne ne tenir apprentiz oudit mestier plus tost et jusques a ce qu'ils aient fait savoir ausdits jurez et monstré leurs obligacions et lettres d'apprentissages pour savoir le temps a quoy ils les prendront. Et se besoing estoit leur en bailler coppie et après l'apprentissage fait que lesdits apprentiz paient a leur nouvelle entrée oudit mestier, au Roy deux solz parisis, et a la confrairie dudit mestier deux solz parisis.

3. Item, que nul quel qu'il soit ne puisse ouvrer, lever ne tenir ouvrouer, ne estre reçeu, ne passé maistre oudit mestier, s'il n'a esté apprentilz trois ans du moins sur ladicte peine.

4. Item, que nulz pasticiers forains qui ne sont maistres en ceste dite ville de Paris, ne pourront comporter ne vendre parmy ceste dite ville aucuns ouvrages dudit mestier, fors ès places et ès jours de marché accoustumez pour les forains en ceste dite ville de Paris et n'y puissent envoyer que leurs apprentiz obligez, ainsi comme dessus est dit, sur ladite peine.

5. Et a ce que le divin service qui se fait par ledit mestier soit tousjours de mieulx en mieulx continué, a esté ordonné que nul maistre dudit mestier ne

mectra en besongñe aucuns compagnons dudit mestier, qui auront fait et aprins ledit mestier hors cestedite ville de Paris, jusques a que celluy qui vouldra besongner dudit mestier, ait paié pour entrée, deux solz parisis a la confrairie dudit mestier, sur peine de vingt solz parisis d'amende.

6. Item, et afin que les jurez qui sont et seront oudit mestier soient plus enclins a vacquer et entendre a corriger les faultes qui par telles manières de gens seront commises, qu'ilz aient le tiers des amendes qui viendront a cause de leurs prinses et denonciacions.

7. Item, que nul dudit mestier ne puisse tenir que ung ouvrouer dudit mestier, sur ladite peine, a applicquer comme dessus.

. . . En tesmoing de ce, nous avons fet metre a ces lettres le seel de la prevosté de Paris. Ce fut fet le mardy, sixiesme jour de juing, l'an mil quatre cens quatre vins dix sept.

IX

1522, 27 novembre.

Lettres du prévôt de Paris contenant une requête des pâtissiers avec un nouvel article de statuts.

Arch. nat., Livre rouge neuf Y 6⁴, fol. 93. — Coll. Lamoignon, t. VI, fol. 48.
Traité de la Police, t. III, p. 47.

A tous ceulx qui ces presentes lettres verront, Gabriel, baron, seigneur d'Allegre. . . garde de la prevosté de Paris, salut. Savoir faisons que, veue la requeste a nous presentée par les maistres, jurez et communaulté du mestier de pasticier en ceste ville de Paris, que de tous tems et ancienneté aucun maistre du mestier n'a fait, ne ne peut faire pastez au dessoubs de quatre deniers parisis, parce que a moins l'on n'en peult; et s'aucuns en estoient faicts pour double de perte, convendroit achetter chars ès basses boucheries et chars gardées et delaissées du jeudy ou de la semaine esdittes basses boucheries puantes et corrompues, non dignes de user a corps humain, lesquels pastez que l'on fait de quatre deniers parisis et audessus sont pastez faits de bonnes chars. Et pour ce qu'il est a la cognoissance desdits jurez que aulcuns hommes et femmes vendent et exposent en vente, en panniers couverts, petis patez de deux deniers, trois deniers et un denier, de chars corrompues et puantes, non dignes de user a corps humain, esquels est mis de l'oignon, donnant ou ostant le goust de laditte corruption, dont jeunes enfans de maison et autres personnes sont plus enclins pour le petit prix en achepter, et les mangent et usent, au moyen de quoy souventes fois engendrent en eux corruxe et maladie de telle peste, tendant par lesdits supplians a ce que esdittes ordonnances fust adjousté l'article qui s'ensuit :

1.

49

Item, que nul maistre pasticier ne autre ne face vendre et colporter par la ville de Paris petits pastez ne en leurs hostelz pastez au dessoubs de cinq deniers sur peine de confiscation de la marchandise et estre jettée en la rivière et de soixante sols parisis d'amende a appliquer moitié au Roy nostre dit seigneur, et l'autre moitié aux jurez et confrairie dudit mestier.

Nous, par consideration du contenu en ladite requeste, avons ordené et ordenons que ledit article dont cy-dessus est faict mencion sera adjousté avecques les ordonnances jà pieça faictes audit mestier de pasticier... En tesmoing de ce nous avons fait mectre a ces presentes le seel de la prevosté de Paris. Ce fut fait l'an mil cinq cens vint deux, le jeudy vint septiesme jour de novembre.

X

1566, juillet.

Lettres patentes de Charles IX confirmant les statuts communs aux deux métiers de pâtissiers et oubloyers, en trente-quatre articles.

Arch. nat., 2ᵉ cahier neuf Y 85, fol. 90. — Coll. Lamoignon, t. VIII, fol. 331.
Coll. Lamare, ms. fr. 21640, fol. 176.

Charles par la grace de Dieu, Roy de France, savoir faisons nous avoir receu l'humble supplicacion de noz chers et bien amez les maistres jurez gardes et communaulté de l'art de patissier oublayer de nostre ville, faulxbourgs et banlieue de Paris... iceulx supplians auroient puis nagueres, suyvant nos ordonnances fectes aux Estatz generaulx, tenuz en nostre ville d'Orleanz[1], faict veoir et arrester en langaige intelligible leursdictes ordonnances, tant anciennes que modernes, et ycelles corriger et augmenter, ainsy qu'il estoit de besoing pour le bien, utilité et commodité de la chose publicque, police et entretenement dudit mestier, dont la teneur s'ensuit :

1. Premierement, que nul ne pourra doresnavant tenir ouvrouer de paticier ou oblayer en cestedite ville de Paris, s'il n'a esté apprentilz par le temps et espace de cinq anz, chez ung maistre de cestedite ville, et s'il n'a faict sondit temps d'aprentissaige.

2. Item, que nul ne porra tenir ouvrouer s'il n'a faict chef-d'œuvre de patisserye et d'oublairye, assavoir, quant a la patisserye, six platz completz en ung jour a la discrecion des jurez, et pour ledit estat d'oublairye sera pareillement tenu celluy qui vouldra estre passé maistre dudit estat fère en ung aultre jour

---

[1] *Métiers en général,* extrait, pièce XIX, p. 75.

pour sondit chef-d'œuvre cinq cens de grandes oublayes, trois cens de suppliccacions et deux cens d'estriz [1] dudit mestier, bons et suffisans et fere sa paste pour ledit ouvraige; et aussi, pourveu qu'il soit home de bonne vye, de bonne et honneste conversacion, sans estre reprins d'aulcun villain cas et reproche, et qu'il ne soit tesmoigné estre tel par les gardes et ouvriers dudict mestier.

3. Item, que aulcun dudict mestier ne pourra fere pastez grandz et petitz de quelque pris qu'ilz soient, s'ilz ne sont faictz de bonnes chairs ou de bon poisson, non corrompuz pour uzer au corps humain et ce en peyne de vingt solz parisiz d'amande pour la première foiz et applicable, moictyé au Roy et l'aultre moictyé aux jurez et gardes dudit mestier.

4. Item, que nul ne pourra fere tartes et tartelettes s'ilz ne sont de bons et loyaulx formaiges et de bonne cresme fine, non corrompue, pour les inconveniens qui en pourroient advenir, sur la peyne de l'amende applicable comme dessus.

5. Item, ne porront iceulx patissiers et oublaiers fere rissoles si elles ne sont de veau, mouton ou de tranche de symier de bœuf, le tout bon, loyal et marcheant et si ne les pourront garder que le jour qu'elles seront faictes et s'ilz en gardent pour le landemain et les facent rechauffer pour les exposer en vente, seront condemnez en l'amande comme dessus.

6. Item, que les maistres dudit mestier ne pourront fere pastez, rissoles ou quelque aultre ouvraige dudit mestier, tant de chair que de poisson corrompuz, et ce sur peyne d'estre icelluy ouvraige arz et bruslé devant l'hostel de celluy qui aura faict ledict ouvrage et sera le delinquant en telle peyne et amende, comme justice arbitera.

7. Item, que lesditz patissiers ne pourront exposer en vente pastez rechauffez, de quelque sorte que ce soit, sur peyne que dessus.

8. Item, que nulz dudit mestier ne porront porter ne fere porter ou envoier par les tavernes ou cabaretz estuves ou aultres lieulx, petitz pastez ou aultres marchandises dudict mestier, si on ne les vient querir ou demander au logiz des mestres, sur peyne que dessus.

9. Item, que les maistres dudit mestier ne pourront tenir que deux apprentiz en ung mesme temps, lesquelz seront obligez, patissiers et oblaiers, a ce, pour le temps et terme de cinq ans, finiz et accompliz, et non pour moings de temps, et si lesdictz apprentiz s'absentent hors la maison de leurs maistres, ou ilz seront obligez, par l'espace de trois mois, en ce cas leur brevet sera cassé et adnullé comme non faict et non advenu, et deffenses a tous mestres dudit mestier, tant de ceste dite ville de Paris que faulxbours d'icelle, de les prandre et retenir en leurs maisons pour y besongner de leurdit estat, ains seront tenuz de les renvoier a leurs dits mestres pour parachever avec eulx leur temps et leur apprentissaige et

---

[1] Texte de Lamoignon, « d'estriers ».

ce en peine de quatre livres parisis d'amende pour la premiere foiz, paiable comme dessus. Et ne pourront les jurez et maistres dudict mestier bailler et transporter lesdits apprentifz a autres sur la peyne que dessus.

10. Item, ne pourront lesdits mestres tant de ceste dite ville de Paris que faulxbours d'icelle envoier lesdits apprentiz, vendre et debitter par ladite ville et faulxbours, petitz pastez, petitz chouz, eschaudez, rissolles, tartelettes et autre menue marchandise dudit mestier, actendu les inconveniens, fortunes et maladies qui en pevent advenir, et aussi que c'est la perdition desdits apprentiz qui ne peuvent apprandre leur mestier, et au lieu de ce apreignent toute pauvreté et ne peuvent a la fin de leur temps estre ouvriers de leurdit estat qui est une grande charge de conscience auxdits mestres, et ce sur la peyne que dessus.

11. Item, que chacun apprentiz, quand il sera obligé, paiera au Roy cinq solz parisis, et à la confrairie dudit mestier, autres cinq solz parisis, et ce auparavant que leurs mestres les mettent en besongne, sur la peine que dessus.

12. Item, que le mestre de l'apprentiz sera tenu de le fere scavoir aux jurez dudit mestier, aussi auparavant que de le mectre a l'ouvraige et ce sur peine que dessus.

13. Item, que les oublayers crians leur oublayes par la ville et faulxbourgs de Paris, ne pourront jouer a argent aux dez, ains seulement aux oblaies plattes en portant son mestier et ne jouer par les rues sur pierre ne establye, ains aux maisons bourgeoises pour les inconveniens qui en peuvent advenir[1], sur la peyne que dessus.

14. Item, que nul dudit mestier d'oublaier ne pourra rachapter son coffin que de pareil mestier, qu'il jouera, sur la peyne que dessus.

15. Item, que les maistres oublaiers qui s'entremettent de aller faire groffres aux pardons des eglises, ne pourront icelles fère, qu'ilz soient distans l'un de l'autre de deux toises et plus, pour eviter aux perilz et inconveniens qui en pourroient advenir, et ce sur la peine que dessus.

16. Item, que aulcun dudict mestier ne pourra vendre, ne exposer en vente tant grand pain a chanter messe que petit pain a communier, en ladite ville, faulxbourgs et banlieue de Paris, en quelque lieu que ledit pain a chanter ait esté fait,

---

[1] Cette autorisation du jeu pour les marchands d'oublies s'est pour ainsi dire continuée indéfiniment. En 1702 un arrêt vise ce même cas : «Depuis quelque temps, y est-il dit, plusieurs vagabonds et gens sans aveu, sous prétexte de crier des oublies, s'introduisent dans les maisons où ils volent et trompent au jeu ceux qui ont la facilité de jouer avec eux, se servant pour cela de faux dez; qu'il y en a même actuellement dans les prisons du Chastelet un de ces particuliers qui a filouté une somme de 150 livres en contrefaisant l'oublieux, et que cet abus qui commence à passer en usage pourroit aporter un grand prejudice à l'honneur de leur communauté, ils ont creu qu'il estoit de leur debvoir d'en rendre leur plainte . . . . . Ordonnons que les reglements seront executés et conformement à iceux faisons deffenses à toutes personnes de crier ny de porter des oublies par les rues de la ville, s'ils ne sont avoués d'un maistre de ladite communauté.» (Coll. Lamoignon, t. XXI, fol. 302.)

soit à Paris ou ailleurs, jusques ad ce qu'il ait soit veu et visité par les jurez dudit mestier. Et ce sur ladite peine a applicquer comme dessus.

17. Item, ne pourront lesdits maistres dudit mestier substraire et susciter les challans les uns des autres, ne porter ou envoyer presens, soit par messaigers ou autres, et pour entreprendre et marchander la besongne qui leur appartient et qui leur sera offerte par leurs challans. Et ou il sera trouvé qu'ilz ou aulcun d'eulx aient ce fait, l'amenderont pour la première foiz de vingt cinq livres parisis d'amende aplicquable a sçavoir moictié au Roy et l'autre moictyé auxdits jurez ; et pour les autres foiz a la discretion de justice.

18. Item, que les femmes vefves dudit mestier joiront de la maistrise d'icelluy durant le temps qu'elles seront et demourront vivant tant seullement ; et toutesfoys ne pourront prendre ne tenir aulcun apprentiz durant le temps qu'elles seront en viduité. Et ce sur peyne de huit livres parisis d'amende pour la première foiz apliccàble comme dessus, et neantmoins paracheveront avec lesdites vefves, les apprentiz qui seront obligez à leursdits mariz, le temps de leur apprentissaige sans qu'ilz en puissent prendre d'autres comme dit est.

19. Item, qu'il soit permis aux maistres pastissiers et oblayers de cette Ville de Paris et faulxbourgs d'icelle de mesurer bled, a heure accoustumée, parceque le plus beau bled n'est pas trop bon pour fine ouvraige de patisserye, et aussi pain a chanter messe et à communier ou est le corps de Jesus–Christ quant il est celebré.

20. Item, pour la garde dudict mestier et pour fere visitation en icelluy et apporter les faultes qui y seront fetes et commises, y aura quatre jurez qui seront esleuz par la communaulté oudit mestier, et se changeront tous les ans de deux nouveaulx jurez, et ne pourront estre jurez que par l'espace de deux ans pour une foiz seulement.

21. Item, ne pourront doresnavant les maistres pastissiers fere ouvraige de patisserye aux festes solempnelles commandées de l'eglise, comme Pasques, Pentecoste, feste de Nostre Dame de mi-aoust, le jour Saint Michel, la Tous-sainctz, Noël et Nostre Dame de Chandeleur, et ce sur peine de l'amende apliccable comme dessus est dit.

22. Item, a ce que mieulx et plus loyaulment lesdits jurez puissent fere leur debvoir en la maniere dessus declairée, toutes et quantes foiz qu'il sera necessere a fere oudit mestier, et eslire nouveaulx jurez et gardes dudit mestier de pasticier et oblayer, deux des anciens jurez demoureront pour l'année advenyr, avec les deux aultres nouveaulx jurez qui a ce seront esleuz par la maniere et ainsi que dessus est dict.

23. Item, ne pourront aulcunes personnes, soit hommes, femmes ou enffans, vendre et exposer en vente, en ceste dite ville et faulxbourgs de Paris, tant en caresme que en autre temps, toutes sortes de bignetz, de poisson et fricture,

attendu que c'est une viande qui n'est bonne ne vallable pour mettre au corps humain, qui est contrevenir aux ordonnances, sur peyne que dessus.

24. Item, qu'il est permis auxdits maistres patissiers et oblayers de cestedite ville et faulxbourgs de Paris, de vendre vin a leur logis, tant a asseoir que a potz et detail et a moyen prix, suyvant les anciennes coustumes et comme ils ont accoutumé de fère par toutes les villes de ce royaulme.

25. Item, ne pourront aulcunes personnes vendre en leurs maisons par la ville et faulxbourgs de Paris aulcunes brioches ne pain d'espice qui est chose du tout contrevenant aux ordonnances du Roy, mesmes que par sentences et jugement donné le xvi⁰ jour de juillet v⁰LXI, il a esté deffendu a toutes personnes d'en vendre, comme il appert par ledit jugement[1]. Et ce sur peine d'amende arbitraire et confiscation de ladite marchandise.

26. Item, que suyvant les ordonnances dudit mestier de pasticier et oblaier conformes aux sentences et jugemens cy-devant donnez en la chambre politicque, confirmez par arrest de la Court, en date du deuxiesme septembre v⁰LXIII, deffenses sont faites a tous cuisiniers et autres personnes d'entreprendre aulcunes nopces, banqucetz, ne en icelles fournyr pastisseryes, vollailles, viandes, ou querir, ne faire contre, ne au prejudice dudit estat desdits pastissiers, rotisseurs et poullaillers, ni regratter en quelque sorte et maniere que ce soit, sur peyne d'amende arbitraire et de tous despens, dommaiges et interests.

27. Item, qu'aulcunes personnes ne pourront fère ouvraige de pastisserye et d'oublayerie, tant en ceste ville que faulxbourgs de Paris, soyt estranger ou autre, de n'usser et mettre en œuvre paste estoffée d'eux ou de succre ne icelles exposer en vente, s'ilz ne sont maistres dudit mestier. Et ce en peyne de dix livres parisis d'amende pour la premiere fois aplicable comme dessus.

28. Item, que aulcun dudit mestier ne pourra tenir ouvrouer, si premierement il n'a esté experimenté par les mestres et gardes dudit mestier de pastissier et oblayer et qu'il ayt servy les mestres dudit mestier.

29. Item, que tous mestres de don de lettres[2] qui ont esté cy-devant reçeuz audit estat de pastissier et oblayer et fait experience d'icelluy estat, auparavant

[1] Nous n'avons pas cité ce jugement en faveur des pain-d'épiciers, mais un autre arrêt de 1508. Ces deux arrêts de 1561 et 1564 manquent dans la collection Lamoignon.

[2] Ces maîtres par don de lettres étaient vus d'un mauvais œil par les autres. Peu de temps après ces statuts, au sujet de l'intervention de ces maîtres dans l'élection des jurés, survint un arrêt du Parlement du 18 décembre 1567 (Livre noir neuf Y 6⁰, fol. 203. — Coll. Lamoignon, t. VIII, fol. 450): «Entre les maistres jurez et gardes du mestier de patissier oubloyer de chef d'œuvre, de ceste ville de Paris, appelans d'une sentence donnée par le prevost de Paris ou son lieutenant, le trentiesme jour de janvier 1567, et Nicolas Durand, Jehan Brunet, Nicolas Mulot, Robert Louvet, Nicolas Lardenoir, Jacques de la Ruelle et Nicolas André, maistres patissiers reçeus en vertu de lettres de don du Roy, intimés, d'autre part.»

Les appelants prétendent que, d'après les statuts, les maîtres de chef-d'œuvre et ceux par don et lettres des Rois, princes et princesses élisent chaque année, par-devant le substitut du procureur général du Roi au Chastellet, quatre jurés; que les pre-

que d'y avoir esté receuz, seront appellez et mandez a voir fere tous chef-d'œuvres
dudit mestier, comme les autres mestres de chef-d'œuvre entier, et joyront leurs
vefves et enffans de pareils et semblables privileiges que joïssent iceulx maistres
de chef-d'œuvre.

30. Item, que doresnavant il ne sera reçeu aulcun audit estat de pastissier et
oblaier, soyt par lettres de don du Roy ou autrement, que premierement ils ne
facent chef d'œuvre complet, et ait esté apprentif en ceste Ville de Paris par
l'espace de cinq ans entiers, comme dit est cy dessus, et ce suyvant les ordonnances
fetes par ledit seigneur aux estatz generaulx tenuz a Orleans[1], et lettres de
declaration depuis obtenues a ceste fin par les communaultez artisans et gens de
mestier de ladite Ville.

31. Item, est fait deffenses auxdits maistres pastissiers et oblaiers de ne prendre
aulcuns serviteurs synon par les mains du clerc dudit mestier, et deffenses a toutes
autres personnes de s'entremettre d'en bailler aulcun, si ce n'est par le consentement et mandement dudit clerc, pour ce qu'il est chargé de ce fere pour eviter
aux inconveniens qui en pourroient advenir, et ce sur peyne d'amende arbitraire
comme dessus.

32. Item, qu'il soit permis auxdits jurez pastissiers et oblaiers, avoir visitation
sur les formaiges de Brye, œufs et bœure qui seront venduz en cesteditte ville et
faulxbourgs de Paris et iceulx lotir, attendu que lesdits patissiers y ont interestz
pour ce que journellement ils mectent en œuvre ladite marchandise, et trouvent
que la pluspart d'iceulx sont corrompuz et ne sont loyaulx et marchans ; qui sera
un grand bien pour la republicque.

33. Item, que nulz serviteurs audit mestier ne pourront s'absenter de leurs
mestres s'ilz n'ont fait le temps qu'ilz seront louez a leursdits mestres et deffenses
a tous mestres de ne les prandre a leur service que premierement leurdit mestre
ne soient contens, sur peine d'amende arbitraire.

34. Item, que si aulcun mestre pastissier prend quelque garson pour apprendre
ledit estat pour moindre temps que de cinq ans, ne pourra tenir avec luy qu'un
apprenty ; et neantmoings ne pourra acquerir la franchisse dudit mestier s'il n'a

miers « ne sont que sept et les autres plus de six
vingts » et qu'on ne peut leur accorder d'élire un
juré parmi eux à cause de leur petit nombre.

Les intimés prétendent qu'ils seront toujours
tourmentés par les maitres de chef-d'œuvre et demandent que « par chacun an on eslise quatre
maistres jurez, selon l'ordre qu'ils ont esté reçeuz ;
ainsi chacun y pourra venir à son tour. »

La cour ordonne que « l'élection des maistres
jurez pasticiers se fera en la manière accoustumée en
pleine liberté sans que les pourvus par le Roy que
l'on appelle maistres de don y soient reçeus jurés,

sinon qu'ils aient esté esleuz par la pluralité des
voix ; enjoint neanmoins aux maistres de chef
d'œuvre de traitter amiablement lesdits maistres de
don et les recongnoistre et apeller avecq eulx aux
chefs d'œuvre comme les autres maistres dudit
mestier. Fait en Parlement le dix huitiesme jour de
decembre, l'an mil cinq cens soixante sept. »

[1] L'art. 98 de l'ordonnance de 1560 (ci-dessus,
p. 76) rappelle en effet l'obligation du chef-d'œuvre
pour tous les métiers. Parmi les lois générales édictées par les États, celles concernant les métiers ne
recevaient qu'une exécution très incomplète.

esté apprenty par l'espace de cinq ans; et neantmoins ne pourront lesdits mestres les prendre que prealablement ils n'ayent adverty lesdits jurez pour en tenir registre du temps qu'ils les tiendront; et ce en peyne de huit livres parisis d'amende applicquable comme dessus..... Donné à Paris ou mois de juillet, l'an de grace mil v cens soixante six et de nostre regne le sixiesme.

XI

1576.

Lettres patentes de Henri III confirmant purement et simplement les statuts des pâtissiers oubloyers.

Coll. Lamoignon, t. VIII, fol. 973.

XII

1594, juin.

Lettres patentes de Henri IV confirmant purement et simplement les mêmes statuts.

Coll. Lamoignon, t. IX, fol. 760.

XIII

1612, octobre.

Lettres patentes de Louis XIII confirmant les anciens statuts des pâtissiers et prescrivant les conditions de louage des ouvriers et le chômage de la fête de la Nativité de Notre-Dame.

Arch. nat., Ordonn., 1ᵉʳ vol. de Louis XIII, fol. 398. — Coll. Lamoignon, t. X, fol. 744.

Louis par la grace de Dieu, Roy de France et de Navarre, a tous presents et avenir, salut. Sur les remonstrances qui nous ont esté faites par nos chers et bien amez les maistres jurez et communauté des paticiers oublaiers de nostre ville et faulxbourgs de Paris que les Roys nos predecesseurs, pour eviter a plusieurs abus et malversations et monopoles qui se commettoient audict mestier, leur au-roient accordé plusieurs beaux privileges qui leur ont esté confirmez de règne en règne, mesme par le feu Roy, nostre trés honoré seigneur et père, lesquels ils

auroient faict veriffier en nostre court de Parlement de Paris et partout ou besoing
a esté, ainsy qu'il appert par les lettres qui leur en furent expediées et arrest de
verification, cy attachés soubs le contrescel de nostre chancellerie, desquels ils auroient bien et deuement jouy, comme ils font encores a present, et craignant
qu'au moyen du decès advenu de nostre dit seigneur et père l'on vouloit
empescher les supplians en la jouissance d'iceulx privileges, s'ils n'avoient sur ce
nos lettres de confirmation qu'ils nous ont très humblement supplié et requis leur
octroyer. Savoir faisons que nous, inclinans a leur supplication et requeste, avons
auxdits supplians continué et confirmé, continuons et confirmons par ces presentes
lesdits privileges arrests et ordonnances pour en jouir par eulx et leurs successeurs
en la forme et maniere et tout ainsy qu'ils en ont bien et deuement jouy et usé,
jouissent et usent encores de present, a la charge aussy que ceux qui se loueront
auxdits supplians pour les servir audit mestier ne pourront sortir d'avec leur
maistre qu'après l'an expiré. Voulons en oultre que lesdiz supplians puissent faire
ouvraiges de pasticerie le jour de Nostre-Dame de Chandeleur, a la charge qu'ils
chomeront et ne pourront travailler le jour de la Nativité de ladite Dame qui est
au moys de septembre, encore que par leursdits privileges il leur soit defendu de
travailler ledit jour de Chandeleur et permis de ce faire ledit jour de la Nativité
et que ne voulons leur nuire ny prejudicier, et dont nous les avons dispensés et
dispensons par ces presentes. Si donnons en mandement. . . . . Donné à Paris, au
mois d'octobre, l'an de grace mil six cens douze et de nostre regne le troisiesme.

XIV

1653, mai.

Lettres patentes de Louis XIV confirmant purement et simplement les statuts des pâtissiers [1].

Coll. Lamoignon, t. XIII, fol. 251.

[1] Dans l'enregistrement de cette pièce au Parlement, on lit : «vu les confirmations desdits privilèges des rois Philippes, Charles VII, Charles VIII,
Charles IX et Louis XIII, des mois de janvier 1321,
9 octobre 1400, 7 octobre 1480, 6 décembre
1572 et fevrier 1612.» Ces dates, qui ne concordent
pas avec celles de nos pièces, sont peut-être des
dates d'enregistrement au Parlement ou au Châtelet et ne doivent pas indiquer des documents différents des nôtres qui sont les lettres des prévôts de
Paris. Elles sont aussi mentionnées dans le *guide des
marchands de 1766*, p. 378, à l'article des pâtissiers, mais les textes dont il s'agit n'existent pas
dans les recueils imprimés.

XV

1707, 28 juin.

*Déclaration du Roi portant union à la communauté des pâtissiers des offices de contrôleur
des poids et mesures et de greffier des enregistrements des brevets d'apprentissage.*

Arch. nat., Ordonn., 5o⁰ vol. de Louis XIV, X 1ˣ 87o3, fol. 51. — Coll. Lamoignon, t. XXIII, fol. 834.

Louis, par la grâce de Dieu, Roy de France et de Navarre [1]... Voulons et
Nous plaist ce qui suit :

1. Il sera payé par chacun aspirant à la maîtrise par chef d'œuvre, au lieu de
la somme de trois cents livres portée par l'arrest de notre Conseil du 25 septembre 1696 [2] celle de quatre cents livres, et par chacuns fils de maistres au
lieu de quarante livres suivant ledit arrest, celle de cinquante livres, lesquelles
sommes seront en entier au profit de ladite communauté; voulons que lors desdittes receptions, les jurés soient tenus de mander les anciens, en la manière
accoutumée, à chacun desquels il ne sera payé par l'aspirant à la maîtrise par
chef d'œuvre que quarente sols et deux jetons de douze sols chacun [3]; et à chacun
des six modernes et six jeunes qu'ils manderont suivant l'ordre du tableau, vingt
sols seulement, et à chacun des quatre jurés et au meneur, six livres et quatre
jetons de pareille valeur; et à l'esgard des fils de maistres il sera payé à chacun
desdits jurés demi droit de ce qui se paye par chacun aspirant à la maîtrise par
chef d'œuvre, et à chacun ancien un jetton seulement sans qu'il soit besoin de
demander aucuns modernes ny jeunes; deffendons aux uns et aux autres de percevoir plus grands droits à peine de concussion.

2. Il sera payé pour chaque brevet d'apprentissage, au lieu de la somme de

[1] Les lettres du roi autorisent l'union des offices de contrôleurs à la communauté, moyennant
la somme de 22,000 livres en capital, avec affec-
tation de 750 livres de gages annuels. Viennent
ensuite les articles transcrits ici et relatifs aux augmentations de droits pour faire face à l'amortissement de la dette.

[2] Voici les deux augmentations successives des
droits divers de la communauté. Par déclaration du
15 mai 1691, à l'occasion de l'union des jurés :
3o sols par boutique à chacune des quatre visites;
2oo livres par chaque maître de chef-d'œuvre,
outre les droits ordinaires; 1o livres pour enregistrement du brevet d'apprentissage et 4o sols aux
jurés; pour chaque transport d'apprentis, 12 livres;
chaque alloué paiera 15 livres, dont 12 pour la
bourse et 3 pour les jurés; il sera payé par chaque

juré, immédiatement après son élection, 15o livres
à la bourse communne; 2o livres par chaque fils de
maître venant à la maîtrise. (Coll. Lamoignon
t. XVIII, fol. 1o7.)

Par déclaration du 25 septembre 1696, pour
l'union des offices d'auditeurs des comptes : droit
de visite, 4o sols par an; d'ouverture de boutique,
2o livres au lieu de 12; pour transport de brevet
et pour chaque alloué, 18 livres; pour un maître de
chef-d'œuvre, 3oo livres, et pour la réception d'un
fils de maître, 4o livres. Permission de recevoir
quatre maîtres sans qualité, à la charge que chacun
paiera 4oo livres, et de donner à six jeunes maîtres
le rang et les droits d'anciens, moyennant paiement d'une somme de 3oo livres. (Coll. Lamoignon, t. XIX, fol. 86o.)

[3] On payait en jetons ou en monnaie.

douze livres, qui se payait suivant notre declaration du 15 may 1691, celle de quinze livres, dont quarente sols au profit desdits jurés, conformément à ladite declaration, et pour chaque transport de brevets, au lieu de dix huit livres il sera payé la somme de vingt livres, dont il y aura trois livres pour lesdits jurés ainsi qu'il est accoutumé; et seront les maistres de ladite communauté tenus de faire enregistrer sur le registre dudit bureau, les brevets et transports de leurs apprentifs au plus tard un mois après la passation d'iceux, pardevant le notaire de la communauté, à peine de soixante livres au profit de ladite communauté, laquelle somme sera employée à acquitter partie des principaux des rentes par elle dues, à l'effet de quoi seront aussi tenus les jurés de se trouver audit bureau tous les premiers vendredi de chaque mois, depuis deux heures après midy jusqu'à 6 heures du soir, à peine de quarente sols pour chaque absence, ainsy qu'il est ordonné.

3. Les enfants nés avant la maitrise de leurs pères ne seront tenus de payer pour leur reception à la maitrise que les trois quarts de ce qu'il en coute aux aspirans par chef d'œuvre.

4. Il sera payé pour chaque ouverture de boutique, au lieu de vingt livres portées par ledit arrest dudit jour 25 septembre 1696, celle de trente livres dont il appartiendra trois livres auxdits jurés; leur deffendons pareillement de percevoir plus grande somme à peine de concussion.

5. Les anciens seront mandés pour l'election des jurés en la manière accoutumée, ensemble douze modernes et douze jeunes, et il ne sera distribué par chacun des deux jurés eslus que quatre jettons de presence, de douze sols pièce, à chacun des anciens et un jetton seulement à chacun desdits modernes et jeunes. Leur deffendons de percevoir plus grands droits, sous pretexte de repas ny autrement, à peine de concussion.

6. Deffendons à tous maitres et veuves de ladite communauté de prester leurs noms à aucuns compagnons, à peine de pareille somme de soixante livres aplicable comme dessus pour la première fois et d'interdiction de leur maitrise en cas de recidive, et à tous particuliers d'entreprendre sur la profession des maistres de ladite communauté à peine de 300 livres d'amende envers le Roy, cent livres au profit de ladite communauté et cent livres au denonciateur, et de confiscation de la marchandise et victnailles servant à ladite profession.

7. Permettons aux jurés de ladite communauté de recevoir deux maistres sans qualité par chacun an, en payant chacun la somme de 600 livres outre les droits desdits jurés, anciens, modernes et jeunes et ce seulement jusqu'à ce que ladite communauté soit acquittée des debtes par elle contractées en exécution de nosdits edits, après le remboursement desquelles debtes voulons qu'il ne soit payé d'autres droits que ceux par nous establis avant notre edit du mois de mai 1691, ni reçu aucun maitre sans qualité pour quelque cause et occasion que ce soit.

8, 9. [Autorisation pour les maîtres de s'établir dans d'autres villes du royaume. — Visites des jurés dans tous les endroits privilégiés. — Maintien des anciens statuts.]

. . . . . Donné à Versailles le 28 juin l'an de grâce 1707.

XVI

1734, 18 juin.

Sentence de police prescrivant que tout maître à recevoir par chef-d'œuvre doit payer comptant la somme de 400 livres.

Coll. Lamoignon, t. XXXI, fol. 114.

XVII

1745, 19 juin.

Arrêt du Conseil d'État du Roi portant union aux pâtissiers des offices d'inspecteurs des jurés de leur communauté créés par édit de février 1745.

Coll. Lamoignon, t. XXXVI, fol. 586 et 603.

Le Roy en son Conseil [1] a agréé et reçu la soumission faite par les maistres pâtissiers de la ville et faulxbourgs de Paris, le sept avril, de payer la somme de quarante six mille livres pour la reunion des vingt trois offices créés dans leur communauté par edit du mois de février 1745, en consequence a ordonné et ordonne qu'en payant ladite somme de quarante six mille livres, dans les termes enoncés dans ladite soumission, lesdits offices d'inspecteurs et controlleurs des jurés seront et demeureront réunis à ladite communauté, pour par elle jouir des gages et prerogatives y attribués, sans que ladite communauté soit tenue de payer lesdits deux sols pour livre de ladite somme dont Sa Majesté luy a fait don et remise; permet Sa Majesté a ladite communauté, pour luy faciliter le paye-ment de la finance desdits offices et de fournir en même temps aux frais qu'elle sera obligée de faire a cet effet, d'emprunter la somme de quarante huit mille livres, d'affecter et hypotéquer au profit de ceux qui presteront leurs deniers les gages et droits attribués ausdits offices, ensemble ses autres biens et revenus et de passer a cet effet tous contrats de constitutions necessaires. Veut Sa Majesté

[1] La requête et les divers préliminaires sont supprimés; nous ne transcrivons que le dispositif de l'arrêt qui rappelle les clauses déjà énoncées.

que dans le cas où elle ne trouveroit pas à emprunter ladite somme, en tout ou partie, les maistres et veuves qui exercent actuellement la profession soient tenus de prester à la communauté les sommes pour lesquelles ils seront employés, dans l'état de repartition qui sera fait par les jurés et anciens et arresté par le lieutenant général de police, dont il sera fait rente au denier vingt, sans retenue du dixième à compter du jour que chacun aura achevé de payer sa cote part, jusqu'au parfait remboursement, au payement desquelles sommes ils seront contraints, comme pour les propres deniers et affaires de Sa Majesté; et pour mettre ladite communauté en état de delibérer et de rembourser par la suite les sommes qu'elle aura empruntées, luy permet Sa Majesté de recevoir, au nombre des anciens, huit maistres modernes ou jeunes, en payant par chacun d'eux, au proffit de la communauté, une somme de six cens livres et autres droits, tels que les paient les jurez lorsqu'ils entrent en charge, au moyen de quoy ils jouiront du rang et de tous les droits et prérogatives des anciens; ordonne Sa Majesté qu'il sera payé, pour chaque brevet d'apprentissage, la somme de dix huit livres au lieu de celle de quinze livres, et pour chaque transport de brevet vingt quatre livres au lieu de vingt livres, y compris les droits attribués aux jurés, lesquels brevets seront passés un mois après l'essay de celui qui sera entré chez un maistre pour y faire son apprentissage, à l'effet de quoy les maistres seront tenus d'avertir les jurés de la presentation des apprentifs, à peine de soixante livres d'amende au profit de la communauté, sans qu'il soit permis de faire aucun alloué sous la mesme peine. Que les maistres et veuves levant boutique, et anciens qui n'en tiennent plus, payeront à chacune des quatre visites qui seront faites tous les ans par les jurés, la somme de vingt deux sols six deniers faisant le quart de celle de quatre livres dix sols ordonnée du mois de fevrier, sans prejudice de ce qui revient aux jurés pour droit de quittance; permet en outre Sa Majesté à ladite communauté de recevoir, par chacun an, pendant l'espace de dix années, deux maistres sans qualité en payant chacun la somme de huit cens livres, non compris les droits ordinaires et accoustumés et en faisant par eux experience suivant l'usage, lesquels droits de reception et autres droits cy-dessus exprimés seront pareillement affectés et hypotéqués au payement des arrerages des rentes créés pour raison de l'emprunt desdites quarante huit mille livres..... Fait au Conseil d'État du Roy tenu au camp sous Tournay, le 19 juin 1745.

TITRE XI.

PÂTISSIERS DE PAIN D'ÉPICES.

D'azur, à un gros pain d'épices d'or, accompagné de quatre oublies
cantonnées de même [1].

Confondus jusqu'à la fin du XVIe siècle dans la communauté des pâtissiers-oubloyers, les
fabricants de pain d'épices, appelés pain-d'épiciers, ont reçu de Henri IV leurs premiers règlements particuliers, homologués par lettres patentes de février 1596. Ils furent de tout temps
en petit nombre et suffirent à peine à former un corps de métier.

L'acte le plus ancien qui paraît les concerner est un arrêt de 1508 où ils se désignent sous
le nom de pâtissiers sucrés «pistores dulciarii», par opposition aux pâtissiers de graisse et de
viandes. Ils devaient se rapprocher davantage des oubloyers, fabricants d'oublies ou plaisirs.

D'après les statuts de 1596 il y avait quatre jurés, chargés de faire les visites dans la ville
et même dans les faubourgs privilégiés. L'apprentissage était de quatre ans; le chef-d'œuvre
consistait en une masse de pâte de 200 livres à préparer parfumée à la cannelle, à la muscade
ou au clou de girofle, puis à mettre en pains.

La composition, la forme et le poids des pains d'épices variaient suivant le goût et la fantaisie. On en faisait de toutes les tailles depuis douze à la livre jusqu'à un seul de 20 livres
(art. 11), en carré, en cœur, en losanges, agrémentés de dragées ou d'écorce de citron.

Les articles 13 à 16 contiennent des prescriptions intéressantes sur le recours et l'assistance
que les compagnons se doivent entre eux. Les autres articles ont trait aux mesures ordinaires
prises contre l'ingérence des étrangers dans les objets du métier. Ces statuts n'ont pas été renouvelés ni même confirmés par les rois successeurs de Henri IV [2].

Une délibération de 1655 donne les noms des maîtres, une vingtaine environ, qui devaient
composer l'ensemble de la communauté. Ils payèrent à l'État, en 1696, une somme de
450 livres pour l'union des offices de jurés et d'auditeurs; par le même acte ils firent mention de

[1] D'Hozier: *Armorial*, texte, t. XXV, fol. 547;
blasons, t. XXIII, fol. 687.

[2] Les règlements des pain-d'épiciers ont eu
deux éditions in-4°, l'une en 1742 (Bibl. de l'Arsenal, n° 4642), l'autre en 1746, Paris, Gissey
(*Ibid.*, cartons verts, n° 7). Ces volumes ne contiennent pas de nouveaux documents ni comme
statuts ni comme arrêts.

leurs anciens statuts. Enfin, dans une requête de 1725, ils déclarent être seulement six maîtres pour toute la ville de Paris, chiffre évidemment bien minime, mais qui n'empêchait pas la communauté de fonctionner régulièrement.

Collections de la ville de Paris [1].

I

1508, 7 septembre.

Arrêt du Parlement rendu entre les pâtissiers simples ou de pain d'épices et les pâtissiers oubloyers au sujet de la visite des jurés.

Arch. nat., Livre gris, Y 6³, fol. 76. — Coll. Lamoignon, t. V, fol. 523.

. . . . . Inter Antonium Collart, Petrum Ledoc et eorum consortes, magistros pistores dulciarios seu pasticerios simplices, in nostra villa Parisiensi actores; . . . . . et Henricum Charles, Petrum Bertel et Johannem Sabat etiam pistores dulciarios et adipementarios seu obleyarios dicti ministerii pasticeriæ magistros juratores; . . . . . per idem judicium eadem curia nostra quod quolibet anno pro visitando ministerio pasticeriæ simplicis, in dicta villa nostra Parisiensi, duo pasticerii simplices ac duo pasticerii adipementarii seu obleiarii [2], vocato uno pistore seu bolengario jurato qui ab antiquo ad id vocari consuevit, eligantur, ordinavit et ordinat. In cujus rei. . . . . datum anno Domini M° D° octavo.

[1] Ce jeton, de beaucoup antérieur à la séparation des pain-d'épiciers, devait être commun à tous les pâtissiers. Nous n'en avons pas de plus récent qui les concerne spécialement.

[2] Cet arrêt met en cause toutes les spécialités de boulangers, oubloyers, pâtissiers, «simplices, dulciarii, adipementarii,» encore réunis à cette époque dans une même communauté, puis séparés avec des règlements appropriés à chacun, en 1566 et en 1596. L'arrêt doit concerner les «dulciarii» qui faisaient ce qu'on appelle encore dans le midi les «plats doux» ou sucrés et qui seront devenus ensuite les pain-d'épiciers. Lamare a publié cet arrêt *in extenso;* il n'offre d'intérêt que pour les diverses classes qu'il désigne dans la communauté des pâtissiers.

II

1596, février.

Premiers statuts des fabricants de pain d'épices, en vingt-sept articles,
et lettres confirmatives de Henri IV.

Coll. Lamoignon, t. IX, fol. 910 [1]. — Traité de la police, t. III, p. 485. — Coll. Lamare, fr. 21640, fol. 190.
Recueil des pain-d'épiciers de 1746, in-4°.

1. Premièrement, que tous les ouvriers qui a present besognent, trafiquent et vendent en publicq marchandises dudit mestier, en ceste ville de Paris et faux-bourgs d'icelle, seront reçeus et passez maistres, en faisant une sommaire experience, pour faire apparoir comme ils sont ouvriers dudit mestier.

2. Et, pour l'avenir, nul ne pourra estre reçeu maistre audit mestier, qu'il n'ait atteint l'âge de vingt ans, et qu'il n'ait esté apprenty le temps et espace de quatre ans, en laditte ville de Paris, ou autre ville jurée de ce royaume; duquel apprentissage il fera apparoir, par brevet ou obligation suffizante, passée parde-vant notaires, et outre pour parvenir a ladite maistrise, sera tenu faire chef-d'œuvre, en la presence des maistres jurez d'iceluy mestier, lequel sera passé pesant deux cens livres [2], musqué avec canelle, muscade et clou de gerofle, dont il sera fait trois pains d'espices, pesant chacun vingt livres, et le reste de laditte pate il convertira en plusieurs sortes, et telles qu'il plaira auxdits maistres jurez luy permettre.

3. Lequel chef d'œuvre sera fait en la maison de l'un des jurez, et estant fait et parfait, s'il est trouvé suffizant et bien fait, lesdits jurez en feront leur rapport dans vingt quatre heures après, et sera reçeu maistre, etant rapporté et certifié par lesdits jurez estre capable et suffizant, et avoir fait chef d'œuvre tel que dessus.

4. Les maistres ne pourront prendre apprentys pour ledit estat apprendre, à moindre tems que de quatre ans, après lequel apprentissage parachevé, seront tenus servir les maistres quatre ans, auparavant que de pouvoir parvenir à la maitrise.

5. Seront tenus lesdits maistres, quinze jours après qu'ils auront fait obliger leursdits apprentis, les faire enregistrer en la chambre du procureur du Roy nostre sire, lesdits jurez dudit mestier à ce voir faire appelez; sur peine, au

---

[1] La copie de Lamoignon a été prise, suivant une note marginale, sur un extrait du 8° volume des Bannières, fol. 290, fait avant qu'il ait été perdu.

[2] Ce passage est obscur; il s'agit évidemment de faire valoir une masse de pâte du poids de 200 livres, quantité répondant à la garniture complète d'un four.

contrevenant, et qui n'auroit dans ledit temps de quinzaine fait ce que dessus, de deux escus d'amende.

6. Ne pourront les maistres avoir et faire obliger deux apprentifs en un mesme temps, et neantmoins, affin qu'ils ne demeurent depourvus, pourront sur la quatriesme année de leurdit apprenty, en prendre et faire obliger un autre; et n'en pourront avoir autrement plus de deux, sur peine de quatre escus d'amende.

7. Ne pourront aussy les maistres transporter leurs apprentifs les uns aux autres, sans en avertir les jurez, lesquels en feront registre, pour obvier aux abus qui s'y pourroient commettre, sur peine pareille à chacun desdits maistres contrevenants.

8. Les enfans desdits maistres seront reçeus à la maistrise, en faisant experience, telle qu'elle leur sera divisée par les jurez, pour monstrer de leur suffizance, et leur pourront leurs pères apprendre leur mestier, sans qu'ils tiennent à leursdits pères lieu d'apprenty, outre et pardessus lesquels les maistres pourront avoir un apprentif, de la forme que dit est cy-dessus; touttesfois, si lesdits enfans de maistres apprenoient leurdit mestier ailleurs qu'en la maison de leur père, ils tiendront lieu d'apprentif, et en tout cas, soit en la maison de leur père, ou ailleurs, feront apprentissage de quatre ans, auparavant que de pouvoir aspirer a ladite maistrise.

9. Les veufves des maistres tant qu'elles se contiendront en viduité, jouiront de pareil privilège que leurs deffunts maris, mais si elles se remarient, ou font faute a leur viduité, elles perdront ledit privilège, et ne pourront plus s'entremettre dudit mestier, sur peine de deux escus d'amende.

10. Les veufves de maistres pourront faire parachever aux apprentifs, qui auront esté obligés à leurs maris deffunts, leur tems d'apprentissage, sous elles, pourveu qu'elles entretiennent les boutiques de leursdits maris, et qu'elles ne se marient à autres que dudit estat; autrement, seront lesdittes veuves tenues remettre lesdits apprentifs es mains desdits jurez, lesquels seront aussy tenus de leur faire parachever leur tems d'apprentissage, sous autres maistres dudit mestier.

11. Ne sera licite ni permis a aucun maistre dudit mestier de travailler dudit pain d'epices que des façons qui ensuivent : dont la première sera de douze à la livre, la seconde de huit à la livre et la troisiesme de quatre a la livre, desquelles façons en sera fait de plusieurs sortes, tant de cœur rond, quarrez que billetés; plus, de livre et demie en cœur rond et quarré, et aussy de deux livres, de trois livres, de quatre livres et cinq, six, sept et huict livres; de neuf, dix, onze et douze livres; de treize, quatorze, quinze, seize, dix sept, dix huit et vingt livres; ainsy commençant depuis les plus petits jusqu'aux plus grands, et des façons cy-dessus declarées; et afin qu'il ne se commette aucune fraude ou abus a la confection dudit pain d'epice, lesdits maistres jurés dudit estat seront

IMPRIMERIE NATIONALE.

tenus de faire visitation, de mois en mois, a tel jour et heure que bon leur semblera, des pates et ingrediens qui y entrent et servent a la confection dudit pain
d'epices, et de leur visitation en faire rapport a justice.

12. Que de ceux dudit mestier qui seront condamnés en l'amende, a la poursuite desdits maistres jurez, pour fautes commises audit etat, la moitié en appartiendra au Roy nostre sire, et l'autre moitié auxdits jurez, suivant l'ordonnance.

13. Que celuy ou celle qui appellera le marchand devant la table de son compagnon, soit condamné en l'amende. Et seront tenus lesdits compagnons les uns
aux autres, de prendre garde et aviser a la marchandise des compagnons[1],
ce pendant qu'ils seront empeschés de debiter leur marchandise, sur peine
d'amende arbitraire, moitié au Roy nostre sire ou a ses officiers, et l'autre moitié
auxdits jurez.

14. Si l'un des compagnons est en chemin, et n'a de quoy pour passer sondit
chemin, que les autres compagnons seront tenus de luy bailler ou prester jusques
a la somme de deux escus.

15. Si un compagnon estoit malade, en quelque lieu, et les autres compagnons en sont avertis, incontinent qu'ils le seront, ils seront tenus se detourner
de leur chemin, le visiter et conforter, et là demeurer pour le conforter et secourir
trois jours a leurs depens; puis le faisant sçavoir auxdits jurez, s'il vient a deceder, portant lettres testimoniales de la paroisse où ledit compagnon sera decedé,
ecrite de la main d'un notaire ou bien du curé de ladite paroisse. Lesdits jurés
seront tenus lever sur chacun compagnon deux sols six deniers, pour payer et
restituer a ceux qui auront servi et fait enterrer le deffunt.

16. C'est la manière du serment que lesdits compagnons et autres s'entremettans des choses dessusdites, doivent faire. Premierement doivent jurer d'estre
bien et loyaux obeissans au Roy nostre sire, et a tous ses officiers et sujets ayant
administration de justice, et de tenir la main au poids bon et loyal, avec les balances, pour peser lesdittes pastes et donner leur deu, tant aux grands comme
aux petits, et aux pauvres comme aux riches.

17. Est deffendu a tous maistres dudit mestier, de soustraire et retirer les
apprentifs, les uns des autres, en besogne, encore qu'ils se fussent departis de
leur bonne volonté, que premierement ils n'ayent entendu du maistre, du service duquel ils se seront departis, les causes pour lesquelles ils auroient delaissé
leur service, sur peine de deux escus d'amende.

18. Aucuns serviteurs, alloués à un maistre dudit mestier, ne pourront aller
servir autres maistres, avant son temps parachevé.

19. Ne pourront lesdits maistres mettre en besogne les apprentifs, serviteurs
et autres qui seront departis du service d'autres maistres, pour larcin ou autres

---

[1] Compagnon est pris ici dans le sens de maitre, membre de la même communauté.

cas, que premierement lesdits serviteurs, apprentifs et autres, n'ayent esté purgés par justice des cas dont ils seront accusez, sur pareille peine.

20. Les apprentifs et compagnons, qui auront esté repris et condamnés par justice, pour le mal office, ne pourront et ne seront reçus maistres audit mestier.

21. Item, s'il advenoit qu'aucun maistre dudit mestier mariat sa fille a un compagnon, qui auroit esté apprentif, ou servi lesdits maistres, en nostredite ville de Paris, par le temps et espace de quatre ans, comme dessus est dit; en ce cas, ledit compagnon, pour se faire passer maistre, ne payera plus grande somme que les enfans desdits maistres a leur reception à ladite maistrise.

22. Deffenses sont faittes a toutes personnes, autres que les maistres dudit mestier, de ne tenir boutiques, ni autrement s'entremettre dudit mestier, sur peine de confiscation de la marchandise, dont ils seront trouvez saisis, et d'amende arbitraire.

23. Ne pourront lesdites veufves, encore qu'elles entretiennent les boutiques de leurs maris, prendre et faire obliger aucuns apprentis nouveaux; feront faire leur trafic et marchandises par compagnons entendans ledit mestier.

24. Que, pour la conservation dudit mestier, seront eslus quatre prud'hommes jurez d'iceluy, en la mesme forme que les jurez des autres mestiers, par la communauté des maistres dudit mestier; par lesquels jurés seront faites touttes visitations necessaires a faire audit mestier, tant en ladite ville que fauxbourgs de Paris, sans que, pour visiter esdits fauxbourgs, ils soient tenus demander licence aux hauts justiciers, quel que privilege et droit de haute justice qu'ils ayent, attendu qu'il est question de police [1], dont la connoissance apartient seulement au prevost de Paris.

25. Lesquels jurés, s'ils contreviennent a aucuns des statuts cy-dessus declarez, l'amenderont en double plus que les autres maistres non etant jurez.

26. Pourront lesdits jurés sitot et incontinent qu'ils auront esté eslus et installez en la charge de jurez se transporter ès maisons de ceux qu'ils sauront et connoitront des à present se meler et faire des ouvrages de leurdit mestier, et contraindre d'aller servir les maistres dudit mestier, ou du tout renoncer audit mestier, si mieux ils n'aiment se faire recevoir maistres dudit mestier, suivant la forme et maniere contenue et declarée cy-dessus.

27. Ne pourront les jurés dudit metier intenter ni encommencer un procès, touchant le reglement fait et police dudit mestier, sans premierement avertir la communauté, et que la pluspart s'accordat ainsy le faire, et ce sur peine auxdits jurez de perdre tout ce qu'ils y mettront, ou y auront mis, et de porter l'evenement du procès en leurs noms [2].

---

[1] A toute époque ce droit a été affirmé dans les statuts par le prévôt de Paris.

[2] Suit l'avis favorable des officiers du Châtelet qui ne font qu'une observation relative à l'art. 14 (prêt de deux écus à un compagnon), lequel article fut cependant maintenu.

Henry, par la grace de Dieu, Roy de France et de Navarre, a touz presenz et a venir, salut. Desirant favorablement traiter les maistres jurez gardes et communauté de l'estat et mestier de patissier de pain d'épices, de la ville, fauxbourgs et banlieue de Paris, et leur donner moyen de faire cesser les fautes, fraudes et abus qui se commettent journellement, contre tout ordre et police de tous tems et anciennetté entretenus et observez en l'exercice dudit mestier, scavoir faisons que nous ayant fait veoir en nostre Conseil les articles, ordonnances et statuts qu'ils nous ont fait presenter pour cet effet, le renvoy par nous fait d'iceux a nostre prevot de Paris, avec son avis et celluy de nostre procureur au Chatelet dudit Paris, le tout cy-attaché sous le contrescel de nostre chancellerie, nous avons, par mure deliberation de nostre Conseil, conformement audit avis, lesdits articles, ordonnances et statuts approuvez, louez, ratiffiez et confirmez et de nostre grace speciale, pleine puissance et autorité royalle, approuvons, louons, ratiffions et confirmons. . . . . Si donnons en mandement. . . . . Donné à Paris au mois de febvrier, l'an de grace mil cinq cens quatre vingt seize et de nostre règne le septiesme.

III

1655, 3 juillet.

Acte en forme de concordat par lequel les pain-d'épiciers sont convenus de ne pas se servir de revendeurs qui se fournissent indistinctement chez tous les maîtres.

Coll. Lamoignon, t. XIII, fol. 404, d'après le recueil de 1746, p. 17.

Pardevant les notaires et gardenotes du Roy, nostre sire, en son Chastellet de Paris, soussignés, furent presens Jerosme de Billy, Jean Delavau, Claude Pommeray l'ainé, Robert Brunet, Claude Pommeray le jeune, Louis Mazurier, Pierre de Billy, Jean Aumrat, Claude Cheron l'ainé, Hierosme de Billy le jeune, Jean Cheron le jeune, Jacques Guignon, Pierre de Billy le jeune, Abraham Couturier, Ambroise Breton, Philippe Vicré et Nicolas Rogelet, tous maistres pain d'epiciers à Paris, Charlote Mouzon, veuve de feu Lucien Aumont, vivant aussy maistre dudit mestier, et Marie Bridon, veuve de feu Jean Cheron l'ainé, vivant pareillement maistre dudit mestier, lesquels pour eviter les abus et malversations qui se commettent journellement entre lesdits maistres pain d'epiciers, en ce que les uns et les autres debauchent leurs vendeurs, nonobstant les arrets et sentences intervenus sur ce sujet, ont volontairement fait, convenu et accordé entre eux ce qui s'ensuit :

C'est a savoir que lesdites parties comparantes sont volontairement demeuré d'accord en executant lesdites sentences et arrests, qu'aulcuns d'eux ne pourra se servir des vendeurs qui auront coustume d'acheter et prendre du pain d'epice chez autres maistres que chez luy, comme le contiennent lesdits sentences et arrests, à peine de payer par le contrevenant la somme de vingt cinq livres tournois, applicables au proffit de la confrerie dudit mestier. Fait et passé ès etudes des notaires soussignés, l'an mil six cens cinquante cinq, le troisiesme jour de juillet.

<hr>

IV

1696, 22 mai.

Arrêt du Conseil qui unit à la communauté des pâtissiers de pain d'épices
les offices de jurés et d'auditeurs des comptes.

Coll. Lamoignon, t. XIX, fol. 665. — Traité de la police, t. III, p. 489.

. . . . . Sur la requeste presentée au Roy que aucun maitre de leur communauté ne se seroit presenté pour lever lesdits offices, et que ladite communauté qui estoit lors, comme elle est encore à present, très pauvre, ne se seroit point trouvée en estat de fournir les deniers necessaires pour en obtenir la reunion à son profit, que depuis, par autre edit du mois de mars 1694 Sa Majesté ayant créé en titre d'offices formés et hereditaires des auditeurs examinateurs des comptes pour chaque corps des marchands et communauté d'artisans, avec attributions de gages, et du droit royal, et ordonné par arrest en son Conseil, du 14 juin 1695, que lesdits offices d'auditeurs examinateurs des comptes demeureroient toujours presents et incorporés audit corps et communauté, en payant les sommes auxquelles la finance desdits offices sera evaluée, moyennant quoy ils jouiront des gages attribués auxdits offices et du droit royal, les supliants, pour temoigner leur zèle pour le service de Sa Majesté, auroient demandé la reunion à leur communauté tant des offices de jurés que de ceux d'auditeurs et auroient offert pour cet effet de payer les sommes auxquelles il plairoit à Sa Majesté de regler la finance desdits offices par rapport au pouvoir de leur communauté, ce qu'ayant esté fixé, à l'esgard des jurés, à la somme de cent cinquante livres, et pour les offices d'auditeurs et examinateurs des comptes à trois cents livres, et trente livres pour les deux sols pour livre, avec attribution de dix livres de gages, et du droit royal, ils auroient non seulement fait leur soumission de payer lesdites sommes, mesme ils seroient entrez en payement de partie desdites finances, et ensuite auroient suplié Sa Majesté de les dispenser de prendre aucunes lettres et provisions, nominations ou confirmations pour l'exercice desdits offices et d'ordonner que les elections des jurez seroient faites à l'avenir comme auparavant l'edit du mois de mars 1691, que les jurez elus exerceroient leurs fonctions en vertu des com-

missions qui leur seroient données par le procureur du Roy au Chastelet et qu'ils
recevroient pour la communauté les gages de dix livres à commencer du premier
janvier 1695; et que conformement à la deliberation du 4 du present mois, aucun
maistre dudit mestier ne pourra à l'avenir se servir des particuliers qui auroient
accoustumé de vendre pour un autre maistre, avec defense aux maistres de les
renvoyer; qu'aucun compagnon servant un maistre ne pourra en aller servir un
autre, qu'au prealable il ne l'ait averti quinze jours avant sa sortie et qu'il ne luy
ait payé ce qu'il pourroit luy debvoir et qu'aucun maistre ne pourra recevoir chez
lui lesdits compagnons, qu'auparavant il n'ait sceu que le maistre qu'il quittera
en soit content, a peine de vingt cinq livres d'amende..... Le Roi en son Conseil a ordonné..... que les offices de jurez et auditeurs seront et demeureront
pour toujours unis et incorporés à ladite communauté des maistres patissiers de
pain d'epice, qu'elle jouira des dix livres de gages effectifs attribués ausdits offices
d'auditeurs, que les eslections des jurez seroient faites à l'avenir comme par le
passé et au surplus que les statuts dudit mestier, arrests et règlemens intervenus
sur iceux seront executez selon leur forme et teneur..... Donné à Versailles le
22 may 1696 [1].

[1] Cet arrêt a été imprimé in-4° en 1742 et relié
en plaquette (Bibl. de l'Arsenal, jurispr., n° 4642).
Une note manuscrite porte ce renseignement: «Les
pâtissiers de pain d'épices forment encore à Paris
une communauté séparée des pâtissiers oublayers,
ils ne sont à présent que 15 ou 16 maîtres.»

Deux autres pièces concernent encore les pâtissiers :

1697, 14 juin. — Sentence de police entre les
officiers courtiers, visiteurs des chairs de porc et
charcutiers et les pâtissiers. «Fait deffense aux pâtissiers d'estaller ny vendre aucuns jambons et
lards en leurs boutiques et neantmoins ayant aucunement egard a l'opposition formée par lesdits
jurés patissiers, avons permis auxdits patissiers
d'acheter du lard frais à la halle en la manière
accoutumée pour le saler et assaisonner a leur manière, et l'employer aux pièces de patisseries et à
la necessité de leur métier seulement.» (Lamoignon, t. XIX, fol. 1030.)

1725, 17 août. — Sentence de police portant
défense de fabriquer du pain d'épices avec des dragées dites non pareilles. «A tous ceux qui ces lettres
verront Gabriel, Hierosme de Bullion, prevost de
Paris..... Veue la requeste a nous presentée par
les jurez de la communauté des maistres pain d'épi-

ciers, doyen, ancien, modernes et jeunes maistres,
signée de toute la communauté n'estant composée
que de six maistres; en consequence ordonner que
nul ne pourra plus fabriquer aucun pain d'épices
garnis de dragées appelées non pareilles, sous peine
de cent livres d'amende et saisie des marchandises
qui se trouveront, lors de la contravention, soit
sur les echopes du contrevenant nommées hoyons
dans la communauté et sur toutes autres sortes
d'estallage..... et d'ici audit jour, premier novembre prochain, que ce qui se trouvera de pain
d'épice semé de dragées non pareilles sera coupé
par les maistres qui s'en trouveront chargez et
seront tenus de les laisser couper par les jurez en
morceaux de trois deniers ou du liard; en consequence que les boutiques et autres etallages ne
pourront estre garnis que de pain d'épice semé
d'ecorce de citron, pastilles et anis de quatre ou
cinq, le tout sous les mesmes peines contre le contrevenant, sauf le cas ou ils porteront hors de la
banlieue des formes de pain d'épice, nommez
cœurs et suisses, qu'ils pourront rapporter chez
eux à Paris sans pouvoir les etaler et mettre en
vente, mais seulement les garder pour les porter en
d'autres lieux et endroits.....» (*Ibid.*, t. XXVIII,
fol. 465.)

TITRE XII.

MARCHANDS ET VENDEURS DE POISSON DE MER.

D'azur à un navire d'or, équipé d'argent, sur une mer de même,
ombrée de sinople, dans laquelle nagent quatre dauphins, de gueules [1].

A Paris on doit toujours avoir été friand de poisson de mer; dès le XIIIᵉ siècle, les statuts
des poissonniers [2] constatent que les arrivages de la marée fraîche se faisaient règulièrement
et en abondance. Étienne Boileau et les prévôts de Paris ses successeurs veillèrent sans relâche à
l'approvisionnement de la ville et à la bonne organisation de ce commerce fort important et fort
compliqué. Les actes sont très nombreux, sous les formes diverses de lettres patentes, édits,
règlements, ordonnances, sentences et arrêts, cris et annonces de tout genre. Les statuts, sans
être aussi régulièrement dressés que dans les autres métiers, sont de véritables règlements, et
les gens employés à divers titres à la vente du poisson de mer ont formé plusieurs communautés reconnues et autorisées par la police.

De 1315 à 1327, les prévôts Jehan Plébaut, Henri de Caperel, Jehan Loncle et Gilles Haquin
rendirent successivement des ordonnances où ils renouvellent les prescriptions d'ordre et de régularité. Les harengers et les poissonniers furent définitivement réunis en un seul métier dirigé par
six jurés, élus par l'assemblée des vendeurs, étaliers et poissonniers.

L'ordonnance générale du roi Jean résume en 50 articles tous les textes qui précèdent. Le
poisson arrivait par bateau ou par voitures, à grandes journées; les forains devaient l'amener
directement aux Halles, sans s'arrêter. Ils livraient leur cargaison aux vendeurs, responsables
du payement, et chargés de l'écouler tout entière, après l'entremise des compteurs, chez les
poissonniers et autres étaliers.

Les paniers devaient être bien conditionnés, sans mélange d'espèces ni de pêches différentes.
Le déchargement commençait à neuf heures du matin, la vente avait lieu dans la journée et le
départ à trois heures. En hiver on avait deux jours de délai. Parmi les poissons, les statuts
mentionnent le hareng, la raie, la morue, le chien de mer, le maquereau, le merlan, le saumon et le pourpois, la plie, le gournau et la truite.

Les mesures d'ordre ont peu varié; les règlements sur le poisson de mer contiennent à peu

[1] D'Hozier : *Armorial*, texte, t. XXIII, fol. 644; blasons, t. XXIV, fol. 1895.
[2] *Livre des métiers*, titre CI et dernier, p. 218 : «L'establissement du poisson de mer,» en 34 articles.

près les mêmes clauses à toutes les époques. Les droits et les fonctions des divers employés ont au contraire changé fréquemment.

Les vendeurs de poisson de mer tiennent la tête du métier. Établis au nombre de vingt, par Étienne Boileau, ils se trouvent réduits à dix dans l'ordonnance du roi Jean et se maintiennent ainsi jusqu'au xviii° siècle en faisant face à toutes les difficultés. Ils étaient élus, comme les jurés, par l'assemblée du métier; en 1543 ils furent créés en titre d'offices. On verra au-dessus d'eux des nominations de procureurs, commissaires, contrôleurs et inspecteurs, mais ces charges durèrent peu et furent acquises pour la plupart par les vendeurs, qui dès la fin du xvii° siècle avaient déjà versé au trésor royal plusieurs millions de livres pour les unions des nouveaux offices et le maintien des anciens. Bien que cette association des dix vendeurs ne soit pas une communauté ouvrière, elle résume en elle-même le métier du poisson de mer et devait figurer dans nos textes.

Il y avait encore les compteurs déchargeurs qui se disaient en communauté, mais sans organisation bien suivie; les chasse-marée, mentionnés dès le roi Jean [1], qui achetaient le poisson sur les côtes de la Manche et le conduisaient en toute hâte sur Paris; les étaliers et revendeurs établis seulement aux halles et ceux qui promenaient le poisson par les rues; enfin les poissonniers et harengers établis en boutique et faisant le commerce en gros et en détail.

Nous avons transcrit les pièces qui paraissaient présenter de l'intérêt surtout au point de vue de la réglementation, en nous bornant à mentionner et même en éliminant complètement un grand nombre de celles qui ont trait à l'approvisionnement. Il a été réuni, sous le nom de Registre de la marée, un recueil considérable de pièces que Lamare a reproduit dans son chapitre du poisson de mer [2], sans en vérifier l'authenticité. Les ordonnances sur la prévôté des marchands de 1416 et de 1672 contiennent aussi des règlements sur cette matière. Les documents déjà très nombreux qu'on trouvera ici établiront l'état ancien du métier de poissonnier et sa disparition presque complète, en tant que communauté ouvrière, devant la puissante communauté des officiers vendeurs, dans la seconde moitié du xvi° siècle. Les communautés nouvelles de 1776 ne parlent pas des poissonniers.

Bibliothèque nationale, médailles [3].

[1] Ordonnance de 1351, titre VIII, art. 39 : «Se les poissons ne viennent de chasse de jour a autre.»

[2] Traité de la police, t. III, p. 1 et suiv. Le Registre de la marée a eu plusieurs éditions aux xvi° et xvii° siècles.

[3] Nous possédons deux jetons des vendeurs. On remarquera la légende de celui-ci qui se continue sur le revers :

Pour messieurs les vendeurs jurez de poisson
de mer ès halles de Paris. 1577.

Le second jeton à l'effigie de Louis XIV est placé au titre suivant du poisson d'eau douce. Les autres catégories de poissonniers ne paraissent pas avoir eu de jeton.

I

1315, août, et 1318, décembre.

*Statuts donnés aux poissonniers de mer par lettres de Jean Plébaut
et par autres lettres de Henri de Caperel, prévôts de Paris, vidimées par Charles IV en janvier 1327.*

Arch. nat., Trésor des Chartes J. J. 64, pièce 392, fol. 201. — Ordonn. des Rois de France, t. XI, p. 506.

Karolus, Dei gratia Francie et Navarre Rex, notum facimus universis tam presentibus quam futuris nos infrascriptas vidisse literas, formam que sequitur continentes :

A tous ceulx qui ces presentes letres verront, Henry de Caperel, garde de la prevosté de Paris, salut. Saichent tuit que l'an de grace mil trois cens et dix huit le mardy avant la feste saint Luc l'evangeliste, veismes estre contenu en nos registres du Chastellet de Paris l'ordenance du mestier des poissonniers de mer de Paris, anciennement faite, et une autre ordenance aprez faite sus ledit mestier, contenant les formes qui ensuient :

Quiconques veult estre poissonniers de mer [1]. . . . .

Et pour ce que il fu regardé par bonnes genz dignes de foy et par nostre devant dit prevost de Paris, car il falloit bien a acroistre et a enjoindre encore plusieurs et estatuz avecques ladite ordenance, furent a acort, si comme nous avons veu, si comme plus pleinement est contenu en unes lettres seelées du seel du Chastelet de Paris contenans ceste fourme :

A touz ceuz qui ces lettres verront, Jehan Pleebaut, garde de la prevosté de Paris, salut. Pour plusieurs complaintes faites a nous, par plusieurs foiz, de bonnes genz de la ville de Paris, des malefaçons et fraudes que les marcheans et voituriers de la mer amenant poisson à Paris, font de jour en jour et ont fait en plusieurs manières ou temps passé; nous, veu les anciennes constitutions et les registres du Chastellet de Paris faiz seur ce, appellé avecques ce plusieurs vendeurs et estalliers de poissons, qui en ce se congnoissent, en leur conseil et le conseil de nos seigneurs de la Court, regardé et consideré le profist du Roy nostre Sire et le profist du commun de la ville de Paris, avons ordené et fait crier en la fourme qui s'ensuit :

1. C'est assavoir que nuls marcheans de poisson de mer ne soit si hardiz qu'il amene panniers a Paris, mendres du patron qui est ordené et signé au seing le Roy nostre Sire a la fleur de lis, et se il les amaine, il perdra les denrées comme forfaites et acquises a nostre Sire le Roy.

2. Item que nuls ne soit si hardiz qu'il melle raies ne chiens de mer avec

[1] Suit le texte donné par Étienne Boileau en 34 articles. Voyez *Livre des métiers,* titre Cl, p. 218.

autres poissons en un mesme pannier, et pour ce que les marcheans de la mer en ont esté et sont encores coustumiers, qui le fera, il perdra tout le pennier et les poissons, et seront fortfaiz et acquis a notre Sire le Roy.

3. Item que les poissons soient mis dedans les panniers, sans fraude bien et leaument, et se fraude y estoit trouvée, cilz qui le poisson seroit, sera puniz grief-ment par les jurez et deputez a ce faire.

4. Item pour ce que les voituriers qui amenent le poisson de la mer a Paris, sevent bien lesquelz panniers sont petiz et pour ce que il ont esté et sont trop coustumiers d'amener petiz paniers, il en seront puniz trop plus griefment, que il n'ont esté ou temps passé, au regard du prevost de Paris ou de son comman-dement.

5. Item que nuls vendeurs ne estallier ne vande n'achate poisson de mer, ne harenc mis en paniers ou en charaites, ne autres poissons, sanz response de amender les deffauz ou fraudes qui y seroient trouvées, sur paine de perdre les denrées.

6. Item que tous les marcheans et voituriez de la mer, qui amerront saumons ou autres poissons de mer, quel que il soient, harenc de Grenesi ou autre harenc, les amenent sanz fraude tout droit ès hales, au lieu accoustumé, sanz aucun d'iceux descendre en nul hostel ne ailleurs; et qui fera le contraire qu'il perde les denrées, et se ainsi estoit que lesdiz saumons, ou autres poissons ou harenc, ne peussent estre venduz en la jornée qu'il vendront, qu'il soient mis en la garde des Hales et non ailleurs, sur la peine dessusdite.

7. Item que nul ne soit si hardiz que il achete ne vende poisson que ès Halles, ou au lieu accoustumé, soit a Paris ou dehors; et qui fera le contraire, qu'il perde les denrées.

8. Item nous avons ordené, a la requeste de plusieurs vendeurs et estaliers de la ville de Paris, que Richart de Garennes, Jehan le Grant, Maugier de Rayen, Aubin Menuel, Guillaume Corbellon et Guillaume Henault soient gardes du mestier et de la marcheandise dessusdite, et que chascun rabas ou autres choses appartenanz audit mestier soient faits par deux des six personnes dessusdites au mainz, soient vendeurs ou estalliers; et se autrement estoient fès lesdiz rabas, que il soient de nule value; et sont privez tous les autres gardes et jurez qui ou temps passé ont esté gardes dudit mestier, excepté les sis preudeshomes jurez des-susdiz, lesquels jurerent pardevant nous par leur serement, que bien et leau-ment garderont ledit mestier et la marcheandise.

9. Item nous avons ordené, a la requeste des vendeurs et estalliers poisson-niers de la ville de Paris, que avecques les genz le Roy deputez sus le fait des petiz penniers, et sur toutes les malesfaçons de toute la marcheandise dessusdite, pour ce que les deux deputez ne sont mie du mestier, soient appelez a veoir ladite malefacon et forfaitures, les personnes qui s'ensuient, c'est a scavoir pour

vendeur, Richart de Garennes et Jehan le Grant, et pour estaliers, Jehan le Piquart
et Estienne le Chapelier, ou au mainz de ces quatre les deuls. Ce fut fait et crié
l'an de grace ᴍ ᴄᴄᴄ et quinze le jouedi de la feste Nostre Dame mi-aoust. En tesmoing de ce nous avons mis en ces lettres le seel de la prevosté de Paris, l'an et
le jouedi dessusdiz.

Et comme il soit ainsi que les poins dessusdis, ne les ordenances et estatuz des
coustumiers doudit mestier, n'ont pas bien esté connuz ne gardez, ancores s'en sont
plaint a nous la plus grant et sene partie dudit mestier, pour le commun proffit de
touz ceus de la ville de Paris, du peuple et de touz les habitanz en ycelle, nous,
pour oster toutes fraudes et decevances qui en ce povoient estre fait et soustenu
contre les constitutions anciennes et celles qui depuis ont esté faites pour ce com-
mandames, de par le Roy nostre Sire, a une partie des plus souffisans dudit mestier que il elleussent plusieurs personnes souffisanz et dignes de foy a garder les
ordenances et establissemenz dudit mestier et qui plus proufistables il seroient a
ce faire. Et pour ce que les bonnes genz et preudeshoumes qui se congnoissent
oudit mestier ont veu et apperceu que convient que ou temps que li premiers
registres et ordenance sus le mestier feust fès de bonne foy, et que lors l'en apper-
cevoit pas tant de fraudes estre y fetes que l'en y fait et pourroit fere a present
et en temps avenir, et que cils qui ce ordenerent n'y mirent pas touz les poins et
estatus qui y sont a garder, et qui de raison y peuent estre mis, et a bien esté
accoustumé de lonc temps; et les queles ordenances et constitucions ne se pouroient pas soustenir, en la manière que elles sont dessus escriptes, sanz grant
grief et domage de touz loiauls marcheans et des bonnes genz de Paris et du
peuple d'environ, se elles n'estoient en aucuns poins changiées et remedes mis,
et ancores ladicte constitucion dudit mestier acrute [1] pour les extorcions qui y
sont de jour en jour fetes, pour ce est-il que, par le conseil et accort de plusieurs
bons et de la plus saine partie de ceus dudit mestier, Nous avons ordené et ordenons que seur aucuns poins, qui estoient es autres ordenances dessusdictes, avec
nouviaus poins et constitucions cy emprez esclarcies, seront transmué et acrut,
pour oster toutes fraudes et decevances, et voulons et ordenons qu'il soient tenuz
et gardez sollempnement, pour le commun profist de ladite ville de Paris et de
touz les habitans en ycelle, en la manière qui s'ensuit :

1. Premierement que tout selerin sera venduz a compte ainssic que le harenc
et maquereau, si comme il est dessusdit.

2. Item que en un pannier de maquereau doit avoir sexante maquereaus fres,
et se le maquereau est goulesis [2], si en doit avoir en panier cinquante maquereaus du mainz, par droit compte.

3. Item en un pannier de troïtes doit avoir douze troïtes de moison du mains,

[1] *Acrute*, c'est-à-dire amendée et corrigée à cause des infractions faites aux règlements existants.
[2] Gros, plein.

et doit avoir chacune troïte pié et demi entre queue et testé du mains; et s'il sont
par trop menues, on en doit compter deus pour une en la douzaine.

4. Item que tout le harenc, le sclerin, les morues et le mellenc salé, qui
sont amenés en brouaites et en mangnes soient vendues en broueites ou a mangnes, ou en tresonnel.

5. Item que nuls marcheans ne remue poissons de paniers en autres, puis
qu'il seront enpanerez a la mer, ne ne fachent de deus paniers troiz, seur paine
de perdre toutes les denrées.

6. Item que nuls ne nulles ne face sorir harenc, se ce n'est harenc frès ou
harenc de garnisy et que le harenc soit avant veu par deus des jurez dudit mestier, savoir mon se il est bon et souffisant pour sorir.

7. Item que nuls ne puist gachier [1] harenc pour vendre au jour la
journée.

8. Item que touz marchaans qui ameinent poisson a Paris viegnent dedenz
heure de prime saint Magloire, ou leur denrées ne seront vendues de ci a lendemain, et seront mises en la garde des Hales, se les poissons ne viennent de
chace de jour a autre, ou se il ne pevent monstrer loyal et autre essoigne.

9. Item que nuls ne nulles ne facent ne ne dient villanies ne despiz aus jurez
dudit mestier ou a l'un d'eus, en gardant les droiz nostre Sire le Roy, les forfaitures, les droictures et ordenances dudit mestier, seur [peine] d'estre escheu en
grosses amendes envers le Roy, toute foiz que l'en s'en plaindra a nous.

10. Item nous avons ordené et ordenons que nuls garchons ne autres per-
sones desoresmès en avant, ne voisent ne aillent contre les marées, hors des
Halles de Paris, ne ne prengnent poisson en panniers, se il ne l'achatent, sus
paine d'estre tournez ou pillory ou d'estre privez de la marchaandise ou banis dé
la ville de Paris, jusques au rapel de nous, prevost de Paris, ou celuy qui pour le
temps sera.

11. Et pour toutes les choses dessusdites tenir et garder fermement et loyalment a toujours sanz enfraindre, furent esleu et establi de la plus grant et saine
partie dudit mestier et la plus souffisant du commun des marchaans poissonniers
de mer, vendeurs et estalliers de Paris, estans et acordans pardevant nous en jugement, pour exerciter ledit office et les droictures doudit mestier et que pour
ce il demourassent, c'est a scavoir : Richart de Garennes, Jehan de Clamart,
l'ainé, Richart Thomas, Thomas Bardin, vendeurs, Guillaume Bienfet, Jehan
de Montmartre et Aubin Menuel, estaliers, liquel jurèrent sus saintes Évangiles
et promistrent par leurs loyals seremenz au tenir et garder a leurs povoirs, touz
les poins, constitutions et ordenances faites et acordées pour ledit mestier. En
tesmoing de ce nous avons mis en ces lettres le seel de la prevosté de Paris. Ce

---

[1] Tremper et laver dans l'eau.

fu fait en l'an de grace mil ccc et diz et huit, ou mois de decembre le lundi aprez la feste de la Conception Nostre Dame.

Nos autem ad supplicationem mercatorum predictorum piscium marinorum et alectum..... Quod ut firmum et stabile permaneat in futurum presentibus litteris nostrum fecimus apponi sigillum. Datum parisius anno domini millesimo trecentesimo vicesimo sexto mense januario.

II

1320.

Ordonnance de Gilles Haquin, prévôt de Paris, sur le commerce et les marchands de harengs [1].

Bibl. nat., ms. fr. 24069, fol. 36, ms. de la Sorbonne; fr. 11709, fol. 57, ms. Lamare.
Coll. Lamoignon, t. I, fol. 440. — Ordonn. des Rois de France, t. II, p. 575.

L'ORDENANCE DES HARENGIERS.

L'an de grace mil trois cens et vint, fu enregistrée l'ordenance des vendeurs et achateurs du mestier de harengerie, par le commandement de Gilles Haquinz, garde a present de la prevosté de Paris, a la requeste des preudes hommes dudit mestier, pour le commun proufit :

1. Premierement que tout le harenc qui vient à Paris en pennier ou en charrete, c'est a savoir en banne, doit estre mis aussi bon desouz comme dessus, et ou millieu, et pour tel le doit-on vendre et achater, et non autrement, et se il fait a amender, que il soit amendé par les preudes hommes jurez des Halles, c'est a savoir ii ou trois ou quatre se il sont, et quiconques fait le contraire il est en l'amende le Roy, toutes fois que il sera repris.

2. Item que quiconques amainne hareng a Paris de deux mors [2], mellez ensanble en pennier ou en banne, le harenc est forfet au Roy et aquis, se le vendeur ne le motit [3] au vendre.

3. Item que tout le maquerel et le harenc qui vient a Paris doit estre vendus a compte et se le detailleur qui l'achate du vendeur le vent à la journée ou l'andemain, que le voiturier puisse aler a sainct Denys, de jours. Le detailleur doit estre creuz par son serment conbien il aura trouvé ou pennier ou en la charete, et se il plest au detailleur il aura le serement du voiturier qui l'aura amené à Paris.

---

[1] Cette lettre, sans confirmation royale et sans les formules ordinaires des lettres des prévôts, nous paralt être une simple expédition des statuts. Le nom de Gilles Haquin et leur insertion dans les manuscrits du *Registre des métiers* en garantissent l'authenticité. — [2] Ms. Lamare, même leçon, peut-être pour «mers». Ce mot ne reparaît pas dans les textes postérieurs; on trouve : de deux marées.

[3] Ms. Lamoignon : «mootit», avertit.

4. Item quiconques amainne hareng en la ville de Paris en pennier ou en banne, et le pennier se deffaut de plus de xxx harens que il aura moti au vendre, le pennier de harens est aquis au Roy. Et se la charrete du harenc en banne se deffaut de plus de ccc et demi que il ne l'aura moti au vendre, le harenc de la charrete est acquis au Roy.

5. Item quiconques amainne harens en la ville de Paris en maises et en tonniaus, il convient que le harenc soit tout d'une suite, a tel tesmoing comme le marchant l'aura monstré, et s'il estoit trouvé le contraire, il seroit amendé par les preudes hommes jurez du mestier.

6. Item que nus ne puisse vendre ne achater ledit hareng en maises ne en touniaus sanz compte; c'est a savoir, en chascune maise de harenc sor, doit avoir ı millier et xx harenc pour forneture, et en la maise de harenc blanc doit avoir vııı cents et xvı harens pour fourneture, et ou tonniaus de harens sor ou blanc doit avoir autant de harens comme le marchant l'aura jaugié ou fons du tonnel; et se la maise du harenc sor ou blanc se dechiet de plus de xxx harens, le harenc est aquis au Roy. Et convient que ladite maise soit comptée par main de jurez compteurs establis a ce faire, par acort du vendeur et de l'acheteur, et sainssi ques estoit que le tonniau se defausist de plus de ııı cents et demi de harens de la jauge, le harens seroit aquis au Roy.

7. Item que nuls ne nulles ne puisse vendre ne acheter audessus de x maises de harens, de quoi il convient que on en compte ıı; et a la revenue de ces ıı doivent revenir tuit li autres et qui autrement le fera il sera en l'amende le Roy.

8. Item que nuls ne puist estre grossier et detailleur de la meisme marchandise dudit mestier, sus painne de l'amende.

9. Item que nuls ne puist ouvrir, ne vendre ses denrées devant que prime soit sonnée a saint Magloire, et clorre a vespres sonnanz a saint Huitasce, et qui autrement le fera les denrées sont forfetes.

10. Item que nuls ne nulles ne puist gaschier ne broeillier harens, maquerel ne morues, ne autres denrées sallées, sur painne de perdre les denrées.

11. Item que nuls ne puist sorir en la ville de Paris harenc de safare, harenc poudre ne fres devant [1], apres la saint Michiel, sus painne de perdre les denrées et estre en l'amende le Roy.

12. Item que nuls ne nulles ne puisse vendre ne acheter denrées dudit mestier sans responsse, sur painne de l'amende le Roy, toutes fois que il en sera repris.

13. Item que nuls ne nulles ne puisse vendre denrées en gros au dessus de la clef, si comme il est acoustumé, sur painne de perdre les denrrées.

14. Item que nus marcheans de hors, ne nus vendeurs, ne peuent ne ne doi-

---

[1] Ms. Lamoignon « harenc de saffaire, harenc poudre ne frès devant ».

vent hebergier harenc ne maquerel sallé, fors au lieu ou il est establi, c'est asa-
voir en la garde des Halles, sur paine de l'amende le Roy.

15. Item que nus vendeurs couretier ne puist estre marcheanz de la meismes
marcheandise de quoi il est vendeur, ne lui, ne sa mesnie, ne autre de par lui
ne hors ne anz.

16. Item que nus vendeurs ne puist donner denrées sanz feur, sus painne de
l'amende le Roy.

17. Item que nus compteurs des Halles ne se puisse entremettre dudit mestier
se n'est par l'ordenance des diz preudeshommes jurez dudit mestier.

18. Item quiconques desdira lesdiz preudeshommes jurez du mestier ne n'ira
contre ce qu'il auront fait bien et lealment par leur seremens il l'amenderont au
Roy et ausdiz jurez.

∴

III

1324, novembre.

*Lettres du prévôt de Paris, contenant une addition de plusieurs articles pour les poissonniers de mer,
vidimées par Charles IV en juin 1326.*

Arch. nat., Trésor des Chartes, Reg. 64, pièce 391, fol. 200. — Bibl. nat., ms. fr. 24069, fol. 275.
Coll. Lamoignon, t. I, fol. 513. — Ordonn. des Rois de France, t. XI, p. 508.

A touz ceuz qui ces lettres verront, Guillaume de la Magdalene, clerc le Roy,
nostre Sire, Jehan Loncle, garde de la prevosté de Paris, et Jehan Gencien, prevost des marchans de la ville de Paris, salut. Nous avons reçeu les lettres nostre
Sire le Roy, contenans cette fourme : Karolus Dei gratia Francie et Navarre rex [1].
. . . . .Datum parisius die xxiii martii, anno domini millesimo trecentesimo vicesimo secundo.

Et par la vertu desdites lettres et du povoir a nous commis par icelles, nous
eussions fait appeler pardevant nous, par pluseurs foiz et a pluseurs et diverses
jornées, lesdis compaignons jurez et gardes du mestier des marchaans de poisson
de mer et de harenc. . . . . en affermant par leurs seremens que iceulx articles
estoient profistables audit mestier et a la marchandise et a tout le commun, et
pour ledit mestier garder et soustenir de toutes fraudes decevances et male façons,
les articles ordenez et acordez comme dit est, s'ensuit :

1. Premierement que des ores ennavant le mestier des poissonniers de mer
et les harengiers vendans et demourans a Paris, est et sera un meesmes mestier
et pevent et porront partir les uns aus autres des poissons ou harens qu'il auront acheté et qu'il acheteront en la ville de Paris pour revendre, si comme plus

---

[1] Ici se trouve transcrite une lettre de Charles IV chargeant les mêmes officiers de réunir les marchands de poisson de mer et de dresser leurs statuts.

pleinement est contenu es enciennes ordenances faisans mencion du harent et du poisson.

8[1]. Item que tous ceus doudit mestier qui vendent ou nom des marcheans forains sont et seront tenus pour grossiers, tant seulement, et ceuls qui vendent par cens, par demi cens et par quarterons et par deux trois ou quatre harens, ou nom d'eulz et par euls, sont et seront tenus pour detailleurs.

14. Item que les Hales et la place doudit mestier sont et seront communes aus habitans forains marcheans qui ameneront en charreste ou en sommier, par paiant les redevances acoustumées, et si comme contenu est es anciennes ordenances.

15. Item quiconques est et sera vendeur de poisson de mer, a Paris, il ne peut ne ne doit partir a poisson, lui ne sa mesnie; et se il fait le contraire, il est et sera encheuz en la merci du Roy, de tout son avoir, toutesfois que il en sera repris; et ne puet envoyer hors le poisson en son nom, et se il le fait, l'en li peut deffendre le mestier jusques a la volenté du Roy nostre Sire.

. . . . . Les noms des bonnes gens doudit mestier que nous avons appellé a faire ce que dessus est dit, sont tieulx : Jehan de Dampierre, Jehan de Clamart, Richart Canu, Nicolas d'Orliens, Thomas Bardin, Guillaume Babille, Denise Cane, Guillaume le Pelletier, Jehan Marage, Alain de Villeneuve, Gautier le Seigneur, Jehan Saquati, Guillaume Aleaume, Gassille Loisel, Gautier Perchet, Symon Pouart, Rogier de Senlis, Nicolas le Boisteux, Estienne le Chappelier, Jehan de Montmartre, Jehan de Mons, Mangier de Cayeu et Estienne Maupas. En tesmoing de ce, nous en ces lettres avons mis nos seauls, desquiex nous usons et a gregneur congnoissance y avons fait mectre le seel de la prevosté de Paris [2]. Ce fu fait et donné a Paris, les parties presentes, l'an de grace mil trois cens vint et quatre, le jeudi apres la feste Saint Martin d'iver.

[1] Les articles 2 à 7 ne présentant aucun règlement nouveau sur les statuts de 1318, la transcription n'en a pas été faite. Il n'a d'ailleurs été donné que les articles offrant une innovation quelconque, en leur laissant toutefois leur numéro d'ordre.

[2] Ces lettres du prévôt de Paris sont à leur tour, et comme les précédentes, insérées dans un vidimus de Charles IV daté de Paris, juin 1326, au texte duquel nous les avons empruntées dans le registre 64 du Trésor des Chartes.

1345, 22 novembre. — Lettres patentes de Philippe VI confirmant purement et simplement les règlements des poissonniers et les lettres de 1326. (Lamare, Police, t. III, p. 154, d'après le registre de la marée.)

Diverses lettres des 16 novembre 1363, 23 avril 1364, 28 juin 1367, 22 juillet 1368 relatives à des élections de jurés par les poissonniers, marchands forains et voituriers. (Ibid., t. III, p. 204.)

1351, 30 janvier. — Ordonnance générale du roi Jean, titre VIII, Poisson de mer; ci-dessus, p. 13.)

Autres lettres sur le commerce de la marée des 20 juin 1369, 4 octobre 1370, et enfin grand règlement de 1414 sur la police et la discipline du commerce du poisson de mer. Ce document, composé de 107 articles, renouvelle toutes les prescriptions déjà connues, les fonctions de chaque préposé à divers titres, les obligations et privilèges des marchands, les droits perçus, et réunit toutes les questions qui se rattachent à cette importante partie de l'approvisionnement. Il est transcrit dans Lamoignon, t. IV, fol. 114 à 154, et imprimé dans le Traité de la police, t. III, p. 249.

IV

1399, 28 janvier.

Ordonnance concernant le commerce des harengs selon leur qualité.

Arch. nal., Livre rouge vieil, Y 2, fol. 168. — Coll. Lamoignon, t. III, fol. 284.
Traité de la police, t. III, p. 115.

Soit crié, de par le Roy nostre Sire et de par le prevost de Paris es lieux accoustumez a faire cris a Paris, ce qui s'ensuit :

Pour ce que plusieurs plaintes et clameurs sont venues a justice parce que les marchans et marchandes de harens a Paris, tant en groz comme en detail, sont coustumiers de vendre leurs harens de Flandres et contrefaiz avec les bons harens Descône, et iceulx mesler les uns avec les autres en leurs barilz, places et vaisseaulx, sans dire ne declarer aux acheteurs et acheteresses d'iceulx, lesquelx sont d'escone et lesquelx non, Nous, pour obvier aux fraudes, deceptions et mauvaistiez qui s'en pourroient ensuyr, ou prejudice du peuple, avons ordonné et ordonnons en commandement, de par le Roy nostre Sire, a tous lesdis marchans et marchandes de harens, tant en groz comme en detail, que lesdis harens ils vendent doresenavant separement et distinctement les uns des autres, c'est assavoir, lesdis marchans en groz vendent leursdiz harens qui seront et sont descone, en hale aux gresses à Paris et en la place de la hale au blé, estant audevant et opposite de ladite hale aux gresses, et non ailleurs; et leurs harens qui seront et sont contrefaiz et de Flandres, ilz vendent en la hale a l'avoyne, en la hale du fruit, et en la halle des cordouaniers et aillieurs.

Et ad ce que le peuple ayt vraye congnoissance et experience, lesquelz seront harens contrefaiz ou descone, l'en commande, de par ledit seigneur, a tous lesdiz marchans ou marchandes de harens en groz, a Paris, que chacun d'eulx en droit soy mette ou face mettre au plus hault des barilz de leursdiz harens contrefaiz, une banniere rouge; et lesdis marchans ou marchandes a detail vendent aussi separement et en divers vaisseaulx leursdiz harens, c'est assavoir ceulx descone en cuviers, tines ou penniers, a part, et l'autre harent contrefait et de Flandres, en autres tines, cuviers ou penniers, a part, sur chacun desquelz cuviers, tines ou penniers esquelz ils vendront leurs harens contrefaiz ils mettront une bannière rouge pareille, comme lesdiz marchans en gros, afin que le peuple ait congnoissance quel harent il achetera..... Escript soubz nostre signet, le mardi xxviiie janvier, l'an mil trois cens quatre vins dix huit.

V

1495, 14 février.

*Règlement de police interdisant aux regrattiers de vendre en gros le poisson de mer
et de se le repasser les uns aux autres.*

Arch. nat., Livre bleu, Y 6², fol. 63. — Coll. Lamoignon, t. V, fol. 313.
Traité de la police, t. III, p. 263.

Pour ce qu'il est venu a nostre congnoissance que plusieurs regratiers, regratières et autres, chascun jour achetent en gros, en ceste ville de Paris, des marchands d'icelle, harens et autres poissons de mer pour iceulx revendre, et de fait
les revendent en gros, en ceste ville de Paris; par quoy lesdits harencs et autres
poissons de mer en rencherissent et sont vendus plus cher en detail, au prejudice
du peuple et de la chose publique :

1. L'en deffend, de par le Roy nostre Sire et monsieur le prevost de Paris, a
tous lesdits regratiers et regratières et autres personnes quelzconques de ceste
dite ville de Paris, de quelqu'estat qu'ilz soient. que doresnavant ils ne achetent
en gros, en ceste dite ville de Paris, des marchans d'icelle, aucuns harencs et
poissons de mer, pour iceulx revendre en gros, en ceste dite ville, sur peine de
perdre iceulx harencs et poisson, et d'amende arbitraire; et quiconques saura ou
trouvera faisant le contraire le viengne denoncer a justice et il aura le quart
des amendes.

2. Item l'en deffend que nul ne puisse estre grossier et detailleur de ladicte
marchandise, sur peine de l'amende.

3. Item que nul ne descende ou face descendre poisson de mer, sinon es
halles de Paris et es lieux accoustumez [1], sur peine de perdre les denrées et marchandises et de soixante sols parisis d'amende et a ceulx ou elles seront descendues de pareille amende de soixante sols parisis.

4. Item que nul n'achette ou vende poisson que esdictes halles et lieux accoustumez, soit de Paris ou dehors, sur peine de perdicion desdites denrées et de
cinq sols parisis d'amende.

5. Item que nul estallier n'achete poisson a autre estallier, se ce n'est pour
envoyer a ses chalans, sans prouffit prendre et ne pourra celluy qui aura

---

[1] Plusieurs arrêts des 24 avril 1406, 14 mars
1491, 20 mars 1498, relatifs aux marchands et
marchandes en détail de poisson de mer, prescrivent l'occupation des places indiquées et leur in-
terdisent le commerce en gros. Les revendeurs et
regrattiers n'étaient pas en communauté; ils faisaient
une concurrence de chaque jour aux poissonniers
qui s'efforçaient par les plaintes de leurs jurés de
les reléguer dans leurs places attitrées. Ces arrêts,
qui la plupart du temps ont remplacé les véritables
statuts, ont tous à peu près les mêmes conclusions
et ne concernent que l'approvisionnement; ils sont
transcrits dans le *Traité de la police*, t. III, p. 115
et suiv.

ainsi acheté a autre estallier mettre ledit poisson a son estail ne vendre, sur peine de vingt solz parisis d'amende et de perdition desdits poissons, dont l'accusateur aura le quart.

Faict soubz nostre signet, le samedi quatorziesme jour de fevrier, l'an mil quatre cent quatre vingt quatorze.

VI

1496, 4 juin.

Ordonnance de police prescrivant de vendre la marée fraîche le jour même de son arrivée et défendant la vente du beurre aux chandeliers de suif et aux poissonniers.

Arch. nat., Livre bleu, Y 6², fol. 75. — Coll. Lamoignon, t. V, fol. 346.

Combien que par les ordonnances royaulx faictes sur le fait de la marchandise de poisson de mer a Paris, soit ordonné par exprez a tous marchans vendeurs et detailleurs de poisson de mer a Paris que tout le poisson fraiz de mer qui sera apporté a Paris, de Pasques jusqu'a la saint Remi, soit vendu le jour qu'il vient, soit en gros ou en detail, sur peine de perdre le poisson et de dix sols parisis d'amende, ce neantmoins plusieurs marchans et autres, eulx meslans et entremettans de ladicte marchandise, se sont par ci devant ingerés et ingerent chascun jour de venir contre ladite ordonnance, et en ce faisant garder le poisson de mer du jour au landemain et aucunes foiz plus, affin de le plus vendre, au moyen de quoi sont advenuz, adviennent et peuvent advenir chacun jour grans inconveniens au peuple et a la chose publicque, tant au moyen de ce que ledit poisson de mer fraiz se empire plus tost en ladite saison que en autre saison de l'année, comme aussi ladite marchandise s'en vend plus cher, pour a quoy pourveoir et remedier :

L'en commande et enjoinct, de par le Roy nostredit Seigneur et monseigneur le prevost de Paris, a toutes personnes, de quelque estat ou condition qu'ilz soient, eulx meslans et entremectans du fait et marchandise de poisson de mer a Paris, que doresenavant, depuis Pasques jusqu'a la saint Remi, ils vendent le poisson de mer fraiz qui sera venu, le jour qu'il sera arrivé en cestedite ville, soit en gros ou detail, et leur deffend l'en de rien garder du jour au landemain, sur peine de perdre ledit poisson et d'amende arbitraire, le tiers aux denonciateurs.

Item pour ce qu'il est venu de nouvel a congnoissance de justice, qu'il y a de present aucun chandeliers de suif qui se ingerent de manier, labourer et detailler beurres fraiz et sallez en leurs ouvrouers et estaulx avecque leurs chandelles, oingz et gresses dont ilz se meslent, qui sont choses contraires et dangereuses a faire et user, pour les dangiers et inconveniens des personnes, pourquoy, afin de y donner provision et ordre convenable, l'en deffend a tous lesdits chandelliers de suif et autres, eulx meslans de suifs, oings et autres gresses, faisans et vendans chandelles ou gresses, de ne eulx mesler ou entremectre de manier, labourer ou detailler beure fraiz ou sallé, mais en pourront vendre, se bon leur semble, en gros et non autrement, sur peine de confiscation des denrées et d'amende arbitraire, dont les denonciateurs auront le tiers.

Item que nul ne nulle vendant poisson, soit en gros ou en detail, ne puisse vendre beurres, pour ce que ce sont marchandises toutes separées l'une de l'autre, impertinentes d'estre vendues ensemble, sur peine d'amende arbitraire, a applicquer comme dessus.

Fait et publié par les carrefours de Paris, le samedi quatriesme jour de juing, l'an mil quatre cens quatre vings et seize.

VII

1505, 21 mars.

Lettres patentes de Louis XII, confirmant celles du 29 décembre 1474,
au sujet des droits des vendeurs de poisson de mer.

Arch. nat., Bannières, 1ᵉʳ vol., Y 7, fol. 366. — Coll. Lamoignon, t. V, fol. 478.

Loys, par la grace de Dieu, Roy de France..... L'umble supplicacion et requeste de noz chers et bien amez les vendeurs de poisson de mer en nostre bonne ville de Paris, avons reçeue, contenant que par feu de bonne memoire et nostre très cher seigneur et cousin le Roy Loys dernier decedé [1], que Dieu absoille, leur fut confirmé et approuvé certaines ordonnances, statuz et libertez, despieça fetes et instituées sur le fait et police de la marchandise dudit poisson de mer, en nostreditte ville de Paris, a plein detaillez en iceulx, et de ce leur a octroyé lettres a ces presentes attachées soubz le contrescel de nostre chancellerie, et depuis n'aguères, nous avons auxdits supplians aussi confermé lesdits statuz, libertez et privileiges pour en joir iceulx et leurs successeurs tant et si avant qu'ilz en ont cy devant duement joy et usé, comme appert par les lettres que leur en avons octroyées [2], a ces presentes aussi attachées soubz le contrescel de nostreditte chancellerie. Et combien que du contenu ez dits statuz iceulx sup-

---

[1] 1474, 29 décembre. — Lettres patentes de Louis XI relatives au commerce et aux vendeurs de poisson de mer aux Halles (Lamoignon, t. IV, fol. 636; — Ordonnances des Rois de France,

t. XVIII, p. 60), reproduites par les lettres de 1505.
[2] Lettres du mois de janvier 1504. (Note de Lamoignon.) Ce document n'existe pas dans la collection.

pliants aient par cy-devant joy de toute ancienneté et joyssent encore de present, toutesfois ils doubtent que si de present ilz les vous presentoient pour en avoir la verificacion et enterinement, que y voulsissiez faire quelque reffuz ou difficulté, obstant qu'ilz ne vous ont point presenté les lettres de nostredit feu seigneur et cousin le Roy Loys, ne d'icelle requis l'enterinement, ce qu'ils ont fait par inadvertance, cuidant aussi que besoing ne leur en fust parceque, comme dit est, ilz en ont toujours par cy devant joy et usé, joissent et usent encores a present; aussi qu'ilz en avoient sur ce obtenu confirmation de feu nostre très cher seigneur et cousin le Roy Charles dernier decedé [1], que Dieu absoille, et mesmement que en leurditte confirmation de nous obtenues, ils ont donné à entendre qu'ilz prennent entierement les douze deniers dont en icelle est faite mention, dont ilz n'ont que six deniers, pour ce que le demourant est distribué et baillé selon et ainsi qu'il est declairé et specifié ez dittes ordonnances [2]. . . . . Donné à Blois le vingt et uniesme jour de mars, l'an de grace mil cinq cens et cinq.

VIII

1507, 24 juillet.

Ordonnance de police [3] *concernant la vente du poisson de mer.*

Arch. nat., Livre gris, Y 6⁵, fol. 66 v°. — Coll. Lamoignon, t. V, fol. 518.
Traité de la police, t. III, p. 264.

. . . . . Item le saulmon et le pourpris a present appellé marsoing ne pourra estre gardé que deux jours, a compter le jour qu'il sera arrivé a Paris, de la saint Remi jusques a Paques; et de Pasques jusques a la saint Remi, il sera vendu le

[1] Charles VIII; confirmation pure et simple.

[2] Les vendeurs de poisson de mer sont portés au nombre de vingt dans le *Livre des métiers* (titre CI, art. 15), ils sont réduits à dix dans l'Ordonnance générale de 1351 (titre VIII, art. 17). Leur nombre a varié, mais leurs droits sont restés les mêmes. Lamare, *Traité de la police* (t. III, p. 153), a inséré un grand nombre de pièces qui les concernent, parmi lesquelles nous remarquerons seulement à titre de renseignement :

1369, 20 juin. — Lettres de Charles V qui confirment aux marchands de poisson le droit d'élire les jurés vendeurs, avec l'homologation du prévôt de Paris. Acte de nomination après élection d'un juré vendeur.

1518, 19 mars. — Arrêt relatif à l'élection d'un vendeur juré.

1523, 13 fév. — Arrêt autorisant les marchands à s'adresser à celui des vendeurs qui leur conviendra.

1524, 29 août. — Autre arrêt sur le même sujet, réglant les fonctions des vendeurs.

1598, 30 décembre. — Suppression de cinq offices nouvellement créés. (Voyez pièce XIII.)

[3] Ce document débute par une série de prescriptions semblables à celles des ordonnances qui précèdent. Nous n'en transcrirons que la partie nouvelle.

jour qu'il sera arrivé a Paris; et qui autrement le fera, il payera vingt solz parisis d'amende au Roy, toutesfoiz qu'il en sera attainct; et le poisson de mer qui
sera amené a Paris, de la saint Remi jusques a Paques, n'aura que deux jours de
vente, tant seullement, tant de celluy qui le vent en gros, comme de celluy qui
le vendera en detail; et qui plus le gardera le poisson sera perdu et acquis, et en
sera en l'amende de vingt solz parisis, dont l'accuseur aura le tiers [1].....
Publié a son de trompe esdis lieux le vingt quatrieme jour de juillet, l'an mil
cinq cens et sept.

IX

1544, mars.

*Lettres patentes de François Ier portant création d'un contrôleur de la marée,
suppression de l'élection des vendeurs de poisson et leur nomination en titre d'office.*

Arch. nat., Ordonn., 4ᵉ vol. de François Iᵉʳ, X 1ᵃ 8614, fol. 203. — Coll. Lamoignon, t. VI, fol. 794.
Traité de la police, t. III, p. 193 [2].

Françoys, par la grace de Dieu, Roy de France, a touz presens et avenir, salut.
Que pour informer des monopolles, conventicules, abbuz et malversations qui se
faisoient ordinairement, tant au faict des elections des estats et offices de vendeurs
de poisson de mer, en nostre bonne ville de Paris, comme aussi en tout ce qui
despend de l'apport, vente et distribucion de ceste marcheandise, recepte et maniement des deniers qui en proviennent, ou nous prenons droit d'imposition de
douze deniers tournois pour livre, nous ayant par cy devant commis et depputé
l'un des conseillers des requestes ordinaires de nostre hostel, qui sur ce avoit
faict bonnes et amples informacions, lesquelles rapportées par devant nous en
nostre conseil privé et en icellui veues, a esté dit que doresenavant lesdites elections n'auroient plus lieu et que nous pourvoirons esdits estats et offices de vendeurs, lesquels auront le serement a nous et seront de par nous instituez, a ce
qu'ils ayent plus de reverance a l'exercice d'iceulx leurs estats et offices, et par
consequent plus grant crainte qu'ilz n'ont eu par le passé, d'y faillir et abbuser,
d'avantage a esté et est advisé que pour leur tenir en cet endroict la bride roide

---

[1] 1520, 12 décembre. — Ordonnance du prévôt de Paris sur le commerce du poisson de mer,
et sur les arrivages par terre et par eau. (*Livre rouge
neuf*, fol. 56. — Lamare, t. III, p. 255.)

1535, 27 juillet. — Arrêt du Parlement (en
latin) qui juge que le privilège de la contrainte par
corps a lieu en faveur des vendeurs de poisson de
mer et des marchands forains qui vendent par
eux-mêmes sans le ministère des vendeurs contre
les détailleurs. (Arch. nat., Bannières, 3ᵉ vol., Y 9,
fol. 77. — Coll. Lamoignon, t. VI, fol. 310.)

[2] Ces lettres ont été enregistrées en Parlement
le 20 mai 1544. Elles étaient encore dans le 4ᵉ volume des Bannières, fol. 101, aujourd'hui perdu.

et avoir soigneusement l'œil et regart a leurdit exercice et maniement qui est de grande importance et consequence a la charge publicque de ladite ville et pareillement a nous, a cause de nos droicts, et affin que la voye desdits abbus et malversations leur soit excluse et fermée, il est plus que requis et necessaire mectre encore pardessus un controlleur d'icelle marchandise pour l'execucion et accomplissement des choses cy-après desclairées. Scavoir faisons que nous, desirant singulierement pourvoir et donner ordre a ce qui touche et concerne le bien publicq et le fait de la police et en ce faisant oster touz les obstacles et empeschemens qui engendrent la confusion, pour ces causes et aultres bonnes et justes considerations a ce nous mouvans, par avis et deliberation des genz de notre conseil privé, avons creé erigé et estably, et par ces presentes, de nos certaines sciences, plaine puissance et auctorité royalle, par edit perpetuel et irrevocable, creons, erigeons et establissons en chef et titre d'office formé, ledit controlleur sur le fait de la marchandise dudit poisson de mer, tant frais que salé, qui est apporté et vendu ez halles de nostre ville de Paris, lequel controlleur et ses successeurs oudit office ou vaccacion avenant par mort, resignation ou autrement, sera par nous pourveu de personnages souffisanz et experimentez en ladite marchandise, pour avoir premierement l'œil a ce que suivant les arrests donnez par nostre Cour de Parlement, les vendeurs dudit poisson de mer et chascun d'eux fournissent actuellement en la presence de lui et de nostre procureur general les six cens livres parisis qu'ils doivent et sont tenuz de fournir en deniers comptans, ez mains de ceux qui tiennent les quatre comptoirs dudit poisson de mer, frais et salé, affin que les marchans et chassemarées soient, selon et a l'instant, ainsy qu'il est contenu par les ordonnances faictes sur ladite marchandise, payez de ce qu'ilz auront apporté, pour incontinent retourner a l'autre, de sorte qu'il n'y ait plus de longueur et reculement a leur payement, comme il y a eu par cy-devant, qui a esté cause d'angendrer quellequefois en nostredite ville la faulte et necessité dudit poisson. Et ne seront renduz et restituez par lesdits vendeurs tenant comptoirs iceulx deniers par eux reçeus, tant qu'ils auront la charge et administration des dits comptoirs et sy ne prendront aucune pratique ne prouffit sur lesdits autres vendeurs, en leur rendant a la fin leurs deniers, ou bien pour les avoir attendus et reçeus iceulx pour reçeus; car pour abbuser ainsy de leur esprit, et n'avoir aucun [droit] d'advancer, sont intervenues les faultes desdits payemens et est enjoinct par cesdites presentes, tant ausdits vendeurs tenans les comptoirs que autres marchans dudit poisson de mer, bailler de huict en huict jours audit controlleur, par declaration, les nombre qualité et prix dudit poisson, tant frais que salé, qui aura par eulx esté vendu et debité, affin que l'on puisse plus clerement et aisiement savoir si lesdits paiemens auront esté faicts ausdits chassemarées et marchands, et que nous ne soyions frustrez de nostre droict, pour la conservation duquel ledit controlleur assistera aux comptes de la communauté des vendeurs, qui seront tenuz a ce l'appeller[1]. Donné a Paris, ou moys de mars, l'an de grace mil cinq cens quarente trois et de nostre regne le trentiesme.

X

1557, 27 février.

Lettres patentes de Henri II confirmant les privilèges des chasse-marée.

Arch. nat., Ordonn., 7ᵉ vol. de Henri II, X 1ᵃ 8622, fol. 305. — Coll. Lamoignon, t. VII, fol. 608.
Traité de la police, t. III, p. 86.

Henry, par la grace de Dieu, Roy de France, à tous ceulx qui ces presentes lettres verront, salut. Nostre procureur general sur le fait de la marchandise de poisson de mer, emmenée et conduite en nostre ville de Paris, nous a presenté requeste, contenant que par les ordonnances faites par noz predecesseurs, furent pieça commis dix vendeurs pour vendre et debiter ledit poisson emmené par les chassemarées et marchans forains aux halles de Paris, lesquels vendeurs sont tenus dedans le midy du jour que lesdiz chassemarées et forains ont emmené leurs marchandises, advancer les deniers de la vente d'icelle à iceulx forains, sous peine de payer le sejour d'iceulx et de leurs chevaux, afin que lesdiz forains retournent plus promptement pour emmener d'autre poisson de mer, de jour a autre, pour l'avitaillement de la ville; auxquels vendeurs, tant pour la vente dudit poisson que pour l'avence de leurs deniers, est ordonné prendre et lever sur les deniers de la vente, douze deniers parisis pour livre, desquels douze parisis, depuis lesdiz vendeurs ont delaissé deux deniers parisis, pour estre employez à aider et subvenir ausdits forains et chasseurs de marée, aux pertes et fortunes qui leur adviennent, tant en perdition de chevaux qui marchent nuit et jour et pertes qu'ils peuvent avoir par importunité du temps sur leur marchandise, pour les en recompenser quelquefois, et faire poursuite aux despens de ladite marchandise, s'ils en sont destroussez et derobez par les chemins, que pour reparer les chemins par où passent lesdiz marchans chassemarées et leur marchandise, tant au païs de Picardie que de Normandie, et aussi pour subvenir aux autres affaires d'icelle marchandise, et pour recevoir yceulx deux deniers, seroit esleu par lesdiz vendeurs et chassemarées, un receveur pardevant l'un des presidens et deux conseillers de la Cour de Parlement de Paris . . . . . et par le moyen d'elle, iceux marchans forains ont tousjours continué a emmener poisson de mer en nostre ville de Paris dont nostre domaine et droit que prenons sur ladite mar-

----

[1] Suivent diverses prescriptions d'ordre général pour l'approvisionnement déjà données dans les ordonnances précédentes.

chandise est grandement augmenté, ce qui ne pourroit estre bonnement continué, si les marchans forains n'estoient entretenuz secouruz et aidiez en leurs pertes et fortunes, par le moyen desdiz deux deniers parisis; neanmoins aucuns, ignorans ce que dessus, auroient sous couleur de ce qu'ils disoient feu nostre très honnoré seigneur et père le Roy dernier decedé avoir, dès l'année cinq cens vingt ou vingt un, ordonné estre pris et levé, sur le poisson de mer frais et salé apporté en nostre ville de Paris, par les manteaux gris et forains, deux deniers parisis pour livre, obtenu certaines nos lettres patentes, par lesquelles aurions mandez à nos amez et feaux les gens de nos comptes à Paris, faire rendre compte au receveur de ladite marchandise..... Voulons et ordonnons lesdiz marchans forains chassemarées et autres estre maintenuz et gardez en leurs franchises et libertez, pour en jouir ainsi qu'ils ont toujours d'ancienneté jusqu'à present fait, et lesdiz deux deniers parisis estre employez à subvenir ausdits forains en leurs pertes et fortunes et aux reparations des chemins et autres affaires d'icelle marchandise, et les comptes d'iceulx estre rendus pardevant les presidens et conseillers et conseil d'icelle marchandise, le tout suivant les ordonnances et comme de tout tems et d'ancienneté a esté fait; et ou en vertu desdites lettres et provisions ou autrement, lesdiz deniers en auroient esté empeschez, nous en avons fait et faisons pleine et entière main levée au proffit desdiz chassemarées [1]..... Donné à Paris le

---

[1] Les chasse-marée furent l'objet de fréquentes ordonnances, comme les poissonniers et les vendeurs; étrangers à Paris, ils n'étaient pas en communauté. Nous donnons ici quelques renseignements pour établir leur situation vis-à-vis des gens de ce métier.

1500, 28 septembre. — Lettres de Jacques d'Estouteville autorisant les chasse-marée de Paris à acheter le poisson directement des pêcheurs et au meilleur compte possible.

1511, 4 septembre. — Arrêt du Parlement faisant défense de troubler les chasse-marée dans l'achat des poissons de mer, sur les côtes de Normandie.

Différents arrêts et lettres patentes autorisant les chasse-marée à suivre directement leur chemin jusqu'à Paris, sans être arrêtés par les seigneurs des lieux (1514-1567). [*Traité de la police*, t. III, p. 71 à 77, d'après le 2ᵉ vol. des Bannières, fol. 54.]

1565, 21 novembre. — Arrêt du Parlement au sujet de l'approvisionnement de poisson de mer à Paris:

«..... affin que les marchands chasse marées eussent plus grande affection et fussent plus enclins a amener marchandises en la ville de Paris, le Roy Jean [a] et ses successeurs Roys leur auroient octroyés plusieurs beaux droicts et privilèges, desquels ils auroient toujours jouy comme encore font de present, continuant toujours la chasse ordinaire de ladite ville, ...comme les pescheurs et marchands, pour empescher l'envitaillement de ladite ville de Paris et faire cesser la chasse ordinaire, ne veulent vendre aux chasse marées d'icelle ville de Paris de leurs marchandises et poissons, plutôt que ausdits estrangers ou aux autres habitants du lieu, à vil pris, qui les revendent après auxdits chasse marées à prix raisonnable, qui seroit chose grandement prejudiciable tant pour l'interest du Roy que pour le bien public.... ordonne que lesdits pescheurs et marchands desdits lieux de Boulogne, Bergues et autres lieux et ports de mer circonvoisins seront tenus et contrains par toutes voyes et manières deues et raisonnables à bailler et distribuer aux chasse marées ordinaires, pour la chasse et fourniture de Paris, premièrement et avant tous autres, leur poisson et a prix raisonnable, sur peine

[a] Outre des lettres patentes particulières, le roi Jean, dans son ordonnance de 1351, titre VIII, art. 39, parle des chasse-marée.

vingt sept fevrier, l'an de grace mil cinq cens cinquante six et de nostre règne le dixiesme.

XI

1564, mars.

Lettres patentes de Charles IX supprimant l'office de contrôleur de marée,
créé par édit de mars 1544.

Arch. nat., Ordonn., 2ᵉ vol. de Charles IX, X 1ᵃ 8625, fol. 216. — Coll. Lamoignon, t. VIII, fol. 110.

Charles, par la grace de Dieu, Roy de France, sçavoir faisons a tous presens et advenir, que veu en nostre Conseil l'edit faict par le feu Roy Françoys, nostre très honoré seigneur et ayeul, au mois de mars 1543 [1], de creation de l'office de controlleur sur le fait de la marchandise de poisson de mer, tant frais que sallé, apporté et vendu ès halles de nostre ville de Paris, publié et enregistré en nostre Cour de Parlement, par commandement exprès de nostredit seigneur et ayeul, duquel office Jean Lombart naguerre decedé fut lors pourveu; veu aussy les advis tant des presidents et conseillers de notre Cour de Parlement de Paris, deputés par icelle sur le faict de la marée, que de nos officiers au Chastelet de Paris, sur la suppression dudit office de controlleur, avons suivant nos ordonnances d'Orleans, par advis et deliberation de notre Conseil, declaré et declarons que ledit office de controlleur de la marée de Paris, vacant a present par le decez dudit Jehan Lombart, sera et demeurera supprimé et iceluy supprimons [2]..... Donné a Fontainebleau au mois de mars, l'an de grace mil cinq cens soissante trois.

de tous despens, dommages et interests et d'amende arbitraire, le tout suivant les ordonnances. » (Coll. Lamoignon, t. VIII, fol. 210.)

1578, 16 janvier. — Arrêt du Parlement. « Ordonne auxdits marchands de poisson de mer de ne faire passer, monter ne transporter hors ceste ville, soit par eaue ou par terre, aucune marchandise de poisson de mer salé qu'au prealable il ne soit certiffié par les officiers de ladite marchandise que ceste ville en soit suffisamment garnie, ne en faire mener en leurs maisons et ailleurs qu'ès halles de ceste ville, conformement aux edits et statuts de ladite marchandise et sur les peines y portées. » (Lamoignon, t. IX, fol. 174, d'après le ms. du cardinal de Gesvres, t. VII, fol. 73.)

[1] Voyez ci-dessus, pièce IX, p. 422.

[2] 1586, 16 janvier. — Autres lettres patentes confirmant la suppression de l'office de contrôleur de la marée, en raison d'un édit de décembre 1567 qui avait rétabli en bloc tous les offices supprimés par l'ordonnance des États d'Orléans. (Lamare, *Police*, t. III, p. 195.)

XII

1595, 1ᵉʳ septembre.

*Règlements sur la marchandise de poisson de mer en 17 articles
et lettres de Henri IV qui les confirment* [1].

Coll. Lamoignon, t. IX, fol. 862, d'après le registre du juré crieur de 1594.

1. Premierement que toutes lesdites ordonnances seront inviolablement gardées, sur les peines indecies (*sic*) [2] par icelles et plus grandes, a la discretion de ladite Cour.

2. Que tous chassemarées seront tenus garder la fidelité requise par lesdites ordonnances en leurs marchandises, sur peine de cent sols parisis d'amende, applicable moitié au Roy et l'autre moitié a ladite marchandise.

3. Que lesdits chassemarées seront tenus amener leur marchandise en ceste ville, aussitost entrez qu'ils seront, aller icelle decharger en la halle, au parc de ladite marchandise, si elle y arrive le matin, pour y estre promptement vendue,

[1] Autres lettres patentes de Henri III, d'octobre 1576, portant règlement sur le poisson de mer en 22 articles :

«Henry par la grâce de Dieu, Roy de France et de Pologne, à tous presens et advenir salut : Sçavoir faisons que nous avons reçu l'humble suplication de nos chers et bien amez les compteurs et déchargeurs de poisson de mer frais, sec et salé ez halles de Paris..... ainsi qu'il ensuit :

«1[*]. Charretiers ne mèneront poissons qu'aux halles sans le congé des jurez.

«2. La route de la halle ne sera pas embarrassée.

«3. Détailleurs n'occuperont la place des forains.

«4. Les mariniers feront leur déclaration de la quantité de poissons contenue dans leurs bateaux.

«5. Ne faire injure, force ou violence aux jurés dans l'exercice de leurs charges.

«6. Les harengers et poissonniers formeront un même métier.

«7. Tout le poisson sera descendu aux halles; permis aux acheteurs de le visiter.

«8. Défense d'acheter ailleurs qu'aux halles.

«9. Défense de décharger le poisson ailleurs qu'aux halles sans le congé des jurés, et sans être compté et visité.

«10. Ne passer et mener le poisson aux pays

d'amont sans permission et avant que la ville de Paris soit suffisamment fournie.

«11. Poissons qui ne pourront estre vendus seront mis en garde aux halles.

«12. Détailleurs n'enverront à la mer si ce n'est pour eux.

«13. Ne mener ailleurs sans congé le poisson qui aura été descendu à Paris.

«14. Nul ne pourra aller au-devant du poisson.

«15. Vol de poisson défendu.

«16. Commerce du gros et du détail ensemble défendu.

«17. Regrat défendu.

«18. Défense de mettre nouvelle saumure dans les harengs.

«19. Défense de gâter et altérer le poisson.

«20. Ne passer sans congé pour mener poisson aux pays d'amont.

«21. La place des forains poissonniers ne sera embarrassée.

«22. N'insulter les bourgeois ou autres personnes qui marchanderont du poisson.

«..... Donné à Paris au mois d'octobre, l'an de grâce mil cinq cens soixante seize.» (Lamoignon, t. VIII, p. 960. — Lamare, *Traité de la police*, t. III, p. 168.)

[2] Mot douteux pour *indiquées*.

[*] Ces statuts étant reproduits dans le texte de 1595, nous donnons seulement l'intitulé des articles.

54.

prealablement veue et visitée et raportée bonne et valable et marchande, comme il sera dit cy après; et si elle arrive après midy, sera deschargée mise et serée en la halle couverte et non ailleurs, laquelle halle à cette fin sera fermée aux depens communs de tous les corps de ladite marchandise; les clefs de laquelle seront baillées a deux, a scavoir a un juré vendeur et a un juré conteur, pour estre ladite marchandise vendue en la manière qu'il sera cy-après dit, sans que les conteurs deschargeurs puissent livrer ni verser aucune marchandise et les vendeurs la livrer ne vendre qu'aux heures portées par l'ordonnance et, où y auroit contravention a ce que dessus, l'amendera le contrevenant de dix livres parisis, applicable comme est dit.

4. La marchandise arrivée le matin sera deschargée par les dechargeurs devant les vendeurs, sans que aucunes autres personnes y puissent mettre la main.

5. Et pour ce que, par le moyen de la confusion que font les femmes detailleresses pour acheter, et les porteuses pour porter paniers de marchandise, il advient souvent qu'il y a perte desdits panniers, à la confusion des vendeurs et a l'oppression et charge du public, deffenses sont faites a toutes lesdites femmes et à toutes autres personnes de prendre aucuns panniers que premierement la marchandise n'ait esté veue, visitée et rapportée, comme il sera cy après dit, en peine d'estre par celui ou celle qui contreviendra apposée au carcan l'espace d'une heure entière, pour la première fois, et de plus grande pour les autres.

6. Deffenses sont faites a tous conteurs et dechargeurs donner ni verser aucun panier, a scavoir depuis Pasques jusques à la saint Remy, avant l'heure de six heures, ains après ladite heure sonnée; et depuis ledit jour de la saint Remy jusques audit jour de Pasques, avant sept heures, sur peine de cent sols d'amende, comme dessus. Et seront lesdits deschargeurs tenus verser un panier de chacune sorte, pour eviter la non vente de la marchandise desdits chassemarées, à la charge que leurs panniers seront sans fraudes.

7. Ne pourront les vendeurs, ains leur sont faites très expresses inhibitions et deffenses, de vendre aucune marée par avant les heures, a scavoir, de Pasques a la saint Remy, de sept heures, et de la saint Remy a Pasques, de huit heures, et sans qu'au prealable la marchandise de marée ait esté visitée par les jurés et raportée bonne et loyale et marchande au procureur general, et que la cloche attachée contre ladite Halle couverte n'ait esté sonnée par deux fois, sur peine de dix livres parisis d'amende, comme dessus; bien pourroient lesdites marchandises estre dechargées veues et visitées par les jurez et rapportées audit procureur, par avant lesdites heures de sept et huit.

8. Deffenses sont faites a tous vendeurs de vendre aucune marchandise que bonne loyale et marchande, sur peine de cent livres parisis d'amende applicable comme dit est.

9. Deffenses sont faites a tous etailleurs et etailleresses et autres, de transpor-

ter marée en leurs'maisons et la garder plusieurs jours, ains seront tenus la vendre le mesme jour qu'elle sera arrivée; et si d'aventure il leur en demeuroit, seront tenus laisser ce qui leur demeurera en ladite halle, et le lendemain de grand matin auparavant la vente, estaller exposer et la montrer aux jurez pour voir si elle sera trouvée bonne loyale et marchande, sur peine de confiscation et de cent sols parisis d'amende, comme dit est.

10. Deffenses sont faites a toutes personnes d'aller au devant des marchandises, les prendre et les serrer en cave, ains leur est enjoint les laisser venir, descendre et descharger en ladite halle, sur peine de dix livres parisis d'amende, applicable comme dit est.

11. Semblablement deffenses sont faites a tous conteurs, deschargeurs, de prendre aucuns poissons dans les panniers qu'ils verseront, sur peine de quarante sols parisis d'amende; bien si les chassemarées leur en donnent, le pourront·prendre et non autrement.

12. Est enjoint auxdits vendeurs de conter de deux deniers tous les mois au receveur general sur le fait de ladite marcheandise et non autrement; et exhiber leurs registres et papiers, leur declarer et expliquer leurs nottes et chiffres pour connoitre leur compte, sur les peines de l'ordonnance.

13. Sera tenu ledit receveur fournir deniers audit procureur qu'il conviendra, pour fournir a la distribution des droits ordonnez a distribuer tous les ans, payemens des recompenses des chassemarées, et ce sous son recepissé; et en cas de refus par lui, en pourra ledit procureur prendre par les mains des vendeurs qui seront tenus y fournir pour eviter peines et longueurs.

14. Sera tenu ledit receveur conter fidellement esdis deux deniers tous les ans pardevant les commissaires deputez sur le fait de ladite marchandise, conseil et procureur general d'icelle au temps de caresme, aux jours et lieux plus comodes que lesdits deputez adviseront et ordonneront et a ce faire sera ledit receveur contraint par saisie et vente de ses biens, mesme par emprisonnement de sa personne.

15. Deffenses sont faites a toutes femmes et filles detailleresses de vendre poisson trempis[1], en dedans ne autour du Parvis de la marchandise de poisson de mer, ou se fait la vente de ladite marchandise, ains pourront vendre lesdits poissons es places pour ce destinés et acoustumés desdites halles à vendre trempis sur peine de confiscation de leur marchandise et vingt sols parisis d'amende, applicable comme dit est.

---

[1] Poisson ayant séjourné dans l'eau.

1603, 19 juillet. — Arrêt du Parlement «qui condamne les marchans de poisson de mer salé à tenir de jour les eaux procedant des trempis dedans tines et autres vaisseaulx couverts; de les faire vider de nuit aux egouts hors nostredite ville de 10 h. du soir à deux heures après minuit d'avril à octobre, et en hyver de sept heures du soir à la dite heure de deux heures, leur a fait et fait inhibicions et defenses de jetter ni faire couler par les rues aucunes eaux desdits trempis a peine, contre les contrevenans proprietaires, de privation de leurs maisons et demolition desdits trempis.» (Coll. Lamoignon, t. X, fol. 289.)

16. Sera tenu ledit procureur general avoir l'œil et tenir la main a l'observation des presens reglemens et des ordonnances generalles de ladite marchandise sur peine de imputer ce qui adviendroit de mal a faute de ce.

17. Et enjoint au sergent et garde de ladite marchandise se trouver tous les jours de poisson, au parc de la marée, a l'heure de six heures, depuis Pasques jusques a la saint Remy et depuis la saint Remy, jusques a Pasques a sept heures, et la assister ledit procureur general et lui obeir en ce qui concernera le fait de sa charge, sur peine de suspension de sondit etat et office. . . . .

Henry, par la grace de Dieu, Roy de France et de Navarre, au premier des huissiers de nostre Cour de Parlement ou nostre sergent sur ce premier requis, salut. Comme ce jour et datte des presentes, veu par nostredite Cour la requeste a elle presentée par le procureur general sur le fait de la marée, tendant a ce que pour remedier au desordre et confusion que la licence des troubles en ceste ville a introduit contre les ordonnances, que les extraits d'icelles sur ce faites et attachées fussent gardez et observez et entretenuz, a ceste fin leus et affichez a jour de marché au parc de la marée, mis en ung tableau et renouvellé chacun an aux despens de ladite marchandise. . . . . Donné à Paris, en nostre Parlement, le premier jour de septembre, l'an de grace mil cinq cens quatre vingt quinze et de nostre regne le septiesme.

XIII

1598, 30 décembre.

Édit de Henri IV portant suppression de 5 offices de vendeurs de poisson de mer, créés par édit d'octobre 1597.

Ordonn., 3ᵉ vol. de Henri IV, fol. 274. — Coll. Lamoignon, t. X, fol. 27.
Traité de la police, t. III, p. 166.

Henry par la grace de Dieu, Roy de France et de Navarre. . . . . d'autant que nostre intencion a toujours esté qu'il fust pourveu plutot a l'entretienement. des reglemens y contenus pour la conservation de nos droitz que non pas a aucune nouvelle institucion d'officiers; nous, pour ces considerations et autres a ce nous mouvans, avons resolu de faire passer outre audit establissement. A ces causes, avons dit et desclaré, disons et desclarons, voulons et nous plaist, qu'au lieu desdits cinq ollices de vendeurs nouvellement creez, que nous avons suprimez, esteins et revoquez, supprimons esteignons et revoquons par ces presentes; que l'exercice en demeure et soit incorporé aux charges desdits dix vendeurs[1], pour en jouir sui-

---

[1] Ces dix offices de vendeurs avaient déjà été portés à seize par lettres du 26 février 1359, puis supprimés et rétablis à leur ancien nombre par arrêt du 21 août 1361. (*Police*, t. III, p. 150.)

vant nos ordonnances, et pour ce que nous sommes avertis qu'au prejudice de nos droitz et du public ledit poisson frais sec et sallé est caché et recellé par aucuns facteurs et marchans de nostredite ville, sera ores et à l'avenir tout ledit poisson frais, sec et salé, arrivant en icelle ou par eau ou par terre, appartenans aux marchans y demeurans ou aux forains, vendus par iceulx dix vendeurs et non autres, et ce en nosdites halles et non ailleurs suivant lesdites ordonnances, pour la conservation de nos droits et de dix deniers pour livre à eux attribuez de toute ancienneté, ausquels vendeurs les confirmons de nouveau en tant que besoin est ou seroit..... Donné a Paris le 17ᵉ jour de juin, l'an de grace mil cinq cens quatre vingt dix huit.

Enregistré au Parlement le trentiesme jour de decembre.

XIV

1602, août.

Lettres patentes de Henri IV, confirmant purement et simplement les règlements faits sur le poisson de mer.

Ordonn., 4ᵉ vol. de Henri IV, fol. 436. — Coll. Lamoignon, t. X, fol. 274.
Traité de la police, t. III, p. 225.

XV

1662, 18 février.

Ordonnance de police sur le fait de la marée, portant règlement pour l'approvisionnement des Halles, en 14 articles [1].

Coll. Lamoignon, t. XIV, fol. 335.

[1] Cet acte contient en substance les prescriptions déjà émises :

Les marchands forains de salines ne doivent pas se confondre avec les marchands détailleurs de la ville, ni se nuire les uns aux autres. Le procureur général du Châtelet et au-dessous de lui les jurés, sergent et gardes de la marchandise de poisson de mer étaient chargés de l'exécution des règlements.

Ces ordonnances étaient rendues de temps en temps et sous les mêmes formes. L'article 1ᵉʳ de 1662 rappelle les précédentes des années 1414, 1598, 1618, 1621 et 1652.

XVI

1674, 28 avril.

Arrêt du Conseil d'État du Roi contenant l'offre faite par les dix vendeurs de poisson de mer pour la conservation de leurs offices.

Coll. Lamoignon, t. XVI, fol. 307. — Police, t. III, p. 170.

Sur la requeste presentée par Philippe Levesque, Pierre Langlois, Marc Antoine Pietre, Jacques Favier, Estienne Parichon, Romain Boulanger, Alexandre Souef, Toussaint Bazin, Jacques Beuil et heritiers de Jean Levesque, vendeurs de poisson de mer frais sec et salé, de la ville et fauxbourgs de Paris, contenant qu'en l'année mil cinq cens soixante et onze, eux et leurs predecesseurs esdites charges, enfants et heritiers, auroient esté deschargez par arrest du 26 octobre audit an des demandes faites contre eux, neantmoins voulant assurer le repos dans leurs familles et secourir de tout leur pouvoir Sa Majesté dans les grandes depenses qu'elle est obligée de faire, pour entretenir les armées considerables qu'elle a sur pied, ils offrent la somme de deux cens mil livres pour estre maintenus et confirmés en l'exercice et fonction de leurs charges et jouissance de leurs droits, et ce a titre d'augmentation de finance..... Ordonne Sa Majesté qu'ils continueront de les lever ainsi qu'eux et leurs predecesseurs moyennant la somme de deux cens mille livres, suivant le rolle qui sera arresté au Conseil..... Fait au Conseil d'État du Roy tenu à Paris, le vingt huitiesme jour d'avril mil six cens soixante quatorze.

XVII

1681, 1ᵉʳ août.

Ordonnance des Commissaires du Parlement sur le commerce du poisson de mer.

Coll. Lamoignon, t. XVI, fol. 1183.

1. Fait deffenses [1] a toutes femmes revenderesses de marée sur les clayons et inventaires [2] de vendre leurs marchandises dans le parquet de la marée et halle

---

[1] Ces règlements furent rendus sur la plainte faite par le procureur général de la marchandise de poisson de mer, du désordre qui était survenu «en la police de l'arrivée, descente, decharge, vente et débit d'icelle, contre la teneur des ordonnances générales de ladite marchandise, arrets et règlemens». Ils étaient renouvelés de l'ordonn. de 1673.

[2] *Inventaires*, sorte de dressoirs.

couverte, audevant des marchandes publiques qui ont des etaux, même devant les portes de la halle couverte de la marée, a peine de trois livres d'amende.

2. Ordonne que les chassemarées entreront à la file dans le parquet de la marée et consecutivement l'un après l'autre, sans qu'ils puissent intervertir leur ordre, et s'arreteront pardevant chacun desdits vendeurs, selon le rang des places qu'ils occupent dans ledit parquet de la marée, pour la vente et debit de ladite marchandise, sans que lesdits chassemarées, ny leurs facteurs ou autres puissent se choisir aucun vendeur que celui qui se trouvera dans son ordre et rang, suivant l'ordre du tableau qui sera renouvelé chacun an, a peine de dix livres.

3. Fait deffense à tous valets d'etable, crocheteurs et toutes autres personnes d'aller audevant desdits chassemarées, de les mener et conduire devant lesdits vendeurs, sous les memes peines.

4. Fait deffense de monter sur les charrettes desdits chassemarées ny de prendre ny emporter aucun panier qui ne leur soit donné par les compteurs [1], a peine de trois livres d'amende et a cette fin enjoint auxdits compteurs de faire leurs charges en personnes ou autres commis par eux, dont ils seront responsables.

5. Fait deffense a toutes les femmes detailleresses et a tous autres, de quelque

[1] Les compteurs et déchargeurs de poisson, qui, dès Étienne Boileau, faisaient partie des poissonniers, ont plusieurs pièces les concernant particulièrement. Ils ne paraissent pas avoir formé de communauté; leurs fonctions, dirigées par les vendeurs, les ont relégués à un rang secondaire parmi les nombreux officiers créés pour le commerce du poisson. Voici les cotes des pièces groupées par Lamare (*Traité de la police*, t. III, p. 138), d'après le Registre de la marée :

1565, 30 mars. — Arrêt du Parlement, d'après une sentence du 22 mars 1560 autorisant les compteurs à prendre sur les poissonniers, pour chaque cent de poisson, douze deniers parisis.

1671, 4 septembre. — Règlement pour l'arrivée des charrettes des chasse-marée et leur déchargement.

1674, 8 avril. — Arrêt qui rétablit les compteurs et déchargeurs de marée, réduits par édit de février précédent, dans leurs fonctions telles qu'elles sont réglées dans les ordonnances de Henri III et Henri IV. (Ci-dessus, pièce XII.)

1674, mai. — Lettres patentes de Louis XIV déclarant que les offices de compteurs de marée, réduits à 8 par édit de février précédent, seront maintenus à leur ancien nombre de 12 et qu'ils continueront leurs fonctions et le recouvrement de leurs droits, à la condition de payer la somme qui sera arrêtée en conseil.

1683, 11 février. — Arrêt du Parlement. «Sur la requête que les compteurs et déchargeurs ont été créés de temps immémorial et érigés en titre d'office pour cet effet et confirmés dans leurs fonctions, fait deffenses a toutes personnes de prendre ou recevoir aucun poisson desdits chassemarées, sous peine du fouet et du bannissement suivant l'art. 3 du règlement du 21 février 1610; enjoinct ausdits compteurs et dechargeurs de se trouver aux jours et heures que le poisson de mer frais, sec et salé arrive aux halles, pour en faire le compte et décharge, fait deffenses de prendre plus de vingt sols pour chaque charrette et deux sols six deniers pour chaque somme; qu'ils feront leurs fonctions alternativement et par semaine, devant lesdits vendeurs et marchands de salines, sans qu'aucun puisse travailler deux semaines devant un même vendeur.....» (Lamoignon, t. XVII, fol. 63, et *Police*, t. III, p. 141.)

1700, 30 juin. — Règlement pour les fonctions des compteurs et déchargeurs.

1706, décembre. — Édit qui unit aux compteurs de marée les offices nouvellement créés moyennant la somme de 33,000 livres et qui règle à nouveau leurs droits et leurs fonctions d'après les anciennes ordonnances de 1576.

1708, 3 avril. — Autre règlement semblable.

I.

qualité qu'ils soient, mesme les communautez, de payer le prix de la vente qui
leur est faite de ladite marchandise de poisson de mer, a autres qu'aux vendeurs
commis pour la recette de ladite marchandise, a peine de payer deux fois et de
5o livres d'amende pour chacune contravention.

6. Enjoint a toutes femmes qui vendent pois, artichaux et autres legumes, dans
ledit parquet de la marée, de mettre dans des tonneaux les cosses, queues d'artichaux et autres choses qui puissent infecter et corrompre ladite marchandise
de marée pour estre par eux emportées journellement.

XVIII

1681, 20 décembre.

Arrêt du Conseil d'État du Roi sur les fournisseurs d'huîtres.

Coll. Lamoignon, t. XVI, fol. 1210.

Sur la requeste que le commerce d'huitres en escailles a toujours esté libre,
sans aucun assujettissement de droits ni de charges et que mesme les jurés vendeurs de poisson à Paris, les compteurs et tous autres officiers de police ne les
ont point empesché dans leur trafic..... que le prix de cette marchandise ne
se monte pas dans une année à trente mille livres de vente, dans la ville de
Paris, que le motif du procureur et des vendeurs de marée n'a esté que pour ruiner le commerce des huitres en escailles et les surcharger de droits au profit de
ces officiers, quoiqu'ils sachent qu'il ait plu à Sa Majesté les en exempter, mesme
de ceux qu'elle fait lever a son proffit sur le poisson frais. En effet il y a près de
quatre vingt ans que le fermier du droit de sou et six deniers pour livre, qui se
leve à Paris sur le poisson de mer, ayant voulu le percevoir sur les huitres en
escailles, le Roy Henri le Grand luy fit deffenses de l'exiger..... Le Roy en son
Conseil, sans s'arrester aux arrests du 5 septembre 1681 et 9 du présent mois[1],

---

[1] Le commerce des huîtres a été l'objet de plusieurs arrêts, parmi lesquels nous citerons les suivants :

1627, 14 avril. — Arrêt du Conseil portant
exemption de toutes impositions pour les marchandises d'huîtres en écailles vives, voiturées par
terre en la ville de Paris. (*Traité de la police*, t. III,
p. 125.)

1681, 5 septembre. — Arrêt du Parlement.
«Ordonne que les édits, arrets et reglemens faits
et donnés pour le fait de la marchandise de poisson
de mer frais, sec et sallé seront executés et suivant

iceulx enjoinct à tous marchands, voituriers et
autres amenans ladite marchandise d'huitres en
écailles en cette ville de Paris de porter leurs declarations veritables et par écrit au bureau desdits
vendeurs, contenant la quantité de ladite marchandise, le nom du propriétaire, fait deffense a tous
marchands de les faire conduire ailleurs qu'au parquet de la marée des Halles pour y estre veues,
visitées et vendues par les vendeurs de la marchandise de poisson de mer.» (Coll. Lamoignon, t. XXI,
fol. 1191.)

1691, août. — Édit de Louis XIV portant créa-

ordonne que ceux du Conseil des 3 avril 1658, 13 novembre 1671 seront executés selon leur forme et teneur, et en consequence Sa Majesté permet aux supplians, leurs facteurs commissaires et revendeurs, de vendre et debiter dans ladite
ville de Paris, des huitres vives en ecailles, en la manière accoustumée. Fait deffenses aux vendeurs de marée et a tous autres de les troubler ny d'exiger aucuns
droits pour raison de ce, a peine de mille livres d'amende.

<hr />

XIX

1690, 25 janvier.

Lettres patentes de Louis XIV confirmant les privilèges des 10 vendeurs de poisson de mer sur les marchands de Paris et les forains, ainsi que les droits à percevoir sur le poisson sec et salé.

Arch. nat., Ordonn., 3o* vol. de Louis XIV, X 1* 8684, fol. 43. — Coll. Lamoignon, t. XVII, fol. 796.
Traité de la police, t. III, p. 176.

Louis, par la grace de Dieu, Roy de France et de Navarre, a tous ceux qui ces
presentes lettres verront, salut. Les dix vendeurs de poisson de mer frais, sec et
salé de nostre bonne ville de Paris nous ont fait remonstrer que par l'establissement de leurs offices, ils ont droit de vendre le poisson de mer sec et salé à
l'exclusion de toutes autres personnes, de la mesme manière qu'ils vendent le
poisson frais, ainsi qu'il est expressement ordonné par les lettres patentes du mois
de juillet mil cinq cens sept[1] et du mois de juin mil cinq cens quatre vingt dix
huit... Nous ont supplié a cet effet renouveller tous les edits, arrets et reglements pour la police, visite, vente et attribution du sol parisis pour livre, accordé auxdits vendeurs de toute ancienneté, et pour nous temoigner leur zèle et
affection a nostre service, et contribuer de leur part aux depenses que nous
sommes obligés de faire pour soutenir la guerre contre les ennemis de l'État, ils
nous ont offert, par leur requeste presentée en nostre Conseil, de payer la somme

tion en titre d'office de 6 pourvoyeurs vendeurs d'huitres en écailles à Paris et à la suite de la Cour et dans d'autres villes. Ces offices furent supprimés par déclaration du 8 juillet 1698 et arrêt du Con-seil du 1ᵉʳ août 1711. (Lamoignon, t. XVIII, fol. 390.)

1718, 5 mars. — Arrêt du Conseil interdisant aux vendeurs de marée de s'interposer dans la vente des huitres à écailles, qui sera libre et faite en la manière accoutumée. (*Traité de la police*, t. III, p. 131, ainsi que tous les arrêts ci-dessus.)

1725, 12 juin. — Ordonnance de police pres-crivant que les huitres seront visitées au bureau de la marée par les préposés. (Lamoignon, t. XXVIII, fol. 402.) — On verra ci-dessous, pièce XXVIII, une autre ordonnance rendue en 1748, contenant 8 articles de règlements pour les écaillers.

[1] Les vendeurs, mentionnés dès le xiiiᵉ siècle et dans l'ordonnance de 1351, titre VIII, ont été con-firmés le 21 mars 1505 (ci-dessus, pièce VII). Une ordonnance du 24 juillet 1507 ne concerne que la police du poisson de mer.

de quatre cens cinquante mille livres en nostre tresor royal, laquelle avec celle de deux cens mille livres payée en mil six cens soixante quatorze leur tiendra lieu d'augmentation de finance, en leur accordant leur franc salé pour la provision de leur maison, sur laquelle requeste et toutes les pièces justificatives, il est intervenu un arrest en nostre Conseil d'État le 27e decembre 1689 par lequel leurs offres ont esté reçeues et iceux maintenus et gardez dans la fonction et exercice de leurs offices [1]. A ces causes..... ordonnons que le poisson de mer sec et salé, arrivant en nostre bonne ville de Paris, par eau ou par terre, appartenant aux marchands y demeurant ou forains, sera vendu par lesdits vendeurs seuls, au lieu des halles de ladite ville, ès jours et en la manière portés par les règlemens de ladite marchandise, sur le prix de laquelle les vendeurs retiendront douze deniers parisis pour livre, faisons deffenses aux marchands de salines de Paris ou forains et à tous autres de troubler ny inquiéter lesdits vendeurs dans la vente du poisson de mer sec et salé et la perception de leurs droits..... Ordonnons que par divers arrets et entre autres celui du 27 aoust 1683 et nos lettres données en consequence [2], les droits qui se levent sur le poisson de mer frais, y compris ceux de la coutume, seront et demeureront fixés à deux sols par escu du prix de la vente de la marée, et quatorze sols par ecu du prix de la vente du hareng frais et sor, accordons a chacun desdits vendeurs et à leurs successeurs en leurs offices, un minot de sel de franc salé a raison de cinquante sols par minot, pour lequel ils seront employés dans l'etat de franc salé qui sera arresté en nostre Conseil, a la charge de payer par lesdits vendeurs suivant leurs offres au receveur des revenus casuels la somme de quatre cens cinquante mille livres, et pour le paiement de ladite somme ordonnons au receveur d'accepter la declaration des vendeurs au profit de ceux qui leur auront presté leurs deniers, en faire mention dans ses quittances pour tenir lieu auxdits creanciers de quittance d'employ et avoir privilège special sur les offices desdits vendeurs [3]..... Donné à Versailles le 25e jour de janvier, l'an de grace mil six cens quatre vingt dix.

---

[1] Cet arrêt, inséré dans Lamoignon (t. XVII, fol. 765) et le *Traité de la police* (t. III, p. 173), ne contient aucun autre renseignement de plus que ces lettres patentes.

[2] Le tarif du droit domanial de la coutume de poisson de mer frais, sec et salé, la sentence de la Chambre du trésor (27 aoûl 1683), les lettres patentes qui les confirment, du 19 février 1686, ne concernent les fonctions ni des vendeurs ni des marchands. Ces documents sont donnés par Lamoignon, t. XVII, fol. 115 et 343; dans le *Traité de la police*, t. III, p. 232 et 234.

[3] Les changements dans les offices ne faisaient pas négliger le commerce du poisson; l'ordonnance de 1672 donna des règlements pour la marée comme pour les autres branches d'approvisionnement; on a vu ci-dessus les articles de 1681; à la suite d'un arrêt, la Cour de Parlement en donna, le 20 janvier 1696, un nouveau texte en 27 articles, dont voici seulement l'intitulé, pour permettre d'en connaître la substance :

1. Défense de troubler les pêcheurs et les marchands chasse-marée.

XX

1696, mai.

Édit du Roi portant création de 60 offices de jurés vendeurs de marée, outre les 10 anciens.

Coll. Lamoignon, t. XIX, fol. 672.

Louis, par la grace de Dieu, Roy de France et de Navarre, à tous presens et avenir, salut. L'etablissement qui a eté fait par les Rois nos predecesseurs, des vendeurs de poisson de mer, frais, sec et salé, pour notre bonne ville et faux-bourgs de Paris, a esté si utile aux marchands de poisson, qui par leur moyen trouvent un prompt debit de leurs marchandises, sans souffrir aucun retarde-ment dans leur commerce, que nous ne sçaurions avoir trop d'application à les conserver. Mais comme le nombre de dix ne nous a pas paru suffisant [1], par pro-

2. Défense d'arrêter les chasse-marée sur leur route.

3. "Chassemarées ne seront arrêtés, retenus pri-sonniers, ny leurs équipages et marchandises saisis pour dettes civiles."

4. Indemnités accordées aux chasse-marée pour pertes par eux subies, précautions prises pour évi-ter les fausses déclarations de leur part.

5. Paniers d'un modèle uniforme, qui doivent être remplis de poisson de la même espèce et de la même fraîcheur.

6. Fonctions des compteurs de marée.

7. Défense de troubler les compteurs.

8. Les mannes seront serrées dans la maison dite du fief d'Elbic.

9. Les vendeurs exerceront en personne.

10. Les vendeurs présenteront au bureau des compteurs leur bordereau de vente qui leur sera payé de suite, sous déduction des droits.

11. Réparation des chemins par où passent les chasse-marée.

12. Salines. Les morues grosses, moyennes et petites ne seront mêlées. Les compteurs ne pour-ront faire le commerce pour leur propre compte.

13. Les salines seront marquées sur les ports et amenées directement à Paris, sans pouvoir être emmagasinées ailleurs.

14. "Mariniers feront déclaration de la mar-chandise amenée."

15. Les jurés, visiteurs et compteurs enregistre-ront ces déclarations.

16. La marchandise, dès son arrivée, sera menée directement à la Halle où elle sera vi-sitée.

17. Les marchands en gros vendront en gros et les détailleurs en détail. On ne pourra faire l'un et l'autre à la fois.

18. Les détailleurs et détailleresses feront ser-ment, par-devant le Procureur général, d'occuper leurs places et de les garnir suffisamment.

19. Les marchands de salines de Paris ne trou-bleront les forains dans leur commerce.

20. Jours et heures auxquels la halle aux salines sera ouverte.

21. "Trempis ne seront falsifiés par chaux ou autrement." La marchandise sera visitée.

22. Défense de vendre des salines en détail les dimanches et fête de la Vierge en Carême.

23. "La marchandise destinée aux pays d'amont ne pourra être enlevée ny passer sans congé et après que Paris sera suffisament approvisionné."

24. Les comptes des jurés, vendeurs, compteurs. seront rendus tous les six mois.

25. Juridiction des Commissaires du Parlement.

26. Nettoiement des Halles.

27. Injonction au Procureur général d'avoir à faire exécuter les ordonnances sur le poisson de mer.

"..... Fait en Parlement le 20 janvier 1696.-(Lamoignon, t. XIX, fol. 601, d'après le Registre du juré crieur.)

[1] Les dix s'étaient maintenus depuis 1351.

portion à celuy des marchands de poisson, et que nous avons besoin de secours
extraordinaires pour soutenir les depenses de la guerre, nous avons resolu d'en
augmenter le nombre; et pour soulager nos peuples en continuant l'alienation de
nos revenus, d'attribuer aux vendeurs de marée que nous avons dessein de creer,
les droits de vingt quatre deniers pour livre qui etoient perçus à notre profit par
nos fermiers, mesme ceux de la petite coutume. A ces causes et autres à ce nous
mouvans et de notre certaine science pleine puissance et autorité royalle, nous
avons par notre present edit perpetuel et irrevocable, creé et erigé, creons et erigeons en titre d'offices formez et hereditaires, et non domainiaux, soixante jurez
vendeurs de poisson de mer, frais, sec et salé, en notre bonne ville et fauxbourgs
de Paris, auxquels nous avons attribué et attribuons les droits de vente, ou de
vingt quatre deniers pour livre à nous appartenant, et qui se lèvent actuellement
à notre profit..... Permettons auxdits anciens vendeurs d'acquerir en corps ou
chacun d'eux en particulier, un ou plusieurs desdits offices de jurez vendeurs presentement creés, et de les reunir à leur communauté en tout ou partie [1], si bon
leur semble, pour en jouir, et les droits y attribués en vertu des quittances de
finance qui leur seront expediées et delivrées sans qu'ils soient tenus de prendre
de nouvelles provisions, ny prester nouveau serment, dont nous les avons dès à
present dispensés. Pourront les desunir ou les vendre en tout ou partie, quand
et ainsi qu'ils le jugeront à propos. Voulons que ceux qui acquéreront les offices
creés par le present edit soient tenus de nous payer les sommes auxquelles la
finance en sera reglée par les rolles que nous ferons à cet effet arrester en notre
Conseil. Et moyennant ce, nous leur avons, outre les droits de vingt quatre deniers cy-dessus, attribué et attribuons, un minot de sel de franc salé qui leur sera
delivré sur leurs simples quittances par lesdits officiers et commis au grenier à
sel de Paris, en payant cinquante sols par minot, pour toutes choses. Et d'autant
qu'outre ledit droit de vingt quatre deniers il nous appartient encore un droit domanial sur ledit poisson de mer frais, sec et salé, appelé la petite coutume, ou la
boete au poisson, dont la regie deviendroit onereuse à nos fermiers, en ce que
pour la perception de ce seul droit, laquelle est difficile [2], ils seroient obligés
d'avoir autant de commis qu'ils en avoient pour la levée desdits vingt quatre deniers, ce qui consommeroit la meilleure partie dudit droit en frais, nous avons,
pour faciliter ladite regie et pour la commodité des marchands forains, resolu de

[1] L'union eut lieu six mois après.

[2] Ce droit fut l'objet d'une foule de contestations. Voici la mention d'un des derniers arrêts :
1693, 29 août. — Arrêt du Conseil qui contient
règlement entre le fermier de la coutume du poisson de mer et les jurés vendeurs de marée. «Maintient lesdits vendeurs de poisson de mer dans leurs
fonctions et charges d'après les arrêts du 28 avril

1674, 9 mai 1682, 27 août 1683, 9 février 1686,
lettres du 9 février 1686 et 25 janvier 1690, suivant lesquels ils seront seulement tenus de payer
les droits de coutume. Fait Sa Majesté défense audit de Marne, et a tous autres fermiers de ladite
coutume d'exiger d'eux d'autres plus grands
droits à peine de concussion.» (Lamoignon, t. XIX,
fol. 178, et Traité de la police, t. III, p. 178.)

vendre et aliener a perpetuité ledit droit domanial ou de la petite coutume sur ledit poisson. Et de la mesme autorité que dessus, nous avons par le present edit perpetuel et irrevocable, uni et unissons ledit droit domanial appelé la petite coutume ou la boete au poisson, y compris la halle couverte et le parquet de la marée, vente et revente dudit poisson aux dix anciens offices de vendeurs de poisson de mer frais, sec et salé, pour en jouir par eux, leurs successeurs et ayans cause a perpetuité, ainsi que nos fermiers en ont joui jusqu'à present, nous avons ledit droit domanial distrait et desuni de nostre ferme generale des domaines, sans qu'à l'avenir il y puisse estre reuni sous pretexte de revente ou de rachat de nostre domaine et droits domaniaux ou autrement, nous reservant d'en indemniser nos fermiers ainsy qu'il appartiendra..... Donné a Versailles au mois de may, l'an de grace mil six cens quatre vingt seize et de nostre regne le cinquante quatriesme.

XXI

1696, décembre.

Lettres patentes unissant les 60 offices de vendeurs, créés en mai précédent,
aux 10 anciens vendeurs de marée.

Ordonn., 37ᵉ vol. de Louis XIV, fol. 97. — Coll. Lamoignon, t. XIX, fol. 919.

Louis, par la grace de Dieu, Roy de France et de Navarre, a tous presens et avenir salut. Comme par arrest rendu en nostre Conseil le 26ᵉ may 1696 [1] il a esté ordonné qu'en payant par les dix anciens vendeurs de poisson de mer frais sec et salé de nostre bonne ville et fauxbourgs de Paris la somme de seize cens cinquante mille livres, ils jouiront des vingt quatre deniers pour livre attribués aux soixante offices de jurez vendeurs dudit poisson creés par nostre edit de may 1696 [2], ensemble du franc salé et autres droits attribuez ausdits offices, avec faculté aux anciens vendeurs d'unir à leur communauté ou de vendre le tout ou partie desdits offices et droits à qui et ainsy que bon leur semblera, qu'il a esté aussy ordonné par ledit arrest que lesdits anciens vendeurs jouiront du droit domanial appelé la petite coutume [3] reunie à leurs anciens offices par le mesme edit et que notre intention est qu'ils jouissent des droits, privilèges, franchises et li-

---

[1] 1696, 26 mai. — Arrêt du Conseil d'État du Roi qui unit les 60 offices de vendeurs de marée créés en mai 1696 aux 10 anciens vendeurs, moyennant le versement de la somme de seize cent cinquante mille livres. (Lamoignon, t. XIX, fol. 912; *Traité de la police*, t. III, p. 181.)

[1] Soit trois pièces : édit de création, arrêt acceptant et lettres confirmant l'union des 60 offices.

[3] Le tarif de cette coutume avait été arrêté le 27 août 1683, en la Chambre du trésor. Ces chiffres n'offrent pas d'intérêt pour notre sujet. La pièce est insérée dans Lamoignon, t. XVII, fol. 115.

bertez à eux concedés par nos predecesseurs Roys, mesme auparavant l'année
1361[1], dont ils ont joui paisiblement par temps immemorial et obtenu confirmation d'iceux, tant du Roy Henry quatre, par ses lettres d'aoust 1602, que du feu
Roy dernier decedé, nostre très honoré seigneur et père, d'heureuse memoire,
par autres lettres de mars 1611, registrées en nostre Parlement de Paris, et que
pour raison desdits droits et privilèges ils continueront d'avoir leurs causes commises, tant en demandant qu'en defendant, en nostre Parlement de Paris, juge
et conservateur desdits droits et privilèges; a ces causes, desirant qu'il ne soit
rien innové auxdits droits, privilèges, franchises, libertez et juridiction, ny aux
ordonnances sur le fait de la police et marchandise dudit poisson de mer, les
avons par ces presentes confirmés et confirmons.....Donné à Versailles, l'an de
grace mil six cens quatre vingt seize et de nostre regne le cinquante quatriesme.

<hr>

XXII

1698, janvier.

Édit portant suppression des 60 offices de jurés vendeurs de poisson de mer,
unis récemment aux offices des 10 anciens.

Coll. Lamoignon, l. XX, fol. 5. — Traité de la police, t. III, p. 183.

Louis par la grace de Dieu, Roy de France et de Navarre, à tous presens et
avenir, salut. Nous avons par nostre edit du mois de may 1696 creé et erigé en
titre d'offices formés et hereditaires et non domaniaux, soixante jurez vendeurs
de poisson de mer frais sec et salé en nostre bonne ville et fauxbourgs de Paris,
avec attribution des droits de vente ou de vingt quatre deniers pour livre à nous
appartenans et qui se levoient actuellement à nostre proffit sur tout ledit poisson
que nous avions à cet effet distraits de nostre ferme generale des aydes, lesquels
offices et droits les dix anciens vendeurs de marée de ladite ville auroient depuis
acquis moyennant seize cens cinquante mille livres de finance, qu'ils s'estoient
soumis de nous payer (26 mai 1696), pour reunir le tout à leur communauté et
jouir conformement audit edit. Nous aurions aussi par le mesme edit uni auxdits
anciens offices le droit domanial appelé la petite coutume ou boete au poisson
pour en jouir par eux, leurs successeurs et ayans cause à perpetuité ainsi que
nos fermiers en jouissoient lors. Et comme l'alienation desdits droits n'a eté par
nous faite que pour trouver des fonds suffisans pour soutenir la depense de la
guerre, où nous estions lors engagez, nous estimons qu'il est du bien de nostre

[1] Lettres patentes d'avril 1361 confirmant les lettres précédentes de 1351, 1353 et 1359, sans
aucun détail nouveau. (*Ordonn. des Rois de France*, t. III, p. 558, 561 et 563.)

service de rentrer dans la jouissance desdits droits afin que nostre revenu en estant augmenté, nous puissions soustenir les despenses ordinaires de nostre etat. A ces causes..... voulons et nous plaist qu'à l'avenir lesdits soixante offices de jurez vendeurs de poisson de mer frais sec et salé, soient et demeurent esteints et supprimez; et en consequence nous les avons distraits et desunis, ensemble le droit de vingt quatre deniers pour livre de la vente dudit poisson, et le droit domanial appelé la petite coutume, des dix anciens offices de vendeurs dudit poisson, ausquels nous les avions unis et incorporez par ledit edit. Voulons que lesdits anciens vendeurs soient remboursez comptant en nostre tresor royal, de la somme de un million six cens cinquante mille livres qu'ils ont payée pour la finance desdits soixante offices de nouvelle creation; ensemble de leurs frais et loyaux couts, suivant la liquidation qui en sera faite en nostre conseil. A l'effet de quoy ils seront tenus de remettre dans la quinzaine au sieur de Pontchartrain, controlleur general de nos finances, leurs quittances et autres titres concernant l'acquisition et la reunion par eux faites des soixante offices; et au moyen dudit remboursement nous ordonnons qu'à l'avenir, le droit domanial et de vingt quatre deniers seront perçus à nostre proffit, comme auparavant nostre edit de may 1696, par telles personnes qu'il nous plaira commettre..... Donné à Versailles au mois de janvier, l'an de grace 1698.

XXIII

1702, 18 juillet.

Édit portant suppression de 30 offices de contrôleurs de poisson de mer et d'eau douce, et union de ces offices aux jurés vendeurs.

Traité de la police, t. III, p. 183.

Louis, par la grace de Dieu, Roy de France et de Navarre, par nostre edit du present mois de juillet nous avons creé et erigé en titre d'offices, trente controlleurs des adjudications et ventes des marchandises de toute sorte de poissons de mer frais sec et salé et d'eau douce, pour faire leurs fonctions sous les jurez vendeurs de marée ou les preposez à la vente du poisson d'eau douce. Mais lesdits jurez vendeurs nous ayant fait connoitre les grands inconveniens qui pourroient arriver de l'execution de cet edit, en ce que la multiplicité de ces offices ne serviroit qu'à les troubler dans l'exercice et fonction de leurs charges, qui consiste principalement à payer avec dilligence aux chassemarées, au moment de leur arrivée, le prix de leurs marchandises, afin d'accelerer leur depart, et leur donner moyen de faire de prompts retours, et que d'ailleurs les six deniers pour livre

attribuez auxdits offices, doivent estre payez comptant par les jurez vendeurs, à
quoy il leur seroit impossible de satisfaire, estant deja obligez d'emprunter des
deniers pour les avancer aux chassemarées; et il ne seroit pas juste qu'ils payassent
lesdits six deniers avant que d'avoir fait le recouvrement du prix desdites marchandises, lesquelles ils sont obligez de donner à credit aux femmes de la Halle,
sur leur bonne foy, et n'en peuvent faire le recouvrement qu'en un certain temps,
et souvent avec beaucoup de peine et de risque; lesdits jurez vendeurs nous auroient fait très humblement supplier de vouloir supprimer lesdits trente offices
de controlleurs et de recevoir les offres qu'ils nous ont faites de nous payer la
somme de six cens mille livres, pour l'acquisition qu'ils feront desdits six deniers
pour livre du prix entier des marchandises, tant de poisson de mer que d'eau
douce, offrant de se contenter chacun d'un minot de franc salé au lieu de trente
attribuez aux trente controlleurs. Et voulant prevenir tous les inconveniens qui
pourroient interesser le commerce de cette marchandise et les fonctions des jurez
vendeurs et les traiter favorablement, attendu qu'ils nous ont donné en toutes occasions des marques de leur zèle pour nostre service dans nos pressans besoins,
a ces causes . . . . . voulons et nous plaist que lesdits trente offices de controlleurs
demeurent esteints et supprimez. Voulons neanmoins que les six deniers pour
livre attribuez auxdits offices soient à l'avenir perçus par lesdits jurez vendeurs
de poisson, comme ils l'auroient pu estre par les controlleurs avec faculté d'establir des commis pour la perception desdits droits, dont ils demeureront responsables, a la charge par eux de nous payer, suivant leurs offres, ladite somme de
six cens mille livres . . . . . Donné à Versailles le dix huit de juillet, l'an de grace
mil sept cens deux.

XXIV

1705, mars.

Édit portant suppression des offices de commissaires inspecteurs et de syndics
sur le poisson de mer et d'eau douce et attribution des droits aux offices de jurés vendeurs.

Coll. Lamoignon, t. XXII, fol. 420. — Traité de la police, t. III, p. 185.

. . . A ces causes, voulons et nous plaist que lesdits offices creez par nos edits des
mois d'aout, novembre et decembre 1704, demeurent a toujours esteints et supprimez, sans que lesdits offices puissent à l'avenir estre retablis au prejudice desdits vendeurs de marée. Voulons neanmoins que les droits de neuf deniers pour
livre demeurent reunis ausdits offices des jurez vendeurs, pour estre par eux
perçus et levez a leur proffit a perpetuité; le tout à la charge par lesdits jurez
vendeurs de nous payer la somme de huit cens cinquante mille livres, et quatre

vingt mille livres pour les deux sols pour livre. Voulons qu'ils aient droit de
committimus au petit sceau[1], pour leurs affaires personnelles, en demandant ou
defendant, droit de bourgeoisie, exemption de tutelle ou curatelle, droit de franc-
fiefs, ban et arrière ban, mesme qu'ils puissent se qualifier nos conseillers jurez
vendeurs de poisson de mer . . . . .

XXV

1706, 9 février.

Édit portant suppression de 3 nouveaux offices de vendeurs de poisson de mer.

Traité de la police, t. III, p. 186.

. . . . . Notre edit d'octobre 1705 portant creation d'un quart en sus d'offices
en chacune des communautez d'officiers de police, nous y aurions compris trois
offices de vendeurs de poisson de mer, mais lesdits vendeurs nous ayant fait connoitre que la marée devant estre vendue au plus offrant et dernier encherisseur,
aussitot que le chassemarée arrive, c'est sur luy que tombe la perte, en ce qu'il
est necessité de vendre, et non sur l'acheteur . . . . . Neanmoins lesdits vendeurs,
afin de nous marquer toujours leur zèle dans les besoins de nostre etat, ont
offert de nous payer encore la somme de trois cens vingt mille livres et trente
mille livres pour les deux sols pour livre, si nous voulions ordonner la suppression
desdits trois offices et au lieu du quart en sus des droits, que cette marchandise ne peut porter sans la ruine entière de ce commerce, leur accorder seulement trois deniers pour faire, avec les quinze deniers dont ils jouissent, dix huit
deniers en tout. A ces causes . . . . .

---

[1] Le *committimus* était un privilège accordé aux officiers du Roi pour leurs plaidoiries particulières; il y avait celui du grand sceau et celui du petit sceau qui ne s'étendait qu'au ressort du parlement et don-nait droit de porter les affaires aux requêtes de l'Hôtel ou aux requêtes du Palais. Les lettres de *committimus* devaient être renouvelées tous les ans. (Trévoux.)

XXVI

1709, mars.

Édit portant suppression de 70 offices de vendeurs de poisson d'eau douce
et les unissant aux vendeurs de poisson de mer, pour la somme de 700,000 livres.

Coll. Lamoignon, t. XXIV, fol. 432. — Traité de la police, t. III, p. 188.

Louis, par la grace de Dieu, Roy de France et de Navarre, a tous presens et avenir salut. Par notre edit du mois de may l'année dernière 1708, nous avons, par les considerations y enoncées, distrait des droits[1] attribuez aux jurez vendeurs de poisson de mer dix huit deniers pour livre du montant du prix du poisson d'eau douce, et uny les dix huit deniers avec le sol pour livre, dont nous jouissions sur le prix de la vente desdites marchandises de poisson d'eau douce, le tout faisant deux sols six deniers que nous avons attribuez aux soixante dix vendeurs de poisson d'eau douce. Mais les vendeurs de poisson de mer nous ayant depuis representé qu'ils avoient emprunté le fonds, dont ils nous avoient payé la finance de ces dix huit deniers pour livre sur le poisson d'eau douce..... A ces causes..... voulons et nous plait que les soixante dix offices de jurez vendeurs de poisson d'eau douce, créés en 1708, demeurent pour toujours eteints et supprimez, en nous payant neanmoins lesdits vendeurs de poisson de mer frais sec et salé, suivant leurs offres, la somme de sept cens mille livres[2]..... Donné à Versailles au mois de mars, l'an de grace mil sept cens neuf et de nostre regne le soixante sixiesme.

[1] Voyez Poissonniers d'eau douce, pièce XI.

[2] D'autres pièces concernent encore les 10 offices de vendeurs, soit pour les droits qui leur sont attribués, soit pour les contributions dont ils sont frappés, qui se transforment en fin de compte en un impôt annuel et régulier. Voici les cotes de deux pièces :

1730, 31 octobre. — Arrêt du Conseil. «Ordonne que conformement au tarif arreté le 13 juin 1730 il sera payé aux jurez vendeurs controlleurs et compteurs de poisson d'eau douce, creez et retablis par edit du mois de juin dernier, deux sols dix deniers pour chaque livre du prix du poisson d'eau douce.» (Lamoignon, t. XXX, fol. 207.)

1731, 6 mars. — Lettres de Louis XV contenant que les 185 offices créés par édit de juin 1730 pour les poissons de mer et d'eau douce, «seront réunis au nombre des 10 offices sous les titres des 10 anciens offices de jurez vendeurs de poisson de mer frais, sec et salé et d'eau douce, sans que leur nombre puisse être à l'avenir augmenté ni diminué; ils paieront pour leurs offices 60 livres pour l'année de chacun d'iceux.» (*Ibid.*, t. XXX, fol. 257.)

XXVII

1722, 21 avril.

Arrêt du Conseil portant règlement sur le poisson de mer.

Coll. Lamoignon, t. XXVII, fol. 494.

Le Roy ayant par arrests de son Conseil des 22 et 24 mars dernier, rétabli les droits attribuez aux offices creez sur les ports, quays, halles et marchez de la ville de Paris, supprimez par l'edit de septembre 1719 et commis Martin Girard pour faire la regie et recouvrement desdits droits. . . . . Veut Sa Majesté que conformement a l'ordonnance des aydes de juin 1680, la vente dudit poisson soit faite par les vendeurs commis par ledit Martin Girard, au plus offrant et dernier encherisseur, en la manière accoustumée, tout ainsi et de la mesme manière qu'il se pratiquoit par les officiers vendeurs avant la suppression, après neanmoins que lesdits commis vendeurs auront presté serment en tel cas requis entre les mains du lieutenant general de police, avec defenses à toutes autres personnes, même les chassemarées, de s'immiscer en ladite vente [1].

XXVIII

1748, 12 septembre.

Ordonnance de police contenant règlement sur les écaillers et la vente des huitres [2].

Coll. Lamoignon, t. XXXVIII, fol. 464.

Sur ce qui nous a été remontré par le procureur du roy, que l'usage des huitres à l'écaille, très util quand elles sont de bonne qualité, est très dangereux lorsqu'elles se trouvent défectueuses, que pour prévenir les accidents qu'elles

---

[1] Le reste, en 6 articles, renouvelle les ordonnances anciennes pour le déchargement, le transport et la vente du poisson.

1722, 25 mai. — Arrêt du Conseil d'État qui règle et fixe les anciens et les nouveaux droits rétablis sur le poisson de mer. (Lamoignon, t. XXVII, fol. 520.)

1722, 27 mai. — Arrêt du Conseil qui décharge le poisson de mer des droits des jurés compteurs et déchargeurs de marée et néanmoins ordonne que le compte de ladite marchandise sera fait en entrant à la Halle. (*Ibid.*, fol. 525.)

1722, 30 juin. — Arrêt du Conseil qui contient règlement touchant le droit de consommation sur le poisson de mer destiné pour Paris. (*Ibid.*, fol. 531.)

1733, 24 février. — Arrêt qui fait défense de troubler les chasse-marée dans l'approvisionnement de Paris. (T. XXX, fol. 512.)

[2] Sur les écaillers, voyez pièce XVIII.

peuvent causer, il a été rendu plusieurs règlements pour limiter l'usage, en restreindre ou augmenter le commerce selon les différentes circonstances, qu'en 1731 elles furent défendues pour un tems, par rapport aux maladies qu'elles avoient causées, et qu'on ne permit ensuite d'en consommer qu'après avoir envoyé un commissaire à Dieppe qui fit jetter à la mer toutes celles qui avoient séjournées trop longtemps dans les parcs, ou qui n'ayant pas suffisement frayé étoient d'une qualité suspecte : que si toutes ces précautions ont paru nécessaires selon les événements des saisons et de la pêche, il ne lui paraist pas moins important d'en prendre aujourd'huy, après les chaleurs que nous avons essuyées pendant cet été, qui peuvent avoir altéré la qualité de cette espèce de poisson, surtout par rapport aux huitres qui arrivent de la Hougue en batteau, lesquelles n'ayant point été parquées sont d'une qualité inférieure à celles qui viennent par terre; que d'ailleurs les conducteurs de batteaux restant ordinairement dix à douze jours en route, il est presque impossible qu'il ne s'en trouve beaucoup de gatées lorsqu'elles peuvent être distribuées au public qui, par l'appât du bon marché, est toujours tenté de les consommer; que pour remédier à l'abus qui s'est introduit dans cette espèce de commerce, et veiller à la conservation de la santé des habitants de cette ville, il croit son ministère interessé à requérir qu'il soit ajouté de nouvelles précautions à celles qui jusqu'icy ont été prises par les anciens règlemens et nos ordonnances; à ces causes, vû les arrests du Parlement, l'arrest du Conseil du 5 mars 1718, les ordonnances de police des 12 janvier 1725, 6 avril 1729, 4 novembre, 12 décembre 1731 et 26 janvier 1742 et tout considéré,

Nous, faisans droit sur le réquisitoire du procureur du Roy, ordonnons :

1. Que les arrêts et règlements du Parlement, sentences et ordonnances de police seront exécutés selon leur forme et teneur et en conséquence faisons défenses à tous marchans d'huitres, mariniers, voituriers par eau, et autres particuliers de la ville de Dieppe, du port de la Hougue [1] et autres ports de mer, d'altérer, falsifier et autrement mixionner les huitres qu'ils envoyeront en cette ville, tant par eau que par terre, leur enjoignons de les livrer bonnes, loyalles et marchandes, bien conditionnées, à peine de cinquante livres d'amende, de confiscation desdittes marchandises, même des bateaux et autres voitures qui auront servy à les conduire, et d'être en outre procédé contre les propriétaires vendans lesdittes huitres, extraordinairement, si le cas y écheoit.

2. Ne pourront lesdits marchands, leurs facteurs et commissionnaires, exposer, ny vendre aucunes des marchandises d'huitres, ny les ecaillers et colporteurs les crier et vendre dans les rues, depuis le dernier avril jusqu'au dix septembre de chaque année, à peine de deux cents livres d'amende contre chacun des contrevenans, même de confiscation desdites marchandises.

---

[1] La Hougue, fort situé dans le département de la Manche, arrondissement de Valognes. La Hougue et Dieppe étaient les principaux dépôts d'huitres.

3. Seront les huitres de Dieppe et autres villes et ports de mer, venant par terre, vues et visitées par le commissaire qui sera à cet effet commis, et contiendra chaque panier d'huitres blanches quarante huit douzaines, les demis et quarts à proportion, à peine de deux cens livres d'amende, et de confiscation de la marchandise.

4. Disons qu'à l'égard des huitres en batteau, elles seront vues et visitées au moment de leur arrivée, et avant que de pouvoir être exposées en vente, tant par le commissaire qui sera par nous commis à cet effet, que par l'inspecteur des ports, pour sur leur rapport être ordonné sur le champ ce qu'il appartiendra.

5. Défendons aux propriétaires desdittes huitres, venant en bateau, d'en laisser enlever par charettes et aux écailliers et colporteurs d'en vendre plus de quatre cens à la fois, lesquelles seront sonnées les unes après les autres sur la berge du bateau, afin de mettre a part toutes celles qui ne sont pas de bonne qualité, à peine de deux cents livres d'amende, tant contre les propriétaires des huitres que contre les écaillers, et de confiscation de la marchandise.

6. Défendons pareillement aux colporteurs ouvreurs d'huitres et à tous autres d'aller au devant des bourgeois, et de s'entremettre pour leur faire avoir des huitres, ny d'entrer sur les barques. Pourront même être emprisonnés en cas de contravention. Ordonnons que les huitres seront portées sur la berge par le commissionnaire chargé de la vente de chaque batteau, et par lui livrées aux bourgeois, après les avoir sonnées, disons que les matelots qui se tiennent ordinairement au bout de la planche seront tenus d'en recevoir le prix par eux mêmes des bourgeois ou des écaillers, le tout à peine de deux cents livres d'amende.

7. Les huitres seront délivrées aux écailliers et bourgeois sur le pied de quatre au cent, ne pourront les compteuses en délivrer une plus grande quantité par cent, sous quelque prétexte que ce soit, à peine de deux cens livres d'amende.

8. Ordonnons que lesdits batteaux ne pourront tenir planche pour la vente et distribution de leurs huitres plus de cinq jours, après lequel tems toutes les huitres qui resteront dans lesdits batteaux, de même que celles qui auront été jugées défectueuses, en les sonnant, seront jettées à l'eau dans l'endroit qui sera indiqué par l'inspecteur des ports qui aura attention de mettre deux gardes sur chaque barque ou batteau, lesquels les feront jetter en leur présence..... Donné le 12 septembre 1748. Signé Berryer.

TITRE XIII.

POISSONNIERS D'EAU DOUCE.

D'azur, à un saint Pierre d'argent marchant sur une mer ondée, de même, ombrée de sinople,
et de laquelle sortent des poissons de même [1].

A côté des pêcheurs qui vendaient leur poisson par privilège, il y avait une quantité de marchands de poisson parmi lesquels une communauté s'était formée sous le nom de poissonniers d'eau douce et pêcheurs à engins. Dès Étienne Boileau ils reçurent des règlements séparés [2] avec achat du métier au prix de vingt sols, droit de partage dans les marchés pour les maîtres, quatre jurés chargés de l'administration et de l'estimation du poisson sous la direction du maître queux royal, enfin prescriptions d'ordre et de régularité communes à tous les métiers d'approvisionnement.

L'ordonnance générale du roi Jean et celle de 1416 sur la prévôté des marchands ont chacune un titre sur les arrivages et la vente du poisson d'eau douce [3], barbillons, tanches, carpes, anguilles, gardons et lamproies. On y trouve cette mention, opposée au principe des communautés ouvrières, que les deux gardes jurés seront élus par les gens du métier ou, s'il le faut, par d'autres que ceux du métier. Il eût été dangereux d'admettre un monopole pour l'approvisionnement, sans s'exposer au renchérissement ou à l'accaparement des vivres; les mesures prises par le prévôt de Paris avaient toujours pour but d'assurer l'abondance des denrées, la facilité des échanges et le grand nombre des marchands de toute espèce; il en résultait un amoindrissement pour la communauté opposée par système à la concurrence. Les ordonnances de police, comme celle de 1464, prescrivent la qualité des poissons, la vente sur les places désignées, les Pierres à poisson puis la Cossonnerie, la réserve pour les bourgeois de faire leurs provisions jusqu'à dix heures du matin, la défense d'aller hors Paris au-devant des marchandises. En 1484 les poissonniers présentent une requête au prévôt de Paris Jacques d'Es-

[1] D'Hozier : *Armorial*, texte, t. XXV, fol. 584; blasons, t. XXIII, fol. 723. Le saint Pierre est décrit en or et représenté en argent dans les blasons. Les ombres des vagues et les poissons de sinople ne paraissent qu'en couleur et n'ont pas été marqués dans la gravure.

[2] *Livre des métiers*, titre C, p. 214, statuts en 20 articles.

[3] Ci-dessus, titre IX, p. 19. Nous avons transcrit le titre XXVI de l'ordonnance de 1416.

touteville, à l'appui d'un nouveau texte de statuts qui contiennent la fondation d'une confrérie, dans l'église de Saint-Leufroy, sous le patronage de la sainte Vierge et de saint Pierre [1]. Le prix de la maîtrise est porté à 100 sols, destinés à l'entretien des palées ou pieux de soutènement pour les rives du fleuve, charge qui leur était imposée par les eaux et forêts. On exigeait un apprentissage de trois ans; les fils de maîtres en étaient dispensés et ne payaient que quatre écus pour la maîtrise.

Ces règlements furent renouvelés en 1614 à l'occasion de la confirmation par Louis XIII. Le droit de 100 sols par maître pour la confrérie et l'entretien des quais est conservé, comme en 1484; seulement on y ajoute pour prix de la maîtrise une taxe de 20 sols au Roi et 60 sols à chaque juré. L'apprentissage est de quatre ans, plus deux ans de service comme compagnon. Les poissonniers reviennent sur leurs réclamations contre les forains, regrattiers et revendeurs, dans l'espoir d'être au moins les premiers et les mieux partagés de leur commerce.

Le dernier texte relatif à la communauté des poissonniers est une confirmation pure et simple de 1644. A partir d'avril 1675 apparaît une première création de huit offices de vendeurs de poisson d'eau douce, supprimés en juin 1696 et remplacés par trente offices avec attribution de droits sur l'entrée du poisson. Ces trente offices ont été supprimés en février 1698, puis rétablis en mai 1708 et portés au nombre de soixante-dix [2]. De pareilles tergiversations aboutissaient pour l'administration à un résultat contraire; le droit d'entrée sur le poisson, perçu tantôt pour le propre compte des officiers, tantôt pour le compte de la ferme générale des aides, devait baisser considérablement, mais il fallait de l'argent à tout prix et, comme les documents le déclarent eux-mêmes, le Trésor abandonnait des ressources annuelles pour se procurer des capitaux immédiatement. Ces offices de poisson d'eau douce, nouvellement créés, ne trouvèrent pas preneurs et n'apportèrent aucun secours au Trésor, et l'année suivante, par édit de mars 1709, les vendeurs de poisson de mer, dont la puissante communauté avait donné au Roi tant de marques palpables de son dévouement, obtinrent d'unir à leurs dix anciens offices les droits de deux sols six deniers par livre sur le poisson d'eau douce, moyennant le versement d'une somme de sept cent mille livres. Nous avons inséré au titre précédent, pièce XXVI, les principales clauses de l'édit de mars 1709. Les vendeurs de poisson de mer firent peut-être frapper à cette occasion un nouveau jeton, sans date, mais à l'effigie de Louis XIV âgé, que nous mettons ici à la place de celui des poissonniers d'eau douce qui ne devaient pas en posséder.

Bibliothèque nationale, médailles.

[1] Les expressions du texte indiquent qu'il s'agit d'une fondation réelle et non d'une confirmation de confrérie. Le *Livre des métiers* ne parle pas d'association religieuse pour les poissonniers. — [2] Lamoignon, t. XIX, fol. 696 et t. XXIV, fol. 143.

I

1416.

Ordonnance de Charles VI sur la prévôté des marchands. (Extraits.)

Coll. Lamoignon, t. III, fol. 189, 2ᵉ série.

TITRE XXVI. — DU POISSON D'EAUE DOULCE [1].

1. Item quant aulcun poisson d'eaue doulce sera chargié en bouticles ou autres vaisseaulx, en ladite riviere de Saine ou autres rivieres descendans en icelle, pour estre amené vendre en ladite ville de Paris, on ne le vendra ne descendra en chemin, sur paine de forfaicture, sinon que le marchant a qui sera icelle marchandise ait dit expressement en faisant son marchié au voicturier qui l'amenera, que il aura entencion de les amener a aucun port ou marchié juré qui sera entre le lieu ou elle aura esté chargiée et ladite ville de Paris, et non autrement sur ladite peine.

2. Item nul ne ira audevant du poisson d'eaue doulce que on apportera ou amenera a Paris, pour l'achetter pour revendre a Paris ne ailleurs, de deux lieues en tout sens a l'environ d'icelle ville, mais il sera apporté ou amené aux bouticles et aux pierres a poisson d'autour le Chastellet et le Petit Pont, et qui fera le contraire il perdra la marchandise et l'amendera de soixante sols parisis.

3. Item se aucun est trouvé mucié pour vendre son poisson en repost ou aultrement, il perdra le poisson et l'amendera a voulenté et aussi l'amendera celui sur qui il sera mucié lui le saichant ou ses gens.

4. Item, nul ne mucera son poisson, ne ne remportera, ne ne donnera eaue, puis que il sera meu de son hostel pour l'apporter vendre a Paris, mais le apportera tout droit auxdites pierres et non ailleurs pour le vendre a tous ceulz qui en vouldront avoir, sur paine de forfaicture et d'amende arbitraire; et ne pourra aucun marchant ne autre achetter aucun poisson pour revendre en ladite ville de Paris ne ailleurs, jusques après l'eure de neuf heures sonnées, sur ladite paine.

5. Item aucun, soit marchant de lemproye ou autre, ne ira audevant des marchans qui ameneront lemproyes a Paris pour icelles marchander, retenir ou achetter pour revendre ne autrement. Et aussi les marchans qui les ameneront ou feront amener ne les feront sejourner en chemin en aucun lieu ou reposouer

---

[1] Ce titre n'a pas eu de force pour attribuer aucune juridiction au bureau de la ville sur cette espèce de marchandise. Le Châtelet est resté en pos- session d'en connaître, ainsi que le prouvent les ordonnances postérieures qui seront rapportées en leur rang. (Note de Lamoignon.)

plus d'ung jour naturel, depuis la rivière de Eure qui passe par Chartres jusques
a Paris, sur paine d'amende arbitraire.

6. Item toutes manières de marchans de lemproyes, dès ce que ilz seront partiz de leurs hostels pour venir a Paris, apporteront leurs denrées et les descendront aux bouticles, et ne entreront en ladite ville de Paris, se ce n'est de plain
jour, sur paine de perdre le poisson et d'amende arbitraire.

7. Item nul poissonnier de Saint Denis ne achettera aucuns poissons d'eaue
doulce venans en la ville de Paris pour revendre en ladite ville de Paris, sur
peine de forfaicture et d'amende arbitraire.

8. Item, et pour garder lesquelles ordonnances seront establiz deux preud'-
hommes qui seront esleus par le commun du mestier et d'autres bonnes gens
autres que du mestier, se mestier est, lesquelz jureront de bien et justement
garder lesdites ordonnances sans enfraindre, sur peine de soixante solz parisis
d'amende, et auront la moictié des amendes pour leur salaire.

II

1464, 1ᵉʳ juillet.

*Ordonnance du prévôt de Paris portant règlement sur le commerce du poisson d'eau douce
et sur les places et marchés qui y sont destinés.*

Bibl. nat., ms. fr. 24070, fol. 35. — Coll. Lamoignon, t. IV, fol. 413.

Combien que par les ordonnances sur ce faictes et enregistrées ou Chastellet
de Paris, l'on ne doye vendre poisson d'eaue doulce a estail, ne le mettre à terre
pour vendre, en la ville de Paris, sinon en le comportant par laditte ville, ailleurs
que a la porte de Paris, a Petit Pont et a la porte Baudoyers, et que ainsi ait
autrefois esté crié et publié, neantmoins plusieurs poissonniers, poissonnières et
pescheurs, leurs gens et autres, en venant contre lesdittes ordonnances et cas
dessusdits, vont toutes les semaines, au jour de poisson, vendre leur poisson d'eaue
douce au bout de la Cossonnerie, devers les Halles, devant la Cornouaille et environ, tant affin que lesdits poissons qui aucunes fois sont mors, pouris, mauvais
ou emblez ne soient veus et visittez par les jurez et recogneus, comme pour les
cuider plus cher vendre que ez places dessusdittes et ordonnées, et autrement
comme raison, au prejudice du bien publicq ou domaine du Roy nostre Sire.

1. Et pour ce ordonné est et deffendu, de par le Roy, nostredit Seigneur, et
de par mondit sieur le prevost de Paris, a touttes personnes, de quelque estat
qu'ils soient, vendant poisson, que leurdit poisson d'eaue douce ils ne vendent
ne exposent en vente doresnavant a estail, ne les mettent a terre pour vendre en

laditte ville de Paris, sinon en comportant par icelle ville, ailleurs que a laditte
porte de Paris, a Petit Pont, et a la porte Baudoyers, sur peine de perdre leurdit poisson, d'estre mis en prison et de dix sols parisis d'amande au Roy, pour
la premiere fois; pour la seconde de vingt sols, et pour la tierce de soixante sols
parisis.

2. Item, l'en deffend a tous poissonniers et regrattiers de poisson, que doresenavant ils n'achettent aucun poisson, de ceux qu'ils aportent vendre, sinon
esdites places et jusqu'après dix heures sonnées au Pallais, que le peuple pourra
estre servy, sur peine de perdre ledit poisson et d'amande arbitraire.

3. Item, l'en deffend comme dessus a tous poissonniers et autres, que ils ne
voisent, ne envoyent au devant des poissons que l'en amenera ou aportera vendre
en cette ville de Paris, pour les acheter, barguigner ou enarrer, sur peine de
perdre le poisson qu'ils auront achepté, de soixante sols parisis d'amende et d'estre
mis en prison; et quiconque saura ou trouvera aucun faisant le contraire si le
denoncera a justice, et il aura le quart de l'amande.

4. Item, l'en deffend a tous poissonniers et autres vendans poisson d'eaue
douce, qu'ils ne vendent ne exposent en vente poissons, quels qu'ils soient, s'ils ne
sont bons et convenables pour user a corps humain, sur peine d'amende arbitraire.

5. Item, l'en commande et enjoint aux jurez et gardes de ladite marchandise,
que bien et diligemment ils prennent garde aux choses dessusdittes, sur peine
d'estre privés de ladite garde et d'amande arbitraire.

Escript sous nostre signet, le samedy premier jour de juillet, l'an mil quatre
cent soixante quatre.

III

1484, juillet.

*Lettres patentes de Charles VIII confirmant les statuts donnés aux poissonniers d'eau douce
par Étienne Boileau et y ajoutant 9 articles relatifs à l'établissement d'une confrérie.*

Arch. nat., Livre jaune petit, Y 5, fol. 110 v°. — Bannières, 1er vol., Y 7, fol. 276.
Coll. Lamoignon, t. V, fol. 50.

Charles, par la grace de Dieu, Roy de France. Savoir faisons que. . . . . ont
esté jadis faictes, constituées, ordonnées et establies certaines ordonnances et
constitutions par les gens de justice et autres notables gens de nostredite ville de
Paris, qui lors estoyent, lesquelles ja pieça et de très long temps furent enregistrées en nostre Chastellet de Paris, en la chambre de nostre procureur oudit lieu,
avec les autres ordonnances et statuz des mestiers de nostredite ville, et depuis

publiées gardées et'entretenues, ainsi qu'il est plus a plain contenu et declairé en certaines lettres, scellées soubz le scel de la prevosté de Paris et signées de l'un des greffiers d'icelle prevosté, contenant la forme qui s'en suit :

A tous ceulx qui ces presentes lettres verront, Jaques d'Estouteville.....
garde de la prevosté de Paris, salut. Savoir faisons que le jourdui, date de ces presentes, nous avons fait extraire de certain livre ou registre escript en parchemin relié entre deux aiz, appellé le premier volume, estant en la chambre du procureur du Roy, nostre Sire, ou Chastellet de Paris, ce qui s'ensuit :

Nul ne peut estre poissonnier d'eaue douce à Paris[1],....

..... En tesmoing de ce, nous avons fait mettre le scel de ladite prevosté de Paris, le samedi vingt neufiesme jour de may, l'an mil cccc quatre vingt quatre...

Lesquelz statuz et ordonnances ont depuis esté entretenuz et gardez, et encores sont a present, et pour ce que les marchans poissonniers qui estoyent au temps que lesdiz statuz et ordonnances furent faiz, ne furent advertiz ne advisez de faire quelque confrarie, ne faire aucun service divin pour prier Dieu, pour lesdits marchans vivans et decedans[2], lesdits suppliaus qui desirent vivre selon Dieu, nostre createur, et comme bons chrestiens et catholicques, ont esté conseillez et advisez de faire et eriger une confrairie, et icelle fonder en l'onneur de Dieu, de la vierge Marie, sa benoiste mère, et de monseigneur saint Pierre[3], en l'eglise de Saint Lieffroy, en nostredite ville de Paris, qui est lieu bien convenable et propre, pour eulx et pour l'entretenement d'icelle, et pour faire dire et celebrer aucune quantité de messes avec autre service divin qu'ilz ont intencion de faire dire et celebrer a la louenge et gloire de Dieu et de la benoiste vierge Marie et pour la prosperité de nous et de noz successeurs, Roys de France, et aussi pour reparer soustenir et entretenir les allées, pons, pallées[4] et bouticles appartenans a ladite marchandise en nostredite ville de Paris et fournir a plusieurs leurs autres affaires, leur est besoing faire lever aucune somme de deniers sur eulx mesmes, ilz ont drecé et fait drecer certains articles..... desquels l'en dit la teneur estre telle :

Les jurez marchans et poissonniers de poisson d'eaue doulce a Paris, requie-

[1] Suit le texte des statuts d'Étienne Boileau pour les poissonniers d'eau douce, en 20 articles. *Livre des métiers*, titre C, p. 214.

[2] Cette phrase est transcrite deux fois, par inadvertance, dans le Livre jaune petit.

[3] A l'occasion de cette requête, nous ferons observer que le *Livre des métiers* contient fort peu de mentions de confréries ouvrières. Le xiii* siècle, époque éminemment religieuse, n'avait pas vu se répandre cet usage, laissé d'ailleurs à la discrétion des maîtres et établi à la longue et successivement parmi les communautés. Ces fondations tardives prouvent que l'institution civile précéda presque toujours l'institution religieuse.

[4] Les *pallées* étaient des pieux fichés dans l'eau pour protéger les bords de la rivière. La confrérie ou plutôt la corporation des poissonniers, car ici les deux organisations ont été confondues, semble avoir reçu pour attribution l'entretien des quais de la Seine, lourde charge imposée sans doute comme condition du privilège de la pêche et longtemps maintenue. L'article 12 des statuts de 1614 porte encore ce travail au compte des poissonniers d'eau douce.

rent a monseigneur le prevost de Paris ou a son lieutenant, pour le bien de la chose publicque et entretenement de la marchandise dudict poisson d'eaue doulce, estre joints en leurs anciennes ordonnances, les poins et articles cy après declairez, pour iceulx estre doresennavant gardez, sans enfraindre, sur les peines qui s'ensuivent :

1. Et premierement, qu'ilz puissent avoir et lever oudit mestier et marchandise une confrairie fondée en l'onneur de Dieu, de la vierge Marie et de saint Pierre, en l'eglise Monseigneur Saint Lieffroy, oudit Paris, pour y faire aux despens de la confrairie et des confrères qui en seront, chanter et celebrer telle quantité de messes qu'il sera advisé estre bon de faire, pour prier pour le Roy nostre Sire, sa très noble lignée, et les confrères de ladite confrarie, tant vifz que trespassez.

2. Item que pour icelle confrarie continuer et entretenir, et aussi pour reparer et soustenir les allées, pons, pallées et bouticles appartenans a ladite marchandise, en ceste ville de Paris, estans sur la rivière, qui sont de grans frais et despens chascun an, nul quel qu'il soit ne sera doresennavant reçeu a estre marchant d'icelle marchandise dudict mestier, ne user publiquement en ceste dite ville, se il n'est congnoissant oudit mestier et homme de bonne vie et renommée, et qu'il ait esté experimenté touchant ladite marchandise par les jurez d'icelle et rapporté souffisant et congnoissant pour ladite marchandise exercer, et en les recevant en icelui, payeront a leur entrée, ou lieu de ce qui est contenu et declairé esdites vieilles ordonnances, la somme de cent solz parisiz, pour convertir, c'est assavoir au Roy nostre Sire la somme de vingt solz parisiz et le seurplus et residu a la dite confrarie, comme pour le soustenement et entretenement desdits allées, pons, pallées et bouticles, et tout ainsi qu'il est contenu et declairé esdites vielles ordonnances [1], lesquelles demeurent en leur force et vertu.

3. Item et ne seront iceulx marchans, ainsi receuz oudit mestier et marchandise de poissonnerie de aue doulce, reçeuz a partir [2] en aucune marchandise de poissonnerie d'eaue doulce, avec les autres marchans poissonniers de cestedite ville, jusques ad ce qu'ilz ayent payé ladite somme de cent solz parisiz, et se autrement aucune personne, non ayant acquis le droit dessus dict, achecte en ladite ville de Paris ne en deux lieues, en tous sens, comme l'ancienne ordonnance le porte, il perdra le poisson qu'il aura achecté, et icelui poisson sera distribué par la manière devant dicte.

4. Item que nul marchant forain qui amenera poisson pour vendre a Paris, ne pourra icelui poisson faire vendre a detail, parmy ladite ville de Paris, ne en place

[1] Les ordonnances auxquelles il est fait allusion ici ne sont point dans notre recueil. Les statuts de Boileau ne signalent pas la charge de l'entretien des quais.

[2] Partager, c'est réclamer par privilège de maîtrise une part dans l'attribution d'un marché, droit commun à tous les marchands de denrées d'approvisionnement.

publicque, par regratiers ne regratières, vendans poisson a detail en cestedite ville de Paris, mais le pourront lesdits forainz eulx mesmes vendre ou faire vendre par leurs gens et serviteurs domesticques et non autres, pour obvier aux grans faultes, abus, encherissements, qui se pourroyent faire oudit poisson, qui seroit chose prejudiciable a la chose publicque, car lesdits regratiers et regratières le regratent et vendent le tiers plus chers que si tout venoit au marché; sur peine de vingt sols parisiz d'amende a applicquer moictié au Roy nostredit Sire et l'autre moictié à ladite confrarie, se de ce faire il n'a congé et licence de justice.

5. Item que nul marchant forain qui vendra ou fera vendre par ses gens et serviteurs domesticques en ceste ville de Paris aucun poisson, ne pourra remectre en bouticle le poisson qui aura esté porté au marché ou parmy la ville, et se ne pourra oster le poisson qu'il amenera hors de la bouticle, vaisseau ou basteau ouquel il le amenera, pour le mectre en autre bouticle ou autre lieu pour le garder, comme font les marchans de ceste ville de Paris, sur peine de vingt solz parisiz d'amende, a applicquer moictié au Roy et moictié a ladite confrarie, se semblablement il n'a congé et licence de justice de ce faire, dont il sera tenu faire apparoir.

6. Item que pour ce que esditz mestier et marchandise de poisson d'eaue doulce gist grant industrie et congnoissance et que souventes fois l'en treuve poissons tous plains de vie qui ont boces, filez, pouritures et autres maladies et infections, a l'occasion desquelles iceulx poissons ne sont pas dignes d'estre mengez et usez a corps humain; et neantmoins les gens qui les achectent n'en ont aucune congnoissance et les menguent, par quoy s'en pevent ensuir grans maladies, infections et mortalitez; pour obvier aux inconveniens qui s'en pevent ensuir, nul ne sera reçeu maistre oudit mestier et marchandise, se il n'a esté apprentiz par trois ans en icelui mestier et qu'il soit rapporté souffisant, comme dit est devant.

7. Item et au regard des enffans des maistres poissonniers de ceste ville de Paris, ils ne seront point apprentiz se bon ne leur semble; mais neantmoins, quand ilz seront en aage souffisant de vingt ans ou qu'ilz seront mariez et qu'il sera trouvé qu'ilz ayent frequenté la marchandise et qu'ilz seront trouvez souffisans par les jurez, ils seront reçeus oudit mestier en payant quatre ecuz dont le Roy en aura ung et la confrarie trois.

8. Item que toutes femmes velves de maistres dudit mestier et marchandise, joyront desdites libertez d'icelui mestier, durant leur viduité seulement, pourveu qu'elles se gouverneront honnestement et prudemment de leur corps, ainsi que le contiennent les anciennes ordonnances, mais si tost qu'elles se remarieront a gens d'autre estat, elles perdront lesdites libertez et ne joyront plus d'icelui mestier et marchandise.

9. Item seront tenuz lesdits marchans de poissons de paier tous les ans leur

confraric, et contribuer aux affaires dudit mestier, ainsi qu'il sera advisé par les maistres dudit mestier.

. . . . . Donné a Paris ou mois de juillet, l'an de grace mil quatre cens quatre vingts et quatre et de nostre regne le premier.

IV

1543, 28 avril.

Ordonnance du prévôt de Paris concernant le commerce du poisson d'eau douce.

Arch. nat., Grand livre jaune, Y 6⁵, fol. 86. — Coll. Lamoignon, t. VI, fol. 721.

1. Il est ordonné, sur le fait de marchandise du poisson d'eaue doulce, que nul ne nulle ne peult ne ne doit aller encontre le poisson d'eaue doulce que on aporte a Paris pour vendre, ne l'achepter pour revendre à Paris, ne ailleurs dedans deux lieues en tous sens, mais tant seullement a Paris aux bouticques, en la saunerie ou ès pierres du Roy d'entour Chastellet et le Petit pont; et qui fera le contraire il perdra la marchandise et l'amendera de soixante sols parisis.

2. Item se aulcun estoit trouvé mussé pour vendre son poisson en repost ou aultrement, il perdra le poisson et l'amendera a volunté et aussi celui sur qui il sera mussé, lui saichant ou ses gens.

3. Item nul ne nulle ne pourra son poisson musser ne raporter, ne retourner ça ne la, puis qu'il est meuz de son hostel pour l'aporter a Paris pour vendre, ains le doit apporter aux pierres le Roy, à Paris, et non ailleurs, et si ilz le font aultrement ils perderont le poisson et l'amenderont au Roy et illecques venderont leur poisson a toutes manières de gens qui en auront affaire pour leur vivre, jusques a l'heure de midi sonnée ou sceue a Nostre Dame de Paris, sans ce que marchans ne aultres quelzconques en puissent achepter ne revendre, en ladite ville de Paris, ne ailleurs, jusques après ladite heure de midi sonnée ou sceue.

4. Item, nul n'ira encontre les marchans de lemproyes acheter pour revendre; et qui aultrement le fera, il l'amendera a volunté.

5. Item toutes manieres de marchans, dès ce qu'ilz seront partis de leurs hostelz pour venir a Paris, seront tenuz d'aporter leurs denrées et descendre aux bouticles et ne pourront entrer en la ville de Paris, si ce n'est de plain jour, sur peine de perdre le poisson et d'amende voluntaire.

6. Item, nuls poissonniers de Saint Denis n'achepteront nul poisson d'eaue doulce venant a Paris, pour revendre en la ville de Paris, a peine de forfaire le poisson et d'amende voluntaire.

7. Item, pour garder lesdites ordonnances en leur forme et teneur, sans enfraindre, seront establiz par le prevost de Paris ou l'un des auditeurs du Chatelet, apellés a ce le procureur du Roy et le prevost des Marchans, deux preud'hommes qui seront esleuz par le commun du mestier, et d'autres bonnes gens, autres que du mestier, si mestier est, lesquelz jureront par leurs seremens, leurs mains nues touchées aux saints Évangilles de Dieu, de tenir et garder fermement lesdites ordonnances, sans enfraindre, et aussy leur sera enjoint de le faire sur peine de leurs biens perdre et iceulx estre confisquez et apliquez au Roy a sa volunté ou de ses establissans; et auront la moictié des amendes pour leurs sallaires lesdits jurez.

Fait soubz le signet de mondit sieur le prevost de Paris, le samedy vingt huitiesme jour d'apvril mil cinq cens quarante trois.

V

1548, mai.

Lettres patentes de Henri II confirmant purement et simplement les statuts des pêcheurs à engins, marchands poissonniers d'eau douce.

Arch. nat., Bannières, 5ᵉ vol., Y 10, fol. 127. — Coll. Lamoignon, t. VII, fol. 162.
Traité de la police, t. III, p. 313.

VI

1563, octobre.

Lettres patentes de Charles IX confirmant purement et simplement les privilèges des maîtres pêcheurs marchands et poissonniers d'eau douce.

Arch. nat., Bannières, 6ᵉ vol., Y 11, fol. 169. — Coll. Lamoignon, t. VIII, fol. 64.

VII

1614, novembre.

*Lettres patentes de Louis XIII confirmant les statuts des marchands poissonniers d'eau douce,
en 15 articles.*

Arch. nat., Ordonn., 2ᵉ vol. de Louis XIII, X 1ᵃ 8648, fol. 178. — Coll. Lamoignon, t. X, fol. 871.
Traité de la police, t. III, p. 326.

1. Premierement, que nul ne pourra estre maitre marchand poissonnier, qu'il n'ait esté apprentiz quatre ans, chez l'un desdits maitres, et qu'il n'ait servi les maitres deux ans, apres ledit apprentissage, etant reconnu expert suffisant et capable pour exercer ladite marchandise, et tel rapporté et temoigné par les jurez, sera reçeu maistre poissonnier en ladite ville et fauxbourgs de Paris, et presenté par lesdits jurez au procureur du Roy au Chastelet, premier juge des arts et mestiers de la ville de Paris, pour prester par devant luy serment en tel cas requis et accoutumé; et payera vingt sols parisis au Roy et a chacun desdits jurez soixante sols tournois.

2. Item, pourront lesdits maitres marchands poissonniers avoir chacun deux apprentifs et non plus, bien pourront avoir des serviteurs qui ne tiendront lieu d'apprentif, et ne pourront tenir lesdits apprentifs moins de quatre ans, a peine de quarante huit sols parisis d'amende, moitié applicable au Roy, et l'autre moitié aux jurez, et ne pourront lesdits marchands poissonniers, sur les mesmes peines, prendre ni debaucher les apprentifs de chez leurs maistres, si ce n'est du gré et volonté desdits maitres, lesquels incontinent qu'ils auront fait obliger lesdits apprentifs, pour eviter aux abus, seront tenus faire registrer le brevet au registre des arts et metiers de laditte ville, etant en la chambre du procureur du Roy au Chastelet.

3. Item, nul maitre ne pourra aller au devant, ni acheter du poisson plus près de la ville de Paris, que de quatre lieues, a peine de confiscation et de dix livres parisis, applicable au profit dudit etat, pour employer et soutenir les affaires d'iceluy.

4. Defenses sont faites auxdits maitres d'acheter aucun poisson terrier [1] qui ne soit pesché, a peine de confiscation et de dix livres appliquez comme dessus.

5. Les marchans forains apportans du poisson, en cette ville de Paris, seront tenus de descendre et porter ledict poisson a la Cossonnerie, pour estre iceluy veu et visité par les jurez dudit etat; et après la visitation, le pourront vendre sur les etaux et a sec, et non dans l'eau, et defenses a eux d'exposer iceluy en vente

---

[1] Dans les statuts précédents on dit : poissons de terre.

qu'il n'ait esté veu et visité par les jurez, et de colporter ledit poisson par la ville, ou aux cabarets, a peine de quarante huit sols parisis d'amende et de confiscation; et payeront les droits de visitations auxdits jurez, sçavoir, pour le poisson qui viendra en somme [1], cinq sols parisis, et pour celuy qui se vendra en eau, dix sols parisis.

6. Item lesdits marchans forains, amenans poisson par eau, incontinent qu'ils seront arrivez et garrez aux ports jurez, tant haut que bas de la riviere, sçavoir : le port des boutiques de la porte de Paris et le port des boutiques du quay des Ormes, seront tenus d'en avertir les jurez [2]; et ne pourront faire ouverture des boutiques et bottes, que prealablement ledit poisson n'ait esté veu et visité par lesdits jurez, qui seront tenus iceluy visiter incontinent qu'ils auront esté avertis; s'il s'en trouve de mauvais, indigne de mettre au corps humain, sera coupé et jetté en la riviere; et le bon, seront tenus lesdits marchands forains de le porter à la Cossonnerie [3], pour y estre vendu sur les tables accoutumées, a sec et sans eau, comme dit est, sans pouvoir iceluy remporter pour en faire magazin.

7. Ne pourront aucuns marchands forains, regratiers ou regratières prendre place ni se mettre au devant desdits maitres marchands poissonniers, leurs femmes, enfans ou serviteurs, qui auront du poisson a ladite Cossonnerie, pour iceluy vendre, que premierement lesdits maitres marchands poissonniers ne soient placez; et que, si aucun s'entremettoit de se placer au devant des cuves et cuviers, ou est le poisson desdits maistres, les pourront lesdits maitres faire retirer par le premier commissaire ou sergent sur ce requis, et au cas qu'ils fissent rebellion, permis auxdits commissaires ou sergens de les amener actuellement prisonniers.

[1] À dos de bête de somme.

[2] 1678, 27 janvier. — Sentence de police au sujet des abus entre les marchands forains, les regrattiers et les maîtres de la communauté des marchands de poisson : «Nous, conformément aux statuts, avons ordonné que les marchands forains amenant poisson en cette ville de Paris, seront tenus d'avoir leurs boutiques, bascules et estuis au port dit de l'arche Beaufils, audessus du pont Marie, et les marchands de Paris, vis à vis du port appelé du quay des Ormes au dessous du pont Marie et à celuy de la vallée de Misère, faisons deffenses aux forains de les avoir audessous du pont Marie et à celluy de la vallée de Misère, et aux marchands de Paris de les avoir au dessus; faisons pareillement deffenses auxdits marchands de Paris, regratiers et regratières d'aller sur les boutiques, bascules et estuis des forains, sous pretexte de visiter par curiosité leurs marchandises....» (Coll. Lamoignon, t. XVI, fol. 759.)

[3] 1672, 6 décembre. — Ordonnance de police. «Sur ce qui nous a esté demonstré que par lettres patentes de Sa Majesté, de may 1661, sur l'établissement d'une halle au poisson, rue de la Cossonnerie, attendu que quelques unes desdites marchandes, revenderesses et détailleresses se sont retirées de ladite halle... Ordonnons que lesdits marchands de poisson d'eau douce, tant de cette ville de Paris que les marchands forains, revenderesses et detailleresses, se retireront incessamment dans ladite halle au poisson d'eau douce pour y vendre et debiter leurs marchandises en la manière accoutumée. Faisons très expresses deffenses ausdits marchans, marchandes, revenderesses et detailleresses de mettre leurs bacquets, etalages et cuviers, ny vendre leurs marchandises ailleurs qu'en ladite halle destinée pour la vente du poisson d'eau douce, à peine de confiscation de leurs marchandises, cuviers et bacquets, et de cent livres d'amende...» (Lamoignon, t. XV, fol. 1061.)

8. Defenses sont faites a tous maistres marchands poissonniers, regratiers, re-gratières, revendeurs, revenderesses et autres, d'acheter aucun poisson auparavant l'heure de onze heures passées, jusqu'à ce que le bourgeois soit fourni, a peine de confiscation et de dix livres parisis d'amende.

9. Seront aussi pareillement defenses faites, tant auxdits maistres qu'autres marchands forains revendeurs et revenderesses, d'aller au devant, ni d'acheter aucun poisson qui est parti du lieu, là ou il a esté pesché et chargé pour venir en cette ville de Paris, pour y estre vendu, soit en chemin, ou en la ville; et auxdits marchands forains qui ameneront ledit poisson, de le decharger ès boutiques, ni iceluy serrer ou cacher pour le vendre, ou en abuser, ni en arriver en la ville de Paris, sinon qu'en plein jour [1], a peine de confiscation et de dix livres parisis d'amende.

10. Item, defenses sont faites aux marchands poissonniers de Saint Denis et autres d'acheter du poisson d'eau douce venant de Paris, pour le vendre, a peine de confiscation et de dix livres parisis d'amende.

11. Item, defenses sont faites aux marchands forains, leurs femmes et serviteurs, lorsque les jurez visiteront leur poisson, de leur dire aucunes injures, ains leur est enjoint de souffrir lesdites visitations, a peine de quarante huit sols parisis d'amende et de punition s'il y echet.

12. Item, [tant] pour entretenir la confrairie dudit etat, accordée par les feus Roys auxdits marchands poissonniers, que pour reparer, soutenir et entretenir les allées, ponts, pieux, pallées et boutiques etant sur la riviere, en ceste ville de Paris, appartenant audit etat, qu'il faut de grands frais et depens, par chacun an: celuy qui aspirera a ladite maitrise et qui sera reçeu maistre marchand poissonnier payera cent sols parisis, pour une fois seulement; ce dont ils sont jouissans de tout temps et ancienneté, et qui leur ont esté concedez par les predecesseurs, Roys de France [2]; et seront tenus lesdits maistres mar-

---

[1] 1677, 9 avril. — Ordonnance sur la vente du poisson d'eau douce, au sujet des plaintes faites pour inexécution des statuts et en particulier de l'article 9 relatif aux marchands forains : « . . . avons ordonné que tous marchans forains qui feront amener par eaue du poisson en cette ville de Paris, seront tenus, aussitost que la visite en aura esté faite par les jurez, de le faire porter en la halle de la rue de la Cossonnerie, pour y estre vendu sur les tables accoustumées a sec et sans eaue; leurs faisons deffenses de faire ouverture de leurs boutiques et bottes, que le poisson n'ait eté visité par les jurez et vendre ledit poisson sur la riviere dans leurs boutiques et bottes ny meme d'y rapporter ce qui aura esté une fois exposé en vente à la halle; faisons pa-reilles deffenses a tous regratiers, maitres et marchans de poisson et tous autres d'aller audevant des marchans forains, de s'entremettre de decharger, trier, compter leur poisson ny d'en acheter sur la rivière dans leurs boutiques ny ailleurs que dans ladite halle après onze heures sonnées, le tout a peine de confiscation de la marchandise, deux cens livres d'amende et de plus grande peine s'il y es-chet; enjoignons aux jurez de la marchandise de poisson de tenir la main a l'execution des règle-mens de police et de nostre presente ordonnance. » (Lamoignon, t. XVI, fol. 704.)

[2] Voyez la concession de cette confrérie dans les lettres patentes de Charles VIII, de 1484; ci-dessus, pièce III.

chands poissonniers tous les ans payer leur confrairie, et a ce faire y seront contraints et contribueront aux frais dudit mestier, ainsi qu'il sera avisé par les
maistres d'iceluy mestier.

13. Item, aucun marchand forain qui amenera poisson d'eau douce par eau,
boutiques ou bottes, pour vendre a Paris, ne pourra iceluy faire vendre en detail
par ladite ville, ni a la Cossonnerie, ni place accoutumée par les regrattiers, regratières, revendeurs et revenderesses, ains leur est enjoint de vendre eux
mesmes ou faire vendre par leurs gens et serviteurs ledit poisson, sans que ledit
marchand forain puisse mettre en boutique, ayant esté exposé en vente au marché,
ni se pouvoir remporter, ni serrer esdites boutiques comme font les maitres marchands poissonniers de cette ville de Paris, a peine de quarante huit sols parisis
d'amende et de confiscation [1].

Louis, par la grace de Dieu, Roy de France et de Navarre, a tous presens et
avenir salut. Nous avons reçeu l'humble supplication de nos chers et bien amez
les marchands poissonniers d'eau douce, de nostre ville de Paris, contenant que
. . . . . furent constituées, ordonnées et etablies certaines ordonnances et statuts
par le prevost de Paris et autres notables bourgeois de nostredite ville, depuis
ratifiées, confirmées et approuvées par les feux Roys Charles VIII au mois de juillet 1484, Louis XII au mois de janvier 1504, François Ier au mois de juin 1519 [2]
et autres nos predecesseurs Roys, observées et gardées par les supplians. . . . .
A ces causes, inclinant favorablement a leur supplication et requeste, ayant fait
veoir en nostre Conseil lesdites lettres patentes des Roys et lesdits anciens et
nouveaux statuts, l'avis desdits lieutenant civil et de notre procureur audit Chatelet, le tout cy-attaché sous le contre scel de notre chancellerie, nous avons lesdits articles, ordonnances et nouveaux statuts concernant ladite marchandise et
poissonnerie d'eau douce, louez, ratifiez et approuvez. . . . . pour en jouir et user
par lesdits supplians et leursdits successeurs doresnavant pleinement, paisiblement et a toujours, comme ils ont cy-devant fait et font encore a present. Si donnons en mandement. . . . . Donné à Paris au mois de novembre, l'an de grace
mil six cens quatorze et de notre regne le cinquiesme.

<hr />

[1] Les articles 14 et 15 qui terminent ces statuts et que nous avons supprimés sont la reproduction des articles 7 et 8 de 1484.

[2] Ces deux dernières confirmations nous manquent et ne doivent point contenir de statuts. Celle
de 1484 est la plus importante.

VIII

1644, avril.

*Lettres patentes de Louis XIV, confirmant purement et simplement
les privilèges des pêcheurs à engins, marchands poissonniers d'eau douce.*

Ordonn., 1ᵉʳ vol. de Louis XIV, X 1ᵃ 8656, fol. 180. — Coll. Lamoignon, t. XII, fol. 425.
Traité de la police, t. III, p. 313.

IX

1672, décembre et 1673, février.

Ordonnance de Louis XIV sur la prévôté des marchands. (Extrait.)

Coll. Lamoignon, t. XV, fol. 1072 et suiv.

TITRE XV. — MARCHANDISE DE POISSON D'EAU DOUCE.

1. Les pescheurs tant de ladite ville que des environs a deux lieues de distance seront tenus à apporter ou envoyer leurs poissons aux marchez publics de cette ville, sans les pouvoir vendre a marchans de poisson.

2. Deffenses aux marchans de Paris d'acheter des forains aucunes marchandises de poisson, soit en gros ou en detail, pour les revendre, a peine de confiscation desdites marchandises et d'interdiction du commerce.

3. Ne pourront les regratiers faire achat de marchandises de poisson ès boutiques, qu'après neuf heures du matin, a peine de confiscation.

4. Lesdits marchands de poisson forains feront arriver leurs boutiques a poisson au port de l'arche Beaufils, a commencer quatre toises au dessus de la descente de pierre joignante la dernière maison de l'aisle du pont Marie jusques audit pont; enjoint au debacleur dudit port de tenir la main a ce que ledit espace soit laissé libre pour lesdits forains, et a cet effet d'oster a leur première requisition les batteaux chargés d'autres marchandises aux despens des marchands a qui elles appartiendront, contre lesquels sera executoire delivré.

5. Les marchands de poisson de Paris pourront faire arriver leur marchandise de poisson aux ports destinés aux boutiques, l'un estant depuis le pont Marie jusques au port au foin, et l'autre depuis le pont aux Changes jusques a l'abbrevoir Pepin. Et afin que lesdites boutiques n'incommodent point le chemin de la navigation, seront tenus de faire survuider dans leurs grandes boutiques et reservoirs les poissons qui leur arriveront quand lesdites grandes boutiques les pour-

ront contenir, sans laisser lesdites petites boutiques auxdits ports, a peine d'amende.

X

1675, avril.

Édit créant 8 offices de vendeurs de poisson d'eau douce.

Coll. Lamoignon, t. XVI, fol. 422.

. . . A ces causes erigeons, en titre d'office formé et hereditaire, huit vendeurs de poisson d'eau douce, dans nostre bonne ville et fauxbourgs de Paris, et huit leurs commis y joints, pour estre ledit poisson par eux vendu et debité dans les boutiques [1], sur la rivière, aux halles, marchés, places et lieux accoustumés de ladite ville et faulxbourgs, à l'instar des vendeurs de marée et des vendeurs de volailles, gibiers, veaux, chevreaux, œufs, beurres, fromages et autres denrées. . . . . lesquels vendeurs de poisson d'eau douce et commis presentement creés auront des bureaux ouverts dedans ou proche des places de vente et seront tenus de payer comptant aux marchands forains le prix de la vente qu'ils feront de leurs marchandises, pour s'en rembourser par lesdits vendeurs, a leurs risques perils et fortune, des marchands et acheteurs d'icelles, a la deduction d'un sol pour livre des sommes auxquelles se montent lesdites ventes, que nous accordons auxdits vendeurs et leur permettons de retenir par leurs mains pour leurs avances, risques, perils, salaires et vacations, gages de commis, louages de bureaux et autres frais necessaires, demeurant toutesfois à la liberté desdits marchands de faire eux mesmes la vente et debit de leurs marchandises, directement a ceux qui en feront la consommation, sans fraude. . . . .

XI

1708, mai.

Édit de Louis XIV rétablissant les 30 offices de vendeurs de poisson d'eau douce, créés en juin 1696, puis supprimés, et les portant au nombre de 70.

Arch. nat., Ordonn., 51ᵉ vol. de Louis XIV, X 1ᵉ 8705, fol. 201. — Coll. Lamoignon. t. XXIV, fol. 143.

Louis, par la grace de Dieu, Roy de France et de Navarre. Par notre edit

---

[1] 1676, 1ᵉʳ mai. — Arrêt du onseil Cordonnant que les marchands de poisson d'eau douce feront, au bureau des vendeurs, leurs déclarations précises, d'eux signées, de la quantité, qualité et grandeur dudit poisson. (Lamoignon, t. XVI, fol. 534.)

de juin 1696 nous avions creé trente jurez vendeurs de poisson d'eau douce [1]; depuis, nous avons jugé à propos de supprimer lesdits offices et de faire percevoir ledit droit par le fermier de notre ferme des droits sur la volaille. . . . . Comme nous avons depuis jugé à propos d'aliener notre ferme sur la volaille, sans y avoir compris ledit droit du sol par livre sur le poisson d'eau douce, nous avons estimé pouvoir retablir lesdits offices de jurez vendeurs. A ces causes, retablissons les offices de jurez vendeurs de poisson d'eau douce, creés dans notre ville et fauxbourgs de Paris, par notre edit du mois de juin 1696, que nous voulons estre à l'avenir fixés au nombre de soixante dix offices, a l'effet de quoy nous les avons par nostre present edit creés et erigés, creons et erigeons en titre d'office formé et hereditaire, et nous leur avons attribué et attribuons le sol pour livre de ladite marchandise de poisson d'eau douce, et en outre dix huit deniers dont jouissent ou ont du jouir jusques à ce jour les jurez vendeurs de marée sur ladite marchandise [2]. . . . . voulons en consequence que les particuliers et marchands, soit forains ou de notre ville et fauxbourgs de Paris qui y feront arriver du poisson d'eau douce, par eau ou par terre, soient tenus en arrivant, et avant de l'exposer en vente, d'en faire leurs declarations precises et exactes au bureau qui sera etabli par lesdits officiers. . . . . Donné à Marly, au moys de may, l'an de grace mil sept cent huit et de nostre regne le soixante sixiesme.

[1] Coll. Lamoignon, t. XIX, fol. 696. Ce document n'est pas transcrit dans nos textes.

[2] On a vu au titre précédent (pièce XXVI) que ces 70 offices ont été réunis à la communauté des vendeurs de poisson de mer moyennant la somme de 700,000 livres.

TITRE XIV.

PÊCHEURS.

De gueules, à une écrevisse d'or, adextrée d'un verveux et senestrée d'une nasse,
et sous l'écrevisse deux avirons passés en sautoir,
le tout d'or, et un chef d'azur chargé d'un poisson d'argent. [1]

Les pêcheurs « en l'eaue le Roy » ont des statuts très curieux dans le *Livre des métiers* [2]. Ils donnent l'historique d'un droit de pêche concédé en fief par Philippe Auguste à un chevalier nommé Guérin du Bois. Ce fief reposait sur plusieurs parties du fond et des rives de la Seine et de la Marne, depuis la pointe de l'île Notre-Dame jusqu'à Villeneuve-Saint-Georges et Saint-Maur-des-Fossés, appelées pour cette raison « l'eaue le Roy ».

La grande maîtrise exercée par Guérin du Bois, sans contestation de la part du prévôt de Paris, est l'origine du métier des pêcheurs, dits plus tard pêcheurs à verge, pour se distinguer de leurs voisins les poissonniers d'eau douce, appelés aussi pêcheurs à engins.

Au siècle suivant, le fief de Guérin du Bois aura fait retour à la couronne et sera passé dans les attributions des eaux et forêts; on voit ces officiers contester aux pêcheurs le privilège d'employer la trouble ou le marchepied et prétendre avoir droit d'infliger des amendes et d'interdire le métier. Par lettres patentes de novembre 1358, les pêcheurs furent maintenus dans leurs anciens usages. Ils se réservaient la vente du poisson qu'ils avaient pêché et s'installaient près de la porte de Paris, devant la grande boucherie; les poulaillers et autres revendeurs qui s'en mêlaient étaient mis en contravention, comme dans les lettres de 1380.

Après plusieurs confirmations simples, leurs règlements reconnus surannés et insuffisants furent modifiés par un nouveau texte en 1515.

L'ancienne confrérie, dédiée à saint Louis, est mentionnée en tête. Chaque maître devait assister à la messe les dimanches, donner le pain bénit à son tour et verser une cotisation annuelle de deux sols, ainsi qu'une somme de huit deniers lors du décès d'un confrère. La pêche était défendue les jours de fête. On ne pouvait ni s'associer, ni vendre ni acheter des poissons aux forains ou aux pêcheurs à engins. Leur commerce se bornait à la vente directe des pro-

---

[1] D'Hozier : *Armorial,* texte, t. XXIII, fol. 587; blasons, t. XXIV, fol. 1496. — [2] Titre XCIX, p. 212-214, statuts en 10 articles.

IMPRIMERIE NATIONALE.

duits de la pêche. Le prix de la maîtrise était de quatre livres. Les fonds pour une dépense
commune devaient être prélevés sur chaque maître. Deux délégués élus, appelés commis, étaient
dépositaires des deniers et des papiers de la communauté. Des places attitrées le long de la
rivière se prenaient chaque année après Pâques sur la désignation du maître des eaux et forêts.
Ces conditions, conformes d'ailleurs aux anciennes, furent approuvées par Augustin de Thou et
Pierre Bourcier, maîtres des eaux et forêts en 1515. Deux siècles plus tard, après diverses confirmations, ces mêmes statuts furent enregistrés au Parlement en 1727.

La communauté des pêcheurs, bien que restreinte et peu fortunée, a pourtant conservé toute
sa vitalité; les créations d'offices ne paraissent pas l'avoir atteinte, elle était trop pauvre pour y
contribuer.

------➤◇➥------

I

1358, novembre. — Louvre-les-Paris.

Lettres patentes de Charles, régent de France pendant l'absence du roi Jean,
qui permettent aux pêcheurs de pêcher dans la rivière de Seine avec la truble et le marchepied.

Arch. nat., Trésor des Chartes, J. J. 86, pièce 489. — Coll. Lamoignon, t. II, fol. 226.
Ord. des Rois de France, t. III, p. 304.

Charles, . . . savoir faisons a touz presens et a venir que, oye la supplicacion
des povres pescheurs de la ville de Paris, pescheeurs a truble d'iver espesse et au
marchepié d'esté, contenant que comme d'ancienneté les pescheurs qui pour le
temps ont esté, aient ainsi acoustumé a pescher, en la maniere dessusdite, et
li diz suppliants aussi peschent et aient acoustumé a peschier et peschent encores
de jour en jour; nientmoins, pour ce que aucuns maistres des yeaues et des
forez, par les sergens ou commis sur le fait des rivieres, leur rapportent que lesdiz pescheurs prennent les poissons par la maniere dessusdite, laquelle chose il
veulent dire que ce est contre l'ordenance de prendre les poissons, et pour ce
se sont efforciez et efforcent de les traire en amende de jour en jour, les uns a
trois solz, les autres quatre solz et a dix sols et aultrement, si comme il leur
plaist; lesquelles amendes qui sont ainsi taxées, combien que elles soient petites,
sont encontre l'usage et coustume de peschier anciennement, comme dit est, ne
pour cause de leur pouvreté ne pourroient paier icelles, car il ont assez affaire a
soustenir et gaingnier leur pain, a eulx et a leurs femes et a leurs enfanz, et
qu'eue consideracion a ce, et aussi qui ne puent point peschier loing de Paris,
pour cause des ennemis qui detiennent occupée une partie de la rivière de Saine,
et ne pevent pas si bien gaignier leur pain, ne leur vivre, comme il souloient;
et, avecques ce, leur convient faire guet chascune sepmaine trois foiz, dont il
sont moult grevez [1]; et autrement, pour Dieu et en aumosne, ne lesdites

[1] Les statuts de Boileau ne les obligent pas au guet. Voyez *Livre des métiers*, titre XCIX, art. 1 à 10.

amendes, se aucunes en y avoit taxées, ou que lesdiz maistres voulsissent taxer, que ycelles ausdiz povres pescheurs et chascun d'eulx, de grace especial leur voulsissions remectre, quitter et pardonner, et octroier de nostre dicte grace que dores en avant, il et les autres pescheurs qui pour le temps avenir seront, puissent peschier en la maniere dessusdite, ainsi que il est acoustumé d'ancienneté et qu'il usent a present, en la maniere que dit est, et soit defendu ausdiz maistres des yaues et des forez, et ausdiz sergenz commissaires, et a touz autres, que lesdiz pescheurs ne empeschent en aucune maniere que il ne peschent en la maniere dessusdite et comme il a esté acoustumé, comme dit est; et autrement leur vousissions pourveoir sur ce de remède gracieux et convenable, et par telle maniere que il puissent gaingnier leur pain paisiblement. Et nous adecertes qui ne voulons que lesdiz pescheurs, ne aucuns d'eulx, soient grevez, molestez ou empeschiez a gaingnier leur pain, contre raison, ne en la maniere que il ont acoustumé a peschier, mès voulons qu'il soient tenuz et gardez en leurs bons usaiges et coustumes qu'il ont acoustumés, et pour consideracion des autres choses dessusdictes et chascune d'icelles, a yceulx pescheurs et a chascun d'eulx, lesdictes amendes et chascune d'icelles leur avons remises, quittons et pardonnons de grace especial et de certaine science, et par ces presentes remettons, quittons et pardonnons, et voulons et de nostre dicte grace leur octroions que, il et les autres pescheurs qui seront pour le temps avenir, peschent et puissent pescher en ladicte riviere de Saine, en la maniere que dit est, sanz empeschement aucun, non contrestant aucunes ordennances ou deffense qui sur la maniere du peschier eut esté faite au contraire. Si donnous en mandement..... Donné au Louvre-lez-Paris, l'an de grace mil trois cens cinquante huit, ou mois de novembre.

II

1380, 3 février.

Lettres patentes de Charles V [1] qui maintiennent les pêcheurs à verge dans l'autorisation de vendre leurs poissons devant la grande boucherie de Paris.

Arch. nat., Bannières, 1er vol., Y 7, fol. 165. — Coll. Lamoignon, t. II, fol. 608. Traité de la police, t. III, p. 308.

Charles, par la grace de Dieu, Roy de France, au prevost de Paris ou a son lieutenant. Oye la complainte des pouvres pescheurs de poisson a verge de la ville de Paris, contenant que eulx et les aultres pouvres pescheurs de poisson a verge

---

[1] Ces lettres sont vidimées dans la pièce de 1475, dont la mention suit.

aient acoustumé, de si longtemps qu'il n'est memoire du contraire, de vendre leursdis poissons peschez à la verge, devant la place de la grant Boucherie de Paris, près de nostre Chastelet de Paris, sans ce que poullailliers ne autres marchans y vendissent, ne leur donnassent empeschement ou occupation, et ny fussent pas reçeuz vendeurs de poisson autre que pesché à la verge ; neantmoins, plusieurs poullailers et vendeurs de volaille, et autres, se sont naguères efforcez et efforcent de jour en jour de leur empescher de occuper ladite place, combien que autrefoiz, pourceque certaines personnes vouloient vendre poisson qui n'avoit pas esté pesché à la verge, vous à qui ilz se complaindront, en leur pourvoiant de remede, feissiez faire deffence que l'en n'y vendist ledit poisson non pesché à la verge ; et est ladite place toute accoustumée pour lesdits poissons prins a verge vendre, sans ce qu'ils y doivent estre empeschez, si comme ilz dient. Nous qui voulons pourveoir au bien de la chose publique, vous mandons et commettons, se mestier est, que se il est ainsy, vous maintenez et gardez lesdits supplians en ladite place ou ilz ont accoustumé de vendre leursdits poissons peschez à la verge en la manière accoustumée, en ostant et deboutant et faisant oster et debouter tous autres qui les empescheroient, tant poulaillers, vendeurs de volailles que autres ; ou autrement pourvoyez sur ce par telle maniere, et faire avant comme il sera à faire par raison, si que n'en ayons plus plainte. Donné a Paris le tiers jour de fevrier, l'an de grace mil ccc soixante dix neuf et de nostre regne le quinziesme.

III

1475, 23 septembre.

Lettres patentes de Louis XI confirmant celles de 1379 (février 1380, n. s.), de 1411 et autres de Charles VII (non datées), qui maintiennent aux pêcheurs à verge le droit de vendre leur poisson au marché de la porte de Paris, devant la grande boucherie et le Châtelet.

Arch. nat., Bannières, 1er vol., Y 7, fol. 165. — Coll. Lamoignon, t. IV, fol. 657, mention.
Traité de la police, t. III, p. 309.

IV

1515, avril, après Pâques.

Lettres patentes de François Ier confirmant les statuts des pêcheurs à verge, en 20 articles.

Arch. nat., Ordonn., 19° vol. de Louis XIV, X 1° 8673, fol. 316 et 443 [1]. — Coll. Lamoignon, t. V, fol. 679.

François, par la grace de Dieu, Roy de France, scavoir faisons a tous presens et avenir; nous aurions reçeu l'humble supplication des maistres peschcurs a verge de nostre ville de Paris, contenant que dès le temps du Roy Saint Louis, pour entretenir lesdits pescheurs et leursdits etats, au bien, proffit et utilité de la chose publique et des rivières, leur fut octroyé place à vendre le poisson en ladite ville [2]; fut aussi dès ledit temps ou autre lon temps erigé certaine confrairie et certains privilèges a eux octroyés qui de premièrement leur ont esté confirmez par feu nostre très cher seigneur et beau-père, le Roy Louis dernier trespassé [3]; mais au moyen de ce que leurs anciennes ordonnances et manière d'eux regir et gouverner audit estat ont esté perdues et adirées, dont plusieurs differens se mouvoient; pour à ce obvier, vivre en paix et tranquillité et tenir ledit estat en bon ordre et police, ils se sont pourvus par devers nos officiers sur le faict de nos eaues et forets et par leur avis et deliberation fait certains articles dont la teneur s'ensuit :

Ce sont les ordonnances que veulent et s'obligent tenir, d'icy en avant et a tousjours, pour eux et leurs successeurs, les maistres pescheurs a verge de nostre bonne ville de Paris :

1. Premierement lesdits maistres pescheurs à verge veulent et s'obligent à jamais que chascun d'eux a present maistre dudit mestier et autres qui viendront audit mestier pour le temps avenir, payent chascun an, au jour de saint Louis, qui est le jour de la confrairie de leur communauté, pour continuer une messe, laquelle est celebrée chascun dimanche a leur intention, a laquelle il y a pain benit et eaue beniste, aux procureurs de leur ditte confrairie et communauté deux sols parisis.

2. Item, veulent lesdits confreres que chascun en son lieu passe et administre ledit pain benit a leur ditte messe, comme il est de coutume, et en deffaut de ce, que le deffaillant paye a ladite confrairie quatre sols parisis.

[1] Ce texte est emprunté à un document de beaucoup postérieur qui mentionnoit l'enregistrement et la confirmation.

[2] A la porte du Grand Pont. Voyez notre *Livre des métiers*, p. 216, art. IX.

[3] Nous n'avons pas encore retrouvé cette lettre de Louis XII; peut-être fait-on ici allusion à la création de la confrérie des poissonniers d'eau douce érigée par lettres de Charles VIII de juillet 1484 (comparez avec la pièce n° III du titre précédent). Celle-ci est dédiée à saint Pierre, celle des pêcheurs à saint Louis.

3. Item, veulent lesdits confreres que chascun qui d'icy en avant entrera en leurditte communauté, paye comme ont fait leurs predecesseurs, quarante ans et plus et tant qu'il n'est memoire du contraire, auxdits procureurs, quatre livres tournois; lesquelles quatre livres seront pour employer aux affaires de la communauté, si aucunes surviennent, ou pour autres affaires qui seront advisées par lesdits maistres et procureurs, pour l'ordonnance qui en sera faitte par le maistre des eaux et forêts ou son lieutenant, les avocats et procureurs du Roy appellés.

4. Item, veulent lesdits confreres que chascun qui entrera en laditte confrairie paye, le premier an, seize sols parisis a laditte confrairie pour son entrée, et par ce moyen il sera quitte desdits deux sols parisis que chascun est tenu de payer a la saint Louis, pour l'année qu'il entrera et pour l'année prochaine ensuivant.

5. Item, veulent lesdits maistres et confreres que, quand il decedera aucuns de leurs confreres, ou aucunes de leurs femmes, que pour employer en bienfaits au service divin et pour la redemption d'iceluy desdits confreres ou de leursdittes femmes, que chascun, pour employer comme dessus, paye huit deniers parisis.

6. Item, veulent lesdits confreres que chascun d'eux qui sera trouvé peschant les jours de Nostre Dame, les jours et festes d'apostres, Noël, saint Jean-Baptiste, les dimanches et quatre festes annuelles, que chascun qui y sera trouvé ou qu'il leur sera dument prouvé contre luy, paye d'amende, pour laditte offence, huit sols parisis, la moitié au Roy et l'autre moitié a laditte confrairie.

7. Item, veulent lesdits confreres que chascun d'eux qui sera trouvé peschant à places de ses autres confreres, sans licence ny autorité et qu'il soit prouvé contre luy, ou qu'il en affirme par serment, que pour laditte faute paye vingt sols parisis, la moitié au Roy et l'autre moitié à laditte confrairie.

8. Item, veulent lesdits confreres que si aucuns d'eux est trouvé larron ou d'autre vice par quoy il soit repris par justice, et qu'il soit puni corporellement, qu'il soit à jamais privé dudit mestier et privilèges.

9. Item, veulent lesdits confreres que chascun d'eux puisse avoir et tenir a son service de pescheur un serviteur, pour pescher à son proffit ou ses places marquées, et pour luy apprendre le mestier, et que ledit serviteur ne soit point obligé, a la charge que si ledit serviteur delinque contre les ordonnances le maistre en sera tenu pour luy.

10. Item, veulent lesdits confreres que nul d'eux ne prennent aucuns pescheurs pour pescher a moitié, s'il n'est du nombre et maistre pescheur, sur peine de payer quatre sols parisis d'amende, pour la premiere, et huit sols parisis s'il continue, moitié au Roy et l'autre moitié à la confrairie.

11. Item, veulent lesdits confreres que nul d'eux ne s'ingere et mele, ou leurs femmes, d'achcter poissons des autres personnes, comme forains et pescheurs

d'angins, aux Halles et autres lieux ou l'on vend poissons, et que celuy qui sera trouvé ou sa femme, avoir fait ou faisant le contraire et vendant ledit poisson ainsy acheté, a leur place a eux donnée pour vendre le poisson par eux pris a la verge, que chacun qui y sera trouvé paye d'amende, pour chacune faute, quatre sols parisis, la moitié au Roy et l'autre moitié à la confrairie.

12. Item, veulent lesdits confreres que a chascune des affaires de laditte communauté qui regardent leurs privileges et franchises, pour satisfaire aux frais qui en pourront ensuivre, s'il n'y a argent en leur communauté, que chascun d'eux fournisse auxdits frais par egalle portion; toutesfois avant que faire aucune assiette sur eux, seront tenus eux retirer pardevant le maistre des eaux et forests, lequel, ouïs sur ce nos avocats et procureurs, avisera si laditte assiete se doit faire ou non.

13. Item, et a ce que aucune fraude ne puisse doresnavant estre commise, seront lesdits maistres tenus chascun de rendre compte, pardevant nostredit maistre des eaux et forests ou nosdits avocats et procureur, des elus procureurs de laditte confrairie.

14. Item, veulent lesdits confreres qu'il y ait deux d'entre eux deleguués procureurs pour recevoir les deniers qui echerront et pour subvenir aux affaires necessaires et qu'ils soient sujets en rendre chacun un bon compte et reliquat en la forme et maniere que dessus.

15. Item, que lesdits commis eliront, de deux ans en deux ans, et seront tenus bailler caution [1].

16. Item, veulent lesdits confreres que les titres et enseignements de leurs droits et privileges soient par inventaire mis dans un coffre, dont chacun desdits commis aura une clef, et auquel coffre seront mis les deniers de laditte confrairie.

17. Item, veulent lesdits confreres que les places là ou ils pescheront pour leur teste ne se puissent marquer qu'après que Pasques soient passées.

18. Item, veulent lesdits confreres que si aucun d'eux marque et tienne plus de places qu'il ne sçauroit exploiter, que s'il y a aucun qui y vueille estre, qu'il soit sujet demander a celuy qui les a marquées lesquelles il veut tenir d'icelles, et qu'il y puisse estre fait ny faire [2]; et en son refus en sera fait distribution par le maistre des eaux et forests [3], appellés les maistres de laditte confrairie.

19. Item, veulent lesdits confreres a toutes les choses dessus dittes que chascun d'eux soit obligé a tousjours et à jamais.

[1] Ces maistres appelés *commis* ont exactement les mêmes fonctions que ceux appelés communément jurés. On a rarement vu la mention d'une caution exigée des jurés, mais seulement au xviii* siècle un prix de jurande.

[2] Sous-entendu : refus, objection.

[3] Cet officier avait les mêmes pouvoirs que le maître du métier des pêcheurs nommé Guérin dans les statuts d'Étienne Boileau. Voyez *Livre des métiers*, titre XCIX, p. 212.

20. Item, veulent lesdits confreres que apres que aucun d'iceux sera allé de vie a trespas, que la veuve et autres veuves qui demeureront apres le trespas de leurs maris puissent dudit mestier jouir jusqu'à ce qu'elles soient remariées, et si elles prennent maris d'autre estat, elles en seront privées.

Nous Augustin de Thou et Pierre Bourcier, avocat et procureur du Roy sur le fait des eaues et forests, certifions avoir vu ces presentes ordonnances, lesquelles nous semblent conformes aux anciennes ordonnances desdits pescheurs et que s'il plaist au Roy les confirmer, que ce sera le bien et utilité des rivières. En tesmoing de ce nous avons signé ces presentes de nos seings et scel manuel cy mis le 22e jour de mars avant Pasques 1514... Et afin que ce soit chose ferme et stable a toujours, nous avons fait mettre nostre scel à cesdites presentes, sauf en autres choses nostre droit et l'autruy en toutes[1]. Donné à Paris au mois d'avril, l'an de grace 1515 et de nostre règne le premier, après Pasques.

[1] Entre ces lettres et leur enregistrement il y eut quelques confirmations constatant le maintien de la communauté des pêcheurs :

1549, janvier. — Lettres patentes de Henri II confirmant purement et simplement les privilèges des pêcheurs à verge. (Arch. nat., Bannières, 5e vol. Y 10, fol. 122. — Coll. Lamoignon, t. VII, fol. 197.)

1566, juin. — Lettres patentes de Charles IX confirmant purement et simplement aux pêcheurs à verge leurs droits et privilèges. (Arch. nat., Bannières, 7e vol. Y 12, fol. 147 v°. — Coll. Lamoignon, t. VIII, fol. 315. — Traité de la police, t. III, p. 311.)

1644, août. — Lettres patentes de Louis XIV confirmant purement et simplement les statuts des pêcheurs à verge. (Coll. Lamoignon, t. XII, fol. 486. — Traité de la police, t. III, p. 312.)

1727, 2 juillet. — Enregistrement au Parlement des statuts des pêcheurs à verge rendus précédemment par François Ier en avril 1515. (Coll. Lamoignon, t. V, fol. 687.)

TITRE XV.

FRUITIERS-REGRATTIERS.

D'azur, à une fasce d'or, chargée de trois pommes, de gueules,
tigées et feuillées de sinople, et accompagnée de trois oranges, d'or, tigées et feuillées de même,
deux en chef et une en pointe [1].

Aux Halles, dans les divers marchés et circulant par les rues, il y a eu de tout temps des quantités de petits marchands appelés regrattiers, revendeurs, coquetiers ou simplement indiqués par cette désignation plus vague encore : « ceux qui achetent pour revendre. » Le trafic de ce métier, nécessairement mal classé et ouvert à tous, consistait en marchandises d'approvisionnement, volailles, poisson, œufs, beurres, fromages, fruits et légumes. Pourtant dès l'origine il fut réglementé ou du moins il y en eut parmi eux qui se mirent en communauté et se donnèrent des statuts; ce sont les « regratiers de pain et d'esgrun [2] ». Installés en boutique et ayant un domicile connu, reconnaissant des apprentis, des maîtres, des jurés, achetant le métier du Roi, on peut suivre leur trace parmi la foule des marchands faisant le même commerce sans jouir de l'avantage de l'association et des règlements [3].

Les statuts de Boileau donnent aux deux catégories de regrattiers 12 jurés et 8 vendeurs-compteurs d'œufs et fromages. Ce même nombre de jurés ne se trouvait que chez les boulangers. Les regrattiers qui se séparèrent les premiers sont les épiciers, érigés en communauté distincte, avec règlements donnés en 1311 par Jehan Plebanc et devenus par la suite l'un des plus grands métiers de la capitale.

---

[1] D'Hozier: *Armorial,* texte, t. XXV, fol. 541; blasons, t. XXIII, fol. 674.

[2] *Livre des métiers,* titres IX et X, p. 27. Par le mot « esgrun » on entend les herbes et autres légumes. Cette expression s'est conservée dans les textes depuis le XIII° jusqu'au XVII° siècle.

[3] «Les plus riches de ces anciens fruitiers, dit Lamare, firent les principaux achats et reventes, et l'on commença de les qualifier marchands frui-

tiers, à la différence des autres moins opulents qui restèrent sous cet ancien titre de fruitiers-regrattiers. Ceux-là forment encore une communauté composée de maîtres et qui a ses règles, sa discipline, ses jurez; et ceux-ci sont de simples particuliers qui ne sont d'aucun corps et qui achetent du receveur des domaines le pouvoir de faire leur petit commerce, par les lettres de regrat.» (*Traité de la police,* t. II, p. 1454.)

Les autres textes n'ont pas de caractère particulier; sous la forme d'ordonnances, le prévôt de Paris prescrivit des mesures de police communes à toute la marchandise de regratterie. Les documents datés de décembre 1409, mars 1413 et avril 1500 ne sont pas des statuts et pourtant les fruitiers les ont considérés comme règlements de leur communauté [1]. On y voit que les forains devaient apporter des beurres frais et salés, en mottes ou dans des pots en terre de 5, 10, 25 et 100 livres. Il venait des fromages de Normandie et même des Flandres. Les regrattiers ne pouvaient vendre ensemble du beurre et du poisson, il leur fallait choisir l'un ou l'autre. Les Halles étaient réservées aux déchargements des forains et à la vente par le ministère des vendeurs et compteurs; les regrattiers et fruitiers devaient observer « l'heure du bourgeois », c'est-à-dire qu'ils attendaient onze heures ou midi, selon les saisons, pour traiter de leurs gros achats, de façon à donner aux habitants le temps de se procurer en toute liberté leurs provisions particulières, sans craindre l'accaparement des marchands. Après l'heure fixée, les regrattiers et fruitiers transportaient leur chargement soit dans les boutiques, soit dans la ville pour le colportage. Depuis le xiiie siècle, cette ordonnance ne tomba jamais en désuétude, les prévôts de Paris ont constamment cherché à éviter le renchérissement des denrées de première nécessité.

En 1413 et en 1608, les textes réduisent à cinq le nombre des jurés; leurs fonctions paraissent se borner à la surveillance des marchandises qu'ils devaient visiter chaque jour.

Les grands édits de la fin du xvie siècle n'ont pas dû atteindre les regrattiers. Ils auront trouvé le moyen d'éviter les mesures fiscales et nous n'avons pas d'actes qui signalent les confirmations de leurs privilèges. Cependant quelques arrêts mentionnent l'intervention des jurés fruitiers, indiquant ainsi qu'un métier surgissait parmi la foule des regrattiers indépendants et désunis et enfin, par lettres patentes datées de juin 1608, les regrattiers de fruits reprennent leurs anciens règlements qu'ils firent publier en 1680 sous le nom de « fruitiers orangers, maistres de la marchandise de fruits, esgruns et savoureux. »

La rédaction de ces statuts, claire et précise, se borne à consacrer les principes émis dès le xiiie siècle, en leur donnant la forme et le langage de l'époque. La maîtrise se gagnait après six ans d'apprentissage avec l'examen et le consentement des maîtres. Il n'est question ni du prix de la maîtrise ni du chef-d'œuvre. Les jurés restent fixés à cinq. Pour la visite ils se payaient en nature, prenant un œuf par panier, une pomme ou une cerise par hottée [2]; pour les beurres le droit était d'un sol par panier. La constitution définitive de leur communauté les autorisa à soutenir divers procès contre les épiciers, pâtissiers, jardiniers et surtout contre les regrattiers et les marchands forains. On remarquera l'arrêt de 1622 qui enlève aux jurés des fruitiers leur surveillance des forains pour la confier aux notables bourgeois de la ville, à titre de charge honorifique.

Les fruitiers obtinrent la réunion des offices de jurés à leur communauté pour la somme de 12,500 livres, par lettres du 19 juin 1691 [3]. A cette occasion ils prétendirent exiger un droit de visite de 4 livres par an sur chacun des regrattiers, lesquels, au nombre de trois mille dans Paris, auraient fourni une subvention annuelle de 12,000 livres. Les regrattiers, par arrêt du

---

[1] Le Recueil des fruitiers de 1738 met à la suite de l'ordonnance de 1413 le texte du titre X du *Livre des métiers*, concernant les regrattiers de fruits, en 19 articles. Le Guide des marchands de 1766 indique ces trois pièces comme reconnues par le métier des fruitiers. Ces deux insertions, à une époque où la législation ouvrière était

en vigueur, autorisent à croire que les deux métiers procèdent l'un de l'autre.

[2] Art. 6 de 1608. Cette perception du droit, reste d'un ancien usage, devait dégénérer souvent en abus. Le prévôt de Paris se réservait expressément d'en donner ou retirer l'autorisation.

[3] Lamoignon, t. XVIII, fol, 254.

9 février 1694, obtinrent de rester dans leur ancien état, soumis aux visites des fruitiers, sans payer aucuns droits.

Le 5 juin 1745, les fruitiers acquittèrent encore au Trésor royal une somme de 36,000 livres pour l'union des offices d'inspecteurs des jurés; ils augmentèrent les droits ordinaires pour assurer le service de leurs emprunts [1]. Enfin un arrêt du 30 août 1752 confirme les statuts de 1608 et le droit pour les jurés fruitiers de visiter les fromages dans les halles et dans la banlieue, de préférence aux jurés épiciers [2].

La maîtrise coûtait 850 livres; les statuts [3] ne mentionnent pas la confrérie; elle était établie à Saint-Eustache, sous le patronage de saint Léonard [4] représenté sur les deux beaux types de jetons que possède le musée Carnavalet.

[1] Lamoignon, t. XXXVI, p. 425. Il y a peut-être eu d'autres emprunts pour l'union des offices créés entre 1691 et 1745. De cette façon les fruitiers auront évité l'ingérence des vendeurs établis dans les métiers d'approvisionnement.

[2] Lamoignon, t. XL, fol. 182.

[3] Parmi les publications de la communauté, outre les feuilles volantes, on trouve les deux volumes suivants :

Statuts des maîtres de la marchandise de fruits, esgruns et savoureux. 1re édit., Paris, Saint-Aubin, 1680, petit in-4° (Bibl. de l'Arsenal, cartons verts n° 5): 2e édit., Paris, Grou, 1738, in-4° (*ibid.*, jurispr., n° 4623).

1. Statuts donnés par Henri IV en 1608, avec les lettres patentes.

2. Confirmation par Louis XIII en 1612.

3. Arrêt du Parlement accordant aux jurés fruitiers de faire la visite sur les fruits et légumes de leur métier, contre les jurés jardiniers (29 janvier 1594).

4. Résolution de la communauté et déclaration royale pour l'union des offices de jurés, 4 juillet 1691.

5. Divers arrêts reliés à la suite, sur les apports directs des marchandises pour les fruitiers, sur les droits d'entrée, liquidation de dettes, visites des jurés.

Note manuscrite : Il y a actuellement (1767) 320 maîtres de cette communauté sans compter les pauvres gens qui vendent des herbages, légumes, œufs, etc. avec de simples lettres de regrat.

[4] Guide des marchands de 1766, p. 265.

I

1409, 18 décembre et 1411, 12 février.

Lettres patentes de Charles VI portant confirmation des privilèges et exemptions de droits pour les regrattiers de fruits et légumes, œufs et fromages.

Arch. nat., Livre rouge vieil, Y 2, fol. 241 v°. — Trésor des Chartes, reg. 198, pièce 222.
Ord. des Rois de France, t. IX, p. 485 et t. XV, p. 38 [1].

Charles, par la grace de Dieu, Roy de France, a tous ceuls qui ces presentes verront, salut. [Reçeue avons l'umble supplication des povres marchans regratiers de poisson de mer et d'esgrun de nostre bonne ville de Paris, consors en ceste partie, contenant que comme] pour aucunement relever nostre peuple et en especial les [dessusdiz] povres marchans regratiers [dudit poisson de mer et d'esgrun de nostre dite ville de Paris] des grans charges qu'il a supporté et souffert en plusieurs manieres par longtemps, pour le fait de noz guerres et aultrement [et pareillement lesdiz regratiers], nous, a la requeste et par l'advis [et deliberation] de noz très chiers et très amez oncles et cousins le Roy de Navarre, les ducs de Berry, de Bourgongne et de Bourbon, et autres de nostre sanc et conseil et pour certaines autres causes a ce nous mouvans, meuz de pitié et compassion envers lesdiz marchans regratiers, avons [par noz autres lettres], de nostre grace especial, certaine science et auctorité royal, voulu et ordonné que touz les dessusdiz regratiers et revendeurs [d'esgrun comme] d'œufs, fromages, beurres fraiz, pommes, poires, serises, prunes, pesches, noix, roysins, verjus en grain, nefles, aulx, oignonz, poyreaux, porette, cyvoz, cresson, eschervys et quelxconques aultres menues denrées d'esgrun, appartenans a la ferme de l'esgrun, et aussy tous [les dessusdiz] regratiers de menu poisson de mer, comme harens, caques sors et fraiz, maquereaulx sallez, molles [hanons [2]] et aultres menuz poissons de mer que regratiers ont accoustumé de vendre, soient doresnavant francs [quictes] et exemptz de paier a nous ou a noz fermiers pour nous, imposition des reventes qu'ilz feront d'icelles denrées d'esgrun et de menu poisson de mer, sanz fraude, jusques a la somme de cinq solz parisis et audessoubz seullement. Et de ladite imposition des denrées susdictes faite par la maniere que dit est et jusques a ladicte somme de cinq solz parisis et audessoubz tant seullement, sanz fraude, les avons quictez et remis par nosdites lettres de nostredicte grace et avec ce, par icelles mesmes lectres, avons voulu et ordonné que toutes-

[1] Le Livre rouge vieil donne seulement la lettre du 18 décembre 1409, plus courte et dans laquelle manquent les mots placés entre crochets.

Le Trésor des chartes contient les deux pièces.
[2] Suivant Ducange, le mot *hanons*, *hanones* désigne une espèce de poisson, du genre des plies.

foiz qu'ilz seront pour ce approuchez par aulcun de noz fermiers [que iceulx re-
gratiers] soient creuz de la valeur et maniere de la vente dessusdicte par leurs
seremens, sanz que lesdiz fermiers soient ne puissent estre reçeuz a prouver le
contraire, ou cas toutesvoyes qu'il n'y auroit occasion de fraude evident, ce qui
sera en la disposition des esleuz et juges devant qui ilz seront convenuz [1]: et
pour ce ayons donné en mandement par nosdites lettres a nostre amé et feal
conseiller et chevalier Pierre des Essars, pour lors garde de nostre prevosté de
Paris, et souverain gouverneur de toutes les finances venant du fait des aydes
ordonnez pour la guerre, et a noz amez et feaux les generaulx conseillers, tant
sur le faict de la finance que de la justice desdites aydes..., comme dit est que
les fermiers dudit poisson de mer et de l'esgrun tenoient et ont tenu de jour en
jour plusieurs marchans regratiers en procès vendant lesdites denrées, il a esté
dit et ordonné, par l'advis et deliberation de nosdits generaulx conseillers et
pour eschiver aux procez qui sur ce feussent meuz et pourroient mouvoir de jour
en jour entre les fermiers d'iceulx aides et les marchans regratiers vendant les
marchandises dessusdites et mesmement en baillant lesdites fermes par lesdiz
esleus de Paris, depuis nostredit don et octroy par nous fait, que lesdiz regratiers seroient et demeureroient francs, quites et exemptz de toute imposicion de
la revente desdites denrées qu'ils revendroient; mais pour ce que icelles fermes
se baillent d'an a autre, lesdiz povres supplians doubtent que ou temps avenir
ils ne feussent ou peussent estre travaillez ou vexez par ceulx qui prendroient
lesdites fermes, pour ce que de nostredit don et octroy ilz n'ont aucunes lettres
pardevers eulx, dont ils se peussent aidier pour le tems avenir, se aucune chose
leur en estoit demandée, qui seroit en leur très grant grief, prejudice et domaige
de la chose publique et du bien du povre peuple, requerans humblement que
sur ce leur veuillons pourveoir de nostre grace et remede. Pourquoi nous, ces
choses considerées, inclinans a leur supplicacion et aussi voulans a ce pourveoir
et leur secourir et aidier a nostre povoir et pour le bien et utilité de la chose publique, et l'ordonnance faicte par nosdiz generaulx et esleuz avoir son effet, et en
confirmation d'icelle, avons voulu et ordonné, voulons et ordonnons, de nostredite
certaine science et grace especial, par ces mesmes presentes derechief et de nouvel, se mestier est, que les dessusdiz supplians regratiers et revendeurs d'esgrun
et de poisson de mer de nostredite ville de Paris soient doresnavant francs,
quictes et exemps de payer a nous et a noz fermiers pour nous, imposition de
toutes les reventes qu'ilz feront d'icelles denrées d'esgrun et de poisson de mer,
tout ainsi et par la forme et maniere que dit, ordonné et advisé a esté par nosdiz
generaulx conseillers et esleuz, et publié par lesdiz esleuz en baillant lesdites

---

[1] Les lettres datées de Paris, 18 décembre 1409, se terminent à cet endroit par les mots : «sy donnons» et les formules finales; celles de 1411 ont été augmentées de tout ce qui suit.

fermes a esté [1]. Si donnons en mandement. . . . . Donné a Paris, le x11ᵉ jour de febvrier, l'an de grace mil cccc et dix et de nostre regne le xxxıᵉ.

<hr/>

II

1413, 31 mars.

Statuts et règlements concernant les regrattiers de fruits et le commerce des œufs, beurres et fromages [2].

Coll. Lamoignon, t. IV, fol. 91. — Traité de la police, t. II, p. 1454.

1. Premierement que tous marchans amenans œufs, beurres et fourmages en ladite ville de Paris, depuis qu'ilz seront partis de leurs pays en intention de les amener en ladite ville de Paris, pour vendre leurs denrées, n'arresteront sur les chemins pour revendre depuis qu'ilz sont dans les bornes accoutumées, c'est à sçavoir Lonjumeau, Soisy, Neaufle, Montmorency et Louvres [3], mais seront tenus les amener sans sejour en ladite ville, sur peine de forfaire desdites denrées.

2. Item, qu'iceux arrivez en ladite ville de Paris, ils sont tenus de mener et descendre lesdites denrées et marchandises ès lieux et places a ce ordonnées et accoutumées, c'est assavoir ès Halles de Paris, cimetiere saint Jehan, en la rue Nostre Dame, et ne les pourront ailleurs descendre, si ainsi n'estoit qu'ils vinssent de nuit ou autre heure, mais le lendemain au plus matin seront tenus les porter esdites places ou à l'une d'icelles, sur la peine dessusdite.

3. Item, que lesdits marchands arrivez esdites places auront pour vendre leursdites denrées jour et demy de vente, afin de faire place aux autres marchands estrangers, comme de Flandres ou autres païs qui amenent charrettes ou chariots chargez de fourmages, lesquels auront trois jours de vente ou autre temps convenable, et qui sera arbitré par le prevost de Paris ou son lieutenant, à la relation des jurez, eu egard a la quantité des denrées amenées par lesdits marchands, et iceux jours passez, on leur pourra faire vendre leurs denrées au plus offrant, afin que les bourgeois et marchands de ladite ville de Paris puissent avoir marché comptant et raisonnable.

<hr/>

[1] Suivent les deux vidimus du 30 novembre 1437 et du 27 septembre 1461.

[2] La table du premier *Livre des métiers*, manuscrit de la Cour des comptes (Arch. nat., K 1050), porte le texte de ces statuts avec la date au folio 36 et l'indique encore au folio 35 vᵒ du Livre vert vieil. Ces deux manuscrits ont disparu. Des deux textes mentionnés, celui de Lamoignon est préférable. La date est en marge, il n'y a de formules ni en tête ni à la fin.

[3] Ces localités sont encore désignées dans les statuts de 1608, article 10. Lonjumeau, Chuisy-le-Roy, Néaupble-le-Château, Montmorency, Louvres, communes de Seine-et-Oise, au sud et au nord de Paris. C'étaient les limites du ressort de la prévôté.

4. Item, que nuls marchands, de quelque estat qu'ils soient, ne pourront aller au devant des marchands forains amenant denrées à Paris pour vendre en icelle, et acheter d'eux, a peine de perdre lesdites denrées et d'autre amende arbitraire.

5. Item, que nuls patissiers ne autres marchans de ladite ville de Paris qui achettent pour revendre, ne pourront acheter des marchands forains aucunes denrées avant l'heure accoustumée, c'est asçavoir depuis caresme prenant avant onze heures, afin que chacun en puisse avoir pour son argent qui en voudra avoir, aussi bien que les marchands, et sur peine de dix solz parisis d'amende a apliquer six sols au Roy et quatre sols aux jurez qui sont establis pour la garde desdites marchandises.

6. Item, que toutes denrées d'œufs beurres et fourmages qu'on amene par la riviere de Seine soient pareillement menées et descendues esdites places pour les vendre a la maniere dessus devisée, sans que ceux à qui elles sont les puissent vendre après ne mener ailleurs, à peine de forfaire lesdites denrées et autre amende volontaire.

7. Item que nuls marchands, tels qu'ils soient, ne pourront acheter aucunes desdites denrées à revenir, c'est asçavoir a livrer icelles denrées a certain temps a venir, pour les fraudes qui s'y pourroient ensuivre plus a plain declarée en l'ancien registre sur ce fait. Et aussy ne les pourront vendre lesdits marchands de Paris, a peine de quarente sols parisis d'amende a appliquer comme dessus.

8. Item, que nuls marchands ne puissent vendre aucunes denrées descendues esdites places, sans declarer le prix, afin que ceux qui en voudront avoir pour leur argent sachent le vray prix, pour y clamer, en avoir et demander part, si bon leur semble, sur peine de dix sols parisis d'amende a appliquer comme dessus.

9. Item, et pour ce que aucunes fois et bien souvent l'on amene à Paris, tant de Normandie comme d'ailleurs, denrées salées qui à la gueule et à l'entrée du pot sont de bonne apparence, et au milieu et dessous sont gros, pourris et de nulle valeur, ordonné est que le beurre soit autant dessous comme dessus sans fardure, sur peine de forfaire lesdites denrées, et d'autre amende volontaire, selon la matiere d'icelles marchandises.

10. Item, que nul n'amene beurre salé de gros sel, sur peine dessusdite, pourceque tel beurre ne se peut garder, et est adventure s'il ne vient puant et corrompu.

11. Item, pourceque plusieurs marchands, tant de Normandie comme d'ailleurs, amenent communement et bien souvent beurre frais qui passe temps d'estre vendu comme frais, ordonné est que celuy beurre sera veu et visité par les jurez dudit mestier avant qu'on le puisse vendre, et s'il est trouvé qu'il ait passé temps d'estre vendu pour frais, il sera condamné, et l'amenderont ceux à qui il sera, de dix sols parisis d'amende à appliquer comme dessus.

12. Item, que nuls ny nulles qui vendent poisson soit en gros ou en detail ne puissent vendre beurre frais, pour ce que ce sont marchandises toutes separées l'une de l'autre impertinens d'estre vendus ensemble, pourquoy il s'en pourroit ensuivre fraudes et deceptions, sur peine de forfaire lesdites denrées ou autre amende arbitraire.

13. Item, que nuls marchands ou autres, s'ils ne sont demeurans et residans à Paris, ne pourront vendre ny faire vendre aucunes denrées en gros ny en detail en ladite ville de Paris, en lieu de repos ny a part, si ce n'est en lieux et places en la maniere ordonnée, sur peine de forfaire lesdites denrées ou autre amende arbitraire.

14. Item, que tous marchands forains amenans beurre salé en pot de terre a la ville de Paris, fassent faire leurs pots de juste poids et convenable en la maniere accoustumée, tellement qu'ils reviennent à vray et juste rabat; c'est à sçavoir de cinq livres une, de dix livres deux, de vingt cinq livres cinq, de cent livres vingt, au moins au plus près que faire se pourra bonnement, sur peine de perdre ledit beurre et forfaire et d'autre amende arbitraire selon la matieré de sa marchandise.

15. Item, que nuls marchans repairans des Halles de Paris qui s'entremettent de la marchandise de beurre ne pourront vendre pour marchands forains leurs denrées si lesdits marchands forains ne sont en la ville de Paris et en la presence, le temps de la vente durant, sur peine de quarente sols parisis d'amende à appliquer comme dessus.

16. Item, que tous marchands de Paris qui achettent beurre es Halles de Paris, sitost qu'ils auront acheté aucunes desdites marchandises foraines ou d'autres, les fassent porter ou mener en leurs hostels, sans les y tenir ou faire tenir, ny rapporteront vendre esdites Halles ny autres places, lesquelles sont seulement ordonnées pour les marchands forains, afin que lesdits marchands forains ayent place pour descendre leurs denrées, quand ils en ameneront aucunes et qu'ils les puissent vendre sans sejourner, a peine de quarente sols parisis d'amende a appliquer en la maniere accoustumée comme dessus.

17. Item, beurres frais qu'on amene dudit païs de Normandie, seront vendus en motte, ainsi qu'on les amene et sans qu'on les puisse ouvrer, pour les fraudes et mauvaistiez qui sont survenues et surviennent de jour en jour, sur peine de dix sols parisis d'amende à appliquer comme dessus.

18. Item, qu'un compteur d'œufs ne soit marchand, ne soit reçeu a marchander de son denier à Dieu, mais si aucun y mettoit son denier à Dieu sur aucunes marchandises d'œufs, ledit compteur (s'il plaist au marchand acheteur) pourra avoir portion de ladite marchandise achetée.

19. Item, et que pour garder les statuts et ordonnances de ladite marchandise dessus declarée y aura cinq personnes bonnes et convenables qui seront

esleues par chacun an, par ceux dudit mestier; c'est à sçavoir deux ès Halles
de Paris, deux au cimetiere Saint Jehan, un en la rue Neuve Nostre Dame, lesquelz seront muez par chacun an, en la maniere accoustumée à faire des autres
mestiers et marchandises de ladite ville de Paris[1].

III

1437, 30 novembre.

*Lettres patentes de Charles VII, confirmant les privilèges des regrattiers,
déjà confirmés par Charles VI en 1409.*

Ord. des Rois de France, t. XV, p. 38, d'après le Trésor des Chartes, reg. 198, pièce 222.

IV

1461, 27 septembre.

*Lettres patentes de Louis XI confirmant les privilèges des regrattiers
et vidimant les lettres de 1409 et 1437.*

Mêmes sources.

V

1500, 15 avril.

Règlement du Parlement sur le fait des vivres et de ceux qui en font commerce par regrat.

Arch. nat., Livre gris, Y 6³, fol. 184. — Coll. Lamoignon, t. V, fol. 430.
Traité de la police, t. II, p. 1421.

Pour ce que, non obstant plusieurs ordonnances publiées en ceste ville de
Paris, par ordonnance du prevost de Paris ou ses lieutenans, à la requeste du
procureur du Roy et enregistrées ou Chastellet de Paris, plusieurs abbus, entreprinses et mauvaistiez se font et commettent chascun jour sur l'estat des vivres,

---

[1] Le texte de Lamoignon s'arrête ici, mais dans
les Statuts des fruitiers (Paris, Grou, 1738, in-4°,
p. 12) on transcrit à la suite les statuts des regrattiers de fruits et légumes en 19 articles, empruntés
littéralement au texte d'Étienne Boileau (titre X),
dont le dernier finit par ces mots : «car ce est
grief.» En l'absence d'un texte authentique, l'insertion de cette pièce dans l'édition des fruitiers permet de la considérer comme preuve de leur assi-
milation avec les regrattiers.

IMPRIMERIE NATIONALE.

denrées et marchandises de poulailles, sauvagines, poissons d'eaue doulce, œufz
et fromaiges, ainsi que la court de Parlement a esté deuement informée, le tout
par le moyen des revendeurs et revenderesses qui ne gardent lesdites ordonnances, mais par soubtilz moyens vont a l'encontre et revendent lesdits vivres trop
plus chères qu'ilz ne doivent, ou grant prejudice de la chose publique; ladite
court a ordonné et ordonne que lesdites ordonnances seront de nouvel publiées et
gardées, et pour ce faire commande et enjoinct ladite court au prevost de Paris,
ses lieuxtenans, aux examinateurs et sergens dudit Chastellet de Paris, que en
toute dilligence ils facent garder et observer de point en point lesdites ordonnances, sur peine de prendre et lever sur eulx les amendes qui y sont contenues,
et oultre enjoinct aux huissiers de ladite court qu'ilz s'en donnent garde et en
facent rapport a la court de ce qu'ilz trouveront avoir esté fait au contraire :

1. Et premicrement, en ensuyvant lesdites ordonnances anciennes, la court
enjoinct et commande à tous marchans forains qui ameneront aucuns vivres en
ceste ville de Paris, que incontinent, sans arrester, ils les facent mener et descendre ès lieux publicques et accoustumez à vendre lesdites denrées, comme en
la Cossonnière à la porte de Paris, devant Chastellet, touchant les poulailles, sauvagines et autres chairs; et le poisson aux pierres au poisson tant de la porte de
Paris, de Petit Pont, la porte Baudoyer, que ailleurs; et les œufz fromaiges et
beures au cimetiere Saint Jehan, rue Neufve Nostre Dame et autres lieux publicques et accoustumez de ancienneté, sans les vendre, distribuer, enerrer ne promettre par lesdits forains ausdits revendeurs, regratiers ne autres de par eulx,
jusques à ce que les dites denrées et marchandises soient amenées descendues et
exposées en vente esdits lieux et marchez publicques, chacun en son regard, sur
peine de confiscation desdites denrées et marchandises et de soixante solz parisis d'amende envers le Roy, de laquelle amende l'accusateur aura la tierce
partie.

2. Et seront tenuz lesdits peagers et gardes des chaussées qui recueillent le
peage, signiffier laditte ordonnance aux marchans forains et estrangers, à ce qu'ils
se gardent de mesprendre, sur peine de vingt sols parisis d'amende, dont l'accusateur aura la tierce partie.

3. Item, que lesdits vivres, denrées et marchandises qui arrivent de nuyt,
pourquoy feust besoing de descendre en hostellerie, l'oste sera tenu et luy commande et enjoinct laditte court, sur peine de soixante solz parisis d'amende, que
le lendemain matin sans riens en achepter ne prendre, il face amener par ledit
marchant forain, ou autre en son refuz, lesdites denrées et marchandises ès
lieux et places publicques et accoustumées, en toute dilligence; et s'aucun est
trouvé avoir fait le contraire il sera mis en prison et paiera ladite amende de
soixante solz parisis, avant que en partir, nonobstant opposition ou appellation
quelzconques.

4. Item, la court deffend bien expressement a tous regratiers, revendeurs, poullailliers, rotisseurs, cuisiniers, poissonniers, revendeurs et revenderesses de poulailles, sauvagines, œufs, fromaiges, poissons, beurres et autres vivres quelzconques, qu'ilz ne soient si osez ne sy hardiz de aller ou envoyer en appert ou couvert au devans desdits vivres, denrées et marchandises dessusdits, pour icelles marchander, barguigner, enerrer ou achetter, et n'empeschent que lesdites denrées ne soient amenées en plein marché en la maniere accoustumée, et ainsi que dit est dessus; et aussi ne se tiennent ne occupent les lieux et places dessusdittes ordonnées ausdits marchants forains, sur peine de confiscation desdites denrées, et d'estre banniz et privez à tousjours du fait de laditte regratterie et revendaige, de tenir prison et de soixante solz parisis d'amende qui sera employée comme dessus.

5. Item, oultre deffend laditte court, sur pareille et semblable peine, ausdits poullalers et autres regratiers qui ont leurs ouvrouers ou eschoppes devant ou auprès desdittes places ordonnées auxdits marchans forains, qu'ilz ne soient si osez ne si hardiz ez jours de marché, durant le temps que lesdits marchans forains exposeront en vente leursdittes denrées et marchandises, de ouvrir leurs estaulx ne exposer aucune marchandise en vente, soit de chair, poullailes, sauvagines, œufs ou autres denrées et marchandises, jusques a ce que lesdits marchans forains ayent distribué et vendu aux bourgeois et autres notables gens de cette ville de Paris leursdittes denrées et marchandises; et qu'ilz n'achaptent riens desdits forains ne ausdits, jusques après l'eure de unze heures sonnées.

6. Item, et si lesdits marchans forains arrivoient plus tard et amenerroient lesdittes denrées et marchandises esdits lieux publicques après laditte heure sonnée, lesdits regratiers, poullalers, coquetiers et autres revendeurs et revenderesses ne barguigneront ne achepteront aucunes desdittes denrées jusques deux heures après que lesdits marchans seront arrivez, sans congé et permission de justice, sur laditte peine.

7. Item, l'en deffend a tous sergens et autres officiers du Roy au Chastellet de Paris que desormais l'un d'eux ne se mesle ou entremette plus du fait de regraterie ou revendaige de volailles, sauvagines et autres chairs, poissons, œufz, fromaiges et autres vivres quelzconques, par eulx ne par autres, leurs femmes, gens ou serviteurs, sur laditte peine; et au regard de ceulx qui ont et tiennent lesdits offices et neantmoins exercent ou font exercer par leurs femmes et serviteurs le fait de regraterie des vivres dessusdits, ou d'aucuns d'eux, laditte court leur enjoinct que dedans quinzaine prochainement venant pour tout delaiz, ilz choisissent l'un ou l'autre, sur peine de privacion de leurs offices.

Publiées a son de trompe par les carrefours et lieux accoustumez, à Paris, le quinziesme jour d'avril, l'an mil quatre cent quatre vingt dix neuf, avant Pasques.

VI

1608, juin.

Statuts des marchands fruitiers orangers en vingt-cinq articles,
et lettres patentes de Henri IV, les confirmant.

Arch. nat., 6ᵉ vol. de Henri IV, X 1ᵉ 8646, fol. 203. — Coll. Lamoignon, t. X, fol. 499.

1. L'on appelle fruict et esgrun a Paris toutes sortes de fruits, poires, pommes, cerises, marrons, citrons, grenades, orranges et toutes autres sortes de fruicts, œufs, beures et formages qui se vendent aux places publiques et autres lieux de ladicte ville et fauxbourgs de Paris; et les marchands bourgeois qui en font traficq font corps et communauté, et se gouvernent par statuts et articles desquels les jurés du mestier sont les conservateurs, soubs l'autorité de M. le prevost de Paris et M. le procureur du Roy, juge ordinaire auquel ils doibvent le serment et prennent commission de luy pour le fait de leur charge.

2. La jurande dudit mestier est ung membre de la police de Paris fondé sur les jugemens dudict sieur prevost de Paris; elle a esté de temps en temps confirmée par plusieurs arrests de la court de Parlement et ordonnances de la police generale de ladicte ville, assemblée au Pallais en la salle Saint Loys. Il y a arrest de ladicte court pour la manutention de ladite jurande contre les espiciers, paticiers et marchandes beurrières, aultre arrest contre le corps et communauté des maistres jardiniers [1] de ladicte ville et fauxbourgs de Paris, et encores ung troisiesme arrest contre Amant Le Noir, Leonard Chauveau et Claude Leguay, officiers de la maison du Roy qui avoient obtenu lettres patentes de Sa Majesté, en forme d'edict, portant erection de quatre visiteurs de fruict savoureaux et esgrun, d'œufs, beurres et fromages, en titre d'office pour servir ès quatre marchés de la ville; par lesquels arrests la jurande de fruict et esgrun est confirmée au corps et communauté des maistres et bacheliers dudict mestier, lesquels de deux ans en deux ans eslisent d'entre eulx cinq jurez et les presentent audit sieur procureur du Roy pour les installer en ladite charge et recevoir d'eulx le serment en tel cas requis et accoutumé.

3. La charge des jurés de fruict et esgrun est de visiter par chacun jour, et en tout temps et a toutes heures, les marchandises qui arrivent aux places publiques de ladicte ville, et doibvent en empescher les monopoles, malversations et fraudes qui se commettent, au debit desdittes marchandises, par les regrattiers et facteurs, faire garder les statuts de l'etat par les edits et ordonnances du Roy,

---

[1] Ces arrêts, datés de 1589 et 1594, sont encore invoqués plus bas dans ces statuts, art. 23 et 24.

les arrests de ladite cour et ordonnances de la police generalle de ladite ville et
les jugemens concernans le trafficq de ladite marchandise, faire rapport audit
sieur procureur du Roy des malversations qui se commettent à la vente et achat
desdites denrées.

4. Item lesdits jurés sont tenus, a peine de l'amende arbitraire, de faire à ce
que nul regrattier qui achepte pour revendre puisse empescher la liberté ancienne et l'heure des bourgeois de ladite ville et de tous aultres qui se voudront fournir desdites marchandises, pour leur vivre et usage ordinaire de leur
famille.

5. Lesdits jurés doibvent pour le deubs de leurs charges faire saisir toutes
marchandises gastées, vicieuses et et indignes d'entrer au corps humain et en faire
leur rapport en la chambre dudit sieur procureur du Roy [1] et en poursuivre la
confiscation avec l'amende arbitraire contre le marchant qui l'aura exposé en
vente.

6. Item et d'autant que les jurez de ladite marchandise sont tenus de vacquer
a toute heure du jour ausdites visitations pour empescher que les marchandises
vicieuses et gatées ne soient exposées en vente et que les marchands ne vendent
a faulx poids et faulses mesures, et pour soutenir les frais des jurez qui ne visitent jamais sans avoir ung sergent avec eulx ou ung commissaire, ils sont fondés
en possession immemorialle de prandre, soubs la permission dudict prevost de
Paris, quelques petits droits sur les marchandises subjectes a la visitacion, desquelles ils demeurent responsables, après qu'elles sont visitées, envers les bourgeois, assavoir d'une hottée de pommes, une pomme, d'une hottée de cerize,
une cerize, et ainsi des aultres fruicts; d'ung pannier d'œufs, ung œuf; d'une
charretée d'œufs de gré à gré du marchant, deux ou trois sols, selon la volonté
du marchand, après les avoir veus et visités; de deux paniers de beurre faisant
la charge d'un cheval, deux sols, et pour le regard des formages, le marchand,
pour leur droict de visitacion de gré à gré leur paye ce que bon lui semble, eu
egard à la quantité de sa marchandise, quelquefois ung formage ou en argent.
Lesquels droicts neantmoings sont perpetuellement revocables à la volonté dudit
sieur prevost de Paris, et sans qu'ils en ayent aultre tiltre, sinon les jugemens
donnés en la police de ladite ville.

7. Item, pour regler à l'avenir l'etat de ladite marchandise, nul ne pourra
estre reçeu maistre qu'il n'ait faict apprentissaige et servi ung maistre pendant
six ans, et qu'il n'ait esté trouvé capable et experimenté par la compagnie des
maistres dudit mestier et certifié tel par les jurez de l'etat; et que chacun maistre

[1] 1599, 18 juin. — Ordonnance de police interdisant «de vendre ou faire vendre ou exposer en
vente aucuns verjus, fruits tant à pepin que à
noyaux, qu'il ne soit en maturité, sur peine de confiscation du fruit et de dix escus d'amende; enjoint
aux jurez fruitiers de faire visitation desdits fruits
et nous en faire rapport suivant les ordonnances.»
(Coll. Lamoignon, t. X, fol. 73.)

ne pourra tenir plus d'un apprentif ou apprentisse a la fois, pour icelui estre
reçeu par M. le procureur du Roy audit Chastelet.

8. Item les vefves des maistres jouiront des privilèges des maistres pendant
qu'elles sont en viduité, pourront continuer leurs apprentifs et apprentisses qui
estoient accueillis a leur defunt mary, et neantmoins n'en pourront prendre ne
accueillir de nouveaux, et perdront leurs privilèges en se remariant avec un
homme d'un autre mestier.

9. Item, tout homme experimenté audit trafic de ladite marchandise qui
epousera une vefve, ou la fille d'un maistre, qui ne font autre vacation que de
fruict et esgrun, sera tenu capable d'estre maistre, encore qu'il n'aist fait apprentissaige chez un maistre, et seront tenus les jurez de l'estat de proceder a sa
reception.

DES MARCHANDS FORAINS.

10. Item, que tous les marchands forains et qui font trafic aux places publiques de ladite ville, garderont les ordonnances de la marchandise et que depuis
qu'ils sont entrez aux anciennes bornes et limites, sçavoir Choisi, Lonjumeau,
Louvres, Montmorency[1], en intention de venir à Paris, ne pourront vendre
leurs denrées à aucun revendeur ny regratier, ains seront tenuz de les amener
aux places publiques de ladite ville, et là les exposer en vente[2], a peine d'amende
arbitraire et de confiscation desdites denrées, s'il y eschet.

11. Item deffenses sont faites, a peine d'amende arbitraire, et de confiscation des marchandises, a touz jurez, maistres fruicticrs et bacheliers dudit mestier, ny autres demeurans en ladite ville et fauxbourgs, d'entrer en aucune association avec les marchans forains, de quelque pays et pour ce que ce soit, ains
toutes marchandises seront sans fraude amenées par les forains aux places publiques pour y estre visitées sur le lieu, sans en pouvoir estre transportées auparavant que d'estre vendues.

12. Item nul marchand forain ne pourra tenir chambre ne magazin et caves,
en ladite ville et fauxbours de Paris, ni y vendre et debiter ses denrées, ains en
place publique seulement, a peine de forfaiture et confiscation d'icelles et
d'amende arbitraire.

---

[1] Voyez ces mêmes localités indiquées dans
l'ordonnance de 1413, pièce II.

[2] Pendant le xvi⁰ siècle il y eut plusieurs sentences de police pour la vente des fruits à la Halle,
entre autres celle-ci du 2 juillet 1599 : «Ordonnons
que defenses sont faites a tous marchands d'apporter
doresnavant aucuns fruits en la Halle de Paris par
hottées, qui ne soient en hottes battues, tenant
chacune trois boisseaux et qui ne soient marqués
de la marque du marchand forain, sur peine de
confiscation de ladite marchandise et d'amende arbitraire; et est permis a toutes personnes de faire
verser lesdites hottes pour scavoir si le dessoubs est
pareil au dessus. Et sont pareillement faites defenses a toutes personnes qui se disent facteurs de
marchans, d'aler au devant des marchans pour les
avertir du prix, ne eulx entremettre pour les marchans en la vente des œufs beures et fromages.»
(Coll. Lamoignon, t. X, fol. 76, d'après le registre
du juré crieur de 1594, fol. 294.)

13. Item deffenses sont faites a maistres dudit mestier d'acheter pour revendre aucunes desdites denrées, sinon après l'heure du bourgeois passée qui est a onze heures sonnées pour les jours de marché, afin que le bourgeois en aye pour son argent; ny de lottir icelles, sinon après qu'elle aura sejournée aux Halles les heures et jours du bourgeois et après la visitacion prealablement faite.

14. Comme aussi deffenses sont faites a tous marchands jurez, maistres bacheliers et regrattiers, demeurans en ladite ville et fauxbourgs, a peine d'amende arbitraire et confiscation desdites denrées, d'aller au devant des marchands forains et de les empescher d'amener leurs marchandises aux places publiques, ny achepter leurs fruicts sur les arbres, sinon la saint Jehan passée, sans en avertir les jurez de l'estat, pour eviter au monopole qui cause la cherté desdites denrées.

15. Pourront aussi les velves des maistres et les femmes des maistres absentez, lottir et prendre part avec les autres, si bon leur semble, tout ainsi que si leurs maris estoient presents, pourvu qu'elles soient marchandes publiques de ladite marchandise et non autrement.

16. Suivant les ordonnances de la police de Paris, nul chandellier, espicier, apoticaire ny autres personnes, qui manient des marchandises de mauvaise odeur, ne peuvent vendre en detail lesdites denrées, et principallement debiter ny vendre les beurres en detail et a la livre.

17. Item pour regler, le temps à venir, le nombre effrené de ceux qui se meslent de vendre, regratter lesdites denrées, deffenses sont faites a toutes personnes doresnavant, soit hommes ou femmes, a peine de confiscation et d'amende arbitraire, de revendre aux places publiques ny autres endroits de laditte ville aucunes sortes de fruicts, œufs, beurres et fourmages, sinon en prenant lettres du treillis [1], suivant l'ancien usage, qui seront tenus de faire enregistrer ès registres en la chambre dudit sieur procureur du Roy [2], l'un des jurez appellez.

[1] Le treillis de la porte du Châtelet.

[2] Entre divers arrêts intervenus contre les marchands fruitiers regrattiers, nous citerons pour une époque postérieure à ces statuts :

1677, 1er juin. — Sentence de police interdisant aux regrattiers d'acheter en un jour plus de 5o livres de beurre et un millier d'œufs. (Lamoignon. t. XVI, fol. 713.)

1684, 8 août. — Arrêt du Parlement. «Sur la plainte des jurés et gardes de la communauté des fruitiers orangers, beurriers, fromagers et coquetiers, la Cour ordonne de ne descendre les marchandises ailleurs que sur le carreau et place de la Halle, enjoint pareillement de mettre leurs fromages aussi gros et d'aussi bonne qualité au fond de leurs panniers qu'au dessus d'iceux.» (Ibid., t. XVII, fol. 209.)

1686, 29 mai. — Arrêt du Parlement entre des regrattiers et les jurés fruitiers. «Ordonne qu'aucuns particuliers ne pourront se servir de lettres de treillis ou regrat qu'elles n'ayent esté prealablement registrées en la Chambre du substitut de notre procureur général au Chastelet, en présence d'un desdits jurés de ladite communauté qui y assistera, sans frais.» (Ibid., t. XVII, fol. 355.)

1686, 6 septembre. — Arrêt défendant aux regrattiers «d'avoir magasins, mais de vendre seulement par les rues et sur des éventails.» (Ibid., t. XVII, fol. 447.) Le même arrêt fut renouvelé le 3 septembre 1699 (ibid., t. XX, fol. 856).

18. Item, les jurez admettront librement audit trafic les enfans de ceux qui ont passé leur vie en l'exercice du trafic, pourveu qu'ils soient capables et qu'ils n'ayent autre vocation.

19. Et d'autant que plusieurs qui font trafic de ladite marchandise l'exercent concurremment avec autres vocations dont ils pourroient honnestement vivre, ils seront admonestez à la diligence desdits jurez de l'estat, dans un mois ou tel autre delay raisonnable, d'opter auquel mestier ils se voudront tenir, et seront sommez de faire declaration pardevant ledit procureur du Roy, a peine, ledit temps passé, de confiscation de toutes les marchandises et d'amende arbitraire.

20. Item que tous les jurez, les maistres et bacheliers, que tous autres marchands tant domestiques que forains, vendeurs de beurres en gros, seront tenus de faire faire les pots suivant qu'il est porté par l'ancien statut, et de saler les beurres de sel convenable, suivant l'ordonnance de la police generale [1], a peine de confiscation des marchandises et d'amende arbitraire.

21. Item que tous regratiers, patrouilleurs de beurres, seront chassez et expulsez du trafic de ladite marchandise, et enjoint aux jurez de l'estat de les rapporter audit sieur procureur du Roy pour les punir de telle somme et amende qu'il sera par lui avisé, a peine d'en repondre par lesdits jurez en leur propre et privé nom, s'ils souffrent lesdits ouvriers et deguiseurs de beurres. . . . . [2].

22. Il est enjoint aux jurez de fruit, esgrun, eux acquiter du devoir de leur charge et des visitations qu'ils seront tenus faire, d'entrer ès halles aux beurres dès deux heures, et y sejourner jusqu'à cinq heures du soir, et s'il arrive des marchands après les cinq heures, renvoyer au lendemain; et auront lesdits jurez, pour droit de visitacion, un sol tournois pour chacun panier de beurre, suivant l'ordonnance de police de M. le prevost de Paris, du mardi 13e jour de decembre l'an 1580.

23. Item que la visitacion des fruits, œufs, beurres et fourmages se fera par les maistres jurez fruictiers en la manière accoustumée, comme dessus est dit, sans que les femmes y soient admises, à la charge que les visitacions qui se feront ès boutiques des pastissiers, lesdits maistres fruictiers seront tenus y appeller un maistre pastissier, et en celle de l'espicier, un maistre espicier, suivant certain arrêt de la cour de Parlement [3] donné entre lesdits jurez fruitiers d'une part, les

---

[1] Les ordonnances de 1351 et de 1416.

[2] Viennent ensuite plusieurs articles reproduits textuellement des statuts d'Étienne Boileau, des additions de 1413 et de 1500, puis les nouveaux articles qui suivent.

[3] 1589, 2 juin. — Arrêt du Parlement entre les jurés fruitiers d'une part, plusieurs femmes frui-

tières, un pâtissier et un épicier d'autre part. Il est dit que « dans l'estat et mestier de fruitier en cette ville qui est de l'an 1470 [a], lequel a esté gardé et observé jusques à present, dont ils ont plusieurs reglemens et jugemens donnez conforme a iceluy, le juge a ordonné que pour la visitacion des fruits œufs et beurres avec deux des jurez y aura deux

[a] La collection Lamoignon met en note qu'elle n'a pas ce document de 1470; nous pensons qu'il y a erreur de chiffre et qu'il s'agit des lettres de 1410 (1411, n. st.) insérées en tête de cette notice.

beurrières et fruitières d'autre part, Jacques de la Ruelle, maistre pastissier, et
Pierre Saulmon, maistre apoticaire et espicier, encore d'autre, le 2ᵉ jour de
juin 1589.

24. Item, deffenses sont faites a tous maistres jardiniers et autres de troubler,
ne empescher lesdits jurez fruictiers en leurs visitations accoustumées sur toutes
sortes de fruicts, mesme des fruicts savoureux, auxquels jurez fruictiers il est
enjoinct, procedant par eulx au fait de leurs dites visitacions, garder et observer
estroitement les ordonnances, tant royaux que de la police, sur peine d'amende
arbitraire ou autre plus grande, s'il y echet; et neantmoins lesdits jurez fruictiers
ne pourront avoir ne faire aucune visitation sur les melons, concombres et autres
fruicts croissant sur les couches et par terre, le tout suivant certain arrest de la
cour de Parlement donné entre lesdits fruictiers et lesdits jardiniers l'an 1594.

25. Item nul de quelque qualité et condition qu'ils soient ne pourront obtenir
lettres de creation, en tiltre d'office de juré fruitier, pour en vertu d'icelles se faire
recevoir en icelui et faire les visitacions des susdites, pour plusieurs causes et
raisons; desquelles lettres si aucun est pourveu, sera procedé à la cassation comme
nulles, au lieu d'icelles verillier, comme cy-devant a esté faict, ainsi qu'il appert par
arrest de la court du Parlement, les Grand Chambre, de la Tournelle et de l'edit
assemblées, donné le 27ᵉ aoust l'an 1603, sur la requeste à elle presentée à la
court par Arnault Le Roy, chef de la panneterie..... Notre advis est soubs
le bon plaisir du Roy et de monseigneur le Chancelier, après avoir veu les anciens
statuts des maistres et marchands fruictiers de fruict, esgrun, de la ville de Paris,
ensemble les articles augmentés de nouveau pour ladite marchandise de fruict
esgrun transcripts en ce mesme cahier, que lesdits anciens statuts presentés par
lesdits fruictiers avec lesdits nouveaux sont conformes et semblables à ceulx attachés au present cahier soubs contre scel de la chancellerie et non contraires
aux ordonnances generalles et particulières des arts et mestiers de ladite ville

femmes jurées, ensemble un maistre patissier et un
marchand epicier; et de ce que nonobstant l'appel,
combien que le temps de cinq jurez de ce mestier
ne fust encore expiré, a esté dit que desdits cinq
jurez n'y en aura que deux et deux femmes, et en
emandant le jugement, qu'il soit dit que les visitacions se feront par les jurez et non par femmes.
Pour les intimez d'autre part, il est dit que cela
n'est pas nouveau, qu'il y a des femmes jurez en
certains mestiers, comme de lingers, lingères et
autres et quant au faict des œufs, beurres et fromages qui se vendent et debitent pour la pluspart
par des femmes, cela ne peut estre nouveau. Avec
le jugement a esté donné une information faite en
laquelle ont esté ouys jusques à douze notables

bourgeois de ceste ville, nommez par le substitut
du procureur general au Chastelet et à sa requeste.
Le maitre pour le procureur general a dit que veritablement c'est chose nouvelle de dire que les
femmes soient jurés en mestier, et faudroit qu'il y
eut une necessité de ce faire fort evidente, car ordinairement elles veulent ce que les hommes ne veulent pas. La Cour ordonne que la visitacion desdits
beures et fromages se fera par les maistres jurez
fruictiers, en la manière accoustumée sans que les
femmes y soient appellées, à la charge que les visitations qui se feront es boutiques des patissiers,
lesdits maistres fruitiers seront tenus y appeller un
maistre patissier et en celle des espiciers un maistre
espicier. » (Lamoignon, t. IX, fol. 693.)

de Paris et lesdits articles augmentés, aussi conformes auxdites ordonnances et suivant les sentences et arrests mentionnés ès dits articles, lesquels nouveaux articles
sont justes et raisonnables n'estant augmentés que pour l'execution desdites sentences et arrests, et partant qu'ils peuvent estre approuvés ratifiés avec les anciens
statuts pour jouir par lesdits fruitiers du contenu en iceulx, en la manière accoustumée. Fait le 31ᵉ et dernier jour de mai mil six cent huit.

Henry, par la grace de Dieu, Roy de France et de Navarre, a tous presens et
avenir salut. Nos chers et bien amez les maistres et marchands fruictiers de fruict
esgrun, de nostre ville de Paris, nous ont très humblement fait remontrer que
pour obvier aux abus et malversations qui se pourroient commettre en leur mestier, leur auroit esté, dès l'an 1499, homologué par nostre cour de Parlement de
Paris, plusieurs articles redigez par ecrit, faisant mention de l'ordre, conduite
et entretenement de ce qui se devoit observer, et depuis enregistrez au greffe de
nostre Chastelet de Paris, mais d'autant qu'à l'occasion de la grande distance des
temps et de la mutation qui est survenue en toutes choses, on a esté forcé changer aussi les formes de leur debit en d'autres plus commodes à nos subjets, lesquels en ont redigé par ecrit, en forme d'augmentation de statuts, conformes
toutesfois aux ordonnances generales et particulières des arts et mestiers de
nostredite ville de Paris, et aux arretz mentionnez esdits articles, cy avec lesdits
statuts anciens et nouveaux, attachez sous nostre contre scel, nous suppliant
iceux vouloir approuver et avoir pour agreables. . . . . Avons, par l'avis d'iceluy,
toutes et chacunes lesdites ordonnances, articles et statuts, tant anciens que nouveaux, confirmez, approuvez, autorisez et agreez [1] . . . . . Donné à Paris au mois
de juin, l'an de grace mil six cens huit et de notre regne le dix neuvième.

VII

1612, juillet.

*Lettres de Louis XIII par lesquelles il confirme purement et simplement les statuts et privilèges
des marchands fruitiers.*

Coll. Lamoignon, t. X, fol. 726, mention d'après le Recueil des fruitiers, p. 23, édition de 1738.
Traité de la police, t. II, p. 1457.

[1] Le texte de ces statuts fut enregistré au Parlement le 10 octobre suivant.

VIII

1622, 7 septembre.

Arrêt du Parlement interdisant aux jurés fruitiers la visite des fournitures des marchands forains.

Coll. Lamoignon, t. XI, fol. 73 [1].

La Cour a faict inhibitions et defenses ausdits jurez et maistres fruictiers d'usurper et s'attribuer a l'avenir aucun droit pouvoir et auctorité de visiter saisir et retenir les marchandises de fruicts, beures, œufs, fromages, oranges, huistres a escaille et toutes autres denrées qui se vendent et debitent aux halles et autres marchez de Paris, par les marchans forains; leur faict defense de se dire et quallifier maistres et directeurs et membres de police, gardes et conservateurs de la marchandise de fruict, ny d'entreprendre a l'advenir aucune intendance et auctorité sur les marchans forains et autres apportans fruits et denrées susdites pour vendre et debiter ausdits marchez et de prendre ny exiger d'eux aucune chose, soit en argent ou espèce, sous pretexte de droict de visitacion; leur faict defense d'aller audevant desdits marchans forains, arrester les denrées qui seront en chemin d'estre amenées a Paris, par eau ou par terre..... ordonne que la visitation et garde desdites marchandises sera remise ès mains des anciens marchands et notables bourgeois de Paris qui vacqueront en personne audit exercice par l'espace de six mois, sans recevoir, prendre, ny exiger aucune chose pour leurs vaccations, lesquelz seront nommez et esleus au nombre de douze pour la première fois, tant des Six Corps des marchands de Paris que des autres vaccations, comme des libraires, teincturiers, tapissiers, megissiers, marchands de bois, bleds, vins et salines, et de toutes sortes de bourgeois vivant honorablement autres que artisans. Et sera l'election et nommination faicte en l'assemblée des gardes desdits Six Corps et des autres vaccations de marchandises en la maison commune des drappiers, lieu accoustumé à faire leurs assemblées..... Le tout sans prejudice du mestier, vacation et marchandise desdits maistres et marchands fruictiers de Paris, le corps, communauté et jurande desquels demeurera en son premier etat et exercice de pouvoir, achapts, ventes et traficqs de fruicts et autres denrées appartenant audit estat; mesme d'avoir jurez, bacheliers et visitation sur les maistres dudit mestier et les regratiers, sans rien entreprendre sur les marchans forains; pourront achepter fruictz de toutes sortes, hors les susdites limites, mesme ès jardins de la ville et faulxbours de Paris, et dans lesdites limites estans sur les arbres; lesquels fruicts ils pourront vendre aux marchez

[1] Texte d'après Filleau, *Recueil d'arrêts notables*, t. I, p. 226. Grande coupure du fol. 74 au fol. 83. — Autre arrêt dans le même sens du 22 février 1631, t. XI, fol. 409.

publics concurremment avec lesdits forains, ou en leurs maisons et boutiques; et au surplus leur est enjoinct d'observer et garder de poinct en poinct les statuts de leur mestier et marchandise, anciens et nouveaulx, conformement aux ordonnances royaulx et reglemens de police, ainsy qu'ils ont bien et duement jouy et usé. Prononcé le septiesme jour de septembre mil six cens vingt deux.

IX

1691, 19 juin.

Déclaration du Roi unissant les offices de jurés à la communauté des fruitiers [1].

Statuts des fruitiers de 1738, p. 33. — Lamare, Traité de la police, t. II, p. 1465.

X

1694, 9 février.

Arrêt du Conseil d'État du Roi faisant défense aux jurés à titre d'office des fruitiers-orangers d'exiger des droits de visite et autres des fruitiers-regrattiers.

Coll. Lamoignon, t. XIX, fol. 239. — Traité de la police, t. II, p. 1466.

Sur la requeste presentée au Roy en son conseil par Nicolas Postel, Anne Rafel sa femme, Jacques Lizet et consors, pauvres regratiers vendans en detail des herbes et autres legumes, beures, œufs, fromages, fruits et autres menues denrées, suivant le pouvoir à eux accordé par les lettres de regraterie qu'ils ont du domaine de Sa Majesté, lesquelles sont au nombre de presque trois mille, contenant que les jurez de la communauté des marchands fruitiers-orangers, beuriers, fromagers et coquetiers de la ville et fauxbourgs de Paris, sous pretexte de la reunion faite à leur communauté des offices de jurez d'icelle, creez par edit du mois de mars 1691, par la declaration de Sa Majesté qu'ils en ont obtenue le 19 juin oudit an, par laquelle au moyen du paiement par eux fait aux revenus casuels du Roy, de la somme de douze mille cinq cens livres, pour la finance desdits cinq offices de jurez de la communauté, ils se sont fait attribuer par ladite declaration, pour les droits des quatre visites chez chaque maitre, quatre livres

---

[1] Cet acte était précédé d'une résolution de la communauté où elle consentait à payer au Roi 12,500 livres, et pour assurer cet emprunt, à taxer : les visites par an à 4 livres; la réception par chef-d'œuvre à 60 livres; pour les fils et gendres de maitres, à 30 et 15 livres; l'élection de jurés à 100 livres. Ces délibérations particulières n'étaient valables qu'après homologation.

par an, qui est de vingt sols chascune visitte; pour la reception de chaque maistre de chef d'œuvre soixante livres, outre les droits ordinaires qui montent a plus de cent quarante livres; pour la reception de chaque fils de maistre, gendre, ou de celuy qui espousera une veuve de maistre trente livres; pour celle d'un fils ou gendre de maistre qui aura esté juré quinze livres, outre ce qu'ils ont coustume de payer, par chaque maistre qui sera esleu juré, soit pour la première fois, pour la seconde ou pour la troisième cent livres, font actuellement des procès et des poursuittes contre les supplians pour les obliger, s'ils pouvoient, de se faire recevoir en leur maitrise et exiger d'eux deux cent quatre vingt livres chacun, et de leur payer encore lesdits droits de visitte, sur le pied de quatre livres par an, ce qui seroit douze mille livres par an, sur le pied de trois mille qu'ils sont à Paris, qu'ils exigeroient des supplians outre lesdits droits de reception, à quoi ils n'ont le pouvoir de satisfaire, attendu leur pauvreté. Et d'autant qu'ils ne font point partie de la communauté desdits marchands fruitiers et orangers[1], et qu'ils vendent en detail et regrat, en vertu des lettres qu'ils ont du domaine, et que c'est une exation qu'ils veulent faire sur les supplians, sans aucun droit ny raison, requeroient à ces causes les suplians qu'il plut à Sa Majesté les descharger des sentences de condamnation que lesdits jurez des marchands fruitiers orangers ont obtenu contre eux au Chastelet et des saisies et executions qu'ils ont fait faire sur aucuns des supplians, que deffenses leur seroient faites de faire a l'avenir aucunes demandes, poursuittes ny contraintes contre les suplians, comme ne faisant point partie de leur communauté, sur telles peines qu'il plaira à Sa Majesté, d'estre erigez en corps de communauté et de payer la somme de quarante mille livres aux revenus casuels de Sa Majesté, qui est dix livres chacun[2] et qu'à cet effet il leur sera accordé une declaration de Sa Majesté pour laditte erection..... Le Roy, en son conseil, ayant aucunement egard à laditte requeste, a ordonné et ordonne que les jurez de la communauté des maistres fruitiers ne pourront faire payer les droits de visittes portés par leurs

---

[1] Ces trois mille regrattiers ou revendeurs non réunis en communauté s'étaient parfois organisés en confrérie simple sans payer de droits au trésor. Voici un jugement rendu en faveur d'une de ces confréries, contre les fruitiers :

1663, 6 septembre. — Arrêt du Parlement entre les revenderesses de beurre, poisson frais, sec et salé, du Marché neuf, qui maintient en leur faveur « la confrairie de sainte Anne, saint Louis et sainte Thérèse, laquelle demeurera en la paroisse de Saint Germain le vieil. Les messes et services seront celebrez conformement a ladite fondation, les maitresses de confrairie respectivement nommées rendront compte de la recepte et depense, pour es're lesdits comptes examinez. Et le premier octobre prochain assemblée sera faite par le bailly du palais des revenderesses qui jouyssent des places données par le Roy, pour faire election de deux autres maistresses de confrairie, pour arrester la depense qu'il convient faire en ladite confrairie et le nombre des personnes qui jouyssent desdites places et de celles qui se presenteront pour y entrer volontairement. » (Lamoignon, t. XIV, fol. 619.) Cette confrérie avait été érigée par arrêt du 22 juin 1649 et lettres patentes d'août 1651, enregistrées seulement le 26 mars 1666 (ibid., t. XIV, fol. 1074).

[2] Droit spécifié dans l'édit de mars 1691 pour la 4e classe des métiers, art. 15 (ci-dessus, p. 127).

statuts, et par la declaration de Sa Majesté du 19 juin 1691, qu'aux seuls maistres de leur communauté; leur fait deffenses de faire payer aucun droit de visittes aux fruitiers regratiers qui vendent par regrat en detail, du beurre, des œufs, fromages ou autres marchandises dependantes dudit mestier, ny mesme de recevoir lesdits droits quand ils leur seroient volontairement offerts, a peine de concussion, sans prejudice auxdits jurez de visiter sans frais les marchandises desdits fruitiers regratiers, pour connoistre si elles sont du poids et de la qualité qu'elles doivent estre, suivant les statuts et règlements de police [1], que Sa Majesté veut estre executez, selon leur forme et teneur. Fait au Conseil d'État du Roy tenu à Versailles, le 9ᵉ jour de fevrier 1694.

XI

1745, 5 juin.

Arrêt du Conseil d'État portant union à la communauté des fruitiers des offices d'inspecteurs des jurés.

Coll. Lamoignon, t. XXXVI, fol. 425.

Sur la requeste presentée au Roy, en son conseil, par les jurés et communauté des maistres marchands fruictiers orangers, coquetiers, beurriers, fromagers de la ville et fauxbourgs de Paris, contenant que par edit du mois de fevrier dernier, Sa Majesté auroit creé des offices hereditaires d'inspecteurs et controlleurs des

[1] Entre autres arrêts et sentences qui viennent après cette pièce, sur les abus des jurés fruitiers, on remarque :

1698, 11 avril. — Sentence de police sur le lotissement des beurres. «Comme parmi les fruitiers il y en a qui font differents commerces et même qui n'ayant pas de boutique viennent aux halles lotir pour les autres et font ainsi le mestier de gagne deniers tout en etant fruitiers, faisons deffenses a tous maistres fruitiers de cette ville qui n'ont aucunes boutiques, echopes ny places, et à tous autres maistres de prendre aucune part au lotissement. Leur defendons pareillement de mettre leurs lots sur les marchandises dont ils ne font point de debit pour favoriser d'autres maistres, même d'exiger les uns des autres aucun droit de gagne.» (Lamoignon, t. XX, fol. 75.)

Autre sentence du 23 mai 1698 interdisant à nouveau aux fruitiers de lotir les uns pour les autres et ordonnant à ceux qui font venir des chargements de beurres, même d'au delà de vingt lieues

de Paris, «d'en exposer le tiers sur le carreau sans qu'ils puissent lotir ny avoir part dans ledit tiers, soit sous leurs noms, soit à la faveur de quelques autres maistres» (*ibid.*, t. XX, fol. 95).

1700, 9 août. — Sentence de police. Sur la plainte de marchands forains que les jurés fruitiers orangers avoient exigé d'eux plusieurs sommes pour contribuer aux dépenses de leur confrérie, les menaçant de les en faire repentir, s'ils ne donnaient pas : «faisons deffenses aux jurez de faire pareilles questes, de presenter leurs boetes de confrairie aux marchands forains et de recevoir d'eux aucune somme sous ce pretexte, quand bien mesmo elle leur serait offerte volontairement» (*ibid.*, t. XX, fol. 1052).

1720, 16 avril. — «Arrest du Conseil prescrivant l'execution des anciennes ordonnances sur les fruits et legumes, l'interdiction de faire des depots et magasins dans les limites de la banlieue, Lonjumeau et autres, et la conduite directe sur le carreau de la Vallée.» (*Ibid.*, t. XXVII, fol. 60.)

communautez d'arts et mestiers du royaume, avec faculté aux communautés de les reunir. La finance de ces offices pour la communauté des suppliants a esté arrestée à la somme de trente six mil livres. Les suppliants ont fait leur soumission pour la reunion, mais quel que soit leur zèle pour le service de Vostre Majesté, ils ne peuvent se dispenser de luy faire observer que leur communauté n'a point de fonds, pour quoy ils supplient Votre Majesté de vouloir bien reduire ladite finance. D'un autre coté, pour faciliter à la communauté les moyens de pouvoir emprunter les deniers pour le payement de cette finance, et assurer aux presteurs, d'autant plus, le payement de leurs arrerages et mesme pour pouvoir se liberer, la communauté a deliberé que ceux qui seroient reçeus maistres a l'avenir qui ne payoient que 300 livres, payeroient 500 livres outre les droits ordinaires; que les fils nés avant la maistrise de leur père, qui ne payoient que 150 livres, payeroient 300 livres outre les droits ordinaires; que les fils et gendres et les veuves de maistres qui se remarieroient, a l'exception des fils, gendres et veuves des anciens, qui ne payoient a la communauté pour leur reception à la maistrise que la somme de cent livres, payeroient à l'avenir 150 livres outre les droits ordinaires; que par l'edit du mois de febvrier, il a esté ordonné qu'il seroit perçu par chaque maitre trois livres pour droit de visite, comme il y a beaucoup d'insolvables dans leur communauté qui ne pourroient pas payer ce droit, il ne seroit pas fort utile à la communauté, pour quoi elle a deliberé qu'il seroit prelevé sur le pied de six livres. Avec ces augmentations de droits, les suppliants esperent trouver les deniers necessaires pour le payement de ladite finance, s'il plaist à Sa Majesté de vouloir bien les y autoriser. A ces causes..... le Roy, en son conseil, a agreé et reçeu la soumission faite par les maistres et marchands fruitiers orangers de la ville et fauxbourgs de Paris de payer la somme de trente six mil livres pour la reunion de neuf offices creés dans leur communauté par l'edit du mois de fevrier 1745, en conséquence a ordonné et ordonne qu'en payant ladite somme de trente six mille livres, dans les termes enoncés dans ladite soumission, lesdits offices d'inspecteurs et controleurs seront et demeureront reunis a ladite communauté pour par elle jouir des gages, droits et prerogatives attribués auxdits offices [1]..... Fait au Conseil d'État du Roi, tenu au camp sous Tournay, le cinquiesme jour de juin 1745.

---

[1] De nombreux arrêts furent rendus en faveur des jurés fruitiers, pour la surveillance des beurres; voici un des derniers :

1752, 30 août. — « Arrêt entre les epiciers et les fruitiers qui deboute les epiciers apothicaires de leur demande afin d'être autorisés à faire conduire a leur bureau les marchandises de beurres et fromages amenés par les marchands forains pour la provision de Paris. maintient et garde les jurez en charge desdits fruitiers orangers et leurs successeurs dans le droit et la possession de visiter les beurres, œufs, fromages, fruits de toutes espèces, fait defenses auxdits epiciers et apothicaires epiciers et a tous autres, de troubler lesdits fruitiers dans ledit droit et possession ny de contraindre et obliger des marchands forains qui amenent des marchandises pour la provision de Paris. » (Lamoignon. t. XI., fol. 189 et 206.)

TITRE XVI.

ÉPICIERS-APOTHICAIRES.

D'azur, à un dextrochère d'argent, mouvant d'une nuée de même,
et tenant des balances d'or, coupé d'or à deux navires de gueules, équipés d'azur,
semé de fleurs de lys d'or, posés l'un contre l'autre,
flottant sur une mer de sinople et accompagnés de deux étoiles à cinq raies, de gueules [1].

Étienne Boileau n'a point donné de statuts aux épiciers dans son *Livre des métiers*. Les épices, désignées assez vaguement sous le nom d'«avoirs de poids», étaient vendues par divers corps de marchands et surtout par les regrattiers [2], métier fort nombreux au XIIIe siècle, libre et très imparfaitement réglementé, qui se divisa plus tard en plusieurs communautés, à mesure que chaque spécialité prenait une certaine importance.

Un premier texte de statuts fut accordé aux épiciers par Jean Plebanc, prévôt de Paris, en 1311. On y remarque des prescriptions sur les poids et les balances, sur les ouvrages de cire et de bougie, sur les confitures. Les marchands et les courtiers y sont nettement distingués. L'administration, comme dans les grands métiers, y est confiée à un maître et à trois jurés. Ces règlements semblent faits pour un corps existant déjà depuis longtemps et auquel il ne manquait que l'enregistrement de ses statuts.

En 1321, sous la présidence du prévôt Gilles Haquin, eut lieu dans l'hôtel de la Monnaie la justification du poids. L'étalon fut déposé en triple exemplaire, au Châtelet, au poids le Roy et chez les gardes épiciers qui de ce jour prirent le titre de gardes de l'étalon royal des poids et mesures. L'ordonnance du roi Jean taxe le bénéfice des épiciers et autres marchands «d'avoirs de poids» à deux sols par livre [3]; quelque temps après, en 1353, le même roi donna des règlements particuliers aux apothicaires, insistant sur l'instruction nécessaire pour les maîtres, sur les soins délicats à apporter dans les compositions médicinales et le choix ri-

---

[1] D'Hozier, *Armorial*, texte, t. XXIV, fol. 465; blasons, t. XXIV, fol. 1494. — Ces armoiries leur furent données en 1629, d'après le *Guide des marchands* de 1766, p. 241. Elles sont reproduites en couleur avec celles des vendeurs de poisson de mer et des marchands de vin qui avaient aussi un navire dans leur blason (*Armoiries de la ville de Paris*, t. II, p. 33.)

[2] *Regrattiers. Livre des Métiers*, titres IX et X. — *Chandeliers-huiliers*, titres LXIII et LXIV.

[3] Ci-dessus. titre XII, p. 23. L'ordonnance ne donne aucun autre règlement sur les épiceries.

goureux des drogues. Les jurés faisaient la visite assistés de deux maîtres en médecine. Il faut aller jusqu'en 1450 pour trouver des statuts relatifs aux épiciers; quelques détails de métier les rendent particulièrement intéressants [1]; on y mentionne pour la première fois l'hôtel de l'épicerie, sorte d'entrepôt où les forains devaient soumettre leurs marchandises à la visite des jurés.

Jusqu'ici les textes de statuts semblent appliqués séparément aux apothicaires et aux épiciers. Ils ne disent rien de la réunion de ces deux métiers; chacun vivait de son côté avec ses travaux et ses règlements traditionnels, quand une circonstance quelconque qui nous échappe, ressemblance de métier ou raison d'administration, décida Charles VIII à les ériger, par lettres d'août 1484, en un seul métier juré, soumis aux mêmes lois et aux mêmes chefs, tout en ayant des connaissances et des fonctions différentes [2]. La communauté se composait de quatre spécialités pour lesquelles on exigeait de l'aspirant un chef-d'œuvre séparé : « les marchandises d'épicerie, l'apothicairerie, les ouvrages de cire et les confitures de sucres. » Les statuts défendaient de faire le cumul, même en prenant un valet de la partie; le maître devait avoir fait en personne l'apprentissage et le chef-d'œuvre. Entre autres prescriptions curieuses, les jurés apothicaires donnaient chaque année au carême, pour la composition des poudres ou remèdes, des recettes auxquelles les maîtres devaient se conformer [3]. Il survint bientôt des débats entre les deux professions, les épiciers l'emportant par le nombre, les apothicaires se croyant à bon droit supérieurs et indépendants. Les cabales éclatèrent dans les élections où les épiciers en majorité évincèrent entièrement de la jurande les apothicaires. Ceux-ci présentèrent une supplique à Louis XII qui modifia les règlements en leur faveur, par ses lettres de juin 1514, et désormais les élections pour les deux corps eurent lieu séparément, sans que les épiciers, auteurs de tout le tumulte, fussent présents ou même convoqués pour les élections de jurés comme pour l'examen et le chef-d'œuvre [4]. Les apothicaires firent ajouter que leur métier comprenait la vente de toutes les épiceries. A leur tour les épiciers par lettres de 1518, leur firent interdire la cire ouvrée, les sauces et les hypocras.

La puissante communauté des merciers se mêlait du commerce de l'épicerie et faisait un tort considérable au corps des épiciers; c'est pour réformer cet abus que furent rédigés les statuts de novembre 1560, composés de 15 articles d'une clarté et d'une précision remarquables. Outre les règlements déjà énoncés dans les statuts précédents, on donne un délai de trois mois à tous merciers et marchands pour cesser le métier ou recevoir la maîtrise. Parmi les privilèges on cite la suppression en leur faveur de la prescription de six mois établie pour toutes les dettes du commerce de détail, l'exemption du balayage des rues, du guet et de la cotisation payée à ce sujet, sous prétexte qu'ils faisaient mieux la garde, par leur métier en lui-même, que ceux qui en étaient chargés. Leurs jurés, comme nous l'avons vu plus haut, chargés de la garde de l'étalon du poids, faisaient la visite des poids à l'hôtel des marchands et chez tous les

---

[1] En voici quelques-uns : bonne exécution des chandelles de bougie qui devaient se compter 10 à l'once et 160 à la livre, sorte d'allumettes de cire; défense de mêler des suifs ou graisses à la cire des cierges et torches; confection soignée des sauces de toute espèce, cameline, verte, râpée, moutarde, etc.

[2] Les deux métiers des oublayers et pâtissiers (ci-dessus, titre X) ont procédé de la même manière; ils ont eu des règlements distincts jusqu'en 1566, époque à laquelle Charles IX les réunit en un seul métier juré.

[3] En outre les règlements exigeaient : apprentissage de 4 ans; brevet de 12 sols; chef-d'œuvre séparé pour les quatre spécialités; les épices arrivant des pays infidèles étaient très chères et devaient être de parfaite qualité; exemption du guet et de toutes les autres charges; trois visites générales par an et inspection de toutes denrées venant du dehors.

[4] L'article 5 de 1514 prescrit l'obligation, pour tous les maîtres, de déposer chez les jurés une marque particulière en plomb destinée à établir leur identité.

débitants en détail de toute sorte de denrées, même chez les merciers. Leur droit de visite s'étendait encore sur les commerçants établis dans les justices particulières des faubourgs [1] avec faculté de porter les causes devant le prévôt de Paris. Cette surveillance des poids leur attira de nombreux empiétements des autres métiers, mais ils soutinrent toujours ce privilège et restèrent unis, épiciers et apothicaires, pour le défendre en justice.

Le dernier article de 1560 dit que les deux états seront unis et communs ensemble, gouvernés par mêmes statuts et ordonnances, et ne pourront être séparés pour quelque cause ou occasion que ce soit, sauf l'exercice de leur métier respectif.

En 1571, Charles IX confirma ces statuts et dit, dans ses lettres patentes, que le corps de l'épicerie tenait le second rang dans la marchandise, situation qu'ils ont conservée dans les siècles suivants où ils marchaient le deuxième des Six Corps.

Leurs luttes contre les autres communautés n'empêchaient pas les fréquents démêlés qui éclataient entre eux pour les emplois ou pour la préséance. Ces différends, réglés par une transaction de 1634, éclatèrent encore après et aboutirent à un nouveau texte de statuts approuvés en 1638 qui consacrèrent une fois de plus l'union des deux métiers, avec trois jurés chacun exerçant une surveillance séparée dans leur état et de concert vis-à-vis des autres métiers. Les règlements sont particuliers à chaque spécialité comme dans les statuts précédents; la plupart des articles sont empruntés à ces derniers et se bornent à un enregistrement sans transformation importante. Nous y relevons l'exposé du chef-d'œuvre des apothicaires. L'apprenti devait avoir étudié en grammaire; l'examen, pour la partie théorique, se passait en présence d'une foule de membres, docteurs et pharmaciens, durait trois heures et se faisait par neuf interrogateurs; l'examen pratique ou chef-d'œuvre s'appelait « l'acte des herbes ». Les épiciers n'avaient qu'un examen sans chef-d'œuvre; le temps d'apprentissage et de compagnonnage était réduit, l'un et l'autre, à trois ans contre quatre et six ans pour les apothicaires.

Ils s'opposaient à toutes maîtrises de lettres à cause de l'importance et des connaissances spéciales du métier; ils faisaient venir des pays orientaux dits *pays infidèles* leurs drogues et épiceries, par terre ou par mer; toute autorisation leur était accordée pour ces trafics internationaux. Le reste des articles concernait les règlements d'intérieur, les jurandes et la visite des marchandises à l'hôtel de l'épicerie, situé au cloître Sainte-Opportune, les denrées qui rentrent dans le commerce d'épicerie, les qualités requises pour les ouvrages de cire, etc.

Après 1638 il n'y a plus de statuts. Les actes de la communauté ont trait à des questions fiscales, à l'interprétation des textes et aussi à l'application des règlements [2]. On tente de

[1] On verra plus loin les statuts de Saint-Germain-des-Prés, datés de 1610, qui sont calqués sur ceux de Paris.

[2] Les épiciers firent imprimer plusieurs fois les documents de leur communauté :

Statuts des apothicaires-épiciers. Prault, 1750, in-4° relié, de 117 pages. (Bibl. de l'Arsenal, jurispr., n° 4658.)

Statuts de 1638.

Arrêt du 10 octobre 1742, interdisant d'employer dans les desserts, pour les plats montés, des matières colorantes dangereuses à la santé, et prescrivant de se servir seulement des sucs de plantes.

Statuts des apothicaires-épiciers. Paris, Prault,

1755, in-4° de 80 pages. (*Ibid.*, cartons verts, n° 5.)

Arrêt du Parlement maintenant aux jurés-épiciers la garde de l'étalon des poids et mesures et autorisant toutes visites à ce sujet (6 septembre 1636).

Sentence interdisant de recevoir des apprentis ou garçons, sans congé écrit de leur maître (6 février 1699).

Arrêt du Parlement, dans lequel les épiciers sont maintenus dans le droit de vendre et donner à boire des eaux-de-vie, des liqueurs de toute sorte; de les distiller; de vendre du café, du thé, du sorbec [a], du chocolat sous toutes formes (5 juillet 1738).

Nombreux arrêts les autorisant à vendre des

[a] Le sorbec, sorbet ou cherbet est une boisson composée de citron, sucre et ambre, très appréciée en Orient.

restreindre les frais devenus exorbitants pour les réceptions, les cérémonies de confrérie, les visites. A l'occasion de l'union des jurés en titre d'office, un profond dissentiment éclata entre eux; les épiciers offrirent de donner à eux seuls la somme exigée de 120,000 livres, à la condition d'être séparés des apothicaires. La séparation fut prononcée le 24 octobre 1691, puis les difficultés de répartir les biens comme les dettes leur paraissant insurmontables, ils firent révoquer cet acte six mois après [1] et se rétablirent dans leur ancien état.

En 1776 seulement, la pharmacie fut mise à part et déclarée non libre; elle ne reparut même pas dans la nouvelle réorganisation où les épiciers restèrent au deuxième rang des Six Corps.

Bibliothèque nationale et collections de la ville.

graines, des huiles, des lards et conserves, vinaigres, etc. et réglant les contestations survenues avec les diverses autres communautés.

Privilèges et règlements concernant les apothicaires des maisons royales. Paris, Nion, 1688, in-12 relié.

Autre édition des mêmes, réimpression de 1761. (Bibl. de l'Arsenal, jurispr., n°⁸ 4522 et 4523.)

Ces volumes contiennent divers arrêts et deux textes de règlements du 2 juin 1642, en 15 articles et de 1684 environ en 10 articles, avec référence aux pièces à l'appui, constatant que «les apoticaires du Roy et des princes et princesses des familles et maisons royales, de l'état major et généralement de la Cour, Conseils et suite de Sa Majesté, ont titre et droit de maîtrise à Paris et partout où ils peuvent tenir ou faire tenir boutique ouverte.»

[1] Par déclaration royale du 26 avril 1692, les épiciers payèrent 80,000, les apothicaires 40,000 livres. Les droits de maîtrise et autres furent surélevés; nous trouvons en 1766 la maîtrise pour les épiciers à 850 livres, pour les apothicaires à 5,500. En 1745, pour l'union des inspecteurs des jurés, ils furent taxés à 140,000 livres, gagées sur des droits d'entrée de marchandises.

I

1311, 30 juin.

Lettres de Jean Plebanc, prévôt de Paris, contenant des règlements pour le métier des épiciers, en 13 articles.

Bibl. nat., ms. de la Sorbonne, fr. 24069, fol. 84 v°. — Ms. Lamare, fr. 11709, fol. 34. Arch. nat. KK, 1336, fol. 52 v° [1].

C'EST LE REGISTRE DES ESPICIERS.

A touz ceus qui ces lettres verront Jehan Ployebanche [2], garde de la prevosté de Paris, salut. Comme par pluseurs fois le commun des espiciers, marchanz d'avoir-de-pois de la ville de Paris, soient venu en complaingnant, nous aient requis comme pluseurs mesprantures et decevances du peuple sont faites en leur mestier, que sus ce et sus le proufit du commun peuple et pour oster les fraudes vousissens faire certaine ordenance, savoir faisons que par l'acort du commun du mestier, c'est assavoir de Symon Wiart, Berthelemi de Videlac, Pierre Paumier, Jehan Rossignol, Renaut Dorillac, Guillaume de Verdun, Dourdet Chochon, Michel Joce, Symon Delay, Pierre de Rosoy, Renier Jehan, Pierre de la Mare, Jehan de Sens, Jaquet Mansquat, Henriet de Challons, Jehan de Cabourt, Pierre le Vaillant, Jehan Aymery, André de Guignart, Pierre la Mine, Erart Godefroy, Benoit Mingaut et d'autres bones genz pour ce venuz pardevant nous et juré par leurs seremenz, nous regardé le commun proufit du peuple par le conseil de bones genz et par l'acort du commun du mestier avons ordené du mestier dessus dit les articles en la fourme, qui s'ensuivent :

1. Premierement que chascun desdiz marchanz et espiciers qui marchanderont d'avoir des pois auront et tendront bon pois et leel [3], adjousté au patron de leur mestier, et auront bones balances parciées entre le bras et la largiée [4], sanz estre en archief, et a yceluy pois et balances eus et leur mesnies livreront et peseront ce que il vouldront et acheteront.

2. Item que nuls de eus n'achetera ne ne fera acheter a son essient fausse marchandise quele que elle soit pour grant marchié que il en ait, et si tost

---

[1] Outre les trois manuscrits ci-dessus, dans lesquels cette pièce est intercalée parmi les autres statuts d'Étienne Boileau, elle est transcrite dans le 5° vol. des Bannières, fol. 1; dans la Coll. Lamoignon, t. I, fol. 393. Les autres copies n'offrent pas d'intérêt. Elle était dans le manuscrit de la Cour des comptes, folio 312.

[2] Variante du manuscrit Lamare : «Jehan Ploibaut».

[3] Manuscrit Lamare : «leal».

[4] Le manuscrit Lamare ne paraît pas avoir bien saisi cette phrase assez obscure d'ailleurs, il porte : «bones balences et la largiée senz estre en archiée».

comme il saura que nuls l'aura devers luy, il le denoncera et fera denoncier au
mestre de leur mestier qui de par le prevost en ordenera. Et se aucuns d'yceus
l'avoit achetée pour si quil ne s'en fust aperceuz a l'acheter et ne peust recouvrer
a son vendeur, il ne le poura vendre en la ville de Paris. Et cil qui la marchandise aviseement vendra qui sera trouvée fausse sera arsse et paiera soissante soulz
parisis pour l'amende, c'est assavoir xl s. parisis au Roy et xx s. parisis au mestre
dessusdit pour les frès dudit mestier.

3. Item que nuls ne achetera ne fera acheter denrées nulles d'avoir de pois en
quoy il sente qu'il ait soupeçon de estre mal prinses ou emblées, se ce n'est pour
tenir son saisi, si que a tant que celuy aura trouvé son garant et celui qui les
dictes denrées aura apportées n'est revenu dedenz le terme que l'en li donra, ou
n'a trouvé son garant, il la baillera tantost audit mestre de leur mestier, lequel
les mestra pardevers le prevost ou son commandement.

4. Item que nuls de eus qui euvre ou face ouvrer cire a la main ou en ouvraige de bougie ne mellera ne ne fera meller avec sa cire, suif ne autre chose
qui empire la cire, et que la cire ouvrée soit autele dedenz comme dehors sanz
coverture, et en tout l'ouvrage que il fera ou fera faire soit fait à la main, ou de
bougie, aura autant de cire parmi langue seiche comme l'euvre sera sengniée ; et
ni mestra limengnon fors que tant comme le tret [1] en doit porter de reson, c'est
assavoir aus iiii livres de cire parmi un quarteron de limengnon en l'ouvrage fait
pour vendre, et ne vendra nuls euvre qui sera faite de viez cire pour neuve, ne
de viez cire meslée avec l'autre qu'il ne le die a l'acheteur, si li demande [2] ; et aus
cierges aura demi once de limengnon a la livre.

5. Item que nuls ne livrera a la livre soutive les choses qui doivent estre
livrées et vendues a la livre grosse, ne acheteront denrées nulles d'avoir de pois
sanz convenances que il ne puisse ou doie rabatre de la tare autant comme elle
pesera.

6. Item que nuls des peseurs du pois, soit de cire ou d'autre avoir de pois,
tenant l'office de peser, ne puisse estre marcheant ne couratier des denrées dont
il sera peseur, ne nuls par son serement ne leur donra ne promettra, ne fera donner ou promettre don ou service, par entencion que il toillent [3] a autrui aucune
chose en leur pesage pour li donner.

7. Item que nul hostellier de Paris ne puisse achater denrées d'avoir de pois
en son hostel pour revendre, et se il est trouvé que il le face, puis que le mestre
li aura deffendu, il sera pugni par le prevost de Paris selonc le fait.

---

[1] Manuscrit Lamare : «le trait».
[2] D'une écriture du même temps, on lit en
marge du ms. de la Sorbonne : «Li mot «si li de-
«mande» fu corigié par le prevost, present le Conseil, c'est assavoir, Pierre de Tieullières, Nicolas

Soutif, Jehan Garnier, Pierre le Bequet, Yvart
Joye, le iiie jour de fevrier l'an L.»
[3] C'est-à-dire dans la crainte qu'ils n'en-
lèvent, qu'ils ne prennent à autrui... ; subj. de
tollir, lat. tollere.

8. Item que nul couretier d'avoir de pois ne puist estre marchant de denrées dont il sera couretier, ne pourra ne devra par son serment faire convenances ne marchié nul a ses marchanz, aus vendeurs ne aus acheteurs en fesant l'office de sa coureterie, que il li doingnent pour son salere, fors son droit courtage ancienement acoustumé, ne li marchans ne li donrront ne promettront riens pour marchié que il entende a faire fors que son droit couretage, et ne puist user de courretage nuls si que a tant que il aura fait serment en la main du mestre dudit mestier, lequel serment il fera dedans les nuis que ledit mestre l'en aura amonesté. Et se il en deffaut, que il en soit privez de la courreterie et que nuls ne puisse estre couretier sans le congié dudit mestre et de son conseil ou de celuy que le prevost y commetera.

9. Item que nuls ne vende ne apporte gingenbras, pingnolet [1], en la ville de Paris, en bouchié [2], et qu'il ne soit autel dessouz comme dessus et sanz eschapelure et la confecture sanz yringes et que nuls ne le reface en maniere que il le melle le viel avecques le neuvel que il ne le die a l'acheteur. Et que nuls ne face confiture nulle coverte de çucre [3] qu'il ne soit d'autel patre dessous comme dessus. Et cil qui sera trouvé faisant contre ceste ordenance perdra toute la confiture et sera en l'amende et ladite confiture, du commandement du prevost, sera jugiée par ledit mestre et les genz du mestier et l'execucion faite sus ce tele comme le fet le requerra, par ledit prevost.

10. Item se aucuns est trouvez usant en males choses dessus dictes, et especialment en l'œuvre de la cire et es confitures, il perdra les denrées qui seront trouvées de ce ataintes et paiera LX s. parisis d'amende en la maniere que dit est dessus.

11. Item le mestre dudit mestier et les trois gardes seront esleuz chascun an par l'acort du commun de leur mestier et cil qui seront esleu a ce faire ne le pourront refuser jusques a la fin de l'an passé, et feront le serment a nous, tel comme l'estat le requiert, et se penront garde du pois et des balances, de l'ouvrage de cire et des autres choses dessusdites et les visceront toutes fois que il leur sera avis que bon soit, toutes fois que mestier sera et especialment II fois ou III fois l'an en chascun ostel. Et se il treuvent aucun que en use mal a son escient et ne soit chastiez, quant il en aura estez amonestez, ledit mestre le nous raportera ou au prevost qui sera pour le temps, par son serment.

12. Item que nuls ne soit si hardis de commencier ne de louer estal en la ville de Paris, d'avoir de pois, si que a tant quil aura fet le serment au mestre dudit mestier de faire loiaument, tenir et enteriner les choses dessus dites sus paine de perdre les denrées; et s'il y en a aucun qui n'ait fait ledit serment que il le face dedans les nuis que l'en li aura fait savoir.

---

[1] Manuscrit Lamare : «gingimbre, pignolet». Le pignolet est une sorte de dragée faite avec des pommes de pin et employée dans les sances.

[2] Bouchié, «boucel», espèce de vase pour le vin (Ducange), et sans doute aussi pour les conserves.

[3] Manuscrit Lamare : «sucre».

13. Et volons et commandons de par le Roy que les ordenances dessus dites soient estroitement gardées; et qui sera trouvé en deffaut es choses dessus dites, le mestre dudit mestier y mettra la main, de nostre commandement ou du commandement du prevost qui sera par le temps. Et sera jugiée l'amende par nous, appelé ledit mestre et autres bones genz dudit mestier, selon la qualité que le fait la requerra, les deus pars a nous pour le Roy et la tierce a paier les frès du devant dit mestier, si comme dit dessus. Et porra le prevost qui sera par le temps, les articles dessus diz croistre et amenuisier, si comme il verra que reson sera.

Ce fu fait par l'acort du commun des mestiers le vendredi xxxe jours en juinguet l'an mil trois cens et onze.

II

1322, février.

Lettres de Gilles Haquin, prévôt de Paris, sur la vérification du poids et la garde qui en fut confiée aux maîtres épiciers.

Bibl. nat., ms. fr. 24069, fol. 24 v°. — Ms. fr. 11709, fol. 34. — Arch. nat. KK, 1336, fol. 53 v°.

A touz ceus qui ces lettres verront, Gilles Haquins, garde de la prevosté de Paris, salut. Comme du commandement de nos seigneurs de la Court nous eussions fait prendre en la ville de Paris touz les pois aus quiex on poise avoir de pois, pour pluseurs fraudes et decevances qui y estoient contre le peuple, sachent tuit que nous, du commandement de noz diz seigneurs et de l'assentement et acort des marchans de avoir de pois et espiciers, bourgeois de la ville de Paris, lesdiz poiz avons fait veoir, justefier et adjuster en l'ostel desdiz mestres de la monnoie le Roy, a Paris, par lesdiz mestres, les quiex les ont justefiez parmi xv onces du marc de la monnoie du Roy. Les quiex pois ainsi justefiez nous avons ordoné, et du commandement de noz diz seigneurs, que il en demoura certain patron pardevers nous au Chastellet de Paris, pour le Roy, et un autre pardevers les mestres des espiciers de Paris, semblable a ycelui et ainsi justefié, comme dit est, pour touz les mestiers usans de poiz a Paris, et un autre semblable a yceus pardevers les tenans que on dit le Poiz le Roy a Paris, auquel il justefieront leur pois de quoy il usent en leur pois, toutes fois que necessité sera. Et ne poura nulz nouviaus marchans qui voudra estre espicier a Paris faire poiz nouvel que il ne soit adjoustez au patron qui est et demeure pardevers nous ou Chastellet, si comme dessus est dit. Et fu trouvez lors que l'ancien patron que les diz tenans du Pois le Roy avoient pardevers eulz estoit justes et souffisant. Et furent fais les justemens des diz pois justefiez par les diz mestres, en la presence de nous, prevost de Paris, Pierre de Villebre, a ce temps procureur du Roy nostre sire, et pluseurs autres bonnes gens qui en telz choses se congnoissoient. Et tout ce certefions nous a touz ceus a qui il puet et doit appartenir, par la teneur de ces lettres qui furent faictes et données souz le seel de la prevosté de Paris, l'an de grace mil ccc xxi, le dimenche, jour des brandons.

III

1336, 22 mai.

Lettres patentes de Philippe VI, prescrivant au prévôt de Paris de faire exécuter les ordonnances faites sur le métier des épiciers-apothicaires.

Livre vert vieil 2ᵉ, Y 4, fol. 31. — Ordonn. des Rois de France, t. II, p. 116.

IV

1353, août.

Lettres patentes du roi Jean, prescrivant des règlements en 7 articles pour les apothicaires.

Arch. nat., 1ᵉʳ vol. des Ordonn. du Parlement, X 1ᵃ, 8602, fol. 40 vᵒ.
Ordonn. des Rois de France, t. II, p. 532.

Jehan, par la grace de Dieu, Roy de France. Savoir faisons a touz presens et a venir comme nous avons entendu par relacion de pluseurs dignes de foy, que en nostre ville de Paris, par convoitise ou ignorance d'aucuns, aucunes medecines sont administrées a la fois mains convenablement, ou qui n'ont pas vertu ne effet deus, aucune fois pour ce que elles sont trop vielles et autrement, dont pluseurs escandres et grans inconveniens s'en sont et pourroient ensuir, se par nous ne estoit sur ce pourveu de remede, si comme il appartient. Et pour ce nous qui desirons la prosperité et santé de nos subgiés, voulans obvier aux escandres et perilz dessus dis, par le conseuil des sages et aians en tele chose pleniere volonté, avons pourveu par nostre ordenance en la maniere qui s'ensuit :

1. Premierement, avons ordené et ordenons que desoremais chascun an, deux fois, c'est assavoir environ la feste de Pasques et environ la feste de Toussains sera faite diligente visitacion par le maistre du mestier d'apothicairie, qui pour le temps sera, sur tous les apothicaires de la ville de Paris et des suburbes, laquelle visitacion ne sera delessié a faire pour quelconque occasion que ce soit et

visitera ledit maistre dudit mestier d'apothicaire avec le conseil de deux maistres
en medecine. . . . . [1].

2. Item nous voulons et ordenons que nuls de ceulx qui maintenant sont apothicaires ne tiengne de ci en avant le mestier d'apothicaire, se il ne scet lire ses
receptes et dispenser et confire, ou se il n'a entour lui personne qui ce sache
faire, et que nuls ne puisse confire a Paris se il n'est sceu du mestier et de ceulz
qui seront ordenez a ce que il soit suffisant, et que il ait juré selon nos presentes
ordenances.

3. Item pour ce que les vallez des apothicaires font souvent les medecines et
tele fois que les maistres ne les voient point, que tous les vallez seront tenus de
jurer aussi comme les maistres.

4. Item se le maistre treuve aucunes confeccions fausses ou corrompues et
mauvaises, et de mauvaises choses confites, qui ne soient pas de vraies ne bonnes,
que il les prengne et degaste si et en telle maniere qu'elles ne puissent estre plus
vendues ne emploiées. Et nientmains les apothicaires, chieuz lesquels telles confeccions seront trouvées, seront punis selon la qualité du meffait par le prevost de
Paris.

5. Item les herbiers de la ville et suburbes dessusdis jureront administrer bien
et loyaument et faire leurs clistaires, emplastres, jus ou herbers, selon l'ordenance du phisicien qui escrira.

6. Item se le maistre du mestier, au conseil des assistens ou fait de la visitacion, pour aidier a garder le mestier ordenent aucune chose qui soit pour le mestier miex faire et miex garder, que lesdis apothicaires soient contrainz par leurs seremens a tenir et garder l'ordenance se elle n'est contre le commun proufit. Et que
il confiront de bon miel et de bon sucre tafetin [2] ou sucre blanc bon et convenable; et ce qui se devra confire a sucre, il ne le confiront pas a miel et feront
leurs decoccions complettes et parfaites, sans meller viel avec le nouvel.

7. Item ou cas que les dessusdis phisiciens et apothicaires ou li aucun d'eulx
ne comparront a la visitacion pour conseiller le maistre du mestier oudit fait,
ledit maistre nonobstant leur absence, procedera ou fait de ladite visitacion, appellés avec lui autres phisiciens et apothicaires, telz comme en sa conscience bon li
semblera. Et se en ladite visitacion lesdis apothicaires sont trouvés en aucune
manière coulpables, ils seront punis deument, selon la qualité de l'excès et du
delit. Si donnons en mandement. . . . . Donné a Paris, l'an de grace mil trois
cens cinquante trois, ou moys d'aoust.

---

[1] Suivent diverses prescriptions sur le serment,
et sur la qualité des drogues, des recettes et des
compositions. — On cite, mais sans donner d'extraits, une sorte de manuel, l'Antidotaire Nicolas,
puis des médecines laxatives, des opiats, des sirops,
des électuaires, listes qui ne présentent aucun intérêt, même de curiosité.

[2] Tafetin ou cafetin, mot douteux. Il manque
dans Ducange et dans Trévoux. Sainte-Palaye le
porte sans donner ni texte ni interprétation.

V

1437, 30 novembre.

Lettres de Charles VI portant confirmation des lettres du 22 mai 1336 et du 3 août 1390.

Ordonn., t. XIII, p. 244.

VI

1450, 31 mars.

Lettres du prévôt de Paris présentant un nouveau texte de statuts, pour les épiciers, en 8 articles.

Arch. nat., Livre vert vieil 2ᵉ, Y 4, fol. 95. — Livre gris, Y 6³, fol. 18.
Coll. Lamoignon, t. IV, fol. 329.

A tous ceulx qui ces presentes letres verront, Robert d'Estouteville, chevalier, garde de la prevosté de Paris, commissaire et general refformateur donné et depputé de par le Roy nostre sire sur la decoracion de la ville de Paris et sur la visitacion et refformacion des mestiers d'icelle ville, salut [1] . . . . . Comme aient esté fetes et enregistrées en la court dudit Chastellet les ordonnances qui ont esté fetes sur chacun desdiz mestiers et aussi sur les marchandises qui sont admenées, conduites et arrivées en icelle ville et il soit ainsi que Robert Docoudin et autres, faisans ensemble la plus grant et seine partie dudit mestier d'espicerie, aient avisé et a nous presenté les articles qui s'ensuivent :

1. Premierement que tous ceulx dudit mestier et marchandise d'espicerie qui doresenavant s'entremettront de faire ouvraige de bougie en ceste dite ville de Paris, seront tenus de faire et vendre chandelles de bougie, dont les plus menues soient de dix chandelles en l'once a tout le moins, qui font à la livre huit vins chandelles, sur peine de perdre ladicte chandelle de bougie [2], a appliquier

---

[1] Les lettres patentes de Charles VII qui homologuent ces statuts sont datées du mois de décembre suivant; elles sont transcrites à la suite dans les manuscrits indiqués aux sources et imprimées dans les Ordonn. des Rois de France, t. XIV, p. 114.

[2] La chandelle de bougie, ouvrage des ciriers, faite avec de la cire pure, était un perfectionnement de la chandelle de suif fabriquée par les chandeliers. Le dictionnaire de Savary et l'Encyclopédie ne donnent pas de renseignement précis sur les sortes de petites bougies, indiquées ici, dont il y avait 10 à l'once et 160 à la livre; c'étaient évidemment des bouts de mèche enroulés dans la cire, comme nos allumettes-bougie. La tradition de ce travail, pour une époque si reculée, se sera perdue au xviiiᵉ siècle.

moitié au Roy nostre sire, et l'autre moytié ausdits jurez et gardes dudit mestier, pour la peine qu'ilz ont de garder icellui.

2. Item doresenavant tous les espiciers de ladicte ville seront tenus de mettre leur marque et emprainte en toutes les torches et cierges qui feront et vendront, esquels aura une livre de cire et audessus ad ce que, s'il y a aucune faulte ou fraude, l'en puisse clerement savoir qui aura fait ledit ouvraige; et si seront aussy tenus designer le nombre des livres de cire qui seront esdiz cierges et torches, justement et loyaument sans riens diminuer ou rabatre depuis ladite livre et audessus, sur peine de perdre l'ouvraige, a appliquer comme dessus.

3. Item que tous marchans forains qui doresenavant amenrront ou feront venir en ceste ville de Paris denrées et marchandises d'espicerie, seront tenus icelles faire veoir et visiter par les jurez et gardes ordonnez sur le fait de la dicte marchandise, avant qu'ils puissent icelle vendre, ne exposer en vente en ceste ville de Paris, sur peyne d'amende arbitraire, a appliquer comme dessus, lesquelz jurez aussi, apprès ce qu'ils auront esté requis de visiter les denrées, seront tenus icelles visiter dedans le jour ensuivant qu'ilz en auront esté requis au plus tard.

4. Item que tous hostelliers publiques, ez hostels desquels se logeront lesdis marchans forains et y descendront leursdites marchandises, seront tenus de dire et denoncier ausdis marchans forains, dès ce qu'ilz seront arrivez en leursdiz hostelz et avant ce qu'ilz exposent en vente, ne vendent leursdites denrées, que icelles ils facent visiter par lesdis jurez, sur peine d'amende arbitraire a appliquier comme dessus.

5. Item nuls marchans forains admenans denrées et marcheandises d'espicerie a Paris ne pourront icelles vendre a detail a Paris, synon par trois jours entre-suyvans seullement, a compter du jour que icelles denrées auront esté visittées par lesdits jurez, ad ce que le peuple en puist avoir pour son user seullement et non pour revendre, et lesdiz trois jours passez ne les pourront plus vendre a detail, sur peine d'amende arbitraire.

6. Item que tous espiciers de la ville de Paris, de quelque estat qu'ils soient, ne pourront doresenavant vendre ne faire vendre ou detailler en leurs ouvrouoirs ou eschoppes aucunes gresses, quelles que elles soient, fors et excepté huilles qu'ilz pourront bien detailler et vendre, sur peyne d'amende arbitraire.

7. Item aussy tous espiciers et aultres personnes qui s'entremettront de faire et vendre saulces, a Paris, comme cameline, saulce vert, saulce rappée, saulce chaude, saulce a composte, saulce moustarde et aultres saulces, seront tenuz de icelles faire de bonnes estoffes et matières, telles comme a chascun partient, saines et nettes, et selon les ordonnances faictes sur le mestier de saulciers, sur peyne de gecter et perdre lesdittes saulces et de dix sols parisis d'amende, a appliquer comme dessus.

8. Item lesdits marchans espiciers ne pourront achepter aucunes marchan-

dises d'aulcuns marchans plus tost et jusques ad ce que icelles denrées et marchandises auront esté visitées et veues, sur peyne d'amende arbitraire comme
dessus.

En tesmoing de ce, nous avons fait mettre a ces presentes le scel de la prevosté de Paris, l'an mil quatre cens quarante neuf, le lundi trante et derrenier
jour de mars.

VII

1484, août.

Lettres patentes de Charles VIII érigeant en métier juré les épiciers-apothicaires,
avec des règlements en forme de statuts.

Arch. nat., Livre jaune petit, Y 5, fol. 153. — Coll. Lamoignon, t. V, fol. 63.
Ordonn. des Rois de France, t. XIX, p. 413. — Isambert, Lois françaises, t. XI, p. 112.

Charles, par la grace de Dieu, Roy de France..... [1], ordonnons par privilleige, ordonnance et edict perpetuel et irrevocable, que doresnavant ledit mestier
des ouvrages et marchandises d'espicerie, apoticairerie, ouvrages de cire et confitures de sucres, sera juré, et iccelluy avons fait et faisons par ces dittes presentes juré, ainsi que sont les autres mestiers de nostredite bonne ville et cité de
Paris; et que a ceste cause, toutes et chascunes les personnes qui vouldront estre
et entrer esdits mestier, ouvrages et marchandises d'espicerie et apoticairerie,
ouvrage de cire et confiture de sucres, en quelque manière que ce soit, en nostredite ville et cité, seront tenuz :

1. Premièrement demourer comme apprentiz avecques aucun des maistres
d'iceulx mestier, ouvrages et marchandises, durant le temps de quatre ans entiers finiz et accompliz, pour leur apprentissage; et à leur entrée d'apprentiz
seront tenuz de paier douze solz parisis a la confrairie dudit mestier et après ce
qu'ilz auront demouré par l'espace desdits quatre ans pour leurdit apprentissaige,
s'ilz veullent estre receuz et parvenir audit mestier, ilz seront prealablement examinez et experimentez par les maistres jurez dudit mestier et marchandises et
seront tenuz faire chief d'œuvre, tant d'ouvrage de cire, de confitures de sucres,
dispensation de pouldres, comme de compositions, de receptes, congnoissances
de drogues et autres choses touchans et concernans le fait desdits mestier, ouvrages et marchandises d'espicerie et apoticairerie, chacun en son regard. Et se
par ladite visitation, experience et chief d'euvre, ilz sont trouvez souffisans, ilz
seront receuz et admis a maistres dudit mestier, en faisant touteffois, avant toute

---

[1] Il y a ici un long préambule sur les fraudes et les abus commis dans le métier si important des
épices et des drogues.

euvre, serement solempnel de faire et composer toutes pouldres de bonnes et
saines espices, toutes confitures de tels sucres dessoubz comme dessuz, et generalement de bien et loyaument faire touz les ouvrages dudit mestier, sanz y empirer
ou mettre aucunes fournitures non pertinentes, et aussi parmy ce qu'ilz seront
tenuz paier pour ladite maistrise, avant qu'ilz y soient reçeuz, chascun la somme
de cent solz parisis pour une foys, à applicquer, c'est assavoir vingt solz parisis à
nous, et soixante solz parisis pour le service des messes et fraiz d'eglise de la
confrairie dudit mestier et pour subvenir, aider et soustenir les fraiz d'icelluy
et vingt solz parisis aux jurez dudit mestier pour leurs peines et vacations d'assister auxdittes experiences et chief d'euvre, qui ne sont si granz charges que en
plusieurs des autres mestiers de nostre dite ville; mais toutesvoyes les enffans
masles desdits maistres et ouvriers d'espicerie et d'apoticairerie qui sont a present
et seront cy après, qui auront servy leur père, mère ou autres maistres dudit
mestier le temps dessusdit de quatre ans, ne seront aucunement tenuz de faire
chief d'euvre, ne paier ladite somme de cent solz parisis, mais seront examinez par lesdits jurez, mesmement touchant apoticairerie et compositions de receptes, feront le serment selon la forme et manière dessus declairée, et paieront
quarante solz parisis seullement pour une foiz; c'est assavoir, moittié a laditte
confrairie et l'autre moittié ausdits jurez; et en ce faisant, seront reçeuz oudit
mestier s'ilz sont souflisans.

2. Et semblablement nous voulons, statuons et ordonnons que les femmes
des maistres dudit mestier qui demourront vefves, puissent et leur loyse continuer mener et conduire le fait desdits mestier et marchandises, tout ainsi que
faisoient en leurs vivans leurs mariz, tant et si longuement qu'elles se tiendront
en viduité, sanz ce qu'elles soient tenuz paier aucune chose auxdites confrairies et
jurez, ne que on les puisse pour les dessusdits (sic) aucunement empescher en
leurdit mestier et marchandise, pourveu toutesvoyes que pour conduire leurdit
mestier, ouvrage et marchandise, elles seront tenues de tenir en leurs ouvrouers
ung bon serviteur, expert et congnoissant, ydoine et souflisant qui sera examiné
et aprouvé par les maistres jurez d'icelluy mestier; et avecques ce icelles vefves
et leurdit serviteur seront tenuz de faire le serment de bien et loyaulment conduire ledit mestier et marchandise, selon la forme et manière dessus declairée.

3. Et pource aussi que en nostredite ville de Paris, plusieurs espiciers qui ne
se congnoissent au fait et art d'apoticairerie se sont par cy-devant voulu mesler
et entremettre d'icelluy mestier d'apoticaire, soubz umbre d'avoir varlet apoticaire
qu'ilz ont accoustumés tenir en leurs maisons, nous avons ordonné et ordonnons
en oultre que doresnavant nul espicier, en nostredite ville et cité de Paris, ne se
puisse mesler du fait et vacation d'appoticaire, soubz umbre d'avoir serviteur
apoticaire, qui vouldroit tenir en sa maison, se le dit espicier n'est luy mesmes
apoticaire congnoissant et aprouvé oudit mestier et qu'il eust luy mesme de-

mouré et servy en iceluy mestier d'apoticairerie l'espace de quatre ans apprentiz, fait le serment et gardé les solempnitez cy dessus requises.

4. Et pour ce que bien souvent advient faulte d'aucune sorte d'espiceric parce qu'elle est chère, ou pays ou elle croist, et que les marchands infidèles laissent a en admener en terre chrestienne, pour ce que le voyaige est long, on est bien souvant deux ou trois ans sans en povoir recouvrer; soubz umbre de laquelle deffaulte plusieurs espiciers, par cy devant, ont mis et employé en leurs pouldres gresnes indeues, malfaisans aux corps humains. Nous avons ordonné et statué, ordonnons et statuons que doresennavant, au commancement de karesme, les maistres et jurez dudit mestier composeront, ainsi qu'ilz verront en leurs consciences estre bon et prouffitable, receptes sur lesquelles tous les autres espiciers de ladite ville de Paris seront tenuz composer faire et dresser les pouldres qu'ilz feront doresnavant.

5. Et pareillement n'entendons ne voulons que soubz couleur de chief d'euvre, que doresennavant sera fait oudit mestier, l'en puisse ou doye asubjectir, asservir, ne contraindre lesdits espiciers et apoticaires, et leursdites vefves, au guet de quatorze deniers, ne ès autres charges subsides et subvencions quelzconques que ont accoustumé de faire et paier les gens de plusieurs autres mestiers, en nostre dite ville, ou l'en fait chief d'euvre, desquels guet, charges, subsides et subvencions, nous les avons exemptez et affranchis, exemptons et affranchissons par ces dittes presentes, tout ainsi et en la forme et manière qu'ilz estoient et qu'ilz avoient accoustumé estre, par avant l'octroy de cesdites presentes.

6. Et en oultre affin de faire cesser les dites faultes et abuz que par cy devant ilz ont mis, ont commises et perpetrées en la façon et composition de leurs pouldres et autres ouvrages dudit mestier, et pour pourvoir à ce que doresennavant ilz ne reuchcent à faire pareilles faultes et abuz, Nous avons ordonné et ordonnons pour le bien et utillité de nostre dite ville et cité et des subjectz demourans en icelle, que doresennavant soit faite visitation deux ou trois foys en l'an, du moins, ès maisons et ouvrouers de tous les espiciers et apoticaires de nostre dite ville et cité, par les maistres et jurez dudit mestier, appellé avecques eulx ung commissaire de nostredit Chastellet ou sergent à verge, de toutes les pouldres, ouvrages, drogueries et autres marchandises d'icelluy mestier.

7. Et se en faisant lesdites visitations sont trouvées aucunes pouldres souphistiquées ou autres mauvais ouvrages ou faulces marchandises, Nous voulons icelles estre prinses et mises en nostre main, et que après le rapport fait en nostredit Chastellet par lesdits jurez, pugnition en soit faicte par justice, selon la mallefaçon desdittes pouldres, ouvrages ou marchandises, et les delinquans condempnez en grosses amendes, à applicquer les deux pars à nous et la tierce partie auxdits jurez, affin qu'ilz soient plus diligens de faire lesdittes visitations et eulx donner garde dudit mestier.

8. Et semblablement pour ce que, en nostredite ville de Paris, y a plusieurs marchans autres que lesdits espiciers et apoticaires qui se meslent et entremettent de vendre en gros plusieurs denrrées d'espicerie et apoticairerie, esquelles denrées parce qu'elles n'ont point esté visitées le temps passé, y pevent avoir esté commises plusieurs faultes et abuz, dont s'est peu et encores plus pourroit ensuivre plusieurs inconveniens irreparables à noz subjetz et à la chose publicque de nostre dite ville et cité, avons aussi ordonné et ordonnons que doresennavant soit faite visitation, par lesdits jurez, ès maisons de tous lesdits marchans qui vouldront vendre ou exposer en vente espicerie en nostre ditte ville de Paris, de quelque estat ou condition qu'ilz soient, de toutes lesdites marchandises, comme espiceries, sucres, figues, raisins, drogueries et autres marchandises concernant le fait et vacation dudit mestier d'espicerie et apoticairerie, ensemble les poix et balances à quoy ilz poisent lesdites denrrées et marchandises, et se en faisant lesdites visitations sont trouvées aucunes mauvaises denrrées corrompues ou souphistiquées, ou faulx poix ou faulses balances, nous voulons icelles denrrées et marchandises, faulx poix et faulses balances estre prinses et mises en justice en nostredit Chastellet par lesdits jurez, pour corriger, pugnir et amender la mallefaçon d'icelles et les delinquans estre condempnez en amende arbitraire selon l'exigence du cas, à applicquer comme dessus.

9. Et au seurplus avons ordonné et ordonnons que nul marchant forain qui amenera en nostre ville et cité de Paris aucunes denrrées ou marchandises touchant le fait et vacation dudit mestier et marchandise d'espicerie et appoticairerie, ne puisse icelles denrrées et marchandises vendre ne mettre en vente, et pareillement que nul espicier ou autre ne puisse icelles achepter, sans que premierement elles aient esté veues et visitées par lesdits jurez, sur peine de dix livres parisis d'amende à applicquer comme dessus, pourveu toutesvoyes que lesdits jurez seront tenuz icelles veoir et visiter dedans vingt quatre heures après ce que on leur aura fait assavoir; et se lesdits jurez sont negligens ou delaians de faire ladite visitation par fraude ou malice, ilz seront condempnez en quarante solz parisis d'amende envers Nous.....

Donné a Paris ou moys d'aoust, l'an de grace mil quatre cens quatre vingt et quatre, et de nostre regne le premier.

VIII

1514, juin.

*Lettres patentes de Louis XII approuvant les nouveaux statuts des apothicaires-épiciers,
en 7 articles.*

Arch. nat., Ordonn., 1ᵉʳ vol. de Henri IV, Xᴵᵃ 8641, fol. 292. — Coll. Lamoignon, t. V, fol. 624.
Ordonn. des Rois de France, t. XXI, p. 541.

Loys, par la grace de Dieu, Roy de France, scavoir faisons a tous presens et
advenir nous avoir reçcu l'umble supplicacion de noz chers et bien amez les
maistres jurez gardes et communaulté de l'estat et marchandise des maistres
espiciers et apoticaires de nostre bonne ville et cité de Paris, contenant comme
nos predecesseurs..... leur eussent donné plusieurs privilleges franchises et
libertés, desquels ils ont jouy et usé, comme encores font de present et pareillement, aux espiciers simples, qui est estat et marchandise distinct et separé dudit
estat d'espicier apoticaire, parce que qui est espicier n'est pas apoticaire et qui est
apoticaire est espicier. Or est il que plusieurs questions et debats sont depuis intervenus entre les supposts de l'un estat et de l'aultre et surviennent chascun
jour, tant à l'eslection de leurs gardes et visiteurs que autrement en diverses manières; pour obvier ausquels debatz, questions et differens, lesdits supplians ont
mis et redigé certains articles par escript, lesquels ils nous ont très humblement
fait presenter, en la forme et manière qui ensuyt :

1. Premièrement pour obvier a ce qui a esté fait par cy-devant que quand lesdits supplians et espiciers simples ont esté assemblez pour eslire les jurez et gardes
de l'apoticairerie, lesdits espiciers simples qui sont en trop plus grand nombre
que les supplians ont, par brigues et monopoles, esleu personnes non cognoissans
audit estat et marchandises, a esté advisé que lesdits supplians aux jours ordonnés a faire lesdittes eslections pourront eslire ung ou deux d'entre eulx, jurés
maistres espiciers apoticaires et gardes dudit estat d'apoticairerie, sans que lesdits espiciers simples y soient plus appellés, parce que ce n'est chose de leur art
et mestier.

2. Item que quand lesdits supplians auront a faire lesdittes eslections, examen
et chef d'œuvre d'un compaignon apoticaire pour estre passé maistre dudit estat
d'apoticairerie, que lesdits espiciers simples n'y soient presens ny appellés, parce
que ils ne se congnoissent audit estat, n'y font que empescher, pour le tumulte
qu'ils y font; ains pourront lesdits jurez et gardes dudit estat d'apoticairerie appeller avec eulx aulcuns des anciens et plus suffisans apoticaires, pour faire lesdittes eslections, examen, chef d'œuvre et ce qui appartient au surplus audit art
d'apoticaire.

3. Item que deffenses soient faites auxdits simples espiciers de ne eulx entremettre dudit estat d'apoticaireric en aucune manière.

4. Item pour ce que les apprentis ne veullent payer leurs droits d'apprentissages; a ce qu'ils puissent estre plus facilement contraints, a esté advisé que des douze sols parisis que chascun apprenty est tenu payer, deux sols six deniers en seront appliquez a nostre profit, et le reste selon les anciens statuts; que les maistres qui prendront lesdits apprentis seront tenus respondre et faire leur propre debte dudit droit d'apprentissage et le payer toutesfois et quantes que requis en seront; et a ce seront contraints par toutes voyes deues et raisonnables, sauf leur recours contre lesdits apprentis.

5. Item que tous ceulx qui vouldront parvenir a estre maistres esdits mestiers d'espiciers et apoticaires ou de l'un d'iceulx, icelle reception faite, seront tenus bailler leurs marques imprimées en plomb ou aultrement aux maistres de confrairie qui en seront gardes, au coffre d'icelles confrairies, a ce que tous les ouvraiges que cy après en feront soient congneus, et s'il y a faulte l'on puisse congnoistre les delinquans pour les pugnir et pourveoir comme de raison.

6. Item s'il advient que aulcun maistre decède et va de vie a trespas, et delaisse sa veufve qui, au moyen desdittes ordonnances, peult tenir l'ouvrouoir, qu'elle ne puisse de son chef prendre apprentis, parce qu'elle ne se peut dire experte et ne pourra tenir, sinon l'apprenty qui y seroit du temps de feu son mary pour parachever le reste de son apprentissaige.

7. Item que tous lesdits apoticaires assemblez puissent d'ores en avant eslire ung qui sera comis pour faire les assemblées et significations qu'il conviendra faire, touchant les actes et affaires concernant le fait d'icelles apoticaireries, lequel fera le serment au Chastellet, en la presence de nostre dit procureur, en paiant deux sols parisis, et lequel partant pourra contraindre tous apprentis espiciers ou apoticaires ou leurs maistres, a payer lesdits douze sols parisis; et que lesdits maistres ne les puissent prendre, sinon en repondant et payant pour lesdits apprentis dedans le premier an de leur apprentissage.

Donné au bois de Vincennes, au mois de juing, l'an de grace mil cinq cens et quatorze et de nostre regne le dix septiesme.

IX

1516, 1ᵉʳ octobre.

Lettres patentes de François Iᵉʳ contenant la confirmation pure et simple des statuts des maîtres épiciers-apothicaires [1].

Coll. Lamoignon, t. V, fol. 706.

X

1548, mars.

Lettres patentes de Henri II contenant la confirmation pure et simple des statuts des maîtres épiciers-apothicaires et rappelant celles de Louis XII et de François Iᵉʳ qui précèdent.

Coll. Lamoignon, t. VII, fol. 154.

XI

1553, janvier.

Lettres patentes de Henri II par lesquelles il confirme purement et simplement les statuts et privilèges des épiciers [2].

Arch. nat., Bannières, 5ᵉ vol. Y 10, fol. 24 et 220. — Coll. Lamoignon, t. VII, fol. 154 et 429.

XII

1560, novembre.

Lettres patentes de François II confirmant les statuts des épiciers et apothicaires et portant homologation d'un nouveau texte en 15 articles.

Arch. nat., Bannières, 6ᵉ vol., Y 11, fol. 107. — Coll. Lamoignon, t. VII, fol. 909.

Françoys, par la grace de Dieu, Roy de France, a tous presens et advenir, salut. Receue avons l'humble supplicacion de noz chers et bien amez les mar-

[1] 1518, 28 juillet. — Lettres patentes de François Iᵉʳ, rappelant celles de 1516 et contenant le règlement suivant :

« Declarons et nous plaist que doresnavant lesdits appoticaires de nostredite ville et cité de Paris ne vendront en icelle aucunes cires ouvrées ne à ouvrer en leurs ouvrouers et maisons, et ne tiendront ne exposeront en vente aucunes saulces, ypo-

cras, ne drogues veneneuses, desquelles les medecins ne usent en leurs ordonnances de medecine...» (Arch. nat., Bannières, 2ᵉ vol., Y 8, fol. 92.)

[2] Ces deux confirmations du même roi, à si peu de distance et sans nouveau texte de statuts, proviennent évidemment de la séparation du métier en deux catégories d'épiciers et d'apothicaires. Il y eut un acte pour chacun d'eux.

chans jurez et maistres appoticaires et espiciers non appoticaires de nostre bonne ville et faulxbourgs de Paris..... confirmons leursdits anciens statuz, reglemens, concessions, previlleiges et exemptions a eulx donnez et successivement confirmez par nosdits predecesseurs, pour en joyr et user par eulx et leurs successeurs, tant et si avant et en la propre forme et maniere qu'ilz en ont cy devant bien et justement joy et usé, joissent et usent encores de present, avons agreé, approuvé et auctorisé, agreons, approuvons et auctorisons ceulx faitz par nosdits officiers le vingt huictiesme juillet dernier..... Donné à Orléans, au moys de novembre l'an de grace mil cinq cens soixante et de nostre regne le deuxiesme [1].

Ce sont les articles necessaires pour le faict, reiglement et police des ordonnances des maistres jurez et gardes des marchans appoticaires et espiciers de la ville, faulxbourgs, prevosté et vicomté de Paris, qu'il fault adjouster et augmenter sur les anciennes ordonnances :

1. Et premierement il est plus que necessaire que celluy qui traicte la vie des hommes, comme le marchant apoticaire espicier, par drogues, medecines, espices et autres choses entrans en corps humain, soit experimenté par examen et experience de son art, et que nul, de quelque estat ou qualité qu'il soit, de ladicte ville ou fauxbourgs, ne se ingerent de vendre desdites medecines, drogues et espices et toutes autres choses concernans ledict estat, tant simples que composées, s'il n'est reçeu et faict le serment audit estat, selon les ordonnances et pardevant les gardes dudit estat.

2. Et s'il se trouve aucuns marchans ou merciers entre autres, barbiers et cirurgiens et autres, usurpans sur ledict estat d'appoticaire et espicier, ce soubz coulleur et mot de marchant, l'interpretant à leurs desirs, lesquels vendent drogues, espices et marchandises entrant au corps humain et autres a eulx incougnues, comme cires et autres marchandises d'avoir de poids avec leurs merceries, comme si la ville de Paris estoit villaige et non jurée, dont plusieurs faultes sont advenues; seront tenuz de trois mois en trois mois, après la signiflication a eulx faicte, ou publication de ces presentes, opter auquel des deux ilz se vouldront tenir, assavoir a la marchandise de mercerye, ou eulx presenter a faire le debvoir pour estre reçeu a l'espicerye; et ou ilz n'auroient ce fait dedans ledit temps, ilz seront privez et du tout forclos de pouvoir user dudit estat d'apoticaire espicier, sur peine de la confiscation de la marchandise qui sera trouvée en leur possession et d'amende arbitraire, tant en ladite ville de Paris que des faulxbourgs d'icelle.

3. Et pour obvier aux monopolles d'entre les marchans, sur ledit fait d'appoticairie et espicerye, il sera ordonné que nulz desdits marchans appoticaires et espiciers, ne autres marchans de ladite ville ne pourront faire acte de courtier

[1] Viennent ensuite le visa du procureur du Roi au Châtelet, du 29 mars suivant, et l'enregistrement au Parlement, du 22 février, puis les articles transcrits ici.

et commissionnaire, ne vendre et distribuer marchandises pour estrangers ou autres personnes que pour eulx et a leur prouffit, soit par societé, commission ou autrement, sur pareille peine.

4. Pour le regard desquelz estrangers et marchans merciers, bourgeois et habitans de ceste dite ville, prevosté et viconté, les marchandises de drogueries, espicceries, cires, sucres et autres choses des appartenances dudit estat d'appoticaireric et espicerie, ne pourront estre vendues par eulx en detail et par le menu; mais par les pieces baillées, quesses, tonneaulx, barilz, painz, paniers ou autrement, entières en sacz, soubz cordes, ainsi qu'elles arriveront du pays dont elles seront amenées, après touteffois qu'elles auroient esté visitées desdits jurez, gardes de la marchandise d'appoticaircric et espicerie, en l'hostel a recepvoir lesdites marchandises et ne les pourront vendre ailleurs, sur les peines que dessus comme de toute anticquité a esté ordonné et confirmé par cy devant, mesmes seront tenuz les poiser au poix du Roy, s'ilz ne sont appoticaires et espiciers.

5. Et lesquelz marchans forains ou merciers, habitans de ceste ville de Paris, serviteurs ou facteurs pour eulx, seront tenuz advertir lesdits jurez, gardes de l'apoticaircryc et espicerye, devant que d'estre deballées et defoncées, ou exposées en vente, sur les peines que dessus; lesquelles visitacions lesdits jurez seront tenus fere dedans vingt quatre heures, après avoir esté de ce fere sommez et requis par lesdits marchans, sur peine de tous despens, dommaiges et interrets, suivant les ordonnances anciennes.

6. Et après lesdites visitations faictes, seront tenuz les forains seullement vendre leurs marchandises dedans huit jours ouvrables, lesquelz passez, sy lesdits forains n'ont entièrement vendu leurs marchandises, sera ce qui restera d'icelles mis au rabaiz par lesdits gardes et jurez; et se continuera ledit rabaiz de huit jours en huit jours et ne les pourront transporter dudit lieu public qu'elles ne soient venduz.

7. Est deffendu a tous hostelliers ou autres marchans de ladite ville et faulxbourgs de Paris, sur peine de vingt livres parisis d'amende, applicable comme dessus, d'exposer en vente, vendre et debiter aucunes des marchandises desdits estrangers et forains, ains les ameneront ou feront amener en la chambre et hostel dudit estat desdits marchans appoticaires et espiciers, pour icelles estre vendues et distribuées, en la manière accoustumée et non autrement, lesquelz hostelliers seront tenus en advertir lesdits marchans forains, sur peine de s'en prendre a eulx mesmes.

8. Item toutes pailles, pouldres et criblures, tant de drogues que espices soient iterativement condempnées et deffendues, sur peine d'estre bruslées devant le logis ou elles seront trouvées, et d'amende arbitraire contre ceulx chez qui elles seront trouvées, mesmement de ne vendre aucunes cires grasses ne soffisticquées,

sur peine de ladite amende et d'estre confisquées; et pareillement aux blanchisseurs d'en prendre pour blanchir.

9. Item lesdits marchans appoticaires et espiciers de Paris pourront faire venir des pays estrangers ou voisins du royaulme de France toutes sortes de drogues, espices ou autres marchandises de leur estat, quelques partz ou ilz les pourront recouvrer, tant par mer que par terre, en payant les droictz d'entrée ou autres accoustumez, nonobstant toutes deffenses par cy-devant faictes, et ce pour obvier aux faultes et necessitez d'aucunes qui se recouvrent a peine pour le jourd'huy.

10. Item parce que lesdits marchans appoticaires et espiciers sont plus subjectz aprester leurs marchandises, ouvraiges et medecines, a toutes manieres de gens que nulz autres estatz, et que aucunes maladies durent ung an et plus, seront lesdits appoticaires et espiciers exemptz de l'ordonnance, par cy-devant faicte, de six mois, sur les artisans ou marchans vendans en detail; ainsi ne seront nulz recepvables alleguer ladite ordonnance de six moys auxdits appoticaires et espiciers [1].

11. Item en considerant la grande subjection en laquelle lesdits marchands appoticaires et espiciers sont tant jour que nuyct, solicitans et ministrans aux mallades les remeddes leurs estans ordonnez par les medecins, que estans occuppez le long du jour, voire la nuyt a dispenser leurs compositions, selon les saisons, seront exempts de la charge et solicitude de faire curer les immondices des rues, attendu leur dite vaccation et occupation, laquelle n'est moindre au fait de la republicque que celle d'un procureur ou autres officiers et ministres du Roy et de justice, aussi qu'il y a assez d'autres estatz plus infimes et moins occuppez qui peuvent vacquer a telle charge, sans lesdits appoticaires et espiciers.

12. Item au moyen qu'il y a plusieurs justiciers subalternes en ladite ville de Paris, comme ès faulxbourgs et banlieue, comme de Saincte Genevielve, Sainct Marcel, Sainct Germain et autres, voullans par eulx joyr de quelques pretendues coustumes et ordonnances et arretz intervenus, ce neantmoings lesdits jurez et gardes dudit estat de marchandise d'appoticairerie et espicerie feront leurs visitacions esdits faulxbourgs et banlieue, en appellant avec eulx ung commissaire du Chastellet de Paris ou sergent seullement, sans estre tenuz en advertir ou demander assistance, tant pour le regard de poix et ballances, drogues, espices, cires, sucres et toutes marchandises entrant au corps humain ou autrement, au fait de leurdit estat d'appoticairerie et espicerie; et feront leur rapport des abbuz ou faultes qu'ilz trouveront, pardevant le prevost de Paris ou son lieutenant, en la forme et manière qu'ils font dedans la ville; et feront examen et chef d'euvre, tant appoticaires que espiciers, chacun en son regard, comme ceux dedans la ville.

---

[1] Il est question d'une ordonnance de police accordant au débiteur un délai de six mois, passé lequel il était libéré de sa dette. Plusieurs prescriptions furent données dans ce sens, mais nous ne savons à quelle ordonnance on fait allusion. Les apothicaires se trouvaient ainsi hors le droit commun.

13. Item que les appoticaires et espiciers seront exempts du guet de nostre-dite ville de Paris, ensemble de la taxe qui a esté faite par cy-devant ou pourra cy après estre faicte pour raison dudit guet [1], attendu mesmement que ceulx de la Faculté de Medecine en sont exemptz, veu que lesdits appoticaires et espiciers sont subjectz de jour et de nuyct et a toutes heures, pour cervise publicq, et aussi que ce n'est que ung corps desdits medecins, et que appoticaires oultre plus estans aussi la nuyt par la ville font le guet eulx mesmes mieulx que ceulx qui sont ordonnez a y assister.

14. Item que lesdits appoticaires et espiciers, esquelz de toute ancienneté leur a esté baillé l'estallon du poix, pour aller visiter sur tous les marchands vendans et debittans marchandises a poix, dedans la ville et faulxbourgs de Paris, yront et pourront aller en visitacion en l'hostel des marchands et autres personnes vendans et debitans marchandises a poix, pour les veoir et visiter. Mesmement sur les merciers de nostredite ville et faulxbourgs de Paris et ce nonobstant quelques aultres noz ordonnances, sentences et arretz de la court que lesdits merciers ou autres pourroient avoir sur ce obtenues, soit par provision ou autrement.

15. Item seront les deux estatz d'appoticaires et espiciers uniz et comungs ensemble, gouvernez par mesmes statutz et ordonnances, et feront les jurez qui sont a present, tant de l'espicerie que appoticairerie, les visitacions afferentes a faire a leur estat ensemblement, tant de drogues et marchandises de toutes sortes d'espiceryes et drogueries que des poix de tous marchans qui vendent a poix, et les chefs d'œuvre et tous autres actes, par les formes ordonnées tant par les anciennes ordonnances que arrest de reglement donné entre les parties, le treiziesme mars mil cinq cens cinquante six, et ne pourront lesdits deux estatz estre separez, pour quelques causes et occasions que ce soyt, fors que, es choses qui concerneront l'appoticairerye seullement, les jurez appoticaires en feront les visitacions et rapportz, suivant le reglement sur ce donné par aultre arrest de nostre dite Cour du vingt neufviesme juillet mil cinq cens cinquante neuf.

XIII

1571, octobre.

Lettres patentes de Charles IX portant confirmation des statuts des épiciers-apothicaires.

Coll. Lamoignon, t. VIII, fol. 662, d'après les archives de l'épicerie.

Charles, par la grace de Dieu, Roy de France, a tous presens et avenir salut. Receue avons l'humble supplication de nos chers et bien amez les maistres et

[1] Les ordonnances sur le guet et sur la cotisation à payer sont transcrites ci-dessus, *Métiers en général*, pièces XVII à XXI.

gardes jurez de la marchandise de grosseries, epiceries, apoticaireries et de toutes
marchandises concernant l'œuvre de poids en nostre ville et fauxbourgs de Paris
contenant que . . . . . nostre bon plaisir fut de confirmer les statuts, reglements
et ordonnances faits anciennement par nos predecesseurs, mesme celles qui sur
les articles proposez furent faictes et reduites avec grande connoissance de cause
en l'année mil cinq cens soixante, du tems de nostre très honoré frère le Roy
Françoys. Sçavoir faisons que Nous, ces choses considerées, desirant de tout nostre
pouvoir nostre ville et fauxbourgs de Paris estre reglée, gouvernée et policée au
bien, proffit et utilité, tant de nous que de la chose publique, avons les privilèges,
immunités et exemptions octroyées et accordées aux supplians qui tiennent second
rang et lieu en la marchandise pour estre continuées, confirmées, et les loix, statuts
et ordonnances concernans leur etat, estre bien et deuement observez, gardez et
avoir. lieu en leur plain et entier effect. . . . . pour la conduite maniment et negotiation de ladite marchandise de grosserie, espicerie, appoticairerie concernant
l'œuvre de poids; voulons qu'ils soient entretenuz observez et gardez à toujours
perpetuelment, tant entre iceulx marchans grossiers, epiciers et appoticaires
qu'autres marchands, de quelqu'etat et condition qu'ils soient[1] . . . . .

Donné à Blois, au mois d'octobre, l'an de grace mil cinq cens soixante unze et
de nostre regne le unziesme.

XIV

1594, juin.

Lettres patentes de Henri IV confirmant purement et simplement les statuts des épiciers-apothicaires.

Arch. nat., Ordonn., 5ᵉ vol. de Henri IV, X 1ᵃ 8645, fol. 62. — Coll. Lamoignon, t. IX, fol. 762.

XV

1610, août.

*Statuts des épiciers-apothicaires du bourg de Saint-Germain-des-Prés-lez-Paris,
dressés le 11 mars 1567 en 22 articles, et lettres patentes de Louis XIII qui les confirment.*

Arch. nat., Ordonn., 1ᵉʳ vol. de Louis XIII, X 1ᵃ 8647, fol. 176. — Coll. Lamoignon, t. X, fol. 610.

1. Que suivant les anciennes ordonnances, tant de Paris que dudit Saint Ger-

[1] Ces lettres de confirmation ne contiennent
pas de statuts; elles sont intéressantes en ce qu'elles
mentionnent les épiciers comme tenant le second
rang dans la marchandise de Paris. Plus tard, en
1776, on retrouve encore les épiciers au deuxième
rang des six corps.

main, concernant lesdits deux estats et mestiers de apoticaires et espiciers, lesquels sont distincts et separés, quoiqu'ils fraternisent en beaucoup de choses, auleun ne sera reçeu a aucuns exercer audit lieu, s'il n'est de l'etat, en a fait profession et experience, et a esté reçeu maistre audit Saint Germain, et ce, sur peine de prison et amende arbitraire, et confiscation de la marchandise s'il y echet.

2. Qu'il y aura deux jurez, l'un apoticaire et l'autre epicier, qui serviront deux ans pendant lesquels ils feront les visitations ensemblement, mesme pour le regard des maistres epiciers.

3. Que doresnavant sera eslu chacun an l'un desdits jurez au lieu de celui qui aura servi deux ans, et ce de l'un des maistres du mesme estat que le juré qui aura fait son temps, et ce pardevant nous à la pluralité des voix des autres maistres; lesquels pour ce faire feront le serment en tel cas requis de faire ladite election bien et duement selon leurs consciences, sans haisnes port ne faveur, et lequel maistre juré ainsy esleu fera aussy le serment en tel cas accoustumé d'aller souvent en visitation, et visiter bien et duement avec son compagnon juré, les drogues, marchandises et espiceries des autres maistres, mesme dudit mestier et estat d'epicier, et de faire bons et loyaux rapports pardevant nous des fraudes, sophistiquerie, fautes et abus, si aucuns y en trouvent, sans haine ne aucun port[1] faveur ou connivence, et de garder et faire garder l'ordonnance sur peine d'amende arbitraire.

4. Et quant aux apoticaires, sera ledit maistre juré apoticaire tenu de les visiter souvent, appellé avec luy un docteur en medecine, suivant l'arrest de la cour, et de faire bons et loyaux rapports des fautes, fraudes et abus qu'ils trouveront en leurs drogues et medecines, sans haine, port ne faveur ne connoissance, sur pareille peine.

5. Et seront lesdits maistres jurez dudit mestier tenus d'exercer laditte charge publique deux ans durant, et au bout de chacun an en sera esleu un autre par la forme susdite, au lieu de celuy qui aura servi deux ans, soit apoticaire ou epicier.

6. Que doresnavant aucun maistre desdits estats et mestiers ne pourra tenir plus d'un apprentiz à la fois; et si ne pourra ledit apprentiz apprendre pour moins de temps que de quatre ans, durant lesquels et sans discontinuer, ledit apprenty sera tenu servir audit estat son maistre, ou quitter l'etat et y renoncer, et neantmoins après les trois premières années eschues dudit apprentissage, ledit maistre pourra prendre un autre apprenty pour pareil temps de quatre ans, si bon luy semble.

7. Que celuy qui voudra parvenir a la maistrise dudit estat d'apoticaire audit Saint Germain, n'y sera reçeu qu'il n'ait atteint l'age de vingt cinq ans, fait son

---

[1] *Port, deport*, faveur, ménagement. C'était le terme employé dans les anciennes formules du serment des jurés.

apprentissage à Paris, ou audit Saint Germain, et servi six ans depuis son apprentissage comme compagnon audit estat, dont il fera duement apparoir, ensemble de sa prudhomnie.

8. Et si sera premierement interrogé, et examiné par lesdits jurez et maistres apoticaires, en presence d'un docteur en medecine qui sera à ce delegué par le doyen de ladite faculté.

9. Et outre ce, sera tenu de faire chef d'œuvre et experience, telle qu'elle luy sera baillée à faire par ledit juré et par deux autres anciens maistres qui auront esté auparavant jurez, et ce des choses concernant ledit etat, et gardera les solennités contenues en l'arrest de la cour donné sur le fait dudit chef d'œuvre dudit etat d'apoticaire; et en ce faisant, et ou il sera trouvé et rapporté par lesdits medecins jurez et maistres apoticaires suffisant et capable pour estre reçeu maistre et exercer ledit etat, il y sera reçeu et fera le serment pardevant nous, en tel cas requis, de faire tenir et de vendre bonnes drogues, et garder les ordonnances dudit estat, autrement n'y sera reçeu.

10. Et pareillement ne sera reçeu aucun maistre dudit estat et mestier d'epicier qu'il n'ait fait sondit apprentissage durant l'espace de trois ans continuels, soit a Paris ou audit Saint Germain, et servi depuis ledit tems de son apprentissage de compagnon audit etat par l'espace de quatre ans; et si sera tenu de faire chef d'œuvre et experience, pardevant lesdits deux jurez apoticaire et espicier, tels qu'ils luy donneront, appellés deux des autres anciens maistres, l'un epicier, l'autre apoticaire, et ce en façon de bougie, torches, cierges ou flambeaux de cire que en composition de dragées de canelat [1], ou autre de sucré et pondre d'espices de diverses sortes apartenantes audit mestier; et ou il sera trouvé suffizant par le rapport desdits jurez, appellé tel des autres maistres dudit etat que bon leur semblera, il sera par nous reçeu a ladite maistrise, et fera le serment pardevant nous en tel cas requis, de garder l'ordonnance, et ce dedans le premier jour plaidoyable ensuivant.

11. Lesquels maistres nouveaux reçeus dudit estat d'apotiquaire seront tenus payer chacun d'eux a monseigneur l'abbé et seigneur dudit Saint Germain ou son receveur, cinq sols parisis pour son droit d'ouverture accoutumé; a nous, bailly, ou notre lieutenant douze sols parisis, au procureur fiscal dix sols parisis, au greffier dix sols parisis, et auxdits deux jurez qui auront vacqué audit chef d'œuvre, quarante sols parisis à chacun d'eux et audit docteur en medecine pour son examen quant au dit maistre apoticaire quarante sols parisis; sans leur faire aucuns banquets ne qu'ils puissent exiger desdits maistres autres dons ne presens, encores qu'ils le leur offriroient librement, sur peine de l'amende, tant contre les preneurs que les bailleurs.

[1] *Canelat* ou *camelas*, bâton de cannelle enroulé dans le sucre et formant une espèce de dragée. Ce bonbon était principalement fabriqué à Milan. (*Dictionn. de Trévoux.*)

12. Et quant a ceux qui seront reçeus maitres epiciers, ils payeront semblables droits quant a monsieur, a nous, ou nostre lieutenant, procureur fiscal et greffier, mais quant auxdits jurez ne payeront a chacun d'eux que vingt cinq sols parisis.

13. Et quant aux enfans desdits maistres, lesquels ils voudront nourrir avec eux, et leur aprendre leursdits estats et mestiers, faire le pourront sans qu'ils leur tiennent lieu d'apprentis, outre lesquels chacun maistre pourra tenir un autre apprenty, en la maniere et pour le temps susdit.

14. Touttesfois si lesdits enfans desdits maistres estoient nourris apprentis chez autres maistres, ils leur tiendront lieu d'apprentis, et en quelque maison qu'ils soient, soit de leur pere ou d'autre, feront leur apprentissage par le temps et espace de quatre ans, et serviront après de compagnons six ans ceans ou ailleurs, de maniere qu'ils seront tenus continuer l'estat dix ans; et si attendront l'age de vingt cinq ans avant que de pouvoir aspirer a ladite maitrise, pour a laquelle parvenir ils souffriront pareil examen, et si feront pareil chef d'œuvre comme les autres susdits et aux moindres frais que faire se pourra.

15. Et quant aux enfans des maistres epiciers, ils seront tenus servir audit etat semblable temps que les autres dudit etat et faire chef d'œuvre comme dessus, aux moindres frais que faire se pourra; et ne seront reçeus qu'ils n'aient atteint l'age de vingt cinq ans comme dessus.

16. Et quant aux femmes veuves desdits maistres elles jouiront des mesmes privileges que leurs maris, durant leur viduité seulement, pendant laquelle elles pourront exercer et tenir boutique, pourvu que pour l'exercice et conduite d'iceluy, elles tiennent hommes suffizans et capables, ayant fait leur apprentissage audit mestier; autrement si elles se remarient et convolent en secondes noces, elles perdront leur susdit privilege, et seront tenues fermer leurs boutiques si leur second mari n'estoit maistre dudit etat.

17. Et neantmoins pour ce que l'etat d'apoticaire est plus dangereux et requiert plus grande experience que celluy d'epicier, est deffendu auxdits maistres epiciers d'eux mesler dudit art et metier d'apoticaire, encore qu'ils eussent et tinssent avec eux aucuns compagnons apoticaires, sur les peines susdittes.

18. Seront tenus lesdits maistres apoticaires et espiciers avoir et tenir en leurs ouvrouers et boutiques bons et justes poids et mesures, et toutes sortes de drogues propres à leur art, loyalles et marchandes, non vieilles, sophistiquées ne corrompues, sur peine d'amende arbitraire et de confiscation desdites drogues corrompues, lesquelles seront brulées, si mestier est, en leur presence.

19. Ne pourra doresnavant nul desdits maistres tenir plus d'un ouvrouer ou boutique, ne soubstraire les serviteurs apprentis ou compagnons l'un de l'autre, ne en recevoir aucun que premier il ne s'en soit enquis au maistre du service duquel sera sorti ledit serviteur, s'il luy aura donné congé et s'il est content qu'il le prenne, sur peine d'amende arbitraire.

20. Que doresnavant lesdits jurez apoticaires et epiciers visiteront ensemblement, si faire se peut, ou l'un d'eux en l'absence ou empechement de l'autre, appellé avec eux l'un des sergens dudit bailliage, toutes sortes de drogues, espices, saffran, pouldres, huilles et provisions qui arriveront, se vendront et debiteront audit Saint Germain des Prez; ensemble toutes espèces de poids, balances et mesures à huilles, dont ils feront bons et loyaux rapports pardevant nous, comme dessus; auquel sergent ils seront tenus payer pour son rapport et vacation deux sols parisis, et au greffier pour son registre douze deniers parisis seulement.

21. Et sont faites deffenses a tous chandeliers, merciers, revendeurs, regratiers et autres de vendre et debiter de la poudre de mesme espice, huiles d'olive, savon ne autres choses qui soit de l'etat desdits apoticaires et espiciers, pour eviter la confusion et les dangers, inconveniens et abus qui s'en pourroient ensuivre, et ce sur peine de prison et confiscation desdites marchandises, et amende arbitraire.

22. Et neantmoins quand il nous plaira ou au procureur fiscal d'aller visiter lesdits maistres et jurez, ensemble leurs poids, mesures, drogues et marchandises, faire le pourrons en appellant avec nous un autre maistre de chacun desdits mestiers. Le tout sauf à augmenter ou corriger la presente ordonnance, touttesfois et quantes que besoin sera et le temps le requerera.

Louis, par la grace de Dieu, Roy de France et de Navarre, a tous presens et avenir salut. Nous avons reçeu l'humble supplication de nos chers et bien amez les maistres apoticaires et espiciers de nostre ville et fauxbourg de Saint Germain des Prez les Paris, contenant qu'estant ledit lieu de Saint Germain des Prez ville jurée et policée, ad instar et le plus conformement que faire s'est pu a nostre ditte ville de Paris, d'autant que les habitants dudit Saint Germain sont censés et reputés bourgeois dudit Paris, usans et jouissans des mesmes exemptions et privilèges, aussy les suplians se sont de tout temps reglé suivant les statuts et ordonnances accordés par nos predecesseurs Roys au corps des maistres apoticaires et espiciers de nostre ville de Paris, sur lesquels statuts de Paris les bailly et officiers dudit Saint Germain auroient, dès le 11 mars 1567, dressé statuts particuliers, contenant vingt deux articles, leus et enregistrés audit bailliage, qui depuis ont esté suivis et entretenus, et lesquels estant en tout conformes auxdits statuts dudit Paris, par nos predecesseurs Roys accordés et confirmés de règne en règne, les supplians qui jouissent de mesmes lois et privilèges desireroient lesdits statuts particuliers dudit bailly de Saint Germain estre par nous autorizés et approuvés à ce qu'ils soient inviolablement gardés et entretenus, requierant humblement nos lettres necessaires. Nous, à ces causes, après avoir fait voir a nostre conseil les dits articles cy attachés sous le contrescel de nostre Chancellerie concernant l'ordre et police à garder auxdits etats et marchandise d'apoticairerie et epicerie audit Saint Germain des Prez, avons iceux articles et statuts autorizés et approuvés, autorizons et approuvons.

Donné a Paris au mois d'aoust, l'an de grace mil six cens dix[1] et de nostre regne le premier.

XVI

1611, mars.

Lettres patentes de Louis XIII par lesquelles il confirme purement et simplement les statuts des épiciers-apothicaires.

Arch. nat., Ordonn., 1ᵉʳ vol. de Louis XIII, X 1ᵃ, 8647, fol. 196. — Coll. Lamoignon, t. X, fol. 652.

XVII

1624, juin.

Lettres patentes de Louis XIII par lesquelles il confirme purement et simplement les statuts des épiciers [2].

Arch. nat., Ordonn., 4ᵉ vol. de Louis XIII, X 1ᵃ, 8650, fol. 161. — Coll. Lamoignon, t. XI, fol. 104.

XVIII

1638, 28 novembre.

Lettres patentes de Louis XIII portant confirmation de nouveaux statuts en 29 articles pour le corps de l'épicerie et apothicairerie.

Arch. nat., Ordonn., 7ᵉ vol. de Louis XIII, X 1ᵃ, 8647, fol. 314. — Bannières, 12ᵉ vol., Y 16, fol. 78 vᵒ. Coll. Lamoignon, t. XI, fol. 964.

Louis, par la grace de Dieu, Roy de France et de Navarre, a tous presenz et avenir, salut. Nos chers et bien amez les maistres et gardes de la marchandise

[1] Registré en Parlement le 28 juin 1611. «La Cour ordonne que lesdites lettres et statuts seront registrés en icelle, pour jouir par les impetrans du contenu en icelles, au faubourg seulement, sans pouvoir traiter et medicamenter malades en ladite ville, qu'ils n'ayent esté apprentifs, subi l'examen, et fait chef-d'œuvre, et en outre à la charge d'estre subjets et les drogues et medicamens à la visitation des maistres de la ville.»

[2] Dans cette pièce il est fait mention de «lettres précédentes de confirmation du 30 may 1583, qui ne sont dans aucun dépost public» (Note de Lamoignon). Elles sont citées dans la pièce de 1638 qui suit.

d'epicerie, apoticaireric, droguerie et grosserie et de toutes marchandises d'œuvres de poids de nostre bonne ville de Paris, nous ont très humblement fait remonstrer que..... nosdits predecesseurs Roys, d'heureuse memoire, notamment
les Roys Charles VIII, en l'an 1484. Louis XII en l'an 1514, François Ier ès années 1516 et 1520, Charles IX en l'année 1571, Henry III en l'an cinq cens
quatre vingt trois, et le deffunt Roy Henry le Grand, nostre très honoré seigneur
et père, en l'an cinq cens quatre vingt quatorze[1], auroient par leurs lettres patentes fait et ordonné plusieurs statuts et ordonnances sur le fait de ladite marchandise..... Pourquoy nous, ces choses considerées, desirans favorablement
traiter lesdits supplians et pourvoir au bien, utilité et commodité du public, à
la conservation et entretenement de la vie et santé de nos sujets, à la police et
entretenement du trafic et commerce..... par ces presentes, disons, statuons
et ordonnons :

1. Premierement, que lesdits marchands appoticaires espiciers sont et demeureront à l'avenir, comme ilz ont esté par le passé, unis et incorporez en ung
seul et mesmes corps et communauté, et regis soubz mesmes loix, statuts et ordonnances, et par mesmes gardes, qui seront par eux esleuz, en la forme et maniere cy après declarée, sans qu'à l'advenir ilz se puissent separer pour quelque
cause et occasion que ce soit.

2. Pour le bien et utilité duquel corps et communauté, direction et administra-
tration des affaires d'icelle, entretenement et execution desdits status, demeurera
l'establissement des six gardes, trois desquelz seront marchandz espiciers et les
trois autres marchands appoticaires espiciers, qui auront tous egal et pareil pouvoir et seront esleus et choisis, par chacun an, deux, sçavoir : ung marchand
espicier et ung marchand appoticaire espicier, au lieu des deux anciens sortans, au
jour saint Nicolas d'hyver ou autres jours prochains suivans, en la maison et
bureau de leurdite communauté, pardevant nostredit lieutenant civil, et notre
procureur au Chatelet, en la forme et maniere accoustumée, suivant la transaction passée entre lesdits marchands appoticaires espiciers et marchands espiciers
homologuée par arrest de nostredite cour du XVIe may XVI^{e}xxxIII.

3. Lesquels gardes seront esleus et choisis gens de probité et experience,
non notez ne diffamez, et a l'election et nomination desquels, pour esviter doresnavant à toute confusion et desordre, et aux brigues et monopoles qui se pourroient fere, assisteront et seront seulement appellez et mandez tous ceux qui ont
esté cy devant en charge de garde, et avec eux quarente huit marchands espiciers
et vingt quatre marchands apoticaires espiciers qui seront nommez et eslus par
les gardes, sçavoir, des anciens qui n'ont esté gardes, des mediocres et des jeunes;

---

[1] La mention des statuts donnés par François II, novembre 1560, le plus important de tous
ces textes, a été omise. Les autres dates ne portent
que sur des confirmations simples et n'ajoutent
rien aux deux documents intéressants de 1484 et
1560, qu'on a vus ci-dessus.

lesquels seront tenus se trouver audit jour auquel ilz seront mandez, en ladite maison et bureau commung, pardevant notredit lieutenant civil, sur peyne de quatre livres parisis d'amende contre chacun des absens et defaillans, sinon en cas de maladie ou autre legitime empeschement. Et les soixante douze qui auront esté mandez à l'eslection ne pourront estre mandez en une autre eslection que la troisiesme année ensuivante. Et là, après le serment prealable de bien et fidelement, et en leur conscience proceder a ladite eslection et nomination feront eslection d'ung marchand espicier; et pour l'eslection du garde marchand appoticaire espicier, sera nommé par les appoticaires seulz. Lesquelz deux gardes après leurdite eslection seront tenus prester autre serment pardevant nostredit lieutenant civil de bien et fidelement faire et exercer ladite charge de gardes, proceder exactement et en leurs consciences aux visites, tant generales que particulieres, et de tenir la main a l'entretenement et execution desdits status et ordonnances.

4. Seront lesdits gardes tenus proceder aux visites generales, trois fois du moingz par chacun an, chez tous les marchandz espiciers et marchandz appoticaires espiciers, demeurans tant en nostredite ville que fauxbourgs et banlieue d'icelle, sans pour ce estre tenus demander aucune permission ny pareatis [1] des seigneurs hault justiciers desdits fauxbourgs et banlieue, ni de leurs officiers, en la manière accoustumée.

5. Procederont encores lesdits gardes aux visites generales et reformations des poids, balances et mesures, sur tous les marchands et mestiers de nostredite ville, fauxbourgs et banlieue, vendans et debitans leurs marchandises au poidz, comme leur ayant esté de tout temps et ancienneté commise la garde de l'estalon desdits poidz et mesures, et s'il s'y trouve aucune fraude, faulseté ou malversation, les saisies et rapportz en seront faitz par eux pardevant nostre prevost de Paris, en la maniere accoustumée.

6. L'un desquelz six gardes sera receveur des deniers commungs de ladite communauté; l'eslection duquel receveur sera faite alternativement d'ung marchand espicier ou d'ung appoticaire espicier successivement [2], et ce par ceux seu-

---

[1] Visa ou lettre de chancellerie autorisant un contrat dans un autre ressort.

[2] 1633, 19 novembre. — Arrêt du Parlement ordonnant (entre autres objets) «que le receveur des deniers commungs de ladite communauté sera alternativement nommé chacun an, de l'un à l'autre corps des espiciers et des appoticaires et que la première nomination qui sera faite par ladite communauté assemblée se fera de la personne d'un espicier premièrement, et l'année d'après de la personne d'un appoticquaire. et ainsy alternativement d'année en année. Que les aspirans à estre espicier seullement, s'adresseront aux deux gardes espi-

ciers et aux deux gardes appoticquaires espiciers, et les aspirans a l'appoticquairerie et espicerie aux quatre gardes appoticquaires et deux gardes espiciers, tous lesquels gardes seront presens lorsque les aspirans à l'appoticquairerie payeront pour leurs receptions les deniers accoustumés, sans neantmoings que lesdits gardes espiciers puissent assister aux chefs d'œuvre qui seront faits par lesdits aspirans pour le fait de l'appoticquairerie, mais seulement aux chefs d'œuvre qui seront faits pour le fait de l'espicerie, avecq tel nombre d'anciens qu'il est accoustumé» (Coll. Lamoignon, t. XI, fol. 566 et 574).

lement qui auront esté en charge de gardes de ladite marchandise et non par autres; lequel sortant de charge sera tenu de rendre compte sommairement et sans frais pardevant les gardes qui seront en charge, dans leurdite maison et bureau commung, et ce en la presence des anciens qui ont passé par les charges de gardes et mettra le fondz, sy aucun luy reste, ès mains du receveur qui luy succedera et sera esleu et nommé en sa place, qui s'en chargera, le tout suivant l'arrest du xvi⁰ may xvi⁰xxxiii. Et où ledit rendant compte se trouveroit creancier pour avoir plus desboursé que reçeu, il en sera remboursé par icelluy qui succedera en ladite charge de receveur.

7. Nul ne pourra estre reçeu marchand appoticaire espicier ny marchand espicier, s'il n'est originaire françois et n'est subject du Roy ou qu'il n'ayt obtenu de nous lettres de naturalité duement verifiées ou besoing sera.

8. Seront tenus ceux qui aspireront à la maistrise, faire leur apprentissage par le temps et espace de quatre ans entiers pour les appoticaires espiciers, et trois ans pour les marchands espiciers, et ce pendant demeurer en la maison et bouticque d'un maitre, y servant actuellement et exerçant laditte marchandise; lors de laquelle entrée sera passé brevet d'apprentissage pardevant notaires, qui sera duement controllé par lesdits gardes et immatriculé pour estre par ledit aspirant reçeu en son rang, et après lesdits quatre ans expirez pour lesdits appoticaires, et trois ans pour lesdits espiciers, ceux qui se voudront faire recevoir maistres seront tenus de rapporter leurdit brevet d'apprentissage, avec la quittance et le certifficat et attestation du maistre, chez lequel il aura faict sondit apprentissage, comme il l'aura bien et fidelement servy; outre lequel temps d'apprentissage, ceux qui aspireront à se faire recevoir maistres appoticaires seront tenus de servir les maistres dudit art pendant le temps et espace de six ans, soit en ceste ville de Paris ou ailleurs; et ceux qui se voudront faire recevoir marchands espiciers, trois années, et rapporteront certificat desdits services; et ne pourra chaque maistre avoir et tenir que ung seul apprentif, et n'en pourra prendre que ung an après que celluy qu'il avoit sera sorty. Ce fait, seront les aspirans diligemment examinez par lesdits gardes sur le fait de la marchandise et art, et choses en deppendantes, et feront le chef d'œuvre qui leur sera ordonné et prescript par lesdits gardes; et si par la confection d'icelluy ils se trouvent capables, ilz seront par eux admis en leur compagnie et communauté, en faisant toutes fois par l'aspirant le serment en tel cas requis et accoustumé, pardevant le substitut de nostre procureur general au Chatelet, de bien et fidelement proceder au fait dudit art et marchandise et confection, vente et debit des ouvrages en dependans, garder et observer les ordonnances de police et status d'icelluy.

9. Et pour le regard des aspirans appoticaires, auparavant qu'ils puissent estre obligez chez aucun maitre dudit art, il sera tenu l'amener et presenter audit bureau pardevant les gardes, pour cognoistre s'il a estudié en grammaire, et s'il

est capable d'apprendre ledit art; et après qu'il aura parfaict son temps d'apprentissage pendant les quatre ans cy dessus declarez, et servy les maistres six ans, et rapporté son brevet et certificat, il sera presenté auxdits gardes appoticaires par son conducteur pour luy estre donné jour pour subir l'examen, auquel assisteront tous les maistres, dont ilz seront advertis par l'ung des couratiers, avec les deux docteurs de la faculté, lecteurs en pharmacie; et sera interogé durant le temps et espace de trois heures par lesdicts gardes, et par neuf autres maistres qui seront nommez par lesdits gardes; et ceux qui auront esté nommez une fois pour ledit interrogatoire, ne pouront estre nommez de deux ans après, afin que tous puissent avoir successivement l'honneur dudit interrogatoire.

10. Après lequel premier examen, sy ledit aspirant est trouvé capable a la pluralité des voix, il luy sera donné jour par lesdits gardes pour subir le second examen appellé l'acte des herbes, qui sera fait en la presence des maistres et docteurs, comme le precedent [1].

11. Ce fait, s'il est trouvé capable, luy sera baillé chef d'œuvre par lesdits gardes qui sera de cinq compositions, comme il est accoustumé; lequel chef d'œuvre ayant esté pour luy dispensé, il fera la demonstration de touttes les drogues entrant en icelluy, auparavant que d'en faire la composition en presence desdits maistres et gardes; et s'il se trouve quelque drogue deffectueuse, ou mal choisie, elle sera changée avant qu'il puisse travailler à la confection de sondit chef d'œuvre. Lequel il dispensera et en fera les preparations et meslanges en la presence de tous les maistres, a chacun desquels sera laissé une carte imprimée dudit chef d'œuvre, pour cognoistre si toutes choses y seront bien observées.

12. Et pour le regard des enfans des marchands espiciers, ilz seront reçeus en subissant par eux l'examen seulement, sans estre tenus de faire aucun chef d'œuvre.

13. Et pour le regard des enfans des maistres appoticaires, seront seulement tenus de subir le premier examen en la presence de deux docteurs de la faculté de medecine, lecteurs en pharmacie, et de tous les maistres dudit art qui y voudront assister, et faire le chef d'œuvre qui leur sera ordonné par lesdits gardes, de deux compositions seulement, et faire le serment pardevant le lieutenant civil en la presence desdits docteurs et desdits gardes appoticaires espiciers. Duquel examen et chef d'œuvre seront lesdits maistres duement advertis par l'ung des-

---

[1] 1672, 7 septembre. — Arrêt du Parlement, entre la faculté de médecine et la communauté des épiciers apothicaires. « D'après le concordat passé le 15 octobre 1631, les doyen et professeurs en pharmacie seront avertis d'assister, si bon leur semble, à l'examen des aspirans et iceux interroger, mais sans prétendre aucuns droits. Ils feront toutes diligences pour faire apporter les drogues par les forains, au bureau de la Faculté, pour la vérification. Les visites seront faites de bonne foi, sans abuser du temps et, conformement a l'arrêt du 3 aoust 1536, auront lieu au moins deux fois l'an, à la my caresme et à la my aoust, et à defaut d'ordre par les professeurs, le lendemain de Quasimodo et de la Notre-Dame de septembre. . . » (Lamoignon, t. XV, fol. 1035.)

dits couratiers tenus d'y assister, et lorsqu'ils auront esté reçeus maistres, payeront comme tous les autres maistres chacun seize sols par an pour le droict de
confrairie.

14. Et quant aux femmes vefves desdits marchands espiciers et maistres appoticaires espiciers, elles pourront et leur sera loysible de mener et continuer le
trafficq dudit art et marchandise, et pour cest effect tenir bouticque ouverte en
nostre ville, ou aux faulxbourgs d'icelle, tout ainsy que souloient faire leurs maris
de leur vivant, et ce tant et si longuement qu'elles demeureront en viduité, sans
que pour raison de ce elles soient tenues de payer aucune chose a ladite confrerie, sinon lesdits seize sols par an et droictz de visite, a la charge toutesfois
qu'elles seront tenues pour la conduite de leurs bouticques, confection, vente et
debit de leurs marchandises, prendre et tenir en leursdites boutiques ung bon
serviteur expert et cognoissant au faict dudit art et marchandise qui sera examiné
et approuvé par lesdits gardes; et seront lesdites vefves, et lesdits serviteurs par
elles commis, tenus de faire et prester le serment de bien et fidelement proceder
et s'employer a la confection, vente et debit desdites marchandises, et de garder
nos presentes ordonnances; et ne pourront lesdites vefves recevoir et obliger aucuns apprentifs, ny ceder leur bouticque à aucun serviteur, sy elles ne sont actuellement demeurantes ès maisons et bouticques avec ledit serviteur, et que le negoce et traficq s'exerce en leur nom.

15. Et neantmoins au cas que le maistre d'aucun apprentif viendroit à deceder
pendant le temps de son apprentissage, il pourra achever sondit temps en la maison de la vefve dudit deffunt.

16. Ne pourront les marchands espiciers s'entremettre du fait d'appoticairerie
ny avoir et tenir serviteurs en leurs bouticques qui se meslent et entremettent
dudit fait et marchandise d'apoticairerie, confection, vente et debit des medecines, compositions, huiles, sirops particulièrement attribués audit art, par les
reglemens intervenus entre lesdits apoticaires, s'il n'est luy mesme reçeu maistre
appoticaire et fait son apprentissage chez un maistre, pendant le temps et espace
de quatre ans, fait le serment et gardé les solemnitez requises pour parvenir a la
maitrise dudit art de pharmacie, comme il est prescript cy dessus.

17. Et parceque dudit art et marchandise dependent les confections et compositions, vente et debit des syrops, huylles, conserves, miel, sucres, cires, baulmes,
emplastres, onguentz, parfums, poudres, pruneaux, figues, raisins, et autres
drogues et espiceries, la connoissance des simples et des metaux et mineraux, et
autres sortes de drogues qui entrent et s'applicquent au corps humain et servent a
l'entretenement et conservation de la santé de nos sujets, où il est requis une longue
experience; et le recouvrement desquelles drogues, espiceries et marchandises,
notamment de celles qui croissent aux provinces estrangères est difficile; et sont
bien souvent les marchands contraintz de faire de longs et perilleux voyages ès

pays et royaumes estrangers, ou ilz hazardent leurs vies et leurs biens, ce qui
merite quelque privilège special et particulier, et d'ailleurs qu'en ce qui concerne
la santé des hommes, l'on n'y peult estre trop circonspect, parce que bien souvent la premiere faulte n'est pas reparable, Nous, en suite des privilèges accordez
par nos predecesseurs Roys aux marchands epiciers et maistres apoticaires epiciers,
avons statué et ordonné, statuons et ordonnons par ces presentes, que doresnavant ne sera fait, creé ni reçeu aucun maistre de lettres desdits art et marchandise, pour quelque cause et occasion que ce soit, quoyque privilegié. Desro-
geans pour cest effet à toutes lettres qui pourroient estre de nous obtenues au
contraire dudit present article; et ausquelles, sy aucunes estoient de nous obtenues par surprise, importunité ou autrement, Nous deffendons a tous juges d'avoir
esgard.

18. Que touttes marchandises d'espiceries et drogueries entrans au corps humain, qui seront amenées à Paris, seront descendues en leur maison et bureau
sis au cloistre Sainte Oportune, pour estre là veues et visitées par les gardes de
l'espicerie et appoticairerie, auparavant que d'estre transportées ailleurs [1], en-
cor qu'elles appartiennent à marchandz bourgeois de ceste ville de Paris, et
qu'ilz les eussent acheptées ailleurs pour continuer le train de leurs marchandises, nonobstant toutes ordonnances à ce contraires que lesdits bourgeois de
Paris se voulussent pretendre marchandz merciers ou d'autres vacations, pour
esviter aux inconveniens qui peuvent advenir par faulte de ladite visitation; et ce
sur peyne de confiscation de ladite marchandise, laquelle auroit esté dessendue a
Paris ou autrement. Et lesdites marchandises descendues audit lieu, seront lesdits gardes appoticaires et espiciers tenus icelles visiter et en faire leur rapport
dedans vingt quatre heures, après qu'ils auront esté advertis de la descente; sur
peyne de tous despens, dommages et interests pour le sejour du marchand, et
de vingt livres parisis d'amende envers le Roy pour la premiere fois et de privation de l'estat pour la deuxiesme; et laditte visitation faite, lesdits marchands
pourront faire transporter leurs marchandises en leurs maisons et bouticques pour
en faire leur proffit. Et au regard des forains estrangers, l'exposeront en vente en
ladite maison a tel prix que bon leur semblera. Et pour ce faire auront trois jours
de marchez francs et consecutifs, lesquels passez seront tenus de la mettre au
rabais, a tel prix qu'il leur sera ordonné par le prevost de Paris ou son lieutenant
civil, sur le rapport qui luy en sera fait par lesdits gardes, lesquelz gardes seront

---

[1] Cet hôtel de l'épicerie, servant d'entrepôt,
permit aux épiciers d'avoir gain de cause contre
tous ceux qui cherchaient à éluder la visite des
marchandises à l'aide de dépôts clandestins. Voici
un des jugements les plus importants :

1721, 12 juillet. — Arrêt du Parlement en faveur du corps de l'épicerie contre le couvent des

Grands-Augustins, faisant à ce sujet défenses à
toutes communautés séculières ou régulières de
permettre de faire des magasins de marchandises
dans leurs maisons ou couvents. (Lamoignon,
t XXVII, fol. 283.) Plus loin, art. 22, les hôteliers sont tenus de prévenir les forains qui dépose-
raient chez eux des marchandises.

tenus d'avertir ledit prevost de Paris ou sondit lieutenant, dedans le prochain jour de marché, après lesdits trois jours de marché expirez, sur pareille peine que dessus.

19. Que nul ne se pourra entremettre de debiter en detail toutes sortes de marchandises d'espiceries et drogueries entrans au corps humain, s'il n'est maistre apoticaire et espicier, chacun selon son regard; mais seront tenus tous les marchands, tant de cette ville que forains, de vendre les pièces en balles, caisses, tonneaux, barilz, panniers entiers, en sacs et soubz cordes, sans les pouvoir debiter en detail, comme dit est.

20. Item, parcequ'il est très necessaire que ceux qui traictent la vie des hommes et servent à l'entretenement et conservation de leur santé, et qui ont le maniement confection et dispensation des medecines, drogues simples et composées, et espiceries qui entrent et s'applicquent au corps humain soient duement versés et experimentés audit art et marchandise, et qu'il seroit perilleux que d'autres s'en entremettent, Nous deffendons a toutes sortes de personnes, de quelque qualité et estat qu'ilz soient, de s'entremettre et entreprendre de composer vendre et distribuer soit publicquement ou autrement en ladite ville, fauxbourgs et banlieue, aucunes medecines, drogues, espiceries simples ou composées, conserves, confections, sirops, huylles d'ollives et autres, propres à manger et entrans au corps humain, et servans a la confection desdites medecines, poudres, figues, raisins, pruneaux, sucres, ouvrages de cire, marchandises d'œuvres de poids et autres, de l'art d'apoticairerie et pharmacie et de la marchandise d'épicerie, s'il n'a esté apprentif, fait chef d'œuvre et reçu maistre apoticaire espicier, et fait le serment et payé les droictz, comme il a esté declaré et specifié cy dessus. Le tout a peyne de confiscation desdites marchandises et de cinquante livres parisis d'amende aussy applicable, le tiers a nous, l'autre tiers aux affaires de ladite communauté et l'autre tiers aux pauvres d'icelle communauté.

21. Et pour obvier aux fraudes et monopoles qui se pourroient commettre par lesdits marchands forains ou autres de notredite ville et fauxbourgs, en la vente et debit desdites marchandises, nul, soit marchand espicier ou appoticaire espicier, ny autres marchands, de quelque qualitez ou condition qu'ils soient, ne pourront faire acte de couratier et commissionnaire, ny vendre et distribuer aucunes desdites marchandises d'espicerie, droguerie et grosserie, pour etrangers ou autres personnes que pour eux et a leur proffit, soit par secrette commission ou autrement, sur les mesmes peynes que dessus.

22. Deffendons a tous hostelliers de nostreditte ville et faubourgs d'exposer ni souffrir estre exposé en vente aucunes marchandises, pour eux ou pour les marchands forains et estrangers, a peyne de confiscation et d'amende et de s'en prendre à eux. Lesquels hostelliers seront tenus advertir lesdits marchands forains et estrangers logeans en leurs maisons, qu'ils n'y en peuvent vendre et qu'ils sont

tenus faire mener leurs marchandises au bureau desdits maitres et gardes, siz au cloistre Sainte Oportune.

23. Comme aussi nous faisons deffenses a tous marchans d'achepter lesdites marchandises hors dudit bureau et maison commune, soubz pareille amende de dix livres parisis.

24. Et pour ce qu'ils sont contraintz bien souvent de faire de longs voyages ès royaumes estrangers pour le recouvrement et achapt des marchandises dudit art. où ils hazardent leurs personnes et leurs biens et, ny trouvant pas ce qu'ils cherchent, ils sont contraints pour sauver partie de leurs frais d'achepter et prendre, en trocqs et echange, d'autres marchandises dudit art, pourront lesdits marchands espiciers et appoticaires espiciers faire venir librement a leurs risques, perils et fortune, tant par mer que par terre, desdits pays, provinces et royaumes estrangers et de notre obeissance, toutes sortes de drogues [1], espiceries, grosse-

---

[1] Les marchandises d'épicerie étaient comme aujourd'hui extrêmement variées. Des extraits de quelques arrêts survenus avec les communautés rivales. les vinaigriers, charcutiers, grainiers, montreront la grande extension du commerce de l'épicerie droguerie :

1699, 12 mars. Arrêt du Parlement. "L'arrêt du 5 decembre 1648 sera commun au profit des epiciers et apoticaires epiciers, en ce qui concerne la vente des vinaigres à la petite mesure; et par arrêt du 27 aout 1675 ne pourront vendre à mesure plus grande que d'un demy septier, chopine, trois demy septiers et jusqu'à la pinte, a chaque fois seulement; lequel vinaigre ils seront tenus d'acheter desdits vinaigriers de Paris, sans en avoir chez eux à la fois plus de trente pintes. Leur fait deffenses d'en acheter des marchands forains, en faire venir d'ailleurs ny en vendre en gros, comme aussy de vendre et debiter aucun verjus. Ne pourront lesdits jurés vinaigriers aller en visite chez lesdits marchands épiciers apoticaires, sans prendre permission du lieutenant general de police." (Lamoignon, t. XX, fol. 390.)

1726, 4 février. — Arrêt du Parlement. "Ordonne que l'arrest du 14 juin 1701 sera executé selon sa forme et sa teneur; en consequence ne pourront les espiciers et apotiquaires espiciers acheter leurs marchandises de grains ailleurs qu'au dela de vingt lieues de cette ville de Paris, ni en avoir des magasins ailleurs que dans les maisons où ils demeurent actuellement; seront tenus lesdits epiciers et apoticaires epiciers, grainiers et grainières de fournir le carreau de la halle desdites

marchandises et d'y vendre aux bourgeois seullement, tant à grande qu'à petite mesure. . . . . les lettres de voitures des marchandises seront inscrites sur un registre deposé à cet effet au bureau de l'epicerie. . . . . pourront lesdits epiciers qui auront des terres en deça de vingt lieues, qu'ils auront ensemencées en pois, feves, lentilles et autres legumes seches, les faire venir en cette ville de Paris. et leur permet de les vendre dans leurs boutiques et magasins en justifiant des certificats des curez des lieux, legalisez par les juges desdits lieux où lesdites terres sont situées." (Ibid., t. XXVIII, fol. 562.)

1746. 7 mai. — Autre arrêt sur le même point, confirmatif de celui-ci. (Ibid., t. XXXVII, fol. 531.)

1727, 16 avril. — Ordonnance de police qui fait défense aux épiciers en détail de donner à boire de l'eau-de-vie et autres liqueurs et même de recevoir en assemblée sans consommation, dans leurs boutiques, les dimanches et fêtes aux heures de l'office divin. (Ibid., t. XXIX, fol. 16.)

1743, 9 mai. — Arrêt du Parlement sur le commerce des jambons. "Maintient et garde les marchands espiciers et apoticaires espiciers dans le droit et possession de vendre en gros des jambons de Bayonne, Mayence, Bordeaux et d'autres villes ès environs, ensemble des lards salés, des cuisses d'oyes et petits lards tirés desdites villes, sans néanmoins que sous aucun prétexte ils puissent vendre les lards salés, petits lards et cuisses d'oyes, autrement qu'en tonne ou en barrique, condamne les chaircuitiers et les officiers inspecteurs, langueyeurs de porcs, opposans. . . ." (Ibid., t. XXXV, fol. 193.)

ries et autres marchandises, en payant toutesfois nos droictz d'entrée ordinaires et accoutumez, et icelles vendre et debiter, tant en gros qu'en destail, en leurs maisons et bouticques.

25. Ne pourront lesdits marchands espiciers ou appoticaires espiciers, employer en la confection de leurs medecines, drogues, confitures, conserves, huilles et sirops aucunes drogues sophistiquées, eventées ou corrompues, ny mesler ou employer en leurs ouvrages de cire, aucune vieille cire avec la neufve, ni aux ouvrages de sucre, de vieux sirops; ains seront lesdits ouvrages pareils dessus que dessoubz, a peyne de confiscation desdites drogues, marchandises et ouvrages, mesme estre icelles bruslées devant le logis de ceux qui s'en trouveront saisis, de cinquante livres d'amende et de punition exemplaire s'il y eschet.

26. Item toutes pailles, poudres, criblures ou grabeaux [1], tant desdites drogues qu'espiceries sont condamnés et deffendus sur les memes peynes que dessus. Et ne pourront lesdits espiciers ou appoticaires espiciers vendre ny avoir en leurs bouticques aucunes cires grasses gommées, mixtionnées ou sophistiquées, sur les mesmes peynes que dessus.

27. Et pour obvier aux fraudes et abus qui se sont commis cy devant aux ouvrages et manefactures de cire, nous ordonnons que tous lesdits ouvrages seront de pure cire, non meslée ny sophistiquée d'aucune cire grasse ou raisine, qu'auxdits ouvrages y sera mis et apposé la marque, tant du poids d'iceux que la marque particulière de celuy qui les aura faits et manufacturez, que les torches seront de longueur competante, sçavoir : celles de deux livres auront cinq piedz de longueur, celles d'une livre et demye quatre piedz et demy, celles d'une livre quatre piedz, celles de douze onces trois piedz et demy, et celles de demy livre trois piedz. Et seront lesdites torches bien et duement couvertes; et se peseront tous lesdits ouvrages de cire à seize onces pour livre, le tout sur les mesmes peynes de confiscation, de cinquante livres d'amende et de punition exemplaire, s'il y eschet.

28. Que s'il survient quelques affaires importantes a la communauté, pourront lesdits gardes faire assembler audit bureau tous les anciens qui auront passé par les charges, en presence desquels ils proposeront l'affaire; et ce qui sera conclud et resolu, à la pluralité des voix des anciens gardes, sera suivy et observé par toute la compagnie, et de tel effect, comme si tous les marchands espiciers et maistres appoticaires y avoient esté appellez; et seront lesdits anciens tenus de se trouver audit bureau, au mandement desdits gardes, a peyne de quatre livres parisis d'amende contre le defaillans, s'il n'y a excuse legitime; et sera la resolution et deliberation inserée et transcripte au livre desdittes deliberations [2].

---

[1] *Grabeaux*, morceaux brisés et détritus de drogues et épiceries. (Trévoux.)

[2] La pièce qui suit indique les modifications appliquées dans la communauté : 1667, 15 décembre. — Arrêt du Parlement sur les réductions des frais de maitrise et autres. «Ordonne

29. Lesquels maistres et gardes seront tenus de delivrer certificat, au vray de la valeur des cires, tant du passé que de l'advenir, conformement aux ventes qui en auront esté faittes en leur bureau et maison commune, toutesfois et quantes qu'ils en seront requis par les principaux officiers de la chancellerie de France et sans frais.

Si donnons en mandement[1] . . . Donné à Saint Germain en Laye, le xxviiie jour de novembre, l'an de grace xvie xxxviii et de nostre regne le vingtiesme.

XIX

1691, 24 octobre.

Déclaration du Roi portant désunion du corps des apothicaires d'avec celui des épiciers.

Coll. Lamoignon, t. XVIII, fol. 449 et 459.

Louis, par la grace de Dieu, Roy de France et de Navarre, a tous ceux qui ces presentes lettres verront, salut[2] . . . . . Voulons que la communauté des

que dans huitaine les apothicaires et espiciers seront assemblez pour pourvoir au surplus du paiement des dettes de la communauté et outre qu'a l'avenir il ne sera fait aucune depense de bouche par lesdits receveurs et gardes, au compte de ladite communauté, sous quelque pretexte et occasion que ce soit, soit de visittes, questes de confrairies, election de gardes, festes de saint Nicolas, reddition de comptes ou autrement, mais seulement sera donné à l'huissier et aux couratiers qui assisteront aux visittes huit livres et deux sols. Ne sera pareillement fait aucune depence en cire, bougie, confitures ny autrement, tant pour la reddition des comptes que l'élection des gardes; comme pareillement ne seront faits à l'avenir aucuns presens de caresme, ny de cierges ou torches, sucres, confitures, huilles, raisins ou autres quelconques; ordonne que les messes qui se disent par chacun dimanche pour ladite communauté seront payées à raison de trente sols chacune et les services des deux festes saint Nicolas, à raison de soixante quinze livres chacune, y compris le service des Morts du lendemain, compris le luminaire, mais non ce qui sera baillé volontairement à l'offrande par les gardes ou autres maistres assistants. Ordonne que ceux qui seront reçus maistres et gardes

demeureront dechargez de faire aucuns festins et de toutes autres depenses generalement quelconques, a l'exception de la somme de mille livres par les nouveaux gardes, huit cent livres pour les aspirants apothicaires et quatre cent pour les epiciers, outre les frais de chef-d'œuvre qui ne pourront excedder cinquante livres, et de faire recette entière au profit de la communauté, sous peine de concussion et 500 livres d'amende. » (Coll. Lamoignon, t. XV, fol. 218.)

[1] Ces statuts furent enregistrés au Parlement le 9 décembre et au Châtelet, 12e vol. des Bannières, le 14 décembre 1638.

[2] La pièce contient un long exposé (fol. 449 à 459) de l'union à leur communauté des six offices de gardes jurés, moyennant un capital de cent vingt mille livres, par édit du mois de mars 1691. Des difficultés étant surgies entre les épiciers et les apothicaires au sujet de la répartition entre eux de la susdite somme, les épiciers offrirent au Roi de prendre à leur charge la somme tout entière, à la condition que les apothicaires ne feraient plus partie de leur communauté. A la suite de cette proposition fut rendu l'acte de désunion, rapporté six mois après pour des causes que l'on verra exposées dans le texte.

maistres apoticaires unie au corps des marchands espiciers en soit desunie et separée dès a present et pour toujours, nonobstant l'article premier de leurs statuts
et les lettres confirmatives d'iceux, du 28 novembre 1638, et tous autres actes
auxquels nous avons derogé et derogeons à cet egard par ces presentes... Voulons que lesdits marchands espiciers et les apoticaires exercent leur profession chacun separement et en particulier, conformement aux statuts arrets et reglemens
rendus entre eux... Maintenons les maistres et gardes epiciers en tous leurs
privilèges, franchises et libertés, et en la possession en laquelle ils sont de faire
la visite chez leurs confrères, marchands epiciers, pour la qualité des marchandises et pour les poids, fleaux et balances, comme etant seuls conservateurs de
l'etalon royal des poids; comme anssy de faire en ladite qualité la visite des poids,
fleaux, balances. ainsi qu'ils ont accoutumé, sur tous ceux qui vendent des marchandises de poids..... Donné à Versailles le 24 octobre mil six cens quatre
vingt onze et de nostre regne le 49ᵉ.

<hr>

XX

1692, 26 avril.

*Déclaration du Roi rapportant celle du 24 octobre 1691
et réunissant de nouveau les communautés des épiciers et apothicaires.*

Arch. nat., Ordonn., 3ᵉ vol. de Louis XIV, X 1ᵉ 8686, fol. 301. — Coll. Lamoignon, t. XVIII, fol. 766.

Louis, par la grace de Dieu, Roy de France et de Navarre, à tous ceux qui ces
presentes lettres verront, salut. Nous estant fait representer notre declaration du
24 octobre dernier, donnée en execution de notre edit du mois de mars precedent et registrée en notre cour de Parlement le 20 novembre suivant, par laquelle nous avons, entre autres choses, uni au seul corps et communauté des marchands espiciers les six offices de maistres et gardes apotiquaires et espiciers creés
par notre edit, pour estre exercés par les trois gardes epiciers en charge, et par
trois autres marchands epiciers non apoticaires qui seront nommés par les marchands epiciers seuls, en payant par les marchands espiciers seuls, ès mains du
receveur de nos revenus casuels, la somme de cent vingt mille livres; ce faisant
ordonné que le corps et communauté des maistres apoticaires et celuy des epiciers seroient desunis et separés pour toujours; que les marchands epiciers et apoticaires exerceroient leurs professions separement et en particulier, et qu'à l'avenir aucuns apoticaires antres que ceux qui sont presentement reçus epiciers, ne
pourroient faire la marchandise d'epicerie s'ils n'etoient reçus marchands epiciers;
et permis auxdits maistres et gardes de l'epicerie en charge d'emprunter au nom

dudit corps, à constitution de rente, ladite somme de cent vingt mille livres; et pour le paiement des arrerages desdites rentes, mesme en acquitter les capitaux, permis de lever sur eux certains droits de visite et autres y declarés. Nous aurions considéré sur les difficultés qui se sont rencontrées à l'execution de ladite declaration; et après les offres faites et consentement donné, tant par les marchands apoticaires-epiciers que par les marchands epiciers, qu'ayant eté unis et ne faisant qu'un mesme corps depuis plusieurs siècles, et qu'ayant esté erigés par les mesmes lois, ordonnances et statuts, et par six gardes, dont trois etoient apoticaires et trois espiciers; ayant traité toutes les affaires en commun jusques a present; ayant des effets dont la propriété est et appartient aussy en commun, des dettes et des charges communes qui se montent à des sommes très considerables, capables de ruiner les uns et les autres, s'ils s'engageoient dans les discussions qui seroient necessaires pour faire la liquidation et separation de ce que chacun d'eux devoit avoir desdits effets, ou porter desdites dettes et charges du passé, il leur etoit beaucoup plus avantageux d'entretenir l'union entre eux et de conserver ce corps de marchandise dans son premier etat que d'en souffrir la desunion, et voulant de plus en plus donner à tous des marques de nostre protection . . . . . Unissons de nouveau lesdits marchands epiciers avec lesdits marchands apoticairesepiciers, pour ne faire à l'avenir comme par le passé qu'un seul et mesme corps de marchands, conformement à l'article Ier de leurs statuts et lettres patentes qui les ont confirmés, du 28 novembre 1638; nonobstant notre dite declaration du 24 octobre dernier que nous avons revoqué et annullé, revoquons et annullons par ces presentes. Ce faisant, avons uni et incorporé, unissons et incorporons par cesdites presentes au corps desdits marchands epiciers et marchands apoticairesepiciers les six offices de maitres et gardes de l'epicerie et apoticairerie, creés par notre dit edit du mois de mars 1691, en payant par lesdits marchands, suivant leurs offres, ès mains du receveur de nos revenus casuels, la somme de cent vingt mille livres, sçavoir : celle de quatre vingt mille livres par lesdits marchands epiciers seuls, pour trois desdites charges de gardes, et quarante mille livres pour lesdits marchands apoticaires seuls, pour trois desdites charges de gardes, suivant que le prix desdites charges a eté fixé de leur consentement; et de payer dans un mois la somme de quarante mille livres par lesdits espiciers et vingt mille livres par lesdits apoticaires-epiciers, outre celle de soixante mille livres dejà payée par les epiciers et apoticaires . . . . . Pour le payement de celle de quarante mille livres d'autre part, à l'egard des apoticaires-epiciers, les trois autres offices de maitres et gardes de l'apoticairerie ainsi creés par notre dit edit, les droits et emoluments y attribués et autres cy-après declarés seront et demeureront chacun en droit soy affectés et hypotequés par privilège special, et à cet effet sera fait mention de ceux qui auront presté lesdittes sommes de quatre vingt mille livres aux maistres et gardes des marchands epiciers et quarante mille livres aux maitres et gardes des marchands apoticaires-epiciers, dans les quittances de finance qui en seront delivrées par le receveur de nos revenus casuels, sçavoir : une de quatre vingt mille livres, au nom des maistres et gardes des corps et communauté des marchands epiciers, et une autre de quarante mille livres au nom des maitres et gardes des corps et communauté des maitres et marchands apoticaires epiciers. Et pour le payement des arrerages et en mesme temps pour l'acquittement du principal desdites rentes, ordonnons qu'à l'avenir chaque maitre apoticaire, marchand epicier ou veuve tenant boutique ou magazin, payera pour les droits de visite par chacun an, sçavoir : l'apoticaire la somme de trente livres et l'epicier la somme de quinze livres, et sera pris trente sols sur la somme de trente livres et vingt sols sur celle de quinze livres, qui demeureront aux gardes pour leurs frais de visites. Que pour la reception d'un aspirant apoticaire, trouvé capable d'estre reçu à la maitrise, il sera payé, outre huit cents livres qui se payoient ci devant à la bourse commune, et qui sont destinés au payement des anciennes rentes et autres charges du corps, la somme de deux cents livres qui sera deduite sur les autres depenses que les aspirants ont accoutumé de faire à leur reception et sans que pour raison de ce elles puissent estre augmentées. Et pour la reception d'un aspirant espicier ayant les qualités requises, il sera payé la somme de cent livres, outre les droits ordinaires et la somme de quatre cents livres qu'ils payent à la bourse destinée au payement des anciennes rentes et autres charges du corps. Pour la reception d'un fils de maitre apoticaire, la somme de huit cents livres, dont cinq cents livres continueront d'estre payées à la bourse commune, et les autres trois cents livres employées en payement des nouvelles rentes. Et pour celle d'un fils de marchand epicier, deux cent cinquante livres, dont cinquante livres seront employées au payement des nouvelles rentes. Et pour l'immatricule d'un brevet d'apprentissage, soit epicier ou apoticaire, sera payé trente livres au lieu de vingt cinq livres qui se payoient aussi cy devant; permettons auxdits gardes epiciers et apoticaires-epiciers de recevoir par chacun an, quatre marchands epiciers non apprentifs, pourvu qu'ils ayent les qualités requises, en payant pour ladite reception, outre les droits ordinaires, la somme de huit cens livres; abrogeant l'usage cy devant observé, de donner à chacun des gardes epiciers et apoticaires en charge, deux lettres de maitrise pour en disposer au profit de qui bon leur semblera. Leur faisons deffense de recevoir à l'avenir aucuns maistres sur lesdites lettres, à peine de concussion et restitution du quadruple. Permettons aussy aux maistres apoticaires de Paris d'agreer dans leur communauté ceux des apoticaires privilegiés qui se presenteront pour y estre admis, en faisant seulement pour toute experience un chef-d'œuvre tel qu'ils ont accoutumé de le donner aux fils de maitres dans leur reception, et les deniers qui proviendront de chaque aggregation seront pareillement employés au payement et acquit des nouvelles rentes. . . . . . Après quoy les maistres et gardes

I. 68

apoticaires et marchands epiciers demeureront dechargés du payement de la somme de trente livres et les marchands epiciers du payement de celle de quinze livres, et payeront seulement quarante sols par an pour tous droits de visite et de confrairie; et ne sera plus reçu de maitre sans qualité, ny pris aucune augmentation de droits sur les receptions qui demeureront reduits sur le mesme pied que par le passé..... Donné à Versailles le 26 avril, l'an de grace mil six cens quatre vingt douze.

———

XXI

1745, 9 décembre.

*Lettres patentes de Louis XV portant réunion au corps des épiciers et apothicaires
des offices d'inspecteurs des gardes.*

Coll. Lamoignon, t. XXXVII, fol. 325.

Louis, par la grace de Dieu, Roy de France et de Navarre...... Nous avons agréé et recevons les offres faites par les marchands epiciers et apothicaires, l'un des six corps des marchands..... de payer ès mains du trésorier de nos revenus casuels la somme de cent quarante mille livres, pour la réunion des offices d'inspecteurs et controleurs des maitres et gardes créés dans ledit corps par notre édit du mois de février dernier. En conséquence, avons ordonné et ordonnons qu'en payant par les exposants la somme de 93,333^l 6^s 8^d restante de celle susditte de cent quarante mille livres, dans le courant du mois de décembre prochain, lesdits offices d'inspecteurs et controlleurs seront et demeureront réunis au corps des exposants, pour en être les fonctions exercées par les maitres et gardes en charge, et que du consentement dudit corps les gages et droits de visites attribués auxdits offices seront et demeureront supprimés, même les gages rayés des états des finances de notre généralité de Paris. Avons permis et permettons audit corps d'emprunter la somme de 140,000^l à constitution de rente au denier vingt, de passer à cet effet tous contrats de constitution nécessaires, même de reconstituer, lorsque le cas y échoira, de stipuler dans lesdits contrats que lesdites rentes seront exemptes de la retenue du dixième et y faire toutes déclarations et stipulations nécessaires; et pour faciliter aux exposants le payement de ladite somme et leur procurer les moyens d'acquitter les arrerages des rentes qu'ils auront constituées pour raison dudit emprunt, nous avons permis et permettons aux exposants de percevoir, à compter du premier janvier 1746, les mêmes droits qu'ils percevoient avant le 1er janvier 1735 pour l'embarquement et le débarquement des marchandises au port Saint Nicolas du Louvre, et au port des deux cotés de la rivière de Seyne, depuis le pont Neuf, jusques et y compris le port de la Conférence, conformément au tarif arrêté par notre prevost des Marchands de notre ville de Paris, le 26 janvier 1703, dont copie collationnée est demeurée annexée à la minute de l'arrest cy attaché sous notredit contrescel. Ordonnons, en outre, qu'il sera payé au profit des exposants un droit de visite de 5 sols par chaque jambon et de 10 sols par cent pesant des marchandises d'épicerie et droguerie que les marchands forains amènent à Paris, et qu'ils sont tenus d'apporter dans le bureau des exposants et de les y vendre, et non ailleurs, dans les temps portés par les statuts et règlements, lesquels droits cy dessus spécifiés seront spécialement affectés et hypothéqués pour sureté du payement des arrérages des rentes provenantes de l'emprunt desdites 140 000¹, même seront employés au remboursement de portion des principaux à mesure qu'il y aura des fonds. . . Donné à Versailles le 9ᵉ jour du mois de décembre, l'an de grâce 1745.

TITRE XVII.

CHANDELIERS-HUILIERS.

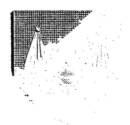

De sable, à une boîte couverte, d'or,
accostée de deux paquets de chandelles, d'argent [1].

Les chandeliers et les huiliers ont formé deux communautés distinctes jusqu'à la fin du xviie siècle. Lors de l'édit de création des jurés en titre d'office, ils fusionnent ensemble et font en leurs deux noms l'offre d'une somme de 30,000 livres au trésor pour obtenir l'union de ces offices à leur communauté [2]. Contrairement à beaucoup d'autres qui se montrent, même dans leurs actes, turbulents et chicaniers, ces deux métiers semblent depuis cette époque s'être toujours maintenus en bonne intelligence. Leur entente d'ailleurs remontait à une date très ancienne; les textes de leurs règlements depuis et y compris Étienne Boileau ont été dressés simultanément, et bien qu'il y eût une différence sensible dans la nature de leur travail, ils ont dû s'inspirer les uns des autres et vivre en bonne intelligence pour présenter leurs statuts et en venir finalement à s'unir en une seule communauté [3]. Cette réunion nous a déterminé à les mettre tous les deux sous un même titre.

Les chandeliers, devenus dès le principe une spécialité d'épiciers, ne mentionnent dans leurs statuts du *Livre des métiers* que la fabrication et la vente des chandelles. Le renouvellement de ces statuts fut fait, sur leur requête, par le prévôt de Paris, Jean de Folleville, en 1392; ils s'élèvent contre l'usage répandu parmi eux d'envoyer les apprentis en courses dans la ville plutôt que de les faire travailler au métier; les enfants jouent aux dés et pour regagner leurs pertes ils vendent de la chandelle fausse et livrent de faux poids.

Auparavant, deux actes sur la visite des suifs, en 1357 et 1372, avaient rappelé l'exécution

[1] D'Hozier, *Armorial*, texte, t. XXV, fol. 539; blasons, t. XXIII, fol. 670.

[2] Dans l'acte du 22 mai 1691, la fusion des deux communautés semble être un fait accompli; aucun de nos documents n'établit définitivement cette situation. Les armoiries portant une boîte ou veilleuse accostée de chandelles, les noms des deux

métiers inscrits sur le jeton de 1750 et divers arrêts où ils paraissent ensemble, prouvent que cette réunion fut durable.

[3] Dans le *Livre des métiers*, titres LXIII et LXIV; en 1392 et 1396, nouveaux statuts; en 1464, nouveaux statuts. Après cette date les huiliers n'ont plus de textes de règlements.

des règlements. Le roi Jean renouvela ces mêmes prescriptions sur les suifs [1] aux bouchers et aux chandeliers; il interdisait à ceux-ci de mêler les divers résidus de graisses avec les suifs et commandait de vendre les chandelles au plus juste prix, en calculant la valeur du suif, de la mèche et de la façon; il réclamait en même temps de la part des quatre jurés chandeliers, visiteurs de suifs, la plus stricte surveillance des deux métiers, pour assurer la bonne exécution du travail. Ces visiteurs reparaissent au xviiᵉ siècle avec la qualité d'officiers.

En 1428 nous trouvons des statuts de chandeliers de cire, fabriquant des cierges d'église; ils prescrivent la qualité, le poids et le prix des cierges. Le dernier article indique un ou plusieurs jurés pour surveiller le métier. C'est peut-être le seul texte particulier à ces ouvriers qui n'ont pas dû former une communauté, leur travail faisant partie du commerce des épiciers.

Le prévôt Jacques de Villiers reprit en 1464 les anciens statuts modifiés en 13 articles. Les maîtres devront contribuer efficacement aux affaires du métier et de la confrérie, citée à cet endroit pour la première fois [2]. On prescrit le suif de bœuf et de mouton, bien blanc, sans aucun mélange d'autres graisses, avec bonnes mèches de coton et d'étoupe. Le suif noir ne pouvait être employé que sur commande, dans les maisons particulières des bourgeois où les chandeliers allaient souvent travailler.

Dans sa confirmation de 1564, Charles IX rappelle qu'il faut six ans d'apprentissage et un chef-d'œuvre, mais sans banquets ni autres frais sauf les droits dus aux jurés. Henri IV en 1599 ne donne pas de statuts; les pièces qui ont rapport aux chandeliers sont des arrêts ou des ordonnances relatives aux taxes d'entrée et de poids, à la qualité des suifs, à leur réglementation vis-à-vis des bouchers, épiciers, regrattiers, qui s'y trouvaient tous intéressés. Une ordonnance de 1639 assez curieuse réduit le prix de la chandelle par suite de la baisse des suifs.

Les huiliers, métier peu nombreux, ont reçu des statuts d'Étienne Boileau, rédigés à nouveau en 1396 par Jean de Folleville; le commerce des graines et la bonne exécution des ouvrages y sont l'objet de recommandations spéciales. En 1431 une sentence rappelle que les huiliers doivent rendre les tourteaux et les pains avec les huiles; il était d'usage, comme encore aujourd'hui dans les campagnes, de porter sa graine à la meule et de retirer la marchandise aussitôt le travail terminé. Un autre texte en 9 articles fut rendu en octobre 1464 par Louis XI et Jacques de Villiers. On y cite les huiles de noix, chenevis, navette, pavot, pignon, etc. Il y avait trois jurés et des mesureurs pour vérifier les barils apportés par les forains. La communauté des huiliers n'a plus d'autre document jusqu'aux acquisitions d'offices qu'elle fait alors de pair avec les chandeliers en 1691. Les droits ordinaires furent élevés à cette occasion, la jurande à 100 livres, la maîtrise à 300, celle des fils de maîtres à 50, le brevet à 10 livres et les visites annuelles à 5 livres.

Quelque temps après, un édit de 1693 créa douze offices de contrôleurs de suifs, sous prétexte de mieux organiser la surveillance, mais en réalité pour procurer des ressources au Trésor; il ne semble pas que les chandeliers aient fait l'acquisition de ces offices. Les suifs ont d'ailleurs été de tout temps l'objet d'une foule de mesures fiscales entièrement distinctes de l'administration intérieure de la communauté des chandeliers.

Le 26 juin 1745, la communauté dut encore verser au Trésor une somme de 35,000 livres pour l'union de quatre offices d'inspecteurs des jurés, aux gages annuels de 1,750 livres; elle

---

[1] Ordonnance de 1351, titre X. Les fonctions des visiteurs de suifs, comme la plupart de celles établies en titre d'office à la fin du xviiᵉ siècle, existent de fait dans l'Ordonnance du roi Jean et sont exercées par les jurés. — [2] Beaucoup de confréries furent ainsi organisées longtemps après la constitution définitive des communautés.

augmenta ses charges[1] pour assurer le remboursement de cette somme. Les divers arrêts qui concernent les deux communautés mentionnent les chandeliers ou les huiliers, selon qu'il s'agissait du commerce des uns ou des autres; aucun acte ne laisse transpirer de difficultés intérieures entre eux; toutes les contestations se présentaient avec les bouchers, vinaigriers et épiciers qui vendaient aussi des huiles et des chandelles. Les huiliers avaient dans leur métier deux gardes de l'étalon royal et des mesures de cuivre pour les huiles[2]; en cette qualité, ils avaient l'inspection sur tous les métiers qui en faisaient le commerce.

Collections de la Ville et de la Monnaie.

I

1308, mars.

*Expédition, par le prévôt de Paris, des statuts donnés au métier des chandeliers
par Étienne Boileau.*

Bibl. Sainte-Geneviève, ms. H. F. 23, fol. 14.

1. Quiconques veut estre chandeliers de suif a Paris[3]. . . . .
18. Et touz ces establissemens ont ordenez le conmun dudit mestier et pour

[1] 1745, 26 juin. — Arrêt du conseil portant union aux chandeliers des quatre offices d'inspecteurs des jurés, moyennant la somme de trente-cinq mille livres. (Lamoignon, t. XXXVI, fol. 629.)

1745, 2 novembre. — Autre arrêt sur le même sujet.

1746, 19 février. — Lettres de Louis XIV, confirmant les deux arrêts et affectant au paiement des arrérages et du capital une augmentation de droits: vingt sols par chaque maître obligé d'aller à la halle le samedi; 586 livres pour prix de maîtrise des apprentis par chef-d'œuvre; 3 deniers par mesure de suif vendue, sur déclaration au bureau de la vieille place aux Veaux, les jours de vente, le jeudi de chaque semaine. (*Ibid.*, t. XXXVII, p. 379.)

[2] Cette fonction paraît pour la première fois en 1396, art. 15; ci-dessous pièce VI. C'est le texte le plus important après celui d'Étienne Boileau. Le *Guide des marchands*, de 1766 (chandeliers, huiliers, moutardiers, p. 192), cite une série de dates depuis 1061 jusqu'à 1674, pour leurs confirmations de privilèges. Ces dates ne correspondent à rien et sont entièrement controuvées. Bien que le *Guide des marchands* ne présente pas de valeur historique, ses renseignements sont assez exacts et il est à croire que pour les chandeliers il y aura en quelque confusion inexplicable.

[3] Voyez pour les articles I à XVIII la suite des statuts dans le *Livre des métiers*, titre LXIV, p. 132.

le proufit de la ville de Paris et de ailleur. En tesmoing de ce nous avons mis en ces lettres le seel de la prevosté de Paris [1], l'an de grace mil ccc et huit le mecredi après miquaresme, ou mois de mars.

II

1357, 20 septembre.

Lettres de Guillaume Staize, prévôt de Paris,
sur la qualité des suifs et les visiteurs chargés de les vérifier.

Arch. nal., Livre rouge Y 3, fol. 100 v°. — Ms. du Châtelet, KK 1336, fol. 108.

A tous ceuls qui ces lettres verront, Guillaume Staize, garde de la prevosté de Paris, salut. Comme il soit venu a nostre congnoissance que, sur le fait des suifs qui sont fais et qui de jour en jour viennent et sont venduz, en la banlieue de Paris, n'a aucune ordonnance, par quoy l'en y fait et commet moult de faussetez et mauvaisetiez ou prejudice du Roy nostre sire et du prouffit commun, dont nous sommes souffisaument enformez, sachent tuit que nous, voulans obvier aux inconveniens qui pour ladicte cause adviennent et peuent advenir de jour en jour, pour le bien publique et pour le prouffit du Roy nostre sire, et par bonne deliberacion eue aveques le procureur du Roy, nostre sire, et plusieurs autres saiges, et appellez plusieurs bouchiers et chandeliers de la ville de Paris, avons ordonné et fait crier et publier solennelement, en la grant boucherie de Paris, ès boucheries de Saint Marcel, Sainte Geneviefve, Saint Germain des Prez, du Temple, de Saint Martin des Champs, et en plusieurs carrefours de ladite ville de Paris; et encores, ordonnons par ces presentes et defendons de par le Roy nostre sire, a tous bouchiers et autres marchans de suif, tant de la ville de Paris comme de hors que ilz ne soient si hardis, sur peine de forfaire les denrrées et de l'amende du Roy nostre sire, de meller ou de glacier sans flambart, suif de tripes, oint ne autres mauvaises gresses, queles que elles soient, mais le facent fondre en la manière qu'il leur vient, de buef ou de monton, sans meller aveques aucunes mauvaises gresses, pour ce que tel suif ainsi mellé est faulx et mauvais, et par consequant les chandelles qui en sont faictes sont fausses et mauvaises; et quiconques fera le contraire il perdera les denrées et seront arses et l'amendera au Roy nostre sire. Et seront certaines personnes, souffisans et convenables, ordenées commises et deputées a veoir et viseter lesdites deurées de suif, et en rapporter a nous ou

---

[1] Le nom du prévôt manque parce que la pièce débute par les statuts, sans préambule, ce qui prouve qu'elle était une simple expédition. D'après la date, il s'agit peut-être de Jean Pleybanc, qui a donné des règlements aux épiciers en 1311. Pierre le Jumel cessa d'être prévôt en 1304.

au prevost de Paris qui pour le temps sera, ou au procureur du Roy, loyaulment
sans aucune fraude et sans deport, toutes les forfaitures inconveniens et deffaultes
que il trouverront esdites denrrées, pour en faire ce qu'il appartiendra; lesquelz
viseteurs seront changiez et muez toutes les foiz qu'il plaira au prevost de Paris.
En tesmoing de ce nous avons fait metre a ces letres le seel de la prevosté de
Paris. Ce fu fait l'an de grace mil ccc cinquante et sept, le mercredi vint jours
du mois de septembre.

III

1372, 11 février.

Lettres de Hugues Aubriot, prévôt de Paris,
nommant deux bouchers avec les jurés des chandeliers pour faire la visite des suifs.

Arch. nat., Livre rouge, Y 3, fol. 100 v°. — Coll. Lamoignon, t. II, fol. 481.

A tous ceuls qui ces letres verront, Hugues Aubriot, garde de la prevosté de
Paris, commissaire et general reformateur, ordonné et deputé de par le Roy
nostre Sire sur les mestiers de la ville de Paris, salut. Savoir faisons que pour
eviter les fraudes et malices qui ont esté fectes ou temps passé et que l'en fait
de jour en jour ou pourroit fere ou temps advenir sur le fait du suif que l'en fait
et vend a Paris pour faire chandelles, et pour le proufit et gouvernement du
commun peuple de la ville de Paris et de ceulz qui y frequentent et affluent,
nous, voulans sur ces choses pourveoir de remede, pour l'utilité de la chose publique, et a ce que bonnes denrées et loyaulx soient fectes et vendues en ladite
ville et ailleurs, ès mettes de nostre juridicion, avons ordonné, en augmentant
les anciens registres du mestier des chandeliers de Paris, lesquelx nous avons
veuz et fait veoir a grant diligence, que doresnavant a fere la visitacion du suif
dont l'en fait ou pourroit faire chandelles, aura deux bouchiers qui y seront appellez et establiz par nous, aveques les jurez du mestier des chandeliers de Paris,
pour plus deuement faire ladicte visitacion; lesquelz bouchiers et chandeliers
pour leur peine et salaire, et afin qu'ilz soient plus diligens de faire visitacion,
auront le quart des amendes qui escharront du fait d'icelle visitacion. En tesmoing de ce, nous avons fait mettre a ces lettres le seel de la prevosté de Paris.
Ce fu fait en jugement, ou Chastellet de Paris, le jeudi unze jours de fevrier l'an
mil ccc lxxi.

IV

1392, 26 juin.

Lettres de Jean de Folleville, prévôt de Paris, contenant un nouveau texte de statuts en 9 articles, pour les chandeliers de suif.

Arch. nat., Trésor des Chartes, Reg. 143, pièce 68. — Coll. Lamoignon, t. III, fol. 128.
Ordonn. des R. de Fr., t. VII, p. 481.

A tous ceulx qui ces lettres verront, Jehan, seigneur de Folleville, chevalier, garde de la prevosté de Paris, salut. Comme par vertu de certain mandement royal a nous adreçant, duquel la teneur ensuit :

Charles par la grace de Dieu, Roy de France[1] . . . . .

Et pour pourveoir au contenu en la requeste civile, de laquelle au mandement cy dessus transcript est faicte mention, a nous presenté de la partie des jurez et de la plus grant et saine partie des chandelliers de suif de la ville de Paris, de laquelle requeste civile la teneur s'ensuit :

Supplient humblement les jurez et la plus grant partie des chandelliers de suif de la ville de Paris, consors en ceste partie, comme ja soit ce que leurdit mestier soit grant, notable et moult necessaire pour ladite ville de Paris et le païs d'environ, et que aucune fraude faulceté ou mauvaistié n'y doit estre commise; neantmoins aulcuns et plusieurs particuliers chandelliers de ladite ville de Paris qui par leur mauvais governement sont povres, et autres, ont accoustumé de prendre et prennent chascun jour jeunes enfans apprentiz, et tantost que ilz les ont apriins et avant que ilz leur aient apriins que pou ou neant de leurdit mestier, ilz les envoient par ladicte ville de Paris, et par le pays d'environ, vendre leur faulce marchandise de chandeille; en quoy le peuple est grandement desçeu, mesmement car quant lesdiz apprentiz s'entretreuvent, ils boivent et jouent ensemble de l'argent de leurs denrées et puis, pour recouvrer leur partie et eschener le blasme de leurs maistres, ilz poisent faulcement ladicte chandeille aux bonnes gens qui l'achettent d'eulx et atachent terre, poix et cire a la balance ou ilz mettent et poisent ladite chandelle, et aussy lesdiz apprentiz se derompent et gastent et n'apprennent riens de l'art et science dudit mestier de chandelier; et les vendent les maistres les uns aux autres, dont leurs peres et leurs meres sont chascun jour moult dolens et complaignans; et avecques ce les particuliers chandeliers dessusdiz ne doubtent point a faire faulce chandelle pour ce que, quant ils en sont trouvez saisiz par les jurez, ils n'en paient, par le registre de leurdit mestier, que cinq solz d'amende. Et oultre, oudit mestier et marchandise de chandellier, grand

[1] Texte de la lettre de Charles VI datée du 9 mai 1392, autorisant le prévôt à rédiger les statuts.

I.   69

fraulde a esté et est commise chascun jour par plusieurs qui ont espousé et es-
pousent les femmes des chandeliers, quant iceulx chandeliers sont mors, qui
ledit mestier tiennent et exercent, pour ce que d'icellui mestier ilz ne scevent
riens, pour ce que ilz n'en furent oncques apprentiz; et encores avecques ce lesdiz supplians ne pevent aisiement finer d'apprentiz de honnestes genz pour la
renommée dessusdicte; et avec ce lesdiz particuliers chandelliers enfraingnent et
ne doubtent point d'enfraindre chascun jour les poins de leurdit registre, pour ce
qu'il n'a en chascun d'iceulx, au regart des meffaiz, que petites amendes; lesquelles
choses dessusdictes ont esté et sont ou prejudice de la chose publique, et ou très
grand diffame, deshonneur, prejudice et dommage desdiz supplians et de leurdit
mestier; que de vostre grace benigne, ces choses considerées, et pour eschener
les fraudes et malices dessusdites, il vous plaise mander et commettre au prevoz
de Paris ou a son lieutenant que ils s'enforment des choses dessusdites et quel
domaige et perte ilz porroient porter a vous, a la chose publicque et auxdiz supplians, se ils demouroient en leur mauvais estat, et aussi quel prouffit s'en pourroit ensuir, se ilz n'estoient admendées et corrigées; et que l'informacion qui en
sera faicte avec l'advis de lui et de vostre conseil et procureur ou Chastellet, il
renvoie par devers le chancellier, afin que sur ce il puisse pourveoir de par vous
par maniere d'ordonnance perpetuelle, en la maniere qui s'ensuit [1]; et lesdiz supplians prieront Dieu pour vous.

Selon ce et pour la maniere que mandé et enjoint nous estoit et est par ledit
mandement royal, nous, le mercredi xxvie jour du mois de juing, l'an mil trois
cens quatre vingt et douze, après ce que par informacion faite de nostre commandement par nostre amé maistre Robert Petit, clerc, examinateur, de par le Roy
nostre Sire, ou Chastellet de Paris, commis de par nous pour savoir et enquerir
des cas contenus et plus a plain esclarcis, en la requeste des chandelliers cy dessus
transcripte, et nous rapporter ce que trouvé en avoit, pour avoir l'advis avec le
conseil du Roy nostre Sire, se les cas et poins requis par lesdiz jurez et chandelliers a culx estre octroiés estoient domaigeables au prouffit du Roy nostredit
seigneur, a la chose publicque et oudit mestier de chandelliers de suif, nous fu
apparu iceulx poins, caz et articles estre proufitables au Roy nostredit seigneur,
a la chose publique et oudit mestier, eussions mandé et fait venir en jugement
pardevant nous oudit Chastellet de Paris, appellez a ce presens les procureurs,
advocas et conseillers du Roy nostre Sire en icellui Chastellet, et autres gens
saiges et notables, tous les chandelliers de laditte ville de Paris, au moins la plus
grant et saine partie d'iceulx, desquels les noms s'ensuivent : Jehan Dauson la
ville, Pierre Buiren, Godefroy Buiren, Guiot Rousseau, Jehan Pelerin, Jehan Boucher, Jehan Fouques, Guillaume le Sefve, Guillaume de la Noe, Jehan Baril,

---

[1] Texte de 5 articles proposés par les chandeliers à l'approbation du prévôt et qui sont transcrits plus
loin avec les autres.

Lorin Richart, Guillaume le Roy, Remon Dauge, Guillaume Michiel, Jehan Lai-guelot, Michiel, Jehan des Marez, Jehan Nepveu, Jacques Lechien, Gilet de la Noe, Regnault Olivier, Thevenin de Quinsi, Robin le Bret, Jehanin Boursy, Jour-dain le Pelé, Jehan Gellaut, Philipot Carbonnel, Jaquet Arquansy, Colin Belon, Jehan de Reins, Jehan Coquaigne le jeune, Perrin Sagot, Jehanin Cassanoye, Je-hanin Guerrart, Johanin Pilet et Guillaume Tournementier, lesquelx et chacun d'eulx, astrains par serement pour ce faiz solempnelment aux sains Envangilles de Dieu, de nous dire et depposer verité de et sur lesdiz poins, caz et articles contenuz en ladite requeste civile, de laquelle nous leur feismes faire lecture, du commun accort et consentement, nous tesmoingnerent et affermerent par lesdiz seremens et foy, que pour le proufit et utillité de la chose publicque, il estoit ex-pedient et necessaire de adjouster avec l'encien registre de leurdit mestier, cy-dessoubz transcript, les poins et articles nouveaux advisiez, et dont mencion est faicte en ladite requeste civile, desquelx la teneur s'ensuit :

Et premierement s'ensuit la teneur dudit encien registre :

Quiconques veult estre chandellier [1] . . . . .

Item s'ensuit la teneur desdiz nouveaux poins et articles advisiez par lesdiz jurez et chandelliers estre neccessaires et proffitables pour le Roy nostre Sire, pour la chose publique et pour ledit mestier :

1. C'est assavoir que tous et chacun des Chandeliers de suif de la ville de Paris ne puissent avoir ne tenir que un aprentis durant six ans, se ilz ne sont leurs enffens, mais ilz pourront bien avoir et tenir des varlez, tant comme il leur plaira, pour tant que ilz aient esté aprentis six ans oudit mestier et qu'ilz sachent bien faire ycelui, sur peine de soixante solz parisis d'amende, au prouffit du Roy nostre Sire, toutes foiz qu'ilz seront trouvez faisant le contraire.

2. Item, que aucuns desdiz chandeliers ne puissent envoier leurs aprentiz vendre chandelles par aval la ville de Paris, ne dehors, jusques à ce qu'ilz aient demeuré avecques leurs maistres trois ans accomplis et que ilz se sachent bien entremettre dudit mestier, sur peine de soixante solz d'amende, au prouffit dudit seigneur, que lesdiz chandeliers en paieront, pour chacune foiz qu'ilz seront trou-vez faisans le contraire.

3. Item que aucuns desdits chandelliers ne puisse vendre leur aprentis à au-cuns autre chandellier de suif, sans le gré et consentement de pere et mere d'icel-lui aprentis, ou de ses plus prochains amis ou des gardes et jurez dudit mestier, ou cas ou iceulx aprentiz n'auroient aucuns amis; sur la peine de soixante solz parisis au prouffit dudit seigneur, toutes foiz qu'ilz feront le contraire.

4. Item, que nul chandellier dudit mestier ne puisse comporter, ne faire com-porter par aval la ville de Paris, ne dehors, que deux penniers de chandelles,

---

[1] Texte des articles donnés par Étienne Boileau. Dans notre *Livre des métiers*, titre LXIV, p. 132, se trouvent en addition plusieurs listes de jurés chandeliers jusqu'en 1329.

sur paine de dix solz parisis d'amende, toutesffoiz qu'ilz seront trouvez ou leurs varlez faisans le contraire.

5. Item que nul chandelier ne puisse doresnavant porter ou faire porter par ladite ville de Paris, ne dehors, chandelles pour vendre, a jour de dimenche, ne aus quatre festes solennelles de l'an, ne au jour des cinq festes Nostre Dame, ne au jour des festes des apostres, sur paine de dix sols d'amende au proufit du Roy nostre Sire; et se ilz sont ou aucuns d'eulx trouvez faisant le contraire, avec ladite amande, les chandelles que ilz seront trouvez ainsi comportans par les jours desdictes festes seront aus maistres jurez et gardes dudit mestier, pour d'icelles ordener et en faire a leur voulenté.

6. Item, que femme qui aura esté femme d'aucuns desdiz chandelliers pourra, sondit mary trespassé, faire et joir dudit mestier de chandellier ou cas ou elle le saura faire, autrement non; et s'elle se marie à homme d'autre mestier, laditte femme trespassée, il pourra user dudit mestier ou cas ou il le saura faire en renonçant à l'autre mestier.

7. Item, que nul chandellier ne puisse envoier son apprentis suz aucun bourgois ou habitant de ladicte ville de Paris, pour ouvrer dudit mestier, se ledit chandellier maistre dudit apprentis ny est present, ou varlet qui sache faire ledit mestier, sur peine de dix sols d'amende ou proufit dudit mestier.

8. Item, que nulz chandelliers de suif ne puisse aller ouvrer sur aucun regratier, pour tant que ledit regratier y mette chose qui ne soit bonne, sur paine de soixante solz d'amende au proufit du Roy nostre Sire.

9. Item, que doresnavant tous et chascun des chandelliers de ladite ville de Paris, qui seront trouvez portans par icelle ville ou dehors chandelles faulces, par eulx ou leurs varlez, soient contrainz a paier au Roy nostre Sire dix sols parisis d'amende, pour chacune foiz qu'ilz en seront trouvez saisiz, et leursdites chandelles arses ou données à l'Ostel-Dieu de Paris ou autrement, à la voulenté de justice, afin que lesdiz chandelliers cessent de faire faux ouvrage en leurdit mestier.

. . . . . Ce fut fait oudit Chastellet, le mercredy xxvie jour de juing, l'an de grace mil trois cens quatre vingt et douze [1].

---

[1] Ces statuts de 1392 étaient au folio 70 du manuscrit de la Cour des comptes.

V

1392, juillet.

Lettres patentes de Charles VI confirmant les statuts précédents des chandeliers de suif [1].

Arch. nat., Trésor des Chartes, Reg. 143, pièce 68. — Coll. Lamoignon, t. III, fol. 139.
Ordonn. des Rois de France, t. VII, p. 481.

VI

1396, 16 octobre.

Lettres de Jean de Folleville, prévôt de Paris, pour les huiliers, contenant le texte de leurs anciens statuts et une nouvelle rédaction en 16 articles, approuvés par les maîtres du métier.

Coll. Lamoignon, t. III, fol. 224. — Coll. Lamare, ms. fr. 21663, fol. 117 impr. [2].

A touz ceus qui ces presentes lettres verront, Jehan, seigneur de Folleville...
garde de la prevosté de Paris... avons fait venir devant nous les huilliers et
personnes dudict mestier, dont les noms s'ensuivent, c'est assavoir : Jehan le Car-
ron, Jehan le Picart, Guillaume Cocaigne, Jehan Gillet, Bellier, Drouin le Caus-
sarre et Jehan Carbonnel, faisant la plus grande et saine partie de ceulx dudict
mestier, auxquelz nous avons exposé les fraudes et malices dessusdictes, en leur
faisant lecture de l'encien registre d'iceluy mestier et de touz les poinctz contenus en iceluy, dont la teneur ensuit :

Quiconques veult estre huillier a Paris, etc. [3].

Nous, ledict encien registre et les poinctz contenuz en icelui, avons corrigés,
revus, augmentés et diminués par la forme et manière qui ensuit :

1. Premierement quiconques vouldra estre huillier a Paris, estre le pourra,
pour tant qu'il sache faire le mestier, c'est assavoir l'huile de noix, chenevis et
de navette, de pavot, d'olives, de pignons et d'autres graines, comme contenu est

---

[1] Ce document termine toute la série des pièces
relatives à la promulgation des statuts, c'est-à-dire :
1° requête au Roi par les chandeliers; 2° lettres du
Roi transmettant ladite requête au prévôt de Paris;
3° lettres du prévôt de Paris, après revision et
examen de la demande; 4° lettres du Roi portant
homologation des statuts présentés et approuvés.
Ces quatre pièces sont transcrites au registre du
Trésor des chartes, auquel sont empruntés les statuts approuvés par le prévôt de Paris en juin 1392.

[1] Le texte de ces statuts était dans le manuscrit de la Cour des comptes, fol. 216 et dans le
Livre vert ancien, fol. 123, dont les originaux sont
perdus. Les archives de la préfecture de police
possèdent la copie incomplète et défectueuse du
Livre vert ancien et la collection Lamoignon dont
le texte est préférable.

[3] Voyez dans notre *Livre des métiers*, titre LXIII
p. 130, le texte des statuts des huiliers en quatorze articles.

en l'encien registre [1]. Que pour entrer il paye trente sols, c'est assavoir au Roy vint sols et au jurez dix sols, excepté les filz de maistres qui ne payeront point d'entrée.

2. Item que tous huilliers peuvent avoir tant d'aprentiz et de valets, comme bon leur semblera, pour ouvrer de jour et de nuit, et toutes fois qu'il leur plaira.

3. Item que tous huilliers demeurans a Paris ne doit point de coustume de chenevis, de nois, qu'ilz acheteront a Paris, soit en gros ou en detail; et en sont quictes pour raison de la coustume qu'ils payent de l'huille, comme autrement est ordonné.

4. Item que tous huilliers doivent faire bonne huille et marchande, et se en huille par eulx faicte a faulte, ou par trop chauffée, ou pour estre poupillée, celui qui aura la faute dessusdicte payera cinq sols au Roy, ou les jurez auront la moictyé et rendront a partie le dommaige au cas qu'il y aura plaintifz.

5. Item et pour ce que les huilliers, ou autres personnes de dehors, apportent a Paris toutes sortes de chenevis, pour estre vendus, ils ne les pourront vendre jusques a ce qu'elles soient visitées par les jurés, sur peyne de perdre les deniers [2] et de v sols d'amende au Roy, dont lesdiz jurez y auront moictyé.

6. Item que si les huilliers acheptent huille, icelle huille doit estre mesurée par les jurez mesureurs a ce ordonnez, si l'acheteur ne se tient pour content de la mesure.

7. Item et toutes fois, lesdiz huilliers ne doivent point acheter de l'huille a Paris, se ce n'est a la Halle a ce ordonnez, ou en l'hostel d'un bourgeois demeurant a Paris, qui huille aura fait faire, sur peine de forfaire la somme d'huille par luy achetée.

8. Item nul marchant de dehors ne peust vendre huille a Paris, se ce n'est a la Halle a ce ordonnez, sur la peine devant dicte.

9. Item et que les huilliers de Paris, de l'huille par eulx vendue a detail, c'est assavoir par quartes, ne par mesures, ne devront ne coustume, ne tonlieu, comme au temps passé a esté ordonnez.

10. Item et que pour entendre la mesure de l'huille, il est assavoir que la somme doit tenir vingt huit quartes, et la quarte de laquelle l'on mesure huille doit estre plus forte et grande que celle a quoy l'on mesure le vin, et le tiers bien largement, car la quarte de l'huille doit tenir quarte et demie quarte de celle a vin.

11. Item que les mesureurs jurez, pour leur salaire, n'auront de la somme mesurée que huict deniers, c'est assavoir de l'acheteur, et huict deniers du vendeur, et plus ne pourront prendre pour courtaige, ne pour autre chose, sur peine d'estre repputez parjures et d'amende volontaire; et ne seront aucuns reçeus

---

[1] L'art 2 de Boileau mentionne les huiles d'olive, amande, noix, chenevis et pavot. — [2] Deniers est pris ici dans le sens de denrées.

audit office de mesurage, s'ils ne sont a ce et pour tels tesmoignés par les jurez.

12. Item que les mesureurs jurez seront tousjours deux ensemble pour mesurer et ne pourront mesurer l'un sans l'autre.

13. Item que si un huillier va de vie a trespassement, sa femme, tant comme elle sera vefve, pourra tenir ledict mestier et jusques a ce qu'elle soit mariée a ung autre homme d'autre mestier.

14. Item et pour ce que plusieurs dudict mestier ont aucunes foiz les outilz, a quoy ils font huille, employez a autre chose faire, et puis ouvroient a faire huille, qui n'est pas chose bien honnestement faicte; doresnavant nul ne pourra faire faire a ses outilz autre chose que de l'huille, sur peïne de vingt sols d'amende et de perdre les outilz, en laquelle amende les jurez auront le tiers.

15. Item et que oudit mestier aura deux ou trois prud'hommes qui seront jurez et feront serment de bien et loyalment garder et avoir l'estalon [1], dont ils pourront prendre deux deniers pour pièce, et non plus, en la mannière acoustumée.

16. Item que nul huillier de Paris, ne de dehors, ne pourra mettre en œuvre de huille, chenevis, nois, ni autre chose que iceluy chenevis, sur peine de cinq sols d'amende et de perdre les deniers.

Tous lesquels devoirs, poincts et articles, nous ont esté tesmoingnez par les dessus nommez, par les seremens solempnellement faicts aux saints Evangiles de Dieu, estre bons, necessaires, suffisans et convenables pour le proffit dudict mestier et de la chose publicque, et pour ce nous avons iceulx loué, greé et ratifié... En tesmoing de ce, nous avons fait mettre a ces lettres le seel de la prevosté de Paris. Ce fu fait audit Chastellet, le lundi seizieme jour d'octobre, l'an mil trois cens quatre vingt seize.

---

[1] Les huiliers ont toujours conservé ce privilège de la garde de l'étalon des mesures de cuivre pour les huiles. Parmi leurs jurés il y en avait deux qui s'appelaient «gardes» et qui faisaient l'inspection chez tous les marchands vendant des huiles. En voici une autre preuve bien plus récente :

1741, 3o août. — Arrêt du Parlement qui contient règlement entre les épiciers et les chandeliershuiliers pour l'usage des mesures à l'huile. «Les jurés huiliers seront tenus de les qualifier maistres et gardes epiciers et gardes epiciers-apoticaires; ceux-ci les qualifieront jurés huiliers gardes de l'étalon roial..... fait defense aux epiciers de vendre des huiles d'olive et huiles medicinales autrement qu'au poids, sauf pour une ou deux onces, en mesures de fer blanc fletries et etalonnées par les gardes de l'etalon royal... »(Lamoignon, t. XXXIV, fol. 6g4.)

VII

1428, 8 mai.

Lettres de Symon Morlier, prévôt de Paris, contenant des statuts pour les ciriers,
chandeliers de cire.

Arch. nat., Livre rouge Y 3, fol. 102. — Coll. Lamoignon, t. IV, fol. 213.

A tous ceuls qui ces lettres verront, Symon Morlier, chevalier, seigneur de Villiers, conseiller du Roy nostre Sire et garde de la prevosté de Paris, commissaire d'icellui seigneur, seul et pour le tout, sur le fait, police et gouvernement
des mestiers de la ville et banlieue de Paris, salut. Savoir faisons que pour obvier
et remedier aux faultes que faisoient et commettoient les ouvriers faisans chandelles de cire et les chandelliers vendans et non faisans chandelles de cire, tant
ès eglises comme aux pardons et festes d'icelles eglises de la ville et banlieue de
Paris, en ce que lesdites chandelles ne vouloient ardoir parce qu'il y avoit trop
de limegnon et de gros bourras trop fort tuers [1] et trop peu de cire, et n'estoient
plusieurs desdites chandelles que dorées de cire, par quoy elles ne povoient ne
vouloient ardoir et ainsi ne s'en povoient les gens d'eglise aidier a servir Dieu; et
ce faisoient lesdiz ouvriers, ouvrieres et chandelieres, pour plus cuidier gaignier,
car de la livre de cire mise et ouvrée esdites chandelles qui ne leur coustoit que
trois sols quatre deniers, trois sols et demi ou trois sols et huit deniers au plus,
le limegnon que six deniers et la façon que six deniers, ilz faisoient et tiroient
de la livre de cire ouvrée esdites chandelles, douze sols, quatorze sols et seize sols,
aucune foiz plus et autre moins; nous eussions fait venir et comparoir pardevant
nous plusieurs desdits chandelliers, ouvriers et ouvrières de chandelles de cire
de ladite ville de Paris, de par le Roy nostre dit seigneur et nous, ausquels
chandelieres ou aucunes d'elles avoient esté prinses plusieurs fois leurs chandelles
comme faulses et mauvaises, pour les causes dessusdites, et leur eussions remonstré lesdites faultes qui estoient et que elles commettoient et faisoient esdites
chandelles; plusieurs desquelles nous eussent respondu que elles ne se mesloient
de les faire, mais les achettoient a ouvriers et ouvrières qui les faisoient et que,
s'il y avoit faulte, elles se attendoient a justice d'y pourveoir. Et lesdiz ouvriers et
ouvrières nous eussent pareillement respondu que bonne policye et provision y
feust mise. . . . . . Avons ordonné et ordonnons, par ces presentes, par manière
de provision et jusques a ce que autrement en soit ordonné, ce qui s'ensuit :

1. C'est assavoir que lesdiz ouvriers et ouvrieres de chandelles de cire feront

[1] Mot douteux. Il y a des points dans la copie de Lamoignon.

et seront tenus de faire doresenavant bonnes et loyales chandelles de cire, de bonne cire neuve, de bon limegnon, doulz et molet, et telles que en la livre de cire ouvrée en chandelle ait une livre de cire du moins et demie livre de limeignon au plus.

2. Item et ne pourront faire que quatre liasses de chandelles en la livre de cire, en chacune desquelles liasses aura ung quarteron de cire, du moins, et demy quarteron de limeignon au plus; desquelles liasses l'une est nommée longueur et y en a six en la liasse, du pris de quatre deniers parisis piece, l'autre, demie longueur et y a dix huit tortiz en la liasse du pris d'un doublet la piece, l'autre liasse de vingt quatre chandelles du pris d'un denier la piece, et l'autre liasse de trente six chandelles, c'est deux pour ung doublet; ainsi c'est chascune liasse, deux sols, et la livre de cire ouvrée esdites chandelles huit sols, qui ne leur couste au pris dessusdit au plus chier que quatre sols huit deniers; ainsi gaignent en la livre de cire ouvrée en chandelles, comme dit est, trois sols quatre deniers parisis, qui est bien largement.

3. Item ordonnons que se aucun ouvrier ou ouvriere desdittes chandelles de cire est trouvé avoir fait contre les ordonnances dessusdites, les chandelles trouvées en sa possession seront confisquées, et si l'amendera; et se elles sont trouvées en la possession des chandelieres vendans et non faisans lesdites chandelles, elles seront aussi confisquées se elles ne nomment et preuvent qui les leur aura vendues; et se elles le preuvent, l'euvre sera despecée seulement, sans amende, quant au regart d'elles, se elles ne sont consentans de la faulte, ouquel cas lesdites chandelles seront confisquées, et si seront icelles chandellieres pugnies d'amende arbitraire, et oultre l'amendera au Roy cellui ou celle qui les aura faites.

4. Item que pour garder les ordonnances dessusdites, nous commeterons et ordenerons, touteffois que mestier sera, une ou plusieurs personnes congnoissans en ce, lesquelles jureront pardevant nous qu'ilz feront bonne et deue visitation en la ville et banlieue de Paris, sur les dessusdiz et leurs chandelles, et nous rapporteront ou au procureur du Roy nostre Sire, sans faveur, deport ou dissimulation, les faultes qu'ilz trouveront sur ce; et en delfault de sergent pourront prendre et arrester les chandelles ou il aura faulte, et voulons et commandons que a eulx et a chascun d'eulx soit obey en ce faisant.

. . . . . En tesmoing de ce, nous avons fait mettre a ces lettres le seel de ladicte prevosté de Paris. Ce fu fait et ordené en jugement, ou Chastellet de Paris, le samedi huictiesme jour de may, mil quatre cens vingt huit.

VIII

1431, 11 avril.

*Ordonnance du Châtelet prescrivant aux huiliers de rendre les tourteaux, pains de noix
et autres matières en même temps que l'huile.*

Coll. Lamoignon, t. IV, fol. 229, d'après le 2ᵉ livre des Métiers, fol. 170.

Pour ce qu'il a esté venu a nostre congnoissance de justice, et quand les huilliers de Paris font quelques huilles pour le peuple, ils ou aulcuns d'eulx retiennent
et aplicquent a leur prouffit les tourtes ou pains de noix, pavots, chenevis et
autres matières que le peuple leur baille pour faire huille, et les vendent bien
chères [1], et neantmoins se payent de leurs sallaires de faire ladite huille, laquelle
chose est contre raison. Et pour ce avons deffendu et deffendons auxdits huilliers
que doresenavant ne retiennent aucunes des tourtes ne pains dessusdiz, mais leur
avons ordonné et commandé, ordonnons et commandons qu'ils les rendent aux
bonnes gens avec leurs huilles, en eux payant raisonnablement et moderement de
leurs sallaires et façon de ladite huille, selon la qualité et quantité qu'ils en feront;
sur peyne de vingt sols parisis d'amende, pour la première fois qu'ils en seront
reprins, de quarante sols pour la seconde, et, pour les autres fois, d'amende
arbitraire. Publié en jugement, presens Jehan le grenetier, Jehan Louvet, jurez
dudit mestier, Jacques Massouart, Perrin, Ruchot, Andriet, Jolly, Yvonnet,
Yland et Simonnet Poret, tous huilliers, presens et assemblés au Chastelet de
Paris, en la chambre du procureur du Roy, le mercredy, onziesme avril après
quasimodo, mil quatre cens trente et ung.

IX

1464, 25 octobre.

*Lettres de Jacques de Villiers, prévôt de Paris, approuvant les statuts des huiliers
rendus par ses prédécesseurs et ajoutant neuf articles nouveaux.*

Arch. nat. Livre bleu Y 6², fol. 161 v°. — Coll. Lamoignon, t. IV, fol. 415.
Coll. Lamare, Bibl. nat. ms. fr. 21,663, fol. 120 [2]. — Ordonn. des Rois de France, t. XVI, p. 274.

A touz ceulx qui ces presentes lettres verront, Jacques de Villiers, etc... garde
de la prevosté de Paris... Comme puis nagueres, Jehan le Cirien, Gerard Sen-

[1] Ils en nourrissaient également des porcs, ce
qui donnait mauvais goût à la viande. On défendait aux charcutiers d'acheter des porcs aux huiliers. Voyez *Charcutiers*, titre VII, 1476, art. 7.

[2] Nous citons rarement cette collection parce
que ses copies sont défectueuses.

son et Nicaise de Saint Denis, jurés et gardes du mestier d'huillier, a Paris, nous ayent faict remonstrer que, jà çoit ce qu'ils ayent statuts et ordonnances en leur mestier, faictes dès long temps a, par l'un de nos predecesseurs, prevost de Paris, et enregistrés en la chambre du procureur du Roy nostre Sire, ou Chastellet de Paris, que lesdiz jurez, leurs predecesseurs jurez et ceulx qui sont a present audit mestier ont gardées et faict garder et entretenir, a leur povoir; neantmoings ils, avec les gens dudit mestier, auroient et ont advisé qu'il estoit bon et expedient, pour leurdit mestier entretenir, et le prouffit de la chose publique, de adjouster et accroistre, en leursdites ordonnances, aulcuns poins et articles. . . . . Statuons et ordonnons par ces presentes que :

1. Quiconques vouldra estre huillier en ceste ville de Paris, et y aura esté trois ans apprenti audict mestier, s'il est rapporté en justice estre ouvrier souffisant par les jurez et gardes dudit mestier, il sera reçeu et passé maistre, en faisant le serment en tel cas accoustumez, et paiera pour son entrée ou reception audit mestier trente solz parisis, c'est assavoir vingt sols au Roy et dix sols aux jurez et gardes dudict mestier, excepté que les fils de mestres ne paieront rien.

2. Item que aulcun doresnavant ne s'entremette dudict mestier ne des deppendances d'icellui, sinon qu'il ayt esté reçeu en la mannière dessusdicte, sur peine de trente sols parisis d'amende, a applicquer comme dessus.

3. Item, nul huillier ne aura que ung apprenty, ou deux au plus, et a trois ans de service, ou moins; mais bien pourra avoir tant de varlets, pour besongner jour et nuit, qu'il voudra; sur ladite peine de trente sols a applicquer comme dessus.

4. Item, nul huillier ne pourra fortraire l'apprenti ou varlet de l'autre, ne icelluy mectre en besongne, sans son congé, sur ladicte peine, a applicquer comme dessus.

5. Item, nul huillier ne mistionnera en son huille de nois ou de pavot autre huille, sur peine de confiscation d'icelle huille ainsi mistionnée, et de l'amende dessus dicte, a appliquer comme dessus.

6. Item, nul marchand forain ne pourra vendre huille a Paris, se ce n'est en la Halle a ce ordonnée, et en gros, c'est assavoir par queue, muid, demye queue, quaques et tonnes, et non a moindre mesure, et ne la pourront transporter jusques ad ce qu'elle soit vendue et après veue et visitée, en la presence du vendeur et acheteur, ainsi qu'il est accoustumé, sur peine de confiscation et de l'amende dessusdicte, a applicquer comme dessus.

7. Item, sy lesdiz huilliers ou autres acheptent huille, icelle huille doibt estre mesurée par deux mesureurs jurez ad ce establiz, si le vendeur et achepteur ne sont comptens ensemble. Et ne prendront pour vaccation, courtage, persage et mesurage, que huict deniers de l'achepteur et huict deniers du vendeur, pour leur service; et ne pourront mesurer l'un sans l'autre, se ils ne sont certains, sur peine de dix sols parisis d'amende a appliquer comme dessus.

8. Item et la vefve d'un huillier, durant son vefvage, pourra tenir ledit mestier, pourveu qu'elle se gouverne honnestement, et autrement non.

9. Item oudit mestier aura trois preud'hommes qui seront esleus en la presence de nostre procureur au Chastelet, par la communauté dudict mestier, et feront le serment que ils garderont et feront garder les ordonnances dudict mestier, bien et loyaulment, rapporteront a joistice les fraudes et faultes qu'ilz y trouverront, et garderont l'eschantillon et le coing dudict mestier, et visiteront les mesures et prendront deux deniers pour certifier et les marqueront d'une fleur de lis dudict coing, sy mestiers est; et ne prendront de chacune fleur de lys que seize deniers parisis, tant pour la façon que pour la [certification], ainsi qu'il est accoustumé de faire.

. . . . En tesmoing de ce, nous avons fait mettre a ces presentes le seel de ladite prevosté de Paris. Ce fu fait le jeudi xve jour d'octobre mil quatre cens soixante quatre.

X

1464, novembre.

Lettres patentes de Louis XI confirmant les statuts précédents pour les huiliers.

Arch. nat., Livre bleu, Y 6², fol. 161. — Coll. Lamoignon, t. IV, fol. 419.

XI

1464, 1er décembre.

Lettres du prévôt de Paris contenant une nouvelle rédaction des statuts des chandeliers de suif en 13 articles.

Arch. nat., Bannières, 6ᵉ vol. Y 11, fol. 193. — Coll. Lamoignon, t. IV, fol. 420.

A touz ceulx qui ces presentes lettres verront, Jacques de Villiers, seigneur de l'Isle Adam, conseiller et chambellan du Roy nostre Sire et garde de la prevosté de Paris, salut. Sçavoir faisons que sur la requeste a nous presentée par Jean Fuquet, Jean Perrier et Jaques Roger, a present maistres jurez et gardes du mestier et marchandise de chandellier de suif, en ceste ville de Paris, disant que de tous tans y avoit ordonnances faites sur la police et entretenement dudit mestier et marchandise, lesquelles par cy devant avoient esté tenues et entretenues, en avons pris, entre lesdits maistres, jurez et gardes et autres maistres ouvrans marchandise, faisans l'operation et euvre dudit mestier et marchandise de chandellier de suif, a Paris, et que neantmoins pour plus et mieux entretenir ledit mestier et marchandise et bonne police y estre gardée, au bien public et prouffit de la chose publicque, estoit necessaire desdites ordonnances corriger aucuns poins et articles, d'y en adjouster aulcuns pour eviter aux fraudes, malversations et abbus qui chascun jour audit mestier et marchandise se pourroient faire par chacun desdits maistres et varletz d'icellui mestier, et mesmement les poins et articles dont la teneur suit :

1. Premièrement, quiconques voudra estre chandellier de suif à Paris, ouvrer, fere euvre, vendre et soy entremettre dudit mestier et marchandise, estre et faire le pourra pourveu que prealablement il ne soit experimenté et trouvé estre expert et souffisant ouvrier en icelluy par les jurez et garde dudit mestier, et tel rapporté a justice comme accoustumé est de fere, et faict a eté par cy-devant; et qu'il ayt esté apprenty oudit mestier et marchandise, a Paris ou ailleurs, six ans ou plus, sur peine de soixante sols parisis d'amende a applicquer les deux partz au Roy nostre Sire, et le tiers aux jurez dudit mestier.

2. Item, que aucun ne sera reçeu maistre oudit mestier s'il n'est quitte de ses services envers les maistres et les veuves de maistres d'icelui mestier qu'il aura servis.

3. Item, ung chacun qui sera reçeu maistre audit mestier, sera tenu de contribuer aux affaires dudit mestier et confrairie d'iceluy, ainsi qu'il est accoustumé de fere par cy-devant.

4. Item, chacun maistre dudit mestier qui aura prins aucun apprentiz sera tenu de lever et porter la lettre de sondit apprentiz auxdits jurés et gardes dudit mestier, dedans ung mois après qu'il aura prins ledit apprentif et que icelle lettre sera passée, pour icelle enregistrer devers eux, ainsy que par cy-devant il est accoustumé de fere; et ce pour eviter aux abuz qui se y sont fetz et peuvent fere sur semblable peine, a applicquer comme dessus.

5. Item, si aucun maistre dudit mestier va de vie a trespas, la veuve d'iceluy, si aucun en laisse survivant, tant qu'elle sera veuve pourra tenir ouvroir, fere marchandise et jouir dudit mestier et marchandise avec son apprenty, si aucun en est demeuré, apres le trespas de sondit mary, et se elle se remarie a homme d'autre metier, elle ne pourra plus faire laditte marchandise et euvre, ne tenir ouvroir dudit mestier, et si ne pourra aller besongner durant sondit vefvaige, dudit mestier hors son ouvroir, mais pourra envoyer ung ouvrier suffisant avec son apprenty s'aucun elle en a et non autrement, sur laditte peine, a applicquer comme dessus.

6. Item, tous chandelliers de suif seront tenuz de fere oudit mestier et vendre bonnes chandelles, loyalles et marchandes, de bon suif, tant de bœuf comme de mouton, sans y mectre et mistionner sain, flambans, suif de trippes ne autres

mauvaises mistions[1] et si seront tenus et feront icelles chandelles de bonnes mesches, tant de coton comme d'estouppes, et aussi bien et deuement fetes et ouvrées; et ce sur peine de confiscation desdittes chandelles qui en ce cas seront forfaittes et distribuées pour Dieu, ou justice ordonnera, et dix sols parisis d'amande qui fera au contrere, a applicquer comme dessus.

7. Item, et pour ce que plusieurs dudit mestier ont esté reprins par cy-devant d'avoir fet et vendu, en leurs hostelz et ouvrouers, chandelles noires de mauvais suif et fetes de mauvaises gresses, soubz ombre de ce qu'ils en auroient fet et a faire aient pour bouchers et autres gens qui leur avoient baillié et bailleoient lesdits mauvais suif et mauvaises estoffes, ou prejudice de la chose publicque; doresnavant aucun dudit mestier ne fera ou souffrira fere ou vendre, en sondit hostel et ouvroir, aucunes chandelles fetes de suif noir, soit pour bourgeois, bouchers et autres, mais se aucuns veullent fere chandelles de telle matière, et qu'ilz la baillent, lesdits chandelliers pourront aller fere es hostelz des bourgeois bouchers ou autres, et non en leurs hostelz et ouvroirs, sur peine de confiscation desdittes matières et de l'amende de soixante sols parisis a applicquer comme dessus.

8. Item tous ceulx dudit mestier de chandelier qui vouldront aller ou envoyer vendre et debiter chandelles en la rue au Feurre[2], près des Halles de Paris, aux jours et comme il est accoustumé de fere, seront tenuz de porter, vendre et debiter chandelles faictes de bon suif de mouton, sans y en porter et vendre d'autre suif meslé avec ledit suif de mouton, se ce n'estoit par necessité et que on ne pust finir de suif de mouton, se y fust autrement pourveu et advisé par justice, a la relation et rapport desdits jurez, sur peine de soixante solz parisis d'amende a applicquer comme dessus.

9. Item, seront tenuz iceulx chandelliers de peser leurs chandelles et marchandises dudit mestier, à bon poix et loyalles balences, et se aulcunes faulces ballences ou faulx poix sont trouvez sur aucun dudit mestier, ils seront pris par lesdits jurez et apportez au Chastellet de Paris, pour en ordonner comme de raison; et l'amendera, celluy qui vendra a faulx poix et balences, de soixante solz parisis d'amende, a applicquer comme dessus.

10. Item, et pourceque lesdits jurez et autres marchands dudit mestier, par justice a esté duement acceptant et informé des plaintifs fetz le temps passé et que font encores de jour a autres, par plusieurs marchans bourgeois et autres mesnagers, habitans a Paris et faulxbourgs, de plusieurs maistres, valetz, apprentis et autres dudit mestier, qui comportent et ont accoustumé de comporter en panniers, vendre et distribuer parmy laditte ville et faulxbourgs, chandelles de suif; les-

---

[1] En 1496, aux Poissonniers de mer, une ordonnance interdit aux chandeliers la vente au détail du beurre frais et salé, parce qu'ils le mélangeaient avec leurs graisses. — [2] «Feurre», paille; aujourd'hui rue du Fouarre, près la place Maubert.

quelz en pesant vendent et livrent lesdittes chandelles, font faulx et mauvais poix à ceux à qui ils vendent, baillent, livrent et debitent iceulx chandelles; ung chacun maistre ne pourra envoyer doresnavant que ung seul pannier, pour par ledit maistre, son varlet ou apprenty, porter vendre et debiter chandelles par Paris, se autrement pour la necessité et secourir aux habitans et populaire n'y est par justice pourveu.

11. Item, il est deffendu a tous maistres de jurer et blasphemer le saint nom de Dieu et de la vierge Marie, mère de Dieu, et des apostres, saints et saintes; et qui sera contrevenant sera condamné a 3 livres, appliquez comme dessus.

12. Item, il est enjoint a tous maistres de porter honneur et respect aux jurez et anciens, ainsy que par cy-devant se faisoit, et qui sera contrevenant, sera condamné a trente sols appliqués comme dessus.

13. Item, il est aussi enjoint a tous maistres de se trouver aux lieux, là ou les jurés les manderont pour les affaires de la communaulté; et qui sera contrevenant sera condamné à trente sols appliqués comme dessus.

En nous requerant par lesdiz jurez et gardes dudit mestier que iceulx articles voulussions unir et incorporer esdites ordonnances anciennes et les faire tenir et observer, selon leur contenu, par iceulx et ainsi qu'il appartiendra; considéré ladite requeste et après iceulx articles veus et meure deliberation avec nostre lieutenant civil et les advocats et procureur du Roy nostredit seigneur et aucuns conseillers d'icellui au Chastellet, et que d'iceulx avons fait faire lecture et publication, ès presences desdits jurez et gardes et de la plus grant et saine partie des maistres ouvriers et marchands dudit mestier de chandellier de suif, a Paris, qui tous d'un commun accort et consentement ont dit et affermé en leurs consciences lesdits nouveaux articles estre utiles. . . . . Ordonnons que lesdits articles seront joinctz et incorporez avec les autres articles et ordonnances anciennes dudit mestier et marchandise, et enregistrés au Chastellet ou registre a ce ordonné, pour estre tenuz gardez et observez sans enfreindre avec lesdites ordonnances, sur les peines et amendes et conditions ci-dessus a plain dites. En tesmoing de ce nous avons fait mectre a ces presentes le scel de ladite prevosté de Paris. Ce fu fait le samedy, premier decembre, l'an de grace mil quatre cens soixante quatre.

XII

1464, décembre.

Lettres patentes de Louis XI homologuant les statuts précédents [1] *donnés aux chandeliers par Jacques de Villiers.*

Arch. nat., Bannières, 6ᵉ vol., Y 11, fol. 193 v°. — Coll. Lamoignon, t. IV, fol. 427.
Ordonn. des Rois de France, t. XVI, p. 282.

XIII

1564, janvier.

Lettres patentes de Charles IX confirmant les statuts des chandeliers de suif et y ajoutant des prescriptions nouvelles.

Arch. nat., Bannières, 6ᵉ vol., Y 11, fol. 195. — Coll. Lamoignon, t. VIII, fol. 95.

Charles par la grace de Dieu, Roy de France. Sçavoir faisons a touz presens et avenir que nous avons reçeue l'humble supplication de nos chiers et bien amez les maistres jurez et communauté, sur le fait du mestier de chandellier de suif, en nostre ville de Paris, contenant que par nos predecesseurs Roys leur ont esté donnés, concedés et confirmés plusieurs belles ordonnances faites pour le bien, proffit, utilité de nostre republique, desquels de tous tems ils ont par cy-devant jouy et jouissent de present, mais ils doubtent que s'ils n'estoient par nous confirmez, qu'en la joissance d'icelles leur fut au tems advenir donné empeschement, requerant sur ce leur pourvoir, Nous, a ces causes..... approuvons touz et chascun lesdites ordonnances, franchises et libertez a eulx octroyés par nosdits predecesseurs... Vous mandons en outre de fere deffenses a toutes personnes non estans dudit mestier de non eulx mesler ne entremectre d'iceluy; et pareillement aux jurez et maistres de plus recepvoir aucuns maistres dudit mestier qui ayent fet leur apprentissage ailleurs qu'en nostre ville de Paris [2], chez un maistre dudit mestier pour

---

[1] Les Ordonn. des Rois de France (t. XVI, p. 282) donnent un texte tout différent de celui-ci, d'après des sources fort douteuses et qu'il est en tout cas impossible de vérifier : le Livre vert ancien du Châtelet, fol. 139, aujourd'hui perdu. — Statuts des maîtres chandeliers de Paris, 1760, in-4°, p. 7 et suiv., collationnés sur la pièce 564 du reg. 199 du Trésor des chartes. Ces sources, qui vraisemblablement n'ont pas été vérifiées par l'auteur des Ordonnances, n'ont aucune valeur et sont erronées. Le texte ne porte que 10 articles au lieu de 13. De plus une lettre de Philippe Iᵉʳ, datée de juillet 1061, sur la sauvegarde des chandeliers, reproduite sur la simple foi de l'imprimé de 1730, est dépourvue de toute garantie d'authenticité.

[2] L'article 1ᵉʳ de 1464 autorisait en effet l'apprentissage à Paris ou ailleurs, prescription contraire à ce qui se pratiquait ordinairement.

le temps de six ans contenu en leurs ordonnances, pour eviter aux abbus qui se pourroient commectre, sur peine des amendes portées par icelles et que tous filz de maistres dudit mestier seront experimentés en chef d'œuvre, ne seront tenus de faire aucun banquet, ni fraiz, sinon de paier le droict des jurez [1]. Ainsi nous plaist-il estre fait, nonobstant quelconques ordonnances et lettres à ce contraires. . . . . Donné à Paris, au mois de janvier, l'an de grace mil cinq cens soissante trois [2].

Lu et publié en jugement, au Chastellet de Paris, en la presence et du consentement du procureur du Roy, pour jouir par les denommés de l'octroy, suivant le contenu desdites lettres, à la charge que suivant la requeste dudit procureur du Roy, tous ayant fait apprentissage en bonnes villes jurées de ce royaulme pourront estre reçeus maistres dudit mestier, en faisant les chefs d'œuvre et devoirs accoustumés; et icelle ordonnance estre enregistrée au registre ordinaire du Chastelet.

XIV

1599, mai.

Lettres patentes de Henri IV confirmant purement et simplement les statuts des chandeliers [3].

Arch. nat., Ordonn. 2ᵉ vol. d'Henri IV, X 1ᵃ 8642, fol. 31. — Coll. Lamoignon, t. X, fol. 72.

[1] Le commerce des chandeliers s'étendait aux épices communes, aux graines, aux herbes et aux fourrages, suivant ce document beaucoup plus récent :

1740, 28 septembre. — Ordonnance de police touchant le commerce du foin, fait par les hôteliers, chandeliers et grainiers. «D'après déclaration de Sa Majesté, du 30 aoust 1635, arrêts du Parlement des 15 janvier 1665 et 7 septembre 1666, notre ordonnance du 17 septembre 1739, faisons très expresses inhibitions et défenses à tous hostelliers, chandeliers et grainiers et autres particuliers, de quelqu'état et condition qu'ils soient, d'aller audevant des charettes de foin ni de donner aucuns arrhes aux conducteurs desdites voitures, lesquelles nous leur enjoignons d'amener sur les places et marchez publics de foin, ou il sera libre à tous particuliers de l'acheter au prix courant du marché, à peine, en cas de contravention, de confiscation du

foin qui sera saisi et de 500 livres d'amende, tant contre le vendeur que contre l'acheteur solidairement; ne pourront néanmoins lesdits grainiers et chandeliers en acheter qu'après onze heures du matin, à peine de semblable confiscation et amende à leur égard seulement; ordonnons au surplus que les marchands et propriétaires de foin se conformeront pour le poids que doivent peser les bottes de foin à ce qui est prescrit par notre susdite ordonnance de 1739 . . . » (Lamoignon, t. XXXIV, fol. 204.)

[2] L'édit de Charles IX qui fixe le commencement de l'année au 1ᵉʳ janvier étant daté du 4 août 1564, il y a encore lieu de restituer à cette pièce la date du nouveau style.

[3] La Bibliothèque de l'Arsenal, carton vert n° 4, possède une copie manuscrite de ces lettres qui vidiment les statuts de 1464 et les lettres de 1564, transcrits ci-dessus.

XV

1639, 18 février.

Ordonnance taxant le prix des suifs pour les chandeliers et les bouchers.

Coll. Lamoignon, t. XI, fol. 1050.

A tous ceux qui ces presentes lettres verront, Louis Seguier, chevalier, garde de la prevosté et vicomté de Paris, salut. Sur ce qui nous a esté remonstré par aucuns bourgeois de ceste ville que la chandelle estant taxée par le dernier reglement de police a six sols six deniers la livre, les chandeliers de leur autorité privée l'auroient mise et exposée a sept sols, et depuis continuant le desordre l'auroient fait monter jusques a huit sols la livre, qui est un prix excessif, nous aurions mandé les jurez pour savoir la cause de cette exaction; et ayant appris d'eulx que cela procedoit de ce que les maistres marchans bouchers leur vendoient la mesure de suif trente sept et trente huit sols au lieu de 28, 30 ou 33 sols au plus qu'ils le vendoyent auparavant, Nous, pour arrester le cours de ces excès et y apporter l'ordre necessaire. . . . . enjoignons auxdits bouchers de ceste ville d'apporter et exposer en vente les suifs de leurs fontes aux marchés, et à l'heure ordinaire iceulx vendre et debiter au public et aux maistres chandeliers à 33 sols la mesure, quoy faisant, ne pourront lesdits chandeliers vendre leurs chandelles bonnes, loyales et marchandes, plus de sept sols la livre [1]. Prononcé auxdits bouchers et chandeliers, la police tenant, le vendredy 18e jour de fevrier 1639. .

---

[1] 1669, 12 mars. — Ordonnance de police sur le taux de la chandelle. «Sur ce qui nous a eté representé par le procureur du Roy que les abus qui se peuvent commettre au debit de la chandelle, ayant esté dez longtemps prevus, il etoit ordonné par les anciennes ordonnances et par les reglemens de police que le prix seroit mis par chacun an à la chandelle. Et d'autant que pendant l'année dernière, le bon marché des bestiaux et l'abondance des graisses ont diminué notablement la valeur des suifs et qu'il ne seroit pas juste que la chandelle fust vendue au mesme prix qu'elle a esté les années précédentes, Nous, faisant droit sur le dit requisitoire, ordonnons que les ordonnances et reglemens faits pour la façon, vente et debit de la chandelle, seront executés selon leur forme et teneur, et ce faisant que pendant la presente année 1669, la meilleure ne pourra estre vendue plus de sept sols la livre pesant, faisons defenses a tous maitres chandelliers et a tous autres qu'il appartiendra vendans chandelles en gros ou en detail, de la vendre a plus haut prix, a peine de deux cens livres d'amende contre les contrevenans; et sera la presente ordonnance leue et affichée dans la chambre de la communauté des maistres chandelliers a diligence des jurez en charge. . . . . » (Lamoignon, t. XV, fol. 428.)

1698, 9 août. — Sentence de police. «Sur ce que les bouchers ne viennent pas de dix heures à midi, le jeudi de chaque semaine sur la vieille place aux Veaux, exposer leurs suifs; comme toutes ces contraventions qui paroissent concertées entre quelques bouchers et chandelliers mal-intentionnez pour le public ne tendent qu'à entretenir la cherté du suif. . . . . Ordonnons que les reglements seront executés selon leur forme et teneur. Ce fai-

XVI

1691, 22 mai. — Versailles.

Lettres de Louis XIV portant union à la communauté des chandeliers-huiliers,
des offices de jurés.

Arch. nat., Ordonn. 31ᵉ vol. de Louis XIV, X 1ᵉ 8685, fol. 197. — Coll. Lamoignon, t. XVIII, fol. 122.

Louis, par la grace de Dieu, Roy de France et de Navarre, a tous presens et avenir, salut. Les jurés, corps et communauté des chandeliers-huiliers de nostre bonne ville et fauxbourgs de Paris nous ont très humblement fait remonstrer qu'ayant, par nostre edit du moys de mars dernier, creé et erigé en titre d'offices hereditaires les gardes des corps des marchands et les maistres jurés des arts et metiers, ils ont un notable interest non seulement que ces charges soient exercées par des personnes de probité et d'experience dans le commerce, et que ceux qui en abuseront puissent estre depossedés, mais encore que ceux de leurs corps qui peuvent s'en bien acquitter puissent y parvenir à leur tour, au lieu qu'ils en seroient exclus, si ceux que nous en aurions pourveus ne pouvoient estre depossedez..... A ces causes, unissons et incorporons au corps et communauté desdits maistres chandeliers-huiliers, les quatre offices de jurés de leur communauté, creez par nostre edit du moys de mars dernier, en payant par eux, suivant leurs offres, la somme de trente mille livres, ès mains du receveur de nos revenus casuels en exercice, en troys payemens egaux, dont le dernier echera au quinze du mois de juin prochain; ce faisant voulons que lesdits offices soient exercés en vertu des provisions que nous en ferons expedier à ceux qui seront nommés par ladite communauté, pour le temps qui sera par elle avisé; après l'expiration duquel pourront lesdits jurés corps et communauté, nous presenter de nouveaux officiers, afin d'obtenir de nous la confirmation de leur nomination et continuer à l'avenir toutes les mutations d'officiers que voudra faire ladite communauté. Permettons aux jurés et autres denommés en ladite deliberation d'emprunter ladite somme de trente mille livres à constitution de rente..... et pour assurer le

sant que les bouchers seront tenus tous les jeudis de nous remettre un mémoire signé et certifié veritable, contenant la quantité des mesures de suif que chacun d'eux aura fondu dans la semaine ou la declaration de ceux qui n'auront fait aucune fonte. Leur enjoignons d'envoyer le jeudy de chaque semaine au marché de la vieille place aux Veaux, de dix à une heure, des echantillons de leurs suifs tant de bœuf que de mouton, sur lesquels et pendant ledit temps, ils vendront tous les suifs de leurs fontes sans aucune réserve. Leur faisons deffenses de mesler les suifs de differentes qualitez ou de les falsifier par d'autres graisses et suifs deffectueux et d'en garder d'une semaine à l'autre, les vendre en leurs maisons ou ailleurs qu'au marché public; faisons aussy deffenses aux chandelliers et à tous autres d'acheter des suifs dans les maisons des bouchers, sous peine pour lesdits chandeliers d'estre privez et dechuz de la maistrise." (Lamoignon, t. XX, fol. 231.)

71.

payement des arrerages et des principaux desdites rentes, voulons et ordonnons qu'il soit payé à l'avenir par chacun maistre qui sera nommé pour juré chandelier ou juré huilier la somme de cent livres; par chascung maistre qui sera reçeu par chef d'œuvre trois cens livres, outre les droits ordinaires et accoutumez; par chascun fils de maitre cinquante livres; pour chaque brevet d'apprentissage ou transport d'iceluy dix livres; par chacun desdits maitres de ladite communauté quatre livres par an pour droits de visite, outre les vingt sols qui se payoient aux jurés, à raison de cinq sols par chaque visitte..... et pour parvenir à une plus prompte liberation de la communauté, permettons aux jurés de recevoir jusques au nombre de six maistres sans qualité, entre les compagnons qui n'auront point d'enfans masles, en payant chacun la somme de mille livres, au profit de la communauté, laquelle somme sera employée en entier au remboursement de partie des principaux desdites rentes, sans que lesdits jurés puissent recevoir un plus grand nombre desdits maistres sans qualité [1]..... Sy donnons en mandement..... Donné à Versailles le 22 may, l'an de grace mil six cens quatre vingt onze et de nostre regne le quarante neufviesme.

XVII

1693, avril.

Édit de Louis XIV portant création, en titre d'offices,
de 12 visiteurs et contrôleurs de suifs pour les bouchers et chandeliers.

Ordonn. 33ᵉ vol. de Louis XIV, X 1ᵃ 8687, fol. 272. — Coll. Lamoignon, t. XIX, fol. 94.

Louis, par la grace de Dieu, Roy de France et de Navarre, à tous presens et à venir, salut. Les Roys nos predecesseurs se sont appliqués non seulement à procurer l'abondance dans le royaume, mais encore à ce que les denrées et les marchandises dont l'usage est necessaire, soient de bonne qualité; ils ont pour cela etabli des personnes experimentées chacune dans sa profession pour les visiter et marquer, et nous avons trouvé ces etablissements si utiles que nous les avons augmentés; et comme le suif est une matière dont l'usage et la consommation sont absolument necessaires, il a eté fait plusieurs ordonnances pour empescher l'alteration de cette marchandise par le melange des suifs de tripes et de graisse trop

---

[1] La réunion des deux communautés paraît avoir été définitive. Longtemps après on les retrouve encore associés pour la mesure générale prescrite aux métiers pour la reddition de leurs comptes, ainsi que l'indique cette cote :

1749, 15 mai. — Arrêt du conseil sur le règlement pour l'administration des deniers communs de la communauté des chandeliers-huiliers et reddition des comptes de jurande. (Lamoignon, t. XXXIX, fol. 34.)

fluide qui la rendent de très mauvais usage; et a mesme temps par ordonnances pour remedier aux monopoles qui se faisoient par les marchands bouchers et les marchands chandelliers pour lui donner un trop haut prix, il a fallu faire des deffenses très expresses aux uns de saler leurs suifs pour se pouvoir garder plus longtemps, et aux autres d'en avoir plus de trois milliers dans leurs magazins; et pour l'observation de ces reglements il auroit eté etabli des prudhommes pour visiter les bouchers et les chandelliers, ce qui s'est pratiqué fort longtemps au grand avantage du public[1]. Cependant quoyque nous n'appercevions aucun relâchement dans l'observation des ordonnances de police, par la grande et assidue application des magistrats, nous estimons neanmoins que la visite de cette sorte de marchandise, empeschant le melange des graisses, seroit utile au public et nous donneroit mesme quelque secours, dans la conjoncture presente de la guerre, par la vente des offices de visiteurs et de controlleurs des suifs qui ne seront aucunement à charge au vendeur ni à l'achetteur, parce que le vendeur ne payera aucun droit de visite ny de controlle et que le droit qui se prendra sur l'acheteur outre qu'il sera modique se trouvera recompensé par la bonne qualité de la marchandise. A ces causes et de notre certaine science, pleine puissance et autorité royale, nous avons par le present edit perpetuel et irrevocable creé et erigé, creons et erigeons, en titres d'offices hereditaires, douze visitteurs et controleurs des suifs, tant de ceux qui procedent de l'abatis des bœufs et moutons dans notre ditte ville et fauxbourgs de Paris, que de ceux qui sont apportés du dehors et des pays etrangers, auxquels offices nous avons attribué et attribuons un sol pour chacune livre de suif, payable par l'acheteur..... Donné à Versailles au mois d'avril l'an de grace 1693.

[1] Les jurés faisaient la visite des ateliers et la réception des marchandises :

1667, 13 août. — Arrêt du Parlement qui maintient les jurés chandeliers au droit de visiter les chandelles et suifs qui arriveront en cette ville de Paris, tant par eau que par terre, «lesquelles à cette fin tiendront port et marché pendant trois jours; ce fait seront portés aux halles pour estre lotties entre les maistres chandeliers et par eux debités en detail et les suifs qui se trouveront bons par la visite convertis en chandelle; sinon les defectueux seront vendus aux maitres des autres mestiers qui se servent de suifs pour estre employez à leur usage.» (Lamoignon, t. XV, fol. 124.)

TITRE XVIII.

VINAIGRIERS, BUFFETIERS, SAUCIERS, MOUTARDIERS.

D'argent, à une brouette, de gueules, sur laquelle est un baril,
de sable, cerclé d'argent [1].

Ces commerçants sont connus sous les différents noms inscrits dans le titre; celui de vinaigriers a été le plus en usage et s'est même prolongé jusqu'à nos jours. Ils fabriquaient des vinaigres avec les vins avariés et plus tard ils obtinrent le droit de brûler les lies pour distiller les eaux-de-vie à l'égal des distillateurs.

Le vinaigre s'appelait au moyen âge, vin de buffet, d'où vint leur nom de buffetiers. Étienne Boileau ne leur a pas donné de statuts, cependant il les cite comme un métier reconnu; leurs jurés touchaient, à titre de rémunération, 2 deniers sur 2 sols des droits d'entrée perçus sur les vins au petit pont [2].

Le prévôt Jehan de Folleville est l'auteur de leurs statuts datés de 1394 [3]; ce texte, qui nous manque, est reproduit dans les lettres patentes de 1412, 1514, 1559 et 1567, dont la teneur varie peu et n'offre qu'une confirmation légèrement amplifiée. L'apprentissage était de trois ans; la maîtrise, entièrement gratuite pour les fils de maîtres, s'élevait à 30 sols parisis pour les aspirants après apprentissage et chef-d'œuvre. Il y avait quatre jurés chargés de toutes les affaires, de la visite des marchandises et des ustensiles pour lesquels on exigeait la plus grande propreté. Les maîtres avaient droit au partage dans les marchés et ne pouvaient tenir que deux valets par maison.

Dans la confirmation de 1559, les statuts insistent de nouveau sur les mêmes points, en termes encore plus explicites. La graine de moutarde, les verjus doivent être de qualité irréprochable, les ustensiles bien entretenus et les ouvriers soignés dans leurs vêtements. Pour la première fois il est défendu de brûler la lie [4], évidemment dans la fabrication de l'eau-de-vie, réservée aux distillateurs, mais cette prescription ne fut jamais exactement observée.

[1] D'Hozier: *Armorial*, texte, t. XXV, fol. 547; blasons, t. XXIII, fol. 687.

[2] *Livre des métiers*, p. 237, art. 50 : «Et de ces 11 s. de cele rente doivent avoir li buffetier 11 d. — Et les vont querir les buffetiers de Paris avec les autres droits cy declarez.»

[3] L'Ordonnance de 1351 mentionne les moutardiers parmi les marchands d'avoir de poids. (Ci-dessus, p. 21, art. 9.) Les vinaigriers n'y sont pas nommés.

[4] Voyez pièce V, art. 21; pièce VI, art. 23; pièce VIII, art. 20 de 1658.

Le texte des statuts de 1567 trahit chez les vinaigriers l'intention de restreindre l'exercice de leur métier aux maîtres de la communauté, suivant l'impulsion générale de la classe ouvrière qui, à la fin du xvi⁰ siècle, voit ses privilèges atteints par le développement des affaires. A la suite de ces statuts, les bourgeois non commerçants se virent interdire la vente, comme vinaigres, de leurs vins avariés; c'était une exagération du privilège des vinaigriers, et par lettres patentes de juillet 1567, cette faculté fut rendue aux bourgeois.

Un siècle plus tard, en août 1658, apparaît un nouveau texte de statuts en 43 articles, homologués par Louis XIV; ils sont l'œuvre d'un légiste, trop verbeux il est vrai et faisant à tout propos des citations interminables de dates et d'arrêts, mais les règlements sont bien compris et basés sur les textes antérieurs comme sur la situation présente. Les maîtres déclarent être deux cents avec trois garçons chacun; en ajoutant les apprentis, c'était un nombre respectable. Outre les règlements ordinaires d'ordre intérieur [1], on remarque (art. 28) une condition particulière d'après laquelle, en payant 1,800 livres une fois données, la communauté fut dispensée dans l'avenir de tous les droits de confirmation pour joyeux avènement à la couronne, mariages et naissances de princes.

A la suite de ces statuts, la communauté intenta divers procès aux métiers qui empiétaient sur ses affaires, comme les épiciers, limonadiers, tonneliers, chandeliers, marchands de vin [2]. Tous réclamaient le droit de vendre les vinaigres en détail, mais les vinaigriers firent toujours affirmer leur privilège de commerce de gros. En 1694, une contestation s'éleva entre vinaigriers et distillateurs; leurs fonctions réciproques y furent définies et les vinaigriers maintenus dans leur droit de fabriquer, vendre et acheter à leur gré des eaux-de-vie. Les offices de gardes jurés furent unis à leur communauté pour la somme de 10,000 livres, par déclaration du 4 juin 1692 [3]; ceux d'auditeurs receveurs des comptes pour 8,800 livres, le 24 avril 1696 [4]; d'inspecteurs des jurés en 1745, pour 20,000 livres.

Une sentence de police du 27 janvier 1722 [5] donne aux vinaigriers un règlement intérieur qui s'appliquait à presque toutes les communautés. Dans le local commun, le siège social pour ainsi dire, on devait afficher les noms des maîtres en trois colonnes : 1° les syndics, jurés et anciens maîtres; 2° les modernes; 3° les jeunes, sans distinction pour les fils de maîtres et

---

[1] Apprentissage de 4 ans; compagnonnage de 2 ans; pour prendre apprenti il fallait 7 ans de réception et 10 ans pour être juré; il y avait 4 jurés, faisant 6 visites régulières par an et vérifiant tous les arrivages sur les ports.

[2] On les trouvera exposés dans les publications suivantes :

Statuts des maîtres vinaigriers. Paris, Martin, 1682, in-4°. (Bibl. de l'Arsenal, jurispr., n° 4578.)

1. Statuts de 1658 avec mention des précédents depuis 1394. — Divers arrêts contre particuliers et communautés rivales, épiciers, tonneliers, marchands de vin, chandeliers.

2. Déclaration portant réunion des offices de jurés, 4 juin 1692 (pièce 6).

3. Arrêt contre les limonadiers, autorisant les vinaigriers à fabriquer et vendre des eaux-de-vie, 26 mars 1694 (pièce 9).

4. Arrêt dispensant les vinaigriers de la visite des jurés limonadiers, 27 mars 1696 (pièce 14).

5. Déclaration portant réunion des auditeurs des comptes, 24 avril 1696 (pièce 15).

Statuts des maîtres vinaigriers. Paris, Knapen, 1737, in-4°, 67 pages. (Bibl. de l'Arsenal, jurispr., n° 4579.) — Divers arrêts de 1705 à 1737, contre les épiciers, limonadiers, marchands de vin.

[3] En même temps on éleva les droits de visites des jurés à 25 livres par maître; le brevet d'apprentissage et droit d'ouverture de boutique à 10 livres; la réception à la maîtrise à 450 livres, réduite à 100 et 120 pour les fils de maîtres; la jurande à 150. (Lamoignon, t. XVIII, fol. 851.)

[4] On attribua à ces offices 140 livres de gages annuels; le brevet fut porté à 20 livres, la maîtrise à 600 livres et pour les fils de maîtres à 200 livres, la jurande à 300 livres. (Ibid., t. XIX, fol. 651.)

[5] Lamoignon, t. XXVII, fol. 429.

ceux reçus par chef-d'œuvre. Ce tableau servait à la composition des assemblées où devaient siéger, avec tous les anciens, un nombre de maîtres pris à tour de rôle dans les deux autres catégories. Lors du renouvellement des communautés, en 1776, les vinaigriers furent joints aux limonadiers et leur maîtrise resta fixée à 600 livres.

Le jeton manque dans les collections publiques. Le très curieux plomb emprunté à Forgeais représente Notre-Dame de la Nativité, patronne de la confrérie, établie dans l'église du Saint-Sépulcre, d'après le « Guide des marchands » de 1766, avec la légende « aux m[estres] vine-griers [1] ». Le revers porte trois vrilles ou forets.

Forgeais, *Numismatique des corporations parisiennes*, 1874, p. 241.

—>⊕<—

I

1394, 28 octobre.

*Ordonnance de Jehan de Folleville, prévôt de Paris,
contenant les premiers statuts des vinaigriers-sauciers-moutardiers* [2].

II

1412, 22 mars.

Lettres du prévôt de Paris approuvant les statuts des buffetiers-vinaigriers, en 15 articles.

Arch. nat., Trésor des chartes J. J. 166, pièce 201, fol. 132. — Coll. Lamoignon, t. III. fol. 544.

A tous ceulx qui ces presentes lettres verront, Pierre des Essars. . . . . garde de la prevosté de Paris, salut. . . . . pour le bien et utillité du royaulme et du Roy nostre Sire et de la chose publique, avons fait et faisons les ordonnances et status qui s'ensuivent :

1. Premierement que aulcun doresenavant ne pourra lever son mestier comme

---

[1] Forgeais a cru devoir lire « aux trois vine-griers », ce qu'il ne peut expliquer. En rapprochant la forme des lettres *n m*, on acceptera sans aucun doute notre lecture.

[2] Coll. Lamoignon, t. III, fol. 177, mention

d'après le 2ᵉ Livre des métiers du Châtelet, fol. 182. — Lamare, *Police*, t. III, p. 434, mention d'après même source. Ce texte manquait déjà lorsque Lamoignon fit faire son recueil. Il était au fol. 328 du ms. de la Cour des comptes.

maistre, se oudit mestier il n'a esté aprentis par l'espace de trois ans, sur peine de trente sols parisiz d'amende, dont les deux pars seront au Roy nostre Sire, et la tierce partie aux jurez et maistres dudit mestier.

2. Item que oudit mestier aura doresenavant quatre personnes souffisantes et convenables, pour icelui mestier gouverner et garder, et pour eulx prendre garde des mespreneurs, qui y sont et pourront estre; lesqueles quatre personnes seront esleues par la plus grant et saine partie d'icelui mestier, et y seront ordonnez et establiz par le prevost de Paris ou son lieutenant; et pourront prendre avecques eulx une personne ou plusieurs de leurdit mestier; lesquelles gardes dudit mestier seront renouvellées tous les ans, se bon semble aux gens dudit mestier ou a justice, et auront pour leurs peines les drois ordonnés, pour le quart des amandes dessusdites.

3. Item et que se l'apprentiz, qui aura servy trois ans, requiert ausdiz jurez estre reçeu comme maistre, ilz seront tenuz de le recevoir, pourveu qu'il soit souffisant et par paiant trente sols parisis, c'est assavoir les deux pars au Roy et le tiers aux jurez.

4. Item que aucun dudit mestier ne mette en besongne lye puante, ne vin bouté ou puant, sur peine de quinze sols parisis d'amende, a appliquer comme dessus, ét les denrées perdues et gettées aval, a ce que aucun ne le puist vendre.

5. Item et que aucun, dudit mestier, ne porte ou face porter ne tenir en son hostel, hotte orde ou qui soit chancie, ne aussi couverture de hotte, sur peine de cinq solz parisis d'amende, a appliquer comme dessus.

6. Item et que se en cuviers, ne hottes des gens dudit mestier, on treuve vers, ceulz sur qui ilz seront treuvez, seront tenuz de l'amender de quinze sols parisis, a appliquer comme dessus; et que, se ès sacz, qui seront trouvez en cuviers des gens dudit mestier, on treuve sacs qui soient plaine de lymon et chancis, ceux sur qui ils seront trouvez, seront tenuz de l'amender de cinq solz parisis, a appliquer comme dessus.

7. Item que se en la cuvette, jatte ou mesures des gens dudit mestier, on treuve ordure de limon ou chancis, ceux sur qui ilz seront trouvez, seront tenuz de l'amender de cinq solz parisis, a appliquer comme dessus.

8. Item que aucun buffetier ne pourra doresnavant mettre en besoingne vin recueilli par terre, sur peine de perdre ledit vin, et de le confisquer, et de paier quinze sols parisis d'amende, a appliquer comme dessus.

9. Item et que aucun buffetier ne pourra tenir, en sa maison, que un varlet, pour marchander et pour crier la lye parmy Paris, sur peine de quinze sols parisis d'amande, a appliquer comme dessus.

10. Item et que se aucun dudit mestier treuve marchié de vin ou de lye appartenant a leurdit mestier, se les autres dudit mestier vuellent avoir part et portion

oudit marchié, ilz l'auront, pourveu que eulx ou leurs varlez soient presens oudit marchié faire, et par paiant promptement le pris de sa part; et se l'acheteur est refusant de ce faire et de bailler la part a celui qui sera present, par la paiant, il sera tenu de l'amender et paiera pour amende la somme de dix sols parisis, a appliquer comme dessus.

11. Item et que aucun dudit mestier ne pourra metre en besoingne varlet d'autruy dudit mestier, sans le sceu, congié et licence de celui a qui il sera alloué, sur peine de quinze sols parisis d'amende, a appliquer comme dessus.

12. Et que tous ceulx dudit mestier seront tenus de montrer aux jurez dudit mestier leurs besongnes, et ce qui appartient a veoir, oudit mestier, et se aucun en est refusant de ce faire, il sera tenu de l'amender de la somme de dix sols parisis, a apliquer comme dessus.

13. Item et que aucun dudit mestier doresnavant ne pourra ouvrer aux festes de Nostre-Dame, des apostres, saincte Genevieve, saint Vincent, sainct Nicolas, saint Martin, ne ès autres festes solennelles, sur peine de cinq solz parisis d'amende, a apliquer comme dessus.

14. Item que se aucun buffetier va de vie a trespassement, sa femme qui le survivra, pourra tenir sondit mestier, tant comme elle se tendra de marier, pourveu qu'elle n'aura qu'un varlet marchant pour crier les lyes parmy Paris; et se elle prent plus d'un varlet, elle sera tenue de paier quinze solz parisis d'amande, a appliquer comme dessus.

15. Item, et se le fils d'un buffetier requiert estre reçeu oudit mestier comme maistre, ils seront tenuz de le recevoir, mais qu'il soit trouvé par eux souffisant par jurant garder les ordonnances dudit mestier, sans autres devoirs paier, pour cause de son entrée [1].

. . . . . En tesmoing de ce, nous avons fait mectre a ces lettres le seel de la prevosté de Paris. Ce fu fait en jugement audit Chastellet, le mardi vingt deuxiesme jour du mois de mars, l'an de grace mil quatre cens et onze.

---

[1] Deux pièces concernent ces statuts :

1412, 12 juin. — Lettres patentes de Charles VI, confirmant purement et simplement les statuts précédents (Arch. nat., Trésor des chartes, J. J. 166, pièce 201, fol. 132. — Coll. Lamoignon, t. III, fol. 557, mention. — Ordonn. des Rois de Fr., t. X, p. 15).

1418, 13 janvier. — Lettres patentes de Charles VI par lesquelles il est mandé au prévôt de Paris de faire garder les statuts des buffetiers, nonobstant le procès à eux intenté en 1412 par le seigneur de Croy, grand bouteiller de France (Coll. Lamoignon, t. IV, fol. 47, mention, d'après le 2e registre des métiers, fol. 97, aujourd'hui perdu).

III

1493, 22 juillet.

Lettres de Jacques d'Estouteville, prévôt de Paris,
rendues à la requête des maîtres jurés et gardes du métier des vinaigriers.

Arch. nat., Livre bleu Y 6³, fol. 42. — Coll. Lamoignon, t. V, fol. 289.

A tous ceulx qui ces presentes lettres verront, Jacques d'Estouteville, chevalier..... faisons inhibicion et deffense, de par le Roy nostre Sire, a tous les
maistres buffetiers et vinaigriers de la ville de Paris, ayans aprentiz, de ne faire
doresnavant crier la lye, par la ville de Paris, ne marchander par leurs varletz,
ne autres, sinon par eulx mesmes, ou par lesdiz aprentilz, s'aucuns en ont, et ce
sur peine de vingt solz parisis d'amende, a appliquer les deux tiers au Roy
nostredit Sire, et l'autre tiers ausdiz jurez; sauf toutesvoyes que les maistres dudit
mestier, qui n'auront aucuns aprentilz oudit mestier, pourront crier et acheter la
lye par la ville de Paris, ou le faire faire par leurs varletz, s'aucuns en ont,
comme si s'estoient leurs apprentiz. Dont lesdiz jurez et gardes dudit mestier
nous ont requis letres; si leur avons octroié ces presentes, esquelles en tesmoing
de ce nous avons fait mettre le seel de la prevosté de Paris. Ce fut fait le lundi
xxiie jour de juillet, l'an mil cccc quatre vins et treize.

IV

1514, septembre.

Lettres patentes de Louis XII, confirmant les statuts précédents de 1412 pour les vinaigriers,
avec un nouveau texte en 21 articles.

Arch. nat., Livre gris, Y 6³, fol. 137. — Bannières, 1er vol., Y 7, fol. 508 v°. — Coll. Lamoignon, t. V, fol. 640.
Ordonn. des Rois de France, t. XXI, p. 572.

Loys, par la grace de Dieu, Roy de France, sçavoir faisons a tous presens et
advenir nous avoir receu l'umble supplicacion des jurez et communauté du mestier de buffetier, vinaigrier, moutardier, contenant certains statuts, ordonnances
et articles, desquels articles la teneur s'ensuit :

3 [1]. Item que aucun maistre dudit mestier ne pourra prandre aprentiz a moins

---

[1] Les trois textes de 1514, 1559 et 1567 sont
d'une date trop rapprochée pour être reproduits
in extenso. Nous n'avons relevé que les modifications aux statuts de 1412, pris comme texte d'origine, en conservant toutefois les numéros donnés
aux articles dans chaque document. On pourra
ainsi suivre les changements des statuts, tout en
évitant les répétitions trop fréquentes.

de temps de trois ans finiz et acompliz, et sera tenu ledit maistre, huit jours après
la lectre d'apprentissaige passée, la monstrer aux jurez dudit mestier, afin de icelle
faire enregistrer ou papier et registre des aprentiz d'icellui mestier qui est devers
les maistres de la confrairie, et ce pour obvier aux fraudes et abuz qui se y peuvent commectre, sur peine de quarente solz parisis d'amende, a prandre sur ledit
maistre qui fera le contraire, a appliquer moitié au Roy et l'autre moictié ausditz
jurez; et payera ledit apprentiz pour son entrée cinq solz parisis, a applicquer
moictié au Roy et moictié a la confrairie dudit mestier.

12. Item semblablement que aucun maistre dudit mestier ne soit reffusant de
monstrer ausditz jurez son moulin, ou il fait sa moustarde, ensemble le vinaigre
et senevé de quoy il la fait, pour savoir si ledit moulin est nect pour faire moustarde; et se les estoffes de quoy il fait icelle moustarde sont bonnes et bon vinaigre
notré, et que ledit senevé ne sente le remeugle[1] et qu'il soit digne de user a corps
humain; et oultre que les compaignons ou varletz qui feront et porteront lesdites
moustardes soient sains ès membres et nectz en habillemens, sur peine aux reffusans et faisans le contraire de semblable amende de vingt solz parisis, a applicquer comme dessus.

14. . . . . . Et ne aura (la veuve) que ung varlet marchant pour cryer la lye
parmy Paris, non plus que les autres; et si elle prent plus d'un varlet, elle sera
tenue l'amender de vingt solz parisis; mais se elle est mal renommée de sa personne, les jurez et gardes dudit mestier luy pourront faire interdire par justice de
tenir ouvrouer et joyr du privileige.

16. Item que aucun marchant forain ne pourra amener vins, lye ne rappez,
servans audit mestier, pour vendre en ceste ville, que prealablement et avant que
les exposer en vente, ils n'aient esté veuz et visitez par les jurez dudit mestier, sur
peine de vingt solz parisis d'amende a applicquer comme dessus.

17. Item et pour chascun muy ainsi venant de dehors sera payé ausditz jurez par ledit marchant forain, pour leur peine et visitacion, six deniers parisis; et
se aucun maistre dudit mestier veult acheter dudit marchant forain lesdites
marchandises, il sera tenu faire savoir la vente desdites marchandises ausditz jurez pour faire visitacion desdites marchandises avant que povoir acheter icelles
marchandises, sur peine de vingt solz parisis d'amende, a applicquer comme
dessus.

18. Item que aucun quel qu'il soit[2] ne pourra faire vinaigre, vin de buffet, ne
pressurer lye pour vendre, se le vin ou estoffes[3] de quoy il feroit ledit vinaigre
ou vin de buffet n'est de son creu, sans fraude, mais bien en pourra faire pour

---

[1] Cette expression se retrouve dans tous les
statuts jusqu'en 1567, art. 14; en 1658, art. 26,
on dit : «le relan». C'est une mauvaise odeur de
renfermé.

[2] L'ordonnance de 1567 ajoute, pour rendre
ce texte plus clair : «quel qu'il soit, s'il n'est maistre
vinaigrier. . . »

[3] *Estoffes* est pris dans le sens de «matières».

son user se bon luy semble seulement, sur peine de soixante solz parisis d'amende, a applicquer comme dessus.

19. Item que aucun ne pourra amener de dehors cendre gravelée en ceste ville de Paris, pour vendre, que premierement n'ait esté veue et visitée par lesditz jurez dudit mestier, sur peine de vingt solz parisis d'amende, et auront iceulx jurez pour chascun sextier, pour leur peine et visitacion, six deniers parisis.

20. Item que aucun doresnavant, de quelque mestier ou estat qu'il soit, ne pourra acheter les vins aigres ne rappez a faire vinaigre, pour les revendre pour en faire vin de buffet ou vinaigre, en ceste ville de Paris, sur peine de vingt solz parisis d'amende a applicquer comme dessus [1].

. . . . . Donné a Paris ou mois de septembre l'an mil cinq cens quatorze et de nostre regne le dix septiesme.

⁚·

V

1559, janvier.

Lettres patentes de Henri II confirmant les statuts des vinaigriers et approuvant une nouvelle réduction en 25 articles.

Arch. nat., 2ᵉ cahier neuf Y 85, fol. 69. — Coll. Lamoignon, t. VII, fol. 734.
Coll. Lamare, ms. fr. 21663, fol. 171.

Henry, par la grace de Dieu, Roy de France. Savoir faisons avoir reçeu l'umble suplicacion des buffetiers vinaigriers moutardiers. . . . . desquelz articles [2] la teneur ensuyt :

8. Item que aucuns ne aulcunes ne pourront amener senevé a faire moustarde en ceste ville de Paris, et ne pourront l'exposer en vente dedans ladicte ville et Halles d'icelle, que prealablement il n'ayt esté veu et visité par les jurez dudit mestier, en peine de vingt solz parisis d'amende; et auront lesdiz jurez, pour leurs peines et visitacion, douze deniers parisis pour septier.

9. Item que aulcuns gresniers ne autres personnes ne pourra achepter ledit senevé que premierement il n'ayt esté veu et visité par les jurez, pour les fraudes et abbuz qui se y commettent, attendu que lesdicts gresniers et autres personnes en vendent de puant et remugle, qui n'est digne d'user aux corps humains; et

---

[1] 1519, septembre. — Lettres patentes de François Iᵉʳ, portant confirmation pure et simple des statuts des buffetiers-vinaigriers (Coll. Lamare, ms. fr. 21663, fol. 165).

1552, janvier. — Lettres patentes de Henri II confirmant les statuts des buffetiers-vinaigriers (Lamare, t. III, p. 437).

[2] Ces statuts reproduisent les 21 articles de 1514 et en ajoutent cinq nouveaux, intercalés aux numéros 8, 9, 10, 14, 21, que nous donnons ici.

ceulx qui seront trouvez faisans le contraire seront condempnez en l'amende de vingtz sols parisis, a applicquer comme dessus et la marchandise bruslée.

10. Item que aulcun dudit mestier et autres ne pourront vendre vert-jus en detail, parmy ladite ville et fauxbourgs, qui ne soit bon et loyal, digne d'user aux corps humains, attendu l'abbuz qui se y commect, parce que le plus souvent il est exposé en vente et vendu, au lieu de vert-jus, du vin blanc gasté, et davantaige y mectent la moittié d'eau avec ledit vert-jus, et ceulx ainsy trouvez commettans lesdits abbuz seront condamnez en seize solz d'amende, a applicquer comme dessus, et ladite marchandise confisquée et gectée.

14. Item aucuns ne pourront faire moustarde, en leurs maisons, tant vinaigriers, chandelliers que autres, tant de la ville que faulxbourgs, que leurs moulins ne soient premierement veuz et visitez par lesdiz maistres vinaigriers et moustardiers, attendu qu'il fault qu'ils soient netz, sans estre chaniz ne moisiz, et faite de vinaigre nostré et que le senevé ne sente le remugle, affin de sçavoir si le tout est digne de user aux corps humains; aussi que les compaignons ou varletz desdicts maistres vinaigriers qui feront et porteront lesdictes moustardes, soient sains de leurs membres et netz en habillement, sur peine aux refusans et faisans le contraire, de semblable amende de vingt sols parisis, a applicquer comme dessus.

21. Item que aulcuns maistres ne pourront brusler lye dedans leur maison [1], tant en ladicte ville que fauxbourgs, sur peine de l'amende de quarante solz parisis, a appliquer comme dessus.

. . . . . Donné a Paris au moys de janvier l'an de grace mil cinq cens cinquante huit et de nostre regne le douziesme.

VI

1567, avril.

Lettres patentes de Charles IX confirmant les statuts déjà donnés aux vinaigriers, et ajoutant de nouveaux articles.

Arch. nat., Bannières, 7ᵉ vol., Y 12, fol. 143 v°. — Coll. Lamoignon, t. VIII, fol. 421.

Charles, par la grace de Dieu, Roy de France, sçavoir faisons a tous presens et advenir, Nous avoir reçeu l'humble supplicacion de nos chers et bien amez les maistres jurez et communaulté du mestier de buffetier, vinaigrier et moutardier de nostre bonne ville et faulxbourgs de Paris. . . . . iceulx supplians auroient

---

[1] Cette défense, émise vraisemblablement sur la demande des distillateurs, ne reçut pas d'exécution, ceux-ci n'ayant été établis en métier juré que dans leurs statuts de 1637. Voyez au titre suivant.

puis naguères faict veoir et arrester en langaige intelligible leursdites ordonnances, tant antiennes que modernes, et icelles faict corriger et augmenter, ainsy qu'il estoit de besoing, pour le bien utilité et commodité de la chose publicque, police et entretenement dudict mestier, dont la teneur ensuit :

1. Et premièrement que aulcun doresenavant ne pourra lever son mestier, ne faire faict de maistre dudit mestier, que premièrement il n'ait esté apprenty, avec un maistre d'icellui mestier, en nostredite ville, par le tems et espace de quatre ans entiers, finis et acomplis, dans l'age defini pour servir ailleurs pendant lesdites quatre années.

2. Item, que aulcun maistre dudit mestier ne pourra prendre apprenti moins de tems que de quatre ans finiz et acompliz; et sera tenu ledit maistre huict jours après la lettre d'apprentissaige passée, la monstrer aux jurez dudit mestier, affin d'icelle enregistrer au papier et registre des apprentifs d'icellui mestier, qui est devers les maistres de la confrerie, et ce pour obvier aux abbuz et fraudes qui se peuvent commettre, sur peine de quarante solz parisis d'amende, à prendre sur le maistre qui fera le contraire, à applicquer moittié au Roy et l'autre moittié ausdiz jurez; et paiera ledit apprenty pour son entrée cinq sols parisis, a applicquer moictié au Roy et l'autre moictié à la confrerie dudit mestier.

3. Item si l'apprenty qui aura faict son apprentissage par l'espace de quatre ans finiz et acompliz, ainsy que dit est, requiert aux jurez pour faire chef d'œuvre et estre reçeu et passé maistre, ils seront tenuz de le recevoir, s'il est par eux et les bacheliers dudit mestier trouvé suffizant ouvrier, et qu'il n'ait aucun reprouche, et ne soit noté d'aucun crime et delict, en faisant par luy les droits et devoirs que l'on a acoustumé de faire par cy devant, et payant par luy trente sols parisis, a sçavoir vingt solz parisis au Roy et diz solz parisis aux jurez dudit mestier.

4. Item qu'aulcuns maistres ou compaignons demourans et levans ouvrouers, tant en la ville de Paris que ès faubours d'icelle, ne pourront mettre en besongne, ne tenir en leurs maisons, lye puante, vins ne rapez qui soient puans ne boutez, sur peine de quarante sols parisis d'amende, a applicquer comme dessus, et lesdites denrées ainsy trouvées puantes et infectes estre gettées, a ce qu'aulcuns ne les vendent ou en puissent faire leur proufit.

5. Que si au logis d'aulcun maistre dudit mestier demourans en ladite ville et fauxbours, sont trouvez aucuns cuviers, tinettes et barilz a defoncer, mesurer, auger, aultrement dicts sebilles, sacs, seaux, entonures et autres ostils de leur mestier, chansiz, moisiz et limonneux, celuy sur qui ils seront trouvez payera vingt solz parisis d'amende, a applicquer comme dessus.

6. Item, que si auxdiz cuviers, tinettes et autres ostilz cy dessus desclairez, sont trouvez aucuns vers, ceux sur lesquelz ils seront trouvez seront condamnez en l'amende de vingt solz parisis a applicquer comme dessus.

7. Item que aulcun maistre dudit mestier ne pourra mettre en besongne vin recueilli par terre, sur peine de perdre le vin, et estre getté, et payer vingt sols parisis d'amende a applicquer comme dessus.

8. Item que aucun et aucune ne pourront admener senevé à faire moustarde, en ceste ville de Paris, ne icelle exposer en vente dedans ladite ville, ne ez halles d'icelle, que prealablement elle n'ait esté veue et visitée par les jurez dudit mestier, a peine de vingt sols parisis d'amende; et auront lesdiz jurez pour leurs peines et vaccation douze deniers parisis par sextier.

9. Item qu'aucun graisniers ne autres personnes ne pourront achepter ladite semence que premièrement elle n'ait esté veue et visitée par les jurez, pour les fraudes et abuz qui se commettent, attendu que lesdiz graniers ou autres personnes en vendent de puante et remugle, qui n'est digne d'user au corps humain; et ceux qui seront trouvez faisans le contraire seront condamnez en l'amende de vingt solz parisis, à applicquer comme dessus et la marchandise bruslée.

10. Item que aulcuns dudit mestier et aultres ne pourront vendre verjus en detail, parmy ladite ville et fauxbourgs, qui ne soit bon et loyal et digne d'user au corps humain, attendu l'abuz qui s'y commect, parce que le plus souvent il est exposé à vente et vendu, au lieu de verjus, du vin blanc gasté, et davantage y mettent la moittié d'eau avec ledit verjus; et ceux ainsy trouvez commettre lesdiz abuz seront condamnez à seize solz parisis d'amende, a applicquer comme dessus, et ladite marchandise confisquée et jettée.

11. Item qu'aulcun maistre dudit mestier ne pourra tenir en sa maison qu'un serviteur marchant pour crier et achepter parmy la ville et fauxbourgs, et s'il y a ung apprenty, il ne pourra avoir d'autre varlet marchant pour achepter, tant que les quatre ans dudit apprenty soient finis et accomplis, sur peine de quarante sols parisis d'amende a applicquer comme dessus.

12. Item si aucun buffetier vinaigrier et moustardier trouve marché de vin, lye ou rappez, appartenant audit mestier et il survient aucun maistre ou serviteur marchant dudit mestier, portant verge, qui soit present au marché et qui veuille avoir part et portion de ladite marchandise, l'achepteur sera tenu luy en bailler sa part et portion, en payant sadite part du prix; et si ledit achepteur est reffuzans, il sera condamné en l'amende de dix sols parisis à l'achepteur, et de recompenser le maistre au dire des jurez dudit mestier.

13. Item que aulcun dudit mestier, soit en la ville et fauxbourgs de Paris, ne pourra mettre ne besongner serviteur d'autruy pendant le tems qu'il est encore alloué à son premier maistre, et sans congé et licence dudit maistre chez qui il aura servi paravant, sur peine de vingt sols parisis d'amende, à applicquer conime dessus.

14. Item, que aucuns ne pourront faire moustarde en leurs maisons que leurs moulins ne soient nectz, sans estre chansis ne moisiz et que ladite moutarde soit

faite de vinaigre nostré, sans que la saumeur sente le remeugle, et aussy que les compaignons et varlez desdiz maistres vinaigriers qui feront et porteront lesdites moutardes soient sains de leurs membres et netz en habillements, sur peine au contrevenant de semblable amende de vingt sols parisis, a applicquer comme dessus.

15. Item sera defendu a toutes personnes quels qu'ils soient de ne fere moutarde, ne icelle exposer en vente, s'il n'est maistre dudit mestier de vinaigrier, sur peine de quarente solz parisis d'amende, a applicquer comme dessus.

16. Item que aucun ne pourra envoyer vendre par la ville aucune moutarde, qu'elle n'ayt esté posée du jour au lendemain, sur peine de vingt solz parisis d'amende.

17. Item que touz ceulx dudit mestier seront tenuz monstrer ausditz jurez dudit mestier leurs besongnes, ouvraiges, marchandises, ostilz et tout ce qui generalement appartient à veoir aux jurez et gardes dudit mestier; et si aulcun est reffusans, sera tenu de l'amende de vingt solz parisis, a applicquer comme dessus.

18. Item que aucun dudit mestier ne pourra doresenavant ouvrer aux jours de dymenche, des festes Nostre Dame, des apostres, sainte Genevieve, saint Vincent, saint Martin, saint Nicollas, ne festes solennelles, sur peine de vingt solz parisis d'amende à applicquer comme dessus.

19. Item si aucun maistre buffetier et vinaigrier va de vye à trespas, la femme qui le seurvivra pourra tenir son mestier, tant qu'elle demourra vefve dudit maistre, pourveu qu'elle soyt de bonne vye et honneste conversacion, et n'aura que ung varlet marchant pour crier la lye en ladite ville et fauxbourgs, non plus que les autres; et si elle prend plus que d'un varlet, elle sera teneue en l'amende de vingt solz parisis; mais si elle est mal renommée de sa personne, les jurez et gardes dudit mestier luy pourront faire interdire par justice de ne tenir ouvrouer ne aussy de jouir du privilleige.

20. Item se le filz d'ung maistre dudit mestier requiert estre reçeu à la franchise et maistrise dudit mestier, lesdiz jurez seront tenuz de le recepvoir, mais qu'il soit trouvé par eulx expert et souffizant pour garder les ordonnances dudit mestier, sans aultre debvoir payer, a cause de sa reception.

21. Item que aulcuns marchands ne pourront admener vin, lye, rappez ne vinaigre, servant audit mestier, pour vendre en ladite ville, que prealablement et avant que de l'exposer en vente ils n'ayent esté l'espace de vingt quatre heures au port auquel ilz seront arrivez, et qu'ilz n'ayent esté veus et visitez par les jurez dudit mestier, et si aucuns maistres dudit mestier en amenent, seront tenuz demander les jurez pour en fere visitacion devant que les mectre en leurs maisons, sur peine de vingt solz parisis d'amende à applicquer comme dessus.

22. Item pour chascung muy venant aussi de hors, sera payé ausdiz jurez par lesditz marchands forains, pour leur peine et visitacion, douze deniers parisis, et

si aucun maistre dudit mestier veut achepter d'ung marchand forain lesdites marchandises, il sera tenu fere savoir ladite vente de ladite marchandise ausditz jurez, pour fere visitacion desdites marchandises avant que pouvoir icelles marchandises achepter, sur peine de vingt solz parisis d'amende, à applicquer comme dessus.

23. Item que aulcun quelqu'il soit ne pourra brusler lye dedans sa maison, tant en ladite ville que faulxbourgs, sur peine de l'amende de soixante solz parisis, à applicquer comme dessus et de confiscation desdites lyes et cendres de gravelles.

24. Item que aulcun quelqu'il soit, s'il n'est maistre vinaigrier, ne pourra faire vinaigre, vin de buffet, ne pressurer lye ne en vendre en cestedite ville de Paris, soit en gros soit en detail, mais bien en pourra faire faire pour son user, si bon luy semble, seulement et sans fraude [1], sur peine de soixante solz parisis d'amende à applicquer comme dessus, et de confiscation de ladite marchandise.

25. Item que aulcun ne pourra admener de dehors cendres gravelées, ne icelles exposer en vente ou faire mener en sa maison, en cestedite ville de Paris, que premierement n'ayt esté sur le port auquel elle sera arrivée, l'espace de vingt quatre heures pour estre veue et visitée par les jurez dudit mestier, sur peine de vingt solz parisis d'amende; et auront iceux jurez pour chacung sextier pour leur visitacion douze deniers parisis.

26. Item que aulcun, soit marchand cendrier de ceste ville de Paris ou aultre, ne pourra achepter cendre gravelée amenée de dehors [2], qu'elle n'ait esté sur ledit port l'espace de vingt quatre heures et veue et visitée par lesdits jurez, sur pareilles et semblables peines que dessus.

27. Item que aulcun doresenavant, de quelque mestier et estat que ce soit, ne pourra achepter lye, vinaigre ne rappez servant à faire vinaigre, pour en faire vin de buffet ou vinaigre, s'il n'est maistre en ceste ville de Paris, sur peine de vingt sols parisis d'amende, a applicquer comme dessus.

28. Item que audit mestier aura doresenavant quatre personnes suffizantes pour icellui mestier garder et gouverner, et pour prendre garde des mesprentures et fautes qui pourroient estre commises et que l'on pourroit commectre audit

[1] Les bourgeois et les marchands de vin réclamèrent contre la teneur de cet article qui leur interdisait les moyens d'utiliser leurs vins avariés, et peu de temps après, dans ses lettres du 10 juillet 1567, Charles IX en modifia l'application dans les termes suivants :

« . . . du vin que lesdits bourgeois, manans et habitans de nostredite ville de Paris, de quelque estat et condition qu'ils soient, auront de leur creu ou qu'ils acheteront pour leur provision, pour vendre et debiter, qui par tonnerre, intemperance d'air ou autrement sera demouré aigre, gasté ou deterioré, en leurs maisons ou en autres lieux esquels ils auront esté mis; en pourront et leur sera loisible en faire vinaigre, en leurs maisons, et ce vendre ou autrement en disposer ainsy qu'ils adviseront et verront estre a faire, sans fraude. » (Ordonn., 5ᵉ vol. de Charles IX, X 1ᵃ 8628, fol. 25. — Coll. Lamoignon, t. VIII, fol. 431.)

[2] Ce commerce était réservé aux épiciers.

mestier, et des dependances d'icellui; lesquelles quatre personnes seront esleues par la plus grande et saine partie des maistres d'iceluy mestier, en presence de nostre procureur au Chastellet, et deux desquels gardes seront renouvellés et changés tous les anz, ainsy que l'on a accoustumé de faire de tous tems et ancienneté.

Desquels anciens statuz et nouveaulx articles cy dessus declairez, lesdits maistres jurez et communaulté dudit mestier de buffetier nous ont très humblement requis leur vouloir octroier lettres de confirmation, esmologation et auctorization pour ce requises et necessaires; pour ce est il que nous voulons bien et favorablement traicter lesdiz supplians et iceux non seulement conserver et garder en leurdits anciens statuz et ordonnances, comme nos predecesseurs Roys ont fait, mais aussy pour le bien, utillité et commodité de la chose publicque, police, augmentation et entretenement dudit mestier, leur en donner et octroyer d'autres, et après qu'avons fait veoir par les gens de nostre conseil privé lesditz anciens statuz et nouveaulx articles cy dessus desclairez, avons en continuant et confirmant lesditz anciens statuz et ordonnances, lesditz nouveaulx articles louez, greez, ratiffiez, esmologuez, confirmez et approuvez..... Donné à Saint Maur des Fossez, ou moys d'avril, l'an de grace mil cinq cens soixante sept et de nostre regne le septiesme.

VII

1594, mai.

Lettres patentes de Henri IV confirmant purement et simplement les statuts précédents [1].

Arch. nat., Ordonn., 1ᵉʳ vol. de Henri IV, X 1ᵃ 8641. — Coll. Lamoignon, t. IX, fol. 756.

VIII

1658, août.

Statuts des vinaigriers-moutardiers, en 43 articles [2], *et lettres patentes de Louis XIV qui les confirment.*

Arch. nat., Ordonn., 8ᵉ vol. de Louis XIV, X 1ᵃ 8662, fol. 285. — Coll. Lamoignon, t. XIII, fol. 848.

1. Parceque l'experience fait connoitre que les jurés, anciens, bacheliers et

[1] Il y eut plusieurs arrêts : le 2 août 1625, contre les chandeliers, vendant de la moutarde et des vinaigres; le 18 janvier 1657, contre les cabaretiers qui faisaient le commerce du verjus (Lamare, Police, t. III, p. 439). — [2] Ces statuts sont l'œuvre de maître René Harenger, avocat au Parlement, conseil d'État et privé du Roi. (*Recueil des vinaigriers* de 1732.)

73.

maitres de la communauté des vinaigriers, moutardiers, sauciers, distillateurs en eau-de-vie et esprit de vin et buffetiers de la ville, fauxbourgs, banlieue, prevoté et vicomté de Paris, n'ont de plus forte passion que celle de contenter en leur art la delicatesse des gouts, soit de Sa Majesté ou de ses peuples, et qu'ils sont au nombre de deux cens maistres avec trois garçons chacun, qui vont par laditte ville et fauxbourgs, banlieue, prevosté et vicomté, pour distribuer les marchandises dependantes de leur exercice, ils jouiront seuls des graces que les Rois predecesseurs de Sadite Majesté leur ont accordés, et les differens n'en pourront estre traduits qu'au Chatelet, en premjere instance, et par appel au Parlement.

2. Conformement au 2ᵉ article des statuts de la communauté, approuvés par sentence du prevost de Paris, du 28 octobre 1394, sous le règne du feu Roy Charles six [1], sur les avis de son procureur audit Chastelet, nul ne pourra s'entremettre en l'exercice dudit art, qu'il ne soit sain de son corps et nect en ses habits.

3. Et d'autant que la vie des hommes depend d'une fidelité inviolable en la confection des sauces, moutardes et autres denrées dependantes dudit art, nul ne s'en pourra mesler doresnavant qu'il ne soit expert, habile et reconnu dans une approbation generalle, ainsy qu'il est porté par le premier article desdits statuts du 28 octobre 1394.

4. Pour acquerir les experiences, habitudes et reputations necessaires audit art, celuy qui en voudra faire le choix, nonobstant le premier article des statuts de Louis XII du mois de septembre 1514, et conformement aux premiers articles des statuts de Henry II, du mois de janvier 1558, et de Charles IX du mois d'avril 1567, confirmés par Henry IV, de glorieuse memoire, au mois de may 1594 [2], sera tenu de faire apprentissage, pendant l'espace de quatre années entières, chez l'un desdits maistres, qui aura sept années de reception, sans interruption; ny qu'il puisse changer de maistre, sinon et en cas de fuitte, absence ou action indecente; il sera tenu dans la huitaine, à la diligence de sa caution, de se rendre chez son maistre, sinon le brevet de son apprentissage dès à present demeurera nul, cassé et revoqué, sans qu'il soit besoin d'autre sentence ni mandement plus exprès; avec deffenses a tous maistres de s'en servir, a peine de dix livres d'amende, applicable en faveur de l'hopital general des pauvres.

5. Le brevet dudit apprentissage sera passé pour ledit temps de quatre années, pardevant notaires du Chatelet de Paris, en presence des jurés, ou l'un d'eux du moins, duement appellé à cet effect, sans qu'il y ait contre lettre, paction ou consentement au contraire, a peine de vingt livres d'amende, en faveur

---

[1] On a déjà vu plus haut que le texte de ces statuts n'existe plus, mais qu'il est reproduit par celui de 1412.

[2] Ci-dessus, pièces IV, V, VI, VII. Ces mentions sont répétées à satiété, par un abus commun à tous les textes juridiques.

dudit hopital general des pauvres de laditte ville de Paris, suivant les deux articles desdits statuts du mois de septembre 1514, janvier 1558 et avril 1567. Et sera tenu ledit apprentif, tant de faire registrer ledit brevet, pardevant le procureur de Sadite Majesté, que de prendre lettre de luy, au dos de laquelle sera inserée la lettre domaniale, et faire certiffier ledit brevet dans la huitaine par les jurés en charge.

6. Immediatement après que les comptes de ladite confrairie auront esté vus examinés et arrestés, en presence des anciens maistres d'icelle, ensemble des jurez et anciens bacheliers de ladite communauté, ils nommeront l'un d'entre eux, tous les ans, pour garder le registre de ladite communauté, dans lequel il ecrira tous les brevets des apprentis, selon l'ordre de leurs dattes; et seront tenus lesdits maistres de les luy delivrer, huit jours après qu'ils auront esté expediés, dans la forme cy dessus prescrite, a peine de trois livres d'amende contre chacun des contrevenans, au profit de ladite confrairie.

7. Tout apprentif sera tenu de payer, le jour mesme de son brevet, vingt sols pour les droits de ladite confrairie, dont l'un des maistres d'icelle luy donnera quittance, et sans laquelle il ne pourra estre admis au chef d'œuvre.

8. Outre les quatre années d'apprentissage, nul ne pourra parvenir a la maistrise dudit art qu'il n'ait servi deux ans entiers les maistres, en qualité de compagnon [1]; et afin qu'il n'en puisse pas estre dispensé, le brevet en fera mention, a peine de nullité d'iceluy.

9. Sitost que l'apprentif aura parachevé les quatre années de son apprentissage, avec les deux années de service comme compagnon, il pourra estre admis a la maistrise [2], pourvu qu'il soit de la religion catholique, apostolique et romaine; qu'il se soit dignement acquitté du chef d'œuvre que les jurez luy donneront, en presence du procureur de Sa Majesté, audit Chatelet, et desdits anciens bacheliers, et qu'il ne soit atteint, convaincu ni condamné pour crime, ou autre action illegitime; en payant les droits accoutumés, ainsy qu'il est porté par le 3e article desdits statuts des mois de janvier 1558 et avril 1567, confirmés par le feu Roy Henry quatre, d'heureuse memoire, au mois de may 1594, nonobstant le 3e article de ceux du mois de septembre 1514, que Sa Majesté revoquera pour le bien de ses peuples et la conservation du commerce de ladite communauté, sans qu'aucun puisse estre reçu en icelle, sous quelque pretexte, cause et occasion que ce soit, qu'il n'ait esté apprentif de ladite ville.

---

[1] C'était pour le respect exigé. 1736, mars. — Sentence de police qui fait défense aux compagnons vinaigriers qui sont reçus maîtres, de s'établir dans les quartiers de leurs derniers maîtres. (Lamoignon, t. XXXII, fol. 96.)

[2] 1744, 4 décembre. — Sur les inconvénients qui résultoient de ce que les aspirants pouvoient choisir leur meneur, la communauté décida que l'aspirant devrait prendre le premier ancien maître, suivant l'ordre du tableau, et la délibération fut homologuée par le prévôt de Paris. (Ibid., t. XXXVI, fol. 159.)

10. Afin que les intentions des deffunts Roys Louis douze, Henry deux, Charles neuf et Henry quatre, portés par les 4ᵉˢ articles desdits statuts des mois de septembre 1514, janvier 1558, avril 1567 et may 1594 soient inviolablement observées, aucun des maistres ne pourra garder en sa maison des lies, vins, rappés puans; mesmes deffenses et inhibitions très expresses luy seront faites d'en mettre en œuvre, s'en servir ny user, a peine de vingt livres d'amende en faveur dudit hopital general des pauvres, et d'estre jettés en l'eau, en presence des jurés en charge; dont moitié desdictes amendes appartiendra auxdits jurez.

11. Les 5ᵉ, 6ᵉ et 7ᵉ articles desdits statuts des mois de septembre 1514, janvier 1558 et avril 1567, confirmés par lettres patentes dudit feu Roy Henri quatre, du mois de may 1594, ont esté si juridiquement establis que pareilles deffenses seront faittes auxdits maistres d'avoir aucuns cuviers, tinettes, bacquets, sebilles, barils et autres ustanciles dependantes dudit art, chancis, moisis ou limoneux, a peine de quinze livres d'amende, au proffit dudit hopital general, comme aussy d'employer, se servir et mettre en œuvre du vin recueilli par terre, a peine de trois livres d'amende, et d'estre jetté en l'eau, en presence des jurés de ladite communauté, dont moitié desdites amendes appartiendra auxdits jurez.

12. Pour la prompte execution du contenu dans les articles precedens, et ceux que la necessité dudit art fera inserer cy-après, mesme affin d'en bannir tous les abus, contraventions et forfaitures generalement quelconques, il y aura quatre jurez en laditte communauté dont deux, pourveu qu'ils ayent dix ans de reception, seront tous les ans eslus, le 20 du mois d'octobre, pardevant le procureur de Sadite Majesté au Chastelet, sans brigues, monopoles, ni autres pactions illegitimes [1], suivant l'avis du procureur de Sadite Majesté au Chatelet, nonobstant les 9ᵉ, 21ᵉ, 25ᵉ et 28ᵉ articles desdits statuts des mois d'octobre 1394, septembre 1514, janvier 1558 et avril 1567, confirmés par lesdites lettres patentes du feu Roy Henry quatre, du mois de may 1594.

13. Lesdits jurez feront six visites generales au moins tous les ans, chez tous les maistres de ladite communauté, et vacqueront incessamment aux particulières, dans les necessités pressantes, afin de reprimer toutes les malversations, fautes, abus et contraventions, dont ils feront leurs rapports dans les vingt quatre heures pardevant le procureur de Sadite Majesté, audit Chastelet; tiendront la main que tous comptes soient doresnavant vus, examinés et arrestés, en presence des jurez et anciens bacheliers de ladite communauté, dont lesdits bacheliers seront exempts de visites et droits d'icelles [2].

[1] 1752, 22 février. — Arrêt interdisant de nommer aux charges de la communauté des vinaigriers aucun maître contre lequel il a été rendu des jugements pour contravention aux règlements. (Lamoignon, XL, fol. 111.)

[2] 1675, 27 août. — Arrêt du Parlement entre les jurés de la communauté des vinaigriers et les gardes du corps des marchands épiciers. «Ladite cour (mettant tout au neant et supprimant toute saisie) ordonne neanmoins que ne pourront a

14. Parceque la resistance contre les visites desdits jurés [1] seroit un seul moyen capable de troubler tout le repos de ladite communauté, les maistres d'icelle leur feront voir leurs ouvrages, marchandises, outils et ustanciles, generalement quelconques, avec respect, honneur et reverence, a peine de six livres d'amende, en faveur desdits jurez, contre chacun des contrevenans, conformement aux 11e, 15e et 17e articles desdits statuts des mois de septembre 1514, janvier 1558 et avril 1567.

15. Mesme pour entretenir la gloire que lesdits maistres ont perpetuellement eu dans la fidelité de leurs ouvrages, il leur sera expressement enjoint de continuer leur travail à la moutarde, cameline, sauce jaune, senevé, poulvré et autres denrées dependantes de leur art avec tout soin, candeur, vigilance, honneur et en leurs consciences, afin que le public ait lieu de se reposer sur leurs personnes, et qu'en leur particulier ils ne soient point privés de la satisfaction que leurs predecesseurs ont receue, ainsy qu'il est porté par les articles 4 à 8 desdits statuts, approuvez sous le regne du feu Roy Charles six, par sentence du prevost de Paris, intervenue le 28 octobre 1394, sur les conclusions de Sadite Majesté, audit Chatelet.

16. Afin que la propreté soit exactement observée dans les moulins à moutarde, suivant l'art. 14 des statuts de Charles neuf, du mois d'avril 1567, confirmés par Henry quatre, d'heureuse memoire, au mois de may 1594, lesdits maistres les montreront auxdits jurés, toutesfois et quantes ils les en interpelleront verbalement, conformement aux art. 12 et 14 des statuts de Louis douze et Henry deux des mois de septembre 1514 et janvier 1558.

17. Les 8e et 9e articles desdits statuts de Henry deux, confirmés par les art. 8 et 9 de ceux de Charles neuf, depuis ratifiés par Henry quatre au mois de may 1594 seront doresnavant executés selon leur forme et teneur; ce faisant tous greniers ou grenières, vulgairement appellés grenetiers ou grenetières, ne

---

l'avenir lesdits espiciers et apothicaires espiciers vendre du vinaigre, si ce n'est a petites mesures, lequel vinaigre ils acheteront des maistres vinaigriers de Paris jusques a la quantité de trente pintes a la fois seulement, sans qu'ils en puissent acheter des marchands forains ni en faire venir d'ailleurs, ni en vendre en gros, a peine d'amende et de confiscation; et seront tenus lesdits vinaigriers ecrire sur leurs livres les noms de ceux qui auront acheté du vinaigre et la quantité d'icelui, et lesdits epiciers et apothicaires epiciers, pareillement ecrire sur leurs livres les noms des vinaigriers qui l'auront vendu. A maintenu et gardé lesdits epiciers et apoticaires epiciers dans la liberté d'acheter des marchands forains et vinaigriers, ainsi que bon leur semblera,

des eaux de vie en gros, même d'en faire venir des provinces et pays estrangers pour les debiter en gros et en detail, sans qu'ils y puissent estre troublés et empeschez, sans qu'ils puissent vendre ni debiter aucun verjus, poulvré et senevé, et en consequence fait defenses ausdits vinaigriers d'aller en visite chez lesdits espiciers et apoticaires espiciers... Fait en Parlement le 27e d'aoust 1675.» (Coll. Lamoignon, t. XVI, fol. 474.)

[1] Les visites ne touchoient que le métier :

1693, 10 avril. — Sentence de police. «Faisons deffenses respectives aux parties d'aller en visites les uns chez les autres, même aux epiciers d'aller en visite chez les vinaigriers sous pretexte des poids et balances.» (Ibid., t. XIX, fol. 53.)

pourront faire amener en laditte ville, fauxbourgs, banlieue, prevosté et vicomté
de Paris, du senevé ou poulvré[1], graines propres a faire de la moutarde, ny
les exposer dans les marchés, halles et autres places publiques, que prealablement lesdits jurés n'en ayent fait la visite, pour eviter les trop grandes fraudes,
abus et inconveniens que l'on n'en a pu jusqu'a present prevenir, au desavantage
des peuples; a peine de confiscation, et de vingt livres d'amende, contre chacun
des contrevenans, dont moitié sera appliquée en faveur dudit hopital general des
pauvres, et le surplus, au proffit desdits jurés, pour raison desquelles visites ils
auront quinze deniers pour chaque septier.

18. Pour l'execution entière des mesmes articles desdits anciens statuts, nul
desdits greneticrs ou greneticres ne pourra acheter, dans les hostelleries, faire
venir de la campagne, ny aller au devant des forains, soit du senevé ou du poulvré, graines propres a faire de la moutarde; mais après qu'elles auront esté dechargées par lesdits forains, en la halle ou autres places publiques, que lesdits
jurez les auront visitées, et que lesdits maitres auront fait leurs provisions necessaires, midy etant sonné, la liberté sera d'en prendre par qui bon luy semblera,
sous pareille peine que dessus.

19. Lesdits maistres seuls pourront acheter du senevé et poulvré, graines
propres a faire moutarde, soit à la campagne ou ailleurs, autant qu'ils en auront
besoin pour leurs provisions, à la charge toutesfois qu'elles seront visitées par
lesdits jurez, dans les maisons desdits maistres, dont ils ne prendront aucuns
droits.

20. Conformement au 18e article desdits statuts du mois de septembre 1514
et aux 15e, 24e et 27e articles de ceux du mois d'avril 1567, confirmés par le
feu Roy Henry quatre, de glorieuse memoire, en may 1594, et aux sentences
dudit prevost de Paris, ou son lieutenant civil; mesme aux arrests dudit Parlement rendus en consequence, des 13 may et 7 aoust 1574; 1er septembre 1575;
26 juillet 1577; 14 octobre 1594; 10 octobre 1595; 9 mars 1596; 14 may
1597; 23 may 1615; 20 fevrier et 14 may 1616; 6 avril 1622; 26 septembre
1623; 24 may 1625; 4 may 1635 et 13 decembre 1647; nul, de quelque art,
profession ou mestier qu'il soit, ne pourra faire vendre, ny exposer en public, soit
vinaigre, verjus, moutarde, eau de vie, esprit de vin, cendres gravelées, sablon,
lies et autres choses dependantes desdits maistres, qu'il n'ait esté reçu en laditte
communauté, presté le serment de maistre et fait ce qui est porté par les articles precedens[2]; a peine de quarante livres d'amende, et confiscation des mar-

---

[1] Voyez ces graines citées dans les statuts des
grainiers, titre II, pièce 4, art. 26.

[2] 1694, 26 mars. — Arrêt du Parlement portant règlement entre les distillateurs marchands
d'eau-de-vie et les vinaigriers, touchant le commerce de l'eau-de-vie. (Coll. Lamoignon, t. XIX,
fol. 291. — Traité de la police, t. III, p. 453.)

« . . . . . La cour, sans s'arrester à l'opposition desdits distillateurs et marchands d'eau de
vie et autres liqueurs, les maintient et garde dans

chandises, dont moitié en faveur dudit hopital general, et l'autre au proffit desdits jurez. Comme aussy que les ustanciles, outils, pressoirs, moulins à moutarde, alembics, serpentins, chaudières, fourneaux, cuviers, bacules et autres choses servans audit art, et ceux qui se trouveront ailleurs que chez lesdits maistres, seront confisqués, rompus et demolis, nonobstant toutes lettres, arrets et reglemens au contraire, sans qu'il soit besoin de mandement plus exprès.

21. Et d'autant que l'experience a fait decouvrir plusieurs abus, dans l'exercice dudit art, entièrement contraires à la conservation du corps humain, lesdits maistres ne pourront vendre en gros et en detail, en laditte ville, fauxbourgs, banlieue, prevoté et vicomté de Paris, aucuns vinaigres, verjus et autres denrées dependantes de leurs ministères, qu'elles ne soient bonnes, marchandes et loyales, a peine d'estre jettées en l'eau, en presence desdits jurés, et de cinquante livres d'amende applicable comme dessus.

22. En execution du 20ᵉ article desdits statuts du mois de septembre 1514, et des 10, 22 et 24ᵉ articles d'autres statuts donnés par le feu Roy Henry deux, au mois de janvier 1558, deffenses seront faites a tous forains et autres generalement quelconques, d'amener ou faire amener du verjus en laditte ville, soit par eau ou par terre, en muids, demy muids, demy queues, demy quarts, barillets et autrement, ny de l'exposer en vente ailleurs que sur les ports d'icelle, qu'il n'ait esté prealablement visité par lesditz jurez en charge, afin d'eviter les accidents que l'on en a vu trop frequens, et qu'il y a impossibilité de reprimer autrement que par la precaution d'une recherche exacte, suivant la sentence des prevosts des marchands et eschevins du 26 septembre 1623.

23. Lesdits jurés ne pourront prendre pour droits de visittes que ce qui leur sera ordonné par les juges ordinaires, pour raison dudit verjus seulement [1].

---

la qualité de marchands, distillateurs d'eau de vie et de toutes sortes de liqueurs, et dans le droit et possession de distiller, acheter, vendre et debiter toutes sortes d'eaux de vie, d'en recevoir des provinces et pays estrangers, et d'y en envoyer, et de confire toutes sortes de fruits à l'eau de vie; fait deffenses auxdits vinaigriers de les y troubler et de confire aucuns fruits avec de l'eau de vie, composer et vendre aucunes liqueurs pour les debiter au public et de prendre la qualité de marchands. Maintient aussi lesdits jurez, maistres et communauté desdits vinaigriers, en possession de distiller, faire et vendre de l'eau de vie en gros et en détail, leur permet d'en acheter des marchands forains et autres, et d'en faire venir des provinces, fait deffense auxdits distillateurs et marchands d'eau de vie de les y troubler. Fait en parlement le 26 mars 1694.» Cet arrêt fut confirmé par autres arrêts des

27 mars 1696 et 15 janvier 1697. (Coll. Lamoignon, t. XIX, fol. 647 et 932.)

1743, 15 novembre. — Sentence de police qui homologue une délibération des vinaigriers pour la «vente de la gravelée et cendre de gravelée dans la ville et fauxbourgs de Paris». (Ibid., t. XXXV, fol. 271.)

1744, 7 septembre. — Arrêt du Parlement. Les vinaigriers et limonadiers pourront réciproquement donner à boire des eaux-de-vie à petite mesure et attabler les buveurs. (Ibid., t. XXXVI, fol. 98.)

[1] A la suite d'une sentence du prévôt de Paris d'après laquelle les chandeliers moutardiers pouvaient vendre des vinaigres à la petite mesure, mais sans colporter (du 18 novembre 1623), un arrêt du Parlement du 2 août 1625 juge que : «seront tenus lesdits chandeliers souffrir la visitation

24. Suivant les 9ᵉ et 12ᵉ articles desdits statuts des mois de septembre 1514 et janvier 1558, confirmés par les Roys Charles neuf et Henry quatre, au mois d'avril 1568 et may 1594, si aucun desdits maistres trouve a faire marché de vin, lie, verjus, rappés, senevé, poulvré ou autres denrées, marchandises et liqueurs dependans dudit art, ou qu'il y survienne autre maistre, ou serviteur marchand, et se trouve au marché faisant, ledit maistre sera tenu leur en donner leur part en payant par eux le prix convenu avec le vendeur, a peine de seize livres d'amende, applicable moitié en faveur dudit hopital et le surplus auxdits jurés.

25. Les 10ᵉ et 13ᵉ articles desdits statuts seront pareillement gardés, avec deffenses tres expresses a tous lesdits maistres de se servir en⸱ aucune façon, ny manière que ce soit, ou sous quelque pretexte que l'on pourroit alleguer, du serviteur de l'un desdits maistres, tant qu'il sera a ses gages et jusqu'à ce qu'il ait rapporté un congé en bonne forme, a peine de quatre livres d'amende pour ladite confrairie.

26. Ayant egard au seiziesme article desdits statuts de Charles neuf du mois d'avril 1567 confirmés par le feu Roy Henry quatre au mois de may 1594, lesdits maistres auront soin que leurs moulins a faire de la moutarde soient nets, jusques au point qu'ils ne puissent estre chaneis [1] ny moisis, et qu'elle soit faite de bon vinaigre, sans que le senevé et poulvré [2] sentent le relan [3], mesme que leurs serviteurs qui la portent par ladite ville soient sains de leurs membres et propres en leurs habits, sous pareille peine que dessus.

27. Deffenses très expresses seront reiterées a toutes personnes generalement quelconques, a la reserve desdits maitres, de faire ny exposer en vente de la moutarde, a peine de cent livres d'amende applicable comme dessus et d'estre jettée dans l'eau, nonobstant tous autres reglemens au contraire, en consideration du secours que laditte communauté a presentement fait a sadite Majesté, dans la necessité des affaires de son etat, et que les entreprises cy-devant faites en cette rencontre demeurent heureusement assoupies.

28. La mesme consideration de la somme de dix huit cens livres que lesdits

des jurés vinaigriers, pour le fait du vinaigre qu'ils exposeront en vente seulement, et sans que pour ce lesdits vinaigriers puissent contre eux pretendre aucuns frais ni salaires, sans despens.» (Coll. Lamoignon, t. XI, fol. 136.)

[1] On peut lire à ce mot «chaneis et chancis» qui se retrouve dans tous les statuts précédents; certains patois disent encore «channis» en parlant du pain couvert de moisissure. Trévoux porte : «chancir» qui se dit aussi du fumier quand il prend une sorte de mousse blanche produisant à la longue le blanc de champignons, des fruits, des confitures et de tout objet sujet à une moisissure quelconque.

[2] La plante portant le nom de *senevé* fournit une petite graine âcre et brûlante qui, mélangée au moût, entre dans la fabrication de la moutarde. Le poulvré doit être une substance destinée au même emploi; les dictionnaires ne le mentionnent pas.   ⸱

[3] *Relan, relant, relent* et *remugle* dans les statuts plus anciens. Ces deux termes signifient, d'après Trévoux, un mauvais goût, une odeur de renfermé, particulièrement pour une substance déposée dans un fût.

maistres ont financé en l'epargne de Sa Majesté, le vingt un mars 1658, leur produira en leur faveur l'execution de sa declaration du vingt aoust 1657, registrée en son Parlement de Paris le quatre septembre ensuivant[1]; ce faisant, conformement à icelle, ils demeureront à l'avenir exempts des lettres qui avoient coutume d'estre accordés à cause des avenements des Rois à la couronne, majorités, sacres, mariages, entrées dans les villes, naissances de Dauphin, enfans de France et premier prince du sang, comme aussy pour les couronnemens, entrées et regences des Reines et de toutes autres generalement quelconques, pour quelque cause et occasion que ce soit, auxquelles il sera precisement derogé, sans qu'il soit besoin de mandement plus exprès.

29. A cet effet, tous les maitres de ladite communauté et autres dependans d'icelle ou qui contreviennent a leurs privileges seront tenus de montrer auxdits jurés leurs marchandises, ouvrages, besognes, outils, ustanciles et autres choses dont ils se servent, et en cas de refus seront condamnés en six livres d'amende applicable comme dessus.

30. A l'imitation des intentions des feus Roys Louis douze, Henry deux et Charles neuf portées par les 13e, 16e et 18e articles de 1514 . . . . . ils ne pourront travailler les jours de dimanches, ny les festes de Notre-Dame, des Apotres, de sainte Genevieve, saint Vincent, saint Nicolas, saint Martin et les autres que l'eglise solemnise, a peine de trois livres d'amende applicable a ladite confrairie.

31. Pour suivre les termes des 14, 17 et 19e articles desdits statuts, les veuves desdits maistres continueront a tenir leurs boutiques ouvertes, et de faire ledit art, pendant leur viduité seulement, a condition qu'elles meneront une vie honneste, qu'elles n'auront qu'un serviteur marchand en laditte ville, fauxbourgs, banlieue, prevosté et vicomté de Paris, et que si elles s'emportent dans la debauche, les jurez les poursuivront incessamment pour les interdire de leur faculté et les priver de la grace qu'on leur avait procurée, en faveur de la memoire de leurs maris.

32. Conformement aux 15e, 18e et 20e articles desdits statuts, les fils desdits maistres, aspirans a la maistrise, seront tenus de faire l'experience que les jurez en charge leur donneront, en presence des anciens bacheliers de ladite communauté, et payeront les droits ordinaires.

33. Les 16e, 19e et 21e articles desdits statuts sont inviolablement gardés, et pour cet effet deffenses très expresses seront faites a tous marchands forains et autres d'amener, ou faire amener, aucuns vins gastés, lies, verjus, ny rappés servant audit art, qu'ils n'ayent gardé le port l'espace de vingt quatre heures, et

---

[1] Nous ne possédons pas le texte de la déclaration royale; pour cette époque où les offices n'avaient pas encore envahi les communautés, il s'agit de l'amortissement du droit de confirmation, versé très fréquemment, mais très rarement spécifié dans les textes.

n'ayent esté visités par lesdits jurés, avant que de les exposer en vente; mesme ne les pourront faire mettre en cave, celliers ou magazins; mais les vendront auxdits maistres seuls, a peine de confiscation et de cent livres d'amende, applicable moitié en faveur de saditte Majesté et le surplus auxdits jurés.

34. Si lesdits maistres font venir par eau des vins gastés, lies ou rappés, ils seront tenus d'en avertir lesdits jurés pour en faire la visitte, avant que de les faire conduire en leurs maisons, sans payer aucun droit de visite, sous pareille peine de trois livres d'amende.

35. Comme il a esté exprimé par les 17ᵉ, 20ᵉ et 22ᵉ articles desdits statuts des mois de septembre 1514, janvier 1558 et avril 1567, confirmés au mois de mars 1594, saditte Majesté accordera, s'il luy plait, que pour le droit de visite, il soit payé doresnavant auxdits jurés dix huit deniers pour muid de vin gaté, sans qu'ils puissent en recevoir davantage, a peine de demission.

36. Il est si important de remedier aux grands inconveniens survenus depuis quelques années dans les melanges des denrées dudit art, que deffenses et inhibitions très expresses seront faittes à toutes personnes generalement quelconques, soit qu'elles se pretendent privilegiées ou autres, d'acheter ny faire venir en ladite ville, fauxbourgs, banlieue, prevosté et vicomté de Paris, sous quelque pretexte que ce soit, aucuns vins gatés, aigris, piqués, amers ou autrement defectueux, servans a faire du vinaigre, qu'ils n'ayent esté visités par lesdits jurés sans qu'ils les puissent livrer à autres qu'aux maitres de ladite communauté, a peine de confiscation et de cent livres d'amende, applicable moitié au Roy et le surplus a l'hospital general des pauvres.

37. Le prevost de Paris ou son lieutenant civil, par diverses sentences confirmées par les arrests du Parlement, cittées au vingtiesme article des presens statuts, a si judicieusement conservé la candeur que lesdits maistres pratiquent en l'exercice de leur art, contre les injustes entreprises de divers particuliers, qu'a son imitation, deffenses seront reiterées, tant aux taverniers, cabaretiers, regratiers, marchands de vin et autres de faire du vinaigre, pressurer des lies pour faire du vinaigre et avoir en leurs maisons celliers, caves, magazins et autres lieux, des bacules ny pressoirs, mesme d'en exposer en vente, ny du verjus en gros ou detail, a peine de confiscation et de pareille amende de cent livres applicable comme dessus; ainsi qu'il a esté jugé par arret dudit Parlement du 18 janvier 1657.

38. Pour l'execution entière desdites sentence et arrest du Parlement, dattés aux 20ᵉ et 40ᵉ articles des presens statuts et autres arrets du Parlement donnés en consequence, les six septembre 1631, 12 fevrier 1633 et 18 may 1658; les tonneliers et autres generalement quelconques ne pourront faire achat de lies et baissières, ou futailles dans lesquelles il y aura de la lie, ny emplir de baissières des futailles, sous quelque pretexte que ce soit, a peine de confiscation.

39. Suivant les 21e et 23e articles desdits statuts, inhibitions seront faittes auxdits maistres de bruler de la lie en leurs maisons, a peine de confiscation et de dix livres d'amende, applicable a ladite confrairie.

40. Et parce que les 19, 25 et 26e articles desdits statuts n'ont esté jusqu'a present executés qu'en ce qu'ils produisent un bien très avantageux, lesdits maistres et tous autres generalement quelconques ne pourront doresnavant faire venir de dehors en ladite ville, fauxbourgs, banlieue, prevosté et vicomté de Paris, aucunes cendres gravelées, ny les exposer en vente, ou faire porter en leurs maisons, qu'elles n'ayent esté sur les ports ou dans les hotelleries, pour celles que l'on conduit par charroy, le temps de vingt quatre heures, affin d'estre visitées par lesdits jurez, a peine de confiscation et de cent livres d'amende applicable moitié au Roy et le surplus auxdits jurez.

41. Nul ne pourra acheter desdits maistres cendres gravelées, qu'elles n'ayent esté sur lesdits ports ou dans lesdites hostelleries pendant lesdits vingt quatre heures, et visitées par lesdits jurez, sous ladite peine, auxquels sera payé quinze deniers de chaque septier, suivant le 25e article desdits statuts du mois d'avril 1567.

42. Lesdits maistres seuls feront l'eau de vie et, ce faisant, deffenses seront reiterées a toutes personnes de s'en mesler, ni d'acheter a l'avenir aucunes lies de vin pour en fabriquer, a peine de confiscation des alambics, chaudières, serpentins et autres ustenciles servants a icelle et d'amende arbitraire, ainsi qu'il a esté jugé par sentence contradictoire dudit prevost de Paris ou son lieutenant civil du cinq septembre 1618, nonobstant tous autres reglemens.

43. Et enfin les quatre jurés de ladite communauté seront doresenavant exemps de toutes commissions de ville et de justice tant ordinaires qu'extraordinaires, pendant le temps qu'ils seront en charge seulement, affin qu'ils puissent plus assiduement vacquer aux affaires de ladite communauté, en faire supprimer tous les abus et resister aux entreprises de ceux qui en envient le trafic.

Louis, par la grace de Dieu, Roy de France et de Navarre, a tous presens et avenir salut. Nos chers et bien amez les jurez anciens bacheliers, maistres de la communauté des vinaigriers, moutardiers saulciers, distillateurs en eau de vie et esprit de vin, buffetiers de nostre bonne ville, fauxbourgs, banlieue, prevosté et vicomté de Paris, nous ont très humblement fait remontrer qu'ils ont si heureusement decouvert l'excellence de leur art, que non seulement notredite ville en ressent des avantages dans le succès de leur debit, mais encore que toutes les villes de notre royaume y rencontrent les effets d'une satisfaction toute particulière, dans l'intelligence du negoce, et que les pays estrangers n'en peuvent assez admirer les delicatesses, si bien que pour en conserver la gloire et n'estre plus exposés en la multiplicité des procès que l'on leur a injustement suscités, ils ont fait dresser de nouveaux statuts sur les anciens, que les feux Roys Charles six, Louis douze, Henry deux, Charles neuf et Henry quatre, de glorieuse memoire, leur ont cy devant accordés, nous les requerant très humblement. A ces causes, après les avoir, par l'arrest de notre privé conseil du trentieme avril dernier, renvoyées au lieutenant civil et a nostre procureur au Chastelet, pour nous donner leur avis du contenu en iceux, et y pourvoir ainsy qu'il apartiendra par raison; de l'avis de nostre dit Conseil qui a vu lesdits anciens statuts, concedés sous le règne des Roys nos predecesseurs Charles six le 28 octobre 1394, Louis douze au mois de septembre 1514, Henry deux au mois de janvier 1548, Charles neuf au mois d'avril 1567, et Henry quatre au mois de may 1594, registrés en notre Parlement de Paris, toutes les sentences, jugemens et arrests, soit de nostredit Conseil ou de nostredit Parlement pour la justification des articles desdits nouveaux statuts; consentement general des exposans à l'execution d'iceux passé pardevant notaires de nostredit Chastelet les 28 janvier et 8 mars 1658; quittance du tresorier de nostre epargne, du 21 dudit mois, de la somme de dix huit cens livres, en consequence de notre declaration du 20 aoust 1657, registrée en nostredit Parlement le 4 septembre ensuivant, et de l'arrest de notredit Conseil du 20e dudit mois pour jouir de la dispense et exemption de recevoir doresnavant aucun maistre de leur art, sur les lettres qui avoient accoustumé d'estre accordées en consideration des avenemens des Rois a la couronne, majorités, mariages, entrées dans les villes, naissance de dauphin, enfans de France et premier prince du sang, mesme pour les couronnemens, entrées et regence des reines, et de toutes autres et pour quelques causes, occasions et autres sujets que ce puissent estre, lesdits nouveaux statuts, arrest de notredit Conseil du 30 avril 1658, portant renvoy d'iceux audit lieutenant civil et a nostredit procureur audit Chatelet, leur avis du 8 juillet ensuivant, entièrement conforme a ce que nous pouvions esperer d'eux en ce rencontre, le tout cy attaché sous le contrescel de notre chancellerie; de nos graces speciales, pleine puissance et autorité royalle, avons par ces presentes, signées de nostre main, dit, statué et ordonné, disons, statuons et ordonnons que lesdits nouveaux statuts soient doresnavant executés selon leur forme et teneur, lesquels a cet effet avons confirmés et confirmons..... Donné à Paris au mois d'aoust, l'an de grace mil six cens cinquante huit et de notre regne le seizieme.

IX

1745, 7 août.

Arrêt du Conseil d'État du Roi portant union aux vinaigriers des offices d'inspecteurs des jurés de leur communauté.

Coll. Lamoignon, t. XXXVII, fol. 118.

Sur la requeste presentée au Roy en son Conseil par les jurés en charge de la communauté des maitres vinaigriers, verjutiers, moutardiers, premiers distillateurs et vendeurs d'eau de vie et esprit de vin... Les supplians pour marquer leur entière obéissance aux volontés de Sa Majesté, ont fait dès le dixiesme avril dernier leur soumission de payer, pour la réunion desdits offices d'inspecteurs et controleurs, laditte somme de vingt mille livres à ceux qui seroient préposés pour recevoir le prix de la finance desdits offices, sçavoir un tiers dans le courant du mois de juin, un second tiers dans le courant du mois d'octobre et le troisiesme dans le courant du mois de décembre de la présente année, mais comme la communauté des supplians n'a aucun fonds, que d'ailleurs elle n'est pas encore liberée des dettes qu'elle a précédemment contractées pour les besoins de l'Etat[1] et que pour satisfaire au premier tiers qui a été payé le douze juin dernier, elle a déjà épuisé presque tout son crédit, elle a besoin d'un secours étranger pour la mettre en état de payer, non seulement les deux autres tiers aux échéances, mais mesme les arrérages des rentes qui proviendront de leurs emprunts, et d'acquitter de temps en temps quelque chose sur le principal, afin qu'elle soit liberée le plus promptement qu'il sera possible. Le secours qui lui a paru le moins à charge a été de se faire authoriser à recevoir douze maitres sans qualité[2], à raison de 1200 livres chacun, non compris les droits de presence des jurés et

---

[1] Les vinaigriers, comme les autres métiers avaient acquitté le prix des offices créés par Louis XIV, dont voici les deux mentions :

1692, 4 juin. — Édit du Roi portant union des offices de jurés à la communauté des vinaigriers. (Lamoignon, t. XVIII, fol. 851.)

1696, avril. — Édit du Roi portant union des offices d'auditeurs et receveurs des comptes, à la communauté des vinaigriers. (Coll. Lamoignon, t. XIX, fol. 651.)

[2] C'est-à-dire sans les formalités d'apprentissage et de chef-d'œuvre. L'immixtion de ces maitres troublait la situation des autres qui avaient déjà obtenu l'arrêt suivant :

1722, 27 janvier. — "..... Ordonnons que

les statuts et arrests de reglement de la communauté des maistres vinaigriers seront executez selon leurs formes et teneurs, ayant esgard aux conclusions des gens du Roy, ordonnons que le tableau de liste des maistres vinaigriers ci-devant fait, sera incessamment changé et reformé en trois colonnes, dont la première contiendra les noms et surnoms des syndics jurez et anciens maistres de ladite communauté, la seconde celle des modernes et la troisième celle des jeunes, sans aucune distinction ny preference des fils de maistres d'avec ceux reçeus par chef d'œuvre, le tout suivant la datte de leurs lettres de maistrise, et à la suite seront mises les veuves de maistres; que lorsqu'il s'agira d'assemblée pour deliberer et traiter des affaires qui interesse-

anciens, les frais de chef-d'œuvre, les droits de procureur du Roy, expédition des
lettres de maitrise et droits de l'hopital général . . . Le Roy, en son Conseil, ayant
égard au payement fait par la communauté des maitres vinaigriers de la ville et
fauxbourgs de Paris, le douze juin dernier, de la somme de six mille six cent
soixante six livres treize sols quatre deniers, a ordonné et ordonne qu'en payant
par ladite communauté, dans les termes portés par la soumission des jurés, la
somme de 13,333 livres 6 sols 8 deniers, restante de celle de 20,000 à laquelle
a été fixée la finance des vingt offices d'inspecteurs et controlleurs des jurés de la
ditte communauté, créés en icelle par l'édit du mois de février 1745, lesdits
offices seront et demeureront réunis à ladite communauté, pour par elle jouir de
mille livres de gages effectifs, droits et prérogatives affectés auxdits offices, dont
les fonctions seront exercées par les jurés successivement en charge, sans qu'elle
soit tenue de payer les deux sols pour livre de laditte somme de 20,000 livres
dont Sa Majesté lui a fait don et remise; et pour faciliter le payement de la finance desdits offices, a Sa Majesté autorisé les emprunts déja faits par ladite
communauté et lui permet de les continuer jusqu'à la concurrence de laditte
somme de vingt mille livres, d'affecter et hypothéquer au profit de ceux qui presteront leurs deniers, les gages et droits attribués auxdits offices, ensemble ses
autres biens et revenus et de passer à cet effet tous contrats de constitution nécessaires, sans aucune retenue du dixiesme, ainsi qu'il est porté par ledit edit du
mois de février dernier, et pour mettre laditte communauté en état de rembourser les sommes qu'elle aura empruntées, luy permet Sa Majesté de recevoir
douze maitres sans qualité à raison de douze cents livres chacun. . . . . Fait au
Conseil d'État du Roy tenu au camp d'Alost le 7ᵉ jour du mois d'aoust 1745. ·

ront ladite communauté, comme l'emprunt à faire, lever des droits sur les maistres de la communauté et depenses extraordinaires, il sera mandé aux-dites assemblées tous les anciens, dix modernes et dix jeunes maistres, suivant l'ordre du tableau; qu'à l'esgard des autres assemblées, pour l'audition et examen des comptes et autres causes, pour rai-son desquelles lesdits syndics et jurez en charge jugeront à propos de convoquer des assemblées, tous les anciens seront aussy mandez avec deux modernes et deux jeunes maistres, lesquels auront leurs voix deliberatives, et lorsqu'il s'agira de faire des eslections de syndics et jurez, sera mandé aus-dites assemblées tous les anciens avec quinze mo-dernes et quinze jeunes maistres de ladite commu-nauté, suivant l'ordre du tableau et sans aucune preference; que lorsqu'il s'agira des receptions des maistres, il sera mandé tous les anciens avec le tiers des modernes et jeunes maistres de ladite com-munauté qui sera composée par tiers, lequel tiers sera mandé à son tour, à chacune des receptions qui se feront, auquel tiers de modernes et jeunes maistres sera payé le demi droit des anciens; et pour faire connoitre à l'avenir ceux desdites co-lonnes qui auront esté appellez auxdites assemblées, en sorte qu'ils ne puissent y estre appellez plusieurs fois de suite au prejudice des autres, il sera affiché dans le bureau de la communauté ceux des pre-mières et secondes colonnes qui auront passez suc-cessivement ausdites assemblées. . . . . . » (Lamoi-gnon, t. XXVII, fol. 429.)

TITRE XIX.

DISTILLATEURS-LIMONADIERS.

De gueules, à un alambic d'argent, sur un fourneau d'or,
enflammé de gueules [1].

La distillation de l'eau-de-vie et autres essences a été faite pendant longtemps par les vinaigriers et les épiciers apothicaires [2]. Formée en spécialité distincte, cette industrie obtint un arrêt du 7 septembre 1624, qui lui accorde le droit de faire des eaux-de-vie, sans toutefois enlever aux épiciers et vinaigriers les privilèges insérés dans leurs statuts. L'arrêt reconnaissait implicitement la situation non encore régularisée des distillateurs. Ils présentèrent le 13 octobre 1634 un texte de statuts en 14 articles, homologué par le prévôt des marchands et le procureur du Roi au Châtelet, en s'appuyant sur les deux arrêts des 7 septembre 1624 et 11 avril 1634, qui leur attribuaient le droit à la distillation de concert avec les épiciers et vinaigriers. Les lettres patentes de janvier 1637 portèrent confirmation des statuts et érection des distillateurs en métier juré, mais alors intervint la Cour des monnaies qui prétendit que ces fabricants d'acides pouvant altérer les monnaies devaient être soumis à sa juridiction. En conséquence, la Cour leur imposa un nouveau texte de statuts, le 5 avril 1639, en se réservant la surveillance et la visite des ateliers [3]. L'enregistrement au Parlement, nécessaire pour la régularisation définitive du métier des distillateurs, se fit attendre de longues années, jusqu'au 18 janvier 1674.

Les distillateurs à peine établis trouvèrent des concurrents redoutables dans les limonadiers qui, moins exposés aux recherches des magistrats, firent enregistrer leurs statuts le 28 janvier 1676, avec le privilège de distiller, fabriquer et vendre des vins de liqueurs, essences parfumées, sirops, fruits à l'eau-de-vie, cafés, thés et chocolats. Leur communauté se composait de

[1] D'Hozier, *Armorial :* texte, t. XXV, fol. 444; blasons, t. XXIII, fol. 430.

[2] Voyez ci-dessus, titres XVI et XVIII.

[3] Les statuts appliquent les lois ordinaires d'organisation intérieure; ils inscrivent (art. 10) la défense d'extraire de l'eau-de-vie d'autres substances que des vins et lies de vins. D'après les règlements de la Cour des monnaies, les maîtres seuls pourront distiller; ils devront inscrire les noms des acheteurs, seront soumis en tout à la surveillance de la Cour et tous les cas seront jugés par elle, sous peine d'une amende de 500 livres (art. 12); de 9 livres, prix des premiers statuts la maîtrise est élevée à 60 livres plus 8 livres à chaque juré (art. 19); les aspirants devront savoir lire et écrire et seront reçus par la Cour.

IMPRIMERIE NATIONALE.

250 membres au début, et le droit versé pour l'érection en métier juré tint lieu de prix de maîtrise pour chacun en particulier.

Peu de temps après, en mai 1676, les limonadiers et distillateurs, sans doute sur leur demande, furent réunis en une seule communauté, qui resta réduite au même nombre ci-dessus fixé de 250 maîtres et chacun d'eux fut contraint de payer un nouveau droit de 120 livres.

Les distillateurs-limonadiers durent supporter de lourdes charges pour l'union des offices à leur communauté [1], mais ils furent surtout gênés dans leur commerce par les créations d'essayeurs d'eau-de-vie et autres officiers établis pour la surveillance de toutes les mesures fiscales dont les boissons étaient l'objet [2]. Il en résulta même pour la communauté une suppression arbitraire qui bouleversa les distillateurs. Les maîtrises furent supprimées en décembre 1704 et remplacées par 150 privilèges héréditaires que la communauté racheta pour 200,000 livres en juillet 1705. Les épiciers et vinaigriers ayant empiété sur leur commerce, les distillateurs refusèrent de payer, sur quoi un édit de septembre 1706 les dissout de nouveau en créant 500 privilèges. Les contraventions se multiplièrent de plus belle, tous les métiers achetèrent quelques-uns de ces privilèges et il en résulta une telle confusion qu'il fallut revenir à l'ancienne communauté, ce qui eut lieu par l'édit de novembre 1713 [3]. Les règlements furent remis en vigueur [4] et ne paraissent avoir été modifiés que par les ordonnances de 1776, où les limonadiers et vinaigriers forment une seule communauté avec un prix de maîtrise de 600 livres.

Bibliothèque nationale et collections de la Ville.

[1] 1691, 12 juillet. Union des jurés pour 24,000 livres. — 1696, 25 septembre. Union des auditeurs des comptes pour 20,000 livres. — 1745, 25 juin. Union des inspecteurs des jurés pour 30,000 livres.

[2] Entre autres les 50 essayeurs d'eau-de-vie, créés par édit de mars 1692, puis unis comme beaucoup d'autres aux jaugeurs de vins. (Lamoignon, t. XVIII, fol. 727.)

[3] *Recueil des statuts des distillateurs, marchands d'eau-de-vie et liqueurs.* Paris, Chardon, 1740, in-4°, 170 pages. (Bibl. de l'Arsenal, jurispr., 4631.)

1. Statuts de 1637 et pièces annexes. — Statuts de 1639. — 2. Arrêts de 1674. — 3. Statuts des limonadiers de 1676 et pièces annexes. Arrêt du 30 juillet 1685, interdisant aux regrattiers la vente des eaux-de-vie, p. 31. — Arrêt du 13 décembre 1689 pour faire venir des liqueurs de l'étranger. — 1er septembre 1690, pour l'élection des jurés, p. 41. — 26 mars 1694, confirmation de privilèges contre les vinaigriers,

p. 46. — 2 juin 1699, défense de s'installer dans la même rue qu'un autre maître, p. 62. — Édits de décembre 1704 et juillet 1705, de novembre 1713, p. 70 à 93. — Divers arrêts et édits contre les abus des apothicaires, vinaigriers, épiciers et regrattiers, et pour l'observation des statuts, p. 98 à 169.

Nouveau recueil des statuts des distillateurs. Paris, Chardon, 1754, in-4° de 86 p. (*Ibid.*, Coll. des arts et métiers, cartons verts n° 4.)

Les statuts des limonadiers ont encore été imprimés en 1697 et en 1716. (*Ibid.*, cartons verts n° 6.)

[4] Le *Guide des marchands*, de 1766 (p. 294) ajoute au sujet des usages des distillateurs :

«Ils ne reçoivent ni ne font d'apprentis. Les fils ou gendres de maîtres ont seuls qualité; la maîtrise se paie de 900 à 1000 livres. Les maîtres peuvent louer leur droit appelé privilège, pour 180 livres par an. Leur patron est saint Louis, à Saint-Denis-de-la-Charte. Leur bureau est situé rue de la Pelleterie.»

I

1637, janvier.

Lettres patentes de Louis XIII érigeant en métier juré le métier des distillateurs faiseurs d'eau-de-vie et approuvant une rédaction de statuts en 14 articles [1].

Arch. nat., Ordonn., 16ᵉ vol. de Louis XIV, X 1ᵃ 8670, fol. 523. — Coll. Lamoignon, t. XI, fol. 775.
Traité de la police, t. III, p. 786.

Louis, par la grace de Dieu, Roy de France et de Navarre, a tous presens et a venir, salut. Après avoir fait voir a notre Conseil les règles et statuts necessaires pour la vacation et metier de distillateur et faiseur d'eau de vie et d'eau forte, et de tout ce qui provient de lie et baissière de vin, pour l'utilité publique, cy attachés sous le contre scel de notre chancellerie, avec l'avis de notre chancellerie, avec l'avis de notre lieutenant civil et de notre procureur au Chastelet de Paris, le 13 octobre 1634; pour l'homologation desdits articles, copiés et transcrits; pour l'execution dudit mestier juré en notre ville de Paris; pour estre regis et gouvernés selon lesdits articles de l'ordonnance; ensemble les arrets de notre Cour de Parlement de Paris des sept septembre 1624, premier fevrier 1631 et onze avril 1634, donnez entre les exposans et les maitres vinaigriers, aussi cy-attachés [2], de l'avis de notre Conseil, avons confirmé et approuvé, confirmons et approuvons lesdits articles et statuts, pour estre gardez et observez de point en point, et autant que besoin est ou seroit; creons et erigeons par ces presentes, signées de notre main, ledit art et metier de faiseur d'eau de vie et d'eau forte, en metier juré, à l'instar des autres metiers de cette ville de Paris, avec deffense a toutes personnes de contrevenir ausditz articles et statutz, à peine de tous depens, dommages et interets [3]..... Donné à Paris au mois de janvier mil six cens trente sept.

1. Premierement, qu'audit metier de distillateurs et vendeurs, il y aura deux preud'hommes qui seront eslus pardevant nous, procureur du Roi au Chastelet de cette ville de Paris, en la maniere accoutumée aux autres metiers, pour estre

---

[1] Dans les pièces qui suivent, ces statuts sont datés du 13 octobre 1634, époque de leur presentation; leur homologation par les lettres du Roi n'eut lieu qu'en 1637, et l'enregistrement longtemps après, en 1674.

[2] Le texte de ces trois arrets manque dans la collection Lamoignon comme dans le Traité de la police.

[3] Le texte primitif des statuts que les présentes lettres patentes confirment remontait au 13 octobre

1634 et avait été revêtu de l'approbation, non du prévôt de Paris, mais du prévôt des marchands, ainsi que le constate l'acte qui suit :

« Veu par nous Michel Moreau, conseiller du Roy en ses conseils d'État et privé, prevost des marchands et lieutenant civil de la ville, prevosté et vicouté de Paris, et Michel Le Tellier, procureur du Roy au Chastelet, les articles à nous presentez par Simon Dumoulin, Jacques Dumoulin et Philippe Denise, faiseurs d'eau de vie, afin que le bon plai-

jurez et gardes dudit metier; lesquels auront puissance de visiter en ladite ville, fauxbourgs et banlieue de Paris, toute distillation d'eau de vie et eau forte qui se feront en ladite ville, fauxbourgs et banlieue, et qui arriveront en ladite ville et fauxbourgs, tant par eau que par terre, mesme tant ès maisons des maitres dudit metier, qu'autres lieux de cette ville, fauxbourgs et banlieue, où ils seront advertis qu'il y aura autres qui voudront entreprendre sur ledit metier; et pour les contrevenans a ces statuts et abus qui s'y pourroient commettre, faire par lesdits jurez tous exploits que peuvent faire tous autres jurez d'autre metier de cette ville en cas semblable.

2. Item quiconque voudra estre maistre dudit metier, sera tenu payer neuf livres tournois, sçavoir, trois livres tournois pour le droit du Roi, autres trois livres pour servir aux affaires qui pourroient arriver au corps dudit metier, et semblable somme de trois livres aux jurez dudit metier, et faire le serment par devant ledit sieur procureur du Roy, pardevant lequel les jurez feront leur rapport des contraventions qui se commettront par les maistres ainsi que font les jurés des autres mestiers.

3. Item, nul compagnon dudit metier ne pourra parvenir a la maitrise qu'il n'ait servi comme apprentif un desdits maistres dudit metier, le temps et espace de quatre ans entiers, et qu'il ne fasse apparoir son brevet d'apprentissage.

4. Item, qu'aucun compagnon aspirant à la maitrise ne pourra estre maitre qu'en faisant chef d'œuvre en la presence des jurez et qu'il n'ait esté par eux certifié capable et presté le serment pardevant ledit sieur procureur du Roy.

5. Item, nul maitre dudit metier, tenant boutique en cette ville, fauxbourgs et banlieue d'icelle, ne pourra tenir plus d'un apprentif, lequel sera obligé a luy pour le temps et espace de quatre années, sur peine de trois livres parisis d'amende, applicable moitié au Roy et l'autre moitié aux jurez.

6. Item, lesdits maistres ne pourront prendre autres apprentifs que celuy qui est obligé à luy pour le temps de quatre ans, sinon la dernière année desdits quatre ans dudit apprentissage, qu'il lui sera loisible d'en prendre un autre et non plutost, sur peine de vingt quatre livres parisis d'amende applicable comme dessus.

sir de Sa Majesté fut de leur octroyer la confirmation, validation et homologation desdits articles en forme d'ordonnance et qu'en ce faisant leur mestier fut reduit en mestier juré, comme les autres mestiers jurez de cette ville de Paris. Veu les arrests de la Cour par eux obtenus contre les jurez vinaigriers en date des 7 septembre 1624 et 11 avril dernier, on present 1634, ensemble le procez verbal de comparution fait en l'hostel de maistre Claude Le Clerc, sieur de Courcelles, conseiller en ladite Cour, en date du 29 aoust 1633, par lequel appert experience avoir esté faite par les dessusdits pour tirer de l'eau de vie et eau forte, en la presence desdits jurez vinaigriers et de maistres Jacques Perreau et Gabriel Hardouin de Saint Jacques, docteur en faculté de médecine à Paris, Paul Chevalier et Simon de Seigneville, maistres apoticaires espiciers de Paris, et Michel Semelle, bourgeois de Paris, commis par lesdits arrets...." (*Traité de la police*, t. III, p. 788.)

7. Item, si l'un desdits apprentifs obligé pour ledit temps de quatre ans d'apprentissage s'en fuit et s'absente hors du logis et service de son maistre, celui qui aura obligé ledit apprentif sera tenu de representer ledit apprentif et le rendre au service de son maistre, ou bien justifier comme il aura fait recherche d'iceluy dans ladite ville, fauxbourgs et banlieue; cela fait et au defaut de ne pouvoir representer ledit apprentif, sera loisible audit maitre de prendre un autre apprentif, et iceluy faire obliger pour ledit temps de quatre ans.

8. Item, que nul maitre dudit metier de distillateurs et vendeurs ne pourra tenir ou avoir en sa maison aucun compagnon dudit metier qui soit alloué et obligé a un autre maitre, pendant et durant le temps de son obligé, ains sera tenu le rendre au maistre auquel il sera tenu et obligé pour achever sondit temps; et ne sera permis a aucun maitre recevoir en son service aucun compagnon sans le consentement du maitre d'ou il sortira, sur peine de pareille amende de vingt quatre livres parisis, applicable comme dessus.

9. Item, que les fils des maitres de chef d'œuvre qui auront servi audit metier sous leur père ou autres maitres, pourront parvenir à la maitrise et gagner la franchise sans estre tenus de montrer aucunes lettres d'apprentissage, sans faire aucun chef d'œuvre, ayant atteint l'age de 18 à 20 ans, en payant toutesfois les droits du Roy et jurez, tels que dessus est dit. Et au cas que lesdits maitres ayent des filles, icelles affranchiront un compagnon apprentif dudit metier en cette ville qu'elles epouseront, en payant les droits du Roy et jurez comme dessus.

10. Item, que les maitres dudit metier seront tenus de travailler de bonne lie et baissière de vin, et en toutes les operations qui se peuvent tirer dudit vin, comme pressoirs et bacules et faire gravelée; le tout conformement aux arrests de la Cour de Parlement; et pour empescher les abus et malversations qui se pourroient commettre audit metier, seront faites defenses d'en faire de pied de bac, bierre et lie de cidre [1], a tous distillateurs et vendeurs, de les composer de plusieurs drogues qui seront nommées cy après, sçavoir : poivre long, poivre rond, graine de genièvre, gingembres et autres drogues non convenables au corps humain, sur peine de confiscation desdites marchandises et de vingt quatre livres parisis d'amende, applicable moitié au Roi et l'autre moitié aux jurez.

11. Item, que tous les maitres auront visitation sur toutes sortes de marchandise dudit metier qui se pourront amener en cette ville de Paris, tant par eau que par terre, par marchands forains et autres, lesquels ne les pourront vendre ny exposer en vente, qu'au prealable ladite visitation n'ait esté faite par lesdits

---

[1] 1699, 13 mars. — Arrêt du Parlement entre épiciers et limonadiers, au sujet d'eaux-de-vie de cidre : « Ordonne que ces eaux de vie seront renvoyées en la province de Normandie d'où elles sont venues; et attendu la qualité des eaux de vie de pareille nature, beaucoup inférieure à celles de vin et les abus que l'on en peut faire, fait deffenses à Lombreuil et à tous autres de faire venir en cette ville de Paris d'autres eaux de vie que celles de vin . . . » (Lamoignon, t. XX, fol. 404.)

jurés, lesquels lesdits marchands forains et autres seront tenus d'avertir, sur peine
de confiscation desdites marchandises et de vingt quatre livres parisis d'amende
applicable comme dessus.

12. Item, pour obvier aux abus et monopoles qui se pourroient commettre à
l'achapt desdites marchandises qui pourroient estre amenées en cette ville et fauxbourgs de Paris, par marchands forains et autres, ne pourront lesdits maitres
acheter desdits marchands forains et autres les marchandises d'iceux, qu'auparavant ils ne l'ayent exposée en vente au lieu qui sera par eux nommé, sur peine de
confiscation des marchandises et de vingt quatre livres parisis d'amende, applicable comme dessus.

13. Item, s'il advient qu'aucun maitre dudit metier allast de vie a trepas, delaissant sa veuve, icelle veuve pourra tenir ouvroir, et faire travailler en sa maison ouvriers et compagnons qui auront fait apprentissage chez un maitre dudit
metier, pendant le temps de sa viduité seulement, sans qu'il lui soit loisible
d'avoir aucun apprentif, sur peine de pareille amende de vingt quatre livres
parisis, applicable comme dessus.

14. Item, qu'il ne sera loisible à aucunes personnes de cette ville, fauxbourgs
et banlieue de travailler ou faire travailler dudit metier, sur peine de confiscation
de ladite marchandise et ustenciles servant audit travail, et de vingt quatre livres
parisis d'amende, applicable comme dessus [1].

II

1639, 5 avril.

*Nouvelle rédaction de statuts pour les distillateurs, en 25 articles,
conformément à l'arrêt de la Cour des Monnaies.*

Coll. Lamoignon, t. XI, fol. 1075. — Traité de la police, t. III, p. 788.

1. Premièrement, pour empescher les abus qui se commettent journellement
par plusieurs personnes qui, sans avoir presté serment a justice, prennent la liberté

---

[1] 1674, 18 janvier. — Arrêt du Parlement
pour l'enregistrement des statuts de 1637. « Veu
par la Cour les lettres patentes du Roy, données a
Paris au mois de janvier 1637. Et tout considéré,
la Cour a ordonné et ordonne que lesdites lettres
et statuts seront registrées au greffe de la Cour,
pour jouir par les impetrans de l'effet contenu en
icelles, et estre executé selon leur forme et teneur,
a l'exception toutes fois que lesdits distillateurs ne

feront aucune visite chez les apoticaires et vinaigriers, lesquels apoticaires et vinaigriers pourront
faire distiller, acheter et debiter des eaux de vie,
ainsi qu'ils ont accoustumé, suivant les arrests et
reglemens des 11 avril 1634 et 10 avril 1666,
comme aussi que lesdits impetrans ne pourront
faire faire aucune visite sur les marchandises d'eau
de vie, qui seront amenez en ceste ville par les
marchans forains, tant par eau que par terre. Fait

de tenir chez eux des fourneaux, et sous pretexte de medecine, font eau forte et autres huiles, esprit et essence de soulphre, aluns, vitriol, salpestre et sel ammoniac, servant à la dissolution et alteration de l'or et de l'argent, et mesme font eaux regales avec lesquelles ils diminuent les monnoyes d'or et les affoiblissent en leur poids, tantost d'un quart ou d'un cinquiesme, plus ou moins, sans alterer la figure, le mestier de distillateur d'eaux fortes, eaux de vie et autres eaux, huiles, essences et esprits, sera juré en cette ville, fauxbourgs et banlieue de Paris.

2. Que les maistres dudit metier seront obligés de tenir bons et fideles registres contenant les noms, surnoms, demeures et qualités de ceux ou celles à qui ils vendront de l'eau forte, et iceux representer en la Cour, tous les mois et toutesfois et quantes qu'il plaira a ladite Cour ordonner. Et ne pourront en vendre plus de deux livres à la fois, sans permission de la Cour, sinon aux maistres de la Monnoye et aux affineurs.

3. Qu'il n'y aura que les maitres dudit mestier, tant en cette ville de Paris que fauxbourgs et banlieue d'icelle. Et que nul ne pourra exercer ledit mestier, faire ny vendre lesdites eaux fortes, eaux de vie et autres eaux, huilles, essences et esprits ny tenir fourneaux, ny ustenciles propres à ce faire, s'il n'est reçu maistre dudit metier[1], fors et excepté le maistre de la Monnoye et les affineurs, lesquels seront maintenus dans le pouvoir de faire eau forte seulement.

4. Que ladite Cour deputera en tems deux des officiers d'icelle pour visiter les maistres dudit metier sans aucuns frais.

5. Que lesdits maistres seront tenus de donner avis a ladite Cour de tous ceux qu'ils sçauront avoir fourneaux propres à fondre en leurs maisons, ou faire lesdites eaux fortes, huiles et essences, sans permission de ladite Cour.

6. Que lesdits maistres ne presteront leurs fourneaux à qui que ce soit. sous pretexte de medecine ou autrement; sauf a ceux qui en auront besoin pour quelques operations de medecine, de se pourvoir suivant les ordonnances pardevers ladite Cour, pour avoir permission de faire lesdites operations chez l'un des maistres dudit mestier.

7. Que deffenses seront faittes à toutes personnes de faire eaux de regales servant à affoiblir les monnoyes sans en alterer la figure.

8. Qu'aucun desdits maistres ne pourra faire les operations dudit mestier, ny tenir les fourneaux à ce necessaires, qu'en une maison seulement, qui ne soit

en Parlement le 18 janvier 1674; signé par collation, Dongois. » (Coll. Lamoignon, t. XI, fol. 782.)

Le 14 août suivant fut rendue une sentence de police interdisant la distillation à tous autres que les distillateurs, épiciers et vinaigriers. (Lamare, t. III, p. 795.)

[1] 1746, 23 mai. — Arrêt du Conseil d'État confirmant les limonadiers distillateurs dans l'exercice de leur métier, mais leur interdisant les distillations chimiques pour la fusion des métaux et l'art de la chimie. (Coll. Lamoignon, t. XXXVII, fol. 564.)

point à l'ecart, ny en lieux trop eloignez; et qu'il sera tenu de designer à la Cour, et mesme luy donner avis quand il changera de demeure pour aller faire lesdittes operations en autre lieu; et ne pourront tenir leursdits fourneaux qu'en lieux faciles à visiter.

9. Qu'il y aura toujours deux jurez et gardes dudit mestier, avec deux des plus anciens bacheliers, sçavoir un ancien et un nouveau; et que pour cet effect election se fera par chacun an par les maistres dudit mestier, pardevant le procureur general de ladite Cour, d'un nouveau juré garde dudit mestier, qui fera le serment en ladite Cour, et non ailleurs, et exercera conjointement avec l'ancien, en sorte que chacun d'eux exercera ladite charge de juré l'espace de deux ans, et que pour la première fois seulement, il en sera elu deux, scavoir un pour deux ans et l'autre pour trois ans.

10. Que les jurés feront toutes les semaines leurs visittes, tant sur les riches que sur les pauvres, et d'icelles feront bons procez verbaux contenant les abus et malversations qu'ils auront trouvées, dont ils seront tenus faire bon et fidel rapport à ladite Cour, sans qu'il leur soit loisible s'accorder avec les contrevenans, a peine de cinquante livres d'amende pour la première fois, qui doublera pour la seconde.

11. Item, les jurés feront leurs visites sur tous ceux qui se meslent de distillations, alchimistes et autres personnes qui tiennent fourneaux, font eau de vie, eau forte, esprits, huiles et essences, fors et excepté sur les maistres de la Monnoye et affineurs; et que contre les contrevenans à ces statuts et reglemens, lesdits jurés pourront faire toutes saisies et tous exploits que peuvent faire tous autres jurés d'autre metier en cas semblable. Et auront lesdits jurez le tiers des amendes et confiscations qui proviendront des saisies par eux faites, et des rapports qu'ils seront tenus faire à ladite Cour.

12. Et pour empescher que les contrevenans à ces articles puissent, par des conflits de juridictions affectées, se soustraire aux yeux de la justice et aux peines qu'ils auront meritées, que toutes causes, procès et differends mus et a mouvoir pour raison dudit metier, circonstances et dependances, entre les maistres dudit mestier, compagnons, apprentis ou autres personnes, de quelque qualité ou condition que ce soit, seront jugés en ladite Cour, avec deffenses à tous autres juges d'en connoitre, et aux parties de se pourvoir ailleurs, a peine de nullité cassation de procedure et de cinq cens livres d'amende [1].

15. Item pourront lesdits maistres acheter de toutes sortes de personnes des lies et baissières de vin et du vin fusté, non puant et non aigre, et propre à faire de l'eau de vie.

[1] De 12 à 25, plusieurs articles sont reproduits des statuts précédents :
Pour les nos 13 et 14, voyez 10 et 11 de 1637.

Pour les nos 16, 17, 18, voyez 12, 13, 14.
Pour le n° 21, voyez 6 et 7.
Pour les nos 24 et 25, voyez 5 et 9.

19. Item que les maistres dudit mestier ne pourront exiger des aspirans a la maistrise plus de soixante livres lors de leur reception, pour tous les frais qu'il conviendra faire pour les affaires communes dudit mestier et huit livres pour les droits de chaque juré.

20. Item a l'avenir nul ne pourra estre reçu audit mestier sinon qu'il ait esté apprenti chez un des maistres par l'espace de quatre ans pour le moins, duquel temps il ne se pourra racheter, et qu'il n'ait atteint l'age de vingt quatre ans et travaillé deux ans chez les maistres en qualité de compagnon.

22. Seront tenus les maistres dudit mestier en prenant apprenty les faire obliger par acte passé au greffe de ladite Cour, pour ledit temps de quatre ans, sans discontinuation dudit service, et mettre les lettres de ladite obligation, dans trois jours pour le plus tard, à compter du jour de leur date, entre les mains des jurés, pour estre par eux registrées.

23. Item les apprentifs ne seront reçeus maistres dudit mestier, qu'ils ne sachent lire et escrire, et seront examinés par les jurez, après lequel examen s'ils sont trouvez suffisanz, seront reçeus a faire chef d'œuvre devant lesdits jurez en presence de l'un des conseillers de ladite Cour qui sera a ce commis, lesquels après leur estre apparu tant par ledit examen que par ledit chef d'œuvre, de la capacité desdits apprentifs et qu'ils sachent lire et escrire, ensemble et leur brevet d'apprentissage, qu'ils auront servi ledit temps de quatre ans, et se presenteront à ladite Cour, en laquelle ils seront de nouveau examinés avant qu'estre reçeus a faire le serment de maistre dudit mestier[1]. . . . .

La Cour, sous le bon plaisir du Roy, a ordonné et ordonne que ces presens reglemens tiendront lieu de status et reglemens pour le mestier de distillateur d'eau forte et eau de vie et autres eaux, esprits, huiles et essences et que les maistres d'icelluy seront tenus de les garder et observer inviolablement à l'avenir, sans y contrevenir en quelque que manière que ce soit[2]. Fait en la Cour des Monnoyes le cinquiesme avril mil six cens trente neuf.

---

[1] Les art. 24 et 25 sont les 5 et 9 de 1637.

[2] Longtemps après, le 23 août 1660, fut rendu un arrêt du Conseil du Roi, attribuant à la Cour des Monnaies la juridiction sur les distillateurs. En voici le résumé : Les distillateurs furent érigés en métier juré en 1637, sous l'autorité de la Cour des Monnaies; on voulut leur interdire la distillation des eaux fortes; les arrêts des 22 juin et 26 septembre 1640, août 1641, 4 septembre 1643, 19 juin 1646 les ont renvoyés aux diverses juridictions des Parlement, grand Conseil et prévôt de Paris, ce qui les a entièrement ruinés et a confondu leur métier, sans apprentissage, maîtrise, jurande, visites ni règlements. L'ordre établi dans le métier évitant les fraudes et les abus, la distillation étant d'ailleurs accordée aux médecins et chimistes par privilège spécial, les statuts de 1639 devront continuer à être exécutés. Fait au Conseil d'État du Roi, le 23 août 1660. (Traité de la police, t. III, p. 791.)

III

1676, 28 janvier.

*Statuts des maîtres limonadiers, marchands d'eau-de-vie, en 13 articles,
et lettres patentes de Louis XIV érigeant leur profession en corps de métier
à l'instar des autres communautés.*

Coll. Lamoignon, t. XVI, fol. 495. — Bibl. nat., ms. fr. 21668, fol. 99. — Traité de la police, t. III, p. 798.
Recueil des limonadiers de 1740, p. 19 et 23.

1. Les maistres limonadiers, marchands d'eau de vie, auront la faculté d'acheter, faire et vendre de l'eau de vie, en gros et en detail, et mesme d'en faire venir des pays etrangers, et d'en envoyer ainsy que bon leur semblera, avec prohibition à toutes personnes sans qualité, et qui ne sont point maitres d'une communauté qui soit en droit et en possession de vendre de l'eau de vie, de faire ladite profession, d'en tenir magazin ou boutique ouverte, ny d'en vendre dans leurs maisons; sans prejudice à ceux qui ont accoutumé de vendre de l'eau de vie en detail par les rues, d'en exposer ou vendre sur des escabelles ou tables, de continuer leur petit commerce, ainsy qu'ils ont fait par le passé, sans pouvoir neantmoins se dire maitres, ny jouir des autres droits à eux accordés.

2. Leur sera permis de vendre toutes sortes de vins d'Espagne, vins muscats, vins de Saint-Laurent et de la Cioutat, de la Malvoisie, et de tous les vins compris sous le nom et la qualité de vins de liqueurs. Ensemble de composer ·et vendre toutes sortes de rossoly, populo, esprit de vin et autres liqueurs et essences de pareille qualité.

3. Auront à l'exclusion de tous autres marchands et artisans, la faculté de composer et vendre toutes limonades ambrées, parfumées et autres eaux de gelées et glaces de fruits et de fleurs, mesme les eaues d'anis et de canelle et franchipane, de l'aigre de cedre, du sorbec, et du caffé en grain, en poudre et en boisson [1].

[1] 1689, 13 décembre. — Arrêt du Parlement entre les limonadiers et épiciers-apothicaires. «Auront lesdits limonadiers à l'exclusion de tous autres marchands et artisans la faculté de composer et vendre toute limonade ambrée, parfumée et autres eaux de gelées et glaces, de fruits et de fleurs, mesme les eaues d'anis et de canelle, franchipane, de l'aigre de cèdre, du sorbet et du caffé en grain, en poudre et en boisson. Pourront aussi vendre des serises, franboises et autres fruits confits dans l'eau de vie, avec des noix confites et dragées en détail. Permet neanmoins Sa Majesté auxdits apoticaires de composer et vendre de l'eau d'anis et de canelle, en remède seulement et auxdits épiciers et apoticaires de vendre et debiter en gros et en détail, pendant six mois, le sorbec et le caffé qu'ils ont fait venir pour leur compte, si mieux ils n'aiment le remettre dans un mois pour tout delay auxdits limonadiers, qui seront tenus de le prendre de gré à gré, en suivant les factures qui seront fidèlement représen-

4. Pourront aussy vendre des cerises, framboises, autres fruits confits dans l'eau de vie, avec des noix confites et dragées, en detail.

5. En vertu de leurs lettres de reception et de marchands d'eau de vie, ils pourront vendre et debiter, sans prendre aucunes lettres de regrat, les memes choses qu'ils vendoient auparavant jusqu'a present [1] en vertu desdites lettres.

6. La communauté aura quatre jurés qui seront eslus par les suffrages de tous les maistres, a la pluralité des voix, en presence de l'un de nos procureurs au Chatelet, chacune année; et sera par chaque année elu deux jurés [2], et les deux jurés nouvellement eslus auront soin du service et de tout ce qui concerne la confrairie.

7. Les jurés auront soin de toutes les affaires de la communauté, avec droit de visite chez tous les maistres, lesquels ne seront sujets a la visite d'aucuns autres gardes, ou jurez d'aucune autre communauté.

8. Les jurés seront tenus faire leur visite chez tous les maistres au moins deux fois l'année; et sera payé par chacun maistre dix sols aux jurés pour chacune

---

tées. . . . . » (Lamoignon, t. XVII, fol. 737 ; *Traité de la police*, t. III, p. 803.)

Autre arrêt du 12 mars 1693 qui révoque le privilège accordé par édit de janvier 1692, de la vente du café, thé, chocolat, etc. et restituant aux limonadiers le droit qu'ils avaient auparavant pour le commerce de ces denrées. (*Police*, t. III, p. 807.)

[1] 1678, 20 janvier. — Arrêt du Parlement sur contestation entre les limonadiers et vendeurs d'eau-de-vie : «La Cour ordonne que les statuts de la communauté des limonadiers du 28 janvier 1676 seront executés; ce faisant a maintenu et gardé les vendeurs d'eau de vie en la possession et jouissance d'exposer et vendre en detail a petites mesures dans les rues, sur des tables ou escabelles, de l'eau de vie, et a cet effet poser sur lesdites tables des fontaines, tasses et flacons d'étain; leur permet d'avoir des auvents portatifs et toiles cirées pour mettre leurs estalages a couvert de l'injure des temps, sans neantmoins qu'ils puissent tenir boutiques. placer leurs estalages au devant des boutiques de limonadiers, ny vendre autres liqueurs, a peine de cent livres d'amende contre les contrevenans.» (Coll. Lamoignon, t. XVI, fol. 755.)

1678, 1er juillet. — Arrêt du Parlement ordonnant que «les vendeurs d'eau de vie en détail a petite mesure, pourront avoir sur leur petite table chacun un flacon et une fontaine, tenant chacun quatre peintes d'eau de vie et vendre noix confites et serizes confites dans l'eau de vie, sans neantmoins qu'ils puissent y mesler sucres et autres li-

queurs ny en vendre, et sans que ceux qui ont quelque art, metier ou employ, puissent vendre eaux de vie, ny en faire vendre par leurs femmes, enfans, domestiques ou autres personnes.» (*Ibid.*, t. XVI, fol. 784.)

[2] Cet article fut confirmé deux fois :

1690, 1er septembre. — Sentence de police : «Vu la requête présentée par Antoine Prevost, Antoine Ribière et François Forjot, jurez de present en charge, que suivant l'article 6 des statuts du 28 janvier 1676, deux jurez sont esleus chaque année a la pluralité des voix; tous les maitres qui y sont appellez estant au nombre de plus de deux cent cinquante, le grand nombre cause beaucoup de confusion; nous disons qu'à l'avenir seront appellez a l'eslection des jurez de la communauté des maistres distillateurs marchands d'eau de vie, ceux qui seront jurez en charge, les anciens qui ont esté jurez, vingt modernes et vingt jeunes, qui y viendront alternativement les uns après les autres, suivant l'ordre du tableau, pour donner leur avis sur la nomination des jurez qu'il conviendra nommer.» (Lamoignon, t. XVII, fol. 984.)

1731, 16 novembre. — Sentence de police sur l'élection des jurés limonadiers. Les deux gardes seront élus chaque année au mois d'août, par l'assemblée de tous les anciens maîtres, vingt jeunes et vingt modernes, convoqués sur billets signés; et les aspirants seront reçus à la maîtrise en présence des anciens, de huit jeunes et huit modernes. (*Ibid.*, t. XXX, fol. 404.)

visitte, qui est a raison de vingt sols par an; payeront aussy tous les maistres pareille somme de vingt sols par chacun an pour leur droit de confrairie.

9. Aucun aspirant ne pourra estre reçu à la maistrise qu'il n'ait fait apprentissage pendant trois ans chez un des maistres de la communauté. Et seront les apprentifs obligés par brevets en bonne forme passés pardevant notaires et registrés sur le livre de la communauté, en la chambre de l'un de nos procureurs au Chatelet.

10. Tous les maistres ne pourront avoir en mesme temps qu'un seul apprentif; pourront neantmoins avoir plusieurs compagnons pour lesquels ils seront tenus de choisir ceux qui auront fait leur temps d'apprentissage, à l'exclusion des estrangers; et ne pourront les maistres debaucher les compagnons engagez chez les autres maistres ny leur donner a travailler, ou les recevoir à leur service, sans en avoir auparavant demandé la permission au maistre chez lequel ledit compagnon estoit engagé.

11. La communauté sera composée de deux cens cinquante maitres; et après que le nombre aura esté une fois remply, aucun ne pourra estre reçeu qu'il n'ait fait apprentissage et chef d'œuvre. Et sera la communauté exempte de toutes les lettres de maistrise qui sont par nous accordées, desquelles lettres nous dechargeons ladite communauté, derogeant a cet effet a tous edits et lettres a ce contraires, et ce en consideration des sommes qu'ils ont presentement financées en nos coffres, pour l'establissement dudit mestier.

12. Les aspirans, lorsqu'ils seront reçeus, payeront une somme de douze livres à la boëte, pour subvenir aux affaires de la communauté, outre quarante sols à chacun des jurés pour tous droits de donner, voir faire et recevoir lesdits chefs-d'œuvres et pour assister a la prestation de serment, avec deffenses a eux d'exiger aucuns festins ny mesme d'en recevoir volontairement, a peine de concussion.

13. Les fils de maistres et ceux qui auront epousé les filles de maistres seront reçeus sans faire chef-d'œuvre [1]; mesme les fils de maistres, sans avoir fait aprentissage, feront seulement une legère experience et payeront demy droit aux jurez.

Louis, par la grace de Dieu, Roy de France [2]..... En execution de nostre edit (de mars 1673) plusieurs particuliers nous ayant remontré que de tout temps ils se sont appliqués a composer et vendre toutes sortes de liqueurs rafraichissantes, comme limonades ambrées, parfumées, et autres caues de gelée et

[1] 1745, 22 mai. — Arrêt du Parlement portant que les enfants des limonadiers nés avant la maîtrise de leur père ne seront admis à la maîtrise que comme étrangers, bien que leurs pères aient passé par les charges. (Lamoignon, t. XXXVI, fol. 262.) — [2] Quoique ces lettres aient été vérifiées, elles ne sont pas dans les registres du Parlement. (Note de Lamoignon, t. XVI, fol. 495.) C'est d'ailleurs le seul document particulier aux limonadiers.

glaces de fruits et de fleurs, d'anis et de canelle, franchipane, d'aigre de cedre,
du sorbec et du caffé en grain, en poudre et en boisson, mesme de vendre des
eaues de vie, rossoly, populo, et autres liqueurs et essences de pareille qualité, et
toutes sortes de vins d'Espagne, muscat, de Saint Laurent, la Cioutat, Malvoisie
et toutes autres sortes de vins qui sont compris sous le nom et qualité de vins de
liqueurs, et qu'ils n'avoient que ce seul negoce et industrie pour gagner honeste-
ment leur vie et faire subsister leurs familles; ayant esté informé des abus et malversations qui se commettent ordinairement parmy ceux qui font quelque profession, et qui n'ont aucun titre et qualité, et que nonobstant les saisies qui estoient
faites par les maistres marchands espiciers et distillateurs, lesdits limonadiers,
marchans d'eau de vie, ne laissoient pas de vendre et debiter lesdites eaues de vie
et de liqueur, que ces saisies les consommoient en de grands frais, mais ne fai-
soient·pas cesser leur commerce, et qu'ainsy leur establissement en communauté
ne faisoit pas un grand prejudice aux maistres marchans espiciers. A ces causes...
nous avons erigé et erigeons ladite profession des limonadiers, marchands d'eau
de vie, en titre de maitrise jurée, pour faire a l'avenir un corps de metier en
nostre ville et fauxbourgs de Paris, ainsi que les autres communautés qui sont establies. Voulons que tous ceux dudit mestier, au nombre de deux cens cinquante qui
ont payé les sommes auxquelles ils ont esté moderement taxés en nostre conseil,
et qui ont presté le serment en qualité de maistres limonadiers, marchands d'eau
de vie, pardevant l'un de nos procureurs au Chatelet, et ceux qui seront reçus
à l'avenir, puissent se dire limonadiers, marchans d'eau de vie, continuer leur
art et profession, avec tous les droits, fonctions et privilèges mentionnés ès articles et statuts cy attachés..... Donné à Saint Germain en Laye, le vingt
huitiesme jour de janvier, l'an de grace mil six cens soixante seize.

IV

1676, 15 mai.

Arrêt du Conseil d'État du Roi ordonnant que les distillateurs d'eau-de-vie et les limonadiers
demeureront unis en une seule et même communauté sous le titre de distillateurs [1].

Coll. Lamoignon, t. XVI, fol. 537. — Traité de la police, t. III, p. 800.

Sur la requete présentée au Roy en son Conseil par Thomas Laiguillon de la
Ferté, syndic de la communauté des maistres distillateurs d'eau de vie et autres

[1] A la suite de cet arrêt se trouvent les lettres patentes également datées du 15 mai et qui le confirment. En juillet 1681 autres lettres patentes confirmant à nouveau la réunion des deux métiers.

eaues, en la ville, fauxbourgs et banlicue de Paris, Augustin Champaignette de Lisle et Nicolas Charlier, jurez gardes de la communauté, fondés du pouvoir de toute la communauté par deliberation; et Nicolas Lemarchant, Thomas le Forestier, Pierre Paul et Urbain Goubot, jurez et gardes de la communauté des marchands d'eau de vie et de toutes sortes de liqueurs et limonades, contenant qu'en consequence et execution de l'edict du mois de mars 1673, des arrests du Conseil des 9 avril et 10 may 1675 et autres, les maistres limonadiers auroient eté erigez en maistrise jurande et communauté, sous le titre de maistres limonadiers et marchands d'eau de vie, pour jouir des privilèges contenus en leurs statuts obtenus de Sa Majesté, lesquels estant connexes et semblables en quelque manière a ceux des maistres distillateurs et vendeurs d'eau de vie, causeroient beaucoup de diferends entre eux et leur apporteroient un desavantage notable et ruine entière, estant la fonction des uns et des autres tellement confuse et meslée ensemble qu'il est presque impossible de les diviser. Pour a quoy obvier ils auroient consenty que l'union fut faite, sous le bon plaisir de Sa Majesté, des deux communautez..... Ordonne que les maistres distillateurs et les maistres limonadiers, marchands d'eau de vie, demeureront à l'advenir uniz et incorporez en un seul et mesme corps de communauté, sans nulle division, sous le nom de maistres distillateurs d'eau de vie et de toutes autres eaux et marchands d'eau de vie et de toutes sortes de liqueurs, en la ville, fauxbourgs et banlieue de Paris, et seront regis dès a present par les statuts, arrests, sentences et ordonnances des deux communautez qui ne seront qu'un seul et mesme corps de communauté, indivisible... Ordonne Sa Majesté que chacun de ceux qui seront reçus maistres audit art et maistrise jusqu'au nombre de deux cens cinquante, en execution du present arrest, sera tenu de payer au Roy la somme de cent vingt livres, y compris les deux sols pour livre, au payement de laquelle ils seront contraints, comme pour les affaires de Sa Majesté, mesme les distillateurs d'eau de vie et autres eaues, qui se disoient estre reçus maistres jusqu'à present[1], payeront aussi incessamment chacun pareille somme de cent vingt livres; leur fait Sa Majesté deffense et à tous autres de prendre la qualité de distillateur d'eau de vie, esprit de vin, et toutes autres eaues, jusqu'à ce que ils ayent satisfait au payement de ladite taxe..... Fait Sa Majesté deffenses aux vinaigriers, chandeliers, fruictiers[2], grenetiers, verriers et fayanciers et à tous autres, sans qualité, de se mesler directement ou indirectement dudit mestier, ny vendre aucune eau de vie ou de liqueur, a peine de trois cens livres d'amende, au payement de laquelle ils seront contraints comme pour les

---

[1] Voyez leurs statuts, pièces I et II.

[2] 1695, 15 juillet. — Arrêt du Parlement qui permet aux marchands d'eau-de-vie et distillateurs de faire venir des oranges, citrons et bigarades pour leur commerce et d'en vendre en détail seulement; leur fait défense d'en vendre en gros à peine de confiscation et d'amende, et auxdits fruitiers et marchands d'eau-de-vie distillateurs, d'aller en visite les uns chez les autres. (Lamoignon, t. XIX, fol. 547.)

deniers et affaires de Sa Majesté. Fait au conseil d'État du Roy, tenu a Saint Germain en Laye, le 15ᵉ jour de may 1676.

V

1677, 5 novembre.

Ordonnance de police faisant défense aux vendeurs d'eau-de-vie de recevoir des personnes après 4 heures du soir.

Coll. Lamoignon, t. XVI, fol. 745.

Sur ce qui nous a esté representé par le procureur du Roy que les filoux, vagabons et autres personnes mal vivantes, cherchant toujours a commettre de mauvaises actions et à trouver par les vols et par les autres crimes, de quoy subsister dans le libertinage et la debauche où ils vivent, se sont avisés d'un nouveau moyen pour y reussir, et de se rendre tous les soirs à l'entrée de la nuit dans tels quartiers que bon leur semble, chez des vendeurs d'eau de vie, comme en des lieux d'assignation, d'où après avoir bu par excès de l'eau de vie et de certaine autre liqueur appelée *ipotèque*, ils en sortent furieux à toutes les heures de la nuit, commettent de grands desordres et empeschent la seureté publique. Et d'autant que les ordres d'ailleurs etablis pour la maintenir deviendroient en quelque façon inutiles, si ceux qui vendent ces sortes de liqueurs, dont l'excès est incomparablement plus dangereux que celui du vin, avoient la liberté de faire des cabarets de leurs boutiques, et d'y recevoir à toutes les heures de la nuit ceux qui s'y veulent rendre pour y faire des debauches ou pour d'autres desseins, requeroit le procureur du Roy que sur ce il fut pourveu. Nous, faisant droit sur ledit requisitoire, faisons très expresses deffenses a tous vendeurs d'eau de vie et d'autres liqueurs tenans boutiques, d'y recevoir ny dans leurs maisons, aucunes personnes de quelque qualité qu'elles puissent estre, soit hommes ou femmes, et de leur donner à boire, dans lesdites boutiques et maisons ny aux environs, après quatre heures après midy, depuis le premier octobre jusques au dernier de may, comme aussi ordonnons ausdits vendeurs d'eau de vie et liqueurs de tenir leurs boutiques entièrement fermées aux heures ordinaires que les autres marchands ont accoustumé de fermer les leurs, le tout à peine de cinq cens livres d'amende et de plus grande peine s'il y echoit[1]. Enjoignons aux commissaires du Chatelet

---

[1] 1695, 16 février. — Ordonnance de police. «Malgré l'ordonnance du 5 novembre 1677, les limonadiers qui sont très nombreux font de leurs maisons autant d'assemblées où l'on se rend facile-ment le soir, à cause des lanternes de couleur qui pendent sur la rue. La cour fait très expresses défenses de tenir leurs boutiques ouvertes après cinq heures, de novembre à mars, et après neuf heures

d'y tenir la main . . . . . Ce fut fait par messire Nicolas Gabriel de la Reynie, le 5 novembre 1677.

VI

1691, 12 juillet.

Edit du Roi portant union des offices de jurés à la communauté des distillateurs-limonadiers [1].

Coll. Lamoignon, t. XVIII, fol. 292.

VII

1693, 29 avril.

Sentence du prévôt de Paris au sujet des règlements de l'apprentissage chez les distillateurs, marchands d'eau-de-vie.

Coll. Lamoignon, t. XIX, fol. 85.

A tous ceux qui ces presentes lettres verront, Charles Denis de Bullion . . . . . garde de la prevosté de Paris. Sçavoir faisons que Sa Majesté ayant reconnu par une experience publique l'utilité que la distillation et vente d'eau de vie, esprit de vin et autres essences et liqueurs, apportoit au public, il luy auroit plu en eriger un corps formé par lettres patentes de l'année 1637; et dans la suitte, en l'année 1676, il auroit erigé un autre corps de marchands d'eau de vie et de liqueurs qui par rapport aux fonctions du premier y auroit esté uni et incorporé, par un arrest du conseil d'État de l'année 1676, de manière que ces deux corps unis ensemble sont à present regis par les mesmes statuts . . . . . lesdits suppliants auroient fait connoître que la nouveauté de cet establissement y auroit produit plusieurs abus entre autres au sujet des apprentis [2] . . . . . Nous, ayant aucune-

---

dans le reste de l'année, et ordonne d'enlever les lanternes dans les vingt quatre heures, sous peine de trois cents livres d'amende. » (Lamoignon, t. XIX, fol. 491.)

Sur la requête des maîtres limonadiers déclarant qu'ils avaient payé la finance au Roi pour jouir eux et leurs successeurs des droits et privilèges accordés par leurs statuts, qu'ils avaient encore versé tout nouvellement vingt-quatre mille livres pour l'union des offices de jurés à leur communauté, le prevôt de Paris, par sentence du 12 mars 1695, ratifia le précédent arrêt du 16 février ainsi qu'il

suit : « Nous leur avons permis de tenir leurs boutiques ouvertes pendant les mois de novembre, fevrier et mars jusqu'à sept heures du soir, pendant les mois de décembre et janvier jusqu'à six heures seulement, et depuis le premier avril jusqu'au premier novembre jusqu'à dix heures du soir seulement. » (*Ibid.*, fol. 497.)

[1] Cette union fut consentie moyennant la somme de 24,000 livres pour les deux métiers.

[2] Longue coupure du folio 87 au folio 92, le texte n'étant que l'exposé de la requête résumée à la fin.

ment egard à l'avis des maistres de ladite communauté des distillateurs et marchands d'eau de vie, ordonnons qu'à l'avenir aucun des maistres de ladite communauté ne pourra avoir à mesme temps plusieurs apprentifs, qu'ils n'en auront qu'un seulement, lequel sera resident et demeurera actuellement dans leurs maisons, sans que ledit apprentif puisse s'absenter sans cause legitime, dont chacun des maistres des apprentis seront tenus d'avertir les jurés en charge, à peine de cens livres d'amende contre le maistre; que suivant l'article neuf des statuts de ladite communauté le temps d'apprentissage sera de trois années, à l'avenir comme par le passé, et qu'après le temps d'apprentissage expiré, les apprentifs qui voudroient parvenir à la maitrise seront tenus de servir les maistres pendant trois ans, en qualité de compagnon. En tesmoin de ce, nous avons fait sceller ces presentes le 29e jour d'avril 1693.

VIII

1696, 25 septembre.

Édit du Roi portant union des offices d'auditeurs des comptes
à la communauté des distillateurs-limonadiers pour la somme de vingt mille livres.

Coll. Lamoignon, t. XIX, fol. 844.

IX

1713, novembre.

Édit du Roi rétablissant à nouveau la communauté des limonadiers-distillateurs.

Coll. Lamoignon, t. XXV, fol. 429, d'après le recueil des limonadiers, p. 93.

Louis, par la grace de Dieu, Roy de France et de Navarre, par notre edit de décembre 1704 nous avons supprimé la communauté des limonadiers de notre bonne ville de Paris [1]..... Nous avons, par le mesme edit, creé cent cinquante privilèges hereditaires..... mais lesdits maistres limonadiers nous ayant fait

---

[1] 1704, décembre. — Édit portant suppression de la communauté des limonadiers-distillateurs et créant 150 privilèges de ce métier :

«Louis..... Nous avons par notre edit du mois de mars 1673 permis l'établissement de la communauté des limonadiers, ainsi que tous les autres arts et métiers, mais nous avons été informez que cette communauté est devenue si nombreuse, par la facilité que ceux qui embrassent cette profession trouvent à s'en instruire, et par le grand usage qui s'est introduit du caffé, thé, chocolat; à quoi desirant remédier et fixer à l'avenir le nombre de ceux qui pourront exercer cette profession... A ces causes... supprimons les

supplier de retablir ladite communauté aux offres de nous payer la somme de deux cent mille livres..... nous avons accepté lesdits offres et en consequence nous avons revoqué l'edit du mois de decembre 1704 par autre edit de juillet 1705 [1], en execution duquel ladite communauté a payé la somme de 73,333 livres 6 sols 8 deniers, a m° Jean Lescuyer, chargé de l'execution de l'edit de decembre 1704 et celle de 24,000 livres pour employer aux travaux de la rivière d'Eure; et comme ledit Lescuyer nous auroit fait proposer de creer cinq cens privilèges au lieu de cent cinquante, nous avons, par notre edit de septembre 1706, revoqué celuy de juillet 1705 et supprimé de nouveau la communauté des marchands d'eau de vie, au lieu de laquelle nous avons créé dans notre bonne ville de Paris cinq cens privilèges héréditaires desdits marchands d'eau de vie, esprit de vin et toutes sortes de liqueurs, avec faculté aux acquéreurs desdits privilèges d'y vendre lesdites marchandises et liqueurs à l'exclusion de tous autres [2]. Mais comme nous avons été informé que ledit Lescuyer, chargé pareillement de l'exé-

---

communautés des limonadiers, marchands d'eau de vie... Ordonnons que dès le 1ᵉʳ avril prochain les marchands à present establis seront tenus de fermer leurs boutiques... avons érigé cent cinquante privilèges héréditaires de marchands limonadiers... Voulons qu'ils fassent un seul et même corps de communauté... Versailles, décembre 1704.» (Lamoignon, t. XXII, fol. 197.)

[1] 1705, juillet. — Édit du Roi rétablissant la communauté des distillateurs et rapportant celui de décembre 1704.

«Louis... Nous avons par edit de décembre 1704 supprimé et éteint la communauté des limonadiers distillateurs... Les limonadiers nous ayant supplié de rétablir leur communauté en l'état qu'elle estoit avant ledit edit, aux conditions suivantes et aux offres qu'ils font de nous payer la somme de deux cens mille livres et les deux sols pour livre en neuf payemens égaux de trois en trois mois... pour ladite somme tenir lieu de l'augmentation de finance, avec celle de cent un mille livres qu'ils ont cy-devant payée, scavoir vingt sept mille livres par quittance de finance du 9 août 1683, vingt quatre mille livres pour les charges de jurez perpétuels, en exécution de l'édit de mars 1691; vingt-cinq mille livres pour les offices d'auditeurs des comptes, en exécution de l'édit de mars 1694, et vingt cinq mille livres pour l'office de trésorier de leur communauté créé par édit du mois de janvier 1703. A ces causes, voulant traiter favorablement lesdits maistres distillateurs, marchands d'eau de vie, et leur douner lieu de subsister avec leurs familles...

revoquons à l'égard de notre bonne ville de Paris nostre edit du mois de décembre 1704 et ordonnons que la communauté des limonadiers, marchands d'eau de vie, sera et demeurera en l'état qu'elle est, et en conséquence que les statuts des distillateurs du 13 octobre 1634, l'arrest de nostre conseil portant réunion des deux communautés de distillateurs et limonadiers du 15 may 1676, ensemble les statuts des limonadiers, confirmés par nos lettres patentes du vingt huit janvier 1676, seront exécutés selon leur forme et teneur....». Donné à Versailles au mois de juillet l'an de grâce 1705.» (Lamoignon, t. XXII, fol. 721.)

[2] 1706, septembre. — Édit du Roi supprimant de nouveau la communauté des limonadiers et créant 500 privilèges héréditaires.

«Louis, par la grâce de Dieu... Lesdits marchands d'eau de vie nous ayant fait représenter que les espiciers et les vinaigriers contreviennent journellement à notre déclaration, et donnent à boire dans leurs boutiques à des particuliers qui s'attablent, comme avant cette déclaration, en sorte que, ne jouissant pas du bénéfice de nostre edit de juillet 1705, il leur seroit impossible d'achever le payement de ladite somme de deux cens mille livres, nous avons jugé à propos, pour faire cesser toutes sortes de procès et différends entre ces trois communautez, et restablir la tranquillité entre elles, de recevoir la proposition qui nous a esté faite de créer cinq cens privilèges héréditaires de marchands d'eau de vie... pour estre possédez héréditairement par les particuliers qui en auront payé

cution de ce dernier edit, n'a pu jusqu'à présent vendre que cent trente huit desdits cinq cens privilèges, dont vingt un ont esté acquis par des marchands epiciers et des maistres vinaigriers, quarante cinq par des particuliers sans qualité,
soixante douze par des maistres de ladite communauté supprimée; sur la vente
desquels privilèges ledit Lescuyer n'a fourny en notre Trésor royal que cent six
mille huit cent soixante quinze livres; et que d'ailleurs ladite communauté n'avoit
pu jouir de l'effet de l'édit dudit mois de juillet 1705, attendu la concurrence
demandée par les marchands espiciers et maistres vinaigriers pour la vente de
l'eau de vie en détail et pour en donner à boire dans leurs boutiques [1] . . . . . à
quoy ils ajoutent que leur communauté, quoy qu'absolument détruite par ces différens changemens, se trouve néanmoins livrée à la poursuite de divers créanciers, qui prétendent avoir action sur les biens propres et particuliers de chacun
des maistres anciens et nouveaux dont ladite communauté étoit composée; toutes
lesquelles considérations nous ont porté à la rétablir dans l'état où elle étoit
avant l'édit de 1704, et même de la tenir quitte de la somme de 39,795 livres,

la finance en nos revenus casuels, lesquels seront
communauté de marchands d'eau de vie, esprit de
vin et de toutes sortes de liqueurs composées, et
attribuons aux acquéreurs desdits privilèges la faculté de vendre à l'exclusion de toutes autres, toutes
liqueurs composées d'eau de vie et esprit de vin,
françoises ou estrangères, et fruits confis aussy à
l'eau de vie, comme aussi de vendre seuls du
caffé bruslé en poudre et en boisson, de fabriquer
et vendre le chocolat en tablettes ou rouleaux, et
de donner de l'eau de vie à boire dans leurs boutiques, ensemble du thé, chocolat, caffé, limonades
et autres liqueurs composées, de quelque nature
qu'elles soient... Permettons auxdits marchands
d'eau de vie, espiciers et autres d'acquérir plusieurs
desdits privilèges, de les faire exercer séparément;
et ne seront les espiciers et autres exerçant d'autres
professions sujets, à cause desdits privilèges, aux
visites des maistres et gardes de la communauté,
mais seulement aux droits de visite... Voulons au
surplus que les statuts des distillateurs du 13 octobre 1634 et autres reglemens en ce qui n'est
point dérogé par le présent, soient executez selon
leur forme et teneur, et néanmoins qu'il soit fait
eslection de six maistres gardes en la manière accoutumée après que lesdits privilèges auront esté
vendus, en tout ou grande partie... Donné à Versailles au mois de septembre l'an de grâce 1706. »
(Coll. Lamoignon, t. XXIII, fol. 361, d'après le
Recueil des limonadiers, p. 89. — *Traité de la police*, t. III, p. 826.)

[1] Voici la principale décision donnée entre ces
deux métiers :

1738, 5 juillet. — Arrêt du Parlement entre
les merciers, les épiciers et les limonadiers sur leurs
attributions réciproques. «La cour ordonne que les
merciers demeureront maintenus dans le droit de
vendre en boutique et en gros toutes sortes d'eaux
de vie et de liqueurs composées et distillées; ayant
aucunement egard à l'opposition des maitres et
gardes des epiciers à l'enregistrement desdites
lettres patentes, sans avoir égard au surplus, tant
de leurs oppositions que de celles des modernes et
jeunes epiciers, a maintenu et gardé, maintient
et garde lesdits epiciers et les limonadiers dans le
droit et possession de vendre et debiter, sçavoir les
epiciers de l'eau de vie, même d'en donner à boire,
sans neanmoins que ceux qui en boiront puissent
s'attabler dans leurs boutiques, vendre et debiter
des liqueurs chaudes, celles composées d'eau de
vie, d'esprit de vin et fruits confits à l'eau de vie,
en gros et en bouteilles entières seulement, et les
limonadiers, des liqueurs chaudes, esprits de vin,
fruits confits à l'eau de vie, tant en gros qu'en detail; permet auxdits limonadiers de faire venir des
provinces des eaux de vie, d'y en envoyer et d'en
vendre en gros et en detail en cette ville de Paris.
maintient pareillement les epiciers et les limonadiers
dans le droit et possession de vendre et debiter du
caffé, thé, chocolat et sorbet, scavoir les epiciers,
le café en feves non brulé, et le thé en feuilles et
le sorbec en pâtes, le tout tant en gros qu'en detail

qu'elle nous devoit encore, et de celle de 220,000 livres à laquelle elle etoit obligée envers nous, par notre édit de juillet 1705. A ces causes..... Ordonnons que la communauté des maistres limonadiers, vendeurs d'eau de vie, esprit de vin et autres liqueurs, sera et demeurera rétablie comme elle estoit avant notre edit de 1704..... Voulons que huitaine après l'enregistrement de notre present edit, il soit procedé à l'élection de nouveaux jurez et gardes de ladite communauté, par lesdits maistres distillateurs anciens et nouveaux, en la forme ainsy qu'il se pratiquoit avant notre edit du mois de decembre 1704. Voulons aussy que les marchands epiciers, maitres vinaigriers, particuliers sans qualité ou anciens maistres de la communauté des limonadiers, qui ont acquis des privilèges du nombre de cinq cens, creés par edit de septembre 1706, soient tenus d'en representer les quittances de finances aux jurez nouvellement eslus..... Ordonnons que jusqu'au remboursement de ce que les epiciers ou vinaigriers ont payé tant en principal que de deux sols pour livre, sur les prix desdits privilèges, ils puissent les exercer librement et jouir de toutes les prérogatives qui leur sont attribuées par leur edit de creation et arrest rendus en consequence, si mieux ils n'aiment que la communauté des limonadiers leur en fasse la rente..... Ordonnons que chacun des maistres de ladite communauté, anciens ou nouveaux, reçus et à recevoir, mesme ceux sans qualité, à qui lesdits privilèges tiendront lieu de maitrise, ayent à payer outre les droits de visite accoutumez, dix sols par chascune semaine, et que faute d'avoir payé ladite redevance de semaine en semaine, ils y seront contraints à l'echeance de la demie année, comme pour nos propres deniers et affaires, a condition neanmoins que ladite redevance, du montant de laquelle les jurez et gardes compteront d'année en année, pardevant le lieutenant general de police, cessera d'estre payée après que les debtes de ladite communauté auront esté entièrement acquittées, tant en principal qu'intérêts et frais[1]..... Donné à Versailles au mois de novembre l'an de grâce 1713.

exclusivement aux limonadiers, et les limonadiers le caffé, thé, chocolat et sorbet en boisson, même le café en grain brulé et en poudre, exclusivement aux epiciers, et lesdits epiciers et limonadiers concurramment le chocolat en tablettes, pains, tourteaux et rouleaux, les pistaches et les diablotins. Permet tant aux epiciers qu'aux limonadiers de fabriquer le chocolat, maintient les epiciers, en qualité de gardes de l'estalon royal des poids et balances de cette ville, dans le droit d'aller en visite chez les limonadiers pour voir et visiter leurs poids et balances seulement, et de percevoir cinq sols par chacune des visites deux fois l'année; permet auxdits epiciers et limonadiers d'aller en visite respectivement les uns chez les autres en cas de contra-

vention, en se faisant assister d'un commissaire au Chatelet et d'un huissier; ayant aucunement egard à l'intervention des six corps des marchands de cette ville de Paris, et à la demande des epiciers, fait defenses aux limonadiers de prendre la qualité de maistres et gardes, mais seulement celle de jurez limonadiers... Fait en Parlement le cinq juillet 1738.» (Lamoignon, t. XXXIII, fol. 139 à 348, extrait fol. 342.)

[1] 1727, 27 septembre. — Dispositif confirmant les édits de 1705 et 1713 par lesquels les limonadiers sont maintenus dans l'exercice de leurs fonctions de vendre des liqueurs composées d'eau-de-vie. (Lamoignon, t. XXIX, fol. 174.) Parmi les arrêts nous ne citons que le précédent.

X

1737, 17 septembre.

Délibération de la communauté des maîtres limonadiers contenant un règlement
sur les compagnons et l'homologation du prévôt de Paris.

Coll. Lamoignon, t. XXXII, fol. 494.

Les jurés, gardes en charge, anciens jurés gardes, modernes et jeunes maîtres de ladite communauté, assemblés, sur la représentation desdits gardes en charge, de la facilité des maîtres pour les garçons et de la trop grande licence des garçons qui est très préjudiciable aux maîtres, ont délibéré et arresté les articles qui suivent :

1. Que les sentences de M. le lieutenant général de police des 23 mars 1728 et 23 avril 1732, portant défenses à tous maîtres de ladite communauté de recevoir aucuns garçons sortant de chez les maîtres d'icelle, qu'ils ne leur rapportent le consentement par écrit des derniers maîtres de chez lesquels ils sortiront, avec un certificat de leurs bonnes vie et mœurs, du tems qu'ils auront esté chez eux, et aux garçons de quitter le service de leurs maîtres, sans les en avertir auparavant, à peine de dix livres d'amende, seront exécutés selon leur forme et teneur.

2. Que tous les garçons limonadiers qui servent actuellement en ladite qualité chez les maîtres seront tenus de se retirer sans délai au bureau, les lundis matin et autres jours, pour y estre, leurs noms, surnoms, leur age, le lieu de leur naissance, pour ceux qui ne sont pas apprentifs de ville, et les noms des maîtres qu'ils servent, y estre inscrés dans un registre qui sera à cet effect tenu audit bureau, lequel registre sera paraphé par M. le lieutenant général de police, duquel enregistrement sera délivré un double auxdits garçons, qui sera signé d'un desdits jurés gardes de ladite communauté.

3. Que nul maître ne pourra garder à son service aucuns garçons qu'il ne lui ait justifié de son enregistrement au bureau, en la forme ci-dessus, à peine de cent livres d'amende pour chacune contravention.

4. Qu'aussitost la sortie d'un garçon du service d'un maitre, ledit garçon sera tenu d'en faire sa déclaration audit bureau, laquelle sera inscrite sur le registre, et le double d'icelle à lui délivré pour pouvoir entrer au service d'un autre maitre, lequel ne pourra néanmoins le recevoir qu'il n'ait du dernier maitre qu'il aura quitté, le certificat de ses bonnes vie et mœurs, conformément à la sentence du 23 avril 1732 [1] qui sera exécutée selon sa forme et teneur; et lorsque le garçon y sera entré il sera tenu d'en faire sa déclaration au bureau, qui

---

[1] 1732, 23 avril. — Sentence contenant règlement des garçons limonadiers, et portant qu'ils ne quitteront leur maître que sur certificat. (Coll. Lamoignon, t. XXX, fol. 454.)

sera inscrite sur le registre et le double à lui delivré, à peine contre ledit maitre et le garçon de cent livres d'amende solidairement.

5. Et au cas que les maitres d'ou les garçons seront sortis refusent de leur donner (ou au maitre au service duquel ils s'offriront) leur certificat de leurs bonnes vie et mœurs portant consentement de servir ou bon leur semblera, seront tenus lesdits garçons et les maitres auxquels ce refus aura eté fait, d'en porter leurs plaintes aux jurés gardes, en leur bureau, où les maitres refusans seront mandés pour en dire les causes; et faute par eux de le faire, les jurés gardes pourront donner aux garçons leur consentement de se pourvoir d'autre maitre, et y faire le service sans que les maitres d'où ils seront sortis puissent les inquieter, ny ceux au service desquels ils seront entrés; dont il sera fait mention sur le registre, et le double delivré aux maitres et garçons.

6. Enfin que personne ne pourra placer les garçons que par le clerc de ladite communauté.

A tous ceux qui ces presentes lettres verront, Gabriel Jerome de Bullion, chevalier..... prevôt de la ville, prevoté et vicomté de Paris, salut. Savoir faisons que, vu la requeste à nous presentée par les jurés et gardes en charge de la communauté des maitres distillateurs et marchands d'eau de vie et de toutes sortes de liqueurs à Paris, tendante à ce qu'il nous plust, vu la deliberation prise en leur communauté par les anciens, modernes et jeunes maitres d'icelle, assemblés le premier aoust 1737, transcrite en tête de ladite requeste, homologuer icelle declaration pour estre executée selon sa forme et teneur, laquelle ainsy que notre sentence qui interviendroit, seroient imprimés et inscrits sur les registres des deliberations de ladite communauté, ladite requeste signée Regnard le jeune, procureur au Chatelet, procureur de ladite communauté..... Nous, du consentement du procureur du Roy, disons que la susdite deliberation est et demeurera homologuée pour estre executée selon sa forme et teneur, permettons auxdits jurés de present en charge de ladite communauté d'enregistrer la presente sentence sur les registres de ladite communauté et de la faire lire, publier et afficher au bureau d'icelle et partout ou besoin sera, ce qui sera executé nonobstant et sans prejudice de l'appel. En temoin de ce, nous avons fait seeler ces presentes. Ce fut fait et donné par nous, juge susdit, le 17 septembre 1737.

XI

1745, 25 juin.

Édit du Roi portant union des offices d'inspecteurs des jurés à la communauté des distillateurs-limonadiers pour la somme de trente mille livres.

Coll. Lamoignon, t. XXXVI, fol. 531.

TITRE XX.

BRASSEURS-CERVOISIERS.

De gueules, à deux chaudrons d'or en chef
et un tonneau d'argent cerclé d'or, en pointe [1].

De tout temps on a fabriqué des boissons avec des grains fermentés additionnés de houblon et d'épices. On les appelait cervoises au XIIIᵉ siècle. Les statuts du moyen âge disent « brasser la cervoise » et nomment les fabricants des cervoisiers. Au XVᵉ siècle on commence à employer les expressions de bière et brasseur. La fabrication s'est améliorée sans transformation importante pour le métier. Les premiers statuts furent donnés aux cervoisiers par Étienne Boileau, en 7 articles [2]. L'ordonnance du roi Jean se borne à taxer le prix de la cervoise [3], 8 deniers le septier, 1 denier la pinte.

Comme toutes les boissons, la cervoise fut l'objet de mesures fiscales; Charles V, par ses lettres de 1369, alla même jusqu'à demander pour confirmation de privilèges une avance de 1,000 francs d'or sur la perception des aides.

En temps de disette de grains, les brasseurs s'engageaient à réduire et même à cesser entièrement leurs achats et leur fabrication, sur simple ordonnance du prévôt de Paris. Les actes de ce genre sont très fréquents et paraissent avoir toujours été suivis d'exécution.

Quant aux statuts proprement dits, outre ceux du quartier Sainte-Geneviève, datés de 1435 et donnés parmi nos documents à titre de réglementation des faubourgs, le principal texte qui renouvela les statuts d'Étienne Boileau fut promulgué par Jacques d'Estouteville en 15 articles, le 6 octobre 1489, confirmé avec quelques modifications par lettres patentes de Louis XII, en mai 1514 [4] et pour ainsi dire simplement modernisé par lettres de Louis XIII, en janvier 1630.

Les statuts de 1489 obligeaient les maîtres à marquer tous leurs barils d'une marque en plomb déposée au Châtelet; ils prescrivaient encore aux maîtres alors en exercice de se faire

[1] D'Hozier, *Armorial* : texte, t. XXV, fol. 441; blasons, t. XXIII, fol. 423.

[2] *Livre des métiers*, titre VIII, p. 26.

[3] Voyez ci-dessus, p. 12, titre VII, art. 6.

[4] Le Guide des marchands de 1766 signale encore les confirmations de 1556, 1580 et 1608.

inscrire au Châtelet sous peine d'être privés de leur maîtrise [1]. Les statuts de 1630 mentionnent pour les jurés le droit de visite chez les brasseurs des faubourgs et la visite des levures dures apportées par les forains pour les boulangers et pâtissiers [2].

Un édit de décembre 1625 avait donné diverses prescriptions sur la fabrication des bières doubles et des petites bières de seigle; pour mieux organiser la surveillance il fut créé dans toutes les villes du royaume six offices de visiteurs essayeurs de bières. Sous une apparence administrative, ce n'était qu'une mesure fiscale; les brasseurs payèrent au Roi le prix de ces offices et les firent supprimer le 31 août 1629, puis rédigèrent leurs nouveaux statuts l'année suivante.

Les offices appliqués à tous les métiers durent être rachetés par les brasseurs [3]; il y eut malgré cela, en 1697, une création de 40 essayeurs de bières, à l'imitation de ceux de 1625; la communauté ne paraît pas les avoir pris pour son compte. Ils furent supprimés par le Roi neuf mois après leur création, et le droit de 35 sols par brasserie à eux attribué fut perçu directement par le Trésor. Quelques années plus tard, en 1703, vingt offices furent de nouveau créés avec un droit de 17 sols 6 deniers par brasserie; la communauté, malgré ses charges, parvint encore à les unir au métier pour la somme de 110,000 livres.

En 1766, d'après le *Guide des marchands*, leur patronne était la sainte Vierge, et leur confrérie établie à la Sainte-Chapelle basse. La maîtrise portée à 2,400 livres fut réduite à 600 livres en 1776.

Bibliothèque nationale et collections de la Ville.

[1] La confrérie était alors dédiée à saint Léonard; le lendemain de sa fête, 6 novembre, avait lieu l'élection des jurés. Le prix de maîtrise porté à 60 livres est resté le même en 1630 en y ajoutant le droit considérable de 52 livres pour chaque juré.

[2] Entre autres conditions des règlements de 1630, on voit l'apprentissage porté à cinq ans, le service de compagnon à trois ans. Les maîtres nommés par lettres de don étaient, comme les apprentis, tenus de faire le chef-d'œuvre qui consistait en un brassin de 6 septiers à confectionner en un

jour. On interdisait d'avoir des volailles dans les maisons. Le colportage des levures était interdit et la fabrication réduite à 15 septiers en un jour; le contrevenant encourait une amende de 300 livres.

[3] Parmi ces offices, nous avons remarqué les jurés unis le 11 novembre 1691 pour 6,000 livres et les inspecteurs des jurés unis le 3 juillet 1745 pour 60,000 livres, avec 3,000 livres de gages annuels. (Lamoignon, t. XVIII, fol. 481 et t. XXXVII, fol. 32.)

I

1369, 26 septembre.

Lettres patentes de Charles V, accordant à plusieurs brasseurs le privilège exclusif de la fabrica-
tion de la bière, sous certaines conditions et entre autres de verser une somme de mille francs
en anticipation des aides de leur commerce.

Arch. nat., Trésor des chartes, J. J. 100, pièce 328. — Coll. Lamoignon, t. II, fol. 411.
Ordonn. des R. de Fr., t. V, p. 222.

Charles . . . . . Savoir faisons a tous presens et avenir que nous, par deliberation
de nostre Conseil et pour certaines et justes causes qui ad ce nous ont esmeu,
avons donné et octroié, donnons et octroions, de nostre grace especial et certaine science, par la teneur de ces presentes, congié et licence à Raoul Dailly,
Guillaume Chevalier, Perronnelle la Quarrée, Guerart, Guerart le Fevre, Guillaume le Pescheur, Simonet le Septre, Jehan de Noyon, Simon Usurier, Colin
Prudomme, Martin du Fruit, Acquart de la Huyas, Fremin le Baillif, Jehan
Congnon, Jehan Maistre, Symon Henry le Vieleur, Jehan le Bel, Thomas Louyer,
Jehan Dailly, Jehan François, Fremin Hebert et Gillette la Quantase, tous cervoisiers demourans en nostre bonne ville de Paris, que d'ores en avant eulz et
chascun d'eulz brassent et puissent brasser et faire brasser cervoises, et ycelles
vendre au pris de quatre deniers et de deux deniers parisis la pinte, en nostre
ville de Paris et ès forbours d'icelle, par nous faisant et paiant chascun an, de
toutes les cervoises que eulz et chascun d'eulz brasseront, feront brasser, vendront et feront vendre doresenavant, en nostre dicte ville de Paris et ès forbours
d'icelle, l'aide nouvellement ordenée sur ce, tant comme ledit aide durra, avecques les aides et subvencions introduictes et que ledit mestier nous doit faire
chascun an d'ancienneté, sanz ce que d'oresnavant aucune autre personne quelconques, fors les dessusnommez, puissent brasser ne faire brasser cervoises en
nostredicte ville de Paris ne ès forbours, en aucune manière; mais le defendons
expressement, sur peine de forfaire leurs biens entièrement, et pour ce estre acquis a nous plainement; exceptez toutes voies les quatre Hostelz-Dieux en nostredicte ville de Paris, qui en leursdiz hostelz et par leur main, pourront brasser et
faire brasser cervoise pour leur boire, vivre et sustentacion des povres tant seulement, et ne pourront les maistres d'iceulz Hostelz-Dieux, baillier leursdiz hostelz
a ferme pour brasser et faire brasser cervoises, et les vendre en iceulz, se il n'ont
privillege a ce contraire, ou se eulz ou autres ne le faisoient par nostre congié et
licence, et par faisant et nous paiant ladicte aide nouvellement ordenée et les
aides et coutumes anciennes dessus exprimées; et aussi, en contribuant semblablement avecques les dessus nommez, aux fraiz et missions que il nous feront et

IMPRIMERIE NATIONALE

font a present pour ce pourchas. Voulons aussi et avons ordené et ordennons que
lesdiz cervoisiers ne doivent ou puissent brasser ne faire brasser et mettre en
euvre, touz ensemble, par chacun an, fors la somme de trente muys de blef
mestueil tant seulement; et a ce se sont consentiz et s'en sont obligiez, sur peine
de perdre touz les biens de cellui qui le contraire fera, et estre a nous confisqués. Et pour ce que les dessus nommez cervoisiers, moyennant ceste presente
nostre ordenance et octroy, nous sont tenus de prester et faire la somme de mil
francs d'or, pour une foiz, il nous plaist et voulons, et leur avons octroié et octroions, de nostreditte grace, par ces presentes, que ladicte somme de mil franz à
nous prestée, comme dit est, ils puissent recouvrer, prendre et avoir de et sur
ladicte aide nouvellement ordenée; et laquelle somme de frans nous leur voulons
estre deduicte et rabbatue sur l'aide et profit que nous y devons prandre, comme
dit est, en ceste presente année, par cellui ou ceulz qui ledit aide tendront ou
auront affermé, de mois en mois, par egaux portions, sanz ce que eulz ou aucuns
d'eulz soient tenuz ou contrains par aucuns noz officiers, a nous paier ou faire
ledit aide, par avant la deduction d'icculz mil franz, en la manière dessusdicte.
Si donnons en mandement..... Donné au bois de Vincennes le xxvie jour de
septembre, l'an de grace mil ccclxix et de nostre regne le sisiesme.

II

1435, 1er avril.

Ordonnances touchans le fait des servoisiers demourans en la terre Madame Sainte Geneviesve.

Bibl. Sainte-Geneviève, manuscrit H F. 23, fol. 63.

1. Premierement que d'ores en avant aucun, de quelque estat qu'il saint, soit si
osé ou hardi de vendre la meilleur servoise ou biere, a detail, oultre le pris de
quatre tournois la pinte, sans le congié de nous, et qu'il appaire par escript dudit
congié, sur paine de confisquer ladite servoise qu'ilz auront ainsi vendue, et
d'amande arbitraire.

2. Item que aucun servoisier, brasseur ou autre, de quelque estat qu'il soit,
ne vende servoise ou biere a plus hault pris de vint quatre solz chascun caque,
sans avoir le congié dessusdit, sur les paines que dessus.

3. Item l'en deffend ausdiz servoisiers et brasseurs et autres qu'ilz ne vendent
aucun caque de servoise s'il ne tient de moison quatorze sextiers et audessus, sur
lesdictes paines.

4. Item, pour obvier aux fraudes que pourroient faire ceulx qui vendent ladite servoise a cabaret, l'en enjoint et commande ausdiz brasseurs qui auront

vendu et vendront leursdictes servoises en gros ausdiz cabarez, qu'ilz en vendent
a detail en leurs hostelz a brasser, et detaillent d'icelles servoises au pris dessusdit, ou au moins qu'ilz en retiennent tousjours ung caque ou demy caque pour
tesmoing, et de brassin a autre, sur lesdictes paines.

5. Item l'en deffend a tous lesdiz brasseurs et faisans brasser servoises qu'ilz
ne vendent ne delivrent leurs servoises a cabaret, ne a autres personnes quelzconques, soit en gros ou a detail, se elle n'a eu trois jours d'assiete et de repos
depuis ce qu'elle aura esté entonnée et aussi jusques a ce que les jurez et autres
gens a ce commis en aient premierement beu et icelle aferée et mise au pris dessusdit ou au dessoubz.

6. Item l'en deffend aussi ausdiz servoisiers, brasseurs, et par semblable a
ceulx qui vendront aux cabarez ou autrement, que ilz ne mettent, meslent ou mis-
tionnent les servoises ou bieres, la petite avec la grande, ne aussi mettent eaue
es caques pour icelles servoises ou bieres alongnier, mais les vendent pures, ainsi
que vendues leur auront esté, sur paine de perdre icelles servoises ou bieres et
d'amende arbitraire.

7. Item l'en deffend a tous brasseurs de servoises et bieres, qu'ilz ne mettent
en leurs brassins poiz ne herbes ou autres mixtions deffendues, sur les peines
dessusdictes.

8. Item s'il estoit ainsy que les commissaires jurez, ordonnés sur le fait desdictes servoises et byeres, trouvoient servoises ou byere qui ne vaulsist ledit pris
de quatre tournois, nous ordonnons qu'ilz, ou les deux d'iceulx, la porront rava-
ler et rabesser a pris convenable, audessoubz desdits quatre tournois. Et s'il advenoit qu'ilz trouvassent servoise ou biere qui ne feust pas digne d'estre beue ne
user a corps humain, iceulx jurez l'arresteront ou feront arrester et mettre en la
main de mesdiz seigneurs, et feront leur rapport devers justice de ce que fait et
trouvé en auront, pour en estre sur ce ordonné ou appointé, ainsy qu'il appartendra, par raison.

9. Item l'en enjoint et commande ausdiz brasseurs et a ceulx qui vendront
servoise ou byere a destail, qu'ilz entretiennent les ordonnances autreffois fetes sur
le fait desdictes servoises, sans les enfraindre aucunement, sur les paines declairées
esdictes ordonnances.

10. Item, et que pour faire la visitacion desdites servoises et bieres et faire
garder et observer les choses dessusdictes, nous commettons Jehan Fournier et
Raoulin Mauplume, en ce congnoissans, et Thibault Herny, sergent de ceans, lesquelz des faultes qu'ilz y trouveront feront leur rapport a justice, pour en faire raison,
selon le cas, et tout ce par maniere de provision et jusques a ce que autrement
en soit ordonné, et sauf a y pourveoir en autre maniere, selon ce que bon sera a
faire pour le prouffit et utilité de la chose publique.

Publiées en jugement a Sainte Geneviesve ou mont de Paris, en la presence

des dessusdicts Jehan Fournier et Raoulin Mauplumé, Thomasse vefve de feu
Jehan Doré, Jehan de May, Hennequin, Regnart, Guillaume Michon, Regnault
Noiset et Jehan des Halles, faisans et representans la plus grant partie des bras-
seurs servoisiers et gens vendans servoise a destail, tant a Paris comme a Saint
Marcel, en la terre et jurisdicion de Messeigneurs de ceans, le vendredi premier
jour d'avril mil iiiiᵉ xxxiiii avant Pasques.

III

1489, 6 octobre.

Lettres du prévôt de Paris, homologuant les statuts des brasseurs en 15 articles.

Arch. nat., Livre vert neuf, Y 6¹, fol. 154 v°. — Coll. Lamoignon, t. V, fol. 202.
Police, t. III, p. 770.

A tous ceulx qui ces presentes letres verront, Jaques d'Estouteville. . . . .
garde de la prevosté de Paris. . . supplient humblement les faiseurs de bières,
lesquelz ont vescu par cy devant sans ordre et police, usans chascun a son plaisir
et voulenté, et sans visitacion ou correction quelzconques, par quoy plusieurs
faultes, abuz, frauldes et malices ont esté commises et se commettent par chascun jour, par aucuns qui se sont meslez et meslent, et qui encores croissent de jour
en jour, tant en tenant plusieurs compaignons estrangers et autres qui onques ne
furent apprentiz dudit mestier, et par ce n'en pevent riens savoir, se sont ingerez
et entremis et encores se ingèrent et entremettent chacun jour de faire byères et
servoizes, prennent brasseries a aultruy et non a eulx appartenans, degastent les
grains et mettent mie a point, ou prejudice, dommaige et lezion de ladite chose
publicque, dont sourdent et adviennent plusieurs grans plaintes ausdits supplians;
et ja çoit ce qu'il y chée grant pugnicion sur les abuseurs et malfaicteurs
mesmes, actendu qu'il touche les corps humains, toutesvoyes, obstant ce que
dessus, lesdits supplians n'y ont peu ne pourroient donner remedde, ne corriger
lesdites faultes et abuz. Ce considéré, attendu que iceulx supplians desirent de tout
leur povoir vivre en bonne renommée et en augmentant leurdit mestier, et les
ouvriers d'iceluy conduire en bonnes meurs et louange du peuple, au prouffit du
commun et du Roy nostre Sire, pour obvier ausdites faultes et abuz; et afin que
doresnavant les maistres et ouvriers dudit mestier vivent en ordre et police
comme les autres mestiers de ladite ville et banlieue de Paris et que chacun d'eulx
et leurs successeurs saichent comme ilz se doivent gouverner ou fait d'iceluy mestier, il vous plaise leur octroyer les articles qui s'ensuyvent :

1. Premierement que doresnavant nul ne pourra lever brasserie ne ouvrouer

dudit mestier a faire bieres et servoises, s'il n'est premierement experimenté et trouvé souffisant par les gardes et commis par justice, sur le fait du brassin desdictes servoises et bieres, et pour ce faire, qu'il ai fait ung chief d'œuvre de quatre sextiers de grain, ou de plus, se de plus le veult faire; et ce fait, qu'il soit rapporté s'il est trouvé a ce souffisant, a justice, en paiant, pour leur entrée de maistre, soixante solz parisis, c'est assavoir vingt solz parisis au Roy, vingt solz parisis a la confrarie dudit mestier et vingt solz parisis ausdits gardes et jurez, pour leur peine; en faisant lequel chief d'œuvre ne feront despense excessive, excedant la somme de cinq a six francs au plus.

2. Item que lesditz brasseurs de bieres et servoises seront tenuz de faire bonnes bieres et servoizes de bons grains, nettement tenuz, bien gruez, couroyez, braisiez, sans y mettre baye, pyement, poix rasine, yvroye, ne autres mauvaises matières, sur peine d'amende arbitraire, a applicquer, moittié au Roy, et moittié aux jurez et a la confrarie dudit mestier.

3. Item chacun maistre dudit mestier aura une marque pour marquer les caques, barilz et autres vesseaulx esquelz il mettra et livrera les bieres et servoises qu'il fera et vendra, afin que on puisse facillement savoir et congnoistre a qui seront lesdites caques et barilz; laquelle marque sera frapée, en la presence desdits jurez, en ung plomb qui pour ce sera mis en la chambre du procureur du Roy, avecques les plombs esquelz sont les marques des autres mestiers de ceste dicte ville, et ce fait, enregistrée es registres dudit Chastellet; et qui fera le contraire, il paiera dix solz parisis [1] d'amende a applicquer comme dessus.

4. Item que aucun maistre dudit mestier ne pourra prendre ne emporter les caques, barilz ou autres vesseaulx estans es hostelz de ceulx a qui ils vendent et livrent lesdites bieres et servoises, s'ilz ne luy competent et appartiennent ou que ce soit du congé et licence de celuy ou ceulx a qui ilz appartiendront, sur peine de cinq solz parisis d'amende a applicquer comme dessus.

5. Item que chascun maistre dudit mestier sera tenu de faire bonnes bieres et servoises faictes de bons grains, qui soient bonnes, loyalles et marchandes, et dignes de user à corps humain, sur peine d'amende arbitraire a applicquer comme dessus et lesdites bieres et servoises ainsy trouvées estre gettées en la rivière.

6. Item que aulcuns marchans forains qui ameneront ou feront amener et venir en ceste ville de Paris bieres ou servoises pour vendre, ne pourront icelles denrées mectre ne exposer en vente, que premierement elles ne soient veues et visitées par les jurez dudit mestier, sur peine de quarante solz parisis d'amende a applicquer comme dessus; et se aucunes desdites bieres et servoises estoient trouvées puantes et infectes, et non dignes de user a corps humain, lesditz jurez

---

[1] Amende portée en 1630 à 20 livres, ainsi que presque toutes les autres augmentées dans la même proportion.

seront tenuz en faire rapport a justice pour icelles condempner et faire getter en la rivière de Seine, se l'en voit que faire se doit.

7. Item que aucuns taverniers et detailleurs de bieres et servoises, ne pourront icelles vendre et detailler, se elles ne sont bonnes, loyalles, marchandes et dignes de user a corps humain, sur ladite peine que dessus.

8. Item que aulcun maistre dudict mestier ne se puisse alouer ne accompaigner avecques luy aucun qui ne soit maistre dudit mestier, pour lever brasserie, tenir ouvrouer dudit mestier en cestedite ville et banlieue de Paris, pour obvier aux abuz qui en pourroient advenir, sur peine de dix livres parisis d'amende a applicquer comme dessus.

9. Item que nul dudit mestier ne puisse tenir et avoir que ung apprentiz, a moins de trois ans, et que durant ledit temps le maistre ne puisse vendre sondit apprentilz a ung autre, et aussy que iceluy apprentilz ne se puisse rachetter, et quant ce viendra a la derreniere année le maistre se pourra pourveoir d'un autre apprentilz, autre que celuy qu'il tiendra, avec le premier; et qui fera le contraire il l'amendera de quarante solz parisis a aplicquer comme dessus.

10. Item que tous filz de maistres ayans esté aprentilz ledit temps de trois ans durant, soit en l'ostel de leurs peres ou autres des maistres dudit mestier, en ladite ville et banlieue, pourront lever, se bon leur semble, leur ouvrouer, se ilz sont a ce trouvez souffisans et ydoines et telz rapportez et tesmoignez par lesdiz jurez comme dessus, sans pour ce paier aucune chose pour leur entrée et nouvelle recepcion.

11. Item que nul des maistres dudit mestier ne puisse mettre en besongné aucuns varletz dudit mestier qui se soient despartiz et laissé leur maistre avant leur terme et temps de leur service escheu, oultre le gré et voulenté d'icelluy maistre, sur peine de vingt solz parisis d'amende a applicquer comme dessus; desquelz vingt solz parisis en paiera ledit varlet dix et le maistre qui ainsy l'aura prins et mis en besongne, le seurplus.

12. Item que se aucun des maistres dudit mestier va de vie a trespas et delaisse sa femme de luy vefve, icelle vefve puisse avoir varletz et tenir son ouvrouer en iceluy mestier durant sa viduité seullement, pourveu qu'elle soit femme de bonne vie et renommée, sans aucun vilain reproche, laquelle ne pourra avoir ne prendre aucuns aprentilz durant sa viduité, fors celuy ou ceulx qui luy seroient demeurez au trespas dudit deffunct.

13. Item que nul maistre dudit mestier ne puisse fortraire les apprentilz des autres maistres d'iceluy mestier; et qui sera trouvé faisant le contraire, il paiera quarante solz parisis d'amende a applicquer comme dessus.

14. Item que tous ceulx qui ont accoustumé par cy devant faire servoizes et bieres, en ceste ville de Paris, pour vendre, et de tenir ouvrouer, demeurront maistres et joiront des previlleges et franchises dudit mestier, sans ce qu'ilz soient

tenus faire aucun chief d'euvre, ne paier aucune chose au Roy nostre dit seigneur, ne a la confrarie dudit mestier, pourveu qu'ilz seront a ce souffisans, et
tenuz dedens quinze jours après la publicacion desdites ordonnances, eulx venir
faire enregistrer ou Chastellet de Paris, et faire le serement de bien et loyaument
garder lesdites ordonnances, sur peine des transgresseurs de soixante solz parisis
d'amende a applicquer comme dessus.

15. Item que pour faire lesdites visitacions dessusdictes, et a ce que lesdits
statutz et ordonnances soient entretenuz et gardez, seront prins et esleuz par la
communaulté dudit mestier, trois maistres d'iceluy mestier pour estre jurez et
gardes d'iceluy, les deux desquelz se changeront de deux ans en deux ans, au landemain de la feste et solempnité de saint Lienard, qui est leur confrarie[1]; lesquelz
jurez jureront et feront serement de bien et loyaument garder et entretenir lesdites ordonnances, et de rapporter en la chambre du procureur du Roy toutes
les faultes et mesprentures qu'ilz trouverront contre lesdites ordonnances.

Lesquelz poins et articles cy dessus transcriptz seront entretenuz gardez et observez sans enfraindre, sauf à les corriger et refformer en mieulx cy après, selon
la disposition du temps, et de limiter auxdits brasseurs, se mestier est, quelle
quantité de grains ils devront et pourront brasser, se l'on voit qu'il y eust deffaulte ou carence de grains, ou de leur deffendre de brasser, ainsy que autrefoiz
a esté fait, et autrement y pourveoir ainsy que l'en verroit estre a faire par raison; et aussy que lesdits articles ne pourront en riens derroguer, ne prejudicier
au droit que ledit seigneur a acoustumé de prendre par chacun an sur chascun
brasseur exerçant le fait de brasserie a Paris . . . . . Ce fut fait le mardi sixiesme
jour d'octobre, l'an mil quatre cens quatre vings et neuf.

<hr />

IV

1514, mai.

Lettres patentes de Louis XII, confirmant les statuts des brasseurs en 17 articles.

Arch. nat., Livre gris, Y 6³, fol. 150 v°. — *Ibid.* Livre noir neuf, Y 6⁴, fol. 93. — Coll. Lamoignon, t. V, fol. 616.
Coll. Lamare, ms. fr. n° 21668, fol. 63. — Ordonn. des Rois de France, t. XXI, p. 537.

Loys, par la grace de Dieu, Roy de France, savoir faisons a tous presens et
avenir nous avoir reçeue l'umble supplicacion de noz chers et bien amez Jehan
Maillart, Nicolas de Beaumont et Jehan Gaffe, maistres jurez du mestier de brasseur de biere et servoise, et autres, de present maistres dudit mestier, en nostre

bonne ville et cyté de Paris, contenant que pour obvier a plusieurs faultes . . . . . ils ont ja pieça et aussi puis nagueres, soubz nostre bon plaisir et vouloir, fait certains statuz, ordonnances et articles pour d'oresennavant estre gardez, tenuz et entretenuz, en nostredite ville et cyté de Paris, touchant le fait et exercice dudit mestier, desquelz articles la teneur s'ensuit [1] :

10. Item que nul compaignon ne soit reçeu a la franchise et maistrise que premierement il n'ait esté aprentiz l'espace de trois ans, en ceste ville de Paris, et fait ung chef d'œuvre et payé les droits et devoirs contenuz esdites ordonnances.

11. Item que tous filz de maistres qui seront trouvez expertz ouvriers et suffisans au fait dudit mestier pourront lever, se bon leur semble, leur ouvrouer, en faisant leur chef d'œuvre et payant les droictz de confrairie et autres pour ce deus et acoustumez, et qu'ilz soient rapportez et tesmoingnez suffisans par lesdicts jurez comme dessus est dit.

16. Item que nul des maistres dudit mestier ne brasseront ne feront brasser en ceste ville de Paris ès jours des festes solempnelles et de Nostre Dame et aussi des Apostres portans vigille et feste commandée en l'eglise, sur peine de quarante solz parisis d'amende a applicquer comme dessus [2]. Donné à Paris ou moys de may, de l'an de grace mil cinq cens quatorze et de nostre regne le dix septieme.

V

1625, décembre.

Édit de Louis XIII portant création en titre d'office de visiteurs et contrôleurs de la fabrication des bières, avec statuts en 10 articles.

Arch. nat., Ordonn., 4ᵉ vol. de Louis XIII, X 1ᵃ 8650, fol. 422. — Bannières, 11ᵉ vol., Y 15, fol. 413. Coll. Lamoignon, t. XI, fol. 144.

Louis, par la grace de Dieu, Roy de France et de Navarre, à tous presens et à venir, salut. Ayant reçu plusieurs plaintes de divers endroits de notre royaume où il y a brasserie de bierre, des abus qui se comettent en la composition, vente

---

[1] Les 15 articles sont reproduits des précédents de 1489, sauf modification de l'art. 11 et addition des nᵒˢ 10 et 16.

[2] Suivent plusieurs pièces relatives aux mêmes statuts : 1516, 23 février. — Lettres patentes de François Iᵉʳ confirmant purement et simplement les statuts donnés par Louis XII aux brasseurs. (Arch. nat., Y 6³, fol. 152. — Coll. Lamoignon, t. V, fol. 667.)

1556, 6 mars. — Lettres patentes de Henri II contenant la même confirmation. (Lamore, *Traité de la police*, t. III, p. 775, d'après le 2ᵉ cahier neuf, fol. 38.)

1567, 18 janvier. — Lettres patentes de Charles IX confirmant purement et simplement les statuts donnés par Louis XII aux brasseurs en 1514. (Arch. nat., Livre noir neuf, Y 6ᵉ, fol. 96.)

et debit desdites bierres par les brasseurs et autres qui s'en entremettent, et que à cause de ce, il arrive de grands accidents de maladies à plusieurs personnes qui usent dudit breuvage, nous avions voulu estre plus particulièrement informé desdits abus, afin d'y pourvoir, et nous ayant esté rapporté que la plupart desdits brasseurs, au lieu de se servir de bons ingrediens, comme ils sont tenus par les ordonnances et reglemens de police, composent lesdittes bierres avec de l'eau epaissie et corrompue, et pour la colorer et luy donner un gout haut et piquant, y font bouillir plusieurs mauvaises drogues, comme aussi y meslent plusieurs sortes d'epicerie les plus grossières; tellement que par ces matières, et de la crudité de la bierre, qu'ils ne font bouillir qu'a demy pour epargner le bois, la peine et la journée des ouvriers, elle a des qualités toutes contraires à celles qui la font rechercher, car au lieu de rafraîchir et desalterer et nourrir, elle eschauffe le sang, altère et cause des catares, des fluxions, hydropisie, fièvres et autres griefves maladies, ainsi qu'il a esté reconnu par plusieurs medecins experimentez; et les autres qui semblent apporter plus de consideration que leurs compagnons en leur mestier, rejettant ces mauvaises matières, employent le plus souvent en la composition de leurs bierres des grains et houbloncs moisis et corrompus, et ne lui donnent la cuisson qu'à demy, qui est pareillement cause qu'elle n'est si seine ny de garde, et se corrompt aussi facilement que l'autre, de sorte qu'avec les maladies qu'elles engendrent coutumièrement, ceux qui l'achètent, après l'avoir gardée quelque temps, sont contraints de la jetter; sur quoy jugeant très necessaire d'y apporter quelque ordre et reglement salutaire; neanmoins pour ne rien faire qu'avec une bonne et parfaite connoissance, nous avons voulu estre plus particulièrement informé des abus, ensemble des moyens d'y remedier par nos officiers de police, et à cet effet renvoyer à notre prevot de Paris, ou son lieutenant civil, les memoires à nous presentez, afin de nous en donner avis, comme estant un fait dependant de ladite police; à quoi ledit lieutenant civil satisfaisant, ensemble le substitut de notre procureur general au Chastelet à Paris, avoir par des exactes visitations faites dans les brasseries, reconnu que lesdits abus s'y commettent, auroient esté d'avis, sous notre bon plaisir, que pour les retrancher entièrement, il estoit très necessaire d'y apporter un reglement; ensuite de quoy nous aurions decerné nos lettres en forme de commission audit lieutenant civil, pour appeler ledit substitut de notre procureur general audit Chatelet, et ouïs lesdits jurez brasseurs, dresser ledit reglement, afin que iceluy rapporté et vu en notre conseil, il fut par nous ordonné ce qu'il appartiendroit, par raison; et nous ayant ledit reglement esté presenté, sçavoir faisons que, desirant pour le bien et commodité de nos sujets, corriger lesdits abus et desordres qui se commettent en la composition desdites bierres, et les empescher à l'avenir; après avoir fait voir en notre Conseil ledit reglement et iceluy meurement consideré; de l'avis de la Reine, nostre très honorée dame et mère, et de notre conseil, avons, de nos plaine puissance et autorité royale, dit, declaré et ordonné, disons, declarons et ordonnons, par cestuy notre present edit perpetuel et irrevocable, que en la confection, vente et debit des bierres qui se composeront et debiteront dorenavant en notre royaume, païs, terres et seigneuries de notre obeissance, les brasseurs et autres qui s'entremettent du fait desdites bierres suivront l'ordre et reglement qui ensuit :

1. Seront les doubles bierres composées avec eaux nettes, grains, froment, orges et houblon qui soient sains et non corrompus, lesquels grains les brasseurs auront soin de faire promptement germer, mouiller, touriller, gruer et moudre à part; puis en prendront, sçavoir desdites parts les parts d'orge, et les autres parts de froment, sur lesquels grains y feront passer l'eau qu'ils auront préparée, après la prendront avec la fleur de houblon et mettront le tout, en quantité equivalente, proprement bouillir et cuire jusques à la diminution d'un quart, ou environ, observant les levains et autres façons requises, ensemble les saisons propres pour faire que la bierre puisse estre de garde.

2. Quant à la petite bierre, autrement appelée seigle, dont les gens de labeur usent coustumierement en esté et qui se fait en mettant de l'eau et houblon qui ont servi en la composition de la double bierre, lesdits brasseurs seront tenus de faire cuire du moins jusqu'à la mesme diminution de la quatriesme partie, ensemble de lui donner les levins et autres façons requises pour la rendre telle, sans que lesdites matières y puissent servir qu'une fois.

3. Et afin que les bierres ainsi faites, et specialement les doubles, se puissent mieux conserver, les brasseurs les feront quiller le temps convenable, puis les entonneront dans des vaisseaux bons et non vieux, après qu'ils auront esté bien lavez avec eau bouillante, sans qu'ils puissent mettre la nouvelle bierre sur la vieille, ny se servir d'aucuns vaisseaux qu'ils n'ayent esté nettoyez en la manière susdite.

4. Tous ces muids, demy-muids, tonnes et autres vaisseaux dans lesquels les brasseurs vendront leurs bierres, seront de la mesme jauge et mesure que doivent estre ceux dans lesquels le vin est vendu.

5. Defendons très expressement auxdits brasseurs et autres employés à la confection, vente et debit desdittes bierres, de plus se servir en la composition d'icelles, d'eau mal nette, grains et houblons corrompus, ny pareillement user d'aucunes drogues, espiceries et autres matières que celles dont se doivent faire les bonnes bierres, à peine, à l'encontre des contrevenans, de confiscation de leurs bierres et amande arbitraire.

6. Et d'autant qu'il seroit mal aisé, voire impossible, de faire observer ledit reglement, et empescher la continuation des abus cy-devant commis au fait desdites bierres, s'il n'y avoit des personnes expressement establies pour y avoir l'œil; Nous avons creé et erigé, creons et erigeons, en titre d'offices formés et

hereditaires, des visiteurs et controleurs desdittes bierres en chacune des villes, bourgs et autres lieux de ce royaume, ou il y a brasserie et trafic de bierre, pour estre lesdits offices vendus au titre d'heredité, pardevant les commissaires qui seront par nous commis et deputez, pour proceder à la vente d'iceux offices; lesquels en etabliront en chacune de nosdites villes, bourgs et lieux, jusques au nombre qu'ils jugeront necessaire, pour l'observation des personnes; et seront tenus lesdits controleurs visiteurs se transporter toutes les fois qu'il sera neces- saire, dans les brasseries des lieux ou ils seront establis, et là visiteront les ingre- dients qui doivent entrer en la composition desdites bierres, prendront garde lorsquelles seront mises dans les cuves, qu'elles soient de qualité requise et en quantité necessaire, auront l'œil à ce que les cuissons et façons convenables pour faire les bonnes bierres soient observées, et lesdittes cuves tenues nettement.

7. Visiteront aussi lesdits controleurs toutes et unes chacunes les bierres qui seront exposées en vente, soit en gros ou detail, au lieu de leur etablissement, afin que personne n'y soit plus trompé, et qu'il ne soit vendu aucunes bierres gastées, ni corrompues, ny à plus haut prix que celui qui aura esté limité; et generalement auront lesdits controleurs visiteurs l'œil à ce qu'il ne se puisse com- mettre aucun abus à la confection, vente et debit desdites bierres, au dommage du public, en sorte qu'il n'y en arrive cy-après aucune plainte.

8. Lesdits controleurs feront les rapports desdites contraventions qui seront sur ce faites, scavoir, pour nostre dite ville de Paris, pardevant le lieutenant civil et substitut de nostre procureur general au Chastelet, et pour les autres lieux, pardevant les juges de la police, chacun en son ressort; par l'avis desdits contro- leurs visiteurs, et ouys les jurez brasseurs, donneront chacun an le prix qu'ils ju- geront raisonnable pour la vente desdites bierres, eu esgard au temps, lieux, achats des ingredients qui entrent en icelles, vivres et journées des ouvriers; lequel prix donné ne pourra estre surpassé par lesdits brasseurs et vendeurs de bierres.

9. Enjoignons à nosdits juges et officiers d'y tenir la main et proceder dili- gement à la correction desdits abus qu'ils reconnoistront estre commis au fait des- dites bierres, mulctant les delinquants par confiscation de leurs bierres, amendes et autres peines, suivant l'exigence des cas, desquelles confiscations et amendes le tiers sera appliqué à nous, le tiers aux pauvres et l'autre tiers aux denonciateurs et controlleurs dessusdits, chacun par moitié; le tout sans prejudice des mai- trises et droits des jurés brasseurs, qui continueront leurs visites et rapports ainsi qu'ils ont accoutumé de faire, à ce que les uns veillant sur les actions des autres, le public soit plus fidèlement servi.

10. Et afin de donner moyen ausdits controleurs visiteurs de s'entremettre et de bien vacquer en leurs charges, nous leur avons attribué et octroyé, attribuons et octroyons pour tous droits, salaires et vacations, à raison de six sols tournois

pour visites de chacun muid de bierre, mesure de Paris, et à l'equipolent pour les autres vaisseaux dans lesquels lesdites bierres seront mises, au lieu de leur etablissement, qui seront payés par les brasseurs en faisant ladite visite; et seront lesdits droits partagez egalement entre lesdits controleurs visiteurs d'une mesme ville et bourg, à la charge de vacquer chacun au du et exercice de sa charge, comme il appartiendra, pour desdits offices jouir par les acquereurs, leurs veuves, heritiers et successeurs, ou autres leur ayant droit et cause hereditairement, comme de leur chose propre, vray et loyal acquest, sans que pour leurs salaires il soit loisible d'en exiger davantage qu'à raison desdits six sols par muid, à peine de concussion, ny qu'ils puissent sous quels pretextes que ce soient faire augmenter ladite attribution, laquelle demeurera ainsi moderée et le prix des bierres demeurera toujours raisonnable. Et afin que lesdits controlleurs visiteurs puissent continuellement vacquer à la fonction de leursdits offices, nous les avons exemptez et affranchis de toutes charges publiques et personnelles, ainsi que les exemps de paroisses creés par edit du mois de decembre 1603. Et ne pourra estre procedé à la revente desdits offices, de six ans, sinon par doublement sur le prix total qui en aura eté payé en nos coffres par les acquereurs d'iceux [1] . . . . . Donné à Paris au mois de decembre l'an de grace mil six cens vingt cinq.

---

[1] Les brasseurs ont acquis ces offices le 31 août 1629. (Note de Lamoignon.)

Longtemps après, ces mêmes offices furent créés à nouveau :

1697, août. — Édit de Louis XIV, portant création de 40 offices de visiteurs-essayeurs de bière. «Louis, par la grâce de Dieu, Roy de France et de Navarre, a tous presens et à venir salut. L'utilité que nos sujets ont reçu de l'establissement des courtiers et jaugeurs et autres officiers de police, pour empescher les fraudes qui se commettent dans les mesures ou dans la qualité des marchandises, nous oblige aujourd'huy de creer en titre d'offices hereditaires des personnes qui ayent l'inspection sur les denrées qui servent à la composition des bierres, et qui en fassent les essays dans le temps qu'elles se façonnent et mesme après qu'elles sont entonnées. A ces causes. . . . . nous avons, par le present edit, creé, erigé et estably, creons et establissons en titre d'offices hereditaires quarante visiteurs essayeurs de bierres, dans notre bonne ville, fauxbourgs et banlieue de Paris, en payant par ceux qui seront pourvus desdits offices, la finance qui sera reglée par les rolles qui seront

arrestés en notre Conseil. . . . . Voulons qu'il leur soit payé par les brasseurs trente cinq sols pour chacun muid de bierre, tant forte que petite jauge de Paris, et pour les autres vaisseaux à proportion. . . . . Voulons au surplus que nosdits officiers, visiteurs essayeurs de bierres, creés par notre present edit, jouissent pleinement de l'exemption de tutelle, guet et garde et de toutes les charges de ville, dont nous les exemptons en consideration de l'application continuelle qu'ils auront à l'execution de leurs offices. . . . . Donné à Marly, au mois d'aoust, l'an de grace mil six cent quatre vingt dix sept.

1698, mars. — Édit de Louis XIV supprimant les offices de visiteurs et essayeurs de bières, créés par édit d'août 1697 :

«Louis, par la grâce de Dieu, Roy de France et de Navarre, a tous presens et à venir salut. La resolution que nous avons prise d'augmenter nos revenus, en réunissant à nos fermes plusieurs droits que nous avions alienés à vil prix pendant la guerre, nous a determiné à la suppression de plusieurs offices nouvellement creés, auxquels nous en avions attribué de considerables pour en faciliter la

VI

1630, janvier.

Statuts des brasseurs en 18 articles [1], *avec lettres confirmatives de Louis XIII.*

Arch. nat., Ordonn., 5ᵉ vol. de Louis XIII, X 1ᵃ 8651, fol. 227. — Coll. Lamoignon, t. XI, fol. 3a3. Bibl. nat., ms. fr. 21668, fol. 63. — Police, t. III, p. 778.

1. Premierement qu'aucuns maistres brasseurs de bierre et de cervoise de la ville, fauxbourgs et banlieue de Paris, ne pourront commencer à brasser les jours de dimanches, festes solennelles et festes de Nostre Dame; comme aussi ne pourront charier, ne faire charier esdits jours leurs bierres ny autres choses concernant leur mèstier, à peine contre chacun des contrevenans de cent livres parisis d'amende, applicables moitié aux pauvres enfermés et l'autre moitié à l'hopital de la Trinité.

2. Item, que doresnavant aucun ne pourra lever brasserie ny travailler dudit mestier, ny faire germer aucuns grains en ladite ville et fauxbourgs, pour faire bierres et cervoises, se premierement il n'a esté apprentif sous l'un des maistres dudit mestier l'espace de cinq ans, en ladite ville et fauxbourgs de Paris; et qu'il ait, après son apprentissage fini, servi en qualité de compagnon les maistres dudit estat trois ans entiers, dont il sera tenu apporter certificat aux jurez et gardes, pour iceluy veu par eux, avec son brevet d'apprentissage bien et duement quittancé, estre pourvu à luy faire faire son chef d'œuvre; pour lequel faire il sera tenu accomoder, germer et faire un brassin de six septiers de grains ou de plus si plus le veut faire, ce qu'il sera tenu faire en presence des jurez et gardes dudit estat, du substitut de monsieur le procureur general et de tel nombre de bache-

vente, et desirant continuer, a ces causes et autres à ce nous mouvant, de notre certaine science, pleine puissance et autorité royalle, nous avons, par le present edit, eteint et supprimé, eteignons et supprimons les quarante offices de visiteurs essayeurs des bierres dans notre bonne ville, fauxbourgs et banlieue de Paris, creés hereditaires par notre edit du mois d'aoust dernier, sans qu'à l'avenir ils puissent estre retablis pour quelque cause et occasion que ce soit, ordonnons, voulons et nous plait que le droit de trente cinq sols pour muid de bierre, tant forte que petite jauge de Paris, et pour les autres vaisseaux à proportion, qui avoit eté attribué auxdits offices, soit perçu à l'avenir à notre proffit, à commencer au quinze des presents mois et an, par tels personnages qu'il nous plaira de

committre à cet effet, en la forme et manière portée par ledit edit et au moyen de la suppression desdits offices ordonnée par le present edit. Nous voulons qu'à commencer dudit jour 15 mars, le traité fait en notre Conseil sous le nom de Nicolas Blanchard pour la vente desdits offices demeure nul et resolu, à la charge neanmoins de le rembourser des sommes qui auront esté par luy payées sur le prix d'iceluy... Donné à Versailles au mois de mars, l'an de grâce 1698.» (Coll. Lamoignon, t. XX, fol. 71. — *Traité de la police*, t. III. p. 785.)

[1] Les articles 1 à 8 contiennent des prescriptions nouvelles; les derniers ne font que reproduire celles des lettres patentes de 1489 et de 1514, sauf les amendes qui sont augmentées dans une proportion considérable.

tiers dudit mestier qu'il sera avisé; et ce fait, sera rapporté à justice, afin que s'il est suffisant il soit reçu en payant pour son entrée de maistre soixante sols parisis, à sçavoir moitié au Roy, et l'autre moitié à la confrairie dudit mestier, et à chascun des gardes et jurez cinquante deux sols parisis pour leurs peines. Et pour le regard des compagnons ou autres, qui par lettres de don ou autrement voudroient aspirer à ladite maistrise, seront tenus (après avoir esté trouvés de bonne vie et mœurs) faire chef d'œuvre, comme est cy-devant dit, attendu que c'est breuvage qui entre au corps humain.

3. Item, que les brasseurs de bierre et cervoise seront tenus de faire de bonne bierre et cervoise, de bons grains nettement tenus, bien germés et brusinés, sans y mettre yvraye, sarrazin, ny autres mauvaises matières, sur peine de quarante livres parisis d'amende, applicable le tiers au Roy, le tiers à la confrairie dudit mestier et l'autre tiers aux jurés; et pour cet effect que les jurés brasseurs verront et visiteront les houblons, auparavant que ceux qui les ont fait venir puissent les employer et les exposer en vente, pour sçavoir s'ils sont mouillés, echauffés, moisis et gatés, parcequ'ils viennent de pays lointain et que le plus souvent ils ne sont pas bons pour entrer en la confection de la bierre; afin que s'ils sont trouvés defectueux lesdits jurez en fassent rapport à justice pour estre jettés en la riviere, si faire se doit. Et au cas qu'ils soient trouvés bons, ils leur payent pour ladite visitte, à raison de deux sols six deniers pour cent pesant, et ainsy qu'il est accoutumé de tout temps.

4. Item, lesdits jurés brasseurs et bacheliers prendront garde qu'aucunes personnes ne colportent et ne fassent colporter aucunes leveures de bierre ou cervoise, par la ville, fauxbourgs et banlieue de Paris; ny mesme les maistres brasseurs de ladite ville et fauxbourgs de Paris, n'en colporteront, ny feront colporter, ny n'en vendront aux colporteurs pour colporter ny revendre, à peine contre chacun desdits maistres, de soixante livres parisis d'amende, et de confiscation desdites leveures, et contre chacun desdits colporteurs de pareille amende, applicable le tiers aux pauvres enfermez, l'autre tiers à l'hopital de la Trinité, et l'autre tiers à la communauté desdits brasseurs. Et seront tenus lesdits brasseurs de bierre, de la ville et fauxbourgs de Paris, de vendre leurs leveures de bierre, en leurs brasserie et maison et non ailleurs, et ce aux pasticiers et boulangers qui l'employent en leur ouvrage, et non à autre, afin qu'ils en puissent estre responsables au cas qu'elles se trouvent defectueuses.

5. Item, lesdits jurez brasseurs verront et visitteront les leveures dures faittes de bierre, apportées par les forains et autres, pour sçavoir si elles sont bonnes et doivent estre employées pour entrer au corps humain, ayant souventesfois esté trouvées gatées et corrompues pour estre aportées de fort loing. Et à cette fin seront tenus lesdits forains ou autres d'avertir lesdits jurés incontinent après l'arrivée d'icelles leveures, pour au cas qu'elles fussent trouvées bonnes estre portées

par lesdits forains ou autres à la Halle de Paris, pour y estre vendues et debitées aux paticiers et boulangers qui l'employent et mettent en œuvre, sans souffrir qu'elles soient exposées et mises en vente en aucun autre lieu et place[1], ny qu'elles soient colportées par ladite ville et fauxbourgs de Paris, mais vendues et debitées en l'hotellerie desdits forains, à peine de confiscation de ladite leveure et de cinquante livres parisis d'amende contre lesdits forains et colporteurs, applicable comme dessus; et s'il se trouve que ladite leveure soit defectueuse et corrompue, en soit fait rapport à justice par lesdits jurez, pour icelle estre jettée à la riviere si faire se doit.

6. Item, qu'aucuns maistres brasseurs de bierre de la ville et fauxbourgs de Paris, ne pourront doresnavant nourrir ni tenir dans leurs maisons, esquelles leurs brasseries sont construittes, aucuns bœufs, vaches, porcs, oisons, ny canes, à cause de l'infection, ordures et puanteur qui se peuvent apporter dans lesdites brasseries qui ne peuvent estre tenues trop nettement, a peine, contre les contrevenans, de confiscation desdits animaux et de pareille amende applicable comme dessus.

7. Item, que chacun maistre brasseur de bierre et cervoise en cette ville, fauxbourgs et banlieue de Paris, ne pourra à l'avenir faire qu'un brassin de bierre par jour, contenant quinze septiers de farine ou plus. Et en cette consideration ne pourront faire construire, ny avoir des brasseries, chaudieres et cuves plus grandes que pour travailler et user lesdits quinze septiers de farines, afin que les grains soient toujours à pris plus raisonnables, et que chacun desdits maistres puissent plus facilement avoir des grains pour travailler, et que le public en soit mieux servi, estant certain que les brasseries qui sont plus grandes sont sujettes au temps des chaleurs et tonnerres à se gaster, à cause du long temps que l'on est à les faire et parfaire, et que la bierre n'en peut estre de garde; à peine contre chascun desdits maistres contrevenans, de confiscation desdits brassins et de 3oo livres d'amende applicables aux pauvres de l'hopital comme dessus [2]...

18. Sera permis et loisible auxdits jurez d'aller en visitacion non seulement dans la ville de Paris, mais aussy dans la banlieue et faulxbourgs d'icelle, tant sur les maistres reçeus par M. le procureur du Roy au Chastellet, qu'autres

[1] 1662, 22 avril. — Ordonnance interdisant aux brasseurs d'acheter de l'orge sur les ports et à l'arrivée, mais seulement aux Halles et jusqu'à une quantité de trois septiers par semaine. En raison d'une disette on permettait à tous les métiers et particuliers ayant des fours, de cuire du pain à volonté. (Lamoignon, t. XIV, fol. 364.)

Un autre arrêt du 28 mars 1670 interdit aux boulangers de se servir d'autre levure de bière que celle des brasseurs de Paris et condamne à une amende de 5oo livres ceux qui en achèteraient aux forains. (Police, t. III, p. 781.)

[2] Les articles 8 à 17 sont la répétition de ceux de 1489 :

8 et 9. Marque des fûts. Voyez 3 et 4.

10 et 11. Les revendeurs et l'association. Voyez 7 et 8 de 1489.

12 à 16. Les apprentis, fils de maîtres, compagnons, veuves. Voyez 9 à 13 de 1489 et 1514.

17. Les gardes jurés. Voyez 15 de 1489.

reçeus par les juges subalternes, enjoignant auxdits brasseurs souffrir ladite visitacion et deffenses aux juges des lieux de les y troubler . . . . . Et ne pourront les presens articles en rien desroger ny prejudicier au droit que le Roy a accoustumé de prendre par chascun an sur chascun brasseur exerçant le fait de brasserie, qui est de cent sols [1].

Louis, etc. Nos bien amez les maistres jurez du mestier de brasseur de bierres et cervoises en nostre bonne ville et faulxbourgs de Paris, nous ont fait humblement remontrer que le feu Roy Louis XII, par les lettres patentes du mois de mai 1514, leur auroit autorizé et approuvé les statuts et ordonnances concernant l'ordre et police qui doit estre observé en l'exercice dudit mestier, selon qu'il est contenu auxdites lettres, lesquelles ont esté confirmées de regne en regne, mesme par le feu Roy d'heureuse memoire, nostre très honoré seigneur et père, mais ayans les supliants reconnu par le cours de plusieurs années que lesdits statuts n'estoient suffisans pour retrancher entierement les fraudes et abus qui se commettoient en la confection et trafic des bierres et en l'exercice dudit mestier . . . . . avons lesdits articles, statuts et ordonnances, approuvez, confirmez et autorizés [2]. . . . . . Donné à Paris au mois de janvier l'an de grace 1630 et de nostre regne le vingtiesme.

[1] Louis XIV, en juin 1680, rendit une ordonnance en 11 articles relative aux aides établies sur la bière et qui ne concerne en rien les statuts de la communauté.

[2] Ces lettres ont été imprimées en plaquette in-4° et se trouvent Bibl. de l'Arsenal, cartons verts n° 3.

1686, septembre. — Lettres de Louis XIV, confirmant les statuts des brasseurs donnés par Louis XIII en 1630 et précédemment en 1514, en janvier 1567, en mai 1580 et en septembre 1608. (Lamare, *Traité de la police*, t. III, p. 781.)

1691, 11 novembre. — Déclaration du Roi portant union des offices de jurés à la communauté des brasseurs.

Cette union fut consentie moyennant le versement d'une somme de 6,000 livres, avec autorisation, pour assurer l'intérêt et l'amortissement, d'établir les droits suivants spécialement consacrés à la dette : quatre visites par an à 4 livres 10 sols chaque; brevet à 50 livres; maîtrise par chef-d'œuvre à 500 livres; quelques maîtrises exceptionnelles à vendre au prix de 1,000 livres. (Lamoignon, t. XVIII, fol. 481.)

VII

1704, 2 décembre.

Arrêt du Conseil d'État du Roi qui unit à la communauté des brasseurs les offices de contrôleurs-essayeurs de bière créés par édit de décembre 1703 [1].

Coll. Lamoignon, t. XXII, fol. 76.

Sur la requeste presentée au Roy en son Conseil par la communauté des maitres marchands brasseurs à Paris, contenant qu'ils n'ont pû par eux-mesmes faire l'acquisition des vingt offices d'essayeurs de bierre pour se liberer d'un droit de dix sept sols six deniers attribué auxdits offices par edit du mois de decembre dernier, quoi qu'ils ayent fait tous leurs efforts pour trouver dans le public la finance desdits offices, montant à cent mille livres et les deux sols pour livre. Cependant comme l'etablissement desdits offices est entièrement à charge à ladite communauté et ruineroit absolument leur commerce, ils se trouvent dans la necessité de faire un dernier effort pour acquerir lesdits offices et les reunir à leur communauté, laquelle jouira des droits pour payer les interests des emprunts qu'ils seront obligés de faire de la somme de cent mille livres, et de celle de dix mille livres pour les deux sols pour livre, et des frais considerables qu'ils seront obligés de payer pour faire lesdits emprunts. A ces causes, requièrent les suppliants qu'il plut à Sa Majesté accepter les offres qu'ils font de payer laditte somme de cent mille livres et les deux sols pour livre ès mains de Jacques Lalou chargé par Sa Majesté de la vente desdits offices, et ce en quatre termes, le premier comptant de la somme de trente trois mille livres, et les trois autres de quatre en quatre mois, chacun de vingt cinq mil six cents soixante six livres, treize

---

[1] 1703, décembre. — Édit du Roi portant rétablissement de vingt offices d'essayeurs et contrôleurs de bière :

«Louis, par la grace de Dieu, Roy de France et de Navarre, à tous presents et à venir salut. Par notre edit du mois d'aoust 1697, nous avions creé quarante offices d'essayeurs visiteurs des bierres dans notre bonne ville et fauxbourgs de Paris, aux fonctions et droits attribués par ledit edit, lesquels droits nous aurions depuis, par autre notre edit du mois de mars 1698, reunis à notre profit; mais estant informé que les brasseurs continuent leurs fraudes dans les mesures et dans la qualité des marchandises, nous nous trouvons obligé pour y remedier de retablir une partie de ces officiers pour avoir l'inspection sur les denrées qui servent à la

composition des bierres et en faire les essays dans le temps qu'elles se façonnent et même après qu'elles sont entonnées. A ces causes... erigeons en titre d'offices, formés et hereditaires, vingt visiteurs, essayeurs et controlleurs des bierres dans notre bonne ville et fauxbourgs de Paris... et pour leur donner moyen de vaquer avec assiduité à la fonction de leurs offices, ordonnons qu'il leur sera payé par les brasseurs de ladite ville, fauxbourgs et banlieue, dix sept sols six deniers pour chaque muid de bierre, jauge de Paris, tant forte que petite, et pour les autres vaisseaux à proportion... Donné à Versailles, au mois de decembre l'an de grace 1703.» (Coll. Lamoignon, t. XXI. fol. 1139.)

Pour les édits de 1697 et 1698, voyez p. 628.

sols quatre deniers avec les interests, lesquels diminueront en proportion desdits payements; et en outre de rembourser les frais et loyaux cousts de ceux qui ont acquis lesdits offices, au moyen de quoy lesdits offices demeureront reunis à leur communauté. Et les supplians jouiront desdits droits, à commencer du premier du present mois de decembre, pour les percevoir de mesme et ainsi qu'auroient pû faire lesdits officiers, tant sur les brasseurs qui composent ladite communauté que sur ceux du fauxbourg St Antoine..... Le Roy en son Conseil a accepté et accepte les offres de la communauté desdits brasseurs de bierre, et en conse-quence ordonne qu'en remboursant audit Lalou ou aux pourvus desdits vingt offices d'essayeurs, visiteurs et controlleurs de bierre, ladite somme de cent mille livres pour la finance principalle, les deux sols pour livre de laditte somme et les frais et loyaux cousts dans les termes portés par leurs offres avec les intérests, les-quels diminueront à proportion des payemens, lesdits vingt offices et les droits y attribués demeureront reunis à ladite communauté pour les exercer, les vendre, ou en disposer comme bon leur semblera, et faire percevoir les droits y attribués, comme auroient pû faire lesdits officiers, conformement audit edit du mois de decembre 1703..... Fait au Conseil d'État du Roy tenu à Versailles le 2e jour de decembre 1704.

VIII

1745, 3 juillet.

Déclaration du Roi portant union des offices d'inspecteurs des jurés[1].

Coll. Lamoignon, t. XXXVII, fol. 32.

[1] Le Conseil du Roi accepte la réunion à la communauté des brasseurs de dix offices d'inspec-teurs des jurés, moyennant la somme de soixante mille livres que les maîtres et veuves seront tenus d'avancer personnellement, suivant l'état qui en sera dressé et pour l'amortissement de laquelle ils recevront les gages attribués et les excédents de droits. (Lamoignon, t. XXXVII, fol. 32.)

TITRE XXI.

JAUGEURS DE VINS [1].

D'argent, à une fasce de sable,
accompagnée de trois tonneaux de même, cerclés d'or,
deux en chef et un en pointe [2].

Étienne Boileau mit dans le *Livre des métiers* les statuts des jaugeurs et crieurs de vins [3], fonctions appliquées à la surveillance des marchands de vins et taverniers plutôt qu'un métier proprement dit. Dès cette époque reculée ils dépendaient de la justice du Parloir aux bourgeois, tout en étant soumis à la haute justice du prévôt de Paris comme tous les métiers [4].

L'ordonnance de Charles VI, de février 1416 [5], qui attribuait la juridiction tout entière au prévôt des marchands, ne fut pas régulièrement promulguée et se borne d'ailleurs à transcrire les anciens statuts des jaugeurs. Quelques années plus tard, en 1434, les jaugeurs demandèrent une expédition de ces mêmes statuts à la Cour des comptes qui, au point de vue fiscal, se réservait sur eux de pleins pouvoirs. Comme privilégiés, sergents du Roi, ils étaient exemptés du guet et se firent confirmer dans ce droit par un arrêt de 1486; ils sont alors portés à douze pour la ville de Paris.

Les documents disparaissent devant les ordonnances générales qui régissent les offices relevant de l'administration municipale. Entre 1416 et 1672 ils n'ont que des actes mentionnant leurs droits et déterminant l'exactitude de la jauge.

En 1416 on comptait six offices de jaugeurs, en 1633 deux nouveaux, en 1645 huit, en 1689 trente-deux, soit à cette dernière date quarante-huit en tout. A la suite de cette augmen-

---

[1] Ce titre est consacré aux jaugeurs, mais incidemment il sera question des crieurs et courtiers de vins, rouleurs et déchargeurs, occupés en même temps à d'autres emplois et dont les statuts seront donnés plus loin.

[2] D'Hozier : *Armorial,* texte, t. XXV, fol. 387; blasons, t. XXIII, fol. 274.

[3] *Livre des métiers,* titres V, VI.

[4] Nous avons exposé l'état de ces justices dans notre *Livre des métiers* (introduction, p. cxlvi). L'ordonnance de 1351 omet les jaugeurs et confirme les fonctions des vendeurs et courtiers de vins (ci-dessus, p. 9, titre VI).

[5] Transcrite dans la Coll. Lam., t. III, fol. 594.

tation, ils furent autorisés à dresser des statuts qui parurent en 23 articles l'année suivante, 1690. On peut les comparer à ceux d'Étienne Boileau, malgré la différence des temps.

Dans la fin du xviiᵉ siècle, les offices de jaugeurs furent, comme les autres, l'objet de créations et suppressions se contredisant souvent les unes les autres [1] et n'ayant pour but que de procurer des ressources au Trésor. L'élément corporatif de l'origine s'efface devant l'organisation fiscale et administrative et finalement ces divers offices sont tous, par lettres patentes de juin 1741 [2], réunis à l'Hôtel de Ville.

Les textes qui concernent ces offices sont donnés dans le tome III du *Traité de la police*. Ils sont également insérés dans les *Ordonnances royaulx sur le faict et jurisdicion de la prevosté des marchands*, compilation d'articles, sans dates et sans formules, plutôt destinés à l'usage courant des magistrats qu'à la preuve des droits des échevins.

Il y eut de tout temps sur les ports de Paris des jaugeurs de province installés pour la vérification des mesures particulières de l'Orléanais ou de la Bourgogne; c'était encore une occasion de difficultés. La communauté des courtiers de vins, mise au nombre des métiers par Étienne Boileau, suivit de près celle des jaugeurs. Quant aux rouleurs et déchargeurs de vins, ils étaient avec les tonneliers préposés aux nombreux travaux d'approvisionnement pour les liquides de toute espèce; nous n'en donnerons aucun document, sauf leur jeton, le seul que nous ayons découvert parmi ces catégories d'officiers de la ville.

Collections de la ville de Paris.

[1] Voici quelques mentions de créations d'offices annexés aux jaugeurs : Par édit de mars 1692, création de 50 essayeurs d'eau-de-vie, réunis aux 48 jaugeurs, le 3 juin 1692. — En février 1703, création de 30 nouveaux offices d'essayeurs rachetés par les jaugeurs, le 2 janvier 1706, pour 350,000 livres, avec gages annuels et augmentation de droits. — En octobre 1705, création de 12 offices

de jaugeurs, et rachat pur et simple, en mars 1706, par les anciens, sans aucun paiement en raison de la finance déjà payée par eux. (Lamoignon, t. XXIII, fol. 1 et 74.)

[2] Les rouleurs et déchargeurs de vins furent réunis en 1733 moyennant le remboursement de 6 millions pour prix de leurs offices, les jaugeurs en 1741 pour 8 millions.

I

1303, 20 novembre.

Ordonnance du prévôt de Paris qui autorise les jaugeurs de vins à arrêter les vins vendus sans avoir été préalablement jaugés.

Bibl. nat., ms. fr. 24069, fol. 198 et 11709, fol. 59 v°. — Coll. Lamoignon, t. I, fol. 355 [1].

A tous ceus qui ces lettres verront, Pierre Li Jumeaus, garde de la prevosté de Paris, salut. Sacent tuit que il est acordé et ordené, de nos seigneurs de la Court et de nous, que quant les jaugeurs de Paris qui a ce seront esleus jurés, enregistrés ès registres du Chastelet de Paris, et seront deputés et auront lettres seur ce de la Prevosté de Paris, trouveront de leur office vins vendus et achetés qui ne seront jaugiés, que il les puissent arrester en nostre main pour nostre seigneur le Roy comme fourfais; et tenons et tenrons ferme et estable, pour nostre seigneur le Roy, ce qui en sera fait par eus, au tel si avant que se en nostre personne le faisions ou faisions faire par nos sergens sermentés, du commandement et de l'ordonnance de nos seigneurs et mestres de la Court, et ensi nous le faisons savoir a tous et le certefions par la teneur de ces lettres faites mercredi devant la saint Clement [2], l'an de grace mil trois cens et trois [3].

---

[1] Addition en tête de ce texte : «Des jaugeurs de Paris. — Pierre Le Bourguignon, Robert Chenel, Pierre de l'Yaune et Pierre Haudeart, jurés du mestier juedi devant la saint Clement ccc et III.»

[2] La fête de saint Clément d'Alexandrie était célébrée dans les églises de France le 4 décembre. Celle de saint Clément pape, dont il s'agit ici, tombe le 23 novembre, un samedi en 1303; le mercredi d'avant se trouvait ainsi le 20 novembre.

[3] 1416. — Statuts des jaugeurs de vins, extraits de l'ordonnance de Charles VI sur la prévôté des marchands :

«TITRE VII. — JAUGEURS DE VINS.

«1. Item en ladite ville de Paris aura par nombre, douze jaugeurs de vins et non plus, c'est assavoir six maistres et six apprentifs; et ne pourra aucun autre s'entremettre de faire l'office desdits jaugeurs sur peine d'amende arbitraire.

«[2. L'office vacant sera donné par le prévôt des marchands à un homme honnête et capable. — 3. Serment de bien remplir ses fonctions et de res-

pecter l'autorité des échevins. — 4. Installation et past ou dîner à payer aux six principaux maîtres. — 5. Le nouveau reçu devra faire un an de service avec un maître avant de jauger lui-même. — 6. Il n'y aura qu'un seul apprenti avec chaque maître, nommé par le Prévôt des marchands, lesquels apprentis deviendront maîtres. — 7. Les jauges seront justifiées sur l'étalon des mesures. — 8. Chaque jaugeur aura sa marque particulière pour le faire reconnaître en cas de fraude. — 9. Personne ne devra s'entremettre du fait de jaugeage. — 10. Les jaugeurs seront deux pour jauger les vins étrangers, huiles, miels, graisses et cuves à fouler les vins. — 11. Ils devront aller jauger sur réquisition.]

«12. Item aucun desdits jaugeurs ne aura pour son salaire, pour chacune pièce de vin que il jaugera, de quelque longueur ou grosseur que elle soit, que trois deniers parisis a prendre sur le marchand vendeur seulement; et pour jaugier ung caque de verjus deux deniers parisis du vendeur;

II

1434, 4 avril.

Extrait des statuts des jaugeurs de vins donnés par Étienne Boileau dans le Livre des métiers, d'après la copie de la Chambre des comptes.

Arch. nat., Livre vert neuf, Y 6¹, fol. 166. — Bibl. nat., coll. Lamare, ms. fr. 21664, fol. 161.

Les gens des comptes du Roy nostre sire, à Paris, a tous ceulx qui ces presentes lettres verront, salut. Savoir faisons que a la supplicacion et requeste des jaugeurs jurez de la ville de Paris, nous avons fait extraire du dix huictiesme feuillet [1] du *Livre des mestiers* d'icelle ville de Paris, estans pardevers nous, en la chambre desdits comptes, ce qu'il s'ensuit :

Nul ne peult estre jaulgeur [2]. . . . .

Donné le present extrait, à Paris, soubz nos signez, le quatriesme jour d'avril l'an ᴍ ᴄᴄᴄᴄ trente quatre, après Pasques.

III

1672, décembre.

Ordonnance de Louis XIV sur la prévôté des marchands et l'Hôtel de ville. (Extrait.)

Coll. Lamoignon, t. XV, fol. 1072.

Titre XII. — Les jaugeurs de vins.

1. Les jurés jaugeurs à l'instant de l'arrivée des vins, cidres et autres boissons et liqueurs, se transporteront dans les bateaux pour jauger lesdits vins; et sera et pour jaugier vins estranges, huilles et gresses, il aura pour chascune piece six deniers parisis a prendre sur le marchant vendeur.

«[13. Ils iront jauger dans la banlieue au même prix, en leur fournissant un cheval et les dépens. — 14. Si un premier jaugeur ne convient pas, on appellera un second et, s'ils ne s'accordent pas, un troisième. La jauge qui sera trouvée deux fois sur trois demeurera juste. Les trois seront payés également. — 15. Pour une seconde jauge, il y aura toujours deux jaugeurs. — 16. Les fraudes seront déclarées au Prévôt des marchands.]» (Coll. Lamoignon, t. III, fol. 71. — *Traité de la police,* t. III, p. 564.)

[1] La table du ms. de la Cour des Comptes porte 28 et non 18 pour les jaugeurs.

[2] Suit le texte des statuts d'Étienne Boileau, en 6 articles, finissant par : «que les autres bourgois de Paris doivent au Roy.» Voyez notre *Livre des métiers,* p. 24. Ces statuts dispensaient les jaugeurs du service du guet; un arrêt du Parlement du 28 juin 1486 porte que «sur la requête des quatre jurés tonneliers et douze jaugeurs de vins relative à leur privilège d'être exempté du guet assis, lesdits demandeurs jouiront, par manière de provision, de la franchise dudit guet «et qu'»ils ne seront tenus de le faire que dans le cas de peril imminent» (Lamoignon, t. V, fol. 139).

tenu chacun jaugeur d'avoir sa jauge juste et de bon patron, selon l'echantillon estant en l'hostel de ville, sur peine d'amende et d'interdiction.

2. Pour donner a connoitre a tous acheteurs la juste continence des vaisseaulx, sera l'officier qui aura fait la jauge tenu d'imprimer sa marque avec une rouannette sur l'un des fonds desdits vaisseaulx, et quand ils se trouveront de la continence et moison qu'ils doivent estre, il sera mis la lettre B; si de moindre continence, sera la lettre M et un chiffre de la quantité de pintes qui y manquera. Et s'il-y-a de l'exedant, sera aussy marqué par la lettre P et d'un chiffre figurant la quantité de pintes de vin qu'il y aura de plus, et marquera le jaugeur non par septier mais par pinte, étant mesure plus universellement connue.

3. Afin qu'on puisse connoitre quel des jaugeurs aura fait la jauge, sera chascun des jaugeurs tenu d'avoir sa marque particulière, laquelle il figurera en marge du registre de sa reception, pour y avoir recours quand besoin sera.

4. S'il se trouve manque a la jauge et le vaisseau de plus grande ou moindre continence que celle marquée par l'officier qui a fait la jauge, en ce cas demeurera ledit jaugeur responsable en son nom de toutes pertes envers l'acheteur pour moindre jauge et envers le vendeur pour l'exedent.

5. Sera loisible a l'acheteur ou marchand de demander nouvelle jauge et si l'un des deux jaugeurs appelez approuve la jauge du premier, telle jauge vaudra, et sera celui qui s'en sera plaint tenu payer les frais de la nouvelle jauge sur le champ; si au contraire les deux jaugeurs appellez arguent la première jauge de defectuosité, la dernière sera suivie et l'officier qui aura fait la première jauge tenu en son nom des frais de la visitation et rapport, ensemble des dommages et interests de celui qui aura demandé la nouvelle jauge.

6. Ne pourront les apprentis jaugeurs s'immiscer a faire aucune jauge, s'ils n'ont servi un maistre jaugeur au moins pendant un an, a peine d'amende; et en cas qu'il ait fait la jauge par l'ordre de son maistre, ledit maistre demeurera responsable en son nom des dommages et interests causés par l'inexperience de son apprenty.

***

IV

1690, 1er mars.

Statuts des jurés jaugeurs de vins, en 23 articles, et lettres patentes de Louis XIV, qui les confirment.

Arch. nat., Ordonn., 3e vol. de Louis XIV, X 1a 8684, fol. 128. — Coll. Lamoignon, t. XVII, fol. 867. Coll. Lamare, ms. fr. 21644, fol. 191. — Traité de la police, t. III, p. 572.

1. Nul ne sera reçu a aucun desdits offices, qu'il ne fasse profession de la religion catholique, apostolique et romaine.

2. Pour nourrir paix et amitié entre eux au sujet des fonctions et exercices de leurs offices, ils feront bourse commune des droits et emoluments de leursdits offices, conformement audit edit et arrest du Conseil.

3. Seront tenus lesdits jaugeurs de se transporter à toutes les halles, places, ports, portes et barrieres, et autres lieux de ladite ville et fauxbourgs, aux jours et heures portés par l'ordonnance de Sa Majesté sur le faict des aydes et entrées des mois de may et juin mil six cens quatre vingt, suivant l'estat de distribution qui en sera fait par messieurs les prevost des marchands et eschevins de ladite ville de Paris, ausquelles portes ils demeureront seulement pendant huit jours, et rouleront successivement les uns aux autres, suivant l'ordre du tableau, a tous lesdits lieux pour y jauger et mesurer tous les tonneaux et vaisseaux remplis de vins, eau de vie, cidre, bierre, verjus, vinaigre, vin gaté et autres breuvages et liqueurs entrans dans ladite ville et faubourgs de Paris, tant par eau que par terre, sçavoir ceux qui arriveront par eaue à la decharge de chacun batteau au bout de la planche, et ceux qui arriveront par terre en la maniere accoutumée, et recevoir lesdits droits à eux attribués, et en cas qu'ils laissent passer aucuns tonneaux sans les avoir jaugés ny reçu les droits, ils en seront responsables envers la communauté.

4. Deux desdits jaugeurs se transporteront toutes les semaines ès maisons des brasseurs, et toutesfois et quantes qu'ils les avertiront, pour mesurer et jauger tous les tonneaux des bierres qu'ils auront faites, suivant et ainsy qu'il est ordonné par ledit edit.

5. Deux desdits jaugeurs se transporteront pareillement toutes les semaines dans touttes les places, maisons et autres lieux de ladite ville et fauxbourgs, où se font les cidres, verjus et vinaigre pour jauger et mesurer les tonneaux a l'instant qu'ils auront esté entonnés.

6. Seront tenus lesdits jaugeurs de donner leurs certificats de la continence de tous les vaisseaux et tonneaux qu'ils jaugeront aux fermiers des entrées et aydes de Sa Majesté, conformement audit edit [1]; et pour cet effet lesdits fermiers leur fourniront le papier timbré.

7. Nul ne pourra se dispenser du service, pour quelque cause et sous quelque pretexte que ce soit, si ce n'est pour cause de maladie.

8. Seront tenus lesdits jaugeurs d'avoir des registres portatifs dans lesquels ils enregistreront les noms de ceux a qui appartiendront lesdits vins, eau de vie et autres boissons et liqueurs; la quantité et la continence desdits tonneaux et vaisseaux, lesquels ils seront tenus de rouanner et y mettre leur marque particulière, et leurs droits par eux reçus, conformément aux anciennes ordonnances de la ville pour sureté des droits du Roy et du public.

[1] Entre autres documents sur la mesure de la jauge, nous citerons les lettres de François Ier, août 1527, et les ordonnances de Henri II, octobre 1557 (*Traité de la police*, t. III, p. 566).

9. Lesdits jaugeurs seront tenus d'avoir un bureau proche le bureau general des aydes pour y tenir leurs assemblées.

10. Pour gerer et conduire les affaires de leur communauté il sera par eux nommé deux d'entre eux pour syndics, a la pluralité des voix, lesquels neantmoins ne pourront entreprendre aucun procès ny affaire que par la deliberation de toute la communauté, qui sera signée au moins des deux tiers, et rendront compte de trois mois en trois mois.

11. Lesdits syndics ne pourront demeurer audit syndicat que pendant deux ans; bien entendu que toutes les années il en sera nommé un nouveau a la place de celuy qui sortira, et pour cette fois seulement celuy qui sera par eux nommé le premier demeurera deux ans, et celuy qui sera nommé le second, demeurera seulement une année.

12. Il sera par eux nommé tous les ans un d'entre eux pour faire la recette generale de leurs droits, entre les mains duquel tous ceux qui jaugeront lesdits tonneaux et vaisseaux seront tenus de remettre les deniers qu'ils auront reçus tous les huit jours, et rapporteront leurs feuilles qu'ils auront extraites de leurs portatifs, qu'ils certiffieront veritables, pour estre enregistrées sur le registre qui sera tenu par ledit receveur general, et qui sera paraphé par lesdits syndics; et ensuite lesdites feuilles seront mises dans une armoire audit bureau, dont celuy qui sera estably pour controlleur aura la clef.

13. Le controlle de ladite recette generalle sera fait audit bureau, par chacun desdits jaugeurs pendant quinze jours, successivement les uns aux autres, suivant l'ordre du tableau, et les quittances qui seront delivrées par ledit receveur general seront controllées par celuy qui sera de service audit controlle, a peine de nullité d'icelles.

14. Sera tenu ledit receveur general de faire tous les mois un etat de distribution de la recette qu'il aura faitte, les frais prealablement pris et deduits; dont les etats seront arrestés par ceux qui seront nommés par la communauté pour estre la distribution faitte à chacun des jaugeurs egalement, dont ils mettront leurs reçus à coté de leurs noms, sur ledit etat de distribution pour la decharge dudit receveur.

15. Si aucun desdits jaugeurs se trouvoit retentionnaire des deniers qu'il recevra a l'insçu de la communauté, il luy sera retenu sur ses emolumens le quatruple des sommes qu'il auroit recellées et cachées pour la première fois; et en cas de recidive, toute la communauté le poursuivra pardevant mesdits sieurs les prevost des marchands et eschevins, pour le faire interdire de son office, et pour estre privé de ses droits et emolumens.

16. Nul desdits jaugeurs ne pourra s'absenter du service sous tel pretexte que ce soit, a peine de quarante sols pour chacun jour d'absence, qui seront retenus

sur sa distribution, au proffit de ceux qui serviront actuellement, si ce n'est pour cause de maladie, auquel cas il sera reputé present.

17. Sera neantmoins loisible à ceux qui seront de service, en cas d'affaire extraordinaire, de faire servir un de leur confreres en leur place, en telle sorte neantmoins que le service n'en soit point retardé.

18. S'il arrive quelques differends entre aucuns desdits jaugeurs, ils seront reglés par deux de la communauté qu'ils choisiront, et s'ils ne s'accordent pas, ils choisiront un tiers dans ladite communauté; et en cas qu'ils ne s'en puissent accorder, il en sera nommé un d'office par ledit sieur prevost des marchands, pour estre, ce qui sera par eux reglé, executé comme arrest de cour superieure.

19. Tous les papiers, registres, comptes, titres et papiers de la communauté seront mis dans un coffre ou armoire audit bureau general fermant à trois clefs, dont l'ancien et les deux syndics auront chacun une clef.

20. Jouiront les veuves et enfans et heritiers, pendant six mois, du jour du decès de l'officier, des droits et emolumens en entier, et iceux expirés, ils n'en jouiront que de la moitié jusques a la vente dudit office qu'elles seront neantmoins tenues de faire dans l'année, sinon y sera pourvu par mesdits sieurs les prevost des marchands et eschevins, ainsi qu'il est accoustumé.

21. S'il arrive quelques contestations, soit de la part des marchands privilegiés, bourgeois et autres, pour raison de la jauge desdits tonneaux et vaisseaux et du payement des cinq sols à eux attribués par chacun muid ou demie queue de vin, eaue de vie, cidre, bierre, verjus, vinaigre, vin gâté et autres boissons et liqueurs entrans en ladite ville et fauxbourgs de Paris, tant par eau que par terre, et autres vaisseaux a proportion, que pour les fraudes et contraventions audit edit, lesdits jaugeurs se pourvoiront pardevant mesdits sieurs les prevost des marchands et eschevins de ladite ville de Paris, ausquels Sa Majesté en a attribué toute juridiction et connoissance, et icelle interdite a toutes cours et juges.

22. Il sera mis au greffe de l'Hostel de Ville et dans le bureau de la communauté un tableau contenant les noms de tous lesdits jaugeurs, a la marge duquel ils seront tenus de figurer leurs marques, chacun en droit soy.

23. Sera pourveu par lesdits jaugeurs, par deliberation entre eux, a tout ce qui n'a point esté prevu par le present statut et reglement.

Louis, par la grace de Dieu, Roy de France et de Navarre, à tous presens et à venir salut. Nous aurions, par edit du mois de decembre 1689[1], creé trente deux

---

[1] 1689, décembre. — Édit du Roi portant création de trente-deux nouveaux offices de jaugeurs, unis aux seize anciens, avec attribution de juridiction aux prévôt des marchands et échevins :

«Louis, par la grace de Dieu, Roy de France et

de Navarre, a tous presens et a venir salut. Les Roys nos predecesseurs ayant en l'année mil quatre cens quinze creé et etabli en nostre bonne ville de Paris six offices de jurez jaugeurs (ordonnance de 1416 ci-dessus), auxquels par edit du mois de

offices de jurez jaugeurs, en notre ville et fauxbourgs de Paris, iceux joints, unis et incorporez aux seize anciens, et devant faire bourse commune entre eux des cinq sols a eux attribuez sur chacun muid ou demie queue de vin, eaue de vie, cidre, bierre, verjus, vinaigre, vin gasté et autres breuvages et liqueurs, entrans en nostredite ville et fauxbourgs de Paris, tant par eau que par terre. Et par arrest de nostre conseil du 31 janvier dernier [1], nous aurions ordonné que conformement audit edit, il seroit par nos prevost des marchands et eschevins de nostredite ville, dressé un etat de distribution des quarante huit jaugeurs par tous les ports, places, portes et barrières de la ville et fauxbourgs de Paris, pour y jauger et mesurer tous les tonneaux et vaisseaux, remplis de vins, eau de vie et autres boissons et liqueurs qui arriveront, tant par eau que par terre, et se font en nostreditte ville et fauxbourgs, dont ils seront payés de leurs droits à raison de cinq sols par muid ou demie queue et autres vaisseaux a proportion;

fevrier mil cinq cens quatre vingt seize ils auroient attribué douze deniers pour chacun muid de vin et autres boissons et liqueurs; par edit du mois de fevrier 1633, le feu Roy nostre très honoré seigneur et père auroit creé par augmentation deux offices de jaugeurs, avec attribution du parisis desdits douze deniers, et par edit de may 1645 nous aurions encore creé huit offices de jurez jaugeurs pour composer avec les huit anciens le nombre de seize, auxquels nous aurions attribué trois sols neuf deniers, faisant avec l'ancien sol et parisis d'iceluy, cinq sols pour chacun muid ou demie queue de vin, eau de vie, cidre, bierre, verjus, vinaigre, vins gatés et autres boissons et liqueurs entrant en ladite ville et fauxbourgs de Paris, tant par eau que par terre; et attendu que depuis la creation desdits offices nostredite ville de Paris est considerablement augmentée, ils ont eux mesmes reconnu qu'il etoit impossible qu'un si petit nombre d'officiers peust jauger et mesurer la grande quantité de tonneaux qui entrent journellement dans ladite ville et fauxbourgs et veiller aux fraudes qui etoient faites, ce qui etoit cause que des gens sans caractère s'etoient entremis de faire leurs fonctions, pour quoi ils nous ont temoigné qu'il etoit expedient non seulement pour le bien public et celuy de nos fermes, mais mesme pour leur propre avantage, qu'il y eut un nombre d'officiers suffisant, tant pour remplir leurs fonctions dans tous les quartiers de nostredite ville que pour veiller à la conservation de leurs droits, et d'augmenter ce nombre de trente deux nouveaux jaugeurs, pour faire avec les seize qui sont déjà créés celuy

de quarante huit. A ces causes, erigeons en titre d'office formé trente deux offices de jurés jaugeurs et mesureurs de tonneaux et vaisseaux a mettre vins, etc., voulons qu'ils soient joints unis et incorporez, pour ne faire à l'avenir qu'un seul et mesme corps qui sera composé de quarante huit; qui ne pourront estre cy après augmentés pour quelque cause que ce soit, lesquels jouiront et feront bourse commune entre eux des deniers a eux attribués; et entreront lesdits trente deux officiers presentement creés dans les dettes tant anciennes que nouvelles desdits anciens officiers jusqu'à la concurrence de la somme de dix sept cens soixante quinze livres de rente annuelle, laquelle sera prise par chacun an sur le total du revenu desdits offices; voulons que par nos prevost des marchands et eschevins, il soit fait un etat de distribution desdits officiers par toutes les halles, places, ports et barrières de nostredite ville et fauxbourgs de Paris; et pour les brasseurs, voulons qu'à l'instant qu'ils auront fait les brassins de bierre et icelle entonnée, ils soient tenus d'en avertir lesdits jaugeurs pour mesurer lesdits tonneaux avant qu'ils soient enlevez des brasseries, a peine de confiscation et cent livres d'amende... Donné à Versailles, au mois de decembre, l'an de grace mil six cens quatre vingt neuf.» (Arch. nat., Ordonn., 30ᵉ vol. de Louis XIV, X 1ᵃ 8684, fol. 24. — Coll. Lamoignon, t. XVII, fol. 783.)

[1] Cet arrêt du Conseil reproduit les termes de l'édit pour la répartition des 48 jaugeurs sur les divers ports et places de la ville. (*Traité de la police*, t. III, p. 571.)

que les contestations qui arriveront sur le fait de la jauge et payement desdits droits seront jugés pardevant nosdits prevost des marchands et eschevins, et permis par leurs avis auxdits quarante huit jaugeurs de faire un statut de reglement pour raison de la fonction et exercice de leurs offices, et de la discipline à observer entre eux, sur lequel et pour l'execution dudit arrest, il seroit expedié nos lettres à ce necessaires. A ces causes, etc..... Voulons que ledit statut et reglement fait entre lesdits jaugeurs ledit jour, vingt deuxiesme fevrier, soit executé en tous les articles d'iceluy, circonstances et dependances, selon sa forme et teneur; a l'effet de quoy nous l'avons, en tant que besoing est ou seroit, confirmé et confirmons..... Donné à Compiegne le premier jour de mars mil six cent quatre vingt et dix.

V

1705, 17 mars.

Déclaration du Roi unissant à la communauté des jaugeurs de vins quatre offices de syndics.

Arch. nat., Ordonn., 45ᵉ vol. de Louis XIV, X 1ᵃ 8699, fol. 232. — Coll. Lamoignon, t. XXII, fol. 363.
Traité de la police, t. III, p. 576.

Louis par la grâce de Dieu, Roy de France et de Navarre, à tous ceux qui ces presentes lettres verront, salut. Nous avons par notre edit du mois de novembre dernier creé dans chacune des communautés d'officiers de police de notre bonne ville de Paris [1], quatre offices de syndics ou administrateurs perpetuels des offices de chaque communauté..... Sur quoy les quarante huit jurez jaugeurs de vin, essayeurs, visiteurs et controleurs d'eau de vie et d'esprit de vin, en la ville et fauxbourgs de Paris, nous ont fait representer que l'etablissement de quatre syndics dans leur communauté n'apporteroit au public aucune utilité, et leur feroit un tort considerable, en ce qu'elle diminueroit leur credit, duquel neanmoins ils ont extremement besoin, pour achever de payer la somme qu'ils se sont obligés de financer dans nos coffres, en execution de notre declaration du 12 fevrier 1704 pour la reunion à leur communauté des cinquante deux offices [2] de jurez jaugeurs de vins, creés par edit du mois de novembre precedent; que cependant pour nous dedommager de la finance que nous aurions pu tirer de la vente de ces quatre offices de syndics, ils offroient de nous payer la somme de cent vingt mille livres..... Incorporons à leur communauté les quatre offices de syndics ou administrateurs perpetuels, creés pour leurditte communauté, par notre edit du mois de novembre dernier, avec les fonctions et droits y attribués,

---

[1] Voyez ci-dessus, p. 137, pièce XLVI. — [2] 48 anciens et 4 créés par édit de novembre 1703.

sans que pour raison de ladite reunion, lesdits quarante huit jurés jaugeurs
soient tenus de prendre de nous aucunes provisions, prester aucun nouveau serment, ny de payer au receveur du domaine et de l'hôtel de notre bonne ville de
Paris, pour leur droit annuel, plus grande somme que celle qu'ils payent actuellement. Voulons que lesdits quarante huit jurés jaugeurs jouissent, à compter du
jour que notre edit du mois de novembre dernier, portant creation desdits offices
de syndics, a esté enregistré en notre parlement de Paris, de six deniers par
augmentation pour droit de jauge sur chaque muid ou demie queue, et autres
vaisseaux à proportion, de tous les vins, eaux de vie, cidres, bierres, verjus, vinaigres, vins gâtés et autres boissons et liqueurs qui arrivent, tant par eau que
par terre, ou qui se font et façonnent en notreditte ville et fauxbourgs de Paris,
pour faire avec les dix sols qui leur sont attribués par nos edits des mois de decembre 1689 [1] et novembre 1703 [2] et par notre declaration du 12 fevrier
1704, dix sols six deniers pour chacun muid ou demie queue, et autres vaisseaux
à proportion; desquels dix sols six deniers lesdits quarante huit jurez jaugeurs
seront payés par toutes sortes de personnes, privilegiées ou non privilegiées,
exemptes ou non exemptes, sans aucune exeption de personnes ou de privilèges.
......Donné à Versailles le 17e jour de mars l'an de grace 1705.

VI

1741, juin.

*Édit du Roi supprimant les offices de jaugeurs et autres, et portant union de ces offices
à l'Hôtel de ville de Paris.*

Arch. nat., Ordonn., 31e vol. de Louis XV, X 1e 8744, fol. 168 v°. — Coll. Lamoignon, t. XXXIV, fol. 519.

Louis, par la grâce de Dieu, Roy de France et de Navarre. Les prévot des marchands et échevins de notre bonne ville de Paris nous ayant représenté que s'il
nous plaisoit de distraire de nosdittes lettres patentes les droits de quinze sols
attribués aux cent vingt rouleurs de tonneaux, et vingt sols pareillement attribués aux cent quarante chargeurs et déchargeurs de vins et boissons pour chacun
muid reduit, de vin seulement, entrant tant par eau que par terre, pour estre
vendus et consommés dans la ville et fauxbourgs de Paris, pour le compte des
marchands et bourgeois seulement, et de réunir lesdits droits au domaine de
ladite ville de Paris à des conditions favorables; que ces droits étant à sa bien-
séance, nous mettrions lesdits prévost des marchands et échevins en état d'aug-

---

[1] Voyez ci-dessus, note de la pièce IV. — [2] 1703, novembre. Création de 52 offices de jaugeurs
avec augmentation de cinq sols. Édit abrogé par la présente déclaration. (*Traité de la police*, t. III, p. 575.)

menter par leurs soins et leur économie des revenus qui devenoient de plus en
plus nécessaires à ladite ville, à cause des dépenses dont l'objet augmentoit de
jour en jour pour la commodité, l'embellissement et la décoration de cette capitale de notre Royaume, Nous aurions bien voulu agréer cette réunion à perpétuité au domaine et patrimoine de notre bonne ville de Paris, par notre déclaration du 16 aoust de la même année 1733, à la charge de payer en nos parties casuelles la finance qui seroit fixée par le rôle qui en seroit arrêté en notre Conseil;
et pour mettre notreditte ville en état de payer cette finance, nous luy aurions
permis d'emprunter jusqu'a concurrence de six millions cinq cent mil livres, ce
qui auroit été consommé. Les prévost des marchands et échevins accoutumés à
recevoir des effets de notre bonté et non moins jaloux que leurs prédécesseurs
de contribuer à notre satisfaction et à la gloire de notre règne, en continuant de
procurer à cette grande ville toute la splendeur dont elle est susceptible, nous
auroient fait de nouvelles et très instantes supplications tendantes à une pareille
réunion et aux mêmes conditions que celles faites par notre déclaration du
16 aoust 1733 au domaine de ladite ville, savoir des vingt deux sols attribués
aux offices de jurés vendeurs et controlleurs de vins et liqueurs pour chacun
muid reduit desdits vins et liqueurs, des dix sols attribués pareillement aux
offices de controlleurs commissionnaires des vins, pour chacun muid réduit de vins
et liqueurs, et treize sols faisant partie des dix huit sols attribués aux offices de
jaugeurs et mesureurs sur les vins, eaux de vie, liqueurs, cidres et poirés seulement, entrant tant par eau que par terre, pour estre vendus ou consommés dans
notreditte ville et fauxbourgs d'icelle pour le compte des marchands, bourgeois
et communautés religieuses. Nous auroient encore représenté lesdits prévost
des marchands et échevins que les cinq sols dont jouit seulement la communauté des officiers jaugeurs et mesureurs, sur les vins, eaux de vie simple et
double, esprit de vin, liqueurs, cidres et poirés, et dont elle nous a payé la
finance, ne procurent pas à ces officiers des émoluments à la faveur desquels ils
puissent vacquer convenablement aux fonctions dont ils sont tenus et qui sont
néanmoins d'une nécessité absolue pour la perception exacte des droits d'aydes,
faisant partie de notre ferme générale et pour la justice dûe tant aux marchands
vendeurs qu'aux bourgeois acheteurs, et conséquemment pour l'exécution entière
de nos ordonnances et des arrests, réglements et sentences rendues sur cette portion essentielle de la police, ce qui fait espérer auxdits prévost des marchands et
échevins que nous voudrons bien éteindre et supprimer lesdits offices aux offres
que font lesdits prévost des marchands et échevins d'en faire faire les fonctions
par des personnes expérimentées. . . . . Nous avons éteint et supprimé, éteignons
et supprimons à compter dudit jour, 1er février prochain, les quatre vingt offices
de jaugeurs et mesureurs sur les vins, eaux de vie, liqueurs, cidres, poirés, vinaigres, vins gâtés et verjus, créés et rétablis par notre édit du mois de juin 1730;

voulons en conséquence que les pourvus desdits offices cessent audit jour d'en
faire les fonctions et qu'ils soient remboursés de leurs offices par le garde de
notre Trésor royal en exercice, suivant la liquidation qui en sera faite par les
commissaires de notre Conseil qui seront par nous pour ce commis et députés,
en leur remettant par lesdits pourvus leurs quittances de finance, provision et
autres titres de propriété desdits offices, et néanmoins continueront les pourvus
et propriétaires desdits offices supprimés de percevoir à leur profit les cinq sols
faisant partie des dix huit sols qui leur avoient été attribués pour leur tenir lieu
des intérests de leur finance, jusques à l'actuel remboursement qui en sera fait
des deniers qui seront à cet effet remis par les prévost des marchands et échevins en notre Trésor royal, et que nous leur permettons d'emprunter après
lesdites liquidations faites et jusqu'à concurrence du montant d'icelles; après
lesquels remboursements consommés, voulons que lesdits cinq sols soient et
demeurent réunis, comme nous les réunissons par le présent édit à perpétuité au
domaine de notre bonne ville de Paris. . . . . Et pour mettre lesdits prévost des
marchands et échevins en l'état de nous payer la finance qui sera réglée par le
rolle qui sera arrêté en notre Conseil, conformément à l'article 1er, nous leur avons
permis et permettons d'emprunter jusqu'à concurrence de la somme de huit
millions sept cent mil livres, par contrat de constitution sur le domaine de notre
dite ville, à raison du denier vingt, et d'affecter, obliger et hypothéquer spécialement et par privilège, les droits de vingt deux sols, dix sols et treize sols, réunis à ladite ville par ledit article premier du présent édit, et généralement
tous ses autres biens et revenus, au payement des arrérages desdites rentes, et
à la sureté des capitaux d'icelles. . . . . Ordonnons qu'il sera incessamment préposé par les prévost des marchands et échevins, tel nombre de personnes qu'ils
jugeront suffisant, pour par commission faire la jauge des vins et autres boissons
entrans dans notre ditte ville et fauxbourgs de Paris, ainsy et de la même manière que les officiers présentement supprimés en étoient tenus, à chacun desquels ils accorderont tels sallaires ou appointements qu'ils estimeront convenables.
Voulons que les pourvus desdites commissions puissent estre révoqués à la volonté desdits prévost des marchands et échevins. . . . . Donné à Versailles au mois
de juin, l'an de grâce 1741.

TITRE XXII.

VENDEURS DE VINS.

De gueules, à une fasce d'or, accompagnée en chef de deux pots d'argent
et en pointe d'un tonneau d'or, cerclé de sable [1].

Le nom ni les fonctions des vendeurs de vins ne paraissent nulle part dans le *Livre des métiers*. Ils semblent avoir été dès leur origine formés en offices, se distinguant en cela de certains employés de la ville, comme les jaugeurs, mesureurs et crieurs de vins, qui furent réellement un métier dans le principe.

Le premier texte authentique est l'ordonnance du roi Jean de 1351 [2], qui porte à 80 le nombre des vendeurs de vins, en soumet la nomination au prévôt des marchands, leur attribue les fonctions de vente et enregistrement des vins à l'entrée dans la ville, moyennant un droit de 2 sols à percevoir sur chaque tonneau ainsi contrôlé.

Malgré les changements successifs dans le nombre et dans le prix de leurs offices [3], ils restèrent toujours chargés des mêmes fonctions, d'une part intermédiaires entre les marchands de Paris et du dehors pour assurer la qualité et le paiement des vins, d'autre part agents administratifs pour constater l'importance de la consommation des liquides. Les statuts proprement dits portant règlement d'intérieur sont remplacés par des confirmations ou modifications de droits et privilèges. Les lettres de 1612 et 1644 sont pourtant de véritables statuts appliqués à une communauté d'officiers. Leurs rapports avec les marchands de vins étaient constants, et comme ceux-ci ne payaient pas directement les droits du fisc, les vendeurs de vins se trouvaient frappés par le prix de leurs offices des droits imposés sur les liquides. Au point de vue fiscal,

---

[1] D'Hozier : *Armorial,* texte, t. XXV, fol. 295; blasons, t. XXIII, fol. 72.

[2] Ci-dessus, p. 11, titre VI, art. 12 et suivants. Les vendeurs existaient déjà avant cette date.

[3] Au xiv° siècle, les vendeurs de vins étaient 60. En 1351 ils vont à 80 pour revenir à leur nombre ancien de 60 en 1410. A partir de 1507, on les trouve réduits à 34 et ce n'est qu'au milieu du

xvii° siècle, en 1644, qu'ils sont augmentés de 9 et portés ainsi à 43, plus 17 nouveaux offices pour les vins d'Espagne. Ils retournaient de la sorte à leur ancien nombre de 60. Malgré ces variations, signalées seulement par les pièces, les offices de vendeurs de vins paraissent s'être toujours maintenus tout en augmentant d'importance avec la marche des temps.

la lecture des actes est intéressante parce que la communauté des vendeurs a été en réalité pendant tout le temps fermière de l'impôt d'entrée sur les vins.

En 1507, réduits au nombre de 34, ils versaient comme fonds de roulement une somme de 20 livres portée à 200 livres en 1567, puis à 1,000 livres en 1612; les paiements du prix des ventes avaient lieu en deux bureaux, établis en grève et à l'estape, et tenus par un comptable juré élu chaque année. Ces 34 offices avaient, en 1612, une importance considérable, en raison de la progression du commerce. Les vendeurs se faisaient suppléer en particulier par de nombreux compagnons d'office et la communauté était administrée par les deux anciens rece-veurs, par six élus désignés pour veiller aux arrivages et à l'inscription des boissons, par deux procureurs syndics chargés de la gestion des affaires en s'adjoignant le doyen des vendeurs.

Du reste, dans leurs rapports avec l'autorité, les vendeurs restèrent toujours unis en com-munauté, à l'exemple des autres métiers. Cette union leur permit de se maintenir toujours, malgré les désastres publics, et de payer à l'État des sommes énormes. De 1625 à 1715, outre les redevances annuelles et ordinaires au Roi et à la prévôté des marchands, comme taxes exceptionnelles exigées par un impérieux besoin de ressources, ils versèrent au Trésor près de 3 millions, soit une moyenne de 33,000 livres par an. Eu égard à la quantité des vins en-trant dans Paris, ces charges étaient encore peu élevées et les vendeurs payaient toujours pour conserver leurs privilèges. Ils ne disparurent qu'après le rachat de tous les offices par l'Hôtel de ville en 1741.

Collections de la Monnaie et de la ville de Paris.

I

1410, décembre.

Lettres patentes de Charles VI, réduisant les vendeurs de vins au nombre de soixante et portant règlement de leur confrérie et communauté.

Arch. nat., Trésor des Chartes, J. J. 165, pièce 221, fol. 131. — Coll. Lamoignon, t. III, fol. 527. Traité de la police, t. III, p. 642.

Charles, par la grace de Dieu, Roy de France. Savoir faisons à tous presens et à venir, à nous avoir esté exposé de la partie de Jehan Charbonnier, Guillaume Disles, Jehan Legier, faisans et representans la communauté des soixante ven-deurs de vins jurez et assermentez de par nous, en nostre ville de Paris, qui jà

soit que ledit nombre de soixante vendeurs de vins soit le nombre ancien, ordonné par noz predecesseurs Roys de France en nostreditte ville de Paris, et que
selon les ordonnances par nous piçça faites, par lesquelles nous en nostre grant
Conseil ordonnasmes tous noz offices estre reduiz et ramenez au nombre ancien,
en voulant que ceux qui seroient oultre et par dessus ledit nombre ancien, feussent du tout despointiez de leurs offices, et ny demourast que le droit nombre
ancien; et ne loise à aucun de soy entremettre dudit office de vendage de vins,
se il n'est d'icellui nombre; toutes voyes, aucuns en venant contre lesdittes ordonnances oultre et pardessus ledit nombre, se sont efforciez et efforcent de jour en
jour de exercer ledit office, qui est contre raison et en grant grief et prejudice
desdits exposans et de la chose publique, en nostre bonne ville de Paris, et pourroit plus estre, se sur ce n'estoit par nous pourveu de remede convenable, si
comme ils dient, requerant humblement nostre gratieuse provision. Pour ce est-
il que nous recordans desdittes ordonnances, lesquelles furent pieçà par nous
faittes, par grant et meure deliberation de ceulx de nostre sang et des gens de
nostre grand Conseil, et voulans que elles tiengnent et soient gardées sans enfraindre et par especial, en tant qu'il touche lesdits vendeurs de vins de nostre
bonne ville de Paris, avons ordonné et declaré, ordonnons et declairons, de nostre
certaine science, grace especial, pleine puissance et auctorité royal, en ensuivant
les ordonnances de nosdits predecesseurs, que ledit nombre des vendeurs de vins
de nostreditte ville de Paris dessusdits, soit reduit et ramené au nombre ancien, et que se aucuns en y a oultre et pardessus ledit nombre, que ilz soient
privez et deboutez de leursdiz offices, et lesquelx dès maintenant pour lors nous
en privons et deboutons, en leur deffendant l'exercice d'iceulx offices. Et en oultre
pour augmenter les droits d'icelluy office, et affin que iceulx vendeurs puissent
avoir plus aisement de quoy soustenir leur confrairie, par nous et nosdiz predecesseurs fondée et octroyée, et dont nous, nostre très chière et très amée compaigne la Royne, et nostre très chier et très amé ainsné fils, le duc de Guyenne,
sommes confrères, et les droits d'icelle deffendre et poursuir, avons voulu et
ordonné, voulons et ordonnons comme dessus, que doresnavant nul ne sera
institué de par nous audit office de vendage de vins, jusques à ce que la garde
de la prevosté des marchands sera premierement informée ledit office estre du
nombre ancien, et que cellui à qui nous l'aurons donné soit homme de bonne
vie renommée et honneste conversation, sans aucun vilain blasme ou reprouche,
et qu'il ait paié pour entrer oudit office quarante sols parisis, pour une fois,
pour convertir en ce que dit est, et pour aidier à vivre et gouverner aucuns
desdits exposans ou de leurs successeurs en leurs diz offices, se par fortune ou
meschief aucuns en venoient a mendicité. Lesquelx quarante sols parisis, pour la
premiere fois, avec huit deniers parisis que chacun d'iceulx vendeurs et leursdits
successeurs seront tenus paier, pour chacun moys, aux quatre termes a Paris ac-

coustumez, pour tourner et convertir en l'usaige dessusdits, soient reçeuz, cueilliz
et levez par les deux procureurs de laditte communaulté ou de leur commandement. Et se il avient que aucun d'eulx soit refusans ores ou pour le temps avenir
de paier iceulx huit deniers parisis, Nous voulons et avons ordonné et ordonnons
que par lesdits procureurs ou a leur requeste il y soit contraint par le premier
de nos sergens sur ce requis, par la prinse et explettacion de ses biens et vendition d'iceulx, aux jours et termes accoustumez. De toute laquelle recepte et de la
despense par lesdits procureurs faitte pour laditte communaulté, iceulx procureurs
seront tenuz de rendre bon compte et loyal ausdits exposans et à leurs commis
à ce, en la presence toutes voyes d'aucun de noz officiers, a un certain jour en
l'an qui par eulx sera ordonné. Auquel jour, ledit compte rendu l'un desdits procureurs y fera de laditte procuration; et y en ordeneront les commiz à oïr ledit
compte un autre qui demourra pour l'année procureur avec cellui qui ne se
bougera; et l'année ensuivant, ce compte rendu, ils y metteront un autre procureur en lieu de cellui qui par avant y estoit demouré, et y demourra cellui qui
dernierement y avoit esté mis, pour informer le nouvel procureur des besongnes
appartenans à laditte procuration, et ainsy se continuera de là en avant par chascun an a tousjours. De laquelle journée pour oïr ledit compte, prendre, eslire et
accepter, nous avons donné et donnons povoir, congié et licence ausdits exposans, et aussi de eulx assembler toutesfois que besoing leur sera, appellé avecques eulx aucun de noz officiers, pour parler ensemble des besongnes de leurditte communaulté, et aussi pour mettre et asseoir sur eulx, touteffoiz que mestier
leur en sera et bon leur semblera, une ou plusieurs sommes de deniers pour les
besongnes de leur communaulté dessusdite maintenir, poursuir et conduire, se
besoing leur en est. Et avec ce, pourceque lesdits exposans sont tenus chacun,
en droit soy, de paier comptant et faire bons aux marchans forains qui arrivent ou
font arriver leurs vins à Paris, des deniers de leursdiz vins, incontinent que les
ventes sont faites, et à ce pevent estre contrains par prinse de corps et de biens,
et toutes voyes ilz vendent et delivrent aucune foiz en Greve a plusieurs, lesquels
ilz ne congnoissent, plusieurs sommes de vins, pour lesquelz il convient qu'ils facent
bons à leursdiz marchans, comme dit est, et quant ils vont ès lieux ou lesdiz
acheteurs dient que ils demourent pour cuidier avoir l'argent de leur vin, ils
treuvent souvent que sont trompeurs, et que là ne ailleurs ils ne pevent oïr nouvelles de leurs vins et les perdroient souvent, se n'estoit que il leur convient faire
diligence de jour et de nuit pour trouver iceulx trompeurs qui se transportent
aucune foiz de porche en autre, et n'en pourroit en avoir congnoissance qui ne
guetteroit de nuit et de jour; et quant aucunes fois on les treuve, si se veullent-ils
mettre en deffense, et ce n'estoit que ceux qui ainsi les guettent feussent garnis
d'espée ou coustel, ils seroient souvent en adventure d'estre affollez de leurs personnes et de perdre leurs deniers, qui seroit moulte dure chose, attendu que ils

sont tenus de faire aux marchans leurs deniers bons, comme dit est, Nous, voulans pourveoir à la seurté de leurs personnes, leur avons octroyé et octroyons comme dessus et à leurs successeurs ausdits offices que doresnavant, et toutesfois que il leur plaira, ilz puissent et leur loise pour la seurté de leurs personnes, pour la tuicion d'eulx, de leurs biens et de leurs corps, porter espée ou coustel ou aultre baston deffensable, sans ce que aucun empeschement ou destourbier leur soit ou puist estre pour ce fait ou donné en aucune maniere, ores ne pour le temps a venir, par aucun de noz officiers, pourveu toutesvoies que ilz n'en voissent ou assaillent aucun[1]..... Donné à Paris au moys de decembre, l'an de grace mil quatre cens et dix et de nostre règne le trente uniesme.

---

[1] 1416. — Extrait de l'ordonnance de Charles VI sur la prévôté des marchands :

Titre V. — Vendeurs de vins. (En 29 articles.)

1. Item, en la ville de Paris y aura, selon le nombre ancien, soixante vendeurs de vin seulement, sans ce que aucun autre se puisse entremettre de faire l'office desdits vendeurs, sur paine d'amende arbitraire.

[2. Les offices ne seront remplis que par des sujets de bonne vie et renommée. — 3. Serment de bien exécuter les fonctions.]

4. Item et après ce qu'il sera institué et aura fait le serment, il sera presenté et mis en possession dudit office par l'ung des sergens de ladite prevosté et eschevinaige que lesdits eschevins et prevost vouldront ad ce commettre qui aura pour ce faire deux sols parisis seulement; et ce fait il baillera pleige, c'est assavoir caucion bourgoise de cent dix livres parisis, avant que il puisse exercer ledit office sur peine de privation d'icellui.

5. Item sitost que aucun vendeur sera de nouvel en possession dudit office de vendaige, il paiera d'entrée quarante sols parisis; et oultre pour chascun mois de l'an huict deniers parisis, a payer aux quatre termes a Paris accoustumez, lesquels quarante solz et huict deniers parisis seront baillés au procureur de la communauté des vendeurs de vins pour augmenter les droits de leurs offices et pour soustenir leur confrairie, et aussi pour aidier a vivre aucuns desdits vendeurs se ilz venoient ou cheoient en mendicité, lequel procureur devra et sera tenu d'en rendre compte et reliqua auxdits vendeurs ou a ceux qui ad ce seront

commis de par eulx, toutes et quantes foiz qu'il en sera requis.

[6. Devront exercer en personne et non par clercs. — 7. Ne pourront vendre qu'une battelée à la fois à moins que le même marchand en ait plusieurs. — 8. Ils ne prêteront pas leur hanap pour faire vendre secrètement.]

9. Item et en tant qu'il touche le salaire desdits vendeurs, ilz auront des vins par eulx vendus, tant sur l'eaue comme en celliers, creuz ès pays de Beaunois, Masconnois, Tournus, Dijonnois et ès parties d'environ et audessus de Cravant et du païs d'Auxerrois, quatre sols parisis de chacune queue et deux sols parisis de chascun muy, ainsi que lesdites queues et muys seront.

10. Item des vins creuz oudit païs d'Auxerrois et ès parties d'environ en venant jusques au pont de Sens, esquelz on use de jauge de Bourgongne, lesdits vendeurs auront pour chascune queue par eulz vendue, tant sur l'eaue comme en cellier, quatre sols parisis et de chascun muy trois sols parisis, ainsi que lesdiz queues et muys seront.

11. Item des vins creuz depuis ledit pont de Sens en aval, qui se jaugent a jauge françoise, lesdits vendeurs auront pour chascune queue par eulx vendue, tant sur l'eaue que en cellier, deux sols parisis et de chascun muy seize deniers parisis, ainsi que lesdites queues et muys seront.

12. Item et des vins creuz ès païs de la rivière de Loyre, comme Ris, Saint Poursaing, Joingny, Orléans, Monstreul, Bellay et autres, et aussi des vins creuz a Bar sur Aube et environ, lesdits vendeurs auront pour chascune queue par eulx vendue, tant sur l'eaue comme en cellier, trois sols

II

1451, 12 février.

*Lettres patentes de Charles VII confirmant les privilèges accordés aux vendeurs de vins,
contre les faux marchands, par les lettres de décembre 1401 et septembre 1403.*

Arch. nat., Livre vert vieil 2ᵉ Y 4, fol. 111. — Coll. Lamoignon, t. IV, fol. 337.
Traité de la police, t. III, p. 687.

Charles, par la grace de Dieu, Roy de France..... lesdiz marchans et bourgois de ladicte ville obtinrent de feu nostre très cher seigneur et pere, que Dieu
parisis et du muy dix huict deniers parisis, ainsi
que lesdits queues et muy seront.

[13. Aᵒa port de l'etappe auront deux sols par
queue. — 14. Ne prendront pas d'autre salaire. —
15. Ne vendront en grève que depuis l'heure de
prime jusqu'à midi. — 16. Ne feront la vente que
quand la battelée sera complète et les vins percés
pour goûter. — 17. N'iront en Grève pour vendre,
les jours de fête. — 18. Ne iront audevant des
marchands pour avoir du travail. — 19. Ils ne
vendront rien que pour leur propre compte. —
20. . Ils ne seront en même temps vendeurs et courtiers.— 21. Ils ne vendront à l'étappe qu'à l'heure
indiquée et une seule charretée à la fois. — 22. Ne
commenceront à vendre sans consentement du marchand.]

23. Item aucun vendeur ne vendra, tant audit
lieu de Grève, a ladite estappe que ailleurs aucuns
buvrages, comme prunelles, cydres, despences ou
antres, sans le dire premierement et le faire savoir
a cellui ou ceulz qui lesdits buvrages vouldront
achetter.

24. Item aucun vendeur ne vendra vins se ilz
ne sont bons, sains, loyaux et marchans, et se il
scait aucun qui fait le contraire, il le fera savoir
ausdits prevost et eschevins.

25. Item se aucun vendeur, en vendant vins,
apperçoit qu'il y ait aucunes queues ou muys qui
ne tiengnent pas la moison que ilz doivent tenir, il
en advertira l'acheteur, afin que il ne y soit deçeu,
sur ladite paine de dix livres parisis d'amende.

26. Item, lesdits vendeurs par privilège pourront proceder sur tous ceulz a qui ilz vendront,
bailleront et delivreront aucuns vins, dedans ladite
ville de Paris, par voye d'arrest et d'emprisonnement jusques ad ce que ilz seront payez de leur
deu, sans ce que iceulz acheteurs puissent estre reçeuz a abandonnement en aucune manière.

[27. Les vendeurs se succèderont dans le travail
par ordre et en suivant leur rang. — 28. Ne
pourront travailler le même jour en grève et à
l'étappe. — 29. Ils dénonceront ceux qui contre-
viendraient aux règlements.]

TITRE X.

CONCERNANT LES FONCTIONS DES JURÉS VENDEURS DE VINS.

1. Les jurés vendeurs et controlleurs de vins seront tenus d'avoir en leurs bureaux nombre d'officiers suffisant pour recevoir les déclarations des
vins que les marchans forains feront arriver, a
l'effet de quoy les lettres de voiture leur seront re-
presentées, et tendront controlle des ventes qui auront esté faites sur les ports et estappes, tant par
les marchands forains que ceux de Paris, qui fera
mention du nom du marchand et celuy de l'acheteur et de la quantité du vin vendu.

2. Les vendeurs et controlleurs de vins veilleront à ce que les vins qui seront amenés par terre
en ladite ville par les forains et le tiers de ceux
que les marchands de Paris y feront conduire,
mesme par charriots, soient amenés sur l'estappe
pour y estre vendus en gros.

3. Ne prend vendeur qui ne veut, mais quand
aucun marchand aura pris vendeur, la communauté desdits jurez vendeurs sera tenue fournir et
avancer au marchand les deniers qu'il conviendra,
tant pour le paiement des droits d'entrée que pour
la voiture, mesme ce dont le marchand aura besoin pour sa nourriture et de son facteur.

4. Tout vendeur preposé à la vente d'aucunes
marchandises de vins doit compter avec le marchand dans les vingt quatre heures, après la vente
parachevée et paier ce qui restera deub, les avances
faites par lesdits vendeurs et leurs droits payés et

absoille, certaines lettres contenant forme de privillege, desquelles on dit la teneur estre telle :

Charles [1] . . . . . Donné à Paris ou mois de septembre, l'an de grace mil quatre cens et trois et de nostre regne le vingtiesme.

précomptés. Et en cas de reffus, demeurera le vendeur responsable en son nom des retards et sejours du marchand; aura neantmoins le marchand la faculté de demander compte avant la fin de la vente, sans qu'il puisse pretendre toucher deniers que les vendeurs ne soient remboursés de leurs avances et droits. (Coll. Lamoignon, t. III, fol. 51.)

[1] Cette pièce de 1403 est la confirmation simple de celle-ci :

1401, 23 décembre. — Lettres patentes de Charles VI, portant que les vendeurs de vins auront la contrainte par corps sur les marchands qui leur devront le prix de leurs acquisitions. «Charles, par la grace de Dieu, Roy de France. Savoir faisons a tous presens et avenir que oye l'umble supplicacion des vendeurs de vins de nostre bonne ville de Paris, contenant que ja soit ce que a cause de leurs offices de vendage ilz soient tenuz et astrains de delivrer les marchans, pour lesquelz ilz font leurs ventes, et yceulx contenter et paier tantost et sans delay, après ce que leursdictes ventes sont parfaites, et a ce faire et acomplir soient contrains par prinse de corps et de biens, et leurs pleiges aussi, jusques aux sommes dont ilz les ont plegiez; neantmoins plusieurs personnes, eulx disans marchans ou taverniers, marchandes ou tavernieres, sont venuz et viennent de jour en jour aux bateaux en Greve et ès lieux ou l'en vent les vins, tant en celiers comme ailleurs, pour les marchans forains et pour ceulx de Paris, qui ont acoustumé exercer le fait de la marchandise de vins, et cautement et frauduleusement ont prins et acheté, prennent et achetent d'iceulx vendeurs grant quantité de vins, affermans que ilz les veulent mener en certains lieux, tavernes et rues, où ilz dient avoir leur demeure, pour les vendre à detail a taverne ou autrement; et pour mieulx coulourer leur frauduleuse entencion, se nomment seigneurs proprietaires desdiz lieux et tavernes; lesquelz vins ainsi prins et achetez desdiz vendeurs aucuns d'iceulx eulx disans marchans ont mené a l'estape es halles de nostreditte ville, ou lieu acoustumé à vendre vin en gros, ou ailleurs, et là les ont venduz a tel prix comme bon leur a semblé

ou en ont fait a leur plaisir, et les ont appliquez a leur singulier prouffit, sanz en faire aucune satisfaccion aux vendeurs dessusdiz. Les autres ont latité et mucié leurs vins et transporté frauduleusement ès mains d'autruy pour delaier le paiement desdiz vins; et aucuns des autres se sont absentez et absentent chascun jour, et telement en ont disposé et disposent que yceulx vendeurs par teles fraudes et cauteles ont esté moult dommagez et interessez, et aucuns d'eulz par ce sont telement decheuz de leurs chevances, que ilz sont en voye d'estre du tout desers et destruis; laquele chose est de très mauvais exemple et pourroit tourner a la destruction de touz lesdiz vendeurs et marchans ou temps avenir, se par nous ne leur estoit sur ce pourveu de remede convenable, si comme ilz dient, requerans humblement ycellui. Nous, voulans obvier a teles fraudes et malices, et pourveoir à la chose publique et au bon gouvernement de nostredicte ville de Paris, et en faveur de la marchandise, avons ordené et ordenons, et aux vendeurs dessusdiz avons octroyé et octroyons, de grace especial, par ces presentes, que ilz puissent contraindre et faire contraindre tous ceulx à qui ilz vendront dores en avant et ont vendu ou temps passé lesdiz vins, tant des marchans forains comme des marchans d'icelle ville de Paris qui ont acoustumé eulx entremettre de marchandise de vin, a païer ce que ilz doivent et devront, en la forme et maniere que ont accoustumé faire les vendeurs de poisson de mer ès Halles de Paris, des debtes à eulx deues à cause des poissons quilz vendent pour les marchans de mer; c'est assavoir que yceulx vendeurs les puissent contraindre et faire contraindre par prinse de corps et de biens à ce faire; sanz ce toutes voyes que lesdiz debteurs, à cause d'icelles debtes, soient receuz à abandonnement en aucune manière. . . Donné à Paris le vingt troisiesme jour de decembre, l'an de grace mil quatre cens et ung et le vingt deuxiesme de notre regne.» (Arch. nat., *Livre rouge vieil*, Y 2, fol. 195 v° et 208. — Trésor des chartes, reg. 156, pièce 333. — Coll. Lamoignon, t. III, fol. 311 et 342. — *Ordonn. des Rois de France*, t. VIII, p. 481 et 617. — *Traité de la police*, t. III, p. 641 et 683.)

Lesquels privileiges ont depuis par nous esté confermez et en ont joy lesdiz bourgois et marchans, et encores en joyssent; et maintenant, soubz umbre et couleur de ce que en faisant lesdictes vendicions desdiz vins aucuns desdiz marchans et bourgois et vendeurs, en faveur desdiz acheteurs leur donnent aucuns termes et delaiz de les paier des sommes qu'ilz leur doivent, à cause de la vendicion desdiz vins, iceulx acheteurs ont voulu et veullent dire et maintenir que en leur donnant lesdiz termes et delais, lesdiz marchans bourgois et vendeurs deroguent à leurdit privilege, et par ce ne doivent joir de l'effect d'iceluy, et doivent iceulx acheteurs estre receuz à faire lesdiz abandonnemens ou cession de biens; laquelle chose, si elle avoit lieu, seroit contre droit et raison et ou très grand grief, prejudice et dommage desdiz marchans et bourgois vendeurs, et pourroit encores plus estre, se par nous ne leur estoit sur ce pourveu de remede convenable, comme ils dient, requerans humblement icelluy. Pourquoy, Nous, ces choses considerées, qui ne voulons lesdiz marchans bourgois et vendeurs de vins, soubz umbre desdiz termes et delaiz par eulx donnez en faveur desdiz acheteurs, avoir aucun prejudice ou dommaige, ne en ce aucunement estre derogué a leurdit privileige; ausdiz bourgois, marchans et vendeurs de vins de nostreditte ville de Paris avons octroié et octroyons, par ces presentes, qu'ilz puissent donner et octroyer auxdiz acheteurs de leursdiz vins, telz termes et delays que bon leur semblera, de les paier et contenter des sommes qui leur seroient deues par iceulx acheteurs, pour la vendicion desdiz vins, sans ce que en ce faisant on puisse dire lesdiz privileiges estre aucunement enfrains, ne à iceulx estre derrogué en quelque manière que ce soit, ains voulons que nonobstant lesdiz termes et delais qui par lesdiz bourgois, marchans, vendeurs avoient esté et seroient donnez auxdiz acheteurs, iceulx bourgois marchans et vendeurs puissent contraindre ou faire contraindre lesdiz acheteurs à les paier et contenter, selon la forme et teneur contenus en leursdiz privileges [1] . . . . . Donné au Motilz lez Tours, le douziesme jour de fevrier, l'an de grace mil quatre cens cinquante et ung et de nostre regne le trentiesme.

[1] Le privilège de la contrainte par corps appartenait aux vendeurs de vins et par extension aux marchands de vins en gros, qui pouvaient aussi acheter directement des propriétaires, sur les ports d'arrivage. Il en résultait que ces deux catégories d'individus, vendeurs et marchands de vins en gros, s'acquittant des mêmes fonctions, jouissaient aussi des mêmes privilèges.

III

1507, 3o mai. — Milan.

Lettres patentes de Louis XII homologuant les règlements des trente-quatre vendeurs de vins,
l'établissement de deux bureaux et d'une bourse commune.

Arch. nat., Bannières, 1er vol., Y 7, fol. 381. — Coll. Lamoignon, t. V, fol. 511.
Traité de la police, t. III, p. 646.

Loys, par la grace de Dieu, Roy de France..... semble et est tel l'advis
dudit lieutenant du prevost de Paris, que pour le bien et utilité de nous, de la
chose publicque et des marchans amenans vins pour vendre en ladite ville de
Paris, qu'il seroit très necessaire et expedient d'avoir deux comptouers en la communaulté desdits trente quatre jurez, vendeurs de vins a Paris[1], à chascung
desquelz seroient establiz dix sept desdits vendeurs, et que en chascung d'iceulx
comptouers feussent esleuz deux personnes desdits dix sept, des plus souffisans,
qui seussent lire et escripre, dont l'un tiendra le compte et l'autre le controlle des
ventes de vins qui seroient faites par iceulx vendeurs, et qu'ilz feussent tenuz
rendre leurs comptes à leurs compaignons, de trois moys en trois moys, et que le
prouffit venant des ventes fetes se partist egallement entre iceulx vendeurs, et que
iceulx deux, tenant ledit compte et controlle, feussent ung an entier audit estat
et au lieu d'eulx, après ledit an passé et ce fini, en eslire deux autres dudit nombre
des plus ydoines et souffisans, se bon semble auxditz vendeurs, et pour leurs
peines, sallaires et vaccations, ils eussent chascun d'eulx douze livres parisis; et
que chacun desdits vendeurs baillast et fournist audit comptouer la somme de
vingt livres parisis, pour une foiz seullement, pour fournir aux ventes qui se feront doresnavant; et que chascun desdits vendeurs vendist par rang et à tour
de roole, et les ventes qu'ilz feront a leur tour les rapporteront et certiffieront
soubz leurs signetz aux deux esleuz de son comptouer; et que quant l'un desdits
vendeurs yroit de vie à trespas, sa vefve et heritiers reprandront lesditz vingt
livres parisis, que ledit deffunt auroit mis audit comptouer avec le prouffit qui
seroit deu et escheu audit deffunct au jour de son trespas; et icelluy qui auroit
l'office dudit deffunct seroit tenu mettre pareille somme de vingt livres parisis
audit comptouer avant que joyr dudit office de vendeur..... lesquels articles
nous avons accordez et accordons, et voulons doresennavant estre entretenuz,
observez et gardez sans quelque difficulté..... Donné à Milan le penultiesme
jour de may, l'an de grâce mil cinq cens et sept et de nostre règne le dixiesme.

[1] Le nombre de 34 vendeurs de vins paraît dans cette pièce de 1507 pour la première fois; il avait
été fixé depuis Charles VII ainsi qu'on le verra ci-après, pièce suivante.

IV

1567, février.

*Statuts des trente-quatre jurés vendeurs de vins en 7 articles,
avis du prévôt des marchands et lettres confirmatives de Charles IX* [1].

Arch. nat., Ordonn., 3° vol. de Charles IX, X 1° 8626, fol. 383. — Bannières, 7° vol., Y 12, fol. 133.
Coll. Lamoignon, t. VIII, fol. 403. — Traité de la police, t. III, p. 651 pour les lettres seulement, sans les statuts.

Ordonnances et statuz que les trente quatre jurez vendeurs de vin de la ville de Paris ont concluë et arresté par le commung consentement de ladite communaulté, affin d'estre par eulx et leurs successeurs suiviz, observez et entretenuz pour le reglement et police desdits estatz :

1. Premierement que lesdiz jurez vendeurs de vin auront ung comptouer ou bureau près la Greve de ladite ville de Paris, comme ils ont de present, ou sera faict l'estat, registre et contrerolle des vins qui sera (*sic*) par eulx venduz, affin que les marchands y puissent avoir recours pour recouvrer l'argent du pris du vin par eulx vendu.

2. Pour faire lequel estat seront par ladite communaulté choisiz par chacun

[1] Avant ces lettres avaient paru celles de Henri II, relatives aux fonctions des mêmes 34 jurés vendeurs de vins, du 8 mars 1557 :

«Henry, par la grace de Dieu, Roy de France, a tous ceux qui ces presentes lettres verront. Comme par les ordonnances de nous et de nos predecesseurs, Roys de France, faites pour fait, police et reglement des vins chargez pour amener en nostre ville de Paris, ait esté ordonné que cesdits vins ne pourroient estre vendus ne descendus en chemin, sur peine de forfaiture et confiscation, et que les marchands forains et aultres ne les feront sejourner, demourer, ne arrester en aucuns lieux sur le chemin, et que nul, soit marchand ou autre, ne yra au devant desdits vins, pour iceux marchander, retenir ne achepter, jusqu'à ce qu'ils soient arrivez et exposez en vente au port de Grève; et encores que aulcun marchand ou autre n'acheptera vins audit port de Grève ou a l'etape, en gros, pour iceux revendre audit port ou a ladite estappe et que nul ne vendra ne fera vendre ses vins que par luy mesme ou par sa mesgnye ou l'un des vendeurs de vins; et que les vins amenez pour vendre a ladite Grève, ne seront enlevés dudit port on de l'estappe jusques à ce qu'ils soient vendus.

et encores que quand la vente sera commencée ne cessera jusqu'à ce qu'elle ne soit parfaite, et cependant l'on ne pourra surencherir ladite marchandise, ne hausser le prix; neanmoins, avons esté duement avertys que, par la malice et avarice des regratiers et revendeurs de ladite marchandise, nosdittes ordonnances susdites et saintes sont mal gardées et observées, parceque plusieurs manières de gens vont au devant de ladite marchandise pour icelle achepter, retenir, marchander, revendre et regrater, tant audit port en Grève, que en l'estappe et ailleurs sur les chemins, et pour les faultes et abus couvrir, lesdits marchands regrattiers allans au devant de ladite marchandise empruntent les noms des marchands desquels ils achettent et font vendre lesdits vins sur ledit port et estappes, sous les noms empruntés desdits marchands forains et survendent lesdits vins à tel prix qu'il plaist auxdits regratiers; et quand ils ont commencé a vendre a bas prix un jour, le haussent le lendemain et le mettent a plus hault prix; et ou ils ne le peuvent vendre à leur mot, les enlevent desdits ports et estappes sans les vendre et achever les ventes commencées et les mettent dans des caves, pour y regaigner et regrater, empeschans par ce moyen le

an deux d'entre eulx des plus idoignes et capables a tous comptes; l'ung desquels dressera l'estat et registre desdites ventes et l'autre le contrerolle, le temps et espace d'un an entier, lequel passé et expiré, en seront choisiz et esleuz deux aultres qui exerceront la mesme charge une aultre année, et ainsi consequutivement cest ordre sera suivy et gardé.

3. Lesquels deux vendeurs tenans ledit bureau seront tenuz, durant l'année de leurdite charge, rendre compte de troys en troys moys à ladite communauté du prouffit qui proviendra desdites ventes de vin par eulx faictes, qui sera departy esgalement entre lesditz trente quatre jurez vendeurs, comme il est accoustumé.

4. Et afin que lesdits deux vendeurs se ressentent de leurs peyne et labeur auront chacun d'eulx la somme de vingt livres parisis par an, pour leurs sallaires et vaccations, qui seront prins sur tout le blot du prouffit revenant desdites ventes.

5. Et pour oster et faire cesser tout desordre et confusion, lesdits vendeurs seront tenuz faire lesdites ventes de vin l'ung après l'autre, par rang et rung [1] a tourt de roole, selon et ainsy que l'ordonnance les y reigle; et rapporteront et certiffiront soubz leurs seings manuelz, les ventes qui seront par chacun d'eulx respectivement faictes, aux deux nommez a tenir ledit bureau, pour sur ce dresser leur registre et contrerolle.

commerce libre de ladite marchandise, l'effet et l'execution de nosdittes ordonnances qui demeurent frustrées et non observées, dont advient que ceulx de nostre maison et suite et aultres bourgeois, manans et habitans de nostreditte ville, ne peuvent avoir ladite marchandise à juste prix, et que ce qui seroit vendu raisonnablement sur ledit port a huit livres tournois, est survendu dix et douze livres, au grand detryment de la Republique; pour a quoy obvier, a ce que lesdittes ordonnances soient inviolablement gardées et observées, et que lesdits regratiers et autres n'ayent plus de moyen d'aller au devant desdittes marchandises, ne de l'achepter en gros, pour revendre eulx mesmes ou sous noms empruntés, sur ledit port ou estappes, et contrevenir ausdittes ordonnances, et aussy affin que l'on connoisse si les vins qui sont vendus sont droits, loyaux et de la qualité qu'ils doivent estre par nosdittes ordonnances; à ces causes et autres, après avoir faict veoir lesdites lettres, avons voulu et ordonné, voulons et ordonnons, de nostre certaine science, grace speciale, plaine puissance et auctorité royalle, que les trente quatre jurez vendeurs de vins de nostredite ville de Paris, lesquels sont tenus par lesdittes ordonnances faire continuelle resi-

dence, dire et denoncer a justice les infractions d'icelles et les faultes qu'ils adviseront esdits ports de Greve et estappe, seront pareillement tenus, pour mieulx congnoistre et adviser lesdites faultes, de faire papier et registres de tous les vins qui y seront amenez, et les noms, seurnoms et demourances des marchans qui les amenent, touz lesquels vins seront venduz par eulx en publicq, soubz leur vente, papier et registres loyaulx qu'ils feront d'icelles ventes, tant pour la conservation des deniers desdits marchands que pour scavoir et mieulx congnoistre par eulx lesdits abbus et les denoncer à justice, sans que par cy après aucuns marchans puissent vendre ou faire vendre, escripre ou faire escripre leur vente, par eulx ne par aultre, sinon que par l'ung desdits trente quatre jurez vendeurs de vins, lequel n'aura et ne prendra plus grand salaire que le salaire accoustumé. Si donnons en mandement... Donné à Paris, le huitiesme de mars, l'an de grace mil cinq cens cinquante six et de nostre regne le dixiesme. » (Arch. nat., Ordonn., 3ᵉ vol. de Charles IX, X 1ᵃ 8626, fol. 217. — Coll. Lamoignon, t. VII, fol. 618. — *Traité de la police*, t. III, p. 647.)

[1] *Run*, terme des anciens statuts.

6. Et d'aultant que lesditz vendeurs sont tenuz avancer le pris de la vente des vins a leurs marchans, se sont accordez et seront tenuz lesdits trente quatre vendeurs fournir et bailler comptant, en leurdit bureau et comptouer, chacun la somme de deux cens cinquante livres tournois[1] pour satisfaire à leursdits estat et charge, laquelle somme de deux cens cinquante livres tournois, advenant le decez de l'ung d'eulx, sera rendue à ses heritiers, avec le prouffit provenu de leursdites ventes et charges susdites, jusques au jour dudit decez.

7. Aussy celuy qui sera pourveu en la place du decedé remplira ledit comptouer et bureau de pareille somme de deux cens cinquante livres tournois, ès mains des deux qui en auront la charge, à ce que le fondz y demeure entier et sans diminution pour satisfaire aux marchans pour lesquelz ils vendent; et ne pourra aucun estre reçeu audit estat sans y avoir satisfait.

Lesquelz articles cy-dessus couchez, lesdits trente quatre jurez vendeurs ont accordé, conclut et arresté entre eulx, conformement aux ordonnances, statuz et constitutions octroyez à M. le prevost des marchans.

Lesdits prevost des marchans et eschevins sont d'advis, soubz le bon plaisir du Roy, que touz lesdits articles ainsy dressez et presentez au Roy par le commung consentement de la communaulté desdits trente quatre jurez vendeurs de vins, sont utiles et necessaires pour le reiglement et police desdits estatz, doibvent estre, soubz le bon plaisir de la majesté dudit seigneur, suiviz, observez et entretenuz par lesdits vendeurs et leurs successeurs, selon et en la forme qu'ilz sont couchez, et les contrevenans à iceulx puniz et multez des peines et amendes portées par les ordonnances anciennes de ladite ville; estiment neantmoings que, au lieu de la somme de deux cens cinquante livres tournois que lesdits jurez accordent fournir et bailler comptant au bureau et comptouer qu'ils desirent establir, pour faire les avences et pris de la vente des vins aux marchans, que la somme de deux cens livres tournois est suffisante pour toute cette charge et advance . . . . . et qu'en ceste forme lesdits articles peuvent estre reçeus et auctorizez par Sa Majesté.

Charles par la grace de Dieu, Roy de France . . . . . Comme dès le vingt huitiesme jour du moys de decembre dernier passé, noz chers et bien amez les trente quatre jurez vendeurs de vin[2] de nostre bonne ville de Paris nous eussent

---

[1] Dans les lettres de 1507, ce dépôt n'est fixé qu'à 20 livres. Le chiffre de 250 livres fut réduit à 200 par le prévôt des marchands, comme il est exposé plus loin.

[2] L'ordonnance du roi Jean porte le nombre des vendeurs de vins à 80 (titre VI, art. 12). Les lettres de 1410 et 1416 les réduisent à 60. Charles VII les réduisit définitivement à 34. Ses lettres, qui nous manquent, sont indiquées dans l'arrêt suivant du 2 décembre 1563, relatif à l'enregistrement de celles de 1557 :

« . . . Ne sont leurs offices (de vendeurs de vins) nouveaux, souloient estre soissante, mais en la confirmation de leurs privilleges, du temps du Roy Charles VII, ils furent reduits au nombre de trente quatre qui encore est à present, sans ce qu'il ayt esté depuis augmenté ne diminué; sont tenuz faire residence continuelle en ceste ville, assister à la

et à nostre privé conseil presenté requeste, à ce que nostre bon plaisir fust avoir pour agreable et leur confirmer et esmologuer certains articles de statuz et ordonnances..... Scavoir faisons que nous, voullans bien et favorablement traicter lesdits supplians et iceulx non seulement conserver et garder ez anciens privillèges a eulx concedez par noz predecesseurs Roys, mais aussy pour la police, augmentation et decoration de leursdits estaz, leur en donner et octroyer d'autres...... Voullons et nous plaist que suivant ledit advis lesdits trente quatre jurez vendeurs de vin de nostredite ville de Paris auront ung comptouer ou bureau près la grève de ladite ville, comme ils ont de present [1]..... Donné à Paris au mois de febvrier, l'an de grace mil cinq cens soixante sept et de nostre regne le septiesme.

V

1612, janvier.

Lettres patentes de Louis XIII confirmant les statuts des jurés vendeurs et contrôleurs de vins, en 18 articles.

Arch. nat., Ordonn., 1er vol. de Louis XIII, X 1e 8647, fol. 257. — Coll. Lamoignon, t. X, fol. 673. Traité de la police, t. III, p. 653.

Louis par la grâce de Dieu, Roy de France et de Navarre, à tous presens et

vente du vin, en faire registre, assister au vendeur et après que le prix a esté mis sur le vin, le marchand s'en peut aller par la ville à ses affaires et demeure ledit vin en la charge et garde du vendeur de vin. Et cela primo à ce que nul ne puisse estre trompé, secundo, afin que le marchand après que le prix a esté mis sur son vin ne le puisse hausser. En ceste ville y a deux lieux principaux pour vendre le vin, a savoir l'estappe et le port; au port est principalement l'office et charge de vendeur, lequel outre ce qu'il est dit cy-dessus est tenu faire les deniers bons au marchand; et quant au vin vendu en l'estappe, il n'y prend vendeur qui ne veut, car sont pauvres gens d'icy à l'entour qui l'amenent en charrette en ceste ville. Il y a autre difference entre le vin vendu à l'estappe et celui vendu sur le port, parce que celuy de l'estappe est vendu aux perils et fortune de celuy qui l'amène et celuy du port aux depens et peril du vendeur.»

1565, 9 avril. — Arrêt qui ordonne l'enregistrement desdites lettres de 1557. «Les vendeurs devront tenir registre et contrôle des vins vendus par leur entremise, ou directement par les marchands eux mêmes; ils ne pourront aucune chose exiger desdits marchands, ils prendront seulement ce qui leur est taxé et limité par les ordonnances pour les vins qu'ils vendront, du consentement desdits marchands qui les appelleront a ceste fin. Ils goûteront le «remplage» des vins et contrôleront l'exactitude de la jauge.»

1565, 1er septembre. — Autre arrêt sur le même sujet. «Les marchands forains ou de la ville ne pourront vendre que par eux-mêmes ou par l'entremise des vendeurs, sur les places et aux heures à ce ordonnées; la vente d'un bateau entier devra être continuée aux mêmes prix jusqu'à la fin; les jurés vendeurs devront dénoncer au prévôt des marchands les contraventions.» Les lettres de 1557 furent enfin enregistrées le 8 août 1566. (*Traité de la police*, t. III, p. 649.)

[1] 1573, 8 mars. — Autres lettres de Charles IX confirmant aux 34 jurés vendeurs de vins les mêmes prescriptions. (Coll. Lamoignon, t. VIII, fol. 783. — *Traité de la police*, t. III, p. 651.)

à venir, salut. Le feu Roy Charles, d'heureuse memoire, auroit par ses lettres
patentes, données à Paris au mois de febvrier 1567, confirmé les statuts et règlements necessaires pour le public et fonction des offices de trente quatre jurez
vendeurs et controlleurs de vins, de nostre bonne ville de Paris, dont ils ont toujours joui et usé, comme ils font encore de present; et parce que toutes choses
auroient accreu depuis, les prevost des marchands et eschevins de nostredite
ville, considerant la necessité et commodité du public, auroient dressé et baillié
des articles et règlements pour l'exercice et fonction de l'office desdits jurez vendeurs et controleurs, et sur iceulx donné leurs sentences les vingt un octobre 1610
et douze juillet année dernière 1611, desquels ensemble de leurs anciens articles
et privilèges, dont copie est cy-attachée sous le contrescel de nostre chancellerie,
à eux concedez par les feux Roys nos predecesseurs, ils nous ont très humblement
supplié et requis la confirmation; à quoi inclinant liberalement, avons iceulx statuts
anciens, privilèges, lettres patentes, articles, reglemens et jugemens desdits prevost des marchands et eschevins, louez, ratifiez, confirmez et approuvez, et par
ces presentes, louons, ratifions, confirmons et approuvons, ainsi qu'il ensuit, sans
que les marchands de vin ne autres que lesdits jurez vendeurs et controlleurs se
puissent aider et prevaloir d'iceulx privilèges, en quelque sorte et manière que ce
soit :

1. Voulons que suivant iceux, lesdits trente quatre jurez vendeurs et controleurs de vins fassent en personne, en leur ordre et rangs, bien et duement,
l'exercice de leurs charges et fonctions [1].

[1] Ces articles concernent spécialement l'organisation du service des vendeurs. Les lettres patentes
de Louis XIV rendues en février 1644 rappellent
les arrêts précédents et protègent les vendeurs
contre les marchands de vins et autres acheteurs :
«Louis, par la grace de Dieu, Roy de France et
de Navarre, a tous presens et avenir, salut. Le feu
Roy, nostre très honoré seigneur et père, a par ses
lettres patentes, en forme de declaration, du
deuxiesme jour de novembre 1625, verifiées en
nostre cour des Aydes de Paris, commué des anciens droits de vente et controle des jurez vendeurs controlleurs de vins de nostre bonne ville et
fauxbourgs de Paris. Sçavoir, celuy de vente à
quatre deniers pour livre du prix des ventes qu'ils
feront doresnavant desdits vins, cidres et autres
boissons; et le droit de registre et controlle à deux
deniers pour livre du prix de la vente qui seroit faite sans leur entremise. Et par l'édit du mois
de février 1633, aussi verifié en nostre dite cour
des Aydes, portant creation entr'autres offices de
neuf jurez vendeurs et controlleurs de vins en nostre

ditte ville, joints et incorporez aux anciens, pour
jouir des mêmes fonctions, droits et privileges, a
esté attribué ausdits jurés vendeurs controleurs,
tant anciens que nouveaux, le parisis des droits de
leurs charges. Et par autre declaration du mois
de may 1635, aussi verifiée en nostredite Cour des
Aydes, en interpretant lesdittes lettres de declaration du 2 novembre 1625 et edit de février 1633,
pour donner plus de moyen ausdits vendeurs et
contrôleurs de s'acquitter de leurs charges et les
obliger de tenir la main a ce qu'il ne soit contrevenu a nos ordonnances, edits arrests et reglemens
faits tant pour la conservation et perception de nos
droits que pour la police de la marchandise de vin
de notredite ville et fauxbourgs de Paris, leur a
esté fait augmentation de leurs droits; scavoir d'un
denier faisant avec les cinq deniers des attributions
susdites, six deniers pour livre de toutes les ventes
de vins, cidres et autres boissons qui se feroient
doresnavant à l'etape et places publiques, où lesdits vendeurs seroient acceptez pour vendeurs, et
un denier et maille qui seroient avec les deux de-

2. Qu'ils auront un bureau ou comptoir pour faire l'etat, registre et controlle de tous les vins qui arrivent ès ports et places publiques.

3. Que deux d'entr'eux des plus capables à tenir comptes seront par eux choisis et elus pour estre un an entier receveurs de leur communauté, tenir la bourse commune desdits vendeurs et controlleurs, et pour faire les payements aux marchands forains et autres qui auront vendu des vins ès ports et places publi-

niers et maille, aussi d'ancienne attribution, quatre deniers pour livre, qui leur seroient doresnavant payez pour droit de registre et contrôle de tous lesdits vins, cidres et menus boires, vendus en gros sur les ports, places publiques, cours, caves, soles, celiers et autres lieux de nostredite ville et fauxbourgs d'icelle; duquel droit de registre et contrôle les douze marchands de vin et vingt cinq cabaretiers de nostredite Cour, demeureroient francs et exempts pour la quantité de vin porté par l'arrest de notre Conseil du 6 juillet 1634. Et finalement par autre edit du mois de mars 1639 aussi verifié en notredite cour des Aydes, portant creation de dix sept jurez vendeurs contrôleurs de vins, tant muscats qu'autres, cidres et boissons, en nostredite ville et fauxbourgs de Paris, joints unis et incorporez avec les quarante trois anciens, pour jouir des mesmes fonctions, droits et privileges, a encore esté attribué, tant aux anciens que nouveaux vendeurs controleurs, quatre deniers pour livre dont jouissent lesdits quarante trois jurez vendeurs, dix deniers pour livre de toutes les ventes de vin, cidres, boissons, où ils estoient pris pour vendeurs, et quatre deniers pour livre, faisant avec les quatre deniers dont jouissent pareillement lesdits quarante trois vendeurs contrôleurs, huit deniers pour livre, qui leur seroient doresnavant payez pour droit de registre et controle de tous les vins tant muscats qu'autres, cidres et boissons qui se vendent en gros ès ports, places publiques, cours, caves, soles, celiers et autres lieux publics et particuliers de nostredite ville et fauxbourgs, sans que lesdits vendeurs controlleurs puissent percevoir que l'un desdits droits de vente ou controlle, duquel droit de controlle lesdits douze marchands de vin et vingt cinq cabaretiers de nostredite Cour et suite demeureroient exempts de la quantité de vin portée par ledit arrest de nostredit Conseil du 6 juillet 1634.

«Et outre que pour eviter aux fraudes et deguisements qui se font journellement par lesdits marchands de vins, forains ou autres, qui amenent et font arriver leurs vins en notredite ville et fauxbourgs, a eté ordonné par ledit edit que lesdits vendeurs controlleurs etabliront un bureau au port Saint Paul d'icelle ville, auquel tous marchands de vins taverniers, leurs facteurs ou autres seroient tenus de faire leur declaration des quantitez de vin qu'ils feroient arriver et y representer leurs lettres de voiture duement faites, et ce auparavant l'enlevement desdits vins, comme il se fait à l'egard du fermier de nos Aydes, a peine de cent livres d'amende, et de payement des droits desdits vendeurs et controlleurs, tout ainsi que si lesdits vins avoient esté vendus sur le port de vente et etape, le tout moyennant les sommes ausquelles lesdits jurez vendeurs auroient esté taxez pour jouir desdits droits a eux attribuez par lesdits edits et declarations cy-dessus.

«Et d'autant que par contravention ausdits edits et declarations, lesdits marchands de vin et autres personnes qui vendent vin en gros en nostredite ville et fauxbourgs de Paris font journellement plusieurs entreprises prejudiciables aux reglemens de police de ladite marchandise, à l'utilité publique, a la conservation de nos droits et a la perception et jouissance de ceux desdits jurez vendeurs controlleurs, et font, en ce faisant, des contestations qui consomment lesdiz vendeurs controlleurs en de grands frais, ce qui apporte un grand trouble et desordre au trafic et commerce qui se fait desdits vins en notredite ville et fauxbourgs de Paris, nous avons estimé y devoir pourvoir de nos lettres convenables.

«A ces causes, sçavoir faisons qu'ayant fait revoir en notre Conseil lesdits edits et declarations, ensemble les arrets et reglemens des années 1577, 1594 et 1623, de l'avis de la Reine regente, notre très honorée dame et mère, et de notre grace spéciale, pleine puissance et autorité royale, nous avons confirmé et confirmons lesdits edits, declarations, ordonnances et reglemens.

«1. Voulons qu'ils sortent leur plein et entier effet, et que lesdits jurez vendeurs-controlleurs

ques, incontinent et sans sejour après leurs ventes parfaites, et qu'ils auront esté audit bureau retirer du particulier vendeur qui aura fait leurdite vente, le compte d'icelle, pour iceluy bailler ausdits receveurs ou l'un d'eux en leur delivrant leursdits payemens, sans qu'aucuns desdits vendeurs et controlleurs puissent faire aucun payement en son particulier, en sa maison ny ailleurs, sinon lesdits receveurs estant en charge seulement.

jouissent de tous droits de vente, de registre et controlle a eux attribuez par iceux.

« 2. Et outre leur avons attribué par notre present edit perpetuel et irrevocable, scavoir, deux deniers qui font avec les dix deniers dont ils jouissent douze deniers pour livre, qui leur seront doresnavant payez pour droit de vente de tous les vins tant françois qu'estrangers muscats et autres, de quelque païs et qualité qu'ils soient, cidres et autres boissons dont ils seront acceptez pour vendeurs.

« 3. Et deux deniers pour livre qui font avec les huit deniers dont ils jouissent dix deniers pour livre pour droit de registre et contrôle de tous lesdits vins françois, etrangers muscats et autres, de quelques païs et qualité qu'ils soient, cidres et autres boissons qui seront vendus en gros ès ports, etapes, cours, caves, soles, celiers et autres lieux publics et particuliers de notreditte ville et fauxbourgs de Paris et sans que lesdits vendeurs controlleurs puissent pretendre ny contraindre les marchands vignerons et autres personnes de leur payer que l'un des deux droits seulement.

« 4. Et pour eviter aux abus, fraudes et deguisemens de ceux qui font arriver des vins en cette ditte ville, voullons que tous marchands de vin de quelque qualité qu'ils soient, previlegiez ou non privilegiez, soient tenus de faire leurs achats de vins hors l'etendue des vingt lieues limitées par lesdits edits, arrets et reglemens et particulierement par celuy de notre Parlement du quatorze août 1577.

« 5. Et pour connoitre lesdits achats, qu'ils seront tenus faire leurs declarations au bureau desdits jurez vendeurs, des qualitez et quantitez des vins qu'ils feront arriver en ladite ville et fauxbourgs, tant par eau que par terre, au fur et a mesure de l'arrivée d'iceux, et auparavant la descente et enlevement desdits vins, pour en estre fait registre et controlle par lesdits jurez vendeurs.

« 6. Seront pareillement tenus exhiber les congez et acquis du fermier des lieux où les achats auront esté faits avec les lettres de voitures faites en bonne

forme, sur les peines portées par les edits arrets et reglemens.

« 7. Et a faute des exhibitions desdits acquits, congez et lettres de voitures, seront lesdits vins reputez avoir esté achetez dans l'etendue des vingt lieues prohibez, et les proprietaires d'iceux tenus de payer ausdits jurez vendeurs leurs droits de vente de la totalité desdits vins, tout ainsi que s'ils avoient esté vendus sur lesdits ports de vente et estapes.

« 8. Comme aussi que conformement aux arrêts de nostredit Parlement des 8 octobre 1594 et 24 mars 1623, seront tenus tous marchands de vin, de quelque qualité qu'ils soient, privilegiez ou non privilegiez, de garnir les ports de vente et estapes, et y mettre le tiers de tous les vins, cidres et autres boissons qu'ils feront arriver en notredite ville et fauxbourgs, tant par eau que par terre, soit d'achapt ou de leur cru, sans pouvoir encaver, ny mettre en sol ledit tiers, pour quelque cause et occasion que ce soit, sinon par ordonnance de justice qui ne pourra estre donnée ny octroyée qu'ès cas portez par les arrests et reglemens, et lesdits jurez vendeurs ouis ou appellez, sur les peines portées par iceux edits et arrêts, et de payement, tant de nos droits, que des droits de vente desdits jurez vendeurs de la totalité des vins qu'ils auront fait arriver.

« 9. Comme encore tous marchands de vin qui seront trouvés vendans vins en detail en leurs maisons autrement qu'a huis coupé et pinte renversée seront reputez cabaretiers et vendans vin par assiette, et tenus de payer auxdits jurez vendeurs le droit de vente de la totalité des vins qu'ils auront fait arriver des champs, tout ainsi que si ledit vin avoit esté vendu sur lesdits ports et estapes.

« 10. Voulons pareillement que lesdits jurez vendeurs soient payez dudit droit de dix deniers de controlle de tous lesdits vins, cidres et autres boissons generalement, esquels ils ne seront point acceptez pour vendeurs, et qui seront vendus en

4. Que chacun desdits trente quatre jurez vendeurs et controlleurs seront tenus de mettre ès mains desdits receveurs elus la somme de mille livres tournois [1] en baillant par lesdits receveurs leurs recepissez ecrits et signez de leurs mains et reconnus pardevant notaires.

5. Que lesdits deux receveurs rendront compte et sans forme de justice à ceux

gros sur lesdits ports de vente et etape, cours, caves, soles, celiers et autres lieux publics ou particuliers de notredite ville et fauxbourgs de Paris, soit par les marchands faisant trafic de vin, de quelque qualité qu'ils soient, privilegiez ou non privilegiez, et par toutes autres personnes à l'instar du fermier du gros, à l'exception des douze marchands de vin et vingt cinq cabaretiers suivant la Cour, qui demeurent francs et exempts seulement de la quantité de vin qu'ils peuvent vendre en gros par privilège, suivant l'arret de notredit Conseil du 6 juillet 1634.

« 11. Comme aussi conformement ausdits reglemens de notredite Cour de Parlement de 1577 et 1623, nous avons fait et faisons très expresses inhibitions et defenses a tous hostelliers, cabaretiers et autres vendans vins par assiette en notredite ville et fauxbourgs de Paris, d'aller acheter aucuns vins aux champs, soit dedans ou dehors lesdites vingt lieues, ains leur enjoignons d'en faire leurs achapts et fournitures sur lesdits ports et etape, a peine de confiscation desdits vins, et de cinq cens livres d'amende, conformement ausdits edits, arrets et reglements, et en outre de payer le droit de vente ausdits jurez vendeurs de la totalité des vins qu'ils auront fait arriver des champs, tout ainsy que s'ils avoient esté vendus sur lesdits ports de vente et estape.

« 12. Et attendu que la plupart des debiteurs des droits desdits jurez vendeurs controlleurs sont ceux qui commettent lesdites contraventions et sont personnes qui deviennent souvent insolvables, s'absentent ou decèdent avant que lesdits jurez vendeurs puissent estre payez de leurs droits, tant par le moyen des appellations frivoles qu'ils interjettent des condamnations qui sont rendues contre eux, qu'autres faits qu'ils pratiquent pour eviter ledit payement, nous voulons et ordonnons que lesdits jurez vendeurs controlleurs puissent en vertu des presentes, ou copies d'icelles, collationnées par l'un de nos amez et feaux conseillers et secretaires, proceder par voye de saisie et arrêts sur lesdits vins, cidres et denrées procedant de la vente, entre les

mains de ceux qui les auront achetez ou enlevez, et que les jugemens et sentences qui seront rendus portant condamnation de payement desdits droits, soient executez par provision, nonobstant tous empeschemens oppositions ou appellations quelconques et sans prejudice d'icelles, pour lesquelles ne sera differé, a la charge d'en demeurer par lesdits vendeurs depositaires comme de biens de justice jusques a ce qu'il intervienne arrêt deffinitif.

« 13. Le tout en payant par lesdits jurez vendeurs controleurs des vins la finance a laquelle ils seront pour ce moderement taxez, moyennant le payement de laquelle finance nous les avons dechargez et dechargeons, par ces dites presentes, de la taxe de cent cinquante mille livres sur eux faite pour la revocation des privileges des aydes et de toutes contraintes decernées contre eux pour ce regard. Ensemble des autres taxes faites ou à faire sur eux, tant du passé, que pour l'avenir, pour le retranchement du quartier et demy ou autres parts et portions des droits et emolumens de leursdits offices.

« 14. Et pour traiter tant plus favorablement lesdits jurez vendeurs controlleurs, nous voulons et nous plait que lesdits 18000 livr. qu'ils ont esté contraints de payer pour le retranchement d'un quartier de leursdits droits de l'an 1641, soient reputez et leur tiennent lieu de finance comme le surplus de ce qu'ils ont payé pour l'attribution et confirmation de leurs droits, sans que pour raison de ce ni autrement et pour lesdites attributions, augmentations et confirmations de droits, le droit qu'ils payent annuellement aux prevost des marchands et eschevins de ladite ville pour la conservation de leurs offices puisse estre augmenté.

« Si donnons en mandement... Donné à Paris au mois de fevrier, l'an de grace mil six cent quarante quatre et de nostre regne le premier. » (Coll. Lamoignon, t. XII, fol. 374. — *Traité de la police*, t. III, p. 660.)

[1] Ce dépôt était de 20 livres en 1507, de 200 livres en 1567. Les charges fixées à 34, il croissait en raison des affaires.

de ladite communauté, audit bureau ou autre lieu qu'ils aviseront plus commode, de trois mois en trois mois, des profits et emolumens provenans de leurs offices pour en avoir chacun sa part et contingente portion.

6. Et afin que lesdits receveurs et gardiens se ressentent des peines et vacations qu'ils auront esdites charges, auront et prendront par leurs mains des deniers qu'ils recevront desdits emolumens, chacun la somme de soixante livres tournois par an, pour leurs salaires et vacations.

7. Que lesdits trente quatre jurez vendeurs et controlleurs feront aussi election de six d'entr'eux [1] pour un an entier, sçavoir deux pour estre ès ports et lieux ou arrivent les vins destinez pour estre vendus au port de vente, lesquels prendront les venues et arrivages d'iceux dont ils feront registre; et selon qu'ils auront couché et enregistré lesdits vins, en bailleront charge aux autres vendeurs et controlleurs par rang et ordre, selon leur reception, pour en faire vente et controlle ainsi qu'ils ont accoustumé, et ne pourra aucun d'eux faire vente d'iceux vins qu'il ne luy soit baillé par lesdits preneurs.

8. Seront lesdits particuliers vendeurs et controlleurs, destinés pour faire lesdites ventes, tenus se trouver les jours ouvrables audit bureau, precisement aux heures portées par l'ordonnance pour prendre ce qui aura esté couché en leur ordre par lesdits preneurs sur les registres desdites venues.

9. Et pour faciliter le commerce de la marchandise de vin, lesdits deux vendeurs elus pour prendre lesdites venues et arrivages des vins, feront leurs promesses aux mesmes conditions et ainsi qu'ils ont cy-devant fait et font encore de present pour les acquits des impositions qui se levent sur le vin, dont ils bailleront memoire ausdits receveurs, pour leur en fournir et delivrer le contenu, afin d'acquiter en fin de chacune semaine (ou plutost si besoin est) leursdites promesses a leur decharge et de tous lesdits vendeurs et controlleurs.

10. Et les quatre autres desdits vendeurs et controlleurs elus, seront et demeureront a l'etape aux heures accoutumées pour faire l'etat registre et controlle de tous les vins, cidres et autres menus breuvages qui s'y vendent et debitent; lesquels registres, ensemble les emolumens appartenans audit office seront tenus mettre tous les trois mois entre les mains desdits receveurs, pour d'iceux emolumens estre par eux fait recette en leurs comptes et par mesme moyen estre le tout party entre eux.

11. Comme aussi seront eslus par ladite communauté deux desdits vendeurs des plus capables et experimentez qu'elle jugera d'entr'eux pour estre procureurs sindics d'icelle communauté, pour poursuivre et demener les affaires qui la concernent, l'un desquels demeurera deux ans. Et afin qu'ils aient occasion d'estre

[1] Les règlements précédents ne mentionnent pas ces six élus. Leur institution était sans doute rendue nécessaire par l'augmentation du trafic et aussi du personnel des compagnons de chaque vendeur. D'ailleurs, ils n'avaient pas la qualité des jurés des autres métiers.

soigneux et de faire leur devoir en laditte charge, de procurer au profit, soulagement et avancement des affaires de ladite communauté, auront et leur sera payé
chacun an, par les mains desdits receveurs, quarante livres tournois a chacun, a
prendre sur lesdits emolumens pour leurs peines salaires et vaccations d'icelle
charge.

12. Que lesdits jurez vendeurs et controleurs, incontinent après qu'ils auront
fait une ou plusieurs ventes, et dans dix jours au plus tard, mesme et au fur et
mesure qu'ils feront le recouvrement des deniers d'icelle, seront tenus les mettre
ès mains desdits receveurs jusqu'a la concurrence de ce a quoy elles se trouveront
monter, autrement y seront contraints par toutes voyes deues et raisonnables, a
peine de tous depens, dommages et interets; et pourront en ce cas lesdits deux
receveurs prendre argent pour faire lesdites charges et payemens aux depens et
risques des defaillans. Toutesfois si, dans le temps de dix jours ouvrables, lesdits
jurez vendeurs font toutes diligences requises pour estre payez par insolvabilité
ou autrement, et en mettant par eux lesdites diligences ès mains desdits procureurs de ladite communauté pour en faire les poursuites et procedures, en ce cas
ils en seront dechargez, et la perte, si elle arrive, ira sur toute ladite communauté.

13. Toutes lesquelles elections se feront par lesdits trente quatre jurez vendeurs et controlleurs ou la plus grande et saine partie d'iceulx, assemblez en
leurdit bureau ou comptoir, a la fin du mois de juin de chascune année, pour
entrer esdites charges, le premier jour de juillet ensuivant; et lesquels eslus se
pourront de leur consentement continuer esdites charges par ladite communauté,
sans qu'après avoir esté, ainsi que dit est, esleus et nommez en icelles ils se puissent excuser de les accepter et d'en faire bien et duement leur devoir; au moyen
de quoy ils seront, ensemble le doyen de laditte communauté, exemps de faire
ventes ne autres fonctions de leurs offices que ce qui sera de leursdites charges,
et neanmoins ne delaisseront de partager et contribuer egalement aux profits et
emolumens qui proviendront desdits offices, comme les autres, à la charge que
le doyen et plus ancien sera tenu d'assister lesdits procureurs ès affaires de ladite
communauté.

14. Que si aucun desdits vendeurs et controlleurs est tenu par la maladie,
en sorte qu'il ne puisse vaquer a l'exercice de son office ou charge, à quoi il
aura esté destiné, il y sera pourvu par ladite communauté et ne laissera de jouir
de pareils emolumens que les autres pendant le temps de sa maladie.

15. Qu'avenant le decès de l'un desdits trente quatre jurez vendeurs et controleurs, sera rendue à la veuve ou heritiers du decedé ladite somme de mille livres
tournois, par celui des deux receveurs qui en sera chargé avec le profit et emolument appartenant audit office jusqu'au jour du decès; et si jouiront desdits emolumens, trois mois après ledit décès, en cas que ledit office demeure en leurs

mains pendant et durant ledit temps, et en delaissant lesdits mille livres ès mains desdits receveurs, sinon en jouiront seulement jusques au jour qu'il y aura esté pourvu.

16. Que nul ne sera reçu audit office par ladite communauté desdits vendeurs et controlleurs et ne jouira des profits et emolumens y appartenans, qu'il n'ait fourni la bourse commune et mis es-mains de l'un desdits receveurs pareille somme de mille livres pour estre convertis et employez, comme dit est.

17. Sera loisible a chacun desdits trente quatre jurez vendeurs et controlleurs de vins, de prendre a une ou plusieurs fois, hors la saison des vendanges, jusques a trois semaines ou un mois au plus chacune année, pour vaquer à ses affaires particulières, à la charge toutesfois qu'il fera faire son service et fonction par quelqu'un de ses compagnons d'office, pour luy; et lequel temps passé sera tenu se trouver audit bureau et faire en personne sondit office, autrement ne jouira et ne lui sera tenu compte que de moitié des emolumens echus et qui echeront d'iceluy pendant son absence.

18. Et en cas que quelqu'un desdits vendeurs et controlleurs contrevienne à aucuns des chefs ci-dessus, paiera pour chacune contravention la somme de cinquante livres tournois d'amende, applicables a l'entretenement de la chapelle et confrairie desdits vendeurs et controleurs, dont nous sommes le premier confrère, sans que ladite peine puisse estre remise ni diminuée, pour quelque cause que ce soit. Si donnons en mandement... pour jouir du contenu cy dessus par lesdits jurez vendeurs et controlleurs, tout ainsi qu'ils en ont joui et usé, jouissent et usent encore de present... Donné a Paris au mois de janvier, l'an de grace mil six cent douze et de nostre regne le deuxiesme.

VI

1715, 2 avril.

Lettres patentes exposant les sommes versées au Trésor par les vendeurs de vins en diverses circonstances.

Coll. Lamoignon, t. XXV, fol. 763.

Louis, par la grace de Dieu, Roy de France et de Navarre..... Il nous a paru que lesdits vendeurs et controlleurs de vins avoient financé avant l'année 1627 deux cens mille huit cens livres. Par edit de novembre 1625 leurs droits qui etoient de dix sols par muid de vin ont esté commués en un droit de quatre deniers pour livre du prix de la vente, moyennant une finance de 146200 livres. Par autre edit de fevrier 1633 portant creation de neuf offices, lesquels avec les 34 anciens ont fait le nombre de 43, il leur a esté attribué le

84.

parisis de leurs droits, pour laquelle augmentation ils ont financé 94,743 livres
ainsi que la somme de 6,800 livres pour la faculté de resigner leurs offices. Par
autre edit de may 1635 il leur a esté attribué un denier de droit, moyennant
une finance de 200,380 livres. Par autre edit de mars 1639 portant creation
de dix sept offices nouveaux, faisant avec les quarante trois anciens le nombre
de soixante, leurs droits ont esté augmentés de quatre deniers pour livre, pour
quoy ils ont financé 375,147 livres dix sols. En consequence du mesme edit ils
ont financé 176,000 livres un sol six deniers, et encore pour jouir des droits
portez par le mesme edit ils ont financé 86,000 livres. En consequence de l'arret
de nostre Conseil, du 15 may 1641, ils ont financé la somme de 18,000 livres
pour un quartier retranché de leurs droits et par declaration du 24 octobre 1643
la somme de douze mille livres pour le droit de confirmation et avennement a
nostre couronne.

Par autre edit de fevrier 1644 nous leur avons accordé deux deniers pour
livre d'augmentation sur le prix de la vente des vins; les droits se trouvèrent
reglez a douze deniers pour livre du droit de vente, et a dix deniers de controlle,
pour quoy ils nous ont financé quatre cens mille livres.

Par arrest du 18 janvier 1645 ils ont financé 72,000 livres pour estre maintenus et conservés en la proprieté de leurs offices. Par edit de mars 1646 nous
avons creé quinze nouveaux offices, avec 4 deniers de vente et deux de controlle,
lesquels nous avons unis aux soixante anciens pour 550,300 livres. Par declaration du 30 decembre 1652, nous avons, moyennant 165,000 livres, confirmé lesdits soixante jurez vendeurs dans la jouissance de leurs droits de 16 et 14 deniers pour vente et controle. Par arret du 8 fevrier 1662 ce droit fut reduit à
50 sols par muid et 40 sols de controle, quel que soit le prix du vin. Par autre
arret de mars 1674, confirmation de leurs offices moyennant une finance de
132,000 livres.

Par autre edit de novembre 1704, creation de quatre offices de syndics perpetuels unis a leur communauté avec un 20e en sus, moyennant 60,000 livres.
Et enfin par l'edit de janvier 1712, creation d'offices de conservateur des privilèges des bourgeois de Paris et union desdits offices au corps de leur communauté, moyennant 144,000 livres; toutes lesquelles finances montent a deux
millions huit cent cinquante quatre mille quatre cens livres onze sols six deniers
non compris cent huit mille neuf cent quarante deux livres dix sept sols, pour
l'union de plusieurs offices [1].

[1] Viennent ensuite 14 articles destinés à régulariser la perception des droits dus aux vendeurs, conformément à ceux de 1644.

TITRE XXIII.

MARCHANDS DE VINS. — TAVERNIERS.

D'azur, à un navire d'argent posé sur une onde alaisée de même,
le grand mât orné d'une bannière de France frangée d'or et surmonté d'une grappe de raisin de même,
tigée et feuillée aussi d'or,
le tout côtoyé de six navires d'argent posés en pal, trois et trois [1].

Le *Livre des métiers* ne donne aux taverniers que quatre articles de règlements relatifs aux mesures des liquides. Le métier est libre, pourvu qu'on paye le droit des mesures et la journée du crieur; aucune condition d'installation, d'apprentissage, de serment, de guet, aucune mention de maîtres, de jurés ou de surveillance dans l'exercice de la profession. De pareils règlements ne répondaient pas à l'importance de la communauté, déjà très puissante au XIII° siècle. Le commerce des vins en gros, exercé par de notables bourgeois, échevins ou personnages d'une haute situation, voulait rester indépendant du Prévôt de Paris et, comme les bouchers, il semble s'être tenu à l'écart pour la présentation de ses règlements. Les quatre articles d'Étienne Boileau ne sont pas l'expression de l'assemblée des marchands de vins, et d'autre part il est constant que les commerçants en gros et les cabaretiers donnant à boire et à manger n'ont toujours formé qu'une seule communauté.

L'ordonnance du roi Jean porte des prescriptions communes pour les arrivages, pour la vente en gros sur les ports et pour le débit dans les cabarets. C'est le seul texte qui ait l'apparence de statuts; si l'on veut suivre la communauté, il faut rechercher les documents d'un autre genre, tels que les cris, ordonnances de police et arrêts, fréquemment renouvelés dans les mêmes termes et simples mesures d'ordre public.

Les grands édits du XVI° siècle, qui réglementèrent les métiers, trouvèrent ainsi les marchands de vins dans une situation irrégulière et incomplète, au point de vue des statuts. Le texte de Boileau, trop court et trop ancien, n'ayant pas été renouvelé, la communauté dut enfin se décider à présenter des règlements à la sanction royale, pour obtenir la confirmation de

[1] D'Hozier : *Armorial*, texte, t. XXIV, fol. 459; blasons, t. XXIV, fol. 1495. — Ces armoiries sont représentées en gravure dans les recueils d'édits des marchands de vins; elles leur furent accordées par les lettres du Prévôt des marchands, du 6 juillet 1629, que l'on verra ci-après. C'est le seul acte de ce genre que nous ayons pour les armoiries des communautés. Elles sont reproduites en couleur parmi les blasons des métiers contenant un navire (*Armoiries de la ville de Paris*, t. II, p. 33), mais avec une légère différence dans les proportions du navire et de la grappe de raisin.

ses privilèges, et ce long intervalle a fait considérer à tort, par les auteurs du xviiiᵉ siècle et par les marchands de vins eux-mêmes, les lettres de 1587 comme les premiers statuts d'origine.

Sous l'empire du régime corporatif, la communauté ne pouvait en effet se fonder dans ses réclamations que sur le texte de 1587, mais aujourd'hui, à notre point de vue purement historique, on ne saurait se refuser à rattacher les règlements d'Étienne Boileau à ceux donnés par Henri III. Les deux grandes ordonnances sur la prévôté des marchands de 1416 et de 1673 ont consacré une fois de plus les mesures de police qui tenaient lieu de règlements.

Après plusieurs confirmations simples, un nouveau texte de statuts parut en 1647, sans modification importante et probablement pour la seule raison d'affirmer officiellement la prétention des marchands de vins à prendre rang parmi les Six Corps.

La communauté se composait des marchands en gros et des taverniers-hôteliers-cabaretiers, tous indissolublement unis dans leurs actes de société et ne différant que par l'option qu'ils devaient faire de l'un ou de l'autre commerce. Il y avait deux grand'gardes et quatre gardes jurés, élus par moitié chaque année. Aucun maître ne devait tenir plus de deux caves. L'apprentissage et le compagnonnage duraient quatre ans.

Les règlements particuliers des membres de la communauté disparaissent devant la lutte de préséance qu'elle soutint pendant les deux derniers siècles. Elle avait obtenu de la prévôté des marchands une concession officielle d'armoiries en 1629 [1]; dans la confirmation de 1611,

---

[1] 1629, 6 juillet. — «A tous ceux qui ces presentes lettres verront, Christophe Sanguin, seigneur de Livry, prevôt des marchands et les eschevins de la ville de Paris, salut. Scavoir faisons que vû la requête à nous faite et presentée par le corps et communauté des marchands de vin de cettedite ville, contenant que comme ils sont l'un des plus grands corps de ladite ville, aussi en icelui y a nombre de personnes d'honneur, lesquels pour avoir fait la marchandise honorablement et avoir servi au public, ont eu l'honneur d'avoir esté appelez ès charges d'eschevins, de juges consuls, gardes de leur corps, receveurs generaux des pauvres et autres charges publiques, qui fait que quand ils sont decedez, ceux qui sont lors en charge de gardes assistent à leurs funerailles et enterremens avec les parens et amis du defunt. Mais afin de rendre à l'avenir lesdits enterremens et services plus honorables, ledit corps et communauté a intention de donner doresnavant à la memoire des defunts quelques torches et luminaires auxquels ils desireroient faire mettre et apposer des armoiries, ce qu'ils ne peuvent et ne veulent entreprendre sans nostre permission; requièrent à cette fin leur vouloir permettre et prescrire à leurdit corps telles armoiries qu'il nous plaira. Consideré le contenu en laquelle requeste et ainsi qu'il est tout notoire que plusieurs marchands de vin de cette ville, pour avoir merité du public en leur trafic de la marchandise, ont esté pris et tirez dudit corps et appelez esdites charges d'eschevins, juges consuls, gardes et receveurs generaux des pauvres, dont ils se sont dignement acquittez; et afin de les obliger de continuer et porter les autres à les imiter à l'avenir, par quelques marques et degrés d'honneur, Nous, sur ce ouy le procureur du Roy et de la ville, avons permis et permettons audit corps et communauté des marchands de vins de cettedite Ville, d'avoir en leurdit corps et communauté pour armoiries un navire, d'argent, à bannières de France, flottant, avec six autres petites nefs d'argent allentour, une grappe de raisin en chef, lesdites armoiries en champ bleu et telles qu'elles sont cy-dessous empraintes, lesquelles nous avons données, arrestées et concedées audit corps desdits marchands de vin, pour s'en servir en leurdit corps à toujours et perpetuité, tant aux ornemens de leur chapelle qu'en toutes les autres occasions qu'ils en auront besoin, mesme faire attacher aux torches et cierges qui seront donnez par ledit corps, pour servir aux enterremens et funerailles de ceux dudit corps qui seront decedez ou qui auront passé par lesdites charges ou l'une d'icelles, sans qu'ils puissent pour jamais les changer ni blazonner autrement que comme elles sont cy-dessous figurées. En tesmoin de ce nous avons mis à ces presentes le scel de la prevosté des marchands. Ce fut fait et donné au bureau de la ville, le vendredy, sixiesme jour de juillet, mil six cens vingt neuf.» (*Ordonn. des marchands de vins*, p. 43.)

comme dans divers arrêts jusqu'à l'année 1728, elle tenta inutilement de se faire accepter dans les Six Corps [1]. Les ordonnances de Turgot bouleversèrent les communautés avant que les marchands de vins fussent parvenus au gré de leurs désirs.

La confrérie, dédiée à saint Nicolas, était établie dans l'église Saint-Jacques-de-l'Hôpital. Leur communauté se ressentait beaucoup du commerce privilégié exercé par les Suisses et les marchands de vins suivant la Cour qui étaient entièrement indépendants.

Bibliothèque nationale, médailles.

[1] *Ordonnances des marchands de vins*, Paris, Bouillerot, 1673, in-4°, de 66 p. :

Lettres de décembre 1585. — Statuts de 1587 en 29 articles, en double expédition, pour la présentation et pour l'homologation, septembre et octobre 1587. — Confirmation de Henri IV en 1594. — Confirmation de Louis XIII en juin 1611 et 1615; par Louis XIV en 1644. — Concession d'armoiries le 6 juillet 1629. — Statuts et lettres d'août 1647.

Ordonnances des marchands de vins, Paris, Jacques Vincent, 1732, in-4° relié, de 392 p. :

Statuts de 1705. — Divers arrêts concernant les fonctions des gardes et des administrateurs de la confrérie. — Diverses saisies de marchandises. — Fermetures de caves. — Sentence contre ceux qui font le commerce sous des noms empruntés.

— Arrêts sur les contenances des vases et des tonneaux. — Contestations avec les traiteurs et autres. — Privilèges des archers et des Suisses. — Condamnation contre les piqueteurs de pièces de vin.

Recueil d'édits et déclarations pour les marchands de vins suivant la Cour. Paris, Variquet, 1667, in-4° relié, de 300 p. :

Lettres de François Ier du 19 mars 1543 sur les métiers suivant la Cour. — Confirmation pour les marchands de vins par Henri IV, février 1600 (p. 49), par Louis XIII en décembre 1611, par Louis XIV en août 1646 (p. 199). — Édit de mai 1659 augmentant le nombre de métiers suivant la Cour (p. 259). — Édit du 20 août 1666 supprimant les huit et seize nouveaux marchands de vins créés en 1659. — Nombreux arrêts et déclarations au sujet de contestations diverses.

I

1587, octobre.

Lettres patentes de Henri III, confirmatives des statuts des marchands de vins en gros, taverniers et cabaretiers, en 29 articles.

Arch. nat., Ordonn., 8ᵉ vol. de Henri III, X 1ᵃ 8639, fol. 166. — Coll. Lamoignon, t. IX, fol. 661. Traité de la police, t. III, p. 692.

Henry, par la grace de Dieu, Roy de France et de Pologne, a tous presens et a venir, salut. Desirans pourvoir et empescher a l'avenir que les abus et malversations qui se peuvent commettre en la composition des vinaigres, cendres et gravelées, faites, vendues et debitées en nostre ville de Paris, ne s'y continuassent, nous avons, par nostre edict du mois de decembre 1585, verifié en nostre Cour de Parlement de Paris, le 27 juin 1587 dernier, permis aux bourgeois, marchands, vendans vins en gros, taverniers et cabaretiers de nostredite ville et fauxbourgs d'icelle, de convertir leurs vins amers, poussez et estonnés esdits vinaigres, et des lies et gros d'iceux, faire cendres et gravelées; et à ces fins avoir et tenir en leurs maisons les pressoirs et engins, personnes et autres choses necessaires pour en faire la distribution aux estrangers seulement. Nous leur aurions aussi permis, pour l'entretenement et negociation de leur trafic, de s'assembler et composer de tous ceux qui en auroient de nous pris permission et satisfait a nostredit edit, un corps, confrairie et communauté, mesme d'eslire de deux en deux ans, quatre maistres gardes jurez dudit mestier, qui feront les visites sur les autres maistres, ouvriers, exercice et pratique d'icelle[1]; et pour le policer et regler,

---

[1] Voici le texte de cet acte :
1585, décembre. — Lettres patentes de Henri III permettant aux marchands de vins de faire des vinaigres et les érigeant en métier juré :
« Henry, par la grace de Dieu, Roy de France et de Pologne, à tous presens et à venir, salut. Nos bien amez les marchands de vin en gros, taverniers, hosteliers et cabaretiers, bourgeois de nostre bonne ville et fauxbourgs de Paris, nous ont par leur requeste presentée en nostre Conseil d'Estat, fait remonstrer que, de tout temps et ancienneté, il leur a esté permis faire et disposer de leurs vins, lies et marchandises, comme bon leur a semblé, et mesme de faire de leursdits vins gastez et lies des vinaigres pour les vendre et debiter en gros, ayant toujours jouy de cette liberté qui leur a esté confirmée par nosdites lettres patentes du dixiesme juillet mil cinq

cens soixante sept et arrest de nostre Cour de Parlement de Paris, contradictoirement donné sur l'enterinement d'icelles, le 8ᵉ janvier 1569, avec les maistres vinaigriers de ladite ville; et encore par autre confirmation de leurs privilèges du mois de juillet 1574 verifiez; et pour leur continuer la liberté cy-dessus, et de vendre desdits vins en gros et detail, ils nous auroient depuis payé finance et chacun d'eux obtenu lettres patentes pour la jouissance de ce que dessus. Neantmoins les jurez vinaigriers de nostredite ville et fauxbourgs, qui sont unis en corps et communauté, auroient, le 10ᵉ mars 1581, obtenu deffenses de nostredite Cour par lesquelles il est interdit auxdits supplians d'avoir aucuns pressoirs ny presses en leurs maisons, pour presser les lies provenantes de leursdits vins pour en faire vinaigre, lesquelles auroient esté données

comme sont tous les autres estats, mestiers et communautez de nostre ville, ils ont dressé et redigé par ecrit les statuts, reglemens, constitutions et ordonnances qu'ils ont connu estre necessaires, pour la conservation de l'exercice et police de leurdit estat et trafic, desquels articles la teneur s'ensuit :

1. Et premierement que tous ceux, lesquels font à present estat et trafic de la marchandise de vins, en ceste ville et fauxbourgs de Paris, soient reçeus et passez maistres.

2. Qu'à l'advenir aucun ne pourra estre reçeu maistre et faisant estat de marchandise de vins, en ladite ville, fauxbourgs et banlieue de Paris, qu'il n'ait servi l'espace de quatre ans l'un des maistres dudit estat, ou bien qu'il fut fils de

sans consideration de ce que dessus, et par l'industrieuse poursuite desdits vinaigriers et faute de sollicitation et remonstrance desdits marchands qui, estant divisez et non unis en corps, ne se sont la pluspart souciez de deffendre la justice de leur cause, laquelle est jointe au bien public, attendu que c'est leur oster le moyen de se servir de leursdits vins gastez et lies, d'icelles faire vinaigre dont ils peuvent faire beaucoup meilleur marché que lesdits vinaigriers, qui veulent les contraindre de passer à leur misericorde, par leurs abus et monopoles, dont il a esté amplement informé par autorité de ladite Cour, estant lesdits vinaigriers de si mauvaise foy, que de ce qui justement vaut un escu, ils n'en offrent pas cinq sols, et le plus souvent rien, de sorte qu'ils contraignent les marchands de vins, taverniers, bostelliers et cabaretiers de ladite ville et fauxbourgs de jetter leursdits vins gastez et lies, ce qui leur tourne à un extresme dommaige et ruine, et oste le moyen de supporter les pertes qui ordinairement leur viennent en la voiture et conduite de leursdits vins, desquels bien souvent la pluspart se gaste, tourne et aigrit, tant par la chaleur intempérée du temps, aux voitures de charrois par terre et par eau, qu'autrement, et ne leur peuvent plus servir qu'à faire des vinaigres. Ce que nous ayant esté remonstré, nous leur aurions, sur cette consideration, et que lesdits marchands de vins sont beaucoup plus favorables au bien public et leur trafic plus necessaire et recommandable que desdits vinaigriers, par autres nos lettres patentes du quatriesme janvier mil cinq cent quatre vingt deux, voulu et ordonné que tant lesdits marchands que tous autres des autres villes et lieux de ce royaulme pourroient convertir en vinaigre, tant leursdits vins amers, poussez et estonnez, que les lies qu'ils auront procedans des vins

par eux vendus et debitez, et permis d'avoir à cette fin en leurs maisons lesdits pressoirs, tant a vis qu'a bacules et autres ustancîles necessaires, et du gros faire cendres gravelées, pour le tout vendre en gros, et a cette fin levé et osté les deffenses susdites, à la charge de prendre par lesdits marchands nos lettres patentes pour la jouissance de ladite permission, lesquelles lettres sont demeurées sans effet, pour n'avoir l'enterinement d'icelles esté poursuivi; et cependant demeurent en ladite perte et incommodité nos supplians et requerans, attendu qu'il appert de ce que dessus par les pièces cy attachées, que lesdits supplians nous ont payé finance pour vendre vin en gros et detail, jouir de leurs privilèges et libertez, qui leur demeurent inutiles; à cette occasion que le public a interest d'avoir le bon vinaigre à beaucoup meilleur prix que lesdits vinaigriers, qui commettent plusieurs abus, joint qu'ils n'ont aucun interest en ce fait, attendu aussi que lesdits marchands de vins se contentent de vendre leursdits vinaigres en gros aux forains seulement, que c'est leur donner moyen de supporter les pertes qu'ils font ordinairement et empescher qu'ils ne gastent et perdent leursdits vins gastez et lies, comme ils sont contrains, à leur grand regret perte et dommage, il nous pleust leur continuer et confirmer, et par tant que besoin seroit, de donner et octroyer lesdites permissions, selon qu'il est contenu cy dessus, offrant par ce moyen payer telle finance moderée qu'il sera raisonnablement avisé, et pour la manutention et conservation de leursdits privilèges et obvier aux abus qui se pourroient commettre, les establir en corps et communauté, avec liberté d'elire quatre maistres gardes dudit estat de deux en deux ans, ainsi qu'il se fait par les autres communautez de nostredite ville de Paris. Sçavoir faisons, qu'après avoir consideré ce

i.

maistre né en loyal mariage, afin de le rendre capable au fait de ladite marchandise.

3. Item qu'auparavant que proceder à la reception d'un maistre de ladite marchandise, seront lesdits gardes tenus de s'enquerir diligemment des bonne vie, mœurs, religion de celuy qui demandera a estre reçeu, afin que s'il se trouve n'estre de la religion catholique et romaine, ou qu'autrement il fut diffamé de quelque vice notable, dont il put encourir quelque notte d'infamie, en advertir le procureur de Sa Majesté, au Chastelet de Paris, pour le debouter et rejetter de ladite marchandise.

4. Et au cas que celuy, lequel se presentera pour parvenir a ladite maistrise,

que dessus et fait voir nosdites lettres patentes desdits 10° juillet 1567 et 4° janvier 1582, considerant aussi que la permission pretendue et demandée par les supplians tourne au bien du public sans que nous y ayons interest, mais plutost profit et commodité, estant le commerce desdits vinaigres par le moyen d'icelle permission augmenté, par cettuy nostre edit perpetuel et irrevocable, en consequence des precedentes permissions, avons a iceux marchands vendans vin, taverniers, hostelliers et cabaretiers de nostredite ville et fauxbourgs de Paris, et chacun d'eux, permis accordé et octroyé de nostre grace speciale, pleine puissance et autorité royale, permettons, accordons et octroyons, voulons et nous plaist qu'ils puissent et leur soit loisible de convertir en vinaigre tous les vins amers poussez et estonnez comme aussi les lies procedant des vins qu'ils auront achetez, vendus et debitez, et pour cet effet pourront avoir dans leurs maisons des pressoirs tant à vis qu'à bacule et des sacs et ustanciles pour ce necessaires, autant qu'ils en auront besoin, et du gros qui en proviendra, faire cendres, gravelées, ou autrement employer, selon qu'ils aviseront pour leur proufit et utilité pour vendre lesdits vinaigres, cendres et autres choses susdi.es en gros, aux forains seulement, sans qu'ils puissent vendre en detail en ladite ville et fauxbourgs, et ce nonobstant les deffenses du 10° mars mil cinq cent quatre vingt un, et toutes autres faites au prejudice de ce que dessus, lesquelles nous avons levées et ostées, levons et ostons par ces presentes, à la charge que pour la jouissance de la presente faculté et permission, chacun desdits marchands vendant en gros, hostelliers, taverniers et cabaretiers, seront tenus de prendre lettres de provision de nous, dedans un an prochain venant. Et en outre, considerant le nombre desdits supplians

et leur qualité qui sont tous bourgeois de nostredite ville et fauxbourgs de Paris, avons estimé raisonnable et necessaire les gratifier en ce qui touche ledit trafic et commerce, et pour ce avons establi à perpetuité ledit estat de marchand en gros et detail, vinaigre et gravelée en gros, en estat juré pour y avoir corps, confrairie et communauté, et à cette fin leur avons permis et permettons de s'assembler et elire de deux ans en deux ans quatre maistres gardes, et les continuer par années, ainsi qu'il se fait ès autres communautez de la marchandise de cette ville de Paris, et autrement ainsi qu'ils aviseront; lequel ordre et reglement nous voulons estre suivi et gardé, pour le regard desdits supplians et leurs successeurs esdittes charges, avec le mesme pouvoir de visiter marchandises, pourvoir aux abus et malversations qui s'y commettent et autres dependant du fait et exercice de ladite charge qu'ont les autres gardes desdites marchandises, comme si le tout estoit icy par le menu referé et specifié. . . . . Donné à Paris au mois de decembre l'an de grace mil cinq cens quatre vingt cinq et de nostre regne le douziesme. » (Ordonn.. 7° vol. de Henry III, X 1° 8638, fol. 526. — Recueil des marchands de vin de 1732, p. 3. — Coll. Lamoignon, t. IX, fol. 534. — Traité de la police, t. III, p. 690.)

Ces lettres furent enregistrées au Parlement, malgré l'opposition des vinaigriers; il fut permis aux marchands de vin de convertir en vinaigre tous les vins amers, «poussez et estonnez et les lies procedans de ces vins, d'avoir des pressoirs tant à vis qu'à bascule, et du gros qui en proviendra faire cendres gravelées, etc.» à la charge de les vendre en gros et aux forains seulement, sans les vendre en détail en ladite ville et fauxbourgs. Prononcé le 27 juin 1587.

soit trouvé capable et sufisant de ladite qualité requise, lesdits gardes le representeront audit procureur en la chambre audit Chastelet, lequel lui fera faire le serment, et ce fait, sera enregistré en la manière accoustumée.

5. Pareillement ne pourront avec la marchandise exercer les estats de vendeurs de vins ou de courtiers en office.

6. Seront faites defenses, à tous maistres de ladite marchandise, soustraire les apprentifs ou serviteurs les uns des autres et les mettre en besogne, si ce n'est du consentement des maistres qu'ils auront les derniers servis, ou que par justice il leur soit permis.

7. Comme aussi ne pourront employer et mettre en besogne les serviteurs qui se seront departis du service d'autres maistres, pour larcin ou autre cas digne de punition, que premierement lesdits serviteurs n'ayent esté purgez par justice des cas a eux imposez.

8. Les veuves desdits maistres, tant qu'elles se contiendront en viduité, jouiront de pareils privilèges que leurs defunts maris, mais si elles se remarient en secondes noces, ou qu'elles soient convaincues d'avoir fait faute en leur viduité, elles perdront ledit privilège et ne pourront s'entremettre de ladite marchandise.

9. Les veuves des maistres pourront faire parachever aux serviteurs qui auront esté obligez a leurs deffunts maris leur temps de service sous elles, pourveu qu'elles continuent le trafic de leurs deffunts maris, et qu'elles ne se remarient a autre que dudit estat; autrement seront lesdites veuves tenues remettre lesdits serviteurs ès mains desdits maistres et gardes, pour leur pourvoir de maistre, avec lequel ils paracheveront leur temps de service.

10. Ne pourront lesdites veuves, encore qu'elles continuent le trafic de leursdicts maris, prendre ou faire obliger aucuns apprentifs nouveaux, mais pourront avoir des serviteurs pour s'en servir au fait de leur marchandise.

11. Que chascun maistre de la marchandise ne pourra avoir qu'un apprentif ou deux pour le plus à la fois, mais pourra après, sur la quatriesme année de sondit apprentif, en prendre ung autre pour le conduire et acheminer a la marchandise. Ainsi s'il advenoit que son apprentif s'enfuit de son service, contre le gré et consentement de sondit maistre, il sera tenu faire toutes les diligeances de le recouvrer, pour lui faire parachever sondit apprentissage, ou bien le faire renoncer a l'estat de ladite marchandise; et au cas de renonciation sera tenu de le faire comparoir en la chambre du procureur de Sa Majesté, pour en estre fait registre; ne pourra toutefois ledit maistre prendre un autre apprentif, sinon après un mois que le sien s'en sera fuy ou absenté.

12. Que les maistres de la marchandise, quinze jours après qu'ils auront fait obliger les apprentis, seront tenus les faire enregistrer en la chambre de nostredit procureur au Chatelet, l'un des gardes de ladite marchandise a ce faire appelé; et paieront lesdits maistres pour leurs apprentis dix sols parisis, sur peine

85.

contre les contrevenans a ce present article, et qui n'y auront dedans ledit temps satisfait, de deux escus d'amende.

13. Ne pourront lesdits maistres transporter les apprentis les uns aux autres sans en advertir les gardes de ladite marchandise, lesquels en tiendront registres, pour obvier aux fraudes et abus qui s'y pourroient commettre, sur peine de deux escus d'amende sur chacun contrevenant.

14. Qu'aucun maistre de ladite marchandise ne pourra mettre en œuvre, ny tenir en sa maison, aucune lie puante vin ny rappez qui soient puantz et boutez, et ne pourront lesdits marchands de vin avoir, en leur maison, cidre ni poiré, sur peine de deux escus d'amende.

15. Qu'aucun ne pourra mettre en besogne vin recueilly par terre, sur peine de perdre le vin et paier un escu d'amende.

16. Qu'aucun maistre de ladite marchandise ne pourra ouvrer à faire vinaigre ou cendre gravelée ès jours de dimanches et de festes commandées de l'Église.

17. Qu'aucun maistre ne pourra brusler lie en sa maison de ladite ville et fauxbourgs [1].

18. Et d'autant qu'il convient faire plusieurs frais par les maistres et gardes de ladite marchandise, pour icelle maintenir et conserver, pour les visites ordinaires qu'il leur conviendra faire, tant sur les maistres de ladite marchandise qu'autres, lesquels contreviendront aux presentes ordonnances, et aussi pour soustenir leurs procez, sera ordonné par Sa Majesté que pour satisfaire auxdits frais, chacun maistre paiera a sa reception, outre le droit du Roy, la somme d'un

[1] Les statuts omettent diverses prescriptions contenues dans les ordonnances de police, rendues à toute époque et très fréquemment. En voici plusieurs qui permettront de suivre et de compléter la législation de ce métier :

1275, mars. — Lettres de Philippe III déclarant que le Prévôt des marchands a le droit d'obliger les taverniers à payer la journée du crieur de vin :

«Philippus Dei gratia Francorum rex. Notum facimus universis tam presentibus quam futuris, quod cum tabernarii Parisius dicerent contra prepositum et scabinos mercatorum Parisiensium, eos non habere jus compellendi ipsos tabernarios solvere clamatori vini, tabernam ad clamandum non habenti, et clamanti invito tabernario, habente alium clamatorem in taberna sua, quatuor denarios pro dieta sua. Dicerent etiam eos jus non habere exigendi a tabernariis denarios, qui finationes celariorum nuncupantur. Dictis preposito et scabinis ex adverso dicentibus quod crieriam et mensuras a nobis tenebant, et a nobis hanc causam utendi modo predicto, et usi fuerant tanto tempore quod sufficere debebat in hac parte. Visis et auditis attestationibus testium ex parte dictorum prepositi et scabinorum predictorum et confessione procuratoris dictorum tabernariorum intellecta; carta etiam inclite recordationis Philippi, quondam regis Francie, proavi nostri, quam dicti prepositus et scabini habent, inspecta; pronunciatum fuit prius non habentem clamatorem in taberna sua aperte, solvere clamatori clamanti hora debita in taberna, quatuor denarios pro sua dieta, nisi tabernarius velit jurare coram preposito mercatorum, se nichil de vino sic clamato ipsa die vendidisse.

«Item, quod hoc jus percipiendi et habendi a dictis tabernariis dictos denarios, qui vocantur finationes celariorum, secundum quod prepositus et scabini mercatorum viderent equum esse, ita tamen quod si eorum estimatio immoderata fuerit, eam reduci volumus ad arbitrium boni viri, scili-

escu sol, et encore seront tenus chacun desdits maistres reçeus, continuer de bailler par chacune semaine un sol pour subvenir aux affaires du corps de ladite marchandise.

19. Pareillement tous les maistres qui prendront nouveaux apprentis seront tenus dans la quinzaine qu'ils les auront reçeus a leur service leur faire paier, tant a Sa Majesté qu'auxdits gardes, la somme de vingt sols parisis, sçavoir est quatre sols parisis a Sadite Majesté, et seize sols parisis aux gardes; et en defaut de ce dedans ledit temps, seront contrains lesdits maistres et gardes paier pour leurs apprentis, sauf leur recours contre eux.

20. Qu'audit estat il y aura doresnavant quatre maistres gardes sufisans et capables pour iceluy gouverner et garder, et prendre garde aux meprises faultes et malversations qui y pourroient estre commises; lesquels quatre gardes seront esleus et nommez par une grande et saine partie des maistres de ladite marchandise, lesquels pour ce faire s'assembleront pardevant nostre prevost de Paris ou son lieutenant civil, appelé nostre procureur audit Chastelet, lequel fera faire le serment a ceux qui se trouveront avoir la pluralité des voix, s'il n'y a occasion legitime d'empeschement ou excuse.

21. Et ne pourront s'excuser ceux lesquels auront esté esleus.

22. Que lesdits maistres et gardes en seront changez, deux par chascun an, après les deux premières années expirées, selon la forme et eslection cy dessus prescrite, et en seront mis deux nouveaux au lieu des deux qui seront deschargez, et en demeurera toujours deux anciens a ce que les deux nouveaux eslus soient instruits de leurs charges et devoirs.

cet prepositi nostri Parisiensis. Quod ut ratum et stabile permaneat in futurum, presentibus litteris nostrum fecimus apponi sigillum. Actum Parisiis, anno Domini millesimo ducentesimo septuagesimo quarto, mense martio. » (Trés. des chartes, reg. 80, pièce 700. — Coll. Lamoignon, t. 1, fol. 236. — Ordonn. des Rois de France, t. II, p. 435. — Félibien, *Hist. de Paris*, t. I, p. cii. — *Traité de la police*, t. III, p. 761.)

1371, 8 décembre. — A esté cryé et publié le mercredy huitiesme jour de décembre, l'an mil trois cent soixante et onze, que nul tavernier ne tavernière, vendans vin en taverne, en la ville de Paris, ne soient tant ozés ne si hardys de traire ne faire traire vin ne asseoir aucuns beuveurs en leurs tavernes depuis l'heure de couvrefeu sonnée, sur peine de quatre livres parisis d'amende, dont les sergens rapporteurs des mesprenans auront la quarte partie des amendes.

Item fut cryé et publié ledit jour, que comme par le temps passé il ayt esté ordonné et accoustumé que quiconques vouldroit aller querre vin a pos en taverne, ou qui y vouldroit boire a assiette, il peut aller veoir traire son vin sans contredict, et a present plusieurs taverniers soient reffusans de laissier aller a la queue ceulx qui boivent en leurs tavernes ou vont querre vin a pos, pour les grans fraudes et autres mixtions que ils font en leurs vins, qui est alant contre l'ordenance ancienne et ou grant dommage et deception du peuple; que de cy en avant tous taverniers et tavernières, vendans vin a detail, laissent aler jusques a la queue tous ceulx qui vouldront avoir de leur vin, sur peine de quatre livres parisis, dont les rapporteurs auront le quart pour leur relacion et rapport faire. (Coll. Lamoignon, t. II, fol. 466, d'après le Livre vert ancien, fol. 153 v°.)

1396, circa. — Ordonnance relative au prix, mesures et qualités des vins, donnant les prescriptions édictées par le roi Jean. (Ci-dessus, titre VI, p. 9.)

23. Et pour ce qu'audit estat de la marchandise il y aura grand nombre de maistres, lesquels ne pourroient estre tous appellez a l'election desdits gardes, pour eviter à la confusion qu'ameneroit une si grande multitude, sera ordonné que le reglement qui a accoustumé d'estre gardé en l'election des maistres et gardes de la draperie, sera pareillement gardé et observé en la presente election, à savoir que l'on y apellera un nombre de maistres, de façon que ceux qui y auront esté appelez un an ne pourront assister après deux ans passez et expirez.

24. Procedant au fait desquelles visites par lesdits gardes a ce que les fautes et abus ne soient cachez, mais viennent en evidence et lumière pour estre corrigez et en estre fait telle punition que le cas le requerera, iceux gardes appelleront avec eux un commissaire ou sergent au Chastelet de Paris, pour y assister, donner confort, ayde et tuition, si mestier est, faire ouverture et proceder par voie de scellé de tous les lieux ou ils sauront ou penseront qu'il y eschet visite, et d'icelle en feront procez verbal, qui sera rapporté au procureur de Sadite Majesté, auquel procez verbal lesdits gardes seront tenus rapporter et declarer toutes les fautes et malversations qu'ils y auront trouvées.

25. Lesquels gardes, pour obvier aux malversations qui se pourront commettre audit estat, pourront faire visites ordinaires par toute ceste ville, fauxbourgs et banlieue, sans que pour faire lesdites visites ils soient tenus demander aucun placet ou pareatis aux hauts justiciers ou a leurs officiers, parce qu'il est question du fait de police dont la connoissance appartient au prevost de Paris seul [1].

26. Que lesdits maistres et gardes, pour leurs salaires et vacations d'administrer cette charge, ne pourront prendre autre et plus grand droit que ce qui a esté adjugé, par les arrets de nostre Cour de Parlement, aux maistres gardes et jurez des autres marchandises de Paris, qui est a la reception de chacun maistre, un escu sol a chascun desdits gardes, excepté les fils de maistres qui ne paieront que demi escu.

27. Que lesdits maistres et gardes, a la fin des deux années de l'exercice de leur charge, bailleront les presentes ordonnances, ensemble les registres des

---

[1] Voici encore deux autres pièces sur la police du métier :

1546, 16 novembre. — Ordonnance réglant les prix et les conditions des taverniers et cabaretiers :

«Par deliberation du Conseil, en police, ouquel etoient plusieurs bourgeois et marchans de ceste ville de Paris, inhibitions et deffenses sont faictes a tous taverniers, cabaretiers qui asseent en ceste ville et faulxbourgs de Paris, ne vendre vin de quelque creu que ce soit, à ceulx auxquelz ils tiennent assiette, pour plus hault et grant pris que de douze deniers parisis la pinte et au dessoubz;

et ce par provision et jusques a ce que aultrement par justice ayt esté ordonné.

«Aussi de ne prendre doresnavant des boulengiers pain a treze pour douze, et tenir pain a fenestre ou vendre et debiter pain, sinon pour l'usaige des personnes qui seront en leur assiette.

«Et encore de ne debiter en la dicte assiette, pain qu'on apelle pain de chapitre. De ne tenir assiette esdites ville et fauxbourgs ès jours de feste, à gens et personnes domiciliaires et qui sont logez en ceste ville et fauxbourgs, ains seullement esdits jours de feste pourront tenir assiette pour les forains et es-

apprentis et autres titres, arrests et sentences concernant le fait desdites ordonnances, a ceux qui les succederont a la charge, et a ce faire seront contrains par toutes voies dues et raisonnables.

28. Nul ne pourra estre reçeu maistre en ladite marchandise qu'il n'aie obtenu lettres de provision du Roy, suivant son edit ou quittance portant descharge, selon sa commission sur ce expediée par Sa Majesté.

29. Tous maistres qui se passeront, bailleront au clerc de ladite communauté

trangers qui ne habitent en ceste ville et fauxbourgs. De ne asseoir à quelque jour que ce soit, après l'heure de sept heures du soir, depuis le jour sainct Remy jusques à Paques et après huict heures depuis lesdictes Pasques audict jour sainct Remi. Et neantmoings sont faictes defenses auxditz taverniers et cabaretiers, de ne souffrir jeuz de hazard en leursditz cabarez et de jurer et blasphemer.

«Le tout quant auxditz taverniers et cabarettiers, sur peyne de dix livres parisis d'amende, et aultres plus grandes peynes s'ils recheent, dont le denonciateur à justice aura le tiers.

«Fait en la Chambre de la police le mardy seiziesme jour de novembre l'an mil cinq cens quaranté six.» (Arch. nat., Grand livre jaune, Y 6ᵉ. fol. 123. — Coll. Lamoignon, t. VII, fol. 82. — Traité de la police, t. III, p. 723.)

1564, 21 juillet. — Ordonnance concernant les taverniers, cabaretiers et hôteliers :

«Sur la requeste faicte par le procureur du Roy nostre sire au Chastellet de Paris, allencontre des jurez, maistres poulailliers, rotisseurs, hostelliers, taverniers et cabarestiers de ceste ville et faulxbourgs de Paris, il est ordonné en faisant droit sur la requeste dudit procureur du Roy :

«Que deffenses sont faictes à tous boullangers paticiers, rotisseurs, charcutiers et aultres nianans et habitans de ceste ville et faulxbourgs de Paris, d'entreprendre ne usurper sur l'estat des marchans taverniers, cabarestiers et hostelliers de cesteditte ville et faulxbourgs pour exercer leur estat, bailler à boire, ne à menger en assiette, dedans leurs maisons, à aucunes personnes, de quelque estat ou condition qu'ils soient, sur peyne de prison, confiscation de la marchandise et punition corporelle, sy mestier est. Et pour ce que le nombre desdits hostelliers, taverniers et cabarestiers est effrené, et y en a aucuns qui retirent en leurs maisons et cabaretz et hostelleries, plusieurs larrons, voleurs, couppeurs de bources et autres gens vagabonds, et se ingèrent de tenir hostelleries, tavernes, ou ca-

barelz, huict ou quinze jours, et incontinent après ferment leurs hostelleryes et maisons, et plusieurs autres abbuz qu'ils commettent chacun jour en leursdits estatz; il est enjoinct à tous lesdits hostelliers, taverniers et cabarestiers de ceste ville et faulxbourgs de Paris, dedans trois jours, après la publication de ces presentes, eulx retirer en la Chambre, et par devers ledit procureur du Roy au Chastellet de Paris, et, pardevant luy, fère prester le serment de garder leurs ordonnances faictes sur lediet estat ou de l'un d'iceulx, et de ne retirer en leurs hostelleries, tavernes et cabaretz, aucuns vagabons, larons ou volleurs; ains se aucuns y en sçavent, seront tenuz incontinent et sans delay en advertir justice; lesquelz taverniers, cabarestiers et hostelliers seront tenuz eulx fère enregistrer et immatriculer en ung registre, qui pour ce fère sera mis et proposé en la Chambre dudit procureur du Roy, affin de sçavoir le nombre d'entre eulx; et où ilz seront refusans ou delayans d'eulx fère enregistrer, immatriculer et prester le serment pardevant ledit procureur du Roy, lesdiz trois jours passez, les avons dès à present privez d'exercer lesditz estatz; et ou cas que lesdits hostelliers, cabarestiers et taverniers seront trouvez delayans d'ouvryr leurs taverners ou cabaretz par l'espace de huict jours entiers comme aucuns d'entre eulx ordinairement font, seront privez de plus les exercer.

«Seront faictes inhibitions et deffenses aux rotisseurs et poullailliers de ceste ville et faulxbourgs de vendre les chapons, gibiers conils et volailles à plus hault prix que ce qui est porté par ladite ordonnance du Roy faite sur le reglement des hostelliers, cabarestiers et taverniers, naguères publiée par les carrefours de ceste ville de Paris, sur peyne de confiscation de la marchandise et de punition corporelle, sy mestier est; laquelle ordonnance ordonnons et enjoignons garder et observer estroictement, sur les peynes y contenues.

«Et sur la remonstrance faicte par lesdits jurez

vingt sols tournois, en consideration des services qu'il pourra faire a icelle et pour l'occasionner de bien fidèlement servir ladite communauté, sans toutefois en ce comprendre les gages et salaires qui luy sont attribuez par icelle.

..... Avons iceux articles, status, reglemens, constitutions et ordonnances susdits dudit estat et mestier, et tout le contenu en iceux, cy dessus transcript, accordez, concedez, approuvez..... Donné à Paris, au mois d'octobre, l'an de grace mil cinq cens quatre vingt sept et de nostre regne le quatorziesme.

II

1611, juin.

Lettres patentes de Louis XIII confirmant les privilèges des marchands de vins taverniers et leur accordant rang parmi les Six Corps.

Coll. Lamoignon, L. X, fol. 653. — Traité de la police, t. III, p. 697.
Recueil des marchands de vin de 1730, p. 30.

Louis, par la grace de Dieu, Roy de France et de Navarre, a tous presens et a venir, salut. Nos chers et bien amez les marchans vendans vin en gros, hosteliers, cabaretiers et bourgeois de nostre bonne ville de Paris, nous ont fait dire et remonstrer que, dès l'année 1587, ils auroient fait dresser les statuts et articles concernans le fait de leur trafic et marchandise, lesquels ayant esté trouvez

rotisseurs, poullailliers, qui ont dit que lesditz hostelliers, taverniers et cabarestiers se transportent par chacun jour à la Cossonnerie, à la porte de Paris, et marchez ordinaires, et enlesvent grande quantité de volaille, ce qui leur est deffendu par ladite ordonnance; deffences sont faites auxdits hostelliers, taverniers et cabarestiers, d'achepter aucuns gibier ne volaille, ne les vendre à leurs maisons, sur peyne de confiscation de ladicte marchandise, et autres peynes portées par ladicte ordonnance. Et permettons auxdits jurez rotisseurs poullaillers, s'ils les trouvent dedans lesdits marchez ordonnez de cestedite ville, de les fère prandre et amener pardevant nous, avecque les denrées et marchandises qui auront par eulx esté acheptées.

«Et enjoinct aux commissaires et examinateurs dudit Chastellet fère garder et observer ceste presente ordonnance, fère les recherches et visitations des maisons desdits hotelliers, taverniers et caba-

restiers rotisseurs, et du debvoir qu'ilz auront faict nous certiffier par chacun jour de police; et aux sergens à verge dudit Chastellet de accompagner lesdits commissaires, de fère leur debvoir de leur office, sur peyne d'amende arbitraire et suspention de leurs estatz. Fait au Chastellet le vendredy vingt uniesme jour de juillet mil cinq cens soixante quatre.» (Arch. nat., Livre noir neuf, Y 6ᵉ, fol. 110. — Coll. Lamoignon, t. VIII, fol. 127. — *Traité de la police*, t. III, p. 723.)

1574, juillet. — Lettres patentes de Henri III confirmant purement et simplement les ordonnances précédentes, relatives aux marchands de vins, taverniers et cabaretiers. (Ordonn., 1ᵉʳ vol. de Henri III, fol. 1. — Coll. Lamoignon, t. VIII, fol. 840.)

1594, avril. — Lettres patentes de Henri IV confirmant purement et simplement les statuts de 1587. (Coll. Lamoignon, t. IX, fol. 745. — *Police*, t. III, p. 696.)

raisonnables auroient esté omologuez par le feu Roy Henri III, notre très honoré seigneur et oncle, et depuis confirmez par notre très honoré seigneur et père [1], le Roy dernier decedé, que Dieu absolve. Tellement qu'ils en ont toujours depuis bien et duement jouy et usé jusqu'à present, qu'ils craignent y estre troublez, au moyen du decès avenu de nostre feu seigneur et père, s'ils n'ont sur ce nos lettres de confirmation necessaires [2]; dont ils nous ont très humblement supplié

---

[1] 1601, 27 décembre. — Lettres patentes de Henri IV sur le commerce des marchands de vins, cabaretiers et taverniers :

«Henry par la grace de Dieu Roy de France et de Navarre à tous ceux qui ces presentes lettres verront, salut. Nos chers et bien amez les cabaretiers et taverniers de nostre bonne ville et faux-bourgs de Paris, nous ont fait remonter qu'ayant esté contraints par plusieurs edits de prendre lettres et pouvoir pour tenir cabarets et tavernes à charge onereuse, tant pour les sommes de deniers qu'ils en ont payées que pour estre contraints par la police de notredite ville de Paris, et tenir leurs cabarets ouverts garnis de vins de plusieurs prix, pour toutes sortes de gens et en toutes saisons; pourquoy les recompenser et reconnaitre de tant de peines qu'ils ont pour le public, nos predecesseurs Roys leur auroient permis, mesme en l'année 1577, de recevoir les passans et leur donner pain, vin, bœuf, veau, mouton, porc, tant bouilly que roty, volailles bouillies, avec les poules et pigeons rotis, laquelle ordonnance auroit esté veriffiée en nostre Cour de Parlement et lesdits exposans jouy d'icelle jusques à present; et que, par un reglement nouveau, fait en l'assemblée de la police, brigué par lesdits rotisseurs de ladite ville, a esté deffendu a iceux exposans faire cuire en leurs maisons aucunes volailles et en donner aux passans, leurs hostes, roties et bouillies, qui seroit contrevenir à l'ordonnance de 1577 et à nostre intencion qui a toujours esté de maintenir nos sujets en pleine liberté..... voulons et nous plaist que lesdits cabaretiers et taverniers puissent et leur soit loisible de traictier leurs hostes et autres personnes, et leur baillier bœuf, veau, mouton, porcs, poulets et chapons bouillis et rotis, et que d'abondant nous leur avons permis et permettons mesme d'acheter viandes, tout ainsy que font lesdits rotisseurs, à la charge toutesfois que lesdits cabaretiers seront tenus prendre la viande à larder desdits rotisseurs, sans qu'ils en puissent employer d'autre rotie et lardée qu'ils ne l'ayent prise d'iceulx

rotisseurs. Si donnons en mandement..... Donné à Paris le 27° jour de decembre, l'an de grace mil six cens et un et de nostre regne le treiziesme.» (Arch. nat., Bannières, 9° vol., Y 15, fol. 44 v°. — Coll. Lamoignon, t. X, fol. 241.)

1612, mai. — Confirmation par Louis XIII de ces mêmes privilèges des cabaretiers contre les rôtisseurs, obtenus par les lettres précédentes du 27 décembre 1601. (Bannières, 10° vol., Y 16, fol. 119. — Coll. Lamoignon, t. X, fol. 707.)

[2] Les pièces relatant les droits de confirmation sont assez rares et nous croyons devoir inserer ici celles des marchands de vins pour les trois derniers règnes :

1615, 29 mai. — Lettres patentes de Louis XIII au sujet du payement de dix mille livres dû par les marchands de vins pour droit de confirmation de leurs privilèges (Statuts des marchands de vins de 1673, in-4°, p. 33) :

«Louis par la grace de Dieu Roy de France et de Navarre, au prevost de Paris ou son lieutenant civil, salut. Par arrest ce jourd'huy donné en nostre Conseil, veu la requeste à Nous presentée par nos bien amez les maistres et gardes du corps et communauté des marchands de vins de nostre ville et fauxbourgs de Paris, nous avons ordonné que lesdits marchands de vins, tant en gros qu'en detail, hostelliers et cabaretiers de nostredite ville et fauxbourgs, payeront pour ledit corps dans le vingtième jour de juin prochainement venant, ès mains de maistre Antoine Douelle, la somme de dix mil livres pour nostre droict de confirmation par eux à nous deue, pour nostre advenement à la Couronne; moyennant laquelle somme, nous les avons maintenus et maintenons, conservez et conservons en la jouissance des privileges, franchises, droits et libertez à eux concedez par les feus Roys nos predecesseurs et arrest de nostre Conseil du vingt avril 1610 et nos lettres patentes données à Fontainebleau au mois de juin de 1611; laquelle somme nous voulons et entendons estre departie et levée entre eux sur ceux qui ont accoustumé de contribuer aux

---

I.

86

et requiz. A ces causes savoir faisons que... lesdits statuts et privileges.....
ratifions..... voulons en oultre et nous plaist que conformement à l'arrest contradictoirement donné en nostre Conseil d'État, entre eux et les maistres et gardes des Six Corps des marchands de nostredite bonne ville, ils puissent assister aux entrées, en icelle ville, de nous et nos successeurs et des Reines, avec les habits qui leur seront prescrits par les Prevost des marchands et eschevins d'icelle nos-

autres charges et frais necessaires dudit corps, en la manière accoustumée, et que ce qui se trouvera avoir esté levé pour le droit de confirmation leur soit precompté et rabatu sur ladite somme... Nous vous mandons qu'assemblez pardevant vous tous lesdits maistres et gardes et ceux desdits marchands et autres de ladite communauté, qui ont accoustumez d'estre appelez à la reddition des comptes qu'ils rendent pardevant vous des deniers qui se levent sur les contribuables aux frais dudit corps, vous ayez à departir, selon l'advis qu'ils vous donneront en leur loyauté et conscience, ladite somme de dix mil livres et frais necessaires; et qu'au payement de ce que chacun sera par vous avec l'advis susdit taxé, ils soient contraints comme ils pourroient estre pour le payement de nostre droict de confirmation, nonobstant oppositions ou appellations quelconques. De ce faire vous donnons pouvoir, commission, authorité et mandement special. Donné a Paris le 29ᵉ jour de may, l'an de grace mil six cens quinze et de nostre regne le sixiesme.»

Quittance du trésorier :

«J'ay reçeu de Jean Clement, Pierre Fauvette, Pierre Frelet et Guillaume du Pont, maistres et gardes du corps et communauté des marchands de vins, ès ville et fauxbourgs de Paris, la somme de dix mil livres, à laquelle ils ont esté taxés par arrest du Conseil du Roy du 29ᵉ jour de may 1615 pour le droict de confirmation deub à Sa Majesté à cause de son advenement à la Couronne, par ledit corps et communauté des marchands de vins pour jouir de leurs privilèges. Fait à Paris le dernier jour de juin mil six cens quinze. Signé Barentin.»

1644, 20 février. — Arrêt du Conseil d'État prescrivant le paiement de quarante mille livres pour droit de confirmation (*Statuts des marchands de vins*, in-4°, 1673, p. 36) :

«Sur la requeste presentée au Roy en son Conseil par les maistres gardes de la communauté des marchands de vin, hostelliers et cabaretiers de cette ville, fauxbourgs et banlieue de Paris, ten-

dante à ce qu'il pleust à Sa Majesté leur moderer la taxe de quarante mil livres faite sur eux, pour le droict d'advenement à la Couronne, à la somme de vingt mil livres, ou telle autre somme qu'il plaira à Sa Majesté, attendu qu'en l'année mil six cens quinze, pour pareil droit, ils n'ont esté taxez qu'à dix mille livres, et que pour payer la somme, terme leur soit donné de six mois, pendant lequel temps ils pourront faire leur visite sur ladite communauté afin d'estre procedé à la taxe sur chacun... Le Roy en son Conseil, sans avoir esgard à la diminution requise par les supplians, a ordonné et ordonne que dans un mois ils payeront à Sa Majesté ladite somme de quarante mil livres, laquelle ils seront tenus d'asseoir et imposer sur les marchands de vin et generalement sur tous autres pretendus privilegiez marchands de vin qui sont de ladite communauté, contribuans aux taxes et frais ordinaires d'icelle, au payement desquelles ils seront contraints par emprisonnement de leurs personnes, comme pour les propres deniers et affaires de Sa Majesté. Fait au Conseil d'État du Roy, tenu à Paris le 20ᵉ jour de fevrier mil six cens quarante quatre.»

1728, 9 mars. — Arrêt du Conseil d'État du Roi autorisant les gardes des marchands de vins à percevoir un double droit jusqu'au remboursement de la finance du droit de confirmation :

«Sur la requête présentée au Roy en son Conseil par les maitres et gardes des marchands de vin de la ville et fauxbourgs de Paris, contenant que leur corps ayant esté compris au roolle arresté au Conseil pour le droit de confirmation, à cause de l'heureux avènement de Sa Majesté à la Couronne, sur le pied de trois années de capitation et des deux sols pour livre du principal, ils ont en execution de l'arrest du 7 juin dernier fait leur soumission de la somme de 84,480 livres, tant en principal que deux sols pour livre, et porté dans le premier delay prescrit par cet arrest à la caisse de Jean Baptiste Hermant, preposé au recouvrement dudit droit de confirmation, celle de 21,355 livres 8 sols, en certificats de

tredite bonne ville, pour marcher avec lesdits Six Corps [1], selon le rang qui leur sera baillé par les Prevost des marchands et eschevins, ainsi qu'il est porté par ledit arrest aussi cy-attaché, sous nostre contre scel. Si donnons en mandement..... Donné en noz desers de Fontainebleau, au mois de juin, l'an de grace mil six cens onze et de nostre règne le deuxiesme.

III

1647, août.

Lettres patentes de Louis XIV confirmant les statuts des marchands de vins, hôteliers et cabaretiers en 40 articles.

Coll. Lamoignon, t. XII, fol. 809. — Lamare, ms. fr. 21666, fol. 54.

1. Premierement, pour eviter aux abus et malversations qui se commettent par aucuns qui s'ingerent et entreprennent de faire ladite marchandise de vins, sans aucune capacité au negoce et trafic d'icelle marchandise, qui requiert une grande et longue experience, pour s'y bien connoitre et distinguer la difference des gouts qu'il y a, à cause des vins qui se tirent de diverses contrées et plusieurs provinces, ce qui est grandement considerable et necessaire d'empescher qu'aucune personne y soit admis, et particulierement ceux qui vendent par occasion [2], et selon l'occurence des temps, bierre, cidre, poiré, graisse, huile et autres choses malseantes et incompatibles avec ladite marchandise de vins, et qui est important audit negoce et prejudiciable au corps humain et au public, et contre les ordonnances, reglemens et statuts d'icelle marchandise, exercée par l'un des

---

retenues de gages à eux dus par Sa Majesté pour les années 1724, 1725, 1726 et 1727 et qu'elle a bien voulu recevoir comme espèces à compte de la moitié et des deux sols pour livre de leur taxe; et comme ils sont hors d'état d'imposer sur eux ce qu'ils doivent du reste, et que d'ailleurs ils ont besoin d'estre indemnisez des sommes qu'ils ont déjà payées, lesquelles estoient affectées au remboursement de leurs creanciers, ils ont supplié Sa Majesté de leur permettre de faire une seconde visite generale, par chacun an, dans toutes les maisons et caves des marchands de vins de la ville et fauxbourgs de Paris, et de percevoir pour cette seconde visite cinquante deux sols par chacune maison et cave, à raison d'un sol par semaine, sur le même pied de la visite qui se fait annuellement, laquelle

ne suffit pas pour prevenir les fraudes et les contraventions auxquelles leur commerce est tous les jours exposé; à la charge que ladite seconde visite et le droit de cinquante deux sols etabli en consequence demeureront eteints et supprimez après le payement des 84,480 livres qu'on leur a demandé pour le droit de confirmation... Fait au Conseil d'État du Roy, Sa Majesté y estant, tenu à Versailles le 9 mars 1728. » (Coll. Lamoignon, t. XXIX, fol. 257. — *Recueil des marchands de vin* de 1732, p. 121.)

[1] Ce privilège invoqué à diverses reprises par les marchands de vins ne leur fut jamais regulièrement acquis. Voyez plus loin (pièce V) les lettres de 1728 relatives au même objet.

[2] Les regrattiers exempts d'impôt.

principaux corps et communauté de notreditte ville de Paris, tant à cause du grand nombre de personnes qui composent ledit corps que pour l'utilité et commodité que le public en reçoit. Et comme par la suite des années, ces abus, malversations et corruptions se sont glissées par aucuns marchands faisant ledit traficq, par la negligence ou connivence de ceux qui ont esté cy-devant pourvus aux charges de gardes, à quoi il est besoin de remedier. C'est pourquoy, pour eviter auxdits abus et malversations qui se pourroient commettre à l'avenir, nul ny pourra estre reçeu qu'en presence de quatre gardes en charge, et deux anciens qui seront eslus à l'instant de l'election des deux nouveaux gardes, pour assister à laditte reception et voir s'il est capable d'exercer ladite marchandise; et pour cet effet s'assembleront dans leur bureau tous les jours de mardy, neuf heures du matin, de chaque semaine, pour proposer et resoudre toutes sortes d'affaires qui se presenteront concernant le fait de laditte marchandise de vin.

2. Que lesdits marchands de vins, tant en gros qu'en detail, hostelliers et cabaretiers, de cette ville, fauxbourgs et banlieue de Paris, sont et demeureront à l'avenir, comme ils ont esté jusqu'à present, unis et incorporés en un seul et mesme corps et communauté, regis et gouvernés sous mesmes loix, statuts et ordonnances [1], et par mesmes gardes, qui seront par eux eslus en la forme cy après declarée, sans qu'à l'avenir ils se puissent separer les uns des autres, pour quelque cause et occasion que ce soit.

3. Que pour le bien et utilité publique dudit corps et communauté, direction et administration des affaires d'icelle, entretenement, execution desdits statuts et ordonnances, demeureront quatre maistres et gardes en charge [2], ainsi qu'ils ont toujours esté depuis le temps de leur erection, lesquels seront nommés et eslus en la forme et manière cy après declarée.

4. Que lesdits quatre maistres et gardes qui sont et seront cy après en charge, pour eviter à toute confusion et desordre, à cause de la quantité de marchands qu'il y a audit corps, feront à l'avenir comme ils ont fait cy devant, de l'ordonnance de notre lieutenant civil, appeller tous les anciens gardes, avec soixante

---

[1] Les règlements étaient presque toujours appliqués aux deux métiers, témoin celui-ci :
1676, 15 février. — Arrêt de la Cour des Aides sur la fourniture de vins en futailles et défense de tenir des vins en bouteilles dont on ne connaît pas la contenance exacte, en conséquence des arrêts des 5 août 1632, 6 février 1643, 17 juillet 1649, 9 avril 1650 et 13 septembre 1551. La Cour «fait deffense aux marchands de vins en gros, taverniers et autres, de quelque qualité et condition qu'ils soient, de vendre des vins en futailles en gros, sans en faire declaration du prix et des noms de ceux auxquels ils les vendront, et payer les droits avant qu'ils soient tirez de leurs caves, ny de souffrir qu'ils soient tirez en bouteilles, cruches, barils et seaux, et transportez en quelque manière que ce soit, sinon du consentement du suppliant, a peine de confiscations et de cinq cens livres d'amende contre chacun des contrevenans qui seront de la qualité de marchans et vendans vins, comme aussy fait deffenses aux hostelliers et cabaretiers, de distribuer des vins sinon à pot et à la pinte duement marqué et etalonnez, et de tenir des vins en bouteilles en leurs caves, magazins et maisons, sur les mesmes peines.... » (Coll. Lamoignon, t. XVI, fol. 504.)

[2] Voyez art. 20 de 1587.

autres marchands dudit corps et communauté, tant anciens que modernes, pour comparoir en son hôtel ou à leur bureau, en presence de notre procureur au Chastelet, sur la fin du mois d'aoust ou environ; et après avoir fait le serment en la forme et maniere accoustumée, seront appellez selon leur rang, les uns après les autres pour clire et donner leurs suffrages a deux anciens marchands, de bonne vie, mœurs et probité reconnue, pour entrer en ladite charge de gardes et en faire l'exercice et fonction, durant le temps et espace de deux années consecutives, au lieu et place des deux qui en sortiront tous les ans au jour de la saint Remy ensuivant. Lesquels gardes nouveaux esleus feront le serment accoustumé, pardevant nostredit lieutenant civil et notredit procureur, de bien faire et exercer laditte charge en leur conscience, garder et observer exactement les visites tant generales que particulières, laquelle charge, après qu'ils y auront esté esleus, comme est dit cy dessus, ne pourront refuser de l'accepter, pour quelque cause et occasion que ce soit.

5. Que tous les marchands dudit corps et communauté qui seront duement avertis pour assister et se trouver a ladite election, y seront obligez, sur peine contre chacun des absens et defaillans de quatre livres parisis d'amende, moitié applicable aux pauvres, et l'autre moitié à leur chapelle et au service divin qui s'y fait, sinon en cas de maladie ou legitime empeschement.

6. Que lesdits soixante marchands qui auront assisté a la dernière election ne seront mandez ny ne pourront assister en une autre suivante, que deux années après passées et expirées, et pour y observer un bon ordre à l'avenir, en sera fait registre qui demeurera dans leur bureau, ou seront ecrits leurs noms d'année à autre.

7. Que tous ceux qui font à present etat et trafic de ladite marchandise de vins en cette ville, fauxbourgs et banlieue de Paris, et qui ont presté le serment pardevant notredit procureur au Chastelet, et reçeus et pourvus de lettres par les gardes cy-devant en charge, seront reconnus et declarez pour marchands de vins et comme tels incorporés audit corps et communauté, pourvu qu'ils ne derogent à l'avenir aux statuts et ordonnances de ladite marchandise.

8. Que nul ne pourra estre reçeu cy après pour faire etat et trafic de ladite marchandise dans la ville, fauxbourgs et banlieue de Paris, qu'il n'ait fait apprentissage durant le temps et espace de quatre années consecutives, sous l'un des marchands dudit corps et communauté, ou bien qu'il fut fils de marchand né en loyal mariage, et capable d'exercer ladite marchandise, conformement à l'article deux des anciens statuts; et encore ledit apprentif, outre les quatre années de sondit apprentissage, sera tenu servir deux ans après sondit maistre ou autre marchand dudit corps, avant que d'estre admis et reçeu en qualité de marchand pour faire etat et traficq de ladite marchandise.

9. Qu'auparavant de proceder à la reception d'aucuns marchands pour faire

trafic de laditte marchandise de vins, lesdits gardes seront tenus s'enquerir diligemment des bonnes vie, mœurs et religion de celui qui demandera à estre reçeu, affin que, s'il se trouve n'estre de la religion catholique, apostolique et romaine ou qu'il fut diffamé de quelque vice notable, dont il put encourir note d'infamie, en avertir notredit procureur au Chatelet, le debouter et rejetter de ladite marchandise, conformement à l'article 3 des anciens statuts.

10. Et au cas que celuy qui se presentera pour estre reçeu et admis a ladite marchandise de vins soit trouvé suffisant et capable, et de la qualité requise, lesdits gardes le presenteront à notredit procureur pour luy faire faire le serment et le faire enregistrer en la manière accoustumée.

11. Pareillement, ne pourront aucuns desdits marchands de vins, tels qu'ils puissent estre, exercer avec ledit trafic aucun office de vendeur de vins, de courtiers, jaugeurs, tonneliers, dechargeurs et autres, qui sont incompatibles avec ladite marchandise et deffendus par les ordonnances, conformement à l'article 5 des anciens statuts.

12. Que tous ceux qui font à present etat et trafic de ladite marchandise de vins, et qui font exercer d'autres mestiers et vacations, seront tenus d'opter dans six semaines après qu'ils en auront esté duement avertis par lesdits gardes, sur peine de confiscation du vin qui se trouvera à eux appartenir et de telle amende qu'il plaira à justice ordonner.

13. Que nul ne pourra estre reçeu audit etat et marchandise, s'il n'est originaire françois, ou bien qu'il n'ait obtenû nos lettres de naturalité duement verifiées ou besoin sera.

14. Seront faites deffenses à tous marchands dudit corps et communauté soustraire les apprentifs et serviteurs les uns des autres pour les retenir à leur service, si ce n'est du consentement des maistres qu'ils auront les derniers servis, ou que par justice il le fut permis.

15. Comme aussy ne pourront employer ny retenir à leurdit service les serviteurs qui se seront departis du service d'autres marchands, pour larcin ou autre cas digne de punition, premierement que lesdits serviteurs n'ayent eté purgez des cas à eux imposez, ainsy qu'il est porté par l'article sept des anciens statuts[1].

---

[1] Le service des compagnons fut modifié une première fois par décision de 1705, dont nous extrayons les deux articles suivants :

« 3. Il ne sera donné lettre de marchand de vins qu'à ceux qui seront jugez capables par les maistres et gardes dudit corps d'en faire bien et deuement le commerce, et seront les fils de marchands nez en loial mariage et ceux qui rapporteront des certificats de services rendus pendant quatre années chez les marchands dudit corps, reçus et admis

à faire ladite marchandise preferablement à tous autres.

« 5. Deffendons à tous marchands dudit corps de recevoir à leur service aucun domestique et garçon à la marchandise de vin, sortant de la maison et service d'un autre marcband, si ce n'est du consentement par ecrit du dernier marchand qu'il aura servi. »

Le 31 mars 1730 eut lieu une délibération des maîtres, homologuée en Parlement, dans laquelle

16. Que les veuves desdits marchands de vins, tant en gros qu'en detail, hostelliers et cabaretiers, durant le temps qu'elles demeureront en viduité, jouiront de pareils privilèges que leurs deffunts maris; et si elles se remarient en secondes noces, ou qu'elles soient convaincues d'avoir fait faute en leur veuvage, elles perdront leurs privileges et ne pourront s'entremettre de faire ladite marchandise conformement au 8ᵉ article des anciens statuts.

17. Que lesdites veuves pourront, et leur sera permis de faire parachever aux serviteurs et apprentifs qui auront esté obligez à leurs deffunts maris, leur temps et service sous elles, pourveu qu'elles continuent le mesme traffic, et qu'elles ne se remarient à d'autres qu'à marchands de vins; autrement elles seront tenues remettre lesdits serviteurs ès mains des maistres et gardes en charge pour leur pourvoir d'autres maistres, avec lesquels ils paracheveront le temps de leur service, et ne pourront aussy lesdites veuves, encores qu'elles continuent ledit trafic de marchandise de vins, prendre ou faire obliger aucuns apprentifs nouveaux, mais seulement avoir des serviteurs pour s'en servir au fait de marchandise, conformement aux 9ᵉ et 10ᵉ articles des anciens statuts.

18. Qu'il ne sera permis ny loisible à aucuns desdits marchands d'avoir et retenir à leur service qu'un apprentif en mesme temps ou deux au plus, sinon qu'etant sur la fin de leur apprentissage il pourra en prendre et faire obliger un autre pour estre instruit et conduit au fait de ladite marchandise, et en cas que l'un ou l'autre desdits apprentifs s'enfuye ou s'absente du logis et service de sondit maistre, avant que le temps de leur apprentissage soit parachevé; en ce cas ledit maistre sera tenu de faire son possible pour le trouver, et s'il ne veut faire et parachever son temps d'apprentissage, le fera renoncer audit etat et marchandise, et pour ce faire le conduira au bureau dudit corps et communauté pardevant les maistres et gardes en charge pour en estre fait registre et decharger son brevet d'apprentissage dans la quinzaine sur le registre des apprentifs de ladite marchandise de vins où sont enregistrés lesdits brevets, pour eviter et empescher les abus qui s'y pourroient commettre.

19. Que lesdits marchands, quinze jours après qu'ils auront fait obliger leurs apprentifs, seront tenus de les faire enregistrer en la chambre de nostredit pro-

---

on constate les abus créés par les garçons au sujet des articles ci-dessus remplaçant l'apprentissage régulier des quatre années par un simple service de garçon, service qu'ils faisaient sans règle et à leur guise. Il fut alors décidé que les garçons seraient inscrits au bureau sur un registre spécial, sans quoi ils ne seraient reçus nulle part; qu'ils devraient faire inscrire leur sortie de chez un maître et leur entrée chez un autre; que pour être reçus à la maîtrise ils seraient tenus de prouver leurs quatre années d'enregistrement, leurs déclarations et leurs certificats; enfin que ce service remplaçant l'apprentissage, ils devaient le faire avec affection et fidélité, en portant aux maîtres honneur et respect, sous peine d'être exclus de la maîtrise. — Cette délibération est signée par trois cent vingt membres, gardes, anciens et jeunes maîtres. (*Statuts des marchands de vins*, édition de 1732, p. 113.) Renouvelée le 18 janvier 1752. (*Ibid.*, p. 254.) (Coll. Lamoignon, t. XXX, fol. 29.)

cureur au Chatelet, assisté de l'un des gardes de ladite marchandise, et payeront lesdits maistres, pour l'enregistrement de chacun desdits apprentifs, la somme de douze sols parisis, sur peine contre les contrevenans à ce present article et qui ny auront satisfait dans le temps, de payer quatre livres parisis d'amende applicable moitié aux pauvres, l'autre moitié à l'entretenement de leur chapelle et service divin qui s'y celèbre durant l'année.

20. Ne pourront lesdits maitres transporter lesdits apprentifs les uns aux autres, sans avertir les gardes en charge, lesquels seront tenus d'en faire registre pour eviter aux abus qui se pourroient commettre, sur peine aussy contre les contrevenans de quatre livres parisis d'amende applicable moitié aux pauvres, et le surplus comme dessus, conformement au 13e article des anciens statuts.

21. Qu'il ne sera loisible ny permis à tous ceux qui auront esté reçus marchands audit corps et communauté et qui font trafic de ladite marchandise de vin, de vendre ny debiter en detail dans leurs maisons, boutiques, caves ou celliers, aucune bierre, cidre, poiré, eau de vie et autres liqueurs et breuvages qui sont incompatibles avec le vin, sur peine de confiscation et de telle amende qu'il plaira a justice ordonner. Est enjoint auxdits gardes presens et avenir dy tenir la main; et en cas de contravention faire fermer lesdites maisons, caves et celliers, et abattre les bouchons, et pour ce faire se feront assister d'un commissaire ou sergent du Chatelet pour leur prester mainforte, si besoin est, et en faire un bon et fidel rapport pardevant notredit lieutenant civil et notredit procureur audit Chatelet, pour en juger ainsy qu'il avisera estre à faire par justice.

22. Que nul hostellier ny cabaretier ne pourra vendre ny donner à manger en sa maison aucune viande, durant le saint temps de caresme [1] et autres jours de l'année deffendus par notre mère sainte Eglise.

[1] 1726, 1er avril. — Déclaration du Roi en 9 articles, sur le débit de la viande pendant le carême :

«1. Que nos ordonnances, édits et déclarations et notamment nos lettres patentes de mai 1720 et les arrests de nostre Cour de Parlement rendus au sujet du débit de la viande, des volailles, gibier, œufs, pendant le carême, soient executez selon leur forme et teneur, ce faisant que toutes sortes de viande de boucherie, volaille et gibier, ne puissent estre vendues et debitées dans Paris pendant le carême de chaque année, depuis et à compter du mercredy des cendres jusqu'à la veille de Pasques, ailleurs que dans les boucheries de l'Hotel Dieu, et suivant le prix arresté par le lieutenant général de police.

«2. Nous avons fait et faisons très expresses inhibitions et deffenses à tous bouchers, rôtisseurs,

cabarretiers, hôteliers, aubergistes, intendans, maistres d'hôtel, domestiques des princes, etc., de vendre et debiter pendant ledit temps aucunes viandes vives ou mortes, volaille, gibier et œufs, sans le consentement par écrit desdits administrateurs . . . . . » (Lamoignon, t. XXVIII, fol. 592.)

1721, 25 octobre. — Ordonnance de police faisant défenses aux cabaretiers de servir de la viande les vendredis et samedis :

«Sur la remontrance à nous faicte par le procureur du Roy au Chatelet de Paris, contenant qu'il avoit esté informé qu'au mépris des ordonnances et reglemens de police, qui faisoient defenses à tous traiteurs, cabaretiers et aubergistes, de vendre, debiter et donner à manger de la viande chez eux, les vendredis, samedis et autres jours prohibés par l'église, neanmoins plusieurs desdits traiteurs, cabaretiers et aubergistes, et surtout dans le quar-

23. Que nul marchand en detail ny cabaretier ne donneront à boire ny à manger à aucuns habitans de la ville de Paris les jours de dimanches et festes solennelles, durant le service divin, suivant et conformement aux ordonnances et reglemens de police.

24. Pour distinguer les hostelliers et cabaretiers des marchands de vin en gros et en detail, nul ne sera tenu ny reputé pour hostellier ny cabaretier, s'il ne sert a table couverte de nape, et assiette dessus pour mettre de la viande [1].

25. Que pour faciliter le trafic et donner moyen aux pauvres et mediocres marchands dudit corps et communauté de gagner leur vie, qu'à l'avenir il ne sera loisible ny permis à aucuns marchands dudit corps, tel qu'il puisse estre, de tenir ni faire ouvrir, dans la ville et fauxbourgs de Paris, qu'une cave ouverte, pour y faire vendre vin en detail; sinon en cas de necessité, et qu'il soit trop chargé de vin, en avertiront les gardes en charge, pour obtenir d'eux la permission d'en ouvrir une autre, ce qu'ils permettront s'ils jugent qu'il soit expedient et raisonnable, et ce, en consideration que la marchandise de vins n'est pas de garde et beaucoup plus perissable que celle des autres marchands, auxquels il n'est permis de tenir qu'une boutique ouverte [2].

tier de la rue Saint Honoré et aux environs, donnoient chez eux a manger de la viande et en debitoient publiquement les jours deffendus par l'église, ce qui etoit d'autant plus digne de reprehension que la pluspart de ceux qu'ils recevoient chez eux, et a qui ils donnoient lesdites viandes etoient gens inconnus et sans aveu, joueurs de profession et adonnez à toutes sortes de debauches et libertinages; et comme il etoit important d'arrester par une punition severe et exemplaire le cours d'une licence si effrenée, qui etoit non seulement scandaleuse par raport au public, mais encore contraire aux ordonnances et reglemens de police, et ne pouvoit estre regardée que comme un mepris formel de la religion et des Commandements de l'église. A ces causes..... disons que les anciennes ordonnances et reglemens de police qui font deffenses à tous cabaretiers, traiteurs, aubergistes et autres personnes, de vendre et debiter de la viande les vendredis, samedis et autres jours prohibés par l'église, seront renouvellés et executés selon leur forme et teneur et leur faisons deffenses d'y contrevenir à peine de mille livres d'amende, de fermeture de leur boutique et d'estre privez de leur maistrise pour la première fois et de punition corporelle en cas de récidive.» (Lamoignon, t. XXVII, fol. 395.)

[1] Cet article fut renouvelé plusieurs fois sous forme d'ordonnances en 1680, 29 novembre;

1698, 1er juillet et 1701, 14 mars; et dans ces mêmes termes:

«Louis, par la grace de Dieu, Roy de France et de Navarre... maintenons et conservons les marchans taverniers et autres qui n'ont eu jusqu'à present que la faculté de vendre du vin à huis coupé et pot renversé, qui sont du corps de la marchandise de vin, en la faculté d'acheter au delà de vingt lieues le vin nécessaire pour leur commerce, et de le faire venir en nostredite ville et fauxbourgs, à la charge d'en mettre le tiers sur l'etappe et place publique en la manière accoutumée. Leur permettons de donner à boire dans leurs maisons et caves, et de fournir des tables, sièges, napes, serviettes et viandes, à ceux qui prendront leurs repas en leurs maisons, à condition de payer, pour le droit de huitiesme et d'augmentation, six livres quinze sols pour muid, jauge de Paris, qu'ils debiteront à pot, sans neantmoins qu'ils puissent avoir des cuisiniers chez eux, etalage de viandes, loger ny tenir chambres garnies, et sans aussy qu'ils puissent etre reputés cabaretiers... Donné à Saint-Germain en Laye le 29e jour de novembre l'an de grace 1680.» (Coll. Lamoignon, t. XVI, fol. 1074; t. XX, fol. 149.)

[2] 1744, 21 août. — Arrêt défendant d'avoir plusieurs caves. (Coll. Lamoignon, t. XXXVI, fol. 94.)

1746, 12 avril. — Arrêt du Conseil autorisant

26. Ne pourront lesdits marchands, outre les deux tavernes qui leur seront permises, en faire ouvrir d'autres, pour y vendre vin en detail dans la ville ny faubourgs, sous aucuns noms supposés ou empruntés, et pour quelque occasion ou autre pretexte que ce puisse estre, sur peine contre les contrevenans d'estre dechus des privileges de ladite marchandise de vin, confiscation des marchandises et telle amende qu'il plaira à justice ordonner.

27. Qu'il ne sera loisible ny permis à tous forains, tel qu'il puisse estre, amenans vins à Paris, de les faire decharger des bateaux ou les laisser sejourner sur terre ny mettre en caves, solles, ny celliers pour les y vendre en gros ou en detail, mais seront tenus de les laisser pour la vente du vin dans les bateaux ou les faire mener à l'etappe pour y estre vendus en gros au public, suivant et conformement aux arrests et ordonnances de cette ville de Paris. Et pour eviter aux abus qui s'y pourroient commettre, en cas de contravention sera permis aux gardes de ladite marchandise faire retirer lesdits vins des lieux ou les contrevenans les auront fait mettre, et les faire mener à l'etappe aux frais et depens de la chose, pour y estre vendus en gros au public.

28. Que pour eviter aux fraudes, abus et malversations qui se pourroient commettre à laditte marchandise, il sera permis auxdits maistres et gardes dudit corps et communauté, en faisant leur visite ordinaire et extraordinaire, d'entrer dans toutes les caves et celliers où l'on vendra vin en detail dans la ville, fauxbourgs et banlieue de Paris, tant en celle des bourgeois que privilegiés, pour y faire leurs visites ainsi que sur les autres marchands, sans que pour ce il leur soit permis de prendre aucune chose desdits bourgeois qui ne vendront que le vin de leur crû, ny des privilegiés, mais feront laditte visite gratis.

29. Et d'autant qu'il convient faire plusieurs frais par les maistres et gardes de ladite marchandise de vins pour icelle maintenir, conserver et observer, pour les visites ordinaires et extraordinaires qu'il leur convient faire, tant sur les marchands dudit corps et communauté qu'autres, pour empescher de contrevenir aux ordonnances, et aussy pour subvenir aux frais des procez et affaires qui surviennent en leur corps, est ordonné par Sa Majesté, pour satisfaire à une partie desdits frais, que chacun marchand qui voudra estre reçu payera à sa reception, outre les droits du Roy, la somme d'un ecu sol; et encore seront tenus chacun desdits marchands de vins en gros et en detail, hosteliers et cabaretiers, de bailler et payer par chacun an auxdits maistres et gardes la somme de cinquante deux sols pour chacune cave ou ils vendront vins en detail, qui est un sol pour chacune semaine, pour subvenir aux affaires dudit corps et communauté de ladite marchandise,

par exception les marchands de vin à ouvrir un troisième magasin ou cave, outre les deux qui leur sont accordés par l'article 25 des statuts. (*Ibid.*, t. XXXVII, fol. 479 et 516.) — Délibération royale donnant la même permission dans le cas seulement où les marchands ont une grande quantité de vins à écouler, du 26 avril 1746. (*Ibid.*, fol. 520.) La 2ᵉ cave était toujours permise.

ainsi qu'il est contenu aux anciens statuts et ordonnances en l'article dix huit, au payement de laquelle somme de cinquante deux sols par chacun an lesdits marchands de vin en gros et en detail, hostelliers et cabaretiers seront contraints par toutes voyes deues et raisonnables.

30. Que desdits quatre maistres et gardes en charge en sortiront deux par chacun an de ladite charge, au premier jour d'octobre, et les deux nouveaux eslus entreront en leur place pour prendre soin et direction des affaires dudit corps et communauté, conjointement avec les deux autres anciens qui seront demeurez.

31. Que lesdits maistres et gardes, pour leurs vacations d'administrer cette charge, ne pourront prendre plus grands droits que ce qui a esté jugé par les arrests de notre Cour de Parlement, aux autres maistres et gardes des autres marchandises de Paris, qui est à la reception des nouveaux marchands un ecu sol à chacun desdits gardes, excepté les fils de maitres qui ne payeront que demy escu ainsi qu'il est porté par l'article vingt six des anciens statuts.

32. Que tous marchands qui se feront recevoir bailleront au clerc dudit corps et communauté des marchands de vins la somme de soixante sols tournois, en consideration des services qu'il leur rend journellement, et pour l'occasion de bien et fidelement servir à l'avenir ledit corps et communauté, sans diminution des salaires qui luy sont attribués par icelle.

33. Que les gardes dudit corps et autres anciens marchands de vins qui ont passé la charge de garde, lorsqu'ils seront appellez et nommez par justice aux prisées et estimations des vins demeurez après le decez d'aucuns autres marchands ou autres bourgeois de la ville et fauxbourgs de Paris, ne pourront prendre aucune chose pour leurs salaires et vacations, mais les feront gratis.

34. Que lorsque lesdits gardes procederont au fait des visites par la ville fauxbourgs et banlieue de Paris, ils se pourront faire assister d'un commissaire ou sergent du Chatelet, si bon leur semble, pour leur donner confort et ayde, et mesme, si besoin est, faire ouverture et proceder par voye de scellé de tous les lieux où ils sçauront ou auront avis qu'il y echet visite; il leur sera permis, pour eviter aux malversations et abus qui se pourroient commettre audit traffic de ladite marchandise de vin, d'entrer dans toutes les caves et celliers qu'ils trouveront ouverts, où l'on vendra vin en detail, pour y faire le devoir de leur charge [1], sans que pour ce faire ils soient tenus demander placet ny pareatis aux

---

[1] 1697, 27 septembre. — Sentence de police à l'occasion d'une saisie de vin falsifié : «faisons très expresses inhibitions et deffenses à tous marchands de vins, vignerons et autres personnes vendans vins en gros et en detail, on faisant leurs provisions dans l'étendue de la ville, prevosté et vicomté de Paris, de mettre dans leurs vins de la litarge, bois des indes, raisins de bois, colle de poisson et autres drogues et mixtions capables de nuire à la santé de ceux qui en pourroient boire, le tout à peine de cinq cens livres d'amende et de punition corporelle.» (Lamoignon, t. XIX, fol. 1102.)

justiciers ou leurs officiers, parcequ'il est question du fait de police dont la con-
naissance seule appartient à notre prevost de Paris, ou son lieutenant civil, pardevant lequel en sera fait fidèle rapport et pardevant notredit procureur.

35. Que sur toutes les choses dont la connoissance appartient à notre prevost
de Paris, ou son lieutenant civil, lesdits gardes ne feront mettre aucuns particuliers en cause que pardevant luy; et semblablement de celles qui appartiennent
à notredit procureur.

36. Que lesdits gardes ne pourront entreprendre aucun procez ni affaire de
consequence où il y aura de l'interest du corps et communauté de laditte marchandise de vins, sans y appeller les autres gardes et prendre avis de ceux qui
se trouveront en l'assemblée où ils sont mandés.

37. Que lesdits gardes ne pourront admettre ni demettre de leur plein mouvement aucun officier dudit corps, sans le consentement des anciens gardes, lesquels seront mandez à cette fin audit bureau pour en donner leur avis, comme
en toutes autres affaires de consequence et importantes, auxquelles ils seront
obligés de se trouver audit bureau, lorsqu'ils en auront esté duement avertis, a
peine de trois livres parisis d'amende contre les defaillans, s'il n'y a excuse ou
legitime empeschement, applicable comme cy-devant; et qu'à cette fin il y aura
un registre en leur bureau ou il sera fait mention des propositions et deliberations qui se feront auxdites assemblées, lesquelles deliberations seront signées sur
le registre par les presens qui assisteront aux assemblées.

38. Que lesdits anciens maistres et gardes anciens, à la fin des deux années
de l'exercice de leurs charges, bailleront les presentes ordonnances avec tous les
registres, titres, arrests, sentences et autres papiers et enseignemens concernant
le fait et trafic de laditte marchandise de vins, aux deux gardes qui leur succederont, avec un ample inventaire de tous lesdits registres, titres, papiers et enseignemens, dont lesdits deux anciens gardes qui demeureront seront obligés et
contraints à l'avenir de faire la mesme chose à ceux qui succederont à leur charge;
et tous ceux qui y procederont après eux seront tenus de faire la mesme chose.

39. Que lorsque lesdits gardes seront sortis de charge, ils seront tenus et
obligés de rendre compte de la recette et depense qu'ils auront faittes durant le
temps de deux années de l'exercice de laditte charge, dans six mois au plus tard,
pardevant six anciens gardes dudit corps qui auront rendu leurs comptes et les
quatre qui seront en charge, a peine de cinq cens livres d'amende aux contrevenans, au proffit de laditte communauté; lesquels six anciens seront eslus et nommez au mesme temps et à l'election des nouveaux gardes, lesquels presteront le
serment pardevant notredit lieutenant civil, en la presence de notredit procureur
au Chatelet pardevant lesquels lesdits comptes seront approuvez et homologuez.

40. Qu'après que lesdits gardes anciens auront rendu leurs comptes en la
forme susditte, seront obligez d'en laisser une copie et pieces justifficatives d'icelle

en bonne forme, dans le bureau du corps de ladite communauté, pour y avoir recours si besoin est, et pour servir d'instruction à ceux qui seront nouveaux eslus en ladite charge de garde; et en cas que les rendans compte se trouvent reliquataires, ils mettront ce qui restera en leurs mains en celles des nouveaux gardes qui demeureront en leurs places, pour subvenir aux affaires dudit corps dont ils rendront compte.

Louis, par la grace de Dieu, Roy de France, ... iceux articles homologuons, voulons et nous plaist qu'ils soient à l'avenir inviolablement gardez. . . . . Donné à Paris, au mois d'aoust [1], l'an de grace mil six cens quarante sept.

∴

IV

1705, 21 avril.

Lettres patentes de Louis XIV contenant une nouvelle rédaction des statuts pour les marchands de vins, en 25 articles, à l'occasion des emprunts de leur communauté.

Coll. Lamoignon, t. XXII, fol. 440. — Recueil des marchands de vin de 1732, p. 70.
Traité de la police, t. III, p. 712.

Louis par la grace de Dieu, Roy de France et de Navarre. . . . . Par notre edit de mars 1691 nous avons erigé en titre d'office les fonctions de gardes jurez dans tous les corps de metiers; les marchands de vin nous auroient payé la somme de cent vingt mille livres et nous leur aurions accordé la reunion desdits offices [2] pour etre exercés par ceux qui seroient eslus ainsi qu'ils avoient fait avant l'edit de mars 1691. Depuis, par notre edit de mars 1694, ayant creé deux offices d'auditeurs et examinateurs des comptes pour chaque corps de marchands, ils nous ont marqué qu'ils vouloient bien acquerir lesdits offices, pour pareille

[1] Ces lettres mentionnent simplement l'homologation des articles ci-dessus. L'enregistrement au Parlement eut lieu le 9 août 1661.
La suscription de ces statuts est conçue en ces termes : «Statuts et reglemens faits et dressez par les maistres et gardes du corps et communauté des marchands de vins, tant en gros qu'en détail, hoteliers et cabaretiers de la ville, fauxbourgs et banlieue de Paris, résolus dans leur assemblée, pour estre gardez et observez par chacun desdits marchands de vins, etc. . . » (Statuts de 1732, p. 55.)
[2] 1691, 12 juin. — Déclaration du Roi portant union des offices de jurés moyennant la somme

de 120,000 livres. (*Recueil des marchands de vin* de 1732, p. 125.)
1696, 14 février. — Des deux offices d'auditeurs des comptes pour pareille somme de cent vingt mille livres et douze mille livres pour les 2 sols par livre.
1705, 21 avril. — Des offices de trésorier payeur des deniers communs pour la somme de 95,000 livres et 9,500 livres pour les deux sols par livre, avec attribution de 2,800 livres de gages annuels. (Lamoignon, t. XXII, fol. 440, pour les trois pièces.) Les droits ne semblent pas être augmentés à l'occasion de ces offices.

somme de cent vingt mille livres et douze mille livres pour les deux sols pour livre; ensuite ils nous ont exposé que ces offices n'ayant jamais esté pourvus, mais aneantis effectivement sous titre de reunion, que quelque bonne volonté qu'ils ayent de nous secourir dans nos besoins, comme ils ont fait jusques a present, il leur seroit impossible d'y parvenir si les offices que nous creons et que nous les obligeons d'acquerir et de reunir avec les droits et gages y attribuez, estoient sujets à des taxes pour confirmation du droit d'heredité, ils nous ont supplié de les decharger de ce droit; ils nous auroient encore offert d'acquerir l'office de tresorier receveur et payeur des deniers communs, creé par edit de juillet 1702, et payer pour cet office la somme de quatre vingt quinze mille livres et celle de neuf mille livres pour les deux sols pour livre, moyennant qu'ils seroient dispensés de toute taxe; ils nous auroient en outre supplié de prescrire des reglements qui les maintiennent dans une exacte discipline et empeschent les abus qui detruisent ordinairement les corps et communautez les mieux etablies, de confirmer une deliberation qu'ils ont prise entre eux, en consequence de notre edit de juillet 1702, qui porte qu'il sera fait des règlements convenables à chaque corps et communauté. A ces causes. . . . . les confirmons dans la proprieté desdits offices, avec gages effectifs y attachés et les droits taxés sur les vins. Par ces mesmes presentes, voulons et nous plait ce qui ensuit [1]. . . . . Donné à Marly, le 21ᵉ jour d'avril, l'an de grace mil sept cent cinq et de nostre règne le soixante deuxième.

---

[1] Intitulé des 25 articles dont le texte est conforme à celui de 1647 :

1. Ils continueront à jouir des mêmes droits et prérogatives.

2. Les vins dépourvus de marque seront vendus en public.

3. Conditions de réception à la maîtrise.

4. Les veuves ont les mêmes droits que les maîtres.

5. Défense de prendre le serviteur d'un autre maître sans consentement.

6. Défense à qui que ce soit de faire commerce de vins.

7. Même défense aux Suisses et autres gens privilégiés.

8–9. Autorisation de vendre vin de son crû.

10. Privilège pour les archers de vendre 4,000 muids de vin.

11. Les gardes percevront par boutique un droit annuel de 8 livres 12 sols pour amortissement de l'emprunt contracté pour l'union des offices de jurés.

12. Défense de tenir d'autres liquides.

13. A leur arrivée, les vins doivent être portés à la Halle.

14. Le métier aura comme auparavant deux grands gardes et quatre maîtres et gardes.

15 à 17. Élection des gardes.

18 à 25. Fonctions des gardes et maintien des statuts précédents.

V

1728, 17 avril.

*Lettres patentes de Louis XV, au sujet de la demande des marchands de vins
de faire partie des Six Corps.*

Ordonn., 21ᵉ vol. de Louis XV, X 1ᵃ 8734, fol. 284 v°. — Coll. Lamoignon, t. XXIX, fol. 364.

Louis, par la grâce de Dieu, Roy de France et de Navarre, à nos amez et féaux
conseillers, les gens tenans notre Cour de Parlement à Paris, salut. Nous étant
fait representer en notre Conseil la demande des maistres du corps et communauté des marchands de vin de la ville et fauxbourgs de Paris, tendante à ce
qu'il nous plust les unir aux Six Corps des marchands, au lieu et place du corps
des marchands pelletiers fourreurs qui seroit uny et incorporé à celui des marchands merciers, pour ne composer à l'avenir que le mesme nombre de six corps;
le mémoire des Six Corps des marchands fourny contre cette demande, par lequel
ils auroient conclu à ce qu'il ne fut rien innové, et que les marchands de vin
fussent deboutés de leurs pretentions. Reponse des marchands de vin dans laquelle, n'insistant plus à la réunion du corps des marchands pelletiers avec celuy
des marchands de vin, ils demandoient qu'où nous y trouverions la moindre
difficulté, il nous plust ordonner que l'edit du mois d'aoust 1647 [1] et la declaration du 26 fevrier 1707 [2] fussent executés selon leurs forme et teneur, et en
consequence que les marchands de vin seroient maintenus et gardés en la qualité de septiesme corps des marchands de Paris, au moyen de quoy les maitres
et gardes des marchands des Six Corps seroient tenus demander annuellement
les maitres et gardes des marchands de vin dans toutes les assemblées, tant

[1] Peu avant les statuts d'août 1647, le 17 juillet, parurent des lettres patentes où il est dit : « Lesquels statuts nous voulons estre gardez et observez
de point en point selon leur forme et teneur, nonobstant toutes les oppositions et empeschemens
qui y peuvent avoir esté formez, que nous avons
levez et ostez, voulans d'abondant qu'ils soient reconnus en qualité de l'un des corps et communautez de cette ville de Paris, qu'ils jouissent de tous
les honneurs et privileges dont jouissent les autres
corps des marchands; qu'ils soient appellez à l'entrée des Roys et Reines pour y avoir leur rang,
porter le dais et avoir part à toutes les autres cérémonies, comme les autres corps des marchands;
qu'ils soient pareillement appellez aux assemblées
pour la nomination des juges consuls et à toutes
autres assemblées publiques et particulières; enjoi-

gnons au prevost des marchands et eschevins leur
adresser leurs ordonnances et mandemens, comme
aux autres corps, en toutes les occasions qui le re-
quierent, et ausdits Six Corps de nostredite ville de
Paris de faire appeller à toutes les assemblées publiques, soit pour l'election des juges-consuls et
autres, les maitres et gardes de la marchandise de
vin, a peine de nullité desdites assemblées. » (*Ordonn. des marchands de vin* de 1732, p. 51.)

[1] Déclaration du 26 février 1707 relative aux
sommes payées par les marchands de vins pour
réunion des divers offices, où ils firent insérer cette
phrase : « Voulons au surplus qu'à l'exemple des
Six Corps des marchands, nul ne puisse s'établir
pour la profession et commerce de la marchandise
de vin dans les faubourgs Saint-Antoine et de la
Conférence, etc. » (Statuts de 1732, p. 92.)

pour les elections des juges et consuls qu'autres qui pourroient concerner la
communauté, sans rien changer ny innover à la liberté des elections, à peine de
nullité des assemblées, elections et deliberations. Replique des Six Corps par laquelle ils persistent entr'autres choses à nous supplier très humblement de rejetter la demande des marchands de vin, dans laquelle ils seroient declarés non
recevables, avec deffense à eux de se dire ny qualifier du titre de septiesme corps
des marchands, ny d'en pretendre les privilèges. Nous etant fait aussi representer l'avis des prevost des marchands et echevins de la ville de Paris, autres pièces
y jointes, nous aurions statué sur ce que dessus, par arrest de notre Conseil du
4 septembre 1724, et voulant pourvoir à l'execution dudit arrest, dont l'extrait
est cy-attaché sous le contre scel de notre chancellerie, Nous, sans avoir egard
aux demandes desdits maitres et gardes et communauté des marchands de vin,
en ce qu'elles tendoient à estre unis aux Six Corps des marchands, au lieu et
place des fourreurs, ou à jouir par eux du titre de septiesme corps, dont nous les
avons deboutés et deboutons; avons ordonné, et par ces presentes signées de
notre main, ordonnons que ledit corps des marchands de vin restera dans l'etat
où il est actuellement, faisons deffenses aux maitres et gardes dudit corps et
autres d'y rien changer ny innover, ny de s'attribuer aucun des titres droits ou
privilèges que ceux dont ils ont jusqu'à present bien et duement jouy et dû
jouir. . . . . Donné à Versailles le 17 avril l'an de grâce 1728.

VI

1759, 21 décembre.

*Lettres patentes de Louis XV concernant l'augmentation de la finance des offices d'inspecteurs
et homologuant les droits établis à ce sujet sur les marchands de vins.*

Coll. Lamoignon, t. XL, fol. 681.

Louis, par la grace de Dieu, Roy de France et de Navarre. . . . . Nos chers et
bien amés les grands gardes et maitres et gardes des marchands de vins de notre
bonne ville de Paris nous ont fait exposer que leur corps, comme propriétaire des
offices d'inspecteurs et controlleurs sur les vins, a esté compris au nombre des
charges de notre Royaume, sur lesquelles nous aurions ordonné des augmentations de finance, par notre édit du mois d'aoust 1758, et s'est trouvé fixé par
l'etat arrêté en notre Conseil, à une somme de cent soixante mille livres; en
conséquence les supplians se sont donnés tous les mouvements nécessaires pour
parvenir à satisfaire à cette augmentation de finance, mais la multiplicité des
emprunts publics et les dettes considérables dont le corps se trouve déjà chargé

pour parvenir à l'acquisition desdits offices, les ont mis dans l'impossibilité de prouver leur bonne volonté, pour satisfaire entièrement à cette dernière taxe. Dans ces circonstances, les exposans, pour aviser à tous les moyens qu'on pourroit employer pour réussir, ont fait assembler à différentes fois leurs anciens confrères et un grand nombre de modernes et de jeunes; et après plusieurs conférences, il a été unanimement convenu qu'il nous seroit très humblement présenté requête, à l'effet de faire remise au corps d'une somme de quarante mille livres sur celle que nous lui aurions imposée, de les maintenir dans les privilèges et prérogatives attribués au corps, et pour les mettre en état de payer les arrérages des rentes qu'ils ont déjà contractées, celles qu'ils seront encore obligés de faire pour parvenir au payement de leur taxe, et en acquitter de temps en temps partie des capitaux, leur permettre d'imposer quelques droits nouveaux.....

A ces causes, ayant des preuves du zèle des exposans et voulant contribuer autant qu'il est en nous au soulagement de nos sujets..... modérons par ces présentes, signées de notre main, la somme de cent soixante mille livres, à laquelle le corps et communauté des marchands de vins à Paris a été taxé au rolle arrêté au Conseil le 18 décembre 1758, en exécution de l'édit du mois d'aoust précédent, à celle de cent quarante quatre mille livres, les déchargeant des seize mille livres d'exédent.....

En conséquence ordonnons :

1. Que les apprentifs qui auront rempli toutes les formalités prescrites par les statuts dudit corps et communauté, payeront à l'avenir pour estre reçus marchands, la somme de six cent vingt six livres, au lieu de celle de trois cents cinquante huit livres.

2. Les fils de marchands nés depuis la réception de leur père, cinq cent trente neuf livres au lieu de deux cents vingt six livres.

3. Les fils des anciens marchands qui ont exercé les fonctions de gardes, trois cents quatre vingt neuf livres, au lieu de trois cents quarante neuf livres.

4. Les fils de marchands nés avant la réception de leur père, six cents vingt six livres au lieu de trois cents cinquante huit livres.

5. Les aspirans sans qualité, mille vingt six livres au lieu de six cents cinquante livres.

6. Et lesdits aspirans sans qualité qui épouseront des veuves ou filles de maitres, six cents vingt six livres au lieu de trois cents quarante huit livres, non compris dans les susdites sommes les frais ordinaires de réception.

7. Ordonnons que chaque particulier qui se fera enregistrer en qualité de garçon marchand de vin, sera tenu de payer la somme de douze livres.

8. Ordonnons pareillement qu'il soit payé au profit dudit corps et communauté, par chaque cave de domicile et cave en ville, la somme de sept livres, au

lieu de celle de quatre livres, pour droit de visite attribué aux controlleurs et inspecteurs, réunis audit corps et communauté.

9. En outre, par chaque permission de cave, en ville seulement, vingt quatre livres au lieu de six livres, voulant que lesdites permissions de caves en ville ne soient à l'avenir accordées que pour une année et que ledit droit de vingt quatre livres soit payé à chaque prolongation ou permission nouvelle.

10. Comme aussi que les caves en ville, actuellement ouvertes, et dont les permissions n'ont point été rapportées aux gardes, avec déclaration de fermeture, et rayées des registres, soyent assujeties au payement dudit droit de vingt quatre livres.

11. Enjoignons aux gardes en charge de se conformer exactement aux statuts et règlements dudit corps et communauté, concernant lesdites permissions de caves en ville.

Ordonnons que tous lesdits droits et augmentations de droits cy-dessus ne seront perçus que durant le temps et espace de dix années, à compter de la datte de notredit arrêt [1], pour en être le produit employé sans aucun divertissement au

---

[1] 1738, 30 décembre. — Autre arrêt du Conseil d'État du Roi contenant des règlements sur les comptes du corps des marchands de vins :

«Le Roy étant informé des abus qui se commettent dans le corps et communauté des marchands de vin à l'occasion des droits de reception, droits de visites, ouvertures de caves, depense des comptes des maistres et gardes, etc... Sa Majesté étant en son conseil a ordonné et ordonne ce qui suit :

«1. Les statuts, arrets et reglements concernant ledit corps et communauté desdits marchands de vin seront executés selon leur forme et teneur; en conséquence les droits de reception demeureront fixez à la somme de 232 livres, scavoir 163 livres au profit de la communauté, y compris le droit royal; 36 livres pour les droits de deux grands gardes et quatre maitres et gardes en charge, à raison de 6 livres chacun; 27 livres pour neuf anciens à raison de trois livres chacun, et trois livres à chacun des deux clercs et ce non compris le droit deu à l'hopital général et les frais des lettres du Chatelet qui seront à la charge de l'aspirant.

«2. Les fils de maistres seront tenus, conformement aux statuts de 1587 et de 1647, de ne payer que la moitié des droits cy-dessus attribuez aux deux grands gardes, aux quatre maitres et gardes en charge et aux neuf anciens.

«3. Quinzaine après la publication du présent arrest, lesdits gardes seront tenus de faire cotter et

parapher un nouveau registre par le 1er lieutenant general de police, pour les actes de reception, quittances des sommes payées, le tout signé par les gardes et l'aspirant; et quand il ne saura signer l'acte sera passé devant notaires, aux frais dudit aspirant.

«4. Défeud Sa Majesté auxdits gardes de recevoir plus grandes sommes, à peine de déchéance de leur qualité et de trois cents livres d'amende.

«5. Il sera tenu par lesdits gardes deux autres registres cottez et paraphez comme dessus, l'un pour les deliberations du corps, l'autre pour permissions d'ouvertures de caves avec les noms, demeure, enseigne et nombre des caves, maisons et boutiques de tous ceux qui sont sujets au payement dudit droit de 52 sols, sur les mêmes peines contre lesdits gardes.

«6. Seront tenus les marchands de vin qui auront obtenu la permission d'avoir des caves en ville d'avertir les gardes du temps de leur fermeture, a peine de 50 livres d'amende.

«7. Tous les marchands de vin, hotelliers, cabaretiers et autres vendans vins, seront tenus de payer annuellement, à peine de 20 livres d'amende, la somme de 52 sols, dans le cours des mois d'avril et may au plus tard.

«8. Les gardes continueront de faire les visites pour veiller à l'execution des statuts et reglements.

«9. Conformement aux articles 36 des statuts de 1647 et 19 des lettres de 1705, les gardes ne

payement des dettes dudit corps et communauté et remboursement dudit emprunt de cent quarante quatre mille livres et arrérages d'icelui, auxquels il demeurera spécialement affecté; à l'effet de quoi les gardes comptables successivement en charge seront tenus d'en compter par un compte séparé, par devant notre amé et féal conseiller en nos conseils et maitre des requêtes ordinaires de notre hotel, le sieur lieutenant général de police de notre bonne ville de Paris, à peine d'en répondre en leurs propres et privés noms.

Confirmons par ces presentes ledit corps et communauté dans tous les droits et prérogatives à lui accordés par tous les statuts, règlemens et arrests, lesquels seront exécutés selon leur forme et teneur. . . . . Donné à Versailles le 21ᵉ jour de décembre, l'an de grâce mil sept cent cinquante neuf[1] et de notre règne le quarante cinquième.

pourront faire aucuns frais sans délibération à laquelle seront appellez six modernes.

« 10. N'entend néanmoins Sa Majesté y comprendre les saisies que les gardes doivent faire.

« 11. Tous les gardes sortant de charge seront tenus de remettre au bureau de leur communauté le double de leurs comptes avec les pièces justificatives d'iceux, et de laisser à leurs successeurs tous les registres, titres, papiers, renseignements concernant ledit corps. Fait au Conseil d'État du Roy à Versailles le 30ᵉ jour de décembre 1738. » (Coll. Lamoignon, t. XXXIII, fol. 453: t. XXXVII, fol. 479 et 519.)

[1] Enregistré au Parlement le 12 mars 1760.

TITRE XXIV.

VIGNERONS.

Les vignerons ont été considérés comme un métier parisien; l'ordonnance du roi Jean (titres XV et XVII) fixe le prix de leur journée de travail et donne de très curieux renseignements sur l'ouvrage. Pour assurer la culture, on obligeait les vignerons à travailler deux jours par semaine à la tâche chez les particuliers.

En 1467, Louis XI reconnaît leur communauté et les autorise à élire tous les ans quatre jurés enregistrés au Châtelet, pour visiter les labourages et façons des vignes, ayant droit de toucher des salaires et d'imposer des amendes.

Ces statuts furent transcrits sur les registres du Châtelet comme ceux des autres métiers et confirmés en 1488.

La confrérie, dédiée à saint Vincent, était établie dans l'église Saint-Merry.

Collections de la Ville et de la Monnaie.

I

1467, 24 juin. — Chartres.

Lettres patentes de Louis XI contenant les premiers statuts des vignerons.

Arch. nat., Livre jaune petit, Y 5, fol. 184. — Bannières, 1er vol., Y 7, fol. 72.
Coll. Lamoignon, t. IV, fol. 487. — Traité de la police, t. III, p. 527.

Loys, par la grace de Dieu, Roy de France, à tous ceulx qui ces presentes lettres verront, salut. Reçeue avons l'umble supplicacion des maistres de la confrarie, ensemble de la communaulté des vignerons de nostre ville et cité de Paris, contenant que par cy devant, à l'occasion de ce qu'il n'y a eue quelque visitation ne regard sur le labouraige et façon des vignes d'entour nostre ville de Paris, y ont esté faictes et commises pluseurs faultes et abuz en diverses manières, dont se sont ensuiz maintes pertes et dommaiges, perdicion de vignes et des fruitz d'icelles, et autrement en plusieurs manières ou prejudice et lesion de la chose publicque, et dont plaintes et doleances ont esté faictes et se font chacun jour ausdits suppplians, lesquelz n'y ont peu ne pourront mettre ne donner provision ne y faire visitation, parce qu'il n'y a aucuns jurez en leur mestier. A ceste cause, et que ce redonde en leur charge et deshonneur, et non pas seullement de ceulx qui font lesdites faultes, mais aussy de toute la communaulté d'entre eulx, ilz nous ont humblement fait supplier et requerir qu'il nous plaise leur impartir notre grace et provision sur ce. Pourquoy nous, ces choses considerées, par l'advis et deliberation des commissaires par nous ordonnez, en nostredicte ville de Paris, pour ce assemblez en la chambre du Conseil, avons ordonné et ordonnons, par ces presentes :

1. Que doresnavant lesdits maistres de la confrairie, appellez avec eulx telz autres gens dudit mestier et artiffice qu'ilz verront estre à faire, esliront par chacun an quatre prudeshommes dudit estat, les plus expers et souffisans qu'ilz pourront; lesquelz ainsy esleuz, auront puissance de visitter lesdittes vignes de tout le vinoble d'entour nostreditte ville de Paris, rapporteront à justice les faultes et malfaçons qu'ilz trouveront avoir esté faictes en icelles, toutesfois qu'il leur sera ordonné par justice et que les parties a qui ce touchera le requerront.

2. Item, lesdits quatre jurez ainsy esleuz que dit est, seront enregistrez ou Chastellet de Paris, et feront le serment ès mains du prevost de Paris ou son lieutenant, de bien et loyaument visiter, et de rapporter et dire verité desdites malfaçons.

3. Item, chacun d'iceulx jurez, pour leur peine et salaire, auront chacun par jour, aux despens de ceulx pour qui ilz vacqueront à faire visitation, quatre solz parisis, lesquels se recouvreront sur celuy qui aura la faulte, se faulte y a, et paiera avec ce l'amende, telle qu'elle sera ordonnée par justice, à appliquer moittié a nous et l'autre moittié a la confrairie et bannière dudit mestier.

4. Item, a faire ladite visitation n'aura que deux jurez, s'il n'estoit ordonné par justice qu'ilz y fussent tous quatre, ou que partie le requist, ouquel cas la partie, ce requerant, paiera les fraiz desdits deux jurez sans les recouvrer, supposé qu'il obtenist à sa fin.

Lesquelz articles cy dessus escriptz nous voulons estre tenus et observez par lesdits supplians et leurs successeurs oudit mestier, par ordonnance et statutz doresnavant à touz jours, estre enregistrez ès livres et registres de nostredit Chastellet de Paris avec les autres ordonnances et statuz des mestiers d'icelle nostre ville [1] . . . . . Donné à Chartres le xxiiie jour de juing, l'an de grace mil cccc soixante sept et de nostre regne le sixiesme.

[1] 1488, 12 janvier. — Lettres patentes de Charles VIII confirmant les statuts des vignerons :

«Charles par la grace de Dieu Roy de France, a tons ceulx qui ces presentes letres verront, salut. L'umble supplicacion des maistres de la confrarie de Saint Vincent, en l'eglise monseigneur Saint Merry, de nostre ville de Paris, et de la communauté des vignerons d'icelle ville, avons receue, contenant : que pour obvier aux faultes et abuz qui se pouroient commectre chascun jour en maintes manières sur la facon des vignes d'entour nostredite ville de Paris, ou grant prejudice et lesion de la chose publicque et a la charge et deshonneur desdits supplians, feu nostre très chier seigneur et père, que Dieu absoille, a la requeste d'iceulx supplians, feist et establit certains statuz et ordonnances touchant le fait et visitacion desdites vignes et vinoble d'entour nostredite ville de Paris, et sur ce leur octroia ses lettres patentes en forme deue, desquelles la teneur s'ensuit :

«Loys par la grace de Dieu... (Suit le texte de la charte de 1467.)»

«...Pourquoy nous... approuvons par ces presentes, voulans et octroyans que icelles ordonnances soient entretenues et observées, et que lesdits supplians et leursdits successeurs oudit mestier en joissent et usent, tout ainsy que lesdites letres de nostredit feu seigneur et père le contiennent et qu'ilz en ont par cy devant joy et usé... Donné à Paris le xiie jour de janvier l'an de grace mil cccc quatre vingt et sept et de nostre regne le cinquiesme.» (Arch. nat., Livre jaune petit, Y 5, fol. 184. — Coll. Lamoignon, t. V, fol. 168. — *Traité de la police*, t. III, p. 527.)

TITRE XXV.

JARDINIERS.

De sable, à trois lis de jardin d'argent,
tigés et feuillés de sinople posés deux en chef et un en pointe,
et un chef d'azur chargé d'un soleil d'or [1].

Les jardiniers fournissaient les marchés de légumes ainsi que les fruitiers avec lesquels ils furent souvent en contestation.

Leurs statuts remontent à Henri IV, en 1599; ils y déclarent que leur communauté jouit depuis une grande ancienneté de privilèges égaux à ceux des autres métiers, apprentissage, réception à la maîtrise, jurés. Nous n'avons pas découvert le texte qu'ils invoquent et les jardiniers eux-mêmes ne l'ont pas inséré dans le recueil de leurs ordonnances [2]. On trouve seulement une ordonnance de police de 1474 spécialement consacrée à la surveillance des bois employés dans le jardinage, comme le merrain à treilles et à vignes, les osiers, les échalas, rangés suivant qualité, provenance et mode de ligature à un ou deux liens. Ces prescriptions, exécutées par les jurés jardiniers, furent toujours conservées; un arrêt de 1749, où ils obtinrent gain de cause, invoque l'article 15 de 1474.

Les statuts, confirmés en 1545 et 1576, rédigés régulièrement en 1599, furent renouvelés en 1697, à l'occasion des réunions d'offices. Outre les conditions ordinaires on remarquera la défense de fumer la terre à légumes avec les immondices, boues des rues ou fumier de porc, comme mesure de salubrité.

Parmi les jurés de 1599, on cite Pierre Lenostre, probablement ancêtre du célèbre dessinateur de jardins. Le bureau des jardiniers était rue des Rosiers; leur patron, saint Fiacre, avait sa chapelle à Saint-Nicolas-des-Champs [3]. Le brevet coûtait 15 livres et la maîtrise 200 livres.

Collection de la Monnaie.

[1] D'Hozier : *Armorial*, texte, t. XXV, fol. 160; le blason manque; il est dessiné d'après le texte.

[2] *Anciens statuts et ordonnances pour les maistres jardiniers*. Paris, Gonichon, 1732, in-4°.

Statuts de 1474. — Statuts de 1599. — Déclaration de juin 1697, avec pièces annexes de ces trois documents.

[3] *Guide des marchands*, p. 271.

I

1599, novembre.

Nouveaux statuts présentés par les jardiniers, en 17 articles,
et lettres patentes de Henri IV qui les confirment.

Arch. nat., Ordonn., 4ᵉ vol. de Henri IV, X 1ᵉ 8644, fol. 140. — Coll. Lamoignon, t. X, fol. 119.
Traité de la police, t. III, p. 388.

La communauté des maistres jardiniers de notre bonne ville, fauxbourgs, banlieue, prevosté et vicomté de Paris, remonstrent très humblement à Votre Majesté que de toute ancienneté ils ont eté nombrés entre les maistres jurez de votre ville de Paris, et gouvernez par ordonnances et statuts particuliers à leur mestier, desquels ils auroient paisiblement jouy sans contredit d'aucun jusqu'à present[1]. Neanmoins sous l'ombre que les supplians n'auroient obtenu lettres de

[1] Les anciens textes de règlements auxquels il est fait allusion ne sont autres que ceux-ci, à moins qu'ils n'aient été conservés par tradition :

1474, 8 février. — «Ordonnance de police concernant le commerce de merien a treilles, oziers et échalas pour les regratiers de ces marchandises et les jardiniers :

«Pour ce qui est venu à la connoissance de justice par la complainte de plusieurs bourgeois de Paris, de plusieurs laboureurs, marchands mareschers, jardiniers et aussi d'autres de la ville de Paris et des villes voisines, et autrement, que sur le fait de la marchandise tant d'échallas que de merrien à treilles et vignes, et aussi des oziers que l'en ameine a Paris pour vendre, a très grandes fraudes et deceptions ou prejudice de la chose publique, tant pour ce que lesdites denrées ne sont pas bonnes ny marchandes, mais sont fardées et de plus petit moison qu'elles ne doivent estre, comme autrement ; qui est prejudice et lezion de commun peuple, et contre les ordonnances anciennes faittes sur lesdites marchandises.

«1. L'en commande et est enjoint de par le Roy nostre sire et monsieur le prevost de Paris, à tous marchands quelconques qui feront doresnavent venir en ceste ville de Paris aucun merrien a treilles ou echallas et oziers ou autre merrien à vignes, tant par eaue qu'autrement, que premierement et avant qu'ils fassent iceluy merrien descendre sur terre, exposer en vente ny mettre en chantier, ils le fassent veoir et visiter par les jurez en

ladite marchandise qui a ce faire sont commis et establis, sur peine de quarante sols parisis d'amende appliqués au Roy nostre sire.

«2. Item, que nul ne soit si osé ou hardy, de contrefaire ou vendre merrien en treille qui soit pris et levé de Seine ou d'autre rivière, pour celuy qui sera venu de la rivière de Marne, pour ce qu'il n'est pas si bon ny suffisant; mais qu'on y fasse les differences de toute ancienneté accoustumées, pour connoistre et discerner l'un de l'autre; c'est assávoir que ledit merrien de la rivière de Marne, qui est meilleur de toute ancienneté, soit lié a doubles liens et resmondé par en haut; et celuy qui viendra de Seine ou d'autre rivière, au lieu que de Marne, ne soit point esmondé par en haut, et ne soit lié qu'a simple lien, et qu'il ne soit point lié a deux pieds près du bois, afin de mieux connoitre la difference l'un de l'autre, à ce que le peuple n'en soit point desceu, sur semblable peine que dessus.

«3. Item, que toutes perches à treilles qui seront en quarteron ayent chacune de hault cinq pieds, et gros d'un pouce fourny, du moins, et les douzaines à la qualité.

«4. Item, que les perches qui seront en fizenaires, ayent chacune en haut trois pieds plain poing à tout le moins.

«5. Item, que les quarreines ayent chacunes perches en haut, de six pieds plain poing de gros à tout le moins, selon les moules a ce ordonnés de grande ancienneté etant ou Chastelet de Paris, sur lesdittes peines.

confirmation de Votre Majesté, aucuns particuliers tachent à les troubler et entreprendre sur leur mestier; pour ce que les supplians doutent que cette entreprise si elle etoit tollerée, leur portast prejudice et à leurs successeurs, et generalement à tout leur mestier, joint que telle manière de gens s'entremettant de faire lesdittes entreprises commettent plusieurs abus et tromperies qui ne sont à tollerer, à cette cause, supplient très humblement Votre Majesté qu'il luy plaise ratifier et confirmer les articles qui ensuivent, et les supplians seront d'autant plus-tenus de prier Dieu pour votre noble prosperité et santé.

1. Premièrement, nul ne pourra faire estat de maistre jardinier en cette ville, fauxbourgs et banlieue de Paris, qu'il ne soit reçeu maistre audit mestier, et pour y parvenir ait fait chef d'œuvre de sa propre main, comme d'ancienneté il est accoutumé faire. Lequel chef d'œuvre sera baillé et devisé par les jurés dudit mestier, en presence de quatre anciens bacheliers.

2. Item, auparavant que bailler par les jurez le chef d'œuvre aux compagnons qui voudront parvenir à la maitrise, iceux jurez seront tenus de s'enquerir de

« 6. Item, pareillement l'en commande et enjoint que nul ne soit si hardy de contrefaire ou vendre oziers qui sont d'autre lieu que de Saint Marcel, pour celuy de Seine, ou que le peuple en soit desçeu, parceque celuy de Saint Marcel vaut mieux que nul autre. Et que chacune jarbe d'ozier rond et rouge de Saint Marcel, qui est le meilleur, soit bon et loyal et marchand, et ait au dessus du lien, quatre pieds de tour; et la petite jarbe d'icelluy lieu, deux pieds de tour, et que parmi lesdites jarbes ne soit point meslé ny mistionné d'autres oziers; et pareillement que l'ozier de riviere et d'autre lieu que de Saint Marcel, ait chacune jarbe au dessus du lien, trois pieds et demy de tour, sans qu'il y ait ozier sec, ny autres fourremens surannez, sur lesdittes peines.

« 7. Item, aussi que tous marchands qui ameneront ou feront amener et venir en cette ville de Paris, pour vendre, aucun ozier, tant de Saint Marcel que d'ailleurs, qu'iceux oziers ils fassent descendre, amener et arriver en la place de Grève, au lieu a ce ordonné, sans vendre avec l'autre, sur lesdittes peines.

« 8. Item, que les esmondées de saulx surannés soient vendus d'une part, sans qu'elles soient meslées et mixtionnées avec l'autre ozier.

« 9. Item, l'en commande et enjoint à tous marchands qui feront venir en cette ville de Paris aucuns eschalas pour vendre, qu'avant qu'ils les exposent en vente ne mettent sur terre ou en chantier, qu'ils fassent iceulx eschalats voir et visiter par les

jurez commis sur ladite marchandise, sçavoir s'ils seront loyaulx et marchands, sur peine de confiscation desdittes denrées et d'amende arbitraire.

« 10. Item, que tous lesdits eschalats qui doresnavant seront amenez à Paris, pour vendre, soient bons, loyaux et marchands, et qu'ils ayent moisons anciennement ordonnés et accoustumés et ordinaires cy-devant faittes. C'est à sçavoir, la moison chacune de cinq pieds et demy de long, et les plus courtes de quatre pieds et demy, et qu'en chacune javelle il n'y ait au plus que dix eschallats de ceux courts et qui n'ont que quatre pieds et demi, et qu'ils soient tous bien et suffisamment fournis et tous cinquantiniers, sur lesdittes charges.

« 11. Item, l'en deffend que nul marchand regratier n'achete pour vendre, depuis le matin jusques à quatre heures après midy, aucuns eschalats, de quelque personne que ce soit, soit marchand forain ou autre, sur peine de confiscation desdittes denrées ou d'amende arbitraire; et que cependant les bourgeois, manans et habitans de Paris en puissent acheter et avoir pour leur fourniture et provision.

« 12. Item, que nul desdits regratiers ne soit si osez, ny hardiz d'aller au devant des marchands qui ameneront lesdittes denrées, et qu'icelles ils n'achetent ou vendent ailleurs que ès places accoustumées, et après l'heure devant dite.

« 13. Item, l'en deffend aussi que nul laboureur, ny autres personnes, ne soient si osez ou hardis de prendre ou lever sceps de vigne, ne les couper et

leur bonne vie et mœurs, des maistres lesquels ils auront servi, et où ils auront fait leur apprentissage, pour selon le rapport qu'ils en trouveront leur bailler ledit chef-d'œuvre ou leur refuser.

3. Item, après laditte inquisition faite, seront tenus lesdits compagnons qui aspireront à ladite maistrise, faire chef d'œuvre, tel qu'il leur sera devisé par les jurez d'iceluy, fait et parfait [1], en feront lesdits jurez leur rapport en la manière accoustumée.

4. Item, que nul ne sera reçu à faire chef d'œuvre pour parvenir à ladite maitrise, qu'il n'ait esté apprentif sous un maistre dudit mestier en cette ville et fauxbourgs, le temps et espace de quatre ans, et outre, servi les maistres après sondit temps d'apprentissage l'espace de deux ans.

5. Item, les enfans desdits maistres seront reçus à la maitrise sans faire aucun chef d'œuvre ny experience, après toutesfois qu'ils auroient esté certifiiez avoir esté apprentif, soit avec leur père ou ailleurs, ledit temps de quatre ans.

marcotter en icelle, sur peine de la hart ou d'autre punition, peine et amende publique ou autre, à la discretion de justice.

« 14. Item, que nul n'apporte à Paris vendre aucuns septs chevelus ou autre plant de vignes, ny arbres antez, s'il n'a certificat de la justice, ou au moins du curé du lieu, qu'il les ait pris et levées de son heritage et non d'autre, et que la vente en soit faite publiquement au lieu accoutumé, c'est assavoir sur le grand pont de Paris et non ailleurs, sur ladite peine et d'autre amende arbitraire.

« 15. Item, l'en commande et est enjoint aux quatre jurez de ladite marchandise, que bien et loyallement ils visitent lesdites denrées et marchandises devant declarées, et toutes les faultes qu'ils sçauroient et pourront sçavoir estre faittes et commises en icelle, bien et dilligemment (rapportent) à nous et au procureur du Roy nostre sire audit Chastelet, et si mestier est, les delinquants ils arrestent ou fassent arrester par sergens dudit Chastelet, et amener prisonniers pour ester à droit. Et de toutes amendes qui pour ce seront adjugées audit seigneur, ils auront la tierce partie, et si seront toutes les denrées qui seront trouvées fausses ou partie d'icelles, arses en signe de justice.

« 16. Item, l'en deffend que nul jardinier ne soit si hardi, sur peine de quarante sols d'amende et de tenir prison, d'entreprendre besogne au dessus de cinq sols parisis, s'il n'est maistre ou bachelier.

« 17. Item, que nul ne soit si osé ny hardy d'entreprendre besogne au dessus de cinq sols, s'il

ne met par maniere de chef d'œuvre un quarteron de merrien en bon ouvrage et suffisant, au dire et rapport des maistres jurez jardiniers.

« 18. Item, et pour ce qu'il est venu à la connoissance de justice, que plusieurs qui se disent jardiniers, vont par les hostels des bourgeois et habitants de cette ville de Paris, marchandans de faire leurs jardins, et qu'il arrive souvent qu'il faut abattre et depecer les ouvrages qu'ils ont faits, parcequ'ils ne sont bien et suffisamment faits; en quoy iceux bourgeois et autres ayant jardins, pour grande somme de deniers, qui sont de grande perte ou dommage, et n'y peuvent avoir aucune restitution parceque lesdits jardiniers n'ont rien. L'en deffend que nul jardinier ne soit doresnavant si osé ny hardy, d'entreprendre aucune besogne au dessus de cinq sols, s'il n'a baillé pleige et caution suffisante de restituer, si mestier est, les dommage et interest que pourroient avoir encourus lesdits bourgeois et autres ayans jardins, par faute d'iceux jardiniers. Fait et donné souz nostre signet le samedy huitiesme jour de febvrier, l'an de grace mil quatre cens soissante et treize. » (Coll. Lamoignon, t. IV, fol. 650, d'après le Livre noir, fol. 317. — *Traité de la police*, t. III, p. 385.)

1576, 29 août. — Lettres patentes de Henri III, confirmant purement et simplement les règlements donnés aux jardiniers par l'ordonnance de police de 1474. (Ordonn., 2ᵉ vol. de Henri III, fol. 225. — Coll. Lamoignon, t. VIII, fol. 938. — *Traité de la police*, t. III, p. 387.)

[1] C'est-à-dire : achevé.

6. Item, que iceux maistres jardiniers, après estre reçeus audit mestier, bailleront à la confrairie dudit mestier, leur droit d'icelle, et pour entretenir le service divin la somme de trente deux sols deniers, dont ils seront tenus de bailler aux maîtres de confrairie.

7. Item, que nul maistre ne pourra soustraire, debaucher ny bailler à besongner à aucuns compagnons dudit mestier, pendant qu'ils seront allouez à un autre maistre, que premierement il ne sçache de son maistre s'il est content de luy, à peine de six escus d'amende, applicable comme dessus.

8. Item, que chacun apprentif dudit mestier sera tenu, incontinent qu'il sera obligé, bailler à la confrairie dudit mestier, pour le droit d'icelle et pour entretenir le service, la somme de vingt quatre sols parisis; et sera tenu le maistre avec lequel sera ledit apprentif de laditte somme.

9. Item, les veufves des maistres, tant qu'elles se contiendront en viduité, jouiront de pareil privilège que leurs deffuns maris, mais si elles se remarient, ou font faute à leur viduité, elles perdront ledit privilège, et ne pourront plus s'entremettre dudit mestier.

10. Item, lesdites veufves pourront faire parachever aux apprentifs qui auront esté obligez à leurs deffunts maris, leurs tems d'apprentissages sous elles, pourveu qu'elles entretiennent et se meslent dudit mestier de jardinier, et qu'elles ne se remarient à autres que dudit mestier; autrement seront lesdites veuves tenues mettre lesdits apprentifs ès mains desdits jurez, lesquels seront aussi tenus de leur faire parachever leur temps d'apprentissage sous autre maistre dudit mestier suffisant.

11. Item, ne pourront lesdites veufves, encore qu'elles continuent d'exercer ledit mestier de jardinier, prendre et faire obliger aucuns apprentifs nouveaux, mais feront faire leur trafic et marchandises par compagnons connoissant l'estat.

12. Item, que deffenses soient faites à toutes personnes indifferemment quelconques, de porter ou faire apporter aucuns melons, concombres, artichaux, herbages et autres choses dependant du fait dudit mestier de jardinage, s'ils ne sont maistres dudit mestier, fors et reservé les bourgeois de la ville et fauxbourgs de Paris, lesquels peuvent avoir des jardins en proprieté, qui pourront apporter ou faire apporter durant les jours de marché, qui sont le mercredy et samedy, de toutes sortes de denrées qui croissent en leursdits jardins; lesquelles denrées seront visitées par lesdits jurez, si elles sont bonnes, seront exposées en vente, si elles ne le sont, seront confisquez [1], et celuy qui les exposera en vente, conditionné

---

[1] Avant et après la rédaction de ces statuts, il y eut plusieurs arrêts du Parlement relatifs à la visite des jurés jardiniers :

1589, 27 janvier. — « ... La Cour a fait inhibitions et deffenses auxdits maistres jurez jardiniers troubler ou empescher ledit Rigault vendre ou faire vendre aux places publiques ou autres lieux de ceste ville, et à tels jours que bon luy semblera, les fruicts et herbes creus et recueillis sur les heritages qu'il tient et fait valoir entre ses mains,

en vingt sols d'amende, applicable moitié au Roy et l'autre moitié auxdits jurez
dudit mestier.

13. Item, ne pourront tous revendeurs et revenderesses achepter aucune chose
dependante de l'etat de jardinage, en autres lieux qu'en ladite Halle et marchez
publics, afin que les jurez en ayent la connoissance, ny mesme tenir en leurs maisons, ny ailleurs, leurs fruicts et herbes dans la nuit, d'autant qu'ils sont subjets
à pourritures et à attirer le mauvais air. Et pour eviter auxdits abus qui se pourroient commettre, pourront les jurez dudit metier faire recherche ès maisons desdits revendeurs, pour des fautes et abus qu'ils y trouveront en faire rapport en
la manière accoutumée, et estre ledit delinquant condamné en l'amende et puny
s'il y eschet.

14. Item, que deffenses seront faites à toutes personnes quelconques de fumer
aucune terre d'immondices ny de fiens de pourceaux, pour planter ou semer
aucunes marchandises qui soient dependans de leur jardinage, pour eviter aux
abus qui sy commettent et pourroient cy après commettre, pour eviter aux maladies tant contagieuses qu'autres, sur peine d'estre la marchandise renversée,
et de deux escus d'amende contre chacun contrevenant.

15. Item, qu'il soit deffendu à tous maistres dudit mestier, d'acheter sur autres
maistres aucuns arbres ou autres denrées, pour les porter vendre sur le pont
desdits arbres ny autres lieux publics, comme regratiers; sur peine de confiscation desdits arbres, et de deux escus d'amende, applicable comme dessus; mais
pourront lesdits maistres y vendre leurs arbres et fleurs, comme de toute ancienneté.

16. Item, que tous maistres bacheliers et compagnons dudit mestier seront
tenus de reconnoistre leurs anciens maistres jurez et leur porter le respect, honneur et reverence qui leur est deu, à sçavoir à leurs anciens et à leurs jurez, chacun en son temps de ladite charge de jurez, comme ils ont promis lorsqu'ils ont
esté reçeus audit mestier.

17. Item, que pour la conservation dudit mestier seront esleus quatre jurez
d'icelui, en mesme forme que les jurez des autres mestiers, par la communauté des

lesquels fruicts et herbes néantmoins pourront estre
visités par lesdits maistres jurez jardiniers, tant
esdites places que jardins, sans despens. » (Coll. Lamoignon, t. IX, fol. 688, d'après un ms. du Cardinal de Gesvres.)

1658, 22 juin. — Arrêt sur les prétentions
émises par les maîtres jurés jardiniers demandeurs
contre les compagnons jardiniers, d'après lesquelles
ceux-ci, travaillant au compte d'un propriétaire de
jardins, ne pouvaient venir vendre des légumes,
mais seulement le propriétaire cultivant et vendant
lui-même; la Cour « fait iteratives deffenses auxdits

jurés et communauté des maistres jardiniers d'y
contrevenir et d'empescher que les proprietaires de
jardins, compagnons jardiniers et autres personnes
n'apportent aux marchés et places publiques des herbages et legumes et autres plantes, a peine de mille
livres d'amende. » (Coll. Lam., t. XIII, fol. 833.)

1661, 14 mai. — Autre arrêt autorisant les
jurés jardiniers à faire quatre visites dans ces jardins, dont deux payées à raison de cinq sols chacune et les deux autres gratuites, et maintenant
les propriétaires et compagnons dans leurs droits.
(Ibid., t. XIV, fol. 306.)

maistres dudit mestier; par lesquels jurez seront faites toutes visitations necessaires
à faire audit mestier, tant en ladicte ville, fauxbourgs que banlicue de Paris, sans
que pour visiter lesdits fauxbourgs, ils soient tenus demander licence aux hauts
justiciers, quelque privilège et droit de haute justice qu'ils ayent, attendu qu'il est
question de police, de laquelle la connoissance appartient seulement audit Prevost de Paris [1]. Et ensuite est escrit plusieurs paraphes des anciens maistres bacheliers et jurez dudit mestier, Jean le Bouteux, Benoist Petit, René Jacquelin,
La Cruche, Baudoin, Pierre Lenostre, Jean Le Bref, Pierre Bouton, Bienfait.

Henry, par la grace de Dieu, Roy de France et de Navarre, confirmons, ratifions, approuvons et authorisons par ces presentes, voulons et nous plaist que ces
articles soient dorenavant gardez, observez et entretenus [2] . . . . . Donné à Paris
au mois de novembre, l'an de grace mil cinq cens quatre vingt dix neuf et de notre
règne le onziesme.

II

1697, juin.

Déclaration du Roi portant union à la communauté des jardiniers
des offices de jurés et d'auditeurs des comptes, avec douze nouveaux articles de statuts.

Arch. nat., Ordonn., 37° vol. de Louis XIV, X 1° 8691, fol. 312. — Coll. Lamoignon, t. XIX, fol. 1034.

Louis, par la grace de Dieu, Roy de France et de Navarre, à tous presens
et à venir salut [3]. . . . .

5. Voulons que les statuts de la communauté, lettres patentes confirmatives,

---

[1] **1618, 20 janvier.** — Arrêt du Parlement :
«Ordonne que les habitans du village du Roulle seront tenuz souffrir d'estre visitez quatre fois l'année
par lesdits maistres jardiniers preolliers de ladite
ville de Paris, à la charge qu'ils ne prendront pour
chacune visitacion, de chacun d'eulx, que la somme
de dix sols tournois.» (Coll. Lamoignon, t. X,
fol. 1004.) Voyez titre XV, des Fruitiers, divers
arrêts concernant les jardins maraîchers.

[2] **1645, juin.** — Lettres patentes de Louis XIV
confirmant les statuts donnés aux jardiniers par
Henri IV. (Statuts de 1732, in-4°, p. 12.)

[3] «Les jurés, corps et communauté des maitres
jardiniers de la ville, fauxbourgs et banlieue de
Paris, nous ont très humblement fait representer
que pour obeir à nos ordres, plusieurs desdits
maitres ayant fait leurs soumissions non seulement
de payer la finance des offices d'auditeurs examinateurs des comptes creés par notre edit du mois
de mars 1694 avec les deux sols pour livre de ladite finance, mais aussy de rembourser celle qui
avait esté payée par les nommés Totin, Belard,
Boivinet et Chevalier pour la finance des offices de
jurés creés par notre edit du mois de mars 1691
et lesdits Totin, Belard, Boivinet et Chevalier ayant
consenti de recevoir leur remboursement, par arrest
de notre Conseil du 27 octobre 1696, nous aurions ordonné la reunion desdits offices de jurés à
la communauté, en remboursant auxdits Belard
et Totin ce qu'ils auroient payé pour la finance
de leurs charges, et audits Boivinet et Chevalier le
prix porté par leurs contrats d'acquisition. A ces
causes, ordonnons :
«1. . . . Que lesdits offices de jurés seront et demeureront dès à présent et à toujours reunis et incorporés purement et simplement à la communauté

les arrests et reglemens rendus en consequence soient executés selon leur forme et teneur. Et laditte communauté maintenue et gardée en tous les privilèges et exemptions à elle accordés de toute ancienneté.

6. Ce faisant, permettons aux maitres de faire apporter ou envoyer tous les matins vendre leurs legumes et herbes dans les halles aux poirées, depuis la halle au bled jusqu'à la rue Saint Honoré et rues adjacentes.

7. Sans prejudice aux bourgeois qui ont des jardins dans les fauxbourgs et banlieue de Paris et autres qui ont droit de vendre et debiter leurs legumes, de les apporter et faire apporter au marché les mercredi et samedi de chaque semaine.

8. Voulons en outre, conformement aux statuts, que les aspirans pour estre reçus maistres soient tenus de faire chef d'œuvre, et payer au profit de la communauté vingt livres, y compris le droit royal, pour la confrairie cent sols, pour chaque jurez trois livres, pour chacun des huit anciens qui seront appelés alternativement chacun à leur tour aux receptions trente sols, et vingt sols pour le clerc de la communauté.

9. Que les fils de maitres, soit qu'ils soient nés avant ou depuis la maitrise de leurs pères, soient reçus maistres sans faire aucune experience, en payant seulement par eux demy droit aux jurez et aux anciens, et pareillement que pendant six mois, à compter du jour du present arrest, tous compagnons puissent se faire recevoir maistres en payant le demy droit seulement.

10. Les jurez elus, comme subrogés aux droits de jurez en titres d'offices qui

des maitres jardiniers, et les jurez nouvellement eslus, et ceux qui le seront à l'avenir, exerceront lesdites charges en vertu des commissions de notre Procureur audit Châtelet; ainsi qu'il se pratiquoit auparavant l'edit du mois de mars 1691. Et qu'en payant ce qui reste dû de la somme de quarante mille livres, à laquelle a esté modérée la finance desdits offices d'auditeurs, examinateurs des comptes et des deux sols pour livre de ladite finance, lesdits offices seront et demeureront pareillement reunis et incorporés pour toujours à ladite communauté des maitres jardiniers, sans être obligés de prendre des lettres de provision, dont nous les avons aussy relevés et dispensés. Ce faisant ladite communauté jouira de quarante livres de gages attribués auxdits offices, conformement à l'arrest de notre Conseil du 4 septembre 1696...

« 2. [Créance des propriétaires des offices hypothéquée sur tous les revenus.]

« 3. Nous ordonnons aussy que l'etat et rolle de repartition de la somme de quinze mille cinq cents

livres fait tant par eux que par les jurés, de l'avis de six anciens, sera executé selon sa forme et teneur; et les maitres et compagnons y denommés contraints au payement des sommes pour lesquelles ils y seront compris, comme pour nos propres deniers et affaires, sans qu'ils puissent pretendre aucune restitution ny remboursement desdites sommes sur la communauté, suivant la deliberation d'icelle du vingt decembre dernier; seront les sommes portées par ledit rolle de repartition, reçues par les denommés en ladite declaration, chacun dans les quartiers y mentionnés, et par eux employées, premièrement à payer ce qui reste dû de la finance des offices d'auditeurs, examinateurs des comptes, et des deux sols pour livre de ladite finance, et ensuite au remboursement de la somme de dix mille quatre cens soixante livres fournie et avancée par lesdits Baudin, Pinson et autres; desquelles sommes les interets leur seront payés, à commencer seulement du 7 février, jusqu'à leur entier et parfait remboursement.

« 4. [Suite du même article.] »

nous ont esté remboursés, feront leurs visites, suivant l'ancien usage, chez tous les maitres et compagnons tenant des jardins, faisant valoir des marais, ou les tenant à loyer; pourquoy nous voulons qu'il leur soit payé par an, pour tous droits de visite, par chaque maitre dix sols, et par chaque compagnon vingt sols; auxquelles sommes, de leur consentement, nous avons reduit et moderé les droits de visitte attribuez aux jurez en titre par notre edit du mois de mars 1691, et par les provisions à eux expediées; en consequence duquel droit de visite, il en appartiendra moitié aux jurez pour leurs frais et l'autre moitié employée aux affaires de la communauté. A l'esgard des visites qu'ils feront dans la banlieue, il en sera usé en la manière accoutumée.

11. Voulons que lesdits jurez soient obligés de tenir la main à ce que les arrest et reglements de police qui contiennent la prohibition de fumer de boues de Paris fraiches et de matières fecalles les jardins et terres sur lesquelles on fait venir des legumes soient observés, et à cette fin nous ferons faire deux fois l'année les visites de toutes les terres en marais et de jardinage, qui seront tenus par les maitres et compagnons jardiniers, dans les fauxbourgs et banlieue de Paris, et de faire leur rapport en la manière accoutumée, et de toutes les contraventions qu'ils trouveront aux reglemens de police sur le fait du jardinage.

12. Faisons très expresses deffenses à tous maitres de debaucher les compagnons des autres maitres, ny de leur donner à travailler dans le mestier, qu'auparavant ils ne soient allés chez le maitre que le compagnon a servi, pour savoir s'il est content du service dudit compagnon. Le tout, suivant qu'il est porté audit arrest [1].

Donné à Marly au mois de juin, l'an de grace mil six cent quatre vingt dix sept et de notre règne le cinquante cinquième.

[1] 1745, 21 octobre. — Les jardiniers demandèrent au Roi l'autorisation d'emprunter la somme de dix mille livres imposée pour l'union des offices d'inspecteurs des jurés, et d'établir de nouveaux droits pour gager cet emprunt. Indépendamment des 500 livres de gages annuels accordés par l'État à l'office d'inspecteurs des jurés, la communauté exigea de chaque maitre 20 sols pour droit de visite. 40 sols des compagnons exerçant seuls le métier. (Coll. Lamoignon, t. XXXVII, fol. 140.)

FIN DU TOME PREMIER.

ImTheStory.com

Personalized Classic Books in many genre's

Unique gift for kids, partners, friends, colleagues

Customize:

- Character Names

- Upload your own front/back cover images (optional)

- Inscribe a personal message/dedication on the
  inside page (optional)

Customize many titles Including
- Alice in Wonderland
- Romeo and Juliet
- The Wizard of Oz
- A Christmas Carol
- Dracula
- Dr. Jekyll & Mr. Hyde
- And more...